毕摩原生文化系列研究（3卷）

毕摩的起源及流派

立克达曲　立克阿妞　著

·成都·

图书在版编目（CIP）数据

毕摩的起源及流派：汉文、彝文 / 立克达曲，立克阿妞著. — 成都：电子科技大学出版社，2021.10
（毕摩原生文化系列研究：3卷）
ISBN 978-7-5647-7737-1

Ⅰ. ①毕… Ⅱ. ①立… ②立… Ⅲ. ①彝族 – 古籍研究 – 凉山彝族自治州 – 汉、彝 Ⅳ. ①K281.7

中国版本图书馆CIP数据核字(2021)第241012号

毕摩原生文化系列研究：3卷
BIMO YUANSHENG WENHUA XILIE YANJIU（3JUAN）

毕摩的起源及流派（汉文、彝文）
（HANWEN YIWEN）
BIMO DE QIYUAN JI LIUPAI

立克达曲　立克阿妞　著

策划编辑　郭蜀燕　卢　莉
责任编辑　卢　莉
彝文编辑　熊理博
责任校对　于　兰
助理编辑　魏祥林

出版发行　电子科技大学出版社
　　　　　成都市一环路东一段159号电子信息产业大厦九楼　邮编　610051
主　　页　www.uestcp.com.cn
服务电话　028-83203399
邮购电话　028-83201495

印　　刷　四川煤田地质制图印刷厂
制　　作　成都华桐美术设计有限公司
成品尺寸　210mm×285mm
印　　张　49
字　　数　1569千字
版　　次　2021年10月第1版
印　　次　2021年10月第1次印刷
书　　号　ISBN 978-7-5647-7737-1
定　　价　668.00元（全3册）

序

彝族是世居我国西南地区的主要民族之一，西南地区得天独厚的生态环境，为彝族先民的长期生息与发展提供了优越的条件，也为人类各种文明的创造奠定了丰厚的物质基础。1000万年前腊玛古猿曾在这里栖息，170万年前的元谋猿人也曾生活在这里，这里拥有旧、中、新三个石器时代丰富的文化遗存和原始社会晚期的文化遗存，这里也是古代众多氏族部落的发祥地。数千年来，勤劳智慧、勇敢善良的彝族先民就在这片神奇的土地上生生不息，不仅在此建立过古滇国、罗甸国、夜郎国、南诏国等诸多政权，而且创造了青铜器、漆器、天文历法、毕摩文化等古代文明，较早地创造了记录本民族语言的符号系统——彝文，并用彝文对彝族社会历史、天文历法、宗教礼俗、哲学思想、教育科技、文学艺术等方面做了宏富的著述，为我们的子孙万代留下了浩如烟海、卷帙浩繁的文化典籍。他们创造的文化成果成为中华优秀传统文化的重要组成部分之一。

彝族先民为我们留下了这么多的文明成果，然而我们对彝族文明及其贡献的研究却远远不够。目前，世界上既有活态文字又保存了丰富文献典籍的民族不多，彝族就是这样的一个民族。彝文历史悠久，但是彝文到底有多少年的历史，由于缺乏考古的佐证，目前还无法确切到时代和年份。彝文可以说是彝族文明的一个巅峰。文字的产生，与文明及其文明制度的形成有关，可能与国家制度的形成也有关。在“彝族六祖”分支之前，彝文早已是非常成熟而完备的文字。彝族拥有丰富的彝文历史典籍，这些文献承载着完整的哲学知识体系、数学知识体系、天文历法知识体系、传统教育思想体系、医药知识体系等，这些知识体系都保存在这些历史典籍和彝族社会日常生活之中，但至今我们还没能完全把这些知识体系从我们的历史典籍和社会生活中分离出来，进而形成独立的知识体系。

毕摩文化可以说是彝族文化的核心部分。什么是毕摩文化？弄清这个问题非常重要，它是研究毕摩文化的逻辑起点。多年来，对这方面的讨论很多，综观各种界定，我赞同彝族学者巴莫阿依教授的界定，她认为：“毕摩文化是由毕摩们所创造和传承，以经书和仪式为载体，以神鬼信仰与巫术祭仪为核心，同时涉及彝族的哲学思想、社会历史、教育伦理、天文历法、文学艺术、风俗礼制、医药卫生等丰富内容的一种特殊的宗教文化。”我认为，这一定义揭示了毕摩文化的主体、毕摩文化的载体形式，以及毕摩文化的内容和性质。从文化的主体看，毕摩文化是彝族社会中特殊的神职群体（毕摩）所创造和传承的文化；从其载体形式看，毕摩文化是一种不同于口承文化、日常文化的文字文化和仪式文化；从其内容来看，毕摩文化是一种以神鬼

信仰和巫术祭仪为核心，同时涉及彝族传统文化诸多方面的一种百科全书式的综合性文化；从其性质看，毕摩文化是一种不同于民众文化的特殊的宗教文化。这就是毕摩文化的基本概念，也是毕摩文化的本质、基本特征和基本规律的概括和集中的反映，是毕摩文化理论体系的中心概念，是毕摩文化的基本范畴和知识体系的逻辑起点。我们应该从这一中心概念出发，进一步对它展开研究，不断丰富、完善、健全毕摩文化知识体系。但由于学科人才队伍成长缓慢等原因，我们对毕摩文化研究的进展十分缓慢。

随着毕摩文化研究的进一步展开，虽然陆续有了一些成果，但是毕摩文化博大精深，至今还没有完全揭示其本质内涵及其内部之间的逻辑关系。而且，随着经济的全球化，文化融合也随之席卷全球，今天的彝族传统文化也面临着空前的挑战，彝族老毕摩们相继辞世，许多口诵文献也随之而去，特别是许多古籍文献将成为无人能解的天书。因此，救人、救文献、救毕摩文化已成为刻不容缓的大事。在这里要感谢电子科技大学出版社，他们为了抢救中华优秀传统文化，推出了《毕摩原生文化系列研究（3卷）》，相信这套丛书将为毕摩文化的研究添砖加瓦，也会凸显中华优秀传统文化的多姿多彩、源远流长、精深而博大。

近年来，我非常关注彝族学者立克达曲，他不计个人得失，一直专注于毕摩文化的调查研究，各种学术会议上时有他的身影，他对毕摩文化有很多独到的见解。他是一位普通的基层民警，但他又出身于吉克毕摩世家，他的家族姓氏是吉克，写成“立克”可能是当年小学老师的笔误，他们家是彝族历史上著名大毕摩阿苏拉者的后裔。多年来，他在做好本职工作的前提下，深入四川大小凉山各地进行田野调查，访谈、请教各地的著名毕摩，搜集了大量的口诵文献和古籍文献，并进行了精心的翻译和整理，取得了一定的研究成果。此次出版面世的应是这些研究成果的部分内容，这是件可喜可贺的事，这些成果定将有助于丰富和发展毕摩文化的研究。

曲木铁西

2019年6月18日于北京

曲木铁西，彝族，中央民族大学教授，博士生导师。现任国家民委中国民族语言文字应用研究院院长，曾任中央民族大学副校长。

前言

彝族生活在中国西南地区肥沃而广袤的土地上，是云南最早的土著民族之一，也是当今西南各省人口最多的少数民族之一。彝族先祖们在漫长的生产生活中创造了属于自己的语言，发明了属于自己的文字，创建了独具特色的毕摩原生文化。在毕摩原生文化的影响下自然形成了多姿多彩的民俗文化和禁忌，从而创造了光辉灿烂的彝族传统文化。

一个民族的传统文化是这个民族的重要标识之一，也是该民族的灵魂，一个没有传统文化的民族是没有灵魂的，是徒有其表，犹如枯木。纵观古今中外历史，许多曾经驰骋疆场、指点江山，创造了辉煌文明的民族，早已消失在历史长河中，如今只剩下残垣断壁与沉默的雕塑壁画。然而，这些民族并非真正“消失”，他们大多是在社会的发展和文化的交融中，受到各种因素的冲击，逐渐脱离、摒弃自己的传统文化，逐渐形成他族。由此可见，传统文化是民族赖以生存的“氧气”，失去传统文化，民族也不复存在。而彝族在数千年的生产生活中，披荆斩棘、栉风沐雨、砥砺前行、繁衍生息，始终崇拜自己的祖先，用祖先创造的文字撰写了浩如烟海的古籍文献，创建了体系完备的毕摩原生文化，以昂扬的姿态屹立于中国西南地区及世界文化之林。

毕摩原生文化是以毕摩古籍文献为载体，以毕摩仪式及其他民俗综合仪式为表现形式的原始的、朴素的、独特的、稀有的传统民俗文化。毕摩原生文化是远古时期彝族先民在漫长的生产生活过程中，为适应和改造周围的自然环境，祈祷风调雨顺、人类繁衍而创造和不断发展起来的传统文化；是以人与自然、人与社会和谐为宗旨，以万物有灵观为理念，以自然崇拜、图腾崇拜、祖先崇拜为信念，以祖先崇拜为核心的民俗文化。毕摩原生文化的形成历经了数千年，由几百代著名毕摩及彝族智者不断总结、归纳、创新而成，是彝族先祖集体智慧的结晶，是彝族民俗文化的浓缩与升华。

毕摩原生文化包罗万象，以精神文化和物质文化为载体，富有极强的生命力。毕摩原生文化囊括了彝族语言文字、哲学艺术及风俗节庆等精神文化，以及农耕饮食、建筑服饰等物质文化，是彝族传统文化的核心，是最适合于彝族发展的传统文化。这体现在它是最接地气的民俗文化，它在不同时期为满足不同时代的需求、人们日常生活的物质和精神需求而不断创新，已被彝族民众所接受，并不断传承和弘扬。毕摩原生文化从诞生至今，历经沧桑，一脉相承，

历久弥新，至今仍以活的形态存在，始终指导着彝族人的生产生活，形成世代传承的民俗文化。

在当今全球一体化的大趋势下，经济全球化、人类文明不断碰撞，民族文化的融合不断发酵，彝族传统文化逐渐边缘化，毕摩原生文化濒临消失。

当前，国家实施了一系列前所未有的惠民政策，推进精准扶贫与乡村振兴，使现代文明进入边远的彝族山区；交通的便捷、通信的发达，让边远的彝族山区不再是封闭的孤岛，与外界乃至世界互通，生产生活的各个方面都发生了翻天覆地的变化。与此同时，彝族传统文化面临挑战，受到冲击，人们移风易俗，使彝族语言文字、风俗习惯、宗教信仰、传统建筑等逐渐边缘化，甚至被摒弃，其中语言文字及相应的传统文化受到的冲击最为严重。

首先，彝族后裔逐渐摒弃自己的母语。孩子们在成长阶段只重视学习国家通用语言，而忽视了自己的母语，不讲母语，甚至出现了“以说母语为耻”的怪症。长辈不再和从前一样与晚辈一起围坐在三锅庄周围用彝语讲述幽默动听的彝族神话故事，传承了数千年的彝族神话故事悄然消失；只有极少数人仍用彝语交流，出现了“父母不会说汉语，子女不会说彝语”的怪异现象，这透露出的是彝语将会从世界上消失的信号。近年来，世界语言消失速度加快，世界现存的7000多种语言，平均每14天就有一种消失，语言学家推测，再过100年可能就只有600余种语言能幸存。因此，笔者对未来彝语是否还能存留表示深深的担忧。语言消失的同时会带走与之相连的历史、文化与传统，语言的消亡，也是一个民族消亡的前奏。

其次，彝族文字在飞快地流失。古彝文是远古彝族先民为了占卜、记事而发明创造的最古老的文字之一，与甲骨文、苏美尔文、古埃及文、玛雅文等古老文字并列，是世界古文字之一。彝文从诞生起，经过不断使用、创新，趋于成熟，至今仍在使用，是活的文字。然而，时至今日，学习彝文的人却越来越少，主要原因是学后无用，只有少数毕摩后裔仍在学习古彝文，彝族文字正在逐渐流失。文字是语言的载体，一个没有文字的民族，极易在现代社会的快速发展中被遗弃，并最终消失。彝族语言文字是彝族走向文明的起点和归属，是彝族之所以成为彝族的前提和标识。

最后，毕摩原生文化濒临消失。毕摩文化是彝族的核心文化，是中华民

彝族是我国历史悠久，拥有自己的语言、文字、历法及独特传统文化的民族之一，是西南地区人口最多的少数民族，是我国第六大少数民族。彝族主要以“大分散、小聚居”的格局分布在我国西南的云、贵、川、桂四省（自治区），总人口900多万，中印半岛的越南、老挝、缅甸等国也有彝族跨境而居。川、滇交界的大小凉山地区是全国最大的彝族聚居区，自称为“诺苏”，属彝语北部方言区。

彝族源于汉史记载中的“西南夷”（北方统治者对西南少数民族的统称）。根据毕摩经书及彝族文献《勒俄特依》《彝族源流》《西南彝志》等记载，彝族自称“尼”，因古代汉语没有彝语“尼”字音，“尼”发音为“夷”，故汉文记载多称为“夷”。新中国成立前，彝族被称为“倮倮”或“夷人”等，新中国成立之初被称为“夷族”。因彝族是以虎、龙为图腾的民族，所以又自称“拉鲁”，彝语中“拉”是虎的意思，“鲁”是龙的意思，以这两种代表力量与神秘的动物自称，蕴含着彝族是勇敢和强大的民族之意，反映了彝族人的自豪感。但在旧社会，各民族之间缺乏交流，外族人称彝族为“倮倮族”，带有一定的侮辱性。1956年，毛主席和周总理在北京会见彝族代表，在会议上提到以前彝族名称不统一，其中“倮倮族”带有侮辱的意思，“夷族”也不好，因为夷原意是“蛮夷”，中华人民共和国是由兄弟民族组成的大家庭，大家应该平等互爱，更不应该有华夷之分。因此，毛主席提

神奇的大风顶　何为 / 摄

仙马生活的大风顶　何为 / 摄

出把“夷”字改为“彝”字。鼎彝是宫殿里盛放东西的器具，“彝”意为房子（彑）下面有“米”有“丝”，即有吃有穿，象征日子富裕、兴旺发达。大家一致表示赞成，将“夷族”改为了“彝族”。从此“彝族”就被正式定为彝族各支系的统一族称，并一直沿用至今。

彝族是西南地区较早世居的土著民族。众多古代彝汉文献记载及目前西南地区考古发现的相关证据充分表明，居住在云、贵、川、桂的彝族，不是从他乡迁徙而来的，而是起源于今昆明滇池周围。随着历史的发展，彝族先民不断繁衍生息，逐步发展成熟，并以滇池一带为中心，向四方扩散。

凉山彝族主要源于云南昭通一带。根据彝、汉文献记载，特别是毕摩文献《指路经》等记载，凉山地区的彝族主要源自“彝族六祖”恒与

人与自然和谐共处　何为 / 摄

糯的后裔古恒、邛尼两支系，从滇东北的兹兹普乌（昭通）一带向北迁徙，渡金沙江后向北迁徙而来。

彝族在秦汉时已广泛分布于云贵高原和横断山脉。据彝文文献记载，彝族始祖魏勒邱普（又称“笃慕”或“居木”）在云南东北部建立了强大的奴隶制政权后，其六子分别为武、乍、糯、恒、布、默六支，史称“彝族六祖”，并向四周发展，定居在贵州西部、四川南部及云南大部分地区。

从彝族谱系来看，大约距今2000年前，恒、糯两支的后裔古恒和邛尼率领部众，由云南省东北部昭通一带（兹兹普乌）出发，从永善县渡过金沙江，沿美姑河而上，进入凉山的中心地美姑一带，逐渐征服和融合了原住部落濮人、僚人等。

在美姑，古恒、邛尼举行了规模盛大的分支盟誓，两大家支在此分开，约定古恒向东、邛尼向西各自拓展。如今，凉山彝族的家支分布情况虽然早已打破了东西分住的藩篱，如邛尼系的毕摩宗师阿苏拉者的后裔阿罗、峨秦、布子、吉曲、峨其曲毕、吉克惹史等主要居住在美姑一带，但古恒在东、邛尼在西的原始轮廓依然存在。比如古恒系的阿侯、苏呷、马、嘎、恩扎、说普、乌坡、吉胡、吉木、曲摸、迪、耍惹等家支，主要分布于凉山东部的雷波、峨边、马边、美姑；邛尼系的瓦扎、罗洪、倮伍、果基、八且、沙玛、曲别、鲁克、巴莫等家支主要分布于凉山西部的越西、冕宁、喜德、昭觉、盐源及西昌。

从古到今，彝族人世世代代居住在祖国的西南，与林相伴，与水相依，与兽虫相随，披荆斩棘，雄踞山峦，傲视万物，历经千辛万苦创造了绚丽多彩、璀璨夺目、深厚而独特的彝族文化，

从远古走来的彝族　阿牛史日 / 摄

与林水相伴的彝族　何为 / 摄

描绘了一幅幅辉煌灿烂而源远流长的文明画卷。在集体劳动中，他们创造了自己的语言，创造了自己的文字，并用这些文字记录了彝族的历史，论述了万物的产生、自然的变化、人类的进化、家支世系的形成等，创造了丰富的文化、周全的礼仪，总结了彝族人在社会发展中的斗争精神，创造了独具特色、博大精深的毕摩文化，留下了《勒俄特依》《玛牧特依》《查姆》《爨文丛书》《西南彝志》《彝族源流》《献祭经》《回路经》①《指路经》等卷帙浩繁的毕摩古籍文献。

毕摩们在祭祖仪式上反复念诵《水的缘由》和《猿猴的谱系》，因为彝族人认为水是所有生命的起源，人类离不开水；认为包括彝族在内的所有人类的祖先都是猿猴，人是由古猿进化而来，这与达尔文进化论的理论观点不谋而合。从古到今，彝族人始终自豪地穿戴着祖先设计的服装，世世代代信仰祖先所创造的毕摩原生文化。毕摩们在祭祖仪式上虔诚地念诵传统的经文，教导、指引祖妣亡灵沿着祖先们曾走过的路线回归祖界，与祖先们团聚，享受安宁与幸福。

中央民族大学研究彝学的巴莫阿依教授认为："毕摩文化是由毕摩们所创造和传承的，以经书和仪式为载体，以信仰毕摩文化及其仪式行为为核心，同时涉及彝族的哲学思想、社会历史、教育伦理、天文历法、文学艺术、风俗礼制、医药卫生等丰富内容的一种特殊的宗教文化。"

毕摩文化是彝族先民集体智慧的结晶，是彝族先民在一定的自然生态环境中，为适应和改造自然环境而创造和发展起来的自源性的原生宗教文化，是以人与自然、人与社会和谐为宗

① 《回路经》：与《指路经》是姊妹篇。是一部叙述彝族先民从"彝族六祖"发祥地向四川凉山迁徙时迁徙路线的典籍。

银装素裹的大风顶 何为 / 摄

彝族传统服饰 川田（日本）/ 摄

旨，以万物有灵为观点，以自然崇拜、图腾崇拜、祖先崇拜为基础，并以祖先崇拜为中心，以毕摩经书为载体，以毕摩仪式为表现的原始的、独特的、稀有的传统民俗文化。

根据彝族文献记载及毕摩口口相传，毕摩文化萌芽于母系氏族后期，规范于父系氏族时期，历经改革，昌盛久远，发展至今。不管社会如何变迁，毕摩文化始终具有极强的生命力，历经沧海桑田，依然鲜活。毕摩文化是彝族古代文明的见证，也是彝族历史文化的“活化石”。

毕摩文化经历了上万年的历史变迁，历经沧桑。经过“改土归流”，曾因被定为“封建迷信”而饱受摧残，但其具有强有力的生命力，始终薪火相传，积淀着彝族人民最深层次的精神追求，是彝族独特的精神标识，亘古不变，生机勃勃，为彝族人民繁衍生息和发展壮大提供了丰厚的养分。毕摩文化是在中国西南大地上产生的彝族古代文明，也是同其他文明不断交流互鉴而形成的文明。因此，毕摩文化海纳百川、博大精深。

毕摩文化从古至今始终慰藉着彝族人的心灵，

成为彝族人的精神支柱，牢牢地凝聚着彝族人的心，把如今散居于中国西南云、贵、川、桂四省（自治区）的彝族紧紧地连在一起，形成了强大的凝聚力。每个彝族人，从来到这个世界到离开这个世界，始终按照毕摩原生文化走完其一生。毕摩文化作为彝族的标识符号，使彝族及其文化区别于其他民族。

毕摩文化是彝族文化的浓缩和总结，是彝族文化的核心内容。研究毕摩文化是解开博大精深、五彩斑斓的彝族文化的入门钥匙。同时，研究毕摩文化对研究西南地区少数民族文化具有重要的参考价值。

毕摩文化有广义和狭义之分，广义的毕摩文化包括彝族的语言、文字、服饰、建筑、宗教、医学、习俗等，狭义的毕摩文化专指毕摩宗教仪式。通常说的毕摩文化主要是指狭义的毕摩原生文化。毕摩宗教仪式由仪式主人、毕摩、毕摩法器（含经书）、祭品组成，其中毕摩经书是毕摩宗教仪式的主要载体之一，是毕摩文化的轴心。

毕摩天菩萨的魅力　阿牛史日 / 摄

第一节 毕 摩

毕摩一词由来已久，据文献记载，毕摩起源于“史姿史德”时期，即源于古代文明之前的时期。据《勒俄特依》等彝文文献记载，上界父性白云苍天降下神灵种子落于下界母性黑土大地上，经过三年孵孕长成铁杉巨树并历经九世后，终于长成了铁杉巨人，可是他一直“摇摇晃晃，飘飘忽忽，无精打采，气息微弱，似人非人，头上巢喜鹊，腰上巢蜜蜂，腋下巢松鼠，鼻中巢花鹊，脚下巢蚂蚁”，不能成为人类始祖。至阿居阿丛时期，山神得知必须祛除白、花、黑三秽后再举行祭祀猪胛骨占卜仪式才能使其成为人类的始祖，于是他先后派遣豪猪、白兔、野鸡和蜘蛛作为使者去上界请额毕斯乌毕摩，然而额氏不仅不愿来，还打伤了使者。被打伤的使者因未能完成使命而逃到了野外居住。最后由额阿孜·格俄·沙萨祖孙作为使者去请毕摩时，额氏从屋后竹林中砍回三根神竹竿，削成三副神竹签，编成三顶神法帽，制成三把神法扇，送给额阿孜祖孙。额阿孜祖孙三人带着名叫《斯穆安甘》的经卷和法器回到人间，经过下方搭铁桥送猴瘟，中间搭银桥送祖灵，上方搭金桥祛污秽，为铁杉巨人祛除了三色污秽后又举行了祭祀猪胛骨占卜仪式，并将其头上喜鹊巢移到森林中，腰上蜜蜂巢移到悬崖间，腋下松鼠巢移到岩洞里，

毕摩聚会拟祭山　阿牛史日 / 摄

鼻中花鹊巢移到沟壑间，脚下蚂蚁巢移到黑土下，于是地界有了雪族十二支，其中一支成了人类的始祖。[①] 由此可见，毕摩历史悠久，可溯源至彝族先民“史姿史德”时期的部落氏族社会。

一、毕摩的概念

毕摩是在毕摩原生宗教仪式中专门主持祭祀活动的祭司，是在仪式现场念诵经文以沟通、调解人与人、子孙与祖先、人与自然及其神灵的中介，是毕摩原生宗教文化的创造者、传承者、弘扬者，是彝族传统民俗文化的总结归纳与创新升华者。毕摩学识渊博，上知天文地理，下知测算吉日，主持彝族生产、生活中的日常事务，主要职能有传承古彝文、主持毕摩仪式、司祭、行医等。其文化职能是整理、规范、传授彝文，撰写和传抄彝族古籍文献。毕摩在彝族人的生育、婚丧、疾病、节日、出猎、播种等生活中起重要作用，他们既掌管神权，又传播文化，既司通神灵，又指导人事，是彝族传统文化的活的“大词典”。毕摩是整个彝族社会中的知识分子，是彝族传统文化的忠实守护者和传播者，是彝族传统文化的代表人物，在彝族社会、文化史中具有重要的地位。

毕摩是“毕”与“摩”的合称。“毕”有两层含义：一是作为动词，有念诵、学习、举行仪式、主持仪式之意；二是作为名词，是指官衔，即古彝人进入阶级社会后，形成“兹（君）、莫（臣）、毕（师）”三位一体的统治阶级，“毕”是专门为君王主持祭祀的祭司。“摩”也有两种含义：一是指女人。母系

毕摩聚会祭山　阿牛史日 / 摄

氏族时期，有威望的妇女成为部落首领，她们既是政治领袖，又是宗教领袖，因此，当时举行宗教仪式均由女性部落首领“摩”主持。二是指官衔。“摩”是古代彝族社会中的一种职业，即“君、臣、师”三位一体的统治阶级中的“莫（臣）”。“毕”与“摩”同源，两者的不同在于，前者司祭，后者司仪、记史及传史。“摩”（臣）通文字，精礼仪，智足谋深，能言善辩，地位仅次于君长，是摩叩（臣）组成人员。随着中央政权深入西南地区，彝族聚居区实行“改土归流”[②]后，彝族地方政权土崩瓦解，“莫”（臣）官衔自然随之消失，一部分有势力的“莫”（臣）并入“兹”（君），形成统治阶级的“兹莫”，另一部分则进入民间，作为祭司，融入毕（师），其典籍并入毕摩文献之中。后来的毕摩便是“毕”（师）与“莫”（臣）的合称。[③] 因此，概括起来说，毕摩是指通过神秘的神灵和特有的语言（经文）来沟通人与神灵或祖先，并用极具特色的仪式行为来调解人与神灵、祖先的关系，祈祷人丁安康、

① 冯元慰、曲别石美，《勒俄特衣·石尔俄特》，第25-35页，西南民族学院印刷厂，1978年7月。

② “改土归流”：是明清时在西南以少数民族为主的地区进行的行政制度改革，即废除自元代以来的世袭土司，由流官取而代之。

③ 王继超、王荣辉，《彝族创世诗·知识神和人》，第57页，四川出版集团、四川民族出版社，2004年5月。

五谷丰登、六畜兴旺的祭司。

彝族分布广，由于方言的差异，各地区彝族对毕摩的称谓不尽相同，汉字音译也不尽相同，故毕摩也可称为“白马”“呗马”“比目”“笔磨”“拜马”“兵母”“白毛”“阿毕”“白磨”“呗耄”“布慕”“奚泼”“西婆”“奔耄”“北墨”“阿闭”“阿白”“比木”“笔母”“觋爸”“西波”“祭司”“呗玛”等，汉文方志、史书中也有写作“傒卜、觋皤、耆老、鬼师、鬼主”等，彝语多数方言译作“毕摩”。

杨成志先生在《云南罗罗族的巫师及其经典》一文中说：“（西波[①]）也可称为祭司或‘智人’，唯在其本族则称为‘呗耄’，汉语则称为‘毕摩’。‘呗’是道的意思，‘耄’是老的意思，合起来讲，便是能知群经而识掌故的老道人。这是罗罗字（彝文字）的解释。”

左玉堂先生在《中国西南彝族毕摩文化》一文中说，毕摩是彝族原生宗教祭仪的主持者、祭司和知识传播者，在彝语里毕摩有祭司、教师之意。毕摩识传统彝文（俗称“古彝文”），通晓彝文经书（俗称“彝经”），识掌故，拥有彝文典籍，无论是过去还是现在，人们都视其为“智者”和“知识最丰富的人”。彝谚说：“调解人的知识上百，兹莫（君臣）的知识上千，毕摩的知识不可计数。”同时，彝族人一般认为毕摩能“通神”，亦能“通鬼”，是人与神、人与鬼之间沟通的媒介，是卜疑解难的人。

毕摩源于远古的女性部落首领。当时是“男愚女智”的社会，女性作为部落首领，是统管者，是当时社会的最高统治者，同时也是有文化、能通神的人，是神权统一的人物。然而，随着社会的发展，彝族社会从母系氏族社会进入父系氏族社会后，女性的权力也自然落入男性手中，具有神权地位的毕摩也由男性担任。此后，毕摩只能由男性担任，且传男不传女，沿袭至今。

毕摩传承实行世袭制。历史上，毕摩执政或佐政时期，毕摩均在贵族阶层中世袭，即有毕摩谱系的人才有资格担任毕摩。后来，“兹、莫、毕”三位一体的统治阶级政权瓦解后，毕摩流入民间，降为平民，才兼而出现师传。时至今日，毕摩的传承仍以世袭传承为主，师传为辅。

二、毕摩的贡献

在彝族社会发展中，毕摩逐渐成为彝族社会中的知识分子，他们上知天文，下知地理，博古通今，无所不知，谙熟彝族传统文化，特别是在创造彝文及用彝文撰写古籍文献并传承、弘扬传统文化方面，立下了不可磨灭的汗马功劳。其社会功绩是多方面的，归纳起来大致有以下几个方面。

（一）与彝族先民共同创造了古彝语

彝语是彝族先民（初民）在漫长的共同生活中发明创造的语言，是自源性的语言，是独具特色的独立语种，彝族也正是依靠自己独特的语言、文化而形成并区别于其他民族。

彝族先民源于古人类起源与发展的云贵高原，最初没有语言。随着大脑的不断发育，他们对周围的一切事物都有了悟性，开始仔细观察周围的环境，认为万事万物都在不断地运动变化着：昼夜更替，日月更换，河水流淌；树叶沙沙响，风儿嗖嗖吹，泉水潺潺流，羊咩咩叫，狗汪汪叫，鹌嘟嘟叫，斑鸠咕咕叫……所有这些令人感到惬意的现象和声音，都引起了他们的兴趣。他们认为这些神奇的自然现象是大自然在跟自己“问候”“打招呼”，他们务必要回答这些“问候”。然而，没有语言的初民怎么回答呢？他们

① 西波：“西”彝语指有智慧者，“波”意为族或人，“西波”即有智慧之人。

便学习大自然的“问候语”，学习水流的潺潺声，学习风吹的嗖嗖声，学习羊叫的咩咩声，学习各种清脆的鸟叫声……心里逐渐形成了一个个有声的词，并逐一命名。于是风吹叫“嗖嗖”，树动叫“沙沙”，水流叫“潺潺”，羊叫是“咩咩”，鹤叫是“嘟嘟”，狗叫是“汪汪”……于是便有了小小的词汇库。

然而，原始初民从自然现象中学习的语言是极简单的，学习过程又极困难。首先，他们学习自然现象中的声音，发声时不是发出简单的“嗖嗖”“咩咩”等简短词语，而是模仿风吹、羊叫或鸟鸣的声调长时间地发声，尽量模仿这些声音，直到很像为止。所以，他们初学的语言不是说话，而是“唱歌”，特别是学习种类繁多的鸟类“唱歌”。经过无数次的学习、唱诵后，他们学会了不同鸟类及其他自然现象发声的声调，然后在集体生产生活中用学到的语言来相互交流，进而形成了较为固定的词汇。

原始初民认为，整个自然界都有生命，都在发声，都在说话，都在运动，他们与大自然建立了不可分割的联系，成为大自然不可或缺的一部分，所有这些都是神灵的安排。同时，他们认为自己与自然的关系充满了爱与憎、赞同与反对，因而内心十分矛盾。当他们看到一棵高大的果树上结满了成熟的水果时，便惊叹不已，内心充满了爱与赞美，认为这是神灵的恩赐，是神意的显示。于是，部落中某些出类拔萃的初民便向果树祈祷，感谢神灵的赐福。祈祷仪式完毕后他们才兴奋地爬树摘果，享受美味。当遭受地震、雷击、泥石流、洪水等自然灾害，或被猛兽袭击，造成人员伤亡时，认为这是自然界的故意为难，便憎恨起这些自然灾害来，于是在内心深处迸发出愤怒的信息——诅咒。诅咒仪式也是由部落中出类拔萃的初民主持。然而，这些自然灾害几乎每年发生，周而复始，诅咒似乎无效。他们慢慢地认识到自己在大自然面前极其渺小，特别无奈，于是，他们开始敬畏自然，虔诚地向山神、水神、雷神等自然神灵祈祷，祈祷驱邪避灾，祈福纳祥。经过祈祷仪式后，所有部落成员的心灵得到了莫大的安慰。当时，他们的避险意识已经增强，因而大大减少了人员伤亡，但是他们深信这是举行祈祷仪式的结果，是神灵保佑的结果。于是，他们无事时祈祷，遇事时祈祷，事事祈祷，祈祷成为他们生活中不可或缺的一部分。

祈祷，除了满足初民的精神生活外，还有以下含义：一是将具体的自然物转变为精神力，即认为一切事物都是有生命的，并有其守护神；二是在不知不觉中将动词转变为名词，即将大自然及动植物发出的声音转变为名词。这样一来，祈祷所念诵的词语中不仅有了动词，也有了名词。主持祈祷仪式的人还利用自己的悟性大胆地想象，进一步丰富自己的祈祷词语及声调。这种祈祷仪式便是彝族最早的自然宗教，这是自然崇拜的产物，主持自然宗教仪式的人便是原始毕摩[①]。由此，自然宗教逐渐演变为原生宗教，主持原生宗教仪式的人便是专职祭师——毕摩。

后来，彝族先民进一步研究、解析相关鸟类的语言。进入文明社会后，毕摩们用古彝文撰写了《揭秘鸦语经》[②]，专门破解、揭秘乌鸦的鸣叫声。

因此，彝族的语言是彝族先民在所居住的自然环境中学习模仿自然界所发出的声音，特别是鸟类的声音而形成的，完整的语言词汇则是在原始毕摩们举行祈祷仪式中不断加工而形成

---

①原始毕摩：指在彝族蒙昧时期，能模拟自然界的鸟语来向自然界祈祷的人，而非指文明时代的毕摩。

②《揭秘鸦语经》：是毕摩占卜类的经书，彝语称为“哈罗阿杰伙博特依”（[illegible]）。彝族先民经过长期的总结分析，根据乌鸦鸣叫的时间、声调及次数来判断、揭秘、破解其含义。

的。因此可以说，古彝语是原始毕摩与彝族先民共同创造并不断丰富的。

（二）创造古彝文

文字是人类最伟大的发明之一，是文明和国家形成的重要标志之一。彝族是人类历史上较早发明文字的民族之一。早在母系氏族社会繁荣时期，彝族先民便发明创造了作为交际工具的“写形写影”的图画文字，后来发展演变为象形文字，经过漫长的时间，象形文字再发展演变为表意文字，即古彝文。

古彝文，史称“爨文”“韪书”“罗文”“倮倮文”“夷文”，新中国成立后，随族名而改称为“彝文”。古彝文是典型的表意文字，有8万多个字，通用于西南彝族聚居区的北部、东部、南部、东南部方言地区。

古彝文是相对于四川规范彝文而言的。四川规范彝文是四川凉山彝族使用的一种表音的音节文字，是在传统古彝文的基础上，以彝语北部方言“圣乍话”为基础，以喜德语音为标准音，根据笔画不多、结构简单、书写方便、字形美观的原则，从民间搜集来的几万个彝文中选用的819个字，分别表示标准音点的819个音节。规范彝文是古彝文的延续与发展，古彝文是规范彝文的基础。规范彝文主要在政府机关、正式出版物中使用，现民间毕摩及广大彝族民众使用的主要是古彝文。

古彝文的创造是以原始毕摩为代表的广大彝族先民集体智慧的结晶，并非一人一时之力。原始毕摩是古彝文的主要创造者，他们（主要是女性部落首领们）为了记住季节性的采集、播种时节规律及动物名称等，在石块、树木、树叶上画出代表日月星辰的符号；他们用兽骨来占卜，为了寻找占卜吉凶的规律，绘制了占卜图案，创造了象形图形，后来这些图形逐渐形成规律，演变成大家都认识的文字——古彝文。

远古时期，古彝文主要以树木、树叶、石块等为载体，后来用兽骨、兽皮为载体，骨多为牛羊的肩胛骨。用兽骨作为彝文载体，主要是做占卜之用。三国两晋时期主要以竹简、木牍为载体，唐宋以来主要以纸张为载体。还有以金石为载体的彝文，发现较早的金石彝文有贵州的《拦龙桥碑记》(1259年)、《明成化钟铭文》(1485年)、云南的《镌字崖》(1533年)等，后又在贵州发现了《妥阿哲纪功碑》，推测可能是蜀汉时期的作品，从字体看，那时的彝文已经发展到一定的程度。

彝文起源于何时，是何人首创，众说纷纭。清《一统志》卷四八四记载：“唐，阿呵，纳垢夷之后，隐岩谷，撰爨字如蝌蚪，三年始成，字母一千八百四十，号韪书，爨人至念习之，以为实楚。”《新编云南通志》卷九云：“唐阿呵，纳垢夷之裔，隐居半山修行，有道，撰字如蝌蚪，三年始成，字母一千八百四十字，号曰‘韪书’，占天时人事，亦多应验。”贵州《大定县志》卷九十三《风土志》载：“安国亨所译夷书九则，内载阿呵唐时纳垢酋，居岩谷，撰爨字……”经查阅彝文古籍文献，目前暂未发现“阿呵”此人，即使有，他也只是“撰爨字”者，是规范、编撰“彝文字典”的工作者，而非首创彝文者。

《西南彝志》记载：恒本阿鲁，创始供奉祖先（礼制），发现了天地根源，并创造了彝族文字。贵州毕摩典籍《人类历史》记载，最早的毕摩名为密阿迭，“他来兴祭奠，造文字，立典章，设律科，文化初开，礼仪始备”。彝文古籍《呗耄根源》记载：有呗耄就有字，有呗耄就有书，有呗耄就有文，有呗耄就有史。[①]呗耄即

① 王天玺、张鑫昌，《中国彝族通史》（第一卷）第113页，云南出版集团有限公司、云南人民出版社有限公司，2012年11月。

为毕摩。古彝文在发展演变的过程中，教化圣师呗耄在其搜集、整理和发展中起着重要的作用，故后人称他们为古彝文的发明创造者。以上文献说明，远古时期，毕摩创造了古彝文。

彝文自诞生之日起经历了多次搜集、整理、规范及发展，如远古时期昊毕实楚、提毕乍姆的改革规范，“彝族六祖”时期的改革规范，等等。“彝族六祖”分支后各支系分别到不同地区拓展，由于地理、空间的隔离，不同地区逐渐形成地方方言，为了满足当时当地生产生活的需求，各地的彝族对彝文进行了相应的改革、创新、规范，使古彝文形成了“同源异音”的局面。如元朝初期，毕摩宗师阿苏拉者组织诸多毕摩对四川凉山古彝文进行改革规范，将佶屈聱牙、晦涩难懂的古彝文简化成通俗易懂的文字，并加以推广。与此同时，阿苏拉者用规范简化的古彝文撰写了卷帙浩繁的古籍文献。今四川凉山毕摩所用的古籍文献就主要是以阿苏拉者为首的毕摩大师们共同撰写的。

毕摩念诵古彝文　戴志陶 / 摄

有关研究表明，古彝文可以与甲骨文、苏美尔文、古埃及文、玛雅文等并列，是世界古文字之一，而且可以代表世界文字的一个重要起源。①

通过以上文献记载可知，毕摩们对彝文进行了创造和规范，并撰写了大量彝文文献典籍，从而使彝族文字得以传承至今。古彝文是彝族先民留给我们的最珍贵的文化遗产，而毕摩们则是创造和使用古彝文的总工程师。

（三）传承古彝文

虽然彝族先民创造了古彝文，但如果没有人传承，古彝文或许早已湮没在历史的长河之中。用古彝文书写的毕摩经书是毕摩原生文化的主要载体，是举行纷繁复杂的毕摩原生文化仪式的主要依据，也是毕摩的主要法器之一。没有经书的毕摩不能举行毕摩仪式，不认识古彝文的毕徒也不能成为毕摩。因此，对一个毕摩来讲，最基本的要求就是认识古彝文。毕徒除了学习古彝文外，还要学习毕摩原生文化仪式程序，背诵经文。通过这种教学方式，毕摩们培养了一代又一代彝族社会需要的人才，使古彝文得以保存、推广并传承至今。

改革古彝文也是传承彝文的主要方式。古彝文经历了一个漫长的改革规范过程，古彝文的改革规范，历代毕摩都有其贡献。如毕摩宗师阿苏拉者规范了凉山彝文并对用其书写的经书进行了改革。

① 阿里瓦萨文（中央民族大学教授，法学博士），《彝族文字起源初探》，中央民族大学学报（哲学社会科学版），第54页，2011年第1期。

毕摩在抄写古籍文献　阿牛史日 / 摄

（四）规范传统习俗

我们今天看到的彝族人，不论他们生活在何地，其生活习俗基本一致，是统一、规范的。这种习俗的总结、规范及完善均是由毕摩来完成的。不论是祭祀习俗、人生礼仪（包括出生、成人、结婚及丧葬的礼仪），还是各种民族节日等，从古至今，都离不开毕摩的主持和指导。如祭祀神灵，毕摩要主持祭祀仪式，念诵《祭祀经》；婴儿出生时，要请毕摩举行净手仪式、取名，并念诵《祝福经》；结婚前要请毕摩测算结婚吉日，结婚时请毕摩主持新娘入棚仪式①等；祭祖安灵时请毕摩举行驱遣索命魔仪式和祭祖送灵等一系列仪式。毕摩是各种习俗活动的主要主持者与参与者，一切程序都要按照毕摩的安排进行。因此，彝族各种传统习俗的兴起、发展都与毕摩息息相关，并在毕摩的指导和主持下不断规范和完善。

（五）发展彝族医药

四川凉山彝族治病有“布茨”（[illegible]）和“黑茨”（[illegible]）两种方法。“布茨”是指用草药治疗，该方法是用多种草药配方治疗疾病，相当于现代的中药治疗；“黑茨”指用野兽②药物

① 新娘入棚仪式：结婚时新娘必经的仪式程序，如果新娘是再婚，则省略该程序。

② 远古时期，彝族先民猎捕野生动物来祭祀，后来用家畜家禽代替。

治疗，该方法是利用牲畜，经过毕摩举行特定仪式后将病人的病魔转移（移嫁）给牲畜。在古代彝族社会中，治疗疾病是毕摩的工作内容之一。古代彝族先民信奉多神崇拜，神鬼观念极重，他们认为人的生老病死都是鬼神的作用。因此，人一旦生病，就要请毕摩祭神驱鬼（实际上是一种精神疗法），但是仅仅如此还不够，还需要配合药物治疗。因此，毕摩在治疗上常用“神药两解”的方法，由此便发展了独特的彝族医药。草药的应用是群众性的，但集大成者非毕摩莫属。毕摩识文字，他们常将彝族群众使用的草药方记录成文，在应用的同时将其传给后世，如祭祀经书中的《采药炼丹经》《寻药找药经》《献药经》就是较早的彝族医药著作。唐南诏之后，随着彝族医药的发展，有很多医书问世，如四川凉山的《造药治医书》，贵州的《启谷署》，云南楚雄的《双柏彝族医书》，云南红河的《元阳彝族医书》，云南玉溪的《哀牢山彝族医药书》《聂苏依期》和禄劝的《彝族药方》等，所记录的药物、药方、治疗的疾病都达数百种。不仅有药物书籍，还有医药理论书籍，如四川凉山彝族的《医算书》、云南弥勒彝族的《二十八穴针灸书》和《查病神方位书》。这些医药理论将天文历法、阴阳五行用于人体生命节律的研究，预测人的旺衰病死，以掌握医疗主动权，具有一定的科学性。

（六）编制天文历法

为畜牧、农耕而进行天文观察、编制历法，是毕摩的又一大职责，他们根据广大民众生产生活的需要，编制了各种用途的历法历书。众所周知，彝族古代曾创造了“十月太阳历”，即一年10个月，每月36天，共360天，外加5～6天过年祭祖日。此外，彝族古代还曾创造过许多历法，如“人体历法”（亦称“月经历法”）、“十八月历”、“十月兽历”等，它们曾经对中华文明的形成产生了极大的影响。这些历法的创造都与毕摩有关，毕摩不仅是这些历法的创造者、使用者，同时也是保存者、传承者。如“人体历法”是云南宁蒗县几位彝族老毕摩提供的，“十八月历”是云南大姚县一位老毕摩提供的，“十月兽历”来自云南弥勒市五山乡老毕摩杨家福世代保存的彝文文献典籍，“十月太阳历”在川滇大小凉山地区发现，且至今仍在传承使用。《彝历百科》[①]是四川大小凉山地区彝族人日常都要翻阅的百科全书。

（七）繁荣民族文化

彝族是一个蕴含丰富民间文化艺术的民族。在数以万计的彝文古籍中，文学作品占了相当大的比例，如创世史诗《勒俄特依》、英雄史诗《支格阿鲁》、教育诗词《玛牧特依》等，此外还有众多的民间故事、民间歌谣、谚语等，大多用五言诗体写成。这些脍炙人口的文学艺术作品，都是毕摩以民间口头文学为蓝本，搜集、整理并加以创作而成。因此，彝族历史上的文学艺术作品，凡见诸文字的，无不与毕摩有关。

毕摩是让彝族文学从口头传承到文字作品的成就者，而且许多毕摩本身就是彝族民间最具才华的歌手和诗人，他们一方面积极搜集、整理民间流传的优秀口头歌谣，使之成为经典，传之后世；另一方面，他们积极从事彝族文学创作，不断丰富彝族文学宝库，如举奢则、买阿妮等大毕摩就有许多个人创作的作品，包括文学作品、诗歌、民间故事、历史传记，文艺理论著作等，如《彝语诗律论》，在文坛上颇有影响。

在搜集整理彝文作品的过程中，彝族毕摩没有冠以自己姓名的习惯。大量的彝文古籍，

① 《彝历百科》编纂委员会，《彝历百科》，四川民族出版社，2012年7月。

比如《西南彝志》《勒俄特依》这样的历史典籍，都是一些无名氏之作，一律被称为“古籍文献”，这是很独特的。在毕摩看来，这些文学作品是整个民族的财富，并非属于个人，他们甘当无名英雄，他们进行搜集整理，是为了让优秀的作品流传后世，并认为这是理所当然的，他们不企图从中得到任何好处。这种无私的奉献精神，值得我们学习。

三、毕摩的职能

毕摩是彝族历史上政教合一的宗教领袖，也是辅助君主的统治阶级之一，但由于近现代祭司的地位变迁，毕摩的职能也发生了变化。从时间发展的纵向来看，毕摩的职能分为古代毕摩职能和近现代毕摩职能。

（一）古代毕摩职能

根据彝族历史文献典籍和汉文史志记载，古代毕摩主要有以下几个方面的职能。

1.执政职能

彝族社会父权制正式确立后，部落及部落联盟形成和盛行时期，由毕摩担任酋长，毕摩的社会职能是政治首领或酋长兼宗教领袖（即政教合一），彝族社会的一切活动都由毕摩来掌管和统领。如“彝族六祖”时期的魏勒邱普，以及之后的阿杜罗普等，他们不仅是部落首领，也是大毕摩，是政教合一的宗教领袖。唐代樊绰所著《蛮书》记载：“大部落则有大鬼主，百家二百家小部落，亦有小鬼主。一切信使鬼巫，用相服制。”《宋史·黎州诸蛮传》记载：“夷俗善鬼，谓祭主者曰鬼主，故其酋长号都鬼主。”

2.佐政职能

元代李应京所著《云南志略·诸夷风俗》记载：“罗罗即乌蛮也。……以鸡骨占验吉凶。酋长左右，斯须不可阙，事无巨细，皆决之。”毕摩主要担任文官、史官，或做文秘工作，或专为部落酋长主持祭祖和其他祭祀活动或为部落间械斗测算吉日。

3.祭司职能

实施土司制度后，毕摩再没有为统治阶级“酋长左右，斯须不可阙，事无细，皆决之”的社会职能，而是在彝族民间著书立说、传抄经籍，为族人祈祷、祭祀等。

（二）近现代毕摩职能

1.撰写经书

现四川大小凉山地区民间经书种类繁多，数量众多，这些经书由毕摩们代代传抄，不仅使经书内容得以流传，同时也使古彝文得以传承。如果没有历代毕摩坚持不懈的努力和虔诚的坚守传承，彝族古籍文献和古彝文可能早已消失在历史长河之中。

2.占卜

古代彝族全民信仰原生宗教，占卜术则是原生宗教的重要组成部分。毕摩及其文化作为远古原生宗教的延续，占卜也是其内容之一。占卜，彝语称为“匹基德木”（[illegible]），它采用以小明大、以微见著的方法，以微观与宏观的联系为原理，用羊肩胛骨、鸡头骨、鸡股骨、鸡蛋、仪式牺牲牲畜的内脏或树枝等来测算未来的吉凶祸福，为咨客分析问题、指点迷津。

毕摩原生宗教文化中，占卜是重要的内容，凡遇战争、械斗，或狩猎、播种、疾病、丧葬、婚嫁、建房、搬迁新房、婴儿取名、出行、贸易等，以及出现各种异兆，都要进行占卜以测吉凶，从而确定是否举行驱邪避魔仪式。毕摩占卜的方式很多，常见的主要有以下几种。

（1）羊胛骨占卜。举行大型仪式特别是祭祖仪式前，要进行羊胛骨占卜。占羊胛骨卜时，先取一片风干的、完好的羊肩胛骨，扯一点火燎草，搓紧置于胛骨正面，再点燃火燎草，毕摩

一边吹气，使火燎草燃烧，一边口诵《占骨卜经》，为主人占卜。火燎草烧完后，将羊骨在地上轻敲两三下，让火燎草灰抖落，再用拇指轻轻挤压烧灼处，若出现裂纹，再根据裂纹形状预测吉凶福祸，决定是否举行祭祖仪式或其他相关仪式。

（2）鸡股骨占卜。该卜卦主要用在举行招魂或唤魂仪式中。占卜时将牺牲的黄色母鸡的股骨皮肉轻轻去掉，找到股骨血孔，再将松针叶插入血孔，按所插松针叶的奇偶数以及对称情况占卜吉凶。

（3）鸡蛋占卜。彝族人生病、身体不适或常做噩梦，就会请毕摩用鸡蛋占卜。占卜前，将一个土鸡蛋（“洋鸡蛋”不灵）粗的一头用针钻一个小孔，让病人对准小孔大力吹气，然后手握鸡蛋在病人身上滚四五圈，最后将鸡蛋在病人头顶上按逆时针方向滚一圈后包好，请毕摩占卜。毕摩拿到这颗收集了病人晦气的鸡蛋后，对着鸡蛋念诵《卜蛋经》，再将鸡蛋打入盛有清水的碗里进行占卜，推断病人的症状和病因。

（4）木刻卜。一般彝族家庭丢失了牲畜或物品时，就要请毕摩举行木刻占卜，以此推算失物所在方位、找寻结果等。

3.主持祭祀

在以万物有灵观和祖先崇拜为核心的毕摩原生文化发展历史中，毕摩的主要职责就是主

毕摩用羊胛骨占卜　阿牛史日 / 摄

持祭祀活动。这种祭祀主要以宗族或家支为单位来进行。祭祀的对象包括崇拜物、神圣自然物及各种神灵。祭祀仪式可分为祭祖送灵、季节性祭祀、诅咒性祭祀、祈求性祭祀、唤魂招魂等仪式，这些仪式是民间最常见的仪式。祭祖送灵仪式是同宗子孙为逝去的长辈举行的送灵归祖仪式，是子孙对祖辈的一种神圣的义务，彝谚道："父欠子债当推娶妻搭桥，子欠父债要数祭祖送灵。"故彝族人不论贫富，均在一定时间全力以赴地举行祭祖送灵仪式。祭祖仪式是追悼亡者的一种仪式，主要是为了给死者祛除生前之孽和指阴路，让其顺利回归祖界。祭祀自然物，是对神圣物定期或不定期举行的祭祀仪式，以祈求其不被污秽所缠，继续保持其灵性。除祖先神灵外，其他各种神灵也是彝族祭祀的对象，只要认为是神灵不佑而降灾降祸，人们都会请毕摩举行还偿仪式或祭祀仪式，安抚神灵。

4.禳灾祛祸

彝族信仰万物有灵，直接催生了各种以禳灾祛祸为目的的仪式。凡遇疾病或灾祸，如时运不济、疾病缠身、庄稼歉收、自然灾害、意外伤亡、牲畜瘟疫、遇事异兆、常做噩梦等，往往认为是神灵不佑、鬼怪邪魔作祟所致，因此，要先请毕摩占卜，占卜后再请毕摩举行各种祓禳仪式。在四川凉山彝族民间，还有定期的禳解、遣返各种鸡祟犬祟、怨辞咒语，祈求平安吉祥的节气祓禳仪式。这些季节性仪式，在四川凉山所地和圣乍土语区的布拖、普格、喜德、越西等地主要是火把节期间的"晓补"仪式，在美姑、雷波、峨边、马边等义诺方言区主要有春季的返咒"晓月布"仪式、夏天的还债"季就"仪式、冬天的赎魂"影茨"仪式等，旨在遣返流言蜚语、祛灾祈福，祈求五谷丰登、人丁平安。

5.治疗疾病

新中国成立之前，四川大小凉山地区由于没有专门的医疗机构及医务人员，毕摩不仅是毕摩原生文化仪式的主持者，也是治病救人的医生。他们不仅要熟悉毕摩原生文化仪式，还要学习一些传统的医药知识，识得不少药方。毕摩仪式中，也有一些是以治病为目的而举行的，毕摩经典文献中也有相应的药方记载，药材有草药、矿物药、动物药等，治疗方法有蒸疗、针刺、熏疗、敷疗、吹伤口、喷酒等。

6.主持盟誓

彝族是极重承诺的民族，无论是婚姻中的矛盾、生活中的纠纷，还是不同家支共同承担某项重大社会责任等问题，只要双方坐在一起（或托中间人）说好就作数，不需要白纸黑字，更不需要按指印，且双方永不反悔。即使是现在，发生重大的刑事、民事案件时，除了按照国家法律法规判决外，双方还要按照彝族习惯法做最后判决，双方以酒、牲畜等进行盟誓，永不反悔，该案才算完全终结。而主持重大盟誓者非大毕摩莫属。《华阳国志·南中志》载：其速征巫鬼，好诅盟，投石结草，官常以盟诅要之。彝族人认为，发生过的事总有时间和地点，做过的事、说过的话，有神灵见证，违背诺言，必定会受到神灵的惩罚。因此，"言必行，行必果"成了彝族人的行为准则。彝族文化培养了彝族人信守承诺的品格，生活中则主要反映在通过订立盟约解决问题。

盟誓，是指彝族部落与朝廷间订立盟约或冤家和解时请毕摩举行仪式，以神的权威来警告盟誓双方要遵守约定。彝族历史上，无论是宗族和解、分宗联姻、联合对敌、彝汉互保、宗族合盟，还是个体间的重大事项，都必须双方或多方盟誓。盟誓分为两种，即人与人之间的盟誓和人与祖妣神灵之间的盟誓。

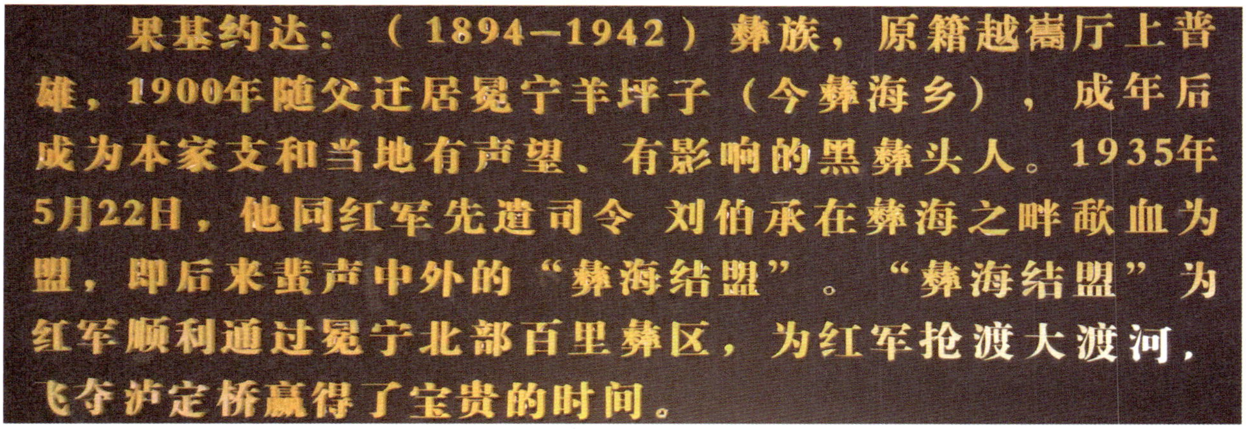

果基约达：（1894—1942）彝族，原籍越嶲厅上普雄，1900年随父迁居冕宁羊坪子（今彝海乡），成年后成为本家支和当地有声望、有影响的黑彝头人。1935年5月22日，他同红军先遣司令 刘伯承在彝海之畔歃血为盟，即后来蜚声中外的“彝海结盟”。“彝海结盟”为红军顺利通过冕宁北部百里彝区，为红军抢渡大渡河，飞夺泸定桥赢得了宝贵的时间。

彝海结盟事迹　立克达曲 / 摄

第一种，人与人之间的盟誓。凡战争、议和、宗族内做重大决定、宗族间交往等，均需双方盟誓。盟誓仪式由毕摩主持，毕摩根据盟誓种类念诵相关盟词，双方恪守盟约。根据双方要决定事项的大小，盟誓又分为无血盟誓和有血盟誓。前者以酒作为仪式用品，而后者必须牺牲鸡和牛。有血盟誓中又以“椎牛盟誓”规格最高，要求最为严格。

“椎牛盟誓”仪式多用于冤家械斗、两个以上家支联合对敌、异族间发生冲突或宗族间发生重大事件时。举行仪式时，盟誓双方或多方各出一只鸡、若干酒，共出一头牛，各请一位毕摩主持仪式。盟誓中，毕摩诵经念咒，说明为何事而举行盟誓，请求公正神灵作证，教导双方恪守誓约，不能违约，否则将与牺牲的牛下场一样。念毕经文，杀牛，取出牛的内脏，剥出牛皮（不能切断牛头与四肢处的皮，使牛皮在牛头及四肢处与牛身相连），然后将牛的尾、脚朝下放于一木架上，状如牛站立着。盟誓双方或多方在毕摩的引导下念诵誓词，并从牛皮尾部下方钻过，从头部钻出来。接着取少量鸡血与牛血倒入酒中混合搅拌，每位盟誓者对天发誓后将血酒一饮而尽，表示盟誓各方愿意接受并遵守盟誓约定，从今以后，各方不准反悔，永不违约，否则将会如仪式中牺牲的牛一样死去。

1935年5月，红军长征到达四川凉山的冕宁县彝族聚居区。为了顺利通过此地北上抗日，5月22日，按照党中央毛主席、朱德总司令“尊重少数民族风俗习惯”的方针政策，红军先遣部队司令刘伯承与彝族家支头人果基小叶丹（果基约达）在本地著名毕摩沙马尔各的主持下，在凉山冕宁彝海边“歃血为盟”，最终红军得以顺利通过，渡过金沙江北上抗日，粉碎了蒋介石妄图让红军成为“石达开第二”的美梦。

禁止同宗族后裔结婚而誓盟。从古至今，四川凉山彝族都恪守等级内婚、家支外婚的规定，同家族内部不管相隔多少代，只要未举行祭祖分支仪式都严禁联姻。20世纪80年代以来，随着人们彼此间交往的增多，联姻范围扩大，一些家族因不明真相而相互开亲的现象时有发生。为了严守祖训，禁止家族内相互开亲联姻，不少家支各户出资购牛、买酒，然后择日召开家支会议，举行“椎牛盟誓”仪式，以盟誓的方式禁止家支内部开亲联姻。

禁止吸毒而誓盟。近十几年来，四川凉山部分地区毒品频现，各家支为了禁毒，召集居住在同一区域的同家支成员开会，大家出钱买牛、买酒，在指定地点举行“椎牛盟誓”仪

式，凡参加者及其家庭成员不得违背盟誓，否则将会如牛一样死去，且违约人要向家支组织交纳3万～10万元的违约金。这种誓盟在四川大小凉山地区禁毒中大有成效。

第二种，人与祖妣神灵之间的盟誓。在四川大小凉山地区，至今还流行人与祖妣神灵订立盟约。这种文化现象主要表现在祭祖送灵仪式中，彝语称为“约黑赌”，即“打绵羊肚”。祭祖仪式经过几十个复杂的程序后要举行“直作”仪式，意为祈求繁衍子嗣。届时，子孙们通过举行“打绵羊肚”仪式与祖妣盟誓，毕摩念诵相关经文，祈求祖妣赐福于子孙，让子孙像树木一样枝叶繁茂、人丁兴旺。祭祖仪式最后还要专门举行祖妣盟誓仪式，彝语称为“普匹系列”，让盟誓祖妣之灵晋升为善良的祖灵，不再变幻、作祟。

7.神判仲裁

神判是在彝族地区出现无法解决的矛盾时，请毕摩主持仪式，借助神力来判断是非的方式。新中国成立前，四川大小凉山地区由于牛、马及其他财物被盗窃等引起的纷争和矛盾诸多，在没有事实依据或证据不确凿的情况下，用彝族习惯法无法判断是非，就会请毕摩借助神明的力量，择日进行神明判决。

毕摩神判的主要方式有沸水（油）捞物、嚼米、捧铧口、打鸡等。

捧铧口，彝语称为“勒克朵”，意为端犁铧，用于因盗窃、抢劫等引起的大纷争、大事件。当被怀疑者坚决否认，而对方又一口咬定时，要用捧铧口仪式决出结果。举行捧铧口仪式前，被怀疑者要提前几天身着白色服装，带一只白色公鸡到山上请神灵为其申冤，而后在高山上举行仪式。仪式前，双方要事先下赌注，赌注由德古[①]验收保管。届时，双方各组织族人前去助威，分为两个阵营，事态严重时双方会全副武装，相互对峙。并请一位双方认可、品德高尚、法力高强的毕摩主持仪式，请求天地神灵主持公道，帮助毕摩判决是非。仪式中，由助手将一铧口烧红，让被怀疑者两掌并伸掌心向上，在掌上放九根新砍下且削皮剖开的白色木条，在木条上展放一块白布，然后将铧口端放于其上，被怀疑者捧铧口前行九步后丢下铧口，毕摩查看其手掌，若受伤则为输，若无伤则为赢。判决出输赢后，一切仪式费用由输方承担，赌注归赢家，并由德古作证打鸡盟誓，以后双方谁也不能反悔。

沸水（油）中捞物，即在沸水（油）中捞物，有捞鸡蛋、捞石子、捞钱币等，其目的与捧铧口相同。沸水（油）中捞物一般用于中等事件，程序为：煮一锅沸水（油），将钱币、鸡蛋、金属块或石块等放入沸水（油）中，由被怀疑者徒手捞出锅中之物，若捞不出或手被烫伤则为输，捞出又无伤则为赢。

嚼生米，彝语称为“陈曲姑”，一般用于小事件，做法是：在德古见证下，让被怀疑者抓一把米放入口中嚼烂后吐出，观察碎米中有无血丝，以定输赢，有则为输，无则为赢。

虽然神判没有科学依据，却可以利用神灵的权威约束人们的不良行为，对减少纷争、维护社会稳定具有一定的积极作用。

8.传播知识

从形式上看，毕摩传播传统文化知识主要是通过举行仪式，即毕摩文化知识的传播过程，实际上是民众与毕摩之间通过仪式行为进行交流

① 德古：指四川凉山彝族地区自然产生的德高望重的民间法官。德古学识渊博，能言善辩，谙熟彝族习惯法，能利用传统习惯法和现代法律调解纠纷、化解矛盾、维护社会和谐，降低司法成本，是维系彝族地区社会稳定且备受尊重的特殊群体。

作者（左）与彝族著名毕摩歌手吉克曲布交流毕摩文化　拉部 / 摄

的过程。一方面，毕摩搜集、整理民间文化，创造和丰富了毕摩原生文化，再以仪式形式回到民间，接受民间的检验；另一方面，毕摩文化的传播，必须建立在民众这个接受群体之上。没有民众群体的接受，便没有意蕴深厚的毕摩原生文化。因此，毕摩举行仪式的过程，就是毕摩文化知识在民间传播的过程，是毕摩与彝族民众进行文化互动的过程，是一个不断巩固和拓展毕摩文化空间的过程。

毕摩履行上述诸多职能，主要是通过相应的行为来实现的，这种行为就是我们通常所说的毕摩仪式。概言之，毕摩的主要职能是主持各种毕摩原生文化仪式，以满足广大民众生产生活的需要，并以此不断传承、弘扬民族传统文化。

四、毕摩的地位

从古至今，毕摩在彝族社会中的地位都很高且神圣。毕摩是毕摩文化的创造者和传播者，同时也是彝族民俗文化的总结者和主持者，他们“知天象，断阴晴，通神鬼，占天时人事”，上通天文地理，下知世间百事，故彝族有“君识上百数，臣识上千数，毕识数不尽”的谚语。在古代，彝族社会分为“兹”“莫”“毕”“格”“卓”五个等级，毕摩位于第三等级。毕摩是继承和传播彝族文化、统一彝族文字的大知识分子，是彝族精神文化的支撑者，故而备受人们尊重。彝族谚语“兹来毕不起，毕起兹不吉”，充分说明了毕摩在彝族社会中的地位是至高无上的。

当然，毕摩也有等级之分。四川凉山地区习惯把民间毕摩分为大、中、小三个等级，这主要是根据毕摩的学识、作毕经验和作毕能力（主持仪式的大小）划分的。衡量一个毕摩的威望不是看其年龄大小，有的年轻毕摩有能力主持大型仪式，他们就称得上是大毕摩了。要举行什么样的仪式，请什么样的毕摩来主持，都是通过占卜决定的。所谓仪式的大小是指仪式的规模大小，如祭祖送灵仪式就是大型仪式，一般的赎魂类仪式及一年三次的返咒仪式等就属于中小型仪式。

在现实生活中，民间毕摩半农半职，其社会地位、生活方式与普通百姓一样。但是，因其知识渊博，不仅能主持毕摩原生文化仪式、测算吉凶日、主持红白喜事，还能调解民间纠纷，促进邻里和谐，因此，一般有大毕摩居住的村寨，人们通常遵守村规民约，邻里团结、和谐相处，毕摩也因此备受尊重。每当逢年过节，许多人会自发、自愿地背着半边过年猪头肉，携酒带烟到毕摩家拜年，以示尊重。

五、毕摩的禁忌

毕摩有严格的职业操守，也有严格的禁忌。由于毕摩的身份特殊，其从事的社会活动也具有特殊性，他们必须遵从许多职能上的禁忌。毕摩禁忌是毕摩文化的重要组成部分，也是毕摩原生文化的主要内容之一。四川凉山地区毕摩禁忌如下。

（1）禁食猴、虎类动物。因为这些野生动物是彝族的图腾动物，且它们与人类一样属于灵性类动物[①]。

（2）禁吃狗肉、马肉。因为狗、马都是最早被人类驯化的野生动物之一，很通人性。

（3）禁吃非宰杀而死的畜禽肉。例如病死、意外事故死亡的畜禽肉，彝族人认为这是被邪魔处死的动物，其肉极“脏”，会污染毕摩致其法力减弱，故禁食之。

（4）禁食蛇等爬行动物。因为这些爬行动物是原始社会彝族的图腾物，同时它们吃鼠类动物，甚至相互蚕食，也是极“脏”的动物，毕摩食之会失去法力。

（5）禁食耕牛肉。耕牛肩放置过犁的枷担，枷担随意放置，人畜均可能跨越，属于不洁的污秽之物，耕牛在枷担禁锢之下也会被污染，所以毕摩禁食之。

（6）毕摩主持祭祖等大型仪式活动前的7天内禁与妻子同房，否则毕摩护法神不愿前来仪式现场助威，仪式不灵。

（7）举行大型黑色诅咒仪式时，在念经时禁与旁人说话，否则，仪式不灵，或与之说话的人不吉利 。

（8）禁将用人血或动物血书写的黑色诅咒类经书放在毕摩家里，要放置在野外山崖上的山洞中，否则将给毕摩家带来灾祸。

（9）除毕摩的妻子和女儿外，禁其他女性触摸经书法器，否则要对经书法器举行祛秽仪式。

（10）禁家禽家畜特别是猪、狗跃过经书法器，否则要重新制作或抄写，或举行特别的祛秽仪式。

（11）忌毕摩无故背着经书法器到其他人家中，否则，所到之家至少要用一只鸡来让该毕摩举行特定仪式。

（12）毕摩在举行治病仪式时，忌看到病人死去。如果在举行仪式时病人将要断气，在病人断气之前，毕摩应将仪式中所用的神枝、草偶等

---

① 灵性类动物：具有聪明才智，对事物有感受和理解能力的动物。彝族习惯上将陆生动物分为三类：第一类是灵性类动物，包括人、猴、猿、虎、熊、蛇、蛙等，其中蛙的历史最长，是所有灵性类动物中的“老大”；第二类是蹄类动物，如獐、鹿、猪、牛、羊、马、狗等；第三类是禽类，包括鹰、喜鹊、家禽等。

祭物抛至门外，毕摩也立即离开病人家，否则污秽缭绕会使其法力减弱。

（13）忌毕摩抬遗体或焚烧遗体，否则毕摩会因被污秽沾染而致其护法神离开。

六、毕摩的法器

毕摩的法器是毕摩主持仪式时使用的具有特殊功能的各种器具，彝语称为“司木额嘎”。毕摩法器具有通达神灵、降妖除魔、禳灾祛祸、祈福纳祥等特殊神力，同时也是毕摩的一种权力象征。

《颂毕祖经》记载，毕摩法器源于史木额哈[①]，发明创造并开始使用于“彝族六祖”时期，是用于各种祭祀活动的法器，代表一种神圣不可侵犯的旨意。《颂毕祖经》记载：作毕我一群，走过柏林山，背来柏签筒；走过樱林谷，带来樱神扇；走过林木山，戴得法笠（法帽）；走过竹林谷，搓来竹神签；走过百树谷，树棍杠亦要分，五棍杠也要分，取银击银鼓，取金击金鼓。经过汉区罗谷取得白纸书，经过勒格峨卓[②]取得黑墨写。彝地蜀地庸者莫挡路，愚者莫行理。黄猪胛得卜，鸡股骨得插。取草垫神枝，取血祭神座。毕口也诵咒，毕手亦折枝，银笛取来奏，金弦取来弹，接种种亦传，断根根亦断，遣敌敌亦散，治病病亦愈。治病于世间，度灵入祖界，世间得繁旺。神铃亦灵巧，网兜亦顺手，旧毕亦得见，新毕亦得闻。毕摩作法师于此，谋臣判案源此法。或赞颂道：神笠黑压压，神扇摇晃晃，签筒如林立，神铃似雷震（这里对毕摩法器进行了神化）。相传在母系氏族时期，毕摩因“不置金银水鼓，不插金银神枝，不佩杉签筒，不持樱神扇，不戴竹神笠，不摇神铜铃，不念神传经，因而驱鬼鬼不走，遣敌敌不散，祈福福不至，治病病不愈”而自然消失。直到“彝族六祖”时期，使用了各种法器，毕摩的法力因此大增，祛病、驱鬼、招魂、纳福才得心应手。

毕摩之所以能与鬼怪神灵沟通，被认为是因为法器能显灵增威。毕摩凭借法器沟通神灵、降妖除魔、禳灾祛祸、祈福纳福，同时法器可以提升毕摩的神威与形象。毕摩的各种法器，在不同的仪式场合中有其特殊的功能与作用。

四川大小凉山地区毕摩常用的法器主要有神签筒、法帽、神扇、神铃、经书及经袋。

（一）神签筒

神签筒，彝语称为“乌吐”（[illegible]），是毕摩常用法器之一。神签筒由木材制成，中空，长短不一。毕摩学徒能单独主持仪式后，毕师按照毕徒的生肖择日制作。神签筒分为公、母、子三种，古代著名毕摩一般都要制作三种签筒，作为一组搭配使用，现在毕摩一般只制作一种。

制作神签筒的过程严肃、庄重、虔诚、神圣。制作时，毕摩择吉日背着酒徒步翻越深山密林，走到不见人烟、听不到鸡鸣狗叫的地方，找到一颗长势良好的红豆杉木。毕摩先站在树前，用酒敬奉这棵树，意为这棵树是神赐之物；接着口中念诵祈求山神砍伐该树并护佑主人之词，祈愿祈祷；然后砍下这棵杉树，截取其中的一节带回家中。回家后请专门的工匠进行精心制作，掏空、雕琢、装签。雕琢过程中产生的所有木屑都必须背回山林或放置于悬崖上，不能受到玷污、踩踏，以保持其纯洁性。放置木屑时毕摩还要进行虔诚的祈祷。

神签筒为柱状，其底部是一个较大的圆形

① 史木额哈：为古地名，指古代彝族先民“额”部落居住的地方，现指上方神灵居住的地方，有时指阴间。

② 勒格峨卓：为古地名，因勒格部落及其首长居住于此而得名，近代以来改称为“拉布峨卓”，现泛指西昌一带。

毕摩神签筒　立克达曲 / 摄

背负神签筒的毕摩　戴志陶 / 摄

底盘，中间分别刻有7个或9个小圆环，顶端是一个三角形的分叉，尖部张口呈锥形的为阳性，张口呈半椭圆形的为阴性，象征龙或蛇的嘴，且张口大小与所属毕摩张口大小一致。若神签筒张口过大，超过毕摩之口，会不利于毕摩；若张口过小，则视为毕摩法力不足。神签筒由前后两节组成，前节谓之柏公，由名山深处的柏树制成；后节谓之樱母，由名山深处猎犬不及之处的樱木制成。签筒长度与毕摩前臂（包含五指）长度一致，过长则握不住，主持仪式时容易出错，对毕摩不利；过短则被视为法力不足。神签筒内装载毕摩占卜用的神签，彝语称为“罗余”（

戴着法帽祭山的毕摩们　阿牛史日 / 摄

ꌋ），有18支和11支两种。神签用竹削成，分为阴阳两种，一端削成叉形的为阴签，削成尖形的为阳签。神签筒两端系以皮绳或铜链制成的背带，底端还要系上鹰爪、豹齿、虎牙、野猪獠牙等，这些爪牙都来自凶猛动物，意寓毕摩的护佑神神力无边，能帮助毕摩驱邪逐魔，促使仪式灵验。毕摩举行重大仪式时将神签筒斜跨于背上，显得威风、神气。

（二）法帽

法帽，古彝语称为"勒魏"（ꂷꃶ），现代彝语称为"毕哦尔布"（ꀘꀊꃅꀮ），意为毕摩戴的神笠，举行重大仪式时必须戴上，是毕摩的保护伞和避邪物。毕摩外出主持仪式时将其斜挎于身，作毕时戴于头上。法帽一般用竹篾编制而成，上面加缝一层羊毛毡，形如大斗笠。有的用黑色毡片或以纯白羊毛制成圆形小帽套于笠尖上，称为"毕尔拉略"，意为虎眼神笠。法帽所属毕摩每主持一次祭祖送灵仪式，便要加一层羊毛毡，层数越多，表示毕摩的法术越高强，彝语称为"神笠毕晃晃"。

毕摩在举行特定的仪式时才佩戴法帽，一般在主持赎魂仪式和祭祖送灵仪式及猪胛骨占卜仪式时佩戴。法帽不仅可以遮风挡雨，也是毕摩特殊身份的象征，是毕摩与神鬼进行沟通的载体。

（三）神扇

神扇，彝语称为"切克"（ꐆꇇ），据传是在"彝族六祖"时期创造并开始使用的，一般在举行祝福、请神、驱鬼、超度安灵、猪胛骨占卜以及制作灵牌等仪式时使用，或用以盛撒代表金

毕摩神签筒、神铃、神扇　阿牛史日 / 摄

银的木屑、荞花[1]、大米等祭品，或用于驱遣魔怪邪祟，或用于盛撒代表祖妣遗留五谷六畜等的福粉。

神扇有竹扇和铜扇两种。竹扇用竹篾编制而成，并在中间以木柄穿镶而成。编制时，先用竹篾编织一个圆盘，编出方格为眼，眼有九眼和七眼两种。然后用樱木制成蛇身鱼尾状（表示龙）的木柄插入圆盘，柄端装饰两只鸟（代表传说中的神鸟阿普依曲），柄身雕有护毕神鹰、护毕神虎和吞邪豺狼，柄把上刻东南西北天地四方和擎天四柱。竹编神扇有的用土漆漆绘，有的用彩漆漆绘，其工艺都十分考究和精美。

铜制神扇工艺较为复杂，动物图案一般是先用铜雕刻好后再焊接在扇柄上。扇柄从头到尾依次焊上已雕刻好的鹰、狼、虎像，意为毕神雄鹰在前面截击，红狼在后追赶，白虎最后咬死邪魔。鹰雕像在最前面，要张开翅膀，一般都能够旋转，使用时摇动神扇，仿佛是一只正在飞翔的鹰在截击邪魔。

毕摩神扇具有请神、驱魔的作用。不同神扇用于性质不同的仪式场合。九眼神扇用于超度凶死之魂，七眼神扇用于超度善死之魂；竹制神扇用于大型善事仪式，如祭祖仪式，铜制的神扇用于超度死于麻风病的亡灵和与麻风病有关的凶性仪式。

毕摩在仪式活动中摇动神扇时的动作极为讲究：神扇向内摇动时，意为召请神灵；向外摇动时，意为驱逐邪魔。

（四）神铃

毕摩神铃，彝语称为“毕局”（ꀘꐦ），用黄铜铸成，为铜制喇叭形，平口，形似钟，内悬金属铃舌，摇铃时可发出声音，有铜柄或木柄可持摇，铃顶洞口上拴有鹰足或虎牙，与铃内铃舌连接。神铃是毕摩作毕过程中不可缺少的法器之

---

① 荞花：指将荞麦粒在灰炭上烧烤后所爆出的荞粒花。

一，一般在驱逐性程序中使用。毕摩边诵经边摇铃，铃内铁珠铃舌撞击铃壁发出铮铮响声，诵经声与神铃声交相应和，清脆悦耳，节奏鲜明，增加乐感，使气氛热烈，在人、神、鬼之间传达信息，以通神灵，显现神威。

毕摩神铃　川田（日本）/摄

（五）经书

毕摩经书是毕摩的主要法器之一，彝语称为“司木谙嘎”（[彝文]）或“司木”（[彝文]），意为传播知识的摇篮，现称为“毕摩特依”（ꀘꂾꄯꒉ）。

毕摩经书是毕摩举行仪式的重要载体。一位毕摩，不论水平高低，都必须拥有一定数量的经书。毕摩学徒首先要学习的就是毕摩经书：一是学习古彝文，不识彝文就不能主持仪式；二是背诵和念诵有关经文，经书记录了大型毕摩原生文化仪式程序，有些仪式程序要背诵经文，有些则

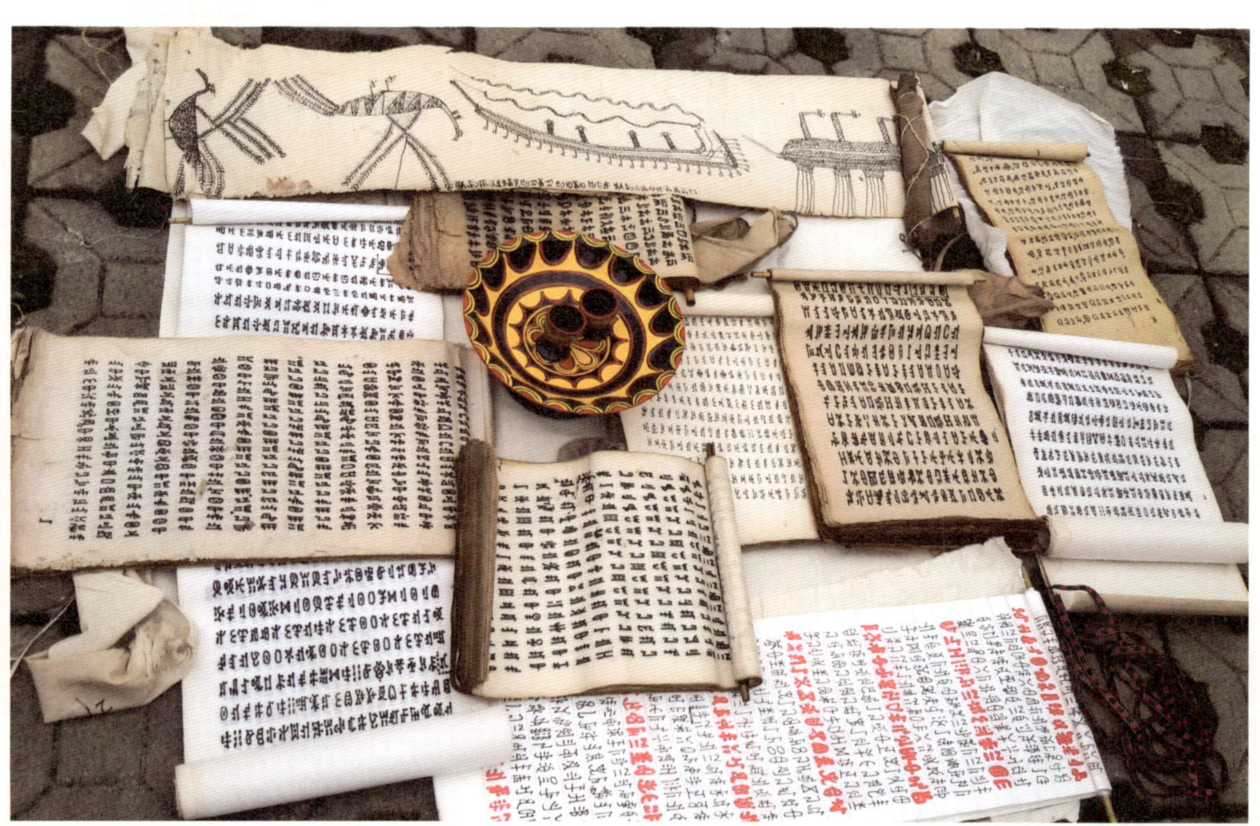

古彝文经书　立克达曲/摄

毕摩的经书法器　美姑县文化馆 / 提供

只需念诵经文，如《指路经》《献祭经》《祭祖源由经》及《献水经》等都是必背的经文。

调查发现，各毕摩拥有的经书数量各有不同，少的只有四五十卷（册），多的有两三百卷（册）。这些经书根据仪式需要分为不同的种类，使用场所也因仪式的不同而不同。习惯上，毕摩们把自己的经书分为三大类：第一类是“路上方”[①]类，主要用于祭祖送灵等大型仪式。这类经书成书时间很早，内容深奥，文字繁复，异体、变体字多，非大毕摩不能释读，种类有近百种。第二类是“路下方”类，主要用于禳解、返咒、祛秽、溯源、招魂、防护等仪式，种类有两百多种。这类经书成书时间相对较晚，其内容一般较为通俗，文字晓畅明白，记载的人与事也大多有历史的影子。第三类为天文历算、占卜类，既可为毕摩所用，也可以让民间执事者抄录和使用。当然，根据不同的归类法，毕摩经书还可做其他分类，此处不赘述。

（六）经袋

经袋，古彝语称为“谙嘎”（[illegible]），现称为“黑孔”（ꉼꈩ）或“毕摩黑孔”（ꀘꂾꉼꈩ），是毕摩用来装经书法器和其他物品的网兜。古时布料稀少，聪明的彝族先民就地取材，用麻绳编制背袋网兜。经袋一般由毕摩自己编制，编制时要用两根麻绳，一根顺时针方向、一根逆时针方向，交错编织。

① “路上方”与“路下方”相对，“路上方”，彝语称为“嘎哈”，指远古毕摩们所创建的毕摩原生文化仪式，是规模宏大、程序复杂、作毕时间较长的毕摩仪式，如祭祖、猪胛骨占卜等大型毕摩仪式。“路下方”，彝语称为“嘎吉”，是唐宋以来毕摩大师们在“路上方”的基础上所创建的毕摩原生文化仪式，祭祀规模小、程序简单，仪式时间较短，如赎魂、招魂等仪式。

经袋按用途一般可分为三种。第一种是普通的用于装载普通物品的经袋，这种普通经袋左右各扎一根背带，装好物品后，直接挂在左右肩上。第二种是苏尼用的经袋，也称为“黑孔”，是苏尼用于装羊皮鼓的专用背袋，这种背袋只有一边有背带，呈圆形，可将圆圆的羊皮鼓装入其中，便于携带。第三种是毕摩专用的经袋，呈长筒形，底部宽，顶部较窄，只有一条背带，适于将经卷直接横放于其中，然后斜挂在肩上，主要对经卷起保护作用。毕摩用的经袋与普通经袋一样，编制时都是从顶口往底部编，到了底部，就将编制所用的绳索集成一股，普通经袋拧成一条或两条绳子，毕摩的专用经袋在底部要分出四小股，圈成一个圆环后再编成辫状，并从内口的线中穿过。使用时将顶端网口收紧，整个经袋形状似一只张着大口、长着大肚的动物，也有点像人的胃。一个经袋蕴藏着毕摩的手工技艺和深厚的文化底蕴，彰显着彝族古代文明。

毕摩法器还有毕摩随身携带的护身物、虎牙、鹰爪、野猪牙等。虎牙，彝语称为“拉直”，代表毕摩的护法神。鹰爪，彝语称为“鹫西”，是毕摩的护法物，也是毕摩神力的象征，将老鹰爪风干后弯制而成，一般系于神铃上。野猪牙，彝语称为“尼迪直”，用雄性成年野猪的一对犬齿制作而成，举行大型诅咒、驱逐仪式时毕摩将其戴在脖颈上，有驱邪避魔的作用。

第二节　毕摩的起源及形成

据彝文文献记载，早在母系氏族社会时期就有了女性毕摩。母系氏族社会中期，彝族就自然形成了独特的原生宗教雏形。在漫长的历史长河中，为了生存繁衍，彝族先民逐渐认识了赖以生存的大自然，并在与大自然和谐相处的过程中，形成了独具特色、内容丰富的毕摩原生文化，在万物有灵观的影响下，信奉自然崇拜、图腾崇拜、祖先崇拜。

原始社会时期，在彝族先民（初民）的认知中，世间的万事万物，从宇宙中的日月星辰到大地上的山川河流，以及生息在这个世界上的难以尽数的动植物，都具有灵性。天地间各种事物的变化、人类的生死，都由神灵主宰，这是最原始的精神文化。彝族先民中的一些杰出人物（主要是女性），为了祛邪避灾、祈福纳祥，发明了向大自然祈祷的仪式。这种祈祷仪式收到了“奇效”，因此，人们不断举行这种祈祷仪式，于是便产生了最原始的宗教祭司——毕摩，毕摩及其文化由此诞生。这些向自然祈祷的祭司备受人们的尊敬与崇拜，她（他）们不仅是人们的精神支柱，而且是社会的组织者，进而自然成为氏族部落的首领，也自然成为政教合一的宗教领袖。

根据彝族古籍文献记载及毕摩口传，毕摩起源于远古时代的阿普（哎哺）时期，在依搏、措舍、确目、妥替、毕波、恩奥、道朵、哲莫、额莫、巴布等氏族中普及，经过尼能、实勺、格峨、慕弥、邱普等不间断的传承，传承至今。按照汉族历史发展来看，毕摩及毕摩文化萌芽于母系氏族初期，形成于母系氏族后期，规范于父系氏族时期，发达于唐宋，衰落于清初。

一、毕摩萌芽于母系氏族社会初期

母系氏族社会初期，彝族先民不能合理解释许多自然现象，于是把自然物和自然力视作与人一样具有生命力、意志力的伟大神灵，并加以崇拜。他们把天、地、日、月、星、山、石、水、风、雨、雪、云等天体万物自然变迁的现象视为生命、意志、情感、灵性等的表现，认为它们会

对人的生存及命运产生各种影响，因此加以崇拜，举行崇拜仪式，希望能消灾降福，获得护佑。

经过漫长的岁月，通过相互交流及与大自然博弈，彝族先民的思维能力进一步提高。他们了解了自然界的一般规律、不同季节的气候特点及其周而复始的规律；知道太阳出来后要落山，之后月亮出来，如此日月更替；试图对周围的自然现象和自身的生理现象做出解释，如在太阳光的照射下，人的影子出现在地面上，并总是与人形影不离，人走到哪里，影子就跟到哪里，看得见却摸不着，他们便认为影子是自己的重要组成部分，是不能离开自己的。影子，彝语称为“影”（[illegible]），意为魂。彝族先民认为人的一切都与“影”息息相关，于是，产生了灵魂观念。同样，阳光照射在山、树等物体上时也会形成“影”，他们便认为山、树等都有灵魂，天地、日月、山川、动植物等也都有灵魂，由此形成了最早的万物有灵观。

但当时彝族先民的认知能力还很有限，不懂得人类出生与死亡的原因，特别是当时人们“只知其母，不知其父”，不知道氏族的祖先是谁，于是将自然力量神化，形成了超自然、超人类的神灵。彝族先民认为氏族是由某种动物或植物演化而来的，自己同该物种有血缘关系，该物种对本氏族有保护作用，于是将该物种作为自己氏族的图腾并加以崇拜。

彝族先民认为，周围的一切事物乃至整个世界都在不停地发展变化，即都在“毕”，天在“毕”，地在“毕”，山川河流在“毕”，整个世界都在“毕”，因为有了“毕”，才有了人类。人类要生存，要发展，因此也要“毕”，“毕”才能避灾，“毕”才能降福，“毕”才能平安，“毕”主宰着人类的一切。于是，人类就向大自然学习“毕”，向大自然的神秘力量祈祷，以求平安，由此诞生了彝族最原始的毕摩原生文化。

根据彝文典籍《颂毕祖 · 毕摩的起源》记载，毕摩及其文化起源于神秘的大自然。典籍原文与内容大意如下：

[illegible]，	毕摩起源于，
[illegible]，	昊天那上方，
[illegible]，	昊天那上方，
[illegible]，	毕摩起于雾，
[illegible]，	雾毕飘飘毕，
[illegible]，	雾父天上飘，
[illegible]，	雾母地上罩，
[illegible]；	雾子地上飘；
[illegible]，	毕摩起于雨，
[illegible]，	雨毕哗哗毕，
[illegible]，	公雨住天空，
[illegible]，	母雨下在地，
[illegible]；	雨子浸地面；
[illegible]，	毕摩起于天，
[illegible]，	起于白公天，
[illegible]；	源于昊天无垠处；
[illegible]，	毕摩始于地，
[illegible]，	始于黑母地，
[illegible]。	始于茫茫黑地处。
[illegible]，	毕摩起于树，
[illegible]，	树毕刺楸毕，
[illegible]，	树毕念自语，
[illegible]；	毕摩学树语；
[illegible]，	毕摩起于竹，
[illegible]，	竹毕竹神签，
[illegible]，	竹毕念自语，
[illegible]；	毕摩学竹语；
[illegible]，	毕摩起于石，
[illegible]，	石毕石起火，

祭祖毕摩　戴志陶 / 摄

石毕念自语，
毕摩学石语；
毕摩起于水，
水毕嗖嗖毕，
水毕念自语，
毕摩学水语；
毕摩起于崖，
崖毕峭壁耸，
崖毕念崖语，
毕摩学崖语；
毕摩源于兽[1]，
兽毕特勒毕，
兽毕念自语，
毕摩学兽语。[2]

以上文献透射出三个信息：一是远古时期没有专门的毕摩，谁都可以“毕”，也没有规定的时间及地点，没有规范的仪式程序和内容，毕摩只是一种抽象的“形象”或“概念”；二是那时正是彝族先民发明、创造原始语言的时期；三是那时毕摩主要以女性氏族首领为主。那时，彝族先民的脑中已有毕摩的雏形，毕摩及其文化开始登上彝族的历史舞台，并逐渐成为彝族先民的精神支柱，成为彝族文化的萌芽。

综上所述，毕摩文化是遵循自然规律而出现的，是自源性的，是在母系氏族社会初期由彝族先民发明创造的，是留给后世子孙最原生、最珍贵的文化遗产，并逐渐成为彝族独特的文化标识。

二、毕摩发展于母系氏族社会后期

（一）女性担任氏族部落首领

约1万年前，彝族进入了母系氏族社会，那时，没有配对的夫妻，人们“只知其母，不知其父”，过着原始生活。

在母系氏族社会里，没有农牧业，没有住房，人们主要群居在岩洞之中，过着没有阶级的氏族公社生活。劳动中按性别和年龄实行分工。青壮年男子外出狩猎、捕鱼，女性则从事采集果实、看守住所、加工食物、缝制衣服、管理杂务、养护老幼等劳动。因为当时的采集经济比狩猎、渔猎等经济收获更稳定，是氏族成员生活资料的重要来源，是维系氏族生活的基本保障，故女性的地位高于男性。同时，由于女性在生育上的特殊作用，以及氏族成员的世系均按母系计算，更使女性在氏族中具有极高的威望，居于主导地位。她们安排生产、分配食物、掌管火塘、调解纠纷、执行判决等，形成了以女性为中心的议事——“莫格”（[illegible]），“莫”（[illegible]）意为女，“格”（[illegible]）意为聚会（议事）。其中，年长的、见闻广的、能说会道的、有威望的女性自然而然地成为氏族部落首领，她们掌握着管理氏族的权力。

当时，人们以母系氏族为单位群居，没有家庭观念，实行群婚，没有固定配偶，“只知其

① 兽：这里指野生禽兽。该句的意思是彝族先民们学习野生禽类、兽类的叫声，是彝族语言的萌芽。
② 摘自作者珍藏的毕摩经书《颂毕祖·毕摩的起源》。

母，不知其父”，“人兄是我兄，人弟是我弟，人人一个样，天下是一家”。《勒俄特依·石尔俄特》记载：

[illegible]，　远古的时候，
[illegible]，　吾哲施南一代生子不见父，
[illegible]，　施南兹哈两代生子不见父，
[illegible]，　兹哈地宜三代生子不见父，
[illegible]，　地宜苏涅四代生子不见父，
[illegible]，　苏涅阿署五代生子不见父，
[illegible]，　阿署阿俄六代生子不见父，
[illegible]，　阿俄石尔七代生子不见父，
[illegible]，　石尔俄特八代生子不见父。

以上典籍中的“吾哲施南”等人名是母系氏族社会时期部落首领的名字，“一代”“二代”不是指现代意义上的具体代数，而是指一段漫长的时间，说明人类经过了漫长的母系氏族社会。到母系氏族社会中后期，人们慢慢认识到自己不仅有母亲，而且应该有父亲，然而，人们已经“八代不见父”。那么，自己的父亲是谁？他们到什么地方去了呢？在石尔俄特（又名阿书阿俄）时期，石尔俄特下定决心一定要找到自己的父亲，他带领随从人员，到远处“找父”“买父”，在漫长的寻父路上，他遇到了聪慧的女性兹妮史色。虽然没有找到父亲，但经兹妮史色提示、引导，石尔俄特与兹妮史色婚配成偶，成为彝族历史上首对夫妻。彝族历史从此开始进入父系氏族社会，人们不仅“知其母”，而且“知其父”。根据《勒俄特依·石尔俄特》记载，石尔俄特背金“找父”“买父”的经过叙述如下：

[illegible]，　石尔俄特啊，
[illegible]，　要去买父亲，
[illegible]，　要去找父亲，
[illegible]，　带着九个随从者，
[illegible]，　拿了九结银匙子，
[illegible]，　拿了九束金匙子，
[illegible]，　赶了九驮银驮子，
[illegible]，　赶了九驮金驮子，
[illegible]，　狐狸赶银驮，
[illegible]。　兔子赶金驮。
……　……
[illegible]，　石尔俄特啊，
[illegible]，　来到约木接列[1]时，
[illegible]，　兹阿地都[2]家，
[illegible]，　女儿叫史色，
[illegible]，　坐在这里织毛布，
[illegible]：　起身迎俄特：
[illegible]，　地上的表哥，
[illegible]？　你到哪里去？

著名毕摩吉克批尔
何为／摄

①约木接列：远古地名，传说是东西方交界处的一个地方。
②兹阿地都：远古人名，传说是彝族一户贵族人家。

临黑的今夜，
黑也我家歇，
不黑还是我家歇吧。
蜜蜂虽无夜，
见岩就要歇，
乌鸦虽无夜，
见树就要歇，
牛羊虽无夜，
牧人赶到圈里歇，
云雀虽无夜，
见了草原便要歇，
水獭虽无夜，
见了江河便要歇，
出门男子虽无夜，
见了房屋便要歇，
临黑的今夜，
黑也我家歇，
不黑还是我家歇。
石尔俄特啊，
为要买父亲，
为要找父亲，
黑也不歇了，
不黑还是不歇了。
兹妮史色说：
地上的表哥，
下面大地上，
三只不放的猎狗，
不叫鸣的红脸鸡，
三截不烧的木材，
三匹不织的花边，
三堆不弹的羊毛，
三块不吃的盐巴，
你猜这些是什么？
铠盔头上戴，
铠盔前后额两片，
差一片是什么？
铠衣身上穿，
铠珠六千六百个，
差一个是什么？
铠裤腿上穿，
铠甲鳞片有两个，
差一个是什么？
你若能回答上，
何地买父找父去，
我能告诉你。
石尔俄特啊，
无法解释出，
流下三滴泪，
返回瓦格克及去，
讲给妹妹俄洛听，
石尔俄洛说：
亲爱的哥哥，
你不必忧愁，
我能告诉你，
三只不放的猎狗，
是指林中的狐狸；
不叫鸣的红脸鸡，
是指蕨草雄雉鸡；
三截不烧的木柴，
是指家中的祖灵；
三匹不织的花边，
是指天空的彩虹；
三堆不弹的羊毛，
是指山间的云雾；
三块不吃的盐巴，
是指深谷的冰块；
铠盔头上戴，
前后额两片，
差一片的是，

野猪颈上一块皮；
铠衣身上穿，
珠子六千六百个，
差一个的是，
红脸公鹿的皮子；
铠裤腿上穿，
铠甲鳞片有两个，
差一个的是，
水牛膝盖皮。
石尔俄特啊，
转回约木接列处，
回去讲给史色听。
兹妮史色说：
地上的表哥，
没人比你更聪明，
全都答对了，
祖灵该送哪里？
石尔俄特说：
若送到河里去，
河中有水蜮，
不宜放祖灵；
若送到山顶上，
山顶有狂风，
不宜放祖灵。
兹妮史色说：
地上的表哥呀，
制灵插在墙壁上，
祛秽以后供在神位上，
超度以后送到箐洞中。
照此仪式后，
回到人世间，
娶妻配成偶，
只要这样做，
生子可见父。

石尔俄特啊，
三年急切要娶妻，
却无处可娶妻，
又回到约木接列处，
对着兹妮史色说：
下面人世间，
娶妻无处娶，
只好娶你了。
史色回答说：
地上的表哥呀，
姑娘再美貌，
不讨自身价，
你要回到人世间，
问那特莫阿拉[①]去。
石尔俄特啊，
返回问阿拉，
就此定聘金，
坐的给坐钱，
站的请吃饭，
新娘到时送匹黑色马，
新娘回时送头黑色牛，
就此娶了兹妮史色。

石尔俄特世，
俄特生三子，
石尔俄特一，
俄特魏勒二，
魏勒邱普三。
邱普生三子，
邱普居斯也绝根，
邱普居尔也绝根，

① 特莫阿拉：远古人名，是一位能说会道、善于调解人际关系的有威望的女性部落首领，是彝族历史上第一位有文字记载的媒人。

[illegible]。　　只有邱普居木[1]有后代。[2]

以上文献说明，兹妮史色是奉行“自己的命运自己做主”的女性，是彝族母系氏族社会女性智者的代表，同时也是知识渊博的毕摩，是划时代的改革创新家。她教导石尔俄特“生子见父”的前提是要“祭祖送灵”；结婚成家的前提是请人做媒，男方要给予女方一定的聘礼，要举行结婚仪式。当时，以石尔俄特为代表的古代彝族男性的思想已初步开化，逐渐认识到人类不仅有自己的生母，而且应该有自己的生父。于是，史尔俄特开始寻找自己的父亲，终在兹妮史色的引导下，规定婚俗，一对男女组合，组成一个固定的家庭，即结婚成家，并世代沿袭。从此生子可见父，彝族社会逐渐步入父系氏族社会。

根据毕摩文献《颂毕祖·毕谱》记载，母系氏族社会到父系氏族社会期间，古彝族历经了几个部落王朝，如尼能（[illegible]）、实勺（[illegible]）、格峨（[illegible]）、慕弥（[illegible]）、邱普（[illegible]）（“彝族六祖”）等，他（她）们既是部落首领，又是宗教领袖。母系氏族社会时期最具影响力的是尼能、实勺两个部落。

1. 尼能

尼能是彝族母系氏族社会时期的第一个部落王朝。在彝族北部方言里，“尼”有青色之意（在彝族中、南部方言中意为黑色），“能”是红色，“尼能”指青红色或黑红色，也代指女性，现四川凉山彝族称女性为“尼能”。

远古时期，尼能氏活动在今成都平原、宜宾及滇东北一带。《彝族源流》载：在尼米举沟，尼能氏通天。祭了三代祖，尼死化作日，尼氏如荣日；能死化为月。“尼米举沟”是古彝语对成都平原的称呼，意思是九大平川。彝文文献《献茶经》《献酒经》《那史释名经》《打铜织绸经》等记录了尼能氏种植水稻、茶树和酿酒、纺织丝绸等生产活动。在介绍尼能氏酿酒、纺织丝绸时，还介绍了尼能氏居住的“尼毕”“能沽”两大城池。“能沽”往往与“尼毕”连在一起，“能沽”即今四川成都一带；“尼毕”为彝语，“尼”为彝族之意，“毕”为分路之意，“尼毕”合起来是指彝族分路的地方，即今四川宜宾一带。说明古彝人曾在宜宾一带随岷江和金沙江的不同流向而分路、迁徙，“尼毕”“能沽”因尼能氏纺织与经营丝绸而得名。

据《颂毕祖·毕摩的起源》载，尼能部落先有史兹史德、史阿尼能毕，尼能毕十代，但尼能十代毕摩因“学识浅，心愚手也笨”而消失（实为迁徙或与其他部落融合了）。《颂毕祖·毕摩的起源》相关记载如下：

[illegible]，　　远古的时候，
[illegible]，　　起先史兹毕，
[illegible]，　　史兹史德毕，
[illegible]，　　史阿尼能毕，
[illegible]，　　尼能毕十代，
[illegible]、　　度马额、
[illegible]。　　瓦度额两名毕。
[illegible]，　　尼能学识浅，
[illegible]，　　尼能愚手笨，
[illegible]，　　路过柏林间，
[illegible]；　　不负柏签筒；
[illegible]，　　路过竹林间，
[illegible]；　　未做竹神签；
[illegible]，　　路过木姜林，
[illegible]；　　未戴神法帽；
[illegible]，　　路过樱树间，

---

① 居木：有的书籍写成笃慕。

② 冯元慰、曲别石美，《勒俄特衣·石尔俄特》，第67页，西南民族学院印刷厂，1978年7月。

不做樱神扇；
路过树林间，
未做木神签，
未做额神签。
不吹白银笛，
不奏金口弦，
不架银神座，
不做金神座，
不制经书纸，
不用笔墨水。
神座不垫草，
牲血不祭神，
不会卜筮术[①]，
不会占鸡骨，
毕口不咒鬼怪签，
毕手不折鬼怪签。
祈福未曾至，
遣敌敌未散，
治病病未愈；
前人不学他，
后人不传承，
没有世袭毕，
一代毕摩失。[②]

尼能部落中，著名的毕摩有度马额、瓦度额两位。《彝族源流》载：尼能先形成，尼能先产生，毕摩先能言。先有尼能毕，尼阿依毕摩，依阿武毕摩，乌度额毕摩，十代尼能毕，首推直米赫，首推乌度额。[③]乌度额与《颂毕祖·毕摩的起源》中的名毕“瓦度额”是同一个人，名字之所以不同，是由于云南、四川两地音译不同的缘故，但“瓦度额”与“乌度额”的发音已非常接近。

尼能部落时期，已形成阶级，建立了相当于君、臣、师、匠、民的等级制度。尼能部落崇拜以女性首领为主的偶像，无论君、臣、师及民都雕俑塑偶并供奉。《彝族源流》载：尼能布制形成，尼能不拓疆，尼能不管地，做塑俑毕摩，做造偶毕摩。[④]说明毕摩作毕时用泥土和野草来制作鬼神等塑（偶）像的毕摩文化可追溯到尼能时期。同时，尼能时期农业比较发达，尼能氏发现了野生茶树并以药用为目的用其树叶泡水饮用；发现了野生荞麦，并进行栽培种植；发明了水稻的栽培种植技术；种桑养蚕，纺织丝绸；发明了酿酒；等等。尼能部落居住地域为西南地区大半部，北至古巴蜀，南至古滇国，东至古夜郎国。

2. 实勺

实勺是彝族先祖部落首领之一。根据《彝族源流》记载，实勺与尼能部落有较深的渊源：尼能的世系，传到恒吐鲁。佐慕慕一代，慕欧列二代，欧列佐慕三代，佐慕啻莫四代。名叫里友恒的，生英贤实勺。[⑤]实勺部落作毕八代后，因“学识浅，思不深，未负杉神筒，不带樱神扇”“实勺不结婚，实勺不嫁女”而失传。毕摩文献《颂毕祖·毕摩的起源》相关记载如下：

尼能转世后，
传到实勺世，
实勺世八代：
一世惹俄曲，
二世曲俄说，
三世说格余，

①筮术：蓍草占卜之意。
②摘自毕摩经书《颂毕祖·毕摩的起源》，古彝文书写，作者整理、翻译并珍藏。
③陈长友，《彝族源流·毕摩根源》，（第九至十二卷），第402–403页，贵州民族出版社，1992年10月。
④陈长友，《彝族源流·尼能氏根源》（第五至八卷），第126页，贵州民族出版社，1991年7月。
⑤同④。

四世格余于，
五世莫阿谷，
六世阿谷杜，
七世马杜林，
八世林阿博。
实勺毕八代，
实奢哲、
勺洪额两名毕。
实勺学识浅，
实勺思不深，
未负杉神筒，
未戴神法帽，
不带樱神扇，
不做竹神签，
实勺不设灵，
实勺不待客，
实勺不娶妻，
前人不学他，
后人不传承，
未有世袭毕，
两个部落失。
夜莺实勺鸡，
实勺传以后，
夜莺孤寂地哀鸣。[1]

实勺部落居住在云南点苍山一带，其部落崇拜云，自称是云的氏族。云译成彝语为“点”“滇”“待”等，点苍山古彝语称为“滇吐博”或“待措博”，意为有云氏族居住的白色的山，即山顶终年白雪皑皑。实勺君长叫“滇仇叩”，实勺出二君，克武和肯俄；实勺氏二臣，咪载和谷觉；实勺两毕摩，实奢哲和勺洪额，据传他们是始兴丧祭的毕摩。《摩史苏》载：“远古的时候，在待土博略，实阿武去世。在待土周围，为实阿武举行丧祭。那天晚上，因灵房里面没有修通路，没有疏通水，君过路受阻，实勺的丧事无头绪，实勺的丧祭不清白，成这个样。正因为如此，实奢哲来处置，勺洪额来理顺。”“待土博略”在云南点苍山一带。“实阿武”为实勺氏族中的君长。[2]实勺因部落崇拜云，即崇拜“滇”，故与滇民族有渊源关系。

实勺氏后裔经过上百代生息繁衍，一部分繁衍成南诏国王室的彝族蒙氏。南诏初时称为蒙舍诏，细奴罗建立南诏国后，南诏国的统治者实行世袭统治，到郑氏篡权之前，南诏国的最高统治者有十三代，均为蒙舍诏蒙氏的后代。卓罗纪（皮罗阁）是历史上建立南诏国的彝族支系，源于实勺部落。

（二）苏尼的起源

苏尼，系彝语。“苏”有两种意思，一是有轻、快、跳、飞跳之意，二是指××××的人。“尼”也有两种意思：一是作为名词，指妇女、女人；二是作为动词，有抖、颤抖、旋转之意。“苏尼”指因神灵附身而能颤抖着轻松飞速旋转的女性，她们在彝族民间民众的生产生活中，扮演着沟通人与鬼神的使者角色，其意义相当于汉语中的“巫觋”。《说文解字》曰：“觋，能斋事神明也，在男曰觋，在女曰巫。”彝语称男巫为“巴尼”，称女巫为“莫尼”。因各地音译不同，有的称“苏尼”为“苏涅”“苏里”“苏颇”“尼嫫”“尼颇”“纳尼”“纳尼颇”“苏业”“锁斋颇”“锁斋颇”“锁宰颇”“基嫫”“巴妮”“莫妮”“冬莫”“冬公”等。

① 摘自毕摩经书《颂毕祖·毕摩的起源》，古彝文书写，作者珍藏。

② 王继超，《摩史苏·引水修路》，第37页，贵州民族出版社，2001年11月。

正在作法的苏尼　何为 / 摄

苏尼是巫师，以巫术手段与鬼神“沟通”。苏尼大多数为成年人，平时与普通民众一样，不脱离生产劳动，无世袭师传，无经书，但有特定的法器；苏尼男女均可以担任，其主要职责是占卜、驱邪赶魔、治疗疾病等。

在原始社会，由于生产力低下，彝族先民遇到自然灾害、疾病、死亡等灾难和不幸，便认为是神灵及妖魔鬼怪在作祟，为了和它们“沟通”，苏尼便应运而生。苏尼虽然不识经文（当代兼作毕摩的苏尼也有识彝文者，但水平都不高），没有经书典籍，不会画符念咒，但他们能利用说唱诵词和击鼓跳跃等活态艺术形式进行驱魔赶鬼、招魂引魄、答疑解惑、治病救人等活动，也有人相信他们能通鬼神，是神的化身和代言人。

关于苏尼的起源有多种神话传说，但都大同小异，凉山州[①]美姑县、雷波县及乐山市马边县[②]、峨边县[③]等地区流传最为广泛、集中。

传说在远古时候，昊天之上一片混乱，妖魔横行，鬼怪猖獗。统领上天之神额天古兹为了上天的安宁，特派遣一位名叫斯惹嘎诺的神者专门负责驱邪赶魔，并传授给他咒语和神鼓。神者斯惹嘎诺身材高大魁梧，声如洪钟，一张口就可以吞掉一头牛，叫一声就能吓破鬼胆；妖魔鬼怪看见他就心惊胆战，听到他的歌声就会全身发软，听到他的诅咒便头脑发昏。斯惹嘎诺所到之处，妖魔鬼怪纷纷逃窜。后来，斯惹嘎诺老了，他便把自己的驱邪赶魔术和神鼓传给了另一位神者斯

① 凉山州：全称为凉山彝族自治州，简称“凉山州”。
② 马边县：全称为马边彝族自治县，简称“马边县”。
③ 峨边县：全称为峨边彝族自治县，简称“峨边县”。

吉，斯吉老了就传给了儿子阿普，阿普老了就传给儿子切吉，切吉又传给了阿天，阿天传给了比天。就这样，经过几代神者的不懈努力，天上的妖魔鬼怪消失了，它们大部分从天上逃窜到了人间。

人间的妖魔鬼怪越来越多，人们祈求苍天、恳请神灵，却仍无济于事。有一天，一个叫穆乌斯吉的兹莫（土司）带领一群人到一座叫尼木峨觉[①]的大山上去狩猎，不巧受到妖魔鬼怪的突然袭击，穆乌斯吉的手下都被妖魔鬼怪吞食了，只有穆乌斯吉逃进了森林并爬上一棵大树。然而大树也被妖魔鬼怪包围了，穆乌斯吉只能顺着树干往上爬，当他快爬到树顶时，发现树杈上挂着一个圆鼓，他便折断一根树枝猛击圆鼓，没想到树下的妖魔鬼怪听到鼓声纷纷逃窜而去。穆乌斯吉知道妖魔鬼怪害怕鼓声后，就把圆鼓带回家，经常用它来驱赶妖魔鬼怪。天上的神者听到自己的神鼓在人间敲响，便来到人间，他发现这些妖魔鬼怪是被他们从天上驱赶下来的，感到十分愧疚，便把驱邪赶魔的法术传给了穆乌斯吉，并给斯吉取了个法号，叫“苏尼”。从此人间便有了苏尼，专门负责驱邪赶魔。

虽然，苏尼没有具体的谱系，然而多种关于苏尼起源的传说都有一个共同说法，那就是苏尼源于远古时期的女性部落首领。《苏尼的起源》（《[illegible]》）载：

[illegible]，	远古的时候，
[illegible]，	人类起源早，
[illegible]，	苏尼起源晚，
[illegible]，	苏尼起源是，
[illegible]，	尼木峨觉地，
[illegible]，	苏尼神鼓源自豁罗瓦兹[②]，
[illegible]，	鼓槌鼓身源自瓦金瓦哈[③]，
[illegible]，	鼓槌鼓身三天随云飘荡，
[illegible]，	三晚随雨落，
[illegible]。	落下人世间。
[illegible]，	远古的时候，
[illegible]，	尼神首先飘落在兹[④]家，
[illegible]，	妇女首领苏尼是，
[illegible]，	木乌斯敏[⑤]一代尼，
[illegible]，	欺敏勒敏二代尼，
[illegible]，	勒敏恩洛三代尼，
[illegible]，	恩洛阿普四代尼，
[illegible]，	恩洛阿普世，
[illegible]，	阿普来击鼓，
[illegible]，	威震地四方，
[illegible]。	苏尼法神四方起。
[illegible]，	苏尼起源是，
[illegible]，	远古的时候，
[illegible]，	罗毕妮尼创，
……[⑥]	……

以上文献说明苏尼源于远古时期的“兹尼莫尼”。“兹”指掌权者，此处指女性部落酋长，“莫”指女性，“兹妮莫尼”指掌握政治权力的女性。典籍进一步指出，苏尼具体源于“罗毕妮尼”。“罗毕”意为崇拜磐石，“妮尼”指女性或女性部落，“罗毕妮尼”指崇拜磐石的女性部落。由此可知，苏尼源于母系氏族时期的女性部落首领。

---

①尼木峨觉：地名，具体位置待考证。

②豁罗瓦兹：地名，位于昭觉县境内。

③瓦金瓦哈：地名，在雷波县与金阳县交界处。

④兹：此处指氏族社会时期的女性部落首领。

⑤木乌斯敏：与下面的“勒敏”“恩洛”“阿普”等都是远古时期的女性部落首领名。

⑥《彝文典籍丛书》，第3564页，四川出版集团、四川民族出版社，2009年12月。

（三）毕摩从苏尼中分化而来

母系氏族时期，彝族地区整个社会各种事务均由氏族部落首领苏尼掌管。当时，苏尼男女均有（男性极少），其中男性苏尼称为“巴尼”，女性苏尼称为“莫尼”。女性苏尼是彝族母系社会时期的社会组织者和社会活动中的最高掌权者，也是维护社会和平与安宁的精神领袖，是神的化身。

女性苏尼不得闲的时候，就由出类拔萃、通晓巫术神道的男子代替其举行巫术活动，久而久之，便产生了男性苏尼。母权制黄金时代结束后，母权制逐渐被父权制取代，母系氏族社会逐渐向父系氏族社会过渡，女性苏尼被男性苏尼所取代。

彝族原生宗教历经了自然崇拜、图腾崇拜之后，对人的崇拜（即祖先崇拜）已占据主要的地位，且已有彝文的创造及使用，彝族进入阶级社会。此时，苏尼中的高层，掌握更丰富知识的新兴神职贵族——毕摩，从苏尼中分离出来，并由此产生了一种更为程序化和礼仪化的原生宗教文化，即毕摩文化。毕摩从苏尼中分离出来，“立典章，设科律”，成为政教合一的氏族首领，氏族一切隆重的祭祀活动均由其主持。这正如童恩正教授在《中国古代的巫》一文中所指出的：“原始社会氏族成员的巫与氏族贵族首领兼任的巫不能混为一谈，前者称巫，后者称‘巫–祭司集团’。”[①]亦如弗雷泽在《金枝》中所说：“在世界多个地区，国王是古代巫师和巫师一脉相承的继承人。一旦一个特殊的巫师阶层已从社会中被分离出来并被委以安邦治国的重任之后，这些人便获得日益增多的财富和权势，直到他们的领袖们脱颖而出，发展成为神圣的国王。”[②]这时的毕摩便是彝族社会中的“巫–祭司集团”或“一个特殊的巫师阶层”。

后来，彝族进入奴隶社会，因社会统治阶级和统治集团的需要，出现并建立了“兹（君）、莫（臣）、毕（师）”三位一体的政权组织，毕摩及毕摩文化进一步发展。

因此，毕摩和毕摩文化是从苏尼和苏尼文化中发展而来的。

（四）毕摩与苏尼的区别

毕摩与苏尼都是彝族民间的兼职神职人员，且毕摩源于苏尼。二者某些职能相似，但是其性质、学识、职能及社会地位等又不尽相同。

1.历史起源不同

苏尼与毕摩是一脉相承的，都有通神的能力，都能在神力帮助下通过和占卜预测凶吉，这方面两者是相通的。然而，结合彝族社会发展的历史研究发现，苏尼与毕摩产生于不同的历史阶段，苏尼更为原始和古老，它经历过原始时期和蒙昧时代，毕摩则是彝族历史发展到一定阶段后从苏尼中分离出来的，晚于苏尼。

2.职业目的不同

毕摩和苏尼都是彝族民间以驱邪治病、祈福纳祥为目的的神职人员，但两者的职业要求不同，职业目的也不同。苏尼是被动担任该职，毕摩是主动担任该职。是否担任苏尼是“神选”。一般情况下，大部分苏尼是不愿意担任该职的，只因得了“怪病”，全身变轻，病痛致幻，言行和精神反常，在医治无效的情况下，便请毕摩占卜，若经过占卜被认为是被护法神附身，就要举行祭祀苏尼护法神仪式，彝语称为“苏尼阿萨罗”简称“尼罗”。届时，毕摩将苏尼护法神附于得“怪病”的人身上，此人便正式成为苏尼。成为苏尼的关键是，在“尼罗”仪式过程中，疑

① 童恩正，《中国古代的巫》，中国社会科学，1995年第5期。
② 弗雷泽、詹姆斯·乔治，《金枝》（上），中国民间文艺出版社，1987年。

正在作法的苏尼　阿牛史日 / 摄

似神灵附身的人能用嘴叼起[①]牺牲尸体旋转。通常，仪式举行到一定程序时，疑似神灵附身的人会全身颤抖着起身，右脚着地，以右腿为轴，身体轻松地按顺时针方向旋转，接着弯腰用嘴叼起牺牲的白色绵羊尸体（有的牺牲白色公鸡）继续旋转，彝语称为“罗莫宇”（ꇓꂾꑳ）。如此便说明患“怪病”者的护法神已附身，此人才能正式成为苏尼；否则仪式没有成功，患“怪病”者不能担任苏尼。当某人被动成为一名苏尼后，按照“护法神”的指引，其身体康复，精神恢复正常。而毕摩多是自愿担任，也有由家人指定或由众人选定的，他们职业目的明确，即将来专门主持毕摩原生文化仪式，为民祈福纳祥，传承民俗，弘扬民族文化。担任毕摩不是“神选”。是否担任毕摩，首先是毕摩本人的意愿，其次是由其父辈指定。但不管是自己的意愿还是父辈指定，都不能立即成为毕摩。成为一名合格的毕摩，要接受诸多考验，必须从小就全面、系统地学习毕摩文化，直到能主持毕摩仪式为止。

3.性别要求不同

苏尼是氏族社会女性部落首领的直接延伸，保留着女性部落首领的痕迹。苏尼男女都可担任。从古到今，女性在苏尼中都占有一定的比例，现四川大小凉山彝族苏尼中，女性苏尼约

① 用嘴叼起：指疑似被护法神附身的人弯腰直接用嘴叼起牺牲尸体后旋转（禁忌用手）。有的苏尼叼着绵羊尸体旋转一定时间后能经过楼梯跳到楼上，穿过屋檐跑到野外，说明其护法神灵法力极高，将来会成为远近闻名的苏尼。

占四分之一，而且极为神秘。而毕摩则是有严格的世袭制度，传男不传女，且必须由身体健康的男性担任。

4.学识不同

苏尼的学识相对于毕摩来说是很低的，苏尼只需知道最基本的经语、了解仪式程序便可，可以不识彝文，没有经书文献。苏尼作法时，只要能在仪式现场召唤出自己特有的护法神，然后身体颤抖着在屋堂下方旋转就算仪式成功。有些苏尼兼毕摩就必须识得基础的彝文，有一定的毕摩文化知识，但是水平较低。而毕摩就完全不同，一位合格的毕摩要从小学习毕摩文化，且必须跟着老毕摩学习。一位中等水平的毕摩要背诵50篇（首）以上毕摩经文，认识古彝文，拥有经书文献，还要谙熟仪式程序，才能主持仪式。

5.法器不同

苏尼只有一种法器，即神鼓，彝语称为“格者”，古代一般用野岩羊皮制作，现在一般用山羊皮制作。神鼓是一种圆形鼓面的铃鼓，鼓面直径为40～50厘米，鼓高约15厘米，一面带有鼓柄，彝语称为“者图”，仪式现场用来击鼓。苏尼在举行仪式时边击鼓边跳舞，多为逆时针绕圈跳舞。“嘭、嘭”的击鼓声和“嚓、嚓”的摇环声，配以曲调高亢的唱腔和热烈、粗犷的舞蹈，给人一种别致、独特的感受，给妖魔鬼怪以威慑、恐吓，起到驱逐的作用。而毕摩的法器包括法帽、经书、神签筒、神铃、神扇等一整套。

6.职能不同

苏尼的主要职能是占卜和主持驱邪赶魔的巫术活动；毕摩的主要职能是占卜、测算吉日、主持毕摩原生文化仪式等，涉及彝族民众生活的方方面面，是彝族传统文化的传承者、执行者、传播者。

7.社会地位不同

苏尼的社会地位远低于毕摩，其原因有三：第一，苏尼是由毕摩“任命”的。这种“任命”制是拥有政治地位的毕摩对没有政治地位或政治地位很低的苏尼的权力加以限制的历史痕迹。彝族社会进入文明初期，出现了不同的阶级，其中代表统治阶级的毕摩从苏尼中分裂出来，声称自己是神秘力量的直接沟通者，是神的化身，苏尼也不甘心落后，甚至与毕摩争夺权力。毕摩为了维护自己的政治权力而极力限制苏尼的各种权力，其中包括担任苏尼应由毕摩来“任命”。这种毕摩对苏尼的限制一直沿袭至今。所以，虽然苏尼是“神选”的，但是，起初身体出现异常时要请毕摩占卜，判断是否是苏尼护法神附身，确定是护法神附身后还要再请毕摩举行祭祀护法神仪式，祛秽净身后才能正式成为苏尼。因此，苏尼要经过毕摩的“点拔”才能成为苏尼，主持该仪式的毕摩将终身受到该苏尼的尊重。第二，苏尼知识尚浅，而毕摩知识渊博，是彝族社会中的知识分子，在本民族群众中很受人尊重。第三，苏尼职能单一，而毕摩职能众多，除了平时主持一般性的祭祀活动外，还要主持红白喜事，负责播种、建房及外出测算吉日等，涉及彝族生产生活的各个方面。

8.性质不同

苏尼是专门从事巫术活动的人员，其性质带有迷信色彩；而毕摩是专门从事祭祀活动的人员，其主要职能是传承彝族传统文化。许多不了解彝族文化的人把毕摩解释成巫师，那是错误的。毕摩是彝族传统文化的固守者和传播者，是弘扬彝族传统文化的使者，是祭师。

因为有了毕摩及其文化，从此，毕摩与彝族先民及其社会紧密地连为一体，彝族的传统文化以毕摩文化为中心，不断发展进步。可以这样说，没有毕摩，彝族传统文化将渐渐消失，至少认识古彝文的人将在地球上消失，古彝文将随之消失，与毕摩文化相连的彝族民俗文化也将随之消失。

三、毕摩规范于父系氏族社会时期

进入父系氏族社会，彝族社会文明程度进一步提高，彝族先民在自然崇拜、图腾崇拜的基础上，在漫长的生活实践和探索过程中形成了祖先崇拜。在以史尔俄特为代表的“寻找父亲”的影响下，人们逐渐认识到、寻找到自己的父亲。同时，部落经常会有外敌来犯，为了抵御敌人，每个部落都自然形成男性部落酋长，取代了昔日的女性部落酋长，统一指挥防御敌人和主持举行各种原生文化仪式活动，这些部落酋长就是毕摩。传说古时候彝族女性都非常聪明，许多女性的智慧胜过男性，比如孜孜尼扎、阿依曲布、布阿诗嘎微等。为了征服彝族女性，彝族男性先民商量后决定给已婚生子的彝族女性头上戴一个“紧箍”——一块黑色的内收头帕，彝语叫“哦尔”，寓意收走彝族女性的智慧，不让她们走得更远、懂得更多。彝语格言“女人只能‘卓卓依洛尼，许许嘎乌西’”，意思是“上上阁楼里，走走屋檐下”。彝语还有格言“西尼莫啊木，嘎尔则啊粗”，意思是“女人不能当说事佬，锅庄不能做桥墩”。从此，彝族女性开始退居幕后，相夫教子，男性登上了彝族的政治舞台。

根据毕摩文献《颂毕祖·毕谱》记载，彝族进入父系氏族社会后，著名的部落有格峨（[彝文]）、慕弥（[彝文]）等，它们的酋长既是部落首领，又是政教合一的宗教领袖。这些部落首领们都曾作毕，而且在其氏族内部出现了很多著名的毕摩，但他们都因“识不深，知不多，心不灵，不用毕摩法器及其经书文献”而消失在彝族历史的长河中。

（一）格峨

格峨又称为“举偶”“举额”“额索氏”，是古彝族的一个部族，主要活动在滇一带，即生活在今云南大理、滇中、滇西一带。《摩史苏·引水修路》载：“道路通恒耿，恒耿住举额，举额人千计。”[①]“恒耿”是地名。实勺九代转世后，格峨部落又出了部落首领格峨，格峨毕九代，格峨因“不吹白银笛，不奏金口弦，不铸金塑像，不铸银塑像，不制经书纸，不用笔墨水，不会卜筮术，不会占鸡骨，作毕不折鬼灵签，祈福福未至，遣敌敌未散，治病病未愈，前人不学他，后人不继承”而消失。《颂毕祖·毕摩的起源》载：

[彝文]，	传到格峨毕，
[彝文]，	格峨毕九世，
[彝文]，	一世恒乌衣，
[彝文]，	二世衣乌布，
[彝文]，	三世乌布日，
[彝文]，	四世日乌兹，
[彝文]，	五世兹乌吉，
[彝文]，	六世吉乌寺，
[彝文]，	七世寺哲衣，
[彝文]，	八世衣迟迟，
[彝文]，	九世迟博博。
[彝文]、	额吾吐、
[彝文]。	索哲舍两名毕。
[彝文]，	格峨不做帛，
[彝文]，	格峨不送灵，
[彝文]，	老虎格峨狗，
[彝文]，	格峨失以后，
[彝文]。	老虎孤身游。[②]

---

① 王继超，《摩史苏·引水修路》，第38页，贵州民族出版社，2001年11月。

② 《彝族克智》，第488–489页，四川出版集团、四川民族出版社，2006年7月。

毕摩们聚会拟祭山　何为／摄

根据以上文献可知，在格峨部落诸毕摩中，最有名的是额吾吐和索哲舍两位名毕。《摩史苏·摩史聚会时献酒》载："献呀献，向摩史的威望献酒，向额氏始祖献酒，向索氏始祖献酒。向额吾吐献酒，向索哲舍献酒。"额吾吐、索哲舍是额索氏的毕摩和摩史的代表，即格峨部落的毕摩代表。①摩史简称为"摩"，是彝族君、臣、毕统治阶层中的"臣"。额吾吐不仅是格峨部落的名毕，而且是军师，是一位大臣。《彝族源流·举偶的基业》载："舍吐珠舍，举偶一度兴……偶攻杀塞氏，塞氏往下逃，逃往塞地方，塞氏溃逃后，迷觉也逃回，从此以后，额到第六代，额吾吐带领，到舍吐珠舍。开拓神圣的基业，额繁衍无数，说是这样的。"②

（二）慕弥

①王继超，《摩史苏·引水修路》，第6页，贵州民族出版社，2001年11月。

②陈长友，《彝族源流》（第9-12卷），第374页，贵州民族出版社，1992年10月。

慕弥是古彝族的部落，包括滇、慕弥和劳浸等较大的部落联盟，主要活动在今昆明一带，分布在今曲靖地区的各部，统称为“慕弥之属”。据毕摩经书记载，慕弥部落首领慕弥毕十代，但因其“不做竹神签，前人不学他，后人不继承，未出毕摩世”而消失。根据彝文文献《颂毕祖·毕摩的起源》记载，慕弥谱系为：

转世以传来，
传到慕弥毕，
慕弥毕十世：
一世莫阿衣，
二世衣乌尔，
三世尔衣就，
四世就衣兹，
五世兹阿普，
六世普峨乌，
七世乌亚就，
八世就石张，
九世石张博，
十世博木重，
慕弥毕十支。

[Yi script]、　昊实楚[1]、
[Yi script]，　提乍姆两名毕，
[Yi script]，　斑鸠莫木鸡，
[Yi script]，　慕弥转世后，
[Yi script]。　斑鸠留林中。

“慕弥”是古彝语，有天地之意。“慕”（[Yi script]）为天，“弥”（[Yi script]）为地，“慕弥”部族因崇拜天地而得名。

① 昊实楚：与下句的“提乍姆”即昊毕实楚和提毕乍姆。他们是慕弥部落十大毕摩中的两大名毕，分别是祭天派毕摩代表和祭地派毕摩代表。

先祖吉克的母亲是昭通一带韩纳土司家支的后代，先祖吉克成年时，他的舅舅韩纳土司就请媒人给吉克介绍自己的女儿为妻，媒人到先祖吉克家时，看到女奴怀胎九月，便回去回复土司：“吉克虽未结婚，但已有‘未婚妻’，且已怀孕，还未生，这门亲事不必再提提了。”先祖吉克与女奴的第一个孩子是儿子，名字取自媒人说的“还没生”一词，彝语为“阿宇寺”，故取名为阿宇（ꀊꑳ）。先祖吉克的堂兄阿罗家（黑彝）曾强制将他俩分开，先祖吉克只能被迫“离婚”，让爱人离开。爱人临走时愤怒而伤心地对先祖吉克说：“吉克，你等着瞧吧！”吉克始终不理解那句“你等着瞧吧”的含义，越想越不明白（其实是日夜思念爱人），因此，他又把爱人赎回家了。原来，他爱人在屋里粮柜的上面装的是荞壳，荞壳下面却藏着荞粉，三锅庄右方下面埋藏着用菜叶包裹的盐。对于当时四川凉山腹地的美姑县来说，盐是奢侈品，比黄金还珍贵，可谓“有金难买盐”。就这样，先祖吉克家不仅有足够的粮食，还有珍贵的盐，称得上是很富有的家庭，先祖吉克更加深爱他的妻子了，夫妻俩从此更加相亲相爱。后来，先祖吉克与其爱人接连生下了杰布、刘瑟、吉寿、啥呷、杰达、吉木六子，一共生了七个儿子，称为“吉克惹史”，“惹史”为七子之意。

著名毕摩吉克日罗　戴志陶 / 摄

已故美姑县著名毕摩吉克迪罗　立克达曲 / 摄

现在，彝族等级制度早已不复存在，但在彝族历史上，等级制度一直是彝族习惯法的重要组成部分，是神圣不可侵犯的制度。凉山黑彝等级身份的逻辑演绎是以其等级制度中的血缘观念为基础的。按当时的社会制度，毕摩是一种神圣的职业，只有统治阶级的“兹莫”和“诺合”才能担任该职业，而且是世袭的，其他家支的人一般不能担任，如果毕摩后代因特殊原因降为被统治阶级（“曲诺”①），其随之也被剥夺担任毕摩的资格。吉克惹史属于“混血儿”，按当时的社会制度他们不能担任毕摩，然而，凭着当时先祖吉克的威望，虽然其子女们被降为“曲诺”，但经黑彝阿罗家支成员商议决定授予吉克世代传承的经书法器，让其后代有继续从事毕摩职业的资格。于是，吉克惹史的后裔们继续传承毕摩原生文化，主持毕摩原生宗教仪式。现四川大小凉山

① 曲诺：与“诺伙”“曲伙”是新中国成立前四川凉山彝族特有的族群社会结构。诺伙是统治者黑彝群体；曲诺和曲伙都是被统治者，曲诺是指因某种原因被降为被统治者的黑彝群体，属于被统治者中地位最高的阶层，曲伙是被统治者白彝群体。

地区的毕摩，吉克惹史家支的最多，占所有毕摩人数的六分之一以上。彝谚道：“杉树高高没有不青的，吉克惹史没有不毕的。”吉克惹史流派现在作毕人数约占该家支男性总数的60%。彝族赞扬吉克惹史如下：

[illegible]，	吉克惹史啊，
[illegible]，	背负杉签筒，
[illegible]，	制作铜铃持，
[illegible]，	头戴神法帽，
[illegible]，	背负樱神扇，
[illegible]，	创制经书纸，
[illegible]。	使用笔墨水。
[illegible]，	祭祖于祖界，
[illegible]。	治病于世间。
[illegible]，	保佑无数人，
[illegible]，	洗礼无数人，
[illegible]，	伸张诸正义，
[illegible]。	欢迎者无数。

从古到今，“吉克惹史”后裔们对彝族传统文化尤其是毕摩文化的传承做出了卓越的贡献，备受彝族同胞的尊敬。

二、勒伍阿则流派

勒伍阿则流派又叫“毕格五子派”。勒伍阿则属古侯支系，本不是毕摩，后娶了阿苏拉者的女儿拉者莳色为妻，莳色将作毕技能传给丈夫，使其成为毕摩宗师。勒伍阿则的孙子毕格有五子，后衍生为若干支系，但姓氏不变，统称“马”。近代以来，担任毕摩职业者很少，现作毕人数约占该支系男性总数的18%。

三、吉尼八子流派

吉尼八子流派是指吉尼朵孜的后裔。吉尼朵孜属曲涅系，据传为阿苏拉者的得意门生，一生跟随阿苏拉者学毕。其后裔姓氏很多，有惹机、吉依、吉摸、吉诺、吉鲁、吉日、吉木普依、吉牛、吉木、沙古、阿约、帕来、果兵、勒勒、尼尼、阿海、然夫、吉北、吉姑、吉入、吉尼、阿尔、阿恩、嘎吃、麻卡、俄木、尾机、马等28个姓氏，其中有23个姓氏仍有人作毕，作毕人数越来越少，现作毕人数约占该支系男性总数的25%。

四、杨古苏布流派

杨古苏布流派属邛尼支系阿都尔普后裔，是沙马兹莫的庶民支系。杨古有四子，长子杨古兹阶木克史阿列为兹莫嫡支，次子杨古杨土阿土布色和三子杨古比登阿普尔石成为“诺伙”。四子杨古苏布娶哈拉兹莫之女为妻，传说新娘在路上小解时被虎豹所食，送亲、迎亲的人无奈之下选了陪嫁丫鬟额其氏顶替，婚后生下一子后事情败露，其子被降为“曲伙”，执毕摩司职。后裔衍生出俄比、尔日、阿五、勒昊、曲比、吉木、沙马、勒普、吉色等姓氏，除勒昊外，其他姓氏都有人作毕，作毕人数约占该支系男性总数的40%。

五、渣毕阿依流派

渣毕阿依流派属古恒支系，源自云南昭通的兹兹普乌，该支系专门从事毕摩职业，是独立发展起来的一个正统毕摩派别，其经书内容和作毕仪式程序与邛尼支系有一定的差异。渣毕阿依后裔迁往美姑县洪溪处洪觉一带，后为生计迁至大小凉山各地，其中迁至美姑县境内的瓦古和尔其两地的居多。渣毕阿依后裔主要姓氏有迪、阿陈、乔吉、沙玛等，作毕人数约占该支系男性总数的40%。

六、阿孜五子流派

阿孜五子属邛尼支系，源自云南昭通的鹭吐

著名毕摩迪惹洛曲　迪拉吉 / 提供

著名毕摩阿鲁陀尔　吉克穆将 / 摄

木古一带，后阿孜布约和阿孜布日两支系居住在美姑一带，发展为阿都、（古尔）曲比、波摸、鲁七、解麻、吉比、普古、阿依、拉必、吉牛、吉沙、说曲、吉拉、沙马、吉尔、阿孜、依比、洛莫、吉女等19个姓氏，其中有12个姓氏有人作毕，作毕人数约占该支系男性总数的31%。

七、古树二子流派

古树二子流派属邛尼支系阿都尔普后裔，其祖先为苏尼，后来发展为苏尼兼毕摩，再后来又成为专职毕摩，作毕时间只有九代左右。古树二子分两支，一支为勒波八子，另一支为阿约七子，现有吉觉、吉卡、吉几、阿约、吉瓦、罗汉、约其、吉合、阿余、惹格、吉各、千萨、吉妞、吉说、阿苏等15个姓氏，其中有8个姓氏有人作毕，作毕人数约占该支系男性总数的17%。

八、阿格说祖流派

阿格说祖是与阿苏拉者齐名的一代毕摩宗师，其祖父出生于美姑县洪溪镇，其支系迁徙到甘洛县吉日山麓，为古恒支系呷尔普铁之后裔。其后裔姓氏主要是诺伙甘家，主要职责是为利利兹莫家、海乃兹莫家等专职作毕。明初时，阿格说祖的后裔尼书毕嘎彼时专门为家住美姑县龙门乡拉古叶达海乃兹莫鲁迪布部家举行毕摩仪式。某次举行仪式时，兹莫晚上吩咐下人说：“好好地烧制烫石，甘（尼书毕嘎）毕摩不如烫石灵！”诺伙甘家毕摩听到后火冒三丈，因为这是对毕摩的侮辱和蔑视。为此，诺伙甘家毕摩一夜未眠，第二天早晨，仪式主人问毕摩，是否需要烧火，诺伙甘家毕摩回答说：“要烧火，兹莫不如火温暖！”以此回敬了前晚兹莫的侮辱，但同时也激怒了兹莫。兹莫命令下人在毕摩前后各烧两堆大火，诺伙甘家毕摩被活活烤死。此后，呷尔普铁三子[1]联合起来将作恶多端的兹莫鲁迪布部驱逐到了金阳县境内。阿格说祖的后裔也不再从事毕摩职业。

九、阿克俄伙流派

阿克俄伙是与阿苏拉者、阿格说祖齐名的一代毕摩宗师，其后裔有迪狄、水洛等诺伙家族，

① 普铁三子：古恒系后裔，全称为甘尔普铁三子，分别是魏李、魏滇、哈布。

因作毕技能不如阿苏拉者和阿格说祖，其后裔自愿放弃作毕。

除上述九大流派外，在四川大小凉山地区还有吉吉、阿牛、吉洛、阿日、洛别、勒格、吉则、阿核、勒尔、阿支、阿余、马海、俄竹、额其、勒者、瓦西、吾尔、阿体、吉作、说日、贾斯、阿西、吉古等30余个姓氏作毕。这些毕摩通称为“孜毕”，意为“自己作毕”，即非世传家学，《毕谱·颂毕》中也无他们作毕的谱系记载，他们一般都是因某种原因“半路出家”拜师学毕，其作毕技能也不能和家传世学的毕摩相提并论，一般只能主持简单的仪式，不能主持祭祖送灵、猪胛骨占卜等复杂的仪式，其社会地位也比世传毕摩低。

毕摩谱系是研究彝族文化的金钥匙之一。古代毕摩是政教合一的宗教领袖，毕摩谱系是彝族统治阶级的产物，是贵族阶级的意识体现。古代彝族统治阶层认为，他们的贵族血统是天生的，祖先遗传给他们优良的骨骼和血液，再经过一定的渲染，便形成了一种不朽的“血统”与“骨族”理论。凡同祖衍生的子孙称为“我群”，异祖子孙称为“尔群”，每个族群有一个共同的名字，即同一氏族。氏族首领是神的后裔、神的代表，由他统领氏族。氏族首领（毕摩）为世袭，他们既是政治领袖，又是宗教领袖。为了永记氏族首领是优良的“血统”与“骨族”，宗教祭师们便开始记载历代氏族首领的身世，有身世谱系记载的才能成为合法的统治阶级，否则就是“无根之树，无源之泉”。因此，口口相传或书面记载历代氏族（或部落）首领的身世，便成为传统习惯，之后就形成了统治阶级的谱系。后来，随着历史的发展、社会的进步及经济的稳步增长，特别是思想氛围越来越宽松，谱系的编纂也逐渐由统治阶级兹、莫、毕的垄断逐渐走向民间，一般平民也效仿贵族开始编写自己的谱系（家谱）。但是，毕摩的谱系与一般平民的谱系不同，它是统治阶级的统治工具，是一种等级的象征。

著名毕摩阿鲁牛布　吉克穆将 / 摄

毕摩曾是彝族统治阶级之一，历经了不同的历史阶段，其历史源远流长，且从未间断。其中彝族贵族兹莫的毕摩谱系代数最长，而且记载准确。根据毕摩传统规则，毕摩谱系必须准确无误，不得篡改、增删，否则有损宗教仪式效果，且对毕摩及其后代不利。毕摩谱系代数长而准确，对研究彝族历史、地理、宗教及社会等具有不可替代的作用和价值。

毕摩谱系具有原始性及珍贵性，从石尔俄特“生子不见父”的九世母系氏族的谱系到现代的谱系，跨越了上万年历史。谱系所载内容广泛，涉及古代彝族社会历史发展的各个领域，从中可以窥见彝族的历史、哲学、政治、文化及居住地域等方面的发展和变化，是古代彝族社会关系和人民群众生活的真实记录，是研究彝族先民的哲学思想、民族源流、民俗民风、社会形态、政治制度及经济关系的珍贵文献资料，是中华民族璀璨文化的重要组成部分。

第四节 毕摩的发展变迁

从毕摩的历史发展轨迹来看，它从诞生迄今，呈抛物线式发展，从萌芽到巅峰，再从巅峰走向低谷。根据毕摩在历史上的政治地位与社会作用的变化，可将毕摩的发展变迁分为三个阶段，即政教合一的执政毕摩阶段、祭司佐政的文官毕摩阶段和贬为庶民的平民毕摩阶段。

[illegible]，	兹毕请鸿雁，
[illegible]，	鸿雁鸣声嚷，
[illegible]，	摩毕请黑雁，
[illegible]，	黑雁鸣不停，
[illegible]，	鹰毕请黑雕，
[illegible]，	雕叫鸣声铿。

兹毕指执政毕摩，摩毕指文官毕摩，鹰毕指平民毕摩。平民毕摩代表是提毕乍姆，又叫提乍姆，与昊毕实楚一样，是慕弥部落的十大毕摩之一。毕摩最初由部落首领（兹）（包括母系氏族部落首领）担任，之后由大臣（摩）担任，再后来普通百姓（鹰）也可担任。

一、执政毕摩

到春秋战国时期，毕摩仍然既是宗教领袖又是政治领袖，是政教合一的部落首领。毕摩作为彝族氏族部落首领，即执政者，不仅在魏勒邱普（笃慕、居木）时代如此，而且延续到了有汉文资料可查的唐宋时期。根据《毕摩谱系》记载：笃慕是毕摩，其六子即"彝族六祖"，亦即古代彝族六大氏族部落首领，分别是：慕阿切（武）、慕阿考（乍）、慕阿热（糯）、慕阿卧（恒）、慕阿克（布）、慕阿齐（默），他们又都是大毕摩，承袭他们的首领职位的后裔也大多是毕摩，如《布氏族毕摩谱系》记载："慕阿克尼呗（是毕摩）、克普予尼呗、普予照尼呗、照罗莫尼呗……"到了汉晋，汉语称毕摩为"耆老"，晋人常璩《华阳国志·南中志》记载："夷中有桀黠能言义屈服种人者，谓之耆老，便为主，议论好譬喻物，谓之夷经。""便为主"是指毕摩处于首领地位，"夷经"则是指毕摩经书。

历史上，毕摩曾是政教合一的宗教领袖。当时，汉语称毕摩为"鬼主"。"鬼主"，意为神灵及鬼怪的主人。毕摩作为部落酋长，既是君长、头人，又是宗教领袖、祭师、智者，他们用神权来管理当地的政治、军事及文化。当时，毕摩文化达到巅峰，盛行祖先崇拜，时常举行盛大的祭祖仪式，不谙熟彝族传统文化的汉族历史学家误认为是在祭鬼，因此将毕摩称为"鬼主"，以致以讹传讹。唐代樊绰《蛮书》载："东爨乌蛮，大部落则大鬼主，百家二百家部落亦有小鬼主。一切信使鬼巫，用相制服。"又有《宋史·黎州诸蛮传》载："夷俗善鬼，谓祭主者曰鬼主。""鬼主"有"小鬼主""大鬼主""都鬼主""大都鬼主"等，他们分别代表了彝族历史上鬼主制度时期不同的社会组织规模。"鬼主"借助神权掌握政治和军事大权，成为集政治、军事、宗教三权于一身的氏族部落首领，既是宗教领袖，又是政治领袖。现四川凉山彝族家喻户晓的邛尼支系毕摩宗师阿度罗普便是政教合一的鬼主之一。

毕摩自产生之时起一直都是彝族氏族部落社会中的执政者，随着毕摩的产生而产生的毕摩文化，因处于彝族社会"官方文化"地位而备受重视。在彝族历史上，毕摩执政时期正是彝族氏族

部落迁徙、征战相对频繁的时期，正如《左传》中说的“国之大事，在祀与戎”，此时期的彝族氏族部落之大事，亦在“祀与戎”，因此，祭祀仪式更加盛行、繁杂和礼仪化。这个时期，彝族文字也已趋于成熟并广泛应用，如西汉铜质印章被誉为“中国彝族第一印”，其上铸有7个彝文，汉译为“统辖堂琅之手印”；另在贵州出土的“西汉铜擂钵”上铸有5个彝文，汉译为“乃祖祠手碓”，与今滇东北彝族聚居区流传使用的彝文毫无二致。彝族原始祭祀仪式所用的彝文经书大多成书于这个时期。此外，流传至今的相关彝族文学著作《彝族诗文论》《彝诗史话》等，以及彝文哲学著作《宇宙人文论》等，据研究也成书于这个时期。总之，魏勒邱普时期前后，是毕摩文化产生并不断丰富和发展的时期，也是毕摩地位及其文化的巅峰时期。

二、文官毕摩

宋朝时期，毕摩从部落首领演化成文官。据彝族历史文献《西南彝志》《爨文丛刻》《勒俄特依》《物始纪略》《吾查》《们查》《苏颇》《苏嫫》记载，随着西南地区生产力的发展和经济水平的提高，权力高度集中，统治阶级职能分工逐渐明确，原来的政教合一制度已经不再适应不断发展变化的经济发展要求，政教合一的政权最终走向土崩瓦解。于是在云南、贵州及四川大小凉山地区逐渐形成了“兹（君）、莫（臣）、毕（师）”三位一体的社会统治集团，毕摩由此从部落首领中分离出来，成为兹（君）的“师”。“师”意为掌握彝族知识并传授知识，同时组织祭祀活动者。“君施令，臣断案，师祭祖”，毕作为“君、臣、师”三位一体的统治者之一，是国之大事的重要决策者。

此时，毕是社会统治阶级和社会统治集团里的文官，是彝族社会统治集团的重要成员，是掌握文化知识和神权者，代表神灵发言，指导着君、臣的言行，属于上层人物，享有很高的政治地位和社会地位。

元朝时期，毕摩仍占主导地位。元宪宗三年（1253年），忽必烈平大理国，在彝族地区设立大元帅府进行军事统治，委任原有的大小鬼主为土司、土官，即推行土司制度，鬼主制度最终瓦解。四川大小凉山地区的最高统治者“兹”职位被“土司”职位所取代。“兹”和“土司”是两个不同的概念。“兹”是彝语，意为主管、做主，是指一定区域内的部落酋长，源于彝族氏族社会后期，世袭其职；“土司”为汉语，源于元朝，由中央王朝任命西南地区少数民族的头目在其势力范围内设立政府行政机构，实行世袭制，是“世有其地、世管其民、世统其兵、世袭其职、世治其所、世受其封”的地方行政土官。

其间，一种被称为“奚婆”的祭司从封建统治集团中分裂出来，即“兹、莫、毕”三位一体中的“毕”从其封建统治集团中分裂出来。

“奚婆”为彝语，有的文章写成“西波”“希博”“兮波”等，均系彝语“细破”（ꀘꁌ）的音译。彝语中的“奚”（ꀘ）有神人、仙人、告知、智慧、主人等意思，“婆”（ꁌ）有主子、前辈、父辈、男先辈等意思，“奚婆”指有先知能力、能沟通神灵的神人或能谋会算的男性，因汉语中无对应的汉字而音译成“奚婆”。元代李京的《云南志略·诸夷风俗》记载：“罗罗即乌蛮也。……有疾不识医药，唯用男巫，号曰奚婆，以鸡骨占验吉凶。酋长左右，斯须不可阙，事无巨细，皆决之。”此时的“奚婆”尚不能与毕摩画等号。“奚婆”虽不是政治领袖，但仍参与部落的政事，充当酋长（土司）的参谋和军师，是酋长（土司）的智囊和助手，处于佐政的地位，故“酋长左右，斯须不可阙，事无巨细，皆决之”。

明承元制，在民族地区继续推行并进一步完善土司制度，毕摩仍享有很高的社会地位。明景泰《云南图经志·曲靖府》载："土人称巫师曰大奚婆，遇一切大小事，怀疑莫能决者，辄请巫师以鸡骨卜其吉凶。"元、明时期的毕摩是一个官巫集团，是"国之大事"的左右者，并为土司主持祭祀、记录家谱、制定更为完备的礼仪、占卜诸事的吉凶、观天历算等。如司马迁《史记·龟策列传》记载："自古圣王将建国受命，兴动事业，何尝不宝卜筮以助善！……王者决定诸疑，参以卜筮，断以蓍龟，不易之道也。"毕摩的原生宗教职能成为土司统治机构的一个重要组成部分。

此时的"奚婆"仍是土司左右的决策者，是大巫官。这样的大巫官，只能由兹莫或兹莫的亲戚（统治阶级的内部成员）来担任。

明初，大量中原汉族人口迁入西南彝族地区，进行各种形式的屯垦，由此带来了中原先进的生产技术和汉文化。虽然这迫使彝族从坪坝退居山区、半山区，形成了今天的居住格局，但彝族也吸收了不少汉族带来的先进生产技术及文化，《明太祖洪武实录》卷二三九载："云南、四川边夷土官皆设儒学，选其子弟侄之俊者以教之。"彝族土司还主动请求派子弟到国子监学习儒学，《明太祖洪武实录》卷二〇四载："云南乌蒙、芒部二军民府土官遣其子以作、捕驹等，请入国子监读书。"这样，大小凉山地区出现了不少儒学知识分子。由于土司阶层教化、治理以及毕摩佐政的需要，他们对汉文化的阴阳五行、道家感应学说、儒家忠孝仁爱、释家因果轮回等进行了吸纳，并结合彝族传统伦理道德观进行宣传，从而产生了诸如《彝汉教典》《人生哲理篇》《孝敬父母》《礼仪篇》等彝文哲学、伦理经典。大小凉山地区土司还纷纷主持雕版印刷了一批毕摩翻译、撰写的宣扬文治的彝族教化经典，如云南弥勒的《尼节审》（道德经），元江的《色尾处莫》（做人之理），石屏的《理朵苏》（彝族礼法），贵州威宁的《摩史苏》（毕摩道理经），四川凉山的《玛牧特依》（教育经典）等，扩展了毕摩文化的外延，也丰富了毕摩文化的内涵，从而出现了毕摩文化的兴盛局面。

元、明时期我国西南民族地区推行土司制度之时，也是"改土归流"开始之时。云南的"改土归流"，最早始于元代。中庆路总管开始委大理国守善阐府高氏后裔高善龙任之，不久改命张立道任之，改土官为流官，并从此拉开了"改 土归流"的序幕。使我国西南民族地区社会急剧变革的"改土归流"，从明朝中期开始进入高潮。

"改土归流"是一种政治制度的变更，必然遭到少数民族封建领主的反对，而与之对应的则是朝廷的进剿镇压，最终消除了大部分土司势力，少数仍沿袭的土司，其统治地域、特权、势力等均受到了制约。与此同时，彝族社会原来"兹、莫、毕"三位一体的上层集团随之解体，大多数毕摩从此失去了世代依附的权势，地位跌至平民阶层，部分毕摩在不得不从事农牧生产以谋生的同时，仍未放弃原来的职业，毕摩文化的载体——彝文典籍，也在动中无可避免地受到了一定程度的损毁。一些朝廷准许沿袭的土司，原来专职为其服务的毕摩世家也得以沿袭，他们在满足土司需要之余，也可为平民主持祭祀。清乾隆《开化府志》卷九所载："白马（毕摩），夷巫也……精者能知天象，断阴晴，土司甚尊之。"[①]

① 强纯德等，《彝族原始宗教研究》，第190页，云南民族出版社，2008年1月。

三、平民毕摩

清初，毕摩从上层统治阶级转为乡野平民，主要从事主持祭祀仪式、测算吉日及继续传播彝族传统文化等活动。

清雍正七年（1729年），中央王朝对滇、川、黔交界的彝族聚居区进行了大规模、强制性的“改土归流”。此后，彝族各方势力变弱，权力基本上被消除，大多数彝族土司、土官被革除，地方政权瓦解，毕摩地位急剧下降，而且逐步走向衰落。昔日被称为大奚婆、大觋皤的大毕摩们无政可佐，丧失了原来的政治地位，经济地位也显著下降，他们纷纷退居乡野，进入民间，参加生产劳动。这些毕摩在不脱离生产劳动的前提下，有的继续兼任毕摩之职，有的则致力于编撰、辑录、整理各类彝文典籍，如《西南彝志》《彝族源流》《查姆》《勒俄特依》《玛牧特依》《彝族十月太阳历》《彝族天文史》等著作都是此时期所编写。从这个意义上看，毕摩就是彝族传统文化的传承者、保护者。在彝族民间，毕摩备受群众尊敬，彝族有谚语说“听见酷吏声，巴不得死去；听见毕摩言，巴不得活着”“莫靠近官府，莫远离毕摩”“兹（官）来毕不起，毕起官无面”。正如彝族历史文献《唤毕摩魂书》记载：毕命如树长，树长渐渐枯，毕摩命莫枯，毕摩寿莫绝；漩涡慢慢转，毕摩寿莫完；门框渐腐烂，毕摩命莫腐。若毕命不长，若毕寿不长，在地世间人，他人他的儿，男女又老幼，抽签打鸡卦，去找哪个人？毕摩魂回来；祭祀祈祷时，去找哪个人？毕摩魂回来；驱除祛禳时，去找哪个人？毕摩魂回来；人死人婚时，去找哪个人？①

由此可见，毕摩是彝族民间传统的知识分子，是毕摩原生文化活动的代表人物，没有毕摩，就没有彝族毕摩原生文化，也就没有了彝族的民俗文化，这些文化也无法传承下来。

清乾隆至康熙年间，云南临安府（今云南建水县）每年或每几年组织辖区内的所有毕摩进行会考，按不同的水平分出不同等级，按等级颁发证书和奖励。凡荣获证书和奖品者，可享受数年或者几十年内免租免役，甚至终身免租免役的优惠待遇。会考合格者设三个等级奖：一等奖奖励一顶毕摩法帽、一把龙头法杖、一对大小铜制神铃、一套盖有府印的彝族文献典籍《吾查》《们查》；二等奖奖励一把龙头法杖、一个小铜制神铃、一套盖有府印的彝族文献典籍《吾查》《们查》；三等奖奖励一个小铜铃、一套盖有府印的彝族文献典籍《吾查》《们查》。且合格者随身带来的彝族文献典籍全都加盖府印，合格者在划定区域内做掌事，有的还被封为千总，行使地方行政职权。

“改土归流”后，毕摩出现了两个等级——土司毕摩和平民毕摩。

土司毕摩，彝语称为“兹莫毕摩”（[illegible]），是“兹”家族的祭师，仍然是彝族地方政权的组成部分，在地位上有时与土司相当，通常为土司的近侍。土司毕摩根据其所从事的职业可分为四类。第一类是祭祖毕摩，主要任务是主持祭祖仪式。在土司家族中，他们除主持十年一次的大型祭祀活动和三年一次的小型祭祀活动外，其余时间为均为土司家族撰写家谱或家史等。第二类是与外族或外部落交涉的外交毕摩。在古代彝族社会中，外交毕摩主持的外交事务主要包括：首先，代表土司或部族首领与其他部族订立两部族之间共同防御敌人的盟约；其次，为本部族首领继承人的婚事与外部族联姻；最后，处理两部族之间因边境、姻亲等引发的各种纠纷，撰写对外文书等。第三类是军事毕摩，主要从事军

① 钱红、龙倮贵，《唤毕摩魂书》，云南民族出版社，2004年。

事占卜，负责占卜出征打仗的时间，为阵亡随军将士主持丧葬仪式，以稳定军心。第四类是占卜毕摩，在古代彝族地方政权或部族中，占卜毕摩主持占卜仪式，主要是占卜部族首领的继承、部族发生各种灾害的原因、部族首领的生死及对外战争能否胜利等。当然，有些优秀的毕摩可以同时兼任数职。

平民毕摩，彝语称为“卓卓毕摩”（[illegible]），政治地位较低。平民毕摩有黑彝[1]毕摩和白彝毕摩之分。平民毕摩在参加生产劳动的同时，主要为普通百姓占卜、禳灾、祭祀（祖）、测算吉日、指导民俗活动等。

“改土归流”后，大小凉山地区土司的权力逐渐被其统治的黑彝族群所取代，黑彝变成了统治阶级贵族。原来只能由兹莫和黑彝贵族担任的毕摩职业逐渐流转给被统治的“曲伙”阶层，统治阶级的黑彝毕摩逐渐减少，被统治层的“曲伙”毕摩逐渐增多，黑彝毕摩特别是名望很高的黑彝毕摩从此寥寥无几。但是，为了传承民族传统文化，有些黑彝群体始终不愿抛弃祖先传承了数千年的毕摩原生文化，始终坚持传承、弘扬。如美姑县毕摩宗师阿苏拉者的后裔阿尔托尔及其儿子阿尔牛布等，他们游毕大小凉山，主持大型祭祖送灵仪式不胜枚举，驰名大小凉山地区，可谓一代毕摩大师。

新中国成立之初，毕摩作为大小凉山地区的知识分子，是特殊的社会群体，社会地位很高。他们高瞻远瞩，审时度势，拥护中国共产党的领导，充分利用特殊的社会地位和社会影响力，说服广大彝族民众，特别是彝族上层人士，积极响应共产党的号召，拥护党的民族政策，受到了党和政府的高度重视，许多毕摩成为当地政府的主要负责人，继续为当地人民服务。但“文化大革命”时期，毕摩原生文化被误认为是封建迷信，彝族群众被禁止参加毕摩原生文化活动，许多古老的彝文典籍被没收毁坏，彝族传统文化遗产遭到严重损毁，“劫后余生”的彝文典籍所剩无几。

党的十一届三中全会以后，党和政府落实了新的民族政策，实行宗教信仰自由，毕摩及其文化再次走上历史舞台，毕摩文化得到了空前的发展。首先，毕摩作为普通百姓，平时参加生产劳动，自给自足，同时学习毕摩文化；其次，毕摩作为彝族知识分子，主持彝族红白喜事，以自己独特的方式不断传承和弘扬彝族传统文化，促使彝族传统文化薪火相传，保持彝族文化独有的特色。毕摩如此默默地为民族文化传承做出贡献，备受广大彝族同胞及有识之士的尊敬。

综上所述，毕摩源于氏族社会时期，其发展变迁大致可分为三个不同的时期：一是执政时期，担任酋长，时间为唐、宋及以前，其名曰“耆老”或“鬼主”；二是佐政时期，作为酋长的“智囊”，时间为元、明至清初，一般称为“奚婆”；三是专司原生宗教职事时期，时间为清初“改土归流”以后至今，一般称为“毕摩”。

四、毕摩的现状

毕摩及毕摩原生文化自诞生之日起，经历了母系氏族社会、父系氏族社会、奴隶社会和十几个朝代，时至今日，始终鲜活如初。毕摩文化作为最古老的彝族传统文化，是现实生产生活中不可缺少的重要组成部分，是彝族原生文化的“活化石”，是彝族传统文化生活的“灵魂”。

纵观世界各民族，彝族是举行毕摩原生文化仪式形式较多、频率较高的民族。彝族人从出生到死亡都离不开毕摩及其原生文化仪式。小型的仪式只需要几个小时，大型的仪式可达10余天。

① 黑彝：这里的“黑彝”指崇尚黑色的族群，而非指凉山彝族统治阶级的族群。

四川大小凉山的彝族聚居区是全国最大的彝族聚居区，满腹经纶的毕摩不胜枚举。根据2013年统计，素有“毕摩文化之乡”美誉的大凉山腹地的美姑县，全县有毕摩3000多人，散存于民间的彝族文献达5万余卷，被称为“彝族原生文化保存最为完整”“毕摩文化保存最为完整”“毕摩人数最多”的地方，并因举行毕摩原生文化仪式最频繁、毕摩水平最高而享誉海内外。

在彝族聚居区，学识渊博、精通技艺、主持3次以上祭祖仪式的毕摩被称为大毕摩，主持过10次以上祭祖仪式，并主持过2次以上猪胛骨占卜仪式的毕摩，被尊为毕摩大师。据不完全统计，四川大小凉山境内现有毕摩约6万人，大毕摩约有300人，毕摩大师则不超过100人。由于毕摩没有稳定收入，再加上受社会、环境因素的影响，世袭毕摩后裔愿意继续学习毕摩知识的越来越少，毕摩传承问题令人担忧。

按照凉山彝族的传统习俗，每年除了祭祖送灵和临时的禳灾祛祸等大型仪式外，每户至少要举行3次毕摩原生文化仪式，第一次是春季的返咒仪式，第二次是夏季的季就仪式，第三次是冬季的赎魂仪式。此外，家里如果遇到特殊情况，例如有人生病、死亡或者遇其他突发事情，也要请毕摩举行各种不同的仪式。小型仪式以自己家为场所，大型仪式则同宗的十几户甚至几十户一起组成一个临时单位，在室外举行。

如果按平均每户每年举行3次毕摩原生文化仪式计算，那么，四川大小凉山地区每年共约举行182.3万次仪式。可以这样说，在四川大小凉山地区，每天、每时、每刻都能听到神铃伴音的诵经声。现在，能主持仪式的毕摩也很忙碌，只要是吉祥日子，每天都会被邀请主持仪式。有时候，一位毕摩一天要分别到几户人家主持仪式，忙得不可开交。个别学识渊博的毕摩，一年365天，在家的时间加起来不超过1个月，有的毕摩由于长时间在外地主持仪式，回家时家里的狗都不认识他了！

第二章

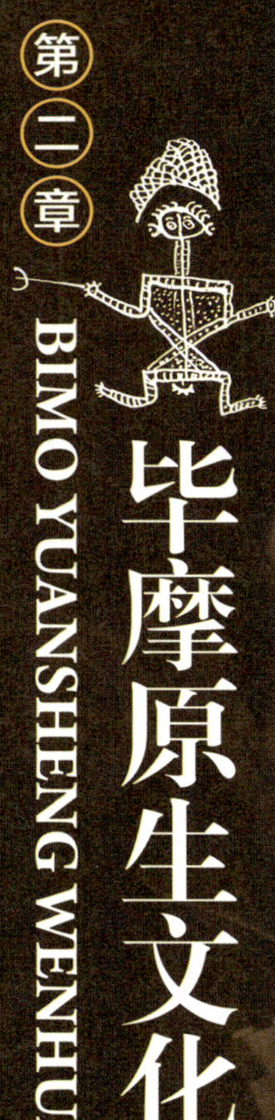

毕摩原生文化

BIMO YUANSHENG WENHUA

自毕摩诞生以来，为了规范毕摩原生文化仪式，提高仪式效果，毕摩大师们以其居住的自然环境为依托，致力于开发原始神话“宝库”，搜集富有想象力的神话、民间口头传承的咒语，创造了五言体形式的歌谣，不断进行加工整理和再创作，在主持祭祀活动时唱诵。五言体歌谣由于语言优美，音调铿锵，押韵顺口，极富感染力，使枯燥的祭祀活动大为增色。经过长期的加工、积累和丰富，形成了结构庞大、气势磅礴、富有特色的彝族古典史诗，即毕摩经书典籍。在重大祭祀（祖）活动时唱诵，以富有感染力的诗词语言表达仪式的诉求，增强了祭祀活动的神秘感和神圣感。于是彝族社会开始“兴祭典、造文字、立典章、设律科”，出现了文化初开、礼仪初备的局面，而这一切正是毕摩原生文化兴起的标志。

毕摩原生文化源远流长、古老深奥。左玉堂认为，毕摩文化是一个很大的范畴。从广义上讲，它包括彝族的语言、文字、文学、哲学、风俗、伦理、天文、历法、医学、农学等内容；从狭义上讲，其基本内容是毕摩原始巫术和毕摩经书典籍。巴莫阿依教授认为：从文化的主体看，毕摩文化是彝族社会中特殊的神职群体毕摩所创造和传承的文化。从其载体形式看，毕摩文化是一种不同于口承文化、日常文化的文字文化和仪式文化；从其内容来看，毕摩文化是一种以神鬼信仰和巫术祭仪为核心，同时涉及彝族传统文化诸多方面的一种“百科全书”式的综合性文化；从其性质来看，毕摩文化是一种不同于民众文化的特殊的毕摩原生文化；从其形式来看，毕摩文化是通过一定的仪式来实现其文化接受的，而各类仪式也因其主旨和需要不同而采用不同的牺牲用物，布插不同的神座，使用不同质与量的神枝，是一种功利性与表现性很强的综合文化。

综上可知，毕摩文化是由毕摩们所创造和传承的，包含彝族古代的语言、文字、哲学、历史、谱牒、地理、天文、历法、民俗、伦理、文学、艺术、医学、农学、技艺等丰富内容的一种特殊原生文化，是一种通过彝族“本土知识分子群体”——祭司毕摩——世代传承的族群文化。毕摩是毕摩文化传承的主体。毕摩文化虽然被毕摩所掌握，却又通过民间仪式活动的传播而超越了毕摩集团，成为全民族的文化共识，因而被彝族人视为历史的“根谱”和文化瑰宝。毕摩文化从其发轫、繁荣到鼎盛，不仅促成了彝族意识形态领域的巨变，也推动了彝族社会的发展，并渗透到彝族社会生活的各个方面，影响十分深远，是彝族人世代相承的“百科全书”。

综观人类文化历史，一个古老的文明往往与该民族的宗教信仰及其文化创造和传承相伴而生。彝族毕摩文化作为世界文明史上的一个独特现象，也反映了人类文化的多样性和共同性，具有宗教学、历史学、人类学、民俗学、文学，乃至文字学、文献学、天文学、医学、艺术学等多学科的研究价值，它不仅凝结着彝族传统文化的核心要义，也涉及彝族社会结构、历史发展、文化传承、民族心理、民族认同、世界观、人生观和价值观等问题。今天，在传统彝族地区，毕摩文化依然以其鲜活的生命力活跃在乡土民间，其古老而独特的人文传统是独具生命形态的民族文化遗产。毕摩文化的传播，集道德教育、知识传授与文艺娱乐为一体，它通过繁复的仪式程序和象征性的仪式行为，探求人的生存价值，提升人的精神高度，具有积极向上的现实意义。正因为

如此，许多彝学研究者认为，不了解毕摩及其文化就谈不上理解彝族的文化遗产和民族精神。

第一节　毕摩文化的概念

毕摩文化是以毕摩为代表的彝族先民在漫长的生产生活中为了适应和改造自然，以万物有灵观为理念，以自然崇拜、图腾崇拜及祖先崇拜为信念，祈祷人丁兴旺、族群强盛、人与自然及其神灵和谐发展而诞生的自源性的原生宗教文化。毕摩文化是以经书文献和口诵文献为载体，以毕摩原生宗教仪式为表现形式的原始、朴素、独特的彝族传统民俗文化，其内容涵盖彝族的哲学思想、社会历史、天文历法、地理民俗、文学艺术、教育伦理、医药卫生等，是一个丰富多彩的综合性文化体系，是彝族传统文化的核心。

毕摩文化的形成经过了数千年漫长的历史衍变，是几十代著名毕摩及彝族智者不断总结和改革创新而形成的，是彝族先民集体智慧的结晶。在原始社会时期，彝族先民由于思维能力有限无法解释千变万化的周围世界，因而产生了灵魂观，以自身来推衍出身外世界的扑朔迷离，由此产生出一系列的神鬼观念。在彝族先民的认知世界里，世间万物，从浩瀚宇宙里的日月星辰，到广袤大地间的山川河流，以及生息在这个世界上的难以尽数的动植物，都是神灵创造的，而且都是有灵魂的。天地间各种事物的变化，人类的生老病死，都由神灵主宰，这是最原始的精神文化。彝族先民中的一些杰出人物，为了祈求风调雨顺、降福免灾、族群强盛，自发地向大自然及其神灵祈祷，祈祷后也收到了“奇效”，他们因此不断受到人们的尊崇，于是产生了毕摩和毕摩文化。毕摩文化发展到一定程度后，已具备文化的核心要素。其中，仪式用具、法器法具、牺牲用品、献祭物品等看得见、摸得着，成为可视的物质层文化。而毕摩文化中的各种祭祀仪式程序、禁忌等，规范着毕摩和信仰毕摩文化的人们的日常行为，甚至形成季节性返咒（“吉决”）、大返咒（“日俄西席俄吉”）、赎魂性返咒（“液此娜办毕”）、小返咒（“晓补”）等具有季节规律的文化，这些文化以制度文化的形式表现出来，虽不可触摸，但体现在彝族民众的行为活动中，构成民俗文化。而毕摩文化中的万物有灵观、三魂观、祖界观、万物雌雄观、宇宙观、人生观等，则属于毕摩文化的更深层次，属于意识形态范畴，构成了精神层文化。毕摩文化具有浓郁的民族特色，是彝族先民在中华历史长河中所创造的宝贵的精神财富。

毕摩文化的哲学思想，总体来说主要表现为有神论的神学唯心主义和无神论的朴素唯物主义。以三魂观、万物有灵观、三界观、雌雄观为核心，彝族先民形象地创造了上界、祖界、人间、鬼界等既相似又不同的世界，同时也融入了阴阳五行、八卦、六十甲子等精深奥秘的内容。在对自然界的认识方面，毕摩文化具有物竞天择、适者生存的生物进化观，认为万物皆为进化的产物；在人际关系方面，认为人与人之间、人与自然之间应该和谐共处、共同发展；在伦理道德方面，提倡不做坏事、多做好事，要光明磊落、宽厚仁义、尊老爱幼，尽可能地帮助别人。这些思想可以说是具有真、善、美的进步意义的。

毕摩文化的经典著作，除占卜预测类典籍外，一般是经过长期熔炼出来的韵文，以叙述体为主，辅以代言体。其内容包罗万象，却始终遵循“饥者歌其食，劳者歌其事”的准则，内容通俗易懂，艺术性强，容易让人铭记于心、咏之于

口。在语言格式上，一般以五言句式为主，音韵铿锵有力，诵来朗朗上口；在创作构思上，一般都有清晰的线索、大胆的幻想、神奇的构思、飞扬的文采，有着很强的表现力和感染力；在描述手法上，无论是对场景的描述还是对人物的刻画，无论是用色彩鲜明的对比还是用生动形象的比喻，无论是平淡的白描还是精致的细绘，无论以是时间为线索还是以空间为主线，都富有绚丽的民族特色；在文辞风采上，使用恰当而丰富的辞藻和美妙绝伦的修辞手法，更具趣味性和活泼性，具有连贯而整齐的节奏。精练而流畅的语言，在反复吟咏中表现出丰富的文学艺术魅力。

综上所述，我们不难看出，从广义角度来说，毕摩文化是彝族民众与毕摩共同创造的，以神灵观念与祭仪为主要内容，以祖先崇拜为核心，通过特定的仪式形式存在于彝族民间的文化综合体，是彝族文化的“百科全书”。毕摩文化内容包括彝族的语言文字、文学艺术、天文地理、农业畜牧、哲学思想、法律制度、医药卫生、教育伦理等，表现出物质层面、制度层面、精神层面的多层次性。从狭义角度来说，毕摩文化则主要指毕摩、毕摩经书和毕摩仪式行为。

经过研究分析，毕摩文化应至少包括历史文化、仪式行为、毕摩经书三个方面的内容。

一、历史文化

从历史文化方面来看，彝族文化的聚合在毕摩文化中表现得尤其明显。毕摩文化内容涉及面广，从表面上看，它披着一层神秘的外衣，处处是鬼神，时时有巫术，但剥开这层神秘的外衣，可以发现它汇聚了彝族对自然、社会、人生的独到认识和见解，彝族的经典神话、传说、史事、典故等都囊括其中。如：《驱鬼经》讲的是远古时代彝族先祖兹阿维列库、哈依狄古、兹敏阿基、莫克德支等狩猎征战中的一些奇异之事，还叙述了兹阿维列库与姿紫妮乍的爱情悲剧；《指路经》的主要内容是给祖妣亡灵指路引路，让亡灵随着毕摩的指引回归祖界，与先祖亡灵团聚，是一部彝族先民的迁徙史、地理志、风俗志；《毕谱·颂毕祖》叙述的是彝族（初）先民创造语言、发明文字、记载部落首领兼毕摩的谱系的典籍，是一部沉甸甸的彝族社会制度传承史；《防麻风病经》叙述了许多疾病的传播过程及如何防治麻风病等；《招兵经》描写了彝族历史上及传说中的诸多战争场面；等等。此外，对自然万物起源的追溯、探究在毕摩文化中也占了相当大的比重。如毕摩在举行仪式之前，都要念诵《毕谱·颂毕祖》，叙述彝族语言文字、毕摩及其文化的形成过程，追溯和歌颂宗族中有名望的祖先，叙祖谱，祈求祖先护佑仪式成功，这种追溯联名的谱系，已成为一种惯例。再如，仪式中涉及的牺牲或用物，毕摩都要不厌其烦地对其进行溯源，如《病魔的来源》《死亡的来源》《牛的来源》《鸡的来源》《烟的来源》《净石“尔擦”的来源》《茶的来源》《酒的

作者在日本东京都进行文化交流　松冈格 / 摄

来源》《燕麦的来源》等，其实是叙述彝族先民驯养动物、栽培植物的过程，其中不乏真知灼见。

二、仪式行为

毕摩原生文化仪式是毕摩文化的外在表现，也是毕摩文化传承的方式，没有毕摩仪式便没有毕摩文化的传承与发展。毕摩文化是一个很宽泛的文化范畴，其内容博大精深，而这些博大精深的内容往往在仪式过程中展现出来，通过复杂的仪式程序来实现其传播与传承，故众多的仪式是毕摩文化不可或缺的重要组成部分。毕摩仪式是一个完整而规范的毕摩原生文化系统，具备严密而精细的层级体系。据不完全统计，仅"路上方"的送灵归祖仪式所涉及的小仪式就有六七十种，"路下方"更是多达百种。这些仪式分别用于不同场合，具有不同的功能，每种仪式都有其严格、规范的程序，不得混淆或僭越。毕摩仪式不仅是承载毕摩文化的最基本的载体，也是毕摩经书文献传承的主要渠道。没有仪式需要，便不会有毕摩经书文献；反过来，没有毕摩经书文献与各种各样的神座神枝、牺牲用物作为基础，毕摩仪式便成了无源之水。

毕摩仪式就其外表层级而言，可分为诵经活动层、神枝神座与牺牲用物层、主人参与层、帮手助手层，每一个层级的不同角色在仪式中都有其职责与义务。如主人家邀请毕摩，必须提供相应的牺牲用物、食品供应等；毕摩则按照规范程序主持仪式，念诵每个程序相应的经文，不得随意颠倒或者增减仪式程序；帮手、助手则在毕摩的示意下提供神枝、绕匝、送掷草偶魔板、牵牲杀牲、煮饭等。在"路上方"大型仪式中，邻里、亲友等也承担相应的职责和义务，从提供一定的牺牲用物和粮食，到酿酒、推磨、挑水、给礼金、绕牲、吹号、建棚、准备神枝、吆喝助威

作者在日本独协大学访问交流　松冈格 / 摄

等，由此共同构成仪式行为层。

三、古籍文献

毕摩古籍文献是历史上著名的毕摩为了记录特定的毕摩原生文化仪式和生产生活而用古彝文撰写的彝文典籍，包括原生宗教经文与原生宗教绘画。毕摩古籍文献是毕摩文化的主要载体及轴心，是彝族人千百年来文化知识的汇总和历史的记忆，也是彝族人文化创造力的见证，彰显了彝族的古代文明。

毕摩古籍文献是毕摩原生文化的精髓。毕摩古籍文献包罗万象、卷帙浩繁，是彝族文化中的璀璨明珠。它采取记叙、诗歌、散文、童话、神话、歌舞、绘画等形式，记载了天地宇宙、日月星辰、山川草木等的起源与形成，记载了彝族社会历史的变迁，内容涉及历史、地理、宗教、政治、天文、经济、军事、生物、农牧、习俗等，无所不包，被誉为镶嵌在彝族文化中的"一颗明珠"和彝族社会的"百科全书"，是中华优秀传统文化的重要组成部分。2010年11月，毕摩古籍文献被列入第三批《中国档案文献遗产名录》，成为国家级文献遗产，现国家档案局正在向联合国教科文组织申报推荐彝族毕摩文献为"世界记忆遗产"。

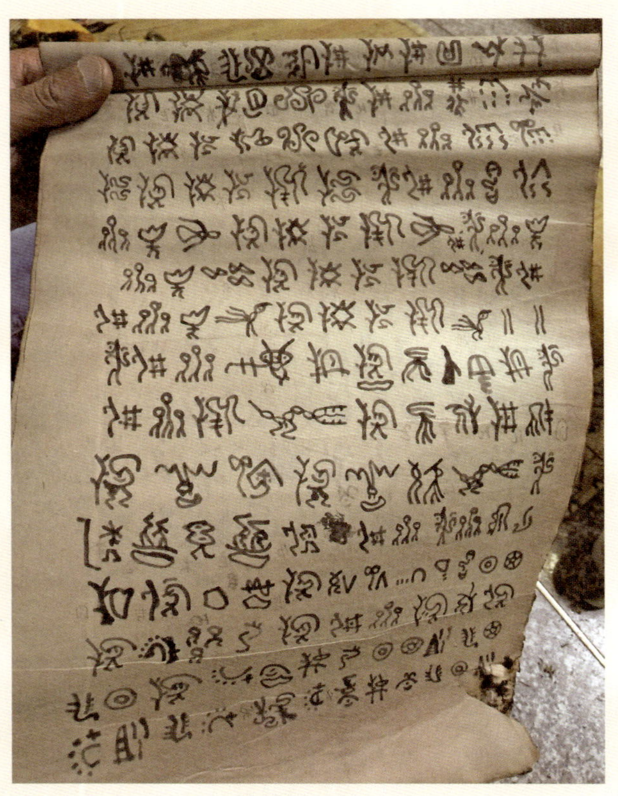

吉木阿龙珍藏的彝文古籍文献　立克达曲 / 摄

（一）毕摩古籍文献的起源传说

毕摩古籍文献历史悠久，但是具体产生于何时何年，彝文文献中没有确切的记载，汉文文献中也尚未发现详细的记载。据相关文献推测，毕摩古籍文献源于远古氏族社会时期，形成于昊毕实楚时期。云南红河彝文文献《尼苏夺节·文字、伦理》记载："在远古时候，还没有文字，更没有伦理。高高的天上，尼什搓（实楚，毕摩创始人）出世……小小尼什搓，立下宏伟志，奋斗一辈子，要找到文字。到了7周岁，来到同罗山[①]，栽一棵金树，栽一棵银树……金树枝叶茂，银树花枝俏，蜜蜂嗡嗡叫，蝴蝶来跳舞。金银花三千，朵朵开得艳。尼什搓先生，见了心喜欢，四方请客人，东方请一个，西方请一个，南方请一个，北方请一个，中央请一个。东南西北中，加上尼什搓，一共是六个，六毕神，走到花树下，一起来赏花。两眼仔细看，画笔手中拿，一千五金花，朵朵逗人爱，一朵一个样，照样画下来。一千五银花，朵朵都盛开，一朵一个样，照样描下来。三千金银花，变成三千字，写在竹片上，编成六本书。伙伴六弟兄，每人拿一本，来到注生寺，住在书房中，白天写理书，夜晚读理书。铁板生了锈，竹片永不锈，千年不变色，万年字迹黑。六个好伙伴，要成六毕圣，生长在天上，六个好伙伴，辛苦了一番，把文字首创……"

又有文献记载：凡人图纳儿，历千辛万苦，向六贤人求学。图纳智商强，过目不忘字，无师又自通。图纳招收徒弟，把彝文彝经分别传授给东西南北中的毕兹伯尼、毕摩阿武、毕奢博斋、毕菲额哉、毕若阿托五个徒弟，从此彝文彝经传遍天下。天师六毕圣下凡，造文字，兴礼仪，立典章，先祖图纳又招徒弟传授彝文彝经，推进了彝族社会的文明进程。

（二）毕摩古籍文献的特点

新中国成立前，四川大小凉山地区尚处于奴隶社会，因受历史、地理因素的制约，长期处于封闭状态，受外来文化影响极小，毕摩古籍文献一直保持着传统的特色，具有原始性、权威性、独特性与稀有性。毕摩原生文化的经典著作，具有很高的历史、文学、艺术及宗教价值，其主要特点概括如下。

1.线装装帧

书写时，根据经书内容的多少选择纸张，剪裁纸张；装订时，用两个竹片夹住版口的一边，再用棉线或麻线来装订。

2."白纸相对、黑纸相对"来书写

毕摩古籍文献书写方式独具一格，按照"白纸相对、黑纸相对""一张纸书写"的原则进行书写。即第一张纸书写正面，第二张纸不书写正

---

① 同罗山：古地名，又称为"妥鲁博"，即为堂琅山，在今云南省巧江县老店镇境内。

面，而是翻过来写反面，第三张纸再书写正面，第四张纸再书写反面，以此类推。这样，除了第一张纸的正面和最后一张纸的反面外，中间的部分都是没有写字的相邻两面“白纸”相对，写了文字的相邻两面“黑纸”相对。如果将装订好的书拆开，把先后书写的纸张依次展开，仿佛“一张纸书写”一般。这样，阅读经书时，翻页都要翻双页，这种书写方式一直传承至今。据《勒俄特依·支格阿鲁系谱》记载，支格阿鲁母亲濮莫尼怡“玩龙鹰”后，龙鹰掉下三滴血，裙褶穿九层，派人请毕摩，“……取出金壳书，先翻一双两篇看，纸上没有话，黑墨不回答；再翻两双四篇看，说是凶与恶；再翻三双六篇看，说是大吉兆；翻到五双十篇时，说要用只黄母鸡，念了生育经，生个大神儿。”支格阿鲁时期是母系氏族社会向父系氏族社会过渡的时期，那时的经书便是以此种方式书写，说明毕摩经书的这种书写方式已传承了数千年。

3.手抄传承

毕摩古籍文献都是用手抄写。古时书写的材料主要是甲骨、竹简、木简、竹牍、木牍，后来富贵人家用缣帛书写，近代以来主要用白纸书写。书上的字迹主要是黑色，用墨水或木炭书写，也有极少部分是红色字体，红色的字是用动物的鲜血书写的。极个别的咒骂类经书是用未婚人的血来书写，以祈咒术灵验。书写工具一般为松枝、竹管、羽毛等。

4.书写的格式

书写时将文字仰卧而写，书写顺序为从上往下竖写，文行从纸张的左侧向右侧书写。

5.从右向左阅读

阅读经书时将写好的经书顺时针旋转90度后，从右向左横向阅读。

6.文字数量多，理解难度大

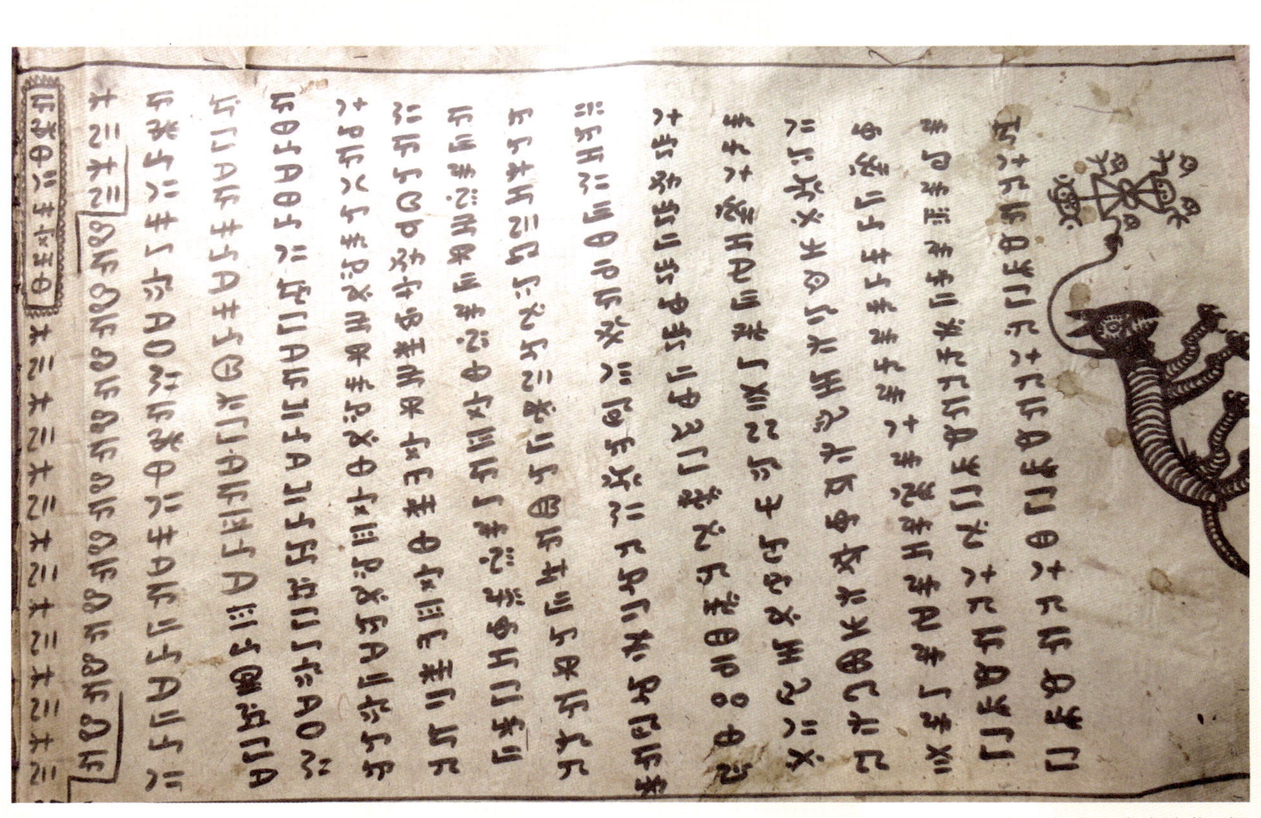
文字竖写的彝文经书　立克达曲 / 摄

古彝文文字数量繁多，初步统计，四川凉山地区毕摩古籍中的古彝文文字（包括异体字在内）约有3.5万个，现代使用的800多个规范彝文文字是从几万个古彝文中筛选出来的。

彝文历经了“图画文字”和“象形文字”阶段，是比较完备的“音意文字”。从造字方法上看，彝文具备象形、指事、会意、形声、假借、转注等“六书”特征，有的文字甚至具有原始的图画符号性。一般的毕摩古籍通俗易懂，而“路上方”古籍中的文字大多佶屈聱牙、晦涩难懂，非大毕摩不能释读。

7.以五言诗体为主

毕摩古籍主要用诗体形式写成，一般以五言为主，三言、七言、九言为辅。从艺术角度来说，毕摩文化是一种诗的文化，毕摩原生文化仪式也是朗诵诗的仪式。

8.不分学科，诸学科合一

一卷毕摩经书内容往往包含诸多学科，如：《颂毕祖经》就包含了天地起源的哲学、毕摩起源及毕摩谱系的历史等内容；《指路经》既是一部宗教典籍，又是一部记载祖先迁徙过程的历史书，也是一部关于迁徙路线及先祖居住地古地名考证的地理书，更是一部描写沿途秀丽山川景色的文学书。

9.用途具有多向性

毕摩经书是为毕摩原生文化仪式而编写的，是为仪式中的某个程序服务的，不同的仪式需要不同的毕摩经书，具有特定性。但是，毕摩仪式和毕摩经书又不是绝对“对应”的，而是相对“对应”，具有相对性、复杂性和交叉性的特点。一个仪式往往需要几种（卷）毕摩经书，有的甚至需要十几种（卷）经书；反过来，某种（卷）毕摩经书可以在不同的仪式场合中使用，有的甚至可以在“路上方”和“路下方”的不同仪式中通用。

10.具有较强的原生性和权威性

毕摩经书是反映当时彝族政治、经济、军事、历史、科技、文化、宗教、民俗等社会历史现象的文献，是统治阶级的统治工具，是对当时的历史、军事、法律等的真实记录，具有较强的原生性和权威性。

11.经书内容非常重要

彝族是一个重视起源和善于追本溯源的民族，经书内容涉及彝族起源及各彝语支系的产生、繁衍、迁徙、发展、分化、融合等，是研究古代西南边陲少数民族历史、地理及信仰的第一手文献资料。

12.布壳卷储

经书存储时用一张特制的棉布或麻布做外壳，布壳一般为白色，少有红、黑色，布壳外面写有经书的名称，以便分类存放及查找；卷储时将布壳垫在书籍的底层，将书籍以竹片为轴心卷好，封底在外，内软外硬，以底代面。历史上，在彝族“兹、莫、毕”三位一体的政权时期，毕摩曾是统治阶级，毕摩经书是用金筒做外壳的，彝语称为“特依史尔”。后来毕摩成为被统治阶级后，“金壳”被“布壳”取替。

13.经书具有局限性

毕摩经书均无前言、后记，经文名称则是根据内容不加任何修饰地准确命名，简短而朴实。大部分经书未署作者名字或抄写者名字，只有小部分署有抄写者姓名与原著的来源。大部分经书也未注明成书年代，即使偶尔有，也用的是十二属相纪年法标注。

（三）毕摩经书的分类

毕摩经书卷帙浩繁，种类繁多，内容丰富，寓意深远。据美姑县毕摩文化研究中心与美姑县档案馆统计，留存于四川凉山彝族民间的毕摩经

书种类在320种以上，数量达数十万卷[1]。毕摩经书可以按照多种方式进行分类，通常是按其在仪式中的功能和仪式的难易程度进行分类。

1.按在仪式中的功能分为以下八类

（1）历算类

历算类，即历算占卜类。彝族是一个善于占算的民族，立身行事、建房立基、饲养禽畜、行走他乡、生育繁衍、发生怪异之兆等，都会请毕摩查阅经书或占卜，测算吉日以避凶险，甚至连理发也要占算，所以天文历算知识十分丰富，相关古籍数量较多，如《彝历百科》《年算经》《日算经》《揭秘鸦语经》《解密邪兆经》《解梦经》等，大多用散体写成。

（2）祭祀类

祭祀类经书是用于祭祀神灵或祖先的经书，如《祭献经》《祭神枝经》《祭猪胛卜经》《献茶经》《献盔甲经》《献牛经》《供牲经》《祭祀毕神经》等。

（3）护卫类

护卫类经书是用于防卫和治疗性的经书古籍，其中防卫类经书有《护法快神经》《防狼口经》《防蛇口经》《防箭矛经》《防痨病经》《防麻风经》《置牛护卫经》《圈麻风祟经》等，治疗性经书有《蒸疗经》《避火经》《避烫经》《草木浴经》《献药经》等。

（4）咒术类

咒术类经书是用神秘而具有魔力的古语咒语书写的经书。语言崇拜使彝族民众相信毕摩经文具有法力，善性的经文能赐福，凶性的咒文能降祸。彝族民众相信邪祟魔怪或仇敌会在毕摩念诵经文的法力作用下降服，甚至毁灭。咒术类经书分为诅咒类、驱遣类及禁锢类三种。

①诅咒类。这类经书根据其功用又分为两类：一类主要用于诅咒魔怪邪祟，主要有《咒魔经》《食猴百舌红》《叟地驱猴债》《食痨百舌红》《黑牛成符债》《乌撒双胞债》《狐狸一般红》《红虎擒仇债》《院坝起鹿债》《凶业红虎债》《昊天神怪吉禄债》等上百种；另一类主要用于咒仇敌，该类经书一般用牺牲动物之血写成。彝族民众认为特定的动物血具有神秘而奇特的功效，可使仇敌消亡或发生灾祸，如《食人百舌经》等。诅咒类经书平时存放在深山悬崖上不透风雨处，除了举行诅咒仪式时使用外不能轻易动之，禁忌将其存放于家中。

②驱遣类。用于驱遣各类妖魔鬼怪、邪祟、孽债，主要有《驱逐经》《驱魔经》《逐痨治病经》《转返斯色经》《驱逐绝嗣邪摩经》《驱逐腹痛魔》《驱疯神》《驱阴犬》《祛癞神》《驱逐猴瘟经》《驱逐痨魔经》《祛疯神》《驱逐猴痨经》《祛邪怪》《遣凶神》《遣仇敌》等十余种。

③禁锢类。用于将某些鬼怪禁锢起来，使其不再危害人畜，如《禁锢祖灵经》《禁锢护法神经》《禁锢灵物经》《禁锢毕摩邪神经》等。

布壳经卷　立克达曲/摄

[1] 阿牛史日、吉郎伍野，《凉山毕摩》，第81页，浙江人民出版社，2007年1月。

（5）祈愿类。指在护法神灵的作用下请求、祈祷、希望达到某种目的经书类，这类经书包括招魂类、送灵类、召唤类、祈福类、调和类等。

①招魂类。主要用于召唤游荡在野外的人、畜、五谷魂回归，如《招祖灵经》《请魂经》《叟地赎魂经》《招生育魂经》《寻魂经》《挽魂经》《唤魂经》《赎魂经》《招六畜魂经》《招五谷魂经》《回路经》等。

②送灵类。用于将祖先亡灵或鬼怪送回其归宿之地，如《止哭经》《分魂经》《诓送祖妣经》《指路经》《灵柩岩葬经》《指妖路经》《婚媾经》等。

③召唤类。用于召请神兵神将到达仪式现场协助制服鬼怪与仇敌，如《招兵经》《地祇经》《妈妈的女儿》《猛神经》《内域地祇经》《呼风唤雨经》等。

④祈福类。祈祷福禄，用于向祖先或神灵祈求实现某个愿望，如《祈福经》《播福禄经》《求育经》《祈求子嗣经》《保护知识经》《寿尽求延经》等。

⑤调和类。用于调解人与人、人与神灵之间矛盾的经书，如《调和族人经》《调和阴阳经》《调和夫妻经》《调和家宅神灵经》等。

（6）祛秽禳解类。指用于祛除污秽、消除灾祸的经书，分为祛除污秽类和禳解类两种。祛除污秽类用于清洗或祛除各种污秽，如《净身经》《祛秽洁灵经》《祛秽经》《清耳经》《滤浊经》《祛畜秽经》《祛尘经》《祛火祟经》《祛淫秽经》等；禳解类用于卸除各种鬼怪、祸祟、疾痼、孽债等，如《遣返邪祟经》《遣返咒言经》《解祖业经》《解痨孽经》《除孽债经》《蜕身经》《蜕旧经》《卸除猴疫经》《除业经》《除恶缘经》《除田野神怪经》《卸除绝嗣鬼婴经》等。

（7）盟誓类。用于举行人与人、神灵及祖灵之间盟誓的经书，如《判别清白经》《椎牛盟誓经》《绵羊祭山盟誓经》《变祖幻妣经》《祖妣誓盟经》《锁灵阻路经》《祭祖献茶经》等。

（8）溯源类。探索、寻求人类及万物本源的经书，主要分为谱牒类及溯源类两种。谱牒类经书主要叙述毕摩的起源及毕摩谱系，如《颂毕祖经》《毕摩源流》《毕摩谱系》等；溯源类经书用于追寻事物的源流，这类经书文献一般不独立成卷，而是在相关的经文中分章叙述，如“死因病源”“牛的起源”“马之源流”“绵羊的起源”“水之源流”“鸡之源流”“草的起源”“烟草之源流”“荞麦的起源”“酒之源流”“茶的起源”等。

2.按仪式的规模及难易程度分为“路上方”经书与“路下方”经书

习惯上，可根据仪式的规模及复杂程度将仪式分为“路上方”与“路下方”两类，毕摩经书也随之分为“路上方”经书与“路下方”经书两种。“路上方”经书，彝语称为“尼木”“嘎哈特依”或“尼姆特依”，是指用于祭祖仪式、超度送灵仪式的经书。该类经书历史悠久，一般是在“彝族六祖”分支时期编撰的，主要内容包含祖先崇拜、求育繁衍、部落迁徙、部落生存、远古史话等，如《献祭经》《祭神枝经》《祭猪胛经》《献茶经》《献牛经》等。“路下方”经书，彝语称为“嘎杰特依”，是指一般的仪式中使用的经书，多在禳灾祛祸、求福献祭等仪式中使用，如归魂类经书中的《赎魂经》《招魂经》《招生育经》，诅咒类经书中的《驱魔经》《咒鬼经》等，历算类经书中的《年算经》《日算经》等，溯源类经书中的“荞麦的起源”“茶的起源”“鸡的起源”等。“路下方”经书语言较白话，文字通俗易懂。

（四）古籍文献流失严重

从古到今，彝文古籍保存条件差，古籍破

损严重，古籍整理人才极度匮乏，许多古籍文献正在成为无人能破译的“天书”。

首先，古籍文献破损、流失严重。据有关部门实地调查，目前存世的彝文古籍文献总数远远超过已收藏、整理的总数。据四川凉山州的普查统计，全州民间还散存有50万卷左右的毕摩古籍文献，而这些毕摩古籍文献绝大多数为手写原稿或传抄本。存世的彝文古籍文献中，60％以上属于国内外孤本，一旦损毁或丢失，就意味着这部分古籍文献将从地球上消失。目前尚存的古籍文献因长期流传于民间，保存条件恶劣，开始发霉、虫蛀、粘连等，已破损不堪。目前，四川大小凉山地区毕摩经书正在以每年上万册的速度消失，消失速度之快，令人痛心。

彝族民间珍藏的潮湿发霉的经书　立克达曲 / 摄

其次，相关人才匮乏，古籍文献逐渐变成“天书”。彝族历史上，毕摩古籍曾作为统治工具，由兹、莫、毕掌握与使用。明、清以来，中央王朝实行“改土归流”，“兹、莫、毕”三位一体的政权解体，这些古籍文献主要通过毕摩手抄本的形式在以血缘为纽带的家支内部进行传承。用于祭祖、超度祖灵仪式中的“路上方”经书，文字大多佶屈聱牙、艰涩难懂，只有学识渊博的大毕摩才理解其内涵。然而满腹经纶、精通古籍文献的老毕摩们相继辞世，毕摩后代或学徒不断外出打工，传承人学艺不精、青黄不接，断代断层的危机日渐凸显，仅存的毕摩古籍文献逐渐变成“天书”，祖先们创造并传承了几千年的彝族文化濒临消亡。

毕摩口诵文献及古籍文献是一种不可再生的传统文化资源，一旦损失，便无法再现。因此，抢救毕摩古籍文献迫在眉睫，是当代有识之士特别是高瞻远瞩的彝族精英们义不容辞的责任。

第二节　毕摩文化的源流

毕摩文化是随着毕摩的出现而产生的，历史悠久，源远流长。它萌芽于母系氏族时期，成熟于父系氏族时期，规范于春秋战国时期，鼎盛于唐宋，至今鲜活如初，始终指导着彝族人的生产生活及思想意识。

一、毕摩文化形成于母系氏族后期

母系氏族后期，人们的生产力进一步提高，狩猎技术也进一步提高，有的还将猎捕的野生动物驯养成家畜家禽，物质生活得以改善，

男人们的潜力逐渐凸显，已形成“男女双方争权”的局面。此时产生了一位彝族男性英雄——支格阿鲁。支格阿鲁的诞生在彝文古典长诗《勒俄特依》中有精彩的描述，现摘录如下：

远古的时候，
天上生龙儿，
地上住龙子；
地上生龙儿，
江中住龙子，
金鱼陪衬龙，
大鱼作龙伴，
小鱼作龙食；
江中生龙子，
岩上住龙儿，
巨石陪衬龙，
大蜂作龙伴，
小蜂作龙食；
岩上生龙子，
杉林居龙儿，
鹿子陪衬龙，
麂子作龙伴，
獐子作龙食；
杉林生龙子，
嫁往谷戳戳洪处；
谷戳戳洪这地方，
谷家生女叫阿芝，
嫁到俄李尔曲[①]处；
尔曲生下一美女，
嫁到底施硕乐处；
底施生女叫马结，
嫁到俄尔则吾[②]处；
则吾生女叫里莫，
嫁到西昌泸山处；
生下一女叫紫兹，
紫的女儿嫁耿家，
耿的女儿嫁濮家，
濮家生三女，
濮嫫姬马嫁姬家，
濮莫达果嫁达家，
濮莫尼怡未出嫁。
濮莫尼怡啊！
三年设计制织机，
三月制成功，
坐在屋檐下织布，
机椿茂密像星星，
织刀翻翻如鹰翅，
纬线屈曲如彩虹。
扎扎结了这地方，
南方一对鹰，
来自云绕鋆，
地上一对鹰，
来自直恩山，
素匹一对鹰，
来自蕨草山，
世间一对鹰，
来自尼尔维，
四只神龙鹰，
杉树林中来。
濮莫尼怡啊，
要去看神鹰，
要去玩龙鹰，
龙鹰掉下三滴血，
落在濮莫尼怡的身上。
这血滴得真奇怪，
一滴中头上，
发辫穿九层，

①俄李尔曲：山名，即今四川省甘孜州贡嘎山。
②俄尔则吾：山名，位于今四川省凉山州越西县境内。

一滴中腰间，
毡衣穿九叠，
一滴中下部，
裙褶穿九层。
濮莫尼怡啊！
以为是恶兆，
立即派差使，
派了瓦都瓦哈，
派去请毕摩。
寨首转三遍，
寨首没毕摩，
寨尾转三遍，
寨尾没毕摩，
寨中住有毕摩了。
毕摩大师不在家，
只有徒弟呷呷在。
呷呷徒弟啊，
底层铺的竹篱笆，
中间铺的是花毛毯，
上面铺的是獐麂皮。
左手开柜门，
右手摸柜底，
取出金壳书，
先翻一双两篇看，
纸上没有话，
黑墨不回答；
再翻两双四篇看，
说是凶与恶；
再翻三双六篇看，
说是吉与福；
再翻四双八篇看，
说是生育大吉兆；
翻到五双十篇看，
说要用只黄母鸡，
拿把青色的神枝，
念了召回生育经，
就生一个大神人。
毕摩来到主人家，
招引生育魂，
濮莫尼怡啊，
早晨起白雾，
下午生阿鲁。

支格阿鲁啊，
生后第一夜，
不肯吃母乳；
生后第二夜，
不肯同母睡；
生后第三夜，
不肯穿母衣，
说是一个凶敖儿，
被母抛到岩下去。
岩是龙住所，
阿鲁懂龙话，
自称也是一条龙。
饿时吃龙饭，
渴时喝龙乳，
冷时穿龙衣。
支格阿鲁啊，
生也龙日生，
年岁也属龙，
行运也是龙方，
名字也叫阿鲁。

由此可知，母系氏族后期，有了毕摩，且毕摩带毕徒，古彝文初步规范，有了经书文献，有了简单的毕摩原生文化仪式及程序，如“招引生育魂”（[illegible]）仪式，说明彝族传统文化框架初步形成，毕摩原生文化已有雏形。

作者与彝族女土司杨代蒂（彝族学者，原四川省政协副主席）交流毕摩文化　吉克曲日 / 摄

二、毕摩文化规范于父系氏族时期

母系氏族后期，出现了石器、青铜器，生产力进一步发展，在狩猎、冶炼等生产中，男性的地位越来越突出，母系氏族逐渐被父系氏族所取代，出现了“石尔俄特背金买父、找父”故事。从此，彝族民众开始实行开亲、结婚，规范婚礼，人们不仅知其母，而且知其父，结束了彝族“只知其母，不知其父”的时代。这是以石尔俄特为代表的男性势力在生产劳动、社会生活中显示出优势的必然结果，也是社会发展的必然结果。

石尔俄特是划时代的人物，是彝族原始社会从母系氏族社会过渡到父系氏族社会的跨时代、跨社会的人物代表，正是因为他的不懈努力，才使“生子可见父”成为现实。

石尔俄特时期，彝族社会进入父系氏族社会，氏族部落首领由女性担任变为男性担任，毕摩这种神圣的职业也从女性手中逐渐转移到男性手中。至此，主持毕摩仪式就成了男性的专利，忌讳女性担任毕摩。在这之后的彝族历史上曾经出现过一位女性毕摩，她是著名毕摩阿苏拉者的女儿拉者莳色，虽然她的法术很高，但在作毕过程中，也只能女扮男装。说明进入父系氏族社会后，传男不传女是毕摩传承中坚不可破的原则。

父系氏族社会后期，彝族先祖从单纯的游牧生活发展为农牧结合，同时，大量冶炼金、银、铜矿，提高了生产力，生产资料更加丰富，经济得以发展，文化水平有所提高，特别是毕摩文化进一步规范。由于生活水平的提高，到“彝族六祖”时，毕摩文化已相当发达，不仅有种类繁

多的毕摩经书，而且有了毕摩法器。作毕时“用獐麂作牺牲，金银作神枝（类似于三星堆出土的青铜神树），吹起白银笛，吹奏金口弦，铸造金银祖塑像，创制经书纸，纸上藏知识，使用笔墨水，黑水显知识”，逐渐形成了新的民族风俗习惯和独具特色的彝族传统文化。

第三节 毕摩文化的内涵

彝族根深蒂固的认知和观念，构成了彝族博大精深、包罗万象的毕摩文化，在漫长的生产生活中形成了“四观三拜”的思想体系。“四观”即世界三界观、万物有灵观、万物雌雄观、天人合一观，并以万物有灵为发端，逐渐形成了以自然崇拜、图腾崇拜、祖先崇拜“三拜”为一体的传统信仰。其中，万物有灵观贯穿毕摩文化的始终，是毕摩文化的核心，祖先崇拜是万物有灵观的具体内容和现实表现。

一、世界三界观

毕摩文化认为，人与世界息息相关，人是世界的产物，人体的结构是世界结构的缩影。人体由头、身、足三部分组成，所以世界也是由“头”“身”“足”三部分组成，即由天、地、地下三部分组成，分别称为天界、地界和地下界。

天界，又称为“上界”，彝语称为“史木玛哈”“史木额哈”或“莫姆”。天上居住着天人，天人不是凡人，而是神灵，彝语称为“史木玛哈措”或“斯惹赛惹”。天人身躯比凡人高大数倍，居住在天界的众神分管天地、星辰、风云、人间生活、生死命运、灾难、福祉。天神的最高统治者叫额天古兹（有的称为“策格兹”），是至高无上的主宰者，人的祸福、盛衰按照其德行由天神确定。惩罚邪恶是神灵的职责，变幻无穷是神灵的奥秘。天上的神灵有善恶之分，他们可以随时降福或降祸于人类。凡人死后其亡魂经过祭祖超度后才能进入天界。

地界，又称“人间”或“地上界”，彝语称为“史木姆金”或“兹木”。地界是人类居住活动的区域，居住于此界的人，彝语称为“居措”，即中间人，也就是凡人。地界由山川河流及动植物等组成，是人类赖以生存的世界，也是各种动物的栖息地。地界的人和动物要遵循天道行事，否则会受到天神惩罚。人类生于地界（人间），但归天界管理。

彝族先民认为人类赖以生存的地表下面还有一层，称为“地下界”。地下界也居住着人类，栖息着动物。但地下界居住的人比地上界的人矮小，彝语称为“德措”，即地下人或矮人；地下栖息的动物是微型动物，比地界栖息的动物矮小，称为“德哲”，即地下畜或矮牲畜，如常窜到地面作祟于小孩的地下狗“德克”。

据《勒俄特依》记载，在没有人类的时候，三界本合而为一。“天上提四家，提氏提白头，白头住日下，白头日下没；提氏提黑头，黑头住月下，黑头月下没；提氏提黄头，黄头住星下，黄头星下没。唯剩提氏幼子叫木牛，木牛七子分，上方勒氏三子立，欲来修天界，修天安星辰，安星也非真，用来居天界，是为天界人，腰带缠于颈；中间实勺三子立，欲来修中间，中间植草被，植草亦非真，用来居世间，世间武洛人，腰带缠于腰；地下阿阶三子出，欲来修地下，地下修平原，修原亦非真，用来居地下，是为地下人。”毕摩原生文化认为，最上一层的天界与最下一层的地下界是最为神秘和可怕的。天

界居住着神灵，他们随时可以降福或降祸于人类；地下界居住着矮小的微型人种，它们随时会冒出地面，作祟于人，使人患病。地上界主要居住着人类，栖息着种类繁多的动植物，还游荡着千千万万的魔怪等。

二、万物有灵观

万物有灵观是毕摩原生文化形成的开端，也是毕摩文化思想体系的核心。

万物有灵观，又称“万物有灵论”或“泛灵论”。万物有灵观认为天下万物皆有灵魂或自然精神，它们控制、影响其他自然现象，也深深影响着人类的各种行为。

灵魂观是毕摩原生文化中最重要、最基本的观念之一，是整个毕摩原生文化的发端和赖以存在的基础，也是毕摩意识文化的核心内容。灵魂观大约产生于原始社会旧石器时代中期或晚期，当时的原始人类知识极其匮乏，对观察到的一些自然现象和生理现象不能做出合理的解释，认为睡眠、疾病、死亡等是因为某种生命力离开了身体。如在梦中，人睡在原地不动却可“远行”，或与已死去的亲友见面谈话，是因为人的某种化身在进行真实的活动。人们把死亡和梦境看作是独立于身体外的生命力的活动和作用，这就是最初的灵魂观。原始人类运用类比方法，把人的灵魂对象化、客观化，并推及其他一切事物，认为动物、植物、山水、岩石等万物，甚至天地、云雾、雷电等自然现象也和自己一样，是有意识、有灵魂的，万物有灵观由此诞生。

由此，毕摩原生文化进一步深信，一切存在物和自然现象都有神秘的属性，这种属性缘于神灵的存在，这些现象都由其相应的神灵来主宰。天有天神主宰，地有地神主宰，河有河神主宰，树木花鸟等都有其神秘的神灵。尽管这种神灵是人无法感知的，但彝族先民认为无法感知的对象比能够感知的对象更神秘、更重要，从而产生了万物有灵的信仰。这种万物有灵观，首先涉及的是人的灵魂，其次是神灵，人们认为神灵能够影响或控制各种事物的演变和事件的发生，以及人在现实和未来的生活，它们控制着人与人交往的过程，并能从人的行为中感悟出愉快或悲伤，使人不可避免地对它们产生敬畏和进行赎罪活动。

在彝族先民的生产生活中，万物有灵观的概念充分发展形成了与灵魂相关的信仰和崇拜，而为了达到这些崇拜与信仰的目的，彝族先民创造了许多仪式行为，并将这些仪式行为不断积累、更新和规范。同时，基于万物有灵的理念，又产生出诸多的禁忌。《唤魂经》中载：今宵我招魂，杉为竹拽魂，竹拽阴育魂，杉拽阳育魂；有牛拽牛魂，设灵拽灵魂；拽回生育魂，人世方昌盛；有茶拽茶魂，有谷拽谷魂；高山有魂云雾升，物类附魂便繁盛，草原蕴魂草葳蕤。显然，在毕摩文化概念中，这些杉、竹、茶、谷、牛、高山、草原也与人一样，都是蕴魂含灵的附灵物，它们与人一样，不仅有生命，还有灵魂。

万物有灵观的思想观念深深地烙印在彝族先民的心里，使他们形成了对灵魂的虔诚信仰和至高无上的崇拜。毕摩宗师们基于万物有灵观的思想体系创建了名目繁多的毕摩原生文化仪式，撰写了浩如烟海的古籍文献，形成了独具特色的彝族传统文化。

三、万物雌雄观

彝族先民认为，当整个宇宙空间还处于一片混沌时，混沌之间的风使混沌交合产生了清浊二气，清浊二气又交合产生水，从而使清者上升成为父性白云天，浊者下沉成为母性黑土地，天地交合又变幻出了日月星辰、山川草木等万物。在彝族先民的观念中，世间一切事物的发展都是依照人或动物相交并繁衍的规律来运行的，天地分

雌雄，万物皆然。

毕摩文化认为世界及事物的构成与发展都具有“雌雄二元性”，即万物雌雄观（即阴阳观）。万物雌雄观认为一切事物都是由“雌”和“雄”两种元素构成的，彝语分别称为“补”和“莫”，这两种元素既相互对立又相互联系，从而使物质形成一个统一的整体，并且不断发展变化，二者缺一不可，否则事物就会因不能发展变化而消失。人类进化发展到一定阶段，认识到人有男女之分，动物亦有公母之分，植物有雌雄之别，从而用天人合一和物我同一的思维方式来类比万事万物，便产生了“雌雄二元观”。

在彝族先民的观念中，大千世界都由雌雄二元所构成，是既对立又统一的有机体。就颜色来说，白为雄，黑为雌；暖调红色为雄，冷调蓝色为雌。世间万物都有雌雄之分，两者相辅相成，不可分割。就天地来说，天为雄，地为雌。就山川河谷、日月星辰来说，山为雄，谷为雌；上方为雄，下方为雌；尖利为雄，圆扁为雌；凸为雄，凹为雌（古彝语称山顶为“格”，沟壑为“菲”，后就用“格”代表男性的生殖器，“菲”代表女性的生殖器，“格菲”合在一起表示人类的生育魂）；日为雄，月为雌。就连湖泊也有雌雄之分。毕摩经书载“俄卓树莫，哈兰树布”，意为四川大小凉山地区的湖泊，邛海为雌湖，马湖为雄湖。山谷、石木、生产用具、生活用品等都以大者为雌、小者为雄，左为雌、右为雄；瓦片上盖者为雄，下垫者为雌；推算历法也要在金、木、水、火、土五行上冠以雌雄；数字也以偶为雌，奇为雄；人的两只眼睛、一双耳朵、一对乳房也要分雌雄，一般大者为雌，小者为雄。

由此，雌雄二元观延伸到毕摩的各种经书法器。毕摩经书也分雌雄、公母，重要的经书书写时一般分成公母两种，即同一种（版本）经书书写时分成大小两卷，较大的一卷称为母卷，较小的一卷称为公卷，如《勒俄特依》《驱逐猴瘟经》《狐狸一般红》等要分公母两卷；制作神签筒时要做一大一小两个，大的称为母签筒，小的称为公签筒，著名毕摩阿苏拉者的神签筒就有公母两个。雌雄二元观在毕摩原生文化仪式中展现得淋漓尽致，如毕摩在主持祭祖送灵仪式时必做的“治

召唤神灵
阿牛史日 / 摄

卓”“博”仪式中的交媾动作，都以雌雄观为始基。雌雄二元在一分为二和合二为一的对立统一中推动事物发展变化。

综上所述，毕摩原生文化的万物雌雄观包含了三个朴素的哲学思想：一是万物皆源于雌雄的结合，雌雄对立和统一才有万物的形成和变化；二是宇宙的存在是因为雌雄的平衡；三是万物均可一分为二。

万物雌雄观是彝族先民观察世界、认识世界、改变世界的最基本法则和思维模式，是毕摩原生文化朴素的唯物主义世界观，即彝族古代朴素的唯物主义思想观。

四、天人合一观

天人合一观是彝族古老而始终鲜活的哲学思想，它影响着彝族人的宇宙观、人生观、价值观和生态观的形成与发展。

在彝族的传统哲学观念中，“天”代表“道”“真理”“法则”“公正”“无私”“大自然”。天人合一就是人与先天本性相合，回归大道，归根复命。天人合一不仅是一种思想，还是一种状态。天人合一哲学观构建了彝族传统文化的主体，将天、地、人联系起来。天有天之道，天之道在于“始万物”；地有地之道，地之道在于“生万物”；人有人之道，人之道在于“成万物”。天、地、人三者虽各有其道，但又交相辉映、相互联系，这不仅是一种“同与应”的关系，而且是一种内在的生成关系和实现原则：天地之道是生成原则，人之道是实现原则，二者缺一不可。彝族天人合一的哲理具体包含以下理念。

（一）人类源于天地之雪水

彝族先民认为，宇宙就是天地，天地由混浊雾气演变而来，天即自然，人类产生于自然，即生于天，人是天地雪水的产物之一。彝文古籍《勒俄特依》载：远古的时候，上面没有天，有天没有星；下面没有地，有地不生草；中间无云过，四周未形成，地面不刮风，似云不是云，散也散不去；既非黑洞洞，又非明亮亮；上下阴森森，四方昏沉沉，天地未分明。正当这时候，一天反着变，变化极反常；一天正面变，变化似正常；清气变成天，浊气变成地，天地就形成，天地这一代，混沌演变水。天地间有水后，雪水演化出包括人在内的所有生物。《勒俄特依》中描述：变化变化着，天上掉下泡桐树。落在大地上，霉烂三年后，升起三股雾，升到天空去，降下三场红雪来。红雪下在地面上，九天化到晚，九夜化到亮，为成人类来融化，为成祖先来融化。做了九次黑白醮，结冰来做骨，下雪来做肉，吹风来做气，下雨来做血，星星做眼睛，变成雪族的种类，雪族子孙十二种。有血的六种，无血的六种。其中，无血的六种依次是茅草、柏杨树、红豆杉[①]、桫椤[②]、蓑草、藤蔓，有血的六种依次是蛙、蛇、鹰、熊、猴、人。彝族先民认为地上万物均源于雪（水），人类源于雪，动物源于雪，植物源于雪。关于人类起源的说法是一种“雪（水）变化说”，即雪（水）子十二支是自然演变的结果，演变的顺序是先天地后人类。彝族先民认为人类与动物和植物同源共生，人与自然本为同源体，体现了人与大自然合一的思想。

现四川大小凉山彝族称人类为“武措”，“武”为雪之意，“措”为人或人类之意，“武措”意为雪人，即指由雪演化而来的人类，又称人类为“武哲惹策尼苏”，意为人类是雪族十二支之一。

---

① 红豆杉：常绿乔木，国家一级保护植物，是世界公认的天然珍稀抗癌植物，是经过了第四纪冰川遗留下来的古老孑遗树种，在地球上已有250万年的历史。

② 桫椤：属于蕨类植物，约1.8亿年前，曾是地球上与恐龙同时代最繁盛的植物。被列为国家一级保护濒危植物，有“活化石”之称。

（二）人体结构是宇宙的缩影

彝族朴素的宇宙观认为，宇宙天地的结构与人体的结构是对应的，人体是一个小宇宙，天地是一个大宇宙。天体与人体相因，天道与人道合一。人有双眼，天有日月；人有毛发，地有草木；人有血液，地有江河；等等。《宇宙人文论》中说："人生天为本，人体同天体；金木水火土，充溢人体中；天上有日月，人有眼一双；天上风者生，人之有气息；天有雷鸣者，人之会讲话；天者有阴晴，人者有喜怒；天上有云彩，人身穿衣裳。"人有头，天地有首在北方，北斗七星为众星运动之心，为天地之首；人有足，天地有尾在南方，南箕是众星之尾。因此，人是缩小的天，天是放大的人。宇宙万物的变化在人身上都有体现。天有四时八节二十四节气，人的脊椎有24节，诸如此类，都有一种对应的关系。

天地为父母，日月分雄雌，高低为阳阴，星云、雾瘴、风雨、木草、石土、火水、绿红、黑白、东西、北南等都是雌雄相对，公母和合，阴阳平衡。天地平稳周转，人类、动植物才能正常生存。

（三）人类与大自然和谐发展

毕摩文化认为天是最公正的，是大公无私的。在天人关系中，天是大道，人是个体，道生万一，人为万一其一。人在俗世浸染后慢慢离本源越来越远，渐渐离开大道，必须通过修行回归大道后，才可以成为"真人"，才能返璞归真，达到天人合一。如果人类随意破坏自然，乱垦滥采，乱砍滥伐，乱捕滥猎，背离大道，便会触怒天神，人类就要遭遇灭顶之灾。人类每次对大自然做出的恶行都会遭到大自然的报复。

基于天人合一的观念，毕摩文化笃信自然崇拜，认为人类要与大自然和谐共处，珍惜爱护自然，不能破坏生态环境；要保护森林，禁忌砍伐原始森林，若修建房屋需要砍伐一些树木，要先在砍伐地举行祭山神仪式，否则会受到山神的惩罚。因此，从古到今，四川大小凉山地区都森林茂密，古树参天，是珍稀野生动物的天堂。毕摩文化认为栖息在原始森林里的野生动物是山神的动物，不能乱捕滥猎，其中虎、鹰、熊、狼、孔雀等是彝族的图腾动物，要加以保护，禁止捕杀，否则将受到大自然的惩罚。

综上所述，毕摩原生文化天人合一的哲理是与自然崇拜、图腾崇拜理念融为一体的，说明人要恪守大道，遵循大自然的规律，敬畏自然，与自然和谐共处。

五、自然崇拜

自然崇拜是指把自然物和自然力视作具有生命、意志和伟大能力的对象而加以崇拜。自然崇拜的对象包括天体、自然力、自然物三个方面，如日月星辰、山川石木、风雨雷电、鸟兽鱼虫等。自然崇拜是人类依赖自然的表现，也是天人合一观的自然延伸。

自然崇拜，就是对自然万物及其神灵的崇拜。在原始社会，自然现象，尤其是那些能够直接影响人类生存的自然现象，被看成是有人性、有意志的实体，从而激起人类对自然的崇拜。如在人类社会早期，由于定居生活尚未稳固，迫于生存，人们不得不随着自然环境的变化而迁徙。虽然环境改变了，但有些自然物，如日月星辰却始终伴随着人们，人们认为是受到了神灵的监视与护佑，因此开始了对天体神的崇拜。

最古老的自然崇拜对象是自然力，即与人类的日常生活有着密切关系的自然现象。彝族先民认为这些自然界存在的现象表现出生命、意志、情感和奇特能力，会对人的生存及命运产生各种影响，因此对其进行敬拜，希望获其护佑。

因此，在毕摩仪式中，要祭祀众多的天神地祇、山川河流之神灵，展示了自然百神的世

毕摩祭天仪式　阿牛史日 / 摄

界，反映了彝族泛灵观和自然崇拜。彝族先民认为，不论是天父地母还是日月星辰，不论是风雨雷电还是山川河流，不论是大树小草还是飞禽走兽，都由神灵主宰，既可造福于人类，也可降灾祸于人类，人们为了祈福禳灾，便将自然界的许多事物当作崇拜和祭祀的对象。

远古彝族先民因居住在金沙江上游两岸及崇山峻岭之中，其自然崇拜主要是天神崇拜、山神崇拜、树木崇拜、石神崇拜及火神崇拜等。

（一）天神崇拜

彝族民间称天为“父性白云天”，传说天神名叫额天古兹，他曾派遣神祇开辟四方，开创山川河流，地界万物都是从天神那里取来安放上去的，连人类也是天神派遣武哲结知（雪族）下到地界来创造的，宇宙间万物皆为天神所造，也由天神主宰。

在古代，彝族以区域部落联盟为单位，每年举行一次盛大的祭天仪式，以祈求天神保佑，预防自然灾害。现今，彝族男子还会在头顶上留下一撮名为“祖鲁”的头发，汉语称为“天菩萨”，彝族人将其视为天神的代表，严禁他人触摸和戏耍，即使是在冤家械斗中，胜者也不能随意触摸败者的“天菩萨”。彝族民间习惯法规定，如果有人触摸了别人的“天菩萨”，必须拿出相当于命价的财物来赔偿，这是数千年来约定俗成的规矩，反映了彝族崇拜天神的虔诚。

（二）山神崇拜

彝族主要居住在崇山峻岭之中，生在山中，长在山中，故常对山及其神灵顶礼膜拜。彝族民间认为山是山神的化身，在诸神中，山神是力量最大的神灵，它主宰着一定范围（包含地域和时空）内的一切，如年景收成好坏、

牲畜繁衍兴衰以及人们平安健康与否等，都与山神有关。如果某地遭遇自然灾害，会被认为是人的行为触怒了山神，是山神发怒惩罚的结果。村民往往在受灾后以村寨为单位，请毕摩在高山上宰杀禽畜（一般宰杀白色公绵羊和白色公鸡）祭祀山神，祈祷山神息怒，护佑平安。

（三）树木崇拜

彝族对树木的崇拜是自然崇拜的一种，始于

后期的自然植物崇拜，也是进入农耕时期原始意识的反映。在生产力水平极其低下的原始社会，树木成了彝族先民赖以生存的必要物质资源，他们靠使用简陋的石器工具采摘野果和树叶、挖掘植物根茎维生，但依靠简陋的石器工具获取的食物极其有限，生活没有保障。同时，由于认知水平有限，尚缺乏分辨毒果的能力，免不了中毒。这一切都促使原始先民对树木产生了敬畏心理，

毕摩举行祭山仪式　阿牛史日 / 摄

同时也产生了侥幸心理，把采集成功的希望寄托于树木本身，把采集对象人格化。采集成功便认为是采集对象对人的恩赐，采集失败则认为是采集对象对人的惩罚和报复。为了获取采集对象的恩赐，免遭报复，彝族先民便以对待人的方式对待树木，以各种方式崇拜植物，对树木进行祈祷、感谢、表达歉意、抚慰或许愿，并给予一定的报偿。

彝族民间认为林木密集的原始森林是神祇居住和活动的地方，神圣不可侵犯。如果有人在砍伐树木时遭遇雷暴或冰雹，会被认为是遭到了神祇的惩罚，应当宰畜杀禽祭祀神祇，并将此地划为禁区，任何人不得再到此范围内砍伐树木或狩猎。独存于山冈或危崖上的树木也被视为神的化身，严禁亵渎和砍伐。确实需要砍伐树木时，要在伐倒树木后，立即在伐桩上铺上一层泥土或盖上草灰土，不让伐桩被山神和树神看到，否则神灵会降罪。彝族对树木的崇拜具体表现为索玛树崇拜和神树崇拜。

1.索玛树崇拜

索玛树是杜鹃树的彝语名称。索玛树主要生长在海拔1000～3500米的高山丛林中。远古时，彝族主要居住在生长有索玛树的高山丛林之中，其生产生活与索玛树息息相关。

传说古时洪水泛滥，大地都被淹没，唯有魏勒邱普藏在木桶里随水漂流，漂流到洛尼白遇救。后来，魏勒邱普和天上的仙女结婚生下6个儿子。魏勒邱普就在洛尼白给6个儿子分家。老大、老二留在云南南部，老三、老四去了四川，老五、老六迁至贵州毕节一带。留在云南的老大生了12个儿子，除小儿子外，其余的都变成了树木和野生动物，其中留在云南的老二名叫阿窟，

马边大风顶万亩千龄杜鹃树　立克达曲 / 摄

杜鹃花盛开　立克达曲 / 摄

他的儿子变成了一棵马樱树（马樱杜鹃）。[①]

另有一种传说，洪水泛滥时，世上的人除魏勒邱普外都被淹死了，魏勒邱普有9个孩子，9个孩子再繁衍出天下各族人民。魏勒邱普死后升天，但因挂念人间的孩子，又下凡到人间，他靠在一棵树上休息时不见了，后来树上开满了红艳艳的索玛花，于是人们就把索玛树当成了毕摩鼻祖魏勒邱普。[②]

以上神话传说是彝族索玛树崇拜神话中较为原始的血缘神话传说。

索玛树崇拜还反映在彝族年及祖先崇拜中。索玛树生长在高山草原，纯洁无污，鲜花盛开时姹紫嫣红，是祖先们喜欢的植物，所以，每当彝族年时人们就将索玛树树枝挂在门上，一来可以祛秽，二来可供祖先们欣赏。现毕摩主持原生文化仪式时开场都要念诵“古系寿墨，瓦系寿墨……”，意为神枝犹如索玛树（花）一样纯洁无瑕，神座犹如索玛树（花）一样纯洁无瑕，将索玛树（花）崇拜展示得淋漓尽致。

2.神树崇拜

不管是高大的老树还是茂密的原始森林之木，彝族先民都认为那是神灵居住的地方或神灵的载体，将其称为“神树”，并加以保护，进行崇拜，即使树老枯倒也不能砍回家，而是任其腐朽。有些树木虽然不大，但其树龄已超百年且依

① 张纯德等，《彝族原生宗教研究》，第26页，云南民族出版社，2008年1月。

②同①。

昔日祭祀拉者法器时神鹰飞落的神树　吉克达蒙 / 摄

然常青，也被称为“神树”。现四川凉山州美姑县瓦古乡瓦叶村吉觉毕鲁组的坡上长有一棵杉树，树干直径约20厘米，高约3米。作为一棵成熟的杉树，它算是很矮的了，但据当地老人们讲述，该树树龄至少在200年以上，一直青翠常绿，是一棵“神树”。此树所在坡地下面是一个坪坝，此地曾修建了毕摩宗师阿苏拉者的藏经楼，是祭祀阿苏拉者经书法器的地方，人们每年都要用一头白色公牛或一只白色绵羊来祭祀经书法器。每次举行仪式时，都会有一只白鹰飞落到这棵杉树上，直到在仪式中品尝了烧肉后才飞走。新中国成立后，经书法器由国家收藏，人们不再祭祀经书法器，这只白鹰便再也没来过。这棵“神树”经过岁月的洗礼，依然矗立在那斜坡上，枝叶常青，从未有人去砍伐它。据说，1999年春季的一天早晨，为了建筑栅栏，昔日负责保管、祭祀阿苏拉者神签筒的吉克树古的小儿子吉克白曲带着弯刀，砍了些杉树枝带回家，第三天，吉克白曲的小女儿便猝死了，人们认为这是侵犯了树神受到的惩罚。从此以后，大家对这株神树更加敬畏、崇拜了。

（四）石神崇拜

人类的生产生活处处与石相关，特别是旧石器时代，石被认为是神圣不可侵犯的而被人们加以崇拜。彝族先民认为，自然形成的奇峰异石、石林以及巨大的石头，都是神祇的化身，便加以崇拜。如果村寨内无石峰和巨石，全寨人会雕石立像或竖立石峰，彝语称为“尔移塔”，以此象征石神。每逢春耕、过年过节或家中小孩患病，人们都会到石像、石峰前祭献食物，举行祭祀活动，以求石神保佑全寨人五谷丰登、牲畜兴旺和孩子健康平安。

彝族先民把巨石及其神灵视为护佑神，特别是岩石。毕摩们把岩石及其神灵写入护卫性经书之中，藏在仪式主人家中，作为护佑仪式主人的神灵。因此，为了得到石神的护佑，许多婴儿会取与石相关的名字。彝语称石为“罗”，故取名有罗乌（男名）、罗石（男名）、罗前（男

名）、罗洛（女名）、罗喜（女名）等。

（五）水神崇拜

水是一切生物生存、社会发展不可缺少、不可替代的重要自然资源和环境要素。水变汽、汽变云雾升天，而后又变成雨、雪降落到地上，变成冰、霜，冰霜又融化成水，如此千变万化、循环往复。原始社会的彝族先民难以对种种自然现象做出正确、科学的解释，就把这一切归结为水神的作用并加以崇拜。

彝族先民认为人类源于水，彝经有“人从水中来，我祖水中生”的记载。祭祖分支仪式中一个重要的仪式是取福禄水，并把取福禄水的水源地作为该家族的族源地，藏放灵枢，并作为同宗的标识。举行红白喜事等仪式也大多离不开水，如举行毕摩原生文化仪式时，首先要用烫石触水产生的蒸汽来祛秽；新娘出嫁时要向前来接新娘的“显姆”泼水，以示欢迎；再如祭祖仪式有取水礼仪，仪式中还要念诵《祭水经》；丧葬仪式有寻水取水礼俗及祭词、献水礼俗及祭词、净尸及脱寿衣等礼俗及祭词；大年初一早晨取水要祭水；把污染水源行为视为一种罪过；等等。彝族的水神观念是具体的、多种多样的，水神有河神、湖神、井神、泉神等，并且认为每一处的河、湖、井、泉都由一个神灵专司管理。彝族先民认为，洪水冲毁农田、庄稼，淹死人畜，是水神发怒施威的结果。彝族民间还认为山川中的深潭、湖泊（包括看得见的明湖、看不见的暗湖及隐于云雾中的隐湖）均由水神主宰，也加以崇拜。如果有人、畜冒犯水神，水神便会发怒，引发洪灾、泥石流等。因此，每逢冰雹、泥石流、洪灾，人们都要请毕摩到河边、井边或塘边念诵驱龙词，祭一碗水、米，劝说引发灾害的恶龙离开此地到荒无人烟的地方，不要再祸害人类。

彝族崇拜水、保护水资源的思想观念和行

祭水神
阿牛史日 / 摄

为，渗透到了生活的方方面面。人们认为有了水，山更青了，世界更美了，这种古老的崇水观念与每年3月22日世界水日的主题不谋而合。

（六）火神崇拜

彝族是个崇火、尚火、恋火的民族，彝族先民认为火是生命的起点，也是生命的终点。火对彝族人来说，和灵魂一样重要。火可以用来做饭、开垦荒地、放牧狩猎、照明取暖、防虫御兽等，人们的生活离不开火。可以说彝族人是“生于火塘边，死于火堆上”，即“从火中来，到火中去”，因此特别敬畏火神。毕摩主持祛污除秽仪式、驱逐邪魔仪式都会用火。彝族先民把火神分为两种：一种是居住在天上的火神，另一种是居住在地上的火神。

1.天上的火神

天上的火神主要指雷电神。彝族的雷电崇拜，实际上是火崇拜，彝族先民认为火是雷电的化身。彝族常居山区，以农耕为业，风里来，雨里去，免不了在雷鸣电闪中受伤甚至被雷劈死。由于知识水平有限，人们对雷电无法做出科学的解释。他们对雷电现象的解释有以下几种：第一种是说天上有两个风王遇到一起，互相打架，发出了隆隆的声音，溅出了火花，这就是我们听到的雷声和看见的闪电；第二种是说雷电掌握在天神额天古兹手里，如果地上的人或动物违背了天规天律，天神额天古兹就会用雷电来惩罚他（它）们；第三种是说一种爬行动物蜥蜴喜欢在树木或岩石上朝天撒尿，因此惹怒了天神，天神就用雷击惩罚它，因而经常伤及树木或岩石。由于雷电能击死、击伤人和牲畜，击倒高大的树木和建筑等，人们对雷电产生了畏惧，认为雷击都是雷神发怒的结果，因此加以崇拜。

彝族民间有“雷不打好心人”的说法，人们认为雷神明断是非，是惩恶扬善之神，因此认为被雷击中的人是做了某些伤天害理的坏事而受到了雷神的惩罚。因此，人们逢年过节时，便会以酒、肉、茶、饭或牲畜祭献雷神。此外，毕摩及彝族各家长辈常以“要敬仰雷神火神”“不做坏事雷不击”来教育晚辈。

2.地上的火神

地上的火神是指地上的火源，包括火山爆发、山火及家中火塘中的火源等。

（1）生灵源于火

彝族先民认为，所有生灵（包括人类）都是天上掉下的祖（生）灵在熊熊的火焰中燃烧冶炼后形成的。《勒俄特依·雪子十二支》载：远古的时候，天上掉下祖灵来，掉在恩接介列山，变成烈火在燃烧，九天烧到晚，九夜烧到亮，白天燃得浓烟冲天，晚上燃得光芒万丈，天是这样燃，地是这样燃，为了起源人类燃，为了诞生祖先烧……形成了包括人类的雪族十二支。

（2）火能促文明

彝族先民认为火教会了人类开口说话，是人类文明的源头。《勒俄特依》中描述：洪水泛滥后，人类祖先居木武吾娶额天古兹之女兹俄尼托为妻，生下三个哑巴儿子，家人极为伤心无奈。后来聪明的小灰雀在天庭中偷听到火能使说人话的秘密，于是居木武吾便从后山砍来三根竹子，在火塘里烧炸，三个儿子才会说话，并成了彝族、汉族、藏族三个民族的始祖。

（3）火塘神

以前，彝族家家户户都建有三锅庄火塘，特别是居住在高寒山区的彝族，火塘之火终年不熄，娱乐、议事、吃饭、取暖、睡觉都在火塘边。火塘为火神之所在，彝族民众对火塘有严格的保护措施，严禁人畜踩踏或跨越火塘，否则被视为对火神不敬。相传，先祖英雄阿依迭古在战场上光荣牺牲时，尸体被分成三截，分别在三个地方火化，立了三个坟，分别用三块石头在坟头做标记，彝族用三块石头支锅的

习俗便源于此。古籍文献《祭锅庄石》记载：山上的石头，石头是山魂；彝家的锅庄，锅庄是家魂。

彝族逢年过节祭祀时，首先将煮熟的肉放在木碗里，在火塘上方逆时针转三圈后置于内室上方的祖先灵牌前，以示先祭火塘神再祭祖。此外，烧山耕种时要祭山火，上山狩猎夜宿时要祭火，发生火灾时也要杀牛宰羊祭火神，并有固定的《祭火神经》，经文如下：

火把节点火　迪拉机 / 提供

现在要来祭，火塘里的火，火光永不灭。火是雷神火，火是雷送来。火是风神火，火是风送来。火伴行人走，火是驱恶火。火伴家人坐，火是衣食火。火是人的伴，火是人魂窝……猎人带身上，火保佑猎人，烧肉祭猎神，狼虫远远逃，山鬼不近人。行人带身上，火保佑行人，煮饭祭火神，冰雪化成水，饿鬼不扰身。勇士带身上，保佑打仗人，火烧祭号旗，战场起风雷，敌人烧成灰。妇女带身上，保佑一家人，烧火祭家神，邪物出房去，污秽不近人。房屋冒火烟，人猴来分开，人坐火塘边，人猴不同处……草木会怕火，牲畜会怕火，鬼魂邪魔会怕火，火也会烧人，人偏不怕火，同火来作伴，如人和影子，不可来分开……[①]

彝族人认为，如果家中不慎发生火灾，是因为触怒了火神，所以要虔诚地祭拜火神。彝族人还认为火是从石头里跳出来的（实际上是击石起火），《火歌》歌词道：“火从石头里跳出来，火在草丛里跳舞，人们围着火笑，人们围着火跳。火就是神，神就是火。”[②]

彝族有祭火节，即火把节。火把节是古老的祭火仪式，于每年彝历六月二十四举行。火把节彝语称为“都则”，意为祭火，是彝族及西南地区彝语支民族盛大的传统节日，俗称“东方的狂欢节”。火把节的原生形态，就是古老的火崇拜。火是彝族追求光明的象征。火把节历史悠久，其起源传说不一，其中影响最大、流传最广、最具代表性的是凉山彝族的传说——彝族英雄团结民众，与邪魔和灾害做斗争，最终战胜恶魔的故事。

相传在远古时候，天上有6个太阳和7个月亮，白天烈日暴晒，晚上强光照耀，洪水肆虐，土地荒芜，妖魔横行，世间万物面临着灭顶之灾。彝族英雄支格阿鲁射掉了5个太阳和6个月亮，驯服了剩下的1个太阳和1个月亮，治理了肆虐的洪水，消灭了人间的各种妖魔，人间开始变得繁荣富足。天神额天古兹看到人间如此繁荣富足，心怀不满，于是年年派他的儿子大力神斯热阿比率天兵到人间征收苛捐杂税。支格阿鲁死

① 《云南彝族歌谣集成》，云南民族出版社，1986年。

② 同①。

后，他的故乡出了一位彝族英雄，叫黑体拉巴，他力大无穷，智慧超群。一天，黑体拉巴上山打猎，他唱歌时，高亢的歌声得到了另一座山上牧羊姑娘妮璋阿芝悠扬婉转的歌声回应，两人从此相恋了。早就觊觎妮璋阿芝美貌的大力神斯热阿比听说了两人的恋情，心里愤恨和嫉妒交织。没过多久，忍耐不住嫉恨的斯热阿比便下凡与黑体拉巴摔跤决斗，结果在摔跤决斗中，他被黑体拉巴摔死，天神大怒，便放出铺天盖地的天虫（蝗虫）到人间，欲毁坏成熟的庄稼。

妮璋阿芝为除蝗虫翻山越岭，找到了一位德高望重的大毕摩，毕摩翻看了天书，告诉妮璋阿芝“消灭蝗虫，要用火把”。妮璋阿芝和黑体拉巴带领民众上山扎蒿秆火把，扎了三天三夜的火把，火把烧了三天三夜，终于烧死了所有的蝗虫，保住了庄稼。额天古兹一怒之下使用法力将劳累过度的黑体拉巴变成了一座山，妮璋阿芝看着这一切，伤心欲绝，在大毕摩的祈祷声中舍身化作漫山遍野美丽的索玛树花，盛开在黑体拉巴变成的那座高山上。一对情人生不能相守，死后紧紧相依。这一天，正好是彝历六月二十四，彝族人为了纪念他们，便在每年的彝历六月二十四这天，以传统取火方式击打燧石点燃圣火，燃起火把，走向田野，祈求风调雨顺、来年丰收，这便是火把节由来的传说。

火把节一般历时三天三夜。第一天称为“都则”，意为迎火。这一天有三个重要程序：一是杀牛祭祖，几家或几十家共同出资买牛献祭，祭品均分后各自带回家献祭祖先。同时，村村寨寨都会宰羊杀猪，以酒肉迎接火神、祭祖，妇女还要赶制荞面馍、糌粑面，在外的人都要回家吃团圆饭，一起围着火塘喝自家酿的酒，吃坨坨

火把节选美　阿克鸠射 / 摄

肉，分享欢乐和幸福。二是杀鸡招魂，招回离世家人的灵魂，并招回牛马牲口魂。三是在夜幕降临时点燃火把。相邻村寨的人们会在老人选定的地点搭建祭台，以传统取火方式击打燧石点燃圣火，在屋内四周墙角以及禽舍畜圈逐一熏烧，并由一人拿一个簸箕边敲边喊："烧死蚊子苍蝇，烧死虱子跳蚤，烧死臭虫蟑螂。"同时众毕摩一起念诵《祭火经》，祈福纳祥。熏毕，扫一些烟尘等倒在村外路口。这就是汉文方志记载的"手持火把送瘟疫疾病"。之后，大人们还要手持燃烧的火把，走进自家田间地头照亮禾苗庄稼，并不断呼喊"烧死吃庄稼的害虫"，谓之"照田祈年"，并以火把之明暗占岁之丰歉。正如清乾隆《弥勒州志》记载："……入夜争先燃之，村落用以照田祈年，以炬之明暗占岁之丰歉。"届时，各家各户的老人从火塘里接火点燃蒿秆扎制的火把，儿孙们从老人手里接过火把，先照遍屋里的每个角落，再到田边地角走一遍，用火光来驱除病魔灾害。最后大家手持火把聚集在山坡上，唱歌跳舞，进行各种游戏。

火把节第二天称为"都格"，意为颂火、赞火，是火把节的高潮。这一天天刚亮，男女老少都穿上节日的盛装，带上煮熟的坨坨肉、荞面馍，聚集在祭台圣火下，参加各种各样的传统活动。成千上万的人聚集在一起，组织赛马、摔跤、唱歌、选美、爬竿、射击、斗牛、斗羊、斗鸡等活动。姑娘们身着美丽的衣裳，跳起"朵洛荷"[①]。这一天，最重要的活动莫过于彝家的选美了。无论男女，选美都不仅要看外貌，还要综合看言行品德，还要进行彝语、普通话、英语等

① 朵洛荷：一种流行于彝族北部地区的古老而传统的舞蹈。

火把节斗鸡　单孝勇 / 摄

火把节斗羊　阿牛史日 / 摄

火把节斗牛　阿克鸠射 / 摄

几种语言的演讲比赛。选美女的标准是：头发浓黑、眉毛浓、眼睛大、鼻梁高、脖子长、皮肤细腻红润，身材匀称（不能太瘦）、言谈举止得体、人品好、勤劳等，要选出像妮璋阿芝那样善良聪慧、大方端庄的美女。选俊男的标准是：勇猛善战、仪表堂堂、体魄雄健，言行要有风度，头梳英雄结，佩带英雄带和宝剑，身披黑色羊毛斗篷，手牵骏马，要选出像黑体拉巴那样勤劳勇敢、英俊潇洒的美男子。当傍晚来临的时候，人们聚集成千上万的火把形成一条条火龙，从四面八方涌向同一个地方，最后将火把堆成无数堆篝火，火光烧红整片天空。人们围着篝火尽情地唱跳，一直狂欢到深夜。篝火快熄灭的时候，一对对有情青年男女悄然走上山坡，走进树丛，在黄色的油伞下，拨动月琴，吹响口弦，互诉思慕。故也有人将彝族火把节称作“东方的情人节”。

火把节的第三天，彝语称为“朵哈”或“都沙”，意思是送火及火神，是整个彝族火把节的尾声。这天夜幕降临时，祭过火神、吃完晚饭，各家各户陆续点燃火把，手持火把聚集到约定的地方，搭设祭火台，举行送火（火神）仪式。仪式中要念经祈祷，祈求祖先和神灵赐予子孙幸福和安康，赐给人间丰收和欢乐。人们舞着火把念诵“烧死瘟疫，烧死饥饿，烧死病魔，烧出安乐丰收年”，祈求家宅平安、六畜兴旺。届时，还要带上第一天预留的鸡翅、鸡毛等一起焚烧，象征邪祟和病魔瘟疫也随之被焚毁了。然后找一块较大的石头，将点燃的火把、鸡毛等一起压在石头下面，寓意镇压病魔瘟神，护佑家族人丁兴旺、五谷丰登、牛羊肥壮。最后，山上山下各村各寨将火把聚在一起，燃成一堆大篝火，以示众人团结一心，共同抵御自然灾害，火把节至此结束。

火把节场面盛大，气氛热烈，因此享有“东方狂欢节”的美誉。

火把节聚火　单孝勇 / 摄

六、图腾崇拜

任何一种信仰，都不是人类社会一开始就有的，而是伴随着社会的发展而形成的。图腾崇拜是源于氏族公社时期的一种原始宗教信仰，表现为对某种动物或植物的崇拜。“图腾”一词源于美洲印第安阿吉布洼人的原始语言，指被本部落奉为始祖的某种动物或植物。当人类进入氏族社会后，伴随着人类征服自然的能力的提高，人们的眼光也从自然回到了人类自身。在氏族社会里，由于个人完全融入氏族，只有依赖集体的力量才能生存和发展，于是人们开始探索和寻求氏族的起源，笃信人类群体与某种动物或植物之间存在着特殊的超自然关系（一般以动物居多），图腾崇拜便应运而生。作为氏族图腾的动物（如虎、狼、鹰、熊等）成为该氏族的神圣标志，被列为该族的禁忌物，禁杀禁食，且要举行崇拜仪式，以促进其繁衍。

图腾崇拜属于多神崇拜，是动植物崇拜与血缘观念相结合的产物。多神崇拜是对物加以神化或灵化的“物灵”崇拜，图腾崇拜则是将人动物化或植物化成“物化人灵”的形象。彝族先民认为某种特定的动物或植物与本氏族有着血缘关系，或某种特定的动物或植物曾经拯救过本氏族或能够保护本氏族，从而将其视作本氏族的徽章或保护神而加以敬仰和膜拜。当一种动物或植物受到崇拜而成为图腾时，崇拜者便觉得自己是这个图腾的子孙，不仅将这个图腾作为自己的徽章，也将此图腾作为共同的姓，于是形成了氏族。

据《勒俄特依》记载，彝族起源于雪，彝族也自称为雪族，所以雪应当是彝族传说中最古老的图腾，而后才由雪图腾分化出十二图腾及更细的亚图腾。彝族的图腾主要是猛兽、猛禽和一些与自己生活息息相关的动植物，如虎、龙、鹰、雁、孔雀、竹等。

（一）虎崇拜

我国西南地区山林沟壑纵横、重峦叠嶂、森林茂密，具有得天独厚的原始森林资源，其中就

生活着百兽之王——虎。因各地方言不同，虎的彝语名称有所差异，有“罗”“拉”等称呼。居住在我国西南云、贵、川、桂的彝族，是忠实的崇虎、畏虎、敬虎的民族。

1.虎生宇宙

彝族创世史诗《梅葛》中有一段开天辟地的传说。据说神祖五兄弟按照天神额天古兹的旨意杀了一只猛虎，用老虎的四根大股骨做撑天柱，用老虎的肩胛骨做东西南北四方支柱，才把天撑起来，从而使天地分开、稳如磐石。

然而，天上无日月星辰，也无云彩，地上无江河湖海、花草树木、飞禽走兽，也无人类居住。于是，神祖五兄弟上山猎虎，并在打死老虎后解虎尸造日月星辰、花草树木、江河湖海、飞禽走兽等。史诗《梅葛》记载：……虎头做天头，虎尾做地尾，虎鼻做天鼻，虎耳做天耳，左眼做太阳，右眼做月亮，虎须做阳光，虎牙做星星，虎油做云彩，虎气变雾气，虎心做天心，虎胆做地胆，虎肚做大海，虎血做海水，大肠变大江，小肠变成河，排骨做道路，虎皮做地皮，硬毛做树林，软毛变成草，细毛做秧苗，骨髓变金子，虎骨变银子，虎肺变成铜，虎肝变成铁，虎脾变成锡，虎肾做磨石，大虱变成牛，小虱变成羊，跳蚤变成猪，头屑变成鸟。[①]

彝族民间流传的《开天辟地的故事》中也有虎骨撑天的相应描述。传说古时候最初的天造在上边，地造在下边，即天盖地，因为有“阿罗垫天气”，使天地牢固。“阿罗”据考为“罗罗”之“罗”，即虎，其中隐含的同样是虎骨撑天之意。天地万物形成后，无人类居住，于是神祖五兄弟求助天神额天古兹，天神从天上撒下三把雪，落地变成了三代人，即独眼人、竖眼人、横眼人。在这个故事里，虎是创造天地万物的神祖，有了虎，世间一切无法解决的难题都迎刃而解了，一切与人类生存息息相关的事物亦应运而生了。

猛虎　立克达曲 / 摄

彝族创世史诗《阿细的先基》记载：混沌时代，宇宙间有一只硕大无比的老虎，它的眼变成日月，皮变成天，故银河似虎斑纹，肠胃变成江河湖海，筋骨变成山脉，虎毛变成花草树木。这同样反映了彝族的虎生宇宙观。

2.虎崇拜

现云、贵、川、桂等地的部分彝族认为虎是自己的祖先，在危难时刻会得其保佑和庇护。人死后，经火葬，灵魂会还原为虎。俗话说“人死一只虎，虎死一只花”，有生之日，则要披虎皮，显虎威。《云南志略·诸夷风俗》载：“罗罗即乌蛮也。……酋长死，以虎皮裹尸而焚，其骨葬于山中。……人死往往化为虎也。”

滇南彝族土司“纳楼”（纳罗的别译，彝语意思是黑虎族），其后代普梅夫说：“相传纳楼土司远祖是黑虎所生，大堂之座位上垫虎皮。出征时，先誓师祭祖，土司披虎皮，兵卒穿黑衣，

① 《梅葛》，云南省民族民间文学楚雄调查队整理，中国国际广播出版社，2016年3月。

军旗为黑色，都要反映敬虎、尚黑之特点，象征黑虎族。”

3.以虎为部落名称和人名称

虎在彝语里有凶猛、强壮、英雄之意，为了使孩子健康成长，彝族人喜欢用虎来取名。

用虎来取名者不计其数。如拉蒙（猛虎）、拉罗（黑虎）、拉布（花虎）、拉石（黄虎）、拉果（强虎）、拉前（壮虎）、拉惹（虎子）、拉尼（红虎）、拉主（虎王）、拉史（黄虎）等。

还有许多彝族部落以虎命名。《大定县志·苗俗》云：“大定亲辖地有苗八种，一曰倮罗，本卢鹿部。或称罗罗，或称乌蛮，或称罗鬼……”

川、滇大小凉山地区的彝族也曾自称“罗罗”，唐代南诏时期在今泸沽湖一带有“落兰部”，元代在四川凉山设置的行政机构有“罗罗宣慰司”，而明代《读史方舆纪要》则称凉山彝族为“罗蛮”，即虎族。

4.以虎为地名

彝族地区以虎命名的地方也不少。以虎为村寨名的不胜枚举，云南小凉山的永胜、宁蒗两县，据清乾隆《永北府志》卷八《乡》所列各村中有“腊母地”“罗莫”“罗摩”等原彝族村名。光绪《续修永北直隶厅志》（续乾隆《永北府志》）除以上所列各彝族村名外，增补了“罗门村”“罗莫苴”两个彝族村名，在卷二《舆图》中有“腊莫”村和四川省凉山州盐源县“腊莫”村名。“腊母”“罗莫”“罗摩”“罗门”都是母虎的音译；“苴”的彝语意思是英武勇猛，“罗苴”意为猛虎，“罗莫苴”意为勇猛的母虎。此外，还有今云南省红河县彝族“歌舞之乡”的“洛孟”（母虎或大虎）彝村、“洛玛”（大虎）彝村，云南省新平县“罗莫”（母虎）、“罗母祖打”（老虎待过的地方）等彝村。

四川省美姑县有“拉莫阿觉乡”（现改为“拉玛乡”），意为众虎栖息的地方，昭觉县有“罗罗依打”“拉哈依乌”，意为老虎喝水的地方，现成为家喻户晓的地名，并写入了毕摩文献中。

5.以虎为毕摩神

四川凉山毕摩将虎作为毕摩护法神邀请到仪式现场，让其畅饮牲血，吃饱牲肉后，助威驱逐邪祟、邪魔。仪式中，毕摩将锋利的虎牙系在自己的神签筒和神铃上，以示护佑神灵，然后将鲜热的牺牲血端到左上方的鹫毕神座里，祭毕神时念诵道：“我毕拥有一对抓捕神，那是野外一对花色的猛虎，虎头磐石大，虎脚杉木粗，脚爪尖又锋，捕魔如闪电，来呀虎神来，前来喝鲜血，喝了更凶猛……”

此外还有虎历法、虎星占等，关于虎有说不完的话题。

综上所述，彝族从虎生宇宙万物的神话传说到虎崇拜，从虎历法、虎星占到虎服饰，无处不有虎文化。虎文化承载着彝族人企盼自己的子孙都像虎一样勇猛、果敢、剽悍，具有非凡的生存能力的美好愿望。彝族虎生宇宙观具体生动地反映了彝族的虎图腾崇拜，也具体体现了彝族人认为自己与虎有血缘关系、是虎子虎孙这一文化思想。

（二）龙崇拜

龙是中华民族的象征和文化认同的核心符号，龙崇拜对建设中华民族共同的精神家园，凝聚中华民族精神具有重要的作用。毕摩原生文化中对龙的崇拜是比较普遍的，龙既是彝族文化认同的祖先，也是创世之神、护佑之神、辟邪之神，是彝族自身文化认同的重要文化符号，更是对中华民族文化认同的重要补充。

龙，彝语称为“布哈”（[illegible]）、“鲁”（ꇉ），是一种能飞、能潜的动物，其形有九

似：头似驼，角似鹿，眼似兔，耳似牛，项似蛇，腹似蜃，鳞似鲤，爪似鹰，掌似虎。其背部有81片鳞，具九九阳数。其声如戛铜盘。口旁有须髯，颔下有明珠，喉下有逆鳞。头上有物如博山，名尺木，龙无尺木不能升天。呵气成云，既能变水，又能变火。龙能驱邪除魔，祈祥纳福，是一种吉祥神灵，在毕摩原生文化中具有重要、不可替代的地位。

1.龙生夷（彝）

在彝族浩如烟海的神话传说中，有关龙的神话传说篇幅较多，其中又以龙生夷（彝）的神话传说居多。彝族把龙视为祖先，汉文文献《后汉书·南蛮西南夷列传》记载了龙生夷（彝）的传说："哀牢夷者，其先有妇人名沙壹，居于哀牢山，尝捕鱼水中，触沉木若有感，因怀孕。十月，产男子十人。后沉木化为龙，出水上，沙壹忽闻龙语：'若为我生子，今悉何在？'九子见龙惊走，独小子不能去，背龙而坐，龙因舐之，其母鸟语，谓背为九，谓坐为隆，名曰九隆。及后长大，诸兄以九隆为父所舐而黠，遂共推以为王。"这是一则流传极广的神话故事，至今仍被彝族民众口口相传。据考证，哀牢夷为彝族的先民。

叟、昆明为彝族的先民，其崇龙敬龙的风俗弥盛。诸葛亮南征时采取的民族政策之一便是尊重少数民族的信仰崇拜，笃信南中叟、昆明人为龙子龙孙，故作"龙生夷（彝）的图谱"。《华阳国志·南中志》记载了诸葛亮的言行："诸葛亮乃为夷作图谱，先画天地、日月、君长、城府；次画神龙，龙生夷……以赐夷。夷甚重之，许致生口直。"

彝族史诗《勒俄特依》及大量毕摩典籍记载

龙与支格阿鲁一起斩妖除魔　吉克达蒙 / 摄

支格阿鲁射日抓雷　吉克达蒙 / 摄

了龙生夷（彝）的传说，说明龙是彝族的祖先，其中最具代表性的是支格阿鲁的传说。支格阿鲁是古代彝族神话中的英雄人物，他的故事千百年来在我国西南大小凉山地区广为流传。各地关于支格阿鲁的传说，同源异流，不同版本大同小异。《勒俄特依》详细叙述了支格阿鲁的身世：阿鲁是来自“濮”部落的母亲与来自“鹰”部落的父亲“玩耍”后生于龙年龙月龙日的孩子，取名为阿鲁（龙），后被龙收养，喝龙乳、吃龙饭、穿龙衣、说龙语长大，是名副其实的龙之子。

据说，支格阿鲁是感龙而生，是一条征服自然和扶正除恶的英雄人龙，其因出生非凡、成长惊人，且能征服日月、战天斗地、斩妖除魔、为民除害，在彝族社会中留下了大量脍炙人口的动人传说。支格阿鲁也因此受到西南地区彝族人民的崇拜。

以上文献和传说反映了彝族信奉“龙生夷（彝）”之事，认为龙是自己的祖先，因而对龙十分崇拜。

2.龙护佑

彝族先民不仅崇拜龙，对龙神顶礼膜拜，而且认为它是护佑人类的神灵。龙能驱邪除魔、祈祥纳福，支格阿鲁是龙的后裔，因此，古代毕摩大师们将他的画像与英名载入诸多驱逐性和防御性的毕摩经书中，与神龙一起驱邪除魔，护卫众生。如毕摩经书《防御邪癞经》（《[illegible]》），经文中专门留有空白处，仪式中毕摩在空白处写上仪式主人家成员的名字，最后绘上支格阿鲁与神龙一起除魔驱邪的画像，举行特定的毕摩原生文化仪式后，便能驱邪除魔，护佑主人。毕摩经书《防御邪癞经》载：

[illegible]，　支格阿鲁呀，
[illegible]，　左眼太阳神，
[illegible]，　右眼月亮神，
[illegible]，　头上天神护，
[illegible]，　脚下大地护，
[illegible]。　护卫主人家。
[illegible]，　支格阿鲁呀，
[illegible]，　左手挥舞铜叉矛，
[illegible]，　右手拿着铜兜网，
[illegible]。　头顶戴着铜帽盔。
[illegible]，　抓雷又砸雷，
[illegible]。　防御邪魔侵。

[illegible]，　神龙那天子，
[illegible]，　栖息在地下，
[illegible]，　活动在天上，
[illegible]，　飞越地四方，
[illegible]，　穿越山川湖，
[illegible]，　到达主人家，
[illegible]，　看守主人家，
[illegible]。　防卫众主人。
[illegible]，　神龙有四口，
[illegible]，　四口开四方，
[illegible]，　神龙有四睛，
[illegible]，　看守地四方，
[illegible]，　神龙有四脚，
[illegible]，　蹬在地四方，
[illegible]，　看守主人屋，
[illegible]，　抓癞吃癞邪，
[illegible]，　捕癞吃地邪，
[illegible]，　天癞所降之处堵，
[illegible]，　地癞所出之处堵，
[illegible]。　所有癞邪都吃掉。[1]

彝族先民深信神龙能防御和灭绝所有来犯的

① 摘自凉山州美姑县著名毕摩迪惹洛曲收藏的毕摩经典《防卫邪魔经》，作者整理翻译。

邪魔鬼怪，特别是来自天上的天癞和来自地下的地邪。所以，有些家庭会请毕摩根据家里人员的岁位书写《防御邪癞经》，彝译为“俄组阿史弩图约依”，其中绘有彝族英雄支格阿鲁和有四肢的、能吞食蟒蛇等怪兽的神龙，经举行有关仪式后存放在家里，可防止邪魔入侵。

综上可知，支格阿鲁时期，彝族已进入高度文明时代，已大量使用金属，如使用青铜制造铜矛叉、用铜网兜来避雷，相当于现代的避雷针。由此可见，千年前彝族先民就发明了科学避雷法。

3.龙名号

彝族因崇拜龙，以龙为名号的甚多。在古代，氏族部落常以龙为名号，族号以龙命名，山川河流以龙命名；如今，人们仍常以龙取人名，建筑名胜也常以龙命名。龙几乎成了自然界与人类社会各种事物的代表符号，这一符号蕴含着彝族对龙的笃信和崇拜之情。

（1）以龙为人名。四川凉山彝族人在给婴儿取名时多与“龙”有关，以求避邪、安康，直接取“龙”“布哈”名字的人数以万计，如吉克布哈、曲毕布哈、沙玛布哈等，还有人取名为“龙石”（黄龙之意）、“龙罗”（黑龙）、“龙乌”（青龙）、“龙曲”（白龙）、“龙尼”（红龙）等。在取乳名时，男孩叫“阿龙”“龙生”“龙宝”，女孩叫“阿鲁妹”“倮妹”。据有关资料显示，云南巍山彝族左氏土官是南诏王室的后裔，左氏土官以“龙”字取名的多达数十人，如左德龙、左相龙、左钦龙、左起龙、左锦龙、左见龙、左瑞龙、左化龙、左文龙等，南诏王室后裔因此而自称为龙子。数百年间，左氏土官子孙沿袭其祖先之风，南诏13代国王的名字都与龙有关，如细奴逻，汉语有“在木头上休息的龙”之意，逻盛即“黄龙”，盛逻皮即“金龙祖”，皮逻阁即“村龙子”，世隆即“草龙”，舜化贞即“嫁龙”。南诏王室自其始祖细奴逻起，崇龙之风便盛行，历代国王都成了名副其实的龙子龙孙。

（2）以龙为地名。彝族地区以龙命名的地方不少，如凉山州美姑县最大的山脉叫“首鲁博”，“首”意为很长，“鲁”意为龙，“博”意为山，“首鲁博”的意思为长龙山，汉语称为“龙头山”。龙头山海拔3724米，地势非常险峻，形似龙头，时常云雾缭绕，犹如巨龙腾空。山麓有一个乡叫龙门（莫）乡，意为母龙之乡。巍山彝族聚居区的村寨，名字里带“龙”字的居多，如龙西村、龙潭村、龙马佐、来龙佐、落龙村、青龙村、龙凤村、福龙村、奇龙村、龙耳村、龙头村、龙街村等。据不完全统计，全县境内带有“龙”字的村寨多达40余个。

以龙命名的事物及龙的传说在彝族地区不胜枚举，上述所列举的仅为沧海一粟、冰山一角。

综上所述，云、贵、川、桂彝族从龙生夷

准备主持仪式的毕摩　戴志陶／摄

毕摩扎缚鸟草偶　戴志陶 / 摄

（彝）的神话传说到龙护佑，始终与图腾崇拜、自然崇拜、祖先崇拜交织在一起，也是崇龙敬龙的具体表现。彝族的龙文化，从表层看，说明龙在彝族人心目中地位崇高；从深层看，龙是彝族的图腾标志、徽号、族号，彝族是龙的传人，是龙子龙孙。

（三）鸟崇拜

彝族先民居住在深山老林及其周围，时常与野生动物相伴，与鸟类关系密切，鸟文化丰富多彩。彝族先民将鸟类分为护佑吉祥类和不吉类。护佑吉祥鸟类有鹤、雁、鹰、凤凰等，不吉类鸟有乌鸦等。不管是何种鸟类，都与彝族传统文化有一定的渊源。

1.彝族语言启蒙说

彝族先民认为彝族的语言始于摹声，即模仿飞禽走兽发出的声音，特别是学习鸟类的叫声。在日常生活中，他们时常听到鸟类鸣叫，不同的鸣叫声传达出不同的信息，有时是吸引雌鸟或保护领地，有时又是

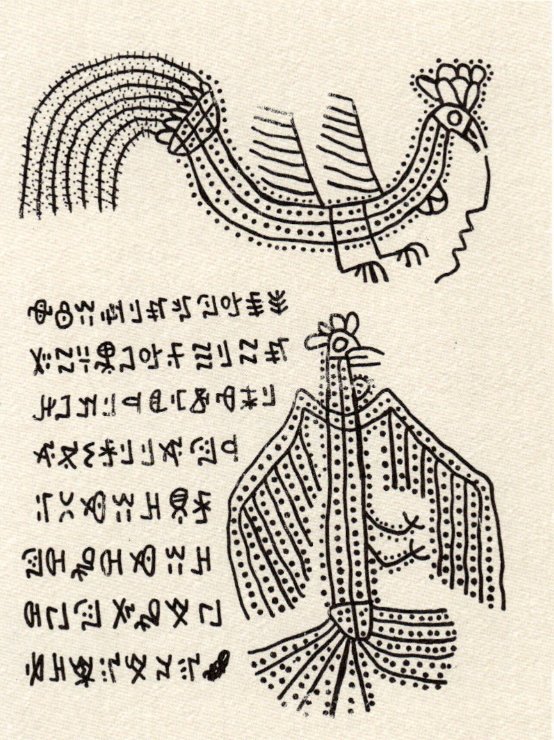

毕摩经书中的孔雀　吉克达蒙 / 摄

一呼百应的号令，彝族（初）先民便有意识地模仿，在无数次的模仿中逐渐形成了能相互交流的语言。即“人语学雁语，没有白雁时，人语不成调，怎不想白雁，单调告雁得”，彝文文献载：“人始发语声，语声如鸟语，人语学禽语，有的似鸣雁，有的如鸦鸣。”毕摩有经书将乌鸦的叫声分为200～300种，彝族人根据乌鸦什么时候叫、在什么地方叫来测算吉凶祸福。

彝族先民崇拜特定的鸟类，模仿、学习鸟类清脆悦耳、婉转动听的声音，领悟不同鸟类独特的音调，通过有意识地学习鸟语逐渐形成了自己的词汇，并与同伴（群体）共享，从而形成独特的氏族部落的语言，故对鸟十分崇拜。

2.鸟护佑

在古代，原始森林是彝族先民唯一的生活环境，也就是说，古彝人生活在鸟兽的世界里，时刻与鸟兽在一起，对鸟顶礼膜拜，特别是对某些独特的鸟加以崇拜。据《爨文丛刻·笃慕源流》（第85页）记载，笃慕之前两代武洛撮之世，有兄弟12人，除了武洛撮外，其余11人都形成了以不同动植物为图腾的氏族，其中有3个氏族的图腾分别是鹰、孔雀及鸿雁。彝族先民认为孔雀是山神鸡，是吉祥鸟，能斩妖除魔，护佑氏族子孙，因此将孔雀写入《防御邪癞经》等防御性的毕摩经书中，同时将孔雀的形象绘于其中，以驱逐妖魔，防御邪魔作祟，护佑众生。毕摩经书《防御邪癞经》载：

[illegible]，	森林中的孔雀呀，
[illegible]，	栖息在兹兹额獐山，
[illegible]。	守卫房屋门两旁。
[illegible]，	龙头山上毒草为食物，
[illegible]，	山中湖泊清水为饮料，
[illegible]，	到达了仪式主人的家，
[illegible]，	作为房屋保护神，
[illegible]，	作为吾主护佑神，
[illegible]，	抓癞吃癞邪，
[illegible]，	捕癞吃地邪，①
……	……

3.学鸟定居说

彝族先民不仅语言启蒙源于鸟叫，生活习俗也学习鸟类。在原始社会，飞禽走兽是彝族先民赖以生存的主要食物。随着生产力的发展，有的飞禽走兽被驯化为家禽和家畜，与人类生活密切相关。据彝文古籍《彝帛奢且争》记载，彝族先民是受雁鹤的启发而定居的。在那之前，彝族先民过着迁徙生活，一直到尼能时代，人们仍过着寻食迁徙的不定居生活。后来在部族首领依阿五、实洛着的带领下，寻食迁徙到一片沼泽地，他们看到雁鹤每天从西边的箐林里飞到这片沼泽地上来觅食，晚上又飞回原来的林地栖息，受到雁鹤有固定食宿地点的启示，他们不愿再过奔波劳累的迁徙生活，便开始采集野生谷物的种子，培育种植五谷，过上了定居的生活。随着粮食的收获、分配和社会活动的分工，产生了阶级和社会职能分工。后来，彝族先民把雁鹤作为最高智识者来崇敬，固定居所的生活习俗也由此开始。

① 摘自毕摩经书《防御邪癞经》，马边县民建镇西城村吉克拉哲毕摩收藏，作者整理翻译。

毕摩护法神鸱鹰
何为 / 摄

4.彝族地位的象征

在鸟类中，鹤、雁、鹰被视为统治者、智者，因而也被视为古代彝族社会地位的象征，历来有“知天白鹤，通神黑鹰”之说。鹤代表君，雁代表臣，鹰代表师。《爨文丛刻·祭龙经》中写道：“白鹤象征君长（兹）的福禄，青鸿象征臣（莫）的福禄，黄鹰象征师（毕摩）的福禄……”鹤为飞禽之首，是高尚、廉洁的象征，“鸣于九皋，声闻于天”的鹤是君王的化身。据《物始纪略》记载，鹤受命于额天古兹，行使管理天下的职权，而杜鹃则负责传达君长的命令，到春耕季节，催耕催种，鹰（毕摩）同杜鹃一道协助鹤（君长）。沟通人神的鹰本领非凡，“鹰翅和鹰尾，遮住日和月”，具有覆天之威力。

鹰是毕摩神的代表，在毕摩法器上得到了淋漓尽致的体现，如毕摩神签筒上系有一对鹰脚，神扇柄上雕有鹰像，毕摩法帽上挂上一对鹰爪，据说可以抵残缺的一部分经书。还有将鹰头、鹰爪悬于胸前的，也有用鹰脚制作酒杯的。毕摩被称为“彝巫神鹰”，说明毕摩与鹰的关系密切，毕摩古籍上写有“知天白鹤，通天黑鹰”，也说明了古代彝族先民对鸟的崇拜。

彝族民间禁忌捕杀鹤、雁、鹰，认为它们不仅是地位的象征，同时也是神的使者，故不能捕杀，否则会触怒神祇，引发狂风暴雨、泥石流、洪灾等自然灾害。彝谚道：

[illegible]，　猎鹤天不饶，
[illegible]，　打女父不饶，
[illegible]，　捕鹤则变天，
[illegible]。　祭鹤则天晴。

说明彝族民众对鹤、雁、鹰、杜鹃等鸟类的无限崇拜与敬畏，他们心底深处对鸟类的保护意识非常强烈、虔诚。如果有人捕杀这些动物，按规定，须由捕杀者请学识渊博的老毕摩举行偿还鹤（雁）债的“果则”仪式，以息天神之怒。

（四）竹崇拜

彝族世代居住在竹林的周围，其生产生活均与竹息息相关，是一个忠实的喜竹、爱竹、崇竹、敬竹的民族。千百年来，彝族人从物质生活到精神生活，从生产劳动到社会生活、居家生活，以及衣、食、住、行都离不开竹，形成了独具特色的竹文化，如“竹生人”的神话传说、竹崇拜、竹禁忌、竹祖灵等，无一不是竹文化的体现。

1. “竹生人”传说

彝族先民认为自己的祖先是竹，汉文文献中与此有关的最早记载是东晋《华阳国志》卷四《南中志》，其中记载：“有竹王者，兴于遁水，有一女子浣于水滨，有三节大竹流入女子足间，推之不肯去。闻有儿声，取持归，破之，得一男儿，长养有才武，遂雄夷狄。氏以竹为姓。捐所破竹于野，成竹林，今竹王祠竹林是也。”[①]《竹王神话》和《后汉书·西南夷列传》中也有类似的记载，认为夜郎与彝族先民有关。滇东及黔南一带的彝族民间流传着与竹有关的祖先起源神话。据说太古时候，一条河上浮着一个楠竹筒，流到崖边爆裂了，从竹筒里钻出了一个人，名叫阿楠，刚出来就会说话。阿楠便是竹王。[②]

竹王应是北盘江流域彝族部落联盟首领，是九隆、阿龙、阿倮、阿鲁、伍午、笃慕等的变音，是彝族的一位始祖，只是由于居住地分散而称呼不同。

贵州西北一带有竹子救人、竹子生人的彝族民间传说。广西西部的彝族民间传说：开天辟地的太古时代，有一节楠竹筒中爆出一个人来，他

① 朱文旭，《彝族文化研究论文集》，第58页，四川民族出版社，1993年。

② 马学良，《倮民的祭祀研究》，载自《云南彝族礼俗研究文集》，四川民族出版社，1983年。

的面貌似猴类，初生就会说话，名叫亚搓，住在地穴里，穿的是芭蕉叶，吃的是野鼠和果类。一天，他在麻达坡拣拾野果，偶然看见一只形似猴的猕子睡在梨树底下，他拾起一块石头掷去，那猕子一动不动……两情相投，后配为夫妻，他们的子孙就是罗罗（彝族）。[①]

2.竹护佑说

彝族视竹为祖先，认为族人为竹所生，或祖先被竹所救，竹使族人得以生存和繁衍，因而把竹视为祖先而加以崇拜，彝族的洪水神话大多涉及竹，只是竹在彝族起源的传说中的作用有差异。《勒俄特依》中记载：居木武吾家，生有三个哑巴儿子，为让哑巴儿子说话，派人上山砍了三节竹来炸，首先炸长子，说声“哦底哦夺”，蹲起双脚而坐，成为藏族的始祖；然后炸次子，说声“阿兹格”，跳到竹席上面坐，成为彝族的始祖；最后炸幺子，说声“表子勒格”，跳到门槛上面坐，成为汉族的始祖。

20世纪30年代，著名民俗学家、彝学专家马学良先生深入云南彝族地区调查，发现彝族用山竹根做灵位（灵芯），是根据一个传说——洪水后幸存的彝族祖先从山崖滚下被竹子挡住而得救。彝文文献《洪水滔天史》记载：洪水后幸存的彝族祖先三兄弟中的老三和其妹妹在悬崖上抓住竹枝得救。老三和妹妹因竹得救了，后繁衍出七家人。这七家人为了报恩，便到处找祖先，最后找到竹节草，说是其祖先。《洪水滔天史》记载：“一程又一程序，来到乃果山；乃果悬崖边，有蓬竹节草，向竹喊爷爷，竹节把话应，竹节草是祖，竹节草是宗……”

所谓彝族与竹同类之说，侧重于表现山竹为人类灵魂栖身、依附之物。每一则神话故事都蕴含着金竹育人的观念，当地彝族就基于这种观念，对金竹和小山竹抱以一片虔诚。他们视金竹为祖神，个别地方称金竹为“爷爷”。因此，彝族人故去后，火葬当天首先将骨灰撒向竹林，以示死者又回到竹中，死者的子孙后代像竹子一样繁荣昌盛。之后子孙们祭祖时，要到山上为每一位祖先拨回一根金竹根，制成代表死者亡灵的灵牌，经过复杂的祭祖仪式后带到指定的山崖箐洞中藏放。以竹根彼此相连盘根错节来比喻家支繁多、氏族血缘相连，竹根年年生长，竹笋年年生长，意喻人丁兴旺。因此，彝族人将竹根作为祖先加以崇拜。

四川凉山彝族对竹的崇拜由来已久，并在与竹的朝夕相处中，形成了独特的“竹根制祖灵”“送竹根祖灵”等习俗，从中也可以看出他们对竹的崇拜。他们认为人死时死的是肉体，死后幻化成竹，以竹根制作灵牌，则表示死后仍归其宗。在送祖灵仪式中，子孙要准备一只招魂鸡，送祖灵到竹林茂密的箐洞里安葬。竹不积尘、不结露，防潮、防虫；竹性坚韧、刚烈不屈，虚心直节，不畏霜雪，品质高尚，成为彝族的象征，竹的坚韧不拔象征着彝族的精神气节。

3.禁砍金竹

由于彝族与竹有很深的渊源，因此彝族人对竹林特别是对金竹林进行特殊的保护，不能随意砍伐。然而，由于生活起居的需要，免不了要砍金竹来制作各种用具，但有一点人们会不约而同地遵守，即不能去刨挖竹根。因为竹根被认为是祖先神的栖身之所，挖竹根被认为是惊动了自己的祖先神，捣了自己的“根”。因此，在四川凉山地区，常见一坡坡竹林常绿不萎，因为当地彝族视竹林为圣地。彝族以毕摩原生文化观念保护了竹林生态。

图腾崇拜作为一种信仰，形成了独具特色的图腾文化，给彝族的历史文化、宗教信仰、大众

① 强纯德等，《彝族原生宗教研究》，第67页，云南民族出版社，2008年1月。

民俗等留下了深深的烙印，并且对彝族的分支与发展起到了决定性的作用。

彝族的图腾伴随着彝族历史的发展和岁月的流逝而发生变化，它随着生产水平的提高、经济的增长、人口的繁衍、智力的发展以及通婚范围扩大和居住地的拓展而发生分离，形成了许多亚图腾。亚图腾是在氏族送灵归祖或祭祖分支仪式中确定的，具体方法是：在送灵仪式的求育程序中，作为分支的亚氏族分别选择一对母仔绵羊，通过繁杂的仪式和毕摩念诵祷词后，将羊放至场外，然后视绵羊跨到场外的第一步所触之物或第一个动作确定亚氏族的图腾。此图腾可能为树、石、水、草等事物，也可能为蹲、瘸、跃、跑等动作。若亚氏族的图腾为一棵树，则此树一年内禁伐；若为一地，则此地一年内禁耕。亚氏族图腾确立后，原有图腾符号不再使用，只列入家谱记载。原藏放祖灵的箐洞也停止使用，需另择祖灵箐洞。四川凉山彝族始祖部落的古恒和邛尼两支系，从云南昭通兹兹普乌开始迁徙，渡过金沙江，穿越金阳到凉山腹地利木美姑后，进行了一次规模宏大的祭祖分支仪式。而后，古恒支系把“苦阿液迪迪”（奔流不息的江河）确定为自己的氏族图腾并向东迁徙，邛尼支系把“苦阿诺俄俄”（茫茫林海）确定为自己的氏族图腾后向西迁徙。此后，古恒、邛尼两大部落的后裔又进行了若干次氏族分支并通婚，形成了若干种亚图腾。如阿鲁氏阿天毕天吉克与汉族女奴相爱，生下“吉克七子”，因吉克打破了传统婚姻等级制度，被贬低为“曲诺”阶层，不再是原来的“诺伙”阶层，于是从阿鲁氏族中分离出来。当“吉克七子”为吉克夫妇送灵并从阿鲁氏族中分支时，被选定的母仔绵羊放出后第一个动作是去吃紫杉树叶，紫杉树便成了吉克氏族的图腾。

此外，氏族图腾也有合并的现象，其主要原因有两种：一种是一个氏族举行分支而废除原有图腾并确定新图腾后，发生不吉现象，因而认为分支不祥，于是合并分支并恢复原图腾；另一种是因本氏族内部发生大案、血案而形成分离和隔绝，经数代后相互调和而彼此谅解，进一步团结而合并为同一氏族。

七、祖先崇拜

祖先崇拜，或称“敬祖”，是毕摩原生文化的主要内容，是基于去世祖先的灵魂仍然存在，并笃信祖先亡灵且会对子孙的生存状态产生影响的信仰。祖先崇拜是万物有灵观在毕摩原生文化和现实生活中的具体体现。

首先，祖先崇拜是毕摩原生文化的核心要素，在众多神灵中，祖先神灵高于其他。人们崇拜自然，认为自然界中的万物都有神灵，都有其神秘的属性，并在现实生活中加以崇拜。但这种自然崇拜一般是只崇而不拜，只在遇到自然力的惩罚时，才请毕摩举行一定的仪式以祭之。所以，彝族人没有需要定期举行崇拜仪式的自然界神灵，但祖灵则不同。在彝族人的观念里，子孙是否健康繁衍、五谷是否丰登、六畜是否兴旺，最根本的是祖先是否护佑。因此，无论是日常生产生活，还是重要的节日，祭祖都是第一要务。为了祈求祖先神灵护佑，毕摩们还要定期或不定期地举行祭祀仪式。

其次，祖先崇拜在众崇拜中地位最尊。四川凉山地区，家家户户都要将祖灵灵牌（“玛都”）供于内屋外人不至的地方小心保管，遇到不顺之事，首先想到的是自己是否冒犯了祖灵灵牌，并细心检查祖灵灵牌是否移位、浸湿、被鼠咬等，逢年过节都要先献祭。经过净灵的“玛都”在家保管一定时间，待举行送灵归祖仪式后，要送入风雨不至、人畜难到的同宗祖灵箐

洞。如遇特殊情况，如火灾等，第一要务是抢救出代表祖先神的“玛都”。

最后，祖先神在众神中最受享祭。彝族年、火把节等大型节日，从外延来说是欢乐的节庆，从内涵来说都是祭祖的节庆。以彝族年为例，第一天是团聚，即家人与祖先团聚，在吃团年饭之前，有一个专门的迎祖、祭祖仪式，过年猪肉及泡水酒首先要用于祭祖，然后子孙们才能享用，这是不能变更的仪式程序；第二天举行颂赞祖先仪式，男人们聚集在一起串户拜年，歌手们唱诵欢迎、歌颂祖先的彝族年歌，与祖先们同乐；第三天举行送祖仪式；第四天凌晨鸡第一次鸣叫时，便起来煮肉、唤过年猪魂献祖并送祖归路。彝族年实质上就是祭祀祖先并与祖先同乐的节日。

祭祖是每位彝族子孙对已故祖妣应尽的义务，也是所有毕摩原生文化仪式中最为复杂而隆重的仪式。虽是同祖宗族成员共同举行，却是一件亲友邻居共同参与的大事。凡举行祭祖送灵仪式，往往提前几年就开始筹备，包括邀请毕摩、邀约亲友、酿酒等，仪式十分隆重。相传，过去的祭祖送灵仪式要举行七七四十九天，届时，亲友、本宗族成员、邻里乡亲都前来参加，有名望的人家举行规模宏大的祭祖送灵仪式时，人数可达千人。林林总总的毕摩经书中，祭祖经书约占二分之一，如《诅咒经》《分魂哀哭经》《祭献经》《献祖经》《献药经》《指路经》《作祭经》《祈福经》《祝酒经》《扫尘经》《除秽经》《毕谱·颂毕》等，都是常用的经书。这类经书内容繁杂、语言深奥，主要涉及迁徙、部族战争、生殖求育、传宗接代、远古神话传说、历史典故、溯源等。

祖先崇拜是彝族毕摩原生宗教文化内涵的核心，不管是在日常生活、民族节日里，还是在专门的祭祖仪式中，彝族人始终把祖先神灵放在首位，只要子孙们继续繁衍，其祖先神灵将永远受到崇拜。

第四节　毕摩文化的传承

一位合格的毕摩，须具备各方面的知识并融会贯通，如知晓古彝文、历史、地理、历法及占卜、医学病理、绘画、制草（泥）偶、主持毕摩原生文化仪式、民间口传文学等各方面的知识，拥有卷帙浩繁的彝文古籍文献，背诵上百首（篇）毕摩经文，才能主持大型的毕摩原生文化仪式。因此，毕摩学徒学习毕摩文化是一个相当复杂而困难的过程，要付出许多时间与精力，需要充分利用农闲和早晚间暇时间，废寝忘食地学习，克服种种困难，才能成为一名出色的毕摩。

以前，四川大小凉山地区没有专门学习毕摩文化的学校，彝族传统文化沿袭传承下来主要是因为有毕摩原生文化的支撑，而毕摩原生文化的传承是因为有大批继承祖业的毕摩。

毕摩的传承一般是世袭制。一个世袭毕摩的后代一般从七八岁或更小就开始学习毕摩文化，直到能独立主持毕摩原生文化仪式为止。毕徒从初学到能独立主持仪式，特别是能独立主持大型的仪式，过程是相当艰苦而漫长的。从所学知识上来说，要背诵大量的经文，认识并谙熟古彝文，能绘图，熟记仪式程序，会占卜、测算吉凶日期等；从学习时间上来说，少则五六年，多则十几年。从古到今，只有“学而知之”的毕摩，而无“生而知之”的毕摩。毕摩经书记载：

……	……
[illegible]?	有无不学匠？

父子俩在传授、学习毕摩文化　阿牛史日 / 摄

[illegible]，	没有不学匠，
[illegible]，	如有不学匠，
[illegible]，	铜铁炼不出，
[illegible]？	有无不学毕？
[illegible]，	没有不学毕，
[illegible]，	如有不学毕，
[illegible]，	签筒撞法帽，
[illegible]。	经卷空装法网中。[1]

毕摩原生文化的传承方式以世袭家传为主，拜师学艺为辅，且传男不传女。世袭家传有规定，世袭毕摩必须有人继承毕摩职业，倘若无人继承，家传的护法神灵就会因无处享祭和无所依托最终作祟致祸于不承祖业的后裔，因而毕摩世家至少要有一人继承祖业，而多学多传则不受此限制。在过去，彝族既没有专门的教育机构，也没有从事专职的教育人员，毕摩文化随着毕摩的世袭进行传承。

一、毕摩文化的传承方式

毕摩文化的传承方式归纳起来主要有两种。

第一种，世袭传承。这种传承方式是世袭毕摩的传承方式，也是最普遍的传承方式，一般是长辈教授晚辈，即祖传孙或父传子。彝族极重视氏族血缘与宗族血统。为了保证准确、完整地传承毕摩原生文化，巩固本宗族的地位与荣誉，彰显本宗族的特殊与神圣，毕摩及其文化在宗族内世袭传承。首先，彝族有“子承父业”的传统习惯，毕摩世代都有传授子孙毕摩文化的权力和义务，毕摩的子孙也有学习毕摩文化的义务和责任；其次，毕摩后裔从小受毕摩文化熏陶，耳濡目染，不仅热爱毕摩文化，而且极容易吸收毕摩文化知识；再次，世袭毕摩的祖先都是著名的毕摩，祖先逝世后形成的护法神灵会在其后裔主持

① 摘自毕摩古籍文献《颂毕祖·魏勒邱普》，作者珍藏。

毕摩仪式时莅临现场，显法助威，使仪式灵验。因此，世袭毕摩基本垄断了祭祖等大型毕摩原生文化仪式。传承时，长辈们选定传承毕摩文化的晚辈后，择吉日主动教授，一般初次教授时间选在晚上，不需要举行任何教授仪式。学徒掌握家传毕摩知识和技能后，还可以继续拜本宗族中其他德高望重、学识渊博、技艺超群的毕摩为师，并传抄一部分经书。但在独立主持仪式时，必须遵循本家的仪式程序和规则，不得随意改变。

第二种，拜师传承。这种弟子拜师学习又分为两种：一种是世袭毕摩弟子因早年丧父、丧祖未学习毕摩文化，本人又自愿学习毕摩文化，其宗族长辈毕摩或者亲朋好友中的毕摩，有义务传授其毕摩文化知识，使其成为毕摩；另一种是非世袭毕摩弟子，包括爱好毕摩文化者，或者生病后经多方治疗仍无效，请毕摩推算命宫后，认为其命中注定该拜师学艺成为毕摩者，或者自己虽不是世袭毕摩，但宗族、娘舅宗族属于世袭毕摩，自己被世袭毕摩护法神灵附身致病而不得不拜师学艺者。非世袭毕摩，彝语称为“支毕”（ꍜꀘ）。“支”（ꍜ），意为混杂、单独、独自。“支毕”意为节外生枝的毕摩，即非正统毕摩。拜师时间有两种，一种是彝族年时拜师（后面有专门叙述），另一种是日常拜师。选好吉日拜师时，由父母或兄长陪同，带上白酒等礼品到世袭毕摩家拜师，师傅要杀牲招待。此后，毕徒的衣食住行都在师傅家，白天跟师傅一起劳动，利用早晚闲暇时间学习，师傅外出作毕时要跟着学习仪式程序，学成方可出师。非世袭毕摩的弟

毕徒在仪式现场学习　立克达曲 / 摄

毕摩学徒　何为 / 摄

子学成后，师傅会制作一套法器相赠，同时也会提供家藏经书让弟子自行抄成副本使用。弟子出师后可以另拜高师继续深造，但在独立主持仪式时须按启蒙老师的仪式程序和规则进行，念诵《毕谱·颂毕》至结尾时，可以加上自己的名字。然而，彝族人认为“支毕”是“半路出家”的非正统毕摩，没有祖先护法神灵附身，更没有祖传的经书法器，法力有限，所以无论其知识多渊博，作毕技能多高，经验多丰富，一般只能主持返咒、净宅、驱魔等小型仪式。“支毕”的数量极少，占所有毕摩人数的7%左右，在毕摩及其文化的传承中扮演着辅助的角色。人们一般不愿意请他们主持祭祖送灵、猪胛骨占卜等“路上方”大型仪式。但是，只要尽心传承，传数代或数十代后，也会因作毕技能较高而得到大家的认可，非世袭毕摩也能成为独立宗派，如美姑毕摩流派中的古树二子派。

不管是世袭传承还是拜师传承，师傅都会根据学徒悟性高低以及兴趣爱好等因材施教，包括教授各种符咒的画法，讲解各种仪式的程序、规则，等等；学徒要学插各种神座和神枝，熟读各种毕摩经书谱牒，理解各种经书内容。一位优秀的毕摩要背诵大量的经文和熟记各种复杂的仪式程序，以满足主持各类仪式的需求，这也是衡量一位毕摩水平高低的重要标准。

二、毕摩必背的口诵经文

毕摩经文有两种：一种是写在经书上的经文；另一种是没有写在经书上但必须背诵的口诵经文。毕摩除了学习经书上的经文外，还需要学习并背诵大量口诵经文。毕摩教授弟子时按先易后难的原则，循序渐进。明清以来，因毕摩不再是专门的职业，他们还要进行生产劳动，只能充分利用早晚闲暇时间及农闲时间，口口相传毕摩知识，背诵大量的口诵经文。毕徒学习时主要是

跟着师傅背诵经文，师傅念一句，毕徒跟着念一句，直到最终能倒背如流为止（因为有些经文在任何仪式场合都必须背诵，而不能看着经书念诵）。按照惯例，初学的毕摩学徒必须背诵的经文有《毕祖护法经》《护主点丁经》《山神经》《遣返咒语经》《护法快神经》《驱逐经》《死亡病根经》《献祭经》等，现将相关的必背经文摘录如下。

（一）《毕祖护法经》（《[illegible]》）

《毕祖护法经》又称《叙述毕源经》，简称《叙毕经》，彝语称为“毕系”（[illegible]）或“毕系维李”（[illegible]）。其主要内容是叙述远古毕摩及毕摩文化的起源，溯源最初使用野生动物作为仪式祭牲，驯养野生动物后改为用家畜来作为仪式祭牲，同时恭请远古毕摩护法神前来仪式现场助威，驱逐或祛除死神病魔。《叙毕经》一般用在驱逐遣返类仪式上，使用频率很高。经文及内容大意如下：

[illegible]，　毕摩起源于南方[1]，
[illegible]，　南方高原风高[2]处，
[illegible]，　捕获禽类作祭牲，
[illegible]，　狩猎兽类作祭牲，
[illegible]，　远古毕神齐集来助威，
[illegible]。　领头祖神速来护主人。
[illegible]，　空中云雾别人呼不应，
[illegible]，　毕摩呼唤神速降下雨，
[illegible]，　空中繁星别人唤不亮，
[illegible]，　毕摩使唤星星满天闪，
[illegible]，　毕神骑着黄色云雾驰，
[illegible]。　依博领域笃木是神毕。
[illegible]，　远古居尼[3]人，
[illegible]，　尼异异[4]始毕，
[illegible]，　异哲哲也毕，
[illegible]，　哲哲图也毕
[illegible]，　图阿诺也毕，
[illegible]，　诺笃蜀也毕，
[illegible]，　笃蜀瓦也毕，
[illegible]，　瓦杜峨也毕，
[illegible]，　迪吾寺也毕，
[illegible]，　寺乌图也毕，
[illegible]。　额哲史也毕。
[illegible]，　天地曾经遭灾难，
[illegible]，　洪水满地泛滥祸，
[illegible]，　治理洪水泛滥江，
[illegible]，　尼部治水源，
[illegible]，　能部通水尾，
[illegible]。　江河神毕声洪亮。
[illegible]？　禽毕驱逐邪魔否？
[illegible]，　不能驱逐那邪恶，
[illegible]，　禽类栖息树林中，
[illegible]，　树毕刺龙苞[5]，
[illegible]。　树木长地上。
[illegible]，　石毕矿石燃[6]，
[illegible]，　矿石水包围，
[illegible]。　水毕声嗖嗖。
[illegible]，　人类有知识，

① 南方：四川凉山彝族习惯上说的“南方”指云南昭通一带。
② 高原风高：指云贵高原。
③ 尼：为远古彝族先祖部落的名称。
④ 尼异异：与下面的“异哲哲”等均为远古部落首领名字及其毕摩谱系。
⑤ 刺龙苞：学名楤木，为五加科多年生落叶灌木，是中国西南地区极为普遍的远古树种。彝族祭祖仪式中专门用它来制作祖灵灵枢。
⑥ 矿石燃：这里指火山爆发。火山爆发时天崩地裂，天神地祇惊恐万分，而火山源被水（实为岩浆）包围，所以现在举行毕摩仪式时要将一块烧红的石块放在水里，冒出蒸汽，以此告知天神地祇速来仪式现场助威。

人类有智慧。
额[1]领域，
额域宜居住，
额创学识深，
学识不断增，
撰经书，
精美法器创。
六祖乍[2]部毕，
乍部创法器，
乍驱一次邪，
邪魔驱遣逃，
乍驱二次邪，
男女都平安，
乍驱三次邪，
邪魔驱逐净。
经书增威慑，
祭祖道场上，
邪魔阵九重，
孽案根部除，
重案判了结。

布[3]阿祭祖勤宴客，
布阿祭一次，
牺牲绵羊来护主，
布阿祭二次，
驯养黄牛来祭祀，
布阿祭三次，
布阿鹫古[4]毕神来截击。
山上解剖牲畜祭，
首先祭一天，
呼唤山神来享祭，
祭祀第二天，
依博领域鹫毕神享祭，
鹫毕听力犹如鹰灵敏，
鹫毕擅长捕捉邪魔怪，
鹫毕观察犹如雕敏捷，
鹫毕颈脖犹如豹颈粗，
鹫毕眼神犹如虎神威，
鹫毕手如鹰爪锋利尖，
鹫毕食肉犹如狼吞咽，
鹫毕追魔犹如野狗快。
毕神衣物乃是雾，
云雾当作衣物穿。
毕摩路过湖泊上，
穿越樱柏林中湖。
毕摩善食矿石物，
铜铁当作肉食吃，
神毕只饮源头水，
松林茫茫处泉水，
松林茂盛一片绿，
祖父安居平原处，
祖母佳肴享不尽，
毕摩根源已叙完，
现诵护主点丁经。[5]

（二）《护主点丁经》（《[illegible]》）

《护主点丁经》简称《点丁经》，彝语称为“莫色”（[illegible]）。“莫”（[illegible]）为古彝语，一是指之前，一般指很久以前，二是指人丁、人口，这里指仪式主人家中的人口。“色”（[illegible]）一有寻找、清查、保护之意，二有主人之意，这里指查清、指明、点明所有仪式主人。“护主点丁”指为了护卫仪式主人，向护佑神清点、报晓

① 额：远古彝族先祖部落名称，现泛指祖界。
② 乍：指“彝族六祖”的老大乍部落慕阿齐。
③ 布：指“彝族六祖”的老幺布部落慕阿克。
④ 鹫古：远古著名毕摩名字。

⑤ 以美姑著名毕摩吉克甲职收藏的经书为基础，与其他经书一起整理而成。

举行本场仪式的仪式种类、仪式主人家成员的名字及被祭亡灵的名字。

根据毕摩原生宗教仪式类型的不同，所使用的《护主点丁经》分为“路上方”与“路下方”两种版本，前者指祭祖等大型仪式中所使用的《护主点丁经》，彝语称为“尼木莫色”（[illegible]），后者指中小型仪式中所使用的《护主点丁经》，彝语称为“卓卓莫色”（[illegible]），简称“莫色”（[illegible]）。

该经主要内容是叙述古代彝族先民部落首领的居住地、祭祖分支地、藏放灵牌处。古代彝族先民在祭祖分支中因时代不同及所居住的环境等不同，所用祭牲的种类也不同。毕摩经文载：

[illegible]，	远古的时候，
[illegible]，	格成陈乌[①]方，
[illegible]；	牺牲黄牛祭祖灵；
[illegible]，	知克博乌方，
[illegible]；	牺牲公鸡祭祖灵；
[illegible]，	兹兹普乌[②]方，
[illegible]。	牺牲绵羊祭祖灵。

彝族先民把远古氏族时期到“彝族六祖”分支时期之间的时期分为六个时代：第一个时代为哎哺时代，即天地形成时期；第二个时代为尼能时代，即母系社会时代；第三个时代为实勺时代，即从穴居到建棚居住时代；第四个时代为格峨（[illegible]）时代，掌握建筑、冶炼技术，大兴文化知识；第五个时代为慕弥（[illegible]）时代，人类进入文明时代，创立文字，建立典籍，毕摩文化高度发达；第六个时代为邱普时代，即“彝族六祖”分支时期，也是洪水泛滥时期，此时古彝族政权从高度统一到分散，进入艰难的迁徙时期。

彝族历史上曾举行了三次大型的分支仪式。第一次是彝族始祖希慕遮[③]14世孙道孟尼在格成陈乌（[illegible]）举行的祭祖大分支。道孟尼共有兄弟9人，兄弟9人分别到各地开拓发展，因地域及语言的差异形成了各个彝语分支民族。第二次分支是希慕遮29世孙武洛撮时代，在知克博乌（[illegible]）举行的祭祖大分支。武洛撮共有兄弟12人（凉山彝族说的雪族12种，12个兄弟分别为武啥、武色吐、武古寺、武德本、武濮所、武陀尼、鲁朵武、阿武吐、洛举、鄂莫、堵呗德、武洛撮），11个兄长渡河后形成以黑头草、桫椤树、杉树、鹰、熊、蛇、蛙、虎、猴等为图腾的部族，只有武洛撮留下，11个兄长都因不再信仰毕摩原生文化而变成彝语支民族。第三次是在洪水泛滥后，在兹兹普乌（[illegible]）举行的祭祖分支。笃慕（邱普）的6个儿子通过祭祖分支，形成了“彝族六祖”，即武、乍、糯、恒、布、默，其中武与乍形成“白蛮”，糯、恒、布、默形成“乌蛮”，彝语称为“诺惹”（[illegible]）或“诺苏惹尔”（[illegible]）。老三糯部和老四恒部向北方开拓发展，形成今天四川凉山彝族的祖先邛尼与古恒两支。分支后的六部把祖先的灵牌各自另寻箐洞藏放，其后代以分支后部落首领的名字为姓[④]，分支后的部落成为不同的宗族，可以相互通婚。

《护主点丁经》是毕摩文化仪式中使用频率最高的经文，不管仪式大小，无论是“路上方”仪式还是“路下方”仪式，都会用到它，

① 格成陈乌：古地名，又名“扯扯俄海”，指鹤雁栖息的湖海。疑为现在贵州威宁草海。

② 兹兹普乌：古地名，在今云南昭通一带。

③ 希慕遮：相传为彝族始祖。根据贵州彝文史记《西南彝志》载，希慕遮为西周人，住在今四川西北部，传31代至笃慕（邱普），生有六子，始分布于云、贵、川诸地。

④ 彝族本无姓，其谱系属父子联名，现彝族的大部分姓氏是其先祖部落某个首领的名字。

甚至有时在一个仪式中要用几次至十几次。因此，《护主点丁经》是每位毕摩必背的、极为重要的经文。经文摘录如下：

[illegible]，祭祖点丁曾三次，
[illegible]，三次祭祖分支迁三方，
[illegible]，如果不迁徙，
[illegible]，灵柩不断堆，
[illegible]，灵柩不聚集，
[illegible]，宗族相侵犯，
[illegible]。和谐祭分支。
[illegible]，江河奔腾永不息，
[illegible]，古恒犹如江河声势涌，
[illegible]，茫茫林海松涛阵，
[illegible]，邛尼犹如森林茂。

[illegible]，兹兹普乌方，
[illegible]，古恒分九支，
[illegible]。李萨藏灵牌[1]。
[illegible]，铅萨依乌方，
[illegible]，培勒分五支，
[illegible]。格迪藏灵牌。
[illegible]，都罗勒乌方，
[illegible]，米银分三宗，
[illegible]。古拉藏灵牌。
[illegible]，格说博乌方，
[illegible]，阿伟黑来分，
[illegible]，阿左莫宋藏灵牌，
[illegible]。罗旧藏灵牌。
[illegible]，尼罗阿数分，
[illegible]。马左藏灵牌。
[illegible]，米银米吉分，
[illegible]，度曲藏灵牌，
[illegible]，阿格说祖分，
[illegible]。特勒藏灵牌。
[illegible]，毕哲分四宗，
[illegible]。比柏和萨藏灵牌。
[illegible]，阿普水洛分，
[illegible]。衣格藏灵牌。
[illegible]，阿陈分四宗，
[illegible]。峨就藏灵牌。
[illegible]，阿摩分二宗，
[illegible]。司布省吉藏灵牌。
[illegible]，水普分三宗，
[illegible]。乾门乾萨藏灵牌。
[illegible]，牛特阿知分，
[illegible]。瓦曲藏灵牌。
[illegible]，萨库乌普分，
[illegible]。罗就藏灵牌。
[illegible]，牛批分九宗，
[illegible]。司吉藏灵牌。
[illegible]，乍毕阿银分，
[illegible]。李萨藏灵牌。
[illegible]，勒主分三宗，
[illegible]。罗觉藏灵牌。

[illegible]，城兹衣迥方，
[illegible]，阿嘎邛尼分，
[illegible]。特克藏灵牌。
[illegible]，阿杜洛普祭，
[illegible]。木兹博博藏灵牌。
[illegible]，吉木七子分，
[illegible]。伟勒藏灵牌。
[illegible]，连古七子分，
[illegible]。勒李藏灵牌。
[illegible]，拉屏三子分，

① 藏灵牌：彝语称为“尼影姆”（[illegible]），是指在举行祭祖仪式后将灵牌藏放在人迹罕至的宗族箐洞中。“李萨”为古地名，在云南昭通一带。

子曲藏灵牌。
峨祖三子分，
受吉藏灵牌。
峨觉八子分，
数姑藏灵牌。
阿银四子分，
柏克藏灵牌。
亚古四子分，
木曲藏灵牌。
亚古书布分，
博衣博说藏灵牌。

阿苏拉者祭，
古木藏灵牌，
铅哈藏灵牌。
银尔三子分，
库池藏灵牌。
阿都二子分，
洛觉藏灵牌。
石兵六子分，
事布藏灵牌。
峨古二子分，
特罗藏灵牌。
毕克二子分，
瓦库洛库藏灵牌。
胜特甲浪祭，
书乾藏灵牌。
吉克七子分，
古木古南[①]藏灵牌，
峨罗巴铅藏灵牌。

奴无藏灵牌。

跟着主人藏，
奴接主，
妻接夫，
孙接祖，
子孙接父藏，
子孙接父就兴旺。

祭祖祛秽道场上，
祭祖祛秽分三次，
三次祛秽入祖灵，
三组[②]分三排，
三组都洁灵[③]，
四组分四排，
四组都洁灵。
人丁要兴旺，
人丁要洁灵；
六畜要发展，
六畜要祛秽；
五谷要丰登，
五谷要祛秽；
祖地在高原，
高原要祛秽。
高原格[④]生长，
山格遇沟菲，
勇格遇美菲，
相遇便繁殖，
主人遇繁衍，
三种[⑤]已理顺，
三种已明确，
三种皆福祉。

①古木古南：与下面的“峨罗巴铅”都在美姑县尔其乡甲拉村巴铅组境内。

②三组：与下面的“四组”均为祭祖仪式中神座位及其数量。

③洁灵：指祭祖时在制作灵牌的过程中，请毕摩举行祛秽驱邪，使灵牌纯洁无污的仪式。

④格：为古语，指山神。下面的“菲”指沟神，“格”与“菲”分别指男女的生育神。

⑤三种：指人、畜、粮。

世间人丁兴，
牧地六畜旺，
耕地五谷丰，
人间赐三种：
赐予山森林，
平原基业稳，
六畜兴，
五谷丰，
生育旺，
人丁兴，
户主点丁就这样。

灵牌入灵槽，
灵槽藏山崖，
点丁成一家，
一家永芳名。
灵牌藏高山，
祖灵在一起。
此地藏灵佳，
祖灵在此兴，
同祖来聚会，
后世家立兴，
后世人丁旺。
高山牧牛羊，
放牧山坡转，
牧业兴又旺，
仔畜繁殖多，
五谷粮仓满。
户主点丁家，
体魄健，
顺平安，
人口增，
健康又幸福。
牛羊成群赶，
粮食丰又收，
堆成上千座，
年年多如此，
人丁永平安，
五谷永丰登，
粮仓储满满，
代代继昌盛。

君主申冤到天涯海角，
天涯海角未获解冤法。
大臣申冤众沟深渊处，
众沟未能寻到解案法。
匠毕申冤到，
羊胛骨和鸡股骨占卜，
鸡股骨处未获解案法，
毕摩遍地寻找解案法，
寻到（搜回生育魂）[1]法案，
有案便解案，
解案便销案，
销案就平安，
平安基业稳。
前面已开辟，
开辟路宽阔，
后面扶主家，
主家基业稳，
吉祥进屋内，
死神驱逐出，
六畜已入圈，
五谷要丰登，
祸事灾难驱，
室内凶祸驱，
锅庄诅咒已遣驱。[2]

---

① 毕摩念诵至此处时，要说明所举行仪式的类型及名称。

② 以上经书是作者从小经父亲口传而学习背诵的，现参考其他有关经书整理而成。

（三）《献祭经》（《ㅋ⓪》）

《献祭经》，彝语称为“库伙”（ㅋ⓪）。“库”（ㅋ）是指家产、家具，这里泛指被祭祖妣的遗物之灵魂，包括牛、马、衣物、铠甲、宝剑等；“伙”（⓪）指分出。“库伙”的意思是子孙们向祖妣亡灵献祭供品，然后将祖妣亡灵分出，教导、感化后送往祖界。该经文的主要内容是：教导被祭众祖妣亡灵莫要悲伤，生死是自然规律，要面对现实，赴宴畅饮，尽情地在人间享受最后一次盛宴；献祭生前之物，让祖妣亡灵补偿生前悔事，然后带着祭牲之魂和供品到额木普沽[①]，与已故的先祖们团聚，享受天伦之乐；祈求祖妣像生前一样护佑子孙，赐予福祉，护佑后代儿孙满堂、幸福安康。

根据被祭亡灵死因的不同，“库伙”分为“莫弥库伙”（ᛦ米ㅋ⓪）和“系知库伙”（ᛦ⺌ㅋ⓪），前者在为善死[②]亡灵祭祖时念诵，后者在为凶死亡灵祭祖时念诵。这里所叙述的是善祭的《献祭经》。该卷经书有30多段，是祭祖仪式、猪胛骨占卜等大型仪式中使用频率最高、篇幅最长、内容丰富而深奥的经文之一，是大毕摩必背的经文之一。

在具体仪式中，只能背诵《献祭经》，而不能看着经书念诵。因此，毕徒必须背诵该经文，只有将该经文倒背如流并运用自如，才具备主持大型祭祖送灵仪式的资格和能力。善祭《献祭经》有36段，这里摘选其中23段。

① 额木普沽：远古彝语地名，指彝族始祖魏勒邱普及“彝族六祖”的发祥地和分支地云南昭通一带，现引申为祖界或冥界。这里指祖妣亡灵经过祭祖后送灵到的最后归宿地，即祖界，是彝族人死后其亡灵回归相聚的乐土。

② 善死：指被祭祖的亡灵的附主是病死者。下面的“凶死”与“善死”相对，是指被祭祖的亡灵的附主是他杀、自杀、意外事故等非正常死亡者。

1.“祛秽经”（ᚼ卄ᛈ⋂ᚽ）

“祛秽经”是《献祭经》中的首段（也有的编为第二段），彝语称为“引木引扭提”（ᚼ卄ᛈ⋂ᚽ）。“引”（ᚼ）有多层意思，主要指祛秽、保护、防卫、预防等，这里指卸污除秽。污秽不是指一般的人畜粪便和其他垃圾等脏污，而是指自然污染，如被雷电击中过的动植物所带的邪气，或以灵长类动物为主要宿主的传染性疾病、动物尸体及其腐气等。毕摩原生文化认为污秽无处不在，在仪式场合中牺牲的牲畜可能被污秽污染，因此首先要对牺牲牲畜及平时放牧的牧地环境卸污祛秽，之后对仪式所用的神枝、祭品及器皿等进行祛秽，使其纯洁无污。这样，祭牲、祭品才能被祖妣亡灵接受，亡灵才会前来享用祭品，过后被教导回到祖界；否则，亡灵拒绝前来享用祭品，将游荡在人间，祸害子孙。“祛秽经”大致内容如下：

⅋ᛋS♂ᚽ，	祛呀祛污秽，
S♂ᚽᛋᚽ，	祛除污秽后，
ᛋᛋᚽ⺁♂。	万物成纯洁。
ᛚΘᛚᛚᚼ，	祛除禽兽类，
ᚼᚽᛝᛋ⺁，	原野处栖息，
卄ᚼ⺁ᚽᛚ。	气息育生命。
ᛚᛝ⺁ᛋ贝，	预防兽染秽，
ᛚᛝᚽᛝᚼ。	禽兽秽来防。
⺁⊡Θᛈᚼ，	预防禽兽秽，
ᚼ卄ᚼᛝᚼ。	预防则安宁。
ᚽᛋᛋᛚᛝ，	亡灵送祖界，
ᛋᛋᛋᛋᚽ，	跟随云雾去，
ᛋᚽ♂Θᚽ。	尸骨随尔去。

ᛋᛋ⺁⊡ᚽ，	坎下三片地，
Θ卄ΘΘᛚᛋᚼ，	祛除竹林秽，
ᛋᛝ⺁Θᚽ，	坎上三方处，

毕摩念诵“祛秽经” 阿牛史日 / 摄

[illegible] 祛除竹虫秽。
[illegible] 高山祛污净，
[illegible] 跟随云雾消，
[illegible] 已随大雨失。
[illegible] 工匠巧又纯，
[illegible] 房屋祛秽净。
[illegible] 不能饮食物，
[illegible] 君王不食毒，
[illegible] 祛除毒物秽。
[illegible] 锋利却无比，
[illegible] 依博[①]剑锋利，
[illegible] 剑伤者祛秽，
[illegible] 骏马祛秽放室内，
[illegible] 毕摩法器祛秽洁。

[illegible] 互传污秽祛，
[illegible] 祭场已除污，
[illegible] 酒茶供品已祛秽。

①依博：“彝族六祖”之前的彝族先祖部落首领，即君、兹莫。古代彝族兹莫及其勇士们在战场上拼杀时，伤死者以前胸被剑刺为荣，被视为勇敢者，后背被剑刺者被视为逃跑者，是一种耻辱。

祭祖毕摩与祖灵对话　何为 / 摄

[illegible]，　签筒法帽已祛秽，
[illegible]，　神扇雕鹰已祛秽，
[illegible]，　粮肉祭品已除污，
[illegible]，　祛除额骨祖灵秽，
[illegible]，　祛除鼠屎荞麦秽，
[illegible]，　祛除祖妣寿衣秽，
[illegible]。　祛除宴灵牺牲污。
[illegible]，　祛除先妣之污秽，
[illegible]，　祛除荷叶帽[1]之秽，
[illegible]，　祛除黑色上衣秽，
[illegible]，　祛除百褶裙之秽，
[illegible]。　祛除麻绳织鞋秽。
[illegible]，　祛除先考衣物秽，
[illegible]，　祛除黑色头帕秽，
[illegible]，　祛除百褶男裤秽，
[illegible]。　祛除羊毛披毡秽。

[illegible]，　阿哲公黄牛，
[illegible]，　阿哲骗绵羊，
[illegible]，　羊角九拃长，
[illegible]，　牛角九抱宽，
[illegible]。　角长有九节。

[illegible]，　祛除眼睛犹如水池深之秽，
[illegible]，　祛除耳朵犹如扇子扇之秽，
[illegible]，　祛除舌头犹如龙仔玩之秽。
[illegible]，　祛除白牙犹如木条宽之秽，
[illegible]，　祛除鼻孔犹如雾气腾之秽，
[illegible]，　祛除腰部犹如游鱼灵之秽，
[illegible]，　祛除颈毛犹如竹茂密之秽，
[illegible]，　祛除尾巴不停摇摆之秽，
[illegible]，　祛除前肢挖土舞之秽，
[illegible]。　祛除后肢不断跳之秽。
[illegible]，　祛除肺上肝之秽，
[illegible]，　祛除肝外肉之秽，
[illegible]，　祛除肉上皮之秽，
[illegible]。　祛除皮上毛之秽。
[illegible]，　祛除伸颈吃草之秽，
[illegible]，　祛除弯腿喝水之秽，
[illegible]、　祛除站在坎下伸颈、
[illegible]，　坎上所吃草的秽，
[illegible]、　祛除站在坎上伸颈、
[illegible]，　坎下所喝水的秽，
[illegible]。　祛除各种祭品秽。
[illegible]，　祛秽后亮堂，
[illegible]。　除污后纯洁。

[illegible]，　污秽祛消失，
[illegible]，　秽祛天空明，
[illegible]，　云散天空亮，
[illegible]，　雾消高山清，
[illegible]，　镇秽水纯洁，
[illegible]。　雁栖水清澈。
[illegible]，　牧地祛秽净，
[illegible]，　仔畜繁十倍，
[illegible]，　谷地祛秽净，
[illegible]。　粮食丰又收。
[illegible]，　君地向左绕，

① 荷叶帽：指已婚并育有子女的彝族妇女头上戴的头帕。

莫阻君执政，
臣地向右绕，
莫阻臣规则，
祭祖处过时，
莫挠毕执祭。
越过原野镇，
越过草原锁，
锁定在阴间，
祛秽词已终，
将诵邱普点丁经。

2.“告慰世人经”

“告慰世人经”的主要内容是告诉亡者特别是英年早逝的祖妣不要悲伤，虽然他们英年早逝是极为悲伤的事情，但人固有一死，即使能躲避一时的病魔，终不能躲避死亡的结果，这是自然规律。经文大致内容如下：

世上的人们，
命终寿未尽。
云雾罩大地，
命终脱苦难，
寿长命却短，
争权折寿命。
三方现三缝，
三云遮三空，
三变善运行，
规矩就这样。
额莫领域草原野茫茫，
山白谷也白。
祖考越崇山，
祖妣结伴游。
山谷深且窄，
谷窄难穿行。
年轻人亡命，
人亡心悲痛。
人类依魂兴，
召唤男女魂。
六畜依魂旺，
召唤牲畜魂。
召唤粮食魂，
五谷依魂丰，
粮食丰又收。
游云遮阴影，
坎埂现影子，
田土依主存，
谷丰储陈粮。
隆冬显雪影，
盛夏已衰落，
身壮魂离体。
居木的子孙，
虽死名犹存，
若不重提名，
子孙失孝道。

死神病魔缠身虽可除，
死亡劫难不能躲。
赶牲鞭子能遗失，
拦牲厩舍却长存。
已故众亡灵，
已故的先妣，
已故的先考，
你等出生后，
命终寿未尽。
世上的人们，
不诵经不明。
自古祖传孙，
父传子至今。
耳闻先师言如斯，
今由我来告知你。

[illegible]， 诵经献美食，
[illegible]， 诵经献醇酒，
[illegible]， 美酒敬则享，
[illegible]， 饮酒心畅快，
[illegible]。 诵经献祭牲。
[illegible]， 不诵心不明，
[illegible]。 诵则亮堂堂。
[illegible]， 祭词已终结，
[illegible]。 至此告一段。

3.“病亡经过”（[illegible]）

该段经文主要叙述被祭祖妣在人间走完其一生的过程。出生时，父母亲按照传统举行手触净水、取美名等仪式，赐予其生育神灵，让其成为宗族一员；成年后，男子娶妻立业，女子出嫁联姻；到晚年时，病魔缠身，虽已经采取各种方法来治疗，但最终无法挽回生命。虽然人都不愿离去，但死亡是自然规律，所以不要过于悲伤。经文大致内容如下：

[illegible]， 人生路漫漫，
[illegible]， 翻山又越岭，
[illegible]。 迁徙又迁徙。
[illegible]， 迁徙途中生，
[illegible]。 你母已故去。
[illegible]， 祭祀制灵牌，
[illegible]。 祈福用白羊。
[illegible]， 先妣魂善变，
[illegible]。 先考化福祉。

[illegible]， 沃土粮食丰，
[illegible]。 高山森林茂。
[illegible]， 祭送亡父灵，
[illegible]， 祭送亡母灵，
[illegible]。 祭祖送祖界。

[illegible]， 已故亡灵们，
[illegible]， 你等出生后，
[illegible]， 生时盼吉祥，
[illegible]。 成长盼如意。
[illegible]， 生男愿获格，
[illegible]。 生女愿得菲。
[illegible]， 遵循取美名，
[illegible]； 取名盼吉祥；
[illegible]， 又复赐昵称，
[illegible]。 昵称望尊荣。
[illegible]， 水酒黄澄澄，
[illegible]。 所祈有三样。
[illegible]， 祭祖为我辈，
[illegible]； 祭祖求繁衍；
[illegible]， 开亲为我辈，
[illegible]； 娶妻续宗嗣；
[illegible]， 御敌为我辈，
[illegible]。 御敌保疆域。
[illegible]， 随从兹莫意，
[illegible]， 开亲广联姻，
[illegible]， 寻找宗与族，
[illegible]， 寻找诸亲朋，
[illegible]， 如此做以后，
[illegible]， 子孙繁如星，
[illegible]。 成家立业矣。
[illegible]， 人生在世者，
[illegible]， 疾病虽能躲，
[illegible]； 难逃死亡劫；
[illegible]， 牛马出生后，
[illegible]， 虽能躲鞭击，
[illegible]； 难免困厩舍；
[illegible]， 五谷成熟后，
[illegible]， 虽能免捶击，
[illegible]。 难免被翻晒。

[illegible]，　亡者患病时，
[illegible]，　病情不稳定，
[illegible]。　众口不一致。
[illegible]，　主人宅院内，
[illegible]。　为祖祛病魔。
[illegible]，　锁镇地底下，
[illegible]。　锁镇于毕口。

[illegible]，　胛骨及鸡股骨卜[1]，
[illegible]。　卦象不明晰。
[illegible]，　偿还诸孽债，
[illegible]。　宽慰众人心。
[illegible]，　竭力齐救治，
[illegible]。　终难挽性命。

[illegible]，　已故的先妣，
[illegible]：　已故的先考：
[illegible]，　你等心欠欠，
[illegible]。　始终不肯离。
[illegible]，　今夜宴祖之黄牛，
[illegible]，　牛首高且昂，
[illegible]，　四肢粗又壮，
[illegible]，　膘肥体健壮，
[illegible]。　奔驰似闪电。
[illegible]，　椎牛宴你等，
[illegible]，　请用牛肉佐美酒，
[illegible]，　请用米饭佐肺汤，
[illegible]。　请用荞馍佐牛肉。
[illegible]，　吃啊吃，
[illegible]。　喝啊来喝吧。
[illegible]，　病亡过程经，
[illegible]。　不诵则不明。
[illegible]，　自古祖传孙，
[illegible]。　父传子至今。
[illegible]，　耳闻先师言如斯，
[illegible]。　今由我来告知你。
[illegible]，　诵经献醇酒，
[illegible]。　诵经献牲肉。
[illegible]，　祭词已告终，
[illegible]。　至此告一段。

4.“丧祭制灵经”（[illegible]）

该段经文主要叙述祖妣离开人世时举行丧葬礼仪的过程。祖妣去世时，按照彝族传统，子孙们要为他们守候送终、穿戴寿衣、报丧、吊唁、祭奠；举行野外火葬、祛除污秽、制作灵牌在家供奉、等候祭送等仪式。经文大致内容如下：

[illegible]，　人寿苍天定，
[illegible]。　越过寿命界。
[illegible]，　白云悠悠携魂游，
[illegible]，　清风徐徐报噩耗，
[illegible]。　洪水滚滚汹涌澎湃。
[illegible]，　吊唁者成队，
[illegible]，　大地灰蒙蒙，
[illegible]。　乌云滚滚涌。
[illegible]，　亡魂入冥界，
[illegible]。　冥界祖基转。
[illegible]，　弃尸宅室内，
[illegible]。　气绝赴祖界。
[illegible]，　故者故去后，
[illegible]，　众儿孙，
[illegible]。　宗亲齐殓尸。
[illegible]，　宰牲悼亡者，
[illegible]。　祭畜一排排。

① 鸡股骨卜：彝族占卜术中的一种，彝语称为“瓦系出”或“瓦系痕”。具体仪式是取出招魂牺牲母鸡的双股骨，查看股骨上的穴眼数量及其对称情况，以此来占卜吉凶。

毕摩吉克罗布在野外主持仪式　立克达曲 / 摄

[illegible]，	报晓祭畜类，
[illegible]。	遗体留三夜。
[illegible]，	猪卜插卜签，
[illegible]，	神枝插四双，
[illegible]。	护寿神已散。
[illegible]，	焚尸场地上，
[illegible]，	火四把，
[illegible]，	引尸到焚场，
[illegible]。	焚毁亡者尸。
[illegible]，	取出额骨片，
[illegible]。	额骨制灵牌。
[illegible]，	焚场祛污秽，
[illegible]。	污秽已祛除。
[illegible]，	椎牛祭亡灵，
[illegible]。	向左镇病魔。
[illegible]，	饮酒来誓盟，
[illegible]。	殓灵入灵柩。
[illegible]，	渡过诸江河，
[illegible]，	藏放箐岩洞，
[illegible]。	世间人亡祭送至祖界。
[illegible]，	丧葬制灵经，
[illegible]。	不诵则不明。
[illegible]，	自古祖传孙，
[illegible]。	父传子至今。
[illegible]，	耳闻先师言如斯，
[illegible]。	今由我来告知你。
[illegible]，	诵经献醇酒，
[illegible]。	诵经祭牲肉。
[illegible]，	祭词已终结，
[illegible]。	至此告一段。

5.“献酒经一”（[illegible]）

该段经文主要是说已故祖妣在世间生儿育女，现儿女也已成家立业、子孙满堂，祖妣劳累一生，离开人间回归祖界时却两手空空，没有带走任何财物。子孙们为了报恩，首先向他们虔诚地敬上一碗美酒，以示还情。这杯酒是子孙们向祖妣亡灵献上的首杯报恩酒。经文大致内容如下：

[illegible]，	先祭一碗酒，
[illegible]，	不带人间房，
[illegible]，	骑马不带物，
[illegible]。	不带金银财。
[illegible]，	醇酒祭祖妣，
[illegible]，	祭祖还恩情，
[illegible]。	祭送祖妣灵。
[illegible]，	镇锁得耶与得克①，
[illegible]。	偿还得耶债。

① 得耶与得克：指用于诅咒仪式的牺牲牲畜所变的邪鬼。

云雾山中森林神咆哮，
惊雷传千里。
猛兽性勇猛，
寿有终结时，
伴随亡者去，
得克得耶随之去，
前行且前行，
相伴归祖去。
兽类命终时，
雷电击中死，
雷声偿情债。
亡灵归宇宙，
兽名不曾失。
勒格支儿孙，
勒格故去时，
黑马驮亡灵，
黑马偿情债。
骨灰撒林中，
勒格名未失，
前行且前行。
祖妣故去后，
得克偿情债。
得耶伴灵行，
得克来追随。
诵经镇得克，
诵经压得耶。
以其驱死神，
以其逐病魔，
不逐祖妣灵。
迅速离，
纷纷散将去，
亡名已失者，
祭祖重提名。
洁灵归，
随云游，
伴雪化开去。
牧牛地祛秽，
污秽随消失。
秽签驱死神，
秽签逐病魔，
自此不复返。

已故先妣们，
已故先考们，
过去孙欠祖恩者，
贤孙以酒报祖恩；
子欠父恩者，
孝子以酒报父恩；
媳欠公恩者，
贤媳以酒报公恩；
女欠母恩者，
淑女以酒报母恩。
姻债欠亲情，
姻还亲之债；
宗欠族之债，
宗还族之债。
有恩还清恩，
有情报恩情。
已故的先妣，
已故的先考：
这碗醇美酒，
你等带到阿尕伙俄[1]、
阿尕伙普、
三山峰岭，

①阿尕伙俄：与下面的“阿尕伙普”“三山峰岭”均为古彝语山名，指乌蒙山云南昭通段的山腰和山顶，是凉山彝族招魂和为祖灵指路归祖时的必经之路。

到达额木普沽时，
请与兹莫亡魂去同饮，
请与毕摩亡魂去同饮，
请与归祖同行者共饮，
用酒堵住尔格特别嘴。
你等请报自芳名，
随报得克得耶名。

敬呀喝，
报呀恩，
主人敬你酒，
每户所有男人们，
千百位子孙们，
敬呀你美酒。
献祭醇酒经，
不诵则不明。
自古祖传孙，
父传子至今。
耳闻先师如此诵，
今由我来告知你。
以酒报你恩，
以酒还你情。
祭词已终结，
至此告一段。

6. “献酒经二”（ ）

该段经文主要是请祖妣亡灵前来享祭并除污祛秽，否则到祖界时不但不被祖先接纳，并且会招致其他魔怪作祟。所以，毕摩代表仪式主人家众子孙向祖妣亡灵敬酒，请他们前来享祭并祛除各种污秽。这是子孙们第二次向祖妣献酒，这碗酒表示祛秽酒。经文大致内容如下：

再敬两碗酒，
不带人间房，
骑马不带物，
不带金银财。
醇酒祭亡灵，
酒能接残骨。
敬酒不懈怠，
敬酒敬三遍。
以酒祛狗秽，
以酒除鸡污。
祭台若不净，
以酒祛则净。
以酒除牛污，
以酒祛牲秽。
以酒送死神，
以酒逐病魔，
死神病魔不再至。
已故的先妣，
已故的先考：
这碗醇美酒，
依照祖方酿，
延续至如今。
后人曾创新，
酒味更甘美。
今日祭你等，
这碗醇美酒，
你等带到阿尕伙俄、
阿尕伙普、
三山峰岭，
到达额木普沽时，
请与兹莫亡魂去同饮，
请与毕摩亡魂去同饮，
请与归祖同行者共饮，
堵住勒格塔博的嘴。
祭献醇酒经，

[illegible]　不诵则不明。
[illegible]，　自古祖传孙，
[illegible]。　父传子至今。
[illegible]，　耳闻先师言如斯，
[illegible]。　今由我来告知你。
[illegible]，　诵经献醇酒，
[illegible]。　诵经献祭牲。
[illegible]，　祭词已终结，
[illegible]。　至此告一段。

7.“献酒经三”（[illegible]）

该段经文是祈祷祖妣到祖界后留下福祉，护佑子孙繁荣昌盛，特别要赐予子孙生育神灵，让子孙繁衍生息，儿孙满堂，繁荣昌盛，是举行此次祭祀仪式的目的所在。这是子孙们第三次向祖妣献酒，这碗酒是祈福酒。经文大致内容如下：

[illegible]，　再敬两碗酒，
[illegible]，　不带人间房，
[illegible]，　骑马不带物，
[illegible]。　不带金银财。
[illegible]，　毕替主敬酒，
[illegible]，　以酒报恩情，
[illegible]。　偿恩整三遍。
[illegible]，　祭酒九十九，
[illegible]。　祭酒满溢溢。
[illegible]，　献祭牛，
[illegible]，　献祭牲，
[illegible]。　雪族[1]醇美酒。
[illegible]，　六祖酿美酒，
[illegible]；　敬酒要接纳；
[illegible]，　战场兵可退，
[illegible]；　敬酒不可退；
[illegible]，　五谷食则尽，
[illegible]。　敬酒则不尽。
[illegible]，　敬酒献祭牛，
[illegible]。　祭酒似河流。
[illegible]，　以酒驱死神，
[illegible]，　以酒逐病魔，
[illegible]。　死神病魔不再至。
[illegible]，　酒香溢四方，
[illegible]。　供品腾蒸汽。
[illegible]，　美酒祭生神，
[illegible]，　美酒祭育神，
[illegible]。　祭酒祈子嗣。
[illegible]，　已故的先妣，
[illegible]：　已故的先考：
[illegible]，　这窖自酿酒，
[illegible]，　这碗醇美酒，
[illegible]、　你等带到阿尕伙俄、
[illegible]、　阿尕伙普、
[illegible]，　三山峰岭，
[illegible]，　到达额木普沽时，
[illegible]，　请与兹莫亡魂去同饮，
[illegible]，　请与毕摩亡魂去同饮，
[illegible]。　请与归祖同行者共饮。
[illegible]，　祭啊祭，
[illegible]。　偿啊偿恩情。
[illegible]，　三次还你情，
[illegible]。　三次还你债。
[illegible]，　献祭醇酒经，
[illegible]。　不诵则不明。
[illegible]，　自古祖传孙，
[illegible]。　父传子至今。
[illegible]，　耳闻先师言如斯，
[illegible]。　今由我来告知你。

① 雪族：彝族自称为雪之子，即为雪族。

[illegible]　诵经献醇酒，
[illegible]　诵经献祭牲。
[illegible]　祭词已终结，
[illegible]　至此告一段。

8.“护送亡灵经”（[illegible]）

该段经文的主要内容是为非正常死亡（即凶死）的祖妣亡灵卸掉凶孽，进行供奉后与其他正常死亡的祖妣亡灵一起祭送归祖。经文内容大致如下：

[illegible]　老人逝后送灵否？
[illegible]　老人逝后尚未送。
[illegible]　青年亡后送灵否？
[illegible]　青年亡后尚未送。
[illegible]　凶灾来祛除，
[illegible]　凶祸夺尔命。
[illegible]　宇宙十二层，
[illegible]　上天生凶孽，
[illegible]　寿限各有别。
[illegible]　白发者寿终，
[illegible]　青壮者命短。
[illegible]　凶祸频频生。
[illegible]　凶鬼夺生命。
[illegible]　凶祸阴沉沉，
[illegible]　遣归九重天。
[illegible]　凶祸血腥腥，
[illegible]　阻锁沟谷里。
[illegible]　已故的先妣，
[illegible]　已故的先考：
[illegible]　你等存活时未送祭畜，
[illegible]　今夜赴宴后护送你的畜；
[illegible]　过去未祭送，
[illegible]　今夜享祭后护送你的畜。
[illegible]　你等到达阿尕伙俄、
[illegible]　阿尕伙普、
[illegible]　三山峰岭，
[illegible]　到达额木普沽时，
[illegible]　你父盼你归，
[illegible]　你母盼你回。
[illegible]　你等迅速归祖界，
[illegible]　携带祭牲归去吧。
[illegible]　护送祭畜经，
[illegible]　不诵则不明。
[illegible]　自古祖传孙，
[illegible]　父传子至今。
[illegible]　耳闻先师言如斯，
[illegible]　今由我来告知你。
[illegible]　诵经献醇酒，
[illegible]　诵经献供奉。
[illegible]　祭词已终结，
[illegible]　至此告一段。

9.“续寿归祖经”（[illegible]）

该段经文的主要内容是为英年早逝的祖妣亡灵续寿，让他们在祖界延续生前未尽的寿命。经文大致内容如下：

[illegible]　大地广而美，
[illegible]　大地寿无限。
[illegible]　大地山脉雄，
[illegible]　山坝相连美。
[illegible]　苍天广而白，
[illegible]　大地厚且黑。
[illegible]　人寿九百九，
[illegible]　九十九寿数。
[illegible]　灵寿六百六，
[illegible]　六十六寿数。
[illegible]　马寿三百三，
[illegible]　三百三寿数。

兽寿六百六，
六十六寿数。
人在寿限内，
福禄极丰厚。
聚友结成群，
众人同食宿。
人类善群居，
三山无闲地。
世间若无山，
杉柏无处生。
续寿若不牢，
物种不复存。
江河润大地，
万物永兴盛。
人类降生后，
实勺之后寿限有定数，
青春有限数，
欲增难如愿。
人类寿有限，
二轮二十五，
三轮三十七，
四轮四十九，
五轮六十一，
六轮七十三，
七轮八十五，
八轮九十七，
九轮百二十。
已故的先妣，
已故的先考：
你等过去寿未终，
生前寿不长，
生前寿未终，
在世命不长。
你等到达阿尕伙俄、
阿尕伙普、
三山峰岭，
到达额木普沽时，
你父盼你去续寿，
你母盼你去续寿。
你等快去再续寿，
你等快去续寿限。
你等必将续得寿，
你等必将寿终正寝。
续寿归祖经，
不诵则不明。
自古祖传孙，
父传子至今。
耳闻先师言如斯，
今由我来告知你。
诵经献醇酒，
诵经献供奉。
祭词已终结，
至此告一段。

10.“祈求生育经”

“祈求生育经”，彝语称为“格尔菲哲”，其主要内容是祈求祖妣亡灵赐予子孙生育神灵，让子孙在世间繁衍生息。同时，向神灵祈求赐予生前子嗣匮乏的祖妣生育神灵，让其在祖界重组家庭，生育繁衍。经文大致内容如下：

死者之亡灵，
人类源自高山林，
世间繁衍众人类。
高山神水是阳，
河谷神水是阴。
英雄结是阳，
黄头帕是阴。
娶亲者是阳，
出嫁者是阴。

苍天乃是阳，
大地乃是阴。
世间地四方，
生育神繁衍，
生命源源繁荣昌。
孜达[①]十神子，
十子来主格[②]，
十子来主菲；
尔黎十神子，
十子来主格，
十子来主菲；
阿杜十神子，
十子来主格，
十子来主菲；
曲布十神子，
十子来主格，
十子来主菲；
儿孙已获格，
大地来赐菲。
黄鸡祛污秽，
一祈苍天来赐格，
二祈大地来赐菲，
三祈主人获声誉，
财富丰厚家家富。
四祈主人获得人丁神，
四祈子孙继承遗产富，
世间六祖孙，
祈福得父亲，
苍天赐予子嗣续，
六祈吾主人，
祈福得母亲，
黑地赐予女儿联姻亲。

已故众亡灵，
均系母所生。
你等出生后，
联姻娶妻室，
姻亲和谐美。
开亲嫁淑女，
祭祖儿孙旺。
美酒祭天神，
身后繁又盛，
身后兴又旺。
终生心舒畅，
创业又成家。
已故众亡灵，
你等在世时，
祈格未曾得，
祈菲未曾获。
已故的先妣，
已故的先考：
你等到达阿尕伙俄、
阿尕伙普、
三山峰岭，
到达额木普沽时，
过去未得格，
往后定能得；
过去未获菲，
往后定能获。
你父已为你等祈得格，
你母已为你等求得菲。
两座山峰为你等祈格，
两棵杉柏为你等祷菲。
请将格菲神赐予，
虔诚祭送你的子孙们，
留下格菲赐予人世间。

① 孜达：与下面的“尔黎”“阿堵”“曲布”均为古代彝族部落首领及其居住地域的名称，有时又用作方位名。
② 格：与下面的“菲”分别代表男性生育神和女性生育神。

祈求生育经，
不诵则不明。
自古祖传孙，
父传子至今。
耳闻先师言如斯，
今由我来告知你。
诵经献美酒，
诵经献供奉。
祭词已终结，
至此告一段。

11.“祭供器皿经”（ ）

该段经文主要是说祭祀仪式现场摆满了各种餐具器皿，特别是祖妣生前曾用过的器皿。子孙们斟酒敬祖妣亡灵，敬请被祭的亡灵前来享用，同时欣赏餐具器皿，但是不要带走餐具器皿及其灵魂。经文大致内容如下：

实勺[1]领域工匠新旧替，
白发苍苍的老匠，
青发健壮的学徒，
新老匠人常更替。
老匠锤叮当，
艺精美名扬。
风箱声隆隆，
抡锤响当当。
邱普祭亡灵，
美名传千秋。
祭供品，
敬美酒，
穿彝衣。
聚坐祭棚内，
祭祖复提名。

① 实勺：是“彝族六祖”之前彝族远古部落首领兼宗教领袖。

送灵归祖界，
驱逐必用牲。
招魂设宴席，
已故众亡灵。
餐具供灵前，
生前你曾用。
结伴行，
赶祭牲，
上归途。
声明器皿与酒具，
灵前酒桶似崖壁。
滤嘴成排似矛杆，
滤放水酒似瀑布。
白碗斟酒互敬似蝶舞，
黄碗斟酒穿梭似石滚，
红碗斟酒互敬似彩虹，
黑碗斟酒互敬似鸦飞，
花碗斟酒互敬似鹊翔。
餐具器皿已供齐，
土碗皮碗供灵前。
已故的先妣，
已故的先考：
餐具与器皿，
虽然供灵前，
其魂不可随你去。
餐具器皿之魂莫跟去，
如要跟去要招回来。
如供奉器皿不声明，
不诵则不明。
自古祖传孙，
父传子至今。
耳闻先师言如斯，
今由我来告知你。
诵经献美酒，
诵经献供奉。

[illegible]， 祭词已告终，
[illegible]。 至此告一段。

12.“祭供甲胄经”（[illegible]）

甲胄，即盔甲。盔甲是古代彝族的主要防御武器，拥有盔甲是家庭富有与强盛的象征。该段经文主要叙述盔甲材料的来源、盔甲的结构及制作方法，敬请被祭祖妣亡灵前来享用，如果在祖界遇敌则用其进行防御，但是不要带走其灵魂。经文大致内容如下：

[illegible]， 已故的祖妣，

身着古代彝族盔甲者　立克达曲 / 摄

[illegible]， 防御的盔甲，
[illegible]， 黄牛皮制成，
[illegible]； 合身且坚固；
[illegible]， 骡马皮制成，
[illegible]； 舒适且坚固；
[illegible]， 野兽皮制就，
[illegible]。 合身且坚固。
[illegible]， 头盔似白鹇，
[illegible]。 纹路极明晰。
[illegible]， 坚固赛骨头，
[illegible]， 向前制顽敌，
[illegible]， 敌阵如溃堤，
[illegible]， 在后防主人，
[illegible]。 甲主无损伤。
[illegible]， 甲片似彩云，
[illegible]。 甲身如树干。
[illegible]， 青黑色灰甲，
[illegible]。 底色呈青灰。
[illegible]， 阿哲[1]甲彤红，
[illegible]， 胸甲呈日形，
[illegible]。 后甲呈月形。
[illegible]， 胸甲十二块，
[illegible]， 甲腰大象皮，
[illegible]， 甲胸牦牛皮，
[illegible]。 甲襟似蜂房。
[illegible]， 甲鳞三百片，
[illegible]， 三百六十片，
[illegible]。 六十六片正。
[illegible]， 勇士甲身躯，
[illegible]， 头盔甲头颅，

①阿哲：全名叫“妥阿哲”，是“彝族六祖”中第六子慕阿齐的第25代孙，又称为“慕俄格”，史称“德舍”。曾活动于贵州水西一带，其势力主要在今贵州毕节大方一带，其后裔散居在云、贵、川、桂等省（自治区）及南亚诸岛。

护腿甲坐骑，
盾牌甲双耳，
枪矛甲弟兄，
宝剑甲臂肘，
牦尾甲发须。
已故众亡灵，
已故的先妣，
已故的先考：
你等到达阿尕伙俄、
阿尕伙普、
三山峰岭，
到达额木普沽时，
遇敌莫胆怯，
莫惧强敌来。
坐骑莫失蹄，
甲胄莫脱扣，
莫怕畜离散，
呼喊献祭羊，
祭羊全驱赶。
夫妻财不分，
归祖则分清。
妇女不上阵，
归祖则御敌。

肩扛枪和矛，
搭好弓和箭，
手握利宝剑，
牢固系甲胄。
杀退前方敌，
击退后方敌。
已故的先妣，
已故的先考：
青黑色甲胄，
阿都[1]曾拥有，
今由勒格藏。
你等生前常披挂，
故去供尸前，
今日再次供灵前。
祭供的甲胄，
虽然灵前报其名，
其魂不会随你去，
若有跟去者，
跟去之魂要招回，
跟去之魄要挽回。
供奉甲胄经，
不诵则不明。
自古祖传孙，
父传子至今。
耳闻先师言如斯，
今由我来告知你。
诵经献美酒，
诵经献供奉。
祭词已终结，
至此告一段。

13. “安慰亡灵经”（ ）

该段经文主要是安慰祖妣亡灵不要悲伤，死亡是自然规律，人生自古谁无死，世间没有不死的人和物，所以敬请祖妣亡灵享用祭品后心甘情愿地回到祖界生活。经文大致内容如下：

世间悲事多，
心甘来接受。
江河十二类，

① 阿都：古代彝族土司，彝语称为“阿都兹莫”，即阿都长官司。阿都长官司衙门遗址位于四川布拖县特木里镇光明村一组，汉姓都，“中华民国”初绝嗣，由沙马宣抚司呷朵支上门承袭。

悬崖十二种，
十二依山存。
广袤大地并非己田产，
失主之地并非己地产。
飞翔蓝天之鸟并非都是雁，
地上爬行之虫并非都是蛇。
栖熊之山并非只熊穴，
翠绿林海并非只有杉。
埂坎森林并非争战场，
原野广阔并非均宜牧。
高山平坝并非均宜谷，
盗者云集并非宜联姻，
已故亡魂并非活者友。
亡灵起程往前去，
子孙并非都跟去。
万民居住连天际，
勒格子尚存，
迪博[1]裔尚在，
禽兽未曾绝。
春雷震寰宇，
阳光照大地，
五谷养众生。
世间的人类，
白发苍苍者也死，
黑发青壮者也死。
襁褓之中婴儿也要死，
天真儿童也要死。
蹄类骆驼也要死，
禽类鸵鸟也要死。
宫中帝王也要死，
彝地酋长也要死。
上千酋长均已死，
上百贤臣也要死。
汉区官员也要死，
统兵将领也要死。
勒格寿终死，
塔博气绝亡。
老牛坚角脱则死，
老马颊毛落则死，
老狗犬齿落则死，
老猪肚毛脱则死。
树老空心死，
石老碎裂死。
蕨草干枯死，
野草折损死。

已故众亡灵，
生命由母生，
大千世界中，
可有不老不死者？
并无不老不死者。
不老不死者，
白天唯有天上的红日，
红日落山则算死。
夜间唯有空中的明月，
明月进入朔望则算死。
汉区塑像无病也不死，
塑像倒塌损毁则算死。
已故的先妣，
已故的先考：
并非只有你等死，
你等归祖莫悲伤。
你等到达阿尕伙俄、
阿尕伙普、
三山峰岭，
到达额木普沽时，
过去欲归心不甘，
从此心已安；

[1] 迪博：彝语称为“迪博武木”，传说是彝族的第一个君王。

过去心中有憾事，
从此无憾事。
安抚亡灵经，
不诵则不明。
自古祖传孙，
父传子至今。
耳闻先师言如斯，
今由我来告知你。
诵经献美酒，
诵经献牲肉。
祭词已终结，
至此告一段。

已故的先妣，
已故的先考：
你等吃啊吃，
喝啊尽情喝。
躲在白色神座中享用，
藏在白色垫草上畅饮。
进食入肚腹，
御敌于界外。
清晨不进食，
早晨饿得慌；
早晨不进食，
正午饿得慌；
正午不进食，
下午饿得慌；
下午不进食，
傍晚饿得慌；
傍晚不进食，
夜晚饿得慌；
夜晚不进食，
深夜饿得慌，
长夜难煎熬。
现在抓住牺牲猛啃咬，
翻转牺牲齐撕食，
待后剥食左胛肉，
撕下右肋肉啃食。

14. “神山圣地经”（[彝文]）

神山圣地是指祖界“额木普沽”的神山与圣地，而非人间之山、地。该段经文是告诉祖妣亡灵到祖界后会受到当地山、地神灵的欢迎和接待，特别是受到母系氏族时期尼能部落的先祖们的热情款待，可在青山绿水的优美环境中生活，请祖妣亡灵无忧无虑地去往祖界。经文大致内容如下：

神山与圣地，
自古有神灵，
神山磅礴圣地广。
主神立左方，
子神居中央，
神孙戏右方。
蓝天云雀唱，
众神迎亡灵。
尼[1]神迎亡灵，
能神接亡灵，
亡灵随气升。
言则明其理，
谋事须花销。
彝地无财源，
汉地挣钱财。
彝人无余粮，
待客不吝啬。
白云飘悠悠，
大地黑油油，

① 尼：与下面的“能”分别是氏族社会时期两大部落及其首领的名称。

苍天佑众生。
一轮十二年，
今年是吉年；
一轮十二月，
本月是吉月；
一轮十二日，
今日是吉日；
一轮十二夜，
今夜是吉夜。
已故的先妣，
已故的先考：
你等到达阿尕伙俄、
阿尕伙普、
三山峰岭，
到达额木普沽时，
过去未曾到神山，
今日你等将遇见；
过去未曾到圣地，
今日归祖将遇见。
神山圣地经，
不诵则不明。
自古祖传孙，
父传子至今。
耳闻先师言如斯，
今由我来告知你。
作毕设宴席，
诵经献供奉。
祭词已终结，
至此告一段。

15. “绸缎祭品经”（）

该段经文主要是告诉祖妣亡灵，子孙后代在祭场上为他们准备了不同面料的精美服装，并向他们说明不同面料服装的穿法，敬请祖妣亡灵享用。但是，只能享用，不要带走各种面料尤其是绸缎之灵魂。经文大致内容如下：

白云做垫褥，
诵经勤告祭，
告慰祖妣灵。
祭仪行三道，
祭礼行三遍。
祭品如云集，
如云集祭棚。
缎面显星形，
星乃灵福禄。
绸缎显现日月形，
恰似羊群纷纷涌。
祭场铺灵路，
祭送亡灵归。
寻路归祖界，
随水而归云。
田产积肥沃，
田地粮丰收。
已故的先妣，
已故的先考：
上好的面料，
绸缎供灵前。
你等生前常穿用，
故去曾供在尸前，
今日再次供灵前。
软料做内衣，
粗料做外套，
棉布当内衣，
毛料披毡在外穿。
未诵绸缎祭品经之前，
你等饮宴心不安。
精美的绸缎，
虽然供灵前，
其魂不能随你去。

绸缎之魂莫跟去，
挽留绸缎魂，
招回绸缎魄。
祭供绸缎经，
不诵则不明。
自古祖传孙，
父传子至今。
耳闻先师言如斯，
今由我来告知你。
作毕设宴席，
诵经献供奉。
祭词已终结，
至此告一段。

16.“祭祀日月经”（ ）

该段经文的主要内容是：祖妣亡灵到达祖界后要经常祭祀日月及其神灵，以防发生自然灾害，为子孙谋福祉。该经文回顾了古代彝族王国的辉煌，以及彝族先民特别是部落首领祭祀日月神灵的情景。经文大致内容如下：

天白地上黑，
三载祭四回，
祭祀苍天神。
新旧气象异，
天高云雾淡。
左有红日照，
右有月光泻。
亡灵伴日行，
随月归祖界。
远古格峨[1]时代始祭日，
派遣沙撒祭祀星月神。
祭牲绵羊满山冈，
十二法器显神威。
日月星神来享祭，
日月往返赛黄金。
亡灵齐追随，
结伴归祖去。
昼有日光照，
夜有月光泻。
红日洒金光，
明月泻银辉。
天地亮堂堂，
万物蓬勃兴。
出来日出来，
日出金灿灿；
出来月出来，
月出明晃晃，
儿孙必将亮堂堂。
白云开启东域路，
黑云开启西域道。
云雾阻下路，
雨露堵上道。
阻锁雹灾于上苍，
阻锁风暴于山外。
已故众亡灵，
都是母亲之子，
过去未曾越神山，
故后必定能越过；
过去未曾到圣地，
故后必将经圣地。

昼里祭日神，
夜来祭月神。
前后云雾清，
左右云雾清。
雨雾速消失，
潜隐深谷中。

① 格峨：“彝族六祖”之前的部落首领，即“六祖”之祖。

[illegible]　三沟虽降雨，
[illegible]　三沟莫降雨；
[illegible]　三坡虽降雾，
[illegible]　三坡莫降雾；
[illegible]　他乡有雾罩，
[illegible]　我域莫罩雾。
[illegible]　星有隐现时，
[illegible]　祖灵勿隐藏。
[illegible]　雨中藏灾难，
[illegible]　祭祀莫藏祸。
[illegible]　阻锁天界的电癞，
[illegible]　阻锁地下的土癞。
[illegible]　阻锁电癞于苍穹，
[illegible]　阻锁地癞于界外。
[illegible]　已故的先妣，
[illegible]　已故的先考：
[illegible]　你等到达阿尕伙俄、
[illegible]　阿尕伙普、
[illegible]　三山峰岭，
[illegible]　到达额木普沽时，
[illegible]　你等过去未曾祭日神，
[illegible]　今日已为你等祭日神；
[illegible]　你等过去未曾祭月神，
[illegible]　今日已为你等祭月神。
[illegible]　归祖路途上，
[illegible]　冰雪封山路难寻。
[illegible]　归祖道路难寻时，
[illegible]　太阳将会出，
[illegible]　阳光照大地。
[illegible]　虔诚祭送你的子孙们，
[illegible]　集资筹款祭送你们者，
[illegible]　过去生存活动不自由，
[illegible]　往后必将自由心欢畅。

[illegible]　祭祀日月经，
[illegible]　不诵则不明。
[illegible]　自古祖传孙，
[illegible]　父传子至今。
[illegible]　耳闻先师言如斯，
[illegible]　今由我来告知你。
[illegible]　诵经献美酒，
[illegible]　诵经祭牲肉。
[illegible]　祭词已终结，
[illegible]　至此告一段。

17.“驯牧供养经”（[illegible]）

该段经文主要是说祖妣在世时是饲养放牧的能手，通过勤劳致富，到祖界后也要像在人间一样饲养放牧，自给自足，勤劳致富，过上幸福美满的生活。经文大致内容如下：

[illegible]　高原牛遍地，
[illegible]　牧场九十九，
[illegible]　先祖生存靠畜牧。
[illegible]　迪杰阿机比俄[①]的需求，
[illegible]　比迪来供给，
[illegible]　相互很和谐。
[illegible]　父兄主御敌，
[illegible]　母女勤驯养。
[illegible]　有食方能生，
[illegible]　欲求能生存，
[illegible]　艰辛勤驯牧。
[illegible]　已故众亡灵，
[illegible]　已故的先妣，
[illegible]　已故的先考：
[illegible]　你等到达阿尕伙俄、
[illegible]　阿尕伙普、
[illegible]　三山峰岭，

① 比俄：与下面的“比迪”分别是古代彝族著名的贤臣。

到达额木普沽时，
过去不擅牧业者，
往后定要勤驯养；
过去在世曾缺食，
往后驯养不愁吃。
为争地高山低谷人械斗，
为和亲高山低谷人姻亲，
为繁荣高山低谷处祭祖，
高山降临阳育神，
低谷冒出阴育灵。
驯牧供养事，
我等毕摩众师徒，
说是给你说，
教是给你教，
但是不跟你走。
曾在驷匹嘎伙占胛骨，
四纹弯弯显吉卦；
曾在阿伙柳以占鸡骨卜，
四孔平直显吉象。
婚姻君作主，
断案臣作主，
祭祖毕作主。
驯牧供养经，
不诵则不明。
自古祖传孙，
父传子至今。
耳闻先师言如斯，
今由我来告知你。
诵经献美酒，
诵经祭牲肉。
祭词已终结，
至此告一段。

18. “献祭群牲经”（ ）

该段经文的主要内容是教导被祭祖妣亡灵要在回祖界的路上保护好子孙们献祭的牛羊等祭牲，务必将其赶到祖界饲养，如此才能过上衣食不愁的幸福生活。经文大致内容如下：

尼能曾兴，
尼部落灭，
能部落亡之后，
工匠格阿洛，
铸金造银来祭祖，
铸造主像来供奉。①
祭供牛和羊，
声明勤献祭。
勤俭集钱财，
艰辛勤牧事。
饲养牛羊群，
祭祀尽孝心。
比俄得福禄，
比迪勤供奉。
猛兽闯牧场，
虎豹得口福。
牧人弃尸骸，
牧人无口福。
祭月祈甘露，
诚意感上苍。
白马高山立，
祖地来以后，
猪群乌云滚，
马群浓云涌，
马群繁殖快。
猪魂似红龙，
鸡魂如云烟，
狗魂似疾风。

① 远古时期，彝族先祖部落首领死后用金银来为其铸造塑像，举行规模宏大而复杂的祭祖送灵仪式。

集资祭亡灵，
儿孙很勤俭。
清晨繁星下，
放牧十群百只羊。
高原岭上百只羊一群，
木曲李萨[1]百只羊十群，
牛羊游动犹如白云飘。
牧场畜成群，
畜群莫离散。
主人牧场草丰茂，
风调雨顺祖神佑。
自古祭祖献祭牲，
祭牲成群献灵前。
亡灵赶祭牲，
归祖去驯养。

积灵数代后，
集资送祖灵，
祭牛献三群。
生前创业置田产，
故时丧祭制灵牌，
祭时声明献祭牲，
艰辛来祭祖。
古时昊提行祭用牺牲，
偿还祖妣恩情献祭牲，
后世祭祖仍然献祭牲。
祭祀山岭神，
首先用禽祭。
主人行祭祀，
复提故祖名。
祭祀送亡灵，
亡灵勤享祭。

祭场献祭牲，
十双算一群，
五双算一群，
一双仍然算一群，
十只算一群，
五只算一群，
一只也一群。

已逝众亡灵，
未逝活祭者：
你等到达阿尕伙俄、
阿尕伙普、
三山峰岭，
到达额木普沽时，
过去未曾拥有成群牲，
往后必然会拥有；
过去未曾敬献成群牲，
今日祭牲成群献灵前。
未诵供牲经前暗沉沉，
诵后祖妣心里亮堂堂，
祖妣心情得畅快。
祭供群牲经，
不诵则不明。
自古祖传孙，
父传子至今。
耳闻先师言如斯，
今由我来告知你。
诵经献美酒，
诵经献供奉。
祭词已终结，
至此告一段。

已故的先妣，
已故的先考，
一同受祭的绝嗣者，

① 木曲李萨：古地名，意为白色山下的坪坝，疑指云南大理点苍山麓。

一同受祭的童女魂：
待到明后日，
赶走驷匹嘎伙绵羊九十只，
你等赶好羊群速归去；
将送阿伙柳以黑猪九十头，
你等赶着猪群归祖去；
兹兹普乌阉黄牛三百头，
仪式主人交给我，
今由我来转交给你们，
你等赶好牛群速归祖。
归祖路上分岔路口多，
赶好离群牲；
归祖路上雾浓路难辨，
赶好成群祭牲速归去。
你等起程归祖时，
若在途中断干粮，
只怨主人母女太勤俭。
并非主人母女太吝啬，
只因天灾收成少。
若在途中遭抢劫，
只怨你等宗亲护送不得力，
并非宗亲护送不得力，
只怨劫匪太猖獗。
若在途中鞍具有损坏，
只怨护灵人员太粗心，
并非护灵人员不精心，
只因祭场拥挤难料理。
若在途中迷路误归期，
只怨我等师徒未指明，
并非我等师徒太昏庸，
只因主人殷勤敬酒喝醉了。
若是归期不吉利，
只怨择吉大师未择准，
并非择吉大师未择准，
只因星宿错了位，
并非星宿错了位，
只因勒格塔博在作祟。
我们宗亲和族亲，
虽然护送你等归箐洞，
其魂不会留下陪你等。
祭场护灵的人员，
虽然背负灵筒到箐洞，
其魂不会留下陪你等。
我等众毕摩，
虽然指引你等归祖界，
我等魂魄不会随你去。
仪式主人儿孙魂魄要归来，
仪式众主人之子孙，
千万子孙魂魄已归来，
毕摩魂魄已回归，
我等毕摩师徒魂魄已归来，
毕摩之魂已从左方归来，
主人之魂已从右方归来；
签筒之魂已从左方归来，
法帽之魂已从右方归来，
神扇之魂已从中间归来。
去者已去矣，
祖妣亡灵已走去；
归者已归来，
主人毕摩之魂相伴而归来。
祭词已终结，
至此告一段。

19."祭供衣饰经"

该段经文的主要内容是向被祭亡灵声明献祭的衣物、首饰等。祭祖送灵时，在世的子孙们要把自己的新衣和首饰都拿出来祭供祖妣亡灵，以示自己的哀悼与虔诚，同时也彰显自家的荣华富贵。经文大致内容如下：

昊毕祭神山，
提毕祭圣地。
昊土洁，
提田已清净。
美衣美饰供灵前，
祖妣亡灵享不尽。
气息育女身，
命根系于天。
苍天育靓女，
大地赐彩裳。
帕髻高高耸，
世人心畅亮。
丽裳传美名，
耳闻绚丽衣，
祭场见真品。
年中如不死，
月行整三年，
三年锁深壑，
孝子寻父装。
已故众亡灵，
已故的先妣，
已故的先考：
佳肴与茗茶，
你等生前常食用，
故后供灵前。
绚丽的衣饰，
你等生前常穿戴，
故后穿上你寿衣。
苍天赐生命，
大地赐丽裳。
东方找，
西方寻，
找寻诸衣饰。
祭供衣裳银首饰，
先妣归去尽享受，
是否合身尽选择。
已故的先妣：
布帽似鹰翅者供灵前，
细绒布帽供灵前，
领牌银花供灵前，
细绒上衣供灵前，
青蓝棉裙供灵前，
黑色毡衣供灵前。
同祭幼女少女灵：
布帕似鹰翅者供灵前，
童裙红艳艳者供灵前，
发饰白花花者供灵前，
耳坠摇晃晃者供灵前，
金银首饰供灵前，
绣花彩衣供灵前，
各色彩裙供灵前，
青黑毡衣供灵前。
已故的先考，
同祭的绝嗣男魂：
黑色头帕供灵前，
绣花白衣供灵前，
浅蓝布裤供灵前，
阿华[1]黑毡供灵前，
各类枪矛供灵前，
彩色护腕供灵前，
黑色头盔供灵前，
蓑衣斗笠供灵前，
毡袜麻鞋供灵前。
已故的先妣，
已故的先考：
绚丽的衣饰呀，
你等生前常穿戴，
故时曾经做寿衣，

①阿华：指四川凉山州金阳县金沙江沿岸一带。

今日祭时再次供灵前。
供在灵前的衣饰，
甲职[1]产细绒，
细绒供灵前；
汉区产绸缎，
绸缎供灵前。
彩色盔甲供灵前，
护腕铠甲供灵前，
各类宝剑供灵前，
各类枪矛供灵前。
绚丽庄重的衣饰，
今日虽然供灵前，
其魂不会随你去。
衣饰魂魄莫跟去，
挽留离去的衣魂，
招回跟去的饰魄。
祭供衣饰经，
不诵则不明。
自古祖传孙，
父传子至今。
耳闻先师言如斯，
今由我来告知你。
诵经献美酒，
诵经祭牲肉。
祭词已终结，
至此告一段。

20.“祭供宝剑经”（[彝文]）

该段经文主要叙述宝剑的起源及作用，特别是告诉生前曾使用过宝剑的祖妣亡灵，要将宝剑佩戴好，到祖界的路上要随时手持宝剑，预防有人盗窃、抢夺子孙们所献祭的祭牲，但是敬请祖妣亡灵不要带走宝剑之灵魂。经文大致内容如下：

受祭众亡灵，
隐匿云雾中。
毕摩勤执祭，
日月常循环。
苍天永罩护，
雨露换气息，
换则气象新。
苍天坠万物，
原野储矿藏，
大地常更新。
地底储矿物，
地表置田产。
金矿埋深土，
地牛是其主，
不是主人居住处，
地表不稳固。
已故众亡灵，
世间藏矿产，
山里挖，
坝里祭矿神，
平原冶炼矿物质。
出自彝族的宝剑，
产自藏族的宝剑，
宝剑出自远古时，
南方储铁矿，
北方显铁影。
苍天坠铁矿，
坠落于阿尕勒陀[2]。
山上牧童巧碰见，

① 甲职：地名，位于四川省乐山市峨边县境内。

② 阿尕勒陀：古彝地名，又称“阿尕李陀”，指云贵高原，现泛指彝地高寒地区。

拾回送给老匠人。
老匠欲冶炼，
派遣九壮年，
烧出九背炭，
起炉把铁炼。
首先炼一炉，
去渣成生铁，
生铁铸铁锅。
再次炼一炉，
二炉成熟铁，
熟铁造锄耙。
最后炼一炉，
炼成好钢材。
纯钢运到额夫兹[1]辖域，
铸成彝族的宝剑。
上好的钢材，
运到藏居处，
铸成藏族的宝剑。
供在灵前的宝剑，
铸造之日如雷鸣，
锤打之时火星飞，
磨錾之时钢花溅。
舞剑犹如荒原蚂蚱奔，
铸就锋利宝剑时，
曾用九头白牛祭，
战场杀敌当臂肘，
纹路清晰似羊道。
剑身犹如锦鸡翼，
剑刃锋利似蜂蜇，
恰似虎豹口中牙。
剑锋朝向敌，
剑背朝主人。

已故众亡灵，
已故的先妣，
已故的先考：
藏族的宝剑，
彝族的宝剑，
你等生前常佩戴，
故时曾供在灵前，
今日再次供灵前。
祖传的宝剑，
虽然供灵前，
其魂不会随你去。
唤回跟去的剑魂，
招回跟去的剑魄。
祭供宝剑经，
不诵则不明。
自古祖传孙，
父传子至今。
耳闻先师言如斯，
今由我来告知你。
诵经献美酒，
诵经祭牲肉。
祭词已终结，
至此告一段。

已故的先妣，
已故的先考：
你等到达阿尕伙俄、
阿尕伙普、
三山峰岭，
到达额木普沽时，
绵羊易离群，
收拢羊群赶路程。
壮胆莫惧敌，
披挂好甲胄，

① 额夫兹：是古代居住在凉山甘洛和雅安一带的有名的兹莫（土司）。

[illegible]，　扛好利矛枪，
[illegible]，　利箭搭上弦，
[illegible]，　握紧手中剑，
[illegible]，　遇敌则杀退，
[illegible]。　遇匪剿灭后离去。

21.“冶炼金银首饰经”（[illegible]）

该段经文叙述了彝族先民冶炼金银首饰的经过。彝族发源于西南云贵高原，自古冶炼技术精湛，特别是到“彝族六祖”时期，冶炼技术已具有显著的民族特色，能铸造具有彝族特色的金银首饰。远古时期，人们用金银为祖妣塑像来祭祖，独具特色。经文大致内容如下：

[illegible]，　先祖向来擅炼金与银，
[illegible]，　世代打造饰物不间断，
[illegible]。　珍稀器皿储于帝王府。
[illegible]？　冶炼铸造是否间断过？
[illegible]。　世代相传未曾断。
[illegible]？　珍稀器皿人皆拥有否？
[illegible]。　并非贫富皆拥有。
[illegible]，　众人虽夸皆拥有，
[illegible]，　左方牧者未收藏，
[illegible]，　右方耕者未收藏，
[illegible]，　中间富者方拥有，
[illegible]。　此乃历来之规律。
[illegible]，　古时曾用金枝插神座，
[illegible]。　制作金塑像来祭祖。
[illegible]，　曾用金锁锁祖灵，
[illegible]。　金锁锁灵则牢固。
[illegible]，　曾用金银铸造祖妣像，
[illegible]。　金银铸造雪族六祖像。
[illegible]，　佳肴供灵前，
[illegible]。　金器祭亡灵。
[illegible]，　灵柩装塑像，
[illegible]。　亡灵归祖牢。

[illegible]，　已故的先妣，
[illegible]：　已故的先考：
[illegible]，　未诵祭供器皿经之前，
[illegible]。　你等无心赴宴会。
[illegible]，　灵前所供金银器，
[illegible]，　彼岸世居阿哲家，
[illegible]；　阿哲善造银器皿；
[illegible]，　此岸世居乌撒家，
[illegible]；　乌撒善造金器皿；
[illegible]，　中间世居勒格家，
[illegible]。　勒格善造铜器皿。
[illegible]，　金银器皿供灵前，
[illegible]。　纯金纯银饰你灵。
[illegible]，　金银耳饰饰你灵，
[illegible]。　金银头饰饰你灵。
[illegible]，　项饰犹如繁星供灵前，
[illegible]。　领牌犹如崖壁供灵前。
[illegible]，　金银之器皿，
[illegible]，　虽然供灵前，
[illegible]，　其魂不会随你去，
[illegible]。　金银之魂莫跟去。
[illegible]，　挽留欲离魂，
[illegible]。　招回离去的游魂。
[illegible]，　祭供金银器皿经，
[illegible]。　不诵则不明。
[illegible]，　自古祖传孙，
[illegible]。　父传子至今。
[illegible]，　耳闻先师言如斯，
[illegible]。　今由我来告知你。
[illegible]，　诵经献美酒，
[illegible]。　诵经祭牲肉。
[illegible]，　祭词已终结，
[illegible]。　至此告一段。

22.“偿还情债经”（[illegible]）

该段经文的主要内容是：大山永青绿，江河永流淌，但享受青山绿水的人不断地更替，新的生命不断诞生，老的生命不断消逝。祖妣曾在世上繁衍生息，让子女诞生在这个世界上，并赐予他们生育神灵，现子女已成家立业，子孙满堂。祖妣为后代操劳一生，现子孙们筹集财物，敬请毕摩为祖妣安灵、送灵，偿还情债。经文大致内容如下：

[illegible]，　自古有生灵，
[illegible]，　生灵繁衍快，
[illegible]。　布满人世间。
[illegible]，　领地常异主，
[illegible]。　大地却依旧。
[illegible]，　气息育生命，
[illegible]。　新老常更替。
[illegible]，　亡灵归祖界，
[illegible]，　格菲催繁衍，
[illegible]。　生灵获格菲。
[illegible]，　六祖不断繁，
[illegible]。　原野载众生。
[illegible]，　江河已获格，
[illegible]。　杉柏已获菲。
[illegible]，　姻亲已获格，
[illegible]。　姻戚已获菲。
[illegible]，　用柏枝祈格，
[illegible]。　用樱枝祈菲。
[illegible]，　祭祖送灵归，
[illegible]，　集灵行祭祀。

[illegible]，　犹如云雾散，
[illegible]，　集灵行祭祀，
[illegible]，　微风送灵归，
[illegible]。　享祭归祖界。
[illegible]，　如此做之后，
[illegible]，　生者死者均心安，
[illegible]。　白线牵引活人魂。
[illegible]，　护卫辖域固，
[illegible]。　生死有区别。
[illegible]，　不欠亡者恩，
[illegible]。　不欠亡者情。
[illegible]，　逝者逝去后，
[illegible]、　先妣逝去后，
[illegible]，　先考逝去后，
[illegible]，　活着子孙不再欠你情，
[illegible]。　不再欠你恩。
[illegible]，　你的子孙们，
[illegible]，　虔诚祭送你等者，
[illegible]，　筹集祭牲和祭品，
[illegible]，　备办你等归祖的干粮，
[illegible]，　献祭衣物与首饰，
[illegible]，　殷勤款待毕摩师徒们，
[illegible]，　从此不再欠你恩，
[illegible]。　从此不再欠你情。
[illegible]，　养育之恩今已报，
[illegible]。　你等情债今已还。
[illegible]，　手拆偿债圈，
[illegible]。　偿还你等情。
[illegible]，　有恩今已报，
[illegible]。　欠债今已还。
[illegible]，　格菲请归来，
[illegible]，　人丁福神请归来，
[illegible]，　六畜佑神请归来，
[illegible]。　五谷佑神请归来。
[illegible]，　祭词已终结，
[illegible]。　至此告一段。

23.“祭酒还债经”（[illegible]）

该段经文主要讲主祭毕摩代表被祭祖妣之

子孙，向祖妣祭献最后一碗（次）酒。一来表示被祭祖妣与在世子孙间的诸事已厘清，相互之间没有恩债；二来这是一杯永别的美酒，祝福祖妣在祖界与祖先团聚，并与他们和谐相处，过上幸福快乐的生活。经文大致内容如下：

现在祭酒还情债。
已故众亡灵，
已故的先妣，
已故的先考：
毕摩勤作毕，
作毕祈祷阳生神，
作毕祈祷阴育神。
雪山藏阳神，
崇山峻岭中，
藏有生育神。
阳神藏三域，
一神在高原，
六祖居祖界。
一神藏姻处，
父辈姻是阳育神，
屋内亲是阴育神。
一神藏先祖，
儿孙兴，
居域永牢固。
一神藏儿媳，
媳妇声誉高是阳育神，
家庭名誉荣是阴育神。
祖妣归去后，
儿孙定兴盛。
前面制刹死神牢，
后面锁住病魔固。
祈格格神必降临，
祈菲菲神必溢出。
祈福体魄必健康，
祈寿寿命必长寿，
现在祭酒祈寿命。
我替死神来赎罪，
敬你醇酒赎罪过。

我替田产祭美酒，
我替姻亲祭醇酒，
我替姻戚祭美酒。
我替宗亲祭醇酒，
我替宗族祭美酒。
我替苏尼神祭酒，
我替毕摩神祭酒。
逝者逝去后，
先妣逝去后，
先考逝去后，
你等子孙不再欠你恩，
不再欠你情。
众毕尊师、
众位毕徒、
签筒法帽、
斯木额嘎、
护法白虎、
护法众神不再欠你恩，
不再欠你情。
这碗醇美酒，
继承祖方酿，
后人曾创新。
毕摩持醇酒，
毕口诵祭经。
已故的先妣，
已故的先考：
这碗醇美酒，
你等到达阿尕伙俄、

[illegible]、　　阿尕伙普、
[illegible]，　　三山峰岭，
[illegible]，　　到达额木普沽时，
[illegible]，　　请将美酒敬给兹与莫，
[illegible]。　　敬给已故归祖的毕魂。
[illegible]，　　敬请同路归祖的同伴。
[illegible]。　　美酒堵住勒格塔博嘴。
[illegible]，　　请将美酒敬明君，
[illegible]；　　协助明君同执政；
[illegible]，　　请将美酒敬贤臣，
[illegible]；　　协助贤臣同理政；
[illegible]，　　请将美酒敬神毕，
[illegible]。　　协助神毕同执祭。

[illegible]，　　分呀别，
[illegible]。　　敬呀喝。
[illegible]，　　神毕我一组，
[illegible]，　　左方经书法器回，
[illegible]。　　右方天神地祇回。
[illegible]，　　君子勤后回到王妃处，
[illegible]，　　勒慕驷峨毕家出孝子，
[illegible]，　　生来勤学承祖业，
[illegible]。　　执祭灵验吉祥安。
[illegible]，　　自古云雾主阴晴，
[illegible]，　　君王主配婚，
[illegible]，　　贤臣断案件，
[illegible]，　　毕摩主祭祀，
[illegible]。　　仪式我最灵。
[illegible]，　　签筒神回头，
[illegible]，　　法帽神回头，
[illegible]。　　神扇神回头。
[illegible]，　　诵经完健康，
[illegible]，　　仪式毕平安，
[illegible]，　　天神暂休息，
[illegible]，　　地祇请返回，
[illegible]，　　一段祭词毕，
[illegible]。　　至此告一段。[①]

一位合格的毕摩除了需要将上述用于善祭仪式的《献祭经》倒背如流（不一定要理解其意思）外，还要背诵凶祭仪式用的《献祭经》。

此外，毕摩还采用实践法教毕徒。毕摩到仪式主人家举行仪式时也带着毕徒到现场观摩学习，毕徒在毕摩指导下捏泥偶、扎草偶、绘版画等，跟着师傅念诵有关段落的经文，了解仪式程序。学到一定时候，师傅随机抽查弟子的学习情况，帮助其解决疑难问题，经过长时间的学习和实践，毕徒到17岁左右便能独立主持小型毕摩仪式，19岁左右便开始学习天文历法知识、各种占卜方法和毕摩文化中较深奥的知识，直到最后能独立主持各种大型毕摩原生文化仪式为止。

如果一个世袭毕摩家有几个儿子同时学习毕摩原生文化，其经书、法器的分配由父亲决定。一般情况下主要是传给幼子，特别是法帽、神签筒要传给幼子，其他的经书可以传给其他儿子。如果都传给幼子，则由父亲提供笔墨、纸张和家藏原版经书文献，让其他儿子自行传抄成副本使用。非世袭毕摩的学徒则自备笔墨、纸张传抄经书，经书结尾要写上“传抄某某毕摩之经书”字样。至于毕摩法器，就请自己的毕师（师傅）择吉日制作。法器做好后不能立即使用，要先举行祛秽仪式和祭祀护法神灵仪式，然后放入家中经柜里存放，之后才能带到仪式现场使用。

---

① 以美姑著名毕摩迪日布的经书《敬献经》为基础，参考马边著名毕摩吉克良良收藏的经书《敬献经》和《中国彝文典籍译丛》（第四辑·敬献经）（四川出版集团、四川民族出版社，2012年12月）整理而成。

三、毕摩文化传承的特点

不论是世袭传承还是拜师传承，毕摩文化的传承都具有如下几个特点。

第一，传男不传女。自古以来，彝族女性没有学习、传承毕摩原生文化的权力与义务，再聪慧的女性也禁忌学习毕摩文化，这是不可逾越的底线。虽然古代许多有识之士想跨越这条底线，如毕摩宗师阿苏拉者，他将毕摩文化传授给自己的女儿莳色，学识渊博的莳色经常跟着父亲主持毕摩仪式，但也只能女扮男装。这说明传男不传女的毕摩传承制度是一条不可逾越的底线。

第二，毕摩文化的传承具有私塾性。自古以来，有无数毕摩传授毕摩文化，也有无数毕徒学习毕摩文化，由此培养出了一批又一批的毕摩神职人员，毕摩文化因此被不断传承、弘扬。毕摩文化传承时以家传的毕摩古籍文献为教材，以口口相传的口诵经文为背诵内容，以仪式现场为传承载体，没有统一的传授内容、方法、目标和任务，毕摩按毕徒的知识水平、领悟能力进行传授，如此个别传授、自由传授，直到毕徒学会为止。

第三，毕摩文化的传授场合具有流动性。不论是世袭传承还是拜师传承，都是先教授毕摩经文，然后在各种仪式场合和民俗活动中，毕徒向毕师学习制作各种仪式所需的祭物、祭品及其摆设，学习仪式程序和念诵经文的唱腔曲调。有的毕摩一生中有几十个甚至上百个徒弟，但毕摩文化传授场合不像汉文化传承场合一样具有固定性，可以在毕摩家中进行，也可以在弟子家里进行，更多的是在仪式现场边举行仪式边传授。毕摩在什么地方主持仪式，就将徒弟带到什么地方去学习，特别是大型的祭祖仪式现场，是毕徒学

毕摩教授学徒画神灵图像　美姑县文化馆/提供

习的天然场所，毕徒边按照要求跟毕摩主持仪式边学习，在实践中不断学习领悟。这种传授一直到毕徒可以独立主持各种大型仪式为止。因此，毕摩文化的传授场所具有流动性，传授方式具有理论与实践相结合的特点。

第四，只重视背诵经文，轻视理解其含义。毕摩文化历史悠久，内容丰富。然而，毕徒学习毕摩文化时以学习如何主持仪式为主要目的，即只重视识彝文、背诵经文、熟记仪式程序，而轻视理解、诠释毕摩经书典籍的历史背景、经文意思、布插神座的背景及意义等。所以，现在大部分毕摩只能背诵经文，而不能理解、诠释古老的毕摩经书，特别是“路上方”的经书经文，只有极少数年纪大、资历深的毕摩才能阐述清楚其含义。

第五节　毕摩文化的作用

文化是一个民族的根基和灵魂。历史和现实表明，一个抛弃或背叛了自己历史文化的民族，不仅不可能发展起来，而且很可能会上演民族灭亡的悲剧。一个族群之所以成为一个民族，是因为该族群在漫长的岁月中，为了生存与发展，在族群内逐渐形成了独特的语言、文字、习俗和宗教等传统文化。彝族先民为了生存与发展，在不断迁徙和定居生活中形成了独特的毕摩原生文化，创建了彝族语言、文字，形成了独特的风俗习惯，从而形成了彝族文化。毕摩原生文化是形

毕摩在仪式现场绘画神灵图像　美姑县文化馆/提供

作者在日本独协大学进行毕摩文化交流　川岛 / 摄

成彝族的根基和灵魂。

毕摩原生文化是彝族认同的核心，也是彝族认同的重要内容。毕摩原生文化是历史上影响古彝人分合的特定因素，古彝人因有共同的风俗习惯并信仰自己祖先创造的毕摩原生文化而形成同一个民族——彝族；反之，古彝人因信仰不同的原生文化而发生分离，成为以彝语支为主的其他族群；同时，其他族群也因信仰毕摩原生文化而融合为彝族。毕摩原生文化也是构建彝族族源认同的重要因素，不同来源的族群因信仰毕摩原生文化而认同彝族族源。

彝族是以部落血缘为开端，以毕摩文化为基础而逐渐形成的民族。彝族是一个重视血缘的民族，实行严格的父子连名制，共同的血缘是群体认同的一个重要因素，但是，彝族的形成最终由是否信仰毕摩原生文化决定，而不是单纯由血缘决定。虽有共同的血缘，但因信仰不同的原生宗教文化，最终会形成不同的民族；反之，无血缘关系的各部落或氏族，也会因信仰同一种文化，有共同的信仰和精神追求，使用共同的语言文字，有统一的风俗习惯，而最终形成同一个民族。因此，信仰共同的原生宗教文化是形成同一个民族的必要条件。彝族人都认为自己是魏勒邱普的子孙，即为“彝族六祖”的子孙，并信仰其创建的毕摩原生文化，具有共同的文化和心理，正如汉族人都认为自己是炎黄子孙一样，这是文化上的用语，而不是遗传上的意义。[①]

宗教是古代社会区分民族最重要的标志之一。在原始社会，宗教的起源早于民族的形成，彝族的原生宗教——毕摩原生文化也不例外，它早于彝族的形成。马克思主义经典著作认为，宗教与民族之间存在着关联，宗教会在每个民族那里依其各自遇到的生活条件而独特地发展起来，从而形成宗教与民族的密切联系。中国现代史上的著名思想家、教育家和社会活动家梁漱溟先生说：“非有较高文化不能形成一大民族；而此一大民族之统一，却每都有赖一个大宗教。”[②]也就是说，远古时期，信仰一种成熟的原生宗教的部落或族群能够形成一个与之相应的特定的民族。

一、毕摩文化是形成彝族的文化基础

（一）“尼”是毕摩原生文化的术语

彝族自称“尼”，且由来已久，与信仰彝族毕摩原生文化息息相关。

彝族自称“尼”（[illegible]），是“尼木”（[illegible]）、“尼苏”（[illegible]）的简称，“尼”是彝族最早统一的自称，意为祭祖送灵的人或族群。在“路上方”的各种仪式中，仪式名称前面都有“尼木”两字，如“尼木措毕”（[illegible]）、“尼木赤克”（[illegible]）、“尼木嘎波”（[illegible]）、“尼木魏匹”（[illegible]）、“尼木瓦朵”（[illegible]）等。“尼”是什么呢？它是指已故祖妣火化后留下的额骨片，彝语称为“那森”（[illegible]）。由于死者的前额骨片极难取出或

① 周非，《非议历史》，第25页，人民日报出版社，2009年6月。

② 梁漱溟，《梁漱溟全集》第三卷，第97-99页，山东人民出版社，2005年。

早已焚为灰烬，后来就用竹根代替。

由于传说彝族起源于竹，且祖妣故去后骨灰撒在竹林中，因此制作祖妣灵牌时，在选定吉日后到竹林中选择一根“祖竹”，经毕摩祛秽后，将竹连根拔起，用竹根制成一颗小指甲盖大小的灵芯，然后裹上洁白的羊毛，用白线拴好，制成灵牌，意为源于竹中的彝人。制作灵牌的一系列仪式过程称为“尼木”，简称为“尼”。

“尼木”这一古老的原生宗教仪式源于石尔俄特时代，并传承至今。仪式由许多毕摩大师主持，举行3～9天，届时将被祭的所有祖妣亡灵送往祖界，并将祖妣灵牌送到指定的宗族箐洞中藏放，才算完成该仪式。古彝人把完成“尼木”视为人生最高境界，本氏族的盛衰与“尼木”有关，有“尼木”才能繁衍，才能强盛。

举行“尼木”的古彝人自称为“尼苏”，简称为“尼”，意为“信仰毕摩原生文化仪式‘尼木’的人”。因此，彝族自称“尼”与毕摩文化息息相关。

（二）毕摩文化是形成古彝族的文化基础

原始社会，部落众多，原始宗教种类也繁多，几乎每个部落都有其独具特色的原始宗教。一个民族是由多个甚至几十个部落经过漫长的时间，在一起生产生活，形成共同的语言、心理、习俗及宗教后而形成的。一个民族的原生宗教一般是多个（种）原生部落宗教的综合统一体，往往与该民族同时形成或早于该民族的形成，即原生宗教文化可以形成一个与该原生宗教相匹配的民族，而不是一个民族创造一种原生宗教。彝族的原生宗教（即毕摩原生文化）也不例外，它是多个古彝人部落联盟形成的综合统一宗教，早于彝族的形成。毕摩原生文化形成后，不同氏族或部落的古彝人，由于信仰相同的原生宗教，在占卜、举行仪式、种植、游牧及狩猎等日常生活中经常聚在一起，最终形成共同的语言及文字，形成相同的人生观、世界观，特别是形成相同的民族心理和意识，具有相同的风俗习惯，最终形成彝族。彝族形成后，彝族先民不断传承和发扬毕摩原生文化，不断丰富其教义及其行为禁忌，以致许多宗教教义成为日常生活习惯，形成彝族特有的习俗。因此，毕摩原生宗教是古彝人形成彝族的文化基础。

（三）毕摩文化是古彝族合分的特定文化基础

远古时候，盛行原始宗教，每个部落都有自己的图腾崇拜及独特的原始宗教，

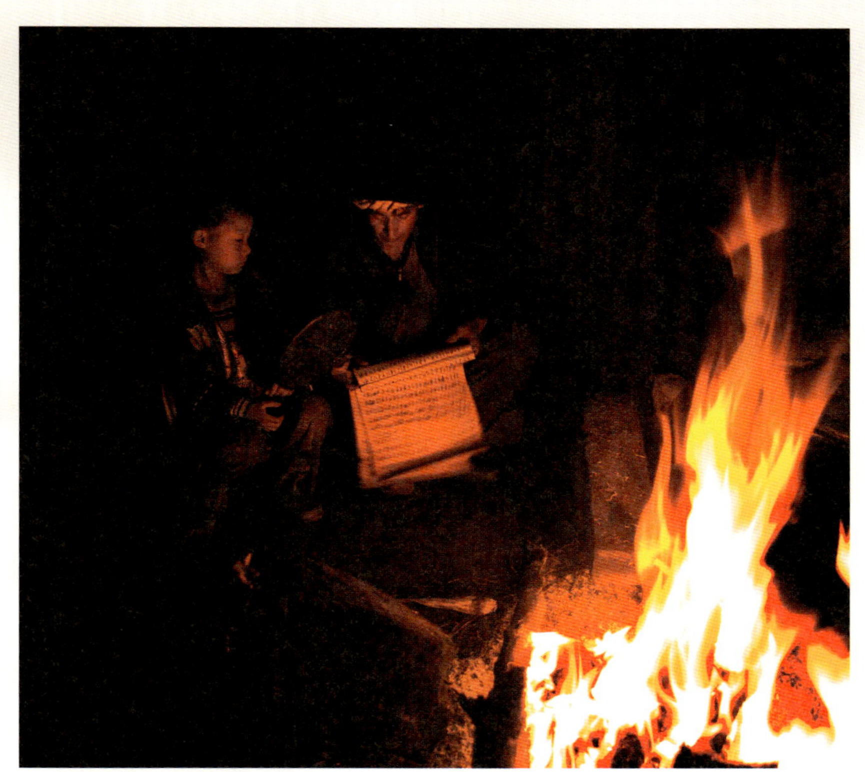

爷爷在火塘边传授孙子毕摩文化　阿牛史日 / 摄

古彝人也不例外。人们以狩猎、游牧为主要生活来源，辅以农业、渔业。由于当时生产力极为低下，人们认为天地等神灵决定一切，包括人类的生死祸福都由天定，人类依靠大自然，靠天吃饭。所以，古彝人全民信仰原始宗教，原始宗教是他们的精神支柱，进行狩猎、播种等日常生产活动都要占卜择日，捕获猎物后首先要祭山神，宗教仪式现场成为社交聚会、联络感情、沟通思想的主要场所，人们的各种生产生活都集中反映在宗教仪式之中。因此，这些生活在同一地域不同部落的古彝人，逐渐因信仰同一种原始宗教，在漫长的生产生活中，逐步创造或形成了共同的语言、相同的生活方式，在抵御各种自然灾害、敌人的过程中形成了部落联盟，逐步形成了共同的心理素质，即形成了共同的民族文化和习俗，从而形成了彝族。这种不同部落所信仰的原始宗教的教义和仪式程序融合、规范后就形成该部落联盟的原生宗教[①]，而信仰该种原生宗教的部落联盟便逐渐形成具有共同文化的民族。

民族宗教及风俗习惯一直是区别不同民族最重要的标识，民族习俗是伴随着民族的诞生应运而生的。然而，毕摩原生文化及其风俗习惯具有专一性与排他性，是古彝族分合的特定文化基础。

在当时以滇池为中心的古彝人诸部落中，存在多种原生宗教，如东巴教、本主教、尼扒教、魔巴教、毕摩教等原生宗教，这些不同的教派分别有各自不同的教义、不同的祭祀语言及文字、不同的心理、不同的禁忌。信仰不同原生宗教的古彝人们，因其民族文化和习俗不同而形成不同的心理素质，最终形成不同的民族。如信仰东巴教的古彝人形成纳西族，信仰本主教的古彝人形成白族，信仰白玛教的古彝人形成哈尼族，信仰魔巴教的古彝人形成拉祜族，信仰尼扒教的古彝人形成傈僳族，信仰毕摩教的古彝人形成彝族，等等。

约5000年前，魏勒邱普在云南昭通的兹兹普乌一带创建了毕摩原生宗教。信仰毕摩原生宗教的古彝人，以竹图腾为共同崇拜，并上升为祖先崇拜，成为具有共同心理素质的源于竹的“尼苏”，成为彝族人的先祖。后来由于部落人口的发展、内部利益发生冲突，“彝族六祖”分支，由原居住地逐步向云、贵、川、桂四省（自治区）迁移，开辟各自的新领地。

“彝族六祖”后裔中，有部分部落因信仰其他宗教文化逐步形成其他民族。据《彝族源流》载，“彝族六祖”后裔在迁徙和发展中，“武、乍开亲后，先是武家的武颖武吐为乍六嫡子之母，乍氏六支人，塑俑多如云”。《西南彝志》记载：武吐为乍六子之母，她力求发展，于是，该乍六子便迁“点措境内”（今大理市点苍山一带）与古彝族的另一支洛举同住，并“建宗庙如云，立塑像成群，置鼓钟”，其后裔成为汉族。《六祖乍寻源》中也有描述：“武野吐朵，乍嫡六子母。乍迁西方去，举起汉文化。建庙如积云，塑偶如红岩，乍变汉去了。（与）汉一样繁衍。”迁往滇西的这一个乍支系，因“祭祀仿外族”，由彝族变为外族。即这支古彝族因信仰别种宗教文化及其风俗习惯，成为其他民族。[②]

“彝族六祖”分支后，另一部分后裔在对其他部族、部落的征伐和融合过程中，不断发展

① 原生宗教：指土生土长的宗教，它是原始宗教发展到一定时期的历史文化产物。原始宗教是远古人类未开化时的社会宗教，是原始部落中自发产生的宗教，故又称“部族（落）宗教”，它是没有文字、典籍及规范仪式的宗教。而原生宗教是多个原始宗教融合后升华形成的社会宗教，是有文字、典籍及规范仪式的宗教。

② 易谋元，《彝族史要》，第322页，社会科学文献出版社，2007年。

作者（左二）在贵州毕节与彝学界专家合影　欧其依铁 / 摄

壮大，同时传承、弘扬、创新毕摩原生宗教教义，促使其他族群的人信仰毕摩原生宗教（毕摩教），成为“尼苏”，形成了今天分布在云、贵、川、桂四省（自治区）的彝族。

古恒、邛尼两大部落的不断发展壮大就是典型的例子。今四川凉山彝族支系复杂，姓氏繁多，但归纳起来主要有两支：古恒支系和邛尼支系。然而，所谓的“古恒”与“邛尼”是从彝族先民认同的民族文化来说的，而非从血缘关系而言。如果从血缘关系来说，四川凉山地区古恒与邛尼的直系后裔数量不多。古恒、邛尼是在云南昭通形成的“彝族六祖”恒部与糯部的直系后裔，后来才迁徙到四川凉山，成为主体居民。当时跟随其来的有俘虏和平民，这些跟随而来的俘虏和平民也形成古恒支系或邛尼支系。四川凉山部分原住居民与古恒、邛尼长期交流后也逐渐成为古恒或邛尼支系。因此，现四川大小凉山彝族除了少部分是古恒、邛尼的直系后裔外，大部分是后来才融入的。融入的依据是什么呢？就是信仰毕摩原生文化。那些远古的原住居民或俘虏，在与古恒、邛尼部落的长期相处中，逐渐信仰古恒、邛尼所信仰的毕摩原生文化，接受彝族的风俗习惯，经过数代后形成彝族。近代四川凉山彝族中，有些家支（或族群）虽然有其谱系，但是其谱系是“半路产生”的，这些“半路产生”的家支（或族群）不是古恒支系，也不是邛尼支系，而是土著民或俘虏者与彝族先民混居后，长期相处、互相通婚而形成的，他们信仰毕摩原生文化，从而形成彝族。

新中国成立前，四川凉山彝族还处于奴隶社会阶段，极少数奴隶主统治着绝大部分奴隶，这些被统治的奴隶被称为“呷系”，而这些奴隶大部分是从外地抢夺来卖给奴隶主的非彝族人。非彝族“呷系”初到凉山时不穿彝服，不会说彝

语，更不懂彝族风俗。在当地生活一定时期后，他们与彝族同等级的“呷系”结婚并繁衍后代，逐渐适应彝族风俗习惯，特别是慢慢开始信仰毕摩原生文化，从而成为彝族。有些能说会道的“呷系”甚至成为其主人家的管家，成为主人的代言者。按照传统，要成为名副其实的彝族人就要有谱系，但外族的谱系怎么梳理呢？就是将自己的名字接在其主人家支的支系后面[①]，与主人同姓；是彝族就要祭祖，外族又怎么祭祖呢？彝族祭祖时以一个宗族为单位，有专门藏放祖灵的地方，而非彝族的“呷系”是外来的族群，没有藏放祖灵的箐洞，但在征求其主人同意后，可将其祖灵跟着主人的祖灵一起藏放，但是藏放时不能挨着主人的灵牌放，而是放在主人家祖灵灵牌存放地点的下方，以示要差一定的等级。然而，无论如何，这些族群已有自己的谱系，已祭祖送灵，已信仰毕摩原生文化，并有藏放祖灵灵牌的地方，可以算是名副其实的彝族了。

综上所述，四川凉山彝族起源复杂，族源多元，最后因都信仰邱普所创建的毕摩原生文化而形成彝族。

因此，民族的原生宗教及其民俗文化是与这个民族相对应的，某种民俗文化总是对应特定的民族。彝族先民创建了毕摩原生文化，其大部分后裔信仰之，所以这部分人始终是彝族，而另一部分彝族后裔因不信仰毕摩原生文化或信仰其他民俗文化而逐渐脱离原本民族或形成其他民族；反过来，也有其他族群因信仰毕摩原生文化，在生产生活中认同彝族民俗而逐渐成为彝族。由此可见，这种分分合合促进了民族的交融与发展，但其核心是意识形态是否高度统一，因此可以说毕摩原生文化是古彝族合分的特定文化基础。

（四）毕摩文化是彝族族源认同的文化基础

信仰毕摩原生文化的彝族，认为魏勒邱普是毕摩原生文化的创始人，是毕摩的鼻祖，而且认同邱普是自己的始祖，认为自己是邱普的后代。《凉山罗彝考察报告》记载：“自曲布（邱普）兴，女性之世系以杀，男性之宗族以立。礼法之制定，集团之创设，祭典之实行，男婚女嫁礼俗，皆出于此时。罗彝之曲布（邱普），犹之汉族之生周公，其业功伟绩，回转时代之力或过之。故今日罗彝皆自称‘曲布之子孙’云。”[②]毕摩文献《颂毕祖·毕谱·魏勒邱普》也有记载：

魏勒邱普世，
祭祀按此法，
断案按此规，
我父邱普祖，
我母邱普裔。
我子邱普子，
我孙邱普孙。[③]

毕摩经书《颂毕祖·毕摩的起源》中叙述毕谱是从毕摩鼻祖邱普开始，同样，古恒、邛尼的远祖谱系也是从邱普开始叙述。因此，邱普不仅成为毕摩的鼻祖，而且成为彝族的始祖，他所创造的毕摩文化成为彝族族源认同的文化基础。

从古到今，毕摩原生文化始终安抚着彝族人的心灵，成为彝族人的精神支柱，牢牢地凝聚

① 彝族先民认为“半路产生”的家支接在某支系的谱系后面会影响该支系的后代繁衍，所以一般接在绝嗣支系的谱系后面。

② 马长寿，《凉山罗彝考察报告》（下），第161页，四川出版集团、巴蜀书社，2006年6月。

③ 摘自毕摩曲别伍叶收藏的经书《颂毕祖·毕摩的起源·邱普》，古彝文书写，作者整理、翻译。

着彝族人的心，把今散居于中国西南云、贵、川、桂四省（自治区）的彝族紧紧地联系在一起。也正是毕摩原生文化，使彝族与其他民族有所区别。

虽然，现在世界经济一体化，各民族交流频繁，不断打破地域的隔阂，经济生活融为一体，弱势的彝族传统文化不断被强势文化所同化。但毕摩原生文化作为彝族传统文化的核心，其文化内涵的独特性和海纳百川的包容性，仍可以使彝族及其文化维持自身的独立性。相信彝族会以毕摩原生文化为文化基础和中心，永远矗立在祖先世代居住的土地上，不断繁荣昌盛，并走向世界。

二、毕摩文化是彝族传统文化的核心

彝族作为我国西南地区的原住民族，以西南地区的地理、人文为依托，创造、创新了丰富多彩的民族文化，有着上万年的文明史，其中毕摩原生文化贯穿于彝族文化的始终，是彝族文化的浓缩与核心。从外表来看，毕摩文化被唯心主义思想笼罩着，并有着与之相应的各种毕摩原生文化仪式，具有神秘性，然而剥开其外壳，其文化内容又蕴藏着彝族的历史、哲学、民俗等各种知识，指导着彝族生产生活的方方面面，闪耀着迷人的光芒。

彝族毕摩文化是彝族先民在彝族社会历史发展进程中共同创造和发展起来的具有民族特色的文化，包括物质文化和精神文化。其中具有彝族特色的饮食、服饰、建筑、民族工艺品等属于物质文化，而彝族的语言、文字、艺术、哲学、宗教、风俗、节庆等属于精神文化。习惯上将毕摩原生文化分为特殊毕摩原生文化和一般毕摩原生文化，前者专指毕摩仪式文化，也称为狭义的毕摩文化，包括毕摩、毕摩经书及毕摩仪式程序；后者称为广义的毕摩文化，内容涵盖彝族日常生产生活、民俗节日等，包罗万象，不仅包含狭义的毕摩文化，而且泛指彝族传统文化的方方面面，即包括彝族传统的精神文化和物质文化。

（一）毕摩文化是彝族精神文化的支柱

每个民族都有其特点与标志，体现在民族的服饰、饮食、建筑和宗教、风俗等方面，彝族也不例外，它有其独特的精神文化，包括彝族的语言、文字、艺术、哲学、宗教、风俗、节庆等，从古到今，这些精神文化始终潜移默化地影响着每一位彝族人。

1.毕摩文化承载着彝族的语言文字

民族文化最基本的特征是文化交流，即语言、文字的交流。我国西南地区有50多个少数民族，但有自己独特的语言和文字的民族并不多，特别是有自己文字的民族更少。彝族不仅有自己的语言，而且有自己的文字。

毕摩原生文化是彝族语言文字的重要载体。在漫长的岁月中，毕摩们用自创的文字书写了浩如烟海的彝文经书文献。毕摩是远古时期古彝文的创造者和使用者，经过数千年的沧桑岁月，现在依然是古彝文的唯一传承者和弘扬者。若没有毕摩，古彝文可能早就消失在历史的长河中了。在经济全球化的今天，广大彝族同胞基本不再使用彝文，尤其是古彝文，而是使用国家通用文字——汉字，只有民间毕摩们还在继续使用古彝文，并世袭传承，让古彝文依旧闪耀着彝族古代文明的光辉。

毕摩们不仅用古彝文书写了卷帙浩繁的经书文献，同时，为了达到仪式目的，还总结、规范了无数口诵经文。在仪式现场，毕摩们要背诵这些经文，与神灵沟通。毕摩经文是统一的、规范的，一般是五言的诗文，有少量三言或七言，根据不同的仪式行为及仪式程序，所念诵的腔调也不同。毕摩经文基本以古彝文、古彝语为基础，含有少量近现代白话文，习惯上常根据经文的难

易程度将其分为“路下方”经文和“路上方”经文两种。毕摩经文是古代毕摩根据居住地的自然环境、天文地理和历史文化，结合自身的渊博知识和想象力而创作的，是彝族语言艺术的结晶，是对彝族传统文化的总结与浓缩。因此，可以说毕摩经书是彝族传统文化的“百科全书”。

2.毕摩文化概括了彝族哲学思想

在漫长的人类历史中，人类最初的疑问构成了哲学的萌芽。宇宙、生物、人类的起源是什么？人从什么地方来，到什么地方去？人和自然界的关系是什么？在古代社会，人类的认知水平有限，不能以科学的观点来回答以上问题，故而彝族先民用奇特的构思和想象，丰富了早期人类的精神世界，这就促使了神话和史诗的诞生。为了回答上述问题，古代著名毕摩经过几代甚至十几代的探索总结，撰写了《勒俄特依》《阿细的先基》《梅葛》《查姆》等不朽的史诗及毕摩经书文献。它们是伟大的史诗、美丽的神话传说，具有朴素唯物主义和自然辩证法的特点，具有丰富的哲学思想，是彝族先民智慧的结晶，其哲学思想主要包括宇宙发生论和人类起源论。

（1）宇宙发生论

纵观世界哲学，关于宇宙的形成有各种各样的神灵或上帝创世说。毕摩文化认为宇宙就是天地，认为水、气是万物之源，并对宇宙万物是如何产生的也进行了大胆的猜测，这方面的思想可概括为创世论和演化论两种基本的观点。

①创世论。彝族先民认为天地是由某种外在力量创造出来的。《勒俄特依》中记载，在天地形成之前，曾有过宇宙混沌时期，这时“上面没有天，下面没有地”，“中间无云过，四周未形成”，“天的四方黑沉沉，地的四角阴森森”。《查姆》认为，远古时候整个宇宙是“天地连成一片”，“分不出黑夜和白天”。而这“连成一片”的是“雾露”，“只有雾露一团团，只有雾露滚滚翻”，“雾露里有地，雾露里有天”。无论是《勒俄特依》里的“混沌宇宙”，或是《查姆》里的“雾露”，其作为天地存在的原始形态，都反映了彝族认为物质是天地始基的朴素唯物主义思想。关于天地是怎样形成的，《勒俄特依》和《阿细的先基》等都有“开天辟地”篇章，说明宇宙不是静止不动的，而是发展变化的，有一种外在的“动力”将天地开辟出来。

《勒俄特依》描述：“一日反面变，变化极反常，一日正面变，变化似正常。混沌演出水是一，浑水满盈盈是二，水色变金黄是三……”从中可以看出，彝族先民已意识到正、反两个方面的矛盾推动着天地的变化发展，与矛盾是事物发展的源泉和动力的唯物辩证法观点一致。《勒俄特依》以大胆的想象力，把外在的动力形象化、人格化，塑造了四位神人，他们用铁叉把天地撬开。这四位神人即后来东西南北四方分别诞生的儒热古达、署热尔达、史热府尼、阿俄署布。

《查姆》中把天地的形成说成是由于“雾露”本身的“运动”，“雾露变气育万物，万物生长天地间”，“万物在运动中生，万物在运动中演变”。《阿细的先基》称“阿巅神造天，阿治神造地”。不管是“水”“雾露”造天地，还是神人把天地撬开，都反映了彝族先民对于天地及万物形成、演变的简单猜测，他们隐约看到了事物内部存在着矛盾，已开始了自发的从量变到质变的过程。

②演化论。毕摩原生文化认为天地万物是通过宇宙本身存在的某种元素演化而来的。《西南彝志》《宇宙人文论》等记载，在天地未产生的时候，整个宇宙是一片无际空间，是黑洞洞的混沌景象，这时就有“气”，“气”是构成天地最根本的原始物质。后来，由于“气”的发展变化，清气上升而成天，浊气下降而成地。清浊

二气产生了被称为“哎哺”的影、形，清气变为“哎”，浊气变为“哺”，“哎”为阳、为乾、为父，“哺”为阴、为坤、为母。“哎哺”不断发展变化，形成天地万物。“哎哺”造天地反映了彝族先民朴素唯物主义辩证法的哲学观点。

（2）人类起源论

毕摩原生文化认为，人类由“雪”（水）经过漫长的过程演化而成。《勒俄特依》中说人是由“雪”演化而来的，雪族子孙十二种，人是其中的一种。又有说雪变成万物时，“猴为第五种，人为第六种”，人是由猿猴演变形成的，猴氏①的谱系为：“木武格子是一代，格子格扎是二代，格扎哈木是三代，哈木阿苏是四代，阿苏朴每是五代，朴每楂基是六代，楂基楂底是七代，楂底阿榴是八代，阿榴居日是九代。”还形象地描写了猿猴演变成人的过程：到了第九代时，阿榴居日啊，形状虽像人，叫声似猴音。树叶当衣穿，野果当饭吃，有眼不看路，有嘴不吃牛，有手不做工，如熊掰树梢，如猴爬树顶，能否成人类，不能成人类。古代毕摩大师追溯人类起源而专门撰写的《猿猴谱系》（《[illegible]》），是祭祖仪式上必诵的经文之一。毕摩原生文化关于人类起源于猿猴的说法与达尔文《物种起源》的观点不谋而合，比《物种起源》还早几千年，不过它只在中国西南偏僻的大小凉山地区流传着，不被外界所知。

3.毕摩文化贯穿彝族民俗文化始终

彝族先民们经过上千年的生产、生活积累而逐渐形成了独特的彝俗文化，这些文化主要有饮食文化、婚嫁文化、丧葬文化等。彝俗文化是彝族人的精神支柱，也是凝聚彝族思想意识的黏合剂。彝俗文化与毕摩文化相辅相成，相互依托，相得益彰。彝俗文化以毕摩文化为中心，毕摩文化贯穿于彝俗文化始终。如：婚嫁时要先请毕摩测算婚嫁吉日，结婚仪式由毕摩主持；结婚后三天内，男方请毕摩举行触手纳员仪式；婚后七天内，女方娘家请毕摩举行赎魂或唤魂仪式，以防娘家成员的灵魂随新娘到新郎家而不回；新娘进新郎家后，要请毕摩举行拽回生育魂仪式；孩子出生后要请毕摩举行祈福驱邪仪式，并按阴阳五行、生辰八字给孩子取名；等等。

丧葬时，毕摩文化更为突出，在四川大小凉山地区，彝族丧葬仪式都由毕摩主持。彝族人去世后，除了由毕摩主持举行丧礼外，还要由毕摩测算出殡吉日，主持葬礼。出殡当日，下午焚烧完遗体后，毕摩要在半路上给焚尸者举行祛秽仪式，晚上要在丧家举行驱逐索命邪魔仪式，等等。因此，毕摩文化贯穿了彝族人的一生。

4.毕摩文化是维系彝族社会稳定与和谐的基石

举行毕摩原生文化仪式时通常以户为单位。举行仪式时一般都要求家庭所有成员到场，即使个别成员有特殊情况不能参加，也要用缺席成员的一件衣物来代替，这对家庭团结、稳定与和睦起着积极的作用。同时，由于人们有着共同的毕摩原生文化情感和体验，拉近了彼此间的关系，进一步增强了对本民族的归属感、认同感，进而增强了民族的凝聚力，促进了民族的团结与和谐。

以“万物有灵观”为基础的自然崇拜和图腾崇拜，蕴含着人与自然和谐共处的思想，对促进人与自然的和谐发展起着积极的引导作用。毕摩文化以超自然能力的神灵力量为监督，告诫人们偷盗、拐骗、杀人、放火、嫉妒、浪费、犯禁、失信、不祭祖等无道无义行为会使个人受到责罚，甚至会累及家庭成员和子孙后代。这些因果报应的观念深入人心，对调整彝族社会人际关系、规范群体行为、促进彝族社会的有序与和谐发展起着不可替代的作用。

---

① 猴氏：实际上是母系氏族社会时期女性部落首领的名字（谱系）。

5.毕摩文化是彝族民众的精神支柱

彝族先民们相信冥冥之中存在着安排人类命运的“史木额哈”世界及神灵，这些“上界”的神灵决定着人类的命运。按照毕摩文化理念，人们只要不违背自然规律、伦理道德，“上界”是会降福的；反之，就会受到贫病与灾难等惩罚。然而，人类为了生计，在日常生活、生产中，行为时有违背自然规律，可能会被“上界”的神灵窥见并惩罚。彝族先民认为，想要解除惩罚，唯一的途径是举行毕摩原生文化仪式，毕摩的经语是“天界”神灵赐予毕摩的咒语，是灵验的特殊语言，能解除“上界”对人类的惩罚，具有神秘的魔力。因此，四川凉山彝族家家户户每年都要举行季节性的毕摩原生文化仪式，如春季的“晓补”返咒仪式、夏季的“季就”驱逐仪式、冬季的赎魂仪式等。毕摩原生文化不仅指导着彝族的生产生活，而且是彝族各种民风民俗的核心，同时也是彝族民众主要的精神依托。

毕摩文化以其理论、仪式活动来疏导人们的心理，减缓人们的生活压力，满足个体的心理需求，从而满足人们的精神需求。

6.毕摩文化是防范邪教传入的天然堡垒

从古至今，以伊斯兰教、佛教、基督教等宗教难以在四川大小凉山地区扎根，究其原因，是因为彝族有以毕摩文化为中心的彝族传统文化，其形式多样、内涵丰富，完全能满足彝族人民的精神文化需求。

毕摩文化以万物有灵、祖先崇拜为理念，即毕摩文化只崇拜自己的祖先，包括远古祖先和近代祖先，绝不崇拜他族祖先；毕摩文化只崇拜自己已故祖先的亡灵，禁崇拜活人。毕摩文化及其信仰专一而忠诚，凡是信仰毕摩文化的人禁忌信仰其他任何教派。这正是从古到今其他教派在大小凉山地区难以立足的原因。因此，毕摩文化存在的地方其他教派难以立足，邪教更是难以插足。

邪教是指冒用宗教、气功或者用其他名义建立的，神化首要分子，以传播宗教教义、拯救人类为幌子，蛊惑、蒙骗他人的组织，具有反人类、反社会、反科学、反道德的性质，是人类社会健康发展的天敌。

综上所述，彝族群众充分利用彝族优秀的传统文化，汲取毕摩原生文化的积极价值，自觉抵御其他宗教尤其是邪教传播，构建起了一道有效防范邪教传入大小凉山地区的思想堡垒。

7.毕摩文化是彝族思想道德教化的理论基础

从本质上来说，教化是道德真正的存在方式。如果道德理论不能影响人的心理态度、情感归依、意志品质和行为倾向，它就没有存在的价值。道德教化是在善的伦理价值层面上，把人从本性状态提升到人性状态的工作。人的本性是与生俱来的，而人性则是后天学习的结果，是人类成长到一定阶段后形成的行为特质，是人在成长过程中受所处环境和所吸收的知识影响逐渐形成的。人不是天生就能成为人应该成为的样子，所以，人需要教化。

毕摩原生文化包含了彝族的思想道德教化理论，它以人与天界、人与自然、人与社会和谐相处为普遍的道德要求，提倡真、善、美，反对假、恶、丑，表明为人处世的态度和原则。彝族思想道德教化理论的主要内容表现在以下几个方面。

（1）一切事物都处在矛盾对立中，矛盾在一定的条件下可以相互转化。毕摩原生文化认为，世上的人与人之间、统治者与被统治者之间、民族与民族间，乃至天地、日月星辰间无不存在各种矛盾，但在一定条件下矛盾又是可以相互转化的。“莫轻视穷的，莫重视富的，穷的可以变富，富的可以变穷；莫轻视人丁衰的，莫重视人丁旺的，衰的可以变旺，旺的可以变衰。贫穷与富裕，在一只母猪生存间，人丁衰与旺，在

一位妇女生育期间。”也就是说家境的贫穷与富裕、人丁的兴旺与否在一定的条件下是可以转化的，不是绝对不变的。

（2）提倡人人平等，反对歧视。毕摩经文中说：“莫重视杜鹃，莫轻视鷦鷯，杜鹃是鸟，鷦鷯也是鸟。莫重视君臣，莫轻视奴隶，君臣是人，奴隶也是人。”毕摩原生文化源于千年前的奴隶社会，在奴隶社会，奴隶主阶级不把奴隶当作人对待，在他们眼里奴隶不过是一种会说话的工具而已。而毕摩文化则为奴隶大呼不平，发出了“奴隶也是人”的呐喊，喊出了广大奴隶争取自由、平等的理想和心声。

（3）提倡勤劳，反对懒惰。《玛牧特依》载：“人类勤俭好，勤俭会致富；牲畜喂盐好，盐会长成膘；土地施肥好，肥会丰收粮。”“一人要富裕，手握长锄头，田地周围转；一人要贫穷，游手好闲玩，房前屋后转。”“一家要贫穷，三个烟斗聚；一家要富裕，三把锄头聚。”“耕牧者莫贪睡，白天如贪睡，不成耕牧人，羊群乱散去，豺狼之美餐。”告诫人们勤劳耕耘才是发家致富的唯一道路，幸福是辛勤劳动的结果，贫穷是好吃懒惰所致，而非天命所定。激励人们发奋图强，积极向上，通过劳动换取生产生活物资，提高生活水平。

（4）提倡学习，崇拜知识。在古代，四川凉山地区没有设立专门的学校，但是人们懂得知识来源于学习和社会实践。彝文经书道：“君王初执政，求教于毕摩与贤臣；贤臣初判案，求教于老案例；毕摩新学毕，求教于经书；工匠新学艺，求教于老工匠；百姓初学耕牧，求教于老牧人。”“有无不学的君王？没有不学的君王，若有不学的君王，执政不牢固；有无不学的贤臣？没有不学的贤臣，若有不学的贤臣，案件重新判；有无不学的毕摩？没有不学的毕摩，若有不学的毕摩，签筒撞神铃，经书卡着毕；有无不学的工匠？没有不学的工匠，若有不学的工匠，钢铁炼不出，工艺难住匠；有无不学的农牧？没有不学的农牧，若有不学的农牧，牛羊齐遭殃。”毕摩文化有力地驳斥了统治阶级“猎犬不训自狩猎，君王不教自聪明”的谬论，反对唯心主义“生而知之”的先验论，提倡唯物主义“学而知之”的实践论，从而教化民众懂得学习和实践的重要性。因此，彝族人尊重知识、崇拜知识，对知识渊博的人备加尊崇，如将古代知识渊博的提毕乍姆、阿苏拉者等毕摩宗师尊为神人。

（5）尊老爱幼，孝敬父母。彝文古籍道：“真正的子孙，要为父母好。父母养儿苦，幼时父母养，大后养父母，说话要和气，敬献软食物。”“所有之子孙，莫顶父母嘴，若顶父母嘴，行为在前面，后悔来不及。”“父下敬荣誉，母下献福气。”“老幼者同行，老者应骑马，幼者应走路，老者应坐上，幼者应坐下。”古往今来，彝族人严格遵守着这些行为准则和道德规范，尊老爱幼，抚养晚辈，赡养长辈。

（6）提倡文明，以礼待人。彝族是一个崇尚文明礼貌、有着属于自己的世代相传的一套礼仪习俗的民族，推崇在日常生活和为人处事中要心灵美、语言美、行为美，同时还教育人们要互谦互让、宽厚待人、严于律己，只有这样的人才能受到人们的敬重，而那些粗俗莽撞、不晓礼仪的人则会为世人所不齿。彝文文献载：“文明礼貌者，处处受尊重。莽汉到亲家，亲家变冤家，贤儿到冤家，冤家变亲家；贤女到路旁，良言传路旁，莽女到路旁，吐痰在路旁。”“君子说好话，文明又礼貌；小人说坏话，不知自己丑。”窥斑见豹，我们可以从中看出彝族先民对真、善、美与假、恶、丑的态度和爱憎观。

（7）提倡谦虚谨慎，反对骄傲自大。彝文文献载：“小河嘈声大，江河无嘈声，小人自骄傲，好汉慎谦虚。”“见友莫夸口，见敌莫拱

手。”“君子莫骄傲，妇女莫酗酒。”这些劝语与“满壶不响，半壶叮当”异曲同工，都是告诫那些满足于一知半解、骄傲自大的无知之辈，不要满足于现状而不求上进，告诉他们“学海无涯苦作舟”“一篙松劲退千寻”的深刻哲理。要求进步，就要踏踏实实、谦虚谨慎、不断学习，在生产生活中不断总结经验，提升自我。

（8）提倡团结，反对孤立。彝文经书道：“一户团结了，耕牧一致，放牧成功，耕种也成功。”“富人不求人，羊被抢就求人；穷人不求人，儿死就求人。”经书含蓄地指出在日常生活中，无论富人还是穷人都不能孤立地存在于世，人与人之间总是处在互相依赖、互相帮助、互相需求的关系中，说明人与人之间团结、和谐的社会关系是一切事业成功的基础。

（9）重情谊，莫贪财。彝语道：“贪财不成财，贪食不成食，钱财只一时，友谊是一生。”“莫轻视邻居，莫重视肉食；贪食伤食伴，拒客伤邻居。”“是男莫想偷，是女莫想拐，莫去偷与抢；去偷与抢，男儿失荣誉，女子背恶名。”“偷衣不热身，偷食不饱肚。”彝族人特别憎恨偷窃抢夺的贪财者，这在毕摩原生文化仪式中表现得淋漓尽致。在牺牲牲畜的仪式过程中，毕摩左手抓住牺牲的鸡、右手拿着击打鸡头的刀，同时口中念诵道：“击毙作祟于仪式主人的邪魔，击毙诱惑仪式主人灵魂的妖怪，击毙偷窃钱财者的头，击毙抢夺财物者的头……”过后将鸡击毙。

（10）多交友，莫树敌。彝语道：“朋友多为好，敌人少为好，百友不算多，独敌不算少。”“树上一天敌，招致十天敌；树上十天敌，招致一生敌。”告诫人们为人处世的准则。语言精练、富有哲理、意义深远，有着极高的思想价值。

毕摩原生文化宣扬“无道无义的行为必定受到神灵惩罚”的思想，彝语道：“人们友善生存，灾祸不会找他；母鸡循规蹈矩，老鹰不会抓它。”“不能偷盗别人的财物，不要嫉妒别人，不要贪婪。”“要祭祀祖先，要娶妻嫁女，要尊老爱幼。”它将世俗的道德观进一步神话化和经文化，使其更具号召性和感染力，深深地影响着彝族民众的道德品质和行为准则，从而对彝族社会发挥了普遍的道德教化作用，彰显了古彝人为人处世的原则和高风亮节的品德。

（二）毕摩文化指导着彝族物质文化生活

毕摩文化包含彝族的哲学、法律、诗歌、美术、音乐、舞蹈、伦理道德、礼仪等，其思想意识还渗透着彝族精神文化，同时包含并指导着与生产生活息息相关的农耕文化、服饰文化、饮食文化、建筑文化等，对彝族民众的生产生活起着不可或缺的重要指导作用。

1.毕摩文化指导着彝族日常生产生活

毕摩原生文化指导着彝族生产生活的方方面面，大到婚丧礼仪，小到测算出门远行吉日等。彝族先民认为，出门远行要选择吉日，否则不仅办事不成，而且可能会遇到灾祸；到耕种季节，要先请毕摩测算吉日，并在毕摩测出的吉日开始播种。虽然有部分普通百姓自己也会测算吉日，但是为了风调雨顺，习惯上都要请当地有名的毕摩测算耕种吉日。

修建房屋时，从平地基到盖房、入住新房，都要请当地毕摩主持仪式，特别是房屋的位置和房屋门的朝向必须由毕摩按照房屋男主人的生辰八字进行测算，房屋主人入住新房后数日内要请毕摩为新房举行祛秽仪式。

毕摩原生文化也包括彝族的传统美食。日常生活中制作何种形式的美食佳肴都可以，但是举行毕摩原生文化仪式时必须制作彝族特色的坨坨肉、荞麦粑或玉米粑，这是千百年来的彝族传统，也是必须遵从的习俗。彝族先民认为举行毕

身着彝族服装的毕摩们　美姑县文化馆 / 提供

摩原生文化仪式是祭祀行为，也是宴请毕摩护法神“阿萨”的行为。而“阿萨”是几代前甚至是更早以前的古代毕摩的神灵，他们不会食用现代的美味佳肴，所以必须制作古代的美食佳肴，即牺牲的牲畜肉不能做成炒肉或蒸肉，而要制作成拳头大小的坨坨肉，还要用玉米面或荞麦面制作圆形的粑粑，而不能用大米代替。上菜时也有规矩，粑粑与肉同装，不能分开，汤则要单独盛装，一般是用簸箕来装肉和粑粑（先将粑粑放在簸箕的周围，后将肉放在中间）；仪式过程中，先将肉、粑粑分给毕摩，再用盆盛汤给毕摩，主祭毕摩先品尝，而后仪式主人、辅祭毕摩和助手们才能进食。因此，举行毕摩仪式也是彝族传统饮食文化的展示，是传承彝族传统美食文化的重要途经。

2.毕摩文化指导着彝族传统服饰文化

服装既是蔽体御寒的生活必需品，更是一种文化符号，蕴含着一个民族特有的审美观、伦理观和宗教观。

彝族服饰种类繁多，色彩纷呈，是彝族传统文化和审美意识的具体体现，其形成与发展受彝族所处的自然环境及人们的审美心理、习俗文化的影响。它既有历史传承性，又随社会发展而不断演进变化。

首先，彝族服饰具有强烈的毕摩文化意识。在漫长的历史发展过程中，生活在西南边陲的彝族人创造和形成了独特的彝族服饰文化。四川凉山彝族服饰纹样别致、精巧，饰样繁多，工艺复杂、精美，特别是做花服饰。年轻人的服饰，纹样丰富、色泽艳丽、和谐别致，装饰的部位有衣领、袖口、袖臂、项背、

下摆、裤筒、裤脚、头帕、帽子、荷包等；纹样多为羊角、牛眼、火镰、鸡冠、环纹、波浪、人字纹、齿纹、太阳、月亮、格纹等，往往在装饰部位以二方连续或四方连续的形式出现。这些服饰的饰样、饰纹体现着彝族先民强烈的自然崇拜和图腾崇拜意识，如在婴儿鸡冠帽上锈牛眼、虎头等，以示避邪。

其次，毕摩原生文化仪式现场是彝族服饰的展示场所。毕摩原生文化仪式庄严、隆重，仪式现场是毕摩们尽情地展现自己才能的场所，也是毕摩文化传承的主要场所，更是彝族传统文化淋漓尽致地展现、传承的场所。在举行大、中型毕摩原生文化仪式时，毕摩与仪式主祭方成员都必须穿戴彝族服饰，特别是在祭祖送灵仪式中，主祭方成员必须穿戴彝族传统服饰，前来参加仪式的姻亲们也必须穿戴彝族传统服饰，否则被认为是不严肃的，不严肃的仪式将不会灵验。

彝族传统服饰的特点是“披毡、着贯头衣，右衽、着拖尾裙，挽髻、裹青帕”，具有古代遗风。如祭祖送灵转祭棚仪式中，毕摩们不仅要背负神签筒，手持神扇和神铃，还要穿戴彝族传统的服饰，即：缠青色或黑色的头帕，扎一个彝语称为“柱体”的英雄结，英雄结高指蓝天，尽显英武之气；左耳挂三颗串成一串的密腊珠，小饰黑须，有条件的在胸前挂麝香包；上衣多绣月牙、窗格、火镰、牛眼等精美图案，无领；下装为大摆的大脚裤，一般用9.9～13.2米青布或蓝布制作；脚缠绑腿，腰挂匕首，外披“擦尔瓦”与毛毡，并在无须的“擦尔瓦”下边加一圈宽30厘米左右的黑布边装饰。同时，主祭方的每位成员也要穿戴传统的彝族服饰。妇女们的服饰在祭祖送灵的转祭棚仪式中极为凸显：年轻女子上衣以紧身、艳丽为美，要有胸饰、肩饰、袖饰，并佩戴红色珊瑚珠串和银制耳饰、领饰；下身着红、黄、绿相间的百褶裙，裙右上角挂一个三角形荷包，用于装针线或小饰品，荷包外面绣有精美的圆形、半圆形、牛眼形、火镰形、蕨形图案，并饰以五彩流苏；胸前佩戴饰纹精美的竹制口弦盒或针盒，内装铜制、竹制口弦或针；头戴由黑布叠成多层的长方形头帕，已婚育女子的头帕是荷叶状，同时不管结婚与否，成年的女性都要头戴镶嵌着花银的斗笠。中、老年女性的衣裙以素色为主，耳戴圆形玉耳佩，外套为青色的百褶毛毡。未成年女子的裙子为白色镶黑边的百褶裙，辫子为单辫，耳饰多为海贝。仪式中，大家围绕着祭棚旋转跳舞，每走一段路程，妇女们左手持青色的毛毡伸出，同时左脚向前跨一步，整齐地稍弯腰后立即起身，如此反复，犹如是一场精彩的服装表演。

综上所述，毕摩原生文化包罗万象，包含着彝族的物质文化和精神文化，它彰显着彝族古代文明，蕴含着人类精神文化中许多原生态的古老信息，是彝族独特的精神意志、思维方式的具体表现，是人类文明的珍贵遗产，是一部彝族历史的“活化石”，至今仍指导着彝族人民生活的方方面面，是彝族民俗文化的支柱，凝聚着彝族的向心力，更是彝族传统文化的核心。

第三章 历史名毕

LISHI MINGBI

彝族进入父系氏族社会后，随着社会的进步和生产力的发展，民族文化进一步发展，毕摩宗教教义及其祭祀仪式也随之从简单到复杂，从萌芽到成熟。毕摩经书内容进一步丰富，塑造偶像，发明创造毕摩法器，毕摩原生文化仪式进一步规范，在其发展过程中涌现出很多著名毕摩，如魏勒邱普、昊毕实楚、提毕乍姆、阿度罗普、阿苏拉者、阿格说祖、阿克俄窝等。这些毕摩大师们根据当时的社会环境，在前人创造的毕摩教义的基础上不断总结、提炼、创新，丰富毕摩原生文化内容，进一步满足了当时民众的精神文化需求，使毕摩原生文化经过沧桑巨变后，依然鲜活如初，并不断发扬光大。魏勒邱普在万物有灵、自然崇拜、图腾崇拜的毕摩原生文化的基础上，按照祖先崇拜创建祭祖仪式，编撰祭祀经文，发明毕摩法器，规范作毕程序，招收毕摩学徒，使毕摩文化得以世袭传承，魏勒邱普因此成为彝族毕摩的鼻祖。后来，毕摩宗师阿苏拉者遍游云、贵、川各地，整理规范了大量毕摩典籍，编纂和增补了相当数量的赎魂类、诅咒禳解类经书，并规范了四川大小凉山地区的古彝文，新增了“路下方”祭祀仪式，对毕摩文化的改革和传承做出了不朽的贡献，特别是在规范、统一四川凉山古彝文方面功不可没。

第一节　魏勒邱普

据《颂毕祖·魏勒邱普》记载，魏勒邱普出生在妥鲁博（今堂琅山），生活在今云南昭通一带[①]。根据彝文典籍《勒俄特衣》《颂毕祖·毕摩谱系》记载，魏勒邱普是彝族先民部落的首领，是石尔俄特的孙子。《勒俄特衣》载：“石尔俄特一，俄特魏勒二，魏勒邱普三，邱普生三子，邱普居斯绝，邱普居尔绝，只有邱普居木有后代。”当时，邱普不仅是部落首领，而且是著名的毕摩大师。

一、创建祭祖仪式，规范祭祀程序

随着社会的发展，人类在与大自然的斗争中，不断认识和利用大自然，人的影响力日益显现，掌握自身命运的愿望日渐强烈。从集体岩居到以家庭为单位修建房屋居住，从不断迁徙的游牧生活到定居生活，形成了一定的农牧业，开始了对动物的驯养和对作物的种植；人们开始对已故祖妣产生无限眷恋，希望祖妣亡灵能在“天界”安息，像生前一样庇佑本氏族的成员。由此，古代原始宗教从自然崇拜、图腾崇拜上升为祖先崇拜。在祖先崇拜的强烈要求下，彝族先民在母女连名制的基础上，新增了父子连名制，记载并记住了自己祖先的名字，彝族谱系从此开端，并传承至今。同时，为了让祖灵安息，让在远离故乡的迁徙过程中故去的祖妣亡灵回到祖先居住的地方，与祖先亡灵团聚，享受天伦之乐，并像生前一样护佑子孙，因此创建并举行祭祖送灵仪式。通过祭祖送灵让祖妣亡灵顺利回到慕弥普沽[②]与祖先团聚，否则，祖妣亡灵会在世间游

① 《彝族克智·洪水泛滥》，第497页，四川出版集团、四川民族出版社，2006年7月。

② 慕弥普沽：又称“额木普沽”。“慕弥”是远古时期彝族先民的一个部落，居住在今云南省滇池一带。“普沽”，意为地中央，古彝人认为自己居住的地方是整个地（球）的中央。“慕弥普沽”即为彝族发祥地堂琅山及滇池一带的中央，即祖界。

荡，祸害子孙。

灵魂观是毕摩原生文化中祖先崇拜的具体体现。毕摩文化认为祖妣去世时其灵魂先脱离躯体而去，但是其亡灵不会自己前往祖界与祖先团聚，而是飘荡在人间，成为孤魂游灵，影响其在世子孙，甚至可能给子孙带来灾祸。因此，在祖先崇拜的历史背景下，以魏勒邱普为代表的毕摩宗师们创建、规范了祭祖仪式，满足了古彝人的心理需求，让祭祖成为古彝人的精神支柱 。

相传，在邱普之前，许多部落首领及毕摩都举行过超度祖灵仪式。但这些仪式各毕各规，没有内容丰富的教义；仪式简单而零散，内容残缺不全；无专门的经书，程序不统一、不规范。仪式中，“不用木钩钩死神，不用木杈叉病魔，不用木矛戳妖魔，不会念咒折鬼经，不会折叠（断）鬼扦枝。作毕不会吹奏白银笛，不会吹奏金口弦”。到魏勒邱普时，他在前人宗教理念的基础上，本着去糟粕、取精华的原则进行改革创新，撰写毕摩经书典籍，规范祭祖仪式。彝文经书记载如下：

[illegible]，	毕摩起源是，
[illegible]。	史姿史得创。
[illegible]，	祭祖仪式是，
[illegible]。	兹林史色创。
[illegible]，	上界超度是，
[illegible]。	昊毕实楚创。
[illegible]，	下界超度是，
[illegible]。	提毕乍姆创。
[illegible]，	超度送灵是，
[illegible]。	邱普阿罗[①]创。
[illegible]，	赎魂招魂是，
[illegible]。	阿苏拉者创。
[illegible]，	诅敌咒敌是，
[illegible]。	阿格说祖创。[②]

从以上经文可知，魏勒邱普是首次规范祭祖仪式的毕摩。

魏勒邱普改革祭祖送灵仪式后，仪式前要先进行占卜，占卜时选用净草垫神座，伐取樱柏做神枝，杀牲先用血祭祀神灵，剖牲先用烧肉祭祀神灵与神座，煮肉先用香茶祭祀护法神；驱魔咒鬼时，运用木钩钩死神，使用木杈叉病魔，运用木矛戮妖邪，口中念咒折鬼经，手持魔签折魔椎；举行仪式时，吹奏白银笛，吹奏金口弦；砍伐杉树做神树，使用金银神枝插神座。祭祖仪式内容丰富，程式基本规范。现简绘超度祈嗣神座图，即祭祖“哲古”（[illegible]）图如下。

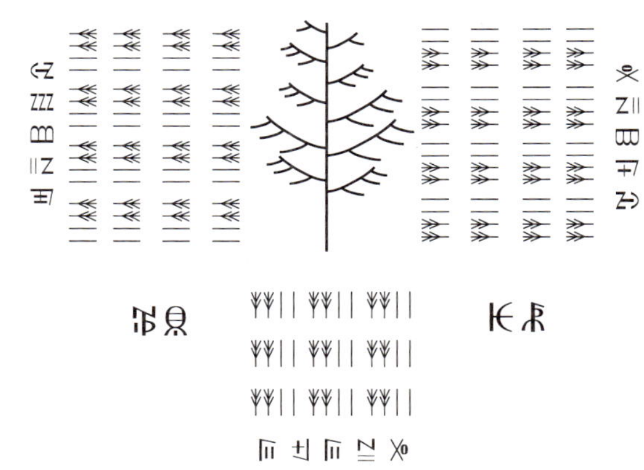
超度祈嗣神座图　安静 / 绘

经魏勒邱普改革后的祭祖仪式，符合当时人们的精神需求，能安抚人们的心灵，适应社会发展的需求，被广大彝族先民接受和拥护，并沿用至今。彝谚道：“父欠子债当推娶妻成家，子欠

① 邱普阿罗：指魏勒邱普。

② 《彝族克智·发明创造》，第716页，四川出版集团、四川民族出版社，2006年7月。

父债要数祭祖送灵”，此谚语已流传了数千年，也践行了数千年。

现每年冬春季节，各村寨都会举行大型祭祖送灵仪式，这正是毕摩原生文化万物有灵观和祖先崇拜的具体体现。

二、规定毕摩戒律，崇尚黑色

魏勒邱普在创建祭祖送灵仪式、规范祭祀程序的基础上，规定宗教戒律，制定有关规章，崇尚黑色（物），维护黑色（物），忌讳宰杀黑色牲畜，祭祀时禁止使用黑色牺牲。毕摩经书《颂毕祖·魏勒邱普》载，魏勒邱普规定毕摩戒律、崇尚黑色的叙述如下：

彝文	汉译
[illegible]，	传去又传来，
[illegible]，	传到魏勒邱普毕，
[illegible]，	邱普毕二十，
[illegible]，	武阿法神灵，
[illegible]。	乍阿仪式验。
[illegible]，	布阿管南方，
[illegible]。	默阿辖四方。
[illegible]，	恒阿拓地域，
[illegible]。	糯阿制铠甲。
[illegible]，	邱普人类世，
[illegible]，	聪明智慧高，
[illegible]。	邱普深思索。
[illegible]，	邱普人类世，
[illegible]，	三年尊祖礼，
[illegible]，	不宰黑色牛，
[illegible]，	三月规毕礼，
[illegible]，	不剖黑牛尸，
[illegible]，	不垫黑牛皮，
[illegible]。	不食黑牛肉。
[illegible]，	九年为子孙，
[illegible]，	不喝黑牛汤，
[illegible]。	不饮黑牛血。
[illegible]，	邱普人类世，
[illegible]，	三月为毕礼，
[illegible]，	忌食秽鱼肉，
[illegible]，	不要错穿衣，
[illegible]，	忌穿实勺衣，
[illegible]，	不要滥食肉，
[illegible]，	不食凶兆母猪①肉，
[illegible]，	不食凶兆母鸡②肉，
[illegible]，	忌食污秽物，
[illegible]。	忌喝污秽汤。③

从以上文献可知，魏勒邱普在创建祭祖仪式的同时，规范了毕摩戒律，崇拜黑色。崇拜黑色，是彝族尚黑的开端。毕摩原生宗教尚黑观与西南地区特有的自然环境和生产方式息息相关。

彝族崇拜黑色，以“黑”自称，根据地域自称为“尼”“诺苏”“纳苏”“聂苏”“罗罗”等。在彝语中，“诺”“纳”“聂”等都是“黑”的意思，“苏”是群体、人们和家族的意思。“诺苏”意为“黑人”，即“崇拜黑色的民族”，简称为“黑族”。“黑”在彝族人的观念中还有“主体、高贵、深、广、高、大、强、多”等意思，故“诺苏”又有“主体的民族”之意。

彝族崇尚黑色的观念，融入了居住的环境及彝族文化中。历史上彝族居住地的地名、水名等多冠以“黑”字。发源于四川大小凉山地区或经过四川大小凉山地区的水谓之“黑

① 凶兆母猪：彝语称为“瓦莫树费”，是指一胎只产一头仔猪，或者虽产多仔，但仔猪全是母猪，或是母猪吃自己产的仔猪，或是所产的仔猪无故地消失，发生以上情况之一的母猪便为“凶兆母猪”。

② 凶兆母鸡：彝语称为“王嘛树费”，是指啄食自己产的蛋的母鸡，或雏鸡缠死在自己的毛上的母鸡。

③ 摘自毕摩经书《颂毕祖·毕摩的起源·邱普》，古彝文书写，作者珍藏。

水”，意为水深、黑、蓝，如金沙江、大渡河、雅砻江、乌江、澜沧江等都称为“诺夜”。又因崇拜水，所以“诺苏”居住的地方往往称为“夜诺”区。“夜诺”意为水黑，有“彝族居住的黑水区”之意。四川凉山州的美姑县、雷波县及乐山市的金口河区、马边县、峨边县等彝族居住的区域都称为“夜诺”，意为金沙江流域居住黑族人的区域。

彝族发源于云南滇池周围，“云南”源于大理祥云县的古云南驿，这一地名是由彝语“益那勾纪”的“益那”发展而来的。“益那”与“夜诺”谐音，故今彝族人称云南为“夜诺”（[illegible]）①，称云南省为称“夜诺省”（[illegible]）②。

综上所述，魏勒邱普创建、规范了祭祖仪式，崇尚黑色，崇拜水，从而使彝族从生产生活到居住地的命名，都与“黑”“水”结下了不解之缘。从古至今，“夜诺”地区的彝族不过火把节，可能是因为尚黑、崇水的缘故。③

三、撰写毕摩经书，发明毕摩法器

（一）撰写毕摩经书

魏勒邱普之前，尼能、实勺、格峨、慕弥等原始部落首领在其管辖区域内统治其民，同时也是该区域内的宗教领袖，都相继做过毕摩，但因宗教仪式规则、程序、内容等残缺不齐，无必备的经书和法器，始终达不到预期的仪式效果。到魏勒邱普时，他在先祖创建的毕摩原生文化的基础上，规范宗教仪式，根据仪式内容撰写毕摩经书。毕摩典籍载：“魏勒邱普世，使用

① 且萨乌牛，《彝族古代文明史》，第223页，民族出版社，2002年9月。

② 孙自强，《汉彝词典》，1165页，四川民族出版社，1989年4月。

③ 朱文旭，《彝族火把节》，第88页，四川民族出版社，1999年7月。

毕摩手持神扇呼唤神灵　美姑县文化馆/提供

经书纸④，纸上藏学识，使用笔墨水，墨水显知识。”说明魏勒邱普不仅是经书纸张（片）的创始人，还规范了毕摩仪式程序，撰写了经文经书。《祭祖溯源》《献祭经》《更换灵床》《祈求嗣子》等经书就出自于邱普时期。

（二）发明毕摩法器

毕摩法器是毕摩主持仪式时不可缺少的，具有特殊的功能，可充当人与神、人与鬼之间沟通的媒介，不仅可以提升毕摩的形象，而且能发挥毕摩的神威及法力，具有神秘的力量。

据《颂毕祖·魏勒邱普》载，魏勒邱普发明创造毕摩法器的经过如下：

[illegible]，	邱普智慧高，
[illegible]，	心灵手也巧，
[illegible]，	路过柏林间，
[illegible]，	背负杉签筒，
[illegible]。	背筒精力旺。
[illegible]，	路过铜矿山，
[illegible]；	制作铜铃持；
[illegible]，	路过青冈林，
[illegible]，	制作法帽戴，
[illegible]；	脸上笑眯眯；

④ 纸：指古代用来书写的竹筒、木牍等，不是指现代的木浆纸。

毕摩铜制神扇　阿牛史日 / 摄

路过樱树间，
持着樱神扇，
手腕更灵活。
路过竹林间，
手搓神竹签；
路过树林间，
已制木牍片，
已写木牍字，
吹起白银笛，
奏演金口弦，
架设银神座，
制作金神枝。
竹简写经书，
使用笔墨水，
猪胛骨占卜，
鸡股骨占卜，
净草垫神座，
牲血先祭神。
毕咒鬼签经，
毕折鬼签魂。
祈福福即至，
禳灾祸即除，
治病病即愈。

古代神签筒（吉木阿龙珍藏）　立克达曲 / 摄

银制神签筒　蒋兴林 / 摄

[彝文]　祈福于祖界，
[彝文]　治病于世间。[1]

经书法器自此传，前世毕摩已目睹，后世子孙也耳闻；前人争相学，后人永继承；人类繁衍遍天下，邱普美名传千秋。毕摩法器主要有经书、神签筒、法帽、神扇、神铃及经袋等。其中，神铃极为神秘，传递着重要的文明信息，蕴藏着永恒的历史价值和艺术价值。

神铃，彝语称为“毕局”（[彝文]），是毕摩举行仪式时不可缺少的法器之一。用铜铸成，为铜制喇叭形，有铜柄或木柄可持摇，在铃顶洞口上拴有鹰足或虎牙，与铃内铁珠连接。举行仪式时，毕摩手持铜柄摇铃，铃内铁珠碰撞铃壁而铮铮作响，声音清脆悦耳，增加乐感，在人、神、鬼之间传达信息，提醒神灵显神威。

使用青铜铸造铜铃表明彝族已进入青铜时代，而且拥有高度发达的青铜文明。在彝族宗教观念中，铜（神）铃为天降之物，是威力无比的法宝，是毕摩神威和族权的象征。据《颂毕祖·神铃的起源》载，魏勒邱普发明创造神铃的经过如下：

[彝文]　毕铃起源于，
[彝文]　远古的时候，
[彝文]　昊天的上方。
[彝文]　人间地这方，
[彝文]　魏勒邱普世，
[彝文]　派遣诸学徒，
[彝文]　带着白公鸡，
[彝文]　白鹤[2]祭为拜，
[彝文]　背负酒礼品，
[彝文]　到达昊天方，
[彝文]　要寻毕神铃，
[彝文]　要找毕神铃，
[彝文]　要摘毕神铃，
[彝文]　要祭毕神铃。
[彝文]　堂琅山[3]顶方，
[彝文]　白天日出祭日神，
[彝文]　夜晚月出祭月神，
[彝文]　白昼出六日，
[彝文]　六日炙热烤，
[彝文]　夜晚出七月，
[彝文]　月亮明晃晃。
[彝文]　昊天那上方，
[彝文]　拜求那神毕，
[彝文]　请教毕知识，
[彝文]　寻找毕签筒，
[彝文]　要去管理毕法帽。
[彝文]　牵着白色阉绵羊，
[彝文]　去迎毕神与法器，
[彝文]　去祭毕神与法器，
[彝文]　去学毕摩之学识。
[彝文]　昊天那上方，
[彝文]　签筒法帽，
[彝文]　红灰神铃，
[彝文]　毕铜笛，
[彝文]　毕口弦，
[彝文]　毕蝴蝶[4]，
[彝文]　毕神鸟，

① 摘自毕摩经书《颂毕祖·毕摩的起源·邱普》，古彝文书写，作者珍藏。

② 白鹤：是彝族的图腾物，代表君王，是神圣的动物。

③ 堂琅山：来自彝语“妥鲁博”，彝语又称“妥鲁山”“罗尼山”“罗尼白”“螳螂白子”等。堂琅山位于今牛栏江边的云南昭通巧家县包谷垴乡、老店镇一带。

④ 蝴蝶：与下面的神鸟、鹰、狮等动物不是指实物，而是指毕摩的护佑神，一般这些动物的塑像雕刻在毕摩神扇柄上，用以助威。

毕神鹰，
毕黄狮，
毕神白虎叮叮当当坠，
昊天上方日辉层中坠，
坠入月光层。
月光层中坠，
坠入蓝天层。
蓝天层中坠，
坠入黄天层。
黄天层中坠，
坠入彩云层，
彩云层中坠，
坠入白云层。
白云层中坠，
坠入乌云层。
乌云层中坠，
坠入云雾层。
云雾层中时，
三天随云飘，
三天随雾罩，
三天随风吹。
昊天那上方，
牛日雷响鸣，
虎日天阴暗，
兔日云雾滚，
龙日雷鸣下阵雨，
蛇日江河洪水滚。
云雾层中坠，
坠入冷杉山[①]，
杉树原野中，
四株蓝绿柏林长四方，
四条蓝绿河沟流四方，
四个蓝绿磐石立四方，
四个蓝绿湖泊在四方，
四个蓝绿神铃吊四方。
铃响九年听到否？
铃响九年没听到，
铃飞九月看到否？
铃飞九月未看到。
坠呀坠下来，
坠入堂琅山顶上。
……

从以上文献可知，魏勒邱普为了得到神铃，派遣学徒，携带礼物，到“昊天”去寻找铜铃。神铃从天而降，经过多层天空，降到堂琅山。经书文献言简意赅，含蓄、委婉，具有诗意和神秘感，透射传递出彝族远古文明，从中我们可以窥见神铃的悠久历史。

1. 夏商时期彝族已进入青铜文明

彝族是中国历史上最早发明和使用金属的古代民族之一，铜是最先使用的金属，最晚到邱普时期已使用。[②]

夏商时期，以魏勒邱普为代表的彝族先民生活在妥鲁博、兹兹普乌（额孜甸鲁）一带，开采丰富的铜矿资源，掌握了青铜的冶炼和铸造技术，制造了以神铃为代表的青铜器，成就了古代灿烂的青铜文明，促使华夏版图上众多的族群向文明时代飞跃。

2. 妥鲁博即为堂琅山

妥鲁博（[illegible]）是彝语，根据现代彝族北部方言，“妥（[illegible]）”是铜之意，“鲁（[illegible]）”译成汉语为石，即为矿、矿石，“妥鲁”是铜矿的意思，“博”是山的意思，“妥鲁博”合起

① 冷杉山：不是指具体地名，是指生长冷杉的高山，泛指人间。

② 易谋远，《彝族史要》，第276页，社会科学文献出版社，2007年2月。

来为铜矿山。那么，古彝族地名“妥鲁博”在何处?

据《陈英彝学研究文集·从彝语文窥探彝族历史文化》记载，“妥鲁博”为“堂琅山”。①

最早有关堂琅山的记载见于东晋常璩的《华阳国志》，该书记载：“堂螂县，因山得名也，出银、铅、白铜、杂药。有堂螂附子。”著名学者尤中在《中国西南民族地区沿革史》中曾说过，在古蜀国版图上先后出现过28个城镇，堂琅城就属于28个城镇之一。昭通出土的先秦时期的铜质印章“妥鲁（堂琅）山里手辖印”及“堂琅山里木手印”，上面的文字都是古彝文，证明堂琅山原是彝族语言地名，是古彝语“妥鲁博”的彝译汉音。

堂琅山为今牛栏江边巧家县包谷垴乡、老店镇一带之山，堂琅县在今云南省巧家县老店镇境内，老店镇就是当年的堂琅县城所在地——堂琅城。

3. 堂琅山是彝族先民的发祥地及分支地

古堂琅山是彝族圣山，是彝族的发祥地及分支地，是彝族祖妣亡灵的归宿地。从已出土的先秦时期的铜质印章“堂琅山里手辖印（统管堂琅印）”和“堂琅山里木手印”是古彝文印章可以看出，先秦时堂琅县的堂琅山存在一个强大的使用彝文的民族。

陈本明先生的《昭通彝族简史探》里说，巧家县新石器时代晚期的石虎，透出这样的信息：昭通地区新石器时代的人们已开始孕育着彝族文化。同时，堂琅山中出土的新石器时代的青铜铃上关于杜鹃鸟的浮雕图案说明，堂琅山族群与鸟崇拜的彝族有文化上的一致性，也说明古代巧家堂琅山族群即为今彝族的先民。

康熙《大定府志》载：“有曰祝明（笃慕）者，居堂琅山中，以伐山通道为业。久之，木拔道通，渐成聚落，号其地为罗邑，又号其山为罗邑山。夷人谓邑为业，谓山为白，故称为罗业白。”堂琅山即罗邑山（又称罗尼山，也称洛尼山），是彝族始祖邱普（笃慕）的居住地。彝文典籍《六祖分支》记载，彝族始祖邱普居罗尼山，“彝族六祖”于罗尼山分支。贵州彝文《指路经》中说：“祖母住靡莫，祖父住堂琅地，孙住夜郎国，撑天地建国家，多同管理诸小国。”四川凉山彝文《指路经》载：“去兮去兮，欲行路边站。堂琅山之旁，除秽摇神扇，倘若不摇扇，难把秽来除；人逝名犹在，倘若名不在，难把路来指。”陈本明先生在《彝族史探》中明确指出：“洛尼山（洛宜山、罗业山、洛宜白）即汉代的堂琅山。”“足见堂琅山，也即是洛尼山，在昭通地区巧家县境内。”

邱普与堂琅山古彝部族不断融合，并因开发堂琅山的铜矿而使部族日益强大，后被奉为部落联盟首领。在民族融合的过程中，其他部族接受了邱普部族的毕摩原生文化，奉邱普为始祖，从而形成彝族。

后来，由于人口增多，阶级分化，邱普将堂琅山古彝部族分为六个部落，由他的六个儿子武、乍、糯、恒、布、默分别统领并向四周发展，经过漫长的迁徙与发展，形成了现在的彝族。其中糯和恒两部族分布在“实液中部”，即今滇东北巧家、鲁甸、昭阳、镇雄一带，形成了古恒、邛尼两大部落。

范文钟先生在《昭通历史文化论述》中说，“彝族六祖”分支的事件就发生在堂琅山。此后，彝族人都把邱普视为彝族的再生始祖，堂琅山成为彝族先民的活动中心、“彝族六祖”分支的圣山。

① 陈英，《陈英彝学研究文集》，第4页，贵州人民出版社，2004年6月。

4. 彝族先民们在堂琅山创造了青铜文明

彝族先民们在堂琅山繁衍生息，铸造青铜器，使堂琅山以产铜著称于世。堂琅县得名于堂琅山，山和县同名，县在山中。

近年来，经有关专家考究发现，巧家中部隆起的群山遍布古硐矿遗址，山体几乎被掏空，留下了成百上千的采炼遗址，使堂琅山古遗址成为全国规模巨大的罕见的古代有色金属采炼遗址。很难想象，在生产力极低的当时，彝族先民开采堂琅山这样的大型矿山，要耗费多少人力、物力和时间，而这一切都说明彝族自古就是一个勤劳、勇敢、智慧的民族。

《颂毕祖 · 神铃的起源》记载如下：

……

堂琅山顶处，
坠铃有九年，
坠铃有九月，
望见神铃否？
未望见神铃。
闻到铃声否？
闻铃铮铮响。
后来有一天，
堂琅山麓处，
升起黑黄白三朵云，
罩住堂琅山圣顶。
堂琅山顶上，
下起三场黑白红冰雹，
白天跟随白冰飘，
夜晚跟随黑冰飘，
跟随红冰坠。
堂琅山顶坠，
堂琅山腰方，
堂琅山腰处，
下起三场黑白红色雪，
白天随着白雪下，
夜晚随着黑雪飘，
随着红雪下，
堂琅山腰坠，
堂琅山麓处。
堂琅山麓方，
三天伴云飘，
三天随风飘，
三天随雨下。
人间铜神铃，
坠了又要坠，
兹兹普乌方，
额孜甸鲁[①]上。

额孜甸鲁方，
诸贤去看铃，
上方居酋长，
酋长去看铃，
酋长识铃否？
酋长不识铃，
下方居贤臣，
贤臣去看铃，
贤臣识铃否？
贤臣不识铃，
不是贤臣铃。
中间居毕摩，
毕摩去看铃，
毕摩识铃否？
毕摩识破铃，
那是毕摩之神铃。
君识千，
臣识百，
毕摩识无数。

① 额孜甸鲁：古彝地名，疑在云南昭通兹兹普乌一带。

额孜旬鲁方，
牧人去摘铃，
未能摘得铃，
匠人去摘铃。
未能摘得铃，
苏尼去摘铃，
未能摘得铃。
毕摩去摘铃，
邱普阿鲁[①]世，
左手拿着黄公猪，
右手拿着白公鸡，
摘铃又祭铃，
能否摘得铃？
不能摘得铃，
飞越深山中，
伴随云雨飘，
深山中飞越，
山脉中穿越，
人间黄神铃，
人间独神铃，
摘时雷电响，
下起冰雹雨，
铮铮当当坠。
邱普阿鲁啊，
左手摘神铃，
右手拿神铃，
铃愿陪毕摩，
见毕铮铮响，
毕也爱神铃，
见铃声朗朗，
神铃入毕家，
名毕拥神铃，
神铃身上背，
走呀不停走，
来到人世间，
到博合合系[②]，
到毕哈嘎键[③]，
毕哈嘎键方，
邱普阿鲁世，
祭铃又祛邪，
清晨白色公鸡祭神铃，
除污又祓秽，
放牧时分黄色公猪祭，
宴请诸毕神，
正午白色羯山羊祭，
宴请诸毕神，
下午白色羯绵羊祭，
祭祀诸毕神，
傍晚白色阉牛祭，
祭祀神铃护法神，
屋下杉枝插神座，
牛羊来祭祀，
猪鸡来拴畜[④]，
屋上杜鹃神枝插，
獐麂逮来祭，
锦鸡逮来拴。
对面向下方，
金银神枝插，
此方向上处，

① 邱普阿鲁：是“彝族六祖”糯支系后裔，是著名的毕摩。

② 博合合系：古地名，疑在云南昭通一带，具体位置待考证。传说邱普阿鲁在此祭祀神铃等各种毕摩法器后规范毕摩经书内容和仪式程序。

③ 毕哈嘎键：古地名，传说是古代著名毕摩居住的地方。

④ 拴畜：是举行各种祛秽及驱逐性仪式时拴缚在某些神位上供奉神灵，仪式结尾时用来扑倒神枝或绕转仪式主人的牲畜，意为扫除和驱逐污秽、魔怪的牲畜，彝语称为“扑莫”（ꀧꃀ）。鸡、猪和羊都可以做拴畜，仪式中不牺牲拴畜，仪式完毕后由主持毕摩带回家。

铜铁神枝插，
制作四根签，
串起四串肉，
盛上四碗荼，
祭祀地四方，
祭铃又祭神，
祭铃成铃否，
祭铃成神铃，
毕神祭灵否？
毕神已附身。
凶神驱入天，
法神祭世间。

驷匹嘎伙方，
绵羊喜欢草，
见草咩咩叫，
草也喜欢羊，
见羊飘飘舞，
牧草结羊群，
羊群草中乐。
阿伙柳以方，
猪儿喜沼泽，
见沼哦哦叫，
沼泽也喜猪，
见猪波波起，
猪结沼泽方，
沼泽也缘猪。
毕哈嘎键方，
圣毕见铃喜，
诵经声朗朗，
神铃见主乐，
神铃铮铮响。

邱普阿鲁世，
未负神铃前，
不能驱死神，
不能遣病魔，
治病病不愈，
超度不灵验。
神铃降到后，
死神已驱赶，
病魔已驱遣，
治病病痊愈，
超度人丁兴。

昊天那上方，
人间铃四个，
神铃摘背回。
签筒法帽种类多，
大者摘下背负回。
至此那以后，
签筒法帽先祖传父辈，
经卷法网享尽牛羊头，
古籍文献祖先赐予孙，
经书典籍父辈传授子。[1]

以上经书文献不仅记载了神铃的起源，还对彝族先民开采铜矿及冶炼和加工铜铃的地点、过程做了详细的描写。堂琅山为采矿点，原矿运到兹兹普乌的额孜甸鲁进行冶炼加工，最后铸造成毕摩神铃等法器和生活生产用具。根据易谋元著的《彝族史要》记载，兹兹普乌即为云南昭通市一带[2]，额孜甸鲁疑为现在的鲁甸县。鲁甸，系彝语地名，鲁为诺的谐音，为彝族称号，甸（迪），意为平地、水草坝子，即彝族居住的平坝之意。因此，堂琅山是采矿处，生产原矿，而

① 作者以马边著名毕摩吉克良良毕摩经书《颂毕祖·神铃的起源》为基础，参考其他古籍整理而成。

② 易谋元，《彝族史要》，第335页，社会科学文献出版社，2007年2月。

冶炼铜矿、铸造青铜器物包括神铃等在昭通市鲁甸县一带。

20世纪50年代，在距今巧家县城1公里处的魁阁梁子上，考古队发现了一个新石器时代晚期的古墓群，陆续发掘出大量青铜矛、铜锄、铜匕等器物。特别是青铜铃，其上浮雕的杜鹃鸟图案，与鸟崇拜的彝族文化一致，由此可推断古代堂琅山族群即为今彝族的先民。这些出土器物与毕摩神铃同源，进一步佐证了新石器时代晚期，彝族先民掌握了先进的青铜铸造技术，并运用在毕摩原生文化之中，提升了毕摩原生文化的艺术魅力。

堂琅山享誉古今，名扬中外，而毕摩经书文献里的堂琅山，山里的铜矿早已被掏空，山体千疮百孔，曾经居住在那里的族群也早已改换服装、移风易俗。然而，堂琅山依然屹立在原地，始终承载着彝族远古的文明，以自己的方式默默地展示着辉煌的岁月痕迹，讲述着一部沧桑的青铜文明史。

四、招收毕摩学徒，毕摩世袭

邱普创建祭祖仪式，规范经文，发明毕摩法器，规范毕摩仪式程序，因此有许多学徒向以邱普为代表的毕摩大师们学习毕摩文化。《颂毕祖·魏勒邱普》载：

[illegible]，	魏勒邱普世，
[illegible]，	学毕按此学，
[illegible]，	断案照此法，
[illegible]，	前世毕摩见，
[illegible]。	后世毕摩闻。
[illegible]，	世毕照此学，
[illegible]。	邱普传千秋。
[illegible]，	毕祖邱普存，
[illegible]。	断案邱普灵。
[illegible]，	人类起源早，
[illegible]，	毕摩起源晚，
[illegible]，	彝地毕摩尊，
[illegible]。	毕摩历史渊。[1]

夏商时期，毕摩原生宗教文化已基本成熟，仪式程序基本规范，经书内容较为丰富，并在后世毕摩们的长期实践中，不断创新、完善，并传承至今。

第二节　提毕乍姆

提毕乍姆是古代著名的毕摩之一，是古籍文献中最早记载有具体名字的毕摩大师。

彝族先民慕弥部落时期有十大毕摩，其中著名的具有代表性的毕摩有昊毕实楚与提毕乍姆两位。《彝族源流·布摩根源》载："米靡毕摩二十代，首推恒（昊）实楚，首推投（提）乍姆。"[2]"米靡乏嗣，向窦度继子，做米靡居。恩傲的十子，做米靡十臣，布僰的十子，米靡十毕摩，继来布实楚，取名恒（昊）始楚，继来僰乍姆，取名投（提）乍姆。"[3]根据《彝族源流》父子连名谱，提毕乍姆出生于4000多年前，生活在今云南西部。

提毕乍姆是彝族历史上著名的毕摩，是祭地派毕摩代表，尚黑，是古代毕摩原生文化改革家。

---

① 摘自曲毕武银毕摩经书《颂毕祖·毕摩的起源·邱普》，古彝文书写，作者整理翻译，作者珍藏。

② 《彝族源流·布摩根源》，第404页，贵州民族出版社，1992年10月。

③ 《彝族源流·布摩根源》，第433页，贵州民族出版社，1992年10月。

他是形成古恒、邛尼、德布、德施祖先文化的代表，是始兴火葬文化的代表，是举行毕摩原生文化仪式时始兴牺牲家禽家畜的毕摩代表，对彝族毕摩原生文化的发展有重大贡献。

一、祭地派毕摩代表

提毕乍姆是慕弥部落的著名毕摩之一，“慕弥”，意为“天地”，“慕”为天，“弥”为地，其文化始终贯穿着“天地”二元性。慕弥部落十大毕摩，根据当时毕摩原生宗教仪式的需求，最终形成“天”派和“地”派两大派别。天为白，彝语称为“曲”（有的方言称为“吐”），其代表人物是始楚，又叫昊（恒）实楚、吐实楚，尚白；地为黑，彝语称为“诺”，其代表人物是提（投）乍姆，尚黑。

据彝文典籍《颂毕祖·毕摩的起源》记载，形成天地毕摩派别的叙述如下：

……	……
[illegible]，	毕摩起昊天，
[illegible]，	昊天有三层，
[illegible]，	昊毕实楚毕，
[illegible]，	毕摩起黑地，
[illegible]，	黑地有四层，
[illegible]，	提毕乍姆毕，
[illegible]，	毕摩起人间，
[illegible]，	人间人类毕，
[illegible]。	人类世袭毕。①
……	……

古代彝族先民的祭祀主要包括祭天、祭地、祭祖分支三大内容，并且有特定的祭祀场所和祭祀台。祭祀台分为上、中、下三层，一般用土石垒成。上层祭天，由祭天派的毕摩主持仪式，下层祭地，中层祭祖分支，下层和中层均由祭地派的毕摩主持。

古代彝族各部落人口少，交通闭塞，婚姻等级森严，普遍缺乏开亲对象。因此，同宗同祖的每个家支繁衍到七代或九代后，可以举行祭祖分支仪式，把同祖的灵牌超度后分成几组，分别放在不同的箐洞中，重新取家支姓氏。此后，新分出的各家支酋长便可率领各自的家支成员向各地迁徙，开辟新的领域，独立发展。祭祖分支后的家支间可以相互开亲。每次举行祭祖分支仪式后，都将上次分支时家支共有的仪式偶像、神座及神枝等祭物销毁埋葬，象征着一个旧的时代结束，一个新的时代开始。到了近现代，因各家支的人口不断繁衍，不再缺乏婚配对象，便很少再进行祭祖分支仪式。因此，由于无人举行祭祖分支仪式，随着老毕摩们的离世，新毕摩对祭祖分支仪式程序也无从学习，祭祖分支习俗也就成了人们模糊记忆中的传说故事。近现代的彝族老人们只记得举行的祭祖分支仪式时，仪式规模宏大，仪式要举行九昼夜或半个月，热闹非凡。

提毕乍姆作为祭地派代表，审时度势，改革创新，对毕摩文化的发展产生了深远的影响。

二、始兴火葬习俗

现四川大小凉山的彝族，人去世后实行火葬（未满月的婴儿和麻风病人除外）。然而，古代彝族先民除了实行火葬外，还实行过土葬、林葬、岩葬等多种葬俗，后经过历史变迁，主要以火葬为主，其他葬俗为辅。之后，由于历史的原因，云、贵两省的彝族以土葬为主，只有四川凉山彝族保留了原始而古老的火葬习俗，而这种火葬文化是远古时期著名祭地派毕摩代表提毕乍姆兴起的。

① 摘自毕摩经书《颂毕祖·毕摩的起源·邛普》，古彝文书写，作者整理翻译、珍藏。

在古代彝族，黑与白代表着两种文化，也可以说是两种符号或者标志。白，是农耕文化群体（部族）的符号标志；黑，是游牧文化群体（部族）的符号标志。昊毕实楚以“天、白、濮”（一种祀祖习俗）为标志或符号，兴土葬；提毕乍姆以“地、黑、诺”（另一种祀祖习俗）为标志或符号，兴火葬。彝文文献《物始纪略·殡葬始纪》载：“青头白翅鹤，赐福尼阿媚，嫁妥尼武娄，为吐始楚母，死了用土葬，吐始楚兴起。生时靠土，死后埋入土，严冬凛冽，也不觉寒冷。红头青杜鹃，赐福能阿迈，为那乍姆母。那乍姆之母，死了用火葬，那乍姆兴起。生时靠火，死后送入火，夏日炎炎，也不觉炎热……殡葬的道理，有的用土葬，吐始楚兴起；有的用火葬，那乍姆兴起。葬法有两种。”贵州省毕节地区彝文翻译组第125号藏书《丧仪经》[①]中也有类似的记录，现将其中的部分选译如下：“……附于能阿迈，嫁青松林旁，是那乍姆之母。黑（彝）死焚烧，那乍姆来兴。……那乍姆之母，生时靠土，死后送入火，黑（彝）死焚由此，犹烈日炙烤，也烫不了她。红颈白翅鹤，附于尼阿媚，嫁到白海边，生了吐始楚。白（彝）死殡埋，吐始楚来兴。……吐始楚之母，生时靠火，死后葬入土，用十锄五铲，筑好看墓堆，白（彝）死殡埋，吐始楚来兴，白（彝）死殡由此，刺骨的寒风，也冻不了她。”《爨文丛刻·指路经》说：“在鲁瓦以前，先有武通勒，后有武奇巧，最后有吐始楚。吐始楚的母亲，在生时见土就感到寒冷，死后却想要得土，便用十把锄头挖个土坑来埋葬尸体，埋成高高的坟堆，埋葬切勿焚。在鲁瓦以后，先有武阿博，后有拜谷楷，最后有那乍姆。那乍姆的母亲，在生时见火就躲避，死了却要火化。”

彝族的丧葬习俗，与其生产生活方式、空间环境等密切相关。彝族中的尚白系统作为农耕部族，居住地相对固定，热衷于对土地上的农作物的经营，人死后对尸体的处理更依赖于土地，又有方便的工具处理和掩埋尸体，因而积习成俗。而彝族中崇黑系统习火葬之俗，反映出其游牧部族的特征。作为游牧部族，处于“勿常处、随畜迁徙，逐水草而居”状态，居住也相对没有固定下来，他们通常只拥有牧具或武器，人死后缺乏掩埋尸体的工具，对尸体的处理莫过于用火焚烧最为方便，也因此积习成俗。

公元前5世纪左右，分支后的“彝族六祖”势力崛起，尤其是糯（邛尼）、恒（古恒）、布（德布）、默（德施）渐占上风，这四个支系因崇尚黑色，历史上称之为“乌蛮”。到了唐代（南诏国），彝族“乌蛮”势力覆盖了大部分的彝族地区。在宋代（大理）的“乌蛮”37部（也有说39部）中，至少有30部属于尚黑系统，而尚白系统的先民和一些彝语支民族先民则属于剩下的几个部。这37部还不包括罗施鬼国的阿哲部，称罗殿国的播勒部、普露静部、自杞国部、慕役部等。“乌蛮”彝族统治势力在整个凉山地区推行火葬葬俗，但尚白系统及其他彝族支系仍习土葬葬俗。因此，唐宋之后，尤其是在元、明时期，无论是“乌蛮”“白蛮”，还是黑、白罗罗（彝族），实行火葬的记载不绝于各类地方志文献，如《云南志略》《景泰云南图经志》《皇清职贡图》《东川府志》《大定府志》等。然而，到清雍正八年至十五年（1730—1737年），实行最后一次“改土归流”时，在改土官为流官的职官任命中，加入了禁止火葬这一条规定，强行推行土葬。土葬的全面强制推行，经历了一个比较艰难而缓慢的过程，一些偏僻的地方直到清末才完成，在边远的四川

① 贵州省威宁县雪山镇的禄氏毕摩家藏书，书的扉页处有“抄于道光十三年正月，惹若的书”彝文字样。

大小凉山地区，清廷无法完全禁止火葬，所以时至今日这些地方仍保留着火葬这种古老而朴素的葬俗。[①]当时许多云、贵两省的彝族土司、土目为了继续传承祖辈留传的火葬习俗、躲避土葬令，纷纷逃到四川凉山。

三、改革祭祀器物

提毕乍姆在前人所创毕摩原生文化及其仪式程序的基础上，大胆创新，改革了毕摩仪式祭品及器物。在不改变传统文化主要内容的基础上，根据当时的社会经济状况和人们的心理诉求，改革创新原来的传统祭祀用品及器物，其中最关注的是制作神座物品和牺牲用物的材料种类。将原来用金银神枝制作神座改为用树枝制作神座；将原来只能牺牲野生动物改为牺牲家禽家畜，从而大大降低了祭祀成本，受到广大民众的普遍欢迎。然而，改革必然不会一帆风顺，当时，以昊毕实楚为代表的祭天派毕摩坚决反对，阻挠改革。昊毕实楚是祭天派毕摩，以上界毕摩自居，昊毕实楚云："祖制岂敢废，仍用空中雄鹰股骨做股骨卜，林中獐麂胛骨做胛骨卜；铸造金银枝杈插神座，林中野獐做牺牲，深谷麂子做栓牲，蕨林雉鸡做栓牲；白银铸祖像，黄金塑妣身。"主张继承祖先惯法，举行一场毕摩仪式，要组织许多猎手猎捕许多野生动物，组织许多工匠制作许多金银神枝，使用大量金银铸造祖妣塑像，花费大量的人力、物力、财力，对普通家庭来说，负担尤为沉重。彝文文献载：

实楚乍姆毕，
乍姆毕良毕，
毕良[②]毕库毕，
毕库德峨毕，
德峨格峨毕，
格峨恒毕摩，
恒毕乌毕摩，
乌毕日毕摩，
日毕体毕摩，
体毕句毕摩，
句毕举毕摩，
举毕昊毕摩，
昊毕实楚毕。

昊毕实楚世，
日月当马骑，
云雾当伴侣，
麂獐捉祭祀[③]，
鹤雁套来拴，
上插银神枝，
下垫金神枝，
白色雄鹿捉来祭，
金色锦鸡捉来祀，
黄色野猪捉来拴，
鹤雁股骨来占卜，
猪胛骨卜[④]未灵验，
鸡股骨卜未灵验，
暂告一段落。
如此那以后，
昊毕实楚世，

① 王继超，《贵州赫章可乐出土套头葬的民族属性为彝族先民试析》，《乌蒙论坛》2008年第01期。

②良：与下面的"库""德峨""格""恒""乌"等均为古代著名毕摩的名字。

③ 远古时期因没有家禽家畜，举行毕摩仪式时牺牲野生动物，昊毕实楚时期也是这样，举行毕摩仪式时牺牲各种野生动物，包括麂、獐、鹿、野鸡等。

④ 猪胛骨卜：全称为祭祖猪胛骨占卜仪式，彝语称为"尼姆伟皮"，猪胛骨占卜仪式是各种毕摩仪式中规模最高、程序最复杂的仪式之一。

上方塑银像[1]，
下方垫金宝，
雄鹿捉来套，
野猪捉来拴，
山野绵羊捉来拴，
金色锦鸡捉来套，
雕鹰股骨来占卜，
猪胛骨卜未灵验，
鸡股骨卜未灵验，
暂告两段落。

如此那以后，
上方制作柏杉树神枝，
漆树索玛神座来祛秽，
金银板来盖神座，
黑色丝绸垫神座，
制作铜铁床神座，
黄猪[2]胛骨卜祭祀，
菜籽酿美酒，
猪胛骨卜未灵验，
鸡股骨卜未灵验，
治病未痊愈，
暂告三段落。

彝族先民们将毕摩大师昊毕实楚奉为“日月当伴侣，云雾当马骑”的神人。但是，他作为祭天派代表，是统治阶级的毕摩代表，推行的是贵族阶级的宗教理念，因循守旧，依然奉行“铸造金银塑像来祭祖，抓捕野生动物作为牺牲，制造金银神枝来祭祀”的祖规。如此高昂的祭祀成本，只有极少数富贵人家负担得起，而普通百姓只能望而却步，无法举行祭祀仪式，其宗教仪式观念最终被广大民众所抛弃。

提毕乍姆是祭地派的代表人物，是下界平民毕摩的代表。当时，彝族先民在狩猎满足生活需要的同时，已将过剩的野生动物驯养成家禽家畜。在举行仪式时，牺牲家禽家畜比牺牲野生动物更容易、更方便。提毕乍姆云：“改用家鸡做股骨卜，改用绵羊胛骨做占卜，改用樱枝柏枝插神座，改用家畜做牺牲，改用阿吉树枝做灵牌，改用竹根做灵芯。若是不改革，即使祖辈能得到，父辈难获得，即使父辈能得到，子孙后代难获得，无力再行祭祖送灵事。”所以他大胆改革，采用杉柳树枝插神座，牛羊做牺牲，猪鸡为供品，用鸡股骨占卜，使任何家族（庭）都有能力举行祭祖送灵等诸多毕摩仪式，受到广大民众的普遍赞美。彝文文献载：

如此那以后，
提毕[3]祈咒红云散，
红云散开星星亮，
森林显白地光芒，
天穹云散一片绿，
我地上空才显绿。
已祭黄猪胛骨卜，
家鸡股骨来占卜，
柏杉树枝插神座，
漆树索玛树神座来祛秽，
制作柏杉床神座，
制作桑树绿竹神座门，
丝绸面料当作神坐垫，
上方黄牛来祭祀，
下方绵羊来祭祀，
家猪胛骨卜灵验，

① 塑银像：远古时期，彝族先民用金银铸造已故祖妣的塑像来祭祖，后来用竹根制作的灵芯代替。

② 黄猪：这里指黄色的野猪。

③ 提毕：指提毕乍姆。

[illegible]，　　家鸡股骨卜吉祥，
[illegible]，　　治病病痊愈，
[illegible]。　　毕徒跟着学。

提毕乍姆审时度势，改革彝族大型毕摩原生文化仪式程序。对经过魏勒邱普改革后沿袭了2000多年的彝族祭祖分支仪式，在继承的基础上，改革某些不合时宜的祖规祖制，以满足当时人们的诉求，备受广大民众的欢迎。

然而，在改革的过程中，因与祭天派代表的昊毕实楚在祭祀物品与伦理法规上发生了分歧，引发了冲突，据传最后两人相互施毒双双身亡。

第三节　阿苏拉者

根据毕摩古籍文献《颂毕祖·阿苏拉者》记载，阿苏拉者出生于四川省美姑县合姑洛乡境内的哦齐狼穆（[illegible]），先后定居于今西昌市大箐乡、美姑县瓦古乡、洛莫依达乡，最后在美姑县洛莫依达乡火窝村去世，享年80岁。据传，阿苏拉者母亲是云南昭通马布兹莫（土司）的后裔。阿苏拉者有一儿一女，儿子叫格楚，反应迟钝，智力低下，阿苏拉者在世时没有传授其儿子毕摩原生文化知识。女儿叫莳色，天生聪明，机智过人。为使其毕摩文化后继有人，薪火相传，阿苏拉者大胆破除毕摩传男不传女的规定，让女儿学习毕摩原生文化知识，莳色也不负众望，学有所成，后嫁给不是世袭毕摩的古恒支系后裔勒伍阿则，并将所学毕摩文化教授给丈夫，勒伍阿则也极具"慧根"，成为著名的毕摩，其后代成为独立的毕摩派系。阿苏拉者外出游毕，时常带着女儿莳色，特别是到远方举行大型毕摩仪式时，莳色常女扮男装，跟着父亲游毕大小凉山地区。

阿苏拉者是四川凉山彝族历史上威望最高、法力最强的三大毕摩大师之一，被尊为神人，是大小凉山地区著名的大毕摩，是彝族文化的集大成者和传承人。彝族北部方言地区（川、滇两省大小凉山）方圆千里的彝族成年人，无人不知，无人不晓。为了纪念阿苏拉者对彝族文化的贡献，18世纪中叶，阿苏拉者后裔吉克、阿鲁氏姓们在黄茅埂南端龙头山脊、美姑县瓦古乡吉觉比尔村境内修建"拉者藏经楼"，存放拉者生前手写经书100余卷和曾使用过的公、母、子三件套神签筒，神扇、神铃等10余件法器。这些经书和法器根据拉者遗嘱占卜，按不同方位摆设。藏经楼摆设的东西被视为"神物"，由授铁吉拿、吉克惹史两大家支负责管理，历代相传，只有专门管理的人员才能进入（直到1958年，仍由阿苏拉者直系后裔吉克书古和吉克格批两位看守，进行日常修缮与管理）。专管人员进楼前，要事先举行祛除污秽仪式，牺牲白色绵羊等献祭后方可入内，平常则用一把锁将大门锁住。"文化大革命"时，藏经楼被视为"四旧"而被拆毁，楼中经书和法器大部分丢失。阴阳"吾吐"被群众送入山洞供奉，后来被鉴定为"国家一级文物"，被中央民族文化宫收藏。部分经书文献由中国历史博物馆、北京图书馆、重庆市博物馆、山西省山丹县博物馆和凉山彝族奴隶社会博物馆等单位分别征集收藏。①

元朝实现全国统一后，在西南少数民族地区推行土司制度，族、政、神三位一体的"鬼主"（兹莫）制政权随之结束，元朝在少数民族地区的集权治理更为深入。有不少当地彝族部落首领被任命为各级土官，在一定程度上改变了彝族部落各自为政的局面，对彝族社会组织结构产生了

① 《四川彝学研究》（一），第142页，四川民族出版社，2002年9月。

阿苏拉者后裔们聚集在拉者藏经楼遗址　吉克达蒙 /摄

较大的影响，毕摩原生文化向形成统一彝族文化的方向发展。元朝打破了各彝族部落封闭一方、割据称雄的局面，促进了彝族各部落、各地区之间的文化交流，使彝族文化空前发展。[①]许多高瞻远瞩的彝族宗教人士穿行于云、贵、川等彝族地区，搜集整理彝族经典文献，弘扬民族文化，为彝族文化的大统一、“书同文”做出了巨大贡献，阿苏拉者便是其中之一。

阿苏拉者作为彝族毕摩大师，具有典型的彝族人的身体特征——身材魁梧、眼大深邃、鹰钩鼻子、胡须卷长、头发卷曲；作为众神的使者，有神灵附身，腰背直挺，貌如神仙；声音宏亮，响彻天空，具有天生的毕摩嗓音。招神神便到，驱鬼鬼惊逃，具有神秘的灵性。毕摩文献《颂毕祖·阿苏拉者》载：

阿苏拉者啊，
胡须九卡卷曲接地下，
鹰嘴钩鼻子，
头上喜鹊巢，
眉毛麻雀巢，
耳孔燕子巢，
鼻孔獾猪巢，
口腔蜂窝巢，
腋窝松鼠巢，
脚心蚂蚁巢，
脚背九层叠，
肺头分九支，
肝头分九支。

阿苏拉者天资聪慧，智力过人，肢体敏捷灵活，爱好学习（毕），且记忆超群。5岁开始学毕，7岁便能背诵经文，9岁能熟背“路上方”复杂的口诵经文，11岁就独立主持一般毕摩仪式，13岁能主持复杂的大型毕摩仪式，15岁开始纳

① 张晓辉、方慧，《彝族法律文化研究》，第121页，民族出版社，2005年12月。

徒。青年时期求学于四川、云南、贵州、广西等地，走遍了大小凉山地区，搜集、整理了大量的彝文经书资料。他一生培育出上万名毕摩，为传承和发展毕摩文化做出了巨大的贡献。

阿苏拉者成年后，因知识渊博、法术极高而名扬天下，被邀请到四川、云南、贵州、广西等地作毕，可以说有彝族居住的地方就有阿苏拉者的足迹。他在大小凉山地区为民除害，拯救生命，弘扬文化，促进了文化交流，增强了民族凝聚力。他在云游中学习、参观其他派别的作毕仪式，与其他毕摩大师们进行交流、学习，扩大知识储备，学习不同派别的彝文经书，进行综合运用并创新，进一步丰富了自己的知识，提升了法力。

阿苏拉者中晚年居住在今美姑县瓦古乡吉觉比尔，潜心从事彝文古籍文献的整理、规范和编纂工作，研究、规范毕摩原生文化，创造性地发明了赎魂等作毕仪式。当时，毕摩原生文化仪式主要以超度送灵、猪胛骨占卜等“路上方”仪式为主，而当时疾病流行，举行一次驱魔禳灾、治病救人的仪式花费巨大，人们难以承受。阿苏拉者审时度势，独创了较为简单的“路下方”毕摩仪式——赎魂仪式。赎魂仪式程序简单，花费较少，又能达到驱邪纳福的目的，易被群众接受，因此流传至今。

阿苏拉者统一了作毕程序，规范了古彝文。当时毕摩派系林立，有古恒系后裔的阿格说祖派和阿克俄伙派，还有邛尼系后裔的阿洛（阿苏拉者）派和亚古苏布派（以沙玛曲别为主）等，这些不同派系的毕摩在作毕内容、程序、经书及文字等方面差异很大，后经阿苏拉者潜心研究，整理毕摩经书，改革创新，统一了作毕程序及经书内容，他还简化、统一了四川凉山彝文。

千百年来，凉山地区民间关于阿苏拉者的传说故事非常多，但各种版本大同小异，尤其是拉者编纂经书的故事、斗法的故事、降龙伏虎的故事和仙逝的故事，都带有传奇色彩。

一、法术超强，奉为神人

阿苏拉者知识渊博、法术超强，游毕四方，为民除害，在前人创建的毕摩文化的基础上，改革创新有关作毕仪式，被后世奉为神人或神毕。毕摩文献《颂毕祖·阿苏拉者》载：

[illegible]，	阿苏拉者世，
[illegible]，	出生1岁时，
[illegible]，	获得铠甲头盔护佑神，
[illegible]。	铠甲头盔护佑神灵验。
[illegible]，	出生3岁时，

最后一位守护拉者藏经楼者——吉克书古之孙　吉克达蒙 / 摄

获得松枝鸟巢护佑神，
松枝鸟巢护佑神灵验。
出生5岁时，
获得蕨草黄蛇[1]蛋护佑神，
蕨草黄蛇蛋护佑神灵验，
出生7岁时，
获得柏树枝雁翅[2]护佑神，
柏树枝雁翅护佑神灵验。
出生9岁时，
获得斑马花牛护佑神，
斑马花牛护佑神灵验。
出生11岁时，
获得声誉护佑神，
声誉护佑神灵验。
出生13岁时，
获得云雾降雨护佑神[3]，
云雾降雨护佑神灵验。

阿苏拉者世，
未获云雾降雨，
护佑神之前，
不能胜猛兽，
不能战胜敌。
获得云雾降雨神后，
战胜诸猛兽，
战胜来犯敌。

阿苏拉者世，
屋后山上能放牧，
屋下坝上种稻谷，
屋上下冰雹，
坝上能晒谷，
屋侧起大风，
屋前擀披毡[4]。
一日咒山山崩倒，
一日祭山山耸立，
足蹬那山顶，
山顶震荡摇，
手指钻山腰，
钻穿那山腰。
一日施法杉林间，
九片杉林枯，
獐鹿哀鸣叫，
獐麂尸体滚滚转；
一日施法于悬崖，
九座悬崖塌，
铁铜碎石犹如雨滴下，
蜜蜂嗡嗡哭，
蜂尸雨点落；
一日施法于江河，
九条江河涸，
鱼獭张嘴望天哭，
鱼獭无处游，
鱼獭无法动，
蛇蛙尸体如垒石；
一日诅咒刁彝民，

① 黄蛇：一种栖息在海拔1500米左右的森林中的中等体型蛇，黄色，无毒，上百条群居栖息。彝语称该蛇为“鲁”，能在蕨草中找到“鲁”蛋是一种福气，人们将该蛋拾回家祛秽收藏，蛋便成为护佑神。

② 柏树枝雁翅：指雁鸟在柏树上筑巢时所留下的一根或数根雁翅羽毛。毕摩文化认为在柏树上捡到的雁翅羽毛是一种护佑神。

③ 云雾降雨护佑神：是一种战争械斗护佑神，当械斗双方进行战斗时，拥有云雾降雨护佑神的一方被乌云掩护，让对方无法看清，而敌方始终处于暴露状态，因此被射中而战败。

④ 这里指阿苏拉者有神奇的法力，虽然有大风，但经阿苏拉者诅咒，大风没有把羊毛吹走，依然能擀披毡。

刁彝尸体滚滚落，
一日诅咒歹汉民，
歹徒汉民个个倒；
一日施法于奸妇，
奸妇难逃脱；
一天施法逃俘虏，
俘虏难逃河。
拉者呀所向披靡，
过后某一日，
咒树树成活，
咒河河常流，
咒崖崖耸立。

阿苏拉者拥有天神地祇赐予的特殊护佑神灵，是神灵的化身，能通晓过去、预测未来，法术极高，“下唇隐母龙[①]，上唇隐公龙，舌尖跃龙子，腹中藏群龙，脑内龙聚穴，周身舞神龙”。毕摩文献《颂毕祖·阿苏拉者》载：

阿苏拉者世，
头上巢龙窝，
腹中生群龙，
上唇藏雄龙，
下唇藏雌龙，
舌上龙子跃，
脸颊龙子闪。
张口就死人，
闭口死人活，
挥臂就打雷，
闭眼就下雨，
眨眼就天晴，
吹气则起风，
咧嘴则闪电，
跺脚则地震。
一日诅咒山，
群山哗哗倒，
一日祭山立，
群山巍巍立。[②]

传说阿苏拉者念诵神秘的咒语后，能“上刀山，下火海，舔铧铁，赤手在开水中取石块”，治愈无数疑难痼疾，声名远扬，也传入了远方汉族官员耳中。阿苏拉者和凉山的古恒系后裔阿格说祖、阿克俄伙是同一时代的人，都是当时著名的宗教知识分子，三个毕摩大师都法力超群，威震四方。据传，汉族官方曾邀请他们三人同赴西昌（也有说是成都）进行法术比赛，为测试他们法术水平高低，将他们分别放入蒸笼中熏蒸。蒸了一天一夜后，打开蒸笼一看，阿苏拉者浑身结冰，阿格说祖须发结冰，而阿克俄伙面部有微汗，三人都安然无恙，观看者目瞪口呆。因此，汉族官方对神秘莫测、法术独特的毕摩刮目相看，不仅尊崇有加，而且按照彝族传统习惯，对三位毕摩进行嘉奖：阿苏拉者荣获第一名，获镶金神签筒奖；阿格说祖获得第二名，获镶银神签筒奖；阿克俄伙获得第三名，获镶铜神签筒奖。

毕摩文献《颂毕祖·阿苏拉者》中详细地记载了阿苏拉者青年时期在大小凉山各地游毕时，为各地民众除掉蛇、熊、虎、豹、雕等孽兽、猛禽和恶人的情节。

二、惩罚歹人，人人称颂

阿苏拉者是一位知识渊博、法术高强、令鬼怪闻风丧胆的神人，同时也是一位品德高尚、

① 彝语“龙”与汉语龙同音同义，该句有口风紧、预见性强、言出必应验之意。

② 摘自马边吉克良良的毕摩文献《颂毕祖·阿苏拉者》，作者搜集、整理和翻译。

足智多谋的圣人。他提倡公平正义，反对恃强凌弱；他同情弱者，反对凶残；他不畏强暴，与暴君兹莫斗智斗勇，破解万能经书《解密经书》。他的光辉事迹不胜枚举。

（一）惩处暴君兹阿维鹏鹏

古时，甲谷甘洛（今甘洛县）居住着安普卜土司，彝族称为“兹阿维鹏鹏”（ꊿꀉꃀꁮꁮ），属古恒支系后裔。据说，安普卜是云南大理人氏，随元军征讨凉山有功，被元朝册封为罗罗斯宣慰司宣慰使（从三品），世代承袭此职。土司衙门在甘洛衣呷洛瓦屋[①]（汉名红岩湾，距县城约1公里）。相传，兹阿维鹏鹏有官兵无数，对所辖百姓残酷统治，残暴凶狠，是一位臭名昭著的暴政者。时至今日，仍有彝族歌曲和彝谚道：“要数凶暴土司者，兹阿维鹏鹏世（ꊿꀋꇁꀋꆹ，ꊿꀉꃀꁮꁮꌠ）”。兹阿维鹏鹏家有三宝：《解密经书》、不拔的利剑和黄金印玺。《解密经书》一翻阅就能知道已经发生的事和将要发生的事；“不拔的剑”一旦拔出就会让无数无辜的人人头落地；“黄金印玺”一旦打开盖印，就要发生惊天动地的事情。

据传，有一次，兹阿维鹏鹏家邀请阿苏拉者举行大型祭祖仪式。第一年为人畜兴旺而祭祖，第二年为五谷丰登而祭祖，第三年又来请阿苏拉者主持祛瘟逐疫的大型祭祖仪式。阿苏拉者让其女儿莳色女扮男装前去帮忙。阿苏拉者父女俩首先在兹莫家举行咒魔驱魔仪式，历时七天七夜。其间，拉者莳色与当地的同龄人玩耍时，穿在里面的女装不小心露出，被人看见了，此事传到管家耳朵里，管家将此事悄悄告诉了兹阿维鹏鹏。兹阿维鹏鹏听后又怒又喜，怒的是拉者让一个女人来参加作毕仪式，这既违背了祖规又亵渎了祖灵，喜的是莳色天姿绝美，是“送到嘴边的肥肉”。兹阿维鹏鹏想出一个坏主意——仪式完毕后杀害阿苏拉者，并抢夺拉者莳色为妾。当兹阿维鹏鹏和心腹们商议杀掉阿苏拉者后抢夺莳色为妾的具体事宜时，被一个牧猪的家奴女童无意中听到。兹莫家中谁也不把牧猪女童当人看，视其为会说话的动物，她总是饥寒交迫，无人过问，只有阿苏拉者作毕时，会不时赐些祭神烧肉给她，关心她的吃穿等日常生活问题，她便心存感激。一天上午，阿苏拉者父女俩正在举行仪式，牧猪女童悄悄来到父女俩身边，她神情忧伤，欲言又止，阿苏拉者以为她是饿了，便告诉她，现在暂时没有烧肉，等有时再给她，她摇了摇头，却又不肯离去。阿苏拉者问她是否有话说，她点了点头，但又欲言又止。阿苏拉者感到很奇怪，突然想到兹莫家有一卷远近闻名的《解密经书》，彝语称为“哈提特依”（ꉌꄧꄯꑌ），此经书平常不显字，但只要有对兹莫不利的事、不敬的话，无论远近，它都会自动记录下来，以前不知有多少人因此暴露了对兹莫的不敬不忠之心而被杀害。阿苏拉者看到牧猪女童欲言又止，知道事情非同一般，于是找来一个高脚木盆，盛满清水，放置于地上，又找来一个有眼的背篓，反扣于高脚木盆上，笼罩住高脚木盆，又砍了一些树枝插入背篓眼孔中，制作一根中空竹管穿过背篓的眼孔插进木盒的水中，让牧猪女童含着竹管说

吉日拉目神山　立克达曲/摄

① 衣呷洛瓦屋：也称为“衣杰洛瓦屋”。

话。此时，木盆的水里边冒出气泡边发出声音：“过河弃手杖，事毕毕摩死（[illegible]，[illegible]）。”意为祭祖仪式完毕就杀死毕摩。

阿苏拉者知道兹阿维鹏鹏的歹意后，依然不动声色地举行仪式，但他做的不再是行善的祭祖送灵仪式，而是改换为行凶仪式。他开始招引神兵，招来东北山神兵，引来西南林神将，招来东方崖神兵，引来西方壑神将，向着不同方向招引神灵，向着山峰草地招引神灵。仪式进行到一定程序后，他又念诵《院坝起鹿债》，然后对兹莫说，明天早晨将会有一头梅花鹿被猎狗追撵着从仪式场上路过，如果兹莫家能够捉住这头鹿，并用来祭祖，今后必定无病无痛、无灾无祸，五谷丰登、六畜兴旺，兹莫也将全身筋骨强健；如果放过这头鹿，就会灾祸降临，兹莫恐怕还会内脏腐烂、皮肉脱落，自此衰败，子嗣灭绝。从古到今，毕摩都是神灵的代言者，兹莫听后，信以为真，急忙调集人员，准备第二天围捕这头鹿。第二天清晨，阿苏拉者父女俩在神座中央举行仪式，拉者巧设障眼迷阵，引来云雾绕峰岭，笼罩着高高的山头，引来暴雨降世间，所有的沟壑都溢满了洪水。到中午放牧时分，引来一对神犬，撵出一头梅花鹿，围着仪式神座绕了三圈，又向远方逃去。兹阿维鹏鹏家君、臣、民倾巢而出，不顾一切追捕梅花鹿，屋里只派了一名老仆坐在门口看守阿苏拉者父女。阿苏拉者父女俩便趁机逃走，起身来到门口，见老仆坐于正门上，阿苏拉者见机行事，将经书法器抛至墙外，同时口中

甘洛兹阿维鹏鹏遗址　立克达曲/摄

念道：“神签筒法帽越空过，我阿苏拉者和女儿穿门行。”父女俩便穿门而去，老仆无奈，只能眼睁睁地看着拉者父女俩离去。

下午，兹阿维鹏鹏及其随从们回到家里，阿苏拉者父女俩早已不见人影，兹阿维鹏鹏知道自己上当了。他感到非常气愤，也觉得很奇怪，到底是谁泄露了要杀毕摩的事？兹莫赶紧拿出《解密经书》来翻，上面说：

上方树枝茂盛者说，
下面水塘深蓝者说，
中间没有喉结者说；
瞪着眼睛者说，
斜着眼睛者说，
长有九个眼珠者说，
拥有无数眼睛者说；
酷酷叫者说，
凯凯喊者说。

其实经书判断得十分准确，树枝茂盛是指插入背篓眼里的树枝，深蓝的水塘是指盛满水的木盆，九个眼珠与无数眼睛是指盖在木盆上的背篓眼孔；瞪着眼睛和斜着眼睛是指背篓眼有些是规则的四边形，有些是不规则的四边形；没有喉结者是指那根竹管，“酷酷”与“凯凯”是指牧猪女童吹出的气泡声。但是兹莫根本分析不出来，他做梦也想不到是他家的一个毫不起眼的牧猪女童泄的密。深深的水塘不会说话，世上也找不到长有九个眼珠和无数眼睛的人，更不知道谁是没有喉结的人。兹阿维鹏鹏认为是这本《解密经书》失灵了或对他不忠了，一怒之下烧毁了经书。从此，《解密经书》便消失了。

因未能捕获梅花鹿，阿苏拉者父女俩也巧妙逃脱，兹莫家因此君臣互相埋怨。争吵起凶祸，挺矛互戮杀，举弓相对射，挥剑互砍杀，举石互相砸；君臣同丧身，父子齐丧命，弟兄均战死。为了逃脱暴君兹阿维鹏鹏的凶残统治，其臣民纷纷乘机逃走，包括彝族绝代美女甘莫阿妞[①]的祖父（著名毕摩阿格说祖）的儿子毕弓。

暴君兹阿维鹏鹏请阿苏拉者作毕，想在仪式结束后迫害阿苏拉者并抢占其女儿莳色，而父女俩机智逃跑的故事，文献叙述如下：

吉日拉目方，
残暴土司住，
阿维鹏鹏住，
阿维鹏鹏家，
心狠又手辣，
心黑手辣者。
阿维鹏鹏呀，
苦思又冥想，
不该思也思，
什么怪异都在想，
人间此地方，
希望别人愚，
唯有自己智，
希望别人绝，
唯有自己繁，
希望别人穷，
唯有自己富，
想起祈福祭祖灵，
要做人丁兴旺祭，
要做五谷丰登祭，
要做祛瘟逐疫祭。

阿维鹏鹏家，
请人做占卜，

① 甘莫阿妞：明朝初年出生于四川省峨边县大堡镇的彝族绝代美女，是古恒系甘尔普铁支系后裔。

测算祭祀日，
人间寻名毕。
派遣苏额奴，
派遣找毕摩，
在哪找毕摩？
找遍毕摩居住处，
找了又寻找，
找到干古甘洛处，
找到阿克峨伙家，
阿克峨伙世，
起来对苏额说：
你要去哪里？
奴隶苏额答：
我是阿维鹏鹏家，
一个奴隶人，
名字叫苏额，
我家兹莫家，
要做超度祭祖仪式，
让我来请你。
阿克峨伙说：
作毕有三种，
超度有三种，
阿维鹏鹏家，
要做什么超度仪式？
请毕摩的人说：
我家兹莫家，
要做人丁兴旺祭，
要做五谷丰登祭，
要做祛瘟逐疫祭。
要做三种超度仪式，
让我专门来请你。
阿克峨伙回答说；
我不是世袭之毕摩，
不能做人丁兴旺祭，
不能做五谷丰登祭，
不能做祛瘟逐疫祭。
所有超度毕摩中，
阿苏拉者最为精通，
那是神仙之毕摩，
请你们去寻找他。

过了那以后，
请毕摩的人，
无奈起身回，
全身缺乏力，
伤痛又恐惧，
回来给兹说：
已到毕摩家，
到了阿克峨伙家，
阿克峨伙说，
不是世袭毕，
不能做超度，
神毕仙毕有，
阿苏拉者世。
去找阿苏拉者矣。
阿维鹏鹏听以后，
听后不可再闲坐，
又派遣奴隶苏额，
去远方请阿苏拉者。

奴隶苏额啊，
走了又要走，
走到哦卓拉目[①]方，
阿苏拉者起，
对请毕摩的人说：
你从哪里来？
为何而来的？
请毕摩者说：

① 哦卓拉目：指四川省西昌市大凿山。

来自吉日拉目，
阿维鹏鹏的差使，
我家兹莫家，
要做人丁兴旺祭，
要做五谷丰登祭，
要做祛瘟逐疫祭。
要做三种超度仪式，
让我专门来请你。
阿苏拉者说：
世上残暴兹莫者，
是那兹阿维鹏鹏，
凶险无常者，
阿来比日[1]矣。
左边古恒毕，
右边邛尼毕，
我能主持人丁兴旺祭，
我能主持五谷丰登祭，
我能主持祛瘟逐疫祭。
但是毕摩到兹莫家中后，
仪式完后杀毕摩，
渡过河后弃手杖。
兹家不能毕，
若在兹家毕，
兹眼瞪毕摩，
兹口抢毕语，
兹话伤毕摩，
兹手害毕摩。
如果是这样，
毕头要搬家，
毕腰要折断，
毕摩要牺牲，
我是不能去。
请毕摩者说：
我也是兹使者，
如果毕摩不能请到家，
兹莫必杀我，
我躯成尸体，
我头要砍下。
阿苏拉者说：
听到你的话，
都是很真实，
你是可怜者，
我和你一样，
请不要伤心，
我跟你同去吧。
阿苏拉者起，
同奴隶苏额，
来到兹莫家，
到作毕家以后，
三天不停毕，
三夜不停毕，
作毕三天三夜时，
一个牧猪童，
对毕说穷语：
我家兹莫家，
祭祖完以后，
要去杀毕摩，
渡河的时候，
要去蹬毕摩，
要抢女儿时色为妾。

拉者知晓内情后，
改变诵经的内容，
左方招洛神，
洛神也招来，
右方招朵神，
朵神招也来。
各方神灵到齐后，

① 阿来比日：为岭光电土司的远祖。

[illegible]，　背负经书与法器，
[illegible]，　又请山峰江河神，
[illegible]，　向东念三天，
[illegible]；　招来太阳神；
[illegible]，　向西念三天，
[illegible]；　招来月亮神；
[illegible]，　向北念三天，
[illegible]；　招来尼弥神；
[illegible]，　向南念三天，
[illegible]；　招来辟弥神；
[illegible]，　向贡嘎山念三天，
[illegible]，　贡嘎山那山峰，
[illegible]；　招出独角锦鸡来；
[illegible]，　向布尔日罗念三天，
[illegible]。　招出红腹枣母鹿来。
[illegible]：　阿苏拉者说：
[illegible]，　这头红腹枣母鹿，
[illegible]，　如果能逮住，
[illegible]，　人丁便兴旺，
[illegible]，　如不能逮住，
[illegible]。　人丁便灾难。
[illegible]，　兹阿维鹏鹏家，
[illegible]，　听到此言后，
[illegible]，　屋上所有兹敏来，
[illegible]，　中间叫百姓，
[illegible]，　所有百姓起，
[illegible]，　屋下住奴隶，
[illegible]，　所有奴隶起，
[illegible]，　所有群众都起程，
[illegible]。　去抓红腹枣母鹿，
[illegible]，　所有人员都齐去，
[illegible]，　追赶红枣母鹿时，
[illegible]，　拉者莳色俩，
[illegible]，　立即起身逃，
[illegible]，　飞快速度跑，
[illegible]，　父女那两人，
[illegible]。　向着家里方向跑。①

兹阿维鹏鹏在世时残暴无情、胡作非为、失去民心，人们极其憎恨他。因此，当他准备向阿苏拉者下手时，在以牧猪女童为代表的下层平民的帮助下，阿苏拉者父女俩乘乱逃出，躲过一劫。为了躲避追杀，阿苏拉者父女俩逃跑时不敢走大路，也不敢回西昌老家，而是走小路往偏远的美姑县方向避难。他们穿越高山密林，躲避凶禽猛兽后到达美姑，从此在美姑洛莫依达定居，直至逝世。

据传，在逃离途中，阿苏拉者父女俩跑了一天后，来到甘洛县和美姑县交界处美姑境内的毕古罗阿姆的一个岔路口，两人又累又饿，阿苏拉者觉得已经跑得足够远了，兹莫家的人应该不会再追上来了，便停下来休息。拉者叫女儿莳色爬到树上放哨，自己在树下烧火煮米粥。米粥烧沸后从铜锅里溢了出来，树上的女儿看见了，忙说："出来了，出来了。"阿苏拉者以为是兹莫家的兵追出来了，慌忙把正煮着的米粥全部倾倒于地，那白花花的米粥瞬间变成了一片白花石。后来此处遍地都是白花花的石头，后人称此地为"阿扎尔曲"，即白花石地，人们走过此处时都会感叹："这里曾是阿苏拉者和莳色父女俩休息煮饭的地方啊！"

阿苏拉者父女俩到美姑定居后，举行了大型的诅咒仪式，诅咒欲杀毕摩、抢夺其女儿为妾的兹阿维鹏鹏。此后，兹阿维鹏鹏家，不仅与外部械斗，而且发生内讧，互相残杀，尸首成堆，血流成河，从此绝嗣。

《凉山罗彝考察报告》也有相关记载："阿

① 史志义、呷乌苏、阿西就布，《甘莫阿妞》，第6-16页，四川民族出版社，1990年。

苏拉者，神通广大，诅山山崩，诅河河竭。曾有格兹莫者（兹阿维鹏鹏），家宅不靖，就请于拉者。契其女往，女亦为毕摩，且美妙绝伦，其所钟爱也。兹莫艳羡之，阴欲杀其父而娶其女。事为婢所闻，婢尝有宝刀一具，阴藏山中，为主人所夺，向憾之，欲泄其秘密。主人有无字天书一册，能知一切阴密，婢惧不敢告，只略示意于拉者，坚请道其详，婢终不敢言。拉者曰‘无伤’，乃取覆一个竹筐于地，使婢蹲身其下，其上置清水一盆。篮因多孔，又以九节竹管通。从篮孔纳入，使婢含竹而言。婢曰：‘过河则手杖弃，事毕则毕摩死。’拉者惧，欲逃，乃反其道而行之，大施诅咒。又以木碗两个，化为两鹿，从山中跳跃而来。语众曰：‘得鹿则倡，失鹿则亡。’兹莫率众追鹿，拉者乘间逃走。兹莫逐鹿至山中三日夜，卒不得。并反而拉者在逃，知有人泄其事，取书觇之。书言，泄事者，全身具目，口有九管，似为一清水池塘。兹莫恶其荒诞，焚其书。”

阿苏拉者与兹阿维鹏鹏的这场较量，也波及了当时凉山三大毕摩（阿苏拉者、阿格说祖及阿克峨伙）之一的阿格说祖。彼时，阿格说祖与兹阿维鹏鹏居住在吉日拉目山麓的同村，是兹阿维鹏鹏的庶民，也是彝族美女甘莫阿妞的祖父。阿格说祖的儿子毕弓毕库是兹阿维鹏鹏的官兵，被兹阿维鹏鹏派遣去追捕枣鹿时，因没有逮住红腹枣鹿，为了躲避兹莫的残害，与其弟毕弓毕时、父亲阿格说祖等被迫离开原住地吉日拉木（凉山甘洛县），迁徙到现乐山市峨边县大堡镇金岩山麓。甘莫阿妞便在风景如画的峨边金岩山麓出生。甘莫阿妞的祖父一家被迫迁徙到峨边县大堡镇金岩山麓的经过，经文叙述如下：

[彝文]，	阿格说祖孙，
[彝文]，	毕弓毕库世，
[彝文]，	牵马上鞍子，
[彝文]，	骑着白骏马，
[彝文]，	追赶红母鹿，
[彝文]，	追到司解瓦干，
[彝文]：	马对骑主说：
[彝文]，	不要追那鹿，
[彝文]，	若是追到那头鹿，
[彝文]，	也是不能抓的鹿，
[彝文]，	如果能抓到，
[彝文]，	也要不能吃，
[彝文]。	那是只山神鹿。
[彝文]，	那头神母鹿，
[彝文]，	喉结分九节，
[彝文]，	即使一节能吃，
[彝文]，	另一节不能吃，
[彝文]，	如能抓住它，

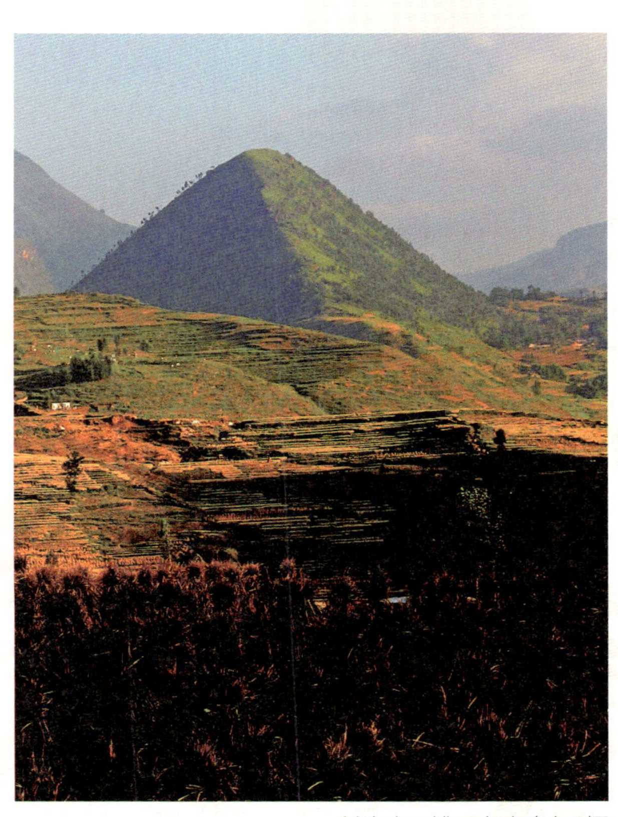

甘洛吉日博　吉孜哈土 / 摄

抓者换（死）九人。
毕弓毕库想，
骑马能说话，
那是怪异矣，
抽刀砍马头，
马头落下地，
马尸地上转。
转到家里来，
叫到弟毕时，
弟兄俩商量，
吉日拉目方，
不是人住地，
他处找耕地，
他处找住地，
寻找耕牧地，
来到峨边河谷旁。

峨边河谷旁，
金岩山麓处，
毕弓毕时家，
迁到峨边住，
毕时儿子摩哈生，
女儿阿妞在此诞。
从此那以后，
毕弓子三家，
九代祖辈德古在此渡，
九代骏马在此骑，
祖辈屋基在此奠，
子孙发展在此延。[1]

（二）惩治强盗阿兹鞍莫

阿兹鞍莫，姓纳甲，名阿兹，是一名臭名昭著的强盗。“鞍莫”为彝语，是五妾（家）之意，属古恒系后裔。阿兹鞍莫曾住驷艺洛沽（今昭觉县乌坡乡境内），此地地势险要，山高坡陡，美姑河流经驷艺洛沽山麓，河水湍急，不易渡河，特别是妇女、老人与小孩很难渡过。河上有座独索桥，是人们过往的必经之路。阿兹鞍莫有五妾，每妾有三子，共有十五子。他凭借子多势强，并利用险要地势霸占桥头，敲诈勒索过往行人。他故意在桥上设立织布机（织羊毛布）阻挡行人，并专门派人守住独索桥，不管什么人过桥，都要交纳银锭方能过桥。德布子孙过往也受阻，德施子孙过往也受阻，古恒子孙过往也受阻，邛尼子孙过往也受阻。一代毕摩宗师阿苏拉者过桥也不例外，经过交涉无果，阿苏拉者父女俩无奈之下只得绕到河边涉水渡河，而经书法器是神物，从桥下经过会染污秽，只能请人从桥上抛过去。最后，阿苏拉者无奈只能涉水过河，其神铃却在抛扔过程中神秘地隐遁了。

拉者莳色父女俩无奈返回家中，拉者施法诅咒歹人阿兹鞍莫家。

毕摩文献《颂毕祖·阿苏拉者》记载，阿兹鞍莫称霸一方，为非作歹、欺压百姓，敲诈勒索过桥者，后被阿苏拉者诅咒惩处的经过记载如下：

阿苏拉者世，
游走呀游走，
游走到何处？
来到驷艺洛沽[2]方，
驷艺洛沽方，
住阿兹鞍莫家，
一妻有三子，

① 史志义、呷乌苏、阿西就布，《甘莫阿妞》，第6-16页，四川民族出版社，1990年。

② 驷艺洛沽：古彝地名，又叫“驷伍尔甲”，在今四川省昭觉与美姑两县交界处，位于昭觉县乌坡乡境内的美姑大桥对面。

[illegible]　二妾有六子，
[illegible]　三妾有九子，
[illegible]　四妾有十二，
[illegible]　五妾有十五，
[illegible]　非常之残暴，
[illegible]　非常之霸道。
[illegible]　索桥宽又畅，
[illegible]　彼岸请人守，
[illegible]　此岸织机守，
[illegible]　桥下不准过，
[illegible]　桥上不准过，
[illegible]　专门抢劫人，
[illegible]　专门勒索人。
[illegible]　阿苏拉者啊，
[illegible]　听到此事后，
[illegible]　是否有此事，
[illegible]　如是要这样，
[illegible]　专克阿兹鞍莫家。
[illegible]　驷艺洛沽方，
[illegible]　阿兹鞍莫家，
[illegible]　索桥宽又畅，
[illegible]　三年组织机，
[illegible]　三月立织桩，
[illegible]　织桩犹如星密布，
[illegible]　织经犹如彩虹悬，
[illegible]　梭子犹如蜜蜂穿，
[illegible]　织板犹如鱼獭翻身游。

[illegible]　阿苏拉者说，
[illegible]　我同莳色要过桥，
[illegible]　无论如何不让拉者过，
[illegible]　说左方德布来要阻，
[illegible]　说右方德施来也阻，
[illegible]　阿哲乌萨两家来也阻，
[illegible]　左方古恒来也阻，
[illegible]　右方邛尼来也阻，
[illegible]　阿苏拉者来也阻。
[illegible]　拉者莳色两个人，
[illegible]　神筒法帽必须织上过，
[illegible]　经书法网必须机上过，
[illegible]　拉者莳色两位呀，
[illegible]　不得不织机下面钻呀。

[illegible]　拉者莳色两个人，
[illegible]　走呀不断地行走，
[illegible]　走到勒木寺乌[1]时，
[illegible]　三天寻找诅咒之牺牲，
[illegible]　三晚寻找反咒之牺牲，
[illegible]　三天准备筑神座，
[illegible]　三天砍伐神座枝，
[illegible]　三天准备神座垫。
[illegible]　三天寻找牛马畜，
[illegible]　牛马找到三百头，
[illegible]　三天寻找公绵羊，
[illegible]　找到三百公绵羊，
[illegible]　三天寻找公山羊，
[illegible]　找到三百公山羊，
[illegible]　三天寻找咒公猪，
[illegible]　找到三百头公猪，
[illegible]　三天寻找红公鸡，
[illegible]　找到三百只公鸡。
[illegible]　勒木寺乌森林茂，
[illegible]　勒木神地长神树，
[illegible]　在艺泽罗摩砍下神树枝。
[illegible]　勒木神地存神石，
[illegible]　勒木黑色磐石方，
[illegible]　捡拾三个净淬石。
[illegible]　勒木神地流神水，

① 勒木寺乌：古彝地名，位于凉山州美姑县九口乡境内。

百觉举提河水中，
舀出三碗沏茶水，
敬献地四方。
阿苏拉者啊，
大型施咒术，
施向驷艺洛沽方，
阿兹勒莫家。

阿苏拉者啊，
三日招森神，
森神左方来，
森神整齐坐下来。
三日招林神，
林神右方不断来，
林神快速站成排；
三日呼崖神，
崖神左方来，
崖神整齐坐下来。
三日唤蜇神，
蜇神右方来，
络绎不绝来，
蜇神快速站成排；
三日招江神，
江神左方来，
江神整齐地坐下。
三日唤河神，
河神右方来，
络绎不绝来，
河神快速站成排；
三日招草神，
草神左方来，
草神整齐坐下来；
三日唤地祇，
地祇右方来，
络绎不绝来，
地祇快速站成排。
三日向东呼，
东方响震雷，
三日向西唤，
西方下阵雨；
三日向北呼，
北方鸣震雷，
三日向南唤，
南方下阵雨，
天神地祇引，
引向阿兹鞍莫家。

阿兹鞍莫家，
进入挑拨离间者，
心黑挑拨者进门，
心毒离间者进家。
夫妻两口子，
只因琐事争，
只因粥饭不稠争，
舀粥烫对方。
荞馍未熟争，
抓馍互相砸，
首次差点斗。
宗与族两家，
只因琐事争，
只因地界不清争，
两次差点斗。
主与奴两家，
只因使唤不勤争，
彼岸说已出来，
此岸说还未来，
三次差点斗。
姻与亲两家，
只因琐事争，
骏马黄金争，

只因吝啬慷慨争，
你多我少争，
四次差点斗。
君与民两家，
只因琐事争，
只因看守领地争，
五次差点斗。
亲与戚两家，
只因琐事争，
妇人闲话争，
母猪偷吃庄稼争，
六次差点斗。
父与子两个，
只因琐事争，
牛羊逃圈争，
七次差点斗。
敌与仇两家，
只因琐事争，
案件判决争，
拔剑相互砍，
抽矛相互杀，
拉弓相互射，
捡石相互砸。
人血成泥浆，
尸体遍地堆，
八天九夜如此斗。

阿苏拉者啊，
诅咒仪式完毕以后，
过了二七十四日后，
阿兹鞍莫家，
牛日便响雷，
虎日便起雾，
兔日便乌云，
龙日暴雨倾盆下，
蛇日山上涨洪水，
马日江河洪水滚，
羊日洪水围房屋。
阿兹鞍莫家，
彼岸三人诱，
说要渡过去，
此岸三人诱，
说要涉过来。
北方推搡用来推，
南边拉绳用来拉，
彼岸推搡用来推，
此岸木钩用来钩，
阿兹鞍莫家，
相互间携手，
父亲携子手，
夫妻携手渡，
兄携弟之手，
身前有拉的，
身后有推的，
又推又有拉，
拉到江河中，
黄白公蜮拽，
黑白母蜮接，
黑白母蜮拽，
蓝色子蜮接，
蓝色子蜮拽，
绿色子蜮吞下腹，
子蜮游到水尾方，
潜藏磐石下方处。

驷艺洛沽阿兹鞍莫家，
父尸漂到水尾夹，
母尸漂移水头堵，
子尸河中石块夹。
白天没闻牛叫声，

[illegible]，　夜晚没闻犬叫声，
[illegible]，　白天没闻鸡鸣声，
[illegible]。　夜晚没见烧柴火。
[illegible]，　羊死弃于高山，
[illegible]，　牛死弃于坪坝，
[illegible]，　猪死弃于沼泽，
[illegible]，　尸体漂移南方水尾，
[illegible]。　夹藏磐石隙缝处矣。

[illegible]，　阿兹鞍莫家，
[illegible]，　派遣诸男丁，
[illegible]，　日夜找尸体，
[illegible]，　三日向北寻，
[illegible]，　三日向南找，
[illegible]，　三日沿江找，
[illegible]？　找到尸体否？
[illegible]，　一直没找到，
[illegible]，　过后二七十四日后，
[illegible]，　找到烂尸体，
[illegible]，　水尾那地方，
[illegible]，　乌鸦当曲毕[1]，
[illegible]，　喜鹊当诺毕，
[illegible]，　山鹧送灵者，
[illegible]，　诸蛙当献畜，
[illegible]，　沙石做寿饭，
[illegible]，　水草做寿衣，
[illegible]，　草秆插筑白神座，
[illegible]。　蒿秆插筑黑神座。
[illegible]，　三日白色神座来祛秽，
[illegible]，　祛也黑漆漆，
[illegible]；　不祛黑漆漆；
[illegible]，　三日黑色神座来祛秽，
[illegible]。　祛也黑漆漆。
[illegible]，　不祛黑漆漆，
[illegible]，　三次向下祛，

---

① “乌鸦”“喜鹊”“山鹧”等当毕摩的意思是尸体无人过问，任由这些野生动物啄食。

[illegible]，　向着草原茫，
[illegible]，　竹林深处祛，
[illegible]，　祛也黑漆漆，
[illegible]；　不祛黑漆漆；
[illegible]，　三次身上祛，
[illegible]，　向着柏杉林，
[illegible]，　樱桃林处祛，
[illegible]，　祛也黑漆漆，
[illegible]。　不祛黑漆漆。
[illegible]，　阿兹鞍莫诸子孙，
[illegible]，　全部溺水，
[illegible]。　漂向水尾磐石隙缝处。
[illegible]，　阿苏拉者啊，
[illegible]，　战胜强盗阿兹鞍莫，
[illegible]，　我毕如此灵，
[illegible]。　此乃立七功。

[illegible]，　谋害毕摩者灭绝，
[illegible]，　甲谷甘洛方，
[illegible]，　兹阿维鹏鹏已灭绝，
[illegible]，　戏弄毕摩者灭绝，
[illegible]，　阿伙柳艺刘[1]牧者灭绝，
[illegible]，　阻挡毕路者灭绝，
[illegible]，　阻碍摩路者灭绝，
[illegible]，　驷艺洛沽方，
[illegible]。　阿兹鞍莫家灭绝。[2]

经阿苏拉者施咒惩处后，专门敲诈勒索行人的阿兹鞍莫全家死于非命，从此绝嗣。《凉山罗彝考察报告》也有相关记载：“拉者至一女家村（驷艺洛沽），有一桥，群女坐桥而织，假道不得。乃曰：‘我从桥下涉水，乞汝等将吾经书由桥上递给。’群女以机板接递而戏。递至最后一个老妇，曰：‘汝等不恭甚。’俯首拾经恭奉

①刘：不是指汉姓刘，而是指一个已消失或被同化的少数民族的姓氏。

②《彝文典籍集成》（四川卷），第3840-3845页，四川民族出版社出版，2015年12月。

拉者神铃隐遁的勒猪则峨山峰，立克达曲 / 摄

给拉者。拉者曰：‘天地间乃有此善人。吾语汝，滂沱为灾，汝速避之。’乃至山顶，插柴枝于土，向村而咒，撒沙三把。无何，洪水泛滥，全村淹没，仅免老妪家。老妪邀至其家，杀鸡享之。饱食后，离主人而去。入深山，女口渴乞饮，山中无井，就委图（巫法棒）筑地成井，清泉不可胜食”。[①]

毕摩是为人们谋福祉的行善者，是沟通人神的使者，是神职人员，应受尊重，禁忌蔑视与谋害毕摩。谋害毕摩者绝嗣，甲谷甘洛暴君兹阿维鹏鹏已灭绝；阻拦毕摩过往者绝嗣，驷艺洛沽阿兹鞍莫已绝嗣。

虽然阿苏拉者惩处了歹人阿兹鞍莫，然而其涉水过河，已沾染污秽，上岸后他急忙寻找经书法器，其神铃却已遁世离群。神铃落到牟孜千拖后，随即遁隐至革额瓦普悬崖中，阿苏拉者追到革额瓦普崖下时，神铃遁隐至峨慕鹫杜大山中，追到峨慕鹫杜山下时，神铃又遁隐至驷艺阿莫大山中，后又遁隐到勒狢则峨[②]雪山中，阿苏拉者神铃自此消失，无处觅。后四川美姑县有村民在山中捡拾一神铃，疑似阿苏拉者的神铃，现存放在四川省美姑县毕摩文化研究中心。

三、捕杀孽兽，为民除害

彝族曾是游猎民族，有着非常悠久的狩猎历史，积累了丰富的狩猎经验和知识，形成了独具特色的狩猎技巧与习俗。康熙《蒙化府志》载：“土著乌爨也，为哀牢九族之一，多依山谷，聚族而居。甘淡泊，习勤苦，喜射猎，善牧养。”彝族民歌中唱道：“前面赶着羊群，背上背着野鸡，后面牵着猎狗，狩猎人没有断过野味。”清嘉庆《马边厅志略》也有记载：“夷（彝）性好猎”，“出入多以柴弓相随”“必俟其可及而后发，发无不中，又每以药水煎煮其镞，中者立毙。”说明狩猎是当时四川马边等地彝族的一项重要文化内容及生产（生活）活动，且狩猎技术颇精。

阿苏拉者不仅是一位毕摩大师，也是一位狩猎技术精湛的猎手。当时，大小凉山森林茂密，古树参天，猛兽横行，时常袭击人类，严重威胁着人们的生命财产安全，人们不敢随意出门探亲访友。许多地方猛兽专门袭击过往行人，民众恐慌不已。当地老百姓纷纷请求阿苏拉者帮忙解决此难题，阿苏拉者不负众望，挺身而出，捕杀猛兽孽禽，为民除害，使人们过上了安乐的生活。阿苏拉者与猛兽孽禽斗智斗勇的故事，不胜枚举。

（一）捕杀滇池吞人蟒

阿苏拉者游毕四方，来到昆明滇池湖边时，滇池湖边蟒蛇猖獗，其中公、母、子蛇三条最猖狂，见人就追，追到就将人缠绕窒息至死，死后即吞食。人人都恐惧，池旁无人居，村庄无炊烟，野外无行人，田地均荒废，滇池成死湖。为除掉孽蟒，阿苏拉者与众人一起设下白、花、黑三色锋利的铡刀，安在滇池湖边。湖边众孽蛇，早上涌入白色铡，下午涌入花色铡，傍晚涌入黑色铡。蛇首纷纷落，蛇血潺潺流，砍下蛇头堆成山，剥下蛇皮挂满九匹崖。为民除害积阴德，此乃拉者大师第一功。

根据毕摩文献《颂毕祖·阿苏拉者》记载，阿苏拉者智捕孽蟒叙述如下：

ꀉꌒꆷꍈꁧ，	阿苏拉者世，
ꐛꐚꐛꇬꑍ，	游走呀游走，

① 马长寿，《凉山罗彝考察报告》，第670页，四川出版集团、巴蜀书社，1940年。

② 勒狢则峨：位于乐山市马边县高卓营乡大风顶境内的一座名山，海拔3860米，森林茂密，古树参天，生长有冷云杉、珙桐、筇竹等，境内栖息有大熊猫、雪豹、四川山鹧鸪、白鹇等珍贵野生动物。

游走与谁斗？
来到滇池[1]湖，
滇池湖海边，
说是蟒蛇太猖獗，
三条公母子蛇最猖獗，
专门追咬过往人，
追到就咬住，
咬住就吞食。
阿苏拉者世，
拟要猎捕孽蟒蛇，
创制捕蛇之铡刀，
设计铡刀来夹蛇，
设计三个夹蛇之铡刀，
创制白花黑[2]三个铡刀，
施法孽蟒过铡刀，
孽蛇公母子，
爬呀爬过来，
早晨涌入白色铡刀中，
中午涌入花色铡刀中，
下午涌入黑色铡刀中，
蛇死未看见，
蛇头纷纷落，
蛇尸团团滚，
蛇血潺潺流。
蛇首三百个，
砌成一排排，
蛇皮三百张，
崖上挂一排。

① 滇池：彝语称为“迪泊伙诺”，亦称昆明湖、昆明池、滇南泽、滇海。在昆明市西南，有盘龙江等河流注入，湖面海拔1886米，面积330平方千米，是云南省最大的淡水湖，有“高原明珠”之称，为长江上游干流金沙江支流普渡河上源。平均水深5米，最深处8米。湖水在西南海口泄出，称螳螂川。

② 白花黑：不是指具体的颜色，而是毕摩常用的术语，一般指从浅到深，寓意事情从易到难的发展过程。

阿苏拉者世，
来到滇池湖海边，
战胜孽蟒蛇，
此乃立一功。[3]

（二）捕杀食人孽豹

吉日南木，又名吉日波山，位于甘洛县东南部，紧挨美姑县，其山峰顶呈金字塔形，彝文文献《勒俄特依》中记载其为洪水淹没天下时，世界仅存的几个山顶之一。当时有条甘洛到美姑的便捷之路，许多人通过此路探亲访友。然而，吉日山上森林茂密，古树参天，森林里栖息着许多豹，时常袭击过往的人。吉日山成为孽豹最猖獗之地，其中公、母、子三只豹最猖獗，见人就追捕，捕到就咬住，咬死即撕食，见尸即撕食。阿苏拉者挺身而出，除孽豹之患。他配制白、花、黑三种毒药水，置于吉日南木大山下。山中众孽豹，早晨纷纷涌向白毒水，下午涌向花毒水，傍晚涌入黑毒水。豺首纷纷落，豹尸团团滚，豹血潺潺流。阿苏拉者大宗师，砍下豹头当珠串，剥下豹皮挂满九匹崖，砍下豹腿当筷子。为民除害积阴德，此乃拉者大师第二功。

根据毕摩文献《颂毕祖·阿苏拉者》记载，阿苏拉者智捕孽豹叙述如下：

过后某一日，
阿苏拉者世，
游走呀游走，
游走与谁斗？
制服孽豹子，
吉日山森林，
豹子极凶猛，

③《彝文典籍集成》（四川卷），第3840-3845页，四川民族出版社出版，2015年12月。

[illegible]	其中公母子三个最凶恶，
[illegible]	下方人们不敢过，
[illegible]	上方人们不敢去，
[illegible]	又克凶豹子。
[illegible]	制作四碗毒药水，
[illegible]	放置地四方，
[illegible]	孽豹进入放毒区，
[illegible]	喝了毒药水，
[illegible]	豹尸滚滚转，
[illegible]	豹毛如云飘，
[illegible]	豹头三百个，
[illegible]	制成一串珠来戴，
[illegible]	豹腿三百条，
[illegible]	制作筷子来使用，
[illegible]	豹皮三百张，
[illegible]	挂满一长排，
[illegible]	豹首当作毕头望，
[illegible]	三百豹尾当神扇，
[illegible]	豹皮三百毕坐垫。
[illegible]	赞扬毕祖叙凶豹，
[illegible]	凶豹已制服，
[illegible]	此乃立二功。[①]

（三）猎捕食人孽虎

拉哈液乌[②]森林里，栖息着许多猛虎，它们依靠灵敏的嗅觉时刻搜寻着人或动物的气味，许多路人都被猛虎追咬，咬死便撕食。无数人因此而丧命，人人怕孽虎，村寨无炊烟，路上无行人，牧场不见畜，田地均荒废。此时，人们想起捕猎高手阿苏拉者，在当地民众的邀请下，阿苏拉者应邀来到该地，专门制作了白、花、黑三色暗弩，安放在拉哈液乌水头、水尾两处。那些凶猛的孽虎早晨被白弩射出的白矢所射杀，中午被花弩射出的花矢所射杀，下午被黑弩射出的黑矢所射杀。虎头纷纷落，虎尸团团滚，虎血潺潺流，虎毛如云飞，虎血染红了拉哈液乌奔腾的河水。阿苏拉者大毕摩砍下虎头当珠串，剥下虎皮挂满九匹崖，砍下虎腿当筷子。为民除害积阴德，此乃拉者大师第三功。

阿苏拉者智杀食人孽虎的经过，毕摩文献《颂毕祖 · 阿苏拉者》记载如下：

[illegible]	过后某一日，
[illegible]	阿苏拉者世，
[illegible]	游走呀游走，
[illegible]	游走与谁斗？
[illegible]	来到拉哈液乌。
[illegible]	拉哈液乌方，
[illegible]	虎患最猖獗，
[illegible]	其中三只孽虎最凶猛，
[illegible]	公母子三猛虎最猖獗，
[illegible]	专捕过往人，
[illegible]	抓住就撕咬，
[illegible]	咬死后食之，
[illegible]	下方没人过，
[illegible]	上方没人往，
[illegible]	躲避食人虎。
[illegible]	阿苏拉者呀，
[illegible]	专到拉哈液乌方，
[illegible]	制作许多弩，
[illegible]	施法于弩机，
[illegible]	架起白花黑三色弩，
[illegible]	凶猛那三虎，
[illegible]	来呀一起来，
[illegible]	白弩首先射，
[illegible]	花弩箭射中，

① 《彝文典籍丛书》（第5卷），第3520页，四川出版集团、四川民族出版社，2009年12月。

② 拉哈液乌：地名，位于四川省凉山州昭觉县四开乡境内。

黑弩箭射死，
虎倒未看见，
虎尸团团滚，
虎血潺潺流，
虎血三百盆，
三天三夜流，
虎毛飘四方，
虎头三百个，
阿嘎勒陀[1]方，
堆成一排石墙高，
虎皮三百张，
驷匹格伙方，
挂满悬崖成一排，
虎血三百盆，
西昌那盆地，
犹如河水潺潺流，
虎首当作毕法帽，
虎尾当作毕神扇，
虎腿当作毕筷子，
虎眼当作毕眼睛，
虎皮当作毕坐垫，
虎腿三百条，
撑住地四方，
毕摩更敏捷。
阿苏拉者啊，
智胜拉哈液乌吃人虎，
我等毕摩法力如此高，
此乃立下赫赫三次功。

（四）猎捕食人黑熊

现四川省昭觉县境内有个名叫峨寺罗摸的地方（有的经书中称为“峨驻博凉”），此地山高坡陡，森林茂盛，水源充足，野生动物资源极为丰富，其中黑熊众多，熊患成灾，专门追捕过往的行人。其中公、母、子三只熊最猖獗，见人就捉，捉到就撕，撕下就吃，残忍至极。村寨无炊烟，路上无行人，牧场不见畜，田地均荒芜。为了除熊患，阿苏拉者被邀请到峨寺罗摸山坡，专门制作了白、花、黑三色活木笼，安放于峨寺罗摸斜坡上。坡上众孽熊，早晨纷纷涌入白色笼，下午涌入花色笼，傍晚余熊涌入黑色笼。熊首纷纷落，熊尸团团滚，熊血潺潺流。阿苏拉者将黑熊献祭给祖先后，把熊头当作枕头，熊尾当作拂尘，熊皮当作垫褥，熊眼串成珍珠来佩戴。为民除害积阴德，此乃拉者大师第四功。

毕摩文献《颂毕祖・阿苏拉者》记载如下：

阿苏拉者世，
游走呀游走，
游走与谁斗？
来到峨寺罗摸。
峨寺罗摸方，
孽熊成泛滥，
其中三头最猖獗，
公母子猖獗之孽熊，
专捉过往人，
捉到就撕食，
下方无人过，
上方无人往。
阿苏拉者世，
拟猎捕那些孽黑熊，
安置白花黑三木笼[2]，
早晨涌进白木笼，

① 阿嘎勒陀：古地名，又叫“阿嘎李陀”，指云贵高原，这里泛指高山地带。

② 木笼：四川凉山地区民间专门用来猎捕猛兽的笼子，用粗大的木棒制作而成。笼子里面装有诱食，猛兽进去时触发开关，大门自动关上使其无法逃脱。

[illegible]，　中午进入花木笼，
[illegible]。　下午关进黑木笼。
[illegible]，　未见孽熊死，
[illegible]，　熊首纷纷落，
[illegible]，　熊尸团团滚，
[illegible]，　熊血潺潺流，
[illegible]，　熊血三百盆，
[illegible]，　三天三夜流，
[illegible]，　熊毛纷纷脱，
[illegible]，　熊头三百个，
[illegible]，　阿嘎勒陀方，
[illegible]，　堆砌一排排石垒，
[illegible]，　熊皮三百张，
[illegible]，　驷匹嘎豁方，
[illegible]，　曾经挂满一排崖，
[illegible]，　熊血三百盆，
[illegible]，　西昌那地方，
[illegible]，　熊血曾经潺潺流，
[illegible]，　熊头曾当毕头望，
[illegible]，　熊尾当作毕神扇，
[illegible]，　熊脚当作毕用具，
[illegible]，　熊眼镶毕眼，
[illegible]。　熊皮当毕垫。
[illegible]，　颂毕叙凶熊，
[illegible]，　凶熊已制服，
[illegible]。　此乃立四功。

（五）猎捕叼食小孩的巨雕

今四川省凉山州昭觉县特口甲谷乡境内有一个名叫雕拉特口的地方， 此处山峰高大，巨峰顶栖息着群居的巨雕，这些巨雕体型庞大，爪子锐利，喜捕食中等体型的动物，其中一些孽雕，时常袭击老人和小孩。这些巨雕眼睛不停地巡视每一个路口，只要有老人和小孩经过，它们就会从山峰处起飞，利箭般穿梭而下，锋利的爪子一瞬间将路人刺穿，被刺穿的人因流血过多而死亡，雕见尸体即啄食。人们不敢经过雕拉特口及其附近，村寨无炊烟，田地均荒废，牧场不见畜。阿苏拉者大宗师听到此事后，为除孽雕患来到雕拉特口，专门编织白、花、黑色三副拴套猛禽巨雕的大套网，悄悄安置在巨雕常出没的地方。山上众孽雕，早晨落入白套中，中午飞落花套中，傍晚飞落黑套中。雕头纷纷落，雕尸团团滚，雕羽满天飞，雕血潺潺流。阿苏拉者大毕摩，砍下雕头做饰物，剥下雕皮挂满九匹崖，砍下雕腿当筷子。后来，这些巨雕多数被套住，未套住的也不敢再猖獗地袭击人类，当地人们过上了安宁的日子。为民除害积阴德，此乃拉者大师第五功。

根据毕摩文献《颂毕祖 · 阿苏拉者》记载，阿苏拉者智捕巨雕的过程叙述如下：

[illegible]，　阿苏拉者世，
[illegible]，　游走呀游走，
[illegible]？　游走到何处？
[illegible]，　来到雕拉特口，
[illegible]，　雕拉特口方，
[illegible]，　猛雕太猖獗，
[illegible]，　三只雕最猖獗，
[illegible]，　公母子孽雕最猖獗，
[illegible]，　三只孽鹰雕，
[illegible]，　见人猛袭击，
[illegible]。　死后即啄食。
[illegible]，　阿苏拉者世，
[illegible]，　与猛雕决斗，
[illegible]，　编织三副套，
[illegible]，　拟套猖獗雕，
[illegible]，　安置三副套，
[illegible]，　置于雕拉特口方，
[illegible]，　施法三副套，

三只孽雕之母子，
飞呀飞下来，
早晨落入白色套，
中午落入花色套，
下午黑色套套住。
雕首纷纷落，
雕尸团团转，
雕毛四处飞，
雕血潺潺流，
雕血三百盆，
西昌那地方，
犹如河水潺潺流，
雕首三百个，
阿嘎勒陀方，
砌成一排石垒高，
雕皮三百张，
驷匹嘎伙方，
挂满悬崖成一排。
雕腿三百条，
撑住地四方。
雕首祭献毕，
毕摩更敏捷，
雕尾制神扇，
雕腿制筷子，
雕皮当毕垫，
雕眼祭毕眼，
毕眼更明亮。
阿苏拉者世，
曾经制胜孽雕群，
此乃立下五次功。
颂毕叙述猛鹰雕，
叙述赞颂鹰雕神。

（六）砍死拽人溺死的水蜮

水蜮又叫“魔蜮”，传说是一种生活在水里暗中害人的水怪，彝语称为“举”（[illegible]）。生活在江河湖海中的水蜮会变成各种引诱物把人引向水边，然后将人拽入水中溺死。当时，位于四川省凉山州美姑县九口乡境内的一条叫百觉举提[1]的河中生活着许多水蜮，这些水蜮极为猖獗，其中公、母、子三个水蜮最猖獗，只要有人涉河就会被其拽入河中溺死并被吞食。为除水蜮之患，阿苏拉者专门请人寻找无患子[2]、种植无患子，用来封死水蜮嘴，创制四种专门砍蜮的刀剑，经与水蜮斗智斗勇，最终砍死水蜮。为民除害积阴德，此乃阿苏拉者大师第六功。毕摩文献《颂毕祖·阿苏拉者》记载：

后来某一日，
阿苏拉者世，
游走呀游走，
游走到何处？
与水蜮决斗，
百觉举提方，
水蜮极猖獗，
三条水蜮凶，
其中三条公母子，
水蜮极猖獗，
专拽涉河人，
下方拽涉者，
上方拽渡者。
阿苏拉者世，
又与水蜮决斗，

① 百觉举提：为河名，是美姑河上游支流，位于四川省凉山州美姑县九口乡境内。

② 无患子：落叶乔木，别名黄金树、洗手果、苦患树、木患子、油患子、肥珠子、肥皂树、假龙眼、鬼见愁等，高可达20余米，树皮灰褐色或黑褐色，果近球形，直径2～2.5厘米，橙黄色，干时变黑。彝语称无患子为“弩尔”，其果称为“弩尔麻麻”，彝族民间认为其能辟邪，特别是能制服水蜮，因此，彝族民间常把“弩尔麻麻”戴在小孩身上以避邪。

[illegible]，　创制四种砍蜮之刀剑，
[illegible]，　种植四株无患子，
[illegible]。　种在地四方。
[illegible]，　三条公母子水蜮，
[illegible]，　抽剑砍公蜮，
[illegible]，　拉弓射母蜮，
[illegible]，　无患子塞入水蜮嘴，
[illegible]，　公蜮嘴尖尖，
[illegible]，　母蜮脸鼓囊，
[illegible]。　子蜮脚斜斜。
[illegible]，　蜮首三百个，
[illegible]，　毕摩串成一条珠，
[illegible]，　蜮腿三百条，
[illegible]，　毕摩制成筷子用，
[illegible]，　蜮皮三百张，
[illegible]。　毕摩挂成一排排。
[illegible]，　蜮血潺潺流，
[illegible]，　蜮尸滚滚转，
[illegible]，　蜮首曾当毕头望，
[illegible]，　三百蜮尾当神扇，
[illegible]，　三百蜮皮垫毕坐，
[illegible]，　赞颂毕祖叙水蜮，
[illegible]，　蜮神当作毕神使，
[illegible]。　此乃立下六次功。[①]

四、惩治战争狂人，创建平安

唐宋时期，今四川凉山腹心地带居住着统称为“东蛮”的勿邓、两林、丰琶三大部落，部落酋长彝语称为兹莫。

元代以前，朝廷对凉山地区的统治，是通过少数民族部落首领来实现的，即朝廷封授职官封号，不过问内部事务，由部落酋长辖其地、管其民，掌握着所管辖地的行政、司法大权，即所谓的“羁縻政策”，亦即“以夷制夷”政策。

从元朝开始，朝廷开始在我国西南和西北民族地区推行土司制度。土司之间的势力和统治范围差别很大，朝廷也根据其势力的强弱、控制范围的大小、统治人口的多寡，以及他们与朝廷关系，任命不同等级、不同职能、不同名称的土官职衔。

元代的土官有宣慰司宣慰使、宣抚司宣抚使、安抚司安抚使、招讨司招讨使、诸蛮夷长官司长官、副长官。另外，少数民族地区还设有路、府、州、县，同样设置各级土司，路为总管府总管，府为知府，州为知州，县为知县。

元初，元朝在凉山地区设罗罗斯宣慰司，土官宣慰使由勒勒兹莫担任，取汉姓安，治所在今四川西昌市，为罗罗斯地区最大的土司。由于辖区过大，在美姑县设了一个分衙门，在今美姑县九口乡勒木甲谷的利利呷上。勒勒兹莫所辖区域东至云南东北的乌蒙部，西至安宁河，北至大渡河以北的尔知骂甫家（今汉源一带），西南到列里河（今布拖县境内），南至阿璜穆地（今金阳县，即原沙马土司住地），可谓占据了大半个大凉山，有统制整个大凉山之势。当时有谚语称：“地上的树，是勒勒家的树；地上的水，是勒勒家的水；地上的人，是勒勒家的人。”

土司制度从元代开始一直沿袭到明、清时期，并在明清时期得到了发展与完善。“中华民国”时期，虽然不再推行土司制度，但也没有明确废除，故凉山地区许多土司制度仍然在其辖区得以保留，其中保留较好的有四大土司，分别是：第一大土司沙玛土司，彝语称为“沙玛兹莫”，汉语称为“沙玛宣抚司”；第二大土司邛部土司，彝语称为“斯兹兹莫”（又称为“尼定兹莫”），汉语称为“邛部宣抚司”；第三大土

① 《彝文典籍丛书》（第5卷），第3521页，四川出版集团、四川民族出版社，2009年12月。

司阿都土司，彝语称为“阿都兹莫”，汉语称为“阿都长官司”；第四大土司阿卓土司，彝语称为“阿卓兹莫”，汉语称为“雷波千万贯长官司”。新中国成立后，彻底废除了土司制度，凉山的土司制度才彻底消亡。

元朝时期的勒勒兹莫（即利利土司）是邛尼系的后裔。其顶盛时期，辖区内的小土司以及黑彝、白彝都要向其交租、纳贡和服各种劳役，今美姑县勒木甲谷有这么一个传说：

海烈家、莫色家给土司家推磨，
阿候家给他（勒勒土司）家酿酒，
苏呷家给他家制毡衣，
恩扎家给他家放牛牧羊，
甘家毕摩给他家做帛送鬼，
舍坡家被喊来住他家的周围（随时服役），
乌抛家每年贡十头牛，十套弓箭，
普陀马家为他家撑矮屋里的柱，
阿尔家负责调解纠纷，
海烈土司贡马十二匹，
阿着土司贡马七匹，
莫色土司贡马十匹，
阿都土司贡马十四匹。①

明初，罗罗斯宣慰使率众归附，安氏世袭建昌卫士指挥使，即利利土司由宣慰使改为指挥使，治所在今西昌市河东街，为西南地区最大的土司之一，其管辖区不减反增。《明史·土司传》明确记载：“北至大渡，南及金沙江，东抵乌蒙（今昭通），西迄盐井（今盐源），延袤千余里。”可谓占据了整个凉山地区，是名副其实的“凉山王”。

① 易谋元，《彝族史要》，第454页，社会科学文献出版社，2007年2月。

同时，为了便于统治，建昌卫士指挥使安氏将美姑勒木甲谷的分衙门，后来的利利土司衙门迁至地势开阔、人口集中的昭觉谿谷坝（今昭觉县大坝乡科且村一带）。

明中期以后，由于阶级矛盾尖锐，安氏遭到下属黑彝家支的联合进攻，其衙门被毁。

丰琶，疑为勒格兹莫，彝族称为“勒格阿石兹莫”，住在西昌邛海之滨，当时也很鼎盛。勒格阿石支系属于曲涅系后裔。

相传，勒格兹莫家放牧在螺髻山森林中的身附毕摩咒语的避邪巨牙野猪，被勒勒兹莫家的人猎捕。避邪猪彝语称为“窝依”，是为了防止妖魔鬼怪作祟而专门举行过诅咒仪式的避邪猪，任何人不得随意捕杀它。由于避邪猪被猎捕，勒格兹莫家极为愤怒，率领千军万马征伐勒勒兹莫家，双方在美姑河流域的勒木甲谷一带进行械斗。激战数日后，勒格兹莫家战败而归。

双方械斗之前，为了不伤害无辜群众，阿苏拉者作为行善毕摩大师兼德古，在中间调和，劝阻双方械斗。虽然阿苏拉者是毕摩大师，是善良与和平的使者，但是其地位是被统治者，当时的土司（兹莫）才是统治者，所以双方不听他的劝阻，械斗还是发生了。最后双方伤亡无数，累及无辜群众不计其数。当时双方械斗的经过，彝文文献记载如下：

[illegible]，	远古的时候，
[illegible]，	西昌那一带，
[illegible]。	勒格阿石住。
[illegible]，	勒木美姑方，
[illegible]。	勒勒兹莫住。
[illegible]，	勒格阿石家，
[illegible]，	勒勒兹莫家，
[illegible]?	为什么成敌?
[illegible]。	为避邪猪起。

勒格阿石家，
指挥千万兵，
到洛峨液干方，
勒勒兹莫方，
准备千万兵，
将要防御敌。
阿苏拉者啊，
知晓此事后，
迅速起身走，
飞快速度跑，
两方中间劝，
不能动干戈，
如要动干戈，
死伤者无数。
阿苏拉者啊，
派遣劝阻者，
分别派两方，
勒勒兹莫家，
指挥应战者，
阿数世仁[1]也，
拉者徒弟亦，
听候拉者劝。
勒格阿石家，
不听拉者劝，
阿苏拉者说：
我是大毕摩，
言出必灵验，
首先动手者，
后代必绝嗣。
拉者咒骂后，
没有回头看，
愤然起身走。

阿苏拉者走以后，
勒格与勒勒那两家，
抽剑互残杀，
抽矛刺敌方，
杀来杀过去，
勒勒兹莫胜，
勒格残兵逃，
逃啊飞快逃，
逃到黑曾博[2]，
只剩八十兵，
拉哈液乌息，
眼泪哗啦流，
惊吓拍手掌，
互相大声喊，
清点残留兵，
残兵留无几，
死伤无数人。
洛峨液干处，
千去只剩百，
拉哈液乌处，
父归子未归！

此事过以后，
拉者说话灵，
勒格阿石绝，
勒勒兹莫家，
跟着后绝嗣，
不该这样啊！[3]

---

① 阿数世仁：古彝人名，相传是个力大无穷的神人，是阿苏拉者的学徒之一。

② 黑曾博：山名，“黑曾”即八十，“黑曾博”即八十山，汉名轿顶山，位于昭觉县城东南方向，离县城约1公里，海拔约1000米。传说，西昌的勒格兹莫家与美姑的勒勒兹莫家在美姑交战数日后，勒格兹莫家战败而逃跑，路过此山时休整清点士兵只剩80人，故而后人称此山为“黑曾博”。

③ 作者搜集马边、美姑、昭觉、雷波等地的民间传说，将其整理并翻译而成。

今勒木美姑就是因这次战争而得名。当时双方械斗非常激烈，伤亡人数众多，美姑县境内（洛俄依甘乡）的战场上血流成河，美姑河里漂满了尸体，人们踩着尸体过河。彝语称尸体为“莫”，过河为“古”，此地因此被称为“莫古”。“勒木”为勒勒兹莫驻地之意，美姑大桥乡一带因此被称为“勒木莫古”。1952年，在现在的甲谷乡建置莫古县，1959年，莫古县城搬迁到现在的巴普镇，为了赞美美姑人民的勤劳与善良、热情与友谊，把“莫古”改变为“美姑”，即将“莫古县”改为“美姑县”，意为美女之乡。现四川凉山地区每年火把节的选美比赛中，美姑县的姑娘一直名列榜首。

因两家兹莫都不听阿苏拉者的劝告，在这场械斗中双方死伤无数，毕摩大师阿苏拉者极为悲痛，于是施咒于双方兹莫，若干年后，双方兹莫先后绝嗣。

五、创建赎魂仪式，规范仪式程序

赎魂仪式，彝语称为“影磁”（[illegible]）。彝族先民认为人的灵魂因特殊原因离开所附的主人身体而漂泊在外，或被妖魔引诱到山川湖泊中，甚至被囚禁在祖界，从而使人魂分离，附主生病，通过举行赎魂仪式，与神灵交涉后便可将游魂赎回。赎魂仪式是经常举行的毕摩原生文化仪式之一，是毕摩原生文化“万物有灵观”的具体表现之一，也是创建较晚的仪式之一。根据民间传说和彝文古籍记载，赎魂仪式是在当时广大民众的诉求下，以毕摩大师阿苏拉者为代表的广大毕摩们共同创建的祈福或治疗性仪式。为了达到仪式目的，阿苏拉者凭借自己渊博的知识及主持毕摩仪式的经验，守正出新，规范仪式程序，整理、编撰了赎魂类经书。

根据毕摩原生文化仪式规模的大小和仪式内容的复杂程度，可将毕摩仪式分为“嘎哈”和“嘎吉”两大类。仪式规模大、内容复杂的称为“嘎哈”，即“路上方”仪式；规模小、内容简单的称为“嘎吉”，即“路下方”仪式。远古时期，毕摩原生文化仪式只有“路上方”仪式，其所有仪式的名称前都冠以“尼木”两个字，意为安灵、送灵归祖。“路上方”仪式主要包括祭天、祭地和祭祖，后来逐渐创建了治疗性的仪式，如“尼木赤克”、“尼木嘎波”、“尼木魏匹”、“尼木瓦朵”等。其中“尼木魏匹”（祭祖猪胛骨占卜仪式）级别最高，是彝族举行的顶级毕摩原生文化仪式；“尼木措毕”（祭祖送灵）仪式极为普遍，家家户户都要举行。“路上方”的仪式规模宏大，参加人数众多，热闹非凡，一般要举行九天九夜及以上，仪式程序复杂，经文语言深奥，由世袭毕摩大师主持。而“路下方”的仪式是若干代毕摩大师在“路上方”的基础上创建的，内容主要包含防病治病、祈求平安、禳灾祛祸等，主要有招魂、赎魂、遣返咒语、驱逐邪魔等仪式。阿苏拉者根据当时人们的需求，创建了赎魂仪式，编撰了《赎魂经》（《[illegible]》）、《招呼山神经》（《[illegible]》）、《招魂路》（《[illegible]》）（即《回路经》）等，既规范、简化了招魂、赎魂仪式程序，又达到了仪式目的。

阿苏拉者创建赎魂仪式还有其故事传说。据传，元初，今四川凉山州昭觉县比尔乡瓦樟甲古有一位名叫阿银从平（[illegible]）的小伙子，为邛尼支系巴铅（[illegible]）家支黑彝后裔；昭觉县拉一木乡马目勒通（[illegible]）有一位美女，名叫阿诗姆呷[①]（[illegible]），为黑彝马家后裔。他们俩学识渊博，聪明过人，有共同的爱好，且能懂对方的暗语，两人情投意合，结为夫妻，伉俪情

① 阿诗姆呷：古代一位智勇双全的女性，系古恒黑彝甘支系后裔，是邛尼支系巴铅后裔阿银从平之妻。

深。结婚生子后，按照传统习惯，阿诗姆呷带着子女到娘家探亲，娘家赐予她一个妈妈专属的头帕“哦尔”（ꀉꌠ），表示女儿已结婚并且已经当妈妈了。同时，娘家以一群绵羊和一匹叫“木罗泽惹”（ꂷꆹꊿꏢ）的骏马作为女儿嫁妆（与汉族结婚时给予嫁妆时间点不同）。不久，羊群生下许多羔羊，其中一只雄羔羊叫声独特，生长速度也比一般羔羊快，体健毛亮，爱跑到主人周围玩耍，主人也常给予它“特殊关照”。又过了一段时间，该羊体格健壮超群，羊角粗大弯曲，更特别的是一般绵羊不爱叫，但该羊不仅爱叫，而且叫声粗大洪亮。主人仔细一看，原来羊舌尖分叉成“V”字形，因此，主人将其取名为“育阁哈键”（ꑳꇬꉆꐚ），意为双舌名羊。该羊长大后，成为羊群首领，它很通人性，出圈时总是走在首位领路，直至到达放牧地，回圈时主动排在末位压轴，查看羊群是否到齐。该羊不仅叫声洪亮，还可以发出不同音调、不同寓意的叫声。比如：下午该回圈时，它长鸣两次，在不同地方吃草的羊群立即聚集在它的周围，准备一起回圈；如果遇到虎豹等猛兽，或是可能有猛兽猛禽埋伏，它便发出高亢而古怪的吼叫声，声如雷鸣，能传到九山以外，惊破虎豹之胆，让猛兽猛禽飞速逃离。久而久之，此羊名声大振，其事迹也传到了远方的土司丹叶·寺机耳中。丹叶·寺机是邛尼系尼木勒勒尼（ꆀꂷꆺꆺꆀ）兹莫后裔，居住在今昭觉县新城镇豁谷浪达（ꉼꈩꇓꁧ）。土司丹叶·寺机说：“育阁哈键不是普通羊，它是一只神羊，此羊应为我所有，而不是庶民之羊。”于是他派遣官兵到阿银从平家抢羊，官兵首领说：“我家兹莫要你的‘育阁哈键’名羊，请你主动交出此羊，好让我们带去兹莫家。”阿银从平回答说：“你家兹莫要什么都可以，这个羊不能给，请你们回去吧！”然而，不管阿银从平怎么拒绝，狠心的官兵还是强行把“育阁哈键”带走了。

“育阁哈键”被抢走后，阿银从平日夜思念他的爱羊，白天坐卧不安，夜晚无法入睡，每当夜深人静的时候，他好像都能听到爱羊在叫：“阿来哪？阿来哪？阿来哪？”意为：“还不来（救我）吗？还不来（救我）吗？还不来（救我）吗？”夏日的某天，阿银从平实在无法忍受，骑上自己的爱马“木罗泽惹”，独自来到丹叶·寺机土司家，想赎回自己的爱羊。然而，事与愿违，阿银从平与马一起被扣押，阿银从平被关进了监狱。这年冬季的一天，一片树叶飘落到监狱里，被阿银从平捡到，他在树叶上写了字后放到爱马“木罗泽惹”的耳朵里，过后收买了两位监狱看守人员，对他们说：“请你俩骑‘木罗泽惹’到我家拿白酒来喝吧！”由于天气寒冷，两位看守人员想以酒取暖，便一起骑着“木罗泽惹”到阿银从平家。到阿银从平家时，马在门口长叫三声，然后来回转头三次，从耳朵里摇下阿银从平写的树叶信。信被一个家奴捡到，上面写着暗语：“这封信系阿银从平所写，让栋柱（家支）阅，如看不懂，就让爱妻破译。大蜂（土司寺机）上山（狩猎）去了，小蜂（汉军）回去下山（过年）了。请你们屋架挂腊肉（过年）时、树上有白山羊（天上有星）时，扣押公山羊胡子（汉族士兵）来赎我，公绵羊（彝族士兵）来带路。”

阅完树叶信后，阿银从平家人组织家支所有男性成员，由阿银从平之妻阿诗姆呷骑“木罗泽惹”马带队，到昭觉县新城镇豁谷浪达，烧毁土司寺机家衙门，捣毁土司监狱，救出阿银从平。过后，家支成员们乘胜追击，找到正在山上狩猎的土司寺机，杀掉其随从人员后，抓住了土司寺机。但由于彝族有不杀兹莫（土司）的习惯，他们便把土司寺机带到昭觉县解放沟南鲁河沟，让其自缢。作恶多端的土司寺机死后，阿银从平与

前来援救的亲人一起高兴地回家了。

然而，阿银从平回家后便一病不起，精神萎靡，身体越来越虚弱，且常做噩梦，每次都梦见自己被关在土司寺机的监狱里，身体被捆绑，不能动弹。阿银从平就此事询问了许多当地头人和毕摩，然而谁都无法解释，他便与妻子阿诗姆呷专程来到现美姑县蜀罗勒乌（龙头山下），找到毕摩宗师阿苏拉者。阿银从平说："我虽然已回来了，但我的灵魂却留在监狱里了，魂不附体矣！"阿苏拉者说："是啊，现在像你这样魂不附体的人很多，然而，我们也没有办法矣。"阿银从平又说："我的灵魂是否可以从狱中赎回来呢？"阿苏拉者说："以前没有这种毕摩仪式呀！"一旁的阿诗姆呷说："既然祖妣亡灵都可以经过祭祖仪式后被教导送往祖界，为什么就不能把活人的游魂从其被禁锢处赎回呢？"阿苏拉者茅塞顿开，他说："是呀，我们能把死者的亡灵教导指路送往祖界，为什么不能把活人的游魂从被囚禁地召唤指引回归附体呢！"阿苏拉者经过思索后，组织其他毕摩大师一起创建了赎魂仪式，并撰写赎魂经文，规范赎魂仪式程序。经阿苏拉者举行赎魂仪式后，阿银从平的病果然痊愈了，精神良好，身体完全康复，也没有再做噩梦。

由此，阿苏拉者等创建的赎魂仪式开始用于治病救人、祈福纳祥，并不断传承至今。

六、整理古籍，编撰经书

在彝族的毕摩文化历史中，阿苏拉者最大的功绩是对毕摩古籍文献的搜集、整理、编撰，并规范了四川凉山彝文。

晚年的阿苏拉者住在美姑县瓦古乡吉觉毕罗村，他在搜集到的云、贵、川等不同派别毕摩经书的基础上，结合四川凉山实际，整理、编撰毕摩经书，同时简化、规范及诠释深奥难懂的古彝文。

阿苏拉者增补了相当数量的"路下方"经书，特别是增补了赎魂、招魂类经书及诅咒类经书。他根据不同仪式行为，编撰了不同经书文献，如现今毕摩使用的诅咒类经书《驱鬼经》《红狮逐敌经》《赤狐经》《驱逐猴瘟经》《驱痨经》《乌撒逐敌经》《俄迪逐敌经》《神禽经》等，以及赎魂类经书《赎魂经》《回路经》等。他还整理和规范了古彝文，用古彝文撰写了卷帙浩繁的古籍文献，统一了四川凉山彝文，为传承和发展彝族毕摩文化做出了巨大的贡献，在巩固和发展彝族文化方面功不可没，堪称一代毕摩宗师。

阿苏拉者仙逝时，将经书、法器分别传给了其子孙。其中，阿苏拉者的神铃传给了其后裔"依尔陈兹支"（现阿罗家姓氏），现保存在四川凉山美姑县毕摩文化研究中心。法帽和经书分别传给"依尔毕兹支"和"依尔吉皮支"，现凉山彝族毕摩拥有的经书大部分是经阿苏拉者整理、规范后代代传承下来的。

阿苏拉者有一儿一女，女儿叫莳色，儿子叫格楚。拉者生前，格楚年幼，哑且愚笨，所以他没有教儿子毕摩文化知识，格楚因此没有学到毕摩文化知识，不懂作毕仪式程序。阿苏拉者逝世后，为了教授儿子学习毕摩文化，其灵魂变成了毕摩护法神，时常会变成一只白色的布谷神鸟，将格楚引导至深山老林中，然后高声鸣叫，又吐出丝丝血滴在树叶上，一猿猴持木笔在旁写彝文，拉者格楚跟着写读。这样日复一日，格楚孜孜不倦、废寝忘食，有时深夜也不回家，姐姐莳色起了疑。有天上午，她暗中将毛线拴在弟弟格楚身上，悄悄跟踪他到林区，鸟、猿见莳色便惊叫逃走，此时，哑巴格楚却清楚地说起话来："啊呀！如果再有三天时间，就能把经书文字全部学会了！"

如此，格楚经过其父阿苏拉者神灵的长期教导，变成了一位谈吐清楚、法术精湛的毕摩，继承父业。一代毕摩宗师阿苏拉者那浩瀚的毕摩经书、丰富的毕摩文化和高超的作毕技能才得以传承下来。

《凉山罗彝考察报告》中也有相关记载："拉者有一子一女，女名莳色，子名格楚。拉者生时，受经术于其女，格楚愚哑，不能学也。拉者既死，摄其魂于幽林，授以经术。每日格楚餐毕即往，日遂为姊心疑，一日，姐以线缀于格楚袂（袖子），纵之去，遂拖线于林中。其姐踪线蹑其后，至幽林。见格楚旁一白布谷鸟吐血于地，一褐频猿持木笔濡血写经，格楚坐而习之。鸟猴见人至，皆惊走，所学之经尚有两篇未终。姊遂拽（拉）之归家。姊谓曰：'汝何苦入幽林，吾当教汝。'"

在四川大小凉山地区，特别是美姑县及其周围一带，关于阿苏拉者的传说故事很多，阿苏拉者留下来的遗迹和遗物也不少。多年来，不知有多少崇拜者慕名而来，祭拜祈求。在美姑县龙门乡吉特合俄，有闻名遐迩的阿苏拉者水井、阿苏拉者屋基、阿苏拉者牧马场和阿苏拉者之子格楚的墓地，在美姑县九口乡有拉者作毕时诅咒用过的烧石，在美姑县瓦古乡有阿苏拉者藏经楼的遗址和阿苏拉者住过的岩洞，在甘洛县和美姑县交界处毕古罗阿龙，还有拉者父女逃离兹阿维鹏鹏家时，拉者在路上施展法力将神扇插入地上，地面流出一眼泉水而形成的纳龙湖和白色晶晶石的传说。尽管阿苏拉者离世很久了，但他慈祥的面容、与人为善的故事和降蛇伏虎的传说永远伴随着我们，并将永远流传下去。

毕摩文化是彝族传统文化的结晶，也是彝族传统文化的核心，在世界民族宗教文化中独具特色，堪称一绝。它历史悠久、内容丰富，历经沧桑，却至今仍保存完整，活鲜如初，是一部活态的原生宗教文化。

毕摩是毕摩文化的主要创造者、传承者及弘扬者，是守护彝族传统文化的忠实卫士。历代毕摩在不同时期为毕摩文化的传承弘扬做出了不可磨灭的贡献，如发明创造毕摩法器的魏勒邱普，塑造金银祖像来祭祖的祭天派毕摩代表昊毕实楚，大胆改革创新的祭地派毕摩代表提毕乍姆，统一规范四川凉山彝文的毕摩大师阿苏拉者等。如今，无数毕摩每天仍在主持各种毕摩原生文化仪式，虔诚地念诵抑扬顿挫的经文，展示各自精湛的技艺，传播古代彝族文明，他们是使毕摩文化薪火相传、历久弥新的栋梁。

后记

《毕摩原生文化系列研究（3卷）》终于问世了，值得高兴与感谢！

毕摩原生文化是彝族文化的核心，是彝族原生文化的活态文化，承载着彝族历史的变迁与发展。可以这样说，毕摩原生文化史是一部活态的彝族传统文化发展史，对彝族的传统思想与民俗活动发展具有不可替代的作用。

当今世界，科技发展日新月异，人类社会进入信息化时代，全球经济一体化不断加强，人们生活水平越来越高，与此同时，不同民族间的文化交流与融合现象日益明显，在文化交流的过程中，毕摩原生文化及其古籍文献濒临消失。

我是世袭毕摩吉克惹史的后裔，毕摩宗师阿苏拉者的直系后裔，自幼便受毕摩原生文化的熏陶，遗传了毕摩的基因，身体里流淌着毕摩的血液。因此，我将充分利用所学的毕摩文化与现代汉学文化来保护、传承及弘扬毕摩原生文化，并以此作为一生的追求，以让彝族传统文化永远流传并辐射到世界各地为己任。为此，趁部分学识渊博、满腹经纶的老毕摩们尚在世，我抓紧时间搜集、整理、翻译种类繁多的古籍文献，让“死”文献变成“活”文化，也以此为契机实现自己的梦想。一是保护、传承和弘扬古老而优秀的彝族传统文化，二是为相关学者及彝学爱好者进一步研究彝学及毕摩原生文化提供第一手资料，三是为民间毕摩（徒）们提供系统的学习毕摩文化的教材和参考资料。

为了实现自己的梦想，我走访了大量民间毕摩，搜集、整理和翻译了大量彝文古籍文献，拍摄、搜集了大量照片。以一个毕摩的一生为线索，整理了毕摩一生中关键节点的民俗及传统仪式，并以此为依据有目的地搜集了相关毕摩古籍文献和口诵文献，并将其整理、翻译成汉文，诠释经文内容，解析仪式背景及其意义，最后将这些素材按照仪式程序顺序编写成书。然而，只靠两位作者撰写这样的系列丛书谈何容易。

首先，搜集古籍文献资料难。由于历史的原因，从古到今，四川凉山彝族没有一本完整且统一的以仪式个案为中心的毕摩文化经典，毕摩们都是按照自己的师傅所传授的知识和经验来完成仪式，形成了“经文有不同，插神枝各异”的现状。因此，为了使书中涉及的仪式程序及其经文内容原始、真实、完整、丰富，我不仅在四川马边县周边搜集古籍文献资料，而且多次跋山涉水来到凉山腹地龙头山（阶依硕罗）周围的美姑、昭觉、雷波等地搜集文献资料，拜访著名毕摩，住在毕摩家里，与他们同吃同住，全程跟随毕摩观摩仪式现场，并就相关仪式程

序及其背景意义与毕摩们进行讨论、分析，就经文中不明确之处请教著名毕摩。然后将搜集到的古籍文献及口诵文献资料逐一分类，把十几种同一标题而版本各异的经书放在一起，进行比对、分析，最后筛选出内容较原始、完整的经书，并以此为蓝本，以其他经书为补充，整理出了本系列丛书相关经文（词）的大纲和框架。

其次，是翻译难。按照毕摩传统要求，初学毕摩原生文化的毕徒只需背诵口诵文献内容和熟读古籍文献、谙熟仪式程序即可，不需理解经文内容及其仪式背景。因此，学徒们对经书内容“知其然而不知其所以然”，这是毕摩们对毕摩原生文化理解的共同特点。而毕摩经书是用古彝文撰写的古籍文献，大部分编写于明清之前，文字佶屈聱牙、艰涩难懂，难以理解和翻译。有时一句难解的经文（词）需要查阅很多资料、请教多位毕摩，甚至要专门到凉山美姑等地请教著名毕摩，需要几天甚至半个月时间才能译成。

最后，是时间不足。作为一名公安民警，我的主要职责是警务工作，侦破案件，工作繁忙，时间紧迫。对我来说，写作只是业余爱好，只能利用业余时间来完成，因此完成本套丛书对我来讲是极其巨大的工程。

功夫不负有心人。经过6年的不懈努力，初稿终于成形。但正式出版成书又成了一大难题。在我为出版之事焦急万分之时，有幸认识了电子科技大学出版社原社长郭蜀燕，她阅读初稿后同意帮忙出版，这无疑是雪中送炭，她是一位非常热爱民族传统文化的学者。2015年冬季，她亲自带领出版社编辑等相关人员到马边专门观看大型彝族祭祖仪式活动，通过现场观摩、拍摄仪式活动，进行田野调研，加深了对毕摩原生文化的了解。为了出版该书，她查阅了大量文献资料，积极争取省、国家出版基金项目，并获得成功。她还对全部书稿的整体结构和框架提出了很多、很好的设想和建议，并将该书定名为《毕摩原生文化系列研究（3卷）》，从而使我的写作思路更清晰，逻辑更严密，中心更突出，最终得以顺利成书，她是我撰写本套丛书的坚强后盾。在此，对她的付出、帮助及支持表示由衷的感谢！

在撰写该套丛书过程中，我曾多次请教中央民族大学曲木铁西教授，他对该套丛书的整体结构、相关术语的规范等提出了专业意见和建议，并给了我很多具体的指导。同时，在我诚挚邀请下，曲木铁西教授在百忙之中抽出时间为该套丛书作序，并对该书的出版价值给予了充分的肯定。在此，对曲木铁西教授表示衷

心的感谢！

同时，感谢电子科技大学出版社郭蜀燕、卢莉等编辑，是他们逐字逐句、一遍又一遍地对书稿进行审阅、修改、打磨，才使这套丛书最终得以顺利出版，在此表示感谢！

这里要特别感谢酷爱毕摩原生文化的曾承东老师，是他让我有幸地认识了郭蜀燕教授，促使我有完成该书的勇气和动力，在此表示深深的谢意！

在撰写该书时，我请教了许多著名毕摩，没有他们无私帮助与支持，就无法完成此书的编撰。他们是四川马边县著名毕摩吉克良良、吉克拉者、吉克罗布、吉克批尔、吉克日罗、吉克达蒙、立克拉部、曲别曲叶，美姑县著名毕摩迪惹洛曲、迪达铁、迪日布、吉克拉莫、吉克甲哲、吉克木乌、吉克月甲、阿罗托尔、阿罗牛布、吉克伟哈，雷波县著名毕摩迪阿哲、曲毕阿龙，昭觉县著名毕摩迪惹鹫方，在此一并表示感谢！

另外，感谢美姑县阿牛史日、吉克罗日，马边县何为、蒋兴林。他们给我提供了许多珍贵的举行毕摩仪式的照片，在此一并表示感谢！

最后，感谢我的妻子曲别牛牛。没有她的无私奉献和大力支持，我难以完成如此规模的作品。她除了支持我调研的差旅、办公等费用外，还在我废寝忘食地投入写作之时，默默承担了家里所有事务，无论在经济上还是在精神上都给予了我莫大的安慰和支持。在此，谢谢你，我的爱妻！

本套丛书由我和立克阿妞共同编撰。立克阿妞撰写第1卷第一章的第一节和第二节、第二章第六节的部分内容，以及第2卷第三章的第一节、第三节、第四节内容。我负责完成其余大部分章节内容，并负责整套丛书的总体架构与统稿。

本套丛书内容真实、丰富，涵盖了彝族的历史、哲学、民俗等，实用性很强，是一套传承和弘扬彝族传统文化不可多得的学术著作，对研究彝学具有添砖加瓦的作用。但是，毕摩原生文化博大精深，越挖掘，越深厚，本套丛书对毕摩原生文化来说只是冰山一角。因此，希望今后能与同行们一起继续去深挖、提炼、升华、抢救，以此保护、传承、弘扬毕摩原生文化，不断丰富中华文化宝库。

在本套丛书的编撰过程中，我们虽然投入了不少的时间、精力和心血，孜孜不倦地整理、探索与研究，但由于是初次撰写毕摩原生文化类书籍，经验欠缺，加上自己水平有限，书中难免有疏漏之处，经文翻译或许有不准确或错误之处，恳请专家、学者及毕摩们提出宝贵意见，并加以批评指正，我将虚心接受，不断完善。

立克达曲

2019年6月7日于摩豁拉达（马边）

第一章 葬礼

ZANGLI

第十章 送灵

第九章　净灵

目录

第一章 葬礼

第二章 驱遣索命魔

并为毕摩原生文化的当代研究和传播提供翔实的基础资料，也为民间毕摩学习毕摩文化提供较好的参考。因此，本系列丛书既是一部集研究性与实用性于一体的彝族传统文化丛书，更担负着助推彝族传统文化一脉相承、薪火相传的历史使命。尽管本系列丛书尽可能详细地叙述了彝族传统文化的方方面面，但因笔者水平有限及其他因素的制约，书中的叙述对于博大精深的毕摩原生文化来说只是冰山一角、表皮一层。因此，对毕摩文化的研究需要进一步深挖细究，将古老的古籍文献与其所承载的仪式程序诠释于世，才能彰显古代彝族古代文明，传承、弘扬彝族的传统文化。

毕摩原生文化源远流长，历久弥新，愿本套丛书的出版能为毕摩原生文化的传承和弘扬添砖加瓦。

立克达曲　立克阿妞

2019年6月

式程序中毕摩所念诵的经文逐句翻译成现代汉语，便于读者对古籍内容的理解及运用，为读者提供一个彝文和汉文对照阅读的、较为全面的彝族传统文化的文本。最后，内容真实可靠。对毕摩原生文化的研究，经历了起初的其他民族（汉族与外国人）研究到后来的本族研究的历史过程，其他民族研究的第一手资料来源主要是研究者所探寻的零星资料和道听途说的只言片语，内容欠缺，真实性差，甚至有些还带有偏见。该套丛书的第一手资料则主要来源于笔者的田野调查、查阅及研究毕摩古籍文献，内容由浅入深，真实可靠。笔者作为世袭毕摩后裔，对毕摩原生文化情有独钟，从小学习毕摩原生文化，谙熟古籍文献及古彝文，长期致力于本民族文化的搜集、整理工作，具有甄别资料真伪的能力和修补古籍文献瑕疵的优势，在充分利用丰富的古籍文献的基础上，笔者拜访诸多著名毕摩，以历史责任感和使命感真实记录了毕摩仪式的每个程序及其所念诵的经文，书籍内容真实可靠。

毕摩原生文化源于氏族部落时期，具有唯物主义与唯心主义两面性。毕摩文化认为，远古世界是“世界连成团，四周黑洞洞”的没有天地的世界，后来经过漫长的演变，清气上升变成天，浊气下沉变成地；人类赖以生存的地球也经历了茫茫冰川、熊熊火焰、洪水泛滥及“昼出六日”的极端干旱时期；人类由猿猴演变而成，历经了“不知其父”的母系氏族时期，度过了“寻父”“买父”的婚姻缔结时期，从而进入了“不仅知其母，而且知其父”的父系氏族时期。万物雌雄观、人与自然和谐发展等理念属于唯物主义，具有积极的意义；而毕摩原生文化提倡万物有灵观，认为天地自然、山川湖泊都有其神秘的神灵，灵魂永存，这些属于唯心主义。因此，我们应以“仁者见仁，智者见智”的态度对待毕摩文化，取之精华，弃之糟粕，古为今用，推陈出新，科学地认识和看待。

本系列丛书所使用的古籍文献及口诵文献，少部分是笔者在家乡四川马边地区所搜集的，大部分是在凉山腹地龙头山周围的美姑、昭觉及雷波县域内搜集的，书中使用的彝族语言文字也是四川彝族义诺片区的方言文字。为了让图书内容通俗易懂，翻译经书时不是按照字句一一对照翻译，而是按照内容大意翻译，以便让读者深刻理解经书内容及其背景。

本系列丛书的编写初衷是为了让更多人了解彝族古老、神秘的原生文化，

使用、传承古彝文，以及总结、归纳、规范了彝族传统民俗文化，创建了独具特色的红白喜事礼仪；其次，叙述了毕摩的起源及形成；再次，列举了毕摩及其文化发展过程中形成的谱系流派；最后，阐述了毕摩的发展变迁。第二部分叙述了毕摩原生文化的源流、内涵、传承及作用，说明毕摩原生文化是古彝人和其他部落（民族）形成彝族的文化轴心，毕摩原生文化塑造了彝族并成为区分彝族与其他民族的重要标志。第三部分，叙述了彝族历史上对彝族传统文化传承做出了突出贡献的魏勒邱普、提毕乍姆、阿苏拉者等著名毕摩大师的生平事迹，讲述了他们在不同时期为毕摩文化的发展与传承做出的不可磨灭的贡献。毕摩原生文化是彝族族源认同的文化基石，将分散在不同地区、不同支系的彝族人紧密地联系在一起。从古至今，毕摩原生文化都是彝族的精神文化支柱，是彝族生产生活的指导思想，是彝族传统文化的核心。

第2卷《毕摩的一生》，首先讲述了毕摩世家的一名男婴从出生到成家立业，再到中年，最后走向人生终点的人生轨迹，叙述了婴儿的诞生、学习毕摩文化、结婚、中年及逝世等关键节点的民俗礼仪，重点阐述了订婚礼、结婚礼及求育生子仪式；其次叙述了彝族年，阐述了彝族年期间的祭祀活动和各种仪式，重点描述了毕摩逝世的丧礼过程，详细梳理了一位毕摩从出生到逝世的历程。

第3卷《诠释毕摩安灵》叙述彝族葬礼与祭祖、安灵的过程。葬礼部分主要叙述彝族葬礼的种类和分类，种类包括火葬、岩葬、土葬、水葬等，分类主要分为普通葬礼和特殊葬礼。祭祖部分的主要内容包括驱遣索命魔、祭祖缘由、祭祖准备、祭祖迎宾和祭祖驱魔，重点叙述祭祖仪式的各个程序。安灵部分主要叙述制灵、祭灵、净灵和送灵的仪式程序，所有仪式完毕后将祖灵护送至宗族藏放祖灵的箐洞进行集体安葬。祭祖是安灵的前提，安灵是祭祖的延续和终结，彝族人以此按照毕摩原生文化走完其一生。

《毕摩原生文化系列研究（3卷）》是一套集研究性与实用性为一体的较为完整的民俗文化系列丛书。首先，研究性强。笔者在彝族传统文化理念的指导下，经过几十年搜集、整理和钻研，对古籍文献进行了深刻的理论分析，翔实地阐述了彝族人每个人生关键节点的重要仪式及仪式的要求和流程，程序清晰，内容丰富。其次，实用性强。本套丛书以毕摩仪式程序为中心，将不同仪

族优秀传统文化的组成部分。就内容实质来说，毕摩原生文化由口诵文献与古籍文献两部分组成。如果将毕摩原生文化比作人的身体，口诵文献就是毕摩原生文化的血肉，古籍文献则是毕摩原生文化的骨骼。随着彝族语言文字的逐渐消失，毕摩原生文化的精髓也逐渐枯萎。毕摩原生文化是一种不可再生的传统文化资源，一旦消失便无法完整再现。毕摩原生文化消失的主要原因有如下两个方面：一方面，满腹经纶的老毕摩们相继辞世，其后裔们除少部分在校学习外，其余大部分为了生计都外出务工，不愿再继承祖辈的毕摩职业，导致传统文化的传承后继无人。同时，随着经验丰富的著名毕摩辞世，一些年轻的毕摩遗忘了祭祖等大型仪式程序，更有甚者，为了节省时间简化或篡改仪式程序，致使毕摩文化间接消失。另一方面，大量散落民间的古籍文献不能及时搜集而被毁坏流失。据不完全统计，现四川大小凉山境内散存于民间的古籍文献约有70万卷，这些古籍绝大多数为手稿原稿或传抄本，60%以上的古籍文献均属于孤本，一旦毁损或丢失，就意味着永久的消失。散存于民间的古籍文献主要由民间毕摩保存，保存条件恶劣，损毁严重，令人触目惊心。据不完全统计，四川大小凉山毕摩古籍文献正以每年上万卷的速度流失，流失速度之快，让人始料未及。

基于以上原因，彝族语言文字及与之相连的毕摩文化在不知不觉中渐渐消失，或许不久的将来将成为历史，成为后世“考古”的文化。为了保护、抢救、传承濒危的彝族传统文化，特别是保护濒临消失的彝文古籍文献和口诵文献，笔者将长期以来搜集、整理并翻译的一批有价值的古籍文献与口诵文献撰写成《毕摩原生文化系列研究（3卷）》系列图书，以图书的形式永久保存，以供广大彝学爱好者参考，也为高校及科研机构的专家学者研究彝族文化提供第一手资料。

《毕摩原生文化系列研究（3卷）》以彝族人的一生为线索，系统梳理了彝族人一生中每个关键节点举行的民俗礼仪，是一部集毕摩原生文化与彝族传统民俗文化于一体的丛书。

《毕摩原生文化系列研究（3卷）》共分为3卷。第1卷《毕摩的起源及流派》，主要包括三个部分。第一部分首先叙述了毕摩的概念、贡献、职能、地位、禁忌及毕摩法器，毕摩对彝族传统文化的主要贡献是发明、创造古彝文，

历久弥新，至今仍以活的形态存在，始终指导着彝族人的生产生活，形成世代传承的民俗文化。

在当今全球一体化的大趋势下，经济全球化、人类文明不断碰撞，民族文化的融合不断发酵，彝族传统文化逐渐边缘化，毕摩原生文化濒临消失。

当前，国家实施了一系列前所未有的惠民政策，推进精准扶贫与乡村振兴，使现代文明进入边远的彝族山区；交通的便捷、通信的发达，让边远的彝族山区不再是封闭的孤岛，与外界乃至世界互通，生产生活的各个方面都发生了翻天覆地的变化。与此同时，彝族传统文化面临挑战，受到冲击，人们移风易俗，使彝族语言文字、风俗习惯、宗教信仰、传统建筑等逐渐边缘化，甚至被摒弃，其中语言文字及相应的传统文化受到的冲击最为严重。

首先，彝族后裔逐渐摒弃自己的母语。孩子们在成长阶段只重视学习国家通用语言，而忽视了自己的母语，不讲母语，甚至出现了“以说母语为耻”的怪症。长辈不再和从前一样与晚辈一起围坐在三锅庄周围用彝语讲述幽默动听的彝族神话故事，传承了数千年的彝族神话故事悄然消失；只有极少数人仍用彝语交流，出现了“父母不会说汉语，子女不会说彝语”的怪异现象，这透露出的是彝语将会从世界上消失的信号。近年来，世界语言消失速度加快，世界现存的7000多种语言，平均每14天就有一种消失，语言学家推测，再过100年可能就只有600余种语言能幸存。因此，笔者对未来彝语是否还能存留表示深深的担忧。语言消失的同时会带走与之相连的历史、文化与传统，语言的消亡，也是一个民族消亡的前奏。

其次，彝族文字在飞快地流失。古彝文是远古彝族先民为了占卜、记事而发明创造的最古老的文字之一，与甲骨文、苏美尔文、古埃及文、玛雅文等古老文字并列，是世界古文字之一。彝文从诞生起，经过不断使用、创新，趋于成熟，至今仍在使用，是活的文字。然而，时至今日，学习彝文的人却越来越少，主要原因是学后无用，只有少数毕摩后裔仍在学习古彝文，彝族文字正在逐渐流失。文字是语言的载体，一个没有文字的民族，极易在现代社会的快速发展中被遗弃，并最终消失。彝族语言文字是彝族走向文明的起点和归属，是彝族之所以成为彝族的前提和标识。

最后，毕摩原生文化濒临消失。毕摩文化是彝族的核心文化，是中华民

前言

彝族生活在中国西南地区肥沃而广袤的土地上，是云南最早的土著民族之一，也是当今西南各省人口最多的少数民族之一。彝族先祖们在漫长的生产生活中创造了属于自己的语言，发明了属于自己的文字，创建了独具特色的毕摩原生文化。在毕摩原生文化的影响下自然形成了多姿多彩的民俗文化和禁忌，从而创造了光辉灿烂的彝族传统文化。

一个民族的传统文化是这个民族的重要标识之一，也是该民族的灵魂，一个没有传统文化的民族是没有灵魂的，是徒有其表，犹如枯木。纵观古今中外历史，许多曾经驰骋疆场、指点江山，创造了辉煌文明的民族，早已消失在历史长河中，如今只剩下残垣断壁与沉默的雕塑壁画。然而，这些民族并非真正“消失”，他们大多是在社会的发展和文化的交融中，受到各种因素的冲击，逐渐脱离、摒弃自己的传统文化，逐渐形成他族。由此可见，传统文化是民族赖以生存的“氧气”，失去传统文化，民族也不复存在。而彝族在数千年的生产生活中，披荆斩棘、栉风沐雨、砥砺前行、繁衍生息，始终崇拜自己的祖先，用祖先创造的文字撰写了浩如烟海的古籍文献，创建了体系完备的毕摩原生文化，以昂扬的姿态屹立于中国西南地区及世界文化之林。

毕摩原生文化是以毕摩古籍文献为载体，以毕摩仪式及其他民俗综合仪式为表现形式的原始的、朴素的、独特的、稀有的传统民俗文化。毕摩原生文化是远古时期彝族先民在漫长的生产生活过程中，为适应和改造周围的自然环境，祈祷风调雨顺、人类繁衍而创造和不断发展起来的传统文化；是以人与自然、人与社会和谐为宗旨，以万物有灵观为理念，以自然崇拜、图腾崇拜、祖先崇拜为信念，以祖先崇拜为核心的民俗文化。毕摩原生文化的形成历经了数千年，由几百代著名毕摩及彝族智者不断总结、归纳、创新而成，是彝族先祖集体智慧的结晶，是彝族民俗文化的浓缩与升华。

毕摩原生文化包罗万象，以精神文化和物质文化为载体，富有极强的生命力。毕摩原生文化囊括了彝族语言文字、哲学艺术及风俗节庆等精神文化，以及农耕饮食、建筑服饰等物质文化，是彝族传统文化的核心，是最适合于彝族发展的传统文化。这体现在它是最接地气的民俗文化，它在不同时期为满足不同时代的需求、人们日常生活的物质和精神需求而不断创新，已被彝族民众所接受，并不断传承和弘扬。毕摩原生文化从诞生至今，历经沧桑，一脉相承，

信仰和巫术祭仪为核心，同时涉及彝族传统文化诸多方面的一种百科全书式的综合性文化；从其性质看，毕摩文化是一种不同于民众文化的特殊的宗教文化。这就是毕摩文化的基本概念，也是毕摩文化的本质、基本特征和基本规律的概括和集中的反映，是毕摩文化理论体系的中心概念，是毕摩文化的基本范畴和知识体系的逻辑起点。我们应该从这一中心概念出发，进一步对它展开研究，不断丰富、完善、健全毕摩文化知识体系。但由于学科人才队伍成长缓慢等原因，我们对毕摩文化研究的进展十分缓慢。

随着毕摩文化研究的进一步展开，虽然陆续有了一些成果，但是毕摩文化博大精深，至今还没有完全揭示其本质内涵及其内部之间的逻辑关系。而且，随着经济的全球化，文化融合也随之席卷全球，今天的彝族传统文化也面临着空前的挑战，彝族老毕摩们相继辞世，许多口诵文献也随之而去，特别是许多古籍文献将成为无人能解的天书。因此，救人、救文献、救毕摩文化已成为刻不容缓的大事。在这里要感谢电子科技大学出版社，他们为了抢救中华优秀传统文化，推出了《毕摩原生文化系列研究（3卷）》，相信这套丛书将为毕摩文化的研究添砖加瓦，也会凸显中华优秀传统文化的多姿多彩、源远流长、精深而博大。

近年来，我非常关注彝族学者立克达曲，他不计个人得失，一直专注于毕摩文化的调查研究，各种学术会议上时有他的身影，他对毕摩文化有很多独到的见解。他是一位普通的基层民警，但他又出身于吉克毕摩世家，他的家族姓氏是吉克，写成“立克”可能是当年小学老师的笔误，他们家是彝族历史上著名大毕摩阿苏拉者的后裔。多年来，他在做好本职工作的前提下，深入四川大小凉山各地进行田野调查，访谈、请教各地的著名毕摩，搜集了大量的口诵文献和古籍文献，并进行了精心的翻译和整理，取得了一定的研究成果。此次出版面世的应是这些研究成果的部分内容，这是件可喜可贺的事，这些成果定将有助于丰富和发展毕摩文化的研究。

曲木铁西

2019年6月18日于北京

曲木铁西，彝族，中央民族大学教授，博士生导师。现任国家民委中国民族语言文字应用研究院院长，曾任中央民族大学副校长。

序

彝族是世居我国西南地区的主要民族之一，西南地区得天独厚的生态环境，为彝族先民的长期生息与发展提供了优越的条件，也为人类各种文明的创造奠定了丰厚的物质基础。1000万年前腊玛古猿曾在这里栖息，170万年前的元谋猿人也曾生活在这里，这里拥有旧、中、新三个石器时代丰富的文化遗存和原始社会晚期的文化遗存，这里也是古代众多氏族部落的发祥地。数千年来，勤劳智慧、勇敢善良的彝族先民就在这片神奇的土地上生生不息，不仅在此建立过古滇国、罗甸国、夜郎国、南诏国等诸多政权，而且创造了青铜器、漆器、天文历法、毕摩文化等古代文明，较早地创造了记录本民族语言的符号系统——彝文，并用彝文对彝族社会历史、天文历法、宗教礼俗、哲学思想、教育科技、文学艺术等方面做了宏富的著述，为我们的子孙万代留下了浩如烟海、卷帙浩繁的文化典籍。他们创造的文化成果成为中华优秀传统文化的重要组成部分之一。

彝族先民为我们留下了这么多的文明成果，然而我们对彝族文明及其贡献的研究却远远不够。目前，世界上既有活态文字又保存了丰富文献典籍的民族不多，彝族就是这样的一个民族。彝文历史悠久，但是彝文到底有多少年的历史，由于缺乏考古的佐证，目前还无法确切到时代和年份。彝文可以说是彝族文明的一个巅峰。文字的产生，与文明及其文明制度的形成有关，可能与国家制度的形成也有关。在“彝族六祖”分支之前，彝文早已是非常成熟而完备的文字。彝族拥有丰富的彝文历史典籍，这些文献承载着完整的哲学知识体系、数学知识体系、天文历法知识体系、传统教育思想体系、医药知识体系等，这些知识体系都保存在这些历史典籍和彝族社会日常生活之中，但至今我们还没能完全把这些知识体系从我们的历史典籍和社会生活中分离出来，进而形成独立的知识体系。

毕摩文化可以说是彝族文化的核心部分。什么是毕摩文化？弄清这个问题非常重要，它是研究毕摩文化的逻辑起点。多年来，对这方面的讨论很多，综观各种界定，我赞同彝族学者巴莫阿依教授的界定，她认为：“毕摩文化是由毕摩们所创造和传承，以经书和仪式为载体，以神鬼信仰与巫术祭仪为核心，同时涉及彝族的哲学思想、社会历史、教育伦理、天文历法、文学艺术、风俗礼制、医药卫生等丰富内容的一种特殊的宗教文化。”我认为，这一定义揭示了毕摩文化的主体、毕摩文化的载体形式，以及毕摩文化的内容和性质。从文化的主体看，毕摩文化是彝族社会中特殊的神职群体（毕摩）所创造和传承的文化；从其载体形式看，毕摩文化是一种不同于口承文化、日常文化的文字文化和仪式文化；从其内容来看，毕摩文化是一种以神鬼

图书在版编目（CIP）数据

诠释毕摩安灵：汉文、彝文 / 立克达曲，立克阿妞著.— 成都：电子科技大学出版社，2021.10
（毕摩原生文化系列研究：3卷）
ISBN 978-7-5647-7737-1

Ⅰ. ①诠… Ⅱ. ①立… ②立… Ⅲ. ①彝族 – 古籍研究 – 凉山彝族自治州 – 汉、彝 Ⅳ. ①K281.7

中国版本图书馆CIP数据核字(2021)第243606号

毕摩原生文化系列研究（3卷）
BIMO YUANSHENG WENHUA XILIE YANJIU（3JUAN）

诠释毕摩安灵（汉文、彝文）
（HANWEN YIWEN）
QUANSHI BIMO ANLING

立克达曲　立克阿妞　著

策划编辑　郭蜀燕　卢　莉
责任编辑　郭蜀燕　卢　莉
彝文编辑　熊理博
责任校对　于　兰
助理编辑　魏祥林

出版发行　电子科技大学出版社
　　　　　成都市一环路东一段159号电子信息产业大厦九楼　邮编 610051
主　　页　www.uestcp.com.cn
服务电话　028-83203399
邮购电话　028-83201495

印　　刷　四川煤田地质制图印刷厂
制　　作　成都华桐美术设计有限公司
成品尺寸　210mm×285mm
印　　张　49
字　　数　1569千字
版　　次　2021年10月第1版
印　　次　2021年10月第1次印刷
书　　号　ISBN 978-7-5647-7737-1
定　　价　668.00元（全3册）

毕摩原生文化系列研究（3卷）

诠释毕摩安灵

立克达曲　立克阿妞　著

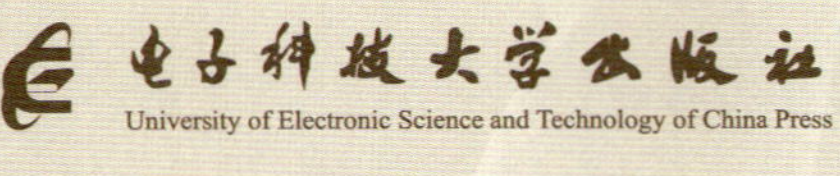

·成都·

毕摩原生文化系列研究（3卷）

毕摩的一生

立克达曲　立克阿妞 著

·成都·

图书在版编目（CIP）数据

毕摩的一生：汉文、彝文 / 立克达曲，立克阿妞著.
— 成都：电子科技大学出版社，2021.10
（毕摩原生文化系列研究：3卷）
ISBN 978-7-5647-7737-1

Ⅰ.①毕… Ⅱ.①立… ②立… Ⅲ.①彝族 – 古籍研
究 – 凉山彝族自治州 – 汉、彝 Ⅳ.①K281.7

中国版本图书馆CIP数据核字(2021)第243607号

毕摩原生文化系列研究（3卷）
BIMO YUANSHENG WENHUA XILIE YANJIU（3JUAN）

毕摩的一生（汉文、彝文）
（HANWEN YIWEN）
BIMO DE YISHENG

立克达曲　立克阿妞　著

策划编辑　郭蜀燕　卢　莉
责任编辑　郭蜀燕
彝文编辑　熊理博
责任校对　于　兰
助理编辑　魏祥林

出版发行　电子科技大学出版社
成都市一环路东一段159号电子信息产业大厦九楼　邮编　610051
主　　页　www.uestcp.com.cn
服务电话　028-83203399
邮购电话　028-83201495

印　　刷　四川煤田地质制图印刷厂
制　　作　成都华桐美术设计有限公司
成品尺寸　210mm×285mm
印　　张　49
字　　数　1569千字
版　　次　2021年10月第1版
印　　次　2021年10月第1次印刷
书　　号　ISBN 978-7-5647-7737-1
定　　价　668.00元（全3册）

序

彝族是世居我国西南地区的主要民族之一，西南地区得天独厚的生态环境，为彝族先民的长期生息与发展提供了优越的条件，也为人类各种文明的创造奠定了丰厚的物质基础。1000万年前腊玛古猿曾在这里栖息，170万年前的元谋猿人也曾生活在这里，这里拥有旧、中、新三个石器时代丰富的文化遗存和原始社会晚期的文化遗存，这里也是古代众多氏族部落的发祥地。数千年来，勤劳智慧、勇敢善良的彝族先民就在这片神奇的土地上生生不息，不仅在此建立过古滇国、罗甸国、夜郎国、南诏国等诸多政权，而且创造了青铜器、漆器、天文历法、毕摩文化等古代文明，较早地创造了记录本民族语言的符号系统——彝文，并用彝文对彝族社会历史、天文历法、宗教礼俗、哲学思想、教育科技、文学艺术等方面做了宏富的著述，为我们的子孙万代留下了浩如烟海、卷帙浩繁的文化典籍。他们创造的文化成果成为中华优秀传统文化的重要组成部分之一。

彝族先民为我们留下了这么多的文明成果，然而我们对彝族文明及其贡献的研究却远远不够。目前，世界上既有活态文字又保存了丰富文献典籍的民族不多，彝族就是这样的一个民族。彝文历史悠久，但是彝文到底有多少年的历史，由于缺乏考古的佐证，目前还无法确切到时代和年份。彝文可以说是彝族文明的一个巅峰。文字的产生，与文明及其文明制度的形成有关，可能与国家制度的形成也有关。在“彝族六祖”分支之前，彝文早已是非常成熟而完备的文字。彝族拥有丰富的彝文历史典籍，这些文献承载着完整的哲学知识体系、数学知识体系、天文历法知识体系、传统教育思想体系、医药知识体系等，这些知识体系都保存在这些历史典籍和彝族社会日常生活之中，但至今我们还没能完全把这些知识体系从我们的历史典籍和社会生活中分离出来，进而形成独立的知识体系。

毕摩文化可以说是彝族文化的核心部分。什么是毕摩文化？弄清这个问题非常重要，它是研究毕摩文化的逻辑起点。多年来，对这方面的讨论很多，综观各种界定，我赞同彝族学者巴莫阿依教授的界定，她认为：“毕摩文化是由毕摩们所创造和传承，以经书和仪式为载体，以神鬼信仰与巫术祭仪为核心，同时涉及彝族的哲学思想、社会历史、教育伦理、天文历法、文学艺术、风俗礼制、医药卫生等丰富内容的一种特殊的宗教文化。”我认为，这一定义揭示了毕摩文化的主体、毕摩文化的载体形式，以及毕摩文化的内容和性质。从文化的主体看，毕摩文化是彝族社会中特殊的神职群体（毕摩）所创造和传承的文化；从其载体形式看，毕摩文化是一种不同于口承文化、日常文化的文字文化和仪式文化；从其内容来看，毕摩文化是一种以神鬼

信仰和巫术祭仪为核心，同时涉及彝族传统文化诸多方面的一种百科全书式的综合性文化；从其性质看，毕摩文化是一种不同于民众文化的特殊的宗教文化。这就是毕摩文化的基本概念，也是毕摩文化的本质、基本特征和基本规律的概括和集中的反映，是毕摩文化理论体系的中心概念，是毕摩文化的基本范畴和知识体系的逻辑起点。我们应该从这一中心概念出发，进一步对它展开研究，不断丰富、完善、健全毕摩文化知识体系。但由于学科人才队伍成长缓慢等原因，我们对毕摩文化研究的进展十分缓慢。

随着毕摩文化研究的进一步展开，虽然陆续有了一些成果，但是毕摩文化博大精深，至今还没有完全揭示其本质内涵及其内部之间的逻辑关系。而且，随着经济的全球化，文化融合也随之席卷全球，今天的彝族传统文化也面临着空前的挑战，彝族老毕摩们相继辞世，许多口诵文献也随之而去，特别是许多古籍文献将成为无人能解的天书。因此，救人、救文献、救毕摩文化已成为刻不容缓的大事。在这里要感谢电子科技大学出版社，他们为了抢救中华优秀传统文化，推出了《毕摩原生文化系列研究（3卷）》，相信这套丛书将为毕摩文化的研究添砖加瓦，也会凸显中华优秀传统文化的多姿多彩、源远流长、精深而博大。

近年来，我非常关注彝族学者立克达曲，他不计个人得失，一直专注于毕摩文化的调查研究，各种学术会议上时有他的身影，他对毕摩文化有很多独到的见解。他是一位普通的基层民警，但他又出身于吉克毕摩世家，他的家族姓氏是吉克，写成“立克”可能是当年小学老师的笔误，他们家是彝族历史上著名大毕摩阿苏拉者的后裔。多年来，他在做好本职工作的前提下，深入四川大小凉山各地进行田野调查，访谈、请教各地的著名毕摩，搜集了大量的口诵文献和古籍文献，并进行了精心的翻译和整理，取得了一定的研究成果。此次出版面世的应是这些研究成果的部分内容，这是件可喜可贺的事，这些成果定将有助于丰富和发展毕摩文化的研究。

曲木铁西

2019年6月18日于北京

曲木铁西，彝族，中央民族大学教授，博士生导师。现任国家民委中国民族语言文字应用研究院院长，曾任中央民族大学副校长。

前言

彝族生活在中国西南地区肥沃而广袤的土地上，是云南最早的土著民族之一，也是当今西南各省人口最多的少数民族之一。彝族先祖们在漫长的生产生活中创造了属于自己的语言，发明了属于自己的文字，创建了独具特色的毕摩原生文化。在毕摩原生文化的影响下自然形成了多姿多彩的民俗文化和禁忌，从而创造了光辉灿烂的彝族传统文化。

一个民族的传统文化是这个民族的重要标识之一，也是该民族的灵魂，一个没有传统文化的民族是没有灵魂的，是徒有其表，犹如枯木。纵观古今中外历史，许多曾经驰骋疆场、指点江山，创造了辉煌文明的民族，早已消失在历史长河中，如今只剩下残垣断壁与沉默的雕塑壁画。然而，这些民族并非真正“消失”，他们大多是在社会的发展和文化的交融中，受到各种因素的冲击，逐渐脱离、摒弃自己的传统文化，逐渐形成他族。由此可见，传统文化是民族赖以生存的“氧气”，失去传统文化，民族也不复存在。而彝族在数千年的生产生活中，披荆斩棘、栉风沐雨、砥砺前行、繁衍生息，始终崇拜自己的祖先，用祖先创造的文字撰写了浩如烟海的古籍文献，创建了体系完备的毕摩原生文化，以昂扬的姿态屹立于中国西南地区及世界文化之林。

毕摩原生文化是以毕摩古籍文献为载体，以毕摩仪式及其他民俗综合仪式为表现形式的原始的、朴素的、独特的、稀有的传统民俗文化。毕摩原生文化是远古时期彝族先民在漫长的生产生活过程中，为适应和改造周围的自然环境，祈祷风调雨顺、人类繁衍而创造和不断发展起来的传统文化；是以人与自然、人与社会和谐为宗旨，以万物有灵观为理念，以自然崇拜、图腾崇拜、祖先崇拜为信念，以祖先崇拜为核心的民俗文化。毕摩原生文化的形成历经了数千年，由几百代著名毕摩及彝族智者不断总结、归纳、创新而成，是彝族先祖集体智慧的结晶，是彝族民俗文化的浓缩与升华。

毕摩原生文化包罗万象，以精神文化和物质文化为载体，富有极强的生命力。毕摩原生文化囊括了彝族语言文字、哲学艺术及风俗节庆等精神文化，以及农耕饮食、建筑服饰等物质文化，是彝族传统文化的核心，是最适合于彝族发展的传统文化。这体现在它是最接地气的民俗文化，它在不同时期为满足不同时代的需求、人们日常生活的物质和精神需求而不断创新，已被彝族民众所接受，并不断传承和弘扬。毕摩原生文化从诞生至今，历经沧桑，一脉相承，

历久弥新，至今仍以活的形态存在，始终指导着彝族人的生产生活，形成世代传承的民俗文化。

在当今全球一体化的大趋势下，经济全球化、人类文明不断碰撞，民族文化的融合不断发酵，彝族传统文化逐渐边缘化，毕摩原生文化濒临消失。

当前，国家实施了一系列前所未有的惠民政策，推进精准扶贫与乡村振兴，使现代文明进入边远的彝族山区；交通的便捷、通信的发达，让边远的彝族山区不再是封闭的孤岛，与外界乃至世界互通，生产生活的各个方面都发生了翻天覆地的变化。与此同时，彝族传统文化面临挑战，受到冲击，人们移风易俗，使彝族语言文字、风俗习惯、宗教信仰、传统建筑等逐渐边缘化，甚至被摒弃，其中语言文字及相应的传统文化受到的冲击最为严重。

首先，彝族后裔逐渐摒弃自己的母语。孩子们在成长阶段只重视学习国家通用语言，而忽视了自己的母语，不讲母语，甚至出现了“以说母语为耻”的怪症。长辈不再和从前一样与晚辈一起围坐在三锅庄周围用彝语讲述幽默动听的彝族神话故事，传承了数千年的彝族神话故事悄然消失；只有极少数人仍用彝语交流，出现了“父母不会说汉语，子女不会说彝语”的怪异现象，这透露出的是彝语将会从世界上消失的信号。近年来，世界语言消失速度加快，世界现存的7000多种语言，平均每14天就有一种消失，语言学家推测，再过100年可能就只有600余种语言能幸存。因此，笔者对未来彝语是否还能存留表示深深的担忧。语言消失的同时会带走与之相连的历史、文化与传统，语言的消亡，也是一个民族消亡的前奏。

其次，彝族文字在飞快地流失。古彝文是远古彝族先民为了占卜、记事而发明创造的最古老的文字之一，与甲骨文、苏美尔文、古埃及文、玛雅文等古老文字并列，是世界古文字之一。彝文从诞生起，经过不断使用、创新，趋于成熟，至今仍在使用，是活的文字。然而，时至今日，学习彝文的人却越来越少，主要原因是学后无用，只有少数毕摩后裔仍在学习古彝文，彝族文字正在逐渐流失。文字是语言的载体，一个没有文字的民族，极易在现代社会的快速发展中被遗弃，并最终消失。彝族语言文字是彝族走向文明的起点和归属，是彝族之所以成为彝族的前提和标识。

最后，毕摩原生文化濒临消失。毕摩文化是彝族的核心文化，是中华民

族优秀传统文化的组成部分。就内容实质来说，毕摩原生文化由口诵文献与古籍文献两部分组成。如果将毕摩原生文化比作人的身体，口诵文献就是毕摩原生文化的血肉，古籍文献则是毕摩原生文化的骨骼。随着彝族语言文字的逐渐消失，毕摩原生文化的精髓也逐渐枯萎。毕摩原生文化是一种不可再生的传统文化资源，一旦消失便无法完整再现。毕摩原生文化消失的主要原因有如下两个方面：一方面，满腹经纶的老毕摩们相继辞世，其后裔们除少部分在校学习外，其余大部分为了生计都外出务工，不愿再继承祖辈的毕摩职业，导致传统文化的传承后继无人。同时，随着经验丰富的著名毕摩辞世，一些年轻的毕摩遗忘了祭祖等大型仪式程序，更有甚者，为了节省时间简化或篡改仪式程序，致使毕摩文化间接消失。另一方面，大量散落民间的古籍文献不能及时搜集而被毁坏流失。据不完全统计，现四川大小凉山境内散存于民间的古籍文献约有70万卷，这些古籍绝大多数为手稿原稿或传抄本，60%以上的古籍文献均属于孤本，一旦毁损或丢失，就意味着永久的消失。散存于民间的古籍文献主要由民间毕摩保存，保存条件恶劣，损毁严重，令人触目惊心。据不完全统计，四川大小凉山毕摩古籍文献正以每年上万卷的速度流失，流失速度之快，让人始料未及。

基于以上原因，彝族语言文字及与之相连的毕摩文化在不知不觉中渐渐消失，或许不久的将来将成为历史，成为后世“考古”的文化。为了保护、抢救、传承濒危的彝族传统文化，特别是保护濒临消失的彝文古籍文献和口诵文献，笔者将长期以来搜集、整理并翻译的一批有价值的古籍文献与口诵文献撰写成《毕摩原生文化系列研究（3卷）》系列图书，以图书的形式永久保存，以供广大彝学爱好者参考，也为高校及科研机构的专家学者研究彝族文化提供第一手资料。

《毕摩原生文化系列研究（3卷）》以彝族人的一生为线索，系统梳理了彝族人一生中每个关键节点举行的民俗礼仪，是一部集毕摩原生文化与彝族传统民俗文化于一体的丛书。

《毕摩原生文化系列研究（3卷）》共分为3卷。第1卷《毕摩的起源及流派》，主要包括三个部分。第一部分首先叙述了毕摩的概念、贡献、职能、地位、禁忌及毕摩法器，毕摩对彝族传统文化的主要贡献是发明、创造古彝文，

使用、传承古彝文，以及总结、归纳、规范了彝族传统民俗文化，创建了独具特色的红白喜事礼仪；其次，叙述了毕摩的起源及形成；再次，列举了毕摩及其文化发展过程中形成的谱系流派；最后，阐述了毕摩的发展变迁。第二部分叙述了毕摩原生文化的源流、内涵、传承及作用，说明毕摩原生文化是古彝人和其他部落（民族）形成彝族的文化轴心，毕摩原生文化塑造了彝族并成为区分彝族与其他民族的重要标志。第三部分，叙述了彝族历史上对彝族传统文化传承做出了突出贡献的魏勒邱普、提毕乍姆、阿苏拉者等著名毕摩大师的生平事迹，讲述了他们在不同时期为毕摩文化的发展与传承做出的不可磨灭的贡献。毕摩原生文化是彝族族源认同的文化基石，将分散在不同地区、不同支系的彝族人紧密地联系在一起。从古至今，毕摩原生文化都是彝族的精神文化支柱，是彝族生产生活的指导思想，是彝族传统文化的核心。

第2卷《毕摩的一生》，首先讲述了毕摩世家的一名男婴从出生到成家立业，再到中年，最后走向人生终点的人生轨迹，叙述了婴儿的诞生、学习毕摩文化、结婚、中年及逝世等关键节点的民俗礼仪，重点阐述了订婚礼、结婚礼及求育生子仪式；其次叙述了彝族年，阐述了彝族年期间的祭祀活动和各种仪式，重点描述了毕摩逝世的丧礼过程，详细梳理了一位毕摩从出生到逝世的历程。

第3卷《诠释毕摩安灵》叙述彝族葬礼与祭祖、安灵的过程。葬礼部分主要叙述彝族葬礼的种类和分类，种类包括火葬、岩葬、土葬、水葬等，分类主要分为普通葬礼和特殊葬礼。祭祖部分的主要内容包括驱遣索命魔、祭祖缘由、祭祖准备、祭祖迎宾和祭祖驱魔，重点叙述祭祖仪式的各个程序。安灵部分主要叙述制灵、祭灵、净灵和送灵的仪式程序，所有仪式完毕后将祖灵护送至宗族藏放祖灵的箐洞进行集体安葬。祭祖是安灵的前提，安灵是祭祖的延续和终结，彝族人以此按照毕摩原生文化走完其一生。

《毕摩原生文化系列研究（3卷）》是一套集研究性与实用性为一体的较为完整的民俗文化系列丛书。首先，研究性强。笔者在彝族传统文化理念的指导下，经过几十年搜集、整理和钻研，对古籍文献进行了深刻的理论分析，翔实地阐述了彝族人每个人生关键节点的重要仪式及仪式的要求和流程，程序清晰，内容丰富。其次，实用性强。本套丛书以毕摩仪式程序为中心，将不同仪

式程序中毕摩所念诵的经文逐句翻译成现代汉语，便于读者对古籍内容的理解及运用，为读者提供一个彝文和汉文对照阅读的、较为全面的彝族传统文化的文本。最后，内容真实可靠。对毕摩原生文化的研究，经历了起初的其他民族（汉族与外国人）研究到后来的本族研究的历史过程，其他民族研究的第一手资料来源主要是研究者所探寻的零星资料和道听途说的只言片语，内容欠缺，真实性差，甚至有些还带有偏见。该套丛书的第一手资料则主要来源于笔者的田野调查、查阅及研究毕摩古籍文献，内容由浅入深，真实可靠。笔者作为世袭毕摩后裔，对毕摩原生文化情有独钟，从小学习毕摩原生文化，谙熟古籍文献及古彝文，长期致力于本民族文化的搜集、整理工作，具有甄别资料真伪的能力和修补古籍文献瑕疵的优势，在充分利用丰富的古籍文献的基础上，笔者拜访诸多著名毕摩，以历史责任感和使命感真实记录了毕摩仪式的每个程序及其所念诵的经文，书籍内容真实可靠。

毕摩原生文化源于氏族部落时期，具有唯物主义与唯心主义两面性。毕摩文化认为，远古世界是“世界连成团，四周黑洞洞”的没有天地的世界，后来经过漫长的演变，清气上升变成天，浊气下沉变成地；人类赖以生存的地球也经历了茫茫冰川、熊熊火焰、洪水泛滥及“昼出六日”的极端干旱时期；人类由猿猴演变而成，历经了“不知其父”的母系氏族时期，度过了“寻父”“买父”的婚姻缔结时期，从而进入了“不仅知其母，而且知其父”的父系氏族时期。万物雌雄观、人与自然和谐发展等理念属于唯物主义，具有积极的意义；而毕摩原生文化提倡万物有灵观，认为天地自然、山川湖泊都有其神秘的神灵，灵魂永存，这些属于唯心主义。因此，我们应以“仁者见仁，智者见智”的态度对待毕摩文化，取之精华，弃之糟粕，古为今用，推陈出新，科学地认识和看待。

本系列丛书所使用的古籍文献及口诵文献，少部分是笔者在家乡四川马边地区所搜集的，大部分是在凉山腹地龙头山周围的美姑、昭觉及雷波县域内搜集的，书中使用的彝族语言文字也是四川彝族义诺片区的方言文字。为了让图书内容通俗易懂，翻译经书时不是按照字句一一对照翻译，而是按照内容大意翻译，以便让读者深刻理解经书内容及其背景。

本系列丛书的编写初衷是为了让更多人了解彝族古老、神秘的原生文化，

并为毕摩原生文化的当代研究和传播提供翔实的基础资料，也为民间毕摩学习毕摩文化提供较好的参考。因此，本系列丛书既是一部集研究性与实用性于一体的彝族传统文化丛书，更担负着助推彝族传统文化一脉相承、薪火相传的历史使命。尽管本系列丛书尽可能详细地叙述了彝族传统文化的方方面面，但因笔者水平有限及其他因素的制约，书中的叙述对于博大精深的毕摩原生文化来说只是冰山一角、表皮一层。因此，对毕摩文化的研究需要进一步深挖细究，将古老的古籍文献与其所承载的仪式程序诠释于世，才能彰显古代彝族古代文明，传承、弘扬彝族的传统文化。

毕摩原生文化源远流长，历久弥新，愿本套丛书的出版能为毕摩原生文化的传承和弘扬添砖加瓦。

立克达曲　立克阿妞

2019年6月

目录

第一章 彝族婴儿诞生

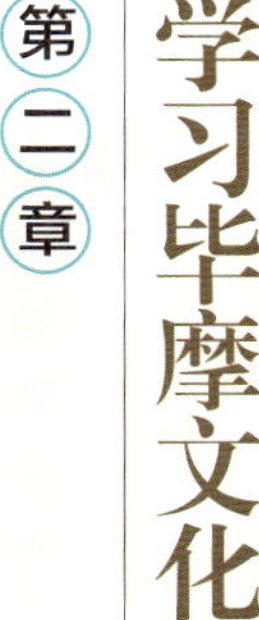

第二章 学习毕摩文化

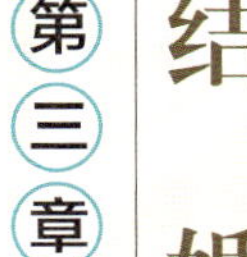

第三章 结 婚

第四章 求育生子

第五章 中年毕摩

第六章 彝族年

第六章 彝族年

第七章 毕摩逝世

后记

第一章 彝族婴儿诞生

YI ZU YING ER DAN SHENG

孩子是家庭中的一员，是一个家庭的未来。对于一个小小的家庭来说，当一个婴儿呱呱坠地时，就意味着给这个家庭带来欢乐、希望和生机。彝族家庭也不例外，一个小生命的诞生，特别是诞生一个将要成为毕摩的男婴，对小家庭乃至是整个家族都感到无比欣慰的。一个毕摩家的孩子除了与普通彝族家孩子一样正常成长外，他们还肩负着毕摩文化传承的重任，即学习毕摩文化，继承祖业，以成为一名家喻户晓的毕摩为一生奋斗目标。毕摩的传承方式形成了一套约定俗成而独具特色的传承制度，即传男不传女，以世袭为主，拜师为辅。

第一节　接生礼

当婴儿出生时，父亲需要回避接生过程①。迫于环境，过去彝族孩子一般是在自己家里出生，当孩子将要出生时，孩子的父亲就出门回避。要么坐在屋外，要么到邻居家里等候，直到孩子出生后方能回家。原因在于彝族是一个文雅而矜持的民族，平时除了表兄妹外，男女之间忌讳开玩笑，不说脏话，更不谈生理方面的事情，因此在生育文化方面也独具特色。此时，平时同爱妻朝夕相处的丈夫不能直接参与孩子的接生过程，而是由亲朋邻里的妇女们帮忙接生。

当孕妇临近产期时，家里要备好三样东西。一是裹婴帕，彝语称为“朵柏”（[illegible]），是用来包裹孩子的布帕，一般是用父母的旧衣服撕破制成长方形，只要能裹好婴儿便可，没有具体的规格要求。但是，所用布料必须是婴儿父母的旧衣服，禁忌用外人的衣服或新面料制成的衣服。二是洗婴水，彝语称为“阿伊兹依”（[illegible]），意为纯洁无瑕的水。洗婴水极为讲究，一定要从人迹罕至的高山无污染的地方获取，一般是泉水或湖水，即为“有头有尾的流水”（[illegible]），用这样的水来洗婴，孩子以后智慧超群，学识渊博，若用污秽的河水来洗婴，婴儿可能受到污染而得病，或者将来可能智力不佳。三是尖茅草（俗称白草）或蕨干草，以备铺地接生用。当孕妇临产时，先通知邻居家有经验的妇女前来帮助接生，并将备好的尖茅草或蕨干草放在进门左上方的磨子旁并铺在地上，让产妇站在磨子边，手扶磨子架，以便让婴儿顺利降生在干草上面。婴儿降生后，先用剪刀剪断连接胎盘与婴儿的脐带，并将脐带整理好，用热水清洗婴儿，然后用裹婴帕将婴儿包好，送到母亲那里吃奶，这是婴儿来到这个世界上的第一次品尝。这时可以派人给孩子父亲报喜并让其回家，所派遣的人一般是婴儿的伯母或姨娘。她手拿着镰刀或尖刀去报喜，孩子父亲看见镰刀便知生了女儿，反之为儿子，得知婴儿性别后赶快回家杀鸡祝贺。孩子父亲回家后首先是将胎盘带到竹林里，挂在牲畜不能触碰的竹枝上面，同时做上记号，记住挂胎盘的位置。以后如果妻子一直不怀孕，便认为生育魂可能跟随胎盘而去，夫妻俩要到此地带些泥石回家，置于妻子的房里，以示带回生育魂。婴儿出生后要做以下两件事。

① 现今婴儿都在医院出生，不存在父亲回避接生过程。

一是制作荞麦粑。荞麦又称苦荞麦，根据毕摩古籍文献记载，荞麦是5000多年前，彝族先民在云贵高原用野生荞麦首先培植栽培成功的谷物，从古至今，是彝族人最喜爱的主食之一。彝族谚语道：“人类母亲大，五谷荞为王。”因此，婴儿出生时，首次品尝的自然是五谷之王荞麦制成的荞麦粑。荞麦粑是将荞粉加水搅拌成稠糊状，然后捏成比手掌大些的圆形的馍，蒸熟即食。

二是宰杀公鸡报喜。当妻子顺利生产，母子平安后，家里需宰杀一只红色的大公鸡报喜。宰杀公鸡有讲究，一是要健壮的红色公鸡，二是要当年年初生的第一批鸡，彝语称“瓦日”（[illegible]），如果家里没有“瓦日”，就从其他地方寻得。这个被宰杀的“瓦日”彝语叫“潘伊瓦”（[illegible]），意为婴儿降生礼鸡，也称报喜鸡。关于“潘伊瓦”有这样一个传说：远古时代，天上居住着额天古兹，地上的人类一旦有婴儿出生就要上报给天上的额天古兹做登记。有一天凌晨，地上有个婴儿出生了，名叫兹敏阿吉，他一出生就长有两颗门牙，并且自己能在屋内外站立行走。兹敏阿吉家一个名叫都都迪迪的下人在屋前屋后看到一个长一丈、宽半丈的足迹，而且每天都能看到这个足迹，便觉得很奇怪，也想探个究竟，便跟着这个足迹寻找。在很远的一个山崖下发现了一位老人，他身躯高大，犹如杉木一般，满头白发，胡须有一米长，都都迪迪问他：“你是什么人？”老人答道：“我叫罗神罗阿普，是天地间的使者。按额天古兹的传令，地上一旦有人出生就要向他禀报，你家有婴儿出生为什么还没有禀报？”都都迪迪问道：“怎么禀报？”使者答：“婴儿出生后，若是兹敏（君主）就在七天之内杀只红色公鸡，若是洛吉（百姓）就在三天之内杀只红色公鸡。这样我就会带走烧鸡毛的灰向额天古兹禀报，让天神来管理世人的命运。而你家主人的孩子出生后未杀鸡，我就无法向天上禀报，所以，我每天都往你主人家走一趟呀！”都都迪迪回去禀报给主人，主人家就按照使者所说杀了一只红色大公鸡。从此，凡是婴儿出生都要杀一只红色公鸡以报喜、报平安。现在婴儿出生后一天内，都要宰杀一只红色公鸡，不需要念经，也不必请毕摩主持仪式。但是与平时杀鸡不同的是，不能用刀将其杀死，而是用手捏鸡颈使其窒息而死。剖鸡时把左鸡翅、左翅根、左鸡胸脯连在一起整块切下，不要切断，其他就按鸡头、鸡胗、鸡腿等分切成坨坨肉进行水煮。鸡肉煮熟后捞出，不放盐等其他佐料。

开始占卜鸡舌叉。取出鸡舌叉，验看鸡舌叉中间的小软骨，以中间最短的那根软骨为准，如果小软骨尖端与小软骨根部对称，向内自然适度弯曲，是吉兆，预示婴儿能健康成长；软骨反翘则被认为是有财富。如果软骨向外多折性的卷曲，或向内卷曲为一个圆，甚至舌尖卷到舌根部，说明呈凶兆，会殃及人的生命，特别是对刚出生的婴儿不宜，要请毕摩测算举行有关驱逐诅咒性的仪式。占卜完鸡舌叉后，大家开始聚餐，先让婴儿和婴儿母亲品尝，其他人再品尝。彝族吃饭的规矩是极为讲究的，首先用马勺子喝一口汤，然后吃粑，再吃肉，顺序不能颠倒，让婴儿首次品尝人间美食佳肴也是一样。母亲用手指先蘸点鸡汤在婴儿的嘴唇上轻轻地触一下，然后拿点荞麦粑在婴儿的嘴唇上轻轻触一下，表示尝到了世间的美食，接着撕点鸡肉在婴儿嘴唇碰一下，表示他（她）已品尝到专门为他（她）出生杀的报喜鸡了，然后母亲自己品尝，最后大家一起品尝，禁忌将该鸡肉带出屋外。

珍藏鸡骨架。按照习俗，婴儿母亲要吃完连在一起的左鸡翅、左翅根、左胸脯的肉，吃完后

不要把鸡骨架扔掉，而是珍藏在婴儿母亲卧室床位上方安全的地方，让其自然枯干，珍藏时间越久越好。

第二节　取美名

从婴儿出生七天后到一个月内，请毕摩或当地会占卜的人择吉日为婴儿取名。选择吉日要按照婴儿出生属相的岁位来选定。现凉山彝族传统是要观天上食人天牛“尔格特比”（[illegible]）邪魔方位而定，主要观看三个月一处的邪魔。取名日期确定后，要提前半个月酿制泡水酒，以便取名时用。距离取名日期还有五六天时，还需要酿制醪糟酒，用来招待客人。

彝族先民认为，婴儿取名是新生儿获得的第一份贺礼，此礼非同一般，名字的好坏直接影响孩子的一生，“不怕生错命，就怕起错名”。因此，彝族人特别注重婴儿的取名。为了驱魔防邪，给婴儿取名时还要举行毕摩原生文化仪式，那就是“禳灾祈福仪式”。

一、举行祈福仪式

“祈福仪式”的全称叫“禳灾祈福仪式”，彝语称为“果”（[illegible]），或称“阿依果”（[illegible]）。该仪式是为了防止邪魔鬼怪进屋作祟婴儿而做的预防性的毕摩原生文化仪式，是普通彝族家庭常举行的仪式之一，也是婴儿出生后一段时间内常做的仪式。婴儿取名前是否举行驱邪仪式要根据婴儿的出生日期而定，一般情况下，毕摩家出生的男婴都要举行驱邪仪式，这是不变的规矩。驱邪仪式的毕摩是有选择性的，一般是先请平时长期主持主人家仪式的毕摩，只有长期主持主人家的毕摩无法作毕时，再请其他德高望重的善性毕摩（不主持为凶死者作毕的毕摩），且家庭幸福、子孙满堂，以图吉利。禁忌邀请凶性毕摩。“阿依果”有严格的时间规定，要在鸡鸣前将所有仪式上使用的器物准备好，鸡鸣时开始举行，天亮前完成。这是因为：第一，毕摩文化认为婴儿就像初升的太阳，朝气蓬勃，充满活力，所以仪式要在凌晨举行；第二，该仪式不能让鸟儿看见，否则会不灵验；第三，该仪式必须避开“则普则觉”“尔格特比”等天地自然邪魔，否则新生儿可能会受邪魔侵害而遭遇不测，不能健康成长。

仪式要牺牲一头黑色母乳猪，需制作一个“镇住贪馋邪魔神座”，其中准备神叉6根，神棒6根，“果土果惹”（神枝名称）白色一根、花色一根、黑色一根；两根神枝（其中一根是主神枝，如果是男婴，就用杉树神枝，如果是女婴则用樱桃树神枝，另一根神枝不择树种）。这些神座原料最好是樱桃树，如没有樱桃树就用桃树，表示子孙犹如桃树一样年年开花结果。神座旁放一小块石板，以示镇魔石；毕摩身旁放一碗清水，表示净水；另置一碗酒水，作为赐予婴儿的祝贺酒。

仪式程序是：助手把准备牺牲的黑色母乳猪带到仪式主人家的屋堂下面等着，轻轻捏住猪嘴，避免其乱叫。之后另一名助手将干草捏成一团，在锅庄里放些火炭，在门外放火升烟，以告示天神地祇和毕摩护法神灵。此时助手将早已备好放在左方锅庄后面的冷净石块[1]放入盛有清水的木盆中，递给毕摩，毕摩开始念诵经文，同时，毕摩将净石盆递给内室上方的男主人，男主人又将净石盆递给助手，助手将

① 冷净石块：是指没有烧过的净石。毕摩文化认为烧烫的净石放入水中后所产生的蒸汽会使婴儿得皮肤病。

净石盆带到内室上方主人屋里，再带到内室下方的卧室内及屋内各个角落处，从乳猪身下通过，最后带到门外见天日后将木盆里面的水及净石一起全部倒出，以示整个屋内及其牺牲品都已祛污净化。

随后，毕摩开始一系列的念经。念完《护法神灵召回经》后，给婴儿举行手触净水仪式。此时，因婴儿还没有纳入家庭成员中，还不算是一个完整的家庭成员，所以，还不能举行具体的触水仪式，而是由婴儿的母亲代替其触水，即毕摩将净水碗端给助手，助手再递给婴儿母亲，婴儿母亲用手蘸一下毕摩念过经的圣洁水，如果是男婴，则用左手蘸水，如是女婴，就用右手蘸水。念诵《护主点丁经》时，需要念婴儿的名字，此时婴儿还没有取名字，怎么办呢？于是就所有刚出生的婴儿有一个统一的名字，即“笃毕罗阿惹”或“笃毕罗阿姆”，意为磐石的儿子（男婴）或磐石的女儿（女婴）。

毕摩念诵《牺牲经》后，助手们开始杀猪煺毛，取出内脏，并将猪胆递给毕摩挂在其上方的主神枝上。剖猪时要严格按照规矩来，首先切下四肢和头部，然后将舌头和胸脯连在一起取出，彝语称为“哦杰胡哈”（[彝文]），然后经过脊椎骨将猪剖成两半，将骨连肉切成条块，即每根肋骨要连肉切成一条，不能切成小块的坨坨肉。剖完后，将内脏烧熟后先让毕摩品尝，然后撕一点放进婴儿嘴里触一下，之后大家再一起吃完。此时毕摩开始念诵各种经文，给婴儿禳灾祈福，给主人家祈福。给婴儿祈福时，毕摩将猪头与猪舌、胸脯肉及一碗酒水一起置于一个簸箕内，念诵祝酒词后将其赐予母婴俩，母亲用右手指蘸点酒在婴儿嘴皮触一下，表示已尝了毕摩的祝福酒，再撕一点肉放进婴儿嘴里触一下，表示已吃了毕摩施法的神肉，寓意新生婴儿将来平平安安、顺顺利利、健康成长、万事如意。这时，主人向毕摩敬酒，表示感谢，毕摩也会高兴地喝完所敬的酒，祝福主人家婴儿健康成长，全家平安。

仪式完成后，毕摩将“镇住贪馋邪魔神座”的神枝取出，用绳子捆在一起拴在房屋上方的一棵果树上，用镇住邪魔的石板压住神枝，将挂着猪胆的杉树枝插入内室中柱上，以求吉祥。

禁忌将仪式牺牲的猪肉带出家门，彝语称为“果舍莫阿波”（[彝文]），即不能把给婴儿举行禳灾祈福仪式的黑猪肉带出家门见天日，包括毕摩赐予仪式主人家的牺牲猪头和胸脯肉也不能带出家门[①]，只能在仪式主人家食用。

二、剪发仪式

“阿依果”完成后，当清晨温暖的阳光照射到仪式主人家的房屋时，就可以举行婴儿剪发仪式了。剪发礼又称出户礼或见天礼。按照彝族传统习俗，婴儿出生到剪发之前，禁忌婴儿及其母亲出门，特别禁忌此时串门到亲朋邻居家，因为他们认为没有举行“触净水”仪式的婴儿及其母亲是沾有污秽的，会给被串门的人家带来噩运。举行剪发仪式时，母亲披着羊毛披毡抱着婴儿，在众人的护送下走到屋檐下，按照男左女右的原则，即如果是女婴就站到门外右方屋檐下，如果是男婴就站到门外左方屋檐下，这是婴儿第一次见到户外阳光，因母亲不宜久站屋外，可以先回屋，让孩子父亲抱着婴儿剪发。如果婴儿的爷爷在场就让其为婴儿剪发，如果婴儿爷爷不在场或已年老不能剪发，就请当地德高望重、子孙满堂的男性为

① 在平时举行仪式时，毕摩会将牺牲的半边猪头和猪胸脯肉带回家，而给婴儿举行“禳灾祈福仪式”时，按照牺牲的牲畜肉不能见天的规则，毕摩将本属于自己的半边猪头和猪胸脯肉要赐予仪式主人家。

婴儿剪发。剪发时，从婴儿头顶旋涡处向四周剪去，若是男孩留着前额一撮头发，即为“天菩萨”，彝语称为“兹尔”，是男人神圣不可触摸的地方。剪完后，将最先剪的头发取一点用白布裹着缝在婴儿衣裳里面，其余的裹起来让婴儿的父亲抛到屋顶。

三、穿“狗皮衣”

剪发仪式完成后，父亲把婴儿抱回家，举行穿衣礼仪式。过去局限于家庭环境，婴儿出生时没有好的衣裳穿，只用打补丁的烂衣布（朵柏）来裹婴并捂在母亲温暖的怀抱中便可。婴儿穿衣礼彝语称为“阿依克几嘎”，意为让婴儿穿“狗皮衣”。彝族先民认为狗皮是很脏的污秽物品，邪魔不会光顾，用它来辟邪。为此，婴儿在出生时就备好了婴儿服（克几）。制作“狗皮衣”极为讲究，制作人要么是仪式毕摩，要么是家里多子的妇女，一般用新的纯色红布或白布来制作，做工简单，一般缝制套头的衣服便可。将剪下的半圆领布缝制成一小荷包，将已剪下的胎发装在里面缝于衣领后，这里的衣领只是象征性地用剪下的布料在衣领缺口处裹一下。“狗皮衣”制好后，先将其从磨子上下两块磨石之间穿过，再从磨子下面木槽底下穿过，最后从狗的肚皮下面穿过，象征揭下的是狗皮。彝族人对与婴儿相关的词都说贱词，如首次做的婴儿服叫“狗皮衣”，称呼婴儿叫“阿果”，意为难看、怪人，以使妖魔鬼怪对婴儿不屑一顾，认为这样可以使婴儿健康成长，禁忌对婴儿使用胖子、漂亮之类词语。

穿着“狗皮衣”的婴儿　立克阿妞 / 摄

戴婴儿帽的小孩　单孝勇 / 摄

四、品尝苦荞丸子

接着举行品尝苦荞丸子仪式。苦荞丸子，彝语称为“阁洛”（ꇬꇉ），是由苦荞粉加水搅拌成糊状，然后捏成圆子大小的丸子。在加热的锅里放少量猪油，油加热后加适当的盐和清水，再放入苦荞丸子煮熟即可。苦荞丸子煮熟后被舀入彝族特制的木碗中，首先婴儿母亲取一点苦荞丸子在婴儿的嘴唇上轻轻地触一下，表示婴儿已经品尝，然后自己品尝，最后大家享之。

五、取名字

凉山彝族极为重视婴儿的取名，特别是第一胎小孩的取名，因为以后各胎取名与第一胎的名字有承接关系。

古人云：“赐子千金，不如教子一艺；教子

一艺，不如赐子好名；不怕生错命，就怕起错名。”俗话也说：“名不正则言不顺，言不顺则事不成。”由此可见名字之重要。名字既然要用一辈子，那就要给宝宝起个吉祥的好名，赐婴儿佳名，期盼让孩子赢在人生的起跑线上。名字伴随人的一生，也影响人的一生。命好、运好再加上一个吉祥好名，会让孩子将来功成名就、事事顺心。名字不仅是一个人的符号，更是寄托父母对孩子的希望，也展示了父母亲的文化底蕴。

名字作为文字符号，带有时代变迁的信息，表现着不同的文化观念，蕴含着毕摩原生文化的自然崇拜、图腾崇拜等各种文化。给孩子起个好名，乃天下父母之所愿。

由主持仪式的毕摩给婴儿取名。在屋外举行剪发仪式和在屋内举行穿“狗皮衣”仪式后，婴儿父亲就给毕摩敬一碗泡水酒，毕摩品尝后开始给婴儿取名，取名也有严格的讲究，主要是以婴儿的排行、彝族的图腾崇拜、岁位、愿望、污贱物和借用毕摩姓氏等取名。

（一）按排行取名

四川大小凉山部分地区，如甘洛、越西等地按子女出生的先后顺序取名，即按排行取名。男孩取名为：老大阿木（ꀉꃅ）、老二木乃（ꃅꆈ）、老三木呷（ꃅꇤ）、老四木基（ꃅꐚ）、老五木宫（ꃅꈬ）、老六木牛（ꃅꆹ）、老七牛牛（ꆀꆷ）、老八刘溜（ꆹꆷ）、老九木杰（ꃅꏢ）等； 女孩取名为：老大阿衣（ꀊꑊ）、老二阿呷（ꀊꇤ）、老三阿支（ꀊꍈ）、老四衣各（ꑊꈭ）、老五衣果（ꑊꇬ）、老六阿妞（ꀋꆀ）、老七衣妞（ꑊꆀ）、老八妞妞（ꆹꆏ）、老九柳柳（ꆀꆷ）等。

（二）按图腾取名

按图腾取名是彝族氏族时期图腾崇拜的影迹，是一种古老的取名习俗，沿用至今。图腾取名法主要是在给男孩取名时用，表示英勇、

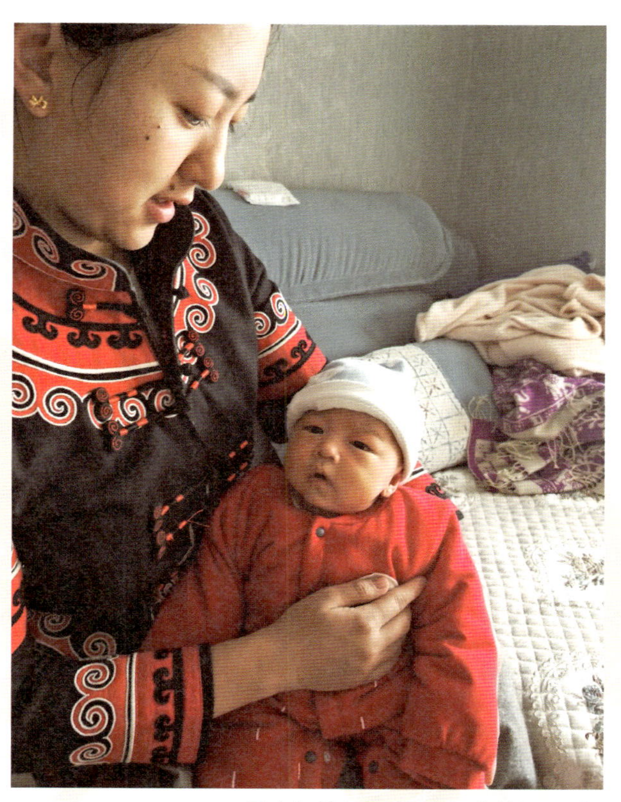

母亲抱着取名的婴儿　曲莫伍且 / 摄

顽强、健康、强壮、威慑，犹如“日罗”（黑豹）、“日前”（凶豹）、“日哈”（百豹）、“拉部”（花虎）、“拉曲”（白虎）、“拉史”（黄虎）、“拉罗”（黑虎）、“拉尼”（红虎）、“峨罗”（黑熊）、“峨曲”（白熊）、“峨惹”（小熊）、“伟石”（黄狼）、“伟古”（诸狼[1]）、“伟前”（凶狼）、“布哈”（龙）、“阿柳”（猿猴）等。

（三）按岁位取名

这是一种古老、传统、普遍的取名法，在八卦岁位中，主要取东南西北方位的名字。东方，彝语称为“布笃”，意为太阳出来的方位；西方，彝语称为“布杰”，意为太阳降落的地方，其中“布”为太阳之意。取名时如果孩子的岁位在东西方位，名字的第一个字或第二个（也

①诸狼：指九匹狼，故称诸狼。

是最后一个字）要取为“布”字，如给男孩取名时，一般取为“阿布”“布惹”“布前”“布哈”“布萨”“布格”“沙布”“格布”“拉布”“克布”“罗布”“史布”“柳布”“嘎布”等，部分地方喜欢在名字后面加个“惹”字，“惹”为男子之意。给女孩取名时，一般取为“布席莫”“布度莫”“布洛莫”“布吉莫”等。如果孩子的岁位在南北方位，就取南北方位名，南北方向彝语称为“依峨依姆”，意为水头水尾，其中“依”为水之意。如是男孩，一般取名为“依布”“依前”“依萨”“依合”等，如是女孩就取名为“依洛莫”“依曲莫”“依史莫”“依子莫”“依席莫”“依乌莫”等。

（四）遵从愿望取名

作为父母都希望自己的孩子今后有出息，能平安、快乐。因此，在为孩子取名时也将这些愿望烙印在孩子的身上，以此满足自己的愿望。

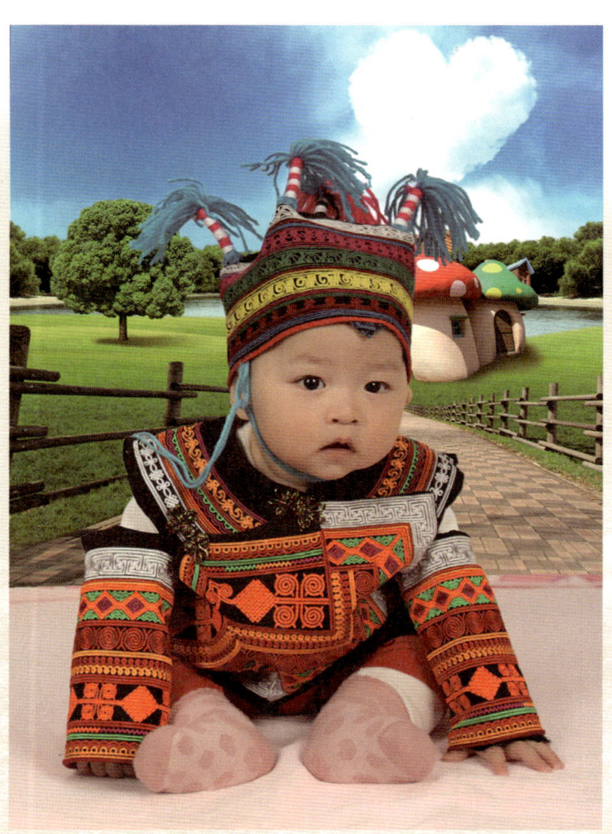
满月的婴儿　立克阿妞/摄

遵从愿望取名的方法有以下几种：一是让孩子成为英雄人物，主要表现在男孩的取名上，如取名冉孔（英雄）、拉莫（虎）、惹布（豹）等；二是期盼孩子长大后家财万贯，如取名苏嘎（富裕）、尤杜（上千绵羊）、刘哈（上百黄牛）等；三是寄予孩子美丽漂亮，主要针对女孩取名，如林璋（美丽）、史娓（金花）、布洛（蝴蝶）等；四是希望孩子长大后保家卫国，成为一名解放军并担任一定的职务，如取名为队长、班长、排长、连长、军长等。

（五）按污贱物取名

彝族先民认为，给婴儿取贱名能够辟邪。古代，因缺医少药，有些人家的孩子常夭折，所以常用污贱名来辟邪。如“勒其”（牛屎）、“木其”（马屎）、“月其”（绵羊屎）、“为其”（猪屎）、“瓦其”（鸡屎）、“克其”（狗屎）、“黑其”（鼠屎）等。

（六）借用毕摩姓氏取名

在彝族人心中，毕摩象征平安、健康、幸福、和谐等，是他们崇拜的现实人物，大部分人家作毕仪式所邀请的毕摩基本上是固定的，因为他们认为该毕摩主持仪式灵验，能使主人家始终健康平安、人丁兴旺、财源滚滚，彝语称为“毕摩伟省吉特”，意为毕摩与主人相配。如此，该毕摩就成为该户人家的专门毕摩，只要该户人家举行毕摩原生文化仪式时就会请这位特定的毕摩，有些仪式，主人家与毕摩几代相配。为了祈求孩子吉祥平安，经仪式主人的请求或许可将婴儿取名为仪式毕摩的姓氏。如仪式毕摩的姓氏为吉克，仪式主人的姓氏为格张，那么，将其婴儿取名为“吉克”，该婴儿的姓名就是“格张吉克”；又如仪式毕摩的姓氏为曲比，仪式主人的姓氏为格张，其婴儿取名为“曲比”，该婴儿的姓名就是“格张曲比”。

（七）用家畜取名

彝族先民曾经以畜牧业为主，家畜不仅是生活的食物来源，同时也是换取其他生活物品的商品，彝族视家畜为财富，因此，给孩子取名时喜欢用家畜来取名，以祝福孩子将来大富大贵。用家畜取名主要用于男孩，如“木坝”（公马）、“木惹”（小马）、“勒目”（母牛）、“勒惹”（小牛）、“月门”（母绵羊）、“月惹”（羔羊）、“月布”（绵羊繁多）、“月哈”（百羊）、“赤惹”（小山羊）、“为惹”（猪崽）、“克惹”（狗崽）、“克古”（狗群）、“克拉”（狼狗）、“阿林”（猫）、“瓦惹”（鸡崽）等。

（八）以数字取名

有些彝族人喜欢使用吉利的数字取名，如数字三、九等，彝族称数字“三”为“所”，意为幸福、快乐；而称“九”为“古”，意为稳固、牢固。如女婴取名为“尔所”（四三）、“古所莫”（九三）、“所所莫”（三三）等，给男孩取名为“古哈”（九百）、“古杜”（九千）、“古瓦”（九万）等。有些喜欢用婴儿出生时的重量来取名，如男孩取名为“三吉”（三斤）、“尔吉”（四斤）、“额吉”（五斤）、“夫吉”（六斤）、“史吉”（七斤）、“古吉”（九斤）等。禁忌用数字“一”取名，数字“一”代表独根、独苗，蕴含人丁不兴，不吉利，所以禁用之取名。

（九）其他取名

用贵重金属如金银取名。如“达曲”（重银）、“曲哈”（百银）、“曲日”（纯银）、“曲席”（银线）、“曲布”（生银）、“曲者”（碎银）、“曲乌”（纯银）、“达史”（大金）、“史哈”（百金）、“史席”（金线）、“史日”（重金）、“史前”（亮金）、“史者”（碎金）、“史叶”（金屋）等。

用出生地的地名取名。有些孩子因特殊原因在外地出生，为了纪念和记住其出生地，就用出生地的地名来取名，这类取名方式主要用于男孩取名，如在重庆出生，取名“重庆”，在成都出生，取名“成都”，在野外出生取名“罗古”（原野），在河边出生取名“依达”（水岸），等等。

总之，彝族婴儿取名花样繁多，既有毕摩原生文化的元素，也有外来文化的元素和现实生活的元素，但目的都是取个有意义的名字。

毕摩给婴儿取名后，主人给毕摩敬一碗泡水酒，毕摩接过酒后，念诵祝酒词，使泡水酒念经后成为神酒，然后将这碗神酒赐给刚取名的婴儿，孩子的父亲接过酒，用左手中指蘸一下酒后再轻轻地触一下孩子的嘴角，以示孩子已喝了这神酒，以后将健康成长。至此，婴儿取名仪式完成。

仪式结束后，首先由毕摩给刚取名的婴儿压岁钱，接着在场的亲朋好友也纷纷给新生婴儿压岁钱，一来辟邪驱魔，护佑平安；二来表示自己的一片心意，以示祝贺。

第三节　手触净水纳员仪式

孩子满月后，仪式主人家择日举行手触净水纳员仪式，手触净水纳员仪式彝语称为“阿依洛依若”（[illegible]），意思是婴儿首次触摸净水的仪式，或触水纳员或接纳主户成员。当新生婴儿同父母一起手触同一碗神圣的净水后，才能正式成为家庭成员中的一员，得到祖先和家庭的认可，获得相应的族籍。因此，手触净水纳员礼仪式是四川大小凉山彝族新生婴儿满月后必举行的仪式之一。

手触净水纳员的具体仪式是“遣返咒语镇邪魔”（[illegible]）。仪式需要牺牲一只绵羊或者一头小母猪，在四川小凉山等地区没有绵羊的坪坝河谷地带，需要牺牲一头小母猪和一只红色公鸡。禁忌牺牲山羊，因为按照毕摩传统文化，绵羊、猪属于善性动物，山羊属于凶性动物，一般用在驱逐性仪式上，而手触净水纳员仪式是孩子出生后第一次举行的入户仪式，属于善性仪式，牺牲的牲畜只能用善性牲畜。

仪式开始前，助手在屋外洁净的地方找一块拳头大小的石块放入火塘中烧红，以作为淬石。过后毕摩用崖草来扎缚绵羊（或猪）草偶和鸡草偶，再扎缚两个马草偶。扎缚好草偶后，用已备好的7根木矛戳穿扎好的绵羊草偶（或猪草偶），中间的一根矛尖插上马草偶，再用6根木钩钩住草偶后拴在一起。鸡草偶也如同绵羊草偶一样捆绑。捆绑好的草偶称为“遣符”，彝语称为“茨且”。

捆绑好遣符后，主持毕摩开始建一个“护法鹰神座[1]”，彝语称为“鹫毕古促”（[illegible]）。助手递给毕摩6支神杈，彝语称为“古介”（[illegible]），6根神枝，彝语称为“则公”（[illegible]），并在其座位上方靠墙脚的地上铺垫一层草，在垫草上面再插上下两组“古介”和“则公”，以1支“古介”和1根“则公”为一对，其后在墙壁上插入一根两端都削尖的毕摩用来串熟肉的白色木签，彝语称为“绰绰”（[illegible]），这样表示已建好护法鹰神座，此神座表示护法神前来享祭并施法的地方。此外，还要在护法鹰神座下面制作一个“镇住贪馋邪魔”（[illegible]）神座。助手给毕摩备好一支神杈（[illegible]）、6根神棒（[illegible]），1根白色挡魔神棍（[illegible]）、1根花色挡魔神棍（[illegible]）、1根黑色挡魔神棍（[illegible]），1根白头神棒（[illegible]），毕摩用这些神枝、神棒按既定程序制作“镇住贪馋邪魔”神座。然后助手再给毕摩两根招魂神枝（[illegible]），一根毕摩用来祛秽后抛出门外，另一根毕摩用于招魂后赐予仪式主人的妻子，珍藏于卧室上方，再在毕摩旁放一碗清水和一碗酒水。

砍出一堆去皮的木屑，彝语称为“曲史”（[illegible]），意为送给神灵的碎金、碎银，并放在簸箕里面递给毕摩，置于毕摩面前。一名助手牵着牺牲的绵羊（或小母猪）坐在客位右下方中柱旁。

制作击棒砸石刑具，彝语称为“杜事杜卤”（[illegible]），意为阴间魔怪抛出的专门击打、抓捕、限制人间活人的刑具。人们通过仪式将击棒砸石刑具驱逐至魔域。制作方法是用刀削3根长约5厘米的白、花、黑色的小木棒，将其根

毕摩举行镇魔仪式　立克达曲 / 摄

① 神座：是指形状各异的神枝所建的供神灵休息享祭并施法的象征性的场所。据不完全统计，神座种类有300多种。

部削尖，然后用绳子将3根木棒拴在一起即可。

升烟祷告神灵。助手把剩余的崖草和树枝等用草绑在一起，从火塘中取出火种，即夹出火炭放入草把中，放于门口或门口的右方，生火放烟，意为升起烟火祷告天神地祇和各派毕摩护法神灵莅临仪式现场协助毕摩施法，彝语称为“木谷茨”（[illegible]）。该过程只有升烟仪式，没有念经文仪式。

一、遣返镇邪魔（[illegible]）

遣返镇邪魔，全称为“遣返咒语镇邪魔”（[illegible]），它由遣返咒语（[illegible]）和镇邪魔（[illegible]）两部分组成。遣返咒语，彝语称为“西窝补”（[illegible]）或叫“西克补”（[illegible]），意为遣返别人施咒而来的魔怪邪祟。镇邪魔彝语称为“果”（[illegible]），是专门针对不断寻找世间人魂并将其食掉的“尔格特比”邪魔。一旦它找到对口的人魂就会吞食掉，刚出生的婴儿极为脆弱，处在极度危险之中，务必要举行该仪式。

（一）《淬石祛秽经》（《[illegible]》）

《淬石祛秽经》彝语称为“鲁擦俗”（[illegible]）或称“说木”（[illegible]）。生火放烟告知神灵后，一位助手用木碗（禁忌用带柄的瓢类）盛少许清水，放入烧红的烫石，待冒出蒸汽，发出嗞嗞的响声，再从火塘下方客位锅庄处将木碗递给主祭毕摩，毕摩接过后开始举行遣返咒语镇邪魔仪式，诵念《淬石祛秽经》。毕摩边念经文，边用碗里冒出的蒸汽为神座、经书、法具和面前的碎木屑一一祛秽，再将碗递给站在主位上的一位男性主人，主人接过碗后，接着在内室上下方及屋子旮旯祛秽，先经过自己和众主人的身后祛秽，最后递给一助手为牺牲的绵羊或小母猪祛秽，之后把烫石水倒到门外，将烫石带回屋内锅庄边藏放，毕摩念诵《淬石祛秽经》。

[illegible]， 哦吼哦，
[illegible]， 咆郭咿，
[illegible]。 净啊净。
[illegible]， 祛除上方神座的污秽，
[illegible]， 祛除下方垫草的污秽，
[illegible]， 祛除神座梢上的污秽，
[illegible]。 祛除神座底盘的污秽。
[illegible]， 祛除神签法筒的污秽，
[illegible]， 祛除神灵法笠的污秽，
[illegible]， 祛除经书的污秽，
[illegible]。 祛除法具的污秽。
[illegible]， 祛除东方护法神的污秽，
[illegible]， 祛除西方护法神的污秽，
[illegible]， 祛除北方护法神的污秽，
[illegible]。 祛除南方护法神的污秽。
[illegible]， 祛除木屑碎击锤的污秽，
[illegible]。 祛除牺牲黑色猪的污秽。

[illegible]， 祛除山上杜鹃树的污秽，
[illegible]， 祛除深山马桑树的污秽，
[illegible]， 祛除院坝烫淬石的污秽，
[illegible]。 祛除屋下溪水流的污秽。

[illegible]。 净啊净。
[illegible]， 污秽见苍天，
[illegible]， 苍天见就洁，
[illegible]， 污秽日月望，
[illegible]， 日月望就洁，
[illegible]， 污秽星辰看，
[illegible]， 星辰看就洁，
[illegible]， 污秽阵雨洗，
[illegible]， 阵雨洗就洁，
[illegible]， 污秽云雾沐，
[illegible]。 云雾沐就洁。
[illegible]， 祛秽亮堂堂，

祛秽路宽阔，
祛污已纯洁，
除秽已无瑕，
祛秽就吉祥，
除秽就平安。

过后，主持毕摩继续念诵《驱遣污秽经》（《[彝文]》），将屋内所有作祟于仪式主人的各种污秽行为和各种行凶的邪魔鬼怪驱逐出主人家宅，驱逐至远方，防止阻碍毕摩执祭仪式的各种妖魔鬼怪进入仪式主人家，以免影响仪式的效果。

（二）手触净水礼（[彝文]）

主持毕摩念诵完《驱遣污秽经》后，接着念诵《善神请内经》（《[彝文]》），将仪式主人的各种行善的神灵敬请到宅内，包括仪式主人的各种家宅神、生育神、庇佑神、健康神、牧业神、耕耘神、智慧神、财富神等。同时敬请主持仪式毕摩的各种护法神到家宅内，包括经书法器神、世袭毕祖护法神等，协助毕摩施法镇魔。

与此同时，举行手触净水礼（[彝文]）仪式。毕摩将置于旁边的装有清水的碗递给仪式主人，按照"男左女右"的原则，仪式主人家的每位成员用手指蘸一下碗里的清水，触摸清水的顺序是"先长辈后晚辈，先父后母，先大后小"，即家里如有祖父母，则先让长辈触摸，再让孩子的父亲触摸，母亲触摸，兄弟姐妹们按照年龄大小依次触摸，最后是新生婴儿触摸，这是新生婴儿诞生以来第一次手触神圣的净水，也是第一次与家人一起手触同一碗神圣的净水，表明其正式成为该家庭中的一员。

1.《牺牲卸魔经》（《[彝文]》）

《牺牲卸魔经》，彝语称为"莫古勒古"（[彝文]），意为牺牲活畜卸下或脱去作祟于仪式主人家的邪魔和孽债的仪式过程。

家庭中的每位成员手触净水后将水碗递给毕摩，毕摩放置于身旁。这时毕摩将盛有木屑的簸箕递给主人，让主人家每位成员按手触净水的顺序触摸一下木屑，最后再递给毕摩，毕摩接过后，从簸箕里面抓一把木屑抛于下方牺牲牲畜处，接着念诵《牺牲卸魔经》。

啊哈啊——嚼哦，
恭请诸神遣返孽，
恭请诸神遣返债，
恭请诸神来遣诅，
恭请诸神来返咒。
恭请诸神来镇邪，
恭请诸神来灭魔。
恭请诸神来祛秽，
恭请诸神卸作祟。
念诵牺牲法力增，
念咒牺牲魔力长。

下方用作牺牲的绵羊，
乃是清白无辜的牲畜；
下方用作牺牲的公鸡，
乃是清白无辜的牲畜。
吾主仪式众主人，
乃是蒙冤受屈者。
上方吾等众师徒，
乃是公正无私的神毕。

禽类之王雕爪尖，
兽类虎王牙尖利，
宇宙苍天乃最大，
祷告苍天诉冤情；
宇宙星星最正直，
祈求星神辨是非；
苍穹日月最公正，
祈求日月辨公正。
白天日下辨是非，

[illegible]；	夕阳之前判是非；
[illegible]，	夜晚月下辨是非，
[illegible]；	月光下面判是非；
[illegible]，	凌晨星下辨是非，
[illegible]。	星闪下面判是非。
[illegible]，	祷告上面白色天公神，
[illegible]，	祷告下面黑色地母神，
[illegible]，	祷告左侧神明的君臣，
[illegible]，	祷告右方神圣的毕摩，
[illegible]。	祷告中间公正的智者。
[illegible]，	祷告下方山神地祇，
[illegible]，	祷告上方名望神兵，
[illegible]，	祷告旁边护法神灵，
[illegible]，	祷告所有护法雕鹰，
[illegible]。	十二众神灵。
[illegible]，	祷告所有诸种神灵后，
[illegible]，	今日仪式吾主家，
[illegible]，	举行遣返众邪，
[illegible]，	驱逐遣符，
[illegible]，	遣返诅言，
[illegible]，	遣返咒语，
[illegible]，	驱邪镇魔，
[illegible]，	堵塞魔怪祭祀，
[illegible]。	牺牲卸魔法力成倍增。

2.《祷告山神经》（《[illegible]》）

念完《牺牲卸魔经》后，毕摩再从簸箕里抓一把木屑同样抛于下方牺牲牲畜处，接着念诵《叙毕源经》（《[illegible]》）、《护主点丁经》（《[illegible]》）等。毕摩每念完一段都要重复上述动作，又开始念诵《祷告山神经》（《[illegible]》）。《祷告山神经》的主要内容是恭请四川大小凉山及周边地区的高山湖泊神灵、沟壑神灵、江河神灵等前来助阵施法的口诵经文，彝语称为“木色”（[illegible]）。《祷告山神经》分《祷告内山经》（《[illegible]》）和《祷告外山经》（《[illegible]》）两个部分，这里念诵的是第一部分。第一部分简要概括西南彝族所居住的区域，特别是凉山彝族居住区域东南西北各方位的名称，指出名山湖泊的神灵名称等；第二部分则具体指出四川大小凉山各名山名湖，敬请祷告名山名湖神灵前来仪式道场施法助阵。其运转顺序是，从仪式主人居住地的地名、山名开始起程，按逆时针方向不断旋转，向外延伸，最终到达今四川凉山彝族自治州（以下简称“凉山州”）甘洛县境内的德布洛莫魔域。

德布洛莫山　吉孜哈土 / 摄

德布洛莫山，在毕摩文化中具有举足轻重的地位，举行各种大小毕摩仪式都与它有关联。古语云：山不在高，有仙则名；水不在深，有龙则灵。德布洛莫山便是其中之一。从古至今，在四川大小凉山及周边的彝族人，德布洛莫山是无人不知、无人不晓的名山，因其是恐怖的魔山而著称。

德布洛莫山位于凉山州甘洛县拉莫乡境内，它是一座神秘的山中之山，其周围有三座高峰屹立，犹如彝人火塘上的三个锅庄石，将其守护在其中，其西面的山峰最高，海拔约4000米，与越西县交界。三座高峰交错形成的北、东、西三道垭口，彝人称之为“鬼门关”。德布洛莫山便傲立在周围三峰的中央，海拔3300米左右。山峰中有个小湖，湖面始终一平如镜，清澈见底，

如有周围的树叶落入湖中，树上的鸟儿立即飞来将其叼走，以保持湖面干净。

根据神话传说和古籍文献，德布洛莫曾经是古人居住的地方，同时又是有名的古战场。根据《勒俄特依》载："彝族六祖"后裔薄火有三子，分别是薄火阿突（古恒）、薄火阿格（邛尼）、薄火阿则[1]，居住在云南昭通兹兹普乌。然而，有一次外来士兵来犯，薄火三子率领百万兵，防御来犯的士兵，追到甘洛勒嗣（德布洛莫），歼敌数千，俘敌几百，缴获三百匹骏马，只有一副绳子牵，三百个战俘，只用一根绳子绑。然而，薄火阿则在德布洛莫战场上阵亡。[2]薄火阿则阵亡后变成会飞的吃人魔王阿史索巴，其手下阵亡的士兵也变成魑魅魍魉，供其使唤指挥。

古恒与邛尼两家因争薄火阿则的绝业而相互敌对，双方械斗，伤亡无数，战后双方和好，相互结亲。后来彝族先民认为古恒与邛尼两家械斗，伤亡无数的原因是薄火阿则亡灵变成的魔王阿史索巴作祟和其属下魑魅魍魉挑拨离间的结果。

德布洛莫是魔域，是魔鬼聚会的地方，是阴间魔鬼抓捕人间活人灵魂的驿站。据毕摩古籍文献记载，阴间魔鬼需要人间活人的时候，便向人间德布洛莫抛出九副"押"（抬尸体的担架），德布洛莫魔王们商量后便向人间指定的人抛出黑、白、花三副"押"，凡是被"押"击中的人的灵魂就被带走，此人不久将离世。但是，毕摩举行特定的仪式后可以将被带走的灵魂赎回或替换。如果平时毕摩举行季节性的各种防御性的仪式，就能避开或遣返德布洛莫抛出的"押"，人们就会健康平安。因此，从古至今，四川大小凉山彝族素有举行"夏季遣返咒语，冬季赎魂"的民俗仪式，以祈平安。

所以，举行各种返咒仪式时毕摩将对方咒语所形成的邪祟从仪式主人家一站一站地驱逐到魔域德布洛莫，消失在德布洛莫，最后在各种仪式程序中将阴间抛出的各种邪具、毕摩制作的各种魔怪草偶等送往德布洛莫方向，以示仪式主人家的各种恶言咒语、凶兆丧事等全部遣返于德布洛莫魔域。

3.《遣返咒语经》（《ꈀꃴꈁꋍꀘ》）

毕摩文化认为，每个人都是生活在社会群体之中的一员，而社会是相互联系又相互排斥的统一有机体，其中语言是联系社会机体的主要工具。每个人被善言粉饰的同时，也会被来自不同方向的恶言恶语所笼罩，甚至被恶言咒语袭击。彝族将这种恶言咒语称为"卡词"（ꈀꃴ），并认为长期积累的"卡词"是有魔力的，是可以变幻作祟于人的魔怪。如果一个人被别人施咒的恶言咒语所击中，会引起各种病痛甚至死亡。因此，要将这种"卡词"反咒给原来施咒的人，或是将其返咒到遥远的荒野，彻底从仪式主人家的每位成员中离去，以求仪式主人家庭成员平安。这种返咒或遣返咒语行为便是"卡峨补"（ꈁꋍꀘ），又称"晓窝补"（ꑟꊂꀘ）。特别是刚出生的婴儿，经不起恶言咒语的袭击，故在婴儿出生后念诵《遣返咒语经》非常重要。

毕摩抓些木屑抛于下面的牺牲牲畜，然后开始念诵《遣返咒语经》。其主要内容是遣返居住在仪式主人家附近的所有施咒的咒语。具体是先说出一座名山（或是高山），然后点出居住在该山中或山麓的各种宗族及其简要分支谱系，每念诵一个宗族及其简要谱系后要声明："彻底偿还诸孽债，孽债返回原施咒人的住宅。犹如羊群上山不迷路，途中林木荆棘难阻挡，江河难阻孽债返回路。遣返咒语到敌家，遣返咒语到仇家，遣返咒语到德布洛莫，遣返咒语到遥远看不见的

① 薄火阿则：有的古籍文献称为薄火吉敏。

② 冯元慰、曲别石美，《勒俄特依》，第123-124页，西南民族学院印刷厂，1978年7月。

原野。”“遣返阿哲乌撒两家之咒语，遣返古恒邛尼两家之咒语；集中遣返白彝十二家之咒语，遣返黑彝十四宗之咒语，遣返土司四十八宗之咒语，遣返庶民百姓无数之咒语。”“圣毕遣返还债无过错，众主卸除孽债一身轻。”

4.《驱逐作祟经》（《[illegible]》）

《驱逐作祟经》简称《驱逐经》，彝语称为“迪维伙维”（[illegible]），简称为“迪维”（[illegible]）。它是专门驱逐作祟于人（不是针对某人）的有形和无形的死神病原的经文。无形的病原有如做噩梦、游魂、魔怪、地邪、凶兆、馋邪、贪婪邪、食魂怪、折寿邪等，有形的病原主要是具有传染性的病原体，如痢疾、麻风邪、猴瘟邪、蝼蚁邪、苍蝇邪、风湿邪等，这些邪魔病原传染并作祟于人，是人类生病、死亡的主要原因，故而一定要驱逐。因此，念诵该经是仪式灵验的主要关键，毕摩都要认真、庄严地念诵完每首经文。

《驱逐作祟经》分大、中、小三种。大的经书称为母经书，有300多首；中型的称为公经书，有100多首；小的经书称为子经书，有30多首。一般都在善性仪式中使用，这里指的是小型的《驱逐作祟经》，每首或每个段落都有具体的名称。

毕摩抓些木屑抛于下面的牺牲牲畜，开始念诵《驱逐作祟经》。

[illegible]，祷告天神地祇到场后，
[illegible]，遣返各地恶言咒语后，
[illegible]，所有山脉都祷告[1]，
[illegible]，只差没告那山峰，
[illegible]；山峰神灵已祷告；
[illegible]，所有悬崖都祷告，
[illegible]，只剩一点蜂窝巢，
[illegible]；蜂窝巢神已祷告；
[illegible]，茫茫草原已祷告，
[illegible]，只剩一块斗牛地，
[illegible]；斗牛神地已祷告；
[illegible]，所有湖泽已祷告，
[illegible]，只剩个猪站沼泽，
[illegible]；猪站沼泽已祷告；
[illegible]，所有森林已祷告，
[illegible]，只剩一株娑罗树，
[illegible]；娑罗树木已祷告；
[illegible]，所有野草已祷告，
[illegible]，只剩一株帕青草[2]，
[illegible]。帕青草神已祷告。

[illegible]，祷告山神德布洛莫结束后，
[illegible]？苍天是否派遣诸冤案？
[illegible]，没有不派遣之冤案，
[illegible]，即使苍天没派遣，
[illegible]。世间没有不驱冤案的事由。
[illegible]，欲行驱逐事，
[illegible]，污秽来搅拌，
[illegible]，要想祛秽事，
[illegible]。冤案来绊住。
[illegible]，驱案百二十，
[illegible]。饕餮邪为首。

毕摩依顺序念诵完《驱逐作祟经》的每首经文，其念诵的顺序依次是：《驱逐饕餮邪》（《[illegible]》）、《驱逐死神魔》（《[illegible]》）、《驱逐魔怪邪》（《[illegible]》）、《驱逐猴瘟疫》（《[illegible]》）、《驱逐凶兆邪》（《[illegible]》）、《驱逐馋邪》（《[illegible]》）、《驱逐食魂怪》（《[illegible]》）、《驱逐折寿邪》（《[illegible]》）、《驱逐风癞邪》（《[illegible]》）、《驱逐地癞

① 指已经完成祷告的所有山脉的神灵，并遣返这些山脉下面所居住人们的恶言咒语。

② 帕青草：是一种草名，一般生长在水分充足的潮湿之地，叶宽大，可喂牲畜，根黄色，可入药。

邪》（《[彝文]》）、《驱逐蝼蚁邪》（《[彝文]》）、《驱逐蚊蝇邪》（《[彝文]》）、《驱逐冥光邪[1]》（《[彝文]》）、《驱逐树怪邪》（《[彝文]》）、《驱逐游魔邪》（《[彝文]》）、《驱逐风湿邪》（《[彝文]》）、《驱逐游魂邪》（《[彝文]》）、《驱逐梦幻邪》（《[彝文]》）、《驱逐忧愁邪》（《[彝文]》）、《驱逐击棍砸石邪》（《[彝文]》）、《驱逐痢疾邪》（《[彝文]》）、《驱逐碰撞邪》（《[彝文]》）、《驱逐教唆邪》（《[彝文]》）、《驱逐遗符邪》（《[彝文]》）、《驱逐贻误邪》（《[彝文]》）等。因篇幅有限，这里不叙述每首经文的具体内容。

5.《声明宰牲经》（《[彝文]》）

毕摩在要诵完《驱逐作祟经》时，助手们按毕摩的吩咐，做好绕匝牺牲和宰杀祭畜的准备，准备举行宰杀牺牲牲畜仪式，念诵《声明宰牲经》（《[彝文]》），彝语称为“燕尔”（[彝文]），即声明除主人与毕摩双方的魂魄、住宅护佑神、毕摩护法神及其天地神灵以外，将附于牺牲的死神病魔和其他妖魔鬼怪等同牺牲的牲畜一样同时宰杀，以此祭祀天地神灵和毕摩的护法神等。

毕摩念完《驱逐作祟经》后，抓起一把木屑用力甩向牺牲牲畜并念诵《绕匝经》（《[彝文]》）。

[彝文]——[彝文]，	咆哦——吔，
[彝文]，	不断声明，
[彝文]，	仪式吾主家，
[彝文]，	凶性邪魔绕匝出，
[彝文]，	遗符邪魔绕匝出，
[彝文]，	冤案邪魔绕匝出，
[彝文]，	狗咒遗符绕匝出，
[彝文]。	鸡咒遗符绕匝出。
[彝文]，	过去驷匹尕豁牧场上，
[彝文]，	虎豹混入牛羊群，
[彝文]，	今日绕匝清出去，
[彝文]，	阿伙柳艺沼泽方，
[彝文]，	豺狼混入猪群中，
[彝文]，	今日绕匝清出去，
[彝文]，	仪式吾主宅院中，
[彝文]，	死神病魔侵主人，
[彝文]。	死神绕匝清除去。

此时，仪式主人家所有成员包括初生的婴儿一起穿着彝族传统服装到屋堂下方就座，一位身强力壮的助手用双手将牺牲的绵羊（或小母猪）抱起，在众主人就座的上方顺时针方向绕七圈，然后将牺牲牲畜放在地上。接着，另一位助手从毕摩手里接过牺牲的红色公鸡及击棒砸石器具，一起在众主人的头上顺时针方向绕九圈，其中绕至第八圈时用鸡身在每位成员的身上从下往上触碰一次，以示人身上的邪气已转到牺牲身上。绕匝结束后，助手将绵羊（或小母猪）和公鸡抬起来，使其头朝向内室下方，众主人从牺牲牲畜下方钻过后坐在各自的座位上，助手将鸡和击棒砸石器具递给毕摩，毕摩又将击棒砸石器具掷于地上，男主人左手握着击棒砸石器具分别向每个牺牲牲畜击打三下后还给毕摩，以示从德布洛莫邪魔抛出的击棒砸石器具，已击打了代替人的牺牲祭畜。

接着准备宰杀牺牲牲畜，毕摩念诵《声明宰牲经》。毕摩在念诵《声明宰牲经》的同时，众帮手抓住绵羊（或小母猪）的四肢，使其头朝向门口，四肢向着右方，肚腹朝中柱按倒在地，备好刀和接血盆，按照毕摩诵经的段落程序，准备宰杀绵羊或小母猪。主祭毕摩念诵：

[彝文]，	咆哦咿，
[彝文]，	现在声明宰孽债，

[1] 冥光邪：彝语称“尕罗席就”，民间俗称“鬼火”。

屋后山上是牧地，
放牧地处已声明。
房屋下面农耕地，
农耕地方已声明。
中间人类居住地，
人类居住地已声明，
吾住居住地已声明。
仪式众主人要声明。
内室下方福佑神已声明，
内室上方名誉神已声明，
拥有成群牛羊神已声明，
佳肴美食神灵已声明。
众主魂魄已声明，
众主体魄已声明，
吾主生育神灵已声明。
妇女生育神灵已声明，
男人运气神灵已声明，
人丁兴盛已声明，
六畜兴旺已声明，
五谷丰收已声明。
吾主房屋神灵已声明，
房屋角四方，
四个鹦鹉神灵已声明。
房屋室内四个柱兄弟，
四个白鹤柱子神已声明。
锅庄三姊妹，
吃喝神灵一对，
前肢花色家猫神已声明。
门槛[①]那下方，
生育神灵，
一对白线头黑神已声明。

上方神毕我祖已声明，
众师毕徒已声明，
众毕助手已声明，
毕摩腔调已声明，
签筒法笠已声明，
经典法器已声明，
护法神灵已声明，
毕祖白虎神灵已声明，
祖辈神毕法神已声明，
应该声明的呀已声明。

咆哦咿，
宰杀宗族亡魂所变魔，
宰杀姻亲亡魂所变魔，
宰杀室内白彝亡魂魔，
宰杀室内黑彝亡魂魔，
宰杀君王掌印所变魔，
宰杀黑彝骑马所变魔，
宰杀仇敌亡魂所变魔。

此时，助手开始把牲畜头朝向屋堂方向宰杀，将牺牲牲畜杀死后其尸左侧着地，头朝向门口置于原处。毕摩继续念诵：

宰杀天犬死神魔，
宰杀地狗死神魔，
宰杀猴瘟疫[②]痨魔，
宰杀绝嗣妖魔邪，
宰杀食人死神魔。

毕摩从助手手中接过血盆放在面前，从神座里抽出一根垫草折叠成条状，蘸上盆中的羊（或猪）血洒向毕摩上方的神座，毕摩口诵《血祭

①门槛：代表主人家的妻子。

②猴瘟疫：指猿猴传染给人的疾病。

毕神经》（《[illegible]》），邀请天神地祇、山神、林神及毕祖护法神灵前来吸血助阵。

击杀祭鸡。念诵完《血祭毕神经》后，毕摩左手抓住牺牲鸡的双脚和双翅，右手握住菜刀，盯着牺牲鸡念诵《声明宰鸡经》（《[illegible]》），准备击杀牺牲鸡。男主人将所有的遣符架在盛羊（或猪）血的血盆上，准备喂食遣符。然后毕摩用刀背猛击鸡的后脑，趁鸡在昏迷状态，用刀切开鸡上下嘴放血。毕摩抓住鸡头，先撒些鸡血于上方的十二护法鹰神座，再把鸡血均匀地滴在遣符上面；同时，男主人不断地向逆时针方向翻动遣符，当遣符上滴满鸡血时，毕摩将放在身旁装有木屑的簸箕放在血盆上面，从鸡背上拔下鸡毛均匀地粘在所有的遣符上；不断地翻动遣符，待遣符上粘满鸡毛后，手持遣符的男主人将遣符置于簸箕上（禁忌将遣符直接递给毕摩），毕摩把遣符放回原处。

（三）镇住邪魔（[illegible]）

此时，毕摩可以稍作休息。助手将牺牲羊尸（或猪尸）抬放在毕摩面前，头部朝向毕摩方，尸体左侧着地，腹部及四肢朝着内室三锅庄方，毕摩将抓一些木屑和一些粮糠（[illegible]）置于牺牲牲畜尸体上面，再在上方神座上取出两根毕草，环结成两个用于隔断与邪魔纠葛的环圈，该环圈彝语称为“纸伙”（[illegible]），分别置于牺牲牲畜头部和尾部，准备举行“镇住邪魔”仪式。

首先，众主人按照男左女右的规则手触净水，毕摩用一根神枝蘸点净水洒向牺牲牲畜，开始念诵《净手祛秽经》（《[illegible]》），其开场念诵的经文与其他仪式内容不同，需先说出参加仪式的每个人的名字，再开始念诵。

[illegible]，	围捕斩首邪魔，
[illegible]，	堵塞邪魔祭祀，
[illegible]，	求降生育神灵，
[illegible]，	分配享祭牺牲，
[illegible]，	河流净手祛秽，
[illegible]。	山林净手祛秽。
……	……

念完后将神枝抛于地上，过后助手拾起来抛于门外。接着念诵《护主点丁经》（《[illegible]》），简要念诵《祷告山神经》（《[illegible]》），再按顺序依次念诵以下经文。

1.《驱逐食魂魔经》（《[illegible]》）

毕摩文化认为有一种专门吸食人体内脏的魔怪，平时抓捕人的活魂后，长期纠缠折腾所捕到的灵魂的附主，使之生病，逐食病人的内脏，最终将病人折腾而死，彝语将此魔怪称为“果尔”（[illegible]）。“果”（[illegible]）意为人之体魄，“尔”（[illegible]），意为消耗，消灭。“果尔”即为消灭人体的魔怪。这种“果尔”魔怪特别嗜食刚出生的婴儿，为此念诵《驱逐食魂魔经》来驱之。

[illegible]，	诸神镇守食魂怪，
[illegible]，	高声呼唤已传到，
[illegible]，	冥界分出游荡魂，
[illegible]。	游魂稳重莫消失。
[illegible]，	远古六祖这祖先，
[illegible]，	依与博[1]当先，
[illegible]，	依博衰亡后，
[illegible]，	策与史来兴，
[illegible]，	四面八方居，
[illegible]，	实与勺强盛，
[illegible]，	地域居十二，
[illegible]，	额与穆最强，
[illegible]，	制定法十二，
[illegible]。	依法安十三。

①依与博：与下面的“策与史”“实与勺”等都是“彝族六祖”祖先部落首领。

依博领域驯养野禽类，
驯养野禽类以后，
驯养绵羊与山羊。
作为使者的禽类，
竹林生长的鹦鹉，
死于茫茫竹林中。
作为使者的禽类，
蕨草生长的鹦鹉，
死于蕨草那一带。
不仅诞生食魂怪，
而且诞生折寿魔，
食魂的怪君[①]，
食魂的怪臣，
食魂的怪匠，
食魂的怪毕，
食魂魔怪速繁衍。

围捕魔怪来驱逐，
远古尼能之后裔，
食魂君居左，
食魂臣居右，
专吃腔内脏，
嗜食人肺脏，
肺脏全吃尽；
嗜食人肝脏，
肝脏全吃尽；
嗜食人肠子，
肠子吃穿孔；
嗜馋食人胃，
吃穿腑中胃，
继续吃头部。
自古钱财赎人命，
白银为中介，
白银换游魂，
黄牛赎性命。
黄金为中介，
黄金换游魂，
财物换生命。
德布洛莫魔怪，
及其死神莫光顾；
阿勒罗莫魔怪，
及其病魔莫光顾；
魔怪莫寻人活魂，
折寿邪魔莫引魄，
要人拒绝给，
一个阿哲绵羊来顶替，
或一头黑色母猪来顶替。[②]

2.《驱逐折寿邪经》（《[illegible]》）

毕摩原生文化认为，人的命运不能自己做主，包括人的寿命，而是由专门管理户口的神灵所决定，而这些决定人寿命的神灵是栖息在仪式主人居住地附近的山峰、森林之中，山峰、森林时常有折活人寿命的魔怪出现。因此，人们要预防并驱逐才能平安如意。

诸神镇守折寿邪，
围捕驱逐食人魔，
森林食人的邪魔，
源自深山杉林处；
江河食人的邪魔，
源自滚滚的江河；
山崖食人的邪魔，
源自峭壁的悬崖；
平原食人的邪魔，

① 君：与下面的"臣""匠""毕"等为冥界专门吃活魂的魔君、魔臣、魔匠、魔毕。

② 马边著名毕摩吉克拉者口述，作者整理翻译。

[illegible]　源自茫茫的草原。
[illegible]　甘洛伙峨[1]邪魔莫光顾，
[illegible]　格峨瓦普邪魔莫光顾，
[illegible]　尼乍格我邪魔莫光顾，
[illegible]　寺银阿莫邪魔莫光顾，
[illegible]　瓦合勒豁邪魔莫光顾，
[illegible]　勒说者惹邪魔莫光顾，
[illegible]　洛吉莫克邪魔莫光顾，
[illegible]　洛吉洛兹邪魔莫光顾，
[illegible]　高山凶猛邪魔莫光顾，
[illegible]　平原凶残邪魔莫光顾。
[illegible]　邪魔派遣搜索者来搜，
[illegible]　不要仪式主人家来搜，
[illegible]　专门搜走将要去世者，
[illegible]　不要仪式主人家来搜。
[illegible]　堵住食人邪，
[illegible]　堵回食人魔，
[illegible]　食人邪魔防御镇守住，
[illegible]　折寿寿命邪魔已镇住。

[illegible]　上方神毕我一组，
[illegible]　上方邪君坐树上，
[illegible]　下面魔臣找牲畜，
[illegible]　击魔木棍已放置，
[illegible]　击魔木棍一排排；
[illegible]　已放砸魔石，
[illegible]　放置砸魔石一个；
[illegible]　已放淹魔水，
[illegible]　放置一碗淹魔水。
[illegible]　木棒击死邪魔怪，
[illegible]　石块砸死邪魔怪，
[illegible]　河水淹死邪魔怪。

3.《镇住咒语魔经》（《[illegible]》）

彝族先民认为，被别人有意无意地施咒而来的恶言咒语是具有魔力的，如果不举行仪式遣返回去，久而久之恶言咒语就会成为作祟于人的邪魔。这种被别人有意无意施咒而来的恶言咒语称为“咔刺咔哈”（[illegible]），要将之镇住。

[illegible]　仪式吾主家，
[illegible]　恶言咒语齐镇住，
[illegible]　遣符隐患齐镇住，
[illegible]　鸡狗咒符齐镇住，
[illegible]　施来孽缘齐镇住，
[illegible]　咒来绝嗣齐镇住，
[illegible]　灵牌施咒齐镇住。
[illegible]　左方白彝十二宗，
[illegible]　恶言咒语齐镇住，
[illegible]　右方黑彝十四宗，
[illegible]　恶言咒语齐镇住，
[illegible]　土司四十八宗族，
[illegible]　恶言咒语齐镇住，
[illegible]　普通百姓，
[illegible]　自称白彝无数者，
[illegible]　恶言咒语齐镇住。
……　……

念诵至此时，毕摩拿出置于牺牲牲畜尾部上面的“纸伙”，把草叶拉直后撕成细丝放在毕摩上方的食魂邪神座上面。

4.《烧杀魔怪经》（《[illegible]》）

紧接着，毕摩拿出置于牺牲牲畜头部上面的“纸伙”，把环结的草拉直后放入旁边盛酒水的碗里，毕摩继续念诵《烧杀魔怪经》。

[illegible]　诸神齐来烧杀魔，
[illegible]　如是烧毁深山林，
[illegible]　獐麂莫要烧毁死。

[1] 甘洛伙峨：是四川凉山州甘洛县境内的一座名山。下面的地名均在四川大小凉山境内，此处不一一注释。

[illegible]，　如是烧毁悬崖壁，
[illegible]。　黄蜂不要烧毁亡。
[illegible]，　如是烧杀江河水，
[illegible]。　群鱼不要烧毁亡。
[illegible]，　在此不断声明，
[illegible]，　护佑神灵莫烧毁，
[illegible]，　声誉神灵莫烧毁，
[illegible]，　房屋神灵莫烧毁，
[illegible]，　人丁灵魂莫烧毁，
[illegible]，　六畜灵魂莫烧毁，
[illegible]，　五谷灵魂莫烧毁，
[illegible]，　生育神灵莫烧毁，
[illegible]。　庄稼神灵莫烧毁。
[illegible]，　树木[1]头部别人跨，
[illegible]；　根部主人砍烧时；
[illegible]，　泉水源头别人跨，
[illegible]；　水尾主人舀饮时；
[illegible]，　饮食山上污秽粮食时，
[illegible]，　饮用深山污秽清水时，
[illegible]，　污祟粮食邪魔要烧毁，
[illegible]。　污祟饮水邪魔要烧毁。
[illegible]，　如今牺牲绵羊（黑猪）两，
[illegible]，　宰杀牺牲莫出污，
[illegible]，　解剖牺牲莫出秽，
[illegible]，　莫伤自己脚而污秽，
[illegible]，　莫伤自己手而污秽，
[illegible]。　如有污秽邪祟要烧杀。

将要念完该经时，毕摩请助手递一根正在燃烧的木柴，毕摩边念边用木柴烧一下羊（或猪）尸的眼毛，再将木柴经过两前肢中间到两后肢后抛出门外，表示已镇住并烧毁作祟于仪式主人家的各种魔怪。

5.《扶起护佑神经》（《[illegible]》）

围捕烧毁各种魔怪后，接着举行“扶起护佑神”仪式，毕摩念诵《扶起护佑神经》。

[illegible]，　护佑神灵扶起来，
[illegible]，　声誉神灵扶起来，
[illegible]，　房屋神灵扶起来，
[illegible]，　六畜神灵扶起来，
[illegible]，　庄稼神灵扶起来，
[illegible]。　生育神灵扶起来。
……　……

主持毕摩边念边用左手抓住牺牲牲畜的右耳不断向上举起后又放在地上，这样重复多次，以示毕摩护法神灵扶起了仪式主人家的护佑神灵，包括家宅诸神等，显示其灵性，庇佑主人。

6.《翻转牺牲尸经》（《[illegible]》）

念完《扶起护佑神经》后，立即举行翻转善性神灵的“翻转牺牲尸”（[illegible]）仪式，毕摩接着念诵《翻转牺牲尸经》。

[illegible]，　转呀转回男性生育神，
[illegible]，　转呀转回女性生育魂，
[illegible]，　转呀转回人丁昌盛神，
[illegible]，　转呀转回六畜兴旺神，
[illegible]。　转呀转回五谷丰登神。
……　……

毕摩用力把牺牲牲畜的尸体从左侧转向右侧，即旋转180度，腹部和四肢朝着屋堂房柱方向，猪头仍然朝上（即毕摩座位方向）。

7.《镇守邪魔经》（《[illegible]》）

接着举行围捕镇压各种邪魔的“镇守邪魔”仪式，毕摩念诵《镇守邪魔经》。

[illegible]，　德布洛莫邪魔要镇住，

① 指被仪式主人用来烧的柴原来是污秽不洁的树木，后面的泉水也同样指原是污秽不洁的水。

[illegible]，阿勒洛莫邪魔要镇住，
[illegible]，甘洛伙峨邪魔要镇住，
[illegible]，格峨瓦普邪魔要镇住，
[illegible]，尼乍格峨邪魔要镇住，
[illegible]，寺银阿莫邪魔要镇住，
[illegible]，瓦侯勒豁邪魔要镇住，
[illegible]。勒说哲惹邪魔要镇住。
…… ……

毕摩在念诵的同时，用右手抓起牲畜尸体左耳向上抬起，牺牲牲畜的头离地后又放回地上压一下，如此重复多次，表示已围捕镇压各种邪魔。

8.《转下牺牲头经》（《[illegible]》）

紧接着举行“转下牺牲头”仪式，毕摩继续念诵《转下牺牲头经》。

[illegible]，远古的时候，
[illegible]，史兹史德毕，
[illegible]，史阿尼能毕，
[illegible]。尼能后裔毕十代。
[illegible]，过后实勺毕，
[illegible]。实勺后裔毕八代。
[illegible]，过后格峨毕，
[illegible]。格峨后裔毕九代。
[illegible]，过后慕弥毕，
[illegible]。慕弥后裔毕十代。
[illegible]，再后邱普毕，
[illegible]。邱普后裔毕无数。

[illegible]，再后左方古恒毕，
[illegible]，右方邛尼毕，
[illegible]，再后下来呢，
[illegible]，吉慕[①]七子毕，
[illegible]，银勒三子毕，
[illegible]，吉克七子毕，
[illegible]。日罗达曲毕[②]。
[illegible]，现在转向镇魔畜尸头，
[illegible]，上方天神抛弃给地祇，
[illegible]，地祇抛弃给毕摩，
[illegible]，毕摩抛弃给毕徒，
[illegible]，毕徒抛弃给百姓，
[illegible]，百姓抛弃后，
[illegible]，抛到德布洛莫方，
[illegible]。堵塞尔格特比口。[③]

念诵到此时，毕摩用力将牺牲尸体的头部从上方转向下方门槛方向。与此同时，将尸体上面的“纸伙”放置于酒碗上，将遣符和魔鬼草偶置于牺牲尸体的上面。

（四）鸣鸡遣牲（[illegible]）

“鸣鸡遣牲”仪式是在人工的操作下将死鸡吹鸣来驱遣邪祟的过程。彝语称为“瓦布”（[illegible]）和“哲糯哲啥”（[illegible]），意为牺牲之魂驮着遣符赶走世人恶言咒语、遣牲遣符、山邪林怪、凶性祸害、冤案孽债及死神病魔等，遣返原地，返回原主。

具体操作是毕摩用刀割并折断牺牲公鸡的右翅骨筒，查验骨筒是否畅通，若有瘀血等堵塞物时要予以清除，再用同样的方法查验鸡嘴是否畅通，然后毕摩左手抓住鸡翅和鸡脚，右手提着鸡冠，用牙咬着折断的鸡翅骨筒，准备就绪后用力对着骨筒吹气，鸡尸若犹如活鸡一样发出鸣叫声，表示仪式灵验，驱逐孽缘孽债返还原主，达到预期效果。如果牺牲公鸡的骨筒不能吹响，说明孽缘孽债、邪神魔怪、遣牲遣符和咒符作祟严

---

① 吉慕：是邛尼后裔中政教合一的宗教领袖，其后裔遍布四川大小凉山。下面的“银勒”与“吉克”均为其直系后裔。

② 主持仪式毕摩简要地念诵毕摩谱系到自己为止便可。

③ 马边著名毕摩吉克罗布口述，作者记录并整理。

重，而且不肯离去，仪式不能达到预期目的与效果，应当场另选一只公鸡念咒后击杀，制作骨筒再吹鸣，若还不能吹鸣，则另选吉日，另请毕摩，重新举行遣返咒语偿还孽债仪式。否则仪式主人家可能会发生意外和灾祸。

该仪式需要吹鸣三次：第一次念诵《恭请毕祖护法神经》（《ꀊꀋꀌ》），其主要内容是邀请各路天神地祇和毕摩护法神灵前来助阵；第二次主要念诵《鸡的起源经》（《ꀍꀎꀏ》），毕摩文化认为，若没有专门声明鸡的起源，鸡就成为无本之木，无源之水，一定要声明牺牲之鸡不是一般之物，而是苍天赐予人类饲养的，是能呼风唤雨、送走黑暗、迎来光明、辟邪祛祸的具有灵性的动物，具有特殊的灵验效果；第三次念诵《驱遣遣符经》（《ꀐꀑꀒ》），敬请各路护法神灵助阵各种孽缘孽债、邪神魔怪、遣牲遣符和诅语咒符回到远方仇敌家及魔域德布洛莫等地。毕摩每次吹鸣时，仪式众主人和在场所有助手都要高吼数声，以示助威。

鸣鸡仪式完毕后，紧接着举行抛掷鸡尸占卜仪式，毕摩右手抓住鸡尸双脚和翅膀，用力向门槛方向的羊（或猪）尸边抛掷，如果鸡头朝向门外、左侧着地，说明各种孽缘孽债、邪神魔怪、遣牲遣符和诅语咒符都被驱遣出去了，是吉兆；如果鸡头朝向内室方向，鸡尸右侧着地，是凶兆，需把鸡尸拾回，重新抛掷，直至鸡头朝着门外、左侧着地时为止。如是多次抛掷一直都“不走”，则仪式主人家另择吉日，另选毕摩重新举行仪式。

（五）报晓牺牲（ꀓꀔꀕ）

“报晓牺牲”彝语称为“莫提格作”（ꀓꀔꀕ），是向天神地祇、毕摩护法神和被驱逐镇守的诸种邪魔禀报、声明牺牲牲畜的品种、性别、颜色。声明仪式牺牲牲畜清白无秽，体大肥壮，是专门用来到冥界赎回众主人游魂的牺牲品，请护法神灵护送牺牲牲畜到冥界，不要被路上的强盗抢走，务必交到冥界守护游魂者手中。

紧接着，毕摩头戴法帽，手摇神铃，抓些木屑抛于牺牲尸体后念诵《报晓牺牲经》。念完后，助手把遣符和魔鬼草偶递给毕摩放在其前面，然后助手们把猪尸（以猪为例）抬到屋堂中央，割下猪下嘴和猪尾巴末端递给毕摩，毕摩将其放在镇魔石板上面，以示作为诸类魔怪邪祟的食物。

完成上述动作后，助手们将猪尸抬到火塘上方烧毛刮净，用清水洗净，开始剖猪。先割下猪前后四肢，再取出肝、肺等内脏，切一小块肺剁成碎末，让毕摩涂在“食魂魔”神座的神枝上面作为邪魔的食物。

（六）吃烧肉（ꀖꀗꀘ）

根据毕摩文化，举行毕摩仪式时都要牺牲活畜，无论牺牲活畜的种类、数量及大小，所牺牲活畜的肉都要分两次来食用，分别叫“舍胡”（ꀖꀗ）与“舍蜜”（ꀖꀙ）。第一次食用的肉叫“舍胡”，意为烧肉或烤肉，这是原始社会人类没有发明锅类铁器之前食肉习惯的遗迹。这里将鸡的两个翅膀和绵羊（或猪）的内脏切成小块后在火塘里烧（或烤），熟后首先分给毕摩，然后分给仪式主人和助祭人员。就餐时主祭毕摩首先品尝烧肉后其他人才能食用。

（七）驱遣魔刑具（ꀚꀛꀚꀜꀝ）

吃完烧（或烤）肉后，毕摩从击棒砸石神枝中取出黑、花、白三根小木棒，把备好的牺牲牲畜的肺剁成碎末涂在小木棒的顶部，以示给从魔域德布洛莫抛出的刑具赐肉，然后把三根木棒给一位助手，助手将其带到门外屋檐外向着不同的方向抛出，首先白棒向着东方抛掷，其后花棒向着西方抛掷，最后黑棒向着东北方德布洛莫抛掷。与此同时，毕摩念诵：“消失快消失，德布洛莫刑具快消失，阿勒洛

莫派遣邪魔快消失，白色刑具消失在东方，花色刑具消失在西方，黑色刑具消失在德布洛莫。”助手最后掷出黑色刑具时大喊一声：“薄火嚯嚯！”意为大家赶走彝族远祖薄火变成的魔王及其属下挑拨离间的魑魅魍魉，此时在座的男性仪式主人及助手们一起齐声吆喝。

（八）祭茶（ꀉꁧ）

祭茶，彝语称为“拉西”（ꀉꁧ），是指将珍贵的茶水敬献给天神地祇及毕摩护法神，让其在道场食饱饮足，显示神威，提高仪式灵验。据古籍文献记载，远古时期，彝族先民在云贵高原上发现了野生茶树，并将茶叶摘回煮后，茶水作为药物食用，产生了神奇的效果，后来种植野生茶树成功，茶成为广大民众不可缺少的饮料之一，并且与酒、肉一起成为祭祀供品。所以，举行仪式时祭茶是不可缺少的程序之一。后来因历史原因，彝族先民不断迁徙来到了不能生长茶树的四川凉山腹地，无茶可摘（饮）。然而，举行各种仪式时祭茶仪式依然不可缺少，只是将热气腾腾的茶水用仪式牺牲的肉汤所代替而已。

吃完烧（或烤）肉后，助手们开始切肉。如果是牺牲绵羊，除了单独剖开两个肩胛骨肉外，其余的生肉则切成拳头般大的坨坨肉。如果是牺牲一头猪，首先剖开取出舌头、舌根及胸脯连在一起的条肉，这一条肉称为“胡哈”（ꉼꉙ），然后把猪头剖成两个半边，其余的肉切成坨坨肉。所有的肉放入锅内，清水烧开，煮开后助手将牺牲祭畜血倒入锅中，再用一个马勺子在锅里连续舀三次汤在木碗里，把马勺子放入碗里，在锅庄上面逆时针方向转一圈后递给毕摩，这碗汤称为“茶水”。接着毕摩举行祭茶仪式，念诵《祭茶经》（《ꀉꁧ》）。

（九）镇守食魂魔（ꏂꀘꆹ）

主持毕摩念完《祭茶经》后，接着念诵《镇守食魂魔经》，经文主要段落有《快速旋转经》（《ꌺꃅ》）、《快速翻转经》（《ꌦꃅ》）、《截击经》（《ꀗꌒ》）等，以示毕摩敬请这些护法快神来驱遣镇守孽缘孽债、邪神魔怪、遣牲遣符和诅语咒符。

（十）吃熟肉（ꑟꂶꏦ）

吃熟肉，彝语称为“舍蜜则”（ꑟꂶꏦ），是第二次食用祭畜肉，是彝族先民用铁锅将生肉煮熟食用的传统习惯。肉煮熟后，首先从锅里捞出绵羊肩胛骨（或半边猪头和“胡哈”）给毕摩，毕摩将其置于“鹫毕护法神座”下面，作为祭品（仪式完毕后主持毕摩带走）。过后在锅里捞出所有坨坨肉配佐料，分享顺序与“舍胡”一样。

（十一）折断魔骨（ꑍꇬ）

“折断魔骨”简称为折魔，彝语称为“孜其”（ꑍꇬ），是毕摩用一根神枝代替被围捕镇住的妖魔鬼怪的身躯和四肢，经毕摩施法后将其折断“杀死”的仪式过程。

毕摩和仪式主人双方吃过饭后，助手在屋外找一根蒿草枝或特意留下的制作神枝的树枝递给毕摩，经过毕摩念咒《折断魔骨经》后将蒿草枝或树枝折断成三折或五折以上，表示邪魔身躯和四肢已折断。然后，主祭毕摩从神座上抽取一些垫草，将折好的蒿草枝和一根吃过的牺牲骨头一同捆绑在魔鬼草偶上。过后将魔鬼草偶头部在火塘灰中烫一下，再在火塘沿上敲一下，最后抛向门口。如果魔鬼草偶头部朝向门外，则表示作祟邪魔已被驱逐并被杀死；如果魔鬼草偶头部朝向仪式主人内室方向或朝向毕摩方向，则要重新抛掷，直到魔鬼草偶头部朝向门外为止。此时，在场除了毕摩以外的所有男性成员高吼数声，以示助威。同时，一位助手从锅庄内铲些正在燃烧的火炭撒向已抛出的魔鬼草偶后面，表示邪魔不准再回头，在场除了毕摩以外的所有男性成员再次高吼数声，一个助手将魔鬼草偶抛掷屋外德布洛

莫方向的远处。

（十二）《驱遣遣符经》（《[illegible]》）

诵完《折断魔骨经》后紧接着举行念诵《驱遣遣符经》。仪式主人家每位成员的颈项上戴一根用麻线和一根毛线做成的环，主持毕摩手持遣符念诵《驱遣遣符经》中的《开场护主点丁经》（《[illegible]》）、《驱遣咒语经》（《[illegible]》）、《驱逐遣符经》（《[illegible]》）、《驱逐孽缘经》（《[illegible]》）、《驱逐遣牲经》（《[illegible]》）、《十二不还债经》（《[illegible]》）、《驱逐污秽经》（《[illegible]》）、《驱逐日月癞》（《[illegible]》）、《驱逐邪星癞[1]》（《[illegible]》）、《驱逐凶孽》（《[illegible]》）、《围剿筒经》（《[illegible]》）、《卸除过失[2]邪》（《[illegible]》）、《斩孽经》（《[illegible]》）等。

当毕摩念诵《斩孽经》（《[illegible]》）时，众主人扯断戴在各自颈项上的麻线和毛线，由一位主人收集起来按顺时针方向在众主人的头上绕一圈后递给毕摩，由毕摩将线缠绕在遣符上。众主人披上披毡聚坐在火塘下方离门槛较近的地方，一位助手端着一碗清水站在毕摩的下方，一位助手右手拿着遣符，在众主人的头上按顺时针方向绕九圈，绕匝前要检查遣符上的鸡毛是否粘稳，禁忌绕匝时鸡毛脱落掉到主人的身上，这表示凶兆。因此，绕匝时动作要轻、要慢，不要快，防止鸡毛脱落。绕匝过程中每绕三圈要将遣符放在众主人的面前，后面端着清水的助手喝一口水向遣符喷洒，在场所有男性成员（除了毕摩以外）高吼数声，以示助阵驱逐遣符。如此绕完九圈后，助手将遣符送往德布洛莫方向的树林中，并把遣符拴在树枝上。

（十三）防邪斩魔（[illegible]）

众主人继续坐在原地，紧接着举行“防邪斩魔”仪式。首先，毕摩将“食魂魔”神座里的神枝取出并与放在神座里面的花色挡魔神棍、黑色挡魔神棍绑在一起递给助手，助手将其在众主人的头上按顺时针方向绕八圈后又递给毕摩，毕摩将一根从众主人头上按逆时针方向绕一圈的毛线缠绕在捆绑的神枝上，将置于酒碗上的“纸伙”草拉直后撕碎，并缠绕于捆绑的“食魂魔”神枝上，表示仪式主人特别是婴儿与邪魔的各种纠葛已断开，又将“食魂魔”神枝在众主人头上按逆时针方向绕一圈后带到屋外德布洛莫方向的野外；接着抽取白头神棒（[illegible]）神枝与镇魔石板、猪下嘴和猪尾巴一起在众主人头上按顺时针方向绕三圈后带到屋外，在两条路的交叉路口上，将白头神棒压在“食魂魔”神枝上；再用镇魔石压住白头神棒；最后取出白色挡魔神棍和招魂神枝，一起在众主人的头上按逆时针方向绕三圈后递给仪式女主人，女主人放入居住的卧室内，以示祈求生育神灵降临。

二、镇魔收神兵（[illegible]）

举行镇魔收神兵是该仪式的最后一个程序。“镇魔收神兵”，彝语称为“古日瓦日”（[illegible]），“古”（[illegible]）是指作毕仪式中的神枝，“瓦”（[illegible]）是指仪式开始前用净草来铺垫神座的草，“日”（[illegible]）在这里有两层意思：一是指经过该仪式后毕摩所请的各种神灵已镇住各种妖魔鬼怪，锁住死神病魔等，使之不能返回仪式主人的住地；二是指毕摩邀请的各种神灵已完成使命，召回收兵，宴请神兵，让其各自回到自己的栖息地，护守岗位，等待将来召唤。

该经文的主要内容是邀请各类护法和迅猛快捷神灵“伟勒”（[illegible]）来驱逐或追击妖魔鬼

---

① 邪星癞：彝族先民认为某些人看到天上的星星时会不明不白地得麻风病而去世。

② 日常生活中因过失而形成的邪魔。

怪，并与天地山川等各种神灵一起誓盟，让妖魔鬼怪今后永远不再返回仪式主人家作祟。同时，欢送各类山川神灵和毕摩护法神灵，护佑并祝福仪式众主人身体健康，人丁兴旺，家庭和睦，财源滚滚，名扬天下。主持毕摩念诵《镇魔收神兵》。

[illegible]——[illegible]，　啊哈——唏咿唏[1]，
[illegible]，　起呀穆尔阿机[2]迅猛神，
[illegible]，　吼啊速迅速神吼，
[illegible]。　齐声来喧嚣。
[illegible]，　速神九十九，
[illegible]，　速神百二十，
[illegible]，　追神六十六，
[illegible]，　速神吼声急，
[illegible]。　速神啸霹雳。
[illegible]，　速神铺满天，
[illegible]。　速神盖满地。
[illegible]，　山顶悬崖迅猛神，
[illegible]；　深谷峭壁迅猛神；
[illegible]，　山峰云雾迅猛神，
[illegible]。　沟壑暴雨迅猛神。

[illegible]，　强大迅猛神灵起，
[illegible]；　日月迅猛神灵起；
[illegible]，　小巧迅猛神灵起，
[illegible]。　星辰快捷神灵起。
[illegible]，　云雾迅猛神灵起，
[illegible]。　暴雨迅猛神灵起。
[illegible]，苍天迅神驾驭云雾追，
[illegible]。大地猛神驾驭雄鹿捕。
[illegible]，山林猛神驾驭獐麂来，
[illegible]，悬崖猛神驾驭黄蜂来，
[illegible]，江河猛神驾驭水蜮来，
[illegible]，草原猛神驾驭云雀来，
[illegible]，蕨林猛神驾驭金鸡来，
[illegible]，竹林猛神驾驭雉鸡来，
[illegible]，沼泽猛神驾驭灰蛙[3]来，
[illegible]。山塌猛神驾驭麻雀[4]来。
[illegible]，　迅猛快捷神，
[illegible]，　即使起程晚，
[illegible]。　总是先到达。
[illegible]，　云雾尚未到，

① 唏咿唏：是古彝语。指毕摩诅咒邪魔并将其驱赶出仪式主人家，永远不再返回。

② 穆尔阿机：是一个迅疾而凶猛的护法神灵。

③ 灰蛙：彝族图腾物，彝族先民认为灰蛙是猿猴的祖先，而猿猴是人类的祖先。

④ 麻雀：彝语叫“阿普月曲”，又叫“阿普芝饵”。体小，毛黑，尾短，经常在田边地头的草丛中活动。

大风顶的云海　何为 / 摄

迅捷神先到；
暴雨尚未到，
迅猛神先到；
北方河水尚未起，
迅猛快神起先到；
南方河水尚未到，
迅猛快神起先到。
东方太阳尚未出，
快捷神灵起先到；
西方太阳未落山，
迅猛神灵抢先落。

驷匹朵豁方，
牧人尚未到，
迅猛神先到，
阿伙柳艺方，
耕者尚未到，
迅猛神先到；
仪式主人家，
毕摩护法神未到，
迅猛快神抢先到。

迅神经过树林下，
折断树枝纷纷落，
猛神经过乱石岗，
磐石裂缝纷纷落，
迅神经过江河过，
江河断流纷纷枯。

迅猛快捷神，

对准猎物就抓住，
张开大嘴就咬住。
迅神砍断死神腰，
猛神折断病魔头。
迅猛快捷神，
堵塞仇人源头来，
封死敌魔砍断头，
彻底围剿死神魔。

快捷迅猛神，
即使起于其他神灵晚，
总是最先追捕到邪魔，
猛神速到仪式主人家，
今日驰援遣返众邪魔，
驱逐遣符，
遣返诅言，
遣返咒语，
驱邪镇魔，
堵塞魔怪永不回。

主持毕摩一边诵经，一边将其上方护法鹰神座的神枝和垫草收在一起，并用垫草捆扎好后，放在客位锅庄旁，用马勺子舀些肉汤泼于其上，表示遣送死神病魔。毕摩继续念诵：

迅猛神灵已起程，
现在迅猛镇邪魔。
咆哦咿，
拔除神座和神枝，
归拢捆扎在一起，
神枝镇邪魔，
神座压邪魔，
盟誓神枝镇邪魔，
盟誓神座镇邪魔，
祭茶盟誓镇邪魔，
献酒盟誓镇邪魔。

森林领域左方公山羊[1]，
公山羊镇邪魔，
右方凶公猪，
凶性公猪迅猛镇邪恶。
山中柏树签筒镇邪魔，
深山神扇镇压恶魔鬼。

山峰沟壑邪神魔怪已镇住，
深山半腰吃人邪魔已镇住，
房屋上下妖魔鬼怪已镇住。
屋下坟地变幻已镇住，
屋上坟墓变幻已镇住，
山上吸血怪魔已镇住，
沟壑馋鬼邪魔已镇住。

高山牧场上，
放牧顺，
放牧利，
六畜全进圈，
虎豹豺狼已镇住。
低山田地耕耘处，
庄稼长得好，
庄稼已丰收，
五谷已收成，
狂风冰雹已镇住。
世间居住地，
儿女身体健，
儿女均平安，

① 毕摩文化认为，公山羊和公黑猪属于凶性动物，用于诅咒仪式牺牲物极为灵验。

顺利长成人，
四方仇敌已镇住。
吾主居住地，
死神病魔已镇住，
遣符咒语已镇住，
邪魔作祟已镇住。

主持毕摩边诵经，边用马勺子舀一勺汤洒在捆扎好的神枝上，再舀一勺酒向客位下方，随后助手将扎好的神枝拿到离主人家较远的岔路口，神枝前端朝前指向德布洛莫方向，并在其上方压一块石头，表示已镇住死神魔鬼，主持毕摩继续诵经。

已经镇住诸邪魔，
现在接着速猛锁住魔，
森林领域左方公山羊，
凶性山羊锁住邪，
右方公猪凶，
凶性公猪锁住魔。
山中柏树签筒锁邪魔，
深山神扇锁住恶魔鬼。
阿罗阿直[1]锁在层层山峦中，
云雾层中麻风邪魔已锁住，
乌云层中雷电邪魔已锁住，
彩云层中邪魔神怪已锁住，
山峰沟壑邪神魔怪已锁住，
深山半腰吃人邪魔已锁住，
山上吸血怪魔已锁住，
沟壑馋鬼邪魔已锁住。
住房上下妖魔鬼怪已锁住，

① 阿罗阿直：为魔怪名称，彝族民间认为“阿罗阿直”是栖息在深山老林中一种邪魔。

屋下焚茔变幻已锁住，
屋上坟墓变幻已锁住，
诅符咒言，
驱遣咒符已锁住。

死神邪魔锁牢固，
现在迅猛反锁神来助，
唏啊唏，
盟酒驱逐魔，
盟酒驱逐邪魔穿槛孔[2]，
门槛下面本来没有路，
门槛下面只留邪魔路，
驱逐邪魔穿槛孔，
门槛下面妖魔路，
驱逐妖魔穿槛孔；
槛孔饿痨邪魔路，
驱逐饿痨穿槛孔，
槛孔吸血邪魔路，
驱逐吸血邪魔穿槛孔。
唏啊唏，
今晚选择飞禽走兽是，
牺牲黑色母猪来盟誓。
各种花草树木中，
砍伐马桑树神杈，
樱桃树神杈砥柱来盟誓；
砍制蒿草秆神杈，
蒿秆神杈砥柱来盟誓；
内撑柱四根，
内撑驱逐邪魔到远方，
捆绑绳四根，
捆扎邪魔拽走去。
唏啊唏，

② 按照彝族传统习俗，在房屋大门门槛下方接近地面处钻个长约5厘米的正方形孔洞，便于小鸡进出。

[illegible]，　山脉垭口方，
[illegible]，　路口建筑拉杆[1]来反锁，
[illegible]，　深山垭口方，
[illegible]，　砍伐荆棘来反锁，
[illegible]，　原野狂风垭口方，
[illegible]。　打击铜铁鼓宣誓。
[illegible]，　蛇日马日即盟誓，
[illegible]，　羊日猴日即盟誓，
[illegible]。　鸡日兔日即盟誓。[2]

主持毕摩边诵经，边用马勺子舀一勺汤洒向门内的左方，表示镇住并反锁住死神病魔等灾祸，使之不能返回主人宅院，毕摩继续念诵经文。

[illegible]，　阻止不返猛神来助威，
[illegible]，　快快走，
[illegible]，　驱逐遣符邪，
[illegible]，　驱到仇敌家，
[illegible]，　驱逐邪魔怪，
[illegible]，　驱到滇池岸边悬崖锁，
[illegible]，　驱逐彝汉传染癞，
[illegible]，　驱到大海无垠处，
[illegible]，　驱逐疥疮邪魔病，
[illegible]，　驱到山体塌方处，
[illegible]，　驱逐变幻魔怪邪，
[illegible]。　驱到深山积雪处。
[illegible]，　驱逐腰酸背痛邪，
[illegible]，　驱到彩云层中锁，
[illegible]，　驱逐麻风癞邪神，
[illegible]，　驱到云雨层中锁，
[illegible]，　驱逐水蜮邪怪神，
[illegible]，　驱到河岸中反锁，
[illegible]，　驱逐遣符咒语魔，
[illegible]，　驱到达布洛莫锁，
[illegible]，　驱逐尔格特比魔，
[illegible]，　驱到大洋彼岸边，
[illegible]。　盟誓邪魔永远不返回。
[illegible]，　树根没有朝天生长前，
[illegible]；　邪魔盟誓永远不返回；
[illegible]，　背笼装水水未出漏前，
[illegible]；　邪魔盟誓永远不返回；
[illegible]，　磨石没有浮出水面前，
[illegible]。　邪魔盟誓永远不返回。[3]

[illegible]，　已诵邪魔盟誓永不返，
[illegible]。　现诵看守护卫迅猛神来助。
[illegible]，　毕摩主人这两方，
[illegible]，　白天太阳来看守，
[illegible]；　阳光照耀来看守；
[illegible]，　夜晚月亮来看守，
[illegible]；　月光照射来看守；
[illegible]，　凌晨星辰来看守，
[illegible]。　星星闪亮来看守。
[illegible]，　看守牢，
[illegible]。　看守就固矣。
[illegible]，　一天放牧到深山，
[illegible]，　绵羊寻草到深山，
[illegible]，　虎豹见畜莫张口，
[illegible]。　谨防张口嘴撕裂。
[illegible]，　一天放牧到沼泽，
[illegible]，　猪群跑到沼泽玩，
[illegible]，　蟒蛇莫要伸舌头，
[illegible]。　谨防伸舌舌断根。
[illegible]，　一天放牧在院坝，

① 这里的“拉杆”不是具体某处的拉杆，而是指阴间与阳间交界的分界线（地），即人间与冥界的分界线。
② 此段摘自马边阿克木曲毕摩经典。
③ 此段摘自马边曲毕曲叶毕摩经典。

[illegible]，鸡群觅食到院坝，
[illegible]，黑雕见鸡莫张翅，
[illegible]。谨防翅膀被折断。
[illegible]，看守牢，
[illegible]。看守固了矣。

[illegible]，屋上虎豹[1]见我莫张嘴，
[illegible]；若要张嘴嘴断裂；
[illegible]，屋下石碓[2]见我莫抬头，
[illegible]；若要抬头头折断；
[illegible]，屋下乱石缝下面，
[illegible]，蛇虫[3]见我莫伸舌，
[illegible]；如是伸舌断舌根；
[illegible]，彩云层下方，
[illegible]，黑雕见畜莫张翅，
[illegible]，如是张翅就断翅，
[illegible]，狗豹永分隔，
[illegible]，鸡鹰永分离，
[illegible]，偷窃者断腿，
[illegible]。撒谎者断舌。[4]

[illegible]，看守迅猛神灵经诵毕，
[illegible]，现诵扶助迅猛神灵经，
[illegible]，白天苍天白扶助，
[illegible]；一个太阳扶助吾主家；
[illegible]，夜晚月光红扶助，
[illegible]；一个月亮扶助吾主家；
[illegible]，凌晨星星来扶助，
[illegible]，白天父扶助，
[illegible]。黑地母扶助。
[illegible]，江河鱼无数，
[illegible]；一条江河扶助吾主家；
[illegible]，悬崖扶助立排排，
[illegible]。一排悬崖扶助吾主家。
[illegible]，仪式主人家，
[illegible]，头上依靠苍天来扶助，
[illegible]，脚下依靠大地来扶助，
[illegible]，身躯依靠杉柏来扶助，
[illegible]，背面依靠悬崖来扶助，
[illegible]，牧业依靠扶助神来助，
[illegible]，耕作依靠扶助神来助，
[illegible]。扶助神灵经诵毕。

[illegible]，现诵健康神灵经，
[illegible]，毕摩主人这两家，
[illegible]，从今健康一二年，
[illegible]。今后必康九年多。
[illegible]，从今平安一二月，
[illegible]。今后平安九月多。
[illegible]，年年要健康，
[illegible]。月月要平安。
[illegible]，白天要健康，
[illegible]。夜晚必平安。
[illegible]，如此那以后，
[illegible]，吾主神座牺牲已足够，
[illegible]，所有邪魔抓捕全镇住，
[illegible]，毕摩护法神灵已来完，
[illegible]。经书言辞已念毕。
[illegible]，鹤雁起飞后，
[illegible]，整齐身影留天空，
[illegible]，虎豹起身后，
[illegible]，豹纹留人间，
[illegible]，德古走以后，
[illegible]，纠纷调解和，

① 虎豹：这里指馋食牲畜的鬼怪。
② 石碓：指木石做成的舂米器具，踩踏杵杆一端使杵头起落（点头）舂米。这里指馋食粮食的魔怪。
③ 蛇虫不是指一般的虫，而是指传染疾病的虫类，人们一旦被传染就会得各种疾病，特别是妇女被传染后会不孕不育。
④ 此段摘自马边曲毕曲叶毕摩经典。

众毕起身后，
健康留吾主，
健康神留住。

现念迅猛平安神，
穆尔阿机守平安，
人丁守平安；
六畜要平安，
六畜守平安；
五谷要平安，
五谷守平安；
平安神灵扶吾主，
毕平安，
毕摩守住主平安，
居住高原必平安，
坪坝发展必兴盛。

我毕经过北方三领域，
十人胛骨卜十次，
请我神毕胛骨卜显吉兆；
咱们游毕南方三域处，
十人鸡骨卜十次，
请我神毕股骨卜显吉兆；
我毕经过阿豁柳艺方，
三个孤儿蒿秆卜三次[1]，
三次请我作毕均吉兆，
我毕就健康，
我毕仪式主人就平安。
驷匹嘎豁方，

寡妇拃量麻布来占卜[2]，
三次请我神毕呈吉兆，
请我神毕就健康，
请我神毕就平安。
祈福获子嗣，
治病病痊愈，
胛骨卜性善，
鸡股卜吉兆，
邀我神毕者无数，
追我神毕者顺利，
毕主双方都顺利。

上方毕手筑神座，
建筑神座莫失误，
下方主人接鸡[3]者，
莫将母鸡跑出手。
毕摩主人都声明，
双方顺利祛污秽。
经文已念毕，
驱魔已护主。
毕摩获毕礼，
毕礼已声明，
毕礼获木屑，
木屑已用毕，
毕摩获神枝，
神枝建神座；
毕摩获茶水，
茶水已祭神。

① 新中国成立之前，因为孤儿没有条件请毕摩用羊胛骨之类来占卜，就常常自己砍根蒿秆或树枝来占卜。

② 彝族是个爱占卜的民族，妇女也可以参与占卜，但是妇女只能用白色的麻布来占卜。一般取一根长一米的白色麻布，随意折叠成多折，将折叠后的麻布张开后拃量，以三拃或五拃、七拃为吉兆，如是二拃或四拃、六拃则为凶兆。现民间妇女苏尼仍用这种占卜方法。

③ 这里的鸡是指仪式主人举行赎魂仪式时，毕摩用来唤魂的黄色母鸡。赎魂仪式举行完毕后，毕摩将此鸡赐给仪式主人，届时主妇将张开左侧披毡来接鸡，禁忌接鸡时鸡飞到地上。

毕摩获得牺牲之头皮，
牺牲头皮已声明；
毕摩获得牺牲胸脯舌，
胸脯舌头已声明；
毕摩获得胛骨肉，
获取胛骨肉没破规。
古籍文献祖辈赐子孙，
祖辈名望留英名，
子孙继承祖毕业；
自古经语言辞父传子，
著名毕摩父亲教经典，
父传儿子授毕业；
牺牲祭畜头脯祖赐孙，
祖辈世代获此礼，
子孙世袭获此礼。

仪式主人家，
如此仪式后，
内室下方家宅佑神坐，
护佑神灵莫要背离主，
内室上方声望神灵站，
声望神灵莫要叛离主，
房屋神灵照旧室内吼，
锅庄神灵依旧室内叫。

山神地祇群，
之前请你准时到祭场，
现请众神返回原辖地，
天神莫嫌宴请级别低，
地祇莫嫌招待规格差。
天空日月照，
应到明处照，
乌云莫遮挡。
院坝磐石立，
应到原处立，
洪水莫冲走。
深山红豆杉，
应到长处长，
狂风莫吹倒。
蕨林山上锦鸡鸣叫地，
返回原叫地鸣叫。
竹林山上雉鸡鸣叫地，
返回原叫地鸣叫。
天空雄鹰翱翔处，
返回翱翔处翱翔。
山上雄鹿尖叫着，
返回吼叫地尖叫。
深山老虎拥有吼叫处，
返回吼叫处吼叫。
虎豹拥有追捕处，
返回追捕处追捕。
天神地祇拥有管辖地，
返回原地处管辖，
天神左方返回栖，
地祇右方返回息。
击神左方返回栖，
戳神右方返回息。
柏签筒，
返回原处挂；
法神笠，
返回原处置；
樱神扇，
返回原处放。
神枝看房屋，
神座守锅庄。

之前毕摩向下进主屋，
进屋黑漆漆，
现在毕摩出门向上走，

彝文	汉译
[illegible]	宽敞敞，
[illegible]	亮堂堂出来。
[illegible]	来时只牵独狗伴，
[illegible]	走时一群狼陪伴。
[illegible]	上唇藏雄龙[1]，
[illegible]	下唇藏雌龙，
[illegible]	胸腹生群龙，
[illegible]	舌头龙崽玩，
[illegible]	脸颊龙翅闪。
[illegible]	毕摩念经灵，
[illegible]	念经主健壮，
[illegible]	毕摩口诵验，
[illegible]	吾主将平安。

主持毕摩将剩余的肉汤和木屑倒在毕摩坐位下方，将簸箕等用具口朝下向着门口方向抛掷，着地后倒扣于三锅庄右下方，由助手收拾。主祭毕摩便收拾经书法器，并继续念诵。

① 龙：彝族图腾物。有两层意思：一是护佑主人，二是说话算数，这里指后者，即毕摩念经灵验。

彝文	汉译
[illegible]	名人走以后，
[illegible]	名言留下来，
[illegible]	英雄走以后，
[illegible]	英名留下来，
[illegible]	名匠走以后，
[illegible]	手艺留下来，
[illegible]	官吏走以后，
[illegible]	冠冕留下来，
[illegible]	君王走以后，
[illegible]	玉玺留下来，
[illegible]	虎豹走以后，
[illegible]	斑纹留下来，
[illegible]	毕摩走以后，
[illegible]	健康留下来，
[illegible]	平安留下来。
[illegible]	山神地祇在此暂时休，
[illegible]	护法神灵在此返回息。
[illegible]	噢噢，健康，平安！[2]

② 美姑县著名毕摩吉拉莫口述，作者记录、整理及翻译。

第二章
学习毕摩文化
XUE XI BI MO WEN HUA

毕摩文化是一门历史悠久、内容丰富、博大精深、独树一帜、悬若日月的传统文化，也是彝族的核心文化。

毕摩文化有广义与狭义之分。广义的毕摩文化包含彝族的物质文化（涵盖建筑、饮食、衣物、首饰等）和精神文化（涵盖语言文字及民俗文化等），狭义的毕摩文化专指毕摩仪式。这里指的是狭义的毕摩文化。毕摩仪式文化是以主祭毕摩念经为手段，牺牲牲畜为媒介，驱邪纳福为目的的仪式行为，其具体内容分为文献文化与偶像文化两种。文献文化分为毕摩在主持仪式时所背诵的口诵文献和看着古籍念诵的古籍文献两种。口诵文献和古籍文献相互联系，相互依托，虽然两者相互交融与互动，然而又是相互独立的，不能等同替代。在仪式行为中，该口诵文献的就要口诵，而不能以念诵来替代；该念诵古籍文献时就要念诵古籍文献，即使毕摩能背诵古籍文献的所有经文也不能当口诵文献来背诵，务必看着古籍文献念诵。

偶像文化是指主祭毕摩根据不同的仪式需求，在仪式现场所举行的毕摩绘画、塑造泥偶、扎缚草偶、建神座、剪纸图案等艺术。

毕摩文化传承实行“传男不传女”的原则，从古到今，由于历史的因素，在彝族聚居区没有设立专门教授毕摩文化的学校，毕摩文化的传承实行父子相传、祖孙相传、叔侄相传，同时还有收纳外徒传承的方式。一个世袭毕摩的后代传承人一般在六七岁时便开始学习毕摩文化，直到能够独立主持毕摩原生文化仪式为止。一位毕徒从初学到能独立主持仪式，特别是能独立主持大型的仪式是相当不易的。从所学知识上说，要背诵大量的经文，认识并谙熟古彝文，能绘图，熟记仪式程序，学会占卜、测算吉凶日期等；从学习时间上来说，少则五六年，多则要学十多年。学习毕摩文化主要是学习毕摩仪式文化和毕摩职业道德两方面内容。

第一节 毕摩仪式文化

毕摩仪式文化是指毕摩在道场所施行的各种综合仪式的程序。包括插神枝、建神座，念诵毕摩经文、谙熟古籍文献及独自主持仪式程序等。其中背诵经文（语）是基础，师傅要求学徒利用早晚时间背诵大量的口诵经文。毕徒必须背诵的口诵经文有《毕摩祛秽经》（《[illegible]》）、《毕祖护法经》（《[illegible]》）、《护主点丁经》（《[illegible]》）、《名山地祇经》（《[illegible]》）、《名山人口返咒经》（《[illegible]》）、《护法快神经》（《[illegible]》）、《驱遣经》（《[illegible]》）、《围追污秽经》（《[illegible]》）、《祭茶经》（《[illegible]》）、《敬献祖灵经》（《[illegible]》）、《折断魔骨经》（《[illegible]》）、《驱逐遣符经》（《[illegible]》）、《净手祛秽经》（《[illegible]》）、《湖泊寻魂经》（《[illegible]》）、《唤魂简明经》（《[illegible]》）、《拽魂回路经》（《[illegible]》）、《请魂附体经》（《[illegible]》）、《指路经》（《[illegible]》）、《颂毕祖经》（《[illegible]》）、《截断魔根经》（《[illegible]》）、《祝酒经》（《[illegible]》）等。学习刻苦且记忆力好的毕徒还可以学习“路上方”等口诵经文。其中《敬献经》（《[illegible]》）是必须要背

跟随师傅到仪式现场学习的毕徒　何为 / 摄

的，该卷经书有30多段，是祭祖仪式、猪胛骨卜祭等“路上方”仪式必诵的口诵经文，如果能背诵该经文，说明该毕徒就能主持祭祖送灵这类大型仪式了。

毕徒学习背诵经文有两种方式：一是跟着师傅背诵，二是自己看着经书背诵。采用第一种方式的最多，即跟着师傅背诵。方法是师傅念一句，毕徒跟着念一句，如此反复地念诵，直到最后能独立背诵为止。同时，师傅利用经书教毕徒学习古彝文，毕徒不仅要认得古彝文，还要会写。因此，一位合格的毕摩需要背诵大量的经文和学习古彝文，还要谙熟古籍文献。

此外，毕徒还要学习仪式程序内容。毕摩原生文化仪式有上百种，简单的小仪式只需要两三个小时，复杂的仪式则需要几天几夜。每种仪式有不同的仪式程序，而且这些仪式程序是固定的，不能随意更改，每一种程序又都有固定的经文要念诵。因此，毕摩要给毕徒传授各种仪式程序及其所要用到的经文内容。

第二节　毕摩职业道德教育

一名优秀的毕摩，不仅学识渊博，博古通今，谙熟各种毕摩原生文化仪式程序，而且能严守毕摩职业道德。毕摩不准议论他人，特别是禁忌议论同行其他毕摩的长短；受邀做仪式时，只要受邀毕摩家里没有特殊情况，就要无条件地答

应并且要在约好的时间内到达仪式主人家，完成整套仪式；恪守邀请时间先后顺序来确定主持仪式，不能因为举行大型仪式就先主持，或因熟（或贵）人邀请就先主持；不准向主人家索要钱财；对待仪式主人实行一律平等的原则，做仪式时不能因为高低贵贱而区别对待；等等。为此，师傅向毕徒传授毕摩文化的同时，还要专门给毕徒教诲训世及为人处事的《训世教育经典》。《训世教育经典》分为《世俗道德经典》与《毕摩道德经典》。

一、世俗道德经典

《世俗道德经典》，彝语称为“卓卓玛木特依”（[illegible]）。现将《世俗道德经典》中的《好人过一生》（《[illegible]》）一段整理翻译如下。

[illegible]，世间的人类，
[illegible]，出生在人间，
[illegible]，故后入天堂，
[illegible]。人生唯一世。
[illegible]。好人过一生。

[illegible]，牧场布谷鸟只鸣三个月，
[illegible]，原野树叶绿七月便枯落，
[illegible]，阿局牧草花只盛开七天，
[illegible]。世间人类只活短暂的一世。

[illegible]，居木子孙们，
[illegible]，小时勤奋多好学，
[illegible]，知识渊博学识高，
[illegible]，成人能够担重任，
[illegible]，能为众人做好事，
[illegible]，宽厚仁爱是美德，
[illegible]。人生唯一世。

[illegible]，居木子孙们，
[illegible]，一切为立业，
[illegible]，一切都思考，
[illegible]，心里想宽阔，
[illegible]，所作所为，
[illegible]，犹如江河气势之磅礴，
[illegible]，佑神犹如山峰之雄伟，
[illegible]，好人留下佳名声，
[illegible]。虎死唯留一张皮。

[illegible]，人要想子孙，
[illegible]，养马修马路，
[illegible]，养羊①夏避暑，
[illegible]，有儿要娶媳，
[illegible]。有女要嫁人。
[illegible]，开拓土地是，
[illegible]，为建子孙业，
[illegible]，绿化造林是，
[illegible]，为子孙造福，
[illegible]，修建房屋是，
[illegible]，为儿造基业，
[illegible]，寻找服饰是，
[illegible]，打扮儿孙美，
[illegible]。人生唯一世。

[illegible]，居木子孙们，
[illegible]，一人要富裕，
[illegible]，手握长锄头，
[illegible]；田地周围转；
[illegible]，一人将贫穷，
[illegible]，游手好闲玩，

① 这里的羊指绵羊。绵羊不耐热，所以，每年春末夏初，要将绵羊从村庄迁徙到海拔2500米以上的高山草甸放牧，一来避暑，二来那里有丰富的牧草。

父亲教儿子认毕摩古籍文献　阿牛史日 / 摄

房前屋后转；
一家要兴业，
锄头扛肩上；
一家要灭绝，
屋内吸毒品；
一家要富裕，
三把锄头聚[①]；
一家要贫穷，
三个烟斗聚[②]；
一家败衰落，
盗窃又抢劫；
家里无粮油，
到处被唾弃。

勤俭的人们，
勤劳获财物；
文明礼貌者，
倍受人尊重；
能说会道者，
处处有朋友，
人生唯一世。

居木子孙们，
心地要善良，
君凶平民亡，
女主凶了女仆亡，
夫凶妻死亡，
哥凶恶待弟，
婆凶恶待媳，
妻凶恶待夫。
恶人无后代，
恶狗命不长，
暴雨下不到天明，
人生唯一世。

居木子孙们，
兹懂知识千，
摩懂知识百，
毕摩的知识无数，
百姓只懂老黑牛。
世上的人们，
立章给子孙，
莫要毁规章。
如是要对的，
高山建埂便种荞，
坝子筑埂就栽秧。
牛羊无规则，
专人守放牧，
田地无边界，
分出一条界，
人类无法则，
手腕戴手铐，
遵守规矩跳蚤不上头，
江河随着岸流清澈澈，
人生唯一世。

居木子孙们，
好儿站在父母边，
孬儿站在妻子边，
孬儿侮辱父，
孬女侮辱母，
孬夫欺负妻，
孬妻议论夫。
好儿杀敌人，
孬儿伤锅庄[③]，

① 三把锄头聚：指勤奋劳动之意。
② 三个烟斗聚：指无所事事，成天不干事，只会聚众吹牛。
③ 锅庄：此处借指家里人。

莽汉到亲家，
亲家树为敌，
贤人到敌家，
将敌化为友，
能人找钱财，
彝地汉区找，
卑人找钱财，
搜刮父母钱，
人生唯一世。

居木子孙们，
不要随生气，
生气伤自己，
莫要随赌气，
赌气伤自己，
莫存黑心肠，
黑心无后裔，
莫要心不好，
坏心儿愚钝，
人生唯一世。

居木子孙们，
真正的人们，
有父儿体面，
有母女光彩，
三代祖孙一起就勇猛，
三个姊妹一起就美丽。
祖前儿孙欢，
父前儿子乐，
母前女儿欢，
父亲周围敬荣誉，
母亲周围献福气。
世上的人们，
父母莫坏心，
父母存坏心，
子孙不兴旺，
子孙莫作孽，
子孙如作孽，
父母就累伤，
人生惟一世。

居木子孙们，
所有子孙们，
要孝敬父母，
莫顶父母嘴，
若顶父母嘴，
行为在前面，
后悔来不及，
年老的父母，
犹如山巅雾，
是也要散去，
不是也散去，
今日不散去，
明日会散去。
犹如山谷冰，
是也要融化，
不是也融化，
今日不融化，
明日要融化。
孬儿打父母，
成为罪恶人，
人生唯一世。

居木子孙们，
美食敬父母，
家产赐儿孙，
听从父母话，
父言如铁钉，
母言如墨汁，
不听父母冤走十山峰，

不听母亲冤走五纵沟。
所有父母们，
前辈莫心狠，
前辈如心狠，
子孙将衰落，
人生唯一世。

居木子孙们，
父母不勤俭，
儿孙流浪汉，
父母当流浪，
儿孙无居处。
前辈勤一世，
晚辈益九世，
父母找数千，
子孙得数百。
父亲欠子债，
养老又送终，
子欠父母债，
搭桥娶媳妇。
世上父母们，
搭桥娶媳妇，
不如为儿做好事，
为儿做好事，
不如和解冤家给儿子，
人生唯一世。

居木子孙们，
站着看得远，
静坐想得多，
翻身能熟思，
熟思知识博。
朋友看着交，
仇人看着打，
饭要嚼着吃，
话要思考说。
晚辈子孙们，
莫与小人开玩笑，
如与小人开玩笑，
小人冤枉你。

居木子孙们，
贪财不成才，
嘴馋不成食，
钱财只一时，
朋友是一生，
大人贪财腐，
小人嘴馋卑，
一时不贪财，
一生积累财，
一时莫嘴馋，
一生有饭吃，
一看钱财已用光，
一看朋友在身边，
朋友是一生，
钱财是一时，
人生唯一世。

居木子孙们，
世间的人类，
是也渐变老，
不是也变老，
老者不故去，
新的不诞生，
竹笋脱皮壳，
是也要脱去，
不是也要脱；
菜叶脚边掉，
是也要掉落，

不是也掉落；
可有不老不死者？
没有不死不老者，
树老空腐枯，
石老碎裂掉，
江河老了水干枯，
山崖老了裂缝塌，
大路老了路边裂，
这也算是老故矣。
山上那植物，
冷杉顶枯死，
柏树根枯死，
蕨草枝折死，
草茎折断死，
草类年老折断掉，
青冈年老根朽倒，
大节竹老了节折。

岩上的朽木，
晚上耸立早晨或朽倒；
老牛圈内站，
白天站立夜晚或倒下，
老人屋里坐，
过了今年某月或已故。
世间大地上，
可有不老不死者？
没有不老不死者，
马老颈毛脱就死，
牛老牛角脱则死，
老狗犬齿落则死，
猪老腹毛脱则死，
人老二鬓白则死。

人间之世界，
可有老了不死的？
没有老了不死的，
禽类神雕大，
禽类神雕也要死，
蹄类大象大，
蹄类大象也要死，
人类皇帝大，
人类皇帝也要死，
彝地酋长也要死，
汉区官员也要死，
彝地德古也要死，
祭祖毕摩也要死。
世间的人类，
出生在人间，
故去入天堂，
世间人类都要进天堂，
人生唯一世。

居木子孙们呀，
要烧往上长的树，
要喝往下流的水，
要走平坦的路面，
要说经常说的话。
做着好事于世间，
留着美名入天堂。
鸿雁死后鸣声留人间，
虎豹死后斑纹毛皮存，
名匠死后精湛作品在，
人类死后荣誉留人间，
毕摩死后平安留世间，
人生唯一世，
好人过一生。[①]

①此段摘自作者父亲立克日罗经典，作者整理、翻译。

二、毕摩道德经典

《毕摩道德经典》，彝语称“毕摩玛木特依”（[illegible]），现将《毕摩道德经典》的相关段落整理翻译如下。

世间毕摩们，
毕裔承毕业，
承毕学经典。
经书法器呀，
祖传孙灵验，
经语咒言呀，
父教子念诵。
有无不学的毕摩？
没有不学的毕摩，
如有不学的毕摩，
神签筒撞击法帽，
经书空装①法网中。

毕徒学经典，
早起又贪黑，
凌晨不起学，
经典不背熟，
腰部皮不青②，
经语不牢记。

雄鹰飞得高，
寻得食物多，
学徒学得多，
学识广渊博。

背神鼓的苏尼们，
挎签筒的毕摩们，
苏尼不申明③，
神鼓撞鼻梁，
毕摩不申明，
签筒碰伤眼。

有无不请的毕摩？
没有不请的毕摩，
有无请不来的毕摩？
没有请不来的毕摩，
如有请不来的毕摩，
或许神签筒断裂④，
或许神法帽撕裂。

世间的毕摩们，
仪式主人视同仁，
莫分主人富与穷，
莫分牺牲大与小。

毕摩经文要念完，
百姓语言要说毕，
如是经文未念完，
仪式主人心烦恼。

毕摩莫酗酒，
毕徒莫放肆，
毕摩如酗酒，
护法神离开，
毕徒如放肆，
开除学毕业。

---

① 经书空装：指虽有经书法器，但是无人识读与使用。
② 古时，为了磨炼毕徒学习毕摩文化的意志，毕徒们不能舒适地睡在软垫上面，而是睡在用众多小木棒铺的坚硬的木垫上面，从而腰部某些部位变青甚至肿胀。
③ 申明：这里指能熟练地念诵经文，泛指平时要学习、积累丰富的经文知识。
④ 这里指违背毕摩的职业道德，不仅受到众人的谴责，而且还要受到神灵的惩罚。

毕摩莫贪财，
毕摩如贪财，
万人唾骂之，
千夫所指之。
毕摩滥拴畜[1]，
主人无辜拴，
猪鸡拴畜鹰叼走。

世间毕摩们，
毕摩莫偷窃，
毕摩如偷窃，
一生背耻辱。
毕摩莫贪色[2]，
毕摩贪色主人衰，
毕摩承担重案件。

世间之毕摩，
禁食灵性动物肉，
如食灵性动物肉，
护法神灵将离去。

毕摩要团结，
仪式毕摩多为佳，
念经快速而灵验，
神枝垫草多为佳，
神座众神来助威，
毕摩众多相互帮。

祭祖远处毕摩闻，
毕摩闻讯前来观，
毕摩前来莫排斥，
毕摩众多齐助祭，
仪式主家亮堂堂。

毕摩之间莫抨击，
念诵经文有不同，
建筑神座有差异。
如是毕摩间抨击，
降低自身的声誉。

毕摩主人要和谐，
举行祭祖仪式时，
毕与主和谐，
祭棚亮堂堂，
育神祈回家，
生育神旺盛，
人丁兴又旺。

人世间一生，
毕摩毕长寿，
白纸写经书，
经文一行行。
背挎神签筒，
头戴神法帽，
手持樱神铃，
祭祖于祖界，
治病于世间，
为人保平安，
为民谋福祉，
和谐促发展，
千万人敬仰。[3]

① 滥拴畜：指主持毕摩为了得到不当的利益，不该拴畜的地方拴畜。
② 贪色：这里指毕摩与仪式主人的妻子或其他妇女发生关系。
③ 作者与美姑著名毕摩吉克伟哈一起搜集，作者整理、翻译。

第三章 结婚

JIE HUN

结婚又叫成亲，是男女双方确立夫妻关系、终身相伴的仪式行为，是夫妻双方结合形成新的社会体，即是成家立业的开始。婚俗礼仪因民族的差异而千姿百态、丰富多彩，每个民族因其文化背景的不同而结婚习俗各异。经过数千年的历史积淀，彝族也形成了一套有别于其他民族的独特婚俗礼仪，四川大小凉山因其独特的地理环境，山脉纵横，沟壑纵深，在民族历史发展的过程中逐渐形成了独具特色的婚俗。

根据彝文古籍记载和口头传说，彝族婚俗历

浪漫的彝族青年　拉部 / 摄

史悠久，源于母系氏族后期至父系氏族的过渡时期，是伴随着人类发展过程而产生的，并伴随人类社会始终的礼俗制度。结合人类学资料和婚姻家庭发展史来看，彝族与其他古老民族一样，从原始杂乱的群婚制、对偶婚、一夫多妻，历经漫长岁月，逐步过渡到一夫一妻的家庭制。不论是汉文史籍还是彝文史料，有关彝族婚礼的记载都不多。据彝文典籍《勒俄特依》《公史传》《母史传》记载，远古时代彝族先民经历了“只知有母，不知有父”的母系社会，以石尔俄特为代表的男性成员寻找父亲而历经磨难，终于在女性兹尼史色的暗示下娶妻生子，实现了“生子见父”的愿望，彝族社会由此进入了“男娶女嫁”的父系社会时代。这是彝族先民从母系社会进入父系社会的开端，石尔俄特和兹尼史色的婚姻打破了彝族母系社会女权至上的制度，同时为进入父系社会奠定了基础。他们缔结婚姻的程序也成为后来彝族婚姻的典范而被传承和发展，许多习俗沿用至今。

古代凉山彝族境内家支林立，没有形成统一的政权，以血缘关系和人身依附关系为内容的等级制度是该社会的主要特点。由于高山深谷的天然屏障，凉山可以说是一个世外桃源，独具特色的民族传统文化及等级制度在这里得以保留。其中，婚姻缔结要求门当户对，实行严格的民族内婚、等级内婚、家支外婚、姑舅表优婚和姨表不婚等制度，婚礼习俗独具特色，现仍保留了原生态婚礼仪式。

民族内婚，即同族内婚。婚姻的缔结只能在彝族内部进行，禁忌与外族通婚。用彝族话说就是：“黄牛是黄牛，水牛是水牛。”彝族人认为黄牛和水牛虽然都是牛，但是血统不同，相互不配，否则违犯先祖之规矩，将失后辈之身份。所以，遵守彝族传统文化的人都遵守本民族内通婚的原则。

等级内婚，又叫同级内婚。限制在同族同等级内结婚，不准跨越。新中国成立前，结婚“论门第，贵贱不相紊”，相同等级的男女才能结婚，不同等级不能通婚，即统治阶级的土司、黑彝只能与同级的土司、黑彝通婚，如果与被统治阶层的白彝或下等之人通婚或私通，重者则被处死或是处以其他重刑，轻者其子女们被贬为被统治阶层。现大部分曲伙即白彝的祖先本是统治阶级的兹莫和黑彝，因为与被统治者私通才被贬为

被统治者曲伙。等级只能下降，不得上升。现四川凉山世袭毕摩某家族的某人因与下人私通就被贬为被统治阶层的曲伙。

家支外婚。同一家支内部严禁通婚，结婚对象必须在自己家支以外进行选择。四川彝族以父系血缘为纽带，父子连名为谱系，形成了庞大的家族、家支体系。相隔七代以内称为“次”，七代以后称“伟”。无论是七代以内的“次”还是七代以外的“伟”都严禁通婚，否则会被视为严重的乱伦而要受到无情的惩罚。古时，统治阶层的兹莫和黑彝因人口极少，同等级的人员也很少，很难找到门当户对者，所以有的家支为了通婚，到了七代以后就举行宗族分支的大型祭祖仪式，分支后的各宗族各取一个不同的姓氏，成为独立的家支，其后代就可以相互通婚了。

姑舅表优婚和姨表不婚等制度。姑舅表之间优先通婚，即姑舅表兄弟姐妹有优先通婚的权利，而且舅舅不只是指直系的舅舅，也包括旁系，甚至与母亲的血缘关系较远的父系血缘家族。

姨表不婚，同一父系血缘的亲姊妹的儿女间不能产生婚姻关系，这是母系氏族时期彝族以母亲为家庭中心的遗迹。彝族有句谚语“古来德数莫银玛子，礼来喜数莫银礼莫”，意思是最亲爱的是姨表兄弟，亲密无间的是姨表姊妹，姨表兄妹被视为同胞兄妹，因此严禁通婚，否则即被视为乱伦，按照彝族传统会受到无情的惩罚。

因此，四川凉山彝族婚姻制度极为严格，如有违背，轻则终身遭人唾骂，无脸见人，重则被处死。随着社会的发展和进步，有些限制已有所放松，但大多数仍被沿袭下来。彝族男女一般较早便订下了婚事，通常是“父母之命，媒妁之言”，当然也要双方互相喜欢。如今，大多数彝家儿女都是自由恋爱，但是必须经过父母同意才能结婚。若双方有意，而且门当户对，条件符合，男方父亲便会托媒人前去说合。

新娘与父母在一起　何为 / 摄

如今，彝语北部方言的四川大小凉山彝族地区，特别是凉山腹心地带美姑、昭觉、雷波、马边、峨边等依诺地区的婚俗至今保留最为完整，内容最为丰富，继承传统特色最浓郁，且形式复杂，程序烦琐。秋冬季节，是彝族举行婚礼最频繁的时节。无论边缘村寨、大街小巷，华丽的服饰，飞扬的彩裙，犹如山间翩翩起舞的蝴蝶，让人目不暇接；欢乐的歌舞和精美的论辩，怡情悦性。

那些沉静的山寨或热闹的城镇，都会随着欢歌笑语而沸腾，使朴素的村寨和繁华的城市更加鲜艳夺目，也增添了许许多多具有地方特色的文化气氛，为四川大小凉山注入了鲜活丰富的文化内涵。

缔结婚姻，不仅仅是两个家庭的行为，还与整个家族、姻亲、邻居都有关系，更是一个民族文化传播与接受的过程。而婚礼仪式的过程是彝族文化的大展示和演绎，不论是“克斯”“克智”“佐”等口头讲述，还是优美动听的“牛牛伙”歌曲传唱，还是抒发离愁别绪的哭嫁歌等传统，抑或充满娱乐竞技色彩的泼水、摔跤、“抢人”、迎亲仪式，抑或抢狗食、不落夫家、圆房之夜的抓扯等习俗，都有着深刻的历史文化内涵，表达了独特的民俗情趣，具有多重文化价值。

一桩婚姻的缔结，需要一定的程序，按照时间的顺序分为婚前礼仪和结婚礼仪两部分，每种礼仪过程又有若干程序。

第一节　婚前礼仪

婚前礼仪是婚姻缔结的前提和条件，也是结婚礼仪的必经程序，包括说媒定亲、举行成人礼仪等程序，每个程序有其相应的仪式内容。

一、订婚

男大当婚，女大当嫁，水到渠成，这是人类发展过程的共性，是每个人都要经历的人生过程。彝族男女青年通过走亲串戚，赶集和参加传统的节日等活动，以情歌对唱、相互交往等形式，选中意中人。男女双方有了一定感情基础后，双方告知父母，男方家按照彝族礼仪，请媒

订了婚的情侣　拉部 / 摄

人（服嘎）前往女方家说媒。新中国成立前，彝族男女青年的婚姻大多是通过情歌对唱等方式自由选择，也有听从父母之命、媒妁之言的，同时也有部分是由父母包办，讲究门当户对的。新中国成立后，随着汉文化的影响，居住在城市周边或生长在城市中的彝族青年大部分实行自由恋爱结婚，缔结良缘。然而，居住在四川凉山山区的彝族青年大都仍然通过“父母之命，媒妁之言”，有些地方还盛行“定娃娃亲”的陋习，即男女双方都未成人时便定亲，并用一定礼仪裁定婚姻的成败，同时也借此方式督促双方对婚约的遵守。

按照传统方式，彝族青年不论是自由恋爱还是唯父母之命，最终都要经过媒人来提亲这个过程。按照“家族外婚，等级内婚”的传统习俗，媒人说媒时首先要了解双方的地位，一般情况下同等级的才能相互缔结婚姻，即黑彝与黑彝、白彝和白彝相互通婚，同等级内部也要分几种不同的级别，这些情况必须了解清楚。如果是男方父母看中的女孩，直接请“服嘎”到女孩父母家说明来意，主人家以酒肉招待，待酒足饭饱后，媒人开始说正事，如果对方同意，就将双方的生辰、命宫等进行验算，看是否相配。一般说法是，狗、马、虎相配，鸡、蛇、牛相配，兔、猪、羊相配，猴、龙、鼠相配，还有相邻属相和同年不同方位出生的两人也相配。再了解对方的家族历史、现实情况等，了解家族是否患过麻风病、肺结核病（癞病、痨病）等病史和非自然死亡史，现在家庭成员是否有人吸毒，特别是定亲者本人是否有吸毒史，是否感染有艾滋病等传染性疾病。彝族民间有“婚事想三年，遇事商三月”之说，说明了彝族人对婚事慎之又慎的态度。“祖灵可供开玩笑，婚事不能当儿戏”“钱财可退，婚姻难退”等谚语也充分说明了缔结婚姻的重要性和严肃性。双方父母同意后，便与媒人商议聘金，聘金一般视各自的财产状况和社会上大部分家庭所用的聘金标准而定。一切事宜就绪，便准备举行订婚仪式。

订婚，又称为定亲，彝语称“峨冉木”，是特定男女之间缔约婚姻关系的仪式，是彝族婚前必经的程序。择定吉日，在媒人的张罗下，先后在男女双方两家举行订婚仪式。按照传统，首先在女方家举行订婚仪式。男方家准备订婚彩礼：一对银锭（现一般用人民币来代替）和一对土鸡（同窝公母各一只），彝语称为“胡图曲则、胡图瓦则”。届时，派遣宗族5～9人单数男性成员带彩礼到女方家。女方家杀一头黑色小猪（禁止杀白色或黄色小猪），一来招待客人，更主要的是占卜胆、脾，经占卜呈吉兆，说明订婚成功，可以缔结，否则该婚姻不能缔结。具体仪式是取胆、脾查看后，如果猪胆大、呈扁球形，黄而透明为吉兆。脾平展而深红色，脾左前叶无缺陷为吉兆；脾面有斑点，左前叶呈不规则的锯齿状，则为凶兆。占卜后，将猪脾缠绕在猪后脚上（女方若是古恒后裔就缠绕左后脚上，若是邛尼后裔则缠绕右后脚上）递给媒人，媒人将之放在火塘里烧烤而吃，以示订婚成功。如果胆和脾中有一样呈凶兆，订婚仪式就到此为止，不能缔结，双方都不能埋怨，斥责对方。

如果订婚仪式成功，又再次到男方家举行订婚仪式。择吉日，女方家组织派遣5～9人单数宗族男性成员到男方家，男方家也杀一头黑色小猪来招待女方家客人并用来举行仪式。这次仪式主要不是以占卜为目的，而是双方进一步加深感情，希望将来婚姻坚如磐石，幸福美满。

二、举行成人礼

四川大小凉山彝族少女到17岁时就要举行隆重的成人礼仪式，举行该仪式后表明该少女已

成人。少女成人礼有三个流程：一是换童裙，彝语为“啥拉洛”（[illegible]）；二是拆耳线，彝语为“钠博坡”（[illegible]）；三是分辫子，彝语为“哦机克”（[illegible]）。成人礼是每位彝族少女必经的程序。

少女成人礼一般在秋冬季节择吉日举行，彝族有一句格言：金秋三月，住地上方坡上植被渐枯黄，住地下方坝上缕缕谷穗香，这时天上候鸟南飞月，也是山上羊群徒步月，更是人间女子出嫁月，女儿耳中海贝该换了，翩翩童裙该换了。如今，虽然对少女的年龄、穿戴要求不那么严格，然而举行少女成人礼的内容却几乎没变。

少女17岁时，无论订婚与否，只要这一年不结婚都要举行成人礼。成人礼仪式分两种情况，一种是未订婚少女的成人礼仪式，另一种是已订婚少女的成人礼仪式。

举行仪式前要择吉日缝制一件成年女子穿的五彩的三截百褶长裙，彝语称为“波”（[illegible]）。长裙要请一位身体健康、未离过婚、子女双全的中年妇女来缝制，举行成人礼时要换掉少女之前穿的白、黑或红、黑两截的童裙，彝语称“啥拉洛”。同时，提前一周酿制醪糟酒，以备仪式时使用。

（一）未订婚少女成人礼

举行仪式时，找一男一女。女的，负责做荞麦丸子汤，彝语称“阁洛木”（[illegible]），男的，彝语称“显姆崩”（[illegible]），负责背新娘（新娘，指举行成人礼的少女，因举行成人礼时没有新郎，所以又称为“假新娘”）。选择一男一女非常讲究，二人出身的家庭最好是男丁兴旺，并且女的要贞洁、贤惠，男的要勤劳、聪明，在亲戚关系中与少女为表哥、表弟关系。此外，还准备一纯黑色的小公仔猪，以做仪式牺牲品。

选派一位中年妇女主持仪式。对主持仪式的妇女要求很高：一是身体健康，五官端正；二是没有离过婚；三是家庭美满，儿女双全；四是能说会道。

当主持妇女宣布仪式开始后，年轻小伙们就开始杀猪。参加仪式的亲朋好友一起吃饭喝酒，大家酒足饭饱后，负责做荞麦丸子汤的妇女开始做荞麦丸子汤。接着，便开始举行成人礼仪式。

首先是换童裙。谙熟仪式的妇女开始为举行成人礼的少女梳妆打扮，在锅庄左方的内室旁（哈波）处垫一层晒干的荞麦秆或干蕨草，让少女在上面换装。脱下少女的两截童裙，换上五彩色布的三截百褶长裙；将少女垂于脑后的单辫解开，用木梳从上往下梳直，再用红毛线将散发扎成马尾，戴上圆形头帕（兹莫峨田）。

其次是取下海贝耳坠。“显姆崩”将牺牲小公猪的胸脯肉（夫哈）（[illegible]）在少女的头上按逆时针绕三圈，彝语称为“夫哈黑”，以示驱逐少女所有污秽邪魔。再将该“夫哈”赠送给上了年纪且已当奶奶或外婆的老年妇女，年轻人禁吃该肉，否则会认为当年钱财不进。接着“显姆崩”将少女左耳上的单颗海贝耳坠（克职）取下，妇女给少女换上金光闪闪的金耳饰或银光闪闪的银耳饰。取下的“克职”先放在少女的脚下，然后再拾走保存在家里。禁忌将其直接放在少女的前后，否则会对少女的父母家和未来的丈夫家带来晦气。

最后是分辫子。梳妆打扮完后，负责背新娘的“显姆崩”将少女从“哈波”背到屋堂左侧，放在石磨旁坐下，意味少女嫁给了石磨，以石磨当新郎，彝语称为“恰尔席莫”。随后，主持仪式的中年妇女让少女品尝一下荞麦丸子，接着将少女的圆形头帕取下，解下扎头发的红毛线，将少女的散发编成双辫，戴上专为成人礼姑娘戴的

头帕（潘子），将双辫盘绕在头帕上，此时的少女显得既成熟又漂亮，从活泼可爱的少女成功蜕变为可以嫁人的大姑娘了。

此时，由两个多子多福的妇女站着转唱《换裙歌》，该仪式彝语称为“格佐簇”（[illegible]）。“格”（[illegible]）为古语，指门或门口，这里指少女已成人，可以出门社交之意。“佐”（[illegible]）指对歌。“簇”（[illegible]）指点、分界之意，“格佐簇”全句的大意是庆祝姑娘已长大成人可以出嫁成家的歌曲。两个妇女中有一位是领唱，另一位是配唱，她们一直站着以独特的《换裙歌》的歌调转唱，即领唱首先边唱边向前走两步后回转走回原处，其后配唱与领唱一样以同样的步伐转唱，如此转唱下去，直到歌曲唱完为止。转唱的歌词及其歌调始终充满着活力与喜气，妇女用歌词来戏谑刚从少女蜕变为成人的姑娘。有些歌手唱诵前会先默默地唱诵几句令人害羞的歌词，再大声地唱诵正式的歌曲。令人害羞的歌词是：

……	……
[illegible]，	上身生长山峰宽而尖①，
[illegible]，	下身裂缝狐狸洞口宽②，
[illegible]，	英明小伙常来谈情爱，
……	……

歌词大意是举行仪式后姑娘可以与心爱的男青年交往了，希望她们早日找到如意郎君，早生多子。转唱开始时，领唱先唱：“山头看见嫩竹叶，不吃也要吃；凤凰展开金翅膀，不飞也要飞；阿妈陪嫁准备好了，不走也要走。”俏皮的女伴们紧接着开始戏弄假新娘。“是这样吗？”假新娘低着头羞涩地坐着，不说话，也不回答，一位坐在她身边的姑娘总是代她回答：“是，是这样。”领唱又唱：“花坎肩套在红衫外，腰间围着七彩裙，黑发粗辫盘绕头帕上，明晃晃的银环垂双耳。远看好似一朵花，近看都是彝家女。蝴蝶蜜蜂绕着你飞，你喜欢谁？你心里有哪一位？”那位姑娘又代替她说：“我喜欢木嘎③。”

唱来唱去，一直唱到将姑娘“嫁”给锅庄、门槛、中柱等，让姑娘选择它们其中的一个。“锅庄是个忠厚人，它日夜陪你在一起，冬天陪你御寒冬，年节陪你唱年歌，亲友来了它满脸笑，一家人围着它吃喝；门槛是个老实人，它早晨送你去背水，傍晚迎你放羊归，你一天踏它无数遍，没有一次抱怨你；中柱是个好丈夫，支撑你全家过日子，风吹雨淋它不怕，重担压身不嫌累，日夜在家守门户，不管穷富不变心。”这些都反映了彝家女子朴素的择偶标准和审美观念。

接下来领唱和代答姑娘进行对唱。“森林里最富裕的是雉鸡，它穿的是珠宝和翡翠，你可愿意？”“我不爱财富，爱情不属于富家子，我靠勤劳过日子。”“果园里最香的是桃树，开花时节满园红，收获时节满果香。你可愿意？”“我嘴不馋，爱情不是贪口福，我愿草根当饭过日子。”“飞得最高的鸟是鸿雁，天南地北有金屋，江南江北有宅邸。你可愿意？”“我不爱富贵，爱情不能用财产换，只要两人相亲相爱，一间土房过一生。”最后，领唱以独唱的方式结束歌曲。“要戴银牌亲手戴，要戴珠链亲手串，要找知心人要亲自选。”可见歌曲表达了彝家女子的心声，生动地传达彝族人民纯真的爱情理想和美好的生活愿望。

① 指少女发育即将成熟时的乳房。
② 指少女渐渐性成熟。

③ 木嘎：是对英雄男子的称呼，泛指一般男子。

完成“格佐簇”仪式后，“显姆崩”将已成人的姑娘又背回内室旁。至此，整个成人礼仪式结束。

（二）已订婚少女成人礼

已订婚少女成人礼仪式程序与未订婚少女成人礼仪式基本相同，不同之处有五点。第一，已订婚的男子要参加，届时男方要选派3～7人单数年轻小伙子参加，且要指定一位男方的亲弟弟和叔伯兄弟担任领头人作为“显姆崩”。第二，男方家负责制作少女成人礼时穿的五彩色布的三截百褶长裙（波）。第三，男方家提供成人礼仪式的牺牲牲畜。一般情况下，有绵羊的高寒山区要准备一对公、母绵羊，无绵羊的坪坝地区则准备一对同母生的公、母小猪。此外，陪同还需带些酒等礼品。第四，拆耳线时由男方家指定的“显姆崩”拆下。第五，唱《换裙歌》时，不唱将姑娘“嫁”给锅庄、门槛、中柱等段落。

成人礼后，不论是否订婚，发式的改变都标志着少女已步入成年阶段，意味着获得享受性生活的权利，可以独立参加生产生活和社交活动；也意味着为家支、为社会担负起联姻和生育后代的义务和责任。同时，该仪式举行后，姑娘的家族关系和社会角色也发生改变，仪式前姑娘是自己家庭的一员，仪式后被视为姻亲家支的人了，由亲人转变为亲戚，她在家庭活动中的部分行为受到限制。比如，不能上二楼及以上的房屋[①]，不能和家人一起参与娘家举行的各种毕摩原生文化仪式等。

第二节 结 婚

订婚后，男女双方对结婚的事项进行协商，但主动权主要在男方。男方主动提出结婚时间、送聘礼的数目、迎亲时间和人数等。如果男方不了解女方的基本情况，需要征求女方的意见。因为，在结婚时还要查看新娘母亲的属相是不是与女儿结婚年相冲突，所以结婚必须看三个条件是否满足。

首先，新娘的年龄必须是单数，但并不是所有单数年龄都是适合结婚的年龄。例如：17、21、25岁为结婚最佳年龄，19、23、27岁则不宜，也就是说出嫁女子当年的岁位在北方或南方时，宜结婚；出嫁女子当年岁位在东方或西方时，则不宜结婚，彝语称为“祸呷莫惺”（[illegible]），意思是在这种情况下结婚，新娘的岁位处于贪财鬼的路口，出嫁时贪财鬼会跟随新娘进入婚棚，作祟于新娘家，致使今后家庭贫穷。女

新娘与父母兄弟一起　何为 / 摄

① 房屋：指农村土木或砖木结构的房子。

新娘与母亲一起谈心　何为 / 摄

子的年龄为双数时，岁位在东北、西南或西北、东南，彝语称为“日色回”（[Yi script]），也不宜结婚。意思是给男方带来噩运，如果运气不佳，可能还会死人，所以男方最禁忌新娘双数年龄结婚，特别是18岁和22岁的年龄段，称为“日色阿诺回”（[Yi script]），是所带灾难最凶恶的时期。如要在这个年龄结婚，需要在婚棚前拴一条狗，当新娘入棚时使狗当场毙命。所以，双数年龄结婚的女子入棚前所经之处人们都要为其让出一条路，忌讳与新娘正面相对，主要是躲避与新娘所带的噩运相撞。

其次，看女方是不是出嫁年。这主要看女方母亲的年龄，一般情况下女方母亲的年龄为单数则为出嫁年，双数则不宜出嫁，彝语称为“影把郎把”（[Yi script]），意思是女方家庭成员中有些人的灵魂可能会随着女子的出嫁而跟随其后，从而导致疾病和死亡的发生。如果男方确实需要在这一年结婚，就要出一只公羊给女方作毕用，彝语称为“毕莫”（[Yi script]）。在女子出嫁前要请毕摩举行“招灵赎魂”仪式，防止家庭成员的灵魂跟随新娘而去。出嫁时，母亲要在房内，禁止送女出门。除此之外，女方举行的嫁女仪式也去掉了抢亲、对歌、赛克智等年轻人所喜好的热闹仪式。

再次，看男方是不是接娶年。这取决于男方母亲的年龄是双数还是单数，双数则为迎娶年，单数则不宜迎娶。

彝族结婚分为出嫁礼和结婚礼两部分，而每个礼仪都有其不同的程序，程序与程序之间既相互独立，又相互依存，形式各异，内容丰富。不仅表达了彝族人热爱生活、积极向上的传统文化，而且反映了他们在生产和生活中

刺绣新娘遮面彩巾　何为 / 摄

吹口琴庆贺新娘出嫁　何为 / 摄

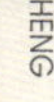

制作嫁妆　何为 / 摄

同自然界做斗争所表现出来的勤劳勇敢、朴素睿智的精神面貌。这也是彝族婚俗的独特之处所在，其勃勃生机和强劲的生命力跨越千年而传承不衰的一个重要原因，这是彝族几千年来生产生活的实践经验在婚姻中的具体体现。

一、择定结婚日期

彝族极为重视结婚日子，选择结婚日由几方面的卜算结果综合而定。如今在民间能卜算结婚日的能人已不多了，唯有毕摩还在传承这种古老的卜算文化，所以在民间只要举行结婚仪式大都要请毕摩进行占卜，择定结婚日。占卜结婚日主要是卜算虎星八宿、豹星二十七宿，将两者卜算综合后选定结婚日期。

二、赠送婚裙礼

婚期确定后，在距结婚一个月左右时，男方请3～5位本家支并能说会道的人到女方家，一来告诉结婚的具体日期，彝语称为“系西朵格”（[illegible]）；二来给女方送新婚百褶长裙，彝语称为“波觉瑟”（[illegible]）。依照传统，新娘的新婚嫁衣是新郎家赠送的，特别是新婚的婚裙必须由新郎家赠送，一来表示情谊，二来表示纯洁无污。所以，新郎家缝制新娘婚裙时特别讲究，需要择吉日缝制，而且缝制婚裙的人必须是没有离过婚的中年妇女，且家庭美满、儿女双全。缝制完婚裙后，还要请毕摩专门对该婚裙举行祛秽仪式。现在有些新郎家为了方便，请新娘家自己缝制新婚裙，

但缝制婚裙的费用由新郎家出，费用的多少取决于男方的意愿，但不得少于社会上通常所给“波觉”（ꀠꐎ）费用的最低标准，一般在3000～5000元，相当于这笔费用也是为新娘购买嫁妆的。赠送婚裙的同时，还要协商在婚礼程序中易出现的一些问题及解决办法，诸事要达成一致。只要不超出男方家的能力范围，一般情况下男方家都要逐一履行。

三、出嫁礼

出嫁礼，彝语称为“阿姆系”（ꉌꃀꑟ），即女方家邀请亲朋好友出席隆重的出嫁礼仪式。当男方家选定结婚日期后，女方家开始忙碌起来：通知亲朋好友、街坊邻居前来参加出嫁礼仪式，特别是要通知新娘的舅舅和叔叔、伯伯们，无论如何一定要赶来参加并祝贺、欢送新娘到新郎家；着手准备婚礼事宜及婚礼所需物品，如酿制泡水酒，一般要酿制3～5桶泡水酒，按照传统和需要至少要酿制3桶。

（一）通宵闹婚

闹婚，又称为“庆婚”，彝语称为“尼系尼格鲁”（ꑊꑟꑊꈝꇐ），是彝族新娘家在出嫁礼仪式前所举行的一项重要活动。

闹婚是提前庆祝新娘结婚的仪式行为。确定婚期后，女方家在婚前9天左右举行闹婚仪式。女方择吉日并告知亲朋好友及街坊邻里婚期，每晚相约女方家，举行唱“婚歌”，赛“克智”“卡冉”（论辩的一种，老年智者互述见闻，互相驳难攻讦）等活动，往往是通宵达旦。其间，青年男女每天都进行“蜀确”的抢亲游戏。气

新娘的新帕　何为 / 摄

氛最浓、最热闹的是在新娘出嫁的前一天晚上。当晚，由一位德高望重的中年妇女主导，以唱歌为主，一人领唱，一人或众人应和。唱时还辅以舞动披毡转体对舞的表演，以《阿嫫尼惹》（又叫《妈妈的女儿》）开始传唱，随后以《阿姨阿支》《玻哈牛牛》《阿嫫嫫果》（又叫《热打》）等对唱相继展开，还有"斗嘴"咏诵的形式。表演者身着盛装，载歌载舞，构成一幅欢快、热烈的歌舞场面。就这样每天乐此不疲，歌声、笑声连续不断，平时宁静的村寨热闹非凡，喜气洋洋，欢乐闹婚。

（二）新娘节食

彝族姑娘在出嫁前一段时间有节食的习俗。节食，彝语称为"咋果"（ꊰꇬ）。彝族至今还保留着新娘在出嫁前节食节水数天的习俗。按照彝族传统习俗，新娘出嫁到新郎家的路上不能走路，而是由新郎家派出的接亲者背到新郎家，为了避免新娘在路上大小便（彝族先民认为新娘在路上大小便不仅不方便，而且不吉利），新娘一般在婚前一周就开始节食，婚期临近前1～3天，每天只吃一个鸡蛋、喝一碗水，到出嫁当日完全禁食禁水。这种"新娘子饿食饿水"的习俗来自彝族"虎妻"的传说。

在彝族民间有"新娘不节食，兄弟遭厄运"的说法，在这里我们不必深究其真假，只因它是几千年来彝族女子出嫁时的习俗而一直沿用至今。节食是有来历的，在民间有两种传说，但从逻辑上推理，符合节食说法的却只有如下一种。相传古时候，有位女子出嫁，由于路途遥远，接新娘的"显姆措"不停地轮换背新娘，当大家经过一片有猛兽的原始森林，累得筋疲力尽时，"显姆措"把新娘放下来休息，新娘迫不及待地跑进森林中解手，大家等了很久，也不见新娘回来。当他们走进森林寻找时，只见一棵大树下躺着一具血肉模糊的尸体，周围的草地上沾满了血

新娘与亲戚们在一起　何为 / 摄

新娘与伴娘们在一起　何为 / 摄

迹，新娘被猛虎残害了。从此，女子出嫁便有节食的习俗，并沿用至今。

（三）宰牲嫁宴

举行出嫁礼仪式的当天早晨，新娘家要杀一头大的阉公猪，剖腹取出内脏后倒挂在屋堂的上方，同时新娘的舅舅和本家支的内亲每家也杀一头小猪前来赶礼，新娘家将小猪一排排地倒挂在屋堂的上方，倒挂时新娘家的猪挂在最前面。赶礼的小猪少则十多只，多则几十只。等迎接新娘的“显姆措”到来后，正式举行出嫁礼仪式时，将这些猪肉切成坨坨分发给每位前来参加出嫁礼仪式的人。

宰杀的赶礼小猪　蒋兴林 / 摄

（四）泼水迎亲

新娘出嫁礼仪式程序复杂，名目繁多，内容丰富多彩，独具特色。彝族传统认为清水能驱恶除邪、送走妖魔，带来幸福。因此，彝族姑娘出嫁时，新娘的姊妹和同辈的亲朋好友中的妇女要用水浇泼迎亲者。

接亲是彝族青年结婚时特有的风俗礼仪之一，是男方派人从女方家迎回新娘到自己新房

尽情地泼水　蒋兴林 / 摄

的过程，迎亲过程中新娘以盖头掩面，不得面目示人。

接亲的队伍称为“豆姆措”。男方选派的“豆姆措”既要是未婚男性并身体强壮，又要是精明能干；既能招架泼水的受寒之苦，又能完成“抢走”新娘的艰巨任务。在推荐人选时往往反复审议，择优选用，甚至有的不惜长途跋涉，选拔合适的迎亲人员。迎亲队伍人数一般是7～11人，必须是单数，如果本家支中没有那么多人，可以选派其他亲朋好友。这支“豆姆措”既要具备多才多艺的人才，又要有几位会摔跤的能手，还要有两名专门对歌转唱比赛的艺人。新郎家邀请这些将要前往的“豆姆措”到家里，杀猪招待，不管当晚他们是否有事，都需住在新郎家，第二天清晨一起从新郎家出发。

新郎家接亲的必需物品：一是准备一对接亲的小猪，彝语称为“豆姆窝”，“豆姆窝”必须是同母所生的同窝黑色小猪，不能有杂色，身

体健壮，不能有残疾，而且是一公一母；二是准备新娘穿的一件花白彩色布的三截百褶长裙；三是带一个黑色的长布头帕，用来背新娘；四是带一桶10斤或20斤的白酒；五是“显姆措”要身着彝族盛装，特别要头戴具有英雄结的男人头帕，腰间斜挎英雄带（布它），外披披毡（擦尔瓦）。领头的“显姆崩”要带一个专门为新娘戴的银饰斗笠，彝语称为“脸解洛布”（[illegible]），意为遮脸斗笠；身穿防水的棕衣，彝语称为“依解说博”（[illegible]），意为怕水棕衣；手拿打狗木棒，彝语称为“克解特布”（[illegible]），意为防狗木棒。

按照传统，新娘出嫁仪式一般在下午举行，最迟在太阳落山之前举行。所以，男方派出的迎亲队伍一般要在中午时分就要到达新娘家。因此，“显姆措”根据路程的远近在新娘出嫁日清晨适时从新郎家出发。出发时“显姆崩”走在队伍的最前面，其他人跟随其后。出门时，一位中年男人站在门口的左方，用右手手指清点人数，并大声说：“一个、二个、三个、四个、五个、六个、七个……”有多少人就念多少人，接着又说：“人数已清点完，祝你们路上注意安全，早日将新娘迎接回家！”

出门时要朝右边的方向走，禁忌向左边方向走。第二天将新娘接回家时也按原路返回并从右边屋檐方向走进屋里。

迎亲队伍到达新娘家时，新娘方用泼水方式迎接“显姆措”。出嫁礼仪式中，最为热闹与惊险的当数泼水仪式，泼水仪式是彝家独特的欢迎方式。彝家人认为人类来源于水，生死都离不开水。为此，首先以水来接待迎亲者，也蕴含着姑娘到丈夫家后就不用到很远的地方背水，即使天旱也有水喝。接亲者至，女方的姑娘们早已在房前屋后“显姆措”必经的途中储水设防以待。当“显姆措”进入了伏击圈时，姑娘们个个精神抖擞、笑逐颜开地手持瓢盆、木碗从四面八方冲出来，将备好的“战斗水”泼向他们，旁观者在旁助威呐喊，一时水花四溅，“显姆措”东躲西藏，倒霉者便成了“落汤鸡”，有的用披毡遮着脸冲破防线进屋，场面热闹非凡。小伙们一身湿透，狼狈不堪，但不论被水泼得再惨也不能生气，否则被视为失礼。“显姆措”进屋是有规矩的，一是“显姆崩”穿着棕衣走在最前面，二是从新娘家右屋檐进屋，禁忌从左方进屋。小伙们

向接亲者泼水　何为 / 摄

姑娘们向迎亲者泼水　何为 / 摄

冲到屋里，已全身湿透，这时慈祥的老人才会制止姑娘们泼水，泼水仪式到此结束。

此时，新娘家的小伙们已生起火堆，让客人们烤火，有些姑娘则趁人不备冲进来，将锅灰抹到迎亲者的脸上，除了眼睛和嘴外，整个脸都被抹成黑色，瞬间熟悉的脸成为陌生的“包公脸”。有些伶牙俐齿的姑娘还调戏“显姆措”说：为了养大女儿，妈妈脱了九十九层皮，不泼九十九桶水，不抹九十九把锅灰，哪能让你们轻易背走新娘？“显姆措”则回答：我们翻越了九十九座山，趟过了九十九条河，走了九十九条路，专程来迎亲，不背回新娘怎行？如此你问我答。

（五）抢食物

“显姆崩”进屋后，将所带的礼物交给主人的管家，所带的酒首先敬新娘的父母，父母品尝酒后说：哦，新郎家的酒挺好喝！再回敬“显姆崩”一杯酒。接着新娘家的敬酒队向“显姆措”一一敬泡水酒等，他们个个喝得满脸通红、兴高采烈，只是通红的脸始终呈黑色。当大家喝得高兴的时候，小伙们将新郎家带来的“显姆窝”在屋堂里宰杀，剖腹取内脏，沿着猪胸椎骨将猪剖成两半，剖完后，起身出门到主人家指定的野外生火并围着火塘而坐（现有些是带到邻居家煮肉吃饭）。这时，主人的管家将主人家专门为“显姆措”准备的两大块半生猪肉和新郎家带来的一大块半生猪肉分给他们，并给他们一把菜刀以切肉。当切好肉准备在火塘里烧烤时，早已等候在旁边的“间谍”就密报新娘家的年轻姑娘，于是姑娘们摩拳擦掌地来到“显姆措”就座的火塘边，明抢猪肉。抢食是一场惊心动魄的游戏，双方你抢我夺，你追我赶，全力以赴，犹如一场激烈的球赛，热闹非凡。如果他们不提防，或实力不强，肉就会被一抢

而空，送来的肉食如果被姑娘们抢走的话，女方家便不会再送饭菜来，而迎亲者也不能到其他家去寻吃，当晚就只能挨饿了。但是，通常肉只会被抢走一些，按照习俗要让姑娘们抢走一点，因为彝族先民认为吃了姑娘们从“显姆措”抢的猪肉能辟邪纳福，甚至认为半夜爱哭闹的小孩吃了该猪肉后就不会哭了。其实，抢食是一门古老、传统的异性之间的独特游戏。

（六）嫁衣祛秽

吃完饭后就举行“嫁衣祛秽”仪式，彝语称为“系莫伟嘎守”（[illegible]），意为祛除新娘嫁衣的各种污秽，让新娘穿着洁白无污、没有秽气的新衣到新郎家，以此祈求今后生活幸福美满。该仪式由新郎家全面负责，其仪式程序是“显姆措”携带一只白色的公鸡到新娘家，请一位毕摩主持仪式，将新娘的嫁衣放置于屋外附近，用白色的神枝建一个专门祛秽嫁衣的神座，然后举行祛秽仪式，将嫁衣一一进行祛秽。新娘将穿戴这些已祛秽的嫁衣参加各种出嫁礼仪式。

（七）新娘移位

姑娘出嫁时有一群专门护送新娘的年轻姑娘，这群护送新娘的队伍称为“朵补朵莫”（[illegible]）。古时候由新娘家的下人负责，现在由新娘的亲朋好友担任。新娘家请一位子女多且儿女双全的中年妇女在闺房为新娘梳头、打扮，先喷一小口酒在新娘的头发上，开始梳头，然后戴上耳环、头饰、头罩，着新彩裙。“显姆措”吃完饭后，请“显姆崩”将新娘从闺房处背到屋堂中柱处或屋外右侧一棵果树下面，此过程叫新娘移位，彝语称为“系次”（[illegible]）。背新娘时，小孩和年轻女子们一边同“显姆崩”嬉戏，一边

举行嫁衣祛秽仪式 蒋兴林 / 摄

给“显姆崩”抹锅灰。有时，“显姆崩”的脸被抹得像一只黑熊，看不清脸的轮廓，唯有说话时方才露出一排白牙。毕摩根据新娘、新郎两家母亲的岁位测算出新娘是不是出嫁年，如是出嫁年就将新娘移位到屋外果树下面，否则移位到屋内中柱处。不管移位到屋外或屋内，伺候新娘的妇女始终陪伴在新娘左右，用手搀住新娘，因为新娘已节食节水几天，身体虚弱，等待各种仪式完成后才能回到闺房。

（八）摔跤比赛

移位仪式后，举行传统的摔跤比赛。双方先派出一名小孩做开场表演，随后开始正式比赛。按照规则，新娘家先派出一位摔跤手到现场，其后客方摔跤手到场，两位摔跤手的腰间要拴一根由绵羊毛制成的腰带，双手交叉抓住对方的腰带后开始摔跤，谁先将对方摔倒在地谁就为赢家，被对方摔倒者便为输家。为表示“友谊第一，姻亲第一”，胜方会再派一位小孩与负方成年选手比赛，使整个比赛形成平局，大家欢喜而收场。

（九）对歌比赛

晚饭后，开始在新娘家的屋檐旁举行唱《换裙歌》仪式，彝语称为“格佐簇”（[illegible]或[illegible]），其形式和内容与少女成人礼时唱的《换裙歌》基本相同，但不同的是唱出嫁的《换裙歌》时多了两个“显姆措”男人，其中领唱的男人必须是晚上主客对歌“佐”时的配唱，而且两人唱的内容与两个女人唱的内容完全不同。太阳落山后，主客双方在新娘家举行对歌比赛。

彝族出嫁对歌礼仪历史悠久，内容丰富，歌曲是男女老少都喜欢听的，也是彝族新娘出嫁时的亮点之一。新娘新郎双方各选派两名歌手进行对唱比赛，对唱歌手是专业人员，谙熟彝族的历史、地理、哲学、天文、谱系等知识，知识渊

摔跤比赛　何为 / 摄

博，且能灵活运用。对歌时，选派两人为一组，一人为领唱，另一人为配唱。对唱地点在屋堂下方“嘎基”（ꇬꏦ）举行。首先，领唱人穿着彝族传统服饰，边唱边向前走两步后又退回到原处，即辅以舞动披毡转体对舞的表演形式。随后，配唱人跟着领唱人唱，其歌词与动作同领唱人一样。此时，首先新娘家派出的歌手入场开唱，唱完一段后休息，再新郎家派出的两位歌手入场表演，唱完一段后也休息，此时新娘家派出的两位歌手又上场继续唱，如此往返，一段一段地唱下去，直到第二天凌晨公鸡首次鸣叫时方能分出胜负。

歌词内容不像毕摩经文那样有规定的程序和内容，但大致内容基本相同。一般根据歌词内容涉及的是远古或现代，分为“路下方”和“路上方”两种。前者主要唱诵《对歌的起源》《转名山》《谱系》等，后者主要唱诵溯源类《天地起源》《雷的起源》《人类的起源》《铁的起源》《铜的起源》《刀剑的起源》等。歌词内容丰富、语言精练，富有哲理。

（十）唱《妈妈的女儿》

半夜时分，主客双方对歌完毕，就到了主方姑娘和新郎方“显姆措”的表演时刻。双方通常通宵达旦唱许多不同版本的《婚礼歌》，至凌晨鸡鸣时分，开始催促给新娘梳妆打扮，须在天亮之前出发，尽快到达新郎家。姑娘们开始一边给新娘梳妆打扮，一边唱着《妈妈的女儿》。

《妈妈的女儿》又称《哭嫁歌》，彝语称为“阿嫫尼惹”，是姑娘出嫁时必唱的歌曲。歌曲以一个彝族姑娘的出生、成长、婚嫁、归宿为时间主线，内容包含事物发展的规律和人生的必然经历，饱含着对妇女命运的不幸与地位低下的诉说与悲痛情绪的宣泄，更表达了对父母包办婚姻、没有爱情自由的不满，表现了一个民族不断

歌手们在对歌比赛 何为 / 摄

与命运抗争的过程。

《妈妈的女儿》是一首百唱不厌的经典曲目，是一本彝族妇女必听、必学、必读的教育经典。歌曲以典型的实例讲述了女儿如何在父母的教导下成长为为人处事好、尊老爱幼、勤俭持家、衣着打扮好、待人接物好，学什么会什么、能歌善舞的彝家优秀女儿，追忆自己美好的成长经历。更主要的是，“妈妈的女儿”里的许多仪式渐渐演绎成今天彝族姑娘的出生仪式、穿耳洞仪式、换童裙仪式、换衣仪式、出嫁仪式。可以说，只有听过《妈妈的女儿》的彝族妇女，才能真正理解“妈妈的女儿”的真正含义。

如今，只要是四川大小凉山的彝族女儿出嫁，按照传统都会唱《妈妈的女儿》。然而，现在会唱的人越来越少，有的村寨甚至没有人会唱，只能从远处邀请会唱者来唱，现将《妈妈的女儿》部分摘录如下。

[illegible]！　妈妈的女儿哟！
[illegible]，　怪异的今年呀，
[illegible]，　姑娘将要出嫁了，
[illegible]，　躲入闺房也无用，
[illegible]，　大蒜发芽时刻到，
[illegible]，　楼上烟熏也无用，
[illegible]，　麻籽要出芽，
[illegible]。　火塘边烤也无用。
[illegible]，　女儿将要离开慈爱的父母，
[illegible]，　将要离开亲爱的姐妹们，
[illegible]。　将要离开可敬的兄弟们，
[illegible]！　多愁善感的女儿真可怜啊！

[illegible]！　妈妈的女儿哟！
[illegible]，　高山绿草青青挺快乐，
[illegible]，　但是高山未必真快乐，
[illegible]，　在那连绵起伏山坡上，
[illegible]；　只有放牧羊儿才快乐；
[illegible]，　人说茫茫草原真快乐，
[illegible]，　但宽阔草原未必快乐，
[illegible]，　茫茫草原一片绿茸茸，
[illegible]；　草原云雀飞舞才快乐；
[illegible]，　众说原始森林真美丽，
[illegible]，　但孤独森林未必美丽，
[illegible]，　静静而阴森森的森林，
[illegible]。　只有栖息动物才美丽。
[illegible]，　说是世间人类最苦难，
[illegible]，　人间房屋犹如蜂巢多，
[illegible]。　只有人间女儿才苦难。
[illegible]，　挺秀树木长在深山中，
[illegible]。　没有不被野火烧过的。
[illegible]，　清冽河水源自山涧中，
[illegible]。　没有不被乱石撞击的。
[illegible]，　翠绿芳草生于原野中，
[illegible]。　没有不被牲畜踩过的。
[illegible]，　俊秀美女生长在彝地，
[illegible]。　没有一个不苦难的呀。

[illegible]！　妈妈的女儿哟！
[illegible]，　曾经年份吉祥的一年，
[illegible]，　月份如意的一月，
[illegible]，　吉日美好的一晚，
[illegible]。　女儿来到此世界。
[illegible]，　女儿出生第一夜，
[illegible]，　宰了一只黄母鸡，
[illegible]，　鸡舌软骨自然一方弯[①]，

①彝族是爱占卜的民族，特别是古代彝族，遇事都要占卜后再行事。当女儿出生在晚上时，用宰杀的黄色母鸡的鸡舌来占卜。鸡煮熟后，从鸡头中抽出鸡舌，鸡舌主要由三个小软骨组成，主要看中间的软骨，向内自然弯曲为吉兆，软骨向外不规则地弯曲或向内弯曲且软骨尖端与软骨根部接触，为凶兆。

妈妈的女儿 | 何为 / 摄

黄鸡股骨相对四处眼[1]。
推了一升苦荞面，
籽粒颗颗都饱满，
面粉细细味香甜。
预祝未来的日子啊，
母鸡所到黄铮铮，
荞麦所到黄澄澄，
女儿前程金灿烂。
迎来邻里婆娘七十七，
七十倒是不一定，
七个确是没有少。
摆出彩盔木匙七十七，
七十倒是不一定，
七套确是没有少。
裹婴毡布九幅宽，
九幅倒是随便说，
三幅确是没有少。
洗婴净水九满坛[2]，
九坛倒是随便说，
三坛确是没有少。

妈妈的女儿哟！
女儿出生第九夜，
蒸煮苦荞粑，
宰只黑公猪，
猪胆黄亮晶，
猪脾直无瑕。
邻舍赠送粮，
酿造一桶酒。
过后一吉日，

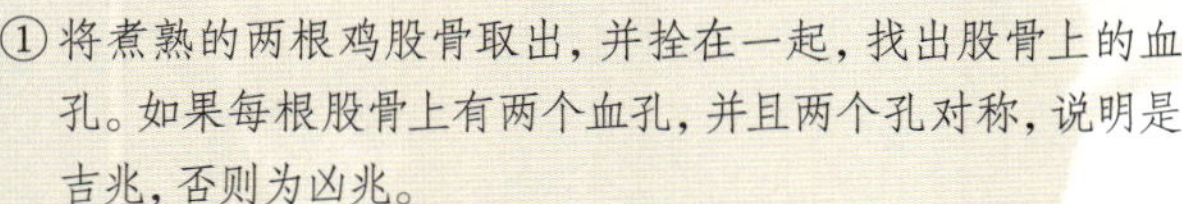

① 将煮熟的两根鸡股骨取出，并拴在一起，找出股骨上的血孔。如果每根股骨上有两个血孔，并且两个孔对称，说明是吉兆，否则为凶兆。

② 彝族洗婴的水有个专名叫“兹以”，意为纯净水。依照传统，第一次给婴儿洗澡的水特别讲究，要到人迹罕至的高山或湖泊取之，因该地纯净无污染，以示小孩健康成长。

戴贝壳耳饰的女孩　立克达曲 / 摄

酒桶一排排，
滴酒瀑布流，
敬酒酒杯蜜蜂踊，
前来饮酒者无数，
白色酒杯蝴蝶飞，
黑色酒杯乌鸦飞，
红色酒杯彩虹架，
花色酒杯喜鹊飞，
黄色酒杯鸟穿梭。
女人饮之更漂亮，
男人饮之英勇猛。

妈妈的女儿哟！
女儿生满月时，
打开九折围栅看，
有只花腿大阉羊，
是支出圈领头羊，
是支归来押尾羊，
作为女儿剪发礼牺牲。
邻里姨妈七百七十位到来。
七百倒是不一定，
七十确是没有少。
预祝将来岁月里，
阉羊步履多精壮，
女儿步履多矫健。
摆出彩盔彩勺九十九根，

九十那是口头禅，
九根那是真。
屋外院坝处，
篾席当坐垫，
佳肴美食摆，
母亲抱婴儿，
父亲剪婴头，
女儿见天地[1]。

妈妈的女儿哟！
长到一岁的时候，
抱在妈妈的怀里，
端详妈妈的面容，
白色奶汁拌饭喂，
舌尖甜蜜蜜。
睡时找睡伴，
羊皮被条当睡伴，
九幅白色褶裙被蹬烂。
长到两岁时，
父亲抱在怀里坐，
细看爸爸的面容，
鲜肉拌饭喂女儿，
鲜美味儿满舌尖。
九幅披毡被踩穿。
妈妈的女儿哟！
女儿不能独自睡，
常常寻找伴侣睡，
头皮睡垫当伴侣。
女儿不能独自坐，
常常坐时找坐伴，
就用锅庄当坐伴。
女儿不能独爬行，
常常寻找爬行伴，
门槛当作爬行伴。
女儿不会独自站稳时，
常常寻找站立伴，
屋内柱子当站伴。
女儿不会独自走，
常常寻找行走伴，
就把妈妈裙襟当走伴。
火塘周围转玩耍，
常常寻找玩耍伴，
就把柴灰当玩伴。
妈妈的女儿哟！
出生七月就能坐，
出生九月就能爬，
白天与父一起玩，
夜晚给妈睡觉伴。

妈妈的女儿哟！
长到四岁的时候，
跟随母亲周围转，
纺线她要来打扰，
织布她要来搅缠，
妈妈无奈叨一翻。
常随爸爸周围玩，
木工她要来打扰，
编竹她要来搅缠，
爸爸轻轻来责打，
妈妈常来诓她乖，
女儿流泪哭为伴。
常在姐姐周围玩，
学舌犹如云雀鸣，
是也要说一句，
错也要说一句。
举腿学步犹如雏鸡走，
是也要走一走，

[1] 依照彝族传统，婴儿出生后在剪头发和取名之前禁忌带到屋外，以防被妖魔鬼怪所知而遭遇不幸。

不是也走一番。
双手一致没停歇，
是也要触摸一下，
不是也要摸一下，
手里拿着竹条子，
赶得猪跑鸡乱飞，
姐姐瞪眼作同伴，
哥哥责骂作同伴。

妈妈的女儿哟！
长到五岁六岁时，
内房是女儿的卧房，
檐下是女儿坐的地方，
院坝是女儿跳的地方，
邻舍是女儿玩的地方。
寻找一群同伴玩，
石板当作锅庄烧，
砂粒当作粮食煮，
树叶当作马勺玩，
竹签当作柴火烧，
锅庄当作烧饭玩，
房前屋后玩得欢。

妈妈的女儿哟！
长到七八岁的时候，
一件破烂的毡褂，
一条破旧的童裙，
一件破烂的蓑衣，
一顶破旧的斗笠，
放牧站在牛羊后，
收割站在庄稼前，
大麦割后拣大麦，
小麦割后拣小麦。
妈妈的女儿哟！
放猪最辛劳，
上午的时候，
赶猪沼泽旁，
苦女跟着猪后面，
猪也有灵性，
看着女儿不停叫，
女儿也爱猪，
见猪笑盈盈。
猪群沼泽旁边放，
女儿也在沼泽玩。
中午的时候，
赶猪进入深山旁，
猪群不见了，
女儿捶着胸膛去寻猪。
下午那时分，
猪群回到坝上来，
沼泽地边黑压压，
女儿回到妈妈身旁报平安，
妈妈尽快拿着饭菜女儿吃。
妈妈在旁女儿周身暖，
妈也感到安慰和放心。

妈妈的女儿哟！
长到九岁十岁时，
贝壳耳环摇晃晃，
毛质童裙红彤彤。
穿戴衣物显利落，
脖颈细长显英姿，
协理家务显娴熟。

长到十一二岁时，
有人纺线就学纺，
有人缝衣就学缝，
有人织布就学织，
见到事事都学习，
所学事事都灵活。

父亲有事听使唤，
母亲有事帮搭手。
姐姐外出跟着跑，
妹妹有事来帮忙。
朋友来了跟着玩，
见到朋友多礼貌，
有喜事跟着亲戚走，
客人来了迎客人，
招呼客人嘴乖巧，
时有不听父母的话。

妈妈的女儿哟！
长到十三四岁时，
公鸡首鸣就起床，
出门在外天未亮。
大雪纷飞要打回三捆柴，
大雨倾盆要背回三桶水，
天寒地冻也要挖三铲地。
高山播种就去播，
坪坝耕耘就去耕，
锄头扛在肩头上，
农活件件都熟练，
随身携带针线活，
缝制衣物技精湛。

拿着雪白的羊毛，
挎着一个小竹筐，
一只秃尾的线坠，
毛团当作官印用，
赶着羊儿顺山走，
赶着羊群放牧去，
坐在高山山坡上。
左手捻羊毛，
右手扯毛线，
左手扯线好像弓上弦，
右手缠线飞快如冰雹溅，
坠子团团转，
线子直迢迢，
羊儿吃草白茫茫，
羊儿叫声清又脆。

妈妈的女儿哟！
长到十六七岁时，
穿着打扮容貌美，
招呼来客笑盈盈，
出门行为端又正，
言辞言谈真伶俐，
身材苗条又漂亮。
亲戚当中女儿最懂礼，
姻亲当中女儿最美貌。
女儿长到这时候，
爸爸妈妈呀！
和往常不同了，
哥哥弟弟呀！
神情有异常，
女儿心里啊！
也与往常不一样。
不知到了今年头，
爸爸想把女儿嫁出去，

成人的女子　立克达曲 / 摄

舍不得离开妈妈的新娘　何为 / 摄

兄弟想吃女儿聘金礼，
家里想把女儿嫁门外，
姻亲想把儿子结婚事，
想订女儿婚事有九家，
女儿心情烦躁怎么办？

妈妈的女儿哟！
春天呀又回大地上，
春风送暖万物复苏。
每天早晨的时候，
牛羊放在前面赶，
扯线跟在羊后面，

羊儿经过屋上边，
旭日刚从山嵎出，
早晨和煦阳光呀，
光芒四射照温暖，
稀客啊真稀客！
妈妈的女儿哟！
羊儿放牧在高山，
女儿跟随羊儿去。

女儿坐在阿尼山[①]顶时，
披着九幅宽的披毡，
白色裙褶皱纹排，
左手持羊毛，
羊毛起白云，
右手引纱线，
纱线直挺挺，
纺锤不停转，

① 阿尼山：位于今凉山州普格县与昭觉县接壤处。

缠线犹如冰雹溅；

妈妈的女儿哟！
辽阔草原上，
阳光正灿烂，
身上出汗珠，
山坡杜鹃花盛开，
杜鹃绽放白茫茫。
坝中百草开彩花，
草花成片香扑鼻。
草原上空云雀鸣，
云雀鸣叫清又脆；
草原中间蜜蜂鸣，
无数蜜蜂鸣不停；
蕨林雉鸡鸣不停，
雉鸡鸣叫多响亮；
竹林锦鸡鸣不停，
上百锦鸡齐鸣叫；
笛声沁人心，
随风吹过来，
似听没听见；
口弦声袅袅，
草尖风拂拂，
蜜蜂采花朵。

妈妈的女儿哟！
时至下午那时分，
多方放牧者聚集，
斗笠犹如麻雀飞，
披毡犹如绿草重九层。
红蓼[1]老叶嫩苗相重叠，
春羔夏羔相联结。
绵羊喜欢红蓼草，
一见红蓼情依依，
红蓼也亲那绵羊，
一见绵羊鲜花红，
红蓼养育诸母羊，
雪白奶液养羔羊。
阿尼山顶上，
羊群如云集，
鸣声响山坡。
阿尼山腰方，
白色荞花正绽放。
绵羊放牧山头下，
犹如满山插花枝，
女儿坐在山头上，
山峦端庄更秀丽，
牧场肥沃羊舒畅，
女儿欢乐玩开心。

妈妈的女儿哟！
气爽的秋天到了，
草木枯黄叶落尽，
山上气色已变换。
女儿跟随羊群走，
阿尼山峰观望时，
山边杜鹃花已凋零，
草原云雀没鸣叫了，
蕨林雉鸡没叫唤了，
竹林锦鸡没鸣叫了。

妈妈的女儿哟！
时至下午那时分，
一阵暴风雨下来，
成片草尖全淋湿，
绵羊毛湿而颤抖。
时至下午那时分，
夕阳转到西山了，

① 红蓼：是绵羊爱吃的凉山本地的一种牧草，属蓼科植物。

晦暝笼罩着草原，
绵羊随坡下了山，
羊群放牧在前面，
女儿跟随在后面，
羊儿转到山麓上吃草，
女儿转到山顶观望时，
深山豺狼真可恨，
狼群冲破羊群散，
女儿拣起石头打野狼，
脱下皮毡甩到羊群中，
吆喝狼群赶进森林里，
速把羊群赶到草原上，
不知小羊是否被衔走，
女儿心惊胆战无头绪，
心中恐慌颤颤抖，
急得不停拍双手，
上喊爸爸听不见，
下喊妈妈听不见。
可怜羊儿被狼咬，
女儿从此心不安，
可怜的苦难女啊！

妈妈的女儿哟！
天色渐渐晚了，
太阳已经落山了，
羊群回到下山了，
乌鸦回到山上来了，
喜鹊回到坝上来了，
山鹧回到山腰来了，
彝人回到彝地来了，
汉人回到汉区来了，
山上放牧的人回家，
山谷耕地的人回来了，
坝上栽种的人回来了，
绵羊黑压压地回到屋上方，
山羊白晃晃地回到岩边来，
猪群黑压压地回到水草边，
鸡群黄澄澄地回到屋檐里，

牧羊人的女儿 何为／摄

男孩回家问候爸了，
女儿回到妈妈身边了。
回到家里时，
爸爸不在家，
爸爸阿宫[①]啊！
以为打猎去了，
猎狗阿果[②]还在屋檐下。
以为是去杀敌去了，
白刃矛子还在楼上呢。
以为调解纠纷去了，
枣红骏马还站在圈里。
以为出门远行去了，
獐皮烟袋还挂在墙上。
以为耕地挖地去了，
犁头枷担还在栏后面。
以为是捉鱼钓鱼去了，
钓鱼竿还在屋檐下面。

妈妈的女儿哟！
女儿找呀去寻找，
找到房屋那上边，
屋上坐着三堆人在商量，
爸爸没有在里面；
找到房屋那下方，
屋下坐着三堆人在商量，
爸爸在里边，
以为在商量什么？
原来是家族父兄在商量，
亲戚朋友在商量，
从来就是父亲传儿子，
母亲传给女儿，
今天这时候呀！

新娘婚礼服饰　阿牛史日/摄

想把女儿嫁出吞聘金。

妈妈的女儿哟！
从前兄妹同生长，
今天这时候，
原来哥哥是主人，
妹妹只是个客人。
从前以为兄妹穿的同样衣，
以为兄妹吃的同是一餐饭，
以为兄妹都是同一样的人。
今天这时才知道，
哥哥是家养的羊，
妹妹是托养的羊，
哥哥是固定的资产，
妹妹是零用的钱财，
女儿的心怦怦跳，
女儿眼泪盈盈眶，
妈妈女儿真可怜啊！[③]
……

① 阿宫：指女儿对父亲的昵称，不是父亲的姓名。
② 阿果：是猎狗的名称。
③ 摘自马边著名毕摩立克日罗之经典，作者参考其他古籍整理而成。

唱到伤感处，姑娘们往往泪流满面，有些甚至号啕大哭，站在旁边的一些男人们也情不自禁流泪，歌声和哭声交错一起，清脆中带着沙哑，荡气回肠，感人肺腑。

女儿从出生到成人，再到谈婚论嫁，离开父母，远走他乡，母亲与女儿的情感难以割舍，一切都在此歌中。有时，由于女儿对自己的婚姻没有自主权，是被迫离开母亲，面对女儿出嫁到底是悲是喜，母亲的内心矛盾重重，母亲对女儿，永远有一种纠结的情怀。

（十一）抢亲

抢亲又叫摸亲，是在新娘新郎结婚当天凌晨，在新娘将要出娘家门时，伺候新娘的“朵补朵莫”们围在新娘周围，提防迎亲者背走新娘的游戏。只有当迎亲者设法摸到新娘头上的彩罩后，新娘才算是新郎家的人，姑娘们才允许新郎家的人背走新娘。

彝族有句格言：新娘出门早为贵。凌晨时分，不论双方的对唱、游戏、《妈妈的女儿》是否唱完，“显姆措”都要催促陪送新娘的“朵补朵莫”，尽快让新娘梳妆打扮好，早点出发。新娘所穿戴的服饰除了头一天穿的一般服装外，出门时头上必须戴上新郎家带来的银饰斗笠，斗笠下面盖张彩色或红色的彩罩，而且出门时该斗笠必须戴稳，禁忌从头上掉落下来。如果斗笠落在身前，彝族传统认为新郎家将要遭殃，如果落在身后，则新娘家将要遭殃。

要想早点抢走新娘，迎亲者要与伴娘们斗智斗勇，还要“恶战”一场，才能冲破防线，即负责背新娘的“显姆崩”要冲破各种防线摸

迎亲者背新娘　何为 / 摄

背着新娘过桥　何为 / 摄

到新娘的头罩，才算抢亲成功，最后笑嘻嘻地背着新娘出门。此时，伴娘们早已准备好了烟灰，在“显姆崩”背新娘时，趁其不备往其脸上抹一脸烟灰，使其变成“包公脸”。

四、结婚礼

结婚礼，彝语称为“系莫席”（[illegible]），是指男方家为结婚所举行的一切礼仪，双方通过各种程序结为夫妻的仪式。有背新娘、祭山神、建婚棚、进婚棚、举行婚礼、新娘梳头、分礼金、返娘家等程序。

（一）背新娘

按照彝家俗规，新娘出阁时，双脚不沾地，要一直背到新郎家，否则便有子嗣不蕃之虞。彝家背新娘的姿势很特别，使用“侧身背法”，即迎亲者背新娘时，新娘的胸部不能直接趴在背新娘者背上，而是用右手肘撑在背新娘者的背上，双腿蜷曲，用新郎家带来的长头帕当背带，将新娘紧紧地拴在背新娘者的身上，防止掉下。

背新娘时须由迎亲的“显姆崩”第一个来背，如果中途道路平坦新娘可以骑马，并由“显姆崩”亲自扶她上马。倘若山高路窄无法骑马时，须由“显姆措”轮流背新娘前行；新娘不能过桥，彝族先民认为桥象征不幸，必须涉水过河，且必须由男方“显姆措”背新娘过河，新娘的双脚万万不能沾水。如果河面宽阔河水凶猛，不能涉水过河，就只能过桥。但是，新娘必须被背着过桥，禁忌新娘的双脚接触桥面。在路上换背新娘时，新娘的脚下要垫一件披毡，并且换背新娘的休息次数必须为单数。当与其他新娘相遇时，相互要交换一根针，以示吉利，且让路时要尽量站在路面上方。如果村寨里同一天有两家及

打扮好的新娘　拉部 / 摄

以上人家结婚时，要尽量赶在其他家前面进新棚，举行婚礼。

（二）祭山神

祭山神，彝语称为“波屋波拖洛”，是指祭祀当地各路山川、河流、湖泊等神仙，祈求神仙保佑新娘婚姻幸福、家庭和睦、身体健康。当接亲队伍快要达到新郎家但还没看见新郎家的房子时，新娘家派一名送新娘的年轻人到男方家报喜，说新娘要到了，报喜的人称为“尼伙比”，男方家要给此人一定的礼金，并配半边猪头、一坛酒。男方家就速派一人携一坛（桶）泡水酒等候迎接。为新娘和送亲人员献酒时，首先用左手指蘸点酒洒向天空，以示祭山神，然后新娘品尝，最后大家畅饮。

在果树下换装　何为 / 摄

（三）迎新娘

祭完山神（波屋波拖洛）后，新郎的姐妹们便一起迎接新娘，彝语称“波屋波拖紫”。一般在新郎家房屋右侧下方一棵大的果树下面铺垫一层松叶或荞麦秆或干蕨草，把新娘背到此处，进行梳妆打扮，寓意新婚家庭将来犹如果树一样开花结果，人丁兴旺。

举行梳头仪式。梳头仪式是婚礼中最为重要的部分，一般由新郎的未婚弟弟或堂弟给新娘梳妆，梳妆时先将捆头发的红毛线解下，然后用过年猪油在新娘头上从上而下抹三次，再用梳子梳三次，把散发扎成双辫，以示少女生涯至此结束。梳头时，女方送亲的小伙们、姑娘们聚集在新娘的周围，编许多理由拒绝男方派出的人替新娘梳头。女方人说：“如果你们想替新娘梳头，就拿9个猪头，9桶白酒，9碗荞粒饭，否则不能梳头。”男方女人们回应说：“肉堆如山般给予了你们，酒如清泉般敬了你们。”这样你一言我一语，互不谦让。在唇枪舌剑的同时，男女双方还要举行假抢亲的“索确”仪式，这也构成了彝族婚礼中的又一道独特的风景线。送亲的姑娘们又故意发难说：“男方接亲者无力背新娘，新娘已走路，要给走路费，否则就不准梳头发。”男方就给新娘一定的“走路费”，双方“谈判”成功后才准梳头。梳妆之际，送亲的小伙们趁人不备还会抢走给新娘梳头姑娘的头帕、披毡等，并以此为条件，要求姑娘们用酒赎回。

（四）建婚棚

举行结婚仪式时，要选一位主婚人，主婚人是由新郎的长辈或同寨中未离过婚的男性长辈充当，此人被称为“依坡阿百”（ꀀꁧꀊꀕ）。选择“依坡阿百”很讲究。首先，要深得主人家的依赖与信任；其次，要多子多福儿孙满堂；最后，还要思想道德良好。主婚人的主要任务是在举行

新娘与新郎一起进婚棚　蒋兴林 / 摄

给新娘拆头线　何为 / 摄

结婚仪式前的建婚棚和仪式时的拆头线。建婚棚彝语称为“也惹楚”（[illegible]）。建婚棚时根据新娘的年龄与岁位要求，有两种建法：一种是在新郎家屋外搭建婚棚，另一种是将婚棚搭建在新郎家屋里的门框上。屋外搭建是在新郎家附近寻一平地临时搭一个简陋的婚棚，彝语称“也惹”，意为新郎新娘的新房。“也惹”一般用新砍的松枝做材料，由9根白柳树枝（或泡桐树枝）、枯荞麦秆、竹席等构成，内垫有松叶或荞麦秆，顶棚由竹笆建成，门前搭建一个三锅庄，三面围上竹篱。担任“依坡阿百”的人在此烧火煮菜。如果婚棚是建在屋里的门框上，则只需4根白桦树枝（或泡桐树枝），两根当作柱子，垂直放在门口的两边，一根当门梁，横放在两根柱子的上方，一根当门槛，平行横置于原门槛的外侧。

（五）拆头线

拆头线，彝语称为“俄紫果”（[illegible]），是每位彝族姑娘唯一一次结婚时举行的仪式（如是再婚无此仪式）。新娘梳妆打扮完后，新娘再次戴上崭新的银饰斗笠，当男方的“显姆崩”将新娘背到婚棚门口时，“依坡阿百”已将煮好的菜随锅一起倒在门口旁边，将新娘头上的红蓝两线拆下来埋于门槛下。拆线时将线平行经过新娘右肩放置于门槛处，禁忌将线经过新娘的身前或身后，如果从新娘前经过，意为新娘家遭遇不测，反之新郎家遭遇不测。关于为何要举行拆头线礼，民间有这样的传说：远古时期，天上居住着天神额天古兹，他拥兵无数，其中有两个有名的专门挑拨离间的兵，一个是叫“租惹伙尔尔”的挑拨长舌兵（魔），另一个是叫“鞭惹尼介介”的离间红舌兵（魔）。有一次，天神额天古兹之女嫁给了凡间的泡眼蛤蟆，天君担心两个挑拨离间的兵（魔）从中作梗，便赏他俩一头牛，让其挑

新娘就座新郎家　拉部 / 摄

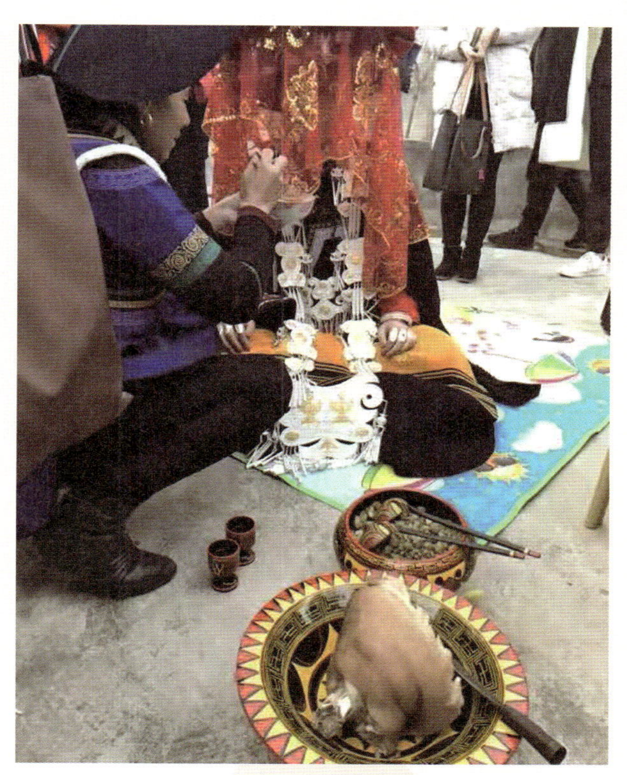

第一次品尝新郎家的佳肴　拉部 / 摄

水盛满巨大的水缸。可是，这两个挑拨离间的兵（魔）挑满水后还是来到了凡间，面对新娘哭哭啼啼，他俩嚼舌道：“如此高贵美丽的天神姑娘，怎么下嫁给一个泡眼蛤蟆呢？羞死人了！”天君之女觉得他俩说得对，也想不通自己为何嫁给这样的丑凡人，便解下红头绳上吊自尽了。他俩又跑到蚂蚁面前谗言说：“别人站有站费，可你蚂蚁什么都没有。”说罢，又跑到虫子面前说：“别人坐有坐费，可你虫子什么都没有。”蚂蚁和虫子信以为真，于是联合起来钻天柱，把天柱蛀塌了。从此以后，连接天界与人间的桥梁便断了，天上与人间从此再也不能通婚，而这两个挑拨离间的兵分别变成了天上的惹牛星和仁火星。所以，后来彝族娶妻嫁女都要看惹牛星和仁火星的位置，以占卜吉凶，拆新娘头线便源于此传说。[①]拆头线后，把新娘头上的银饰斗笠挂在“也惹”上，最后将新娘背至“也惹”入座，伴娘们坐于其旁。婚礼结束后，“依坡阿百”还要负责把“也惹”的9根树枝和竹席收集在一起，带到一棵能开花结果的果树下，以示新娘新郎将会犹如果树一样开花结果，枝叶繁茂，儿孙满堂。

（六）踩脚印

踩脚印是指新郎和新郎的母亲要脚踩新娘从“波屋波拖紫”处背到婚棚时的脚印，彝语称为“姆具都”（ꀉꐲꄒ）。一般情况下，新郎的父母都健在时就要举行此仪式，以示今后新郎新娘家庭和谐，子孙满堂，幸福安康。

---

① 巴莫姊妹彝学小组，《四川大凉山》，第74页，中国旅游出版社，2006年5月。

新娘与新郎　拉部 / 摄

其实，进婚棚和踩脚印仪式是同时进行的。当新娘将要进入婚棚时，新郎和他的母亲就要准备好有关物品以备踩脚印仪式用。首先，新郎的母亲背一竹斗笠，带一个口袋，口袋内装一个千层荞饼，同时手持钢刀，新郎手持一只用来宴请客人的煮熟的猪左前肢，品尝一口后装入母亲背的袋子里，所带的荞饼和左前肢肉只能家庭内部成员吃，禁给外人吃。当新娘被背进婚棚时，新郎母子俩就要踩着背新娘者的脚印走，禁忌其他人踩着背新娘者的脚印，此时其他人员都要让开，让母子俩先走，直到新娘被背到婚棚时，母子俩就分开到两旁与客人们一起就座。踩脚印意为斩断新娘的足迹，防止过去的种种不净与邪气随路而来，以示婚姻的吉祥。

（七）婚宴礼

当进婚棚和踩脚印仪式完成后，就举行婚宴。除了婚棚建在屋门口外，宾客一般在屋外就座。彝族婚宴，只要是姑娘初嫁，不论天气状况如何，都在屋外举行。除本家支和同寨人外，凡前来参加者不论陌生人、熟人都不带任何礼物，均被视为上宾进行款待。客人一般8～10人围坐一圈，中间烧起一堆篝火。新娘方的送亲队伍就座后，开始为客人递烟、敬酒、分食。分食时，

每组要送上泡水酒、千层饼和相应长条猪肉，让客人尽情享用。分食有一定的顺序，首先要“克在占”，意为“喂狗”。邻居的一位小伙子用一根竹竿或树枝串上一块条状猪肉，大叫狗的名字——“拉古、拉石……”，然后将竹竿或树枝插于地上等人来抢。一般情况下，人们禁忌抢狗食，但是人丁不兴的人家钟情于抢狗食，据说抢狗食能够给不顺的人带来某种意想不到的好运。其次就要把肉分给舅舅，不管在什么场合都以舅舅为尊。有这样一句谚语：“没有舅舅，也把井当舅。”故分食和分礼金都先分给舅舅，然后才是其他人。外甥女结婚时舅舅的待遇更为凸显，除了分到一般送亲人员的食物外，还会单独获得半边猪头和一个很大的千层荞麦饼及一坛泡水酒，在猪头旁还会放几百元钱，作为垫猪头的垫子。接下来分食给其他人，依次是婚棚里与新娘同坐的伴娘们、“依坡阿百”等，这是分食中的必要程序，不能任意颠倒和修改。

（八）摔跤比赛

婚宴结束后，一般都要举行摔跤比赛。为了表示“友谊第一”，一般双方先派出小孩作为“排头兵”第一个出场，以摔成平手为佳。比赛方法与头一天出嫁礼中的摔跤比赛相同。

（九）辩论比赛

过后，新郎家举行辩论比赛（克寺），与新娘家举行的对歌（佐）相对应，新郎和新娘家各派出一名辩手参赛，在新郎家屋外不远处的坪坝上进行，两个辩手分开对坐，一般相隔10米左右，辩手的后面站着或坐着各自的人员，首先相互敬酒，一般是主人家的辩手先进行开头篇，说完一段后客方接着辩说，这样你一段我一段辩下去，直到分出胜负为止。其内容与对歌一样涉及很广，是彝族传统文化的又一亮点。

（十）赐礼金

赐礼金，是新郎家给护送新娘的人赐予一定数目礼金的行为，彝语称为“卡巴柒”。彝族婚礼赐礼金是古老的传统习俗，其历史悠久，根据彝族神话传说和史诗《勒俄特依》记载，“卡巴柒”源于父系氏族过渡初期。

虽然当时没有具体细分礼金的类别及名称，只有“坐的赐坐礼，站的给肉吃，住者赐匹黑骏马，回时赐头黑色牛”的单纯礼金。但新郎家要赐予护送新娘人员一定的礼金，后逐渐形成习俗，并沿袭至今。

现彝族嫁女，必赐礼金。礼金名目较多，包括姆隶哲（下人礼金）、喔里哲（舅舅礼金）、颇喔哲（叔伯礼金）、尼莫里哲（坐锅庄旁礼金）、席勒木哲（伴娘礼金）、格哲久哲（送亲人员礼金）、朵布朵莫哲（陪嫁礼金）、席莫麻子哲（新娘兄弟礼金）、莫也麻子哲（姨表兄弟礼金）、尼屋布哲（提前报喜礼金）等。赐礼金时，新郎方把礼金和烟放进筛子里按照礼金名称从大到小依次分发，首先赐予舅舅礼金。在彝族传统社会地位中，地位最高的是舅舅，特别是舅舅的外甥女出嫁时，其地位显得更为突出。彝谚道：“骏马舅舅骑，金银侄女戴。”意思是新郎家赐新娘舅舅骏马，而舅舅赐侄女金银首饰。从古到今，虽礼金名目不变，但数量随着社会的发展而变化。届时，男女双方有权威的中老年人聚集在一起讨论各项礼金应付的数目，一般根据当地当时普遍实行的礼金数额规则赐予。按照传统，即使双方已心中有数也要进行讨价还价，“嫁女之日女为贵”，所以送亲者都会毫不客气地劝说多赐礼金，主人家一般也会满足其要求。赐礼金的顺序依次为姆隶哲、喔里哲、颇喔哲、伟木哲、尼莫里哲、尼屋布哲、莫也麻子哲、席莫麻子哲、席勒木哲、格哲久哲、多布多莫哲等。

五、回门

在新郎家举行完婚礼后，新郎家支的诸多人员携酒牵牲畜护送新娘返回娘家，即回门。这种返娘家的仪式称为“约拿姑”（[illegible]）。该仪式一般分两种情况：一种是根据路程远近在结婚当天从婚棚直接回门，称为“也惹席也惹布”；另一种是结婚后新娘留在男方家小住一日或数日，再由男方派人将新娘护送回门。

届时，新郎亲自护送新娘回门，男方家还组织一支由年轻小伙们陪同新郎一起送亲的队伍，彝语称为“维色系莫士”。护送人员可以是原来“显姆措”的人员，也可以调整，但有两个人是必须参加的，一个是新郎，另一个是原来的“显姆崩”，他必须陪同新郎一同护送新娘回娘家。因为“显姆崩”是代表男方接亲者，毕摩文化认为接亲送亲要有始有终，以图吉祥。人数为单数，人员不限，根据男方的基本情况和路途的远近，一般都在7～19人。男方带着剩余聘礼，牵着一只或两只绵羊，依照传统，男方出的绵羊是由新郎的亲姐姐家或亲妹妹家贡献的，彝语称为“系门席子约”，意为庆祝结婚赠送的绵羊。如果新郎没有亲姐妹就由自己出。另需配些酒类，让“显姆措”带往女方家。送亲队伍快到娘家时，村寨的年轻女子们一看队伍要进寨了，便纷纷拿起瓢、盆、水桶等各种泼水工具，储水布防，个个笑逐颜开。道路两旁水桶林立，两步一站，三步一岗，大家手持瓢盆，心情激动地等待着“显姆措”的到来。泼水时，“显姆措”不能退缩，更不能往回跑，否则视为不祥。不管女子们怎样泼水，他们只能硬着头皮冲破层层关口进入屋内。泼水情景非常壮观，叫喊声、喧哗声、瓢盆撞击声相互交错，构成一曲泼水交响乐。

当新娘及其“显姆措”进屋坐下后，新娘家一边组织人员给“显姆措”敬酒问候，一边着手宰杀新郎家牵来的绵羊。杀羊时要尽快取出羊肝，彝语称为“舍夫”。提前将“舍夫”煮给“显姆措”吃，他们在食“舍夫”的同时，女方的老人用筛子装一些荞面，并放上几根香烟，然后把筛子放在上锅庄左边“显姆措”的座位面前。带聘礼的“显姆崩”一边将烟分给大家，一边把聘礼放进筛子里。彝族对聘礼的数目很讲究，聘礼只能大于或小于原定数字，禁忌等于原定数。大都以9为结尾的吉祥数，彝语称数字9为“古”，一是稳固之意，愿新娘新郎婚姻稳固，白头偕老；二是9是个位数字中最大的数字，意为小两口今后日子什么都足够了。所以，尾数一般都是9角9分，彝语称为“古都古哈”，其意义相当深刻，寓意今后所需之物会取之不尽、用之不竭。晚上，人们则聚集在屋内互相敬酒，开展辩论赛、唱歌等娱乐活动。

第二天早晨，女方家还要杀一头猪，留一半猪头和猪腿，让男方带回家。临走时，新娘家还要给护送人员一笔礼金。礼金分两部分，一份为女婿买裤钱，另一份为“显姆措”的钱。赐予“显姆措”的这份礼金，他们要平均分配，但新郎及其亲兄弟不能参与分配。当“显姆措”离开新娘家大门时，女人们又将在房前屋后准备的水劈头盖脸地向“显姆措”泼去，为“显姆措”的离别送上自己的祝福。此时，新娘不跟随新郎一起回新郎家度蜜月，而是留在娘家，等待下一次新郎家专门派人来邀请。

第三节　次婚礼

次婚礼是在新娘结婚半个月前后，男方择日通知女方举行第二次结婚的仪式。该仪式彝语称

为“约拿姑”（ꒉꆈꈬ），实际是举行第二次婚礼，不过没有先前婚礼隆重、烦琐，是男女双方完成缔结婚姻的最后一道礼仪，标志着新娘正式成为男方家庭中的一员。

在离次婚礼仪式举行前一个星期时，男方先派人通知女方，女方根据男方择定的日子，通知亲朋好友、左邻右舍。届时，组织送亲队伍送新娘前往男方家。这次送亲队伍的规模比之前结婚仪式要小，但这次“约拿姑”有两个突出的亮点：一是新娘的父亲要亲自护送（若新娘的父亲已去世不能护送，则由新娘的伯父代替），二是新娘在“朵补朵莫”的护送下自己走路，不必双脚不触地。送亲到新郎家时，新娘直接进入房屋右方闺房（哈库），而送亲的人就到上锅庄的左方客位就座，男方家宰羊杀猪设宴款待女方家，家庭条件好的要宰牛宴客，酒如潮涌，肉如石堆，人们在欢乐的氛围中尽情地畅饮。他们相互问候，互道平安，姻亲相识。在娘家与夫家双方姻亲相互认识的过程中，新娘的父亲和兄弟备受关注。

傍晚时分，仪式的主要内容是赛“克寺”，双方派“克寺”能手相互论辩，他们谈古论今，文采飞扬，主要比知识，比智慧，比才华，最后通过公众评判来确定输赢。言语在人群中驰骋，知识在酒杯里跳动，双方妙语连珠，道出一首首拍案叫绝的诗句，喝彩声时时划破夜空，使宁静的村寨显得格外热闹、喜庆。

第二天凌晨公鸡首次鸣叫时，男方请毕摩举行牺牲一头黑色小母猪的“罗依人”（ꇉꑊꍷ）仪式，意为手触净水，即为新娘触水礼，这是新娘首次与新郎家一起举行毕摩原生传统仪式，也意味着新娘正式成为男方家的人了。彝族民间有这样一句话：“头发为你梳，生活靠你供，作毕同你转，生是你的人，死为你的鬼。”阐明了新娘今后的人生与男方紧密相连、贫富共享、荣辱与共、休戚相关的社会关系，同时也体现了新娘在彝族社会家庭生活中的依附地位。仪式中，女方的送亲人员禁忌食用牺牲的猪肉，特别是新娘的父亲和兄弟要格外小心，因为这个仪式的目的是使新娘的灵魂脱离家人而归随男方，成为男方家庭中的一员，如果直系亲属吃了这头猪的肉，新娘的灵魂有可能不愿到男方，可能导致婚姻破裂。

次婚仪式结束后，新娘方会留下两个姊妹，彝语称为“侗布侗莫”，陪同新娘一起留住在新郎家一段时间，一般住3天或5天。待她们离开时，男方会准备酒、蛋等礼品，让她们一起带回娘家。

第四节　新婚不同房

彝族至今还保持着新婚不同房的传统习俗。结婚当日至今后相当长的一段时间，新娘新郎不能同房。彝族婚礼的举行，只是表明双方缔结了婚姻关系，不论新娘年龄大小，必须居住在其父母家，即新婚时新娘不入洞房，更不会与新郎同居、圆房。一般而言，婚后新娘如果没有男方的邀请是不能自行前往男方家的，如果男方家要举行毕摩仪式或是有其他重要事情时，新郎自己或派遣其亲属邀请新娘参加，而新娘到男方家一般都要有姐妹随同，仍旧不能同房。

彝族有未成年结婚的习俗，若是已婚但无性成熟的姑娘不能与丈夫同居，否则视为犯禁，触犯伦理道德。至其性成熟，其母亲和姐妹则为缝制一条红、黄、蓝、黑四色相间的羊毛短裙作为标志，并由兄弟护送到男方。新娘

新郎还有洞房里打斗的习俗。按照彝族习俗，洞房之夜，新娘如果不反抗、不打斗，将被人嘲笑为“是个不会反抗的女人”。彝族先民认为，洞房里不打斗，日后所生下的孩子手脚不灵、反应迟钝。所以，新娘新郎首次同房都要打闹一番，祈愿今后子孙满堂，个个英俊潇洒，貌美如花，聪明伶俐，事业有成。

第五节　另立门户

结婚一年或三年时，如果不是家里的独生子或最小儿子，父亲就让已结婚的儿子分家另立门户，另立门户彝语称为“樱度”。“樱度”时会给儿子划定部分土地（包括林地）及牲畜，还务必分一口已用过的旧铁锅，寓意你已从父亲家分出来，分后将不再在同一口锅里吃饭了，只是同祖宗的“巫尼”（[illegible]）。分得旧铁锅是另立门户的标志。

届时，择吉日在父亲家附近找一块平地修建一个简陋的草房，意味着儿子分家了，至于儿子今后能修建成什么样的房子就凭自己的本事了（现在直接修建砖木结构或楼房的居多）。分家仪式是：择吉日早上开始修建，一般到下午就能建好一个简陋的草房，房内建一个简陋的三锅庄火塘，然后举行分家仪式。首先，父亲分配分家的家具，所分的家具也很简单，只有三种旧具：一是旧铁锅及锅盖，二是一个木盆（现无木盆的可以用塑料盆或铝盆来代替），三是一把或几把马勺子。分出的锅及锅盖不能直接带到新房里，而是由新婚夫妻俩一起从父亲家里搬出，一般是丈夫拿着铁锅走在前面，妻子拿着锅盖跟着后面，然后在房外按逆时针方向转一圈后才能进入新房里，且不能将锅及其锅盖直接放在地上，而是放在三锅庄上面。

此时举行分家庆祝晚宴，彝族谚语谓之“分家办佳肴”，大家共同庆祝一个新户的诞生。主人家用酒肉招待前来帮忙的亲朋好友，一般宰杀一只黄色的母鸡，将鸡宰成坨坨肉后放入锅内与荞麦圆子同煮。煮熟后不能立即分吃，而是先用勺子从锅里捞出一个圆子给妻子，妻子将这个圆子放入其右手袖子里面，以示今后五谷丰登，年年有余。然后再将这个圆子保管在牲畜接触不到的地方，有的荞麦圆子保管多年后，干枯如石。这时夫妻俩同时品尝荞麦圆子和鸡肉，随后亲朋好友们一起庆贺，直到大家吃喝尽兴为止。

分家意味着新增了一户人家，同时也预示着人口繁衍的开始，按照彝族传统习俗，为了早日生儿育女，新分家的夫妻俩都要在新房里举行以求育生子为目的的“格菲影加”民俗仪式，特别是对毕摩世家来说，这是不可缺少的仪式之一。

第四章 求育生子

QIU YU SHENG ZI

“格菲影加”（[彝文]），是指婚后的夫妻俩为了早生贵子，家庭幸福，所举行的召回生育魂仪式，该仪式是四川大小凉山彝族上百种常用的传统文化仪式之一。有些夫妻结婚多年不育，或是生了一胎后再不生育，这时就要举行“格菲影加”仪式，以祈求生育。毕摩原生宗教认为，每个健康人除了自身的体魄即健康魂（[彝文]）外，还有个生育魂，男人的生育魂称之为“格”（[彝文]），女人的生育魂称之为“菲”（[彝文]），两个健康且都具有生育魂的男女结婚后方能怀孕生子，如果其中一方没有生育魂或双方都没有生育魂，则不能怀孕生子。造成不能生育的因素主要有以下几种：一是男方或女方因自身或外界的因素，或是妖魔鬼怪的作祟，其生育魂被囚禁在深山老林，或高山湖泊，或悬崖峭壁上，或被邪魔引到“彝族六祖”发祥地额木普沽，从而不能怀孕生子。二是由于一方与异性发生不正当的性关系，其生育神跟随另外异性而去或消失，特别是妇女淫乱者，将导致长久或永久丧失生育能力。三是乱伦，乱伦也会使人失去生育魂，特别是幼女被奸淫，该幼女的生育魂会被惊飞，可导致终身不育。四是伴神叛离（[彝文]），每个人都有自己的伴神“酋鲁”（[彝文]），又称为“酋色”（[彝文]），当个体与伴神和谐相处时，伴神有利于个体；若伴神背叛主人，作祟于主人，将成为阻隔格菲神（[彝文]）的伴鬼，使主人不能生育或是所生婴儿夭折。五是主人被染秽（[彝文]），如部分夫或妻因生肖与灵长类动物尸体的污秽吻合，看见猫尸、狗尸、野生灵长类动物尸体等而染秽，彝语称“甘”（[彝文]）；滥吃猴肉，彝人认为猴是自己的祖先，与人类同源；滥吃狗肉，彝族人认为狗是人类最早驯化并最通人性的动物；吃蛇、蛙肉，彝族人认为蛇、蛙是最脏的动物，吃后其体内的脏物就会传染给人。因此，这种情况先要举行祛秽除污（[彝文]）仪式，再进行“格菲影加”仪式。六是不死凶魔祟，彝语称为“阿死比日干”（[彝文]），即看到有人遇到凶祸而未死（死了就不在此范围），如看到有人上吊、溺水、被砍重伤等而未死，这部分人因生肖与凶祸未死者吻合，就会被不死凶魔作祟，因此，先要举行驱逐不死凶魔仪式，彝语称为“阿死比日债”（[彝文]），再举行“格菲影加”仪式。

凡遇到上述情况而致不孕不育，就要请毕摩到家里举行“格菲影加”仪式，唤回生育魂（神），祈求繁衍后代。仪式后，绝大部分夫妻都能怀孕生子，子嗣后继，子孙满堂，人丁兴旺，家庭幸福美满。

“格菲影加”仪式不是单独的毕摩传统文化仪式，而是毕摩仪式求育生子中最后一个仪式流程之一，一般分两天进行。择日后，第一天用一头黑色小母猪来举行咒魔（[彝文]）仪式。第二天早晨在房屋外举行祛秽仪式，彝语称为“子者中罗受”（[彝文]），白天在家里用一只白色红脸母绵羊（[彝文]）来举行“赎回格菲魂”（[彝文]）仪式，晚上在家里内室上方（[彝文]）举行“格菲影加”仪式，或是不举行咒魔仪式。是一天举行还是分两天举行主要根据仪式女主人的属相和绵羊胛骨卜而定。

“格菲影加”仪式有多种版本。虽然仪式目的与思路基本相同，但因地域不同其仪式程序有所不同。归纳起来，各地的仪式程序主要有两点差异：一是是否要有“拽回生育魂”（[彝文]）程序；二是验看鸡骨卜（[彝文]）程序放在什

么位置，有放置中间和末尾两种。将验看鸡骨卜程序放在仪式末尾的毕摩代表派系有：美姑县拉木阿觉乡毕摩迪惹洛曲、迪达铁、迪惹布、吉克伟哈毕摩等，以及美姑县巴普镇吉克木乌毕摩；放在仪式中间的毕摩代表派系有：美姑县尔其乡吉克罗曲、吉克拉摩毕摩，美姑县洪溪乡阿罗拖尔、吉克石罗、吉克达铁、吉克木嘉毕摩，美姑县巴普镇曲毕峨普毕摩，马边彝族自治县吉克良良、吉克罗布及曲别拉系毕摩，雷波县莫红乡迪阿哲毕摩。不举行“拽回生育魂”程序的毕摩派系有：美姑县尔其乡吉克罗曲毕摩、雷波县莫红乡迪阿哲毕摩。笔者在此主要介绍美姑县尔其乡吉克拉摩等毕摩派系的执毕仪式程序（详见本书目录）。

“格菲影加”分两大部分，11个程序，有42首经典（词）。第一部分是拽魂，主要内容是将仪式主人的灵魂、生育魂及其家宅诸神灵从祖先发源地、深山老林等地拽回家里附体，宴请享祭；第二部分是拽住生育魂，赐还仪式主人。按照传统仪式规则，毕摩在整个求育仪式过程中始终不能看着经文典籍念诵，只能全部背诵。

第一节　准备仪式物品

仪式需要的物品：一是一只黄色母鸡，一般是之前“赎回格菲魂”仪式中用来拽魂的黄色母鸡；二是制作一个“生育魂路神座”（[illegible]）。“格菲影加”仪式只能使用一只黄色或白色的母鸡，以黄色母鸡为佳，忌用黑色的母鸡。

举行祈育拽魂仪式　立克达曲 / 摄

仪式准备就绪，毕摩就座主人家的屋堂客位上方。首先用一根竹麻绳（[illegible]）拴住牺牲黄色母鸡的脚，助手夹一块烧红的石块放在火塘边，倒点清水在石块上面，待蒸汽上升时，将牺牲母鸡喙和脚爪拉在一起放在蒸汽上熏一下，以示祛秽净身。然后把鸡捏死，煺毛烫洗，割断翅膀，除去内脏，剥掉鸡脚皮及指甲，将鸡按头颈、两块胸脯、两块腿脚肉的规则剖成五大块，与苦荞圆子一起放入锅内同煮。煮熟后，毕摩移到主位上方（[illegible]）挨火塘而坐，从右到左放置备好的祭品，用一个餐簸盛上些粮糠（常用碎玉米）、已烧烤熟的鸡胗，上面洒少许盐和辣椒粉，放置一个魂钵，再放一株兰草和一枝杉树枝（[illegible]）；用一个餐簸来盛已煮熟的五大块鸡肉，一个盆子来盛苦荞圆子，另取一枝杉树枝拴一片兰草叶插入苦荞圆子中；另外再取一个盆子来盛鸡汤，然后放入9把马勺子（[illegible]），以三把为一组分别放入上述餐簸和盆子中，勺柄朝向火塘方，即向着屋堂客位方。祭品旁放一块白布，以示格菲魂坐垫（[illegible]）。另外，再用一个盆子来盛洗鸡水、鸡肠子、鸡喙壳、指甲及内脏，放在最下面，作为引诱、驱逐低贱鬼怪的食物。餐簸外客位方向放置一根小木棍，以示魂门槛，彝语称为"影门土"（[illegible]）。

毕摩座位前面靠着三锅庄左边制作一个"生育魂回路神座"（[illegible]），以毕摩座位为定点，从下到上，该神座由三部分组成，分别是：格菲回路门神座，彝语称之"格各菲各"（[illegible]）；阻碍生育魂路神座，彝语称之"格菲维真嵘"（[illegible]）；生育魂路神座，彝语称之"格呷菲呷"（[illegible]）。然后将一根白线的一端穿入针头放入魂钵中，另一端拴一撮兰草经过神座、祭品的上方放在魂门槛上。"格菲影加"神座及所需物品，如图4–1所示。

最后毕摩前面放置一小碗净手水（[illegible]）和一小碗泡水酒（[illegible]）。

第二节　召唤生育魂（[illegible]）

召唤生育魂，彝语称为"影宪"（[illegible]），指离开躯体的游魂经过有关仪式后拽回附着原来的主体的仪式过程。"影"（[illegible]）指灵魂及其生育魂、家宅诸魂（神）等；"宪"（[illegible]）指钓、拽、摘等之意，这里指召回、拽回之意。生育魂又称生育神，彝族人认为每位健康人除了自身的体魄灵魂外，还有其独特的生育魂，如果没有生育魂就会不孕不育。特别是妇女因自身或外界的因素，其生育魂被囚禁在深山老林，或高山湖泊，或悬崖峭壁上，或被邪魔引入"彝族六祖"发源地额木普沽，从而不能与正常女人一样怀孕生子。因此，"格菲影加"仪式的"影宪"内容也与其他拽魂仪式内容一样，把游魂即生育魂从"额木普沽"一站一站地拽回仪式主人家中，然后镇住、驱遣一切作祟于鸡股骨的馋魔鬼怪，再安抚护佑神，祭祀所有家宅神灵，包括生育魂（神），最后把诸神灵与相对应的魂体融为一体，从而使仪式主人家的妻子怀孕生子，从此人丁兴旺，家庭幸福。

一、净手除秽（[illegible]）

净手除秽，彝语称为"罗艺瑟"（[illegible]），是对仪式祭品净手祛秽之意。"罗艺瑟"的目的是祛秽，彝语又把净手祛秽称为"引"（[illegible]）。"引"有多层意思，主要指祛秽、保护、防卫、预防等，这里指卸污除秽。污秽不是指一般的人畜粪便和其他垃圾等脏物，而是指被

以灵长类为主的动物传染、动物尸骸及其腐气所污染。毕摩原生文化认为污秽无处不在，在仪式中所牺牲的牲畜也可能被污秽。因此，先要对所牺牲牲畜及其平时所放牧的牧场环境卸污除秽；其次，要对仪式所用的神枝、祭品及其器皿进行祛秽，使其纯洁无污，这样，所囚禁魂魄或生育

①毕摩 ②魂钵[1] ③泡水酒[2] ④兰草[3] ⑤粮糠 ⑥杉树枝 ⑦鸡肉 ⑧苦荞圆子 ⑨鸡汤 ⑩洗鸡水 ⑪格菲路 ⑫阻碍格菲神座[4] ⑬格菲回路门 ⑭白线[5] ⑮魂门槛 ⑯马勺子[6] ⑰净手[7]水 ⑱三锅庄

图4-1 “格菲影加”神座及所需物品

---

①魂钵：彝语称为“库木”（[illegible]），是一木制花钵，里面放置一小块白布及针线、纸钱，上加盖。

②泡水酒：一般举行“格菲影加”仪式的主人都要酿制泡水酒，如果没有泡水酒则可以用白酒或其他酒代替。

③兰草：即麦冬草，彝语称为“日影”（[illegible]）或“影影”（[illegible]）。传说彝族远祖笃慕（居木）在洪水泛滥前，因心地善良，得到天界神仙的指点，藏身于木柜中，待洪水退后，木柜漂到山崖边，他借助崖壁上的竹根和麦冬草攀上山顶幸免于难，彝族才得以繁衍至今。因此，彝族在举行招魂、唤魂、赎魂等涉魂传统仪式时必须使用麦冬草。

④神座：彝语称为“古瓦”（[illegible]），作毕时根据不同仪式的需要用特定的树枝制成木签、木叉、树枝等栽插而成的护法神座。神座种类繁多，大小不一，其繁简根据所举行的毕摩宗教仪式内容而定。

⑤白线：代表格菲魂从深山湖泊、祖界拽回到回家的路线。下面的针代表格菲魂回来走路时的拐杖。

⑥马勺子：彝语称为“以吃”（[illegible]），是大小凉山彝族用来喝汤的一种木制的汤勺。彝族平时吃饭、招待客人一定少不了马勺子，用它来喝汤，轻便且不烫口，是彝族人喜爱的餐具之一。

⑦净手：又称为“触手礼”，彝语称“罗艺若”（[illegible]），毕摩举行传统仪式时一般要先举行“触手礼”净手仪式。毕摩念诵《净手祛秽经》时，仪式主人们的手就按照男左女右的原则把手指伸到净水里蘸一下水。

魂的妖魔鬼怪才能接受，否则仪式就不能灵验。所以，首先举行祛污除秽仪式。

仪式主人夫妻俩按照男左女右的规则手触净水后，毕摩用一根神枝蘸点净手水洒向祭品，手持神枝开始念诵《净手祛秽经》。

现在就呼魂，
净手享祭格菲神，
去污又祛秽，
念诵祛秽经。
群峰高入云，
祛除山脉秽，
沟壑深渊长，
祛除深壑秽，
山顶百兽栖，
祛除百兽栖息地之秽，
山麓蛇蛙栖，
祛除蛇蛙栖息地之秽，
山腰禽类穿，
祛除禽类栖息地之秽。
平原骏马奔，
祛除平原秽。
坝下[①]栖三夜，
祛除竹林秽，
坝上栖三月[②]，
祛除滥食竹虫秽。
高山祛污净，
跟随云雾消，
已随大雨失。
工匠手艺巧，
房屋祛秽净。
不能饮食物，
君王不食毒，
祛除毒物秽，
锋利却无比，
依博[③]剑锋利，
剑伤者祛秽，
骏马祛秽放室内，
毕摩法器已祛秽，
污秽驱逐深水中，
融入江河永消失。

祛除一次秽，
拔出污秽源，
祛除二次秽，
污秽成云雾，
祛除三次秽，
阿伙柳以[④]方，
祛秽到江河，
祛除四次秽，
驷匹朵伙[⑤]方，
一撮云雾起，
祛除五次秽，
大雁唳，
鸿雁已清唱，
祛除六次秽，
晨光白，
云雀唧唧鸣，
祛除七次秽，
森林獐鹿跳，

① 坝下：指地理位置，一般指低山平原地区，下面的坝上指高寒地区。

② 三月：指盛夏三月。按传统，为了避暑，夏季彝族牧民将牛羊赶到高寒山区放牧。

③ 依博：“彝族六祖”之前的彝族先祖部落首领，即君，兹莫。古代彝族兹莫及其勇士在战场上拼杀时，前胸被剑刺死或受伤者为光荣，被视为勇敢者；后背被剑刺死或伤者视为逃跑者，视为耻辱者。

④ 阿伙柳以：指四川西昌安宁河，现泛指安宁河流域和四川大、小凉山的低山坪坝地区和河谷地带。

⑤ 驷匹朵伙：泛指四川大、小凉山高寒山区一带。

祛除八次秽，
坡上磐石见，
磐石排排立，
祛除九次秽，
山上红豆杉，
长势茂又密，
祛除十次秽，
天空太阳照，
光芒照四射，
白云已在天空消。

卸载污浊秽，
拨出污秽源，
卸载神枝秽，
祛除牲畜秽。
祛除仪式神枝秽，
祛除仪式神草秽，
祛除祭品热腾秽，
祛除佳肴丰盛秽，
祛除餐具器皿秽，
祛除花纹漆具秽，
祛除盛物大盆秽，
祛除荞粑祭品秽，
祛除荞馍祭品秽，
祛除碎粮祭品秽，
祛除酒水祭品秽。

祛除阿哲黄色母鸡[①]秽，
祛除左翅白色丝绸秽，
祛除右翅黄色绸缎秽，
祛除左翅白银神扇[②]秽，
祛除右翅黄金神扇秽，
祛除左眼银珠眼睛秽，
祛除右眼金珠眼睛秽，
祛除左脚银色矛秆秽，
祛除右肢金色矛秆秽，
祛除脚踏污物秽，
祛除眼看污物秽，
祛除喙啄污物秽，
白天在树木庄稼下，
寻找百虫食的时候，
祛除所食百虫秽。
祛除穿梭下方家具秽，
祛除穿梭上方器皿秽，
祛除桶内食物秽，
祛除碗里饮水秽，
祛除穿越羊（猪）圈秽，
祛除穿越牛（马）圈秽，
祛除路下啄食狗屎秽，
祛除路上啄食猪屎秽。
祛除路下啄食蛇尸秽，
祛除路上啄食蛙尸秽，
祛除所食污物秽，
祛除所饮污水秽。[③]

此时，主祭毕摩手持祛秽神枝（），按顺时针方向在祭品上面绕一圈后递给助手抛于门外，以示污秽已祛。然后，继续念诵下段。

污秽祛消失，
除秽天空明，
云散天空亮，
雾消高山清，
祛秽水纯洁，
雁栖水清澈。

① 黄色母鸡：是指用来占卜卦象所牺牲的母鸡。

② 神扇：彝语称为“切克”，是毕摩的法器之一，用竹或铜制作的椭圆形的器物，这里比喻鸡翅展开时像神扇。

③ 摘自马边吉克拉者毕摩经书《学毕经》，复印件由作者珍藏。

[illegible]，　牧地祛秽净，
[illegible]，　崽子繁十倍，
[illegible]，　谷地祛秽净，
[illegible]。　粮食丰又收。
[illegible]，　君地向左绕，
[illegible]，　莫阻君执政，
[illegible]，　臣地向右绕，
[illegible]，　莫阻臣规则，
[illegible]，　祭祖处过时，
[illegible]。　莫挠毕执祭。
[illegible]，　越过原野处，
[illegible]，　越过草原外，
[illegible]，　锁定在阴间，
[illegible]，　人畜谷繁荣，
[illegible]。　六祖点丁经。[1]

二、护主点丁（[illegible]）

具体内容见第一卷《毕摩的起源及流派》第二章的第四节“毕摩必背的口诵经文”中的《护主点丁经》。

三、劝服游魂（[illegible]）

劝服游魂，彝语称为“影那博”（[illegible]），又称为“影林博”（[illegible]）。“林博”（[illegible]）是古彝语，有称呼人或事物名字、召唤、劝服等之意。“影林博”是指毕摩在其护法神的作用下搜索、寻找及劝服离体游荡灵魂回家的过程。毕摩作为人与神之间的中介，说服、沟通、禁锢主人游魂的妖魔鬼怪，教导游魂，让游魂倾听仪式毕摩的使唤，等待被拽回，毕摩念诵《劝服游魂经》（《[illegible]》）。

一

[illegible]，　现在将拽魂，
[illegible]，　层层去寻魂，
[illegible]，　层层拽回家，
[illegible]，　寻遍整山脉，
[illegible]，　仔细地搜索，
[illegible]，　搜索三次后，
[illegible]，　寻者喊相通，
[illegible]，　整山围着搜，
[illegible]，　杉木围栏中，
[illegible]。　冥界铁链锁。
[illegible]，　毕摩来拽魂，
[illegible]，　主人来接魂，
[illegible]，　接魂点丁经，
[illegible]。　护主点丁后。

[illegible]，　现在这时候，
[illegible]，　天上日月照，
[illegible]，　天上群星闪，
[illegible]，　天下居君妃，
[illegible]，　群峰屹立在，
[illegible]，　没有山脉阻，
[illegible]，　清风吹暖和，
[illegible]，　沟壑挡魂路，
[illegible]。　太阳照索桥。
[illegible]，　君王住高处，
[illegible]，　游魂莫变迁，
[illegible]。　转回祖界处。
[illegible]，　魂魄聚家里，
[illegible]，　格神聚家中，
[illegible]，　子嗣相联结，
[illegible]，　祭祖获格神，
[illegible]？　人丁是否兴？
[illegible]，　三年[2]一次扦插神枝祭，

① 《彝文典籍丛书》，第670页，四川出版集团、四川民族出版社，2009年12月。

② 三年：指三年举行一次大型宗教仪式，下面的一年指一年举行一般仪式，每月指每月一小祭。

一年一次牺牲黑猪祭，
每月一小祭，
人丁就兴旺。

二

仪式主人家，
美酒佳肴宴魂魄，
斟满美酒待敬魂，
香肉伴酒食后就起身。
森林狩猎路拽魂，
金色银色狩猎路，
特勒[①]沿着狩猎路拽魂，
沿着狩猎路来者是主魂，
未沿着狩猎路来者乃是，
森林鲁朵[②]神。
悬崖野藤处拽魂，
金色银色之野藤，
随着野藤攀也拽，
不随野藤攀也拽，
随着野藤攀爬者是主魂，
没有随着野藤攀者乃是，
山崖寺勒神。
江河皮筏处拽魂，
金色银色之皮筏，
特勒毕摩皮筏处拽魂，
乘坐皮筏速渡者是主魂，
没有乘坐皮筏渡者乃是，
江河木金神，
主魂拽附体，
主魄家团圆。[③]

三

判案阿妈[④]始，
起案要判决，
判案需要鸡，
鸡血来誓盟。
阻碍解冤案，
申冤又恳求。
现要解主魂，
年月皆合适，
吉祥之日子，
和好就回来。
现在此时候，
依博[⑤]领域内，
疆域分九片，
阿妈分疆域。
额穆领域内，
额与穆相连，
九案一起判。
断案要明判，
结案要速结；
案件速判决，
案件莫扩散；
大案要判断，
案件根部除，
重案判决明，
山巅无雾霾，
沟壑除污秽，
拽魂亮堂堂，
山谷姜黄无污物，
纯净净，

①特勒：是“彝族六祖”时期一位著名的毕摩。
②鲁朵：指森林护佑神。下面的“寺勒”和“木金”分别是悬崖和江河之神。
③《彝文典籍丛书》，第1259页，四川出版集团、四川民族出版社，2009年12月。
④阿妈：传说是古代“彝族六祖”时期著名的女大臣，是一位判决疑难案件的能手。
⑤依博：是“依”与“博”的合称，下面的“策”“史”“额穆”“尔尼”“兹达”“巴布”等都是“彝族六祖”时期居住在云贵交界乌蒙山系的彝族部落首领名称。

清澈澈时候，
就此拽游魂。

四

现要冥界分游魂，
案件判决获全胜，
冥界释放游荡魂，
游魂稳重莫消失。
远古六祖祖，
依与博当先，
依博衰亡后，
策与史来兴，
四面八方辖。
实与勺强盛，
地域居十二，
额与穆最强，
制定法十二，
依法安十三。

尔尼领域内，
识者已显露，
兹达领域内，
格菲添福分，
巴布领域内，
鹤雁[1]分六支[2]，
六祖高原[3]分，
和谐代代传，
所言都如愿，
子孙永兴旺。[4]

昼夜天地定，
旋转更替接。
没有拓展高原时，
高原不住依，
没有拓展盆地时，
依与博共拓盆地居。
不会种大麦时，
依来种大麦，
没有大米时，
博来种大米。
九千依来居高原，
八万博来住盆地后，
依神高原绽白花，
博神盆地金闪亮。
九片依森林，
十个博地处搜到。
依地界，
博沟壑处越过。
额[5]地石界过，
在此那以后，
高原区域内，
高原建房屋，
盆地地域宽，
盆地放牧业，
绵羊数不清。
高原宜大麦。
高原地肥沃，
高原土肥粮食丰，
盆地江河从中过，
盆地耕耘粮食丰，
高原盆地连成片，
人丁兴，

① 鹤雁：在彝语中指部落首领兹莫即君王的代称。
② “六支”指“彝族六祖”，因为“六祖”都是君王。
③ 高原：指云贵高原，“彝族六祖”形成并分支于云贵高原。
④《中国彝文典籍译丛》(4)，第300页，四川出版集团、四川民族出版社，2012年12月。作者翻译整理。

⑤ 额：为古代“彝族六祖”先祖部落首领的名称，后指“额”部落居住地，即祖界或冥界。

六畜旺，
五谷丰又登。[1]

五

三魂[2]寻到，
格魂没寻到，
昊毕实楚世，
妇女成人不能育，
不拽三魂魄，
未获生育魂，
就不生育。
如此那以后，
拽回三魂及生育魂后，
尔尼领域人们佩戴银首饰，
制作三种白银首饰戴。
格神强又劲，
祖考便诞生，
健康地成长，
但不能承子嗣，
屋里成冥界，
屋内不能立锅庄，
锅庄立也不牢固。
菲神亮堂堂，
祖妣世间诞，
健康地成长，
但已不能生儿女，
联姻到冥界。
尔尼有三谷[3]，
顺利地生长，
但不能收果实，
怪异之地域，
谷物给冥界。

获取三种魂，
获得格魂后，
拽魂到人间，
开启银房屋[4]，
建立金锅庄，
拽魂到家里。
如此仪式后，
人类繁衍多，
森林麂子跳，
山崖野兽白，
绵羊、猪遍地，
鸡鸣声音亮，
格神拽回家，
附体在家里。
寻到魂，
找到魄以后，
九片依森林，
十个博地处寻到，
依森林，
博山麓中越过。

在此那以后，
神毕昊实楚，
魂魄已呼到，
见到主魂笑盈盈，
神毕体乍姆，
高原黄茫茫，
山脉层层叠，
尔尼领域三呼白银[5]魂，

① 彝文部分摘自《彝文典籍丛书》（第二辑），第1260页，四川出版集团、四川民族出版社，2009年12月。作者翻译整理。
② 三魂：指人、畜、谷之魂。
③ 三谷：指荞麦、玉米、大米。
④ 银房屋和下句的金锅庄除了本意外，毕摩传统中还分别用来比喻妻子和丈夫的生殖系统。
⑤ 白银：指男人的精子，下面的“黄金”指女人的卵细胞。

四唤黄金魂。
人丁魂，
炊烟[①]见处拽，
六畜魂，
深山老林拽，
五谷魂，
庄稼地处拽。
高山毕拽魂，
坪坝处拽魂，
拽呀拽主魂，
九口[②]拽主魂，
穿戴法器拽，
九峰拽格魂，
十沟拽菲魂，
杉林拽主魂，
樱林拽主魂，
荆棘拽主魂。
在家呼唤魂，
千万魂中分，
主魂已拽到，
双魂[③]成对来。
三魂拽，
三魂同时到。
主魂到家精神佳，
畜魂到圈亮堂堂，
谷魂附秆盛开化。
高山建房屋，
平地筑畜棚，
羊群若雪白。
高山森林栖野兽，
获取高山那森林。
盆地河流穿，
获取盆地那耕地。
居住九处高原吉，
拓展十大盆地祥，
基业在此兴盛旺。

恩额洪萨[④]格峨在此生，
享祭魂魄峨部[⑤]千万户，
萨部人口发展星星多，
卓阿纪杜[⑥]六祖诞生地，
享祭魂魄六祖后裔兴，
武乍糯恒布默在此分，
人类繁衍兴。

六

祷告居木孙，
魂从阴间高山分，
魄从阴间坪坝分，
魂迁移，
魄从阴界出，
寿魂保，
命魄磐石长，
人类寿命固，
暂告一段落。

① 炊烟：指古时部落首领所发出的信号。古时彝族与外族发生战争或者是彝族部落之间发生械斗时，或者发生其他重要事情时，在君王家附近指定的地点点火起烟，作为通知信号。邻居们看到烟雾时，各户人家的户主们就聚集在一起商议对策或应战。

② 九口：指九位毕摩一起念经，这里是指众多毕摩一起念经。

③ 双魂：指格魂与菲魂的总称。

④ 恩额洪萨：为古时的地名，疑在云南昭通一带，具体地址待考证，相传古彝族先民部落首领格峨在此诞生。

⑤ 峨部：是“格峨”部落的简称。下面的萨是“沙萨”部落的简称，沙萨是格峨部落的分支，后两个部落联姻。

⑥ 卓阿纪杜：是古地名，位于昆明市东川区境内盛产铜矿的地方。相传“彝族六祖”在这里举行祭祀分支仪式。见王继超：《摩史书》，第165页，贵州民族出版社，2001年11月。有的经书把“卓阿纪杜”写成“各阿纪杜”。

七

已经分出魂，
现在来祭魂[1]，
年年要耕作，
茎秆出谷穗，
收割柜子中，
柜子粮满溢。
苍山江河享祭不生灾，
日月云雾享祭不旱灾，
粮食谷物享祭永丰收。
高山采摘酒曲料，
坪坝稼穑做酒料，
蒸熟谷物来酿酒，
三夜篓中酵，
品尝甜蜜蜜，
香甜是头道，
未加蜂蜜汁。
三月桶中酵，
品尝香又烈，
香烈是味道，
未加森林之熊胆。
不是君王执政酒，
不是大臣断案酒，
不是毕摩祛秽酒，
而是仪式主人家，
宴魂酒，
敬魂酒，
请格酒，
宴请菲神酒。
人丁魂享祭，
六畜魂享祭，
五谷魂享祭，
美酒佳肴献魂和，
斟满美酒敬魂谐，
香肉伴酒祭魂魄。

八

已经祭游魂，
现在就拽魂，
冥界草原湖泊中拽魂，
米米阿精[2]深山冥界穿，
我毕速拽魂。
天空云是公，
鸟瞰寻到魂，
地上湖是母，
唤出湖中魂。
尔尼山峰白皑皑，
深山树叶红彤彤。
依博处草原花绽放，
彝人遍地居四方，
游魂快速来，
翻越山，
攀悬崖，
速过三地方[3]，
防御邪魔阻，
莫随云雾到森林。
翻过额界之垭口，
跳越额界之河沟，
额界边界处拽魂。
经过密林猴叫处，
经过草原沼泽地，
轻轻踩地快速跑。
越过阴间域，
阴间苦处跑，
防御强盗害，

①此处祭魂是在魂被禁锢的地方，而不是在仪式主人家里。

②传说“米米阿精”是一个跑得极快的山神。

③三地方：指山峰、悬崖及平原。

[illegible]，额间无好人，
[illegible]，额间地劣人凶恶，
[illegible]，主魂快出来，
[illegible]。主魄速归来。

[illegible]，阴间女人做酋长[1]，
[illegible]，额间男人不能主，
[illegible]，阴间臣判活人死，
[illegible]。莫进阴间域。
[illegible]，阳间毕声响，
[illegible]，阴间星闪烁，
[illegible]，阴间大门十二道，
[illegible]，围筑石墙十二层，
[illegible]。此地报晓就拽回。

[illegible]，日出处，
[illegible]，月悬处拽回，
[illegible]，冥界垭口处，
[illegible]。冥界森林处拽回。
[illegible]，冥君凶残暴，
[illegible]，冥臣佛口而蛇心，
[illegible]，冥毕专拽活人魂，
[illegible]，穿过哨兵站岗处，
[illegible]。九片祖界速返回。
[illegible]，冥界返回之路程，
[illegible]，徒步要九年，
[illegible]，骏马驰九月，
[illegible]，猎狗跑九天，
[illegible]，飞禽飞一天，
[illegible]，毕呼是一段，
[illegible]，诵到这里时，
[illegible]，额木普沽起，
[illegible]。报晓便拽回。[2]

四、拽魂回路（[illegible]）

将已游离躯体的主人游魂从冥界寻到，并劝服后准备拽回，在主持毕摩的指引下回到家里并依附主体所经过的路线的仪式过程，称为拽魂回路，彝语称为“莫尕影宪”（[illegible]），“莫尕”（[illegible]），指已故去的祖先曾经所走过的路段和居住地，“影宪”（[illegible]），指将游离躯体的游魂拽回附体，举行拽魂仪式时毕摩要念诵《回路经》（《[illegible]》）。《回路经》的主要内容是游魂在主持毕摩的教诲和引导下从“额木普沽”及四川大小凉山的山川湖泊拽魂到仪式主人家所经过的路线。“额木普沽”又称“莫木普沽”（[illegible]）。“额”是“彝族六祖”分支之前部落首领的一个名称，后指额部落居住地，如“额木勒天”等地。“木”是指土、地之意。“普沽”指大地中心，古代彝族认为自己居住的地方是整个天地的中心。“额木普沽”指彝族先祖“额”部落居住地中心，现一般指“彝族六祖”的发源地及其分支地。

《回路经》与《指路经》是姊妹篇，它们都是举行仪式时毕摩念诵的经文（词），是描述已故祖先曾走过的路径。但是意义不同，前者是拽回活者的游魂回家附体，是为活者安康；而后者是为送走死者的亡灵回到祖界，是为死者安灵，所走的路线也相反。《回路经》指将生者的灵魂从“额木普沽”开始沿着祖先走过的路径一程一站地将游魂拽回到仪式主人家，与主人融为一体。《指路经》是指已故先祖的亡灵在主祭毕摩的指引下，从死者居住地一程一站地引向“额

①女人做酋长：指母系氏族时期女人自然成为部落首领，男人顺从。

②《彝文典籍丛书》（第二卷），第1260-1261页，四川出版集团、四川民族出版社，2009年12月。

木普沽”，与已故的祖先团聚，永居该地，归宿祖界，护佑子孙。《指路经》形象地描写了“额木普沽”的美好景象，是一片“大山翠茵茵，树花亮晃晃，栗树红彤彤，麻栗树似伞，梨树花烂漫，雀鸟叫喳喳，獐麂顺山跑”的世外桃源，是一片美好富饶的乐土。与《指路经》相对，《回路经》则描述“额木普沽”是一片“阴森冥冥，凄凉漫漫”的恶劣世界，不是人类居住的地方，因此，请游魂不要迷恋此地，要同毕神一起回到阳间。游魂在主持毕摩的指引和仪式毕摩护法神的作用下，沿祖先发源地“额木普沽”路线一程一站地回到仪式主人的家里，与仪式主人融为一体。

《回路经》详细地描述了彝族先祖曾从云贵高原迁徙到凉山的过程及其迁徙路线。以下节选的部分《回路经》是从云贵高原“额木普沽”到作者居住地马边彝族自治县的路程。大致路线是从云南的大理、寻甸、会泽、昭通、永善，渡过金沙江后，经过四川的雷波、金阳、昭觉、美姑及马边等地境内，所指的地名均系古地名，现大多数山川地名已更名或不再使用了，如今能用古地名对照现地名者很少，故笔者仍沿用古地名名称，书中不再一一注释。

[illegible]，　额木普沽方，
[illegible]，　森林莫留魂，
[illegible]，　森林阴森森，
[illegible]，　青石莫留魂，
[illegible]。　青石苔藓盖。
[illegible]，　主人之魂魄，
[illegible]，　莫与死者混，
[illegible]，　死者骑死马，
[illegible]，　死者犁死牛，
[illegible]，　死者吃灰饭，
[illegible]，　死者吃生肉，
[illegible]，　死者穿灰衣，
[illegible]，　死者穿红衣，
[illegible]，　尼[1]穿杉树皮，
[illegible]，　能穿野兽皮，
[illegible]。　身穿湿漉漉。

[illegible]，　额木普沽啊，
[illegible]，　额木山三座，
[illegible]，　一山长有林，
[illegible]，　一山没有林，
[illegible]，　有林只有马桑树，
[illegible]，　不能砍伐树，
[illegible]，　即使能砍伐，
[illegible]，　并非炊爨柴，
[illegible]，　烧也黑森森，
[illegible]。　不烧黑森森。
[illegible]，　额木有三坡，
[illegible]，　一坡长有草，
[illegible]，　一坡没生草，
[illegible]，　有草只有野葱草，
[illegible]，　该草不能拔，
[illegible]，　即使能拔出，
[illegible]，　并非铺垫草，
[illegible]，　坐垫气难闻，
[illegible]。　不垫也难闻。
[illegible]，　额木有三坝，
[illegible]，　一坝能斗牛，
[illegible]。　一坝不能斗。
[illegible]，　额木有三沟，
[illegible]，　一沟流有水，
[illegible]。　一沟没流水。

① 尼：与下面的“能”分别为母系氏族时期的部落首领，合称为尼能，当时人类尚不能制造布料，只能身穿粗糙的树皮、兽皮类的衣服。

游魂莫恋此，
主魂不进此。

冥间的庄稼，
只长出病大麦，
始终不能熟，
熟也病斑斑，
未熟病黑黑。
冥间有粮食，
只吃黄沙粮，
非可食之粮，
食之如吃沙，
不食也同样。
冥界流的水，
源自沼泽水，
不能舀之水，
即使能舀出，
不能喝之水，
饮之则反胃，
不饮也反胃。
冥间之衣物，
只穿苔藓衣，
不能穿的衣，
身穿湿润润，
不穿也湿润，
游魂莫恋此，
主魂莫进此。
立即逃，
快速跑，
快速拽回家，
来呀主魂来，
来呀游魂来。
额木普沽方，
晴天不觉晴，
晴也雨绵绵，
不晴也雨绵，
阴天并非阴，
阴也毛毛雨，
未阴也细雨，
主魂莫进此，
游魂莫恋此，
主人游魂呀，
立即逃，
快速跑，
快速拽回家。

冥界领域苦，
冥界君艰辛，
行刑签钉眼①，
冥间臣艰辛，
山坡判案件。
冥界毕艰辛，
签筒在翻滚，
冥界尼②艰辛，
鼓柄③成畸形。
冥间男人苦，
男人不留天菩萨，
额木妇女苦，

---

①传说先祖冥界的君主犯法时，挖出其眼睛，他旁边的武装人员用事先准备好的竹签向受刑者眼睛一击，眼珠便掉出来。

②尼：指苏尼，苏尼是彝族地区的神职人员，一般译作“巫师”。远古时候，先有苏尼，以巫、祭职业为一体，进入文明时代后，毕摩从苏尼中分裂出来，成为政教合一的部落酋长，是彝族文化的传承者与传播者。而苏尼是神灵附身的结果，请毕摩举行招神祭祀仪式后方可做苏尼，无经书文字，无世袭制，男女兼可，类似萨满。

③鼓柄：指苏尼法器法鼓的柄。

女大不结辫，
冥界妻可怜，
妻子不养子。
终身劳累命，
游魂莫恋此。

冥间牛瘦小，
没有比麂大，
没有肥美麂，
没有肥美牛；
冥间羊瘦小，
没有比獐大，
没有肥美獐，
没有肥美羊；
冥间猪瘦小，
没有刺猬大，
没有肥刺猬，
没有肥大猪；
冥间鸡瘦小，
只比云雀大，
无肥美云雀，
没有肥美鸡。

冥界领域呀，
屋后山峦叠，
有些山峰尖，
尖峰杀人峰，
有些山头凹，
凹山煮人处，
山腰烟雾绕，
山腰烧人[①]处。

屋下有坝子，
坝上凸圆丘，
坝子蒸人处，
游魂莫恋此。
额木普沽啊，
麻绳捆人地，
铁链铐人地，
脚镣锁人地，
桎梏锁颈地。
主家之魂呀，
砍断麻绳回家来，
锯断铁链回家来，
砍断脚镣回家来，
砍断桎梏回家来，
头颈麻绳要脱掉，
脚铐铁链砍断脱，
脱掉绸子结扎来，
脱掉树木苔藓头帕来，
脱掉石块苔藓蓑衣来，
脱掉印章纸回来，
立即逃，
快速跑，
开始拽回家，
来呀主魂来，
来呀游魂来。

额木普沽方，
武[②]住亚亚侯[③]，
乍住岩洞山，
布住普茨尔，
默住吉罗觉，

① 烧人：是指焚烧人的遗体。四川凉山彝族的葬礼实行火葬，火葬地点一般选在房屋上方的山腰处，这里“山腰烟雾绕”指山上火葬时所产生的烟雾。

② 武：与下句的“乍”“布”“默”“恒”都是“彝族六祖”的儿子。

③ 亚亚侯：与下面的岩洞山、普茨尔、吉罗觉及岷联度均为古地名。

恒住岷联度，
报晓就拽回。

左方日路青，
右方月路红，
中间魂路白；
左方星路青，
右方月路红，
中间魂路白；
左方森路青，
右方林路红，
中间魂路白。
左方崖路青，
右方壁路红，
中方魂路白。
左方江路青，
右方河路红，
中方魂路白。
左方高原青，
右方平原红，
中方魂路白。
左侧凶路青，
右侧敌路红，
中方魂路白。
左方云路青，
右方雾路白，
中方魂路白。
左方雹路青，
右方雨路红，
中方魂路白，
报了就拽回。

左方阴垭口，
右方阴垭口，
中间阳垭口；
左方死者路，
右方死者路，
中间活者路，
左手开阴门，
右手压门槛，
囚禁主魂处，
报晓就拽回。

冥界领域，
冥界边界，
冥界山脉，
报晓就拽回。
冥界山脉方，
云雾挡眼睛，
冬天云雾绕，
四季都这样，
记住那地方。
卫阿惹史方，
藏有水域鬼，
博嘎哲子，
报了就拽回。
祖哲库，
雕站山拽回，
牛迪山峰，
报了就拽回。

布房荆棘围，
武居高原上，
乍居森林边，
恒部驯化兽。

冥界领域方，
阴阳路三条，

黄路诗尔[1]路，
忌走该条路。
黑路赎畜路，
忌走该条路；
白路路宽阔，
毕魂主魂路，
速快走出来。

驷匹嘎伙方，
猎狗不断叫，
别人叫不来，
主人叫则来，
阿伙柳以方，
牲畜别不牧，
别人喊不来，
主人喊则来，
先祖冥界方，
主魂已憔悴，
别人拽不来，
毕摩拽则来，
我拽便回来，
先祖冥界方，
猎狗叫不停，
家鸡鸣不停，
毕声主魂识，
毕叫主魂闻，
毕语主魂知，
一请便叫，
二请便答，
三请听令，
听从号令起身回。

先祖冥界方，

是否有未回？
没有无回的，
清水未返回，
清水溶白酒，
三位贤士背，
南方起，
向着北方来，
已随主返回。

灰烬返回否？
灰烬粉白白，
灰烬九簸箕，
九个妇女背[2]，
散在种荞地，
柴灰粉四飞，
向着北方飞，
这也算归来，
不是没归来。

楠木[3]曾未过，
楠木枝茂盛，
三双楠木箸，
三个男孩带，
南方起，
向着北方来，
已随主返回。
不是没归来。

蹄类大象未曾回，
大象皮三块，
制作三铠甲，

① 诗尔：是指专门作祟于人肚子里的一种邪鬼。

② 传说彝族先民为了躲避战乱，妇女以背农家肥到荞麦地施肥为名，等待时机与男人一起逃跑到凉山。

③ 楠木：是我国珍贵的树种，常绿，大乔木，木质坚硬，具有香味。古彝人常用其来制作箸，即筷子。

三个青年背，
向着北方来，
这也算归来，
不是没归来。
獐子未曾回，
公獐毛明亮，
三张獐皮皮袋囊，
装着三袋燕麦粉，
三个男子背，
向着北方来，
这也算归来，
不是没归来。
翅类云雀曾未返，
云雀叽叽叫，
云雀翅九只，
制成九只弓箭杆，
九个男孩背，
南方起，
向着北方来，
已随主返回，
不是没归来。

翅类鸿雁未曾返，
蓝天鸿雁呀，
鸿雁翅九撮，
制成九只箭，
九个男孩背，
向着北方来，
这也算归来，
不是没归来。

雄鹰未曾返，
拔出九撮雄鹰毛，
九个头帕饰完美，
南方起，
向着北方来，
已随主返回，
不是没归来。

掌类老虎虽未回，
猛虎牙三根，
附随毕法器，
三个毕徒背，
南方起，
向着北方来，
已随主返回。
不是没归来。
来呀主魂来，
来呀游魄来。

木曲李萨[①]，
报晓就拽回魂，
木曲李萨方，
阳光照明媚，
微风轻轻吹，
天空晴朗朗，
湖泊明闪闪，
云雾聚集处，
阵雨汇集处，
狂风汇集处，
德布[②]聚集处，
德施分路处，
德布下骏马，
德施赶骏马，
古恒拴马处，
邛尼马饮水，

① 木曲李萨：指山下的坪坝，疑指云南大理点苍山麓。
② 德布：与下句的“德施”分别系“彝族六祖”布、默的后裔，全称叫慕克克、慕齐齐，其后裔主要居住在云南、贵州毕节一带。

脱下马辔放头上，
头上红彤彤，
放马在坎下，
坎下一片黑，
脱鞍放坎上，
马鞍黑压压，
骏马整齐齐，
木曲李萨方，
报晓拽回魂。

木曲李萨三程起，
到格天阿兹[1]，
格天阿兹方，
守门兵九个，
看守哨九个，
九个门槛九把锁，
拴有黑白花九狗，
咱们神毕组，
派遣诸勇士，
手持诸斧头，
斧头明晃晃，
斧头闪亮亮，
脚蹬门槛处，
门槛被砍倒，
金锁银锁被砍断坠，
铜锁铁锁被砍断坠，
树锁竹锁被砍断坠，
神毕带着主魂来，
飞快跑出来。
格天阿兹，
报晓就拽魂。

格天阿兹，

① 格天阿兹：为古彝地名，疑在云南省境内，具体地点待考证。

格联阿根，
阿格合俄，
阿格合普，
报晓就拽回魂。
兹兹地方宽，
兹兹云处，
兹兹雨处，
兹兹域下，
兹兹域上，
兹兹普乌，
兹兹浪箭，
兹兹平原，
报晓就拽回魂。

木曲博迪，
峨黑博迪，
地黑博迪，
报晓就拽回魂。

目俄合古，
系次李萨，
报晓就拽魂。
暗圈哦余，
所寺民金，
格楚日嘎，
知阿金联，
尼阿金联，
报晓就拽回魂。
比哲书邛，
齐阿木能，
德不所日，
德不所比，
报晓就拽魂。
德不所比起，

达到玛洛液曲[1]方。

玛洛液曲方，
德布分路处，
德施分路处，
古恒卸马鞍，
邛尼歇马处，
古恒喂马食，
邛尼马饮水，
死魂活魂分。
玛洛液曲呀，
死者的泉水，
不是活者水，
主人游魂呀，
渴也不要喝，
不渴也不喝。
玛洛液曲呀，
冥界人间分，
死者活者分，
阳间阴间分，
鬼杖魂草分，
鬼杖死者物，
魂草活者物。
呷扁[2]分黑白，
白色活者物，
黑色死者物。
蛋类分黑白，
白蛋活人食，
黑蛋死人食。
帕布分黑白，
白帕乃是活人褥，
黑帕乃是死人褥，
玛洛液曲方，
报晓就拽回魂。

金曲朵木，
所茨果金，
报晓就拽回。
木尼特茨，
拉木所日，
银子所比，
马达三程，
报晓就拽回。

木兹坪连，
木兹拉鸿[3]，
木兹罗坪三程，
报晓就拽回魂。

木兹罗坪方，
古恒饲喂马，
赶紧饲喂马，
邛尼马饮水，
慌张地饮水[4]，
卸鞍坎下方，
脱辔坎上方，
德布马嘶叫，
德施马在跑，
许多马齐渡，
涉水要涉水，
渡口有三处，

① 玛洛液曲：为古地名。玛洛液曲系彝族民间传说中古代一著名水井，为古彝人从云贵高原迁徙到冰山时必经之地，人们在此处休息饮水，故此井水又称为死者之水。据考证，此井为现云南省昭通市洒渔河边葡萄井。

② 呷扁：指祭祖送灵时给死者灵魂的纸币，让其在路上购买所需物品。

③ 木兹拉鸿：在云南省昭通市境内，具体地点待考证。

④ 可能是因为后面有追兵，躲避战乱的先民只能在木兹罗坪稍休息片刻。

船尾似鹰翅，
父携子渡过，
兄携弟渡过，
母携女渡过，
夫携妻渡过，
渡来要渡过，
渡过木兹罗坪，
木兹迪古，
木兹十二里，
报晓就拽回魂。

黑成尼合，
峨里尼合，
木曲尼合，
库阿库左，
库阿斯尔，
格直册合，
古陈陈合，
报晓就拽回魂。

布凯金罗，
直克面金，
吉尼渡船口，
报晓拽回魂。

吉尼渡口[①]方，
昔日他人渡，
今日主人渡，
众人一起渡，
主人先渡过，
他人主人一起过，
主人先过河。
旗勒武史，
果直博木，
子子果尼，
木耳勒局，
洛吉古布，
报晓拽回魂。

洛吉渡口[②]方，
上方牧草地，
下方斗牛坝，
中间人居地，
河东住阿哲[③]，
阿哲银工匠，
银匠制银线。
河西住乌撒，
乌撒金工匠，
金匠制金线，
中间住勒格，
勒格铜工匠，
铜匠制铜线，
防止拽魂捆山中，
防止拽魄囚沟壑，
主人之灵魂，
莫信别人语。

金沙江三渡口，
上方巴克[④]渡，
巴克渡口有强盗，
主魂莫进此，
中间维竹[⑤]渡，
维竹九渡口，

① 吉尼渡口：位于云南省永善县境内金沙江河畔渡口处。

② 洛吉渡口：位于雷波县卡哈洛乡境内金沙江河畔渡口处。
③ 阿哲：与下面的“乌撒”均系“彝族六祖”德布与德施的后代，为彝族古代部落首领，主要分布在贵州毕节一带。
④ 巴克：渡口在金阳县码口河乡境内金沙江河畔渡口处。
⑤ 维竹：位于雷波县瓦岗乡境内金沙江河畔渡口处。

下方阿句[1]渡，
阿句银杰渡，
主魂莫此渡。
首先拽回吾主人，
吾主畜，
吾主粮之魂。
主家人，
主家畜，
主家粮拽回，
首先喊主人，
首先叫，
首先扶，
首先助渡过。

驷匹嘎伙方，
猎狗尖尖叫，
别人叫不回，
主人叫则回，
阿伙柳以方，
放牧别人赶，
别人赶不回，
主人赶则回。
先祖冥界方，
主人之灵魂，
别人拽不回，
毕摩拽则回，
我毕拽便回，
毕声主魂识，
毕叫主魂闻，
毕语主魂知，
一请便知，
二请便答，
三请便听令，
听从号令起身回。

中间洛吉渡，
洛吉九渡口，
河岸悬崖矗，
河畔喜鹊喳喳叫，
成对雌雄鸟穿梭，
鸟儿乃是森林魂，
森林狩猎路拽魂，
金色银色狩猎路，
特勒[2]沿着狩猎路拽魂，
沿着狩猎路来拽，
没沿着狩猎路也来拽。
游魂逃藏悬崖上，
悬崖附有野藤绳，
金色银色野藤绳，
特勒攀着藤绳拽，
攀着藤绳来也拽，
没攀藤绳也要拽。
游魂逃潜江河中，
江河河畔有皮筏，
金色银色之皮筏，
特勒乘着皮筏拽，
乘着皮筏来也拽，
没乘皮筏也要拽。
莫云森林遮挡路，
沿着狩猎路归来，
莫云悬崖峭壁挡，
随着藤绳攀爬来，
莫云江河阻挡路，
乘坐皮筏渡归来。

金沙江河畔，
江上渡木船，
船桨犹如鹰翅飞[3]，

① 阿句：位于四川雷波县上田坝乡境内金沙江河畔渡口处。

② 特勒：古代“彝族六祖”时期一位著名的毕摩。

③ 鹰翅飞：是指划船用的两根船桅，比喻像鹰一样飞翔。

船橹犹如雀尾摆。
苏尼九千渡，
皮鼓九百随，
毕摩九千渡，
经书九百随，
法器九百随。

是否没渡的？
没有无渡的，
猕猴未曾渡，
猕猴尖叫鸣，
猕猴叫一阵，
三位男人遣，
挟住猕猴渡，
猕猴拴一起，
河中相互拴，
猕猴手相持，
河中手相持。
已随主家渡，
不是没有渡。

母马九千渡，
驹马九百随，
这也渡过河。
母牛渡过否？
没有无渡的，
母牛九千渡，
犊牛九百随，
这也跟随渡。
绵羊渡过否？
没有无渡的，
母羊九千渡，
羔羊九百随，
这也跟随渡。
山羊渡过否？
没有无渡的，
母羊九千渡，
羔羊九百随。
这也跟随渡。
母猪未曾渡，
没有无渡的，
母猪九千渡，
九百小崽随，
这也算随渡。
母鸡渡过否？
没有无渡的，
母鸡九千渡，
雏鸡九百随，
这也跟随渡。
灵类猫渡否？
黑猫身褶皱，
黑猫毛三撮，
三个青年背，
向着北方渡，
这也算渡过。

蹄类渡上千，
灵类渡上百，
人类渡无数。
妇女三百渡，
男人三百随，
格菲三百附，
人丁灵魂已渡过，
六畜神灵已渡过，
五谷神灵已渡过，
生育神灵已渡过，
长寿神灵已渡过，
三神[①]一齐同渡过，
渡呀快渡过。

① 三神：指护佑人、畜、粮之神灵，这里泛指对人类有利的神灵。

昔日君王渡，
去年大臣渡，
今年毕摩渡，
今天主人渡，
主人已渡过，
他人主人渡，
主人先渡过，
带他带主渡，
带主先渡过。
父子相照顾，
父携子渡过，
母女相照顾，
母携女渡过，
夫妻相依照，
夫携妻渡过，
主奴相照顾，
主携奴渡过，
夫妻随后渡，
毕摩护送主人渡。
毕叫一声吼，
毕叫两声答，
毕叫三声后，
快速渡过来。

云雾汇集处，
暴雨汇集处，
君主空宅基，
大臣空宅基三程，
报晓就拽回。
大臣空宅基，
毕摩空宅基，
布石者阁三程起，
报晓就拽回。
布石者阁，
吉石者阁，
阿林者阁三程，
报晓就拽回。
阿林者阁，
阁楚惹阁，
从拿哦租三程，
报晓就拽回。

木尼十二程，
木尼坝铁，
木尼惹吉[1]，
木尼惹哈，
木尼马左，
木尼阿果，
木尼院坝，
木尼古鲁，
报晓地域就拽回。

阿库屋基，
尼古惹克，
颂阿马子，
绵绵坝下，
沙玛院坝，
报晓就拽回。

沙玛院坝[2]方，
河水无源头，
主魂来则有，
河水无流通，

---

①木尼惹吉：位于四川金阳县境内。

②沙玛院坝：曾是沙玛土司衙门，位于凉山州昭觉县日哈乡。现乌坡河流经此地时进入洞口，从地下流到各吾乡乌坡拉达吉布鱼洞（[illegible]）出来，所以，人们常用“河水无源头，主魂来则有”来形容。据传，古代鬼源兹兹妮乍（[illegible]）被诅咒变成一只公羊后，被丢到乌坡河，从乌坡拉达吉布鱼洞出来后，被前来捕鱼的瓦萨拉曲、阿吉月面等人捕食，此后凡是吃了羊肉的人都被传染疾病而死。

主魂来则通。

莫尼垭口，
莫尼十二程，
莫尼子石，
莫尼坝子，
莫尼梨子树旁，
报晓就拽回魂。
莫尼梨子树旁，
乌鸦当曲毕[①]，
喜鹊当诺毕，
莫挡吾主魂。
主人之灵魂，
不是放羊者，
莫去岩下面，
岩下冷飕飕，
叫喊就回家。
不是水獭裔，
莫到水底下，
水下冷冰冰，
叫喊就回家。
不是獐麂子，
莫去森林中，
森林阴森森，
叫喊就回家。
不是小孩子，
莫去路边玩，
叫喊就回家。

莫尼罗阿诺觉[②]，
吉子罗乌三程，
吉子罗乌，
黑来瓦曲三程，
伟克果乌，
阿格马罗，
影博杂者，
者莫岩下，
者莫岩上，
把古洛就[③]，
寺银垭口，
寺银洛姑[④]三程，
阿子安莫山，
洛俄依甘[⑤]三程，
报晓地域就拽回。

洛俄依甘方，
仪式主人之游魂，
时有逃藏森林中，
森林留有狩猎路，
金色银色狩猎路，
特勒沿着狩猎路拽魂，
沿着狩猎路来者是主魂，
没有沿狩猎路来者乃是，
森林鲁朵神。
游魂时有逃藏悬崖上，
悬崖附有野藤绳，
金色银色野藤绳，
特勒毕摩拽游魂，
随着藤绳攀者是主魂，
没有沿着藤绳攀者是，
山崖峭壁寺勒神。
游魂时有逃藏江河中，

① 形容此地野兽特别多，乌鸦与喜鹊看到巨兽便鸣叫。
② 莫尼罗阿诺觉：位于四川美姑县大桥乡境内。
③ 把古洛就：位于四川昭觉县庆恒乡境内。
④ 寺银洛姑：与下句的“阿子安莫”都位于凉山州昭觉县庆恒乡境内，与美姑大桥相邻。
⑤ 洛俄依甘：位于四川美姑县与昭觉县交界处的美姑河河畔，具体位置在美姑县洛俄依甘乡美姑大桥附近。

江河乃有皮筏船，
金色银色皮筏船，
特勒毕摩拽游魂，
乘着皮筏渡者是主魂，
没乘皮筏渡者乃是，
江河神灵木金魂。
仪式主人之魂魄呀，
莫云森林遮魂路，
沿着狩猎路归来，
莫云悬崖挡魂路，
沿着藤绳攀爬来，
莫云江河阻魂路，
乘坐皮筏[1]渡归来。

洛俄河畔呀，
六祖魂来处，
六祖魄来处，
蹄类渡上千，
灵类渡上百，
昔日曾渡过，
去年曾渡过，
昨天他人渡，
今日吾主渡。

洛俄依甘河畔处，
众人座位移又移，
德古座位移，
谈论又议论，
德古在议论，
飞跃又飞跑，
英雄在飞跑，
白天接活人，
斗笠如鸟翅，
德古坐无数。
夜晚接死者，
头帕黑压压，
脚盾鱼獭闪，
铠甲排山崖，
矛杆杉树立，
矛头群星闪，
子弹下阵雨，
火药起烟雾。
德古演说犹如杜鹃鸣，
德古没走时，
人头似林海，
人立似森林，
人坐似山崖，
河东守卫者，
河西站岗者，
未阻主人魂，
未挡主人魄。
主人游魂呀，
望尔莫惧之，
望尔莫怕之，
毕送主魂来，
速快渡过来，
来呀主魂来，
来呀游魂来，
渡过美姑河。
美姑泉水方，
渴也喝一口，
未渴也要喝一口。

勒姆莫姑[2]方，

[1] 皮筏：指古代用羊皮或牛皮制成的小船。按照作毕惯例，念经至美姑县境内时执祭的毕摩要吸烟休息一下。

[2] 勒姆莫姑：古地名，即利木美姑，在四川美姑县洛俄依甘乡境内。洛俄依甘和勒姆莫姑是凉山彝族拽魂和指引亡灵归祖的必经之地，古时彝族先祖古恒和邛尼两大部落从云贵高原迁徙到四川凉山各地时必经此路口，两大支系在此会合后，古恒向左迁徙，邛尼向右迁徙。

是否远古六祖分支地？
不是远古六祖分支地，
现在六祖子孙汇集处？
是六祖子孙聚集地呀。
古恒马秣饲，
邛尼马饮水，
放马在砍下，
坎下一片黑，
卸鞍置砍上，
坎上一片黑，
脱辔放头上，
头上红彤彤。

勒姆莫姑方，
千人未返百[①]，
如是别魂未返回，
主人游魂必返回，
拉哈以窝处，
父来子未回。
别魂未返回，
主魂要拽回。

勒姆莫姑方，
路下曲毕坐，
曲毕不抓魂，
路上诺毕坐，
诺毕不逮魄，
路间坐孜毕[②]，
孜毕莫抓魂。
主人之魂魄，
路头住敌人，
防御敌人来，
路尾住仇人，
驱逐仇人来。

勒姆莫姑方，
阴阳路三条，
黑路魔鬼路，
黑路哈莫[③]路，
莫走该条路，
黄路邪神路，
黄路邪怪路，
莫走该条路，
白路路宽阔，
白路毕魂路，
白路主魂路，
没有迷路处，
没有树林蔗。

勒姆莫姑方，
死者回路处，
活者分路处，
古恒分路处，
邛尼分路处，
古恒向左迁，
邛尼向右迁，
别走别的路，
我走我的路。
我毕请游魂，
毕魂带主魂，
快速回到家，
喊就回到家[④]，

① 千人未返百：讲的是古时住在四川西昌的勒格兹莫与住在美姑的勒勒兹莫在“勒姆莫姑”械斗，勒格兹莫士兵来时上千，械斗结束返回时不足百人。
② 孜毕：是指不是世袭毕摩后裔的毕摩。
③ 哈莫：与下面的“邪神”“邪怪”都是鬼怪的名称。
④ 此时，能说会道的主人亲戚们在家里叫喊每位仪式主人的名字，请游魂不要漂泊在野外，要跟着毕摩一起快快回家，而仪式主人们也跟着回答：“已回来了，跟着毕摩回来了”等。

请就到家站，
唤就进屋里。

阿中岔路口[①]，
古恒分路处，
邛尼分路处。
阿中瓦哦，
阿中瓦拖，
日嘎罗，
干合司觉，
干合书博，
干合兹威，
兹威嘎惹的，
兹威嘎惹方，
上方住普铁[②]，
下方住普惹，
中间住马惹。
铠甲山崖排，
脚盾鱼鳞群闪亮，
矛头群星闪，
抽矛相互杀，
拉弩相互射，
拔剑相互砍，
持石相互砸。
主人之魂魄，
视之不要慌，
视之不要怕，
禁走路岔口，
岔口怕有敌，
防御敌人来，
忌走路下方，
怕有仇人藏，
镇住仇人来，
路下坐曲毕，
预防拽你魂，
路上坐诺毕，
预防拽你魂，
我毕送你魂，
叫就家里来，
喊就家里站。

果诺伟口[③]，
罗柏克乌，
罗柏克拖，
峨卓塑像处，
马度罗口，
尼果莫河沟，
乾阿果窝，
胜阶罗果窝，
李罗瓦东博系，
李罗陈兹旧，
陈兹合普坎下，
合普坎上，
伟儿果窝，
说博克果窝，
旧罗乾，
库尺博系，
兰古叶达处，
点名就拽魂回。

月嘎埂者[④]，
瓦曲乌，

① 阿中岔路口：在四川美姑县大桥乡政府的上方。
② 普铁：是指古恒支系中居住在美姑县境内的普铁直系后裔恩张、水普、乌坡、吉峨、嘎等黑彝宗族。
③ 此处到下面的“兰古叶达”都在美姑县牛牛坝乡境内。
④ 此处与下面的“瓦曲乌”在俄曲古乡境内。

勒尼合[①]，
泽觉铁，
尼木者，
达蓝阿莫，
蜀乾勒泽，
汉嘎摩罗[②]，
古子银中，
都祖果乌，
都祖键觉；
寺惹乍曲，
寺惹依德，
尼尔罗甲古，
勒克阿莫，
尺布尼，
系尼山坡，
系尼山沟，
系尼垭口；
伟黑勒姑，
阿迪其，
尺司坝姑，
左侧果博朵，
右侧峨马普，
圣特瓦嘎键，
阿陈岔路处，
阿摩分路处[③]，
他魂走他路，
我魂走我路。
瓦侯勒句，
博祖勒克，
武莫依达[④]，
吉迪瓦乌，
吉罗果窝，
罗博垭口，
罗博山沟[⑤]。

子博卓，
阿比衣罗，
江家溪，
铁觉休息埂，
铁觉半坡[⑥]，
报晓拽魂归。

依左罗，
布在尼驿站，
何家坪，
那土坪坝，
钟菲小溪，
萨之坪坝，
博见岩下，
月胡博，
齐勒格哲，
觉罗豁河口，
报晓就拽回魂。
西安子[⑦]，
皮萨果铁桥，
双罗嘎，
烟峰垭口，

① 此处与下面的“泽觉铁”均在三库乡境内。
② 汉嘎摩罗：位于美姑龙头山与大风顶的交界处，是龙头山脉北方的起源地，山顶是美姑与马边的交界地。
③ 阿摩分路处：是指新中国成立前，普铁三子之阿陈家与阿摩家从美姑到马边各自领地的分界处，阿陈家分向右方，阿摩家分向左方，其位置位于四川马边彝族自治县永红乡大风顶国家级自然保护区境内。
④ 武莫依达：在马边彝族自治县永红乡政府所在地。
⑤ 罗博山沟：是马边彝族自治县永红乡与高卓营乡的边界的一条沟，从罗博山沟到觉罗豁河境内都在马边彝族自治县高卓营乡境内。
⑥ 铁觉半坡：位于马边彝族自治县高卓营乡大河坝村一组，是作者的出生地。
⑦ 从“西安子”到河口大桥境内的各地名都位于马边彝族自治县烟峰镇境内。

梅子垮，
朵门嘎山崖，
河口大桥，
报晓就拽回魂。
苏坝大桥[1]，
亚坝坪坝，
鱼儿石，
桐桦溪，
洞子口，
官木丹，
永乐溪，
天宫庙，
马边县城，
报晓就拽回魂。

望见主牧房，
看见主人屋。
阳春那三月，
主人房屋排排白，
秋季那三月，
主人房屋深深立，
冬季那三月，
主人房屋星星眨[2]。

仪式主人家，
古时祖宗世，
君王寻地此，
平民在此居，
找土在此获，
寻地在此得，
寻找住房在此修，
牧房在此建，
在此建居房。
牛马向着北方牧，
鹤雁向着北方飞，
森林向着北方长，
主魂向着北方拽。

吾主之魂魄，
苍天蔚蓝处拽回，
拽到湖泊沼泽处，
湖泊沼泽处拽回，
拽到微风轻飘处，
微风轻飘处拽回，
拽到云雾交汇处，
云雾交汇处拽回，
拽到雾变下雨处，
雾变下雨处拽回，
拽到额木普沽处，
额木普沽处拽回，
拽到额界沟，
冥界沟处拽，
果峨山梁[3]处。
果欧山梁方，
守路者四人，
守在地四方，
金银来行贿，
肉食作和餐，
毕摩作中介，
绵羊赎主魂，
黄鸡拽主魂，
来呀魂出来，

① 苏坝大桥到洞子口境内的各地名都位于四川马边彝族自治县苏坝乡境内。
② 形容房屋被白雪覆盖的样子。通常情况下，彝族在冬季、秋季及春季三季赎魂。
③ 果峨山梁：为古地名。又称谓“果峨勒箭”，有的经书里面写作“果峨勒勒”，意为山脉的垭口。疑似在云南昭通境内，传说是阴间和阳间的交界处。

来呀魄出来。

果欧山粱搜，
阳间人间处，
阳间人间搜，
高山杉樱森林处，
杉樱森林处搜魂，
君臣居住处，
君臣居住搜，
水塘深，
山崖高地方，
深水塘，
悬崖峭壁搜，
沼泽宽，
湖泊深地方，
沼泽宽，
湖泊深处搜，
山脉雄峰处，
山脉雄峰搜，
沟壑深深处，
沟壑深深搜，
黄色路口处，
黄色路口搜，
白色路口处，
白色路口搜，
宽阔回路处，
宽阔回路搜，
吾主房檐处，
吾主房檐搜，
搜回吾主家，
主家亮堂堂。

仪式主人家，
灵魂来之前，
屋后白云罩，
不是白云罩，
而是绵羊满山坡；
屋下沼泽一片黑，
不是沼泽黑，
而是放群猪；
屋旁石垒一片白，
不是石垒白，
而是牧山羊；
牧马麦地黑，
不是麦地黑，
而是放牧马，
山坡满山红，
不是山坡红，
而是放牧黄牛群，
主人游魂莫害怕。
院子猫头鹰吼叫，
不是猫头鹰吼叫，
而是狼狗在吼叫，
吾主魂魄莫害怕。

房屋蜂巢密，
不是蜂巢密，
而是房屋排，
是魂来处，
魄来的地方。
吾主之魂魄，
屋上通黑路，
黑路野鬼路，
并非主魂路，
屋下通红路，
红路麻风癞邪路，
并非主魂路，
屋侧通黄路，
那是邪鬼怪魔路，
并非主魂路，
屋前通白路，

白路宽又阔，
那是主魂路，
那是吾主魂魄路，
吾主之魂魄，
没有河水渡，
没有森林挡来兮。

来呀魂来兮，
来呀魄来兮，
妻伴夫归来，
父伴子归来，
母伴女归来，
毕携主归来。
房檐处拽回，
拽到门槛处，
门槛那地方，
疑似蟒横睡，
不是蟒横睡，
那是门槛横架置；
魂呀不要惧，
魄呀不要怕，
是魂来路，
魄来路之处，
门槛处拽回，
拽到吾主房屋内。
房屋内地方，
柱子黑森森，
并非森林立，
室内密柱立；
屋梁彩虹架，
并非彩虹架，
而是屋梁架，
粮柜悬崖排，
并非悬崖排，
而是粮柜排。
火塘黑猫坐，
不是黑猫坐，
而是锅庄立，
魂呀不要惧，
魄呀不要怕，
是魂来处，
魄来的地方。
火塘火蛇起，
并非火蛇起，
烧火起火焰；
锅上起白雾，
并非起白雾，
而是煮饭蒸汽升；
魂呀不要惧，
魄呀不要怕，
是魂来处，
魄来的地方。
吾主魂魄拽，
拽回室内住，
佳肴宴，
欢悦饮美酒。

器皿见魂喜，
见魂喜滋滋，
庄稼见魂喜，
见魂开花果，
吉碌[1]见魂亮堂堂，
库合见魂精神佳。
主人灵魂夜晚到，
今晚到，

[1] 吉碌：指护佑神，是家宅神的统称。它能逢凶化吉、驱邪避灾，且能庇护和保佑主人的具有神奇力量的事物。“吉碌”分为具体的有形物和抽象的无形物，有形“吉碌”主要是祖先遗留物件，如首饰、衣物、牲畜肋骨和历代收藏的鹿角、象牙、盔甲等；无形吉碌如格菲吉碌、声誉吉碌等。

[illegible]，　早晨到，
[illegible]，　今早到，
[illegible]，　中午到，
[illegible]，　现在白天到，
[illegible]。　现在到家矣。

[illegible]，　拽回人丁魂，
[illegible]，　主人之屋内，
[illegible]，　拽回六畜魂，
[illegible]，　牲畜围栏内，
[illegible]，　拽回五谷神，
[illegible]，　储入粮柜中，
[illegible]，　拽回生育魂，
[illegible]，　华丽卧室内，
[illegible]，　拽魂到家里，
[illegible]，　家里居就健，
[illegible]。　家里住就安康矣。[①]

五、驱遣低贱魔（[illegible]）

毕摩文化认为，民间魔怪种类繁多，无处不在，可谓五花八门，不可枚举。从其生存空间来看分为昊天神魔、人间神魔和地下神魔，从对人类的关系上看分为善魔和凶魔，从其能力上看分为强大魔和低贱魔。而低贱魔是“极不讲礼”的邪魔，如饿痨邪魔（[illegible]）等到处乞讨、抢吃。

为了顺利宴请家宅神和生育神，首先镇住和排除一切可能作祟于占卜用的鸡头盖骨、鸡舌叉及鸡股骨的馋邪怪魔，为此，要举行驱遣低贱魔（[illegible]）仪式。驱遣低贱魔，彝语称为“尔在占”（[illegible]），“尔”（[illegible]）为古彝语，为纠缠之意，这里指贪吃、抢吃，“在占”（[illegible]）为吃饭之意。驱遣低贱魔，指为防止地位低下而贪吃的妖魔鬼怪、乞丐邪鬼等抢吃祭祀供品，作祟于占卜的鸡头盖骨、鸡舌叉及鸡股骨等，经毕摩施法，首先让其饮洗鸡水，喝鸡肠，食鸡脚皮，然后驱逐之，以免影响仪式效果，降低鸡头盖骨和鸡股骨占卜的灵验程度。

首先，念诵《镇住饿痨魔经》。《镇住饿痨魔经》，彝语称为“泥木日”（[illegible]）。“泥木”（[illegible]），全称为“泥木尔桢”（[illegible]），是众魔类之一。因战争、械斗等人为因素和其他自然灾害因素，众多人员死亡惨烈，受当时条件的影响，人的遗体在焚烧、埋葬时没有安葬彻底，其灵魂便变成地位低下的“泥木尔桢”，甚至一些虎豹、狼狗等动物死亡后也变成贪吃的“尼木”，“泥木尔桢”是极不讲礼的鬼类之一，只要有肉的地方它都会去抢食，是等级很低的鬼类乞丐。“日”（[illegible]）为镇、压、拒绝之意。“泥木日”的意思是为了防止“泥木尔桢”等低级妖魔邪怪抢吃用来宴请格菲神的祭品，用低级食品来引诱它，后将其驱逐。《镇住饿痨魔经》的内容如下。

[illegible]，　现在要诵经，
[illegible]，　诵经毕三段，
[illegible]，　围捕驱遣饿痨鬼，
[illegible]，　驱赶饿痨鬼，
[illegible]，　围驱痨鬼点丁诵，
[illegible]。　护主点丁后。
[illegible]，　围驱饿痨鬼，
[illegible]，　古时曾遭凶，
[illegible]，　遇凶便绝嗣，
[illegible]，　变成白头饿痨魔，

① 《回路经》是以马边彝族自治县立克日罗（作者父亲）毕摩经典及美姑县迪惹洛曲毕摩经典为基础，作者参考其他经典整理、翻译而成。

饥饿四处窜，
磨牙馋涎欲滴，
四处山峰望，
窜入放牧地，
伺机找牛马，
猛兽袭牲畜，
饿痨鬼叫喊，
尔格[1]苍天转。
祖考莫成饿痨魔，
祖妣莫成饿痨魔。
实勺[2]祖妣已分支，
六祖饿痨已形成，
高山河谷间徘徊。[3]

仪式主人家，
远古的时候，
阿普居木[4]世，
住房牧房，
居地环境，
主家土地，
居住此地后，
远古的时候，
尼能亡后变成饿痨魔，
实勺亡后变成饿痨魔，
格峨亡后变成饿痨魔，
慕弥亡后变成饿痨魔，
六祖后裔变成饿痨魔，

武[5]住武迁徙，
乍居乍迁徙，
天叶勒合[6]住，
天叶勒合变，
普苏乌乌[7]住，
普苏乌乌变，
宗族死在原野中，
姻亲死在原野中，
亲朋死在原野中，
君死民死原野中，
彝死汉死原野中，
尸体焚烧未烧尽，
埋葬双脚外露变，
烧肉未熟血淋淋，
彝死变成饿痨魔，
汉死变成饿痨魔，
豹死变成饿痨魔，
虎死变成饿痨魔，
狗死变成饿痨魔，
猪死变成饿痨魔。

饿鬼驱逐出，
痨鬼驱逐出，
林中食林木，
石间找水喝。
莫坐山峰边，
莫站水沟边，
莫来屋上方，
莫到屋下方，

① 尔格：全称为“尔格特比”（[illegible]），是上苍鬼界中食人魔怪之一，其居住方位随时间的变化而有规律性地变化，现彝历法中通常所说的“德克”（[illegible]）就是指“尔格特比”的居住方位。

② 实勺：为“彝族六祖”先祖之部落首领。

③ 摘自《彝文典籍丛书》，第2820页，四川出版集团、四川民族出版社，2009年12月，并与美姑著名毕摩迪惹尔曲的经书一起整理而成。

④ 阿普居木：指“彝族六祖”。

⑤ 武：与下面的“乍”是“彝族六祖”的长房老大、老二，即慕雅切、慕雅考。

⑥ 天叶勒合：为远古凉山地区土著民族，后因诸因素被云南昭通一带迁来的彝族同化。

⑦ 普苏乌乌：是远古时期居住在中国西南地区的少数民族，近古以后已被其他民族同化或灭绝。

饿鬼要消失，
痨鬼要消失。
饿痨邪鬼呀，
山上玩就渴，
山谷耍就饿，
望见山上砍伐神枝跑过来，
望见山谷割断祭草跑过来，
看到抓捕祭牲跑过来，
看到烧火祭烟跑过来，
听到淬石祛秽声就跑来，
林中饿了吃林木，
石上渴了找水喝。
莫到主家想祭品，
莫想偷吃主祭品。

远古的时候，
不能吃的盐，
冰雪莫吃盐，
冰雪当盐吃，
冰雪在山顶，
饿鬼驱山顶；
不能狩猎狗，
狐狸莫猎狗，
狐狸当狗猎，
狐狸在山顶，
饿鬼遣山顶；
不能耕的牛，
野鹿不能耕，
野鹿当牛耕，
野鹿在沟壑，
饿鬼驱沟壑；
不能叫的鸡，
雉鸡不叫鸡，
雉鸡当鸡叫，
雉鸡在山谷，
饿鬼驱山谷。

饿鬼莫要起，
痨鬼莫要来，
饿痨诸邪鬼，
今晚仪式主人家，
莫抢魂祭品，
莫抢魄物品，
莫偷吃祭品，
莫偷吃贡品，
莫到神位上方来，
污毕声，
莫秽毕经语，
莫裂鸡头骨，
莫折鸡舌叉，
莫扰鸡股的内骨，
莫乱股骨的外卦①。
山顶饿鬼已镇住，
山谷痨鬼已锁住，
苍天雷癞已镇住，
地下土癞已镇住，
坎下蛇癞已镇住，
坎上蛙癞已镇住，
树上猴癞已镇住，
崖中蜂癞已镇住，
水中獭癞已镇住，
世间人癞已镇住，
镇就牢，
镇必固矣。②

接着念诵《镇住食人魔经》（《[illegible]》）、

① 毕摩用汤勺从锅里舀出少许鸡汤，再在汤勺里放入一些爪壳后，在祭品上方顺时针方向绕一圈后抛出。

② 上段以马边毕摩吉克良良《毕峨特以》（学毕经）经书为基础，作者参考其他经典整理而成。

《驱遣馋邪魔经》（《[illegible]》）、《驱逐失误邪经》（《[illegible]》）。

六、安抚护佑神（[illegible]）

安抚护佑神，彝语称为“吉禄图地”（[illegible]）。指各种家宅护佑神要依附各自的体魄，各司其职，不要一时糊涂，背叛主人，不要随牲畜、衣物、器皿等物品离开主人，而要永居家里，护佑主人。

镇住一切可能作祟于鸡卦的馋邪低贱魔怪后，敬请已拽回的格菲魂和家宅神享用佳肴，以示安抚。毕摩用汤勺舀出少许鸡汤，放入一些鸡肉、苦荞圆子，再用麦冬草蘸上几滴白酒于勺中，手持汤勺念诵《安抚护佑神经》（《[illegible]》）。

[illegible]， 现要安抚锅庄[1]神，
[illegible]， 仪式主人家，
[illegible]， 锅庄神灵未来时，
[illegible]， 不能战胜死亡神，
[illegible]， 不能战胜凶案神，
[illegible]， 御敌不能克，
[illegible]， 冤案不能胜，
[illegible]。 宴客不如意。
[illegible]， 锅庄神灵到来后，
[illegible]， 战胜死亡神，
[illegible]， 战胜凶案神，
[illegible]， 御敌能攻克，
[illegible]， 冤犯能战胜，
[illegible]， 宴客名誉增，
[illegible]， 房神熙熙攘攘，
[illegible]， 屋神尽玩耍，
[illegible]， 房神莫污染，
[illegible]， 屋神莫背叛，
[illegible]， 房神来守望，
[illegible]。 屋神来护卫。

[illegible]， 现请佑神回家永定居，
[illegible]， 十二衣饰铠甲护佑神，
[illegible]， 丝绸衣物护佑神，
[illegible]， 金银珠宝护佑神，
[illegible]， 天空磨利鹰爪石[2]，
[illegible]， 九代豪富护佑神，
[illegible]， 地上乌鸦[3]巢佑神，
[illegible]， 七代豪富护佑神，
[illegible]， 蕨草石蛋[4]护佑神，
[illegible]， 五代豪富护佑神，
[illegible]， 院坝盲蛇[5]巢佑神，

①锅庄：是指彝族室内修建的三锅庄，彝语称为“嘎兵”，有的地方称“嘎库”。三锅庄一般设在堂屋偏左侧，它由“嘎迪”与“嘎炉”两部分组成。新建时先挖一个直径为30～40厘米的坑作为主塘，主塘的边缘由三块半圆形的锅庄石作铺垫，拼合为圆形火塘，称之为“嘎迪”。与此同时，将另一组三块月牙形的石板立于前一组的拼合处，月牙形的三块石板称之为“嘎炉”。三块“嘎炉”形成三角形的支撑点，架上锅故称“三锅庄”。

②传说当鹰爪长得过长时，雄鹰就用其爪从地上抓住一个坚硬的磨刀石飞到天空，边飞边磨爪，磨好爪子后丢下石块坠落在地，彝族先民看到后将其捡回家珍藏。彝族先民认为请毕摩举行祛秽祭祀后妥善珍藏鹰爪石，鹰爪石就变成极品的家宅护佑神。

③乌鸦一般是在原始森林中的树冠中筑巢，极少数在地上筑巢，如果找到一个地上的乌鸦巢带回家享祭后贮藏，也会成为护佑神。

④蕨草石蛋是一种稀有的石蛋，是一对夹在蕨枝上的双蛋。远处时，人们时而能看到，时而看不到；近处时就看不到，只有极少数人能在近处看到。若将其带回家，在家里举行祛秽、呼魂等祭祀仪式后妥善保藏，就成为得主的护佑神。

⑤盲蛇，彝语称为“鲁”（[illegible]），生活在高山无人居住处。传说盲蛇生活区域一般人类禁忌进入，否则会惹得山神愤怒。然而，有些盲蛇偏要在人类居住地附近筑巢，若有人发现其巢穴并看到许多盲蛇聚在一起，发现者要从其巢穴上跨过，彝族先民认为这是一种福祉。

[illegible]。　三代福祉护佑神。
[illegible]，　衣物铠甲护佑神，
[illegible]，　莫随捆绑敌人绳，
[illegible]，　莫进仇人敌人家，
[illegible]。　莫入仇人敌人家。
[illegible]，　人丁魂魄回家永定居，
[illegible]，　六畜灵魂回家永定居，
[illegible]，　五谷灵魂回家永定居，
[illegible]，　粮食丰神回家永定居，
[illegible]，　内室下方佑神永守家，
[illegible]，　内室上方名誉神灵永保家，
[illegible]，　佑神稳守住，
[illegible]，　声誉永镇住，
[illegible]。　三神祭之吾主家。

[illegible]。　生育魂魄永定居。
[illegible]，　生育神请回，
[illegible]，　内室闺房中，
[illegible]，　室内生杉木[1]，
[illegible]，　锅庄长樱树，
[illegible]，　室内亮堂堂，
[illegible]。　子孙玩耍如蜂鸣。

[illegible]，　回转餐具请享祭[2]，
[illegible]，　回转汤盆来饮水，
[illegible]，　魂魄祭品已回转，
[illegible]，　鸡头骨，
[illegible]，　鸡舌叉已回转，
[illegible]，　主人魂魄已附体，
[illegible]、　吉禄库伙[3]、
[illegible]，　家宅神灵已附宅，
[illegible]，　木盔内转乐融融，
[illegible]。　餐具内转笑盈盈。
[illegible]，　请魂先品酒，
[illegible]，　请魄先尝酒，
[illegible]，　请魂品佳肴，
[illegible]，　请魄尝酒肉，
[illegible]，　主魂要吃好，
[illegible]。　主魄要饮饱。[4]

七、请魂祭神灵（[illegible]）

举行“请魂祭神灵”仪式时，主持毕摩念诵《请魂祭神经》（《[illegible]》），彝语称为“影博古纠”（[illegible]）。“影”（[illegible]）意为魂，“博”（[illegible]）意为喊、召回、请之意，“古”（[illegible]）指体、体质、本身，“纠”（[illegible]）为动词，住、在之意，这里指依附、附体。“影博古纠”指唤回所有家宅神到家用供品祭之，并依附各自的体魄或物品，护佑家宅人丁兴旺、财源滚滚、流芳百世。

该经从表面上看主要用于祭祀家宅神灵，旨在宴请和安抚主人的家宅神灵，让它们忠于职守，各司其职，护佑整个家庭。其核心更是告诫人们要辛勤劳动，才能不愁吃不愁穿；家庭和睦，相互帮助，团结互助，才能安居乐业，健康幸福。

毕摩传统文化认为，部分家宅护佑神因各种原因背主离家，特别是家庭财物变主时，也跟随其附属他家，给主人家造成损失。若是大部分家宅护佑神背主离家而去，这个家庭或这个家族就会逐渐衰落，甚至会遭遇灾难。因此，彝族对家宅护佑神的敬畏之心不亚于其他犹如自然神灵，唯恐因触犯家宅护佑神而受到惩罚。为此，家庭成员个人行为和室内布局都要循规蹈矩，特别是

① 毕摩文化用杉树和樱树分别代表男婴和女婴。

② 念经到此时，毕摩将餐具、祭品都向内室方移位一点，同时，餐具、祭品逆时针方向旋转180度，鸡喙和马勺子柄都指向内室主人方。

③ 库伙：指威慑和声誉，特指作为一家之主的男人的声誉。

④ 摘自雷波迪阿哲毕摩经书。

祖传遗物等特殊物品，平时不能随意移位或拿出来观赏，严禁鲁莽行事，否则会受到惩罚。

毕摩原生文化认为，家宅神是由财富神、耕牧神、狩猎神、长寿神、生育神等神灵组成，是保佑家庭兴旺发达的护佑神群体。为此，毕摩念诵《请魂祭神经》（《[illegible]》）。

[illegible]——[illegible]！	彝英——叹啊！
[illegible]，	现在请魂来拿祭，
[illegible]，	食物做祭品，
[illegible]。	佳肴摆齐全。
[illegible]，	法令传播已传到，
[illegible]，	冥界分出游荡魂，
[illegible]。	游魂稳重莫消失。
[illegible]，	远古六祖祖，
[illegible]。	依与博当先。
[illegible]，	自古君富有，
[illegible]；	主人君遗裔；
[illegible]，	自古臣俸禄，
[illegible]；	主人臣后裔；
[illegible]，	自古匠利禄，
[illegible]；	主人匠遗裔；
[illegible]，	自古毕利厚，
[illegible]。	主人毕遗裔。
[illegible]，	自古君佑神，
[illegible]；	蕨草之石蛋；
[illegible]，	自古臣佑神，
[illegible]；	天空之群星；
[illegible]，	自古毕佑神，
[illegible]，	雕鹞之眼神，
[illegible]。	不断环四周。
[illegible]，	明君护佑神，
[illegible]；	明君执政兴；
[illegible]，	贤臣护佑神，
[illegible]，	臣起判案明，
[illegible]，	巧匠护佑神，
[illegible]；	铸造炉灶火焰旺；
[illegible]，	毕摩护佑神，
[illegible]。	执祭禳灾民众兴。
[illegible]，	佑神莫叛主，
[illegible]，	安居吾主家，
[illegible]。	吾主相和谐。
[illegible]，	佑神莫随征战铠甲，
[illegible]，	莫随俘虏戴铁链，
[illegible]，	投奔到敌人家，
[illegible]。	莫要投奔敌人家。
[illegible]，	莫要随花马绿羊，
[illegible]，	投奔到姻亲家，
[illegible]。	莫要投奔姻亲家。
[illegible]，	佑神莫随金银首饰，
[illegible]，	投奔到姻亲家，
[illegible]，	莫要投奔姻亲家，
[illegible]。	请随送亲者返回。
[illegible]，	佑神莫随分出田地，
[illegible]，	投奔到宗亲家，
[illegible]，	莫要投奔宗亲家，
[illegible]。	请随边界线返回。
[illegible]，	佑神莫随鲜肉食品，
[illegible]，	投奔到邻居家，
[illegible]，	莫要投奔邻居家，
[illegible]。	请随餐具皿器返回。
[illegible]，	佑神莫背主，
[illegible]，	佑神莫叛家，
[illegible]。	祭之吾主家矣。
[illegible]，	君获家宅神，
[illegible]，	执政英明固，
[illegible]，	臣获家宅神，
[illegible]，	判案明又公，

毕获家宅神，
签筒笑盈盈，
民获家宅神，
家里人丁兴又旺。[①]

一

彝英——叹啊！
十二长寿命旺神，
现在召唤灵，
召回灵魂后，
儿要寿，
儿要俊，
女要寿，
女要美，
寿要牢，
命要固，
寿要兴，
命要旺祈祷，
长寿能善言，
命旺心善良，
一天呼长寿，
一天唤命旺。
格非源自水，
获格悬崖[②]飞，
祖获藏银子[③]，
银与金融合，
祈祷获高寿，
祈福命旺盛。
主人高寿头雪白，
命长牙齿黄，
老来撑拐杖，

① 曲比石美等，《彝族尼牡概论》，第14页，四川民族出版社，2001年3月，并与雷波迪阿哲毕摩经书一起整理而成。

② 悬崖：此处比喻男人的躯体。

③ 银子：此处比喻丈夫的精子，金子比喻女人的卵子。

身体如磐石，
寿命如路长，
太阳一样明，
月亮一样亮。

脚蹬石块稳，
手抓树牢固，
千岁寿吉禄，
百岁命吉禄，
二轮二十五，
三轮三十七，
四轮四十九，
五轮六十一，
六轮七十三，
七轮八十五，
八轮九十七，
九轮百二十岁。

年老寿命长，
后辈接前辈，
灵类皇帝尊，
皇帝之母亲，
三轮三百六十岁，
主寿三百六十岁；
翅类鸵鸟大，
鸵鸟之母亲，
三轮三百六十岁，
主寿三百六十岁；
蹄类大象大，
大象之母亲，
三轮三百六十岁，
主寿三百六十岁；
约特寺林[④]呀，

④ 约特寺林：为古代名人。据传，是一位活了300多岁的彝族老人，是代表长寿的护佑神。

[illegible]　三轮三百六十岁，
[illegible]　主寿三百六十岁；
[illegible]　木哲阿鸿呀，
[illegible]　三轮三百六十岁，
[illegible]　主寿三百六十岁；
[illegible]　峨桌①金竹三百六十节，
[illegible]　主寿三百六十岁，
[illegible]　阶依硕罗②方，
[illegible]　一株杉树寿，
[illegible]　三百六十年，
[illegible]　主寿三百六十岁，
[illegible]　十二长寿吉禄呀，
[illegible]　祭之降临主人家。③

诵到此处时，毕摩用马勺子（[illegible]）从装祭品的盆里舀出少许鸡汤放入烧烫的锅内，产生蒸汽，以示用鸡肉、苦荞圆子等佳肴来享祭主人的魂魄、格菲魂及所有家宅神，同时念诵以下经文。每次诵完《请魂祭神经》的一小段都要重复以上动作并继续诵经。为了节省篇幅，下面各段略写之。

[illegible]　彝英——叹啊！
[illegible]　油已足，
[illegible]　菜已炒，
[illegible]　盐已咸，
[illegible]　椒已辣。
[illegible]　魂已请，
[illegible]　魄已喊，
[illegible]　魂魄已享祭，
[illegible]　魂魄已宴请，
[illegible]　健康长寿护佑神，
[illegible]　祭之护佑吾主家。

二

[illegible]　五行④祈祷，
[illegible]　十二五行神佑祭，
[illegible]　拥有五行吉，
[illegible]　遗留五行运气祥，
[illegible]　森林茂又密，
[illegible]　遇到五行就稀，
[illegible]　山崖九层山丘高，
[illegible]　遇到五行就变矮，
[illegible]　海水九峰重叠深，
[illegible]　遇到五行就干涸，
[illegible]　寒带适牧业，
[illegible]　盆地适农业，
[illegible]　沼泽宜牧猪，
[illegible]　人间有食物。
[illegible]　森林适应兽，
[illegible]　崖壁适应蜂，
[illegible]　江河适应鱼，
[illegible]　草原宜麻雀，
[illegible]　人类有肉食。
[illegible]　公木母木五行神，
[illegible]　主人获取母木神，
[illegible]　公金母金五行神，
[illegible]　主人获取母金神，
[illegible]　公火母火五行神，
[illegible]　主人获得母火神，
[illegible]　公地母地五行神，
[illegible]　主人获得母地神，
[illegible]　公水母水五行神，
[illegible]　主人获得母水神。

①峨桌：地名，指四川西昌。
②阶依硕罗：是美姑与雷波交界处的一条山脉，汉语称龙头山或黄茅埂。
③摘自马边彝族自治县吉克良良经书，经整理、翻译而成。
④五行：指金、木、水、火、土。

五行护佑神，
如此得以后，
获取鹰踢的雏鸡，
获取鸡踢的斑鸠，
获取逃跑的奴隶，
获取拴绳的母猪。
运盐得白银，
运茶获黄金。
左手获白银，
右手获黄金，
他人赐吾主，
他人开钱柜，
钱柜抓金银，
金银闪发光，
赐予吾主手，
五行护佑神，
祭之吾主家，
三神祈家中。

三

遗产继承护佑神，
彝英——叹啊！
十二遗产继承佑神祭，
遗啊产，
继啊承，
君遗留执政，
臣遗留判案，
毕遗留无数。
他遗我也遗，
我遗他遗多；
他承我也承，
我承他承贵。
护佑神遗产，
声誉留遗产，
人丁魂遗产，
发展魂遗产，
六畜魂遗产，
兴旺魂遗产，
五谷魂遗产，
丰登魂遗产，
五谷杂粮魂遗产，
十二继承遗产护佑神，
祭之仪式主人家。①

四

十二福佑神，
十二享祭福佑神，
远古依博见识广，
孜达知识渊博灵，
学识渊博乃是福佑神，
经典浩繁乃是福佑神，
一对签筒乃是福佑神，
约特寺林乃是福佑神。

明君获佑神，
世君执政明，
贤臣获佑神，
辩论口齿伶，
毕摩获佑神，
祭祖人丁兴。
枪弹乃是防御福佑神，
强盗光临枪弹来镇压，
高原乃是牛羊福佑神，
牛羊换取金银珠宝富。

十二福佑神，
森林乃是福佑神，

①根据雷波县迪阿哲毕摩经典与美姑县迪惹洛曲毕摩经典整理而成。

白杉与白樱桃，
佑神白杉树里跳，
站在白樱桃里玩，
白松上面飞佑神。
鸟类乃是福佑神，
白仙鹤与白鸿雁，
白雕禽三类，
白鹤乃是明君福佑神，
白雁乃是贤臣福佑神，
白雕乃是毕摩福佑神。
松树栖白鹤，
禽类递财富，
三群白禽类，
祈之吾主福佑神。
佑神兽类尊，
白豹与白虎，
白麒麟[1]三类，
白豹君佑神，
白虎臣佑神，
麒麟乃是毕佑神。

柜箱藏酒神，
酒神促雄辩，
能解千纠纷。
铠甲战佑神，
勇士戴千铠，
衣呀穿佑神，
金银首饰带。
地上蓝点颈乌巢，
丰收富裕福佑神，
足食强盛护佑神。

蕨间石块蛋，
青蛙鸣叫福佑神，
松上白鹤鸣佑神，
杉树灰雁栖佑神。

十二福佑神，
一对白色公母虎，
花花绿绿是，
一群白色野兽福佑神，
辛勤农耕是，
一对孪生鸟类福佑神，
衣饰铠甲是，
一对白色兔福佑神，
黄金项链呀，
年轻勇士戴的福佑神，
骏马耕牛是，
白色牦牛尾毛福佑神，
鸟类鸣叫福佑神，
半夜盲蛇嘶叫福佑神，
蕨草石蛋福佑神，
天空鹰爪抓石福佑神，
平原麻雀巢窝福佑神，
地上乌鸦巢窝福佑神，
蕨根云雀鸣叫福佑神，
地上杜鹃鸣叫福佑神，
路边泉水喷是福佑神。
云雾下方处，
白鹤唳叫乃是福佑神，
黑云下方处，
杉林乌鸦鸣叫是福佑神。

下室白母马福佑神，
上室白雄鹇福佑神，
上室黑雌白鹇福佑神，
花马绵羊福佑神，

---

① 麒麟：是中国传说中的神兽，集狮头、鹿角、虎眼、麋身、龙鳞、牛尾于一体。据传，麒麟性情温和，能活2000年，是吉祥的象征，能镇宅辟邪，它既可送子，也可佑子，意喻祈求、祝愿早生贵子，子孙贤德。

花白脚蹄猫福佑神，
养牛牧羊富福佑神，
六畜五谷拥福佑神，
花花白白是福佑神，
盲蛇头角是福佑神，
金银财宝是福佑神，
华丽服饰是福佑神，
锦绣丝绸是福佑神，
牛角羊蛋[①]是福佑神，
胛骨肋骨分叉[②]是福佑神。

空中雄鹰磨爪石福佑神，
九代富裕福佑神，
地上乌鸦巢穴护佑神，
七代富裕福佑神，
蕨间石蛋护佑神，
五代富裕福佑神，
院坝盲蛇巢穴护佑神，
三代富裕福佑神。
路旁遇泉水[③]，
一代富裕福佑神。

十二福佑神，
佑神入头里，
头发卷曲美，
头脑学识博，
佑神入口里，
口齿伢伶俐，
双唇公龙戏，
舌尖母龙戏，
胸中似龙诵，
两腮似龙戏。
佑神在手上，
出手灵活快，
佑神在腰间，
腰间成格牢，
腰间成非牢固藏。
佑神在脚里，
腿象鹤腿长，
追逃速追到，
自跑也逃脱，
住彝地，
徒步汉区游。

十二福佑神，
名流传后代，
名流后裔世德古，
英雄传后世，
英雄后裔持宝剑，
富人后裔富，
富人后裔牧牛羊，
毕摩世袭传，
毕摩后裔背签筒，
苏尼后裔妮，
苏尼后裔拿白鼓，
十二福佑神，
祈到主家中。
三神祈家中。[④]

五

声誉祈福，
十二声誉祈享祭，

① 羊蛋：是解剖绵羊时羊胃中藏有似鸡蛋的石块，具有药用价值，彝族先民认为这块疑似鸡蛋的物质是护佑神将其珍藏。

② 仪式主人家的牛羊等大牲畜的胛骨或肋骨有奇特的分叉（支），彝族先民认为这块有奇特分叉的是护佑神。

③ 人们在远行时，在平时不流水的地方偶然遇到一股流水，如果遇到的是混浊的流水，那是雷癞邪鬼水，禁饮食之；如果遇到的是清澈的流水，那是福祉水，喝一口就富一代。

④ 《彝文典籍丛书》，第517页，四川出版集团、四川民族出版社，2009年12月。

主人声誉如水猛，
主人荣誉若山雄。
格菲是声誉，
寿呀命声誉，
六畜是声誉，
五谷是声誉，
放牧促声誉，
耕耘进声誉。
君王获声誉。
官印是声誉，
拥兵带铠甲。
大臣获声誉，
断案明又公。
毕摩获声誉，
经书法笠藏。
百姓获声誉，
耕作锄头拥。
六畜之声誉，
围栏在圈里，
五谷之声誉，
藏在仓柜中，
粮食之声誉，
室内上下藏，
格菲之声誉，
内室闺房藏。

昊实楚[1]是声，
提乍姆是誉，
昊毕增声誉，
昊神石垒高，
昊毕发展强，
提赐无数格。
美丽佑神[2]地上生，
美是佑神美，
佑神是朵花，
若无护佑神，
人丁不能增。
尊是声誉尊，
声誉如杉木，
声誉若山高，
厚是声誉厚，
声誉若山厚，
倘若无声誉，
不能镇别人。
牛多增声誉，
羊多增声誉，
宴客增声誉，
御敌扬声誉，
声誉莫背主，
佑神莫叛离，
十二声誉神，
祭之主人家。

六

经典魂，
十二经典佑神祈，
君按经典来执政，
臣按经典来司法，
毕按经典来执祭。
经典护君王，
经典护大臣，
经典护毕摩，
祖辈代代传，
子孙世袭承，

① 昊实楚：与下句的“提乍姆”是古代“彝族六祖”时期云贵高原两位无派系的著名毕摩，分别代表祭天派毕摩和祭地派毕摩。

② 这里的佑神是指家庭中的主妇、妻子。

[illegible]。 博士后裔知识渊。
[illegible]， 放牧花牛有世袭，
[illegible]， 繁殖花羊靠遗传，
[illegible]， 学识后裔是博学，
[illegible]， 博裔成德古，
[illegible]， 勇士后裔勇，
[illegible]， 勇士持白矛，
[illegible]， 富人后裔勤，
[illegible]， 富裔牧牛羊，
[illegible]， 世毕后裔毕，
[illegible]， 毕裔背签筒，
[illegible]， 十二经典魂，
[illegible]。 祭之主人家。[1]

七

[illegible]， 学识魂，
[illegible]， 十二学识祭，
[illegible]， 知识魂祈祷，
[illegible]， 知识渐渐学，
[illegible]， 他学我也学，
[illegible]。 我学发展快。
[illegible]， 他看我也看，
[illegible]， 我看更精熟，
[illegible]， 解答学问挺顺畅，
[illegible]。 所走道路很畅通。
[illegible]， 智裔智，
[illegible]， 智裔成德古，
[illegible]， 富裔富，
[illegible]， 富裔牧牛羊，
[illegible]， 勇裔勇，
[illegible]， 勇裔持短矛，
[illegible]， 智裔智，
[illegible]， 智裔知识渊，

① 摘自美姑县吉克石罗毕摩经典。

[illegible]， 识裔识，
[illegible]， 识裔学识博，
[illegible]， 十二学识魂，
[illegible]。 祭之主人家。[2]

八

[illegible]， 富强佑神祭，
[illegible]， 十二富强祈，
[illegible]， 千门万户富，
[illegible]， 连墙接栋强，
[illegible]， 人丁兴旺强，
[illegible]。 高山坪坝拓。
[illegible]， 仪式主人家，
[illegible]， 作毕后一年，
[illegible]， 子孙成壮丁，
[illegible]， 作毕两年后，
[illegible]， 六畜繁殖多，
[illegible]， 作毕三年后，
[illegible]， 五谷丰收誉，
[illegible]。 粮仓满溢溢。
[illegible]， 人丁兴富强，
[illegible]， 六畜繁殖强，
[illegible]， 五谷丰登强，
[illegible]， 粮食丰收强，
[illegible]， 格强菲又盛，
[illegible]， 长寿命强盛，
[illegible]， 一片富强景，
[illegible]。 富强盛绽放。
[illegible]， 富强护佑神，
[illegible]， 一碗粮食成二簸，
[illegible]， 一尺布料成二丈，
[illegible]， 一人成二人，

② 《彝文典籍丛书》，第517页，四川出版集团、四川民族出版社，2009年12月。

二人成四人，
四人成八人，
十二富强神，
祭之主人家。

九

和睦护佑神，
十二和睦护佑神，
亲朋好友们，
祖孙要和睦，
父子要和睦，
夫妇要和睦，
和睦就团结，
早饭烹饪美，
晚饭烹佳肴，
母女要和睦，
和睦就团结，
兄弟要和睦，
和睦谋略高，
御敌杀敌人，
征战必获胜。
君民要和睦，
和睦就团结，
团结就牧业，
牧业发展快，
耕作五谷丰，
和睦护佑神，
祭之主人家。[1]

十

互助护佑神，
十二互助护佑神，
粮丰牧业兴，
主人福禄长，
胛骨堆如垒，
草原助百兽，
互助五十五。
人间互助兴，
六畜互助繁，
五谷互助丰，
格菲互助育，
寿助命高寿。
蓝天白云下，
鹤雁互助飞[2]，
崇山峻岭下，
杉樱互助立，
一家屋里面，
夫妇互助福。

扶助金灿灿，
白昼太阳助，
太阳照人间，
光照主人家，
主人亮堂堂。
夜晚月亮助，
月亮挂天上，
月光助主家。

林中刺桐首，
形成一片森，
树神助主人。
崖助蜜蜂巢，
蜂巢满悬崖，
崖神助主家。
水助鱼群游，

①摘自马边彝族自治县吉克良良毕摩经典。

②指鹤、雁在高空飞翔时排成不同的形状而阻挡风力。

江河满鱼游，
江河助主家。

人丁兴旺靠互助，
幸福美满靠互助，
六畜兴旺靠互助，
牧业发展靠互助，
五谷丰登靠互助，
农业发展靠互助，
粮食丰收靠互助，
生育繁殖靠互助，
长命百岁靠互助。

放牧靠助神，
耕耘靠助神，
宴客靠助神，
御敌靠扶助，
做事在前面，
助神在后帮，
十个做事者，
不如一个互助神，
十二互助护佑神，
祭之降临主人家。[①]

十一

说话灵验护佑神，
说话灵验护佑神，
仪式主人家，
嘴角藏雄龙[②]，
上唇藏雌龙，
体内生龙群，
两腮龙子曜，
胡须居雌龙，
舌头龙子戏，
灵验护佑神，
祭之主人家。[③]

十二

优种增产祈，
十二优种增产祈，
牛体强壮如山峰，
犁牛力量在牛颈，
犁牛不需弯着腰，
牵牛无须回头看[④]，
别家庄稼在坎下，
主家庄稼在坎上，
别家庄稼矮又黄，
主家庄稼高又绿。
大麦不施肥麦粒蜜蜂大，
小麦不施肥长势悬崖排，
荞麦不施肥荞叶斗笠大。
制作粮竹囤，
竹囤如山大，
囤如星星蘑菇多，
萝卜圆盆大，
萝卜堆如山，
主人满，
吾主粮仓满。

仪式主人家，
如此仪式后，
如果别人偷窃主人家，

① 曲比石美等，《彝族尼牡概论》（四川民族出版社，2001年3月）第19页和《彝文典籍丛书》（四川出版集团、四川民族出版社，2009年12月）第518页。

② 龙：是传说中的一种长形、有鳞、有角的神异动物，能走，能飞，能游泳，能兴云作雨，是一种吉祥的动物。此句指人庄重典雅，说话灵验之意。

③ 摘自美姑县吉克石罗毕摩经典。

④ 因耕牛力大，牵牛的小孩直接向前走无须向后面看。

别人盗主家，
牛群穿梭跑，
牛惊击盗贼，
猪群穿梭跑，
猪吓咬盗贼，
猪圈锁牢固，
牛圈锁牢固，
懒狗也清醒，
懒人也听见。
吾主到外追债去，
吾主到外讨债时，
脚踏别人家里中，
在外做事征途中，
马头戴辔头，
牛鼻穿竹绳，
花脚绵羊赶，
达到主牧地，
主耕地，
达到吾主家。
良种增产魂，
祭之吾主家，
三魂永在家。

十三

粮食五谷魂，
十二粮食五谷魂，
山坡山腰祛除三百玉米秽，
阿伙柳以祛除三百大米秽，
驷匹嘎伙祛除三百荞麦秽。
以前别家坎下种，
坎下庄稼枯黄稀，
今年主家坎上种，
坎上庄稼长势黑黝黝。
自古人类兴与衰，
要看五谷丰与歉，
均由苍天来定夺，
白苍天，
黑地母来看。

山顶柏树花开，
花开成籽粒，
籽粒成果实，
果实长成熟，
成熟果脱落，
脱落赐主人。
深山玉兰花开，
花开成籽粒，
籽粒成果实，
果实长成熟，
成熟果脱落，
脱落赐主人。
依兹阿扎花开，
花开成籽粒，
籽粒成果实，
果实长成熟，
成熟果脱落，
脱落赐主人。
园圃油菜花开，
花开成籽粒，
籽粒成果实，
果实长成熟，
成熟果脱落，
脱落赐主人。

远古的时候，
人类兴地方，
阿嘎勒陀[1]方，
彼岸阿哲居，

① 阿嘎勒陀：古彝地名，又称“阿嘎李陀”，指云贵高原，现泛指高寒地区。

阿哲种不熟，
此岸住乌撒，
乌撒种不熟，
后来有一天，
阿嘎勒陀方，
阿武[①]去砍伐，
阿武父来看，
阿武母来看，
荞叶如斗笠，
荞茎拐杖粗，
荞粒蜜蜂大。
会割者来割，
表妹共割荞，
荞垛一簇簇，
会脱粒者脱，
姻亲共来脱，
脱粒成荞粒，
丫叉[②]裂荞头，
连枷折荞禾，
扫把扫荞粒，
会扬者扬荞，
阿武父来扬，
荞壳扬坎下，
荞粒扬坎上，
荞粒堆成山，
粮仓满溢溢。
磨碎成白粉，
筛时起白雾，
揉时手变黄，
吃之口变黄，
食之美又饱。

从此那以后，
阿哲做犁弯，
乌撒制牛轭，
桦树做犁弯，
杜鹃树制牛轭，
火棘[③]做拉杆，
嫩竹做绳索，
金竹做牛鞭，
驱赶公耕牛，
到阿嘎勒陀，
阿嘎勒陀方，
犁铧翻耕地，
翻地一片片，
碎坭起云雾，
撒种如下雨，
禾苗绿油油。
荞麦首先熟，
首先成绿粒，
荞麦中间熟，
中间成黄粒，
荞麦最后熟，
麦粒已成熟。

老人食之精神壮，
小孩食之脸蛋红，
年青食之骨骼粗，
女人食之美如花。
彝地宴客时，
苦荞当首先，
联姻御敌时，
苦荞当首先。

① 阿武：为“彝族六祖”之长子，是“武”的全称，具体名字叫“慕雅切”。荞麦是阿武部落首先发现的植物，阿武部落在云贵高原深山老林中砍伐时发现了野生荞麦，发现其能食用后，便把荞麦种子带回并成功种植。

② 丫叉：脱荞料时专门用来抬荞料的树叉。

③ 火棘：彝语称“阿金”，俗称“救兵粮”，别名“火把果”，常绿灌木或小乔木，高可达3米，其果成熟后为深红色的颗粒籽，可食。

[illegible]，　人间母为尊，
[illegible]，　五谷荞极品，
[illegible]，　粮食五谷魂，
[illegible]。　祭之主人家。①

十四

[illegible]，　牧业兴旺护佑神，
[illegible]，　十二牧业兴旺佑神祈，
[illegible]，　尼能赐情神，
[illegible]，　策史赐格神，
[illegible]，　兹达赐幼崽，
[illegible]。　从此蓄畜种。
[illegible]，　放牧一个繁十个，
[illegible]，　放牧十个繁千个，
[illegible]。　犹如石块数不清。
[illegible]，　牧马繁殖千骏马，
[illegible]，　牧牛繁殖千壮牛，
[illegible]，　养猪繁殖乌鸦多，
[illegible]。　养鸡繁殖鸟群多。
[illegible]，　母马繁殖盛，
[illegible]，　母马是凡种，
[illegible]，　产下黑骏马，
[illegible]。　主人牧马大路黑。
[illegible]，　母牛繁殖盛，
[illegible]，　花色母牛种，
[illegible]，　能产勒莎夫叶牛②，
[illegible]。　主人牧牛遍山红。
[illegible]，　绵羊母种盛，
[illegible]，　母羊花脸种，
[illegible]，　产下独特标记的公羊，
[illegible]。　主人牧羊满山白。
[illegible]，　山羊母种盛，
[illegible]，　花色山羊③种，
[illegible]，　产下花脸阉山羊，
[illegible]。　主人牧羊如石白。
[illegible]，　母猪繁殖盛，
[illegible]，　黄色母猪④种，
[illegible]，　产下仔猪群鸟多，
[illegible]。　主人牧猪沼泽黑。
[illegible]，　母鸡繁殖盛，
[illegible]，　黄色母鸡种，
[illegible]，　肥大阉鸡主家出，
[illegible]，　孵出小鸡鸟群多，
[illegible]。　主人放鸡田坎白。

[illegible]，　仪式主人家，
[illegible]，　牧业六畜兴，
[illegible]，　饲养一只变一群，
[illegible]，　饲养一群繁殖百，
[illegible]，　饲养上百繁殖千，
[illegible]。　饲养上千繁无数。

[illegible]，　公羊是羊父，
[illegible]，　母羊是表妹，
[illegible]，　阉羊是羊舅，
[illegible]，　幼羊是随从，
[illegible]。　羔羊承羊种。
[illegible]，　冬季出头羔，
[illegible]，　春季出二羔，
[illegible]，　喂盐⑤排成木槽长，
[illegible]，　剪毛羊体粮仓粗，
[illegible]，　回圈路上满路排，
[illegible]，　牧业兴旺护佑神，

①作者以马边彝族自治县吉克良良毕摩经曲为基础，与其他经典一起整理而成。
②勒莎夫叶牛：为古代一头神牛，是生活在云贵高原的一头著名的彝族家养的公黄牛。
③指羊体颜色为白中带黑的母山羊。
④黄色母猪指野母猪。
⑤喂盐：指木槽上装满水后加适量盐，让羊群饮之。

祭之仪式主家中。[1]

十五

报酬护佑神，
十二报酬佑神祈，
执政获俸禄，
君居处获得，
断案得报酬，
臣居处获得，
祭祖得报酬，
毕居处获得。
勤劳得报酬，
牧牛得回报，
牧马获白银，
放牧绵羊获白银，
放牧山羊获白银，
山猪获白银，
山鸡获白银。
仪式主人家，
勤劳报酬神，
过去若没有，
今后必定有，
过去没拥有，
今后必有之，
十二报酬护佑神，
祭之仪式主人家。[2]

十六

获利护佑神，
十二获利佑神祈，
依帮兹名利，
博助达荣誉，
战争矛箭多，
尼牧牧场白，
能耕谷粒黄。
明君执政英，
百姓守法富，
贤臣司法明，
人类得实惠，
百姓和谐兴，
毕摩祭祖灵，
学识渊博明，
一边人丁兴，
一边五谷丰。
君获利，
辖区百姓多，
臣获利，
判决公正成铁案，
毕获利，
祭祖灵，
吾主人丁兴。
人类要发展，
避开病魔鬼，
牧业要获利，
盗窃莫光临，
五谷要收获，
害虫莫光顾。
仪式主人家，
仪式举行后，
随君获贡品，
随臣获牛禄，
随毕获健康，
随民获劳利。
主人勤获利，
放牧要获利，
耕作要获利，
养牛要获利，

① 此段以《彝文典籍丛书》（四川出版集团、四川民族出版社，2009年12月，第518页）为基础，与雷波迪阿哲毕摩经典一起整理而成。

② 曲比石美等，《彝族尼牡概论》，第20页，四川民族出版社，2001年3月。

[illegible]，　养羊要获利，
[illegible]，　宴宾名誉增，
[illegible]，　御敌获胜利，
[illegible]，　生子多又健，
[illegible]，　子孙屋满堂，
[illegible]，　所做都顺利，
[illegible]，　所劳都获利，
[illegible]，　获利护佑神，
[illegible]，　祭之主人家，
[illegible]。　三神祈家中。

十七

[illegible]，　积累财富[1]神，
[illegible]，　十二积累财富护佑祈，
[illegible]，　尼能[2]积财富，
[illegible]，　实勺发展快，
[illegible]，　实勺积财富，
[illegible]，　格峨发展快，
[illegible]，　格峨积财富，
[illegible]，　慕弥发展快，
[illegible]，　慕弥积财富，
[illegible]，　六祖发展快，
[illegible]，　六祖积财富，
[illegible]，　君王发展快，
[illegible]，　君王积财富，
[illegible]，　大臣发展快，
[illegible]，　大臣积财富，
[illegible]，　毕摩发展快，
[illegible]，　毕摩积财富，
[illegible]，　知识积累增，
[illegible]。　经卷不断多。

①财富：包括精神财富和物质财富。

②尼能：下句的“实勺”“格峨”“慕弥”都是“彝族六祖”之前的彝族部落首领兼宗教领袖，后指彝族历史发展的不同时期。

[illegible]，　仪式主人家，
[illegible]，　六畜积累神，
[illegible]，　祭之圈舍中，
[illegible]，　粮食积累神，
[illegible]，　祭之柜篓里，
[illegible]，　五谷积累神，
[illegible]，　吾主室内里，
[illegible]，　生育繁殖神，
[illegible]，　主房卧室中，
[illegible]，　十二积累财富神，
[illegible]。　祭之吾主家。[3]

十八

[illegible]，　象牙制品，
[illegible]，　十二象牙制品护佑神，
[illegible]，　放牧佩戴象牙品，
[illegible]，　耕耘佩戴象牙品，
[illegible]，　祭祖佩戴象牙品，
[illegible]。　喜事佩戴象牙品。
[illegible]，　签筒镶象牙，
[illegible]，　法帽嵌象牙，
[illegible]，　象牙银佑神，
[illegible]，　黄金玉佑神，
[illegible]，　象牙镶珠宝，
[illegible]，　象牙造首饰，
[illegible]，　象牙磨子芯，
[illegible]，　象牙磨子架，
[illegible]。　象牙制梳子。
[illegible]，　拥有象牙荣，
[illegible]，　拥有象牙誉，
[illegible]，　拥有象牙富，
[illegible]。　拥有象牙强。
[illegible]，　仪式主人家，

③摘自马边彝族自治县吉克良良毕摩经典。

拥有象牙秤杆护佑神，
拥有象牙手镯护佑神，
拥有象牙戒指护佑神，
象牙护佑神，
之前若没有，
今后必有之，
十二象牙护佑神，
祭之仪式主人家。

十九

名望护佑神，
十二名望护佑神，
毕摩祈祷名，
毕后旺，
坏名已驱逐，
毕后出名望，
祈祷出名人，
吾主出名望。
六畜佳魂祈，
牲畜圈之中，
五谷名望祈，
上下内室中，
粮食名望祈，
主人粮柜中，
格菲佳魂祈，
主人闺房中，
十二名望祈，
祭之赐主人。[1]

二十

生育魂，
十二生育神灵祈，
兹达领域内，
赐格增福气，
额莫领域内，
遇菲强声誉，
高山凸是格，
沟壑凹是菲，
莫锁格菲魂，
格菲莫隐藏，
北方藏锁处，
格菲藏北方，
格成牢，
菲成就固矣。

天地事务谁做主？
十五朔望日月主，
阴雨晴朗天空主，
人丁兴旺格菲主。

祖是兹[2]后裔，
兹达有十子，
十个格是君，
十个菲是妃。
巴布有十子，
十个格是君，
十个菲是妃。
尔林有十子，
十个格是君，
十个菲是妃。
尼能有十子，
十个格是君，
十个菲是妃。
实勺有八子，
十个格是君，
十个菲是妃。
格峨有十子，

① 摘自马边彝族自治县吉克拉者毕摩经书并整理。

② 兹：与下句的“兹达”，是古代彝族部落首领。

十个格是君，
十个菲是妃。
莫穆有十子，
十个格是君，
十个菲是妃。
六祖孙二十，
十个格是君，
十个菲是妃。
格立高山里，
姑舅赐格神，
菲藏沟壑处，
姻亲赐菲神。

十二溯源格菲神，
格菲起源昊天方，
昊天那上方，
格树长四株，
分支出四枝，
格花开四朵，
结出四个果。
抬头望得着，
伸腿勾不着，
伸手拿不着，
格果结三年，
格果结三月，
格果那四个，
坠落又坠落，
乌云层中坠，
坠在青云层，
青云层中坠，
坠之黄云层，
黄云层中坠，
坠在红云层，
红云层中坠，
坠之黑云层，
黑云层中坠，
坠之白云层，
白云层中坠，
坠之雾雨层，
雾雨层中坠，
坠到人世间，
阿嘎勒陀处。
阿嘎勒陀方，
格坠散四方，
四方成四魂，
一颗乃是人类生育魂，
一颗乃是六畜繁衍魂，
一颗乃是五谷丰登魂，
一颗乃是万物繁殖魂。

格菲生在额洛山①山脉，
格菲缭绕恩洛山腰处，
格菲坠落恩洛山麓地，
坠落又坠落，
一个坠落杉木森林处，
杉林野兽繁殖多，
森林獐麂呀，
一母繁九百，
二母繁九千，
三母繁无数，
主人子孙必将繁无数，
兽格成你格，
兽菲成主菲矣。
一个坠入山崖峭壁中，
山崖蜜蜂繁殖多，
山崖蜜蜂呀，
一母繁九百，
二母繁九千，

① 额洛山：疑在云贵高原彝族"六祖"发源地，具体位置待考证。

三母繁无数，
主人子孙必将繁无数，
蜂格成你格，
蜂非成主非矣。
一个坠入江河深渊中，
河里鱼群繁殖多，
江河中鱼獭，
一母繁九百，
二母繁九千，
三母繁无数，
主人子孙必将数不清，
鱼格成你格，
鱼非成你非矣。
一个坠入茫茫草原处，
草原云雀繁殖快，
茫茫草原中，
云雀巢穴密，
云雀鸣，
草原云雀呀，
一母繁九百，
二母繁九千，
三母繁无数，
吾主子孙必将数不清，
雀格成你格，
雀非成你非矣。
一个坠入家里内室中，
格入菲口处，
形成吾主格菲神，
格成牢，
菲成固，
男孩玩耍蜜蜂鸣，
女孩蹲坐悬崖排。

曾经格神旺盛时，
格神到山顶，
山顶柏树花盛开，
花开成籽粒，
籽粒成果实，
果实结成熟，
核心长成熟，
格菲核成熟。
格菲进深山，
深山玉兰花盛开，
花开成籽粒，
籽粒成果实，
果实长成熟，
核心长成熟，
格菲核成熟。
山顶索玛花盛开，
花开成籽粒，
籽粒成果实，
果实长成熟，
核心长成熟，
格菲核成熟。
深山子史[1]花盛开，
花开成籽粒，
籽粒成果实，
果实长成熟，
核心长成熟，
格菲核成熟。
沼泽阿扎[2]花盛开，
花开成籽粒，
籽粒成果实，
果实长成熟，
核心长成熟，
格菲核成熟。
格神到园圃，
园圃油菜花盛开，

①子史：是一种生长在深山中的灌木。
②阿扎：是一种生长在沼泽地的水草，花呈白色。

花开成籽粒，
籽粒成果实，
果实长成熟，
核心长成熟，
格菲核成熟。

格菲望地上，
地上生杂草，
杂草生无数，
倘若草能数，
吾主子孙数不清。
格菲望天空，
星星眨无数，
倘若星星能数清，
吾主子孙数不清。
格菲望人间，
人间长松树，
苔藓盖树根，
树枝坐鹦鹉，
鹦鹉寿长松三倍，
松涛似海啸，
吾主子孙数不清。
松林一排排，
吾主子孙一排排。
器物漆则亮，
绘则美，
吾主亮，
吾主永亮丽。

森林开启路，
崖壁开启路，
格菲开启路，
北域东北方，
北域通格道，
格道通三道，
一道吾主道。
南域东南方，
南方通菲道，
菲道开三道，
一道吾主道。
东方格之父，
东方东南方，
东方启格门，
格道开三门，
一道吾主门。
西域菲之母，
西域西南方，
西域启菲门，
菲道启三门，
一道吾主门，
来呀开启格，
来呀开启菲。①

流水有始终，
格菲有始终，
大路有始终，
格菲有始终。
江河礁石阻，
格菲顺利通，
两岸水畅通。
高原坎坷阻，
格菲顺利通，
刺竹有竹节，
格菲无节阻，
北域无通道，
格菲来破裂，
南域无通道，

---

①《彝文典籍丛书》，第2821页，四川出版集团、四川民族出版社，2009年12月。

格菲来疏通。
苍蝇本无缝，
格菲来破裂。
蛋壳无裂缝，
格菲破裂缝。
石块不生草，
格菲来就生。
仪式主人家，
左手握格神，
右手拽菲神。

格菲有九子，
一个内室下，
一个内室上，
一个粘披毡，
一个粘裙子。
男女争着怀，
男儿首先怀，
女儿跟着怀，
男女要齐生，
格神随男孩，
菲神随女孩，
起先生男孩，
跟着生女孩，
生男亮堂堂，
生女锦添花，
生男雉鸡一样智，
生女杜鹃一样美，
生儿智，
生儿慧，
生儿继嗣子，
生女美，
生女丽，
身材细苗条，
生女联姻亲。
器物绘则牢，
漆则明亮矣。
线穿针孔一样顺，
针刺布料一样利。

锅庄周围方，
子孙蹲坐山崖排，
孩脚一排排，
室内上下方，
儿立脚如大雁脚灵，
儿玩蚱蜢一样跳跃，
房前屋后方，
儿出劳动蜜蜂穿。
站立成排兵，
走路满路排。

兄弟先立家，
兄屋蜂窝排，
姊妹后立家，
探亲蜂穿梭，
生男格牢固，
生女菲靓丽。
格菲护佑神，
祭之仪式主人家。

二十一

健康体魄魂，
十二健康体魄护佑神，
祖先居地上，
彝人依土地，
太阳依宇宙，
月亮依太阳，
群星依月亮，

[illegible]，　白云依群星，
[illegible]，　黄云依白云，
[illegible]，　黑云依黄云，
[illegible]，　乌云依黑云，
[illegible]，　云雾依乌云，
[illegible]，　细雨依云雾，
[illegible]，　露水依细雨，
[illegible]，　茅草依露水，
[illegible]。　母牛依茅草。
[illegible]，　乌布[①]依母牛，
[illegible]，　乌玛延乌布，
[illegible]，　乌玛延人类，
[illegible]，　人类依魂魄，
[illegible]，　健壮魂要进，
[illegible]。　健壮魄要来。
[illegible]，　仪式主人家，
[illegible]，　健康魂附体，
[illegible]，　健壮魂附体，
[illegible]，　人丁智慧高，
[illegible]，　健壮精力旺，
[illegible]，　健康体魄护佑神，
[illegible]。　祭之仪式主人家。[②]

二十二

[illegible]，　运气护佑神，
[illegible]，　十二运气护佑神，
[illegible]，　运气神一对，
[illegible]，　飞来又飞去，
[illegible]，　飞到屋上方，
[illegible]？　飞来运气否？
[illegible]，　飞去又飞来，
[illegible]，　飞到屋下方，
[illegible]，　飞去又飞来，
[illegible]，　飞到主家旁，
[illegible]？　是不是野兽？
[illegible]，　飞禽飞过来，
[illegible]，　走兽跑过来，
[illegible]，　飞禽走兽获，
[illegible]。　运气聚到吾主家。

[illegible]，　走时只带黑猎狗，
[illegible]，　回时红狼帮捕猎，
[illegible]，　走时未骑马，
[illegible]，　回时带十马，
[illegible]，　走时未带狗，
[illegible]，　回时带着诸猎狗，
[illegible]，　豪猪刺猬换取衣物穿，
[illegible]。　公鹿灰熊吾主之猎物。
[illegible]，　十处沟壑处寻猎，
[illegible]，　一处沟壑处寻到，
[illegible]，　十处山坡处狩猎，
[illegible]。　一处山坡处追到。
[illegible]，　一对公麂同捕获，
[illegible]，　一对公鹿同猎获，
[illegible]。　一对野牛同宰割。
[illegible]，　祭猎神[③]，
[illegible]，　祛猎秽，
[illegible]，　猎狗饮热血[④]，
[illegible]。　剖尸背猎肉。

① 乌布：与下句的“乌玛”都是远古人类祖先谱系的名称。母牛也许是野生或家养之母牛，远古时候，母牛既可以为人们提供食物，也可以用来耕地，给人们带来福祉。

② 《彝文典籍丛书》，（第619页、第655页），四川出版集团、四川民族出版社，2009年12月。

③ 彝族猎人们狩到猎物时，在狩猎现场做祭祀山神仪式，因为猎物是山神的动物，在其地盘“抢走”动物时，一定要向山神祈祷，祈求饶恕，否则会被山神惩罚。

④ 按传统，狩猎成功后，趁猎物尸体还热时，猎人立即让猎狗饮猎物的血。

名狗头聪慧，
优狗嗅猎迹，
快速追捕猎。

旷野鲜花绽，
山顶猎人喊，
沟壑猎狗撵，
山坡鹿起跑，
童女运气神，
呗壳耳环摇晃晃，
童裙红彤彤，
背着装肉筐，
割肉大刀持，
山沟边洗手，
运气山神赐。[①]

仪式主人家，
狩猎运气获，
追猎运气获，
牧业运气获，
耕作运气获，
挣钱运气获，
得粮运气获，
拥牛运气获，
有羊运气获，
宴客运气获，
御敌运气获，
运气护佑神，
祭之主人家。[②]

二十三

发展护佑神，
十二发展护佑神，
左侧银发展，
右侧金发展，
中间官帽升，
人丁祈兴旺，
六畜祈发展，
五谷祈丰登，
格菲祈相遇，
主人便发展。

明君向上攀，
执政要英明，
贤臣向上攀，
司法要公正，
毕摩向上攀，
学识不断深，
经书不断多，
麒麟毕神灵，
白虎毕神强，
拥有毕经书，
经书内容丰。
百姓向上攀，
耕地逐渐宽，
耕锄不断多，
五谷丰又收，
全面都发展。
仪式主人家，
牧畜繁殖多，
耕作五谷丰，
牛群不断多，
羊群发展多，
财富蓄积厚，

① 摘自美姑县吉克石罗毕摩经书。
② 《彝文典籍丛书》，第520页，四川出版集团、四川民族出版社，2009年12月。

[illegible]，　宴客荣誉增，
[illegible]，　战胜侵犯敌，
[illegible]，　发展护佑神，
[illegible]，　别人不发展，
[illegible]。　主人定发展。
[illegible]，　仪式主人家，
[illegible]，　母马繁殖多，
[illegible]。　主家骏马必将出。
[illegible]，　母牛繁殖强，
[illegible]，　花白母牛主人有，
[illegible]。　勒莎夫叶主家出。
[illegible]，　母羊独特繁殖快，
[illegible]，　灰色母羊主家必将有，
[illegible]。　独特标记公羊主家出。
[illegible]，　山羊繁殖快，
[illegible]。　角宽阉羊必将主家出。
[illegible]，　母猪繁殖快，
[illegible]，　母猪头顶有发旋，
[illegible]。　肥猪粗牙主家出。
[illegible]，　母鸡繁殖快，
[illegible]，　肥大阉鸡主家出，
[illegible]，　十二发展护佑神，
[illegible]。　祭之仪式主人家。[1]

第三节　拽回生育魂（[illegible]）

拽回生育魂，彝语称为“格非影果”（[illegible]），意为寻找并拽回夫妻双方的生育魂。“格非影果”又称为“格非影古”（[illegible]），是指拽回生育魂后将其赐还仪式主人。生育魂拽到家后还不具有灵性，使其具有灵性要经过深层劝服、打开阻碍格非路等程序，才能返还仪式主人家，让其与主人家融为一体，主人之妻方能怀孕生子。

一、拽回生育魂

生育魂，彝语称为“格非”（[illegible]）。“格非”由“格”（[illegible]）和“非”（[illegible]）两部分组成，缺一不可。“格非”为古彝语，“格”为山顶、凸显之意，喻指男性生殖器，在彝语中专指男人精子，后指男性的生育神；“非”为河沟、凹地之意，喻指妇女生殖器，在彝语中专指妇女卵细胞，后指女性的生育神。

《拽回生育魂经》主要叙述男女生育神“格非”的起源、形成，及将生育神拽回赐予主人。“格”代表公或雄，非代表母或雌，“格非”是所有生命的繁衍神。“格非”降到山川，飞禽走兽繁殖无数；“格非”降到江河，鱼群如云；“格非”降到世间，人类繁衍无数；“格非”降于仪式主人家，夫妻和谐、子孙满堂。毕摩举行完“影博古纠”仪式后接着举行“拽回生育魂”仪式。《拽回生育魂经》内容如下。

[illegible]，　作毕拉格神，
[illegible]，　作毕拽非神，
[illegible]，　君王十兄弟，
[illegible]，　谋略来执政，
[illegible]，　大臣十兄弟，
[illegible]，　谋略来施政，
[illegible]，　毕神十兄弟，
[illegible]，　谋略找格非，
[illegible]。　谋略拉格非。
[illegible]，　拉回格非神，

① 以《彝文典籍丛书》（四川出版集团、四川民族出版社，2009年12月，第520页）为基础，结合美姑吉克石罗毕摩经书整理而成。

务必要寻到，
吾主之格菲，
尼能与实勺，
慕弥与格峨，
六祖毕二十，
请帮拉格魂，
请助拽菲魂，
拽回格菲毕摩有四位，
四位毕摩四方来。

出呀出格神，
来呀来菲神，
坠呀坠格神，
落呀落菲神，
天上坠格神，
地上出菲神，
坠格赐吾主，
出菲赐吾主，
人类寻格要寻到，
妇女接格要怀孕，
夫妻那两口，
女菲男格合，
出呀出格神，
来呀来菲神，
勇猛地出来。

森林时藏格菲神，
莫藏吾主之格菲，
悬崖时锁格菲神，
莫锁吾主之格菲，
江河时阻格菲神，
莫阻吾主之格菲。
出呀出格神，
来呀来菲神，
坠呀坠阳神，
天上坠阳神，
出呀出阴神，
地上出阴神。
……
山峰引雾联，
深山引雨联，
悬崖引蜂联，
草原引雀联，
藤子地引联，
妇女联姻联，
夫呀引妻联，
格神引菲联，
仪式主人家，
（说夫妻名）
坠呀坠阳神，
天上坠阳神，
出呀出阴神，
地上出阴神。
跟随云雾来，
跟随白雨来，
丈夫寻格获格神，
妻子接格获格神，
获格成胎儿，
胎儿要成人，
生男接传宗，
生女联姻亲。
仪式主人家，
夫妻两口子，
左侧开格门，
右侧开菲门，
格菲相通一道门。
左侧开格门，
格门已开启，
右侧开菲门，
菲门已开启，

中间格菲和，
格菲融合为一体。
仪式主人家，
左边德布莫阻格，
右边德施莫挡菲，
吾主主人之格菲，
莫藏森林阴森处，
莫藏坟烧埋葬处，
要藏屋内锅庄旁。

来呀出格神，
来呀出菲神，
降呀降阳神，
降呀降阴神，
格魂菲魂跟着回，
迎格接菲到家中，
丈夫获格神，
格神接回家，
妻子得菲神，
生育在家报吉祥。
苍天格之父，
大地菲之母，
仪式主人家，
二座山峦相对耸，
二株柏树相对立，
一对夫妇相重叠，
格菲要融合。

来呀出格神，
来呀出菲神，
格神向下站[1]，
菲神向上立，
上方格液汹涌流，
下方垭口处汇聚，
下方三口[2]开，
过后嘿嘿声，
来呀出格水，
来呀出菲水。

昊天降格神，
地上出菲神，
人类寻格获格神，
丈夫得格神，
妻子接格神，
接格来怀孕，
格主格神旺，
雄獐格神旺，
菲主菲神盛，
雌獐溢菲神。
勃呀雄獐勃，
接呀雌獐接，
雄獐射白精，
雌獐排黄卵，
精卵相融合。
格神莫阻格，
雌獐莫阻格，
勃呀丈夫勃，
丈夫射格水，
接呀妻子接，
妻子接格水，
接格成男人，
接菲成女人。
格液亮堂堂，
菲液笑盈盈，
菲液融格液。

① 格神向下站：与下句的“菲神向上立”分别比喻夫妻俩的生殖器。

② 三口：指妻子的生殖器。

格非受精卵，
一月浆液褐，
二月浆液红，
三月血滴块，
四月形蝌蚪，
五月如蕨枝[1]，
六月成人形，
九月就出生，
吾主生呀生儿女，
格成牢，
非成固了呀。

坠呀坠阳神，
天上坠阳神，
出呀出阴神，
地上出阴神。
室内生男婴，
盆腔育胎儿，
子宫胎儿玩，
宫腔胎儿立，
阴道分娩婴，
阴唇滑婴儿，
腿内生婴儿，
左手接婴儿，
右手抱婴儿，
披毡抱婴儿，
裙子裹婴儿，
手掌擦婴儿，
蹲坐抱婴儿，
乳汁喂婴儿，
睁眼看婴儿，
嘴唇吻婴儿，
双手抱婴儿，

① 蕨枝：比喻受精卵初步发育成蕨枝形，此时四肢形成，具有人的形状。

双腿挨婴睡，
新衣婴儿穿，
生儿渐长大。

坠呀坠阳神，
天上坠阳神，
出呀出阴神，
地上出阴神。
室内生杉木，
锅庄旁边长樱树，
室内亮堂堂，
祭祖规模大，
祭棚茂又盛。

格非有九子，
一个内室下面藏，
一个内室上面藏，
一个粘披毡，
一个沾裙子。
男女争着怀，
男儿首先怀，
女儿跟着怀，
男女都要生，
格神伴丈夫，
菲神随妻子，
首先生男孩，
跟着生女孩，
生男亮堂堂，
生女锦添花，
生男雉鸡一样智，
生女杜鹃一样美。
生儿智，
生儿慧，
生儿继嗣子。
生女美，

生女丽，
身高细苗条，
生女联姻亲。
器物绘则明，
漆则亮了矣。[①]

作毕接格神，
作毕祭菲神，
吾主之格菲，
格魂菲魄呀，
莫藏高山河沟处，
莫藏河岸悬崖处，
莫藏湖泊深深处，
森林莫藏格，
悬崖莫阻格，
江河莫挡格，
大地莫藏菲。
江河鱼游有鱼格，
鱼格转成吾主格，
悬崖蜂巢有蜂格，
蜂格转成吾主格，
森林百兽有兽格，
兽格转成吾主格。
坠呀坠阳神，
天上坠阳神，
出呀出阴神，
地上出阴神。
格神顺利来，
兄格弟格一起来，
祖格宗格一起来，
亲格姻菲一起来，
父格母菲一起来。

格魂菲魄呀，
朔望莫留路两旁，
昼夜莫留山沟处，
莫留森林森森处，
莫留悬崖峭壁处，
莫留大海深渊处，
莫留草原无垠处，
莫留荒无人烟的沼泽地，
莫留波光粼粼的湖泊处，
莫留杂草丛生的空宅基。

格魂菲魄呀，
莫要私奔宗族家，
莫要私奔姻亲家，
莫要私奔君民家，
莫要私奔彝汉家，
莫要私奔白彝邻居家，
莫要私奔黑彝邻居家。

格魂菲魄呀，
额木普沽拽，
拽回人世间，
人世间处拽，
拽到生格山，
生格山处拽，
拽回藏格沟，
藏格沟处拽，
拽回山峰处，
山峰处拽回，
拽到山腰处，
山腰处拽回，
拽到山麓处，
山麓处拽回，
拽到草原处，
草原处拽回，

① 《彝文典籍丛书》，第1822-2821页，四川出版集团、四川民族出版社，2009年12月。

[illegible]，　拽到岔路口，
[illegible]，　岔路口处拽，
[illegible]，　拽到房檐下，
[illegible]，　房檐下拽回，
[illegible]，　拽到吾主家，
[illegible]。　主家亮堂堂。[1]

此时，举行“接纳育神”（[illegible]）仪式。该仪式为收拢生育神灵的魂魄及其神座仪式。毕摩在念诵《接纳育神经》的同时，首先夫妻俩按男左女右的规则用手触一下拴在魂门槛上白线上的兰草，毕摩把白线连同兰草一起收到魂钵中，通过毕摩指明魂道，让生育神（格菲）魂沿着毕摩指引的魂道进入魂钵之中，此时将钵盖盖住。然后，妻子用右手将生育魂路“格呷菲呷”中的一根神签拉到右方，同样丈夫则用左手拉一根神签到左方，以示生育魂路已开启；接着，夫妻俩一起开启生育路，妻子用左手将“格菲维真嵘”中右方的神签取出放到左方，同时丈夫用右手取出左方的神签放到右方，以示阻挡生育路的地方已被摧毁；再后，妻子用右手将“格各菲各”中右方神座上的一根神签拉到左方，接着丈夫用左手将左方神座中的一根神签拉到右方，表示生育魂已被拽回到家里，并赋予夫妻俩已有生育能力。《接纳育神经》的内容如下。

[illegible]，　格魂菲魄呀，
[illegible]，　莫随珍珠玛瑙，
[illegible]，　移主迁到姻亲家，
[illegible]，　莫要迁到姻亲家，
[illegible]。　格菲拽回吾主家。

① 《彝文典籍丛书》，第2826页，四川出版集团、四川民族出版社，2009年12月。

[illegible]，　格菲莫随首饰品，
[illegible]，　移到亲朋好友家，
[illegible]，　莫到亲朋好友家，
[illegible]。　格菲拽回吾主家。
[illegible]，　格菲莫随鞍辔具，
[illegible]，　莫随金辔金剑鞘，
[illegible]，　莫移到宗族家，
[illegible]，　莫藏到宗族家，
[illegible]。　格菲拽回吾主家。
[illegible]，　格菲莫随肉食品，
[illegible]，　移到屋下邻居白彝家，
[illegible]，　莫要移到屋下白彝邻居家，
[illegible]。　格菲拽回吾主家。
[illegible]，　格菲莫随皮袋烟草粉，
[illegible]，　移到屋上黑彝邻居家，
[illegible]，　莫到屋上黑彝邻居家，
[illegible]。　格菲拽回吾主家。
[illegible]，　格菲莫随骑手们，
[illegible]，　移到白彝黑彝家，
[illegible]，　莫到白彝黑彝家，
[illegible]。　格菲拽回吾主家。
[illegible]，　莫随漆绘器具物，
[illegible]，　莫随镶嵌金银物，
[illegible]。　移到君王贤臣家。
[illegible]，　来呀阳神到，
[illegible]，　来呀阴神到，
[illegible]，　格魂菲魂跟着回，
[illegible]。　迎格接菲到家中。[2]

毕摩念完该经后，将“格菲维真嵘”神座的神枝按一定规则拔出后用竹麻绳捆绑在一起，在仪式主人夫妻俩头上按逆时针方向转三圈后置于毕摩旁边待用。

② 摘自马边吉克良良经书，整理并翻译。

二、赐魂（[illegible]）

赐魂，彝语称为“影巩”（[illegible]），又称“影阁”（[illegible]）。主持毕摩把仪式主人的魂魄及其生育魂从祖界、山川、湖泊中寻到，然后拽回家里，此时的生育魂还具有野性，已失去灵性，需经毕摩进行念咒、沟通后才具有灵性，并将此生育魂赐予仪式主人，使其同仪式主人融为一体，从而使仪式主人夫妻俩身体健康，怀孕生子，儿孙满堂，家庭幸福。经文内容如下。

[illegible]
现在要赐魂，
依博领域内，
格兴增九威，
菲旺长十慑，
子孙若松林，
松龄相当九代人长寿，
主人犹如三个山峰寿，
赐予主人三片松林发展快。
夜空明月高处照，
格菲进入主人家，
院坝磐石立，
主家格菲犹如磐石稳，
林中生长红豆杉，
主家格菲犹如豆杉立。

赐魂给君王，
君王领拓展，
赐予大臣魂，
大臣智囊高，
赐予毕摩魂，
毕摩知识博。

赐魂要附体，
赐予五谷魂，
五谷生长茂，
赐予六畜魂，
牛羊大肥壮，
赐予人类魄，
人丁兴又旺。
儿孙满堂魂，
六畜兴旺魂，
五谷丰登魂，
生育佑神魂，
赐予三魂魄，
皆为吾主家魂魄。

赐予白银[1]魂，
白银合黄金，
赐予黄金魂，
铸造金锅庄，
赐予黄金魂，
建筑金屋柱。

赐魂要附体，
阴森森处入，
亮堂堂中出，
深渊渊处进，
水浅处出来呀。

已赐予魂魄，
现在就分[2]魂，
驷匹尕伙牛羊父亲分，
父亲分就吉，
父亲分就祥，

① 白银：象征男人的格神，下面的“黄金”象征妻子的菲神。
② 分：指分配，这里指毕摩分配主人之魂魄。

阿伙柳艺粮食母亲分，
母亲分就吉，
母亲分就祥，
仪式主人魂魄毕摩分，
毕摩分就吉，
毕摩分就祥了矣。
吟衣——叹啊[1]，
主家魂，
主人魂魄呀！

毕摩祝一般，
主人接特殊，
毕摩祈银福，
主人接金福，
人心在左侧，
左手戴手镯，
左侧迎魂魄，
左侧接魂魄，
接魂挂内室。

吟衣——叹啊，
接魂在怀中，
怀藏魂就吉，
怀藏魄就祥，
怀接人丁兴，
怀藏智慧高唉[2]。

赐魂要附体，
赐魂跟随君，
获得进贡马，
赐魂跟随臣，
获得牛俸禄，
赐魂跟随毕，
获得毕酬谢，
赐魂随彝人，
获得彝财富，
赐魂随汉人，
获得汉人财。

仪式主人家，
作此仪式后，
思路更宽阔，
知识越丰富，
老人倍受尊，
孩童受呵护，
常遇佳运气，
倍受人尊敬。

吟衣——叹啊，
赐魂并附体，
寻找主魂莫丢自己魂，
签筒法笠莫失魂，
毕摩毕徒莫失魂，
失魂要召回，
失魄要拽祭。
毕摩左侧出，
主人右侧出来呀，
在此念诵一段落。[3]

① 毕摩念经至此，把魂钵、拴兰草的拽魂神枝（[illegible]）、捆好的“格菲维真嵘”（[illegible]）神枝等一起放入仪式主人妻子摊开的毡衣左襟，然后，接魂者把拽魂神枝插入捆好的格菲神枝中，一起捆在内室柱子上，把魂钵放入内室枕头上方。

② 毕摩念经至此，把一片兰草叶拴在神签筒的末端，以防毕摩在拽魂的同时丢失自己灵魂及毕摩法器神灵。

③ 作者以雷波迪阿哲毕摩经书为基础，参考美姑吉克甲哲毕摩等经书整理而成。

三、占鸡骨卜（[illegible]）

为了进一步确定生育魂是否被拽回，最后要举行占鸡骨卜仪式。毕摩经过诵经，邀请天地、山川、河流、森林等神灵前来护法，协助镇住、驱遣、影响占卜的鸡舌叉、鸡头盖骨和鸡股骨的各种妖魔鬼怪，祈祷、护佑占卜顺利和灵验，从而准确验证鸡骨卜卦。鸡头盖骨和鸡股骨卜的凶吉直接影响该仪式的成功与否，因此占鸡骨卜仪式是求育生子仪式的核心部分。

仪式过程中，毕摩和仪式主人各持一只鸡的股骨，剥去两根股骨上的鸡肉，刮尽股骨上的余肉，最后毕摩用竹麻绳将股骨连接鸡腿的那端拴住，与一株兰草一起夹在鸡嘴中间，再抓一点粮糠（[illegible]）一起放在毕摩左手拿的马勺子里，开始念诵《占鸡骨卜绪论经》（《[illegible]》）。

[illegible]，　毕口念鸡卦，
[illegible]，　毕手持卦鸡，
[illegible]，　庚[1]口卜鸡腿，
[illegible]，　毕神咒鸡腿，
[illegible]，　告知卦神鸡，
[illegible]，　院子鸡来祭，
[illegible]，　告知卦神鸡，
[illegible]，　高山大象[2]来祭祀，
[illegible]，　告知卦神鸡，
[illegible]，　山峰森林处，
[illegible]，　麂獐来牺牲，
[illegible]，　告知卦神鸡，
[illegible]，　松树森林中，
[illegible]，　红股狸猫神，
[illegible]，　告知卦神鸡，
[illegible]，　大石那下面，
[illegible]，　巨蛇花脸咒，
[illegible]，　告知卦神鸡，
[illegible]，　念咒鸡卜，
[illegible]，　灵验鸡卦主人点丁经，
[illegible]，　主人点丁经后，
[illegible]，　念咒鸡卜，
[illegible]。　验灵鸡卜为己任。

[illegible]，　毕摩敬请山神快速起，
[illegible]，　敬请东方诸山神，
[illegible]，　敬请西方诸山神，
[illegible]，　敬请南方诸山神，
[illegible]。　敬请北方诸山神。
[illegible]，　敬请阿伙[3]诸神灵，
[illegible]，　敬请赤尺诸神灵，
[illegible]。　敬请甘洛诸神灵。
[illegible]，　北方[4]山内诸山神，
[illegible]，　北方山外诸山神，
[illegible]，　敬请北域诸山神，
[illegible]，　天神帮卜鸡[5]，
[illegible]。　地祇助验鸡。

[illegible]？　卜鸡毕有否？
[illegible]，　不是没有毕，
[illegible]，　卜鸡毕四个，
[illegible]，　四个四方来，
[illegible]，　南方迪迪毕，
[illegible]，　北方吉勒毕，

① 庚：指工匠，这里指毕摩。古代工匠与毕摩的名称常常一起使用，称之为“庚毕”，简称为“庚”。
② 这里的“大象”指牛、羊、猪等大牲畜。
③ 阿伙：与下句的“赤尺”为古语，指很远的边境地区。
④ 北方：指四川凉山。这里的北方是相对于云南、贵州一带来说的。
⑤ 卜鸡：又称鸡卜，也称鸡骨卜，是彝族古代占卜法之一，以鸡骨或鸡卵占卜吉凶祸福。

[illegible]。　助阵来卜鸡。[1]
[illegible]，　兹兹普乌乍毕阿依毕，
[illegible]。　助阵来咒鸡。
[illegible]，　亚古格者亚古苏布毕，
[illegible]，　助阵来咒鸡，
[illegible]，　鹫图木古阿子布月毕，
[illegible]，　助阵来咒鸡，
[illegible]，　格克博良勒俄阿者毕，
[illegible]，　助阵来咒鸡，
[illegible]，　勒木寺峨阿丘蓝麻毕，
[illegible]，　助阵来咒鸡，
[illegible]，　比尔日罗木兹阿伙毕，
[illegible]，　助阵来咒鸡，
[illegible]，　格峨罗木毕直毕古毕，
[illegible]，　助阵来咒鸡，
[illegible]，　俄左蓝木阿苏拉者毕，
[illegible]，　助阵来咒鸡，
[illegible]，　兹哈勒乌吉克惹史毕，
[illegible]。　助阵来咒鸡。

接着主持毕摩继续念诵《护法快神经》《占鸡骨卜》等经文。

（一）《护法快神经》（《[illegible]》）

《护法快神经》的主要内容是邀请快速翻滚旋转的天神地祇及毕摩护法神灵前来助威，彝语称为“博啥久啥”（[illegible]），至此毕摩邀请这些护法神灵来仪式现场助阵。

1.《翻滚快神经》（《[illegible]》）

《翻滚快神经》彝语称为“博啥”（[illegible]）。“博啥”为古彝语，“博（[illegible]）”有二层意思，一是吉、善之意，二是翻转、翻滚的意思，这里指后者。毕摩文化认为，人类赖以生存的天地、山河、森林都在不停地翻滚和自转，同时所有生物包括人类也跟随自然界不停地翻转、翻滚，这样万事万物才能永葆生机，不断向前发展。自然界的万事万物不停地翻转，有时对人类有利，有时对人类不利，这里指对人类有利的翻滚神。“啥”（[illegible]）有邀请帮助之意，“博啥”指邀请自然界中不停翻转、翻滚的天地、山川、河流、森林等翻滚神灵来层层护卫人类（特指仪式主人家），促使人与自然和谐发展。《护法快神经》内容如下。

[illegible]，　翻滚快捷神，
[illegible]，　威武山峰是格，
[illegible]，　延绵河谷是菲，
[illegible]，　一祈子孙获得天格神，
[illegible]，　二祈子孙获得地菲神，
[illegible]，　三祈子孙代代嗣后传，
[illegible]，　四祈子孙继承遗产富，
[illegible]，　五祈子孙人丁兴又旺，
[illegible]，　六祈子孙声誉高，
[illegible]。　财源滚滚来。
[illegible]，　世间六祖孙，
[illegible]，　请魂获父亲，
[illegible]，　苍天父亲头立英雄结[2]，
[illegible]，　请魂获母亲，
[illegible]。　大地母亲头戴圆头帕[3]。

[illegible]，　世间六祖孙，
[illegible]，　众人之头人，
[illegible]，　善言威慑高，
[illegible]，　常毕人丁兴，

① 《彝文典籍丛书》，第502页，四川出版集团、四川民族出版社，2009年12月。

② 英雄结：指彝族男子额头上留着的一小撮头发。
③ 圆头帕：凉山彝族叫“哦尔”，是凉山彝族女子当母亲后所戴的专用头帕。

富贵势力强，
联姻诸多亲。
遍地种庄稼，
庄稼遍地茂，
五谷丰又登。
持弩上疆场，
战胜众敌人，
英雄之后裔，
威慑响四方。
祭祖到额界，
一代接一代，
人丁既兴旺，
富强既长寿，
三种都如意。
跟着君施政，
祛秽毕来除，
需要杉樱树，
祭祖要杉木，
杉林来防卫，
名树搭毕棚[①]，
毕棚坚又固，
祖魂来祭棚，
亡灵在此分。
君子杉树伴，
大臣樱桃伴，
毕摩若松美，
镇住草原邪怪、
悬崖森林邪神就兴旺。

布巴[②]领域内，
森林一片片，
磐石一排排，
共同来护卫，
森林旋转神，
跟顺君来护，
不停旋转来护卫。
依博领域内，
鹤旋翅九层，
雁旋翅三层，
清风旋九层，
君转鹤来护，
臣转雁来护，
毕旋鹰来护，
鹰爪尖来护，
君来鹤与杉，
主人杉来护，
杉树一排排。

森林神灵护毕摩，
毕摩护神灵，
神灵护主人。
悬崖神灵护毕神，
毕摩护神灵，
神灵护主人，
江河神灵护毕摩，
毕摩护神灵，
神灵护主人。

旋转人丁兴，
实楚曾兴盛，
护佑增勇气，
实楚更勇猛，
毕摩神灵勇无敌。
森林森森护主人，
磐石坚固护主人，

① 毕棚：彝语称为“峨赤”或“峨赤银”，是指祭祖送灵时，仪式主人家辈分最小的儿子在屋外临时搭建的棚子，在祭祖仪式期间，毕摩及其毕徒们就在毕棚里做法事。

② 布巴：与下面的“依博”均为古代部落首领的名字，后来延伸为部落首领所管辖地的地名。

[illegible] 江河滔滔护主人，
[illegible] 主人护佑翻滚神：
[illegible] 树一山，
[illegible] 崖一排，
[illegible] 河一条，
[illegible] 白云滚，
[illegible] 乌云涌，
[illegible] 吉祥召屋内，
[illegible] 死神驱出门。
[illegible] 放牧进圈内，
[illegible] 五谷满粮仓，
[illegible] 冬季冰雪来护卫，
[illegible] 春季春风来护卫，
[illegible] 夏季冰雹来护卫，
[illegible] 秋季云雾来护卫，
[illegible] 主人福气翻则牢，
[illegible] 滚则永牢固。[1]

2.《旋转快神经》（《[illegible]》）

《旋转快神经》，彝语称为“久啥”（[illegible]）。“久”（[illegible]）为旋转之意。毕摩原生文化认为，天地、山川、河流、森林等自然翻滚、自转的同时也周而复始地旋转，人也跟随自然界一起旋转，因此人类才能与自然界和谐发展。“久啥”指自然界在周而复始地旋转时人类也跟随自然界旋转，以适应自然界运动之规律。为此，主持毕摩要邀请天地、山川、河流、森林等旋转神灵前来护卫，以祈和谐平安、人丁兴旺、五谷丰登。《旋转快神经》内容如下。

[illegible] 旋转快捷神，
[illegible] 彝地领域内，
[illegible] 保护土，
[illegible] 保护地，
[illegible] 土转增，
[illegible] 地转就扩增，
[illegible] 地域宽，
[illegible] 疆域广来转，
[illegible] 旋转驱死神，
[illegible] 旋转赶病魔。
[illegible] 森林神速转，
[illegible] 山崖神速转，
[illegible] 江河神速转，
[illegible] 土地神速转。
[illegible] 荆棘白刺密，
[illegible] 防卫人类转，
[illegible] 藤本高又茂，
[illegible] 牲畜从中转，
[illegible] 首乌茎根粗，
[illegible] 五谷其中转。
[illegible] 白云启知识，
[illegible] 彩云启福禄，
[illegible] 乌云启病虫，
[illegible] 病虫无长冠，
[illegible] 遍地散落满，
[illegible] 白虫混乌云，
[illegible] 附着乌云飘，
[illegible] 污水染病魔，
[illegible] 病魔十三种，
[illegible] 病魔入人间，
[illegible] 仪式祛病魔。
[illegible] 箭搭银弦上，
[illegible] 射箭声响亮，
[illegible] 射中敌躯[2]青，
[illegible] 病魔脚朝天。
[illegible] 仪式主人家，

①该段摘自美姑著名毕摩迪惹洛曲经书，作者整理、翻译。

②敌躯：这里不是指敌人的躯体，而是指病魔的躯体。

驱逐死神魔，
后辈接前辈，
杉木林茂盛，
家家都平安，
子孙后辈们，
驱逐死神到四方，
附着云雾消，
融入大雨失，
跟随风雨灭。
击鸡誓盟约，
从此不返回，
荆棘白刺防，
白刺鸡共防。

人类曾多灾，
人类繁衍少，
人类繁衍时，
死神莫缠绕，
截击死神鬼。
牧场曾无畜，
无人放牧业，
牧人放牧后，
猛兽莫光顾，
猛兽来则擒。
土地曾无谷，
五谷尚未种，
种植五谷时，
害虫莫光顾，
害虫降则烧。
烧山灭害虫[1]，
烧林亡害虫，

遍地安，
福气佳，
土地沃，
五谷丰，
坪坝住户多。
平原广，
高原山脉内，
规则代代守和谐，
祖规父守相和谐，
文献口传来遵守，
就是这样的，
繁荣又昌盛。

旋转莫遇敌，
遇敌敌断头，
旋转莫遇兽，
遇兽兽断舌，
旋转莫遇死神魔，
如遇折断死神头，
旋转莫遇病魔神，
如遇裂碎病魔身。
主人护佑神旋转：
森林护一层，
悬崖护二层，
江河护三层，
戈阿鲁[2]四层，
勇士护五层，
百姓护六层，
神鹰护七层，
猛兽护八层，
妮神护九层，
毕神护十层，

① 烧山灭害虫：古时害虫泛滥，专吃庄稼，人类没有办法，只好烧山灭虫或驱虫，以此来保护庄稼。传说这或许是西南地区以彝族为主的诸多少数民族火把节的来源。

② 戈阿鲁：又称支格阿鲁，是彝族神话传说中的一位盖世英雄，是所有彝族人认同的最崇敬的祖先。

[illegible]，　旋转固就吉，
[illegible]，　捆绑固便祥，
[illegible]，　仪式主人之福禄，
[illegible]，　之前旋未固，
[illegible]，　今后旋就固，
[illegible]，　之前转未牢，
[illegible]。　今后转就牢。[①]

3.《神牛快神经》（《[illegible]》）

《神牛快神经》彝语称为“勒布勒威”（[illegible]），指优秀强壮的神牛。该经讲述了远古时期地球曾变幻无穷，形成不同的海洋和大陆板块，阿普居木即“彝族六祖”分支之前，没有驯养野兽，没有驯顺野牛，白天出六日，夜晚出七月，地下水干枯，人类遇旱灾；其后，洪水泛滥，猛兽成灾，祸害人类。父系社会初期，诞生了英雄的支格阿鲁，他射日射月，留下独日独月，气候变温和，人们战胜猛兽、驯养野兽，将野牛驯养成黄牛，用强壮的公黄牛来祭天祭地。自此，天下太平，人与自然和谐发展。《神牛快神经》内容如下。

[illegible]，　公牛神牛快捷神，
[illegible]，　远古的时候，
[illegible]，　阿普居木世，
[illegible]，　公牛未驯养，
[illegible]，　彪牛未驯前，
[illegible]，　昼出六太阳，
[illegible]，　夜出七月亮，
[illegible]。　星出不闪亮。
[illegible]，　北方未开启，
[illegible]，　南方水未通，
[illegible]，　水往高处流，
[illegible]。　树往朝下长。
[illegible]，　蛇长田埂粗，
[illegible]，　蛙长磐石大，
[illegible]，　蚊虫大如犬，
[illegible]，　苍蝇大如兔，
[illegible]，　蚂蚁大如骡，
[illegible]。　蚱蜢膳牛大。
[illegible]，　驯彪牛，
[illegible]，　悍牛驯化后，
[illegible]，　支格阿龙世，
[illegible]，　左手持铜弓，
[illegible]，　右手拉金箭，
[illegible]，　昼射六太阳，
[illegible]，　射日留独日，
[illegible]，　白天出独日，
[illegible]。　阳光照大地。
[illegible]，　夜射七月亮，
[illegible]，　射月留独月，
[illegible]，　夜来挂独月，
[illegible]。　银光洒大地。
[illegible]，　凌晨出金星，
[illegible]。　群星争着闪闪亮。
[illegible]，　首先祭水神，
[illegible]，　水神祭三次，
[illegible]，　北方开水源，
[illegible]，　南方通河流，
[illegible]；　水往低出流；
[illegible]，　过后祭崖神，
[illegible]，　崖神祭三次，
[illegible]；　崖壁移山坡；
[illegible]，　后来祭森林，
[illegible]，　林神祭三次，
[illegible]。　树往高处长。
[illegible]，　抽剑向左劈，
[illegible]，　搭箭向右射，

① 摘自美姑著名毕摩迪惹洛曲古籍，作者整理、翻译。

一天去击蛇，
击成手指粗，
打蛇在坎下，
蛇类也定型；
一天去击蛙，
击成手掌大，
击蛙在坎上，
蛙类也定型。
蝇翅打成叠，
打在旷野处，
蚂蚁打腰折，
打进泥土内，
蚱蜢足成瘸，
打入草丛中，
打猴在林区，
打熊在荒野。

远古世间无山水，
没有山水分。
远古的时候，
黄云成地球[①]，
地球曾凶猛。
首先高山涨洪水，
高山全淹没，
坪坝汪洋海，
坪坝成海洋，
洪水分流后，
悬崖峭壁成，
尽能观太阳。
地球降死神，
世间齐驱赶，
地球曾断裂[②]，
断成十二段；
地球曾分裂，
分成十二块，
形成上百川；
地球曾分片，
分成十二洲，
自此有公牛，
自此训骠牛，
帝王自此兴，
百姓自此分，
镇住死神病魔在地下，
圣旨传达统领疆域内。

辖域广，
高山领域宽。
格神至，
菲神到以后，
人类源自森林处[③]，
居住岩洞荆棘来护卫。
尸骨黑幽幽，
骨架错乱堆，
尸骨成土地，
形成土就固，
跟随牧地转，
跟随耕地转，
考灵左侧下[④]，

---

① 地球：彝族先祖认为，人类赖以生存的地球，原本是不存在的，后来，宇宙发生大爆炸，形成黄色的云雾，云雾逐渐形成地球。地球，古彝语称为“图鲁”（[illegible]），至今云南彝族称地球为“土鲁”（图鲁）。

② 彝族先民认为，远古地球不断发生变化，地壳多次破裂和分离，形成新的大陆和山脉，与此同时，经历了“昼出六个太阳、夜出七个月亮”的干旱时期，而后洪水泛滥，给人类带来了毁灭性的灾难。

③ 彝族先民认为，人类起源于猿猴，而猿猴栖息在原始森林中，所以，人类源于原始森林。

④ 考灵与妣灵分别指用于祭祖的先祖与先母们的灵牌。在灵柩里装载灵牌时按男左女右的原则，男人左侧在下，女人右侧在下。

妣灵右侧下方送。
祖妣如此送，
射杀病魔亡。

疆域尚未分，
地界未明前，
苍天黑沉沉，
大地阴森森。
天父黑，
地母云罩黑。
松树黑直立，
树下无动物，
营造生灵父，
营造生灵母，
世间驱病魔，
拽回生灵魂，
抓捕野牛驯，
南方彝人[1]养，
母牛旋转神，
母牛繁犊牛，
从此养神牛。
祛除神畜秽，
驯养六畜在此兴。

一头成年公牛与，
一对骡牛来祭祖，
宰杀骡牛来宴请，
山顶两头公牛与，
二对骡牛来祭祖，
格子阿铜[2]驯牛者祛秽，
来自南方草原之神牛，
神山草原成长的神牛，

阿武牵着黄牛来誓盟，
牵着牛鼻祭祀地四方，
祛除牛秽四方固，
牛尸横放祭四方，
放在鹫图木古[3]方。
撑天柱四根，
立于地四方，
稳稳撑天地，
祖地支，
祖地撑天地。
拉地绳四根，
拉住四方地，
牢牢地拉住，
祖地稳，
祖地固之绳。
绷地麻四捆，
绷住地四方，
牢牢地绷住，
绷牢祖居处，
绷固祖辖地。
镇住石四块，
镇住地四方，
牢牢地镇住，
镇稳祖居处，
镇固祖辖地。
割断神牛颈，
悬挂地四方，
作为护卫符，
护卫祖居处，
护卫祖辖地。
舀出四瓢血，
撒向地四方，
真切地飘洒，

[1] 南方彝人：指云南、贵州一带的彝族。
[2] 格子阿铜：为古地名，具体位置待考证。
[3] 鹫图木古：在云南昭通一带。

[彝文]，　祖基地，
[彝文]。　辖域地处撒。
[彝文]，　砍下牛四肢，
[彝文]，　撑住地四方，
[彝文]，　稳固地撑住，
[彝文]，　撑牢祖居处，
[彝文]。　撑固祖辖地。
[彝文]，　取出年肠胃，
[彝文]，　锁住地四方，
[彝文]，　牢牢地锁住，
[彝文]，　守卫祖居处，
[彝文]。　守住祖辖地。
[彝文]，　盟誓撑天柱不倒，
[彝文]，　盟誓拉地绳不断，
[彝文]，　盟誓镇地石不移，
[彝文]，　撑就固，
[彝文]，　绷紧就牢固，
[彝文]，　公牛快捷神，
[彝文]。　派遣驱邪魔。①

4.《毕祖截击神经》（《[彝文]》）

《毕祖截击神经》彝语称为“毕金摩啥”（[彝文]）。“金”（[彝文]）为截击、袭击、抓捕之意，“毕金”（[彝文]）指敬请毕摩护法神前来截击、驱逐病魔与死神，“摩”（[彝文]）指军队，这里指毕摩护法神，“啥”（[彝文]）指邀请、帮助之意。“毕金摩啥”，指邀请所有著名毕摩的护法神到仪式主人家做道场，帮助主持毕摩快速袭击、驱赶纠缠仪式主人家的病魔与死神，进而促使仪式主人家人丁兴旺、儿孙满堂。《毕祖截击神经》内容如下。

[彝文]，　毕神速来截，
[彝文]，　名毕神，
[彝文]，　遍地起，
[彝文]。　拔根除病魔。
[彝文]：　著名毕摩是：
[彝文]，　俄卓罗姆②方，
[彝文]。　阿苏拉者毕神来截击。
[彝文]，　杰日拉木方，
[彝文]，　阿格颂祖毕神来截击，
[彝文]，　尼姆美姑方，
[彝文]，　阿克峨合毕神来截击，
[彝文]，　兹兹普乌方，
[彝文]。　乍毕阿衣毕神来截击。
[彝文]，　楚哦柏良方，
[彝文]。　迪林勒祖毕神来截击。
[彝文]，　格克柏良方，
[彝文]。　勒峨阿则毕神来截击。
[彝文]，　比尔日罗方，
[彝文]。　木知阿合毕神来截击。
[彝文]，　洛曲勒乌方，
[彝文]。　莫合寿曲毕神来截击。
[彝文]，　洛曲山后方，
[彝文]。　峨祖喇嘛毕神来截击。
[彝文]，　北方水源头，
[彝文]。　左方拉方毕神来截击。
[彝文]，　南方水尾方，
[彝文]。　哦迪惹古毕神来截击。
[彝文]，　迪颇合洛方，
[彝文]。　阿日阿拉毕神来截击。

[彝文]，　利木斯俄方，
[彝文]。　阿丘篮玛毕神来截击。
[彝文]，　木兹博博方，

①摘自美姑著名毕摩迪惹洛曲古籍，作者整理、翻译。

②俄卓罗姆：指西昌一带。下面的“杰日拉木”等地名均指凉山及云南昭通等地，这里不一一注释。

阿度罗普毕神来截击。
鹫图木古方，
阿兹布约毕神来截击。
惹哈拉木方，
吉林朵孜毕神来截击。
亚古格则方，
亚古书布毕神来截击。
俄其罗拖方，
俄其曲比毕神来截击。
甲直衣达方，
威则罗克毕神来截击。
阿举博乌方，
舍特甲拉毕神来截击。
寿罗勒乌方，
以勒惹颂毕神来截击。
则哈勒乌方，
吉克惹史毕神来截击。

我乃世袭毕子孙，
父传子后裔，
手持镀金神签筒，
手拿镀银神法帽，
圈里牵骏马，
室内取鞍辔，
毕摩室内起，
毕徒带法器。

毕来为截击，
截后人丁兴，
天下满人类。
病魔曾经降世间，
举行仪式除病魔。
毕从高处来，
高山雪水瀑布飞，
涉过瀑布河，
高山鲜花美，
我们翻山来。
毕从额鸽[1]来，
额鸽住格峨[2]，
格峨子孙昌。
毕从额麻来，
额麻居实楚，
实楚赐教我，
毕从高原来，
高原[3]出经典，
知识千万万。
毕从盆地来，
盆地产法器[4]，
法器法力魔。
毕到主人家，
到达主家后，
宴请护法神，
护法神上坐，
屋里宰黄牛，
牛肉分四方，
宴请主兴旺。
猛虎守森林，
现在助吾主，
狗熊似狗拴，
现今助吾主，
黄鸡捕虫蛇，
捕捉主邪虫，
战胜诸邪魔。
祭祖鸡祛秽，
躯死神，

① 额鸽：与下面的“额麻”是古地名，疑在乌蒙山系一带，具体待考证。
② 格峨：是“彝族六祖”之前的古彝人部落首领之一。
③ 高原：指云贵高原。
④ 法器：指毕摩用的神铃等法器。

镇病魔为己任。
邀请击打神，
打手排排坐，
杀戮病魔鬼，
杀戮快神排整齐。
宰牛杀羊宴，
谷物黄鸡来享祭，
吃后占垭口，
食后占高原。
穿过森林地，
攀越悬崖山，
速占那山顶。
声誉雪山强，
佑神荣誉高。
邪兆根处拔，
食魂折寿邪鬼被戳刺，
水上追赶击砍病魔邪，
围剿驱逐病魔出原野。

宗族商毕事，
姻亲来参加，
格布[1]说的对，
格布要的给，
君王要执政，
大臣要施政，
毕摩要祭祖。
说要三头黄牛祭，
黄牛驱逐砍邪魔，
摆脱又驱逐，
镇住敌人与邪魔，
维勒楚豁阿普毕布拉尔、
楚果朵木勒李阿楚来截击。

人间山上牛来祭，
杉樱神枝插，
祛秽樱神扇，
神枝插一片，
朝着东方插，
矛柄神枝不朝东方开，
邪路首开启，
邪尾后驱逐，
驱逐到原野。
铁铝再坚硬，
遇到工匠软，
遇到我就软，
狂风急凶猛，
遇到山就停，
遇到我就止，
病魔再凶猛，
毕口咒就消，
我口咒就失。
吾主驱逐邪魔时，
污秽莫阻挠，
祛除污秽时，
邪魔莫阻拦，
驱逐邪秽山间无雾霾，
祛秽祛净河水清又澈，
截击快神施法击溃魔，
战胜邪恶魔。[2]

（二）《呼魂鸡卜经》（《[古彝文]》）

《呼魂鸡卜经》简称《鸡卜经》（《[古彝文]》），分为“路上方”的《祭祖鸡骨卜经》“尼木燕果”（[古彝文]）和“路下方”的《呼魂鸡卜经》“影博燕果”（[古彝文]）。这里指后者，即《呼魂鸡卜经》。“燕”（[古彝文]）为古彝

① 格布：是举行大型的猪胛卜仪式时代表神灵的使者，专门从事毕摩与神灵之间的沟通，回答毕摩仪式是否灵验。

② 摘自美姑著名毕摩迪惹洛曲古籍，作者整理并翻译。

语，指鸡，这里指用来做“格菲影加”仪式牺牲的黄色母鸡；“果”（ ）指念咒、祈祷。“燕果”（ ）指毕摩经过一系列念经诅咒后，占卜鸡头盖骨、鸡舌叉和鸡股骨卜等，以验吉凶，即验证生育神灵是否被呼唤拽回。《呼魂鸡卜经》内容如下。

祷告诸毕神，
毕手与主手，
毕手持卜骨，
毕口咒鸡卦，
作毕来灵卦，
作毕来验卦，
作毕鸡卦占，
作毕鸡卦卜，
鸡卦占卜灵验点丁经，
点丁经诵后。
神鸡源自天，
天下沼鸡白，
歇宿人世间，
风雨中栖息，
日出后出巢，
日出后鸣叫，
日落后出巢，
双翅飞翔起。
学识山神传，
学识鸡高明，
鸡深思。
远古尼能牛骨卜，
股骨来占卜，
占卜未灵验，
昊毕实楚世，
马卜不灵验，
院坝鸡灵验，
提毕乍姆世，
未获坪坝鸡，
野猪来占卜，
猪卜未灵验，
院坝鸡灵验，
祭祖鸡来验，
赛马鸡来望，
昼夜鸡来验，
夜来守家宅。

今日卜这课，
千里之远鸡闻听，
天涯海角鸡望见，
鹫图木古方，
三年之内是否有丧事，
鸡会识，
鸡能知。
三月之内是否有人病，
鸡会识，
鸡能知。
兹兹普乌是否主宴客，
鸡会识，
鸡能知。
滇池湖中是否有星影，
鸡会识，
鸡能知。
驷艺洛古[1]是否有水流，
鸡会识，
鸡能知。
房后山坡是否会塌方，
鸡能识破之，
鸡能听，
鸡能知，
鸡能晓。

① 驷艺洛古：又叫驷布尔甲，位于四川省昭觉县庆恒乡境内。

[illegible]，屋下坪坝是否藏有湖，
[illegible]，鸡能识破之，
[illegible]，鸡能听，
[illegible]，鸡能知，
[illegible]。鸡能晓。
[illegible]，房旁杉木是否朽成空，
[illegible]，鸡能识破之，
[illegible]，鸡能听，
[illegible]，鸡能知，
[illegible]。鸡能晓。
[illegible]，鸡智慧，
[illegible]，鸡开窍。
[illegible]？红鸡山上否？
[illegible]，没有在山上，
[illegible]。红鸡在人间。

[illegible]，古代的时候，
[illegible]，徒步走九月，
[illegible]，骑马行九天，
[illegible]，狗跑整天处，
[illegible]，鸡耳早闻听，
[illegible]，鸡目早望见，
[illegible]，今日卜这课，
[illegible]，不问亲家的卜，
[illegible]，不问姻亲的卜，
[illegible]，只问吾主之卜，
[illegible]。报晓吾主之卜。[1]

[illegible]（[illegible]），今年（报彝历年），
[illegible]（[illegible]），月份（报生肖月），
[illegible]，今日（报生肖日），
[illegible]，咱们毕摩组，
[illegible]，做鸡卜仪式，
[illegible]，之前之仪式，
（[illegible]）（之前仪式程序皆说）
[illegible]，现念鸡卦卜程序后，
[illegible]，如吾主人丁要平安，
[illegible]，已听从毕摩的劝说，
[illegible]。已接受牺牲牲畜品。
[illegible]，若是呼魂魂已回来，
[illegible]，若是唤魄魄已到家，
[illegible]，念经到鸡头骨，
[illegible]，鸡头代表人丁，
[illegible]，鸡头厚实又洁白，
[illegible]，犹如山峰之雪白，
[illegible]，犹如沟壑云雾白，
[illegible]，犹如院子白鸡白，
[illegible]，这就报福卜，
[illegible]。报吉兆。

[illegible]，念经到鸡舌，
[illegible]，鸡舌是五谷，
[illegible]，鸡舌竹子弯，
[illegible]，鸡舌鱼钩弯，
[illegible]，鸡舌大小叉，
[illegible]，大小三叉向内卷，
[illegible]，这就报福卜，
[illegible]。报吉兆。

[illegible]，念经到鸡股，
[illegible]，股骨是姻亲，
[illegible]，先测股关节，
[illegible]，后测股垮骨，
[illegible]，股骨有四孔，
[illegible]，右股孔较窄，
[illegible]，左股孔较宽，
[illegible]，血孔深又宽，

① 《彝文典籍丛书》，第2818页，四川出版集团、四川民族出版社，2009年12月。

一股有二孔，
二股有四孔，
这就报福卜，
报吉兆。
一根出一孔，
一根出二孔，
这就报福卜，
报吉兆。

咱们毕摩组，
再念鸡卜经，
仪式主人家，
若是不吉利，
若要遇祸事，
念经鸡头骨，
鸡头示人丁，
头骨凹底薄，
头骨有穿孔，
头骨起烟雾，
头骨烙人牙，
左右两边烙人牙，
右方代表吾主家，
左边代表姻亲方。
左右两方起烟雾，
右方代表主人家，
左边代表姻亲方，
左右两方泪痕迹，
右方泪迹是家泪，
左边泪迹是亲泪，
左右两方烙绷皮，
右方代表主家皮，
左边代表亲家皮，
这就报灾卜，
报祸兆。

念经到鸡舌，
鸡舌是五谷，
鸡舌向外钩，
这就出祸卜，
出凶兆。

念经到股骨，
股骨是姻亲，
出六孔，
出七孔，
中间怪单孔，
或印烟雾迹，
出孔多，
出孔怪，
右骨孔多隐藏凶魔鬼，
左骨孔多遣符作祟附，
右股无孔男人魂游荡，
左股无孔女人魂游荡，
这就报祸卜，
报凶兆。

咱们毕摩组，
再诵鸡卜经，
念诵再问鸡，
神鸡你这个，
你有学识，
你最开窍，
居住人世间，
话传祖界方，
鸡冠有九支，
与天公誓盟，
与地母誓盟，
左脚裹银片，
右脚裹金片，
左翅丝绸白，
右翅绸缎黄，

鸡喙金银镶，
神鸡你这个，
你有学识，
你最开窍。

咱们毕摩组，
神鸡再来卜，
占卜来灵验，
念咒鸡头骨，
鸡头示人丁，
鸡头厚实又洁白，
犹如山峰之雪白，
犹如沟壑云雾白，
犹如院子白鸡白，
右骨洁白，
左骨无瑕，
右骨无烟印，
左骨无烟点，
右骨无斑点，
左骨无斑点，
这就报福卜，
报吉兆。
咱们毕摩组，
仪式出效果，
念经已灵验，
仪式主人家，
（念夫妻俩名）
人间出祭品，
阴间接祭品，
人丁稳定平。
念经到鸡舌，
鸡舌是五谷，
鸡舌竹子弯，
鸡舌鱼钩弯，
鸡舌大小叉，
大小三叉向内卷，
这就报福卜，
报吉兆。
咱们毕摩组，
毕口出效果，
念经已灵验。

咱们毕摩组，
念经到腿骨，
腿骨是姻亲，
右骨有二孔，
左骨有二孔，
血孔位置恰，
血孔宽又深，
右骨出双孔，
左骨出双孔，
右骨孔对称，
左骨孔对称，
右骨出福兆，
左骨出吉兆，
咱们毕摩组，
鸡卜念经后，
毕口出效果，
念经就灵验。

鸡卜护佑君，
明君勤执政，
昊措克①，
体匹尼来护佑。
鸡卜护佑臣，
贤臣明判案，
昊比俄②，
体比迪来护佑。

① 措克：与下句的“匹尼”是“彝族六祖”时期著名的君王。
② 比俄：与下句的“比迪”是“彝族六祖”时期著名的贤臣。

[illegible]，	鸡卜护佑匠，
[illegible]，	匠人勤铸造，
[illegible]，	匠阿洛[1]，
[illegible]。	匠阿迪来护佑。
[illegible]，	鸡卜护佑毕，
[illegible]，	毕摩执祭灵，
[illegible]，	昊实楚，
[illegible]。	体乍姆来护佑[2]。
[illegible]，	一转呀逮鸡，
[illegible]，	二转呀问鸡，
[illegible]，	三转呀鸡知，
[illegible]，	四转念卜经，
[illegible]，	五转拴股骨，
[illegible]，	六转派遣鸡，
[illegible]，	请鸡验，
[illegible]，	请鸡报晓兆，
[illegible]，	鸡在地栖息，
[illegible]，	鸡卜置于地，
[illegible]，	触地就判明，
[illegible]，	卜骨触地灵，
[illegible]。	卜骨置地就验矣。[3]

主持毕摩念咒结束后，立即让一位助手将他左手的鸡骨拿到屋外，以示见天地，助手朝着天空说："啊呀，鸡舌叉向内弯，鸡头盖骨白又厚，鸡股骨四孔对称，吉兆呀吉兆！"随后将其返给毕摩，准备验证鸡骨卜。

① 阿洛：与下句的"阿迪"是"彝族六祖"时期著名的神匠。

② 指把鸡头和鸡腿骨一起放在祭品上方顺时针方向绕七圈，过后待验。

③ 作者以马边吉克良良毕摩口述和记录整理的经典为基础，结合《彝文典籍丛书》（四川出版集团、四川民族出版社，2009年12月，第502页、2818页）整理而成。

四、验证鸡骨卜（[illegible]）

验证鸡骨卜，彝语称为"燕系出"（[illegible]），因方言不同又称为"瓦系出"（[illegible]）。验证鸡骨卜包括验证鸡舌叉、鸡头盖骨及鸡股骨三项，其中主要以验证鸡股骨卜为准，鸡股骨卜吉凶直接验证生育魂是否被拽回附体，即说明该仪式是否灵验。

（一）验证鸡舌叉卜（[illegible]）

鸡舌叉主要象征五谷，鸡舌叉吉兆，预示仪式主人家五谷丰登、财源滚滚，至少也是人丁平安的预兆，如图4-2所示。

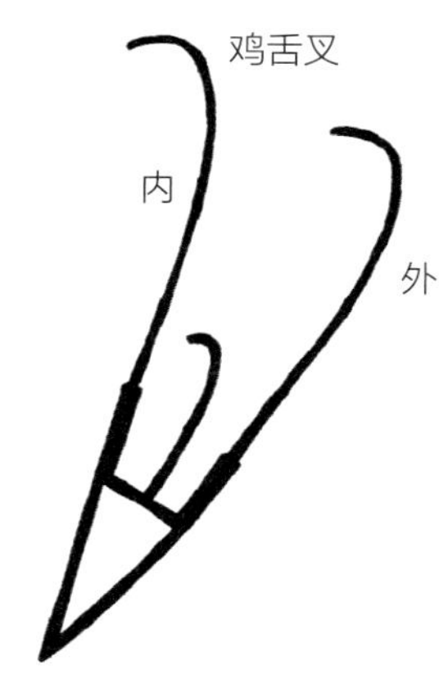

图4-2　鸡舌叉示意图

毕摩左手捏住鸡头，右手取出鸡舌，刮净附着在鸡舌上的鸡肉，验看鸡舌叉中间的小软骨，以软骨尖端的指向及其弯曲程度判断吉凶。验看时毕摩将舌叉向内弯曲的方向对着自己，以带钩面为内（[illegible]），代表仪式主人家，向外卷曲面为外（[illegible]），代表仪式主人家的亲戚。如果小软骨尖与小软骨根部对称，向内自然适度弯曲，则预示大吉大利；如果小软骨的末端向外弯曲呈钩状，则预示对仪式主人家不利。

若小软骨向内卷曲且尖端未露出（[illegible]），预示仪式主人家将会发生财产损失，甚至是人丁折损的丧事，属内凶；若小软骨向外卷曲且尖端未露出（[illegible]），预示仪式主人家的亲戚将会发生财产损失，甚至是人丁折损的丧事，属外凶，以上两种现象都属于凶卦。

（二）验证鸡头盖骨卜（ꀋꃅꆿ）

鸡头盖骨代表人丁，如果鸡头盖骨底部洁白无瑕，则代表人丁平安，拽魂灵验，已召回格菲魂，仪式主人家将会很快孕育子嗣，儿孙满堂；如果鸡头盖骨底部凹凸不平，且有斑点或起烟雾，则说明该仪式不灵验，如图4–3所示。

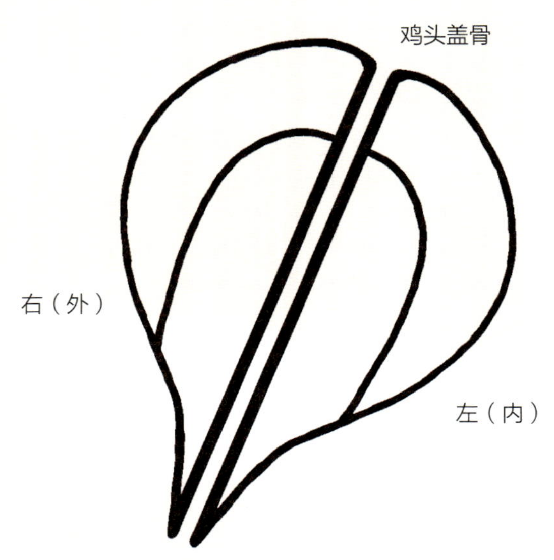

图4–3　鸡头盖骨示意图

首先，毕摩剥去鸡头皮，取出两块头盖骨，除去鸡脑，捏住尖端，将头盖骨凹面对着自己。头盖骨的左半部分为内，代表仪式主人家；右半部分为外，代表仪式主人的近亲家。

如果两块头盖骨的凹面部分均匀厚实，洁白无瑕，则代表家人平安，拽魂灵验，召回格菲魂。如果出现以下几种现象，说明该仪式不灵。属于凶相的六种情况：一是两头盖骨的凹底部分虽然洁白无瑕，但凹底很薄，彝语称为“瓦哦平哈句”（ꀋꃅꀱꉼꏦ），表示仪式主人没有拽回格菲魂。二是头盖骨中出现一根很短的深红色的线条，表示是一根灰炭，彝语称为“系古系节”[①]（ꑟꇬꑟꑞ），或称“瓦哦木古得”[②]（ꀋꃅꃅꇬꅐ），预示会死人。预兆出现在左边，表示会发生在仪式主人家；出现在右边，表示会发生在仪式主人家的近亲家。三是头骨内出现黑色的斑点，表示遣符作祟，称为“茨切”（ꊿꆏ）。四是两块头盖骨的凹底部分出现瘀血点，表示将会发生凶事（非病死），彝语称为“赤几”（ꀻꐚ）。瘀血点发生在左边，表示凶事会发生在仪式主人家；瘀血点发生在右边，凶事将会发生在仪式主人家的近亲家。五是两头盖骨的凹底部分出现黑色或是红色的斑点，彝语称为“阁结”（ꇐꐚ），预示将会发生病死等丧事。预兆出现在左半边，表示丧事可能发生在仪式主人家；出现在右半边，表示丧事可能发生在仪式主人家的近亲家。六是靠近鸡眼的头骨出现一个黑色的斑点，表示悲哀流泪，是死人之兆，彝语称为“杻比”（ꅑꀘ），表示将会发生病死等正常死亡的丧事。预兆出现在左半边，表示丧事可能发生在仪式主人家；出现在右半边，表示丧事可能发生在仪式主人家的近亲家。

（三）验证鸡股骨卜（ꀋꑟꆿ）

鸡股骨卜代表姻亲，主要验证夫妻生育魂是否相遇并被拽回附于夫妻俩，是该仪式灵验的关键所在。

毕摩和仪式主人各持一只鸡腿，剥去两根股骨上的鸡肉，刮尽股骨上的余肉，用兰草在连接鸡腿的那端顺时针绕7圈，用竹麻绳或者其他绳子捆住两根股骨的上端，手持捆绑处，将股骨弯曲面朝向自己进行验证。右股骨代表仪式主人家，即内，左股骨代表外。寻找鸡骨面上的血孔，然后用杉木叶的尖端插入股骨所出现

① 系古系节：指凉山彝族在实行火葬时，因妖魔邪鬼作祟，正在燃烧的一小部分骨灰炭飞到死者亲戚宅基地中，这一飞出来的骨灰炭称“系古系节”（ꑟꇬꑟꑞ）。

② 木古得：是指凉山彝族在野外实行火葬时，焚烧遗体时所起的烟雾。出现“瓦哦木古得”卦卜，表示将要死人，被视为凶兆。

的各血孔中，进行验证。

若在两根股骨的凹面稍靠中间的部位各出现两个孔，血孔大而深，且相互对称，彝语称为“尔色尔卓就罗罗”（[彝文]），如图4-4（a）所示，预示大吉大利，表明格菲魂已搜回，仪式主人家将会生儿育女，传宗接代；若两根股骨上各出现一个血孔，且左右对称，彝语称为“瓦系尼色祖”（[彝文]），如图4-4（b）所示，也属吉卦，仪式主人家将可能生儿育女；若一根股骨上只显一个血孔，而另一根股骨上出现两个血孔，彝语称为“瓦系所色祖”（[彝文]），如图4-4（c）所示，也属吉卦，仪式主人家将可能生儿育女。

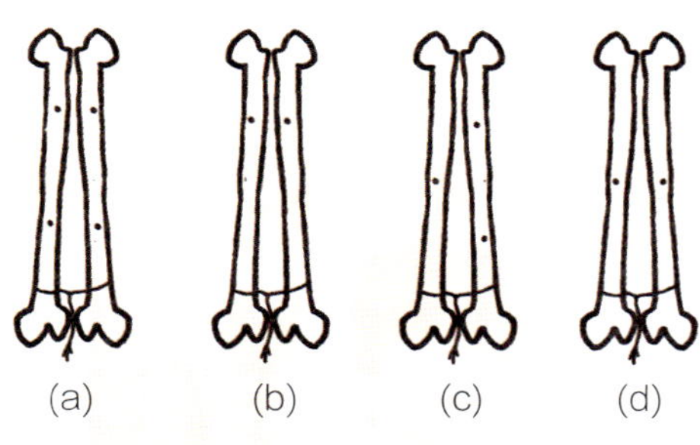

图4-4　鸡股骨卜示意图

若两根股骨中左骨边缘出现多余的血孔，彝语称为“黑把茨切”（[彝文]），表示仪式主人家宅院内遣符①作祟；若右骨边缘出现多余的血孔，彝语称为“库把尼茨”（[彝文]），表示仪式主人家有厉鬼作祟。这两种情况都属于凶卦。若两股骨的正中间出现对称或不对称的血孔，插入杉木叶与股骨基本垂直，如图4-4（d）所示，彝语为“瓦系居度子”（[彝文]），属于凶卦。

若两根股骨中出现的血孔分别向骨关节两端移，彝语为“瓦系来深木”（[彝文]），属于凶卦。如果在捆绑的那一端应出现血孔的位置上没有出现血孔，若左边股骨无血孔，彝语称为“巴吉”（[彝文]），表示仪式主人家的男性成员的魂魄将会离体游荡，属凶卦；若右边股骨无血孔，彝语称为“莫吉”（[彝文]），表示仪式主人家的女性成员的魂魄将会离体游荡，属凶卦。

五、祝酒词（[彝文]）

“祝酒词”彝语称为“职额”（[彝文]）。“职（[彝文]）”为酒之意，“额”（[彝文]）为念、祝之意，“职额”意为念咒祝酒词。仪式众主人喝了毕摩念咒的美酒后，产生了神奇的力量，美酒饮口中，口齿伶又俐，一语抵千金；美酒进头部，头发黑又卷；美酒进手脚，手脚勤又快；美酒到腹部，腹中怀又孕，早日得贵子，子孙将满堂。《祝酒词》内容如下。

[彝文]？　妇女叫什么？
[彝文]，　妇女叫白银，
[彝文]，　白银出白水，
[彝文]，　白水亮晶晶，
[彝文]。　精卵亮晶晶矣。
[彝文]？　妇女叫什么？
[彝文]，　妇女叫黄金，
[彝文]，　黄金出黄水，
[彝文]，　黄水若花开，
[彝文]。　受精卵若花开。
[彝文]，　现述酒来源，
[彝文]，　酒的起源是，
[彝文]，　远古的时候，

① 遣符：意为食油魔，彝语称为“茨柒”（[彝文]）。彝族先民认为有在野外专门贪食动物油的邪魔，这些食油魔常常向人们索要牛、羊等动物油，否则就作祟于人。因此，要举行驱遣食油魔仪式，仪式活动前用鲜草扎缚食油魔草偶，所扎的食油魔草偶被称为遣符。

史尔峨特[①]世，
峨特妮尼世，
妮尼达达世，
达达普祖世[②]，
丕怡[③]女出嫁，
实勺嫁女宴，
笃慕家宴席，
笃慕家娶妻。
酒的来源是，
上天传来治虫病药，
酒曲缘由是，
一代人类初，
一代人类始，
远古兹是一，
远古德是二，
德德勒是三，
勒阿迪博[④]四，
迪博阿支五，
阿支捏酒曲[⑤]。

远古的时候，
阿普居木[⑥]世，
昊天那上方，
花朵坠一撮，
坠落人世间，
人世间这方，
曲父为制药，
曲母为治疗，
曲料十六种，
六种源高原，
牧羊者寻来。
六种源草原，
套鸟者找来。
六种源森林，
狩猎者寻来。
六种源山崖，
养蜂者找来。
六种源山谷，
竹业者寻来。
六种源江河，
渔业者找来。
六种源坪坝，
农耕者找来。
六种源沼泽，
牧猪者寻来。
妇女摘野花，
红色野花摘，
妇女涉山河，
爬山又涉水，
妇女摘野果，
各色野果摘，
摘来给阿普，
阿普[⑦]捏酒曲，
白粉捏白曲，
捏曲指头大，
摘来给阿妈，
阿妈会撒曲，
阿武父来撒，
阿武母来撒，
指甲弹，

---

① 史尔峨特：远古人名。母系氏族末期，第一位寻找父亲的人，也是第一位正式与女人（兹尼史色）结婚的男人，标志着彝族先民母系氏族的结束，父系氏族的开始。
② 达达普祖世：疑为父系氏族初期部落首领人名的谱系。
③ 丕怡：远古贵族女名。根据彝族史诗《勒俄特依》及其他古籍文献，丕怡为实勺部落酋长之女，笃慕（居木）之妻，“彝族六祖”布、默之母。
④ 迪博：古人名，为彝族六祖武部后裔。
⑤ 传说远古时期一个名叫“阿支”的彝族妇女首先发现了酒曲。
⑥ 居木：又称笃慕，是彝族人的始祖。
⑦ 阿普：指祖父。这里指能制曲的远古祖父。下面的“阿妈”指外婆，这里指能酿酒的远古外婆。

弹母指来撤，
曲面如下雨。[1]

没有酿酒筐，
安宁河两岸，
竹生枝茂盛，
伐竹三百株，
制成酿酒筐。
没有压酒物，
屋下石块多，
石块开神花，
石板压酿酒，
酿酒三夜后，
进口纯香甜，
犹如岩中蜂蜜汁，
香甜是头道。
没有酿酒桶，
驷匹嘎伙方，
树林茂密盛，
三百柏树板，
制成酿酒桶，
桶中酿三月，
口尚挺苦涩，
苦涩如熊胆，
苦涩是二道。

再过一段时，
经过十多天，
酒水滴沥沥，
酒坛坐稳稳，
酒气飘八方。
美酒在城内，
酒香飘城外，
首先品一口，
两唇麻火辣，
舌尖甜蜜蜜。
酿制成酒后，
削木做活塞，
锯竹为吸管，
铸铜盆，
造铁盆来接。
上等酒一窖，
制银碗，
造金碗来装，
用来敬君长，
君饮统领酒，
勤政能果断，
白鹤唳彻云。
中间酒一坛，
制铜碗，
造铁碗来递，
美酒敬大臣，
臣饮判案酒，
判案公平正，
大雁高高飞。
最后酒一窖，
制木碗，
造竹碗来递，
美酒敬毕摩，
毕饮执祭酒，
执祭亮灵验，
死神纷纷逃，
病魔纷纷跑。[2]

美酒这杯酒，
美酒敬草木，

① 《彝文典籍丛书》，第514页，四川出版集团、四川民族出版社，2009年12月。

② 《彝文典籍丛书》，第531页，四川出版集团、四川民族出版社，2009年12月。

百花争斗艳，
美酒敬禽兽，
鸟语花香醉，
柏林杉树喝，
向着天上长，
老马老牛饮，
遍地乱奔跑，
云雀美鸟饮，
坎上坎下巢，
红眼麻雀饮，
村庄周围鸣，
年青姑娘喝，
内室上下笑。

这碗醇美酒，
过年过节酒，
火把节美酒，
彝地祭祖酒，
毕主默契酒，
祭祖吉祥酒。
宗族和谐酒，
姻娅联姻酒，
出嫁结婚酒，
亲家问候酒，
姻家辩嘴酒，
开会聚合酒，
御敌驱敌酒，
纠纷判案酒，
探亲礼品酒，
宴请贵宾酒。

傻子酒后善言语，
吝啬酒后极慷慨，
胆怯酒后变勇猛。
星星见酒亮，
日月见酒放光芒，
天神喜美酒，
地祇喜美酒，
云雾遇酒飘荡飞，
清风见酒啸啸飞，
雨水见酒就漂下，
妮神见酒说唱跳，
毕神见酒吼声响。

美酒这碗酒，
毕祝主人饮之酒。
仪式主人家，
喝到头脑中，
头如石块硬，
头发长又亮，
发黑又卷曲。
头脑智慧敏，
耳灵知识博。
美酒入眼睛，
眼神阳光强。
喝到口腔中，
上唇藏雄龙，
下唇藏雌龙，
腔内繁龙崽，
舌头龙崽戏，
出口词成章，
对话答要点。
饮酒到手上，
手巧财富多，
手勤粮食丰。
饮酒到腰胸，
胸部心灵巧，
胸部心胸宽，
腰内造精液，
腰内造卵子，

精液旺，
卵子盛开矣。
饮酒到脚中，
脚长又善跑，
犹如白鹤脚，
追逃也捕获，
自逃也逃脱。

美酒这碗酒，
我赐苍天一碗酒，
空中繁星能数清，
吾主子孙数不清；
我赐森林一碗酒，
森林一对獐麂饮，
森林獐麂崽，
一窝繁九千，
二窝繁八万，
三窝数不清，
吾主子孙数不清。
一碗赐悬崖，
悬崖蜜蜂繁，
一窝繁九千，
二窝繁八万，
三窝数不清，
吾主子孙数不清。
我赐江河一碗酒，
水中鱼群繁，
一窝繁九千，
二窝繁八万，
三窝数不清，
吾主子孙数不清。
我赐草原一碗酒，
原野云雀繁，
一窝繁九千，
二窝繁八万，
三窝数不清，
吾主子孙数不清。
我赐仪式主人饮，
仪式主人家，
主人（念夫妻名）家，
饮后子孙数不清。
我赐松柏一碗酒，
林下野菌连成片，
松枝鹦鹉多，
松涛阵海啸，
仪式主人家，
子孙声势胜松涛。

我祝一碗这屋里，
仪式主人饮，
仪式主人家，
主人（念夫妻名）家，
一人饮后成一户，
一户饮后成一村，
一村饮后成一寨，
一寨繁衍成千万，
子孙繁衍数不清。

这碗祝福酒，
毕摩一般祝，
主人特殊接。
毕摩祝一百，
主人接上千。
毕摩祝一千，
主人接上万。
毕摩祝白银，
主人接黄金。
毕摩坐着祝，
主人站着接①。

① 此时，仪式主人的妻子站着，双手接过毕摩递给的祝福酒。

[illegible]，	妻子要银美，
[illegible]，	银美名银水，
[illegible]，	银水亮堂堂，
[illegible]，	妻子要金美，
[illegible]，	金美名金水，
[illegible]，	金水黄油油来呀。
[illegible]，	美酒饮下肚，
[illegible]，	子孙传万代，
[illegible]。	接纳畅饮毕祝酒。[①]

毕摩为仪式主人念诵祝酒词后，仪式主人的妻子用双手接过毕摩手中被念咒过的那碗神酒，先品尝一口，然后夫妻俩共同饮完，再回敬主持毕摩一杯。

最后，主持毕摩将火钳夹住一个烧红的石块放在三锅庄的旁边，倒点洗鸡水在其上面，待冒出蒸汽后，将烧红的石块和鸡肠一起埋入内室下方的三锅庄下面灰烬里，至此，整个求育仪式结束。

仪式完毕后，毕摩将鸡肉、苦荞园子及鸡汤等祭品递给仪式主人，该祭品只能举行“格菲影加”仪式的夫妻吃，一顿吃不完，可以分几顿吃，但是，包括其子女在内的其他人忌吃。

① 曲比石美等，《彝族尼牡概论》，第27-28页，四川民族出版社，2001年3月。

第五章 中年毕摩

ZHONG NIAN BI MO

人到中年，知识仍在积累增长，智力发展也处于最佳状态，思维日趋成熟，经验日益丰富，然而人的生理功能却在不知不觉中开始有所下降，体力渐不如青年阶段，这是每位中年人的身心特点，也是每个人一生都要经历的自然规律。

人到中年，是人生最为关键的黄金时期，是释放所掌握的技能来奉献社会与回报家庭的高峰阶段，中年毕摩也不例外，不仅承担着重要的社会职责，而且还肩负着家庭的责任。上有老，下有小，老人需要赡养，子女需要抚养和教育，担子重，责任大。因此，中年毕摩是家庭的顶梁柱，责任与义务并重，是一段承上启下的人生关键时期。《彝族训世经》描写了中年毕摩的状况和责任。

彝文	汉译
[illegible]，	世间的人们，
[illegible]，	出生四十四，
[illegible]，	毕摩谙祭祖，
[illegible]。	祖灵入灵枢。[1]
[illegible]，	四轮四十九，
[illegible]，	识思两周全，
[illegible]。	知识深渊博。
[illegible]，	明君莫贪睡，
[illegible]，	明君如贪睡，
[illegible]，	不能当统领，
[illegible]。	百姓受苦难。
[illegible]，	贤臣莫贪睡，
[illegible]，	贤臣若贪睡，
[illegible]，	不能明判案，
[illegible]。	谋士阴沉沉。
[illegible]，	毕摩莫贪睡，
[illegible]，	毕摩若贪睡，
[illegible]，	不能制灵牌，
[illegible]，	祭棚黑漆漆，
[illegible]。	子孙不兴旺。

彝文	汉译
[illegible]，	世间的人们，
[illegible]，	凡事都要早，
[illegible]，	清晨早起好，
[illegible]，	早起早就早餐早，
[illegible]，	早餐早就放牧早，
[illegible]，	如是放牧早，
[illegible]。	能吃鲜嫩草。
[illegible]，	凡事都要早，
[illegible]，	耕种早的好，
[illegible]，	若是耕种早，
[illegible]，	茎粗长势萌，
[illegible]。	颗粒大而熟。
[illegible]，	人生五十五，
[illegible]，	积累知识博，
[illegible]，	明君知识千，
[illegible]，	贤臣知识百，
[illegible]。	毕摩识无数。

彝文	汉译
[illegible]，	要给儿子娶媳妇，
[illegible]，	要为父母送寿终，
[illegible]，	祭祖于祖界，
[illegible]，	治病于人间，
[illegible]，	为众奔一生，
[illegible]。	世间人幸福。

① 灵枢：彝语称“峨布”（[illegible]），是指在祭祖仪式中将所有有子女的祖先（无子女的灵芯装入灵桩中单独拴挂在其外面）的灵芯以每队夫妻为一组共同装入其中的特制的灵棺。

中年毕摩谙熟经文，精通技能，能融会贯通主持各种仪式，深受广大彝人的信任，并拥有一大批属于自己的“丁色”[①]，具有稳定的职业，处于事业的巅峰期。然而，毕摩也是一位民间人士，没有固定收入来源，其生产生活与一般百姓一样，平时要与家人一起参加各种生产劳动，包括放牧、耕种等，同时也要参加或主持邻里红白喜事等民俗活动。然而，因其知识渊博，公正无私，群众威信高，大部分毕摩也是远近闻名的德古，他们要调解各类纠纷，化解各种矛盾，为构建和谐社会尽自己微薄之力。当然，他们的主要职能是主持毕摩原生文化仪式。中年时期的毕摩在工作、生活中都非常忙碌，其中主要有以下几种特殊的义务与职能。

一、赡养老人

中华民族具有敬老爱幼的传统美德，彝族人也一样。对于中年毕摩来说，他们的父母大多已有60～70岁或耄耋之年。正因为如此，中年毕摩要常回家（指分家的儿子）看望父母，料理他们的生活，做一些家务，让他们能够安度幸福的晚年。这是对良好家风的传承，也是给下一代言传身教做出表率，是家庭文化的应有之义，更是构建和谐幸福家庭的重要内容。

中年毕摩　阿牛史日/摄

二、整理古籍文献

古籍文献是毕摩文化的重要组成部分，不可缺少。毕摩与古籍文献相辅相成，不能分开，尤其是一位优秀的毕摩，与其所拥有的古籍文献息息相关。首先，其所掌握的经文除了部分是口口相传外，大部分是从古籍文献中选取的；其次，举行仪式时除极少的小型仪式全部以口诵外，其余中型以上的仪式除了口诵经文外，还必须念诵相关古籍文献，在一些大型仪式上需要多个毕摩同时念诵三种以上不同类型的古籍文献；再次，古籍文献记载了大型仪式的程序及其所需物品（神枝的种类与数量、各种神座图形）。若没有古籍文献的记载，再优秀的毕摩也不可能牢记如此庞大的仪式流程及神座图形。所以，古籍文献是毕摩的“灵魂”，毕摩要像爱护自己眼睛一样保护这些传承下来的古籍文献。

然而，古籍文献一般由民间毕摩所珍藏，他们地处边缘山区，条件恶劣，致使一些经书由于收藏不利，使得经书发霉、受潮、被虫蛀、粘连在一起，破碎不堪，而经常使用的文献寿命更短。所以，毕摩往往要以这些破碎的古籍文献为蓝本，重新抄写，抢救这些现存濒临失传的文献。

重新抄写的工作大多由中年毕摩来完成。一

① 丁色：系彝语，指主人。当毕摩被邀请至某位仪式主人家主持仪式时，仪式灵验，仪式主人家人丁兴旺，家庭幸福，表示毕摩与主人相和。这样一来，这家仪式主人举行毕摩原生宗教仪式都要邀请这位毕摩来主持，久而久之，这位毕摩就成为这家仪式主人的专职毕摩，反过来，这家仪式主人就成为这位毕摩的专门主人，即成为这位毕摩的“丁色”。一位优秀的毕摩常有几十家，甚至上百家“丁色”。为了图吉祥，有的毕摩与“丁色”之间的特殊关系会延续至多代。

来继续传承祖先所遗留的古籍文献，以此尊重祖先，传承祖业。二来为了将祖传的古籍文献继续传承给下一代，以此代代相承，因自己的年龄已步入中年，如果不趁自己还健在时抄写、整理、抢救这些经书，或许这些文化遗产将会消失，永远失传，所以，再忙碌也要抽出时间来整理。三来以此传授后代学习古彝文。

经书一般是在家里抄写、整理，为了让子孙认识古彝文，抄写时要让儿孙坐在旁边观看，有时也让他们亲自抄写，边写边诵读，以便加深对古彝文的认识和记忆，如有不认识的字便询问，直到全部认识为止。抄写、整理经典文献成为中年毕摩教授子孙学习古彝文不可缺少的仪式过程。书写文字时要完全按照原来旧的蓝本的文字书写，不准随意改写成其他读音相同的简单或复杂的字，更不准杜撰，否则会被认为是对祖先的不敬，亵渎毕摩护佑神灵，必将会受到祖先神灵的惩罚。

三、主持毕摩原生文化仪式

主持毕摩仪式是一位毕摩责无旁贷的重要职责，对于一位中年毕摩来说，此时正是被邀请主持仪式最多的时候，也是人生最忙碌的时期。主持毕摩原生文化仪式种类繁多，形式各异。从举行时间来看，有在白天举行的，有在夜晚举行的；从仪式地点来看，有在屋内举行的，也有在屋外举行的；从仪式大小来看，有只需半天完成的遣返邪祟仪式，也有三天三夜完成的祭祖仪式；从仪式目的来看，有驱逐性的治疗仪式，也有祈祷性的善祭仪式等。但是，归纳起来举行毕摩原生文化仪式的种类是有规律性的，即在一年内依不同季节举行不同种类仪式，其中最具普遍性和代表性的是遣返邪祟仪式与赎魂仪式，这是家家户户每年都要定期举行的且频率最高的毕摩原生文化仪式。一般夏季举行遣返邪祟仪式，冬季举行赎魂仪式和祭祖仪式。彝谚道："夏季要遣返，冬季要赎魂"便是这个道理。一位中年毕摩每年要主持约60～200次（家）遣返邪祟仪式与赎魂仪式。

（一）遣返邪祟

遣返邪祟，又称为反咒，彝语称为"邪拥补"（ꁧꀋꁉ）、"邪克补"（ꁧꇇꁉ）、"杰玖"（ꏢꐚ）。举行遣返邪祟仪式的主要目的是遣返人类交往中的流言蜚语、恶言中伤所形成的邪祟和因欠自然界之债所形成的各种邪祟的仪式。彝族先民认为，人的生活不能离开社会，在与人的交往中，特别是与亲朋好友、邻里，甚至是同一家庭内部成员中，因琐事而争论，为了自己的权利或是为了维护自己的利益，总会发生一些矛盾和口角，给对方施行尖锐的语言，犯下大大小小的口债，而有的则在暗中施法诅咒。毕摩文化认为这些流言蜚语和诅咒积累到一定的量后就会形成邪祟，作祟于被施咒的一方，而邪祟往往借助自然界的威力来加害对方，使对方遭遇天灾人祸而不幸。

同时，人类又离不开自然界，在与日常生产生活中，人又不断索取自然物，有的违背自然规律，犹如乱砍滥伐、乱捕滥杀等。毕摩文化认为，森林是大地的衣物，野兽是大地的禽畜，不能随意砍伐与猎杀，否则人类会背负自然界之债，将受到自然界的惩罚。夏季天气炎热，乌云雷电，狂风暴雨，洪水泛滥，是自然界最活跃的时刻。因此，从古至今，每当初夏时节，彝族以家庭为单位，在各自家里举行遣返邪祟仪式，以示遣返人类施咒所形成的邪祟与避开自然界的惩罚，祈求平安。

（二）赎魂

赎魂，彝语称为"影茨郎拔"（ꒃꋊꇁꀠ），简称"影茨"（ꒃꋊ）。彝族先民认为包括人在

毕摩吹响遣返牺牲鸡　阿牛史日/摄

内的世界万物都有其灵魂，人健康时灵魂附体。然而，根据人自身的岁位或其他人为的因素或受妖魔鬼怪的诱惑，部分人的灵魂离开附主而到处游荡，或因禁在山川湖泊之中，甚至被囚禁在祖界“额木普沽”，形成失去自由的游（囚）魂。而灵魂一旦离体，魂主将会做噩梦，精神萎靡，四肢无力，就会生病；若游魂永久不归，其附主则会死亡。因此，要定期举行赎魂仪式，将游魂赎回，重新附于其主人身上，促使魂主健康，以祈求人丁兴旺，全家幸福。

举行赎魂仪式的目的不同，将其分为一般赎魂和特殊赎魂两大类。一般赎魂，又称为季节性赎魂，是指彝族年后到春节期间举行的赎魂仪式，它是一种预防性的吉性毕摩原生文化仪式，以求人丁兴旺，全家幸福。特殊赎魂，又称为针对性的赎魂，是指为了治疗患者或遭遇重大天灾人祸时所举行的针对性的赎魂仪式。特殊赎魂有“汉地赎魂”（[illegible]）、“阴宅赎魂”（[illegible]）、“禳病赎魂”（[illegible]）、“赎回生育魂”（[illegible]）等几种仪式。

其中，一般赎魂是四川大小凉山彝族家家户户每年冬季都要举行的频率最高、具有预防性的毕摩原生文化仪式。

第六章

彝族年

YI ZU NIAN

彝族在几千年的历史文化积淀中，逐渐形成并规范了两个传统的节日，那就是彝族年和火把节。彝族年，又称为彝历年，四川凉山彝语称为“库施”（[illegible]），贵州毕节一带彝语称“阔恒”（[illegible]），意为过新年。彝族年是彝族极为隆重的节日，是彝族人一年一度集庆贺兼祭祀为一体的传统节日。主要内容有祭神祭祖、游艺竞技、餐饮娱乐、服饰展示、文化传授、探亲访友等，其程序复杂却有条不紊，是诸多民俗事项集合为一体的民俗传统节日。届时，杀猪祭祖，美食佳肴，盛装打扮，串户拜年，饮酒抒情，唱诵年歌，小孩聚肉，祭祀树神，载歌载舞，文体表演，喜气洋洋，其乐融融，通宵达旦，热闹非凡。

彝族年又是美食节。彝族人平时少有炒菜，其传统食谱朴素、科学，一般是一菜、一汤、一食，即使是宰牛杀羊宴请珍贵客人也是如此。一菜为坨坨肉，一汤为酸菜鲜肉汤，一食为荞麦粑，这便是最高规格的接待。然而过年期间除了制作传统食谱外，还要加两个炒菜，那就是炒豆腐片和炒魔芋片。彝谚道：“过年之时有三个肚皮多好呀！”年歌唱道：“婚嫁三日尽情地玩，祭祖三日尽情地看，过年三日尽量地吃。”

彝族年也是儿童节。过年时大家互相恭贺新禧，是全家团聚、共享天伦之乐、生活甜蜜美满的时刻。男女老少穿新衣，迎接新年，特别是孩子们，盼望新年早日到来，因为那时弯弯的猪脚是属于自己的，小小的米粑也是属于自己的。过年时，孩子们穿着新衣，头戴新帕，脚穿新鞋，首先来到邻居家。为了赢得邻居家的夸奖、赞扬，孩子们会抱着猪腿，拿着荞粑聚在一起，比谁的衣服最美，相互赞扬，高兴地说呀跳呀，尽情地玩乐，享受着属于自己的儿童节。

彝族年还是祭祖节。彝族年表面上是庆贺性的节日，大家共庆佳节，迎接新年，但它实际上包含着许多规范性的传统文化仪式和禁忌，是最具特色的民俗文化节日。彝族年起源于古代彝族先民的生产生活和祭祀活动，敬祖、祭祖仪式始终贯穿于整个新年。祈求福祉、驱邪避魔、拜祭祖先是整个过年仪式的中心，每个程序都与祭祀祖先息息相关，具有很浓厚的祖先崇拜色彩，是彝族祖先崇拜的最直接、最生动的活态见证。因此，彝族年可以说是一年一度的祭祖节。彝族年的核心为迎祖、祭祖、送祖，其中毕摩家彝族年的祭祀性仪式特征尤为突出。

彝族年更是祈祷节。过年既是旧的一年的结束，又是新的一年的开始，是新旧年的衔接点，辞旧迎新，庆祝一年的丰收与吉祥，憧憬未来，预祝新的一年里风调雨顺、五谷丰登、六畜兴旺、幸福平安，祈祷生活一年更比一年幸福安康。

若旧年遭遇不幸、疾病缠身或工作不顺，通过过年祭祀祖先，可使人们在精神上找到莫大的依托和慰藉。在新旧交替的时节，时运转换，好事临门，过了年，一切便重新开始，来年定会事事如意、欣欣向荣。

西南地区的彝族人都会过彝族年，而且过年时间是统一的。然而，自明清以来，西南少数民族区域实行“改土归流”，特别是清朝时期，吴三桂和鄂尔泰统治下的川、滇、黔、桂地区，强行实行“改土归流”“改夷归汉”政策，禁止推行所有彝族风俗习惯，实行“四不准”政策，即不准火葬，不准过彝族年，不准穿戴彝族服饰，

更不准说彝语，毁坏了数以万计的古籍文献和传承数千年的彝族文化。所以，这些地方的大部分彝族隐姓埋名，很少过彝族年。但彝族人利用各种途径仍保存下了自己的传统习俗。

现在，彝族主要分布于川、滇、黔、桂等广大地区。贵州省彝族年主要盛行于毕节、六盘水、黔西南等地区，其中以赫章、威宁等县保存得较完整和最具地方特色。云南省以昆明为中心的周边市县均过彝族年。广西彝族年主要流传于百色市隆林县和西林县彝族聚居区。四川凉山彝族年，主要盛行于凉山彝族自治州的17个市县和周边的米易、盐边、九龙、泸定、汉源、石棉、马边彝族自治县、峨边彝族自治县、金口河、屏山等大小凉山地区，其中以美姑县、昭觉县、雷波县、布拖县、喜德县，乐山的马边彝族自治县、峨边彝族自治县等地区的彝族年最具代表性，最富有特色。

彝族年丰富繁杂的民俗事项，反映了彝族的历史文化、经济生活、人伦规范、风俗礼制、服装服饰、审美情趣、禁忌事宜等诸多文化内容。透过这些朴实生动、一脉相承的生活场景和人文信息，不仅传承、弘扬了民族文化，更探究了古代彝族历史文化变迁和经济社会发展的轨迹，对于研究宗教学、人类学、民俗学、社会学等人文学科具有重要的参考价值。鉴于此，2011年5月，彝族年入选第三批国家级非物质文化遗产保护名录（国发〔2011〕14号）。

毕摩家过年的仪式程序与其他普通彝族家过年一样具有普遍性。但是，因毕摩在民间具有特殊的地位与作用，所以毕摩家过年历来有其特殊的仪式活动。

第一节　彝族年的来历

关于彝族年始于何时，现已无从考证。但是，根据彝、汉古籍文献和彝族民间神话传说推断，彝族年至少可以追溯到3000年以前。彝族年起源于古代彝族先民创制的十月太阳历法和祭祀活动。对于彝族年的起源，彝族远古先民留下了不少民间传说，彝汉古籍文献中也有少量记载，汉文献关于彝族年的最早记载是唐代。南诏时期骠信《星回节游避风台与清平官赋》有“不觉岁云暮，感极星回节。元昶同一心，子孙堪贻厥”的记载。五代《玉溪编事》也记载：南诏以十二月十六日为之星回节。《太平广记》卷四百八十三《蛮夷四》记载：南诏以十二月十六日，谓之星回节日，游于避风台，命清平官赋诗。意思是南诏国将十二月十六日称为星回节，这一天国王到避风台游玩，命令清平官作诗。古代汉族称彝族年为星回节，意为“星回于天而除夕也”，犹如汉族大年三十晚上除夕之日。在星回节的日子里，彝家山寨杀牛宰羊，欢乐喜庆，一派节日气氛。

彝族以十月为岁首，过十月年，汉文献多有记载。《越嶲厅全志》[①]卷12《夷俗志》载：十月朔日为大过年，必打牛杀猪跳锅庄，极贫者亦多买豆腐庆贺。民国《西昌县志》卷12载，彝族“以阴历建子月（十月）为岁首，庆贺新年，谓之过年。倮夷过年，富者椎牛羊猪鸡，其次亦杀猪一，烹以祀祖。祀后举家宴饮三日。”

彝文古籍《爨文丛刻·解冤经》里记述了一年360天之内，东、南、西、北四方的神各主管

① 四川凉山州越西县史志办编写，内部资料。

72天，东南、西南、西北、东北的神共管72天，五个72天就是八神所管的360天，其余5天或6天没有谁来管，意味着人和神都休息，过年去了，这也是太阳历以360天为一年的遗迹。①

彝族年源于彝族十月太阳历，故彝族年又名十月年。彝族十月太阳历法将一年分为10个月，用土、铜、水、木、火5种要素，分别配以公、母来表示：一月叫土公月、二月叫土母月，三月叫铜公月、四月叫铜母月，五月叫水公月、六月叫水母月，七月叫木公月、八月叫木母月，九月叫火公月、十月叫火母月。一年10个月，每月36日，一年10月终了，另加5～6日的“过年日”置于岁末，每隔3～4年增加一日为六日，平均每年为365.2422日，与太阳回归年接近。太阳历以观测天象为据，一是看太阳的运行，太阳达到最南点为冬至，便是小年，太阳达到最北点为夏至，便是大年；二是观测北斗星的运行，北斗星斗柄正上指为大暑，在此附近过火把节，北斗星斗柄正下指为大寒，即十月年。

彝族年（彝历年），彝语称为“库施”（ꈎꏃ）。“库”（ꈎ），即年，有转、回、回转、回归、循环之意。在彝族先民的时空观念中，一般把最北的端点称为起始点，太阳在冬季时日落点南移到最南端，而后又往北移，此最南端的端点称为“布古”（ꁧꇬ），为“太阳转回点”，即夏至。到夏季时太阳落点又移到最北的端点，而后回归南移，此端点称为“布久”（ꁧꐚ），意为“太阳回归点”，即冬至。从最北的端点到最南的端点的一个往返周期就是一周年，即从冬至到夏至，再从夏至到冬至的前后。彝族年一般在冬至“布久”的时候过。“施”（ꏃ）为新之意。“库施”就是新年，引申为过年，即为彝历年。

彝族年，通常在农历十月、公历11月下旬。彝族聚居的村寨，从农历十月十六日开始择吉日过彝历年，到十月三十日结束。由于各地择日的差异，公历时间有的在11月上旬，有的在中旬，有的在下旬，持续时间为3天。现四川大小凉山彝族年基本统一在每年公历11月20日，法定节假日为7日②。

彝历年带有庆祝当年丰收、祭祀祖先和祈求来年风调雨顺、五谷丰登、六畜兴旺、万事如意之意。为何选在农历十月过年？主要有三个原因：一是彝族历史上有十个月为一年的历法，按这个历法计算，十月为年终岁首，正当过年，故习惯上又称“过十月年”；二是因为这个时候，庄稼收割完了，农事空闲，正宜过年；三是历史上彝族主要居住在云贵高原及大小凉山高山草甸，此时高山白雪光临，天气变冷，六畜肥壮，正当过年之时。

凉山彝族过年中的许多仪式均与祖先崇拜相关，整个节日中充满着浓厚的祖先至上色彩。

第二节　彝族年的传说

彝族年的起源没有具体史料记载，只有各种神奇的传说。在诸多的民间传说中，流传最广的有两种。

一是庆贺丰收说。在很早很早以前，传说

① 何耀华，《西南民族研究：彝族专集》，第228-229页，云南人民出版社，1987年。

② 从古至今，彝族年历时3天，党和国家为了方便广大彝族同胞过好年，特别是方便常年外出务工人员和外出求学的学生返家时有足够的时间与家人团聚，经凉山彝族自治州人民代表大会表决通过，决定每年阳历11月20日为彝族的过年日，法定假日为7天。

山上住着一户三兄弟的彝族人家。他们年年辛勤种植，却年年被天王派来的神兵天将将耕种的土地拱翻，破坏庄稼。有一年他们抓住一个天将，大哥主张杀，二哥主张打，老三则主张问清楚了再打再杀。老三问天将为何搞破坏，天将说他是奉天王的旨意，被迫干坏事的；天王意图垄断大地，将要决水天河，河水将淹没大地上的万事万物，包括人类。兄弟三人问天将该怎么逃避灾难，天将说：“老大在山脚下修一座金银房，老二在山坡上修一座铜铁房，老三在山顶上修一座木房子，就可以避难了。”兄弟三人按天将所说造好房子住了进去，13天后，汹涌澎湃的洪水铺天盖地卷来，住在金银房子的老大和住在铜铁房子里的老二，都沉没在水底淹死了，只有老三住的木房子浮在水面，逃过一劫，水退后停留在一个山头上。

老三的木房子引来了很多逃难的飞禽走兽，老三热情地接待了这些死里逃生的“客人”。后来老三想娶天王的女儿为妻，那些寄居在森林和山洞的飞禽走兽，就商量着帮他完成心愿。

有一天，天王拨开云头，巡视人间，发现山头还剩下一座房子，房顶上还有一只乌鸦正在鸹鸹高叫。乌鸦高叫是不祥的预兆，天王忙叫妻子查看天书有何事要发生，他的妻子发现耗子已把天书咬得破烂不堪。天王气愤地追击耗子，途中被一条蟒蛇咬伤了脚趾，痛得死去活来，这时，一只云雀飞来告诉天王，青蛙能治好他的伤。天王的妻子立即请来了青蛙，青蛙要他答应把女儿嫁给老三，才给他治病，天王只好应允。

于是老三顺利娶到了天王的女儿为妻，花狗献上了他尾巴上粘的三粒谷子。老三夫妻俩把这三粒种子播种下去，秋天收获了三吊谷穗。次年春天，他们又将这三吊谷穗播种，第二年收获了九百吊，如此下去第三年，老三收得了千斤稻谷。夫妇俩为了庆祝丰收和感恩，在农历十月初一至十五的某一天，煮起了白花花的米饭宴请曾救过老三的天将和成全他们婚事的飞禽走兽们。这一天，就逐渐成了彝族人的过年节，即彝族年。以后，每到秋天丰收时节后，都要隆重地庆祝彝族年，以此祭奠祖先，庆贺当年丰收，同时祈求来年取得更好的收成，人丁兴旺，家庭幸福。

二是孝敬母亲说。在远古的时候，有个叫俄布柯萨的彝族人，他很尊重孝敬老人，但他的母亲不知什么原因，终年闷闷不乐，很难见笑容，也很难听见好的言语。俄布柯萨也跟着其母亲一样整天闷闷不乐，连做梦都梦见母亲忧愁满面。为了解除母亲的忧愁，他冥思苦想，想尽办法。集中寨子里的青壮年男女专门为母亲唱歌、逗趣、摔跤、赛马、打猎、捕鱼、射击、跳舞、爬杆、玩磨儿秋……想用各种娱乐活动来使母亲的心情愉悦起来。但是，这一切努力都无济于事，俄布柯萨的母亲仍然愁眉苦脸，难见欢颜。俄布柯萨朝思暮想，绞尽脑汁，终于想到了一个好办法，对母亲说：“现咱们人丁兴旺，牛羊成群，五谷丰收，很怀念已故的祖先，能否把已故祖先的亡灵恭请回家，把家里最壮的牛羊和最肥的猪、鸡敬献先祖亡灵？”俄布柯萨的母亲听后脸上露出平时少见的笑脸，说：“可以呀！”这样，等待高山树叶变黄，秋收完毕后，俄布柯萨择吉日，清晨在屋檐下面放火升烟，敬请祖先亡灵，宰牛杀猪，用酒肉、食品供奉祖灵。与此同时，组织村寨里的男子们串门饮酒，唱歌跳舞，互相祝福，亲友间相互串门，家人们团聚于锅庄旁，唱诵祖先的歌曲，尽情吃喝，开怀畅饮，终于使心情抑郁的母亲露出了笑脸。见到母亲的笑容，俄布柯萨高兴万分。为了继续让母亲高兴，此后每年秋收完毕后，他就举行一次宰牛杀猪、祭祀亡灵的仪式活动，一年复一年，形成规律，逐渐形成传统的民俗活动，即彝族年。在表达儿孙们对祖宗的尊重和孝敬的同

时，也庆祝辞旧迎新的欢乐，彝族年就这样流传和发展至今。

彝文古籍文献《万物起源经》也记载了俄布柯萨始兴彝族年的说法：远古的时候，寻找婚姻呢，日尔俄曲创；结婚成家呢，兹尼史琴创；开拓领地呢，居木三子创；修建房屋呢，比洛惹赤创；弹毛制毡呢，阿育阿先创；彝族过年呢，俄布柯萨创……[1]

毕摩古籍文献《万物起源经》记载如下。

[illegible]，	远古的时候，
[illegible]，	兹兹普乌驯马骑马呢，
[illegible]，	有位名叫阿尔阿宇者创，
[illegible]，	械斗射杀兹明阿杰创，
[illegible]，	调解纠纷莫克迪哲创，
[illegible]，	建筑巨匠阿鲁阿迪创，
[illegible]，	铸铁制铁巨匠阿尔创，
[illegible]，	铸铜打铜阿度达任创，
[illegible]，	弹毛制毡阿育阿先创，
[illegible]，	种烟吸烟莫莫尼乍创，
[illegible]，	彝族过年俄布柯萨创，
[illegible]，	修建住房比洛惹赤创，
[illegible]，	猎狗狩猎吉尼朵子创，
[illegible]，	祭祖送灵豁毕实楚创，
[illegible]，	祭祖祈嗣体毕乍姆创，
[illegible]，	祭身保健邱普阿洛创，
[illegible]，	寻魂赎魂阿苏拉者创，
……	……
[illegible]，	别人跟着古人叙，
[illegible]。	我也跟着别人叙。[2]

综上所述，无论何种传说，可以证实彝族年是彝族人在漫长的生产生活中根据自身所信仰的原生文化，而传承的一种习俗，是广大彝族人自发形成的集当年庆祝丰收和祭祀祖先为一体的辞旧迎新的传统民俗活动。

第三节　彝族年的特征

四川凉山彝族年的整个过年仪式复杂，程序繁多，井然有序，具有浓厚的民俗色彩，整个节日中的许多仪式均与祖先崇拜相关，充满了浓厚的祖先至上色彩。其核心内容是庆祝丰收，祭祖祈福，阖家团聚，辞旧迎新等。它集中反映了彝族的祭祖文化、节日文化、饮食文化等民俗文化，是彝族人的大节，其主要特征如下。

一、节日时间的独特性

中国传统的过年节日是春节，是农历正月初一，也是农历新年的第一天。中国55个少数民族中，大部分民族都过春节，也有少部分民族过自己的传统年，但是，其节日时间与春节相同或在春节的前后，而彝族年则不同。彝族年源于彝族十月太阳历，在农历十月初一过年，此时正是冬季，所以，彝族年又称为“冬节”，与春节相隔2个多月。

二、过年当天杀牲畜

从古到今，举行彝族年时杀牲庆贺，即有宰杀牛羊猪的习惯，而且要当天宰杀，不能提前或滞后，否则所杀的牲畜不算是过年牲畜。彝族年是具有庆贺性兼祭祀性为一体的传统节日，具有浓厚的祭祀祖先的传统文化色彩。因此，彝族

① 《彝族克智》编委会：《彝族克智》，第715页，四川出版集团、四川民族出版社，2006年7月。

② 摘自马边著名毕摩吉克良良经书《祭祖溯源》（《[illegible]》）之《万物起源经》，作者整理并翻译。

年又称为祭祖节。按照彝族传统习俗，宴请客人或祭祀神灵都要宰杀牲畜，而被宴请的客人或祭祀的神灵都要眼见牺牲的牲畜并且要眼见宰杀过程，见到鲜血，所以要当着客人的面或在神灵偶像面前宰杀牲畜，以此表示对被宴请的客人或被祭祀的神灵的尊重。而过年猪是用来祭祀已故祖先的祭畜，务必要在过年当天宰杀年牲（猪），并将鲜血与肉同煮，祭祀祖先。如是提前或滞后宰杀过年牲（猪），祖先便不能接纳，可能有作祟于子孙的危险。

三、祭祀先祖性

彝族年起源于古代彝族先民的原生宗教理念与祭祀活动，是彝族万物有灵观与祖先崇拜的最直接、最生动的活态见证。彝族年的核心为迎祖、祭祖、送祖，其祭祀性仪式特征尤其突出。

四、文化娱乐综合性

彝族年期间除了穿着彝族新装尽情吃喝外，游艺、竞技、民俗活动也十分丰富，不论是喝串门酒、摔跤、赛马、唱年歌等民俗，还是小孩们聚肉敬树神、玩猪脚、讨要小粑、赛猪膘肉等活动，都具有显著的文化娱乐性，是展示彝族传统文化的天然舞台。彝族年包含了彝族的宗教信仰、历史文化、歌舞礼乐、传统服饰、游艺竞技等诸多丰富的民俗事项，具有显著的文化娱乐综合性特征。

第四节　彝族年的准备

由于彝族年历史悠久，积淀了数千年民俗精华，逐渐形成了一整套蕴意深远的风俗习惯，如迎祖、祭祖、堆柴垛、守岁、掸尘、饮泡水酒、拜年、唱年歌、送祖及祈祷等许多丰富的仪式内容。其间仪式复杂，程序繁多，归纳起来分为三个阶段，即年前准备、节日活动和尾声。

彝族年是彝族民间传统节日中最受重视的一个节日，年前2～3个月就开始准备各项过年事项，过年准备极为讲究。彝族年的准备主要是选定年猪、催肥长膘、择定吉日、酿制美酒、砍备年柴、磨粑备食、推制豆腐、祭祀灵牌、打扫屋内外卫生、掸尘除秽等，干干净净迎新年，热热闹闹过新年。过年歌唱道：“年初订年猪，算着月份来饲养，怕猪长不肥，掺和精料来催，肥猪肥得站不起；算着天数来酿酒，怕酒酿不好，盖上棕蓑衣，压上石板来发酵，酒味浓郁又芳香；择日备年柴，砍柴堆成垛，过年柴垛堆成岩，高高兴兴过大年。”

临近新年前几个月，大家就着手准备各种财物，迎接新年的到来。

一、年猪的准备

四川凉山彝族过年时家家户户都要杀过年猪，即使家庭条件极差的人家也要杀一头小猪。一般不兴宰杀牛羊等牲畜，禁杀山羊。

过完年后需要选定下一年的年猪。彝谚道：“火把节是眼睛的节日，彝历年是嘴巴的节日。”过年的主要活动内容之一是吃，而主要吃的就是过年猪。年猪有多种用途，可用于招待邻里、赠送亲友，更重要的是用于宴请、祭祀祖先，取悦亡灵，祈求神佑等。因此，过年猪的选择特别讲究，一般用黑色的阉公猪作为过年猪，禁用种猪、老母猪、花毛猪、黄毛猪，毛色要纯，尾巴短小的不要，有任何残疾和缺陷的不要。过年猪由家庭主妇选定，家庭主妇在心中选好过年猪后，择个吉日，用手指指向过年猪，并念道：“这是明年咱们家的过年猪，是赠送给祖

先的猪，祈祷护佑该年猪，豹狼莫袭击，瘟疫莫感染，邪鬼莫作祟，健康地成长，长大成黄牛，膘肥成黑熊。”选定过年猪后，给年猪取个名字，一般取名为“乌巴峨罗”（阉猪黑熊之意）或“乌巴峨惹”（阉猪小熊）等，平时常叫其名。主人一叫其名，它就边叫边追着主人来。主人要对选定的年猪特殊关照，白天将它与其他猪、牛、羊一起放于野外，晚上与其他猪一起在猪槽里饲喂。饲喂过后，主妇叫着年猪的名字，把它叫到离其他猪群较远的地方特殊喂养。用木盆装些玉米粉加适量的豆粉，然后用肉汤搅拌喂食，让其拥有足够的营养，使其体质与众不同。与其他猪群在一起时，体格超群，毛发明亮又光滑，众人一看就知道是过年猪。

过年猪以肥、大为荣。家家户户惦记着把过年猪喂得又肥又大，以备来年过个好年。在过新年的两个多月前，一般是在阳历的9月初开始，就一直把年猪关在圈里饲养，除了每天中午让其出来放一会儿风外。在此期间，主要是掺和玉米粉、黄豆粉、土豆、荞麦、杂草、蔬菜等来催肥，直到催得年猪肥得站不起来。

大家还会攀比过年猪，看谁家的过年猪最大、最肥，谁家猪最肥就认为谁家媳妇最贤惠，会得到众人赞扬。

过年猪一般是黑色的阉公猪，现四川大小凉山已推广瘦肉型的白色种猪，其杂交后代多数为白色，所以，每家基本上要饲养两头阉公猪，其中有一头是白色的，过年前一晚上宰杀，作为大年三十（旧罗基[①]）的佳肴。另一头是黑色的阉公猪，作为过年猪，该猪是祭祖的猪，给父母、岳父母家拜年的肩胛骨肉就出于此猪。

① 旧罗基：是指彝族年的头天晚上，相当于汉族的大年三十晚上。

二、择定吉日

历史上，西南地区的彝族根据彝族十月太阳历曾统一为十月初一过年。十月初一为祭天日，初二为祭地日，初三为祭祖日。此时秋风扫叶，谷黄稻熟，庄稼收毕，谷粮进仓，深山初雪，农闲不忙，是彝族过年的最佳时期。

近现代以来，由于受历史和地理环境的影响，彝族并非统一在十月的初一、初二、初三这3天过年。特别是到了近代，曾经统治凉山地区的土司政权被其统治的黑彝群体推翻，凉山地区群龙无首，没有统一的政权，各自为政，各地彝族年的时间因地域不同而不同，具体过年时间以黑彝家支（族）统治区域为主，由当地通晓天文历法、德高望重的毕摩或德古来择算，择定过年吉日后，提前10天公布，在该区域内实行。虽然，各地区过年日期不统一，但过年月份统一在农历的蛇月（农历十月），相当于现在公历的11月下旬到12月初。

彝族年除了确定月份外，还要请历算师或毕摩测算吉日。凉山彝族认为，以十二生肖中的鸡、猪、牛、龙等日为不吉利日，不宜选作过年日，以猴、犬、鼠、虎日为吉利之日，可选作过年日，其中若遇到“塔波”之日为最佳。所谓“塔波”日，即为昴宿日（六姊妹星与月亮相会之日，它们每28天相会一次）。如果过年期间有人去世，或是年后多灾多难，就认为所选之日不吉，以后便禁止选该日过年。从前彝族各部落之间有械斗的习惯，俗称“打冤家”，因此，也要避开冤家过年的日子。所以，近代以来，彝族年除了月份基本统一外，具体过年日期并不统一。

三、酿制泡水酒

泡水酒是彝族的特色美酒，是一种醇香而清凉甘甜的水酒，酒精浓度一般在10°～30°，

是重要场合敬献客人的最为珍贵的礼物。一般要在过年、结婚或举行重大毕摩仪式等重要活动时才能喝到。泡水酒是用玉米、荞麦等粮食作为原料，以自制酒曲为发酵剂，经过精心酿制而成的水酒，彝语称为“植以”（ꍏꒉ）。酒是彝族不可或缺的文化之一，彝谚道：“汉区茶为尊，彝地酒为贵，待客先用酒。”特别是在祭祀活动中，酒是不可少的仪式物品之一，毕摩们需要多次地念诵酒的起源及作用，向神灵敬献美酒。彝族酿酒历史悠久，相传在古代，从母系氏族过渡到父系氏族初期的史尔峨特时代，一位名叫阿支的彝族妇女发现了酒曲，由此发明酿酒。最初，酒是作为药物，因饮之有提神、兴奋之功效，后逐渐形成宴客不可缺少的物品之一。

离过年还有1个月左右时间，人们便择吉日，酿制泡水酒。泡水酒一般由家庭主妇酿制，酿制工序简便却极讲究技巧。过年时，家家户户都要酿酒，在酿制泡水酒前，首先要选30～40斤的干玉米，把它放到锅中翻炒，直到玉米里的水分完全蒸发掉，玉米熟了，颜色呈半黑半红为最佳，起调色作用，然后把炒好的玉米从锅中捞出，放在簸箕里晾晒。然后用粉碎机或石磨将其磨成玉米粉，但不能过细。将事先准备好的约10斤荞麦用磨子磨碎，将荞面粉、荞壳与已备好的玉米粉混合在一起，用少量的清水充分搅拌均匀后，放在特制的蒸格里，再放入锅中进行蒸熟。一般要蒸2～3个小时，蒸熟后放在大簸箕里冷却至30℃左右，再将酒曲均匀地撒在蒸好的原料上。搅拌酒曲要注意技巧，最好是“弹指撒均匀，犹如细雨洒”。撒好酒曲后，用手拌匀，再从火塘里取出几个烧红的火炭放在上面，拿3个或5个干辣椒放在火炭上面烧，当烧到烟呛人时，配制酒的主妇低声念诵：“今日是吉日，我们配制过年酒，是为敬献祖先的美酒，鬼怪莫作祟，愿神灵护佑，酿出甘醇香浓的美酒，让祖先饮之快乐！”之后，再把配好的原料装入特制的布口袋里，外面用布包好，最好用棉絮或其他保暖的布料，给它提供适宜、恒定的温度。再在地上铺层木板，在木板上面放点谷草之类的干草，将它放在谷草上发酵。为了方便查看是否发酵，最好在外层布上放上刀之类的铁片。发酵2～3天后，一看刀上是否有水珠，二闻是否有酒香味，三用手摸玉米和荞粉壳是否变柔和。如果刀上有水珠，闻有酒味，手摸柔和，说明发酵已经达到最佳成熟期，否则，还得让它继续发酵。当发酵成熟后，再装入由杉柏特制的下

酿制泡水酒　何为 / 摄

小伙们共饮泡水酒　何为 / 摄

端开有一小孔用以引酒的木桶内，制作一根直径约1厘米、长约5厘米的木塞条，彝语称“布球”（[illegible]），将它塞入酒桶底部洞孔内，上面用桶盖盖住，再用塑料布之类的东西把它密封好。这一阶段的密封至关重要，不能漏气，否则会影响酒的浓度及质量，甚至可能变味。把原料装在桶内继续发酵，一般发酵10天左右，储存时要根据自己的爱好而定。储存的时间越久，泡水酒的浓度越高；储存的时间越短，泡水酒的浓度越低。泡水酒浓度的高低，可以从口感和颜色两方面来辨别，颜色呈深褐色，泡水酒不太甜，但浓度特别高，喝起来容易醉人；颜色呈淡黄色，泡水酒喝起来特甜，但浓度一般都比较低，不容易醉人。

四、砍柴堆柴垛

堆柴垛是临近彝族年时，以家庭为单位的男人们结群上山砍柴回家，堆成柴垛，以备过年时用。堆柴垛，彝语称为“库施斯枯苦”，是家家户户年前必备的材料之一。

彝族过年前除催喂肥猪、酿酒外，还有一项重要的准备工作就是砍新年柴。彝族年为辞旧迎新，什么都讲究新字，过年柴也不例外。每家不论平时存有多少柴，按照传统习俗，都要在过年前砍新柴，在房前屋后堆成又高又整齐的柴垛。一是过年期间，祖先回来时看到新堆的柴垛会很

高兴，认为子孙们勤快、热情，烧火给祖先烤（过年期间家里三锅庄火塘中的火一直不能熄灭）；二是新柴耐烧，是熏制腊肉的最佳木料。

1. 择日砍树

一般是在收割庄稼后，过年前1个月左右择吉日砍树。家里的年轻男人们一起带着斧头及弯刀上山，寻找过年烧柴树，所砍的树种一般为槭树、泡桐树等。槭树易燃，适宜在白天燃烧；而泡桐树耐燃，适宜在夜间燃烧。泡桐树，彝语称为“伟勒”，因其高大、挺直，选择它是希望子孙们像泡桐树一样高大、健壮、美丽。泡桐树成片生长，象征子孙满堂，家族兴旺。现在国家禁伐天然林，人们便采用千杖树、桤木树等人工林木代替。

首先找到合适的树木然后砍伐，砍倒树后，从地上抓些树叶和泥巴遮住伐桩（禁忌不遮盖伐桩，只有丧葬时的火葬树木才不遮住伐桩），然后把砍的树木截成1.5米长的圆木段并劈成木柴，放在屋旁堆成柴垛。

2. 选择位置

放柴垛的位置也是极为讲究的，一般是在屋檐下旁边的坪坝处，如果主人家是“彝族六祖”中古恒的后裔就堆在左屋檐旁边，如果是邛尼的后裔就堆在右屋檐旁边。位置选好后，画定一个大小合适的正方形，用4根木棒作为正方形的4个角敲打插入土里，把柴平行于房屋的方向堆放在4根木棒围成的正方形中。忌讳牲畜踩踏柴垛。

寨子里家家户户都要堆柴垛，柴垛堆得越高，说明主人家越勤劳能干，同时表示热烈迎接祖先的到来，祈求来年大吉大利、岁岁平安。年歌唱道：“过年烧大火，屋内烧火屋外火光明，迎接阿普祖先来和子孙们一起过年，阿普来到屋侧边，看见一堵‘悬岩’，阿普以为是悬岩，仔细看起来，原来是子孙堆的柴垛。堆柴垛过年，迎接阿普们，烧大火给阿普烤，阿普身上暖和，屋子里也暖和，子孙快乐，全家祥和。”

过年歌里唱道：“伊！哦牛牛啰哩！林海茫茫，挺拔高树，生机勃勃，叶稠荫翠，一岁一年节。派了9个年轻人，到林中去砍柴。9个年轻人，手持9把斧头，来到森林里，选呀选！高山森林的树最纯洁，那里的树生长在高高的岩子上，是没有沾过铁器的树，是野兽没有攀折过的树，是没有被玷污过的树，砍倒9棵树，积了9背柴。过年堆柴垛，柴垛堆得像悬岩。”

过年期间，火塘里的火不能熄灭，因此，砍伐时要预留几根大的圆木，不用劈成木片，以确保在过年时屋堂三锅庄火炕里昼夜烧旺火，不得熄灭。过年几天里，往往是全家围坐在火塘边，通宵不寐，这既是对逝去岁月的眷念，也是对新的一年来临的殷切期待，也就是“守岁”，这是最幸福温馨的时候，是一家团聚、共享天伦之乐的时候。因此，要大量积柴烧火，火势熊熊，越烧越旺，象征子孙兴旺发达、生活年年向上。

五、制作烧猪架

彝族先民历来有用柴火烧猪毛来煺毛的习惯。现在大都是用开水煺毛，或是煤气烧毛等，但是，杀过年猪时不管用何种方法煺毛，都先用柴火来烧猪头、猪尾及四肢的毛，之后才可用其他方法脱毛。

现居住在高寒山区的彝族仍然采用火烧煺

毛法，主要用蕨草来烧火煺毛。首先准备干蕨草，因为干蕨草易燃，且燃烧的烟气具有特殊的香味，是煺毛的理想燃料。年前的十几天，家庭的主要劳动力带着弯刀等刀具上山割蕨草，割好后用马驮或人工背回来，堆放在房前屋后晒干后备用。其次是制作一个烧猪架。砍伐二三棵直径5～6厘米的挺直的树木，制成3根长约2.5米的木棒，再把3根长的木棒制作成三脚架，交叉处用铁丝或篾条绑扎好。在烧猪架下面放根直径约20厘米、长约2米的圆木，彝语称为“乌奢施图”（[illegible]），作为杀猪垫棒。建好烧猪架后禁猪狗等禽畜从上面跳过，以防被污秽污染。

六、编织竹簸箕

过年猪肉不能用旧具盛，年前要用鲜竹篾编织几个大小不同的新簸箕，用来盛猪肉、内脏、豆腐等。还必须用宽竹篾编织一张长约2米、宽约1.5米的竹笆，彝语称为“乌射木北寺”（[illegible]），是专门用来放置剖年猪的，竹笆使用时必须分清头尾、正反面，头朝前，正面向上，猪尸的头尾与背腹分别与竹笆的头尾，正反相一致，忌颠倒方向盛肉。同时，还要编织一根长约6米的竹麻绳或棕绳，用来捆猪和抬猪。

七、择日割年草

年草，意为过年的时候铺垫在屋内地上的吉草。彝族年第一天早晨，要在屋内地上铺一层尖茅草（或称白草），以作坐垫，这种铺草彝语称为“政日”（[illegible]），又称“日曲”（[illegible]）。虽然现彝族人主要是坐凳子或沙发，但古代彝族人没有坐凳子的习惯，而彝族是遵循传统的民族，认为祖先亡灵不会坐凳子，所以，专门割草铺地，便于祖先坐，并认为草铺的越厚祖先越高兴。离过年一个星期时，择吉日，家里的女人们带着弯刀到野外割草，一般选割岩上的草，认为那里的草是纯洁、干净的，羊嘴没有沾过，兽蹄没有踏过。割好草后用麻绳捆绑好背回家，堆放在房屋外面，等待过年时铺用。忌讳牲畜踩踏年草。

芳草欣荣，铺青叠翠，绿草茸茸如绿毡铺地，象征子孙人丁兴旺、荣华富贵，同时也是对祖先的敬重和欢迎。

八、推磨制米粑

米粑是过年期间不可或缺的食物之一，也是过年的主食。在做普通粑的同时，也要做米粑。米粑比平时的粑粑小，可以用多种谷物来做，彝语称为“腊粑”，用玉米做的叫“英金腊粑”，用荞麦做的叫“额舅腊粑”。米粑因小巧玲珑，最受小孩喜爱。

过年期间禁忌转动磨子。从过年第一天开始的7天内禁忌推磨。彝族先民认为，过大年也是祭祖的吉日，要备好足够的肉、酒和饭。年猪越肥祖先越高兴；泡水酒越烈祖先越高兴；粑粑制作得越多祖先越高兴。如果过年期间粑粑不够，祖先会生气，将五谷魂带走，来年粮食就会歉收，子孙就会饿肚子。如果过年期间推磨制粑，祖先会认为子孙吝啬，不尊重祖先，所以要储备足够的粑粑。不仅要制作足够的普通粑粑，而且要制作些米粑，即使家里粮食欠缺也要做些米粑，以示对祖先特别尊重。一般情况下，从辞旧迎新的那天凌晨起禁忌转动磨子，但家家户户都要给磨子“喂饭”。磨子“喂饭”是指用玉米或荞麦、燕麦等谷物把磨眼塞满，以示主人粮食丰收，拥有磨不完的粮食。过完年后，择吉日打开磨眼，彝语称为“恰洛卡破”。

九、推磨做豆腐

豆腐也是彝族过年期间家家户户必做的食物之一。一般是在年前1～2天做好豆腐，数量根据

各家所需而定。制作豆腐过程中，用特制的酸菜水来点豆腐，点酸菜水时不许外人进入，同时用豆腐的软硬程度来占卜来年运势的凶吉。豆腐洁白，表示来年吉祥平安；如果酸菜点足了，然而豆腐一直不能凝固，而且颜色变成浅黑色或深红色，是妖魔作祟的表现，预示凶兆。那么，这种豆腐不仅人不能吃，而且连牲畜也不能吃，要将这锅豆腐全部倒入野外河沟里，重新泡豆制作豆腐，直到所做的豆腐洁白为止。在制作豆腐失败的情况下，过年后需请毕摩举行有关驱邪仪式，消灾纳福。

彝族喜食硬豆腐。酸菜水点足，豆腐凝固后，慢慢取出豆腐水，待豆腐进一步凝固变硬后，把豆腐装入能渗水的口袋里，置于一个大菜板上，用石磨压住，让口袋里的水慢慢渗出。压一晚上后多余水全被挤压出，豆腐变硬，此时的豆腐又叫作豆粑，食用时把豆腐切成小片，与魔芋、猪肉片一起炒，是一道独具特色的美味佳肴。

十、制作魔芋豆腐

四川大小凉山有种植魔芋的历史，且历史悠久。魔芋被彝族人称为“格约”，是彝族人最爱吃的食物之一。但是，因制作工序多，平时很少有人加工制作，只有彝族年时才加工制作。居住在海拔2000米以下的丘陵坪坝地区的彝族，几乎家家户户都种植魔芋，主要种植在房前屋后。临近彝族年时，人们挖掘出大部分魔芋茎块，放置于屋檐下，过年前2～3天，妇女们就开始加工制作魔芋豆腐。魔芋豆腐的加工方法既原始简单，又富有科学性。其制作方法是：首先编织数张半径约10厘米的扇形竹笆，彝语称为“格约阶马觉”，是磨碎魔芋的竹笆之意。然后用5公斤左右的硬柴燃烧产生的灰烬，加入15公斤左右的水，搅拌均匀后静放。等待灰烬全部沉淀后，把上面的清水慢慢倒入一个干净的大锅里。大家围坐在大锅周围，左手拿着“格约阶马觉”的柄端，顶端放入锅里的水中，右手拿着洗净的魔芋茎块，轻轻地在“格约阶马觉”上面来回不断摩擦，将魔芋不断磨碎，掉入灰烬水中，要把所有的魔芋磨完为止。磨碎的魔芋在灰烬水中慢慢地凝固，直到锅中魔芋全部凝在一起时，把整个锅抬到三锅庄上面，适当加些水煮，要煮3～4个小时，直到最后煮熟为止。然后将其切成一块块长方形，盛于盆子中，魔芋豆腐便制作完成。

加工好的魔芋豆腐有多种吃法，普遍吃法是“三合炒”，即把煮熟的过年猪肉、豆腐及魔芋豆腐都切成薄片一起炒。先把肉片放入锅中炒，把油炒出来后，放入魔芋豆腐，翻炒几下后再放入豆腐，再加入盐、花椒、木姜子粉等调料，炒至一定程度时铲出装盘。这道菜香气四溢，独具彝族特色，也是在过年期间才会烹饪的一道炒菜。

十一、打扫卫生

过年前2～3天，家家户户忙碌起来，清扫庭院，打扫卫生。男人们把屋脊屋檐、屋里屋外、院坝、房梁立柱、阴沟阳沟、屋内门窗、锅庄上下全部打扫干净；妇女和姑娘们清洗家具、床上用品，特别是锅碗瓢盆等，要用开水烫洗，敬供祖先神灵的木盘、木盔、酒具和酒杯也要清洗得干干净净。不让灰尘污秽越年，以示辞旧迎新，迎接祖先亡灵回家过年。

十二、祭祀祖灵

祭祀祖灵是彝族年来临之际，以家庭为单位，在家里祭祀所供奉的祖灵的仪式之一。人们以纯洁无秽的姿态引接先辈祖先的到来，共同欢度彝族年佳节。

按照彝族的传统习俗，家里的直系前辈病死后，不立即举行大型的祭祖送灵仪式，而是要等待一定时间后才举行，将其送到祖界“额木普沽”与自己的祖先团聚。但其间为了预防亡魂到处漂泊，被其他妖魔鬼怪诱惑，作祟于人类，特别是作祟于自己的直系后代，主人家要请毕摩择日制作灵牌，将亡魂附于灵牌并存放于家中供奉，以此安灵，直到专门举行祭祖送灵仪式时才将其与其他祖灵一起送到祖界。意外死亡和未成年死亡的则不制作灵牌。

灵牌彝语称为“马杜”（θШ），“马”（θ）为竹之意，因为灵牌是用竹片制成的，“杜”（Ш）为牌之意，“马杜”即为竹灵牌，彝语又称“阿普廓”（[illegible]），平时放置在内室上方专门存放处。为避免受到人为及其他因素的影响而沾染污秽，一定要细心保管。然而，由于时间久远，难免被污秽污染，所以，在彝族年的前几天要选择吉日请毕摩祛秽，并进行祭祀，彝语称为“马杜山”（θШX）。

藏有祖灵牌的家庭，每年在彝族年的前几天，都要请制作灵牌的毕摩择日祭灵牌，这是举行祭祖送灵之前每年必做的仪式之一。该仪式需要两只公鸡：其中一只是白色的，是仪式上用来祛秽的，仪式完成后作为护佑神的礼物被毕摩带走；另一只是红色的公鸡，是专门用来祭祀祖灵的祭品。仪式开始前把红色公鸡捏死，煺毛清洗，剖腹取内脏，切除翅膀和鸡脚后，把整只鸡宰成五大块。首先是切出头颈部，再沿椎骨劈成两半，分别切出两块鸡胸脯和两块鸡大腿，然后用清水煮熟后捞出，置于一个簸箕里面，按活鸡的结构摆放好，即头颈下方放鸡胸脯，鸡胸脯下面接两块鸡腿，鸡翅膀和鸡脚分别接到胸脯和两腿的切面处。祭完灵牌后，将鸡翅和鸡脚煮熟后同其他部位一起置于灵牌的下面，以示祭之。

彝族过年期间，祖灵牌下面要铺些松针树枝。松树青幽幽，象征永远常青；青松坚忍不拔，象征子孙个个勇敢坚强；青松表皮粗厚，树心里有芳香的松脂，象征子孙像青松一样有善良之心。

第五节　迎新年

迎新年是迎接新年来临之意，相当于汉族的大年三十，彝语称为“旧罗基”（[illegible]）。“旧”（[illegible]）为旋转之意；“罗”（ɸ）为助词，无意义；“基”（Ĉ），一是指在轨道或平路上行驶，二是指熬（猪）油，此处指第一种意义。“旧罗基”指岁月沿着轨道转完一圈，又回到原来的起点上，意为新旧岁月的交界点。平时，为了生活，一家人各奔东西，天南海北，当辞旧迎新时，人们纷纷从各地返回，与家人团聚，欢度新年。

“旧罗基”是最忙碌的一天，全家人按照传统习俗和各自的能力各负其责，各显其能。一般情况下，主要做以下事情。

一、门楣插神枝

按照传统，“旧罗基”的晚上，每家都会在门楣的空隙处插些马桑树神枝和杜鹃树神枝。彝族先民认为，马桑树主要生长在高山原野中，其果有毒，鸟群不食，是能防邪止魔之树。杜鹃树生长在神仙生活的高原草甸上，象征高贵、纯洁，彝语称为“索玛”，其花称为“索玛花”，花色洁白中透着粉红，被称为“高山玫瑰”，是彝族的族花，是祖先最爱的花。

“旧罗基”的早晨，年轻人到山上寻找马桑树枝和杜鹃树枝，寻到后带回家，将树枝根部削尖后插入门楣上面，以示欢迎祖先的归来，同时防止妖魔鬼怪进来。

二、制作年扫帚

扫帚不仅用来辞旧迎新，扫除尘埃，打扫卫生，还用来驱除污秽及其邪气，扫入新的生育神、五谷魂、六畜魂等。

“旧罗基”中午，派几位少年到山上竹林中砍一些绿竹背回家，制作3把扫帚。第一把称为扫回金银神魂扫帚，过年当天凌晨，男主人用该扫帚在其居住室（三锅庄右上方，彝语称为“度古”）上下除尘，以示扫出一条金银神魂路来，把金银神魂扫入其居住屋室之中，预示来年财源滚滚；第二把称为扫回生育神魂扫帚，主妇用该扫帚来打扫内室上下方灰尘，以示扫出一条生育神魂路来，来年子孙满堂，人丁兴旺；第三把称为扫回五谷神魂扫帚，过年当天凌晨，主妇用该扫帚来扫除屋堂上下方的灰尘，以示扫出一条五谷神魂路来，把五谷神魂扫入粮柜底。

3把扫帚制作好后放置在屋檐下面禽畜不会去的地方，禁忌人或牲畜等踩踏或跨越，以免染秽。

彝族年年歌唱道：“金竹山上绿竹密，美竹高又绿，派遣3个青年人，手拿3把刀，砍来3背竹，制作3把帚，一把扫住室（“度古”），扫出一条金银路，金银魂扫回家，金银装满箱，年后主人称金银，手里起茧巴，不关我的事哟……”

三、辞别旧年宴

迎新年当晚，家家户户都要举行“旧罗基”宴。忙碌一天后，晚上就在家里举行辞别旧年宴，吃年夜饭。按照传统，每家都至少要留一块当年的过年猪肉或一些猪油，用来烹饪“旧罗基”宴的菜肴，彝谚道：“旧的年肉要接新的年肉”，以示衔接新旧之年，象征富裕、兴旺。年猪肉可用来制作坨坨肉，年猪油用来炒豆腐、魔芋，所有菜肴准备好后，一家人就团聚在一起吃团圆饭。现在条件好了，除了延续上述传统习俗外，各家各户基本上还要另外杀一头大阉猪作为“旧罗基”佳肴，迎接新年的到来。

第六节　欢度新年

彝族新年是彝族特有的迎接新年的庆贺节日，是古代彝族节日的延续，是自然崇拜和祖先崇拜的综合仪式，是人与自然和谐相处的表现，是铭记先祖感恩的具体体现，是流传给子孙后代的传统习俗。古代彝历年历时3天，其仪式主要内容为祭天、祭地及祭祖。然而随着时代变迁，彝族年的仪式内容也有所变化，四川凉山彝族过年早已忽略了祭天、祭地的仪式，只举行祭祀祖先仪式。3天彝族年之中，第一天叫“库施”，是欢迎祖先之日，杀猪祭祖，吃年饭；第二天叫“朵博”，孩子们聚集在一起进行祭树仪式，大人们串户拜年；第三天叫“阿普吉”，即为欢送祖先之日，祈求祖先护佑子孙，驱邪纳福。

一、迎接祖先

“库施”是彝族年的第一天，因这天早晨要布置堂屋、杀猪过年，是3天中最忙碌的一天，不管是大人还是小孩，清晨公鸡首鸣时就要起床，开始准备过年仪式中所需物品。

（一）布置堂屋

彝族先民认为彝历新年这天早晨，自己的祖先从祖界专门赶到子孙家来过年，因此，子孙早早起床后要在家里摆设家具、布置堂屋，包括掸

尘祛秽、地上铺年草、悬挂经书等，把堂屋布置得整整齐齐、井然有序，让祖先开开心心、心旷神怡。

1. 掸尘祛秽

掸尘是彝族年必做的程序之一，彝语称为“库施亿寺”，意为过年扫秽。过年这天清晨，全家男女老少一起出动，用头天制作的3把扫帚分别在不同方位掸尘扫屋，在堂屋、内室上下方打扫，预示把病魔、祸害、霉气一齐扫出门外，辟邪除灾，欢迎祖先，迎祥纳福，祈盼来年风调雨顺、人体安康、人丁兴旺、子孙满堂、牛羊成群、五谷丰登。

扫出的垃圾要倒在房屋下面的河沟边，让河水带走，以示污秽顺水而去。

2. 地铺年草

古代，人们没有坐凳子的习惯，现在四川大小凉山农村也没有坐凳子的习惯，而是双脚交叉席地而坐。

为了增添过年气氛，恭迎祖先的到来，热情招待前来拜年的贵宾及亲朋好友，主人家要在地上铺一层过年白草。把已备好的过年草铺在室内地上，主要铺设两处，第一处内室上方，第二处是屋堂上方挨着三锅庄处。铺垫越厚越好，意为铺得越多祖先越高兴。

3. 悬挂经书

悬挂经书是毕摩家的专用仪式，因为普通人家没有经书可挂也不能挂经书。毕摩经书是极为珍贵而神圣的，平时锁在男主人卧室（ꃅꏦ）木柜上的经柜中，禁忌随便拿出。只有两种情况可以取出来：一是毕摩到别人家主持毕摩仪式时可以取出，但只是部分，具有选择性，做什么仪式就只能拿什么经书；二是彝族年时取出来，可以取一部分，也可以全部取出。彝族先民认为毕摩是世袭制，其祖先都是毕摩，经书是他们留传下来的，祖先不仅喜欢经书，而且在过年期间要看经书，晚上还要听子孙念经书，以示与祖先进行文化交流，这样祖先就很高兴。所以，经书取得越多越好。

挂经书是由毕摩及其儿子完成（禁忌女人拿经书）。首先用一根或几根长约6米的竹竿横架在屋堂上方，从经柜中拿出经书，小心翼翼地挂在竹竿上，经书的头面即第一页挂在外层，从右方往左方挂，从上方往下方挂，把经书一排一排挂起来。先挂善事类经书，如《赎魂经》《唤魂经》《祛秽经》《献水经》《敬献经》《祈求生育经》等。然后再挂诅咒类经书，如《驱魔经》《咒魔经》《阿局苏木尼》《所它伟勒哲》《甲古泽达哲》《罗伟罗阿姆》等，一般要悬挂20卷或者30卷，一排一排、一组一组地悬挂着，使毕摩家成为经书的“展览馆”。

4. 升烟告祖

挂完经书后，接着举行升烟仪式。古代由于没有通信设备，起火升烟是相互传递消息的通信方式之一，后来逐渐成为人与神灵或人间与阴间的通信信号。彝族年升烟仪式是人间子孙向阴间祖辈传递开始过年的信号。

家中的一位男性在屋外取些早已备好的蕨草带进屋里放在三锅庄旁，一只手将蕨草捏在一起，另一只手用火钳在火塘里夹起几块正在燃烧的木炭放在蕨草上面，然后带出门外放在门槛右方或是放在屋檐下面燃烧生烟。袅袅青烟缓缓升起，以此告知冥界的祖先，人间的子孙开始过年了，敬请他们快速回到人间与子孙共度佳节。

5. 蒸汽祛秽

家庭成员全部围坐在三锅庄火塘旁边，首先一位年轻男人用木碗盛上少许清水，清水里加几片索玛树叶和马桑树叶，站在三锅庄边，用火钳从火塘里夹出已烧红的碎石放入木碗中，待水哧哧地冒出蒸汽后，将装有碎石的木碗端到屋堂悬挂的经书下面，用蒸汽熏之，过

后按逆时针方向依次经过男主人卧室、内室上下方各房间，经过泡水酒桶的旁边，最后到门外猪圈里熏一下过年猪及其牵猪绳。所有流程完成后将木碗里的水倒出，碎石放回三锅庄火塘里。彝族习俗认为凡是被蒸汽熏过的人和物，其污秽已被祛除。

（二）杀过年猪

彝族年讲究“新鲜”二字。过年烧的柴要新砍的，过年泡水酒要新酿的，过年猪也务必要刚杀的。所以过年猪要过年当天早晨杀，不能提前杀，哪怕提前一天也不行，否则就不是过年猪了，祖先也不能接受。这是彝族年独有特点，也是彝族祖先原始生活的记忆。

从古到今，彝族没有专门的屠夫宰杀牲畜，都是家人亲自动手或请亲朋好友帮忙。因过年猪又肥又大，人少的人家没办法自己杀，因此要以村或寨为单位，以几户或十几户为一组，每家派一位或数位身强力壮的青年男子，组成“杀年猪突击队”，并且要选出一位杀猪能手，作为主刀。主刀者除了要经验丰富、技术高超、动作麻利外，还要求相貌端正、身体强壮，且平时没有吃过彝族禁食的猫、狗、马、蛇、蛙等动物的肉，以免污秽污染年猪，惹怒祖先。

杀猪时，毕摩家优先。进行“转转”杀猪，即每家每户按照一定的顺序进行。杀猪顺序是有讲究的，按社会地位及辈分大小依次排序。

按照过去传统习俗，杀猪不是挨家挨户，而是按照“土司优先、毕摩优先及长辈优先”的原则。因此，当地如有土司（兹莫），则先杀土司家的年猪，如果当地没有土司，则先杀毕摩家的年猪，最后才杀平民百姓家的年猪，普通百姓家就按照辈分从高到低的顺序进行。这是古代彝族社会结构的表现，也是一种权力、地位的体现。土司（兹莫）的统治已经成为过去，现今只有毕摩及其毕摩原生文化依然鲜活地存在于彝族地区。彝谚道：“兹摩到来毕摩不起身。”这说明毕摩的地位很高，在这欢庆的节日里表现得更为突出，有毕摩的地方就先杀毕摩家的过年猪，这是传承彝族先民的习俗，是祖先崇拜和毕摩文化至上的具体表现。

1. 杀年猪

准备杀猪时，每位杀年猪突击队员都要进入主人家屋内，主人家首先斟一杯酒拿到屋外面倒在过年柴垛上，以示先让祖先坐在柴垛上边喝酒边看杀年猪；再斟一碗给杀年猪突击队员，作为“杀猪酒”，平时不会喝酒的人也要尝一口，因为该酒是主人家祖先回敬的酒，因为过年猪是祭献给祖先的，祖先是要带走的，故回敬酒以示感谢。喝完酒后，主妇就拿着备好的绳子到猪圈里套住过年猪，男人们就把猪从圈内拉到圈外并按在地上，有人抓住猪脚，有人拽猪尾，有人抓住猪耳，杀猪的人用牵猪的绳子把猪的上下颌捆绑在一起，以防猪咬人。然后将已捆绑的猪抬到已备好的柴垛下面的木棒上，以杀猪人站立的前面为标准，猪头朝着右方。杀猪时要一刀毙命，以示来年吉祥。用盆子接血，猪血多，色泽鲜艳，表示主人家来年五谷丰登，财源滚滚。猪死后，拿一撮白草捆扎在一起盖住杀猪刀口，以防蚊虫侵袭；再夹一块正在燃烧的火炭放在血盆上面，以防鬼怪作祟。血盆放在屋内高处，以防狗、猫来偷食。

杀年猪有诸多禁忌，如：禁忌杀猪时猪不嚎叫，禁忌猪血呈深黑色，禁忌未献祭的年猪血被猫狗先食。

杀猪后，几名突击队员就把猪抬到已建好的烧猪架上，便于烧猪毛，接着杀年猪突击队又兴冲冲去下一家了。

2. 燎猪毛

按照传统，现居住在高寒山区的彝族人仍然

使用传统的火烧煺毛法。把已备好的蕨草放在烧猪架下，点火后开始烧猪毛，先烧一下猪头部的毛及四肢的毛，以示猪的灵魂已敬献给祖先，然后开始烧腰部的毛，边烧边刮毛，这样煺毛快且干净，同时要不断地翻转猪，以便把猪全身的毛都烧、刮干净。毛全部煺干净后用清水洗净，等待开膛破肚。

现居住在坪坝或内地的大部分彝族主要用开水煺毛法，即先用开水烫毛再把毛刮掉。也有的用煤气喷枪烧猪毛。然而，不管用什么方式煺毛，都要先烧一下猪头上的毛和四肢的毛，如果没有蕨草，可以用其他杂草或纸来代替，甚至可以用打火机来烧，只有烧过猪脚上的毛后祖先才能带走年猪的灵魂。

（三）内脏占卜

猪毛煺干净后，在屋堂下方放个备好的新鲜的大竹笆，然后用牵猪的那根绳子来套住猪尸体，用一根硬木棒穿过套猪绳，几个身强力壮的年轻男人把猪抬到屋里的竹笆上面，开膛取内脏。剖过年猪是有规则的，不能乱剖。一是剖猪者必须是男性，禁忌妇女剖猪；二是剖猪讲究程序，不能随便剖。将猪尸呈仰卧状，四肢朝天姿势，先剖开颈部下方，取出舌头；再切断四肢，切断四肢时按先右蹄后左蹄的顺序进行，不得违背。四肢切断顺序是：先切断右前肢，不能只切腕骨以下，而要把尺骨以下全部切除，切除的前肢是赐予小孩子的，称为“瓦西拿古”（[illegible]），过年的第二天孩子们聚会祭树时就带着这支“瓦西拿古”前去，比比谁家的“瓦西拿古”最大，最大者为荣。再依次切断右后肢、左前肢、左后肢。最后，开膛破肚，取出猪脾、胆及膀胱进行占卜。

1. 猪脾卜

猪脾代表人丁（彝族订婚时用所杀猪的猪脾占卜是决定这门婚姻是否顺利）。首先取出脾脏，不能用刀来切取，而是用右手伸入猪腹腔内，找到脾脏后用手轻轻地拉断脾门而取出，然后用左手拿着脾脏的下端将它倒提过来，脾门在下方，使其垂直向下吊着，让脾脏的背侧对着验证人，验看脾脏的下端及其相连的前右方。查看脾脏颜色是否鲜红，是否很薄，上下是否均匀，脾脏的下端及其相连的前右方的边角是否光滑均匀。如果脾脏颜色鲜红，属于吉兆；若颜色深红，有斑点，属于不吉；如果脾脏很薄，犹如竹叶一样，且上下均匀，属于吉兆；若脾脏很厚，上下不均，凹凸不平，说明有病灶，属于不吉；脾脏的下端及其相连的前右方的边角光滑均匀，属于吉兆；如果脾脏下端的正中间有个较浅的“U”字形或“V”字形缺口，彝语称为“枯机”（[illegible]），是凶兆，意为枯死，意味着来年主人家可能要减少人丁；脾脏下端正中间伸出的一个细尖的肉片，彝语称为“撮沉”（[illegible]），脾脏下端有几个较浅的缺口，彝语称为“莫沉”（[illegible]），以上两种现象都是凶兆，意为会听到近亲死亡的噩耗；如是脾脏右侧上端有一小缺口，彝语称为“勒将”（[illegible]），也是凶兆，只不过比“枯机”稍微好些，意味着来年主人亲戚家可能要死人；如果是脾脏右侧上端有两个小缺口，彝语称为“将布铁”（[illegible]），意味着两个缺口相互折扣，不会有事。如果遇到脾脏右侧边缘有一部分向外粘连于脾腹方，彝语称为“扑”（[illegible]），意味着五谷魂离家，粮食减产，声誉及其威慑力受损；如果遇到脾脏右侧边缘有一部分向内粘连于脾背面，彝语称为“目”（[illegible]），意味着谷魂进屋，五谷丰收，名声增强；如是脾门背侧下端向着背侧上方稍微翘起或翻转，彝语称为“擦”（[illegible]），不吉利，意味着过年期间可能会遇到不吉利的事情，如酗酒跌倒或其他意外事故。如果上述各项占卜均为

正常，便是吉兆；如果其中一项有问题就属不吉，出现上述“枯机”和“勒将”两种情况之一，就属于特别凶兆，要立即做“窝勒债直”（[illegible]）仪式，即重新做代替猪脾卜仪式。该仪式要杀一只鸡来占卜，其仪式程序如下。

逮一只成年鸡（公母均可），夹一块烧红的石块放在火塘边，在石块上面倒点清水，待蒸汽上升时，把鸡喙和脚爪拽在一起在蒸汽上熏一下，以示祛秽净身；然后把鸡捏死，煺毛清洗，除去内脏，割断右翅膀，切断鸡头，将鸡头、右翅膀及鸡胗放在火塘里烧烤，作为烧肉（[illegible]）；烧熟后把鸡头及鸡胗放在一个小簸箕里，放置于内室上方神灵牌旁边，然后主人家每位成员品尝已烧熟的鸡翅膀。将左翅膀连着左胸脯切下一块肉，其他的切成坨坨肉，再一起放入锅里用水煮。煮熟后，先把鸡翅膀和胸脯连成一片的那块肉捞出，装在碗里放置于神灵牌旁边，待其他肉捞出后拌上调料食之。吃完熟肉（[illegible]）后，从神灵牌旁边取出鸡头，开始验证鸡卜。

如果再次发生凶兆，就把鸡头骨及舌叉捏在一起抛于“德布洛莫”方向。一般情况下都会出现吉兆，出现吉兆后，用竹麻绳将鸡头盖骨及舌叉拴在一起，男主人到屋外将其抛在房屋内室上面，并说：“今早我们看猪脾时看错了，经过鸡卦占卜，鸡头盖骨均匀厚实，洁白无瑕；鸡舌叉犹如鱼钩一样弯曲，说明猪脾犹如竹叶一样均匀，光滑无缺，请你们将该猪带走吧！”

2. 猪胆卜

猪胆代表五谷。取出猪肝后，小心从猪肝里取出猪的胆囊。取胆时实行“从上而下法”，用右手拇指与中指指甲掐断胆囊管，并轻轻地将胆囊管捏住，从肝脏处往下拉，取出胆囊。这种取胆法是传统的过年猪取胆法，胆囊不容易破裂，如果是取草食牲畜牛羊等之胆，就实行“从下而上”法，其程序与上述相反。

取出胆囊后，左手捏着胆管，让胆囊自由下垂，验看胆囊圆不圆，颜色是否正常，表面是否光滑，胆汁是否饱满。如果胆囊圆大，色泽良好，表面光滑，胆汁饱满，犹如男人左耳戴的黄色的玛瑙，就属于吉兆，预示家人幸福安康；如果胆囊小，色泽呈黑色，或是红中带黑，没有胆汁或胆汁很少，表面粗糙不均，就属于凶兆，预示家人要有灾有难，或有人丧命；如是胆囊有胆汁，呈椭圆形，下部分向外翘起，彝语称为“擦”（[illegible]），也属于不吉，预示过年期间家里有人酗酒滋事。若占卜属于吉兆，则把猪胆挂于内室的房梁上猫等动物不能接触的地方，以示祝福来年人丁兴旺，五谷丰登，全家幸福美满。

3. 膀胱卜

膀胱代表过年猪。取出内脏后，将胃肠放在一个大盆子里，暂时不做清理，等待烧肉和煮肉祭祀祖先及人们吃过饭后才开始清理。但是，膀胱可以先取出来进行占卜。占卜猪膀胱吉凶代表祖先是否喜欢该过年猪。取出膀胱后，家里一位男主人（禁忌女人）拎着膀胱管口，让其自然下垂，观看膀胱的大小、里面尿液多少、是否透明，如果膀胱大且清澈透明，属于吉兆。然后把膀胱里的尿液倒出，从膀胱口处穿入一根小竹管，左手捏住管口，防止漏气，从竹管往膀胱里吹气，边吹边在地上揉搓，当膀胱膨胀到原来的二三倍大时用细绳绑紧管口，挂于三锅庄上方偏于内室方的木架上。过完年后第一天凌晨验看，看整个膀胱是否有一处凹进去，如有一处凹进去则为吉兆，那是祖先留下的记号，表明祖先过年过得很高兴且愉快地把过年猪带走了。如果整个膀胱没有一处凹进去，或有多处凹进去，说明祖先没有带走该年猪，或是在过年期间发生了有损传统习俗的事情，那就要等过完年后择日再杀一头小猪，以示替换过年猪。

（四）酒肉祭祖

彝族年是孩子们玩耍的时候，也是祭祀祖先的日子，祭祖是彝族年的主要活动之一，贯穿于过年的始终，是祖先崇拜在平时生活中的具体表现。彝族先民认为祖先虽然已死，但灵魂仍然存在，其权威性很大，可以降祸或赐福于子孙，所以后代对祖先十分崇敬。据毕摩经典记载，彝族祖先崇拜始于母系氏族后期，盛行于父系氏族时期。至此，每逢过年过节，都要虔诚地祭祖。这种崇拜祖先的传统习俗一直延续至今，形成了彝族原生文化的特色。

1. 泡水酒祭祖

凌晨杀猪后，男主人就将装泡水酒料的木桶端到磨子上，取出桶盖，用杀猪刀在桶口上的酒料上画个“十”字，再用刀尖在酒料下面一尺多深的地方挑点酒料出来走到三锅庄旁，左手拿着刀，右手在刀上抓点酒料撒向内室放置祖灵的方向，以示祖先先品尝，接着才是男主人自己品尝，并说出酒的味道，一般不管酒的味道如何，都要说吉祥语。加入矿泉水浸泡酒料，首次浸泡时加水至半桶为宜。然后用早已备好的新竹子来做一根直径约2厘米、长约20厘米的竹管，作为从桶中引流出酒水的管子，彝语称为“马布”（[illegible]）。浸泡1个小时左右，取出插入酒桶下方洞口的木塞条，插入引流管，用木盆接着从管子里流出的泡水酒。头道酒禁忌任何人品尝，要先用碗舀点酒倒回装酒料的酒桶中，以示酒神不要外跑；其后，主人倒一小桶酒到内室上方置于祖灵的旁边，以敬祖先。此时，男主人先开始品尝，再是酿酒的主妇品尝，再依次是家庭成员按辈分品尝，能饮多少就饮多少。

2. 烧肉祭祖

祭祖的年猪肉的吃法与平时宴请客人的吃法不同，而与平时举行毕摩原生文化仪式一样，分为“舍胡”（烧肉）和“舍蜜”（熟肉）两种吃法。

烧肉，彝语称为“舍胡”。彝族素有杀活畜来招待客人的习俗，平时招待客人的牲畜宰杀后全部煮熟食之。但举行毕摩文化仪式就不同了，所牺牲牲畜的肉，不管是小鸡还是大牛，都要分两餐而食，头一餐的吃法叫“舍胡”。古代彝族先民喜欢吃烧烤的肉，人类发明使用铁器以前，烧肉是彝族先民的主要食肉方式，神灵及鬼怪们也喜吃烧肉，所以敬献或祭祀神灵时必须加一道“舍胡”。如是牺牲一只鸡，就用两个翅膀做烧烤，若是牺牲蹄类动物，就用内脏做烧烤，如牺牲猪、牛、羊，则用肝、肺、心、肾、脾做烧烤。然而，现在一般只用鸡翅做烧烤，其他的都用锅煮熟而食，但人们还是习惯叫作“烧肉”。

彝族过年祭祀祖先时，“舍胡”是必不可少的。当占卜完毕后，将猪肝、猪脾、猪肾等与切成坨坨肉的里脊肉、胸脯肉和荞粑一起放入锅里，待水开后，捞出猪肝置于簸箕里的菜板上面，切成片后又放入锅里再煮，待煮熟后把锅里的坨坨肉及荞粑全部捞出来置于盆中，开始分肉。首先祭祖，用一个簸箕装两个猪肾、整个脾脏、猪肝3～5片、几块坨坨肉及3个荞粑，再用木勺子舀一些肉汤在盆里，汤盆里放入3个或5个马勺子，男主人亲自端到祖先灵牌前面的神龛处献祭，敬奉祖先，并念诵祭词。

[illegible]，	古代的时候，
[illegible]，	先祖先妣们，
[illegible]，	自你诞生后，
[illegible]，	你的子孙们，
[illegible]，	繁荣又昌盛，
[illegible]，	六畜兴又旺，
[illegible]；	一群群发展；
[illegible]，	五谷丰又收，

[illegible] 日月神庇佑；
[illegible] 人丁昌又盛，
[illegible] 世间人类繁。
[illegible] 你的子孙诞生后，
[illegible] 繁荣又昌盛，
[illegible] 平安又吉祥，
[illegible] 儿子接嗣子，
[illegible] 女儿连姻亲，
[illegible] 屋堂上下站满了子孙，
[illegible] 儿子身材犹如箭杆直，
[illegible] 女儿笑脸犹如白鹇美，
[illegible] 孙儿站立腿脚一排排，
[illegible] 孙女双脚洁白一双双。
[illegible] 今年吉月吉日时，
[illegible] 欢度彝历年佳节时，
[illegible] 为你等准备年肥猪，
[illegible] 请你莫生气，
[illegible] 莫发怒，
[illegible] 如此子孙挺高兴，
[illegible] 祖先稳稳地坐着，
[illegible] 子孙无忧地玩耍。
[illegible] 祖先慈祥和，
[illegible] 子孙笑盈盈。
[illegible] 祖先和睦亲，
[illegible] 子孙欢乐乐，
[illegible] 吉祥赐子孙，
[illegible] 平安赐子孙，
[illegible] 格神赐子孙，
[illegible] 菲神赐子孙，
[illegible] 六畜赐子孙，
[illegible] 牧业赐子孙，
[illegible] 粮食赐子孙，
[illegible] 五谷赐子孙，
[illegible] 祈求三神留下赐子孙，
[illegible] 吉祥啊平安。[1]

祭祖的祭品要一直放到过年结束，并且每天清晨都要将祭品端到三锅庄上的锅里加热后再放回，以示让祖先吃热饭菜。

敬献完祖先后，全家人开始分两桌吃饭，首先，内室上方一桌，一般是孩子的爷爷、奶奶、男主人及部分小孙子，以示尊敬长辈；其次，锅庄下方一桌，一般是男主人未出嫁的妹妹、他的媳妇及其子女。

3. 熟肉祭祖

熟肉是过年的正餐，熟肉彝语称为“舍蜜”。正餐要吃坨坨肉，坨坨肉是彝族的特色佳肴，是过年期间不可缺少的主菜。

坨坨肉是彝族的美食，各种牲畜肉都能做成坨坨肉，坨坨猪肉彝语称为“乌舍舍觉”，意思是猪肉块。具体做法是吃完“舍胡”后，割一块瘦肉，切成坨坨肉（割什么部位的肉由每家自己决定），一般割猪腿来做坨坨肉，连骨带肉砍成拳头大小的块状，每坨二三两重。在三锅庄的大铁锅里备好山泉水后，开始烧柴，并加大火力，将切成的坨坨肉倒进锅里，放适量的盐。火候很重要，火候不到肉不熟，时间过长肉老失去鲜味。待水烧开后，继续沸煮约半个小时，之后用小火煮至血水、泡沫全部消去变成清白的肉汤，在肉汤里放些彝族特有的酸菜，再煮3分钟后捞起坨坨肉，置于簸箕内，将肉沥干水后，倒入一个大的盆子内，趁热在坨坨肉里撒上适量精盐，再加上木姜子粉、辣椒粉、花椒粉、味精、蒜泥水等佐料，不断搅拌，使佐料浸入肉里，整个调料过程中不添加任何油。

首先，男主人将一个盆子装上拌好佐料的坨坨肉5～9块（以单数为佳），端到祖先灵牌前面

---

①马边著名毕摩阿克木曲口述，作者整理并翻译。

的神龛处献祭，敬奉祖先。待肉晾至不冷不热时，将其分装在两个装有米粑的簸箕内，一个簸箕端到内室上方，请孩子的爷爷奶奶等长辈们食用；另一个簸箕端到锅庄下方，让男主人未出嫁的妹妹及他的媳妇和子女们食用。吃时不用筷子，用左手抓坨坨肉，右手持马勺子舀汤喝。边啃边嚼，由于这种肉的做法特别，吃起来肥而不腻，越嚼越香，越吃越开胃。

坨坨肉制作讲究天然、简便、科学，保持了肉本身的天然成分，使肉里丰富的营养物质不被破坏，肥肉肥而不腻，瘦肉细嫩，是一道营养丰富、健康、保健的彝族美食佳肴。在讲究科学吃法的今天，坨坨肉仍保留着猪肉的原汁原味，体现了彝族传统的饮食文化，这在中华民族的烹饪百花园里犹如一缕清风，一朵奇葩。

（五）制作美食

吃过“舍蜜”后，让孩子们给没有杀猪的孤寡老人送去鲜肉，特别是给因家庭困难而杀不起猪的邻居们送去一大块条块肉，送上一片温暖，让大家都能过上欢乐的节日。而大人们便开始制作彝族独特的过年美食。

1. 切割条肉

男子们将猪肉切成一条条块状，切猪肉有讲究，不能像平时一样随便切断。首先把整个猪分割成五大块，即分割成猪头、猪尾、肩胛骨肉、肋骨肉及腰腿肉。其中切割猪头及肩胛骨肉极为讲究，因为这两块肉都是赠送给自己的父母和岳父母的礼品，要按照规则切。先切割猪头，切除时要按猪耳朵的长短来切，把猪耳朵随颈拉直，在耳朵顶端处纵向切，切除后用斧头将猪头劈成两半，取出眼珠置于竹笆上面；接着切割尾部肉。具体切法是从第三腰椎处向腹部两侧以弧形方式切到耻骨处，连骨带肉包括猪尾巴一起切割下来，这块猪尾部肉彝语称“瓦普守”（ꃫꁍꎰ），意为猪尾巴。“瓦普守”留在汉族年的大年三十晚上食用，寓意旧年结束，新年开始，辞旧迎新。然后，把剩下的猪肉从颈椎部以胸椎骨为中心分成两半，接着切割肩胛骨肉， 切割的范围是左起被切除头部的切面开始，右起第三肋骨止，上至胸椎骨起，下到臂骨与肩胛骨之间的关节止，连骨带肉一起切割，不能把肉切成块，只是在平行于肋骨方向的皮上浅划三刀，再撒点盐挂于屋里，等待送给亲人。紧接着切割肋骨肉条，切割时平行于肋骨方向，以二根肋骨为一组，切成6条，这些被切割的肋骨肉条，彝语称为“瓦尼”（ꃫꑌ），这些“瓦尼”大部分是赠送给亲人的。最后切割腿子肉，腰部肉以垂直于椎骨，以三根手指宽切成条块，彝语称腰部条块肉为“瓦居”（ꃫꐛ）。把肉切割完后，加些盐和其他香料进行涂抹，腌制一定时间后悬挂于楼上，让其自然风干。

2. 灌制香肠

姑娘们的主要任务是梳理、清洗猪肠，然后灌制香肠。彝族过年香肠又称为猪血香肠。将猪血炒成半熟状，拌以切成小块的土豆、猪肉、糯米等灌制而成。灌完后挂在三锅庄火塘上方用木头做的支架上，用烹饪时的火或烟自然熏干。这样制成的香肠既鲜美又有腊香味。

3. 制作包腊

包腊，全称为猪肚包腊，彝语称为“屋黑嘎丁”或“屋黑腊如”，意为猪肚里的坨坨腊肉。包腊是彝族的一道传统美食，是待客之上品。在彝家，用一个没有打开过的包腊招待客人，其待客心意与分量，相当于杀一头小猪。包腊历史悠久，传说是古彝人发明创造，是彝族祖先最爱吃的美食之一，因此，为了祭祀祖先，包腊是彝族年必做的美食。包腊是在彝族年第一天制作的，制作时将肋骨肉或五花肉切成拳头大小的坨坨肉，放些盐、花椒粉、辣椒粉、木姜子粉、大蒜泥等调味，然后将清洗干净的猪肚子

口拉开，把坨坨肉装进里面，将口子用针线缝合，或用麻线扎紧，千万不能漏气。之后放在外面通风的地方晒几天，然后悬挂在室内三锅庄上方，让烟慢慢将其熏干。包腊具有保鲜作用，放得越久味道越香，其肉肥而不腻，入口即化，唇齿留香，回味无穷。

包腊开包食用是有讲究的：第一次开包是春节前后择吉日，将堆放在房屋楼上或挂在屋外的玉米棒集中脱粒（四川人说打苞谷）时开包食用，寓意粮食有余，贮藏许久；第二次是在第二年春耕播种时节开包食用，寓意来年粮食丰收，五谷丰登。

（六）唱《彝历年歌》

忙碌完后，大家聚在火塘旁饮酒作乐，有说有笑，唱《彝历年歌》，这也是彝族年的主要活动之一，特别是毕摩家和德高望重的德古家必唱的仪式之一。《彝历年歌》是指凉山彝族过年时所唱的歌曲，是彝族年仪式的一大亮点。年歌的形式和内容按凉山彝族不同方言大体分为：义诺年歌、所地年歌和圣乍年歌。年歌内容基本一致，只是从称谓到内容有一定的区别。义诺年歌称为“库施柳柳获”，所地年歌称为“库施莫莫获”，圣乍年歌称为“库施木莫获”。

《彝历年歌》的主要内容是为了庆贺新年，大家高高兴兴砍树备柴，迎祖敬祖，召唤人丁、六畜、五谷之魂，护送祖灵；祝福大家平安相聚，幸福过年，并祝主人家过年猪的脾、胆和胰腺洁白无瑕；祈望主人家的祖先护佑其子孙。

《彝历年歌》一般分为三大（段）内容，分别叫《过年庆贺歌》《过年招魂歌》《送祖祈福歌》。过年第一天晚上唱诵《过年庆贺歌》，彝语为“兹默库施”（ꊿꂿꈌꌠ），主要内容是：大家庆祝平安地度过了一年，现幸福地聚集在一起过新年，唱年歌；叙述过年的准备、杀年猪、内脏占卜，祝福过年猪胆、脾洁白无瑕。过年第二天唱《过年招魂歌》，彝语为“库施影库”（ꈌ

晚辈们在长辈家狂欢 阿牛史日 / 摄

꒰꒳꒯），意味着召回灵魂，包括召回过年主人家的人、畜及粮等之魂。过年第三天唱《送祖祈福歌》，彝语为“库施博机”（꒯꒰꒳꒱），意味着过年完毕，送走祖灵，祈求祖灵庇佑子孙。四川大小凉山彝族的《彝历年歌》的唱法虽有所不同，腔调也有别，但其中心内容是一样的，即庆祝大家高兴地聚在一起过彝族年，祈福来年幸福，万事如意。

现在会唱《彝历年歌》的人越来越少，特别是年轻人不仅不会唱，对歌词内容也是一知半解，只有极少数德高望重的中老年人会唱，《彝历年歌》濒临消失。

《彝历年歌》的唱法是两人一起唱诵。其中一人领唱，一人跟唱，跟唱的人称为“则”（꒴）。“则”指重复陪唱，即一唱一和，这种歌唱形式不仅能加深人们对歌词和音韵的理解，而且表现了对歌唱艺术的感染性。

彝族年的第一天家家户户都迎祖先，杀猪祭祖，吃年饭。因过年第一天要杀猪、剖猪、切割肉条、灌香肠等，大家极为忙碌，只有到下午或晚上才有空聚在一起，所以只有到了晚上，家里直系亲属才聚集到一起喝酒庆贺，唱年歌。一般父亲领唱，儿子跟唱，或哥哥主唱，弟弟辅唱。领唱者唱完一句后停顿，跟唱者同领唱者用同一

大风顶秋天的景色　何为 / 摄

样的音调和内容进行跟唱，跟唱者唱完，领唱者又接着唱下一句，如此反复，直至唱完。现将过年第一天下午或晚上唱的《过年庆贺歌》（《[illegible]》）摘录如下。

[illegible]，　阿伊阿伊纽牛[1]呀，
[illegible]，　饮酒高兴唱年歌，
[illegible]，　若是饮酒不唱歌，
[illegible]，　犹如愚蠢的傻子，
[illegible]，　若是兴奋唱年歌，
[illegible]。　犹如轻浮的小子。
[illegible]，　若是饮酒不唱歌，
[illegible]，　犹如大风顶[2]羊群，
[illegible]。　争先寻找盐水喝。
[illegible]，　若是饮酒不唱歌，

① 阿伊纽牛：为彝族传统歌曲中的一种曲调名，一般在婚嫁、彝族年时吟唱，有时也指歌唱者本人。

② 大风顶，彝语称为“惹夫豁吉”，它位于四川凉山美姑县与乐山市马边彝族自治县接壤处的山脉，主峰摩罗翁觉海拔4042米，高出峨眉山金顶943米。境内有丰富的动植物资源，属国家一级保护的动物有大熊猫、山鹧鸪、牛羚等7种，二级保护的动物有小熊猫、白鹇等28种。有万亩杜鹃林、万亩珙桐林及万亩高山草甸，是一个珍贵的野生动植物基因库。

犹如高山林中鹿，
寻找清水来止渴。

阿伊阿伊纽牛呀，
吃肉高兴唱年歌，
如是食后不唱歌，
犹如拉哈液乌①方，
虎豹三母子一样，
窜到勒古李门②方，
捕食那无辜的牛。
若是肉后不唱过年歌，
犹如鹫拉特口③方，
那灵敏的黑雕一样，
飞到阿兹液觉④处，
截击家鸡来啄食。
饭后高兴唱年歌，

① 拉哈液乌：在四川凉山昭觉县境内。
② 勒古李门：位于四川凉山甘洛县境内。
③ 鹫拉特口：为地名，又称“雕拉特口”，位于四川昭觉县特口甲谷乡境内。
④ 阿兹液觉：位于四川甘洛县阿兹觉乡境内，与越西交界。

大风顶上的牧羊人　何为 / 摄

[illegible]　若是饭后不唱歌，
[illegible]　犹如森山黑熊群，
[illegible]　窜到地里寻找庄稼食。

[illegible]　阿伊阿伊纽牛呀，
[illegible]　若是高山夜晚不刮风，
[illegible]　树叶泥沙不会聚一起；
[illegible]　若是没有暴雨涨洪水，
[illegible]　漂木卵石不会聚一起；
[illegible]　不是高原一点红牧草，
[illegible]　九群绵羊不会聚一起；
[illegible]　不是草原百花齐绽放，
[illegible]　千万蜜蜂不会聚一起；
[illegible]　若是不是彝历年欢庆，
[illegible]　祖先众灵不会聚一起；
[illegible]　若是不唱彝族年歌曲，
[illegible]　如今咱们不会聚一起。

[illegible]　阿伊阿伊纽牛呀，
[illegible]　空中鸿雁未向南飞过，
[illegible]　彝地不过彝族年；
[illegible]　林中布谷鸟未鸣，

坝区玉米不播种；
山间不起云雾飘，
沟壑不会狂风刮；
山上没有白雪积，
庄稼不会长成熟；
若是树叶不变黄，
过年肥猪不流泪；
若是过年不拜年，
不会唱诵过年歌。

阿伊阿伊纽牛呀，
唱诵纽牛歌有多种，
有幸福快乐纽牛歌，
有兴高采烈纽牛歌，
有心情悲伤纽牛歌，
有心情浮躁纽牛歌，
有相互思念纽牛歌，
有内心感动纽牛歌，
我呀唱幸福快乐歌。

阿伊阿伊纽牛呀，
有悲伤流泪的人，
有心浮骑马的人，
有悠闲吹笛的人，
有高兴歌唱的人，
咱是高兴唱年歌。
岁月平安而唱歌，
吉日祥夜而唱歌，
脾胆吉祥而唱歌，
人丁兴旺而唱歌，
六畜繁殖而唱歌，
五谷丰登而唱歌，
接纳生育神灵而唱歌，
新年过节而唱歌。

阿伊阿伊纽牛呀，
新年一到旧年过，
新月一到旧月去。
秋天将要入冬季，
房屋后山树叶青变黄，
房屋下面坪坝入秋色，
高山牛羊已回下山来，
高山鸟儿转下山麓来。
屋后燕麦荞麦金黄色①，
屋侧玉米豆子金黄色，
屋下田地稻谷金黄色，
坝上庄稼已经收成完。

阿伊阿伊纽牛呀，
年岁将到轮回界，
日月将要轮回完，
年岁轮完过新年，
月份轮回火把节。
牛羊平安就回来，
喜鹊平安筑巢窝，
人类平安过新年，
如今彝地人们呀，
高高兴兴过新年。

阿伊阿伊纽牛呀，
年岁轮回分界线，
新年轮回分界线，
年是月份轮回完。
天空鸿雁来分界，
天空鸿雁不来时，
兹兹普乌②不收稻，
四月布谷鸟没来不种谷，

---

①指高山种植的燕麦、荞麦等已成熟。
②兹兹普乌：地名，位于云南省昭通市境内。

三月呼哼哼没来不种荞，
十一月如是鸿雁不飞过，
彝地的人们不过彝历年。

阿伊阿伊纽牛呀，
年岁轮回分界线，
林中知了鸣则分临界，
年年都是七月开始叫，
来年都是七月开始叫，
叫了意为岁月轮回界；
天空鸿雁来则分临界，
年年十一月飞过蓝天，
来年十一月飞过蓝天，
飞过蓝天年月轮回界。

阿伊阿伊纽牛呀，
茅草变黄结发辫，
结成发辫时临新年；
高山粟粟[①]果熟红，
粟粟果熟红则过年，
新年意为又过一年，
月末意为又过一月。

阿伊阿伊纽牛呀，
婚嫁三天玩不完的戏，
祭祖三天看不完的礼，
过年三天吃不完的食。
过年三天呀，
年猪四肢小孩玩，
荞饼猪肝祭祖先，
猪头胛肉赠舅子。
过年三天呀，
手里拿着坨坨肉，

唱诵彝族年歌　戴志陶 / 摄

美酒伴肉尽情享。
年岁今年哟，
年吉月祥叙，
日吉夜祥述。
年岁一年十二月，
一年三百六十天，
早晚七百二十餐[②]。

阿伊阿伊纽牛呀，
年为彝历年而备，
月为火把节而备。
那美好的人世间，
子孙想得很周到，
年前养好过年猪，
月前备好泡水酒。

阿伊阿伊纽牛呀，
为了准备过好年，
年前半月十天时，
派遣九个年轻人，
拿着九把大斧头，
山中寻找过年柴，

① 粟粟：是一种高山野生果树名，树果成熟时呈红色。

② 按照彝族十月太阳历，一年有365天，扣除岁末5天的休息日，就有360天。彝族习惯一日两餐，所以有“360天，720餐”的说法。

最佳过年烧柴呀，
找到一株泡桐树。
看着那树冠呀，
树冠分枝多挺直，
今后你家呀，
子孙犹如树枝多；
看着那树干，
树干挺直升上天，
今后你家呀，
子孙身材直而实；
看着那树根，
树根长成一排排，
今后你家呀，
子孙繁荣一排排。

阿伊阿伊纽牛呀，
早晨去伐树，
伐树倒在地，
四个木屑飞四方，
一个飞向那东方[①]，
你家将来不久时，
东方六子将诞生；
一个飞向那西方，
你家将来不久时，
西方七子必诞生；
一个飞向那北方，
你家将来不久时，
北方八子必诞生；
一个飞向那南方，
你家将来不久时，
南方九子必诞生。

阿伊阿伊纽牛呀，
午后滚木筒，
山坡滚木筒，
坝子劈木柴，
埂上晒木柴，
院坝堆柴垛。
咱看那柴火，
柴火明亮亮，
将来你家呀，
子孙健美又白净；
咱看那柴垛，
柴垛堆成如悬崖，
将来你家呀，
粮食堆成如悬崖。

阿伊阿伊纽牛呀，
新年快乐日，
子孙爱祖先，
烧起柴火让祖烤，
先祖烤火儿孙未看见，
祖先亡灵应该烤了吧！
先祖同样爱子孙，
慈祥看望亲子孙，
健康平安必赐予。

阿伊阿伊纽牛呀，
派遣九个姑娘呀，
手持九把利镰刀，
豁罗瓦兹[②]寻割纯洁草，
寻找清白的名草，
寻到一片洁白的草。
众女看草头，
一片白茫茫，

① 因受自然环境和社会因素的影响，为了生存，古代彝族不断地迁徙。这里的“飞向东方”是指迁徙到东方，如是迁徙到东方，要出生六个儿子。这里的“东方”是相对的位置，下面的“西方”“北方”“南方”等也是相对位置。

② 豁罗瓦兹：位于四川凉山州昭觉县境内。据说，这里因山崖陡峭牲畜难以攀爬，所以，生长在此处的野草因纯洁无污而著称。

将来你家呀，
子孙健美洁白白，
众女看草根，
草根排排多如毛，
将来你家呀，
子孙犹如草根多。

阿伊阿伊纽牛呀，
过年快乐日，
子孙爱祖先，
洁草当作先祖的垫褥，
先祖是否坐垫没看见，
祖先亡灵至少坐些吧！
祖先同样爱子孙，
见了子孙笑盈盈，
幸福赐予众子孙。

阿伊阿伊纽牛呀，
派遣那三位，
派遣三小孩，
房屋那后山，
长有三片筋竹林，
折断筋竹枝，
制作竹枝帚，
三把竹扫帚。
一把打扫内壁侧卧室，
金银灵魂扫入箱笼内，
从此那以后，
你家男主人呀，
不断测量银重手起茧。
一把打扫内室那上方，
生育神灵扫入媳妇卧室内，
明日那以后，
生男聪慧能会说，
生女俊美绝美丽，
生男传宗又接代，
生女联姻升荣誉。
锅庄四周方，
众子齐坐悬崖排，
众腿立成一排排；
屋堂上下方，
儿女双脚犹如鹤脚灵，
儿女玩要犹如蚱蜢跳；
房前屋后方，
儿女出工犹如群蜂过。
一把用来屋堂上方扫，
五谷神灵扫入粮柜中，
粮食头年装满仓，
来年粮仓也满溢，
明日那以后，
你家主妇呀，
不断测粮手起茧。

阿伊阿伊纽牛呀，
过年这一天，
凌晨那时分，
屋檐升烟火，
升起箭杆粗的火烟，
昊天那上方，
报晓祖先。
先祖先妣呀，
坐着知晓速起身，
站着知晓速迈步，
快速戴头帕，
边戴边起程；
脚穿腿裤袜，
边穿边起程；
牵马拴马鞍，
边拴边起程。
骏马所要经过的路线，

马蹄踩路灰尘满地飞，
路过休歇的地方，
抽烟烟雾犹如云雾起。
祖先来到屋上方，
屋内主人烫净石，
祛除众污秽。
祖到屋旁边，
脱掉马鞍辔，
卸鞍坎上方，
坎上黑压压。
脱辔放墙顶，
墙上红彤彤。
放马在坎下，
坎下嘶嘶叫。
吉祥年月日，
欢度彝历日，
祖父先祖们，
高兴来到子孙家，
酒茶首先祭众祖。

阿伊阿伊纽牛呀，
今天清晨那时刻，
宰杀年猪嚎叫犹如知了声，
焚猪脱毛升起烟雾满村罩。
剖猪首先取胆来占卜，
猪胆犹如乌铜锣库[1]玛瑙石，
吉胆犹如黄色玛瑙石，
猪胆代表人丁是否全，
猪胆吉兆意为人丁安。
然后取出猪脾来占卜，
猪脾犹如竹林那山上，
竹叶一样薄均匀。
猪脾吉兆意为五谷丰，
你家粮食有余而富裕。

阿伊阿伊纽牛呀，
快乐彝历年佳节，
客位那上方，
众祖慈祥地坐着。
主人房屋内，
子孙欢乐地跳跃。
屋堂那右方，
猪肉堆放山崖高，
猪肝荞饼首先祭祖先，
祖先吃否儿孙没看见，
祖先至少品尝一点吧！
屋堂接酒犹如瀑布飞，
头道酒水首先祭先祖，
先祖喝否儿孙没看见，
先祖亡灵至少喝点吧！

快乐的彝族年佳节呀，
美酒呀祖先赐予我们喝，
咱们尽情喝高兴；
鲜肉呀祖先赐予我们吃，
咱们尽情吃痛快。

阿伊阿伊纽牛呀，
过年时刻心舒畅，
心情舒畅唱年歌。
世间人类呀真辛苦，
只有过年三日才幸福[2]，
土司真辛苦，
只有过年三日闲。

---

① 乌铜锣库：指凉山州越西县城，据说是古代盛产玛瑙石的地方。

② 表示古代大小凉山人民生活极为艰苦，表达广大人民对美好生活的向往。

百姓吃不饱，
只有过年三日饱。
老人年岁越过坎，
脸上皱纹成地坎，
而且越来越深厚，
体质一年比一年差；
孩儿年岁越来越大，
长骨身材逐长高，
长肉力量渐增强，
体质一年比一年强，
过年舒畅挺幸福。

阿伊阿伊纽牛呀，
生活真快乐，
过年真快乐，
爷爷周围孙子玩快乐，
如是爷爷周围无孙玩，
爷爷寂寞忧愁空荡荡；
父亲周围儿子玩快乐，
如是父亲周围无儿玩，
父亲寂寞忧愁空荡荡。
女儿围绕母亲玩快乐，
如是母亲周围无女玩，
母亲寂寞忧愁空荡荡。

阿伊阿伊纽牛呀，
快乐呀真快乐，
地上蝴蝶真快乐，
无忧无虑地飞舞；
地下蠕虫真快乐，
无忧无虑地爬动。
世间人类平时真辛苦，
只有过年三天才快乐。

阿伊阿伊纽牛呀，
愉快呀快乐的是，
如是丈夫宗族繁衍昌，
儿女幸福地生活；
如是父亲宗族繁衍昌，
女儿幸福地生活；
高山牧草茂又盛，
牛羊真快乐；
耕地庄稼长势好；
人类真幸福；
世间政策为民谋福祉，
食物饮料丰富不愁吃，
衣物首饰繁多不愁穿，
世间人们生活真幸福。

阿伊阿伊纽牛呀，
幸福呀快乐的是，
草原百花开，
蜜蜂采花乐。
水塘深又宽，
鱼儿游玩乐。
深山林茂密，
獐麂跳跃乐。
子孙遍地住，
先祖越快乐。

阿伊阿伊纽牛呀，
幸福呀快乐的是，
幸福首先要奋斗，
然后才能来幸福。
四月播种玉米苦，
九月收割庄稼乐。
三月播种荞麦苦，
八月收割荞粒乐。
儿时学习知识苦，
成人知识渊博福。

父母抚养儿女苦，
儿女愉快赡养父，
父母快乐真幸福。

阿伊阿伊纽牛呀，
快乐呀幸福的是，
上天幸福没云遮，
阳光照射真幸福。
地上幸福没石块，
骏马奔驰真幸福。
空中幸福没风吹，
黑鹰翱翔真快乐。
吉日良辰过年呀，
快乐接待祖先乐，
祖先高兴笑盈盈，
儿孙幸福乐陶陶。

阿伊阿伊纽牛呀，
吉日婚嫁时，
生育神旺盛，
吉日祭祖时，
六畜神昌盛，
吉日过年时，
粮食丰满屋，
牛羊成群繁，
庄稼硕果丰，
人丁平安吉。

唱年歌时，大家都静静地倾听，听得如痴如醉，陶醉在优雅的歌曲中，久久未醒。

晚上，全家人就坐在火塘旁叙事，叫作“陪祖”或“守夜”，长者们讲述传统的故事、古代彝族部落之间械斗的故事、过去的苦难与现在的幸福，还教导后辈做人的道理。特别是叮嘱年轻毕摩在主持毕摩仪式时的职业道德，教诲他们要严格按照仪式程序举行，经文内容要认真念完，对待仪式主人一视同仁，不分贵贱，做到不“三贪”，即不贪色、不贪酒、不贪财；要全心全意地为众主人禳灾谋幸福，做一名备受人们尊敬的好毕摩。

二、庆祝新年

彝族年第二天，彝语称为“朵博”（[illegible]），意为与祖先对白，共庆新年。这天，家家户户楼上挂满了一条条有肥有瘦的年猪肉，香肠已灌完，过年大事已忙完，大家都可以轻松地享受节日了。因此，这天是吃喝玩乐的一天，同时也是过年仪式最多、活动频繁，最为隆重的一天，毕摩家的仪式流程与普通村民家一样既热闹复杂，又有其特殊性。

（一）剁猪肺

猪肺在彝族食谱中很普通，甚至还不算肉类，彝谚道：“肺脏似肉非肉，杨树是树非树。”但在毕摩传统文化中，猪肺的地位又很高，认为肺带动心，心带动全身，内脏是生命之神。所以，其地位仅次于猪肝及猪肾，同猪心相当。在平时用蹄类动物来治病驱邪的仪式中，牺牲牲畜后，首先取猪肺来占卜，验证吉凶来判断治疗是否有效，所有流程完成后将猪肺与肝脏一起做成佳肴，这也说明猪肺在祭祀仪式中的特殊作用。但是，在过年期间，猪肺不能与其他内脏一起烹饪，而是单独留用做成一道特殊的美食，以祭祖先，让祖先单独享用这道佳肴。其做法是，当凌晨公鸡首次鸣叫时，女主人就早早地起床做猪肺三鲜汤。先将猪肺切成丝，放在锅里翻炒，将水分炒出，炒至一定程度后从锅里铲出。洗净锅后，放入一点肥肉在锅里熬油，熬出油后放入猪肺丝，再放些盐、蒜、生姜、花椒、木姜子等香料一起翻炒，稍后加入清水，再加豆芽和切成小块的豆腐等，这样猪肺三鲜汤就做好

了，彝语称为“窝茨莫剑”（ꃰꊨꂾꐩ）。然后将猪肺三鲜汤盛入木盆中并放上三把马勺子，放3～5个热粑在小簸箕里，一起放于内室上方灵牌旁祭祀祖先。最后家人和客人便可一起享用三鲜汤的美味了。

（二）传教学徒

由于历史原因，从古至今，彝族没有开办专门学习毕摩文化的学校，都是以世袭毕摩宗族血缘为纽带，祖孙或父子口口相传，以经书为载体，以仪式现场为教学场地，如此代代相传。一般来说，一个老年毕摩要带几个或十几个毕徒，如果是毕摩大师则要带几十个甚至上百个学徒，教出一批又一批的毕徒。

按照传统习俗，“朵博”当天凌晨是毕徒们首次学习毕摩文化的最佳时刻，相当于学徒开学日。彝族先民认为，此时祖先正在子孙的家里，他们个个都是大毕摩，会在暗中护佑学徒，帮助他们增强记忆力，学业有成。因此，是日凌晨，毕摩就开始教授初学的毕徒，主要教授口诵经文，即使没有太多时间来教学，也要象征性地教一些，这是千百年来的传统。

新学徒的师傅如果是自己的父亲或亲祖父，而且是生活在同一家庭中，就不必串户学习；如果师傅是其他人，未居住在一起，那就要专门到毕摩家拜师学习。过年那天，等家人吃完熟肉后，学徒们就带着自家酿的泡水酒及其他酒类、半个猪头及水果等礼物到毕摩家拜师学习，以便第二天凌晨能按时学习经文。第二天凌晨，当女主人起床将猪肺制作成三鲜汤时，户主毕摩就开始举行传教学徒的仪式。首先，助手找一根青蒿草，用木碗斟半碗学徒带来的泡水酒递给毕摩，夹一块烧红的烫石放在三锅庄右侧客人座位下方的地上，把青蒿草置于烫石上面，并在烫石上面洒点清水，待蒸汽升起后毕摩将所持的酒碗在蒸汽上面熏一下，毕摩开始念诵《传教学徒经》。然后助手把酒碗端到门外，以示见天，让天见证，再又递给毕摩，毕摩将其置于身体右前方。待毕摩念诵完《传教学徒经》后，将已念咒的酒碗递给毕徒，毕徒双手接过一次性喝完，最后将自带的泡水酒回敬毕摩一杯。如果是多个学徒同时学习，就先用到达毕摩家最早的学徒的泡水酒来念咒，当大家一起喝完这碗酒时，毕摩便开始口头传授经文。毕摩坐在三锅庄内室上方，学徒们坐在三锅庄客位方。毕摩诵一句，毕徒跟着念一句，反复念诵。当天凌晨象征性地教授一会儿便可，以后每天跟着毕摩念诵，直到学徒们能够完全背诵相关经文为止。

教学徒的经文是有规定的，所教的经文全是背诵的，无论以后在任何仪式上只能背诵，不能照着念，所以一定要牢记在脑海里。背诵经文的顺序依次是《毕系》（《ꀘꑟ》）、《摩色》（《ꃀꌺ》）、《木瑟》（《ꃅꌺ》）、《木瑟卡哈》

过年念诵经书
川田（日本）/摄

念诵经书给先祖听　阿牛史日 / 摄

（《[illegible]》）、《勒布勒伟》（《[illegible]》）、《尼维》（《[illegible]》）、《库合》（《[illegible]》）等。

（三）祭祀护身符

护身符里面装有毕摩所画的人像和写的字符，信纸叠成很小的长方形，外面用棉布包裹并用针线缝好的长方形小荷包，上面还缝有一些念过咒的配件，随身佩戴，具有驱邪免灾的作用，彝语称为“特依嘎扁”（[illegible]）。

护身符分为白色护身符和黑色护身符两种，彝语分别称为“特依嘎扁曲”（[illegible]），“特依嘎扁罗”（[illegible]）。白色护身符和黑色护身符的主要区别是：前者里面装的是无字的白纸折叠物，外面用白布来缝制；后者装的是有字的白纸折叠物，外面用黑布来缝制。

白色护身符的制作方法是：①用一张A4大小的白纸，沿纸张宽的方向折叠九层（男人护身符）或七层（女人护身符），形成较长未开的薄扇子状；②从叠纸的中间折过来；③在折叠纸的1/4处分别折上去；④从首次折叠处高的地方分别又折下来；⑤从折纸外层3/4处分别向外折，用手把折叠好的叠纸捏平后，抓住第一次折叠的顶部，让其自由下垂，形状似站立的人形，首次折叠的为头部，最后折叠的为脚部。把折叠好的纸装入用白色棉布缝制的长约5厘米、宽约2厘米的荷包里面，用针线缝住荷包口，再用已备好的白布叠成并缝制长约30厘米、宽约0.3厘米的荷包带；从荷包带中间折叠，从信纸荷包的头脚方向放在其上面，折叠方在头部上

面，折叠方与荷包头部留有约3厘米的距离；然后缝在荷包上面，再用白线从左上绕到右下，再从右上绕到左下，绕成“X”形；最后用白线在腰部逆时针绕九圈（男）或七圈（女），这样便制作好了护身符。完成上述程序后，又用白布做一个边长约3厘米的等边三角形荷包，荷包内装有毒草等辟邪物，称为“嘎扁”（[illegible]），将此“嘎扁”缝在护身符下方带子的中间，长方形荷包和三角形小荷包统称为护身符，即为“特依嘎扁”（[illegible]）。

黑色护身符的制作方法与白色护身符一样，只有两处不同：一是使用的是绘有人像并写有字符的纸张，而且折叠时不能从人像的手脚处开始折叠，否则被护人会有手脚疼痛等病症；二是外面的荷包用黑布来缝制。

制作护身符时，要请毕摩举行制作护身符仪式，经毕摩念咒后的信纸荷包才具有特殊的护身作用，驱邪防病，平时要佩戴在胸前。

是否佩戴信纸荷包由其生辰八字而定。毕摩文化认为，出生时辰在东方（[illegible]）、西方（[illegible]）、东北方（[illegible]）、西南方（[illegible]）的人，长大成人后常常手脚疼痛或腰酸背痛，毕摩传统习俗认为制作并佩戴白色荷包可以预防上述疾病。因此，无论男女，凡是生辰在东方、西方、东北方及西南方的人都要佩戴白色荷包，如果佩戴该荷包后疼痛不减，那就要把白色荷包换成黑色荷包。一般生辰在北方（[illegible]）、南方（[illegible]）、西北方（[illegible]）及东南方（[illegible]）的人不必佩戴荷包，但是，如果经常手脚疼痛或腰酸背痛，经多次治疗后仍未见好转，则要佩戴黑色荷包。

为了使荷包的神力不衰，要经常祭祀，彝语称为“特依嘎扁则”（[illegible]）。有两种情况可以举行“特依嘎扁则”仪式：一是举行季节性作毕仪式，完成后进行祭祀；二是在彝族年时，以过年猪作为祭品而祭祀。

彝族年第二天凌晨，护身符主人佩戴护身符到达原举行制作护身符仪式的毕摩家，带上半边过年猪头、头道泡水酒、糖果、水果等礼物。按照传统习俗，谁最先举行“特依嘎扁则”仪式，谁就能获取最大的福气，所以大家都争先恐后，有的甚至头天晚上就到毕摩家等候，以便自己能最先举行该仪式。

白色护身符　立克达曲/摄

凌晨公鸡首鸣后，毕摩就按照先后顺序，为前来的护身符主人举行“加劲信纸荷包神”仪式。首先，毕摩就座于三锅庄内室上方，旁边放置一个簸箕，助手找来一根小青蒿草，放入簸箕中；一个木碗里斟半碗护身符主人带来的泡水酒，置于毕摩旁的簸箕中；将一双筷子穿过护身符的带子后，放在泡水酒碗上面，毕摩从自己身上拿出些零钱放入簸箕里面，赐予护身符主人。助手夹一块烧红的烫石放在毕摩面前，左手拿起那双筷子及其护身符，右手洒点水在烫石上面，冒出蒸汽后把筷子及护身符放在上面熏一下，以示祛秽。然后毕摩手拿小青蒿草开始念诵《祭祀护身符经》，念完后，将小青蒿草在荷包上面逆时针方向旋转三圈后让助手抛于门外，表示已把荷包的污秽祛除。

诵完《祭祀护身符经》中的《祝酒词》后，毕摩把簸箕里的酒及护身符一起递给护身符主人，主人接过这碗毕摩念咒并有特殊法力的酒喝下后，使自己的护身符的神力会再次发力，这时

带着猪蹄祭树的小女孩　蒋兴林 / 摄

主人回敬毕摩一杯自己带来的泡水酒。敬完酒后，主人把自己的护身符及筷子按照男左女右的原则夹在腋窝下片刻，然后放置头顶一会儿，最后佩戴于胸前，整个祭祀护身符仪式完毕。

毕摩资历越深，到他家来举行祭祀护身符仪式的人就越多。一般一个毕摩家每年会有十多人来举行此仪式，有些大毕摩家每年有三四十人前来举行该仪式。

举行完祭祀护身符仪式后，毕摩及其毕徒们就一起或各自看经书念诵。毕摩文化认为，经书念诵得越多，祖先越高兴，越能赐予子孙更多的吉祥与平安。

（四）聚肉祭树

聚肉祭树，又称小孩聚肉祭树，一般以村寨为单位，在大人们的组织下包括女孩在内的孩子们身着盛装、带上煮熟的过年弯猪脚（前蹄）和其他食品，相聚于一棵已指定的高大果树下，进行祭祀树神的仪式过程，以示保护森林，祈求人与自然和谐相处；祈求来年结果丰收，人丁犹如果树一样常年开花结果，枝繁叶茂。

彝谚道：“过年是为看着孩子们过。”故彝族年也是孩子们的节日，其中聚肉祭树仪式是为孩子们专门举行的节日仪式。聚肉仪式彝语称为“社惹”（ꎭꋺ）。

上午，由妇女们组织全村寨的孩子们到一棵长势良好的果树下，与果树“对话”后祭之，即为“社惹”（ꎭꋺ）仪式。届时，每个小孩要携带一只猪前蹄及几个小米粑，选一棵长势丰茂的果树，在一位德高望重妇女的主持下，让一个孩子爬到树上扮演树神，另一个小孩手持一把刀站在树下。持刀的孩子在树下问扮演树神的孩子：“明年是否多结果？”扮演树神的孩子回答说：“不一定比今年结果多。”下面的孩子假装生气地说：“那我就砍死你！”并用刀在树上象征性地砍一下，上面的小孩立即说：“啊呀，不要砍了，不要砍了，明年我要结很多果，比今年结得更多。”下面小孩说：“那好，那我就用咱们今年的过年猪肉来祭你，请你信守诺言。”众小孩再一起欢乐地说：“太好了，太好了，明年比今年结果更多了！”然后孩子们将自己带来的肉切成小块，将部分肉挂在树丫上或放在树皮中。最后孩子们在主持妇女的带领下将所带的肉聚在一起共同分享，祈求树神来年多结果，保佑孩子们健康成长，吉祥平安。

（五）串户拜年

“朵博”日也是男人们的节日，其中串户拜年是彝族年最为热闹、场面最为壮观的仪式活动，也是男人们最为疯狂的时刻。拜年分为两个

孩子们正在聚肉祭树　蒋兴林 / 摄

步骤：首先是家庭内拜年，即给自己的父母亲拜年；再是串户拜年，即大家成群结队挨家挨户互相拜年。

首先是给父母亲拜年。按照传统，只要分了家，儿子在过年时都要先给自己父母亲拜年，感谢父母的养育之恩，这是每个儿子所必需的礼节。

家庭内拜年是在早晨。天亮后，家里的大人们就开始准备酒肉等拜年礼品，这些用来拜年的礼品，彝语称为“克勒莫伙”，这是已成家的儿子给父母敬的一份孝心。一是准备酒，包括白酒、泡水酒、啤酒及曲酒类；二是一块早已准备好的猪肩胛肉，又称猪膀子，彝语称为“乌罗”（ꃅꑭ）；三是准备几十个煮熟的土鸡蛋；四是准备糖果及饮料类等物品。备齐后，全家人都穿着崭新的彝族服装，儿子背着拜年物品，儿媳妇背着不会走路的小孩牵着能走路的孩子们一起朝着父母家里出发，临近父母家屋檐时，儿子走在前面并高声叫喊：“咿——噢——拜年！”其后面的人跟着齐声喊“咿——噢——拜年！”父母也在家里迎喊：“啊噢——拜年来！”意为欢迎来拜年。进门后父母及未分家的儿子和儿媳热情迎接他们的到来。放下物品后，儿子、儿媳首先向父母问候，与平时问候不同的是，要使用过年的语言问候，首先问候：“阿达，阿莫，你家的猪胆、猪脾是否吉祥如意？”父母回答：“好啊，挺好！瓦机瓦！”再问候“库史兹莫！”意为“父母过年好！”然后子孙们一一向爷爷奶奶问候“阿普，阿伟库史兹莫！”意为“爷爷奶奶过年好！”这时，儿子把所带的拜年物品一一拿出来，先把肩胛肉递给父亲（禁忌将该肉放在地上），父亲接过后与儿子一起将其挂在堂屋上方，一是让祖先欣赏自己儿子家的年猪肉；二是让其他拜年人欣赏，显示自家儿子的富裕。随后，儿子把酒递给父亲，父亲接过后先倒一碗自己尝一口，再递给孩子母亲品尝，其后两人都异口同声地说：“儿子家的酒挺好喝，来年人丁兴旺，牛羊成群，五谷丰登，兹莫，兹莫！”最后把糖果、水果递给母亲，母亲尝后分给子孙们。大家边煮坨坨肉，边吃喝玩乐，爷爷奶奶还要给孙子们一些过年钱。吃完饭后家庭内拜年就算告一段落，大家开始加入集体拜年行列中。

接着是串户拜年。串户拜年又称团体拜年。团体拜年一般从中午开始持续到第二天凌晨。团体拜年是亲朋好友相聚在一起辞旧迎新、祝贺新年的狂欢时刻，也是人们增进友谊、增强感情的时刻，是彝族民间历史悠久的传统习俗。“朵博”清晨，人们早早起来，穿上新衣，男人们相互邀约，大人带着小孩，年轻小伙结伴，数十人或几十人一组，成群结队，在自己的村寨里挨家挨户地串户拜年。串户人家越多，加入的人员就越多，到最后人数多达上百人。

彝族拜年要遵守一定的规则。由一个或两个能说会唱的长辈组织该队伍，队伍排成一行，领队的长辈走在最前面，后面依次是各家长辈带着自己的孩子或子孙们，最后是年轻人。在路上时不准大声喧哗、相互推拉，队伍将要达到所拜年人家时，前面的领队高声叫喊：“咿——噢——拜年！”后面的人员也齐声高喊：“咿——噢——拜年！”领队喊几次，后面人员跟着喊几次，喊声响彻云霄，久久回响在村寨的山谷中。拜年队伍进门后，主人让客人们坐在火塘上位，按年龄及辈分依次入座，如果屋里容不下，其余人就站在屋檐下。进屋后拜年人员首先询问主人：“你家猪脾、猪胆是否完美无缺？”主人立即回答：“完美，完美！你们家的也都完美无缺吧！”相互询问后，主人家端出香喷喷的酒来招待客人。彝族以酒为贵，它是迎宾待客、婚礼、节日等庆典必备之物，彝族赞美酒是这样说的：“酒坛置放如红岩，敬酒穿梭如蜜蜂，

花漆酒碗　何为 / 摄

黑杯犹如乌鸦飞，白杯犹如蝴蝶飞，花杯犹如喜鹊飞。”主人家用彝族特有的专制花漆酒碗向拜年者敬酒，主要是泡水酒和白酒，如果是泡水酒则一人喝一小碗，如果是白酒则喝转转酒。之后主人端着坨坨肉和切成片的猪肝招待大家，有拜年者说：“不吃了，刚吃了过来，肚子里装不下了。”主人回答说：“常言道，过年要过肚子，过年时候想要有7个肚子，怎么装不下了呢？”要大家一定要品尝过年的猪肉和酒。过年食物是经过燧石净化过的，是圣洁的食物，与平常的食物不一样，因此，来串户拜年的人，每到一家都要品尝一点猪肉，特别是要品尝一点猪肝。

（六）唱《过年招魂歌》

串户拜年时，按照传统除了喝酒吃肉外，还要唱《彝历年歌》。如果主人家的男主人年轻且辈分低，那么拜年队伍坐一会儿就起身到别家拜年；如果主人家的男主人年龄较大，辈分也高，且热心挽留，请求唱《过年招魂歌》，那么拜年队伍要留下喝酒吃饭，并选出两位会唱此歌的人演唱，即一位是主唱，另一位是辅唱。选出歌手后，主人家分别向两位歌手敬酒，以示感谢。

按照传统，彝族年初二这天唱的年歌是《过年招魂歌》，歌词主要内容是祈求祖先召回生育魂、六畜魂及五谷魂等赐予主人家，使主人家人丁昌盛、六畜兴旺、五谷丰收。《过年招魂歌》歌词大意为：

[illegible]，	阿伊阿伊纽牛呀，
[illegible]。	现在招魂赐你家。
[illegible]，	首先召回生育神，
[illegible]，	吉年彝族年，
[illegible]，	吉年亮堂堂，

唱诵《过年招魂歌》 戴志陶 / 摄

[illegible]，吉月火把节，
[illegible]。吉月花绽放。
[illegible]，吉年祥月时，
[illegible]，吉日良辰时，
[illegible]，过年过节时，
[illegible]，生育神召回，
[illegible]。繁殖灵召回。

[illegible]，阿伊阿伊纽牛呀，
[illegible]，过年吉祥日，
[illegible]，祖招生育魂，
[illegible]，父招繁殖灵，
[illegible]，生育神显灵，
[illegible]。繁殖神灵有结果。
[illegible]，阿嘎勒陀[1]方，
[illegible]，长有四棵生育树，
[illegible]，绽放四朵生育花，
[illegible]，花朵开成生育粒，
[illegible]。花朵必定开成繁殖粒。
[illegible]，四个生育神颗粒，
[illegible]，绽放成熟生男孩，
[illegible]。绽放成熟必定生女孩。
[illegible]，驷匹嘎伙方，
[illegible]，山上杜鹃花盛开，
[illegible]，杜鹃花开白茫茫，
[illegible]，花开形成生育神，
[illegible]；花开必定形成繁殖神；
[illegible]，院坝油菜籽花开，
[illegible]，菜籽花开金黄色，
[illegible]，花开形成生育神，
[illegible]。花开必定形成繁殖神。

① 阿嘎勒陀：古代指云贵高原，现泛指高寒地区。

阿伊阿伊纽牛呀，
生育神灵召回来，
繁殖神灵必定召回来。
形成男性增荣耀，
形成女性添锦绣呀。
生育神灵呀，
形成手镯与戒指，
形成针线与盒子，
形成穿戴装饰品，
招到内室上方处。
形成男性生育神就吉，
形成女性繁殖神就祥，
明日那以后，
你家子孙满堂上百千。

阿伊阿伊纽牛呀，
五谷神招魂，
在座慈祥的先祖们呀，
如是先祖真的有灵魂，
如今吉日过年的时辰，
要为后代行善事，
要为后代做好事，
住地致富门路留后辈，
足够粮食留给子孙吃。
五谷神灵呀，
说是拉普圣乍[①]地方盛，
庄稼粮食呀，
说是阿豁柳以藏得多，
庄稼长势呀，
说是嘎豁兹维[②]最良好。
神奇的今年呀，
五谷那灵魂，
招魂招向我家乡，
招魂呀招谷魂，
经过布育[③]大坝处，
寿图干嘎[④]家时住一晚，
五谷灵魂再叠一层跟随来。
神奇的今年呀，
五谷灵魂神，
招魂又招来，
招魂招到你家里，
招到柜箱里面藏，
五谷灵魂显神灵。
神奇的今年呀，
五谷灵魂神，
自从明年那以后，
庄稼长势必良好，
你家必定会富裕。
遍地庄稼长势好，
粮食颗粒大结实，
头年粮仓满溢溢，
来年粮仓也满溢。
神奇的今年呀，
妇女推磨手生茧，
主妇测量粮食手酸痛，
邻居众人前来借粮食，
借出粮食记不清。

阿伊阿伊纽牛呀，
现将召回六畜魂，
先辈祖父们呀，
如是祖灵存在的话，
山上绵羊回转到圈里，

① 拉普圣乍：是指凉山西北部的越西、喜德、冕宁等圣乍方言区。
② 嘎豁兹维：位于四川凉山州美姑县子威乡境内。
③ 布育：全称为“寺木布育”，位于凉山州昭觉县拉一木乡境内。
④ 寿图干嘎：是一位姓马（黑彝）的人家，是一户大富人家，传说他家牛羊成群，粮食年年有余，贮藏的荞麦和燕麦够吃三年以上。

母羊与羔羊在交流　何为 / 摄

召回绵羊之灵魂，
赐给你的子孙们。
先祖先妣们呀，
如是祖先亡灵在，
过年此时候，
六畜魂召回，
绵羊魂召回，
作为财富赐后辈，
作为衣食赐后世。

阿伊阿伊纽牛呀，
慈祥的先祖们呀，
神圣高大的绵羊，
在那龙头山脉处；
高大强壮绵羊呀，
说是在玛果豁普[①]处；
膘肥绵羊呀，
说是在阿伙[②]高山处；
宽阔的羊路是，
说是在颂罗箭乌[③]处；
神奇的大风顶上，
说是绵羊出气成云雾。
阿伊阿伊纽牛呀，
吉日过年时，
绵羊之灵魂，
招魂又召回，

① 玛果豁普：位于四川凉山州喜德县与昭觉县交界处。
② 阿伙：指四川凉山州金阳县金沙江畔一带。
③ 颂罗箭乌：位于四川凉山州美姑县瓦古乡境内。

膘肥的羊群　何为 / 摄

经过根张瓦西[①]，
博博月杜[②]家里宿一夜，
绵羊灵魂叠加跟随来。

阿伊阿伊纽牛呀，
绵羊之灵魂，
一定要召回，
招魂又召回，
一定召回来，
木兹勒口[③]处，
羊群犹如繁星多；

鲁卓亚甲[④]方，
牧人高声互呼唤，
绵羊过河时，
母羊羊羔咩咩叫；
在那宽阔的草原，
绵羊成群乌云滚。

阿伊阿伊纽牛呀，
长群绵羊在路上，
首尾互相看不见，
拥有高龄牙弯的阉羊，
拥有角粗弯曲的公羊，
羊角弯曲九转者随来。

① 根张瓦西：位于四川美姑县瓦西乡境内。
② 博博月杜：为古代一畜牧大户，拥有上千只绵羊，故称“月杜”，意为千只绵羊。
③ 木兹勒口：古地名，在四川凉山州美姑县境内。
④ 鲁卓亚甲：位于四川凉山州美姑县龙头山“说罗木尺博”下面。

剪羊毛　何为 / 摄

剪羊毛比赛　何为 / 摄

彝文	汉译
[illegible]，	拥有神灵绵羊跟随来，
[illegible]。	育阁哈键[1]绵羊跟随来。
[illegible]，	跟随扶着木棒手杖的牧人，
[illegible]，	跟随戴着树皮斗笠的牧人，
[illegible]，	跟随穿着棕榈蓑衣的牧人，
[illegible]。	肋骨分叉[2]绵羊福佑神随来。
[illegible]，	阿伊阿伊纽牛呀，
[illegible]，	绵羊之灵魂，
[illegible]，	一定会召回，
[illegible]，	招魂呀召回，
[illegible]，	装满九层露天的羊栏，
[illegible]，	明日那以后，
[illegible]，	测量绵羊的凹地站满羊，
[illegible]，	千只绵羊主人呀，
[illegible]，	露水沾满全身不怪我，
[illegible]，	牧者数羊眼花缭乱时，
[illegible]！	这也不管我的事呀！
[illegible]，	阿伊阿伊纽牛呀，
[illegible]，	召回牛马魂，
[illegible]，	慈祥的先辈祖父们呀，
[illegible]，	先祖起程召回牛马魂，
[illegible]，	先父起程召回牛马魂，
[illegible]，	马魂向内招，
[illegible]，	牛魂向内招，
[illegible]，	马魂嘶嘶叫地召回，
[illegible]。	牛魂哞哞吼地召回。
[illegible]，	慈祥的先辈祖父们，
[illegible]，	神仙骏马呀，
[illegible]，	说是在斯木豁罗[3]嘶叫，
[illegible]，	神牛仙牛呀，
[illegible]。	说是在东方领域里。
[illegible]，	盛名骏马呀，
[illegible]，	来自金曲拉达[4]，
[illegible]，	宽阔的骏马路，
[illegible]，	在那萨古觉坝[5]处，
[illegible]，	阉牛叫声好听的，
[illegible]，	在那博石山坡[6]上，

① 育阁哈键：为古代一只著名的绵羊，传说它的舌尖分成两半，声音洪亮，能把虎豹等猛兽吓走。

② 彝族先民认为肋骨分叉的绵羊是特殊的护佑神灵羊。

③ 斯木豁罗：位于四川凉山州冕宁县与雅安市石棉县交界处的一个高山牧场。

④ 金曲拉达：位于四川凉山州昭觉县比尔乡境内。

⑤ 萨古觉坝：位于四川凉山州昭觉县境内。

⑥ 博石山坡：位于四川凉山州美姑县与越西县接壤处。

岁数大的公牛，
在那勒古李门。

阿伊阿伊纽牛呀，
牛马之灵魂，
招呀召回来，
经过阿嘎勒砣，
阿嘎陈博[1]家里住一夜，
阿嘎陈博家，
说是无数小马窜。
经过雷波谷堆处，
吉克吉哈家里宿一夜，
牛马灵魂再次叠加来。
牛马之灵魂呀，
必定召回来，
黑白花牛跟随来，
花脚黑马跟随来，
牛肥马壮重叠来。
穿着岩草蓑衣者随来，
戴着羊毛毡帽者随来，
天菩萨粗大者也随来。
牛马之灵魂，
招呀召回来，
九间牛马圈舍满，
明日那以后，
牛放山坡满地红，
骏马主人数马眼必花。

阿伊阿伊纽牛呀，
金银神灵召回家，
慈祥的先祖先父们，
如是先祖有亡灵，
拥有神灵向内招，
富裕神灵向内招，
白银灵魂向内招，
黄金灵魂向内招。
先辈祖父们，
冶炼金银是，
在那罗豁甲谷[2]银矿处，
驮运金银的路程，
要经哲峨[3]垭口过，
使用金银财宝物，
彝地各地都使用，
可是金银之灵魂，
进入皇帝柜箱里。

阿伊阿伊纽牛呀，
金银灵魂呀，
必定会招来，
招呀召回来，
白银灵魂白发光而来，
黄金灵魂金闪闪而来。
装载金银箱子者跟来，
秤星犹如星光闪随来，
秤砣拳头大者跟随来。

阿伊阿伊纽牛呀，
金银灵魂呀，
招呀召回来，

---

①阿嘎陈博：是居住在云南省永善县境内的一大户人家，传说是美姑县阿罗黑彝后裔舍特纽纽支后代，清朝中期由美姑迁入永善。

②罗豁甲谷：为地名，位于四川马边县大风顶境内，汉语称为万担坪。此处有丰富的矿产资源，明末清初，曾在此处开出过银矿，有“打开万担坪，世上无穷人”之说。

③哲峨：地名全称“勒说哲伟”，又称“勒猞哲惹”。位于马边县大风顶境内，是明末清初大量冶炼铁矿、银矿的地方，当时居住了大量外来的冶炼工人、搬运人员及做银矿生意的人，形成了一条街。无人采矿后，由于海拔高（约3000米）而无人居住，现在“哲峨”早已成为原始森林。

[illegible]，招到箱笼里面藏，
[illegible]，内室下面银灵亮堂堂，
[illegible]。内室上方金神花绽放。
[illegible]，从今以后呢，
[illegible]，拥有白银千砣多，
[illegible]。拥有黄金百条余。

歌手唱完后，主人家高兴地向歌手和各位拜年者递烟、敬酒，以示感谢。随后，拜年队伍离开继续前往其他家继续串户拜年。从中午到半夜，从这村到那寨，从这家到那户，不停地串户拜年，不停地喝呀唱呀，有的年轻人还要表演摔跤、跳锅庄舞等。村村寨寨都在唱，都沉浸在“串酒乐”中，大家一起享受辞旧迎新的彝族年，一起送走丰收的去年，迎接充满希望的来年。

三、送别祖先

彝族年第三天，彝语称为“阿普吉”。彝族民间认为，过年第三天凌晨时分，祖先准备离开自己的子孙家回到祖界。因此，子孙要举行送别已故祖先的仪式，这一仪式称为“阿普基”（[illegible]），或称为“库施博基”（[illegible]），简称为“博基”（[illegible]）。“阿普基”之日是彝族年的最后一天，又称“妇女日”。虽然这一天男人也可以拜年，但是，按照传统主要是妇女们拜年，而男人则在家接待拜年队伍。当天的主要仪式有送别祖先、煮猪肠汤、炖制冻肉、唱《送祖祈福歌》等内容。

（一）送别祖先

因祖先是在“阿普基”之日凌晨离别子孙，回到祖界，即彝族年第二日晚上，当晚家庭所有成员都必须住在家里。因为次日凌晨，祖先离别启程前要在家里一一清点家庭成员，如果某人没在家里，便被认为此人不敬祖先，来年得不到祖先的护佑。“阿普基”这天最重要的活动就是送祖先回归祖界。为此，守夜的男主人一夜不眠，凌晨公鸡首次鸣叫时，赶紧张罗送祖仪式，唯恐送晚了使自己的祖先落在别人的后面，滞留人间，到处漂泊，作祟于子孙。

女主人赶紧将放于灵牌旁的所有供品放进锅里加热，加热后又置于原处，以示让祖先吃热饭菜好上路。在加热的过程中，男主人还要念送别祝词，主要内容是祖先将要离开，不要带走子孙们的灵魂，祈求祖先赐福于子孙，来年岁岁平安。

同时，在门上挂一袋装有炒面的口袋，意为祖先在路上的食物，并装一小碗木屑在门口，代表金银，作为祖先的路费。天快亮时，主妇饲喂马灵，在门外马槽中倒一些燕麦，象征性地饲喂祖先的马灵；接着主妇捞些泡水酒的酒糟放入平时饲喂过年猪的食槽里，再将过年那天牵过年猪的绳子放在食槽里的酒糟上面；过后“咋啊、咋啊”（彝族平时唤猪的口语）地呼叫，以示唤来过年猪，并用绳子套住，让祖先牵走。

如果祖上有狩猎的，男主人要带上切碎的肉片及猪肝等，面向屋后树林方向模仿狗的叫声，并将肉片及猪肝抛向林中，以示让祖先带走猎狗，以祈来年狩到更多猎物。

接着，家长叫孩子们端上装有玉米、豆子、大米、荞麦等五谷杂粮的小簸箕到院坝里，将其一把一把地撒向东南西北四个方向；同时孩子们站在屋前，或是在路边来回大声地模仿猪、牛、羊、马等牲畜的叫声，以示六畜灵魂不要跟随祖先离开，呼唤猪牛羊马回家来。谁家喊得大声，谁家牲畜繁殖就越多。再把剩下的杂粮撒进牲畜圈里，以示将畜魂叫到圈中，来年六畜兴旺。

最后，众人立即回家，查看房柱上挂的猪膀胱，以验证吉凶。按照习俗，祖先走时要用右手中指来戳一下过年猪的膀胱，留下一个很深的

印迹，说明祖先喜欢并带走了过年猪，主人家来年将五谷丰登，年猪肥壮。此时，全家品尝过年三天祭祖先的祭品。传统的毕摩世家，会将祭品分为三份：一份置于神龛上祭祀神灵，一份置于屋堂右方祭五谷神，一份置于屋堂左方祭六畜神。全家人围坐在火塘旁享用祭品，首先将泡水酒倒在碗里，每人要品尝一口，以示安慰自己的灵魂。然后一起吃饭，认为吃祖先食过的饭菜不仅能安魂，也是最幸福、最快乐的事。过年歌曲唱道：“黄亮美酒呀，祖留子孙饮，子孙喝了醉乐乐！坨坨香肉呀，祖留子孙吃，子孙吃了精神旺……”可见子孙对自己祖先感情之深，对祖先的崇拜之虔诚。

（二）煮猪肠汤

时至中午，将特意留下的年猪肠切成小段，洗净后放入锅内翻炒，再放些盐、蒜、生姜、花椒、木姜子等香料，适当加入清水，再加豆芽、小块的豆腐、青菜、萝卜等。煮熟后，首先舀出一碗汤并放入几把马勺子，置于灵牌旁，此时的猪肠汤不是用来献祭前来过年的祖先，而是用来祭祀存放在家里的祖先灵牌。再从锅内舀出一盆汤，放在内室上方三锅庄旁，供老年人食用，最后舀一盆到屋堂下方三锅庄旁，供子孙们食用。

吃完过年猪肠汤后，妇女们开始出门与大家聚在一起串户拜年。妇女们拜年也很热闹，大家三五成群或十多个人一起，有说有笑，但比不上男人们拜年隆重，因为她们人数较少，而且只在亲朋好友家拜年，串户时也不喊“拜年”，也不唱年歌。但是，大家饮酒说笑，特别是大家畅饮之后，把真心话说出来，平时的隔阂、矛盾、误会全都化解了，大家心里非常畅快，和谐相处，其乐融融，增进了友谊。由此，送走旧年，迎来新年。

（三）炖制冻肉

炖制冻肉，彝语称为“衡狄”（[illegible]）或“社狄”（[illegible]），意为肉炖成烂熟之后所结成的冻肉。现一般汉语称为“衡狄冻肉”。这是彝族年美食的又一亮点，也是彝族年敬献给长辈的最佳礼物。所以，每到彝族年都要制作“衡狄冻肉”，让祖先享用。

具体做法：将猪蹄肘子放入锅内炖熟后捞出，剔去骨头后放适量的盐、木姜子粉、生姜几片、花椒粉等佐料，再煮一会，以便使佐料渗入肉里，炖好后将肉剁碎放入木钵内，在常温下放上一会，待肉凝固后即可食用。

人到中老年后牙齿逐渐脱落，而古代大小凉山没有镶牙的技术，为了让没有牙齿的老年人也享受过年猪肉的独特美味，古彝人发明创造了“衡狄冻肉”，并传承至今。现有些地方的彝族女儿回娘家拜年时专门制作“衡狄冻肉”，敬献给自己的长辈。按照彝族民俗，在彝族年期间，所制作的衡狄冻肉越多，意为来年年猪越大，所制作的“衡狄冻肉”颜色越白，意为来年年猪越肥。

（四）唱《送祖祈福歌》

妇女们经过半天的串户拜年后，下午各自回家与家人们一起吃年夜饭。虽然“阿普基”这天也是妇女日，但是，一般到下午时，兄弟们便聚集在一起到自己的父母家或叔父家拜年，在一起吃喝玩乐的同时，要唱最后一段送别祖先的《送祖祈福歌》，彝语称为“库施博机”（[illegible]）。歌词主要内容是过年节日已毕，祖先即将回到祖界，子孙依依不舍地送别，祈求祖先护佑子孙，驱邪纳福。《送祖祈福歌》（《[illegible]》）歌词大意为：

[illegible]，	阿伊阿伊纽牛呀，
[illegible]，	鹤雁年年蛇月来，
[illegible]，	年年蛇月走，
[illegible]，	先辈祖父年年蛇月来，
[illegible]。	年年蛇月走。

过年日三天，
三天将过完，
慈祥祖父将要回祖界。

阿伊阿伊纽牛呀，
先辈祖先呀，
如果先祖有亡灵，
明日那以后，
祖父将回去，
高高兴兴地回去，
子孙留家里，
幸福安康地留下。

阿伊阿伊纽牛呀，
如有先辈祖亡灵，
明日那以后，
子孙将要送别先祖们，
子孙依依不舍地送，
先祖依依不舍地走。
先辈祖父们呀，
过年肥猪当畜赶，
面粉当作干粮背，
白酒食物当餐食。

阿伊阿伊纽牛呀，
慈祥的祖父们呀，
如有祖父之亡灵，
雾罩山脉雾送雨露下，
真切地送别，
年年如此送，
来年还是如此送；
鹤栖山脉鹤父送子飞，
真切地护送，
年年如此送，
来年还是如此送；
过年时刻孙送祖，
真切地送别，
今年如此送，
明年还是如此送。

阿伊阿伊纽牛呀，
先辈祖父们，
如有祖父之亡魂，
明日起程时，
经过内室下方过，
内室下方处，
贮藏金银的地方，
白银灵魂向内招，
黄金灵魂一定向内招。

阿伊阿伊纽牛呀，
祖父起程内室上方时，
内室上方处，
那是子孙玩耍处，
子魂向内招，
孙魂向内招，
生育神灵一定向内招。

阿伊阿伊纽牛呀，
祖父经过屋外院坝时，
屋外院坝处呀，
那是猪鸡放牧地，
立赶鸡到屋檐内，
驱逐孽鹰到天空；
驱赶猪群到圈内，
一定驱逐家宅白痢魔。

阿伊阿伊纽牛呀，
祖父起程高寒山区路，
高寒山区呀，
是牛羊放牧的地方，
请赶着牛羊到草原，
务必驱逐虎豹到深山，

防止虎豹袭击牲畜群。

阿伊阿伊纽牛呀，
祖父起程低坝河谷处，
低坝河谷一带呀，
是庄稼生长的地方，
粮魂向内招，
谷魂向内招，
防止冰雹暴雨来袭击。

阿伊阿伊纽牛呀，
先祖起程彝区村庄处，
彝地村庄呀，
是子孙生产生活地，
人丁灵魂向内招，
平安神灵向内招；
死神邪魔驱逐出，
防止病魔鬼怪袭。

阿伊阿伊纽牛呀，
先辈祖父们，
如有祖父之亡灵，
你子莫带走，
你孙莫带走，
如有子孙在你前，
一定伸手拽回来，
如有子孙随尔后，
一定伸腿踢回来。

阿伊阿伊纽牛呀，
先辈祖父们，
如有祖父之亡灵，
每座山峰要站歇，
披毡向内不断扇[1]，
每个山脉垭口处，
向内修筑荆棘之篱笆[2]。

阿伊阿伊纽牛呀，
驷匹嘎豁黑白绵羊分，
阿伙柳艺家猪野猪分，
世间冥界死人活人分。
所过之处马蹄灰尘飞扬走，
所歇之处烟雾升起云雾走，
走到山峰披毡向内扇着走，
走到垭口向内修筑荆篱笆。

阿伊阿伊纽牛呀，
过年肥猪一年养一头，
等着先辈祖父来享祭，
如是年猪不长肥，
多喂粮食荞壳就长肥。
泡水美酒一年酿一筒，
等着先辈祖父来享祭，
如是泡水美酒不发酵，
多垫几层蓑衣就发酵。

阿伊阿伊纽牛呀，
先辈祖父们啊，
你那在世的子孙们，
如是遇灾不平安，
那就山坡焚烧掉，
在那深山消失掉。
如是没有苏尼主，

[1] 披毡向内不断扇：这句话指如有子孙活魂跟随祖先亡灵走，那么，将要回到祖界的祖先就用披毡将子孙灵魂扇回来。

[2] 修筑荆棘篱笆：是指为了防止子孙灵魂跟随先祖亡魂到祖界，祖先在要跨过阴阳间垭口时，先用荆棘建筑篱笆，防止子孙灵魂跨过去。

欢乐的锅庄舞　何为 / 摄

[illegible]，　苏尼法器挂悬崖[1]，
[illegible]，　如是没有毕摩主，
[illegible]，　签筒法器挂树枝，
[illegible]，　如是没有亲子孙，
[illegible]。　先祖无处栖息乱流窜。

[illegible]，　阿伊阿伊纽牛呀，
[illegible]，　先辈祖父们，
[illegible]，　如是子孙繁荣又昌盛，
[illegible]，　祖也笑盈盈，
[illegible]，　父也笑嘻嘻，
[illegible]，　酒茶永远不断祭祖先，
[illegible]，　佳肴饭菜永远热乎乎，

---

① 按照彝族传统习惯，若是没有苏尼主人，其死后将其生前的法器抛弃并悬挂在野外山崖中，任其腐烂。同样，若是毕摩没有直系子嗣，那么，其死后也将其生前的毕摩经书与法器全部搬运到野外，悬挂在野外树枝上或放置在岩洞中，任其腐烂。

先祖已有嗣子接前代，
先父已有子嗣接宗族。

阿伊阿伊纽牛呀，
慈祥的先祖们呀，
如有先祖之亡灵，
嘴呀上唇藏公龙，
下唇藏母龙，
脸颊子龙立，
舌头子龙玩。

阿伊阿伊纽牛呀，
先辈祖先呀，
该说该讲的，
杉树与樱桃，
所长之处定绽花；
鹤群与雁群，
飞到哪里都美丽；
先辈祖父们呀，
所来之处留吉祥，
所到之处留平安。
先辈祖父们，
本家宗族永不造孽，
黑叶猴不会吃荞麦；
鸿雁天生智慧高，
飞翔天涯海角航向准；
虎豹乃是英雄种，
追捕猎物林木挡不住；
祖辈健康善良之后裔，
后裔体魄健康又善良。
如有慈祥祖父之亡灵，
来时高高兴兴地进来，
走时高高兴兴地离别。
名人起程后，
名言留下来。
英雄起程后，
事迹留下来。
名匠起程后，
手艺留下来。
官员起程后，
官帽留下来。
土司起程后，
印章仍使用。
豹子经过后，

[illegible]。　留下豹文身。
[illegible]，　鹤雁飞过后，
[illegible]。　留下唳鸣声。
[illegible]，　先祖起程后，
[illegible]，　吉祥留下来，
[illegible]。　平安留下来。[①]

傍晚时分，各村寨的青年男女聚集在一起展示彝族服饰，并进行彝族歌舞表演等。他们跳起了彝族达体舞、锅庄舞，大家唱呀跳呀，一直到第二天凌晨，才各自回家。

第七节　回娘家拜年

回娘家拜年彝语称为“玖古”（[illegible]），全称为“玖古玖肩”（[illegible]），“玖古”为古彝语，是拜年的意思。近代以来，“玖古”（[illegible]）二字已成为专用名词，专门指晚辈回到长辈家拜年，通常指子女回到父母家拜年，这里主要指女儿携丈夫和孩子回娘家拜年，即使父母不在世了，也要到叔父及亲兄弟家拜年。

“玖古”历史悠久，传说起源于“彝族六祖”之前的一位名叫特勒阿玛的彝族女性部落首领。回娘家拜年意义深远：一来可以巩固婚姻，有利于夫妻和谐，二来女儿孝敬父母及拜访亲戚，三是让外孙看望外公外婆，增加亲人之间的情感交流。

“玖古”，是彝族年的延续，一般选在过完彝族年后的第二天，择吉日回娘家。是已经嫁出去的女儿[②]携丈夫和孩子回娘家给父母和亲友拜年的过程。对于许多远嫁的女性来说，拜年是一年中最为高兴的日子，平日与丈夫一起家务劳作，忙里忙外，拜年时才有机会回家看望父母。

届时，拜年队伍三五成群，笑逐颜开，携酒带肉于途中。彝族先民认为，年猪魂是献给祖先的祭品，年猪肉是献给亲友的礼品，给长辈、亲友备年猪肉及酒，是亘古不变的规矩。拜年的主要对象是父母、舅舅、本家支直系长辈和本村孤寡老人等。其中，以看望父母及直系长辈最为讲究。

过年期间，主人家就开始准备“玖古”的年货，这些年货，彝语专称为“克勒莫伙”（[illegible]），是出嫁女儿孝敬父母的一份礼物，一般包括年猪肉、酒、荞麦千层饼、鸡蛋、糖果及水果等。此时，丈夫要表现得格外大方。首先，准备年猪肉，女婿要给岳父母家准备一块肩胛骨肉（结婚当年只带半边猪头），给妻子的叔父家准备半边猪头，给已分家的亲兄弟家准备半边猪头或一大块的肋骨条块肉。其次，准备酒类，泡水酒是必带物品之一，因为父母要亲自品尝自己女儿酿制的泡水酒。如果泡水酒颜色呈深黄色且犹如蜂糖一样浓稠，甜中带苦，说明女儿能干，深得丈夫家的尊重；若泡水酒颜色浅白，口感很酸，甚至有臊味，说明女儿还有待学习，父母亲还要施教。

荞麦千层饼也是必带物品之一。彝语称荞麦千层饼为“格瓦”（[illegible]），意为烤荞饼，又称大荞饼或千层饼，是彝族古老的特色食品之一。当天凌晨，妻子起床后开始制作大块荞麦千层饼。其制作方法是：用一个干净的盆子，把荞

① 作者在马边、雷波、美姑等地搜集整理而成。

② 按照彝族传统习俗只要出嫁的女儿不管结婚时间多长，是否有子女都要在丈夫家过年，除非离婚后尚未结婚者或其他特殊情况。

回娘家拜年　阿牛史日 / 摄

麦粉倒入里面，加些清水，用筷子不断地搅拌，面粉和水结合后呈糊状，为了防止荞麦糊粘在锅表面，先往烧红的锅里撒一层薄柴灰烬作为铺垫，灰烬要撒得均匀，以防荞麦糊烤焦；然后，在铺有灰烬的锅里慢慢倒入些荞麦糊进行烘烤，烘烤时火势不要太猛，否则容易烤焦；等它脱水烘干凝固在一起时，将翻面烘烤，等荞麦饼脆而熟时，继续在上面倒些荞麦糊，慢慢烘烤。在烘烤过程中，用筷子戳穿荞麦饼的中心，以便与下面烘熟的荞麦饼通气，等第二次倒下的荞麦糊脱水烘干后，又将它翻一面烘烤，再从其上面倒些荞麦糊，又用筷子戳穿荞麦饼中心，使其流通热气。如此不断重复几次甚至十多次，形成十多层的荞饼，这样做出的荞饼又大又厚，一般一个大荞饼有2～3公斤重，直径达0.5米。荞麦饼外面呈金黄色，里面为浅绿色，吃时用刀把大荞麦饼切成七八块，甚至十几块，多人一起食用。大荞麦饼又脆又香，容易消化，是荞类食品中的极品，也是敬献给长辈的最佳食品。

最后，煮几十个自己家的土鸡蛋，再买些糖果及水果等，直到背篓装得满满当当为止。一是丈夫让妻子高兴，更重要的是能赢得老丈人的赞许，换来勤劳大方的好名声。

以上物品准备完后，夫妻俩和子女们高兴地穿上崭新的、最好的彝族衣裳，在增加自身外在形象的同时，也展示自家比以前富裕，让父母感到宽慰与高兴。丈夫要头戴中年彝族男性特有的头帕“哦田”（ꀉꄮ），耳戴大玛瑙，彝语称为“莫洛”（ꂾꇉ）；妻子也要戴中年妇女的头帕“哦尔”（ꀉꑳ），耳戴小玛瑙串，彝语称为“莫洛杰祖”（ꂾꇉꐘꀿ），穿崭新的彝族裙子。一切准备就绪后就准备出门。如果路途遥远且已

通车，大家就坐车前去；如果路途遥远且不通车，拜年物品就用马来驮，人则走路；如果路途不远就背着货物走路前去。如在拜年途中遇到熟人，先让其喝“开口酒”，喝完后，对方要给小孩适当的礼金（即使身无分文，也要扯根擦尔瓦流须以示礼节）。然后打开背篓里的年货，主要让对方观看过年猪的大小，看后对方往往会赞美一番才离去。

经过长途跋涉，达到了父母家，父母会高兴得合不上嘴，特别是对于刚出生不久的婴儿第一次回外公、外婆家拜年，人们会格外地重视。

双方先不问对方的身体如何，而是先询问对方年猪的胆、脾卦卜如何，女婿询问岳父母：“猪脾和猪胆都好吧？”对方回答：“都好，你们家呢？”女婿回答：“咱们家猪脾、猪胆也很好，过年万事如意。”这时，双方才相互问候身体健康或谈论其他。

接着女婿把前来拜年的物品一一拿出来。先把肩胛肉拿出，直接将肉递给岳父（禁忌将该肉放在地上），岳父接过肉后让年轻人把其挂在屋堂上方，然后对女儿女婿说：“哎呀，你们家的年猪又大又肥啊，太能干了！”一番夸奖后，女儿女婿回答：“只要你们身体健康，我们明年的过年猪会比今年还要肥大，祖先也会更高兴的。”再拿出酒递给岳父，岳父首先倒一碗泡水酒，自己先品尝一口，再递给岳母品尝，品尝后两人异口同声地说：“女儿家的酒挺好喝，来年人丁兴旺，牛羊成群，五谷丰登，啊噢，兹莫，兹莫！”最后再把糖果、水果等递给父母品尝，再发给大家一起品尝。父母会把最好吃的东西拿出来，又是煮坨坨肉，又是炒菜，大家在一起高高兴兴地团圆。

饭后，父母给前来拜年的每位孙儿孙女赐予一定数额的礼金，彝语称为“门笃霍”，意为祭祀福神，压祟驱邪，护佑平安。给礼金是彝族传统习俗，礼金多少视各家的经济条件而定，可以给钱，也可以给实物。大至金条、银锭，以及马、牛、羊等牲畜，小至扯根擦尔瓦流须都可以，以示礼节，祝愿孙儿孙女健康成长，岁岁平安。女儿回到娘家，邻居们都会前来探望久别的“玖古”人，也给前来拜年的小辈们馈赠相应的礼金，大家一起饮酒叙旧，增加友谊。

无论路途远近，全家都要在父母家住一晚上，如是路途遥远且不通车，可以多住几天。女儿回娘家拜年父母要回赠一定的物品，其中一定要回赠一块年猪肉，彝语称为“舌伟布”（[illegible][illegible][illegible]）。“舌伟”（[illegible][illegible]）意为大块肉，“布”（[illegible]）意为回赠。彝族平时赠送礼物种类繁多，但是肉类除外，只有彝族年时才相互赠送过年猪肉，因为过年猪是祭祀祖先的猪，其肉具有灵性，格外珍贵。因此，过年期间亲朋好友有相互赠送过年猪肉的习惯。“舌伟布”赠送是双方的，一般晚辈赠送长辈大块的猪头、肩胛肉，长辈要回赠一块比晚辈赠送的小一点的肋骨年猪肉。

从娘家回来的路上要进行驱邪，方能回家。彝族先民认为世间邪祟繁多，十里路有十种邪祟。这些邪祟见不得生人，见到生人就易作祟；还有那些地位低贱的邪祟，见不得牲畜肉类，一见就跑过来，在吃肉的同时又作祟于带肉的主人。因此，从父母家拜年回来的路上至少要进行两次驱邪仪式。一次是在半路上，用蒿草来驱邪（毕摩原生文化认为邪祟怕蒿草）。在路上找些青蒿草和干蒿草，先把青蒿草在石块上揉碎直到渗出一定水时，用它来涂抹双脚，使双脚染成青色，并有青蒿草的特殊气味（其实青蒿具有清热、解暑、抗疟疾的功效）；再点火燃烧干蒿草，让烟雾在每个人身上熏一会，再朝回家的方向跨步，以示熏出邪祟。当走到能看到家房屋时，做第二次驱邪仪式。仪式过程与第一次一

样，只是多了烧烫（碎）石程序。用青蒿草涂抹双脚、干蒿草熏身后，把烧红的烫石拿出，把备好的清水倒点在烫石上面，待冒出蒸汽时，每个人朝着回家的方向从烫石上面跨过，表示把身上的邪气及邪祟都驱出了，已经纯洁无污，可以安全回家了。至此，一年一度的彝族年及其延续过程全部完成。

虽然彝族年节庆只有3天，由于“玖古”及远近亲友络绎不绝地拜年，热闹非凡，有的人家要持续一个月才算真正过完年。

彝族年是彝族传统文化的综合体现，其丰富多彩的文化内容包含了彝族的诸多丰富的民俗事项，具有显著的文化综合性特征。透过这些朴实生动、自古相承的生活场景和人文信息，人们可追溯探究彝族经济社会发展和文化历史变迁的轨迹，对于研究彝族民风、民俗等具有重要的价值。

彝族历来是一个好客的民族，彝族谚语道：“为人心坦荡，我友在四方。”“一斗不分十天吃，就不能过好日子；十斗不做一顿饭，就不能招待客人。”彝族不仅内部有着传统的友爱互助的风尚，而且还有和其他兄弟民族友好往来的传统。特别是彝族年期间，无论是本地人还是外乡人，也无论是拜年者还是观光者，只要走进热情好客的彝家，就成了上等宾客。彝族民间有“彝族过年汉族醉，汉族过年彝族醉”的说法。逢年过节时，彝族人习惯把附近的兄弟民族朋友请来一起过年，并尊为上宾，热情招待，迎面而来的是一张张热情的笑脸、一碗碗香醇的美酒、一盆盆风味独特的坨坨肉，还有那可口的彝家荞麦粑。主客席地而坐，边饮酒边吃肉，叙述友情，其乐融融，走时还送每人一块过年猪肉，以示回家让亲朋好友们品尝彝族过年猪肉的美味。

每当一群群整齐排列的鹤雁鸣唳着穿过碧蓝的天空向南飞翔的时候，富有智慧的彝族人便知道该是举行远古祖先留下的传统彝族年的时节了。

第七章

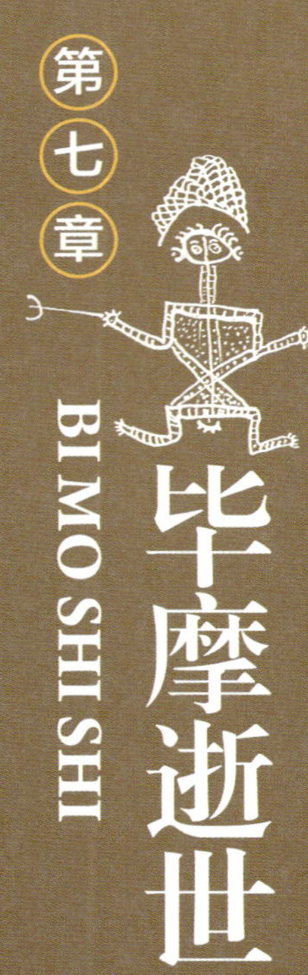

毕摩逝世

BI MO SHI SHI

毕摩与普通人一样，也会经历天真活泼的童年，无忧无虑的少年，风华正茂的青年，深思熟虑的中年和风烛残年的老年，最终依依不舍地离开这个他生活一生的美好世界。

死亡是每个人最终的归宿，人从出生那天起，因家庭背景、社会环境、教育资源的不同，其所处社会地位、生活质量等也会不同，即使是亲兄弟姐妹，人生道路也会不同，社会地位必有悬殊。但是，人类不论贫富贵贱，最初都来自自然界，最终也公平地回归自然界，这是人类的共性，也是自然界赐予人类的最终平等。

人从来到世间到离开世间，既短暂艰辛却又美好，但对于自然界来讲，一个人的一生如白驹过隙，转瞬即逝。每个人活在世间既神奇又充满了挑战，即使是刚出生的婴儿也似乎明白这个道理。一般健康的婴儿，一出生便会哭泣，彝族先民认为婴儿哭泣有三层意思：一是告诉亲朋好友，他来到了这个世界；二是问为什么把他带到这个世界上，因为这个世界充满了挑战和艰辛；三是既然来到这个世界上，他就只能面对现实。

彝族对死亡持平常心，认为这是自然现象。自古有盛必有衰，有生必有死，哪能只生而不死。生老病死是自然规律，老的不去，新的不来。犹如竹笋脱皮壳，蔬菜脱黄叶；犹如山顶之云雾，终归要散去；犹如山顶之白雪，终归要融化。世间万事万物都要逝去，包括日月星辰、山川河流及动植物等，这是新陈代谢的自然现象与规律。

基于这样的思想理念，彝族人认为老年人去世是不可抗拒的自然规律。因此，老人去世非但不悲，反而被视为一件喜事来对待。彝族人视老人去世是换掉旧衣，百年归山，举行丧葬仪式与其说是对死者的吊唁，不如说是对死者的欢送。

然而，人是世上最富有情感的动物，无论如何，人们都不愿离开这个世界，不愿离开生活了一生的无限美好的自然界，更不愿离开自己的子孙，总会对自己的亲朋好友依依不舍。因而，为了安抚死者，彝族形成了独具特色的丧葬礼仪，进而形成了自成体系的、完整的原生传统丧葬文化。历经沧桑岁月，传统丧葬习俗依然原始、古朴，经久不衰。一场丧葬礼仪，既是一场毕摩原生文化的传承活动，也是一场大型的彝族传统文化的表演，闪耀着古代彝族先民生活、生产的文明光辉。

彝族先民笃信毕摩原生文化中“万物有灵，灵魂不死”的理念，对死亡有其独特的认知，认为死亡不是人生的最终归宿，仅是一个人必经的过程。他们认为人断气离世，经丧葬礼仪后遗体回归自然界，但其灵魂未死，仍在世间飘荡，经过复杂的祭祖仪式后，其灵魂便回到富饶美丽的祖先发源地“额木普沾”，与祖先团聚，这才是最终的归宿。

第一节　死亡根源的传说

追根溯源是彝族文化的特点之一。追溯的内容包括天地山川、动植物的起源、人类的起源及自然现象的起源等，其中也包括人类死亡根源。

人类的死亡是其大脑死亡、心脏停止跳动和呼吸停止的过程，是一个生命的消失，是一种自然规律。然而，彝族先民认为，人本来是长生

不老、永远不死的，只因很久以前，人类捕猎了一只母猴，在母猴死亡之后，为母猴遗体举行了隆重的葬礼，此行为违反天界礼仪，触怒上天，因此受到天界惩罚。从此，人类就会因不同的原因、以各种不同的方式而死亡。

关于死亡的根源各地有不同的传说，四川凉山彝族先民对死亡有独特的传说。传说远古时期，人类与天地神灵立誓约定，世间没有疾病，没有死亡，天地万物都永远存活，包括人类也长生不老、永远不死。然而，有一次，世间有位名叫居木阿史[①]的猎人在狩猎时猎获了一个只猿猴，因所捕获的猿猴外貌似人，与人类一样是灵长类动物，是不能吃的动物，大家便将猿猴的遗体停放在家里举行祭奠仪式。仪式隆重，前来吊唁者无数，居木阿史家宰牛杀羊，用美酒宴客。有信使将此事报信给天界的额天古兹[②]，额天古兹多次派遣使者到人间调查，经核实确有此事。为此，额天古兹愤怒了，他说居木阿史违反誓约，在天界统治者不知情、未批准的情况下，滥杀无辜，随意夺去一个活生生的生命，并举行隆重的祭奠仪式，此行为天地难容，必将严惩不贷。因此，他就将天上的病魔、死亡根源放至人间，居木阿史首当其冲，最先死去。从此，人类永生不死的规则被打破，开始有了生老病死。现将彝族民间传说《人类死亡缘由经》（《[illegible]》）叙述如下。

[illegible]，　远古的时候，
[illegible]，　世间额[③]上方，
[illegible]，　世居额天古兹家，
[illegible]，　世间额下方，
[illegible]。　世居居木阿史家。
[illegible]，　世间额上额下方，
[illegible]，　不必立约的已立约，
[illegible]，　三样立三约，
[illegible]，　三样立四约，
[illegible]，　立约天不死，
[illegible]，　立约地不死，
[illegible]。　立约人不死。

[illegible]，　如此那以后，
[illegible]，　星星有不闪，
[illegible]。　星星时不亮。
[illegible]，　死神首先天上开，
[illegible]。　病魔首先地上起。
[illegible]，　可恨呀真可恨，
[illegible]。　阿史真可恨。
[illegible]，　世间额下方，
[illegible]，　居木阿史家，
[illegible]，　什么都拥有，
[illegible]，　拥有三组神猎狗，
[illegible]，　一组专门用来守家门，
[illegible]，　一组用来森林处猎狩，
[illegible]。　一组专门用来咬猎物。
[illegible]，　居木阿史家，
[illegible]，　诸箭装箭囊，
[illegible]，　弓挂手臂上，
[illegible]，　带着猎狗与同伴，
[illegible]。　边走边狩猎。

[illegible]，　首先有一天，
[illegible]，　草原处狩猎，
[illegible]，　草原狩猎时，
[illegible]，　猎狗主人同伴行，
[illegible]。　边撵边狩猎。

①居木阿史：传说是远古时期的一位有名的彝族先祖人物。

②额天古兹：是天界的最高统治者，相当于汉族传说中的玉皇大帝。

③额：是“彝族六祖”之前彝族远古部落的名称，后演变为该部落居住的领域。

草原狩猎的那天，
不该追的已追上，
追上一对云雀鸟，
云雀飞上蓝天去。
云雀真奇怪，
云雀真神秘。
居木阿史呀，
没有追捕到猎物，
没有咬捕到猎物，
没有抓捕到猎物。
回啊猎狗速转回，
转啊猎人速回转，
猎狗快速返回转，
空手无果地回转。

后来有一次，
来到山崖处狩猎，
山崖狩猎的时候，
不该追的已追到，
追到一对大黄蜂，
一对黄蜂飞上天。
居木阿史呀，
没有追捕到猎物，
没有咬捕到猎物，
没有抓捕到猎物。
回啊猎狗速转回，
转啊猎人速回转，
猎狗快速返回转，
空手无果地回转。

再后有一次，
来到江河处狩猎，
江河岸边狩猎时，
不该追的已追到，
追到一对灰水獭，
水獭跳跃江河中，
飞速潜入深水中。
居木阿史呀，
没有追捕到猎物，
没有咬捕到猎物，
没有抓捕到猎物。
回啊猎狗速转回，
转啊猎人速回转，
猎狗快速返回转，
空手无果地回转。

再后有一次，
来到高山处狩猎，
高山狩猎的时候，
不该追的已追到，
追到一对灰狐狸，
狐狸猎狗是伙伴，
狐狸猎狗有亲缘。
居木阿史呀，
没有追捕到猎物，
没有咬捕到猎物，
没有抓捕到猎物。
回啊猎狗速转回，
转啊猎人速回转，
猎狗快速返回转，
空手无果地回转。

再后有一次，
深山沟壑处狩猎，
马楚惹杰①处狩猎，
不该追的已追到，
追到一对红猿猴，
追呀追捕那猎物，

① 马楚惹杰：为古地名，意为有竹林的原始森林。

经过三处转弯地，
越过三处直走方，
追到莫尼勒豁[1]处，
猎物爬到树木上，
猎物射中坠下地。

仔细观看时，
猎物真奇怪，
猎物真怪异。
全身长满毛，
头发毛卷曲，
其口如人口，
其眼如人眼，
其脚如人脚，
其手如人手，
牙齿如人牙，
舌头如人舌。
居木阿史想，
不是抓捕的猎物，
不是分食的猎物，
带到家里做吊唁，
带到家里做丧礼。
母猴断臂遗体来吊丧，
三天三夜来吊丧，
吊丧整三夜，
吊丧整三天。

如此仪式时，
吊丧母猴时，
坎上坎下叫。
地下蛇闻到，
地下蛇鸣叫；
地上蛙闻到，
地上蛙鸣叫；
林边山鹧闻，
林边山鹧鸣；
树上喜鹊闻，
树上喜鹊鸣；
深山乌鸦闻，
深山乌鸦鸣。
世间额域上方闻，
传到额天古兹：
世间额下方，
居木阿史家，
正办丧事礼，
前来吊唁者如乌云滚。

额天古兹呀，
不信此话语，
立约世间万物永不死，
立约世间人类永不死，
没有下传我旨令，
怎么能会死人呢？

额天古兹呀，
为知世间的丧礼，
派遣诸使者，
章章间勒[2]方，
派遣翅类使者，
不撒谎的翅类，
喜鹊不撒谎，
母亲翅花白，
子孙翅花白，
以前翅花白，
今后永花白。
派遣对喜鹊，

①莫尼勒豁：为古地名，意为深山沟壑处。

②章章间勒：为古地名，意为喜鹊生活的地方。

查看额下方。
喜鹊使者呀，
屋下转三圈，
屋上飞三圈，
飞到墙上坐，
墙上坐着看。
飞回额上报，
居木阿史家，
正在办丧事，
前来吊唁者如乌云滚。
额天古兹呀，
还是不相信。

过了此以后，
蜀兹匹勒[①]方，
派遣翅类使者，
翅类不撒谎，
乌鸦不撒谎，
母亲全身黑，
子也全身黑。
以前黑漆漆，
今后黑漆漆。
派遣对乌鸦，
查看人世间。
乌鸦使者们，
屋下转三圈，
屋上飞三圈，
飞到屋前坐，
屋前坐着看。
居木阿史家，
正在办丧事，
吊唁者无数，
看前不能看到尾。

飞回去禀报，
额天古兹呀，
还是不相信。

额天古兹家，
派遣诸使者，
友木英来[②]方，
派遣进屋的使者，
派遣苍蝇与牛虻，
查看世间之丧事。
苍蝇牛虻们啊，
飞到居木阿史家，
屋檐门口转，
屋内屋外穿，
内室上下飞，
屋堂上方飞三转，
屋堂下方飞三转，
内室上方飞三转，
内室下方飞三转。
母猴遗体头上飞，
细看猴脸面，
细看猴眼睛，
飞过猴颈部，
细看猴手掌，
飞过猴腰部，
细看猴脚掌。
飞回额上报：
世间那下方，
居木阿史家，
确实办丧事，
确实吊丧唁，
死者那遗体，

① 蜀兹匹勒：为古地名，意为乌鸦栖息的地方。

② 友木英来：为古地名，《勒俄特依》中记载“兹阿迪度”家的住址。

其脸如人脸，
其眼如人眼，
其脚如人脚，
其手如人手。
然而不是人，
全身长满毛，
头发竖散乱。
额天古兹说，
如果是这样，
就是森林之猿猴。

世间那下方，
居木阿史家，
没有我旨令，
不该吊丧唁，
世间上下方，
立约章三法，
立誓世间额下不死人，
立约世间额上不死人。

现在世间那下方，
居木阿史家，
如是想死的话，
死神病魔引，
惩处世间额下方。
襁褓婴儿也死，
幼小孩童也死，
白发老人也死，
黑发青年也死。
如是其间能领悟，
屋外可以驱遣回。
首先进凶兆，
如能解凶兆，
驱逐凶兆邪，
驱逐凶兆后，
凶兆便消失。
如是不能解凶兆，
死神与病魔，
进入世间额下方，
居木阿史的家。

如此那以后，
世间那下方，
居木阿史家，
清晨那时分，
老虎接触房屋过[①]，
没人去领悟，
没有驱邪魔；
下午那时分，
鹰飞坐屋顶，
没人去领悟，
没有驱邪魔；
半夜那时分，
索命魔进屋，
没人去领悟，
没有驱邪魔，
居木阿史在此死。
死神源自那天上，
病魔源自那天上，
人类去世吊唁是，
源自居木阿史始。

过后兹阿尼峨[②]病，
兹阿尼峨病重时，
叮嘱子孙们，
病时亲戚来看望，

① 毕摩文化认为野生动物进屋是不祥之兆，要翻看《破解凶兆经》，按经书要求举行相应的驱逐邪魔仪式。
② 兹阿尼峨：为古代彝族部落女性首领名字。

死时叫喊亲戚来，
热情接待前来吊丧者。
人死留遗言是，
兹阿尼峨所发明。
兹阿尼峨去世后，
有位普惹杜甲[①]者，
养儿母亲苦，
好好送终父母们，
宰牛敬献已故的前辈。
宰牛敬献死者是，
普惹杜甲所发明。
有位德莫阿朵者，
专门制酒又酿酒。
宗族和解要用酒，
接待姻亲要用酒，
吊丧送终前辈时，
白酒宴客当首选。
人死饮酒是，
德莫阿朵所发明。[②]

云南彝族历史文献《兴死开丧经》[③]里也详细记载了彝族死亡丧葬的由来。

远古的时候，有生没有死……满村都是人，遍地都是人……贤索（实勺）三个儿，闲着无聊，无所事事。领着三猎狗，带着三猎鹰，背着金弓弩，背着银毒箭，去林中打猎，到林中撵山……贤索三个儿，不该撵的也撵，不该射的也射，射死只母猴；贤索三猎狗，不该撵的也撵，不该咬的也咬，咬死只母猴；贤索三猎鹰，不该撵的也撵，不该叼的也叼，叼死只母猴。贤索三个儿，猴尸抬回家，猴尸置堂屋，堂屋设灵堂，昼夜守猴灵……君子祭拜猴，臣子祭拜猴，毕摩祭奠猴，族人办猴丧。亲家牵牛祭，外甥赶猪祭，家门拉羊祭。族人开猴丧，村人办猴丧。有的拍手掌，拍手多整齐；有的舞手脚，舞姿多婀娜；有的吹拉弹，笛琴多悠扬；有的击铓鼓，铓鼓震天响；有的吹唢号，唢号震耳聋；有的哭泣泣，哭声多悲切；有的唱嬉嬉，唱声多嘹亮。灵堂如宫殿，灵前如花坛，祭帐如旗飘，纸幡如云飘，君长主丧事，臣子副主丧，毕摩念祭经，族人杀牲祭。

悲欢来办丧，哭唱来开丧，哀乐来送葬，伤心来出殡。贤索办猴丧，贤索开猴葬，策格兹[④]耳闻，黑夺芳[⑤]耳闻。从未令人死，人间怎有死？从未令死丧，人间怎有丧？……空中蚊蝇飞，绿头苍蝇飞。大绿头苍蝇，策格兹派遣，黑夺芳派使，派到人间去，去到贤索地。察看贤索死，探查贤索丧。大绿头苍蝇，从天飞到地，飞到白云山，飞到贤索地，飞到贤索门。左门飞进去，右门飞出来；前门飞进去，后门飞出来；从上飞进去，从下飞出来。先来察一次，后来探一次，最后查一次。三次查看后，三次探查后，飞着出去了。洞察就知晓：原为母猴死，猴尸堆柏枝，猴尸盖黑绸，猴尸裹白布，猴头绕黑布，猴眼遮黑帕，猴头靠布枕。纸房盖猴尸，尸旁站纸马，人为猴开丧。人群围猴尸，君长拜猴尸，臣子祭猴尸，毕摩为猴诵，亲家牵牛祭，外甥赶猪供，族人办猴丧，家门开猴丧。相帮如鹤站，奴仆如鱼游，丧客如蜂飞，莫说是人哭，泪水如雨下。牛羊猪三牲，摆在猴前祭；鸡鸭鹅三禽，摆

① 普惹杜甲：与下面的“德莫阿朵”均为古代彝族先民的人名。

② 作者在乐山市马边彝族自治县（简称马边县），凉山彝族自治州（简称凉山州）美姑县、雷波县、昭觉县等地搜集、整理、翻译而成。

③ 钱红，龙倮贵，《兴死开丧经》（边地民族丛书），云南民族出版社，2004年。

④ 策格兹：为远古时期君王之名，即掌管天界的君王。凉山彝语称为“额天古兹”，都指古代彝族先民对天界最高统治者的尊称，相当于玉皇大帝。

⑤ 黑夺芳：管辖世间的地神，即天神策格兹君王的皇后。

在猴前献。不是贤索死，而是母猴死；不是贤索丧，而是母猴丧。苍蝇洞察后，飞回天宫里，禀报策格兹，禀告黑夺芳。天神策格兹，地神黑夺芳，听罢苍蝇报。格兹骑星出，夺芳驾云行。下凡下旨令，若贤索喜死，若贤索嗜丧，那给贤索死，那给贤索丧。中旬月亮明，中午太阳热。策格兹下令，沙生传圣令，沙生唤鹅机[1]，旨令授鹅机。天神格兹令，地神夺芳令：“人类喜欢死，人们嗜开丧。你到人间去，去传格兹令，去传夺芳令：头发白的死，胡须白的死，眉毛白的死，长命高寿死。头发黑不死，胡须黑不死，年轻的不死，会爬的不死，会笑的不死，吃奶的不死，能生子的不死，能育女的不死。”鹅机负旨令，从天飞到地，忽忘格兹令，忽忘夺芳旨，旨令当儿戏，随便从口出：“人类喜欢死，人们嗜开丧。自从今日起，头发白的死，长命高寿死，头发黑的死，胡须黑的死，年轻力壮死。会跑会爬死，会笑会哭死，能生能育死，吃奶婴儿死。”从此人兴死，从此开死丧。死种开始撒，丧种开始播。天神策格兹，地神黑夺芳，又传一句话：“树若不砍伐，树茂难见天。草若不割掉，草旺路不通。人若不会死，人多地难容。人死不开丧，亡灵难赴阴。阳世间人儿，有生就有死，有死就有生。生生又死死，死死又生生。生死不可抗，生死由天定。”

以上是云南彝族的神话传说，它与四川的基本相同。从这个神话传说和彝族历史文献记载来看，人类最初不知生死，彝族最早也没有丧礼和葬礼，但它隐含了人是由猿猴演变而来，劳动创造了人类的观点。后来彝族丧礼也是由猿猴丧礼演变而来的，而且只有母猴才能享受如此特殊的葬礼，折射出母系氏族时期女性的首领地位。后来，随着人类文明的不断进步，逐渐形成了规范的彝族丧葬礼仪，并将人类驯养的牲畜和人类发明的酒类用于献祭死者，增添了葬礼色彩。

彝族人认为人类的死亡归纳起来无非两种，即善死与凶死。所谓善死就是指病死，病死也分为两种：一种是指年老寿终而死的自然现象；另一种是指年幼或年轻时候被病魔夺走生命，即所谓的白发人送黑发人。所谓凶死是指由外界因素影响致死，包括自杀、他杀和意外事故致死等。彝族先民认为人类年幼或年轻时候病死是病根传染人的结果。远古时期，世间本来是没有疾病的纯洁世界，人类永远不病不死，后来因上天降下病魔来，经过云雾层层降到人世间，疾病便在世间扩散，人与人相互传染，人类开始生病死亡。民间传说《染病死亡根源经》（《[illegible]》）叙述如下。

[illegible]，	染病死亡缘由是，
[illegible]，	远古的时候，
[illegible]。	源自昊天那上方。
[illegible]，	昊天那上方，
[illegible]，	长有四株病魔树，
[illegible]，	病魔树上方，
[illegible]，	分出四支病魔枝，
[illegible]，	四支病魔枝上方，
[illegible]，	四朵病魔花绽放，
[illegible]，	四朵病魔之花朵，
[illegible]。	结成四个病魔果。
[illegible]，	四个病魔之结果，
[illegible]，	裂出四个病魔孔，
[illegible]，	四个病魔之孔洞，
[illegible]，	流出千百种病根，
[illegible]，	病根传染给宿主，
[illegible]，	宿主染病显症状，
[illegible]。	传染病源是病根。

①鹅机：传说是天神策格兹的使者。

千百种病源，
跟随云雾降，
降呀降下来，
降到蓝天处，
蓝天处藏三年，
蓝天之子死。
蓝天处降下，
降到紫云层，
紫云层中藏三年，
紫云之子死。
紫云层中降，
降到黄云层，
黄云层中藏三年，
黄云之子死。
黄云层中降，
降到乌云层，
乌云层中藏三年，
乌云之子死。
在那乌云层中，
降呀降下来，
降到原始云杉中，
冷云杉中藏三年，
冷云杉皮当衣穿，
杉冠制成帽子戴，
杉枝弯成弓来使，
杉叶制作箭头使，
一对獐麂被射死。

降呀降下来，
降到原始竹林中，
原始竹林藏三年，
竹皮当作衣物穿，
竹枝制成帽子戴，
成竹弯成弓来使，
竹叶制作箭头使，
一对锦鸡被射死。

降呀降下来，
降到蕨草山林中，
蕨草山林藏三年，
蕨叶当成衣物穿，
蕨草制作帽子戴，
蕨杆制作弓来使，
蕨叶制作箭头使，
一对雉鸡被射死。

降呀降下来，
降到茫茫草原处，
茫茫草原藏三年，
野草当作衣物穿，
野草制成帽子戴，
草杆制成弓来使，
草叶制作箭头使，
草原一对云雀被射死。

后来降呀降下来，
降到实勺[1]酋长家，
实勺酋长家中藏三年，
实勺酋长之父死。
宰杀祭畜九十九头牛，
穿着寿衣九十九层厚，
吊丧饮完九十九坛酒，
吊丧九十又九天。
远古的时候，
人死不辩论，
实勺之父死，
开始赛辩论。

① 实勺：与下面的“格峨”均为彝族远古部落首领。

实勺酋长家中传，
传到格峨酋长家，
格峨家中藏三年，
格峨酋长之父死。
宰杀祭畜八十八头牛，
穿着寿衣八十八层厚，
吊丧饮完八十八坛酒，
吊丧八十又八天。
远古的时候，
人死不唱哭丧歌，
格峨之父去世时，
人类始唱哭丧歌。

格峨酋长家中传，
传到邱普[①]酋长家，
邱普酋长家中藏三年，
邱普酋长之父死。
宰杀祭畜七十七头牛，
穿着寿衣七十七层厚，
吊丧饮完七十七坛酒，
吊丧七十又七天。

邱普酋长家中传，
传到阿哲[②]尼家中，
阿哲尼家藏三年，
铸银又要造银丝，
铸造三种银丝线，
用来套住病魔路，
能否套住与堵塞？
未能套住堵塞住，
阿哲之父也死去。
宰杀祭畜六十六头牛，
穿着寿衣六十六层厚，
吊丧饮完六十六坛酒，
吊丧六十又六天。
阿哲尼家传，
传到乌撒[③]尼家中，
乌撒尼家藏三年，
乌撒铸造金制品，
铸金造金丝，
铸造三种金丝线，
用来套住病魔路，
套住病魔路没有？
没法套住死神路，
乌撒尼父也死去。
宰杀祭畜五十五头牛，
穿着寿衣五十五层厚，
吊丧饮完五十五坛酒，
吊丧五十又五天。

乌撒尼家传，
传到勒格[④]尼家中，
勒格尼家藏三年。
勒格铸造铜制品，
铸铜又造铜丝线，

---

① 邱普：即“魏勒邱普”，又称“伟勒邱布”“夫普”，指“彝族六祖”之武、乍、糯、恒、布、默六个部落首领。有的经书写成“丘布”。

② 阿哲：具体名字叫“妥阿哲”，系“彝族六祖”中第六子慕齐齐的第25代子孙，史称“德施支”，是历史上水西部之祖。曾活动于贵州水西一带，其后裔现散居于云、贵、川、桂等地。

③ 乌撒（[illegible]）：真名叫“默遮俄索”，又称“纪俄格”。系“彝族六祖”第五子慕克克（布）第24代子孙，史称“德布”，发祥于鹫图木古（彝语又称为兹兹普乌，汉文史籍中称为夺吐木谷、多同米古等），曾活动于今云南省曲靖、占益、师宗、寻甸一带，即今云南省寻甸县朵马嘎。其后裔现分布于贵州省威宁、赫章一带。

④ 勒格：是“彝族六祖”中德舍支的分支，是彝族历史上乌蛮三十七部中的纳垢部，在彝文古籍中未见过其详细的谱系。经推测，是三国时期与诸葛亮对战的彝族部落首领，即《三国演义》中孟获家所属的勒格部。

铸造三种铜丝线，
用来套住病魔路，
能否套住病魔路？
没有套住病魔路，
勒格尼父也死去。
宰杀祭畜四十四头牛，
穿着寿衣四十四层厚，
吊丧饮完四十四坛酒，
吊丧礼仪四十又四天。
染病死亡的根源，
是如此传播开的。

可恨的病魔呀，
后来变幻又变幻，
变成麻绳与铁链，
变成黑白的套网，
变成脚镣与枷锁，
跟随冥界使者来，
白天刮起龙卷风[①]，
半夜猫头鹰叫喊[②]，
世间各处撒魔网。

首先撒一网，
房屋那山上，
杉柏被套住，
杉树柏林呀，
挖掘根不动，
猛拽头不动，
推也不能走，
拉也不能来，
一件魔网在此破。

后来撒一网，
房屋那下方，
院坝磐石被套住。
院坝磐石呀，
年年稳稳坐，
月月稳稳坐，
喊时不答应，
让起不愿起，
推也不能走，
拽也拉不动，
两件魔网在此破。

后来再次撒一网，
撒到吾主家里面，
正在睡觉的被套住，
睡觉门槛被套住，
一直睡觉的门槛呀，
年年孤单地睡着，
月月孤独地睡着。
叫喊不答应，
叫起不愿起，
杀也不出血，
吃也没有肉。

撒到坐者被套住，
坐者锅庄被套住，
坐者锅庄呀，
年年孤立坐，
月月孤立坐，
叫喊不答应，
拽也不愿起，
喝也没有血，
吃也没有肉，

---

① 彝族禁忌人进入有龙卷风的地方，彝族先民认为龙卷风是上天派遣到人间卷走活人灵魂的使者。

② 彝族先民认为猫头鹰是上天派遣到人间带走活人灵魂的使者，有时其叫声犹如在叫某人的名字一样，此时活人千万不要答应，否则其灵魂就会被带走。

吸也没有髓。

撒到站者被套住，
站者那是房屋柱，
年年站立此，
月月站立此。
叫喊不答应，
推也不能走，
喝也没有血，
吃也没有肉，
吸也没有髓。

后来撒呀又撒网，
不该套的已套住，
屋内人员被套住，
屋内老者被套住，
被套住的老者呀，
叫喊时候便答应，
让起时候站起来，
推时顺利走，
拽时跟随来，
该破的魔网仍不破，
该断的网绳仍不断。

老者先辈呀，
如此那以后，
你魂被套住，
你魂离开你，
你体渐变弱，
心情又烦闷，
坐在死神岔路口，
站在冥界上路口。

将故的先辈呀，
你魂套住后，
你魂离你后，
游魂没赎成，
游魂未赎回，
呼喊又呼喊，
寻找再寻找，
你魂在哪里？
你魄在哪里？
首先有一天，
听说在那无垠草原处，
草原什么眼力好？
草原云雀眼力好，
抓捕一对活蚱蜢，
作为云雀的干粮，
围绕草原转三圈，
被套者游魂在此否？
套住者游魂未在此，
愿望一次就此落空。

如此那以后，
听说被套者在深山。
深山什么眼力好？
深山野狗眼力好，
抓捕一对活獐麂，
作为野狗的干粮，
围绕深山转三圈，
看见被套者游魂否？
未见被套者游魂，
愿望二次又落空。

后来又听说，
被套者游魂在悬崖。
悬崖什么眼力好？
悬崖黄蜂眼力好，
抓捕一对活苍蝇，
作为黄蜂的干粮，

围绕悬崖转三圈，
看见被套者游魂否？
未见被套者游魂，
愿望再次又落空。

后来有一天，
听说游魂栖息在冥界，
冥界什么眼力好？
冥界毕祖神灵眼力好，
一对白色绵羊和白鸡，
作为毕祖神灵的干粮，
神灵围绕冥界转三圈，
看到被套者游魂没有？
不是没看见，
先辈游魂呀，
已经栖息在冥界。
跟随父亲弹羊毛，
很熟练地弹羊毛；
跟随母亲在织布，
认认真真地织布。
已是不能见的魂，
已是不能寻的魄。

可恶的索命魔呀，
做出不可饶恕罪，
犯了不可宽恕罪。
上天派遣使者到，
邪魔给予疾病案，
死神病魔侵害体，
索命病魔杀死人。
可恶的索命魔呀，
不能宽恕的邪魔，
不能不驱逐出境。

可恶索命魔，
驱逐到何处？
如是驱逐到邻居家中，
怕是邻居跟随遭祸害，
邻居房屋一片空荡荡！
如是驱逐你到亲朋家，
怕是亲朋跟随遭祸害，
再无帮助御敌的朋友！
如是驱逐你到宗族家，
怕是家门跟随遭祸害，
怕是防御围墙倒下了，
野外狂风任意刮房屋。
如是驱逐你到姻亲家，
怕是姻亲跟随遭祸害，
因无姻亲找不到媳妇，
因无姻亲女儿无处嫁。
驱逐你到工匠毕摩处，
怕是匠毕知识被你封，
工匠无法学到诸手艺，
毕摩无处学到博学识。
如是驱逐你到君臣处，
君臣执政法令被你扰，
世间没有断案的贤臣，
怕是大案要案堆成山。

可恶的索命魔，
驱逐你到何处？
驱逐你到遥远的深山，
驱逐你到无垠的原野，
驱逐你到虎豹栖息处，
如是你强吃虎豹，
如是它强你被吃。
驱逐你到雕鹰栖息处，
如是你强吃雕鹰，
如是它强你被截。
邪魔之母已被虎咬死，

邪魔之子还在人世间。
可恶的死神与病魔，
是否可以解除的案？
已是不能解除的案，
如是能够解除的案，
解案驱逐之多好啊！
是否能够调解的案？
已是不能调解的案，
如是能够调解的话，
邀请著名德古来调解，
双方调解此案多好啊！
是否能够回避的案？
已是不能回避的案，
如是能够回避的案，
回避后驱之多好啊！
是否能够防御的敌人？
已是不能防御的敌人，
如是能够防御的敌人，
抽矛杀戮死神与病魔，
抽刀砍死死神与病魔，
弩箭杀死病魔该多好！[①]

第二节 送 终

送终是指长辈临终前，晚辈在身旁照料，为其办理丧事的过程。正常死亡的老人，病危时间一般为一个星期左右，有的长达半月以上。此时，不论老人是在医院还是在家中，子女及其亲朋好友都会守护在其身边。一来照顾老人，陪老人说说话，让老人开开心心地离去，尽到孝心；二来守护人员相互有伴。如果老人病危时间较长，那么子女除了晚上都来守护外，白天就轮流看护，不看护的子女就回家休息，或下地劳动，或在各自的工作岗位上工作。

一、临终前的叮嘱

老人生命垂危之际，家人会临时在屋堂右上方搭一张床，将老人搬到该床上，老人的子女及直系亲属守护在身边。此时，子女轮流抱着老人而坐，在老人生命的最后时刻，则由大儿子抱着老人，其他子女坐在旁边，子女中能说会道的一个人就问老人：“现我们已长大成人，你也儿孙满堂，这是你一生辛苦养育的结果，你的大恩大德我们永世不忘、刻骨铭心，我们也会像你一样养育我们自己的子女。现你年事已高，将要离开我们了，你有什么话想对我们说吗？”神志清醒的老人一般留下遗嘱，主要包括以下四点：一是说自己已老，犹如枯黄的树叶要掉落，又犹竹笋脱壳，这是自然规律，大家切莫悲伤，一定要好好接待前来吊唁的人员。二是自己走后子孙一定要团结，互相帮助，同时与邻居和谐相处，力所能及地帮助别人。如果子女里有毕摩，则对他们说要好好念经，不断学习，认真主持仪式，不要偷懒、不要贪财等。三是分配财产[②]。老人拥有的财物当着大家的面一一分配完毕。四是给子孙通报债权债务问题[③]。询问者一一记下老人的临终遗言，最后安慰老人：“你为我们辛苦操劳了一辈子，已为我们娶妻成家，现在我们已成家立业，你也子孙满堂，这是你辛劳付出的结果，现

① 作者在乐山市马边县，凉山州美姑县、雷波县、昭觉县等地搜集、整理、翻译而成。

② 新中国成立前，有些富豪家有许多土地、牛羊、金银财产等，一般老人在他们健康时就已经分配好财产，但也有老人在病危时才分配。

③ 彝族习惯是当老人去世时，如还有债权债务，则由儿子们共同分享或共同分担。

你年事已高，即将离开我们，你走后我们将为你祭祖送灵到‘额木普沽’与祖先团聚，享受天伦之乐，请你放心走吧！”并一直陪护直到老人离世。

送终是一件大事，能为老人送终说明子女尽了最后的孝心，未能为老人送终常常成为子女一生中的一大憾事。有没有子女送终，是不是所有子女都来送终，常常是判断老人是否有福的一个标准。

当老人断气时，要放鞭炮鸣示，表示老人已逝，同时向邻居报丧。

老人逝世之后，家人只能围在他身边啜泣，禁忌大声哭泣，并给老人穿戴寿衣，平放床上；然后杀猪宰羊，品尝熟肉后才准许大声哭丧，哭唱丧歌。

二、穿戴寿衣

老人一旦断气，子女就将已备好的一小块碎银放入其口中。一是表示给老人去祖界路上用的零用钱；二是满足老人的心愿，希望获得重生；三是希望老人在另一个世界过得更好；四是祈求老人在祖界护佑子孙。接着对遗体进行整理。首先，一人轻轻地把老人双眼合上，又轻轻地托着老人的下巴，让其嘴闭合及蜷腿。另一人用一只手托着老人的身体，另一只手用热水为其擦身，最后用白酒来为其洗脸、洗脚，以示净身。如果是女性，还要为其梳头并将双辫解开，先用过年猪油从上往下抹三次后梳头，然后用蓝毛线（禁用红毛线）从中间将散发扎起，下端成散发形式，打扮似新娘，以示离开人世嫁往祖界。

上述程序完成后，开始给老人穿寿衣。一般遵循“先下后上、先头后脚”的原则，即先穿裤子后穿衣服，先戴头帕后穿鞋。彝族的寿衣极为独特，比较讲究。从原料来说，只能用棉布面料，而不能用涤纶、氨纶、丝绸等其他面料。这是因为棉布是传统的面料，而涤纶、氨纶、丝绸类面料火化时会发出特殊的难闻气味，据说会导致死者亡灵变幻。从颜色来说，只能是纯色，穿纯色寿衣表示严肃、庄重，而且只能是白色、黑色、蓝色，禁用红、黄、绿等颜色的布料，更不能用花色，否则死者的灵魂将变成鬼怪作祟于亲戚。

第一是穿寿裤。古时彝族不穿内裤，因此，现代彝人死后还是沿袭古老的习俗，无论男女皆不穿内裤。死者如果是女性，一般穿两层，里面穿一条纯色的棉质春秋裤，外面穿一条纯色的裙子。裙子穿好后，要拴一条用棉布制成的腰带，彝语称为“博季”（[illegible]），但该“博季”不能像平时穿裙子一样拴结，只能象征性地缠绕在腰的周围。如果死者是男性，穿寿裤时，里面穿一条棉质春秋裤，外面穿一条彝族传统制式的男裤，彝语称为“拉”（[illegible]）。因地域的不同，凉山彝族男性死者所穿的“拉”样式也不一样，按裤脚底部宽窄分为大裤脚、中裤脚、小裤脚三种。四川大凉山的美姑县及其周边的雷波县，乐山的马边县、峨边县区域称为依诺地区的男人们穿大裤脚裤子，死后也是穿着大裤脚裤子。

第二是穿上衣。如果是女性，里面穿一件素色的春秋衣，外面穿一件黑色或蓝色的右衽衣服，扣上领扣；如果是男性，里面穿一件白色棉质衬衫，外面穿一件彝族男式白色衣服，扣上领扣。

第三是戴头帕。女性则戴女性头帕（[illegible]），戴好后将系在中间的头绳解开，头发自然散开；男性要头戴男性的寿头帕（[illegible]），戴好后将英雄结从头帕中间伸出来置于前额上方。

第四是缠裹脚布。裹脚布彝语称为“系月”（[illegible]），是古代彝族人冬天喜欢的御寒衣物之一。它用白色的棉布或羊毛制成，一般宽约3寸

灵堂上面挂满经书　阿牛史日 / 摄

（1寸约0.03米）、长约8尺（1尺约0.33米），从小腿处开始从上往下按顺时针方向层层缠绕，直到小腿最下方，然后把尾布塞进裹脚布里面。现在，裹脚布早已被袜子取代，但按彝族习俗，人死后仍然需缠裹脚布。

第五是穿寿鞋。寿鞋是黑色布鞋，禁忌穿红色等其他颜色的鞋，也禁忌穿用橡胶等其他材料制成的鞋，鞋带不用系。

穿完寿衣后，要在老人手里（男左女右）放些钱物，作为路上的零花钱，过去主要是放些碎银子，现在一般放100元人民币或者更多，具体根据自己的家庭经济状况和意愿而定。

三、布置灵堂

在一部分人整理遗体、穿戴寿衣的同时，另一部分人就着手布置灵堂。彝族民间灵堂一般用一张用过的木制床搭在屋堂左上方，首先在床上垫一张篾席，篾席上铺垫一张新的黑色披毡（ꏢꀕ）或蓝色披毡（ꏢꆹ），以作床单，上面放一个用白色棉布制作的，里面装有荞麦壳的小枕头；然后将穿好寿衣的遗体放在床上，放一小块刚煮熟的过年猪肉，按照男左女右的传统放入老人手中；死者双手握成拳头交叉放于胸前，双腿弯曲，按照男左女右的原则将遗体侧卧放在床上。如果是男性，那么遗体左侧朝下，因为男人生前是用右手持刀剑的，死后到祖界照样要用刀剑，所以把右手放在上面，便于使用刀剑；如果是女性，则右侧朝下，因为女人生前要捻羊毛，需要举起左手，死后到祖界也照样要捻羊毛，所以把左手放在上面。

遗体上面盖一件黑色或蓝色披毡，披毡上面再盖一块白布，脸部单独用一块白布遮蔽。

灵堂下面放一盆柴灰，以示让死者取暖；在柴灰旁边放置一个彝语称为“马汝”（ꂷꋠ）的竹筒，即用一截长约1米的新鲜竹子，竹头一端劈成七八片小片，竹尾一端不劈，这样方便手握竹尾上下摆动时，便可发出响声，以示驱逐亡灵回归祖界路上的害虫。

灵堂左侧下方放置一盆水，水盆里放一把马勺子，用来舀水或放水，以示亡灵渴时喝水。如果死者生前吸烟，则用彝族特有的烟斗装满彝族自制烟草点燃后放入其口中，或直接点上一支香

烟放入口中。遗体头上方放置若干糖果和酒，条件好的人家，在头边放置或挂一些金条或白银，以显示富贵。如果死者是男性，则在灵堂两侧吊挂一些生前使用的弓箭、剑、铠甲等，以示生前曾是杀敌无数的英雄，死后将带上这些武器到祖界继续防御护卫。如果死者是毕摩，则在遗体头上方悬挂一排排经书，一来表示毕摩知识丰富，二来方便前来吊唁的毕摩念诵。

禁忌将凶死者遗体停放在屋内。凶死者无论男女老少，或是特殊身份的毕摩德古等，只要是非正常死亡只能将其遗体停放在屋檐下面举行丧礼，禁忌放入屋内。彝族民间认为，如果将凶死者遗体停放于屋内，可能会将凶性死神邪魔引入屋内，家人将会再遇凶死的风险。

第三节　牺牲祭奠

在病人病危时，牵一只公绵羊立于病榻前，待病人一断气立即将羊宰杀，以示献祭（没有绵羊的低山坪坝地区，便杀一头猪替代绵羊），彝语称为“莫井琼”（[illegible]），意为用这只牺牲的绵羊来献祭死者的亡灵，以免死者亡灵挨饿。彝族先民认为，绵羊在吃草、反刍、睡觉时，都很少发出叫声，羊口犹如锁一样牢固。彝谚道：“七十种牲畜，绵羊口最固（[illegible]）。”意喻今后丧家不再出现死亡现象，家里将人丁平安，健康长寿。

羊剖好后，宰成拳头一般大小的坨坨肉，和肝、脾、肾一起放入锅内用水煮熟，首先从锅里捞出羊肝、羊脾、羊肾，放在一个餐簸中，然后放在屋堂左上方放置遗体床的下面，以祭献死者，最后捞出煮熟的坨坨肉，撒上香料分给前来吊唁的亲朋好友食用。

四川凉山州的雷波县、金阳县，乐山市的峨边彝族自治县、马边彝族自治县等小凉山地区，因海拔低，气温高，饲养绵羊者很少，主要饲养的是山羊。毕摩认为，山羊是一种凶性、不吉利的动物，所以老人去世禁忌宰杀山羊，只能用猪来代替绵羊，猪不分大小、公母。如果老人是在距离彝族年7天内去世的，则要宰杀当年的过年猪，取一小块膘油放入逝者手掌中，意为告知逝者家里过年猪很肥，希望今后也如此。然后把肉宰成坨坨肉，与肝、脾、肾等一起放入锅中用水煮，煮熟后同样捞出猪肝、猪脾、猪肾等放在一个餐簸中，放在屋堂左上方放置遗体床的下面，以祭献逝者。然后捞出煮熟的坨坨肉，撒上香料分给前来吊唁的亲朋好友食用。

如果逝者生前是一位主持过祭祖送灵仪式德高望重的毕摩，则要杀一头生过崽的母猪，方法如上所述。只是祭献逝者时，要将已煮好的左半边猪头、一条胸脯肉同猪肝、猪脾、猪肾等放在同一餐簸中，放在屋堂左上方放置遗体床的下面，以供逝者享祭。因为逝者生前主持仪式时，仪式主人家要赠予其猪头肉、胸脯肉条，现在也要享受如此待遇。同时，以此肉作为祭水分魂仪式（[illegible]）时所需要的祭品。

灵堂布置完后，将穿好寿衣的遗体放入灵堂，大家品尝完绵羊肉或猪肉后，亲朋好友就开始哭丧。

如遇到老人过年期间故去，在完成上述程序后，还要将一个大的簸箕倒扣在遗体上面，且禁忌哭丧，要等过完年后才能哭丧、出殡。

第四节　烧制干粮

烧制干粮，全称为烧制上路干粮，彝语称为"啥卡"（[illegible]），指烧制一个荞麦粑给逝者灵魂在去往祖界的路上食用。首先是磨荞麦粉，一般是在老人断气时，由两位妇女将备好的约3斤重的荞麦磨成粉。推磨时先顺时针方向推3圈，再与平常一样按逆时针方向推，直到把备好的荞麦磨完。彝族人认为逝者是去另外一个世界，所以推磨时先要向外（顺时针）旋转。

磨完后，用一个簸箕将磨好的荞麦粉进行筛选。筛荞麦粉时，手转动的方向也与平时相反，即向着顺时针方向转动筛子，直到把荞麦壳全部筛出。接着把荞麦粉装在一个小盆子或小碗里，适当加些水搅拌，用手揉成一个粑，禁忌分成两个或者多个，因为是一个人上路；然后把揉好的荞麦粑埋在柴灰下面烧制，烧制过程中禁忌翻动，表示一去不复返；荞麦粑烧好后用火钳夹到一个小簸箕中，再舀半碗水，表示给死者喝的汤，碗中放一个马勺子，把烧制好的荞麦粑在碗中蘸一下水后放回小簸箕中，表示死者边吃饭，边喝汤；最后把装着荞麦粑的小簸箕和装着水及勺子的碗按照男左女右的规则放在遗体旁边，表示死者灵魂到祖界的路上有饭吃有汤喝。

"啥卡"必须用荞麦制作，而不能用玉米、大米等其他粮食，这是因为彝族先祖自古居住在云贵川高原山区，最早发现并引进野生荞麦进行栽培种植，并且彝族先民认为五谷杂粮中以荞麦为极品，死者应该享用之。

第五节　亲友吊唁

毕摩逝世时，如果亲友已知道此事，或是亲友正在逝者家里就不必通知。如果毕摩逝世时亲友都不知晓，且亲友住家又离逝者家很远，则需专人去报丧，即使是在通信发达的今天，也不能电话通知。彝族人认为，报丧是一件很严肃的事，不能像平时告知一般事情一样打电话通知。所以，丧家要派两名年轻的邻居家男性成员去报丧。

亲朋好友接到老人逝世信息后便开始进行奔丧准备。

一是准备祭牲。祭牲是死者的亲朋好友为了哀悼死者而牵来的牛羊等大牲畜。而这些大牲畜首先是祭献死者的，是让死者的灵魂牵走这些前来吊唁的祭牲并带到祖界享用；其次，宰杀这些牲畜用于招待前来吊唁的亲朋好友。祭牲彝语称为"度莫"（[illegible]），"度莫"仪式历史悠久，早在父系氏族时期，彝族先民就有祭牲礼仪，并沿袭至今。祭牲仪式是亲朋们对死者的第一次祭献（第二次是祭祖送灵时），也是表达子孙后辈对死者的孝心。彝族先民认为，祭牲对死者是一种安慰，对活者来说则是光荣的事情。如果祭牲肥壮且数量多，那么死者在祖界便不愁肉食，会护佑子孙；若祭牲的数量极少，甚至没有，那么死者在祖界会成为乞丐，到处漂泊，作祟于人，祸害子孙。毕摩有一句经语"度莫阿额丘妞次"（[illegible]），就有说没得到祭牲的死者会变为邪魔。

祭牲一般是牛或羊，视家庭经济状况而定，不做强制要求。家庭条件较差的就用羊祭牲，家庭条件好的就用牛祭牲，一般每个子女会牵一

亲朋好友赶着绵羊去奔丧　阿牛史日 / 摄

头牛或一只羊参加祭牲仪式。如果牵牛祭牲，还要另加一只绵羊作为附属，彝语称为“勒系库育”，意为陪同牛的绵羊。

二是准备糖酒。奔丧者要携带若干白酒和啤酒，一般白酒50斤或100斤，啤酒10箱或20箱。如果自己家里备有则从家里带，如果没有就去商店购买。另外需带两瓶档次较高的曲酒和一些糖果，作为给死者的祭品，彝语称为“噢杂”（[illegible]），放在灵堂的旁边。

三是购买鞭炮。近代彝族奔丧要携带枪弹，一来路上可以防身，二来鸣枪告知主人自己已到达，三来显示家庭富裕且具有势力。现在禁止私藏枪支弹药，故用鞭炮代之，一般要购买1～2箱鞭炮。

奔丧的人要穿独具特色的彝族服饰，而且要庄重。一般穿黑、白、红及蓝的素装，禁忌穿黄、绿等颜色鲜艳的服装。

一切准备就绪后，报丧者就与逝者亲朋好友一起从家里出发前去奔丧。如果通车就坐车，没有车就走路。当离丧家只有一里路时，一路人马停下来，整理队伍。首先是一个帮手牵着祭牲走在最前面，随后是前去吊唁的亲朋好友。一般是死者的直系亲戚，即死者的儿子走在最前面，其后跟着所有的男性成员，再后就是死者的儿媳，儿媳后面跟着所有的女性成员，跟在最后的是携带糖酒和鞭炮的人。当走到距离丧家300～400米时，便放鞭炮鸣示，表示前来吊唁的亲戚已到。丧家闻声立即放鞭炮回应，以示迎接。鞭炮声齐鸣，震天动地，烟气冲天，此时奔丧的队伍开始哭丧。当前来吊唁的人走到屋檐下时，丧家的邻居前来迎接，首先把祭牲牵到指定的地点并做登记，将白酒、啤酒也

前来吊唁的亲戚　阿牛史日 / 摄

放到专门的地方登记保管；同时，丧家派出盛装的队伍站在道路两边迎接，男的挥舞刀剑，女的跳接亲丧舞，吊唁的队伍从中间走过。直系亲属等与死者情深谊厚者直接走进屋里灵堂边，或坐着，或站着，开始唱述死者的生平事迹。丧家主人简要介绍死者患病期间至逝世的过程，同时向亲友敬酒，以示感谢。亲朋好友边饮酒边谈论死者的生平，以表示对死者的怀念及对生者的安慰。

哭丧完毕后，丧家将前来吊唁的亲友安排到指定的地点进行招待。有的安排到邻居家，这时要从丧家牵出一头猪或一只羊到邻居家宰杀，款待客人。饭后，亲友都要返回丧家通宵守夜。当夜，亲友围坐在火塘边，饮酒聊天，交流感情，并以家支为单位选出辩论高手，比赛彝族口诵文化。此时，是展示各自才华与智慧的时机，也是竞赛、切磋、传承彝族传统文化的绝佳机会。

第六节　哭唱丧歌

哭唱丧歌即唱哭丧歌，彝语称为“撮莫哦”（[illegible]）或“阿莫哦”（[illegible]）。哭丧歌是死者的子女及亲友围坐在遗体旁边，以固定的哭唱腔调哭述失去亲人的悲痛心情的歌谣。

哭丧歌是四川凉山彝族丧礼的主要仪式之一，是丧葬习俗的一大特色，是以哭的形式寄托哀思，是以唱的形式悼念长辈。哭丧仪式贯穿丧葬礼仪的始终，哭丧次数多达数次甚至十几次，

而在出殡之日凌晨最为隆重壮观。届时，死者儿女及亲友围坐在遗体旁，尽情哭唱，邻里乡亲也集体唱诵哭丧歌谣，仪式尤为隆重。忌讳老人死后没有人哭丧。

彝族哭唱丧歌礼仪历史悠久，传说远古彝族先民在“格峨”部落时期就举行哭丧礼仪，彝语称为“寺居呐嘎”或“阿莫噢”，原指哭丧亡母，现泛指哀哭死者。前来吊唁的亲朋好友到灵堂旁或坐着或站着哀哭，边哭泣边唱出自己想对死者说的话，表达心中的痛苦和对死者的深切思念。哭丧的内容涵盖彝族的风俗、文学、历史、伦理、道德、哲学等，主要表达的意思包括：人生自古谁无死，生老病死是自然规律；缅怀死者一生的功绩，表达对死者的思念和安慰；劝告死者亡灵不要东奔西走、四处漂泊，不要被妖魔鬼怪诱惑，要尽快到祖界与祖先团聚，享受天伦之乐，并护佑子孙。

唱哭丧歌的时候，禁忌眼泪掉到死者的丧服和遗体上。彝族人认为阴间的魔王“尔格特比”（[illegible]）跟着眼泪就能找到哭丧者，并带走其灵魂，而逝者的亡灵就会被拒之门外，无法到达阴间，只好在阴阳两界之间承受无限的苦难，有的还会再回到阳间作祟于亲人。

哭丧歌分为普通哭丧和特殊哭丧两种，前者是指普通人逝世的哭丧歌，后者专指毕摩逝世的哭丧歌。

一、普通哭丧

哭丧是亲朋好友用悲伤的语言和悲痛的情感向死者倾诉内心情感的过程。普通人逝世时用一般的哭丧形式来唱诵丧歌，即前来吊唁的人们数人或数十人一起，站或坐，在遗体旁唱诵哭丧歌谣。为老年逝者、青年逝者和幼年夭折的小孩所唱的哭丧歌的歌词各不相同，即便是同辈逝者，由于男女有别，其所唱的歌词也有所不同。如子孙哭丧爷爷的歌词如下。

阿普（爷爷）啊，你的气已飘散到云中了，你的身躯将会变成一缕轻烟随风飘去了，你的骨骼将要变成一堆骨灰。没有料到今天就永别，今天你就与亲戚朋友相别了，不能再回来与我们一起吃一顿饭了，也不能再回来穿一件衣服了，就如林中竹笋脱壳，菜园地里白菜脱老叶。今年阴间甩下打畜柴，世间羊儿必遭杀；今年阴间放下蓝线和红线，世间母猪要遭杀；阴间放下抬尸架，世间有人要身亡。汉区医生也无能为力了，毕摩、苏尼也无能为力了，牛羊猪鸡祭祀也不起作用了。你为造福子孙自己饿着肚子奔波了一生，为后代儿孙过上好日子创造了条件，父不欠子之债，你已经为儿子娶了媳妇，修了房子，而且子又生子，子又生孙，子子孙孙无穷无尽了。

从生命年限来说，男人活到九十九岁已足惜，你算活到九十了，你的年龄已经达到极限了，走过道路算漫长，人生阅历已丰富。人生欠一死，死后便还清了死债，现在你已还清了死债，父死了有子继承父业了，母死了有儿媳持家了。有子已成家，有女已出嫁，儿孙满堂了，活时无怨气，死了也不遗憾。

人死了就不能再复生，世上没有不死的事物。远古的时候，就有开天辟地的死惹隶里和木点油祖死去了，骑着神马的神仙支格阿鲁死去了，人类之统领峨木当任也会死，有蹄动物之统领大象也会死，鸟类之统领鸵鸟也会死。自古以来就没有不死的生命。

请你不要带走家人魂，若是你要引走家人魂，未来无人祭祀你；请你不要引去粮食魂，一旦引去粮食魂，过年儿孙都缺粮，过年时刻你返回人间遭饥饿；请你不要带走牛羊魂，若是带走牛羊魂，世人无畜做祭祀。人生自古谁无死？死了之后就不要伤感了。都说人死魂再变，若是你的亡灵能再变，请你切勿变老鹰，院子必有白鸡

在，白鸡在院子很显眼，老鹰见到白鸡一定来抓；院子里面一定有人，人们见到老鹰一定要齐轰，轰开老鹰离院子，救下小鸡仍然留在院子内。你是为逮住小鸡而来，却是一无所得地离开院子，真是乘兴而来却败兴而归。如果你的亡灵能再变，请你不要变成狼，草原上放牧着白羊群，白羊在草原上很显眼，狼见到就很想吃白羊，跑到草原上来抓咬；可是草原上有牧羊的人，羊被狼咬牧人就要轰，羊未被狼咬牧人也要轰，轰走狼离草原，救下羊留草原，狼乘兴而来却是败兴而离开。若是变啥由你定，请你不要变耕牛，耕牛后面拖犁耙，犁耙后面随犁人；犁人右手拿鞭子，牛随耕者心愿打一鞭，不随耕者心意也打一鞭，请你不要变耕牛。如果变啥自作主，请你不要变骏马，马儿一定套上鞍，鞍上一定坐骑人；骑人右手执马鞭，马随人心挥一鞭，不随人心挥一鞭。如果变啥在于你，请你变成布谷鸟，只要变成布谷鸟，阿布洛哈[①]就是你的故乡；每年狗月猪月到，布谷鸟儿就从阿布洛哈回来，有树之地就在树上叫，无树之地就在石上叫，有水的地方你就找水喝，没有水的地方你就寻找露珠喝，不求与你见一面，但求闻到你一音。如果你的亡灵能变好，愿你变成鹤雁鸟，只要变成鹤雁鸟，格成陈乌[②]就是你的家；每年的蛇月马月往南飞，大雁南飞人多情，伤心人儿倍思雁，不求与你见一面，但求闻到你一音。如果你能再变化，但愿变成羊儿魂，每天都在屋内羊圈里，你的儿孙们日日见到你，年年见到你。如果你的灵魂能再变，但愿变成粮食魂，粮食经常装在柜子里，你的亲人们日日夜夜见到你。如果你的灵魂能再变，但愿变成家宅庇佑神，每天都

女儿给母亲唱哭丧歌　阿牛史日 / 摄

在家里和家人一起生活。人生欠一死，人死了之后，就算还清了债。

哭丧是一门艺术，丧歌音韵悲怆，无固定格式，是以诗一般的语句来评价逝者一生。哭丧歌的歌词内容丰富，能感动周围人，使听者痛彻心扉，除了体现出哭丧者对已故亲人的无限思念外，还充分显现出哭丧者对彝族传统文化的认识、理解程度。有些人用丰富的歌词来表达发自内心的哀伤，常常让其他人及亲朋好友产生共鸣，悲痛欲绝，肝心若裂。尤其是女儿哭丧父母，凄婉动人，催人泪下。如一位女儿哭丧父母的歌词如下。

世上母亲千千万，千千万，从今以后呀，从今那以后，女儿见不到你那慈祥的容貌，听不到你那熟悉的声音。别人叫母亲，女儿不能叫，不能叫到你，女儿只有悲伤。你醒一醒，再睁开眼看一眼你那苦命的女儿，女儿有很多思念之情向你倾诉，好多好多的话要给你讲。从今以后，没有人再像你一样关心疼爱女儿，恳求你再睁眼看看女儿，女儿好苦啊！……

生我的母亲，养我的母亲，女儿从出生之日起，说的第一句话是喊妈妈，病了喊妈妈，摔了喊妈妈。晚上想妈妈，眼泪浸枕头；白天想妈妈，四肢全无力；凌晨醒来也叫妈妈。雨天妈怕女儿着凉，晴天妈怕女儿晒着。从前女儿至少可以回家给

① 阿布洛哈：地名，位于凉山州金阳县境内金沙江畔。
② 格成陈乌：古地名，意为鹤雁栖息的湖海，疑指贵州威宁草海。

妈妈诉说心里之苦，可如今母亲去了，还有谁能在半路上接女儿？女儿回来，还有谁像母亲一样抱着女儿入睡，与女儿谈天说地，幸福无比。母亲呀！女儿求你再睁开眼睛看看，听听女儿的知心语，摸摸女儿的额头，亲亲女儿的脸好吗……

彝族哭丧的特点是“随心”，即没有固定的内容及程序，根据自己平时对死者的感情和对彝族传统文化的理解，想到什么就唱什么，搭着什么就唱什么，没有限制。彝族一般遗体停放三天两夜或四天三夜（断气日和出殡日各算一天）。断气日哀唱《永别丧歌》，说明逝者已离去，永远离开自己的子女、宗族、姻亲等，永远离开自己热爱的家乡，永别了这个美丽的世界。第二天哀唱《思念丧歌》，表达亲人对死者的无限眷念。出殡之日凌晨哀唱《教导丧歌》，教导亡灵不要走邪路，要沿着祖先走过的路回到祖界，与祖妣团聚，护佑子孙。

禁忌夫妻互相哭丧。夫妻共同生儿育女，白头偕老，是世间最互敬互爱、最亲的亲人，彝族夫妻也不例外，但彝族夫妻间的爱又独具特色。彝族是非常矜持的民族，人们不轻易地将感情流露表达，特别是夫妻间的感情更不会轻易流露。因此，彝族先民逐渐形成了夫妻间的传统哭丧习俗，即夫死妻不能当面哭丧，同样，妻死夫不得哭丧，若哭丧则会被人笑话。当然，配偶的离去，内心肯定充满了无限的悲痛与眷恋，但也只能强忍痛苦，用另外的方式慢慢释放内心的悲痛。

二、特殊哭丧

特殊哭丧是指毕摩去世时，专门为此举行的哭丧仪式。因毕摩学识渊博，德高望重，是彝族精神文化的重要依托，而且平时多为百姓举行各种原生文化仪式，为了纪念他们对彝族传统文化所做的贡献，当他们去世时，除了举行普通民众死亡时的哭丧礼仪外，还要举行特殊的毕摩哭丧仪式，即举行分魂仪式。

分魂仪式，彝语称为“影轰格克”（[illegible]），简称“影轰”（[illegible]），是指分离死者和活者之魂，即将死者亡魂分离出来并护送到祖界。该仪式除了在大型的祭祖仪式举行外，只在毕摩逝世时才举行，而且是曾主持过大型祭祖仪式的大毕摩逝世时才能举行，而一般毕摩逝世时，不用举行该仪式。

分魂仪式程序由两部分组成。第一部分为念诵《分魂简经》（《[illegible]》）。《分魂简经》主要由《死亡的起源》（《[illegible]》）和《献水经》（《[illegible]》）两部分组成。《死亡的起源》的主要内容是：死亡是生命的起源和基本规律，是自然现象，生与死是一对不可分离的矛盾对立体，也是每个生命都不可逃避的规律，不必忌讳。《献水经》的主要内容是：叙述水是所有生命的起源，水与人们的生产生活息息相关，人类不仅生前离不开水，死后也同样离不开水，因此人去世时要将水赐予死者亡灵，防止亡灵口渴。《分魂简经》内容丰富，语言深奥，举行仪式时只能背诵，因此只有知识渊博的大毕摩才能主持该仪式。该毕摩必须是从未主持过暴力或意外事故致死的善性世袭毕摩，而且须是已主持过多次祭祖仪式的毕摩。一般情况下，在毕摩病危时，其家属就开始联系该仪式的主祭毕摩。第二部分是念诵《分魂哀哭经》。该仪式过程中，毕摩是照着经书念诵经文，故对毕摩没有特殊要求，只要是认识经文的毕摩都可以主持。但是，由于该经文属于“路上方”经文，内容深奥，文字佶屈聱牙、艰涩难懂，又非大毕摩才能念诵。

（一）念诵《分魂简经》

该仪式由两个毕摩相互协作主持，其中一个是主祭毕摩，另一个是辅祭毕摩。主祭毕摩要身着传统彝族服装，特别是要戴法帽，手持一把神

扇。举行仪式时，两个毕摩站在遗体右侧，首先由主祭毕摩念诵经文，辅祭毕摩如果能背诵《分魂简经》，两人就跳跃式念诵经文，即主祭毕摩念第一句，辅祭毕摩念第二句，主祭毕摩又接着念第三句，这样依次往下念。如果辅祭毕摩不能背诵《分魂简经》，则跟着主祭毕摩念诵便可。仪式开始时，一个助手将马勺子置于遗体旁边的水盆中，用马勺子舀水后又倒入盆中，如此反复几次，表示亡灵饮足了水，认真倾听毕摩的教导，主祭毕摩开始一边摇神扇，一边念《分魂简经》。该经主要内容包括死者生平、死亡起源、生死哲理、水的起源。现将《分魂简经》及仪式过程摘录如下。

1.《死亡起源经》

该经主要简述祭祖分魂的缘由、目的及死者生平。死亡是一种自然规律，不可避免，即使逝者生前的亲人想尽一切办法医治，终究也无能为力，以此经文安慰逝者。

祭呀分，
敬呀喝，
经过辨认你已归西去，
分魂敬酒牛马是你畜，
经柜经书并非都灵验，
大雁没有保住越过山，
昭通[1]地方白天出太阳，
日出常常带走活人去，
滇池海上夜晚挂月亮，
月光阴影时刻勾活魂，
兹达勒天[2]世间之人类，
人死名声留，
死后要提名，
如若不提名，
犹如松枯腐烂成泥土。

已逝世的你呀，
当初生你时，
为你取佳名，
佳名增声誉，
为你取绰号，
绰号增荣誉，
黄色母鸡来祛秽，
健康地成长，
生长到成人。

有生就有死，
远古的时候，
祭祖送祖界，
祭祖为传宗，
御敌到祖界，
御敌宗族兴，
联姻到祖界，
联姻为子嗣。
随从君臣规，
开亲广联姻，
寻找宗与族，
寻找诸亲朋，
如此做以后，
子孙繁如星，
成家立业矣，
分魂绪论是这样。

① 昭通：是彝译音，彝语称为“鹫图”或“鹫图木古”，古彝语称为“兹兹普乌”。

② 兹达勒天：古地名，是“彝族六祖”先祖居住的地方，具体位置待考证。

分魂点名经[1]，
已故的先祖，
今晚为你点名分亡魂，
六祖分普勒[2]，
普勒分格泽，
格泽分格勒，
格勒分格兹，
住兹兹普乌。
兹兹普乌方，
黑阿三子生，
住知叶勒布[3]。
知叶勒布迁，
额部落[4]居住山处，
额部落居住山迁，
居额部落居住之草原，
额部落居住之草原迁，
居能部落[5]居住处，
能部落居住处迁，
住成兹[6]水域旁，
成兹水域方呀，
古时左方德布在此分，
右方德施部落在此分，
左方古恒部落在此分，
子孙犹如江河渊源流，
右方邛尼部落在此分，
子孙犹如森林茂密伸，
分魂点丁报晓就这样。[7]

祭呀分，
敬呀喝，
上方已故的祖妣们，
头帕露出天菩萨的先祖，
披着青黑披毡的先祖，
穿着白袜黑鞋的先祖，
你要竖起耳朵听清楚，
弯着膝盖坐着听明白，
如是站着笑盈盈地听，
如是坐着聚精会神听，
如是睡着依依不舍听。

祭呀分，
敬呀喝，
昔日他人生时你未生，
你母生你的时候，
已赐予你格神[8]，
已赐予你菲神，
顺利地成长，
平安长成人。
祈格已获格，
祷菲已获菲，
祈命获长命，
祷寿获高寿。
生子获格神，
生女获菲神，
儿子继子嗣，
女儿连姻亲。

①毕摩去世后，分魂仪式中念诵经文到此处时要点出死者的名字。如是祭祖送灵，就念“上方已故的先妣、已故的先祖，下方已故的幼女、已故的幼子（[illegible]）”。
②普勒：与下面的“格泽”等均为古人名。
③知叶勒布：为古地名，具体地名待考证。
④额部落：为“彝族六祖”先祖的部落。
⑤能部落：为“彝族六祖”先祖的部落。
⑥成兹：为古地名，具体地名待考证。
⑦上段摘自吉克良良收藏的经书，作者将其与其他资料一起整理而成。
⑧格神：与下面的“菲神”合称为生育神。

祭呀分，
敬呀喝，
昔日你等年轻强盛时。
身强力壮英俊又潇洒。
俊美的容貌，
犹如索玛花艳丽；
慈祥的面容，
恰似空中的满月；
相貌与眼角眉梢呢，
犹如寺庙佛像之俊俏，
眼珠犹如辰星之明亮；
颈项脖子呢，
脖颈修又长；
健康身材呢，
健壮挺拔犹如杉木直；
四肢修长呢，
挺直而灵活。
所寻之衣物，
选中犹如彩虹艳面料。
穿衣打扮呢，
齐整又漂亮。
为人处世之心胸呀，
犹如浩瀚海洋之宽阔，
道德品行呀，
犹如月光光明磊落。
宴请酋长在下方，
宴请贤臣在上方，
宴请神毕在中间。
姻也增名誉，
姻也笑盈盈；
亲也增名声，
亲也乐陶陶。
家宴诸贵客，
日夜宰牛羊。

祭呀分，
敬呀喝，
你那洪亮的声音，
犹如空中鹤雁唳，
你那清脆悦耳的声音，
犹如深山布谷鸟鸣叫，
英勇犹如草原之猎豹，
手脚灵活犹如黑狐狸。
昔日你那手臂强壮时，
上坡单手犁耕牛，
驾驭黄色花头牛；
年轻手臂强壮时，
骑着骏马山坡奔，
驰骋烈马纵横腾；
手臂强壮有技时，
常与摔跤能手比，
从未输给对手方；
年富力强的时候，
镇住仇人在他处，
抗御敌人在敌方。

祭呀分，
敬呀喝，
上方已故的先祖，
你那到晚年的时候，
阳春头痛昏昏沉沉，
盛夏肤痛冷冷热热，
金秋肉痛酸酸楚楚，
寒冬心痛呻呻吟吟[1]。
起先以为是伤风，
荞叶熏三次，
是否有好转？
还是没好转；

① 指久病不愈。

然后以为是得伤风，
用猪匝[①]三次，
猪匝痊愈否？
猪匝未痊愈；
过后以为是感冒，
用鸡匝[②]三次，
鸡匝痊愈否？
鸡匝未痊愈；
过后以为是重感冒，
火把匝三次[③]，
火把祭愈否？
火把未祭愈。
过后以为野兽能治愈，
野兽药物呀，
吃了森林之熊胆，
是否有药效？
没有见药效；
再后以为牛羊能治疗，
使用牛羊是，
家里黄牛占卜来祭祀，
治病有效否？
治病仍无效，
已用绵羊山羊来祭，
多次用尽猪鸡来祭，
祛病有效否？
祛病无效果。
彝祭又汉医，
医书典籍中，
典籍秘方对，
配药又熬药，

喝了有效否？
喝了也无效，
彝祭汉医均请遍，
一日治三次，
二日治六次，
三日治九次，
治愈了没有？
终没有治愈。
治也谢世了，
没治也谢世。
救治终无效，
寿终命已尽。
祛秽已无效，
最终命归西，
身死于阳间，
气断于阴界，
亡魂去祖界。

祭呀分，
敬呀喝，
你昔日健康时，
不慎望天空，
不幸遇邪神，
尔格[④]邪撞死；
不慎眨眼看星星，
被锃亮的星神撞死；
不慎伸腿踩地时，
不幸遇到地邪神，
特比邪神套住死；
不慎出气索命魔戮死，
命尽死期到。

①虽然是“用猪匝”，但只是用猪在病人的身上匝三转后放回去，而不牺牲。
②用来匝的鸡只是在病人的身上匝三转后放回去，而不牺牲。
③表示用火把来驱逐作祟于病人的病魔。

④尔格：全称为“尔格特比”（[illegible]），是魔怪领域中的食人魔之一，其居住方位随时间的变化而有规律地变化。现彝历法中通常所说的“德克”（[illegible]）就是指“尔格特比”居住的方位。

你呀明日那以后，
焚尸之日烈火烟升空，
翻盖葬地[1]只留炭烟雾。
尸骨化成炭，
尸肉化成灰，
烧肺成黄土，
焚肝成黑土，
断气成清风矣。
灵魂飞向那蓝天，
亡灵人间游荡窜，
忠实亡灵守坟茔，
今后亡灵教导到祖界。

祭呀分，
敬呀喝，
上方已故的祖妣们，
死者莫忌讳，
病者莫愤怒，
现将叙述死亡之缘由，
死亡之缘由是：
远古的时候，
源自勒布[2]之下方，
勒布坎下处，
勒布两子已死去，
不治身亡是，
源自勒布之坎上，
勒布之坎上，
白发老人也会死，
黑发青年也会死，
襁褓婴儿也会死，
幼稚孩童也会死，
所有生物都有老病死。

世间所有生物种，
是否有无病无死者？
没有无病无死者。
世间无病无亡者，
路旁多年生野草，
可到冬天干枯死，
春天又生出嫩苗，
这也算是老死矣。
世间不老不死者，
有天空日月一对，
白天唯有一太阳，
白天那太阳啊，
日夜规律地更替，
这也算是死了矣。
夜间唯有一月亮，
夜间的月亮啊，
月亮朔望规律地更替，
这也算是死了矣。
不老又不年轻者，
唯有汉区的塑像，
塑像老了就变色，
时有倒塌损毁的，
这也算是死了矣。
彻夜不停啼鸣者，
有那杜鹃红嘴鸟，
杜鹃那红嘴鸟呀，
秋冬停啼春夏鸣，
这也算是死了呀。

上方已故的祖妣们，
死者莫忌讳，
病者莫愤怒，
是否有无病无死的物种？
没有无病无死的物种。

①翻盖葬地：指遗体焚烧完后整理好焚尸场地。
②勒布：指彝族远古先祖部落名，具体地名待考证。

老树内腐逐渐死，
石块风化碎裂死，
江河老了就干枯，
悬崖老了就裂痕，
道路老了也垮边，
这也算是老死矣。
百种植物呢，
冷杉头枯死，
铁杉从根烂，
蕨箕枯萎死，
草茎折断死。
青冈老了根腐死，
筇竹老了断节死。
万千野兽呢，
虎豹衰老死；
万千植物呢，
枯萎腐烂亡。

世间的万物，
是否有无病亡者？
没有无病死亡者。
马老颊毛脱则死，
牛老坚角脱则死，
老狗犬齿落则死，
猪老肚毛脱则死。
人老两鬓白后死。
不老不死的是，
阿伙柳艺那江河，
阿伙柳艺江河啊，
冬季那三月，
河沟无水流，
这也算死亡。

已故的祖妣们，
死者莫忌讳，
病者莫愤怒，
世间此地方，
是否有无病亡者？
没有无病死亡者。
禽类神雕最勇猛，
禽类神雕也会死，
蹄类大象最高大，
蹄类大象也会死，
人类皇帝最神威，
人间帝王也会死，
彝地酋长也会死。
汉区官员也会死，
彝地德古也会死，
祭祖毕摩也会死。
世间的人类，
出生于世间，
死亡于阴间，
世间人类终归冥。
死者莫忌讳，
病者莫愤怒，
世间大地上，
伟勒[1]之子孙，
一代换一代，
永恒的规律。

祭呀分，
敬呀喝，
已故先祖先妣们，
死者莫忌讳，
病者莫愤怒，
死后变什么你主否？

---

① 伟勒：彝族远古部落名。

[illegible]，如是你能做主，
[illegible]，你要变成空中对鹤雁，
[illegible]，今晚叫你引你到，
[illegible]，天空云雾中飞翔，
[illegible]，降呀降你魂，
[illegible]。来呀来你魂。
[illegible]？你是不是孬种？
[illegible]，如果是孬种，
[illegible]，没有留住人丁兴旺神，
[illegible]，没有留住六畜繁殖神，
[illegible]，没有留住五谷丰登神，
[illegible]？你是不是好汉？
[illegible]，如要是好汉，
[illegible]，赐予人丁兴旺神，
[illegible]，赐予六畜繁殖神，
[illegible]，赐予五谷丰登神，
[illegible]，赐予格菲生育神，
[illegible]。赐予健康长寿神。
[illegible]，空中那对鹤雁呀，
[illegible]，你在高空飞翔时，
[illegible]，你前面的子孙们，
[illegible]，伸手拽回家，
[illegible]；一定拽回家；
[illegible]，跟随你后的宗族们，
[illegible]，伸腿踢回家，
[illegible]；一定踢回家；
[illegible]，跟随你旁的亲朋们，
[illegible]，跟随你旁的姻亲们，
[illegible]，张开翅膀用力击回家，
[illegible]，一定用力击回家，
[illegible]，越界张开披毡向后击[1]，
[illegible]，阴阳分界路段处，
[illegible]，建筑三层荆棘之栅栏，
[illegible]。死亡缘由就此告一段。[2]

2.《献水经》

水是彝族极为崇拜的自然物之一，毕摩文化认为，水是人类赖以生存的大地母亲（地球）的血液。水是生命之源，没有水就没有生命，从生命在水中形成的那时起，水在生命体生长、发育、繁殖过程中所起的作用就没有发生过改变。水是形成生命必不可少的物质，人也不例外，婴儿含水量占体重的80%左右，成年人也达50%以上。同时，水在人体内参与各项生命活动，排出体内有害毒素，维持人体新陈代谢，等等。水是人类机体赖以维持最基本生命活动的物质，与我们的身体健康息息相关，其作用与功能是不可替代的。

从古到今，彝族先民始终敬畏水、崇拜水。水是一个永恒的话题，水文化始终贯穿彝族习俗的方方面面。举行各种类型的毕摩仪式时都需要水，一般中型以上的仪式需要一碗水作为净手水。有些仪式对水的质量要求极高，如祭祀毕摩护佑神灵的“毕洛”（[illegible]）仪式所需的净手水必须是高山原野无污染的湖泊水或泉水。举行仪式时，首先要用半碗水放入烫石来进行祛秽；结婚时，新郎家派出的迎亲人员到新娘家门口时，早已等候在路上的姑娘们要向前来迎亲者泼水，将代表主人家血液的珍贵的净水泼向客人，以此表示“血液相连”，从此结为亲家。彝族也将水作为自己的发祥地名，彝族发源于金沙江上游云南昭通一带，称金沙江为“诺依”（[illegible]），意为黑水；称云南为“依诺”（[illegible]），现四川凉山州的美姑县、雷波县，乐

① 指将跟随亡灵的活者灵魂击回家，杜绝他们跟随死者到祖界。下面的“建筑三层荆棘之栅栏”也是为了杜绝活者灵魂跟随死者到祖界。

② 以上经文作者以马边吉克拉者毕摩收藏的经书为主，辅以吉克良良的经书，再参考其他经书文献整理而成。

山市的马边县、峨边县及金河口区等彝族聚居区被称为“依诺”地区。

根据《献水经》及其他有关资料记载，距今3800多年前，彝族先民世代居住的西南地区乃至整个中国曾经发生过极端的旱灾。井干、河涸、湖底生尘，野无青草，饥民“咽糖粃，咽树皮，咽草束、豆萁”，大多数人最终难免一死。曾经遭遇大旱而幸存的彝族后裔始终不忘初心，除了备好足够自己饮用的水外，还不忘给死者备好足够的饮用水。于是，无论男女老少、因何种原因死亡，一定会在死者遗体旁放一盆清洁的饮用水。在去往祖界的路上，亡灵不管口渴与否，都要在“彝族六祖”分支地“玛洛依曲”（[illegible]）的泉水旁边休息片刻，并喝一口泉水后再继续上路，到“额木普沽”（[illegible]）与祖先团聚。

毕摩逝世后，分魂仪式中要念诵《献水经》，该经的主要内容是叙述寻水的缘由，以及旱灾寻水、求水、祭水、献水等过程。现将《献水经》摘录如下。

彝文	汉译
[illegible]，	水呀水，
[illegible]，	所有生命的根源，
[illegible]，	人类也源于雪水，
[illegible]。	世间万物源于水。
[illegible]，	水的来源是，
[illegible]，	远古的时候，
[illegible]，	日出六太阳[①]，
[illegible]，	夜出七月亮的时候，
[illegible]，	山林全晒干，
[illegible]，	山顶光秃秃，
[illegible]，	树木全晒枯，
[illegible]，	茶树杉木枯，
[illegible]，	只剩耐寒的矮树，
[illegible]，	河水全干涸，
[illegible]，	沼泽全晒裂，
[illegible]。	只剩大湖海。
[illegible]，	耐寒的矮树呀，
[illegible]，	依靠湖海水生长，
[illegible]，	湖海的水源呀，
[illegible]。	耐寒树来围护。
[illegible]，	悬崖墙壁晒裂坍，
[illegible]，	只剩蜂窝大悬岩，
[illegible]，	草类被晒干，
[illegible]，	只剩白叶草，
[illegible]，	草本植物呢，
[illegible]，	只剩一株野葱草，
[illegible]，	谷类植物呀，
[illegible]，	只剩一棵谷粒种，
[illegible]，	六畜牲畜呀，
[illegible]，	只剩一只花脚猫，
[illegible]，	野生动物呀，
[illegible]。	只剩一只灰白獐子。
[illegible]，	世间那人间，
[illegible]，	著名酋长呀，
[illegible]，	兹敏阿吉铸金无淬水，
[illegible]，	著名贤臣呀，
[illegible]，	莫克迪哲铸银无淬水，
[illegible]，	著名工匠呀，
[illegible]，	阿尔阿迪铸铁无淬水，
[illegible]，	苏尼拉茨俄就呀，
[illegible]，	无水煮熟牺牲肉，
[illegible]，	毕摩昊毕实楚呀，
[illegible]，	无水沏茶来祭献，
[illegible]，	山上放牧者呀，
[illegible]，	牲畜口渴无水饮，
[illegible]，	山下耕耘者呀，

① 六太阳：与下面的“七月亮”均不是指具体数量，此处用以说明远古时曾发生过长时间的极端干旱。

无水饮用来耕耘，
蛇类口渴伸长舌，
蛙类口渴张开嘴。

如此那以后，
世上那人间，
酋长骑白马，
手持那宝剑，
贤臣骑花马，
工匠骑黑马，
毕摩骑白马，
手持那宝剑，
世间的上方，
祈祷降雨水，
寻找救命水。

寻找又寻找，
来到云雾缠绕山，
抽出宝剑砍云雾，
砍出雨水否？
雨水没砍出，
云雾缠绕处，
只闻鹤雁在哀唳；
来到乌云高空中，
抽出宝剑砍乌云，
砍出雨水否？
雨水没砍出，
乌云高空下，
只闻大雕在哀鸣。
如此那以后，
来到黑茨茨乌①地，
抽剑乱砍黑茨茨乌地，
砍出雨水否？
雨水未砍出，
黑茨茨乌方，
只闻野鸡叫。
如此那以后，
来到昆明滇池畔，
滇池水源山麓处，
抽出宝剑砍水源，
砍出水来否？
砍出水源来，
滇池水源山麓方，
藏有神奇的灵物，
藏有滇池那大湖，
湖首一对鹤雁主，
湖腰一对神蛙主，
湖尾一对神龙主。
湖上鹤雁唳，
湖中神蛙叫，
湖底神龙闪。
鹤雁飞翔起白云，
神龙翻身下暴雨。
苍天左侧日暴晒，
九个太阳②皆消失；
苍天右侧月光照，
八个月亮皆消失；
苍天中间星闪烁，
无数星辰皆消失。
降呀世间降雨水，
流呀河水流不断，
世间江河哗哗奔不息。

美丽的世间，

①黑茨茨乌：为古地名，是“彝族六祖”中糯部落兴盛时居住的地方，具体位置待考证。

②九个太阳：与下面的“八个月亮”均不是指具体数量，而是形容天气炎热，说明极端干旱的异常气候。

何谓水之父？
昊天水之父，
何谓水之母？
大地水之母，
什么储藏水？
湖海储藏水。

世间这地方，
高山云雾水，
沟壑细雨水，
森林石板水，
索玛树根水，
杉柏根储水，
竹根储藏水，
凤尾蕨储水，
蕨草嫩叶水，
磐石花纹水[①]。

美好那世间，
草原起大风，
吹风到原野，
高山起云雾，
云雾升天空，
天空下起雨，
下雨到大地，
大地生草苗，
草苗长成草，
草叶起水珠，
十个水珠聚，
积满一个牛蹄印，
十个牛蹄印水聚，
积成一个小水坑，
十个小水坑水聚积，
汇成一条路面水，
十条路面水汇聚，
积成一片沼泽水；
十个沼泽水相聚，
汇成一条小溪河，
十条小溪水汇聚，
汇成一条山沟水，
十条山沟小相聚，
汇成一条高山河，
十条高山河相聚，
汇成一大河；
十条大河水相聚，
汇成一条江；
十条江河水相聚，
汇成一大江，
十条大江聚，
汇成一片湖，
十片湖水聚，
汇成一大海，
自此不缺水。
浩瀚的大海，
推也推不走，
拽也拽不来，[②]
转到罗尼银惹[③]汇。
罗尼银惹方，
水被石吸收，
石也吸水红，
河水消何处？
消于罗尼银惹红石礁。
大江洪水流入罗尼银惹止，
中等河水流入俄尔苏姑[④]湖，

①指磐石下面储藏的水。

②形容大海平静，力量无穷。

③罗尼银惹：为彝译古地名，意为红色巨石中的小河，疑指长江三峡之瞿塘峡的夔门。

④俄尔苏姑：为湖泊之名，在四川省越西县境内。

[illegible] 下等河水流入哈拉小湖[1]中，
[illegible] 上等清水呀，
[illegible] 汇聚玛洛液曲泉水。

[illegible] 玛洛液曲泉水呀，
[illegible] 喝水头不晕，
[illegible] 高山杉树水，
[illegible] 治愈猴瘟病，
[illegible] 杉柏根储水，
[illegible] 治愈口蹄疫，
[illegible] 杜鹃树根水，
[illegible] 治愈肝肺病，
[illegible] 竹根储藏水，
[illegible] 治愈肠胃病，
[illegible] 凤尾蕨根水，
[illegible] 治愈皮肤病，
[illegible] 蕨草嫩叶水，
[illegible] 治愈手脚疮。
[illegible] 阳春三月河水滔滔不绝流，
[illegible] 盛夏三月洪水湍湍速急流，
[illegible] 金秋三月呀，
[illegible] 河水清澈向南流。
[illegible] 玛洛泉水方，
[illegible] 泉水叮咚响，
[illegible] 泉水潺潺流。
[illegible] 首先先祖舀出一碗水，
[illegible] 喝了泉水恢复焚毁体。
[illegible] 已逝的先祖：
[illegible] 泉水能恢复亡灵体，
[illegible] 泉水能恢复焚毁骨，
[illegible] 泉水能恢复焚毁肉，
[illegible] 泉水能恢复焚毁肺，
[illegible] 泉水能恢复焚毁肝。
[illegible] 已故的亡灵，
[illegible] 请饮玛洛液曲神泉水，
[illegible] 你等祖妣曾饮此泉水，
[illegible] 你等兄弟曾饮此泉水，
[illegible] 你等宗亲曾饮此泉水，
[illegible] 你等姻亲曾饮此泉水，
[illegible] 你等亲友曾饮此泉水。
[illegible] 今日你到玛洛液曲时，
[illegible] 渴了也要饮足泉水走，
[illegible] 不渴也要饮足泉水去。
[illegible] 玛洛液曲神泉水呀，
[illegible] 乃是死者专饮的水，
[illegible] 不是活者所饮水，
[illegible] 乃是归祖亡灵专用水，
[illegible] 并非活者灵魂饮用水。
[illegible] 已故的亡灵：
[illegible] 都是母亲的儿子，
[illegible] 祖界水尊贵，
[illegible] 世间江河水无数，
[illegible] 祖界只有死池塘，
[illegible] 不饮定干渴。
[illegible] 喝足神水后，
[illegible] 亡灵活魂要分离，
[illegible] 考妣亡灵迅速向前行，
[illegible] 活者灵魂快速返回家。
[illegible] 泉水喝足进入祖界后，
[illegible] 跟随已故宗族居阴间，
[illegible] 跟随已故家门住阴间，
[illegible] 清水缘由念诵就这样。[2]

3.《护送亡灵经》（《[illegible]》）

“护送亡灵”是亲朋好友携带武器护送亡灵

① 哈拉小湖：汉语称为马湖，在四川省雷波县马湖镇境内。

② 选自马边吉克良良毕摩收藏的经书，作者将其与其他彝文典籍综合整理而成。

到阴间的仪式过程，彝语称为“普使普啥”（[illegible]）。该仪式在出殡之日凌晨公鸡首次鸣叫时举行。举行“护送亡灵”仪式时，首先念诵《分魂简经》和《献水经》，最后念诵《护送亡灵经》。每念完一段经文，辅祭毕摩就用马勺子不断地在水盆中做舀水的动作，表示让亡灵饮足喝够。《护送亡灵经》的内容摘录如下。

[illegible]，　已故的先祖[1]，
[illegible]，　如今死者活者分，
[illegible]，　死者跟随你，
[illegible]；　活者分回家；
[illegible]，　魔签魂草分，
[illegible]，　魔签你拿走，
[illegible]；　魂草要留下；
[illegible]，　黑物白物分，
[illegible]，　黑物你拿走，
[illegible]；　白物要留下；
[illegible]，　白布黑布分，
[illegible]，　黑布你拿走，
[illegible]；　白布要留下；
[illegible]，　白蛋黑蛋分，
[illegible]，　黑蛋你拿走，
[illegible]。　白蛋要留下。
[illegible]，　美好人世间，
[illegible]，　毕主双方获得生育神，
[illegible]，　在美好世间繁荣昌盛，
[illegible]。　祖妣亡魂永世居祖界。
[illegible]，　分开活魂亡灵就此述，
[illegible]，　念诵已告终，
[illegible]，　天神地祇助威就这样，
[illegible]。　护佑神灵暂时回家吧。[2]

① 此时要念出死者的真实姓名。

（二）念诵《分魂哀哭经》

《分魂哀哭经》（《[illegible]》）的主要内容是讲述毕摩将逝者的亡灵呼唤分离出来后，请已故者亲戚与当地有名望的人教导护送到祖界，与祖先团聚，庇佑子孙，莫要变幻。

该经文也由两个毕摩一起念诵，毕摩在遗体右侧坐着念诵，因是照着经书念诵，所以无论毕摩的知识水平如何都要进行跳跃式念诵。《分魂哀哭经》有多个版本，常见的有《椎牛经》（《[illegible]》）和《献水孔雀经》（《[illegible]》）两种。

第七节　报晓祭牲

祭牲陪葬历史悠久，主要目的是保证亡灵在冥界能享福。数千年来，彝族人去世时均有宰杀牛羊等牺牲来敬献死者的习俗，以此作为陪葬，特别是老年人去世时更讲究宰杀牲畜。一来作为祭品，祭祀死者；二来用来招待前来奔丧吊唁的亲朋好友。所宰杀的牺牲主要有牛、羊等草食牲畜，宰杀的牛羊等牲畜彝语称为“杜莫”（[illegible]）。彝族先民认为，自己的祖先主要居住在高山草原，靠放牧为生，牛羊不仅是食物，也是商品，可用于换取所需衣物等生活用品，人死后在冥界也需要这些作为食物和商品，否则亡灵会四处漂泊、到处乞讨，甚至漂泊于人间，作祟于子孙、亲戚。所以，丧家及其亲戚都要各自准备诸

② 以上经文作者以马边吉克拉者毕摩收藏的经书为主，辅以马边吉克良良毕摩的经书整理而成。

多牲畜献祭死者，让死者带走“杜莫”的灵魂到阴间享用。

祭牲宰杀前要一一牵到逝者面前报晓，方能宰杀，这种报晓祭牲的过程称为“杜莫提”（ ）。如果祭牲是黄牛，就不必将黄牛牵到遗体旁，只需将拴牛鼻的绳子拿到逝者前来报晓便可，因牛的体积较大，将牛牵到屋里不方便；如果祭牲是绵羊或山羊，就需要牵到逝者前一一报晓。

首先，请一位报晓祭牲的资深人员（一般是一位当地毕摩）站在遗体旁边，助手拿着牵牛的绳子或牵着羊站在报晓者的旁边，主人递给报晓者一碗白酒，报晓者喝一大口酒含在口中，喷洒在遗体上面，开始念诵《报晓祭牲经》（《 》）。该经文前半部分主要叙述逝者的生平及其为人处世等，赞颂逝者成人后英俊潇洒、智勇双全，其内容与前面《分魂简经》中的“生死是自然规律”部分一样。后半部分主要叙述子孙寻找祭牲的艰辛，报晓祭牲的种类及性别，希望逝者将祭牲带到阴间饲养繁殖，过上幸福美满的生活。该经文的主要内容摘录如下。

……

远古的时候，
断气时没有寿衣就变幻[1]，
去世时没有陪畜就变幻，
亡灵没有上路粮就变幻。
今日获取鹫图牛羊[2]来陪，
寻畜呀找财，
寻畜来到鹫图那地方，
寻到一对牛与羊，
后面还有一对猪，
今日阿哲××畜[3]。
你的子孙××家[4]，
没有储藏多少财，
家里没有牲畜养，
寻找财物到深山，
深山沟壑处寻找，
深山沟壑没寻到；
寻财彝地那四方，
彝地四方没找到，
寻找财物到汉地，
汉地没有找到财。
寻找财物呀寻找，
此崖下坡找财物，
折毁三片脚指甲；
彼岸寻财攀悬崖，
折毁三根手指甲。
脚趾十弟兄，
踏遍青山寻钱财；
手指十弟兄，
翻遍竹林找钱物；
须发十弟兄，
钻遍云雾霜雪寻钱财，
昼里拨开草丛细寻找，
夜间打着火把细搜索，
不顾日晒与雨淋，
不畏严寒与酷暑，
依然没有寻到财，
寻找到鹫图地方时，
那里畜养牛羊猪三种。

① 变幻：是指逝者亡灵变成妖魔鬼怪。

② 鹫图牛羊：指牛羊驯养于云南昭通一带，此处是指毕摩叙述祭畜的起源。“鹫图”为古彝语，泛指云南昭通一带。

③ 说出祭畜的品种。

④ 念诵祭畜的主人名，并说明其与已故者的关系。

念诵到此时，报晓祭牲的毕摩说出祭牲的品种及性别。同时，帮手按下祭牲的头向遗体鞠三躬，然后将祭牲牵出门外，报晓者继续念诵。

[illegible]，报晓让你换衣物，
[illegible]，报晓让你换食物，
[illegible]，报晓让你去饲养，
[illegible]，报晓让你去发展，
[illegible]。报晓给你做陪畜。
[illegible]，请你携带到冥界，
[illegible]，经过阿嘎伙豁[1]，
[illegible]，阿嘎伙普地方时，
[illegible]，莫让路下抢畜者抢走，
[illegible]，莫让路上夺畜者夺去，
[illegible]，请你开辟道路向前走，
[illegible]。去后护佑世间你子孙。
[illegible]，世间你的子孙们，
[illegible]，祈格赐格神，
[illegible]，祈非赐非神，
[illegible]，祈寿头发白，
[illegible]，祈命赐寿命，
[illegible]，健康留后世，
[illegible]。平安赐后裔。
[illegible]，经过所经山峰上，
[illegible]，请用披毡向内扫[2]，
[illegible]，经过所过垭口处，
[illegible]。请用白刺向内做栅栏。

[illegible]，最后敬你这碗酒，
[illegible]，远古的时候，
[illegible]，白酒出自俄祖马尼方，
[illegible]。红酒出自笃穆伟勒家。
[illegible]，宗族和解酒，
[illegible]，姻亲定亲酒，
[illegible]，御敌宴兵酒，
[illegible]，今日祈求赐格酒，
[illegible]。祈求赐非酒。
[illegible]，饮酒奇效到头上，
[illegible]；联盟增智慧；
[illegible]，饮酒奇效到脚里，
[illegible]；脚长跑飞快；
[illegible]，饮酒奇效到腰部，
[illegible]，腰部生格神，
[illegible]，腰部产菲神，
[illegible]，繁衍上千命，
[illegible]。寿命长百岁。
[illegible]，健康赐子孙，
[illegible]。平安赐后代。[3]

念完《报晓祭牲经》后，报晓者将手里的白酒赐予丧家的众主人，众主人共同喝酒后向报晓者回敬一杯，整个报晓祭牲仪式就算完成了。

与此同时，对于寿终正寝的老人，彝族人认为是一种喜丧。彝族谚语有“老者该去则去，儿孙该乐则乐（[illegible]，[illegible]）”的说法，所以，在整个吊丧过程中，悲痛的丧礼与轻松的娱乐活动交叉举行，文艺、体育比赛接连不断，好比举行一场大型的民间文体表演。

按照传统，丧家的年轻后裔都盛装打扮，以男女两队整齐站在道路两旁，载歌载舞，迎接姻亲来奔丧。一般情况下，逝者出殡前一天中午举行摔跤比赛，下午举行赛马比赛等娱乐活动。

① 阿嘎伙豁：与下面的“阿嘎伙普”均为古地名，疑在云南昭通至大理一带，具体位置待考证。
② 披毡向内扫：与下面的“白刺向内做栅栏”均指防止活魂跟随亡灵而去。
③ 马边著名毕摩阿克木曲口述，作者记录、整理、翻译而成。

第八节　绕宅送灵

毕摩文化认为老人逝世后，原来的灵魂立即变成“三灵”，其中天魂（父魂）和地魂（母魂）分别飞向空中与地上，回归自然界，只有命魂忠实地守候在遗体旁边，待遗体火化后始终守候在火葬地。但有些亡灵在邪魔的唆使下不愿离开丧家，作祟亲戚，为了让逝者的亡灵忠实地守候葬地，等将来祭祖时引灵祭祀，送往祖界。为此，举行绕宅送灵仪式。绕宅送灵，彝语称为“措朗啥”（[illegible]）。一般情况下，只要是寿终正寝的老人都要举行该仪式，但其他的如婴儿夭折、没有子女的青年死亡及凶死等都不举行该仪式。

一、绕宅送灵（[illegible]）

出殡之日凌晨公鸡首次鸣叫时，丧家主人组织一支由丧家宗族中的男人组成的送灵队伍，一般为7～13人的单数，其中至少有1～3人是逝者的直系亲属。先从直系亲属中挑选出一位能说会道的作为指挥者，手持一把长刀或剑，走在队伍最前面，另一人从火塘里拿一根正在燃烧的木棒，跟在指挥者后面，其他人则手握木棒或刀剑跟随其后，整个队伍跟随指挥者从丧家出发。出发前，队伍先站在屋里，每人喝一口酒后再出发。队伍走出门后先在屋外按顺时针方向围绕房屋转圈，边转边挥舞刀剑，走在最前面的指挥者要边走边念逝者的谱系，念谱系时根据逝者是古恒或邛尼的后裔，要从“彝族六祖”古恒或邛尼开始念。如果逝者是男性，就要叙述其谱系直到逝者为止；如果逝者是女性，则不叙述其谱系，而是叙述逝者丈夫宗族的谱系，说明逝者是某某的妻子。若丈夫已故，则要叙述到丈夫为止；若丈夫还健在，只叙述到丈夫的父亲即可。叙完谱系后说“今天××××死了”（说出逝者的姓名），然后简要叙述逝者生平。最后说：“现我们带领你（逝者）到冥界，冥界有你的父母、亲戚，我们要带你到阴间与祖辈团聚，路上有许多强盗、小偷、妖魔鬼怪，请你莫怕，请你莫要轻易相信他人，我们护送你，请强盗小偷、妖魔鬼怪让路，请乞丐馋鬼让路。”随后毕摩念诵《护送亡魂经》，该经摘录如下。

[illegible]，　远古的时候，
[illegible]，　诸事兹兹普乌起，
[illegible]，　诸物兹兹普乌源，
[illegible]，　世间彝族之子孙，
[illegible]。　起源于兹兹普乌。
[illegible]，　白彝起源于南方，
[illegible]。　黑彝起源于北方。

[illegible]，　冥界那地方，
[illegible]，　你父在那里，
[illegible]，　英雄结黑亮，
[illegible]，　你母在那里，
[illegible]，　发辫黑粗长，
[illegible]，　你宗在那里，
[illegible]，　你族在那里，
[illegible]。　聚集一团团。
[illegible]，　冥界那地方，
[illegible]，　路下白彝毕摩排排站，
[illegible]，　莫听白彝毕摩的谎言，
[illegible]，　路上黑彝毕摩排排站，
[illegible]。　莫听黑彝毕摩的谎言。
[illegible]，　路下白彝毕摩请让路，
[illegible]，　路上黑彝毕摩请让路，
[illegible]，　中间无关人员请让路，
[illegible]，英雄死者如今要经过，

[illegible]，　祭畜干粮跟随要经过，
[illegible]，　簸箕用具跟随要经过，
[illegible]，　丝绸面料跟随经过此，
[illegible]，　带着铠甲跟随经过此，
[illegible]，　穿着披毡跟随经过此，
[illegible]，　莫被路下抢畜者夺走，
[illegible]，　莫被路上抢劫者夺走，
[illegible]。　莫被抢夺衣物者夺走。
[illegible]，　英雄死者要经过，
[illegible]，　要到冥界那地方，
[illegible]，　跟随先祖去，
[illegible]，　跟随先父去，
[illegible]，　英哦，
[illegible]！　英雄要经过！①

诵经完毕，队伍高声大喊："我们带着逝者××××来了，快让路，无关人员要让开，妖魔鬼怪要让开！吆——哦——喝！"这时跟在其后面的人员也一起大声地叫喊"吆——哦——喝！"与此同时，护送者要用木棒、刀剑不停地左右、上下挥动，以示用刀剑来砍杀魔鬼，接着燃放鞭炮，鞭炮声四起，火光冲天，以示鸣枪驱魔。护送队伍每转一圈到门口时，助手便给每位护送者敬一次酒，喝完酒又继续转圈，每次转到屋角时都要重复上述的吆喝及动作，直到转完三圈为止。转完三圈后，护送者在直系亲属的带领下进屋哭丧，哭丧内容大致如下。

[illegible]××××，　啊莫哦××××，
[illegible]，　你生在阳间，
[illegible]，　你嫁在阴间，
[illegible]，　跟着先祖走，
[illegible]，　跟着先父走，

① 马边著名毕摩阿克木曲口述，作者记录、整理及翻译而成。

[illegible]，　冥界寻祖父，
[illegible]，　冥界找父母，
[illegible]，　冥界找宗族，
[illegible]，　冥界找姻亲，
[illegible]，　冥界寻找亲朋好友，
[illegible]，　冥界寻找岩洞房，
[illegible]。　冥界寻找青苔衣。
……　……

二、《指路教导歌》（《[illegible]》）

护送者哭丧完毕后，其他亲朋好友便围坐在遗体周围继续哭丧，以哭丧的形式对逝者进行最后的告别，特别是逝者的子女要大声号哭，哭得撕心裂肺、泣不成声，因为这是与世上最疼爱自己的亲人的最后告别。哭丧的主要内容是安抚逝者，指明归祖路线，让其与先祖先妣相聚，护佑子孙。其中最具代表性的哭丧歌是《指路教导歌》②，其内容摘录如下。

[illegible]，　啊莫啊啊莫哦，
[illegible]，　啊莫儿子怎么办呀，
[illegible]，　父亲今天就起程了，
[illegible]，　真真切切地起程了，
[illegible]！　儿子怎么办呀！
[illegible]，　你谢世两三天来，
[illegible]，　两三日整夜晚，
[illegible]，　四方亲朋相聚吊丧，
[illegible]，　在家聚会名流人物，
[illegible]，　不吊丧就不甘心啊，
[illegible]。　没有不吊丧的道理。

② 《指路教导歌》除在遗体旁唱诵外，还可以由两个男人在丧家屋内一起坐着唱诵。四川凉山彝族老人去世时，有围坐在遗体周围唱诵丧歌的习惯，一般主客双方或多方以比赛的形式唱诵，主要赞颂故者在世时的丰功伟绩、死亡病魔的起源、生死是自然规律等内容。

谢世的老者，
送走起程已准备了。
世间没有不走的人，
蹄类动物是人类的财物，
需牺牲人类来决定；
灵长类是苍天的财物，
苍天随时招呼就得走。
你呀不必要悔恨，
你呀不必要烦恼。

谢世的老者，
正准备回归的后事，
如今该走时辰已到，
裙装也整齐，
裤装也得体，
备好行李背着了；
牵马上了鞍，
骏马嘶叫待出发。

谢世的老者呀，
强悍祖先的子孙，
名望父亲的儿子；
手抓骏马的缰绳，
脚蹬着马镫奔驰；
弓拉在手上，
手也厚实实地走；
箭搭在弦上，
弦也稳当当地走；
拔剑如织桩，
织桩布密密地走。

谢世的老者呀，
依依不舍地离去，
头饰头装戴好了，
青布头饰戴上了；
腰饰腰装挂好了，
披毡叠角一排排；
腿部装饰裹好了，
裤裙装饰整齐齐。

谢世的老者，
跟祖擀毡去，
坦坦荡荡地擀毡；
随母织布去，
认认真真地织布；
像风一样回去吧，
像顶梁一样站立去吧，
像锅庄一样静坐去吧。

谢世的老者，
心往远处想着走，
眼往远处盯着走，
缺了穿戴的衣物，
姐妹会为你缝制；
断了吃喝的路粮，
还有妻儿会送来；
若怕路上遇仇敌，
家支族人会帮助。

谢世的老者，
不得不走了，
看清路面走，
起程站立道路上；
梳头理顺身出发，
该要整装待发了，

骏马主人一起走[1]，

① 骑马的老人去世时，其平时骑的马也跟随而去，彝族称为“木子”。但是，该马不宰杀，而是出殡时牵着该马跟随抬着的遗体到野外火葬场，马在看到主人被熊熊火焰燃烧时高亢嘶叫，全身颤抖，躺在地上，四脚朝天，不断翻滚，表示对主人的去世感到悲哀，过后被赶至野外，不准再回家。按照传统，该马由死者大女儿牵走。

套辔拴鞍持缰待出发。

谢世的老者，
笑盈盈地起程吧，
从原来你家出发，
跨过金黄的门槛，
走到了院坝；
到了那院坝，
接你的前起程，
送你的后跟随。

从院坝处起身，
来到三条红色交叉路，
那三条红色交叉的路，
一条向上是六畜的路，
一条向下是五谷的道，
人间正道在中间，
千万人在看下路，
千百人在望上路。
你的道你看着走，
跟着你的朋友走。
起呀马边铁觉[1]起，
到达子博柱。
从子博柱起程，
到达罗博拉达。
从罗博拉达起，
到达吉罗果俄。
从吉罗果俄起，
到达吾莫依达。
从吾莫依达起，
到达博柱勒克。
从博柱勒克起，
到达舍特瓦嘎箭。
从舍特瓦嘎箭起，
到达左侧峨马普。
左侧峨马普起，
到右侧果博朵。
右侧果博朵起，
到达赤布尼。
从赤布尼起程，
到达勒克阿莫处。
从勒克阿莫起程，
到达寺惹扎曲处。
从寺惹扎曲起程，
到达都柱垭口[2]处。
从都柱垭口起程，
到达哈嘎摩罗[3]处。
从哈嘎摩罗起程，
到达达拉阿莫处。
从达拉阿莫起程，
到达拉古银达处。
从拉古银达起程，
到达果罗伟克处。
从果罗伟克起程，
到达干合兹威处。
干合兹威方，
兹威汇路处，
兹威汇路方，
上方住普铁[4]，
下方住普惹，
中间住马惹。
铠甲山崖排，

①铁觉：位于马边彝族自治县高卓营乡境内。以下从铁觉到都柱垭口等地名均在马边彝族自治县高卓营乡、永红乡境内，不一一注释。

②都柱垭口：位于马边彝族自治县与凉山州美姑县交界处，系大风顶山脉。

③哈嘎摩罗：位于美姑县龙头山山峰处。

④普铁：指居住在美姑县境内的古恒支系普铁三子后裔，有恩张、水普、嘎、吉峨、乌坡等黑彝家支。

脚盾鱼獭闪，
矛头群星闪，
抽矛相互杀，
拉弩相互射，
拔剑相互砍，
拾石相互砸。
谢世的你呀，
岔口怕有敌，
压住敌人走，
路下仇敌藏，
镇住敌人去。
兹威汇路起，
阿中[1]分路处，
阿中崖上，
阿中崖下，
阿中崖下起，
走到利木美姑。
利木美姑那地方。
远古的时候，
古恒邛尼分路处。
古恒马秣饲，
邛尼马饮水，
放马在砍下，
坎下一片黑，
卸鞍置砍上，
坎上一片黑，
脱辔放墙上，
墙上红彤彤。
祖辈在此分道扬镳，
父辈在此分道扬镳。
现今古恒邛尼合路处，
你也在此汇路向前走吧。
路头住敌人，
防御敌人袭，
路尾住仇人，
驱逐仇人击。

从利木美姑起身，
通过了木尼先威[2]。
木尼先威那地方，
神灵铠甲生产处。
远古的时候，
糯与恒两家，
为争不该争之事，
只为阿笃铠甲争，
鲜血淋满地，
死尸堆成山。

从木尼先威起，
过了木尼巴体；
从木尼巴体起身，
到达了木尼惹吉；
木尼惹吉那地方，
蝉鸣犹如人呼喊，
蛤蟆犹如狼嚎叫，
你走你路程，
它鸣它的叫，
你走你的路。

从木尼惹吉起身，
来到中间尔吉尕步[3]。
在这中间洛吉渡口处，
在那远古的时候，
阿哲家族抵抗了九年，

① 阿中：位于美姑县大桥乡境内。

② 木尼先威：位于凉山州金阳县境内。下面的"木尼巴体""木尼惹吉"均在金阳县境内。

③尔吉尕步：古时有名的渡口，位于雷波县卡哈洛乡境内金沙江畔渡口处。古代彝族古恒、邛尼两部落由此渡过金沙江，向凉山寻找放牧地。

乌撒家族抵抗了九月[①]，
奥木[②]直走通的时候，
上方渡口是巴克[③]，
下方渡口是亚泽，
中间渡口是洛吉。

中间洛吉渡口这地方，
昔日你父和别人在此渡，
你父先前渡过河，
现你和别人争先渡，
你得起先渡过河；
远古你祖渡此河，
你父穿过这里河，
现你也渡过这条河。

从中间洛吉渡口起，
到达玛洛液曲方。
玛洛液曲那地方，
德布卸马鞍，
德施马歇处；
古恒喂马粮，
邛尼马饮水，
你祖曾经在此歇息喝，
你父曾经在此歇息喝；
你呀渴了要喝一口，
不渴也要喝一口再起程。

从玛洛液曲处起身，
到达兹兹撒银处；
从兹兹撒银起身，
到达兹兹拿剑处；
从兹兹拿剑起身，
到达兹兹普乌处。
兹兹普乌那地方，
世间兹兹那里苦，
兹兹彝人发祥地，
我祖发祥于这里，
你父也发祥于此。

从兹兹普乌起身，
到达额木普沽[④]方。
额木普沽那地方，
有新旧的房屋，
旧房是祖父的，
新建房是你的；
屋内装饰一排排，
旧的就是祖父的，
新的就是给你的；
屋内有新旧家具，
旧的是祖父的，
新的就是给你的。

额木普沽那地方，
额木居住的土司，
头戴礼帽乌云滚，
带兵管理所辖地；
额木所居的贤臣，
各方诉说案情源，
根据案情判公正；
额木居住的毕摩，
神扇翩翩如鹰飞，
祭祖祈福送亡灵。

①指彝族“阿哲”“乌撒”等部落联盟同清王朝一起围剿平西王吴三桂的反清叛乱。
②奥木：古恒系后裔之土司，主要管辖乌蒙山一带。
③巴克渡口在金阳县码口河乡境内。下面的“亚泽”“洛吉”渡口在雷波县瓦岗乡境内。

④额木普沽：祖界或冥界，是亡灵的最终归宿地。

额木生活的小伙们，
裤脚同泥踩多英俊；
这里生活的姑娘们，
百褶裙着地多美丽；
这里生活的老爷爷们，
穿着青黑披毡层层叠，
头顶所留英雄结弯长；
这里生活的老奶奶们，
灰黑褶裙层叠多慈善，
颈部穿戴金牌银饰美。

额木普沽那个地方呀，
高山放牧成群的牛羊，
织擀无数著名的披毡；
坪坝广袤土地上耕种，
五谷丰收尽情地享受；
吃穿玩乐享不尽，
人人羡慕的福地，
人人向往的神地。

逝去的老者，
行程要看清，
路程要问好，
要走你的路，
要行你的程，
路头不寻仇，
路尾不找敌。

路边长有诸刺树，
请你莫要砍刺树，
刺也不要刺钩你；
路上长有诸毒草，
请你莫要碰毒草，
毒草也莫要害你；
你走你归的路，
看清你走的路。

路边巢马蜂窝，
你也别动马蜂，
马蜂也别蛰你；
路边拴有白狗，
你也别惹白狗，
狗也别咬住你，
你手里持骨肉，
应把肉抛给狗。

史木额哈[1]那地方，
会有三条路可走，
有白黑黄三条路。
别走那条黑道路，
黑路乃是魔怪路；
别走那条黄道路，
黄路乃是鬼怪路；
白路是光明的大道，
是祖父走过之道路，
你祖曾走这条路，
你父曾走这条路，
你也该走这条路。

通往西边是黄路，
黄路前方有黄屋，
黄屋前方流黄水，
黄水前方有黄树，
黄树上方栖黄猴；
黄屋屋檐黄狗吠，
黄狗前方黄鸡鸣。
使用黄色锅碗瓢盆，

① 史木额哈：远古地名，指远古彝族先民“额”部落居住的地方，现泛指世间上方神灵居住的地方。

食用黄色粮食与水，
这里乃是邪祟鬼怪神；
以前鬼怪神灵作祟你，
最好三年莫与鬼交往，
至少三月不和怪交往。

通往北边是黑路，
黑路前方有黑屋，
黑屋前方有黑水，
黑水前方有黑树，
黑树上方栖黑猴。
黑屋屋檐黑狗吠，
黑狗前方黑鸡鸣。
使用黑色锅碗瓢盆，
饮食黑色粮谷水，
这里乃是妖魔鬼怪。
以前妖魔鬼怪作祟你，
最好三年不和怪交往，
至少三月不和魔交往。

通往东边是白路，
白路前是白屋，
白屋前有白水，
白水前有白树，
白树上方栖白猴；
白屋屋檐白狗吠，
白狗前有白鸡鸣；
使用白色锅碗瓢盆，
饮食白粮与白水，
这里才是你祖地，
这里乃是你父地。
你祖扎根居这里，
你父扎根住这里。

谢世的老者，
额木普沽那地方，
大门有九道，
边开边前行，
九条白狗守，
边驯狗边前行，
手持九根骨头，
掷给九条白狗，
拿着九个饭团，
驯喂九条白狗。

首先第一道门，
竹木制作的大门，
悬挂竹木制作锁，
请你边开边前行，
走你自己开的门，
别走他人开的门，
左手开大门，
右手关好门。

第二道阻拦门，
是铜铁制的门，
铁铜锁锁住，
开启铁铜门，
铜铁门把锁，
边开边前行，
你走自己开的门，
别走他人开的门，
左手开大门，
右手关好门。

再后这把门呢，
是金银铸造之门，
挂的是金锁银锁。
打开金银门，
开启铁铜锁，

边开边前行，
走你自己开的门，
别走他人开的门，
左手开启身前门，
右手关好身后门。

额木普沽那地方，
上面那一级，
瓦房一排排，
别进瓦房屋；
院坝无狗吠，
路边无鸡鸣，
非你祖的屋，
非你父的屋。

下方那一级，
篾笆房屋白茫茫，
别进篾笆屋。
单层篾笆做房顶，
单层竹囤做墙壁，
白昼阳光射入屋，
夜晚观看星星闪。
上方无牧场，
下方没庄稼，
非你祖的屋，
非你父的屋。

中间那一级，
木板房屋一排排，
大房带小屋。
房屋下方白马嘶，
房屋上方白牛哞，
院坝里面白狗吠，
路边白鸡在鸣叫。
你父大气又豪义，
你母美丽又大方，
你的父亲居这里，
你的母亲住这里。

谢世的老者，
若是真的有亡灵，
你去以后呢，
苍天藏有死神病魔的地方，
都要关闭那扇门；
上天凶神邪怪出现的地方，
都要锁上铁把锁；
上天冤案下放的地方，
使用荆棘挡住那要道。

若是真的有亡灵，
世间还有你子孙，
世间还有你宗族，
世间尚有你亲戚，
世间尚有你姻亲。
子孙送你前去的，
请你伸手推回来；
宗族你后护送的，
伸脚往后蹬回来。

倘若真有亡灵魂，
吊唁追悼你之时，
开路送别你之时，
别带走儿女之灵魂，
别带走众孙的魂魄。
要是带走儿孙的魂，
养儿不能接宗族，
养女不能连姻亲，
大河渊源水尾将断流，
苍天大树腐朽无生枝。

吊唁推磨粮食做饭时，
莫要带走五谷之灵魂，
莫要带走杂粮之灵魂。
倘若带走五谷杂粮魂，
你的子子孙孙在世间，
怕会饥寒交迫地度日，
怕饿了寻找充饥粮苦，
怕冷了赊欠衣物之苦。

吊丧宰杀牛羊献祭时，
莫要带走家畜魂，
倘若带走家畜魂，
世间你的子孙们，
就怕成为贫困潦倒户；
就怕六畜神灵转他乡，
就怕福祉俸禄转他乡。

谢世的老者，
跟随你祖居，
跟随你父住，
世间你的子孙们，
送是要送你，
护送你上路，
但不随你前行。

世间你的宗族们，
世间你的姻亲们，
世间你的亲戚们，
世间你的好友们，
送是要送你，
护送你上路，
但不跟你同去。

果峨勒箭[1]那地方，
解案德古坐无数，
戴着斗笠一排排。
死者争着往前拉，
生者争着往后拽，
别人争了别人赢之地，
自己争了自己赢之地。

转来快速转回来，
死者生者要分开，
死者继续往前行，
生者快速转回家。
白布黑布要分开，
黑布赠送死者往前行，
白布活者招魂到回家；
白蛋黑蛋要分开，
黑蛋赠送死者往前行，
白蛋生者招魂到回家。

转来呀快速转回来，
魔签和魂草要分开，
魔签赠予死者往前行，
灵草生者招魂回家来；
白马和黑马要分开，
黑马赠予死者往前行，
白马生者招魂到回家，
分了快速分道扬镳行，
招集活魂快速奔回家。

谢世的老者，
你走以后呢，
即使他乡刮狂风，

①果峨勒箭：古地名，有的经书里面写作“果峨勒勒”，意为山脉的垭口，彝族先民认为那是阴阳交界处。

家乡莫要刮狂风；
即使他乡下阵雨，
家乡莫要下阵雨，
吉祥留下世人间，
平安赐予你子孙。

祖父走了后，
祖要变成银，
银锭亮堂堂，
父要变成金，
金条亮晶晶。
长辈走了后，
子孙屋满堂，
老树倒了后，
新树茂密盛，
黄竹变老后，
竹笋排排生，
岩石垮塌后，
小石一排排，
江河干枯后，
清泉流无数。
你的子孙们，
胸膛以下呢，
身躯犹如熊健壮，
胸膛上面的嘴呀，
口齿犹如云雀伶，
胸膛之中呢，
辩词犹如开水之潮涌，
口齿利嘴呢，
犹如狂风暴雨之魄力。
该走的应离开，
勤劳家世出富人，
富人放牧牛羊群，
好学世家出学者，
学者知识藏博渊。
智慧世家出智者，
智者成为名德古。
祖父狩猎的场所，
子孙叫一声，
祖父征战场，
子孙吼一声，
祖父议事场，
子孙献酒坛，
祖父的故居，
子孙树青烟，
吉祥留后世，
平安留后代。[①]

综上所述，毕摩的一生是充实的一生，是传承、弘扬传统文化的一生。毕摩遵循一名彝族人的自然规律，即度过纯真烂漫，无忧无虑的儿童时代，走过青春叛逆、金色年华的年轻时代，步入婚姻殿堂，成家立业，生儿育女，肩负起一名父亲的责任和担当。为了将来能成为一名合格的毕摩，在青少年时期就要付出比普通彝族孩子更多的时间和精力，那就是学习和钻研毕摩文化，最终成为一名满腹经纶、心地善良、宽厚仁慈，受人尊敬和爱戴的大毕摩。

由于毕摩原生宗教仪式均在仪式主人家里举行，因此仪式场所具有移动性。无论路途多么遥远，天气如何恶劣，他们跋山涉水，日晒雨淋，穿梭于不同的仪式主人家。因此，毕摩的一生是奔波忙碌的一生，是为民服务的一生。

毕摩不仅是民族宗教学家，也是教育学家。毕摩进入中年以后，除了主持仪式外，还有教授民族文化、教导后人的义务，特别是进入老年以后，这种心情更加迫切，将自己所知的毕摩文化

① 作者在四川的美姑县、雷波县、马边县等地民间搜集、整理而成。

无私地传授给自己的子孙及前来学习的学徒们，这正是毕摩文化源源不断的血脉之根。

一位学识渊博、满腹经纶的毕摩，从出生到逝世，对于自然界来说，只是转瞬即逝，犹如白驹过隙。但是，他却指出了彝族人从何处来，今后要往何处去的道路，教导我们“莫走右方黑色路，黑路乃是邪祟路；莫走左方黄色路，黄路乃是魔怪路；要走中间白色路，白路乃是祖先路。”这就是毕摩的一生！

后记

《毕摩原生文化系列研究（3卷）》终于问世了，值得高兴与感谢！

毕摩原生文化是彝族文化的核心，是彝族原生文化的活态文化，承载着彝族历史的变迁与发展。可以这样说，毕摩原生文化史是一部活态的彝族传统文化发展史，对彝族的传统思想与民俗活动发展具有不可替代的作用。

当今世界，科技发展日新月异，人类社会进入信息化时代，全球经济一体化不断加强，人们生活水平越来越高，与此同时，不同民族间的文化交流与融合现象日益明显，在文化交流的过程中，毕摩原生文化及其古籍文献濒临消失。

我是世袭毕摩吉克惹史的后裔，毕摩宗师阿苏拉者的直系后裔，自幼便受毕摩原生文化的熏陶，遗传了毕摩的基因，身体里流淌着毕摩的血液。因此，我将充分利用所学的毕摩文化与现代汉学文化来保护、传承及弘扬毕摩原生文化，并以此作为一生的追求，以让彝族传统文化永远流传并辐射到世界各地为己任。为此，趁部分学识渊博、满腹经纶的老毕摩们尚在世，我抓紧时间搜集、整理、翻译种类繁多的古籍文献，让“死”文献变成“活”文化，也以此为契机实现自己的梦想。一是保护、传承和弘扬古老而优秀的彝族传统文化，二是为相关学者及彝学爱好者进一步研究彝学及毕摩原生文化提供第一手资料，三是为民间毕摩（徒）们提供系统的学习毕摩文化的教材和参考资料。

为了实现自己的梦想，我走访了大量民间毕摩，搜集、整理和翻译了大量彝文古籍文献，拍摄、搜集了大量照片。以一个毕摩的一生为线索，整理了毕摩一生中关键节点的民俗及传统仪式，并以此为依据有目的地搜集了相关毕摩古籍文献和口诵文献，并将其整理、翻译成汉文，诠释经文内容，解析仪式背景及其意义，最后将这些素材按照仪式程序顺序编写成书。然而，只靠两位作者撰写这样的系列丛书谈何容易。

首先，搜集古籍文献资料难。由于历史的原因，从古到今，四川凉山彝族没有一本完整且统一的以仪式个案为中心的毕摩文化经典，毕摩们都是按照自己的师傅所传授的知识和经验来完成仪式，形成了“经文有不同，插神枝各异”的现状。因此，为了使书中涉及的仪式程序及其经文内容原始、真实、完整、丰富，我不仅在四川马边县周边搜集古籍文献资料，而且多次跋山涉水来到凉山腹地龙头山（阶依硕罗）周围的美姑、昭觉、雷波等地搜集文献资料，拜访著名毕摩，住在毕摩家里，与他们同吃同住，全程跟随毕摩观摩仪式现场，并就相关仪式程

序及其背景意义与毕摩们进行讨论、分析，就经文中不明确之处请教著名毕摩。然后将搜集到的古籍文献及口诵文献资料逐一分类，把十几种同一标题而版本各异的经书放在一起，进行比对、分析，最后筛选出内容较原始、完整的经书，并以此为蓝本，以其他经书为补充，整理出了本系列丛书相关经文（词）的大纲和框架。

其次，是翻译难。按照毕摩传统要求，初学毕摩原生文化的毕徒只需背诵口诵文献内容和熟读古籍文献、谙熟仪式程序即可，不需理解经文内容及其仪式背景。因此，学徒们对经书内容“知其然而不知其所以然”，这是毕摩们对毕摩原生文化理解的共同特点。而毕摩经书是用古彝文撰写的古籍文献，大部分编写于明清之前，文字佶屈聱牙、艰涩难懂，难以理解和翻译。有时一句难解的经文（词）需要查阅很多资料、请教多位毕摩，甚至要专门到凉山美姑等地请教著名毕摩，需要几天甚至半个月时间才能译成。

最后，是时间不足。作为一名公安民警，我的主要职责是警务工作，侦破案件，工作繁忙，时间紧迫。对我来说，写作只是业余爱好，只能利用业余时间来完成，因此完成本套丛书对我来讲是极其巨大的工程。

功夫不负有心人。经过6年的不懈努力，初稿终于成形。但正式出版成书又成了一大难题。在我为出版之事焦急万分之时，有幸认识了电子科技大学出版社原社长郭蜀燕，她阅读初稿后同意帮忙出版，这无疑是雪中送炭，她是一位非常热爱民族传统文化的学者。2015年冬季，她亲自带领出版社编辑等相关人员到马边专门观看大型彝族祭祖仪式活动，通过现场观摩、拍摄仪式活动，进行田野调研，加深了对毕摩原生文化的了解。为了出版该书，她查阅了大量文献资料，积极争取省、国家出版基金项目，并获得成功。她还对全部书稿的整体结构和框架提出了很多、很好的设想和建议，并将该书定名为《毕摩原生文化系列研究（3卷）》，从而使我的写作思路更清晰，逻辑更严密，中心更突出，最终得以顺利成书，她是我撰写本套丛书的坚强后盾。在此，对她的付出、帮助及支持表示由衷的感谢！

在撰写该套丛书过程中，我曾多次请教中央民族大学曲木铁西教授，他对该套丛书的整体结构、相关术语的规范等提出了专业意见和建议，并给了我很多具体的指导。同时，在我诚挚邀请下，曲木铁西教授在百忙之中抽出时间为该套丛书作序，并对该书的出版价值给予了充分的肯定。在此，对曲木铁西教授表示衷心的感谢！

同时，感谢电子科技大学出版社郭蜀燕、卢莉等编辑，是他们逐字逐句、一遍又一遍地对书稿进行审阅、修改、打磨，才使这套丛书最终得以顺利出版，在此表

丧葬礼仪是人类社会文明发展到一定时期的结果，也是一个民族文化成熟的标志。彝族丧葬礼仪是彝族几千年历史文化积淀的结晶，是毕摩文化的重要组成部分和具体表现。彝族民间有很多关于丧葬礼仪起源的传说，这些传说在细节上往往有不同之处，且都没有讲清楚丧葬礼仪起源的时间。尽管如此，这些传说的基本意思是一致的，即认为人类的葬礼不是人类直接发明的，而是人类从猴子埋葬同类的行为中受到启发后才逐渐形成并不断发展起来的。相传，很久之前，一个名叫“后生”的彝族年轻人到野外的山上采集食物，突然看见一群猴子抬着一个很重的包裹浩浩荡荡地上山去，途中还伴有哭笑声，既严肃又轻松，热闹非凡。年轻后生越看越觉得奇怪，想探个究竟，但又怕被猴群发现，就回村告诉村里人。大家手持木棒、石头等武器冲上山去，赶跑了猴群，打开包裹一看，原来是一具猴尸。从此，人们改变了过去那种活人分割享用遗体的恶习，开始模仿猴子将遗体以不同方式安葬，葬礼由此兴起。

四川大小凉山地区彝族丧葬礼仪庄严、隆重，村寨有人去世会牵动四方亲朋友邻，无论相识与否，他们都会带酒送粑，前来吊唁，帮助丧家宰牛杀羊，料理后事。远方的亲戚闻讯赶来，同行前来者无数。特别是举行葬礼当天上午，除了原来在场的所有亲朋好友外，村寨方圆十里内的死者好友都会赶到丧家，送死者最后一程，少则几十人，多则上百人，场面蔚为壮观。

彝族葬礼既古老、传统、朴素，又复杂、独特。葬礼规格视死者的年龄、家庭条件、亲戚网络关系的不同而不同。整个丧葬礼仪都由安葬和安灵两部分组成。安葬是对死者遗体的悼念和处置；安灵是对死者亡灵的祭祀与安置，是整个葬礼的延续与终结。

第一节　葬礼的种类

彝族葬礼是彝族先民在历史发展过程中根据所居住的自然环境和所信仰的毕摩原生文化而逐步形成的一种礼仪习俗。随着人类文明的不断发展，彝族的葬礼文化不断成熟规范。

考古资料表明，人类的丧葬观在旧石器时代随着人类灵魂观的产生而形成，人们对死者遗体的处理越来越慎重、庄严，于是出现了丧葬礼仪。我国山顶洞人将遗骸围以赤铁，并有贝壳之类的殡葬品，可以说是原始的埋葬形式。后来随着新石器的出现，社会生产力相应提高，氏族制度形成并不断巩固和发展，于是人们对死者遗体的处理方式也有了一定的改变，相继产生了野葬、火葬、土葬等习俗。

“彝族六祖”以前，彝族人居住分散，居住环境差异较大，有的住在低山坪坝，有的住在高山森林；有的以放牧为生，有的以农业为生，或者农牧兼有。因地理环境的差异，其文化上也有差异，丧葬习俗文化也存在差异，即彝族历史上的丧葬习俗是多种多样的，如《物始纪略》《彝族创世志》等文献中有彝族武僰氏三支分别实行岩葬、水葬、林葬的记载。彝族历史上的丧葬习俗经历了以下几个阶段。

一、野葬

野葬又称为“树葬”，是指将人的遗体弃于野外树林之中，任鸟、兽、虫将其蚕食的一种古老的丧葬仪俗。彝族历史上曾实行过这种丧葬仪俗。

彝文文献创世史诗《尼苏夺节》中记载：竖眼这一代，虽知父知母，但良心丧尽；世上无孝顺，父死不安葬，母死没有坟，尸首抛入林，尸骨放路旁，任随老鹰叨，任随猎狗啃。

还有一个传说，彝族先祖勒格孟获的妻子死后，孟获让人用帛绸裹尸，葬在青松树的树丫上。人们围在青松树下唱歌跳舞，悼念这位美丽而贤惠的女人。杨智勇等主编的《生葬志》中说，彝族的野葬风俗可能是从这个时候开始的。

今滇南自称“尼苏颇”的彝族支系，将刚出生不久就夭折的婴儿也进行野葬。村中若有人家的婴儿夭折，须折一枝黄泡刺悬挂于自家门口表示辟邪。婴儿一旦夭折，由其父母用衣服、布料或席子等随意包裹，其父于夜深人静时将其送出村外，送到人迹罕至的地方，选择一棵合适的大树，把婴儿遗体放在树丫、树杈处，任其腐烂。

二、岩葬

岩葬是将人的遗体放入岩洞任其干枯或腐烂的一种葬法。岩葬也属于野葬，但比野葬高级和人性化。彝族历史上曾实行过岩葬，现四川凉山彝族举行祭祖送灵仪式时，经过复杂的仪式程序，最后将所有灵牌一起送入箐洞中存放，便有远古彝族岩葬习俗的痕迹。

彝族是实行“二次葬礼”的复合型葬礼[①]的民族。即先将遗体按照本民族的风俗习惯进行第一次安葬，一段时间后再把遗体、骸骨或骨灰取出，转移到另一个地方并用不同的方式进行第二次安葬。“二次葬礼”简称“二次葬”。从古至今，彝族传统习俗是先将遗体进行火葬，经过一段时间后举行祭祖送灵仪式，毕摩在被祭祖妣的火葬地引出亡灵附在竹根上，制成灵牌，经过复杂的仪式后送往岩洞中集体安葬，才算真正完成了安葬的全过程。整个安葬过程是从火葬到岩葬的总和，即为“二次葬”，这似乎是“二次葬”之缘说。

远古时候，彝族先民不会盖房子，在岩洞居住了几万年，死后也葬在岩洞里。随着社会生产力的不断发展和提高，人们有了房屋居住，于是人们将经过层层净化的灵牌替代遗体送往宗族箐洞，让死者的亡灵与祖先团聚。这不能不说是岩葬的嬗变，即“二次葬”实由岩葬演变而来。

四川凉山彝族创世史诗《勒俄特依》中记录了古恒、邛尼部落迁徙途中，其母亲不幸去世，人们商议怎么安葬的故事。长子主张岩葬，次子主张水葬，老三建议火葬。三个儿子各自坚持自己的意见，互不相让，各自的毕摩也各为其主，争执不下。后经商议，长子断其头葬于岩洞，实为岩葬；次子断其身葬于江中，实为水葬；老三断其四肢焚于山坡，即为火葬。

三、石棺葬

石棺葬又称“石板墓葬”或“石墓葬”。彝文文献《尼苏夺节》云：天神策格兹[②]，传命发洪水，淹死竖眼人，万物都淹没，剩下父死装石棺、母亡盖石板的孝子笃慕一人……这一代是横眼人，横眼人不但知母知父，而且认真孝敬父母，父死有石棺，母死盖石板。[③]说明笃慕的先祖辈的葬礼实行的是石棺葬。

① 复合型葬礼：指安葬遗体时实行两种或两种以上安葬方式的葬俗。

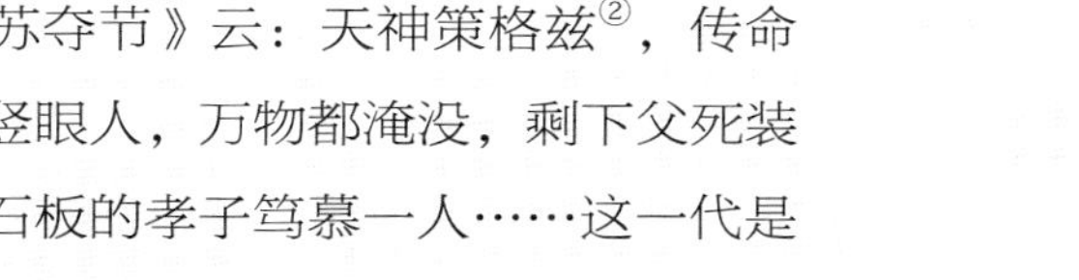

②策格兹：也有译作“额天古兹”。

③孔昀、李保庆，《尼苏夺节》，云南民族出版社，1985年。

四、火葬

火葬是将遗体烧成骨灰后放在骨灰瓮里进行埋葬或撒向空中、竹林或水中的葬礼。火葬又分为室内火葬和室外火葬两种。室内火葬是指将遗体运到专门的火葬场焚烧火化；室外火葬又称“野外火葬”，是指将遗体运到野外临时选择的地点用柴火进行焚烧火化。彝族盛行室外火葬。

贵州奢香夫人之墓　立克达曲 / 摄

现四川大小凉山的彝族实行火葬，人死后停放2～3日，举行吊唁后择日出殡。届时，将遗体抬到野外焚烧，骨灰就地埋葬或撒到竹林中，不建坟墓，也没有扫墓的习俗，火葬地当年就可以种植谷物或树木。

彝文叙事长诗《力芝与索布》对火葬习俗也有描述：焚尸坑上堆满柴，四方站着焚尸人，只见柴堆冒青烟，不见柴堆起火焰。冲天大火起，烈火熊熊烧，一对好夫妻，同坑来焚尸。衣物变成灰，尸骨也化烬。

毕摩文化认为，彝族先民发现并使用了火，火为远古的人类带来了极大的便利。人们用火照明，用火赶走猛兽，用火来烧害虫，用火来烧肉，火使人类文明步步升华。彝族人崇拜火，在漫长的岁月中，逐渐形成了世界上唯一崇拜火的节日——火把节。彝族人认为火是护佑神的化身，彝族人生在火塘边，死时从火中过，当遗体在熊熊烈火中燃烧时，其灵魂随青烟升天化为吉禄[①]，护佑子孙。

闻一多先生认为火葬的意义是灵魂因乘火上天而得到永生。[②]毕摩文化认为火葬是亡灵通往天界时必须经过的仪式，通过火化的灵魂是神圣的。火葬是彝族人心目中最神圣的葬礼类型，亡灵在熊熊的烈火中得以永生，得到子孙的无限崇拜。其实，火葬是彝族先民信仰毕摩原生文化的具体践行之一。

五、土葬

彝族土葬始于祭天派毕摩代表昊毕实楚（又称“吐实楚”）。彝文文献《殡葬始纪》记载：吐实楚之母，死了用土葬，吐实楚兴起；生时靠火，死后埋土。严冬凛冽，也不觉寒冷……殡葬的道理，有的用土葬，吐实楚兴起。可见，彝族土葬的兴起，年代久远。

彝族土葬是滇、黔、桂等地在明、清禁止火葬后实行的丧葬仪俗。因彝族火葬对于中原封建王朝来说是离经叛道的行为，许多朝代颁布了禁止火葬的法令。如《明太祖实录》卷五十三云：近世扭于胡俗，死者或以火焚之，而投其骨于水，孝子慈孙于心何忍，伤风败俗莫此为甚。顾

---

①吉禄：指护佑神，是家宅神的统称，它能逢凶化吉、驱邪避灾，且能在关键时刻护佑主人，具有神奇的力量。

②孙党伯、袁謇正，《闻一多全集》第三卷，第1305页，湖北人民出版社，1993年。

炎武《日知录》卷十五载：以焚尸为惨虐之极，无复人道。“凡有人丧，以火焚之”是“实灭人伦，有乖丧礼”。

清道光年间，任贵州大定知府的黄宅中在《谕民二十条》中规定：夷民恶俗，有焚骸火葬之事，屡经前府出示严禁，如敢再犯，从重治罪。但受到彝族传统势力的强烈抵制。直到嘉靖（1522年）时，明王朝再次革除火葬习俗，仿汉法，兴木棺或石棺葬，对违反者实行“杖一百”或“杖一百流三千里”，甚至处以斩首示众的刑罚，才使得火葬之风逐渐衰落。在“改土归流”中，由于滇、黔、桂地区的彝族地方政权逐渐丧失和瓦解，流官们严格遵守上级命令——严厉禁止火葬，滇、黔、桂地区的大部分彝族才逐渐改火葬为棺木土葬，并沿袭到今。

六、水葬

水葬是用毡子或布料裹住遗体，或将遗体放入木桶中密封好后放入河流中任其漂走的丧葬习俗。近代以来，凉山彝族除了特殊人群死亡后使用水葬外，已不再使用该葬俗了。水葬是彝族的一种古老葬俗，彝文文献《尼苏夺节》一书中记载：……父死不安葬，尸骨抛入林，任随老鹰叼，任随豺狼啃；母死不发丧，尸骨丢河里，顺水来漂沉，任鱼来抢吞。

近现代彝族还有两种特殊的情况使用水葬。一种是滇南自称“尼苏颇”的彝族支系实行的水葬，一般用于夫妇难以得子，其胎儿不是早产就是死胎，或刚出生数日就夭折。胎儿遗体不必包殓，随便用一张席子包裹，趁夜深人静时送出村外，抛于幽深莫测的大河漩涡或大瀑布中任其漂走；另一种是四川大小凉山对部分死于恶性传染病（如麻风病）者实行水葬，现在随着医疗条件的改善，无人再染麻风病，因此四川大小凉山地区几乎不再采用水葬习俗。

第二节　普通葬礼

彝族人根据人死亡时的年龄和死亡原因，将死亡分为特殊死亡和一般死亡两种。将未满2周岁的婴儿夭折和患传染性疾病（如麻风病）死亡的称为特殊死亡，其余的死亡（包括凶死）称为一般死亡。特殊死亡者实行特殊葬礼，一般死亡者举行普通葬礼。普通葬礼一般为火葬，特殊葬礼有土葬、水葬和火葬。

普通葬礼又称为“一般葬礼”，四川凉山彝族的一般葬礼普遍实行火葬。彝谚道：彝族人从火旁来，到火中去。彝族人一生都依偎着火度日，生不离火，死也不离火。明末清初，彝族全民盛行火葬，今滇、川大小凉山仍盛行火葬，他们认为不火葬，死者的亡灵就不能升天，更不能到达祖界，不能与历代祖妣亡灵团聚。火葬使亡灵得以升华，因此有人称彝族为“火的民族”。

一、火葬的源流

彝族实行火葬的历史久远，据嘉靖《贵州通志》载，当地彝人“焚于野，掷散其骸骨”。

然而，古彝族因支系繁多，分布甚广，所处的自然环境也相差很大，丧葬习俗在各地甚至各个支系也不尽相同，从丧葬形式到葬礼的隆重程度都有明显的地方差异和支系特点。古时曾实行过火葬、土葬、野葬或林葬、岩葬等多种葬俗，后来受毕摩文化的影响，特别是“彝族六祖”分支后，各地彝族的葬礼逐渐统一为火葬。

明清时期，中央王朝推行“改土归流”，强行改变彝族的传统风俗习惯，彝族社会普遍盛行的传统火葬习俗首当其冲。滇、黔、桂的彝族聚居区，按中央王朝的制度要求已改为棺木土葬，

只有四川大小凉山地区有幸保留了火葬习俗，迄今仍沿袭这一习俗。

火葬习俗历史悠久，始兴于远古时期祭地派毕摩代表提毕乍姆。

彝族历史上，慕弥王朝时期有十大毕摩，其中最著名的是祭天派代表昊毕实楚和祭地派代表提毕乍姆，两者被尊称为两大毕摩鼻祖。提毕乍姆又称“提乍姆”，是祭地派的毕摩代表，尚黑，崇水，兴火葬，是“彝族六祖”中的恒、糯、布、默四子（即凉山彝族所称的古恒、邛尼、德布、德施部落）尚黑文化的始祖，是兴火葬的代表。

彝族火葬文化历史源远流长，内容丰富多彩、辉煌灿烂，至今永葆青春。以火葬为代表的彝族丧葬文化是毕摩原生文化的重要组成部分，也是彝族古代文明的重要组成部分。四川大小凉山地区是全国最大的彝族聚居地，也是传承彝族原生文化最完整的地方，至今仍保留着古老、朴素而独具特色的火葬习俗。

二、火葬仪式

火葬是四川大小凉山彝族普遍实行的葬礼，不修坟墓，不占地，原始、古朴、科学。

火葬是毕摩原生文化的产物，人们就地取材，便捷高效，满足了物质文化和精神文化需求。火葬可以在极短的时间内杀死各种病毒与细菌，有效地防止因遗体腐烂或传染病可能带来的各种疾病，且不污染环境，更重要的是能节约大量的资源。首先，不需要制作昂贵的棺材，只需要做一副简陋的临时担架便可，避免了消耗大量的森林资源和财力；其次，火葬时，只需要两个人用担架抬着遗体到野外葬地便可，节约人力、财力；因为是在野外火葬，不需要支付昂贵的火葬费用及骨灰盒费用，大大节省了人力、财力；最后，在人口不断增长、土地资源不断减少的今天，“一寸土地一寸金”，土地资源极为珍贵，火葬因是在野外举行，结束后立即将骨灰就地埋葬或撒到竹林中，火葬地当年或隔年就可以种植谷物或树木等，不需要专门占用土地，更不需建墓扫墓，节省了大量的土地资源，也给后人减轻了负担，可以说是死者直接为子孙后代创造的福祉。

老人逝世，遗体一般停放3天。主人请毕摩测算出殡日，出殡日期是根据辞世者的生肖、命宫、死亡日期，查阅经书后推算而定，辞世者的命宫是根据辞世者出生日的星座方位而定。一般马日、虎日、猴日、狗日、龙日、鼠日出殡为宜，禁忌猪日出殡。

出殡日凌晨，当公鸡首次鸣叫时，亲朋好友几人或十几人一组在遗体旁轮流哭丧，天亮后，由死者子女组成一组进行哭丧，以此告别遗体，送走老人。同时，组织出殡的亲友邻居安排好照料人、砍伐葬树、指定火葬地、平地基、架柴楼、制尸架、固魂、招魂、抬遗体、遗体火化、祭奠宴等事宜。

（一）照料人

照料人，即火化遗体之人，彝语称为“撮博社”，为委婉语，意为照料遗体的人，彝族禁忌直说火化遗体之类话语。火化遗体由专人负责，过去一般是社会地位较低的中年男性担任，现在技术熟练者便可担任。照料人一般由7～11个单数人员组成，指定其中1人为主持照料人，此人不能是死者同宗族的亲戚；如果死者是女性，那么照料人也不能是与其丈夫同一宗族的人。对照料有较高要求，不仅要求其火葬技术熟练，而且还要心地善良、责任心强，否则不能胜任。

一般情况下，各村寨都有一名专职照料人，按照彝族传统习俗，无论给谁家焚烧遗体，照料人都不能收取报酬。

（二）砍伐葬树

出殡当日天亮后，需砍一棵葬树，名叫“陪

伴死者之树”，彝语称为“撮秦寺”，就是用来焚烧遗体的树。

一位丧家人员带领一些帮手到自己家的地里用手指定一棵树，禁忌指错或多指，否则认为还会死人。选定“撮秦寺”有一定要求，一定要选一棵果树，彝语称为“哲独”，意思是能结果的树。因为果树易生长，每年都能开花结果，生长能力强，喻示后代犹如果树一样开花结果，子孙满堂。如果自家没有果树，可以砍千丈、桤木等树木来代替，禁砍别人家的树。

指定被砍的树木后，死者的一个近亲把一碗白酒倒在树根上，然后说：

[illegible]，　林木不再伐，
[illegible]，　乌鸦不再叫，
[illegible]。　人类不再死。

说完后，手持一把砍刀先在树上砍两三下，然后换其他的帮手来砍。树倒下的方向也是有讲究的，要倒在德布洛莫方向。砍倒该树后，先要在树桩表面倒点白酒，使树桩的截面清洁干净，无杂物，让天神地祇看到被砍的树桩，并告知他们丧家以后不再砍树了，喻示丧家从此不再死人，禁忌树桩上面覆盖树叶、泥土等杂物。[1]接着砍下树枝。

首先，从被砍倒树木的底部（根部）截取一截约2米长的圆木，这根圆木称为“树首”，彝语称为“寺柏”，用来支撑焚烧遗体的木柴（用法下面另述）；然后，根据需要再截取数根约2米长的圆木；最后，用砍下的树枝制作两根树杈棒，每根长约2.3米，彝语称为“撮秦寺杜见”，用来辅助遗体火化。

随后照料人全体先在丧家用竹竿点一把火，把砍下的树首、圆木、树杈棒，与一些干柴和一张篾席等一起运到火葬地附近，点火烧柴，等待遗体被送到火葬地。

（三）指定火葬地

火葬地是遗体被火化的地方，彝语称为“撮器伙”（[illegible]），是彝族人的归宿地（点），在这里，随着一缕青烟升空，其骨成灰，其肉成烬，又重归自然界。

因病死和凶死的死因不同，其火葬地的选择方向也各异。如果是凶死，火葬地要选在死者房屋的下方位置，或是沟边、凹地；如果是病死，特别是寿终正寝者，其火葬地要选在死者房屋的上方位置，最好是在山坡上，因为这样站得高看得远。

一般情况下，老人生前会指定自己的火葬地，或与儿孙商量选好火葬地。但是无论是不是已指定好，出殡当天早晨，死者的直系亲属都会与照料人一起来到火葬地现场，选定火葬地点。在选定火葬地点时，直系亲属必须心中有数，不能模棱两可，更不能走错方向，一定要精确指出所选地点。具体做法是：直系亲属到达火葬地后，右手持一根竹竿指向具体某处，表示此处就是火葬地，然后转身返回，不准回头看，直到回到丧家。

对于一些非正常死亡的人，如他杀、自杀或意外事故死亡等，不论是长者还是年轻人，其骨灰只能放在路下方的沟边，不垒石为坟，也不抛撒，而是任雨水将其冲走，以示永绝此类事件再发生。

（四）平地基

平地基是指在指定的火葬地搭建葬场。搭建葬场彝语称为“银德制”（[illegible]），意为平地基。彝族先民认为，人死后要回归自然界，火

[1] 按照彝族习俗，平时砍伐树木时务必要在树桩上放些泥土和树叶来遮盖树桩，以示不让天神地祇看到，怕惹怒天神而致人死亡。

葬地是人类回归自然界的场所，首先要平地基。

在指定的火葬地，一个帮手用刀尖在指定地点的周围顺时针画一个直径约2.4米的圆圈，另一个帮手则取一瓶白酒分给大家，每人喝一口后倒一点在画好的圈里，以示被圈处是死者回归自然界的地方。

助手先用锄头铲除圈定地面上的杂草及石块，再将地面平整成一小块平地；照料人用两根长约1米的木棍，分别插入地基上下方，上方代表头部，下方代表脚部；再搬来四块重约50斤的方石块，将石块摆放成长约1.6米，宽约0.3米的长方形，即石块以两根木棍连线为中线，呈长方形对称摆放在地基四方。

（五）架柴楼

柴楼是为火化遗体而搭建的柴堆。架柴楼时按“男九层女七层”的架法搭建。

彝文古籍《殡葬始纪》记载：合约布（古代专给善终人治丧的毕摩）主持，来到柴楼边。说到此柴楼，用十把斧子，砍五方大树，用来架柴楼，男的架九层，女的架七层。明火像白马，底火像青马，火花似花马。

主持照料人把“寺柏”（树首）劈成四根大小相近的木柴，每根木柴上用砍刀按照男砍九口、女砍七口的原则从下往上砍出刀痕；然后将四根木柴两两为一组，分别在长方形短边的两个石块中间交叉插入地下，两块石块作为两根木柴的支撑，木柴下端插入地下，表示树木上端和下端没有反向，预示不再死人。头、脚方向的两根木柴分别交叉成“X”形，然后开始在交叉处堆放木柴。底层堆放新鲜的果树圆木，以耐烧；上方堆放干柴，按“井”字形层层叠放。如为男性，则叠九层，每层堆放九根；如为女性，则叠七层，每层堆放七根。最后在干柴上面放一张篾席，放置遗体。地基、木柴及篾席自然形成一座“小屋”，这座“小屋”的修建方向与平时彝族修建房屋方向一样，也要遵循“背坡朝下，坐北朝南”的原则，即如果是在坡上修建，其方向是背坡朝下；如果是在平原上修建，则坐北朝南。彝族一般居住在高寒山区，火葬地一般选在山腰处，因此其地基也是背坡朝下，即火化时死者的头朝坡上方，脚朝坡下方。

架柴楼　李熊 / 摄

（六）制尸架

尸架，彝语称为“[illegible]”，是将遗体从丧家抬到野外火葬地进行火葬的木制担架。制作担架时，首先找两根直径约8厘米、长约2.5米的木棒，要求是：一要直，表示今后子孙或英俊潇洒、身材魁梧，或美丽漂亮、亭亭玉立；二以杉木为佳，因为杉木不仅挺直高大，树龄长达百年，而且繁衍能力强，可形成一片森林，预示

子孙犹如杉树身材挺直魁梧，人丁兴旺。然后取长约50厘米的竹子数根，如果死者是男性则要9根，女性则要7根，将两根杉树木棒间隔40厘米平行摆放，再把备好的9根或7根竹子垂直于两根木棒均匀地放在木棒中间，两端用白布捆扎在木棒上，禁忌用铁丝或其他绳子来捆扎，这样“[illegible]”便制作好了。

（七）固魂

毕摩原生文化认为，老人去世时，与死者岁位[①]相合的亲属的活魂可能跟随死者而去。如果活魂跟随死者而去，那么该亲属不久将辞世，因此出殡之日凌晨，丧家要专门请“岁硬人”[②]拉住与死者岁位相合的亲属，以防活魂跟随死者而去。

死者亲属包括死者的配偶、兄弟姐妹和子女，不包括死者的侄子和孙子辈亲属。与死者岁位相合又分两种：岁位相重和岁位相连。岁位相重是指死者去世时的岁位与其亲属的岁位处于同一方位，即为重叠的方位，彝语称为“库穹”（[illegible]），如死者与其亲属的岁位都处于东方或西南方向等；岁位相连是指死者去世时的岁位与其亲属的岁位处在对应相连的方位，对应相连的方位有四种，分别是东与西、南与北、西南与东北、西北与东南。如死者去世时的岁位在东方，其某位亲属的岁位在西方，或死者去世时的岁位在东北方，其某位亲属的岁位在西南方，那么该亲属就与死者岁位相连，彝语称为“库笃”（[illegible]）。

出殡前，亲戚告别遗体哭丧后举行固魂仪式。经毕摩测算出与死者岁位相重或相连的人，并各自找好自己的“岁硬人”，品尝完祭品后，与自己的“岁硬人”一起就座于内室。如果是死者的配偶、儿子及未出嫁的女儿，坐在内室上方；如果是已出嫁的女儿，坐在内室下方。固魂仪式视岁位相重或相连分两种不同程序进行。第一种，举行岁位相重固魂仪式。举行仪式时先备好头帕（“哦田”）或裹脚布（“系月”）（现在一般用一条宽约30厘米、长约2米的白布来代替）和一根羊毛制的腰带（禁忌用绳子），将白布或腰带的一端按照男左女右的原则拴在被固魂人的脚上，另一端则由“岁硬人”抓住，直到火化完毕，抬遗体者回到丧家后才能解除系布。第二种，举行岁位相连固魂仪式。毕摩原生文化认为岁位相连的亲属比岁位相重的亲属的活魂更容易跟随死者而去，因此，其仪式中除了完成第一种仪式程序外，还需单独用一根神杈来撑住岁位相连人的身体。具体做法是：先用鲜活的马桑树枝或樱桃树枝制作一个长约0.7米的树杈，该树杈分支处右侧用刀刮掉皮（以区别于照料遗体用的树杈），仪式中将树杈的杈头放在被固魂者的胸口处，底端撑在地上，以示挡住被固魂者。若是被固魂者是死者的配偶，除了上述程序外，抬遗体入架前还要把人带到内室隐蔽处藏起来，不准看到遗体被抬出，以免其灵魂随死者而去，直到举行完火葬仪式，抬遗体者回到丧家后才能解除系布及神杈。

因此，禁忌与死者岁位相重或相连的亲戚护送遗体到火葬地，否则其灵魂可能跟随死者而去。

（八）招魂

为了防止与死者岁位相重或相连的亲属灵魂

---

① 岁位：彝族先民认为人类居住的地（球）是方形的，为了指明方形地的各个位置，将地分为北、南、东、西、东北、东南、西北、西南八个方位。人和地都在不停地运动，人在这八个方位之中不停地旋转，其中，男女旋转方向不同，男性按顺时针方向旋转，女性按逆时针方向旋转，每旋转到一个方位要停留一年，停留一年的方位叫岁位。岁位的具体位置按照个人当年的具体年龄来推算。

② 岁硬人：指出生时属相年（本命年）在西北或东南方位的男性，彝族称为“克鲁尼迪豁系撮”。毕摩原生文化认为这两种属相年的人说话有力，做事果断，智勇双全，有很强的威慑力。另外，毕摩和德古不管其属相年如何，都是“岁硬人”。“岁硬人”不仅对人有威慑力，妖魔鬼怪也惧怕他。

随死者而去，在火化之前要请毕摩在遗体旁再次举行招回活人灵魂仪式，简称“招魂”，彝语称为“影库”（ꆹꉼ）。另外，几种岁位特殊的人去世时，也要举行专门的招魂仪式，岁位特殊的人有三种：第一种，岁位在东方或西方的老人，辞世时容易把勇士神和五谷魂带走，若不举行招魂仪式，其子孙后代将胆怯无勇，粮食九年歉收；第二种，岁位在正东方或正南方的老人，辞世时容易把生育魂带走，若不举行招回生育魂仪式，其子孙后代将衰落，甚至有绝嗣的可能；第三种，岁位在东北方或西南方的老人，辞世时容易把知识魂和六畜魂带走，若不举行招回知识魂和招回六畜魂仪式，其子孙后代将愚昧无知，牧业不兴。

出殡前，先把遗体下方铺垫的篾席放在尸架上，再将遗体连同下面垫的青色披毡一起以头朝前、脚向后的方向放在篾席上面，然后剪两张宽约3厘米、长约7米的白布盖住遗体，用“X”形绑法把遗体固定在尸架上。一切准备就绪后，在场的小伙们一起将遗体抬到丧家门外并放置在地上，此时数位毕摩每人手里拿一只黄色的招魂母鸡和一小撮魂草，并带上白色和染成黑色的熟鸡蛋，开始举行招魂仪式。仪式完成后将白色鸡蛋留给丧家主人，黑色鸡蛋放在死者寿衣里。

（九）抬遗体

招魂仪式完毕后，一位小伙子将七八根2米多长的干竹竿捆绑在一起，在丧家火塘中点燃，拿到门外开始点火引路。点火引路有两层含义：一是彝族崇拜火，使用火把表示隆重地护送死者归天；二是用火把在火葬地点火火化遗体。遗体先被抬到屋檐下，此时在场所有男性齐声吆喝，以示驱逐邪魔。随后将遗体抬往火葬地，抬遗体时，两人一起抬，一人在前，一人在后，举火把者在前面引路，一些人跟随送葬队伍沿途放鞭炮，直到把备好的鞭炮放完为止，以示赶走妖魔鬼怪。随着离火葬地越来越近，鞭炮放得越来越频繁，鞭炮声震耳欲聋。送葬过程中，10多个男女每人手拿一根短木棍在遗体上方不停地挥舞，一是防止鬼怪坐在遗体上，导致遗体变重，抬不走；二是防止鬼怪抢走寿衣或遗体。这样的护送一直进行到半路才停止。有的地方还专门组建“武装守护队”，一般是派10名以上的奇数年轻男性，着统一的传统服装，手持宝剑、大刀或木棒等，一边念诵一边护送，还要不停地跳具有打斗动作的护尸舞蹈。在抬遗体过程中，不能将遗体停放在路上，如果抬遗体者累了，可由另两人站着换抬，且要尽快把遗体抬到火葬地。亲朋好友可以一起护送遗体到半路，或者护送到火葬地后再返回。

在丧家门口举行招魂仪式　阿牛史日 / 摄

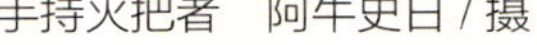
手持火把者　阿牛史日 / 摄

守护队在路上跳护尸舞　阿牛史日 / 摄

（十）遗体火化

遗体火化是将遗体抬到野外指定的火葬地火化成骨灰的过程。遗体火化时，首先要准备四把火，丧家、舅舅、外甥及亲戚各一把。彝文古籍《殡葬始纪》记载：架好了柴楼，个人点明火。舅舅一把火，外甥一把火，亲族一把火，家庭一把火。

建好火葬地，堆好柴垛后，还要在火葬地旁烧一堆火，以迎接从丧家点燃的火把。当遗体被抬到火葬地时，火化组把遗体连同尸架一起抬到已备好的柴垛上面，头朝坡上，脚朝坡下，然后把备好的篾席盖在遗体的上方。紧接着，主持照料人将从丧家带来的火把分成两把，分别斜放在遗体头部左右两侧，火把头朝向遗体头侧，尾部朝向遗体腰侧；火化组将在火葬地备好的两火把分别斜放在遗体脚的两侧，火把头朝向脚侧，尾部朝向遗体腰侧，四把火从四个方向同时将遗体边缘点燃。当青烟渐渐升起时，表明死者的魂魄已化为青烟飞向

四把火同时点燃遗体　李熊 / 摄

蓝天，一个彝族人的生命在火焰中得到升华。四周树林中的乌鸦大声地鸣叫，不一会儿，几只乌鸦飞向火化地上方吸取升起的烟雾，然后飞向远方。彝族民间认为乌鸦吸烟后飞的方向具有预兆性：乌鸦直接飞向南方或远离丧家方向，表示丧家今后不再死人，是吉兆；乌鸦吸烟后飞向丧家，表示丧家会再次发生丧事。因此，有的丧家会专门派数人在火葬地与丧家之间的路上，用吆喝或放鞭炮等方法驱赶乌鸦，防止乌鸦吸烟后飞向丧家方向。

火化遗体时，前来送行的亲朋好友和送葬队伍都要离开火葬地，回到丧家休息，饮酒聊天，安抚死者家属。而火化组全体成员则一起坐在离火葬地不远的地方，烧火取暖，无论遗体火化得如何，中途都不准观看，也不准助燃。然后，将当天宰杀的牛羊肉煮熟，并将牛羊的肩胛肉、肾、肝等敬献给主持照料人，主持照料人及其帮手吃过牛羊肉、荞粑后，才能去查看火化情况。彝族先民认为主持照料人只有吃饱饮足后才有精神，才能镇住邪魔，否则，其灵魂容易跟随邪魔而去。

《爨文刻·指路经》也记载了彝族火葬习俗：柴木架九层，谷其铺（男主人）九层，米呢蒙（女主人）七层。柴薪堆整齐，白脚亮晶晶，面容金煌煌，往火山而去。登时不要怕，鄂（古代部落名）的斋威高，莫（古代部落名）的斋荣大。四人四把火，四火如流星，四火烈熊熊……你不要惧怕，披羊皮白毡，白毡燃红了，肌肉也燃红……火山架莫偏，焚场鸦莫叫，死者升天去，启程上天处，设坛荐死者，世罪生前记，着手给祭荐……不知者有言，火山人失尽，知者来说呢，火山人变了。

当遗体快要火化完时，照料人就通知丧家派人来查看，丧家指派一位或数位男性直系亲属到现场查看，主要查看两个方面。一是验火葬口

亲属查看火葬情况　蒋兴林 / 摄

骨灰颜色。如果火葬口周边的骨灰呈红色或深红色，则为凶兆，预示不久后丧家或其亲属会发生不幸；如果火葬口周边的骨灰呈白色，则为吉兆，预示丧家或亲属将健康平安。二是检查遗体是否烧尽。待亲属确认遗体烧尽并无残留的骸骨后，照料人及其帮手将敲入地下的四根木柴拔出烧毁或扔向远方，禁忌留在火葬地，否则死者灵魂会变成鬼怪作祟于亲人。亲属确认无误后，根据死者家人的意愿分两种情况处理骨灰。第一种是将骨灰留于葬地，彝语称为“其合地”（[illegible]）。这种情况下，首先用锄头在葬地中央挖个小坑，把骨灰、炭灰埋入小坑中，再将挖出的泥土回填在上面，把撑起烧柴的四个石块堆放在土坑上面，以此作为死者的岩洞房屋，然后砍些带刺的树枝放在上面，防止牲畜践踏。丧家要始终守护好这块葬地，因为毕摩要在此

遗体火化葬地　将兴林 / 摄

撒下油菜籽的火化葬地　李熊 / 摄

处引灵制作灵签，守护任务直到为死者举行完祭祖送灵仪式为止。第二种是平地基。这种情况是骨灰不留在葬地。待亲属检查后，把骨灰收集在一个簸箕里，然后小心翼翼地装入麻布或白布口袋中。骨灰装好后又分两种情况进行处理：一种是丧家主人将骨灰放至人迹罕至的深山岩洞之中，待今后祭祖送灵时再将其取出引灵制作灵牌；另一种是当天将骨灰撒到附近的竹林中，以示今后子孙像竹林一样繁殖无数。在平地基方式中，收集处理骨灰后，用铁铧象征性地在葬地犁三圈后撒上荞麦种子或油菜籽，以示今后子孙犹如荞麦、油菜一样繁殖无数，至此整个火葬仪式完成。

（十一）祭奠宴

火化遗体时，除专门留下几个照料人外，其余的人全部下山，邻居开始着手准备祭奠宴。首先架上大铁锅，宰杀牛羊，将坨坨肉放入锅里煮熟，准备举行祭奠宴。煮好的坨坨肉先放在屋外晾置，再准备主食。主食有米饭、玉米或荞麦粑。坨坨肉和主食准备好后，帮手用背篓或盆子等来盛晾好的坨坨肉，由两个人抬着背篓或盆子，第三人按照每人一坨的原则进行分发；另外一些人分荞麦粑、端肉汤，无论大人小孩，也不分高低贵贱，在场的人每人一份。祭奠宴中最忌

祭奠宴露天坨坨肉和荞麦粑　阿牛史日 / 摄

讳有人多拿或没分到食物，没分到的必须主动向分发人索要。祭奠宴食物可以当场食用，也可以带走。煮出来的大块牛羊肉可直接蘸着盐、辣椒粉、花椒粉等佐料食用。

三、祛秽

火葬仪式结束后，为了祛除照料人在火化遗体时身上沾染的焦味和其他晦气，要举行祛秽仪式，彝语称为“库数”（[illegible]）。

首先，要对照料人及用具进行祛秽。火葬仪式完毕后，要将砍刀、锄头等用具带回，在离丧家房屋右侧不远处停下来，等毕摩在房屋右侧屋檐旁与丧家主人一起举行祛秽仪式后才能进屋。

其次，对丧家众主人进行祛秽。举行祛秽仪式时不牺牲牲畜，只需一只黑色母鸡（禁忌用黄色和白色母鸡）作为拴畜。主持仪式时，毕摩要扎缚一个叫“桌布”（[illegible]）的祛秽草偶，制作一个祛秽神座，帮手要准备马桑树树枝、小杜鹃树（索玛树）树枝、鲜蒿草枝及一撮竹枝，当仪式所需物品准备好后，毕摩开始对丧家众主人进行祛秽。

第三节　特殊葬礼

一、婴儿夭折的葬礼

彝族婴儿夭折一般指未满2周岁死亡的婴儿。婴儿夭折不能直接说去世或死了，而要说隐语，彝语一般称为“布”（[illegible]）或“图觉”（[illegible]），意为送走或裂塌了。婴儿夭折时一般不杀牲畜，不穿特制的衣服，按照平时穿戴即可，只是最后要外披青色或白色披毡，屈膝而放。按照男左女右的原则，将遗体侧放在屋堂左上方；揉搓一个荞麦粑放到火塘里烤，烤时不能翻面，烤好后用清水洗净或吹掉荞麦粑上的灰，放在一簸箕中置于遗体旁，作为死者上路的食物；舀半盆水，盆中放一个马勺子，放在簸箕旁，以示菜汤。婴儿夭折后不通知家住远方的亲人，一是认为婴儿没有成人，不必要举行隆重的葬礼，邻居、近处的好友前来吊唁即可；二是为了防止今后发生类似的婴儿夭折，故不能大张旗鼓操办。在婴儿的葬礼上，亲人可以哭泣，但不能大声哭丧，要默默地吊唁。遗体一般只在家里停放一天一夜，除非出殡日不吉才停放两天。出殡要择吉日，忌选在凶日。选择葬地方向时，要避开天上食人魔“尔格特比”所在的方位，禁忌在该方向埋葬。一般选在野外地层坚固的地方，最好葬在野果树旁边，意为果树开花时婴儿有好玩的，果树结果时婴儿又有好吃的，以此表达父母对夭折婴儿的深深爱意。

婴儿葬礼分两种：一种是夭折时门牙还没有长出的婴儿葬礼，彝语称为“劫”（[illegible]），其葬礼实行土葬；另一种是夭折时已长出门牙，但不满2周岁的婴儿葬礼，称为“牟”（[illegible]），其葬礼实行火葬。不管是“劫”还是“牟”，出殡时均不制尸架，而是由亲友直接将遗体抱到葬地。下面以“劫”为例，说明其具体过程。

葬地选好后，出殡时请邻居帮忙。首先，抱着遗体的人走在最前面，带着荞麦粑的人跟随其后，最后面跟着带木板、刀锯、弯刀、锄头等的人。到达目的地后，顺山势挖一个长方形的坑，在坑旁边点上火，然后把从丧家带来的火炭放在坑底部，或直接用杂草点火垫在坑底，以驱逐或烧死坑里的各种昆虫，防止昆虫侵扰遗体。根据坑的长短锯几块木板，锯好的木板一块平放在坑

底，另外四块竖放在坑边，将遗体按头朝山坡、脚朝山脚方向，男左女右侧卧放置，在其头部旁放上荞麦粑，以示亡灵回祖界时的食物。最后用木板盖上，填土进行埋葬。埋好后，象征性地用蒿秆制作一个男九节、女七节的尸架，置于葬地上面；再找一根长约1米的粗蒿秆，在蒿秆的左右分别削九刀或七刀，也置于葬地上面，彝语称为“省月木”，以示婴儿可以在上面玩耍。最后，在埋葬地的周围用木棒围成圆形栅栏，砍些荆棘放在栅栏上面，以防野兽侵扰。至此整个葬礼就完成了。

二、麻风病人死亡的葬礼

麻风病是一种慢性传染病，这种病曾在我国四川、云南的山区特别是四川大小凉山地区流行。新中国成立前的四川大小凉山地区由于医疗条件差，缺医少药，麻风病被视为恐怖之病。1994年以后，由于积极防治，此疾病已得到了有效的控制，发病率显著下降，现在四川大小凉山地区患者极少。此病传染性极强，健康者与患者接触，可能很快被感染。患者咳嗽和打喷嚏时溅出的飞沫里带有病菌，通过呼吸道黏膜进入健康人的体内，就可使人感染；健康者接触患者用过的衣物、被褥、毛巾、餐具也可能被感染，一旦被感染就难以治愈。因此，人们对该疾病极为恐惧，无论谁患病，大家都会远离他们，以免被传染。因此，麻风病人死亡后的丧葬习俗与普通人的丧葬习俗不同，其葬俗主要有以下三种。

第一种是火葬。患者去世后，亲人立即给死者穿上寿衣，迅速装入早已备好的牛皮袋或其他材质的袋中，并封口。接着将封好的遗体抬到离家几十里外的高山野外，无人无牲畜的地方，简单建一个火化台，把遗体放在上面进行焚烧。焚烧时，只要将遗体上的衣物点燃，无论火化是否完成，照料人都要返回。当照料人走到离家不远但又看不到家的山上时，停下来就地找些马桑树树枝及杜鹃树树枝点燃烧烫石，先用白酒洗脚、洗手，以示驱邪，再从火中取出烫石放在地上，用马桑树树枝及杜鹃树树枝蘸些清水洒在烫石上，待烫石冒出蒸汽时，照料人从其上方跨过，以示祛秽；最后，大家便各自回家，不再回到死者家里。从出殡当天凌晨开始，每家每户都要在自家门口焚烧猪粪和狗屎，火烧得越旺越好，一直烧到傍晚为止。毕摩文化认为这样做一来可以防止麻风病亡灵进屋，二来可以驱邪祛秽。

第二种是土葬。这是麻风病患者死后的普遍葬法。为了防止该疾病再传染他人，必须立即将遗体深埋于地下。患者一旦断气，便用荞面浆糊塞住遗体的口鼻、肛门等有孔处，将遗体倒放（头朝口袋里）入早已备好的特制的牛皮袋、木柜或木桶内，关盖封闭，再用荞面浆糊封死孔缝，由几个帮手抬到荒郊野外，挖个深坑，将遗体放入坑里，上面倒扣一口大铁锅，然后用土深埋。埋好后，按照“男九女七”的原则，就近搬九块或七块大石头压在上面，一是标示此处是个葬地，更主要的是防止野兽或牲畜来刨尸。

第三种是水葬。水葬是将麻风病患者的遗体用毡子或棉料裹好，放入木桶中，用荞面浆糊密封好，由两人或数人抬着木桶到离村庄较远的河流处，将木桶放入河流中任其漂走。

第二章 驱遣索命魔

QUQIAN SUOMINGMO

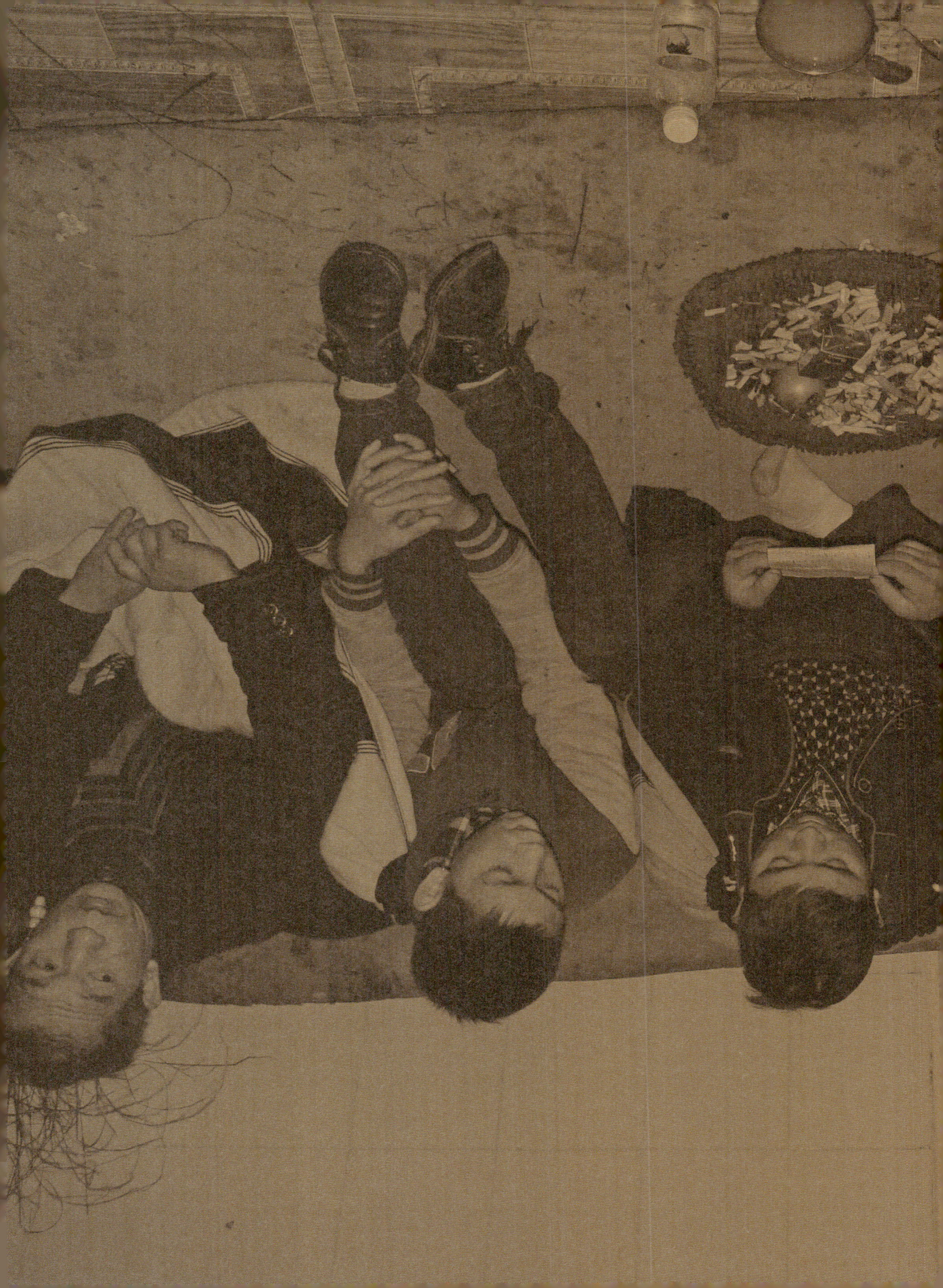

彝族先民认为死亡是人类的最终归宿，是每个人都要经历的，但是，每个人的寿命及死亡方式不是由自己决定的，而是由天神“额天古兹”（[彝文]）决定的。当人的死期来临时，上天首先会带走其灵魂，然后派遣一个叫“阿石索巴”（[彝文]）的索命魔夺取人的性命。当死者出殡火葬后，索命魔就回到“史木额哈[1]”鬼域，为了防止“阿石索巴”索命魔再次回到丧家夺人性命，丧家要在出殡当天晚上举行驱遣索命魔仪式。

驱遣索命魔全称为“驱遣索命死神魔”，彝语称为“阿石索巴锅”（[彝文]），意为驱逐索取死者性命的魔鬼的仪式，这是四川大小凉山彝族人死后出殡当天晚上必做的仪式之一。

毕摩给照料人及丧家众主人做完祛秽仪式后，丧家的一位男性代表就从屋里取一瓶白酒到屋外举行祛秽仪式处，先斟一碗酒敬献给毕摩，并大声说：“主人家今晚要驱逐索命魔‘阿石索巴’，现敬请威慑四方的毕摩进屋驱赶索命魔。”毕摩接过酒品尝后说：“好，一定要驱赶索命魔‘阿石索巴’。”毕摩说完后，一位帮手先在丧家用一块烫石净屋（[彝文]），以示祛秽，随后毕摩便跟随男性代表及其他人一起进入屋内。进屋后，男主人首先抓一把彝族特制的兰花烟（如没有兰花烟，可以用纸烟代替）递给毕摩，再给毕摩敬一杯酒，毕摩品尝后回敬主人一杯，然后开始举行驱遣索命魔仪式。

仪式需要牺牲一头黑色母乳猪，有些地区需要一头生过崽的黑色母猪，彝语称为“哦莫尔滇”（[彝文]），这只猪的灵魂是要被死者的亡魂带走的。彝族民间格外珍惜“哦莫尔滇”，因为它能不断繁衍后代。所以，死者带走该母猪的亡魂也是为了让其繁衍后代，不愁肉食。

驱遣索命魔仪式，彝语称为“妞茨锅”（[彝文]），该仪式分为三个程序：制作索命魔草偶、活牲驱魔和驱遣索命魔。

第一节　制作索命魔草偶（[彝文]）

制作索命魔草偶仪式是指毕摩用备好的专用野草来扎缚夺取死者性命的索命魔草偶，并对其进行一系列诅咒、驱逐的仪式过程，彝语称为“索巴布宇”（[彝文]）。经过一系列的仪式程序，最后将索命魔草偶带到野外，置于死者火葬地旁边。

一、制作索命魔草偶

助手将备好的野草递给毕摩，再给主持毕摩倒一碗白酒，主持毕摩左手拿着制作索命魔的野草，在下锅庄上方顺时针转三圈，右手端着酒碗喝一口酒含在嘴里，然后“噗”的一声喷酒在手中的野草上，开始念诵《扎缚索命魔草偶经》，在念诵的同时扎缚索命魔草偶，经文摘录如下。

[彝文]——　　颇哦咿——
[彝文]，　　今日捉缚死神索命魔，
[彝文]，　　捉缚天上地下索命魔，
[彝文]，　　捉缚精灵邪怪索命魔，
[彝文]，　　捉缚天犬地狗索命魔，
[彝文]，　　捉缚死神病魔索命魔，
[彝文]，　　捉缚猴瘟痨疾索命魔，
[彝文]，　　捉缚绝嗣女妖索命魔，

① 史木额哈：指远古额部落居住的地方，现泛指魔鬼居住的区域。

昔日那天之禁日，
夺取你生命的索命魔，
索命邪魔今日来捉缚。

颇哦咿——哈啊——，
昔日不该拆的硬拆散，
自古人类父子常相依，
死神拆散吾主父与子；
自古人类夫妻常相依，
死神拆散吾主夫与妻；
自古人类母女常相依，
死神拆散吾主母与女；
自古人类兄弟常相随，
死神拆散吾主兄与弟；
自古人类姐妹常相伴，
死神拆散吾主姐与妹；
自古宗族常相依，
死神拆散吾主宗与族；
自古人类姻亲常相依，
死神拆散吾主姻与亲；
自古主仆常相依，
死神拆散吾主主与仆；
自古人类君王平民常相依，
死神拆散吾主君王与平民；
自古人类毕摩主人常相依，
死神拆散吾主毕摩与主人。
死神捣毁鹤雁的窝巢，
拆毁杉柏茂盛的枝叶，
夺去美丽贤淑的姑娘，
断开清脆响亮的口弦线，
夺走世代单传的独生子，
从此独子没有子嗣传。
无恶不作的索命魔，
犯下滔天的罪行，
欠下无数的命案。

欺瞒公正的天神，
隐瞒无私的地祇，
判理公正阳光被锁住，
残害世间生灵是如此。

颇哦咿——嘿咿——哈啊，
过去冤案只因不抗争，
过去只因父子不相保，
过去只因夫妻不相保，
过去只因兄弟不相保，
过去只因兄妹不相保，
过去只因宗族不相保，
过去只因姻亲不相保，
过去只因主仆不相保，
过去只因君民不相保，
过去只因毕主不相保，
毕摩主人间道路被阻隔。
昔日邪恶的死神病魔，
夺走××××的性命，
是因不争的结果，
是因不抗的结果。

主持毕摩念诵到此时，在场的众主人和助手们齐声高吼数声，主持毕摩继续念诵。

如今天神齐助阵，
山神林神齐相助，
法器神灵来助威，
护法神灵来助威，
自然神灵来助阵，
击打神灵来助阵，
猛禽神灵来助阵，
猛兽神灵来助阵，
迅猛神灵来助阵，
今晚众神助阵毕获胜，

[illegible] 毕摩获胜砍断死神躯，
[illegible] 毕摩获胜砍断病魔头。
[illegible] 消失死神快消失，
[illegible] 死神纷纷跑消失，
[illegible] 镇呀快速镇病魔，
[illegible] 病魔锁住永不返。
[illegible] 繁呀死者子孙速繁衍，
[illegible] 子孙房屋犹如悬崖耸。[1]

二、《草的起源经》（《[illegible]》）

毕摩念完《扎缚索命魔草偶经》后，紧接着念诵《草的起源经》，同时继续扎缚索命魔草偶，经文摘录如下。

[illegible] 草的起源是，
[illegible] 远古的时候，
[illegible] 大地的上方，
[illegible] 大地生草否？
[illegible] 大地未生草。
[illegible] 昊天那上方，
[illegible] 昊天生草否？
[illegible] 昊天生有草。
[illegible] 额天古兹家，
[illegible] 草籽抓三把，
[illegible] 撒在大地上，
[illegible] 三年藏坎下，
[illegible] 草籽腐烂否？
[illegible] 草籽未腐烂，
[illegible] 籽芽生出土，
[illegible] 籽芽三年长出坎。
[illegible] 草生繁衍快，
[illegible] 草繁三月三年后，
[illegible] 长在杉林中，
[illegible] 麂獐吃掉否？
[illegible] 麂獐未吃掉；
[illegible] 草繁三月三年后，
[illegible] 长在悬崖上，
[illegible] 蜂群采你否？
[illegible] 蜂群尚未采；
[illegible] 草繁三月三年后，
[illegible] 长在江河中，
[illegible] 鱼獭食你否？
[illegible] 鱼獭尚未食；
[illegible] 草繁三月三年后，
[illegible] 长在路两边，
[illegible] 早晨牛羊啃了否？
[illegible] 牛羊尚未啃。
[illegible] 历史悠久的茅草呀，
[illegible] 高雅地生长，
[illegible] 用来扎缚索命魔草偶。[2]

三、《割断魔辫经》（《[illegible]》）

扎缚完索命魔草偶后，毕摩将索命魔草偶头上辫发后剩余的草割掉。毕摩左脚踩住草偶，左手抓住草偶头上剩余的草，右手握一把镰刀，开始念诵《割断魔辫经》，经文摘录如下。

[illegible] 咆哦咿，
[illegible] 坝上草生长，
[illegible] 坡上草长高，
[illegible] 原野这株草，
[illegible] 深山悬崖草，
[illegible] 野兽未啃过，
[illegible] 塌石未压过。
[illegible] 纯草本无名，
[illegible] 是因死神邪魔而出名，
[illegible] 野草本身未欠债，
[illegible] 死神病魔欠下人命债。

① 美姑著名毕摩吉克甲哲口述，作者记录、整理及翻译。

② 马边著名毕摩吉克罗布口述，作者记录、整理及翻译。

来自昊天的死神，
来自地上的病魔，
践踏人间的公理，
乱捣放牧地，
肆意毁耕地；
肆意毁公道，
肆篡天公理。
死神索命魔，
作祟致祸胛骨卜，
搅扰鸡卦股骨卜，
犯下滔天罪，
欠下人命案。
死神索命魔，
自从你来后，
屋下河水流，
为取祭神茶水而舀尽；
屋后茂密的森林，
为制作神座而砍光；
屋侧堆起的石块，
为做淬石而拾尽。
死神索命魔，
白狗见你瞪眼凶狠吼，
小孩见你惊恐哭不停，
耕牛见你磨破肩胛皮[①]。
咆哦咿，
诛杀昊天死神索命魔，
诛杀人间死神索命魔，

此时，毕摩边念诵边开始用刀割断索命魔草偶剩余的辫草，然后继续念诵经文。

诛杀精灵死神索命魔，
诛杀邪怪死神索命魔，
诛杀天犬死神索命魔，
诛杀地狗死神索命魔，
诛杀猴瘟痨疾死神索命魔，
诛杀绝嗣妖魔死神索命魔，
诛杀病魔死神索命魔。[②]

念完该段经文后，主持毕摩将割下的余草和扎缚草偶时剩余的野草捆在一起，交给助手，以备烧火升烟时告请神灵使用，不能将这些余草留在屋内。

与此同时，主持毕摩或辅助毕摩用野草扎缚一个一般的鬼怪草偶“捏茨布宇”（[illegible]），助手制作一块魔板[③]“捏茨布觉”（[illegible]），主持毕摩将鬼怪草偶捆扎在魔板上面，放置在面前。

第二节 活牲驱魔（[illegible]）

制作好索命魔草偶后，助手开始制作诅咒、刺杀索命魔的6根木钩（[illegible]）和7根木矛（[illegible]），做好后递给毕摩；毕摩又用一个小木板制成一个魔板，砍出一堆带皮的木屑作为“碎金碎银”（[illegible]），装在簸箕里面置于毕摩面前。

主持毕摩开始制作护法神座，彝语称为“鹭毕古促”（[illegible]）。助手递给毕摩6支神权和6根神枝，彝语分别称为“古介”（[illegible]）和“则公”（[illegible]），在毕摩座位上方靠墙脚处铺垫一层野草，以一支“古介”和一根“则公”为一对，在垫草上、下各插入一对。在墙壁上插入1根两头都削尖的专门给毕摩串熟肉的白色木签

① 磨破肩胛皮：指耕牛主人的性命已被索命死神邪魔夺走，雇请他人驾驭耕牛时，被雇人不爱惜耕牛，过度使役而导致耕牛磨破肩胛皮。

② 美姑著名毕摩吉克甲哲口述，作者记录、整理及翻译。

③ 魔板：用木板制成的代表鬼怪的一块小板。

“绰绰”（[illegible]），此时护法神座已建好。

然后，一名助手牵着牺牲的母乳猪（或母猪）坐在客位右下方中柱旁；另一名助手把剩余的草和树枝用草绑在一起，生火放烟，以告知神灵。

一、《淬石祛秽经》（《[illegible]》）

淬石祛秽仪式，彝语称为“鲁擦俗”（[illegible]）。一位助手用木碗（禁忌用带柄的瓢类）盛上少许清水，将烧红的烫石放入其中，待冒出蒸汽后递给毕摩，毕摩边念《淬石祛秽经》，边用碗里的蒸汽为神座、经书、法器和面前的碎木屑一一祛秽，再将碗递给站在主位上的一位男性主人；主人接过碗后，用蒸汽对屋内上下方、自己和众主人祛秽，然后递给一位助手，助手为牺牲的母乳猪祛秽，并走到门槛处把烫石和水一起倒向门外。

念诵完《淬石祛秽经》后，毕摩继续念诵《善内凶外经》（《[illegible]》）、《毕祖护法源经》（《[illegible]》）、《护主点丁经》（《[illegible]》）、《死因病由经》（《[illegible]》）、《山神护法经》（《[illegible]》）、《驱逐众邪经》（《[illegible]》）等。

二、《声明杀猪经》（《[illegible]》）

毕摩快念诵完《驱逐众邪经》时，对助手们说：“要听候毕摩的吩咐，做好绕头①和宰杀母乳猪的准备，举行念诵《声明杀猪经》仪式。”《声明杀猪经》（简称《声明经》），彝语称为“燕尔”（[illegible]），即声明将附于母乳猪身上的死神病魔和妖魔邪怪等与牺牲的牲畜一同宰杀，以此祭祀天地神灵和毕摩的护法神等。

毕摩念完《驱逐众邪经》后，抓起一把木屑用力抛向牺牲母乳猪，并念诵《声明杀猪经》。

[illegible]，	过去驷匹尕豁牧场上，
[illegible]，	虎豹混入牛羊群，
[illegible]，	今日绕匝清出去，
[illegible]，	阿伙柳艺沼泽方，
[illegible]，	豺狼混入猪群中，
[illegible]。	今日绕匝清出去。
[illegible]，	仪式吾主宅院中，
[illegible]，	死神病魔侵主人，
[illegible]。	死神绕匝清除去。
[illegible]，	绕匝死神索命魔，
[illegible]，	绕匝病魔缠身怪，
（[illegible]）	（说出死者的名称）
[illegible]。	夺命邪魔绕匝清除去。

在毕摩念诵的同时，一位助手用左手抓住猪的左耳，用右手捏住猪嘴，在丧家火塘右下方的锅庄上方顺时针绕三圈，然后将猪抬到屋堂下方，头朝向火塘、腹部朝着中柱按倒在地，备好杀猪刀和接血盆，按照毕摩诵经的段落程序，准备杀猪。此时，主持毕摩继续诵念。

……	……
[illegible]，	咆哦咿，
[illegible]。	宰杀死神索命魔。
[illegible]，	宰杀病魔索命魔，
（[illegible]）	（说出死者的姓名）

念诵完此段，助手开始杀猪。杀猪时，猪头要朝向屋堂方向；杀死后，猪尸左侧着地，猪头

① 绕头：意为在头上绕圈，彝语称为“俄策黑”（[illegible]）。指举行各种毕摩仪式宰杀祭牲前，众主人起身聚坐在屋堂下面，头朝门外，一位助手抓着（或抱着）祭牲站在众主人后面，助手站立不移位，将所抓着的（或抱着）祭牲在众主人的头上按顺时针方向连续绕圈，一般鸡绕9圈，羊绕7圈，猪绕5圈。但是，丧葬仪式中的“驱遣索命魔”仪式与祭祖仪式中的“驱逐邪魔”仪式极为特殊，祭牲不绕仪式主人，而是只绕三锅庄右下方的一个人，且只绕3圈。

朝向门口。

毕摩从助手手中接过猪血盆放在面前，从神座里抽出一根垫草折叠成短条状，蘸点盆中的猪血洒向毕摩上方的神座，毕摩口诵《血祭毕神经》（《[illegible]》），邀请天神地祇、山神、林神及毕祖护法神灵前来享祭。诵毕，抛掷索命魔板。毕摩抓住索命魔草偶及魔板，将索命魔草偶及魔板的头部伸入血盆里蘸上猪血后向猪尸抛掷。若魔板的头部朝向门外，说明索命魔已被驱逐；反之，说明索命魔还不肯离去，此时，助手拾起魔板递给毕摩重掷，直到头部朝向门外为止。

紧接着，毕摩手摇神铃继续念诵《报晓牺牲经》《接纳牺牲经》。念完后，助手把索命魔草偶及魔板交给毕摩，毕摩将其放在自己面前；然后，助手将猪尸抬到屋堂中央，割下猪前嘴和猪尾巴的后端递给毕摩，毕摩将其拴在索命魔草偶及魔板上，以此作为索命魔的食物。

上述仪式完成后，助手将猪尸抬到火塘上方，把猪毛煺刮干净，用清水洗净后便开始剖猪。首先卸掉猪前、后肢，取出猪肝、肺一起在火塘中烧烤，烤熟后再切成小块，与猪前肢一起分给毕摩；待主持毕摩品尝后，其他毕摩再一起品尝，最后主人们品尝。众人品尝完后，助手将剩余部分宰成坨坨肉，放入大锅里用清水煮熟。

第三节　驱遣索命魔（[illegible]）

驱遣索命魔仪式的核心部分是诅咒索命魔仪式，是毕摩恭请天神地祇来协助毕摩诅咒、驱逐，判处索命魔的关键程序。

一、诅咒索命魔（[illegible]）

诅咒索命魔又称为驱逐索命魔，彝语称为“索巴哲御”（[illegible]）。“索巴”（[illegible]），指夺走死者生命的索命魔，“哲御”（[illegible]），指毕摩使用特殊法力施加给索命魔的诅咒言语，使其失去变幻能力，从仪式主人居住区域被驱逐。这里指驱逐夺走死者性命的索命魔怪。

（一）《祭茶经》（《[illegible]》）

当煮坨坨肉的水烧开后，将大部分猪血（留下一些另作他用）倒入锅里与肉一起煮。助手用一只木碗舀三勺肉汤，右手持碗在下锅庄[1]上方顺时针转一圈后递给主持毕摩，主持毕摩接过来后放在“鹫毕神座”前面，并用马勺子舀一点汤洒向神座，表示向神灵祭茶，然后开始念经文。一般主持毕摩念诵《祭茶经》，其他辅助毕摩念诵《诅咒索命魔经》等。《祭茶经》内容与《遣返咒语经》（《[illegible]》）中的《祭茶经》一样，只是结尾时要加上一句“剿灭死神索命魔（[illegible]）”。《祭茶经》内容包含四个方面：祭茶、祭酒、祭肉和祭盐。

（二）《诅咒索命魔经》（《[illegible]》）

毕摩原生文化认为，在世之人或多或少做过一些坏事，要受罪责。如动手打人后受被打人的伤痛怨气之债；吃了野生动物肉也要受罪责，因为野生动物是山川河流的动物，吃了它们的肉就欠了山神的债。一个人身上的孽债太多，不仅身染污秽，而且会神经错乱，变得疯疯癫癫，甚至死亡。这些孽债必须举行仪式并找出根源，偿还原主，否则要遭报应。该经文内容有多层意思：一是找出亡灵的孽债根源，偿还原主后将其强加给索命魔并驱逐之，让亡灵愉快地暂居阴间，以待制灵归祖；二是找出仪式主人的孽债根源，偿

①下锅庄：指三锅庄中朝向门口的锅庄。

还原主后将其强加给索命魔并驱逐之，让仪式主人清白地活在人间。

主持毕摩在念诵《祭茶经》时，辅助毕摩就用余留下的猪血来画魔板，画完后把索命魔草偶捆绑在魔板上，紧接着主持毕摩开始念诵《诅咒索命魔经》。

首先念诵《申明卸债经》（《[illegible]》）。助手斟一碗白酒递给主持毕摩，毕摩接过后置于面前，以备祛除神竹签和喷洒魔板用。主持毕摩从“鹫毕神座”处取来神签筒，并从里面取出神竹签[1]，右手握着神竹签，开始念诵《申明卸债经》。与此同时，两位辅助毕摩念诵《山神经》（《[illegible]》），根据山脉所处的位置，一位毕摩由内而外旋转而诵，另一位毕摩由外向内旋转念诵。念完后，主持毕摩紧接着念诵《卸债经》。

《卸债经》全称为《卸下孽缘孽债经》，彝语称为“哲尔哲格提”（[illegible]），是指卸除自然界、人类的仇敌及祖辈遗留的孽缘孽债，这里指将仪式主人的孽缘孽债强行转移给死神索命魔，使其受到应有的惩罚。

念诵《卸债经》前，毕摩先用神竹签击打自己的左手一下，口含一口白酒喷洒在神竹签上，再含一口喷在索命魔草偶魔板上。再持神竹签击打一下自己的左手心，再用右手在左手心里搓神竹签，开始念诵《卸债经》。《卸债经》内容摘录如下。

佛哦嘣嚯[2]！
嘿咿、嘿咿、嗒啊！
现在念诵《卸债经》，
巴布[3]领域内，
龙苞签筒有九十，
九十啊九种；
额莫领域内，
杉柏签筒八十八，
八十啊八种。
实楚神签筒最出名，
神签筒里装神竹签。
深山红彤彤，
诸多山神灵，
红山长红竹，
红竹一节节。
山崖深，
云雾罩阳光。
吾主遗孽债，
祖辈留孽缘。
天地遗孽债，
天地债未祛。
天地之孽债，
遗留给世界。
世界之孽债，
遗留给日月，
日月债未祛。
日月之孽债，
遗留给星辰。
星辰之孽债，
遗留给君臣。
君臣之孽债，
遗留给毕摩。
毕摩之孽债，
遗留给平民。
平民之孽债，

① 神竹签：是装在神签筒内的九根竹签，彝语称为“罗吾”，主要起戳魔护法的作用，是毕摩的法器之一。

② 毕摩诵经时的吼叫声，表示恐吓邪魔，没有具体意思。

③ 巴布：与下面的“额莫”均为古地名，疑在云南昭通一带，具体地点待考证。

遗留给仇敌。
仇敌之孽债，
遗留给彝汉官吏。
彝汉官吏之孽债，
遗留给飞禽走兽。
飞禽走兽之孽债，
遗留给雄性麂鹿。
雄性麂鹿之孽债，
遗留给虎豹豺狼。
虎豹豺狼之孽债，
遗留给雄性獐麂。
雄性獐麂之孽债，
遗留给雄性狐狸。
雄性狐狸之孽债，
遗留给野生松鼠。
野生松鼠之孽债，
遗留给灰色野猪。
灰色野猪之孽债，
遗留给灰红狼群。
灰红狼群之孽债，
遗留给獾猪刺猬。
獾猪刺猬之孽债，
成为空中飞禽的孽债。
空中飞禽之孽债，
成为天空鹤雁的孽债。
空中鹤雁之孽债，
成为天空黑鹰之孽债。
天空黑鹰之孽债，
成为黑颊白鹰之孽债。
黑颊白鹰之孽债，
成为蕨林雉鸡之孽债。
蕨林雉鸡之孽债，
成为竹林锦鸡之孽债。
竹林锦鸡之孽债，
成为红翅鹞隼之孽债。

红翅鹞隼之孽债，
成为原野云雀之孽债。
原野云雀之孽债，
成为枝头麻雀之孽债。
枝头麻雀之孽债，
成为蝴蝶昆虫之孽债。
蝴蝶昆虫之孽债，
成为朽木腐土之孽债。
朽木腐土之孽债，
成为蚂蚁飞蛾之孽债。
蚂蚁飞蛾藏孽债。

高山遗留孽债邪，
山神禁让债渡河，
坪坝遗留孽债神，
禁让孽债渡过河。
冤屈是否能卸除，
卸除孽债就申冤，
坚如磐石的物种，
遇到孽债就碎裂。

昔日附孽给逃妇，
逃妇神经错乱无法辨方向，
最终还是返回来。
昔日附孽给逃敌，
逃敌神经错乱无法逃，
终究还是返回来。
茂密森林野茫茫，
遇到孽债就枯朽。
悬崖耸立一排排，
遇到孽债就破裂。
汹涌澎湃的江河，
遇到孽债就干涸。
蕨枝遇孽就断枝，
野草遇孽就折杆，

毕摩边念经边搓神竹签　立克达曲 / 摄

松树遇孽就倒根。
苍天降临的冤屈，
齐声吼叫驱赶走。①
前面要让路，
孽债快滚开，
后面保吾主，
众主身体保健康。
孽债有理返，
孽债有道回。

佛哦嘣嚯！
快、快、快，
抓捕死神索命邪魔，
病魔索命邪魔处刑罚。
吾主源于结婚的孽债，
源于出嫁的孽债，
毕摩主人间孽债。

姻亲孽债，
仇敌围攻来施法，
强附仪式主人家。
吾主即使有孽债，
孽债必定要驱走。
驱逐孽债人丁旺，
吾主人丁兴又盛；
驱逐孽债牧业兴，
吾主六畜繁殖快；
驱逐孽债五谷丰，
吾主五谷丰又收。
没有附上孽债的邪魔，
现将给你附上厚重的孽债。

嘿咿、嘿咿，嗒啊！
现在偿还孽缘冤屈债，
快快偿还冤屈孽缘债。
吾主孽债驱遣回，
偿还蚂蚁与飞蛾；

① 毕摩念诵至此，屋内除了毕摩外的所有男性成员齐吼数声。

蚂蚁飞蛾孽债驱遣回，
偿还朽木与腐土；
朽木腐土孽债驱遣回，
偿还蝴蝶与昆虫；
蝴蝶昆虫孽债驱遣回，
偿还枝头那麻雀；
枝头麻雀驱遣孽债回，
偿还原野之云雀；
原野云雀驱遣孽债回，
偿还红翅的鹞隼；
红翅鹞隼驱遣孽债回，
偿还竹林之锦鸡；
竹林锦鸡驱遣孽债回，
偿还蕨林之雉鸡；
蕨林雉鸡驱遣孽债回，
偿还黑颊之白鹰；
黑颊白鹰驱遣孽债回，
偿还空中那黑鹰；
空中黑鹰驱遣孽债回，
偿还天空那鹤雁；
天空鹤雁驱遣孽债回，
偿还森林之飞禽；
森林飞禽驱遣孽债回，
偿还森林之走兽；
森林走兽驱遣孽债回，
偿还獾猪与刺猬；
獾猪刺猬驱遣孽债回，
偿还灰红之豺狼；
灰红豺狼驱遣孽债回，
偿还灰色之野猪；
灰色野猪驱遣孽债回，
偿还野生之松鼠；
野生松鼠驱遣孽债回，
偿还野生之狐狸；
野生狐狸驱遣孽债回，

偿还雄性獐与麂；
雄性獐麂驱遣孽债回，
偿还猛虎与花豹；
猛虎花豹驱遣孽债回，
偿还雄鹿与公熊；
雄鹿公熊驱遣孽债回，
偿还彝汉之官吏；
彝汉官吏驱遣孽债回，
偿还吾主之仇敌；
仇敌孽债偿还给百姓，
百姓孽债偿还给毕摩，
毕摩孽债偿还给君臣，
君臣孽债偿还给星辰，
星辰孽债偿还给日月，
苍天日月本来藏孽债。
日月星辰之孽债，
那是无可奈何的冤屈。

吾主未欠他人之孽债，
他人欠了吾主诸孽债，
远古祖辈遗留给子孙，
父辈遗留给子女，
兄长遗留给小弟，
公婆遗留给儿媳，
宗族遗留给家族，
姻亲遗留给亲戚，
白彝遗留给黑彝，
君臣遗留给平民，
敌对双方互遣孽。
跛足残臂之孽债，
耳聋瞎眼之孽债，
疯癫痴呆之孽债，
今日抓捕孽债并驱遣。
佛哦嘣嚯！
快、快、快，

[illegible]，　抓捕死神索命魔，
[illegible]。　病魔索命邪魔处刑罚。

[illegible]！　嘿咿、嘿咿，嗒啊！
[illegible]，　卸载孽债已经处刑罚，
[illegible]，　苍穹神灵速归来，
[illegible]；　日月神灵速归来；
[illegible]，　护法神灵速归来，
[illegible]；　我毕神灵速归来；
[illegible]，　主人庇佑神灵速归来，
[illegible]；　吾主庇佑神灵速归来；
[illegible]，　毕摩法神左方速归来，
[illegible]，　主人佑神右方速归来，
[illegible]，　签筒神灵左侧速归来，
[illegible]，　法帽神灵右侧速归来，
[illegible]。　神扇神灵中间速归来。
[illegible]！　嘿咿、嘿咿，嗒啊！
[illegible]，　卸载孽债已诵毕，
[illegible]，　现将卸载孽缘债，
[illegible]。　念诵《护主点丁经》。[1]

每念完一小段，毕摩便含一口白酒喷在索命魔草偶上。接着从神签筒中取出神竹签先在索命魔草偶上方逆时针绕三圈，然后再顺时针绕三圈，最后再用神竹签打一下索命魔草偶。如果毕摩未带神签筒，就用当时制作的神杈、神矛来代替神竹签。每念完一小段都要重复上述动作。

诵完《卸债经》后，便念诵《卸孽护主点丁经》（《[illegible]》）、《迅猛神灵简经》（《[illegible]》）、《截滚动神》（《[illegible]》）、《迅猛旋转神》（《[illegible]》）、《猛牛护法神》（《[illegible]》）、《截击护法神》（《[illegible]》）。

（三）《神竹签来源经》（《[illegible]》）

念完上述经文，主持毕摩再含一口白酒喷在索命魔草偶上，用神竹签先在索命魔草偶上方逆时针绕三圈，然后再顺时针绕三圈，再用神竹签打一下索命魔草偶，接着念诵《神竹签来源经》，每念完一小段都要重复上述动作，《神竹签来源经》摘录如下。

[illegible]，　嘿咿、嘿咿，嗒啊，
[illegible]，　现在叙述神签的来源，
[illegible]，　神签来源是，
[illegible]，　远古的时候，
[illegible]？　世间是否有竹林？
[illegible]，　世间没有竹林生，
[illegible]？　昊天是否有竹林？
[illegible]。　昊天上方有竹林。
[illegible]，　昊天那上方，
[illegible]，　长有四丛神箭竹，
[illegible]，　四丛神箭竹啊，
[illegible]，　结着四串神竹籽，
[illegible]，　四串神竹籽，
[illegible]，　果熟离蒂落，
[illegible]，　落到白云层，
[illegible]，　白云层中落，
[illegible]，　落到黑云层，
[illegible]，　黑云层中落，
[illegible]，　一串落到妥鲁山[2]山麓，
[illegible]，　形成水竹林，
[illegible]，　一串落到妥鲁山腰方，
[illegible]，　形成箭竹刺竹林，
[illegible]，　一串落到妥鲁山峰，
[illegible]，　形成竹签林，

① 作者摘录自马边著名毕摩吉克拉者经典，并与其他经典一起整理而成。

② 妥鲁山：即堂琅山，在今牛栏江边的云南昭通巧家县包谷垴乡、老店镇一带。

山峰长出世间神签竹，
神竹上方九年九月没有雕鹰飞，
神竹下方九年九月没有蛇类巢。
是否形成世间神竹签？
已经形成世间神竹签，
神签源于神灵的山峰，
孜李慕曲[①]悬崖出神签，
慕兹拉豁出神签，
阿杜依莫出神签，
西昌泸山出神签，
慕企勒黑出神签，
史洛史日出神签，
瓦笃魏宇出神签，
阿朵扎都出神签，
月尔勒哈出神签，
哲拉特吉出神签，
峨边勒豁出神签，
吉克蜀祖出神签，
勒直额夫出神签，
木胡坝牛出神签，
尼扎郭额出神签，
额鲁哲卧出神签，
魏哲洛曲出神签，
甘洛吉日出神签，
寿罗阿举出神签，
寿罗慕赤出神签，
寺银阿莫出神签，
哦慕鹫笃出神签，
勒猞哲惹[②]出神签。
是否签筒的神签？
就是签筒的神签。
签头分出九支系，
九支分到九地域；
神签腰有九寸粗，
九个毕徒分别拥，
神签根九支，
九支深入九方地。

神签那一组，
是否曾斗过？
没有不斗过，
向着死神斗，
战胜死神魔；
向着病魔斗，
制胜病魔怪；
向着仇人斗，
战胜众仇人；
向着敌人斗，
征服敌人犯。
今夜袭击索命魔，
死神索命魔啊，
击中脚断骨，
击中手折臂，
击中头脑死，
击中腰部倒下滚，
击中口撕裂，
击中舌头断，
击中牙齿折，
索命魔身躯滚滚落。[③]

诵完《神竹签来源经》后，助手把锅里的半边猪头和全部猪舌和猪胸脯肉捞出置于簸箕里，递给毕摩，毕摩将其置于“鹫毕神座”前面。

① 孜李慕曲：与下面“慕兹拉豁”均为古地名，位于云南省昭通市永善县境内。

② 勒猞哲惹：地名，又称“勒猞哲峨”，系四川省乐山市马边彝族自治县高卓营乡大风顶境内的一座名山，境内栖息有大熊猫、四川山鹧鸪、白鹇等珍贵野生动物。

③ 根据马边著名毕摩吉克罗布口述，作者整理、翻译而成。

在一般仪式中，按规则做完仪式后毕摩要将半边猪头和猪胸脯肉带回家，但是举行驱逐索命魔仪式则禁忌将牺牲猪头和猪胸脯肉带回家（凉山州美姑县河溪乡一带，乐山市马边、峨边等地有此禁忌）。吃肉前，有人故意从毕摩背后“偷”走猪头，与现场其他人一起分吃，如果没有人“偷”，毕摩就说：“怎么没有人‘偷’吃猪头哦？”以此提醒人们“偷”猪头。然后，毕摩念诵《判魔刑经》（《[彝文]》），念完后将猪胸脯肉分给仪式现场的助手们。

在仪式过程中，助手从锅里捞出煮熟的坨坨肉装在簸箕内，不配佐料。首先分给毕摩，同时舀一盆肉汤递给毕摩，主持毕摩先品尝一口，其他毕摩再喝汤吃肉，并将肉和汤分给众主人及助手。禁忌毕摩将吃不完的肉留给仪式主人或在场人员吃，如果毕摩吃饱后还有余肉，就将剩余的肉倒在脚边的地上，让助手扫除。所以，助手在分肉时就要合理分配，避免浪费。

二、驱遣索命魔（[彝文]）

大家吃完肉后，准备举行驱遣索命魔仪式。

（一）折断魔魂（[彝文]）

折断魔魂仪式，彝语称为“孜其”（[彝文]）。其主要过程是：助手在外面寻找一根蒿草或制作神枝时特意留下的树枝，以代替被诅咒的邪魔和缠身病魔，经毕摩念咒后将蒿草或树枝折成三折或多折，表示已折断邪魔身躯和四肢。

主持毕摩从神座上取些垫草，将已折的蒿草和一些吃剩的肉骨头一同捆绑在魔板草偶上。然后将草偶头在火塘灰中烫一下并在火塘沿上敲一下，抛向门口。如果草偶头朝向门外，则表示病魔索命魔已被驱逐；如果草偶头朝向仪式主人内室方向或朝向毕摩方向，则要重新抛掷，直到草偶的头朝向门外为止。此仪式完毕后，助手将索命魔草偶拾起在门后的缝隙里夹一下，然后站在火塘下方将它抛到主持毕摩面前，毕摩用其举行后面的一系列仪式。

（二）捆绑邪魔（[彝文]）

捆绑邪魔是指捆绑索命魔的过程，表示已镇住索命魔，彝语称为“索巴布辱”（[彝文]）。“辱”全称为“辱极”（[彝文]），意为套绳，这里指用来捆绑病魔索命魔的套绳。举行该仪式时，主持毕摩念诵下面经文。

[彝文]，　　咆哦咿，
[彝文]，　　现在声明捆绑索命魔，
[彝文]，　　保护众主之灵魂，
[彝文]，　　众主之体魄，
[彝文]。　　众主生育神已声明。
[彝文]，　　保护上方众毕师徒，
[彝文]。　　众人神毕组已声明。
[彝文]，　　保护签筒法帽，
[彝文]。　　经卷法器神已声明。
[彝文]，　　保护护法众神灵，
[彝文]，　　祖父神灵，
[彝文]，　　白虎法神，
[彝文]。　　雕鹰护法神灵已声明。

念诵到此处时，主持毕摩用木矛将已捆在一起的魔板草偶扎起来，用木杈顶住下面，最后用木钩从上往下钩住魔板草偶，再从神座下抽出一些垫草，将木钩、木杈和魔板草偶紧紧地捆绑在一起，以此作为夺取祖妣生命的索命魔的替代物，而后掷向火塘边，毕摩继续念诵。

[彝文]，　　铜杈丫丫叉死神，
[彝文]，　　叉住病魔索命魔，
[彝文]，　　钢矛尖锐且锋利，
[彝文]，　　戳杀死神索命魔，
[彝文]。　　戳杀病魔索命魔。

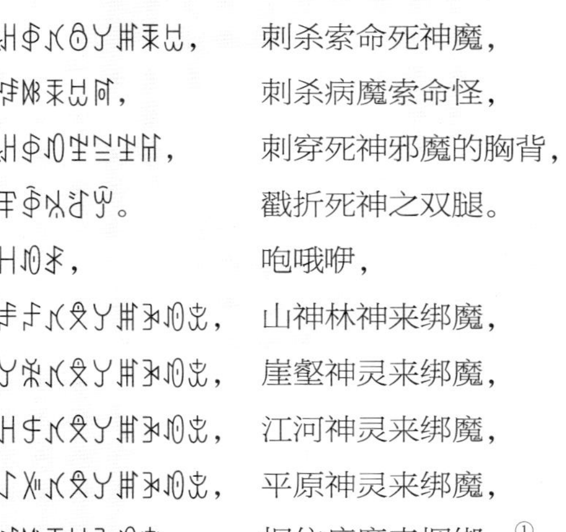

北域钢矛锋利利，
刺杀索命死神魔，
刺杀病魔索命怪，
刺穿死神邪魔的胸背，
戳折死神之双腿。
咆哦咿，
山神林神来绑魔，
崖壑神灵来绑魔，
江河神灵来绑魔，
平原神灵来绑魔，
捉住病魔来捆绑。[1]

随后，主持毕摩将捆扎好的魔板草偶在火塘灰中烫一下，并在火塘沿上敲一下，然后置于自己面前，并抓一把木屑用力击打面前的魔板草偶。此时，在场者高吼数声以示助威。在诅咒、驱逐索命魔的整个仪式中，每诵完一段经文，毕摩都要重复上述动作，下面不再赘述。

（三）《恭请神鹰经》（《ꌠꀘꃅ》）

《恭请神鹰经》全称为《恭请护法神鹰经》，彝语称为“鹫毕笃”（ꌠꀘꃅ），是指唤醒并恭请毕摩护法神的雕鹰神。然而，《恭请神鹰经》不仅要唤醒并恭请雕鹰神灵，还要唤醒并恭请其他天神地祇等到仪式现场助威，同时敬请历代各派系毕祖护法神灵前来助威，抓捕并驱逐病魔索命魔。

主持毕摩抓些木屑用力击打置于面前的索命魔板草偶一下，接着念诵《恭请神鹰经》。

现在恭请护法神[2]，

一声诵朗朗，
呼呀神毕唤，
吼乃主人吼，
诵乃实楚[3]诵，
啸乃白虎啸，
鸣乃神鹰鸣，
捕乃豺狼捕，
起呀天神地祇齐起，
听呀向护法神询问，
起呀十二护法鹫毕神，
灭呀擅变妖魔鬼怪绝。
克慕[4]领域鹫颈似豹脖，
额慕领域鹫神捕咬起，
泽史领域鹫神截击起。
鹫鸣声声起，
鹫毕携白狗，
鹫毕驾黑牛，
鹫毕骑白马，
起呀鹫毕起，
鹫毕爪利尖，
鹫鸣声声脆，
鹫毕如鹰捕，
鹫毕身如鹰，
鹫颈虎脖粗，
鹫眼似虎眼，
鹫毕开血路，
鹫毕指攻路。
鹫毕栖息高原快速起，
起呀伴神毕，
伴随我神毕，
跟随神毕来助威，

① 曲比石门、嘎哈石者、吉尔铁日，《彝族尼牡概论》，四川民族出版社，2001年。

② 恭请护法神：彝语称为“鹫毕笃”，本意是指唤醒毕摩护法神的雕鹰神，然而此处不仅指雕鹰神灵，还包括其他诸神灵，故这里译作“恭请护法神”。

③ 实楚：此处指毕祖护法神。

④ 克慕：与下面的“额慕”“泽史”等均为古代彝族先民居住地地名。

齐起跟随吾神毕。

苍穹神灵别人呼不应，
毕摩呼则应，
我等神毕呼则应；
空中繁星别人唤不亮，
毕摩唤则亮，
我等神毕唤则亮。
毕神所施法，
无攻而不克，
无坚而不摧者起，
起呀伴随毕，
伴随我神毕，
跟随神毕来助威，
齐起跟随吾神毕。

远古的时候，
史兹史德毕，
史阿尼能毕，
尼能十子毕，
笃玛额[1]，
瓦杜峨两名毕。
助我捉拿邪魔，
擒拿索命死神、
索命病魔邪神，
助我擒死神。
后来实勺毕，
实勺八子毕，
实奢哲，
勺洪额两名毕，
助我捉拿邪魔，
擒拿索命死神、
索命病魔邪神，
助我擒死神。
后来格峨毕，
格峨九子毕，
峨无吐，
萨哲史两名毕，
助我捉拿邪魔，
擒拿索命死神、
索命病魔邪神，
助我擒死神。
慕弥承袭毕，
慕弥毕十子，
昊实楚，
提乍姆两名毕。
助我捉拿邪魔，
擒拿索命死神、
索命病魔邪神，
助我擒死神。
后来邱普来承毕，
邱普后裔毕无数，
武阿法神灵，
乍阿法术验，
布阿管南方，
默居地四方，
恒阿拓展地，
糯阿制铠甲。
鹫阿鹰神毕，
鹰神擅捕撕，
督兵擅追捕，
追捕那邪魔，
猛兽牙锋利，
锋牙擅撕咬。
速起伴毕来，
伴随我神毕，
跟随神毕来袭击，
齐起跟随吾神毕，

① 笃玛额：与下面的“瓦杜峨”是尼能部落时期的著名毕摩代表。

[illegible]，	助我捉拿邪魔，
[illegible]、	擒拿索命死神、
[illegible]，	索命病魔邪神，
[illegible]。	助我擒死神。

主持毕摩念诵到此时，辅助毕摩们开始念诵诅咒和驱逐类古籍文献。一般除了念诵《驱魔经》（《[illegible]》）外，还要念诵《猛禽经》（《[illegible]》）、《猛虎驱魔经》（《[illegible]》）、《红狐经》（《[illegible]》）、《驱逐猴瘟经》（《[illegible]》）、《驱痨经》（《[illegible]》）、《乌撒驱魔经》（《[illegible]》）、《阿笃偿债经》（《[illegible]》）、《俄迪卸孽经》（《[illegible]》）、《院坝起鹿经》（《[illegible]》）等。虽然经文名称各异，但其目的都是诅咒和驱逐索命魔等，只不过诅咒的轻重程度有一定的差异。辅助毕摩可以每人念诵一卷，也可以几人合念一卷。除了《驱魔经》的“颂毕祖经”章节外，其余的经卷都要全部念诵完。同时主持毕摩继续念诵《恭请神鹰经》。

[illegible]，	上方护法神父起，
[illegible]，	下方护法神母起，
[illegible]，	毕摩上空鹰雕鸣声起，
[illegible]，	旁边白虎法神吼叫起，
[illegible]，	下面护法神灵蜂涌起，
[illegible]，	上方天神地祇如林起，
[illegible]，	神灵背负签筒起，
[illegible]，	神扇跳舞翩翩起，
[illegible]。	法帽雕翅翱翔起。
[illegible]，	上方豁所库[1]也起，
[illegible]，	下方体尔者也起，
[illegible]，	上面史夫夫也起，
[illegible]，	史妮吉神起，
[illegible]，	所它木神起，
[illegible]，	尼能鲁神起，
[illegible]，	鹭谋士神起，
[illegible]，	鹭德古神起，
[illegible]，	诸德古速起，
[illegible]，	诸谋士快起，
[illegible]。	白犬神速起。
[illegible]，	白色神座起，
[illegible]，	花色神座起，
[illegible]；	黑色神座起；
[illegible]，	白发挑拨神也起，
[illegible]；	黑发挑拨神也起；
[illegible]，	左侧平原神速起，
[illegible]；	右侧竹林神速起；
[illegible]，	左阿击神旋转起，
[illegible]；	右方砸神排排起；
[illegible]，	左方尼[2]神起，
[illegible]，	尼神降于地，
[illegible]，	右方能神起，
[illegible]，	能神快速起，
[illegible]，	左侧猛兽咀嚼神速起，
[illegible]。	右侧猛禽翱翔神速起。
[illegible]，	九组神座起，
[illegible]，	九组神位起，
[illegible]，	三组神座起，
[illegible]，	三组神位起，
[illegible]，	单组神座起，
[illegible]。	独组神位起。
[illegible]，	神座之首黑森森，
[illegible]，	神座之末黑压压，
[illegible]；	神座中央起无数；

① 豁所库：与下面的“体尔者”等均为星座名称。

② 尼：与下面的“能”均为古代彝族部落首领的名称，现泛指远古毕摩的护佑神灵。

白杵棚神起，
花杵棚神起，
黑杵棚神起，
速起伴毕来，
伴随我神毕，
帮毕来助威，
齐起帮吾毕，
速来享宴请。
助我捉拿邪魔，
擒拿索命死神、
索命病魔邪神，
助我擒死神。

世间放青烟，
告知苍天神，
原野放青烟，
告知山林神，
后檐放青烟，
屋内还孽债。
世间神毕首呼唤，
呼唤神灵在屋内，
神毕呼声传多远？
毕声首先苍天父闻，
天父蓄白髻，
苍天白茫茫，
日与月，
星与辰，
云与雾，
清风神速起，
神灵降临仪式场。
助我捉拿邪魔，
擒拿索命死神、
索命病魔邪神，
助我擒死神。

神毕再后呼一声，
神毕呼声传多远？
神毕呼声传到大地处，
黑地母神听后速起程，
黑地戴着母头帕者起，
大地黑茫茫，
黑土筑起房墙神速起。
速起伴毕来，
伴随我神毕，
帮毕来助威，
齐起帮吾毕，
速来享宴请。
助我捉拿邪魔，
擒拿索命死神、
索命病魔邪神，
助我擒死神。

呼唤堂琅山顶之众神，
堂琅山顶君毕白鹤唳，
白鹤唳声声，
臣毕灰雁唳，
灰雁唳声声者起。
呼唤堂琅山腰处，
堂琅山腰方，
众毕背负签筒起，
堂琅山麓方，
经书法器神速起。
毕摩呼唤苏尼神，
尼神声声叫，
尼鼓①悬崖排，
鼓柄钩弯弯，
鼓槌飞舞击，
鼓铃麻雀鸣，

① 尼鼓：又称为神鼓，用羊皮制作的圆鼓，是苏尼的法器。

鼓鸣犹如悬崖塌。
呼唤神毕住地方，
神毕住地毕坐悬崖耸，
签筒柏杉立，
法帽鹰飞翔，
神扇翩翩蝴蝶舞，
法神犹如蜂涌起。

起呀神座神位、
十二鹫毕神灵起，
毕下山神杉林茫者起，
毕上法神如蜂拥者起，
毕旁猛虎吼叫神速起，
毕空黑雕笛声鸣者起，
快速起程伴我毕，
请到神座饮牲血，
请到神位吃烧肉，
请到座旁饮美酒。

神毕呼唤东方三域神，
东方三域方，
东方神父护法神速起[1]，
护法神灵骑着白色马，
身着白色衣，
驾驭白色牛，
手持白色弓箭者起程。
神毕呼唤西方三域神，
西方神母护法神速起，
护法神灵骑着黄色马，
驾驭黄色牛，
身着黄色衣，
手持黄色弓箭者起程。

速起伴随毕，
伴随我神毕，
帮毕来袭击，
齐起帮吾毕。
呼唤东北西南之神灵，
护法神灵骑着灰色马，
驾驭灰色牛，
身着灰色衣，
手持灰色弓箭者起程。
呼唤东南西北之神灵，
护法神灵骑着黑色马，
驾驭黑色牛，
身着黑色衣，
手持黑色弓箭者起程。
速起伴随毕，
伴随我神毕，
帮毕来袭击，
齐起帮吾毕。
助我捉拿邪魔，
擒拿索命死神、
索命病魔邪神，
助我擒死神。

别人祖毕孙未毕，
我等祖毕孙也毕，
祖孙世毕清风阿普，
天地神圣伴，
吾祖阿普护佑神，
长发整九庹，
须发整九拃，
走过山峰美髯拖山麓。
神圣阿普护佑神啊，
头顶着蓝天，
管控雷电神，
脚踏大地上，

① 彝族先民认为“天为父，地为母”，太阳从东方升起，所以天在东方，东方代表父，西方代表母。

踏塌九座山；
呼气成狂风，
尘土遮天地，
快速起程伴我毕。
制作白银器，
持着铜铁器，
吹奏黄铜号，
越过山脉者速起，
速起伴随毕，
伴随我神毕，
帮毕来袭击，
齐起帮吾毕。
所坐之处烟雾如云飘，
所过之处骑马尘土扬。
一沟下雨时，
十沟沾满露珠者起；
一处原野起狂风，
十处拂狂飙者起；
一处宴请神灵时，
十处热闹喧者起。

毕神阿普啊，
吾祖诵经声洪亮，
犹如春雷震九州，
快速起程伴我毕。
今日诵经声如撞钟鸣，
吾祖谈吐词清晰，
声传原野高空响；
毕神阿普啊，
吾祖曾英雄，
今日贤孙杀敌的时刻；
吾祖曾豪爽今孙宴客，
吾祖曾经名扬天下者，
今日贤孙创业时刻到，
吾祖英灵速起程，
起程伴随我神毕。
助我捉拿邪魔，
擒拿索命死神、
索命病魔邪神，
助我擒死神。

别人父毕子未毕，
我等父毕子袭毕，
伴有英雄父毕神，
毕神犹如悬崖排。
英雄父毕神，
经过云雾岭，
云雾当战袍，
经过乌云层，
雨露当酒饮，
经过飓风垭，
狂飙当坐骑。
空中黑雕当同伴，
原野猛虎当羊赶，
豺狼当猎犬。
冰雹当酒菜，
霜雪当美食。
头顶拿云做毡笠，
头戴彩云笠，
背负神签筒，
骏马配采鞍，
骏马奔腾驰。
英雄父神啊，
前有牵马开路者，
后有护卫跟随者，
既有入林开道者，
也有出林扫露者，
骏马配套名马鞍，
骏马一排排，
名鞍青亮亮。

卸鞅置墙上，
满墙红彤彤，
卸鞍放山麓，
山麓黑郁郁，
放马于原野，
骏马嘶声欢。

起呀英雄父毕起，
快速起程伴我来，
慈父助孝子，
毕神来助阵，
百兽齐咆哮，
白虎在此吼，
黑雕在此鸣，
猛兽在此撕。
吾父曾英雄，
今日轮到孝子厮杀时，
热情父亲未在世，
今日轮到孝子宴客时，
名扬父亲不在世，
今日轮到孝子创业时。
英雄父亲神灵快速起，
起程伴我神毕来。
围剿吾主死神索命魔、
病魔索命魔，
堵塞死神的通道，
堵住病魔的逃路，
围剿押送索命魔，
逐渐收缩来围剿，
山坡押送到路上，
包围吾主死神索命魔、
病魔索命魔收缩来围剿，
捉到毕摩主人面前来斩首。
助我捉拿邪魔，
擒拿索命死神、
索命病魔邪神，
助我擒拿死神。

别人兄毕弟未毕，
我家兄弟都是世袭毕，
兄弟乃是沙场之英雄，
英雄盖世的兄弟，
战场杀敌增荣誉。
黑雕捕猎靠翅膀，
猛虎捕食靠触须，
林中獐麂当羊群，
原野豺狼当猎犬，
深山猛虎当马骑，
出征杀敌当前锋，
收兵转战压后阵，
左手斩敌首，
右手擒战俘。
沙场英雄兄，
摔跤是能手，
无人能摔赢，
杀敌是英雄，
所杀无敌手。
起呀英灵快速起，
伴我神毕杀死神，
助我杀敌凯旋归。
围剿吾主死神索命魔、
病魔索命魔，
堵塞死神的通道，
堵住病魔的逃路，
围剿押送索命魔，
逐渐收缩来围剿，
山坡押送到路上，
包围吾主死神索命魔、
病魔索命魔收缩来围剿，
捉到毕主面前来斩首。

别人母毕子未毕[1]，
我辈母毕子也毕，
我毕伴有贤惠圣母神，
贤惠圣母呀，
青发直又长，
发辫粗又黑，
手镯水獭跃，
戒指繁星闪者起。
圣母曾英雄，
今日轮到孝子厮杀的时刻，
圣母曾好客，
今日轮到孝子宴客的时刻，
圣母理家扬美名，
如今轮到孝子创业的时刻。
贤惠圣母快速起，
伴我神毕杀死神，
助我杀敌凯旋归。
围剿吾主死神索命魔、
病魔索命魔，
堵塞死神的通道，
堵住病魔的逃路，
围剿押送索命魔，
逐渐收缩来围剿，
山坡押送到路上，
包围吾主死神索命魔、
病魔索命魔收缩来围剿，
捉到毕主面前来斩首。
助我捉拿邪魔，
擒拿索命死神、
索命病魔邪神，
助我擒拿死神。

别人兄毕妹未毕，
我辈兄弟姐妹都袭毕，
我毕伴有姐妹美女神，
姐妹美女神啊，
发辫粗又长，
发夹白生生，
脸蛋红扑扑，
脚板粉嫩嫩，
耳坠摇晃晃，
童裙红艳艳，
走在前面也显眼，
走在后面也光彩，
左手紧握搅财钩，
右手高擎招宝枝。
冲锋在前当前锋，
压住后面当后盾，
起呀美女神速起，
起程伴我来助威。
贤淑姐妹美女神，
今日英雄美女虽未在，
轮到兄弟厮杀时，
美女曾好客，
今日轮到兄弟宴客时，
美女治家传佳美，
如今轮到兄弟创业时。
起呀美女神速起，
伴我神毕杀死神，
助我杀敌凯旋归。
围剿吾主死神索命魔、
病魔索命魔，
堵塞死神的通道，
堵住病魔的逃路，
围剿押送索命魔，
逐渐收缩来围剿，
山坡押送到路上，

① 虽然现在没有女性毕摩了，但毕摩源于古代女性部落首领，所以，现毕摩们仍会赞颂女性毕祖护法神，以此怀念并铭记远古女性部落首领对毕摩文化的贡献。

包围吾主死神索命魔、
病魔索命魔收缩来围剿，
捉到毕主面前来斩首。
助我捉拿邪魔，
擒拿索命死神、
索命病魔邪神，
助我擒拿死神。

别人姻毕亲未毕，
我家姻亲都是世袭毕，
姻亲和谐犹如鹤成行，
伴有天空鹤雁之神灵，
今日姻亲共同御敌荣，
姻助亲戚创业传美名，
姻亲世袭毕神速起程。
助我捉拿邪魔，
擒拿索命死神、
索命病魔邪神，
助我擒拿死神。

别人部分宗族毕，
我家族人都是世袭毕，
同源宗族神毕啊，
宗族声势如盛夏雷声响，
犹如雾霾罩平川，
列队排列如峭壁，
恰似蕨林雄雉鸡，
相互争鸣不停息。
起呀宗族毕神快速起，
助我捉拿邪魔，
擒拿索命死神、
索命病魔邪神，
助我擒拿死神。

别人主毕仆未毕，

我辈主毕仆也毕，
主仆齐心的神毕呀，
犹如盛夏三月奔腾的骏马，
四蹄和谐齐奔腾。
今日仪式主人家，
英雄主人已故仆人御敌时，
豪爽主人未在仆人宴客时，
治家主人未在仆人创业时，
起呀主仆毕祖神灵快速起。
助我捉拿邪魔，
擒拿索命死神、
索命病魔邪神，
助我擒死神。

别人君王作毕庶民未作毕，
我等君民同是神圣的毕摩，
犹如盛夏三月天空挂彩虹，
彩虹越来越挂近。
今晚仪式吾主家，
君民携手御敌时，
英君帮民宴客时，
英君助民创业时。
君民毕祖神灵快速起，
君王传令玉玺一排排，
君王面前茶气云雾绕，
君王旁边将帅如云集，
枪管森森如林立，
子弹密集如下雨者起。
助我捉拿邪魔，
擒拿索命死神、
索命病魔邪神，
助我擒拿死神。

我毕伴有撕咬猛兽神，
是那原野一对猛虎神，

一对猛虎兄弟护法神。
猛虎兄弟护法神呀，
起自拉韩艺乌河畔上，
经过拉莫阿觉坡岭处，
栖息杉木茂密树山脉，
吼声震荡拉曲月尔山，
虎气飘荡博石山坡上，
狐狸鼓气嘶十声，
不如猛虎吼一声，
虎口犹如血盆红者起。
虎头常高昂，
虎口红艳艳，
咬牙力无比，
虎牙利剑锋，
虎口咬猎物，
坐起咬猎物。
虎头高昂摇，
虎身茅屋高，
虎脚白粗壮，
虎毛纵纹格外亮者起。
起呀伴随毕，
伴随我神毕，
帮毕来助威，
齐起帮吾毕。
虎口咬死神，
虎尾击病魔，
虎脚踩魔怪。
助我捉拿邪魔，
擒拿索命死神、
索命病魔邪神，
助我擒拿死神。

我毕伴有雕鹰神，
伴有雕鹰护法神，
天空雕鹰护法神，
起自雕拉特口[1]山峰处，
翱翔辽阔蓝天白云间，
雕眼明亮射四方，
鹰爪锐利似钢钩，
鹰鸣喧嚣喇叭叫，
羽翼光亮如镀铅者起。
雕鹰护法神，
雕鹰擅抓捕，
抓捕伸尖爪，
从未扑空过。
起呀伴随毕，
伴随我神毕，
帮毕来助威，
齐起帮吾毕。
助我捉拿邪魔，
擒拿索命死神、
索命病魔邪神，
助我擒拿死神。

我毕伴有撕咬护法神，
原野一对花豹护法神，
原野豹子护法神，
起自原始杉林中，
越过花豹坡岭处，
豹头高昂昂，
豹口血盆红，
豹牙锐利尖，
豹毛斑纹明，
褐色斑点整排排，
豹腿粗壮齐助阵。
速起伴毕来，
伴随我神毕，
帮毕来助威，

① 雕拉特口：地名，位于四川省昭觉县特口乡境内。

齐起帮吾毕，
速来享宴请。
助我捉拿邪魔，
擒拿索命死神、
索命病魔邪神，
助我擒拿死神。

我毕伴有咬吞神，
伴有一对豺狼神，
狼头高昂昂，
狼口利牙深，
狼毛明亮亮，
狼脚粗壮者起程。
速起伴毕来，
伴随我神毕，
帮毕来助威，
齐起帮吾毕。

我毕伴有棕熊神，
棕熊护法神起程，
击倒撕食者呀，
一对花颈棕熊神，
大力巨兽棕熊神，
起自熊罴栖息坡，
越过黑山森林间，
熊罴擅抓捕，
下坡压倒成片林，
上坡捣毁成片草。
大力棕熊神，
熊头高昂昂，
熊口大又深，
熊牙尖锐利，
熊毛光亮亮，
熊脚粗壮者起程。
速起伴毕来，

伴随我神毕，
帮毕来助威，
齐起帮吾毕。
熊口咬死神，
熊爪撕死神，
熊脚蹈病魔。
助我捉拿邪魔，
擒拿索命死神、
索命病魔邪神，
助我擒拿死神。

我毕伴有野猪神，
野猪獠牙尖锐利，
獠牙我毕庇佑神。
伴有拱食死神是，
栖息索诺山林的，
雄性花纹野猪神。
凶猛的野猪，
獠牙弯曲锋，
左牙抵死神，
右牙御病魔，
猪头高昂猛，
鬃毛耸森森，
脚粗跑腾飞。
擅拱的野猪，
拱驱魔四方，
野猪擅长拱，
起呀驱拱护法神灵是，
凶猛野猪神灵快速起。
速起伴毕来，
伴随我神毕，
帮毕来助威，
齐起帮吾毕。
拱驱左侧死神邪，
拱逐右侧病魔怪，

折断路上仇人首，
砍断路下敌人头，
死神病魔永不回。
助我捉拿邪魔、
擒拿索命死神、
索命病魔邪神，
助我擒拿死神。

敬请诸山神，
一声诵朗朗，
呼呀神毕唤，
吼乃主人吼，
诵乃实楚诵，
啸乃白虎啸，
鸣乃神鹰鸣，
问那天地神灵护法神，
请呀山神蜇神齐助阵。
南域名山神灵来享祭，
北域名山神灵来享祭，
东域名山神灵来享祭，
西域名山神灵来享祭，
阿豁名山神灵来享祭，
赤赤名山神灵来享祭。
甘洛诸神灵，
山脉甘洛宽，
山神甘洛尊者来享祭。
勒李名山神灵来享祭，
鹫非名山神灵来享祭，
额憨名山神灵来享祭，
吉铁名山神灵来享祭，
勒直名山神灵来享祭，
峨边名山神灵来享祭，
汉区名山神灵来享祭，
迪博喇嘛领域，
名山神灵来享祭，

迪博月尔领域，
名山神灵来享祭，
藏族名山神灵来享祭，
史罗名山神灵来享祭，
伟勒名山神灵来享祭，
伟余名山神灵来享祭，
系哲名山神灵来享祭，
罗穆名山神灵来享祭，
越西名山神灵来享祭，
果机树沽领域，
诸多名山神灵来享祭，
诺古西朵领域，
诸多名山神灵来享祭，
世木核罗领域，
诸多名山神灵来享祭，
毕洛名山神灵来享祭，
亦勒格具领域，
诸多名山神灵来享祭。
江河领域诸神灵，
阿豁柳艺诸神灵，
西昌领域诸神来享祭，
诺依领域诸神来享祭，
尔额领域诸神来享祭，

诺迪杂额领域，
诸多神灵来享祭，
阿杜领域诸神来享祭，
阿勒领域诸神来享祭，
铁赳领域诸神来享祭，
木乌领域诸神来享祭，
甲纳领域诸神来享祭，
平诺领域诸神来享祭，
木尼领域诸神来享祭，
兹兹领域诸神来享祭，
赤赤领域诸神来享祭，

阿伙领域诸神来享祭，
罗诺领域诸神来享祭，
格曲领域诸神来享祭，
哈拿领域诸神来享祭，
竹古领域诸神来享祭，
俄吉米铁领域内，
诸多神灵来享祭，
世峨哈曲领域内，
诸多神灵来享祭。

铁觉[①]领域内，
勒猞哲惹[②]，
十二诸神来享祭；
马边诸领域，
瓦候十二山神来享祭；
峨边诸领域，
罗豁十二诸神来享祭；
依箭诸领域，
瓦弩十二诸神来享祭；
纳古诸领域，
泽豁十二诸神来享祭；
尼乍诸领域，
果额十二诸神来享祭；
拿古诸领域，
寺依十二诸神来享祭；
哲普诸领域，
洛曲十二诸神来享祭；
木者诸领域，
达普十二诸神来享祭；

博觉诸领域，
啥干十二诸神来享祭；
米石诸领域，
豁门十二诸神来享祭；
毕尔诸领域，
勒毕十二诸神来享祭；
机曲诸领域，
寿豁十二诸神来享祭；
博萨诸领域，
莎干十二山神来享祭。
沙尔诸领域，
克尔十二山神来享祭；
寺凯诸领域，
李颇十二山神来享祭；
豁古诸领域，
罗诺十二山神来享祭；
额洛诸领域，
哲维十二山神来享祭；
阿勒诸领域，
月豁十二山神来享祭；
铁克诸领域，
觉罗十二山神来享祭；
诺古诸领域，
莫豁十二山神来享祭；
沙玛诸领域，
博举十二山神来享祭；
博依诸领域，
俄库十二山神来享祭；
豁嘎诸领域，
豁罗十二山神来享祭；
龙头山领域，
阿举十二山神来享祭；
阿宙诸领域，
阶银十二山神来享祭；
俄其诸领域，

① 铁觉：地名，位于乐山市马边彝族自治县高卓营乡大河坝村境内。

② 勒猞哲惹：系乐山市马边彝族自治县高卓营乡大风顶境内的一座名山，海拔3860米。山上森林茂密，古树参天，生长有冷云杉、珙桐、筇竹等植物，境内有大熊猫、四川山鹧鸪、白鹇等珍贵野生动物。

[彝文]，巴普十二山神来享祭，
[彝文]；阶银十二山神来享祭；
[彝文]，　吉曲诸领域，
[彝文]；瓦曲十二山神来享祭；
[彝文]，　依诺诸领域，
[彝文]；孜魏十二山神来享祭；
[彝文]，　良良诸领域，
[彝文]；洛曲十二山神来享祭；
[彝文]，　布拖诸领域，
[彝文]；弹铅十二山神来享祭；
[彝文]，　达罗诸领域，
[彝文]；石铜十二山神来享祭；
[彝文]，　布月诸领域，
[彝文]；嘎玉十二山神来享祭；
[彝文]，　惹克诸领域，
[彝文]；尼罗十二山神来享祭；
[彝文]，　昭觉诸领域，
[彝文]；木合十二山神来享祭；
[彝文]，　铁克诸领域，
[彝文]；鹫罗十二山神来享祭；
[彝文]，　企峨诸领域，
[彝文]；峨石十二山神来享祭；
[彝文]，　古洛诸领域，
[彝文]；俄库十二山神来享祭；
[彝文]，　博银诸领域，
[彝文]；洛乌十二山神来享祭；
[彝文]，　阿觉诸领域，
[彝文]；布罗十二山神来享祭；
[彝文]，　泽嘎诸领域，
[彝文]；瓦体十二山神来享祭；
[彝文]，　依博诸领域，
[彝文]；莫林十二山神来享祭；
[彝文]，　吉觉诸领域，
[彝文]；黑玛十二山神来享祭；
[彝文]，　特罗诸领域，
[彝文]；哲韩十二山神来享祭；
[彝文]，　瓦库诸领域，
[彝文]；勒嘎十二山神来享祭；
[彝文]，　勒姆诸领域，
[彝文]；博迪十二山神来享祭；
[彝文]，　拉叶诸领域，
[彝文]；木兹十二山神来享祭；
[彝文]，　竹黑诸领域，
[彝文]。博克十二山神来享祭。
[彝文]，　诸神来享祭，
[彝文]。　驱逐死神魔。①

三、毕神判魔刑（[彝文]）

毕神判魔刑是指毕摩恭请毕祖护法神灵与天神地祇等护法神灵一起来到道场后，逮住索命魔并将它判处极刑的过程，即为毕神判魔刑，彝语称为“毕布直铠”（[彝文]）。毕摩向毕祖神和家宅神讲明有关仪式的目的、情况后，简要地念诵申明经，然后敬请之前已恭请的天神地祇和将要敬请的毕祖护法神一起到仪式现场，在毕摩法力的作用下，逮住索命魔并判处极刑，将其镇压并驱逐到德布洛莫魔域，使其今后永远不再返回人间夺走他人性命。该仪式是在举行驱逐索命魔仪式的第二天凌晨公鸡首次鸣叫时举行。毕神判魔刑包括“歌颂毕祖”与“判处邪魔刑”两部分。

（一）歌颂毕祖（[彝文]）

歌颂毕祖，彝语称为“毕布毕茨”（[彝文]），简称“毕布”。“毕”有“毕摩”“诵经”“祭祀”之意，“布”有“歌颂”“赞扬”“祭颂”等含义，“茨”即“代”“史”或

① 摘自马边著名毕摩立克日罗（作者父亲）经书《恭请护法神经》，并参考其他古籍文献整理而成。

"谱系""谱牒"。歌颂毕祖就是赞颂毕摩功德，颂扬毕摩作毕（祭祀）的光辉历史，邀请毕摩先祖的护法神灵前来助威。歌颂毕祖仪式中，主要念诵的经文有《毕摩源流》及《毕摩谱系》两部分。《毕摩源流》主要阐述毕摩原生文化的形成、演变和发展过程。彝族先民在原始社会后期，为了适应自然界，在万物有灵观的引导下，在自然崇拜、图腾崇拜的基础上创造了毕摩原生文化。经过了漫长岁月，其间出现了尼能、实勺、格峨、慕弥等部落首领兼文化领袖，最终，彝族在"彝族六祖"时期形成了以祖先崇拜为核心的毕摩原生文化，创造了彝文古籍，发明了毕摩法器，规范了毕摩原生文化诸多仪式程序。《毕摩谱系》主要念诵从"彝族六祖"的古恒与邛尼到主持毕摩本人的世袭毕摩谱系，其中，主要列举阿笃罗普、阿苏拉者等毕摩大师为民禳灾除魔、赐予福祉的伟大功德。

该仪式中有背诵经文和念诵经文两种。主持毕摩负责背诵部分，在主持毕摩开始背诵后，辅助毕摩就开始念诵《驱魔经》中的《歌颂毕祖经》或专门的《歌颂毕祖经》，也可以众辅助毕摩同时念诵不同版本的经文。主持毕摩所背诵的经文既是概括部分又是中心部分，其主要内容包括：毕摩的起源以及毕摩形成的漫长历史过程，邱普发明创造毕摩法器、规范作毕程序及其禁忌；古恒或邛尼世袭毕摩的谱系，直到主持毕摩本人的谱系为止。

无论是主持毕摩还是辅助毕摩，在开始诵经前，都先用右手在面前的簸箕里面抓一把木屑击打索命魔草偶和魔板，然后才开始诵经。

（二）判处邪魔刑（）

判处邪魔刑全称为"判决魔怪断根刑"，彝语称为"直铠"（）。"直"（）为古彝语，有两层意思：一是作动词，有依靠之意；二是作名词，有根之意。"铠"（）为砍断、折断之意。"直铠"意为断根，此处意为捣毁死神索命魔的依靠，将其驱逐、断根，使其永远不再返回仪式主人家。

该仪式只能由主持毕摩主持。念诵《判处邪魔刑经》之前，主持毕摩先将拴在魔板上的索命魔草偶在火塘灰中烫一下，并在火塘沿上敲一下，掷于面前，再开始诵经。同时，在场所有男人高吼数声。《判处邪魔刑经》内容摘录如下。

噢哦——依啊！
豁哦豁哦哈啊，
一声诵朗朗，
诵乃毕摩诵，
吼乃主人吼，
听是天地神灵听，
十二护法神鹰闻后飞，
索命邪魔灭绝时刻到，
作祟人命邪魔灭期到，
现要判处死神索命魔。
原野有靠山，
索命邪魔无靠山，
坪坝有依靠，
索命邪魔无依靠，
世人会说话，
邪魔不说话，
人类有知识，
邪魔无知识；
男女能对语，
邪魔无知话；
纺织仍规律，
邪魔无规律。

阿哲禽类有名称，
索命邪魔无名称，
牛马有栖地，

邪魔无住地，
牛羊有同伴，
邪魔无同伴，
耕牛懂人性，
邪魔无人性，
牧人绵羊解人意，
索命邪魔无意识。
坪坝牧业处，
牛羊相和谐，
邪魔极凶残，
活林分树枝，
邪魔无分支，
刺竹有结节，
索命邪魔无节制，
野藤有根须，
索命邪魔无根须，
山坡有埂坎，
索命邪魔无疆界。

死神索命魔你呀，
说出死者的性别，
（说出死者的名字）
夺去吾主性命的邪魔，
今晚抓住判处断祸根。

死神索命邪魔你一组，
尔等变成各种之妖怪，
是否想要苍天的庇佑？
若是想要依靠那苍天，
苍天那是白天父，
茫茫苍天无边际，
苍天接壤房屋顶，
苍天父[1]留有天菩萨者，

已经开口判处你灭绝。
尔等变成各种之妖怪，
是否企图得到大地的庇护？
下方黑地那是大地母，
大地宽广无边界，
大地接屋撑墙脚，
大地母亲戴头帕，
大地母亲判处尔灭绝。
北方青年声明判尔灭。
尔等变成各种之妖怪，
是否企图得到东方神庇护？
如想东方三域处依靠，
东方三域方，
世居嘎尔普铁[2]，
勒伍阿卓，
尼罗阿苏，
伙布吉树之子孙，
声明判决尔灭绝。
是否企图得到西方神庇护？
如想西方三域处依靠，
西方三域方，
拉皮硕曲，
拉皮迪峨，
拉皮石长，
阿迪阿西，
阿日阿拉子孙们，
声明判决尔灭绝。
是否企图得到北方神庇护？
如想依靠北方三域之神灵，
北方三域方，
依俄阿伙，

---

① 苍天父：与下面的“大地母”相对应，分别指天神和地祇。

② 嘎尔普铁：是指古恒系后裔，主要姓氏有“格张”“甘”“吉峨”“乌颇”“水普”及“阿侯”等，居住地以四川美姑县河溪乡、龙门乡一带为中心，遍布美姑、昭觉及四川乐山市的峨边、马边等县。

黑勒摩西，
吉木苏嘎，
吉鹏阿根，
峨勒阿剑七子，
阿子洛若，
世兹尼惹，
林迪兹莫，
罗吉啥嘎子孙们，
声明判决尔灭绝。

是否企图得到南方神庇护？
如想依靠南方三域处神灵，
南方三域处，
阿职四子[1]，
阿职国果，
阿职目木，
阿兹阿勒，
蓝剑三子，
阿森七子，
阿库三子，
阿洛八子，
尼莫八子，
勒莫哦迪，
阿甲阿平，
马克阿华，
俄木九子，
声明判决尔灭绝。

是否依靠堂琅山庇护？
若企图依靠堂琅山庇护，
堂琅山的山峰处，
君毕鹤唳神灵判你刑，
君主声明判处你灭绝，
重克皮林判处你灭绝。
是否依靠堂琅山腰庇护？
若是依靠堂琅山腰庇护，
臣毕鸿雁鸣者，
开口判处你灭绝，
比峨比迪判处你灭绝，
是否依靠堂琅山脚庇护？
若是依靠堂琅山脚庇护，
那堂琅山脚方，
无数贤能之毕摩，
众口判处你灭绝。
工匠已声明，
阿尔阿迪判处你灭绝，
神圣苏尼已声明，
拉次峨觉判处你灭绝，
瓦萨拉乾判处你灭绝，
君臣苏尼已声明，
阿嘎赤妮判处你灭绝。
神毕已声明，
上天那领域，
昊毕实楚判处你灭绝；
人间那领域，
提毕乍姆判处你灭绝，
阿苏拉者判处你灭绝，
阿格颂主判处你灭绝，
阿克俄窝判处你灭绝，
勒伍阿哲判处你灭绝。
兹兹普乌方，
乍毕阿伊判处你灭绝，
亚古格者方，
亚古书布判处你灭绝，
鸠土木古方，
阿子布月判处你灭绝，
拿甲甲乌方，
阿尼伟其判处你灭绝，
布尔日诺方，

① 阿职四子：主要是指居住在四川凉山州金阳县境内的沙玛土司的后裔。

木知阿霍判处你灭绝，
哲哈勒乌方，
吉克惹史判处你灭绝。
众毕已起立，
签筒犹如杉林立者，
开口判处你灭绝；
众毕那下方，
神扇犹如乌云滚者，
开口判处你灭绝；
众毕那上方，
法帽犹如雄鹰翔者，
开口判处你灭绝；
经书法器神，
法网密森森者，
开口判处你灭绝。[1]

仪式主人家，
索命恶魔是否已灭绝？
如是还未灭，
毕起灭绝索命魔，
索命恶魔这一撮，
没有依靠的地方，
企图依靠屋上杉林山，
杉林乌鸦判处你灭绝，
企图依靠屋下松树林，
松林鹦鹉判处你灭绝，
企图依靠世间人居处，
世间人类判你速灭绝，
仪式主人判决尔灭绝，
（说出众主人的名字）
申明判处尔灭绝。

主人佑神判处尔灭绝，
主人威神判处尔灭绝，

山崖墙壁方，
一对蜂王判处尔灭绝，
江河海洋中，
河中鱼类判处尔灭绝。
恶魔这一撮，
无处可依靠，
众毕判之刑，
毕神除魔根。
起呀击打神灵起，
东方山崖神兵起，
西方悬崖神兵起，
东北平原神兵起，
西北草原神兵起，
南方森林神兵起，
北方林木神兵起，
神兵助毕摩，
判处邪魔刑。

邪魔呀尔这一撮，
专做祸害事，
吞噬杉林树，
只剩獐麂大的面积，
一对獐麂判处尔灭绝。
吞噬悬崖岩，
悬崖松坍塌，
蜜蜂无居处，
悬崖成土堆，
蜜蜂判尔刑。
喝干江河水，
只剩皮筏大的水池，
鱼类无处游，
江河水獭判处尔灭绝。

追捕又追逐，
如今此时候，
呼喊森林神，

① 曲比石门、嘎哈石者、吉尔铁日，《彝族尼牡概论》，第116–118页，四川民族出版社，2001年。

[illegible] 森林神兵来，
[illegible] 无数神兵满森林，
[illegible] 判处邪魔灭。
[illegible] 呼喊山崖神，
[illegible] 悬崖神兵来，
[illegible] 悬崖满神兵，
[illegible] 判处邪魔灭。
[illegible] 呼喊江河神，
[illegible] 江河神兵来，
[illegible] 神兵江河首尾连，
[illegible] 判处邪魔灭。
[illegible] 呼喊草原神，
[illegible] 平原神兵来，
[illegible] 平原耕地首尾相连来，
[illegible] 判处邪魔灭。
[illegible] 猴熊众兽一起来，
[illegible] 森林内外相连来，
[illegible] 判处邪魔灭。
[illegible] 蛇滑蛙跳来，
[illegible] 茫茫沼泽内外排排来，
[illegible] 判处邪魔灭。

[illegible] 邪魔呀尔这一撮，
[illegible] 无处所依靠，
[illegible] 天神地祇来，
[illegible] 打戮神灵来，
[illegible] 判处邪魔灭。
[illegible] 东方神兵追，
[illegible] 西方神兵寻，
[illegible] 判处邪魔灭。
[illegible] 左方森林神兵来，
[illegible] 右方林木神兵来，
[illegible] 判处邪魔灭。
[illegible] 天神呼着起，
[illegible] 地祇喊着来，
[illegible] 判处邪魔灭。
[illegible] 天神地祇到，
[illegible] 毕摩佑神齐，
[illegible] 判处邪魔灭。
[illegible] 室内佑神判尔灭，
[illegible] 屋内慑神判尔灭，
[illegible] 佑神莫叛主，
[illegible] 慑神莫背叛，
[illegible] 天神地祇叫时要找到，
[illegible] 请时要到场，
[illegible] 追捕到邪魔，
[illegible] 判处邪魔灭。

[illegible] 邪魔呀尔等这一撮，
[illegible] 告知天神已判魔刑，
[illegible] 告知地神已判魔刑，
[illegible] 告知尼神已判魔刑，
[illegible] 告知毕神已判魔刑，
[illegible] 告知天上额住方，
[illegible] 额兹额莫判魔刑，
[illegible] 战胜邪，
[illegible] 制胜死神索命魔。①

（三）堵塞魔路（[illegible]）

堵塞魔路是指索命魔被判刑后，将被驱逐到极远的地方，通过森林神灵、悬崖神灵、江河神灵等来堵塞，使其彻底离开仪式主人家，最终将其驱赶到德布洛莫魔域，从此不再返回主人家的仪式过程。

判处邪魔刑仪式完成后，助手们接着手持索命魔草偶在客位方的锅庄上方顺时针绕三圈，然后递给毕摩。同时，助手们拿一个竹篾簸箕（[illegible]

① 《彝文典籍丛书》（6册），第4351—4352页，四川出版集团、四川民族出版社，2009年。

[illegible]）和一个篾筛（[illegible]），背面相撑，立放在毕摩正前方对着门口处，要留出空隙，该空隙表示索命魔被驱逐时的必经之路；再将一把火钳叉开，靠在竹篾簸箕和篾筛旁边，火钳下方倒放一个旧的圆形无底木桶，桶顶朝向门口，叉开的火钳与桶口相对，以示邪魔路。木桶顶前面放置一个石臼，石臼上面放一根石杵。将上述器物准备好后，主持毕摩将拴在魔板上的索命魔草偶在火塘灰中烫一下，并在火塘沿上敲一下，掷于面前；接着主持毕摩从竹篾簸箕里抓一把木屑掷于邪魔草偶上，此时在场者高吼数声，毕摩开始念诵《堵塞魔路经》，经文摘录如下。

[illegible]——[illegible]！　噢哦——依啊！
[illegible]，　之前念完《歌颂毕祖经》，
[illegible]，　刚才已经判决邪魔刑，
[illegible]，　现在堵塞邪魔返回路，
[illegible]，　堵塞君魔翻过九重山，
[illegible]，　堵塞臣魔越过六重山，
[illegible]，　堵塞毕魔越过三重山，
[illegible]，　堵塞民魔走过一重山，
[illegible]，　堵在森林白洞中便灭亡，
[illegible]，　堵在山崖花洞中便消失，
[illegible]。　堵在江河黑洞中便灭亡。
[illegible]，　屋顶黑漆漆，
[illegible]，　坐在屋门背，
[illegible]，　堵塞在门外，
[illegible]，　石臼窝里砸，
[illegible]，　索命邪魔已堵塞，
[illegible]，　堵塞索命邪魔毕，
[illegible]。　索命恶魔已灭绝。

念诵至此，主持毕摩将拴在魔板上的索命魔草偶在火塘灰中烫一下，并在火塘沿上敲一下，掷于面前；主持毕摩从竹篾簸箕里抓一把木屑掷于邪魔草偶上面，此时在场者高吼数声，毕摩开始念诵《灭魔经》（《[illegible]》），经文摘录如下。

[illegible]——[illegible]！　噢哦——依啊！
[illegible]，　灭绝并消失，
[illegible]，　索命恶魔尔等这一撮，
[illegible]，　日间拾起石块啃食者灭，
[illegible]，　夜间偷着食物吞食者绝，
[illegible]，　藏在佑神偷食祭品者灭绝，
[illegible]，　躲在枕边扰睡眠者灭绝，
[illegible]，　躲在柱后作祟致病者灭绝，
[illegible]，　躲在黑猫后吞食雏鸡者灭，
[illegible]，　藏在圈舍残食牲畜者灭，
[illegible]，　藏在牛尾残吸牛血者灭，
[illegible]，　藏在鸡尾残食鸡肉者灭，
[illegible]，　躲在门内勾引外魔者灭绝，
[illegible]，　躲在屋内勾引外鬼者灭绝，
[illegible]，　驱逐森林白色棚中捣就灭，
[illegible]，　驱逐山崖花色棚中捣就灭，
[illegible]，　驱逐大海黑色棚中捣就灭，
[illegible]。　灭绝已消失。

念诵到此处时，毕摩将拴有索命魔草偶的魔板抛掷到竹篾簸箕和篾筛立放的空隙口，此时在场男人们齐声吆喝"哦——嚯啊！"表示大家助威驱逐死神索命邪魔，同时毕摩念诵以下经文。

[illegible]，　死神索命魔尔一组，
[illegible]，　钻过篾簸下，
[illegible]，　钻过篾筛下，
[illegible]，　钻过火钳下，
[illegible]，　石臼窝里砸，

[illegible] 磨子中间夹，
[illegible] 装入牛皮袋，
[illegible] 拴在黑马腰，
[illegible] 掷入大海里。
[illegible] 诅咒速驱逐，
[illegible] 进入北方尔格[1]口中就灭绝，
[illegible] 进入南方特比口里就灭绝，
[illegible] 进入东方豹口[2]里就灭绝，
[illegible] 进入西方猛虎口里就灭绝，
[illegible] 灭绝永消失。[3]

紧接着，助手拾起索命魔草偶将其穿过竹篾簸箕和篾筛间的空隙，待索命魔草偶穿过后立即将竹篾簸箕和篾筛交叉抛开，即放在左边的竹篾簸箕从右边抛出，放在右边的篾筛从左边抛出，表示邪魔永不回头。再将索命魔草偶从火钳叉开处穿过并立马将火钳闭合，表示邪魔永不返回。接着将索命魔草偶放在石臼上，用木杵在上面舂3次，然后将索命魔草偶放在地上，把石臼倒扣其上，将其压住，用火钳夹块火炭放在倒扣的石臼里，再用水浇灭，表示死神病魔已灭。最后，将索命魔草偶带到客位下方的磨坊里，放入石磨间压一下，表示邪魔犹如谷物一样被磨碎，永不翻身。完成以上程序后，助手们将

竹篾簸箕火钳下面的邪魔路　立克达曲 / 摄

索命魔草偶带到门外，再用竹簸箕和篾筛装些带火炭的草灰，携带几瓶白酒，点起火把（现一般用手电筒）一起将索命魔草偶遣送到火葬地。按照传统习俗，如果死者是男性就需要9位男性成员一起遣送，如果死者是女性则需要7位男性成员一起遣送。当助手们带着索命魔草偶到达火葬地时，一人将索命魔草偶在火葬地上方按顺时针方向转三圈，每转一圈就用助手带来的炭灰撒在草偶上面一次，并一起高声吆喝“哦——嚯！”，表示驱逐死神邪魔。转完三圈后把索命魔草偶放在葬地旁边，草偶头朝向

---

① 尔格：与下面的“特比”合称为“尔格特比”（[illegible]），是被远古彝族英雄支格阿鲁制服后隐居魔界的索命魔。尔格特比一家三口，公特比每三年在一个方位摄食世间生灵，母特比每三月在一个方位摄食世间生灵，子特比每天在一个方位摄食世间生灵。所以，人们在出门远行时都要避开他们所在的方位，否则出行者的灵魂很可能被摄食，有身患疾病或死亡的危险。尔格特比居住区域的方位随时间的变化而有规律地变化，现彝历法中通常所说的“德克”（[illegible]）就是指“尔格特比”居住的方位。

② “豹口”：与下面的“虎口”是指星相，这里指把索命邪魔驱逐到很远的地方，使其永不返回。

③ 摘自马边著名毕摩吉克罗布收藏的经书，并与其他经书一起整理而成。

德布洛莫方向，随行每人喝一口白酒，将剩余的酒洒在草偶上，剩余的火炭灰也全部倒在草偶上，再将装有炭灰的器具全部抛弃在葬地旁边，最后助手们空手返回丧家。

四、镇魔收兵（[彝文]）

镇魔收兵，彝语称为“古日瓦日”（[彝文]），“古”（[彝文]）是指作毕仪式中的神枝，“瓦”（[彝文]）是铺垫在地上用于插神枝的净草，现泛指仪式开始前用神枝按照一定规则插的神座。“日”（[彝文]）在这里有两层意思：一是指经过该仪式后，毕摩所请的各种神灵已镇住妖魔邪怪，驱逐索命邪魔，锁住死神病魔等，使之不能返回仪式主人的住地；二是指毕摩邀请的各种神灵已完成使命，召回收兵，宴请神兵后让其各自回到自己的栖息地，护守岗位，等待将来再受邀请。故镇魔收兵是指将夺去死者性命的索命魔经过举行一系列的诅咒仪式后进行镇压，驱逐出人间，使其再也不能返回人间夺走他人性命。从今往后，仪式主人远离病魔死神，身体健康，人丁兴旺，家庭幸福（经文从略）。

第三章

祭祖缘由

JIZU YUANYOU

随着历史的发展，祭祖送灵逐渐成为彝族人一生中不可或缺的一项重要民俗活动，是四川大小凉山彝族极为隆重的毕摩原生文化仪式之一，是晚辈为已故长辈安灵的重要活动。祭祖、安灵构成了彝族人送终的全部内容。其中，祭祖送灵仪式既复杂又隆重，它关乎父母长辈亡灵的最终归宿，也关乎子孙后代的发展繁衍，四川凉山地区素有“汉地扫墓尊，彝地祭祖贵”的说法。

在彝族历史上，祭祖送灵仪式曾广泛流传于云、贵、川、桂彝族中，但由于各种因素的影响，祭祖规模、仪式时间不断缩小和减少，程序内容不断简化，甚至举行祭祖仪式的地区都越来越少，祭祖传统习俗濒临消失。现仅有彝族北部方言地区保留得较为完整，尤其在四川大小凉山依诺地区的美姑县、昭觉县、雷波县，乐山市的马边县、峨边县等地，至今保持着鲜活的生命力。因此，上述各地尤其是四川美姑县享有“毕摩文化之乡”的美誉。

祭祖仪式是集祭祀性与娱乐性于一体的彝族传统民俗文化之一。祭祖仪式历时三天三夜，程序复杂而不紊。仪式场地具有移动性，即从屋内向屋外移动，第一天在屋内举行，第二、三天在屋外村寨举行。届时，仪式主人及其亲戚穿着彝族传统服饰，盛装打扮，聚集在仪式现场，与毕摩及亡灵互动。毕摩们将主持复杂的祭祖仪式，主人们则以家庭为单位整齐排列，在仪式现场转祭棚，载歌载舞，同时举行赛马、斗羊、摔跤、辩论、说唱等传统的娱乐活动，表演古老的民间传统艺术，凸显彝族历史，彰显古代彝族文明。这些仪式活动除了能安抚祖灵，让祖灵开心地离开世间到祖界，还能让在世子孙及亲朋好友相互传递美好祝愿，联络情感、增进友谊、加强团结，传承传统文化，对于加强文化自信、维系民族情感具有积极的意义。

祭祖仪式从古至今代代相传，表现了彝族人积极乐观的生活态度和人文终极关怀思想，也是彝族人共同的族群记忆。通过仪式传承，演绎出一系列重要的文化理念和人文历史意蕴，为彝族的历史记忆与生活实践提供一种连接过去、现在和未来的文化命脉延续，对传承、弘扬彝族传统文化，具有不可替代的历史价值、文化价值、民俗价值。2014年11月，凉山彝族“尼木措毕祭祀”经国务院批准列入第四批国家级非物质文化遗产代表性项目名录。①

第一节　祭祖的概念

祭祖，全称为祭祀祖先送往祖界。祭祖，意为祭祖送灵，也有举行祭祖送灵仪式之意，彝语统称为“尼木措毕”（[彝文]），简称“尼木”（[彝文]）或“措毕”（[彝文]）。“尼木”是制作灵牌之意。“尼”（[彝文]）为古彝语，有两层意思：一是指彝族的统称。由于历史的原因，古代彝族在不同的地域有不同的称谓，彝族有诺苏、纳苏、聂苏、阿哲、乌撒等三十多个不同的支系，但“尼”是彝族历史上最早的统一称谓，其

① 2014年11月，四川凉山彝族“尼木措毕祭祀”同“诸葛后裔祭祖”“徐村司马迁祭祀”等一起经国务院批准列入第四批国家级非物质文化遗产代表性项目名录（国发〔2014〕59号）。

他不同的称谓都由“尼”衍变而来，现在的毕摩经文和古籍文献仍称彝族为“尼”。二是指灵牌“玛笃”，即已故考妣之灵牌。“玛”意为竹、竹根，“笃”意为源、源自，“玛笃”意为源于竹林的彝人，此处指竹灵牌。远古时期，彝族人遗体火化后原本要找出一块额骨片来制作灵牌，该额骨片彝语称为“那森”，但遗体火化后“那森”难以分辨，后来便用竹根代替。之所以用竹根来代替“那森”，是因为彝族崇拜竹，视竹为祖先，因此彝人死后其骨灰撒在竹林之中，进而认为人死的是肉体，死后为竹体，以竹为灵位，以示死后仍归其宗。“木”也有两层意思：一是作名词，指地方、区域；二是作动词，有做、制作之意。总之，“尼木措毕”是指以同祖同宗（一般是同祖）为单位，共同为已故的祖妣亡灵制作灵牌（芯），经过一系列复杂的祭祀仪式程序，最后将祖妣亡灵教导送往祖界与祖先团聚的安灵过程，又称为祭祖送灵归祖。

为什么要举行祭祖送灵仪式？因为死后归祖是每位彝族人活着时的愿望，也是亡灵的强烈需求，故为了了却他们的心愿而举行祭祖送灵仪式。毕摩原生文化认为，祖先虽故去，其灵魂（亡灵）仍守望在火葬地，还会在子孙的居住地漂泊，且时常作祟于后代，只有通过祭祖送灵仪式才能被送往祖界，与祖先团聚。举行祭祖送灵仪式，一方面，能使亡灵摆脱鬼怪邪祟的控制而成为祖灵，永享子孙供奉，而不会沦为孤魂野鬼，无所依托，受魔驱使；另一方面，能使亡灵找到归宿，而不再滞留人间降祸降灾，作祟于子孙后代。因而，祭祖送灵仪式无论是对亡灵还是对后人都有十分重要的意义。成功举行祭祖送灵仪式后，祖先亡灵将福禄、健康、子嗣、五谷、六畜和财运等赐予其子孙后代，让他们世代繁荣昌盛，过上幸福安宁的生活。因此，为了送灵归祖，子孙常历经艰难困苦，省吃俭用地聚集财富，争取尽到自己应尽的义务，完成人生的重要任务和使命。彝谚道：“汉人攒钱修建房屋，彝人攒钱祭祖送灵。”

第二节 祭祖的源流

据古籍文献《祭祖溯源》、史诗《勒俄特依》、教育经典《玛牧特依》、历史典籍《公史传》和《母史传》等彝文古籍文献记载，彝族社会从“只知有母，不知有父”的母系氏族社会过渡到“娶妻配成偶，生子可见父”的父系氏族社会，创建了祭祖送灵的原生文化制度。在经历了“生子不见父”的九代历史之后，雪族之子武哲史拉的后裔石尔俄特历经曲折，终于与聪明女子兹尼史色结婚，并举行祭祖送灵仪式，从此开始“生子见父”，从而确立了祭祖送灵的一整套原生文化仪式制度。兹尼史色给石尔俄特的谜语中就有“三节不烧的柴为何物”之语，谜底就是“家中供奉的祖灵灵牌”，兹尼史色还告诉石尔俄特，应当把“祖灵灵牌挂在墙壁上，安灵之后供在神位上，超度之后送往箐洞中”。因此，彝族两性制度的建立、婚嫁礼仪的兴起、祭祖送灵仪式的创建都始于石尔俄特时代，这一时期也被人们视为彝族先民从母系社会进入父系社会的一个历史转折点。由此说明，祭祖送灵仪式在彝族氏族社会时期就已创建并被普遍信仰。

祭祖送灵是彝族毕摩原生文化“万物有灵观”和“祖先崇拜”的具体践行。灵魂观念是一切原始宗教观念中最重要、最基本、最古老的观念之一，是整个宗教信仰赖以存在的基础。灵魂寓于个体之中，赋予个体以生命力，是主宰一切

毕摩念诵经文 阿牛史日 / 摄

活动的超自然存在。①

“万物有灵观”是彝族原生宗教形成的开端，也是毕摩原生文化的核心。彝族在漫长的生产生活中，自然形成了独特的信仰体系，在万物有灵（魂）的基础上，形成了以自然崇拜、图腾崇拜和祖先崇拜为一体的传统信仰，其中万物有灵观是毕摩原生文化的核心内容，祖先崇拜是万物有灵观的具体内容和外在表现，祭祖送灵是祖先崇拜践行的具体仪式行为。

祭祖送灵是在世的子孙共同祭祀已故祖先的仪式活动，其仪式具有“频率低、规模大”的特点。每位已故的祖先只有一次被祭祀的机会，且去世后要隔一段时间，甚至相隔一两代至几代后才举行。因此，一般上一次举行祭祖送灵仪式后，要相隔三四十年甚至更长时间才会举行下一次祭祖送灵仪式，所以，祭祖送灵仪式频率极低。究竟一次仪式要送几代祖先的亡灵或相隔多少年举行一次仪式要根据具体情况而定，一般是三代，即为曾祖父辈、祖父辈和父辈三代举行一次送灵仪式。彝族《玛牧特依》中记载：三代共祭祖，室宇亮堂堂。如果第三代后的子孙中无绝嗣、残疾、憨痴等现象，子孙人畜兴旺、五谷丰登，也可推迟至四、五代再举行。祖先中若有凶死或因患麻风病、痨病去世的，或子孙后代中有绝嗣、残疾、憨痴等现象，或人畜不兴旺、五谷不丰登，则必须提前举行。有的甚至在丧葬仪式

①孟慧英，《彝族毕摩文化研究》，第75页，民族出版社，2003年。

完成后，接着就举行祭祖送灵仪式，以最快的速度将亡灵送达祖界。祭祖送灵仪式是一代或一代以上的子孙共同祭祀自己的祖先亡灵，一般一次祭祀亡灵的数量少则几个，多则几十个甚至上百个。届时，与这些祖先有血缘、亲缘关系的人都会前来参加，少则几百人，多则上千人，因此祭祖仪式规模宏大。

举行祭祖送灵仪式的时间一般选在秋冬季节，以冬季为多，择吉日举行。岁末年初，正值农闲时节，是举行祭祖送灵仪式的理想时节。同时，毕摩原生文化认为秋冬季节雨水较少，没有洪涝，亡灵可以顺利渡河到达祖界。故而祭祖送灵仪式通常选在初冬时节，即在彝历新年与汉历春节之间择吉日举行。

现在祭祖送灵仪式一般连续举行三天三夜，但历史上举行的祭祖送灵仪式规模宏大，时间可持续半个月之久。近现代以来，根据举办仪式时间的长短可将仪式分为三种类型。第一种，大型仪式，需要九天九夜。大型仪式中举行祭棚内宴灵仪式时，被祭亡灵的后代必须用一头未服过役的阉黄牛作为献祭牺牲。举行活牲献祭时，被祭亡灵的后代（包括儿女）各用一头黄牛作为献祭牺牲敬献给先祖亡灵。辅祭方前来参祭时，每个姻亲家支至少要送五头黄牛，有的姻亲为了显示自己的富有和家族势力强大，会送十几头甚至几十头黄牛。献牲时只用一头黄牛，剩余的送给各自的叔伯或兄弟，以示资助。死者在世时，出生却未见过面的孙儿、孙女和外孙、外孙女每人出一只绵羊或一头仔猪献祭，表示为祖先尽孝。历史上，只有有权有势的土司和头目才有能力举办这种规模巨大的祭祖送灵仪式。第二种，中型仪式，需要七天七夜。宴请亡灵仪式中既可以用黄牛作牺牲牲畜，也可以用绵羊。在献畜仪式中，主、辅祭双方都可用绵羊；孙儿、孙女和外孙、外孙女只用仔猪献祭。新中国成立前，四川大小凉山富贵的黑彝和富裕的白彝一般采用这种规模仪式。第三种，小型仪式，只需要三天三夜。在宴请亡灵仪式中，黑彝用牛作为献祭牺牲，白彝用绵羊（吉克惹史家支必须用牛）作为献祭牺牲。在献畜仪式中，主、辅祭双方可用牛也可只用绵羊；孙儿、孙女和外孙、外孙女只用仔猪祭献。一般平民百姓大多举办小型祭祖送灵仪式。现今祭祖送灵仪式大多简化为三天三夜的小型仪式。

子孙将祖先的亡灵制成灵牌，通过制灵、祭灵、净灵、送灵等仪式程序后，将祖先灵牌送入同宗祖灵箐洞，让祖灵到达祖界“额木普沽”与祖先团聚，获得永生。举行祭祖送灵仪式，表达了子孙对祖辈的崇敬和孝道，寄托着生者对亡者的思念，承载着子孙祈求祖灵赐予福祉的愿望，使信奉“万物有灵”和“祖先崇拜”的彝族人得到莫大的心理安慰。

第三节　祭祖的分类

祭祖送灵仪式（“尼木”）是彝族毕摩原生文化中历史最悠久、规模宏大而普遍盛行的民俗文化。在彝族历史上，根据仪式的规模、程序的繁简、时间的长短又可以将其分为大、中、小三种仪式。大型“尼木”称为“迪哈尼木”（[illegible]），意为埂坎上方制灵安灵仪式，仪式需要21天。如古代“祭祖登梯”仪式，该仪式全称为“登云梯祭祖祈福”，毕摩俗称“尼木阁朵”（[illegible]），“阁”（[illegible]）为云梯、楼上之意，“朵”（[illegible]）为攀登之意。因仪式主人的先祖有智力障碍、聋哑等先天性残疾或遗传性疾病，后世子孙为了消除此类疾病而举行该仪式。该仪式

场面宏大，程序复杂，对宴灵牺牲物要求极高，要求牺牲物纯洁无污，须选用未服役的黄牛和白色母羊所生的白色绵羊。传说有权势的贵族才能举行该仪式。仪式要邀请学识渊博、法力极高且经验丰富的毕摩主持。仪式除举行一般的祭祖送灵仪式外，还要举行两次庞大的猪胛骨占卜仪式，最后还要在户外搭建一个约9米高的专供主祭毕摩就座的青棚楼。青棚楼用麻秆建造，承载力只有30公斤左右，再从地面到青棚楼再搭建一个用麻秆筑成的9层云梯，承载力也只有30公斤左右。在青棚楼的地面上倒插入9把尖刀，毕摩一边念诵《尼木攀登云梯经》，一边一层一层赤脚往上攀登，直到登完9层云梯，安稳地坐在青棚楼上念经。据传200多年前，家住四川凉山州美姑县瓦古乡一带的阿杰·吉觉兹莫（土司）家举行过一次盛大的祭祖登梯仪式，邀请本地著名毕摩迪惹·阿铁·阿克的三个儿子（银尔、宇惹、吉尔三兄弟）主持该仪式，其中阿克吉尔为主祭毕摩。仪式持续了21天。中型“尼木”称为“迪拈尼木”（[Yi script]），意为埂坎上方制灵安灵，仪式需要14天。小型“尼木”称为“迪几尼木”（[Yi script]），意为埂坎下方制灵安灵，仪式需要7天。近现代以来所举行的祭祖送灵仪式一般为“迪几尼木”，仪式时间一般为3~9天，现在简化为三天三夜。

根据祭祖送灵仪式所祭祀先祖考妣死亡的原因和仪式的目的不同，又可将祭祖仪式分为祈祷性祭祖、防卫性祭祖、附属性祭祖和特殊性祭祖四种。

毕摩在祭祖道场上念经　阿牛史日 / 摄

一、祈祷性祭祖

祈祷性祭祖通常指的是一般的祭祖送灵仪式，被祭亡灵的原附主为病故，即正常死亡，只需要举行一般的祭祖送灵仪式，又称吉性祭祖，彝语称为“乍尼木”（[illegible]），意为祈福纳祥祭祖，俗称“尼木措毕”。“措毕”（[illegible]）指祭祀人的仪式。“措”是指人，包括活人和死人。有些老年者，其同辈的大部分人尤其是老伴已故，经宗族成员集体讨论决定，在举行祭祖送灵仪式时为其制作特殊灵牌，与已故祖妣的灵牌一起经过祭祀送往祖界，待其去世后便不再为其举行祭祖送灵仪式。“毕”（[illegible]）指祭祀，这里专指祭祖之意。“尼木措毕”指制作灵牌后送灵、安灵的仪式，即祭祖送灵归祖。

通常所说的“尼木措毕”指的是祈祷性的祭祖仪式，是各种“尼木”仪式中最常见、最核心的“路上方”祭祀仪式，程序复杂，内容繁多。

二、防卫性祭祖

如果被祭亡灵的附主是由于意外、患遗传病和传染病等原因死亡的，则要根据其死因有针对性地追加特定的仪式程序，这些特定的祭祖送灵仪式分为以下两类。

（一）凶性祭祖

凶性祭祖，彝语称为“日尼木”（[illegible]）。“日”（[illegible]）又称为“比日”，意为凶残邪魔。彝族人把自杀、他杀、意外事故等原因导致的死亡统称为凶死，并认为此类死亡是凶残邪魔所致，人死后其亡灵也会变成凶魔。因此，举行祭祖送灵仪式时，上述凶死者的后代要专门邀请“日毕毕摩”（[illegible]），即专门主持凶性法事的毕摩举行断送凶死邪魔之路仪式，彝语称为“比日嘎凯”（[illegible]），然后才能将其灵牌交给善性毕摩，与其他灵牌一起安放。

毕摩原生文化认为，凶死亡灵若不通过特殊仪式进行超度是不会成为善灵的。在举行特殊的“日尼木”仪式之前，他们的亡灵仍被凶死邪魔控制与操纵，作祟、致祸于在世的亲人。若不举行诅咒、驱逐凶死邪魔仪式，凶死亡灵则不能成为善灵，这样的祖灵也不能与寿终正寝且有子嗣的善灵一起举行送灵仪式并被送归祖界。因此，通过“日尼木”仪式，可以杜绝凶死邪魔将来纠缠死者子孙后代，以免其后代也同样凶死。

凶性祭祖仪式与祈祷性祭祖仪式程序基本一样，但有其特殊性。第一，在驱逐索命邪魔仪式时，除了扎缚索命魔草偶外，还要扎缚一个凶性邪魔草偶，彝语称为“比日布”（[illegible]）。仪式献祭牺牲全用黑色，即用黑色的母山羊，如果没有山羊可以用黑色母猪代替。而一般的祭祖仪式只能牺牲猪，禁忌牺牲山羊。第二，开始制作的灵芯只能存放在用马桑树制成的灵床内，而不能存放在柳杉树或茶树制成的装善性亡灵灵芯的灵床内。第三，“日尼木”仪式结束时，灵牌不能直接交给主祭毕摩，而是让护灵员到仪式现场将其取走；护灵员把灵牌放在主祭毕摩面前的地上，主祭毕摩不能直接用手拾起，而要先用右脚轻轻踩下，以示不准凶死邪魔与亡灵同来，然后用右脚将其钩到自己面前，最后才用手拾起。主祭毕摩将灵牌交给辅祭毕摩或徒弟，待举行除秽仪式后，将旧的马桑树灵床换成新的柳杉树灵床，制成新的灵牌，才能与善死亡灵的灵牌一起举行祭祖送灵仪式。第四，凶性法事毕摩完成“日尼木”仪式后，要立即起程回家，不能在祭祖送灵的道场上逗留，不能参与送灵仪式，更不能到仪式主人家去。离开道场时只能从屋前顺沟谷而下，彝语称为“日比烂大折”（[illegible]）。仪式主人们则用猪、狗粪等污物追赶，并鸣放鞭炮，如撵走妖魔鬼怪一般，直至凶性法事毕摩

走远为止。

（二）疾病性祭祖

彝族将疾病分为传染性疾病与非传染性疾病。传染性疾病传播速度快、传染人数多，很难治愈，除用彝族中草药来治疗外，还要通过举行大型祭祖仪式来治疗。

1. 麻风病的祭祖

麻风病的祭祖是专门为麻风病死者亡灵举行的祭祖送灵仪式，彝语称为“粗尼木”（[illegible]）。“粗”是彝语“粗夕”（[illegible]）的简称，意为麻风病，俗称“癞子”（四川方言）。彝族先民将麻风病视为最恐怖的传染病，视为不治之症。凡是麻风病患者走过的路，人们7天之内不敢经过；凡是麻风病患者坐过、睡过的地方，人们永远不在此处坐或睡。当某地区发现有麻风病患者时，其他家支会责令患者的家族立即将麻风病患者隔离或驱逐。

举行麻风病的祭祖仪式，其目的除送灵归祖外，还希望通过举行这种仪式杜绝麻风病重现于该家支，让其后代健康地成长、生活。

麻风病的祭祖仪式规模宏大，程序复杂，因此对毕摩的要求也很高。毕摩不仅要知识渊博、经验丰富，而且拥有强大的护佑神灵，法力高深，否则不能胜任。无论是送灵毕摩还是专门主持凶性法事的毕摩，都不愿为有麻风病史的人家主持各种治疗性的仪式，因为担心自己的法力不能制服这种顽劣病魔反而染上这种绝症。但是，有两种情况，毕摩必须应邀主持仪式：第一种，毕摩是主人家世代邀请主持仪式的固定毕摩，有不可推卸的责任和义务为其主持仪式；第二种，毕摩被有这种病史的人家占卜选中，不得不为其主持仪式。凡有这种病史的人家欲举行祭祖送灵仪式，一般要准备一些钱财，否则无法邀请到主持该仪式的毕摩，毕摩的酬劳也比一般的祭祖送灵仪式高出数倍。

麻风病的祭祖仪式程序跟一般性的祭祖仪式程序大致相同，只是其仪式程序更加复杂，规模更加宏大，其特殊之处在于被祭亡灵在火葬地召灵时，要在葬地旁边象征性地建一个三锅庄，三锅庄上放置一口大铁锅，找一个麻风病患者（现无麻风病患者，则找一个死者的男性亲朋好友便可）烧火，在锅中熬牛、羊油，以备召灵时用。此时，主持召灵仪式的毕摩头戴铜法帽，手摇神扇，肩挎铜签筒，念诵经文，召唤癞死之灵。经过举行许多特殊复杂的卸癞除魔的仪式后，被祭亡灵才能进入正式的送灵仪式队伍。

2. 痨病的祭祖

痨病的祭祖是指专门为死于遗传性或传染性疾病的祖妣亡灵举行的祭祖送灵仪式，彝语称为“琉尼惹尼木”（[illegible]），简称“琉尼木”（[illegible]）。“琉”为“琉纳”的简称，意为“猴瘟”，现代医学称为传染性肝炎或肝癌；“惹”是“惹纳”的简称，意为痨疾，现代医学称为传染性结核病。“琉纳惹纳”泛指具有遗传性和传染性的内科慢性疾病，过去四川大小凉山地区医疗卫生条件及设施落后，将这两种慢性病统称为痨病，该病的治愈率很低。因此，彝族人对这种病的恐惧仅次于麻风病。

举行痨病的祭祖仪式有两个前提：一是主祭方有这种遗传病史并有若干代人死于此病，说明该病继续在该家支蔓延。这种情况下，就在死于此病者的遗体旁举行痨病的祭祖仪式，仪式结束立即将遗体火化。二是主祭方的祖先中有人患过这种传染病，后代中暂时未发现，为了防止此类顽瘴固疾再次出现在子孙后代中，有这种病史的家支在举行祭祖送灵仪式的同时会举行痨病的祭祖仪式，其目的是通过这种仪式卸除猴瘟，杜绝这种顽疾重现于该家族。

三、附属性祭祖

附属性祭祖是伴随祈祷性祭祖而产生的祭祖仪式，又称治疗性祭祖。附属性祭祖仪式根据目的的不同，可分为猪胛骨占卜祭祖和祈福性祭祖两种。

（一）猪胛骨占卜祭祖

猪胛骨占卜祭祖是用一头黑色的母猪作为牺牲祭畜，经过复杂的仪式程序后，毕摩不用任何刀具而徒手抽出猪胛骨来占卜的祭祖仪式。该仪式是一种治疗性仪式，举行该仪式的人家一般是先祖中有人患遗传性的传染病，久治不愈，并死于该病，现后代中也出现了患者。该仪式又称为猪胛骨占卜仪式，彝语称为“尼木维批”（[illegible]），是一种仪式规模大、程序极为复杂、层次极高的仪式。彝谚道：“毕哈尼就，尼就尼维批”（[illegible]），意为在上百种毕摩原生文化仪式中，祭祖仪式是层次最高的一种，在所有祭祖仪式中，猪胛骨占卜祭祖仪式又是层次最高的一种。该仪式对毕摩的要求很高，至少要主持过3次以上一般的祭祖送灵仪式，年龄在30岁以上，做仪式前半个月内禁忌与妻子同房。

仪式开始前，先要举行一次特别的祭祖祛秽仪式（[illegible]），然后才能举行猪胛骨占卜祭祖仪式。该仪式需要插入仪式神座，牺牲一只绵羊、一头猪和一只鸡。仪式进行到一定程序后，毕摩从其神签筒中抽出一根竹签放在左侧，其余的竹签全部取出并蘸上猪血放在右侧的地上，用神扇随机分成3份，根据每份数量的奇偶来占卜吉凶。经过复杂的仪式程序后，主祭毕摩徒手取出猪的左胛骨，视其颜色占卜，洁白为吉兆，黄色或黄红色为中兆，黑色为凶兆。

（二）祈福性祭祖

祈福性祭祖是指为驱逐怪病、祈福纳祥而举行的祭祖仪式，彝语称为“尼木甘波”（[illegible]）。有两种情况需举行该仪式：一是仪式主人家世代得怪病，久治不愈，人丁稀少，只有独子传嗣，有绝嗣的危险；二是仪式主人家世代有歪嘴斜眼、断臂缺腿、侏儒等先天性残疾者。

四、特殊性祭祖

祭祖送灵仪式种类繁多，程序复杂，针对性很强。在古代，还有一类独具特色的祭祖送灵仪式，这类仪式因目的性强、程序复杂、仪式特殊而著称。然而这种特殊的祭祖仪式大多数已消失在历史的长河中，目前了解的特殊性祭祖仪式有祭祖分支和祭祖筛灵两种。

（一）祭祖分支

祭祖分支仪式，俗称“尼木伟简”（[illegible]），“伟”（[illegible]）有同宗之意，“简”（[illegible]）有分出、分支之意，“尼木伟简”意为同宗祭祖分支。这种仪式是彝族古老的祭祖分支仪式。以前彝族有严格的“同族内婚”“等级内婚”制度，为了让自己“高贵纯洁的血统”延续下去，严禁与外族通婚，或与比自己等级低的人通婚，联姻范围狭窄，所以同宗族的人相隔七代或七代以上便可以举行该仪式。举行祭祖分支仪式时，把所祭祖的灵牌以某位先祖的几个儿子作为分支节点，每个儿子及其子孙的灵牌为一组，经过举行复杂的仪式后藏放在新的箐洞里，这一宗族便分支成功，新分出的家支以其中有名望者的名字为姓氏，以区别于旧的姓氏。从此，同宗子孙分支成不同姓氏的支系，所分出的支系后裔可以互相通婚，繁衍后代。

近代以来，由于四川凉山彝族人口增多，联姻范围更广，则不需要再通过举行分支仪式而通婚，因此现在能主持祭祖分支仪式的毕摩极少。据说，举行祭祖分支仪式时，首先要举行摘灵仪式。摘灵仪式，彝语称为“尼木峨显”（[illegible]）。仪式要在藏放祖灵箐洞的岩脚下举行，

仪式需要牺牲一只绵羊。举行仪式时将放置在箐洞里的所有祖先灵牌取出，插入召灵路神座，用新拔的竹根、招魂草缚于牺牲绵羊的身上，毕摩手持黄色母鸡念经召灵，用树叶蘸水洒于绵羊身上，若绵羊三次或三次以上全身颤抖，说明祖灵已召回，就可以举行祭祖分支仪式了，反之则不能举行。

（二）祭祖筛灵

该仪式俗称“尼木金洛”（ꀉꃅꐚꇉ），“金”（ꐚ），意为筛选，“洛”（ꇉ），有祭祀之意。“尼木金洛”是指某个宗族因特殊原因，若干代没有举行祭祖送灵仪式，放置在屋里供奉的灵牌堆积过多，且由于时间跨越百年，难以辨认灵牌的主人，故要举行祭祖筛灵仪式，以神灵来筛选灵牌对象。

近代以来，这种仪式在民间极为少见。据传该仪式举行到一定程序后，要将所有灵牌取出，放在装有荞麦壳的大竹筛中，用荞麦壳将所有灵牌覆盖住，毕摩念诵《尼笃筛灵经》后，不断地筛之，最先筛出来的灵牌为先辈，后筛出的灵牌为晚辈，将筛出的一个祖考灵牌和一个祖妣灵牌配成一对，然后继续筛选。如此反复筛选，直到灵牌筛选配对完毕，最后再进行正常的祭祖送灵仪式。

第四章 祭祖准备

JIZU ZHUNBEI

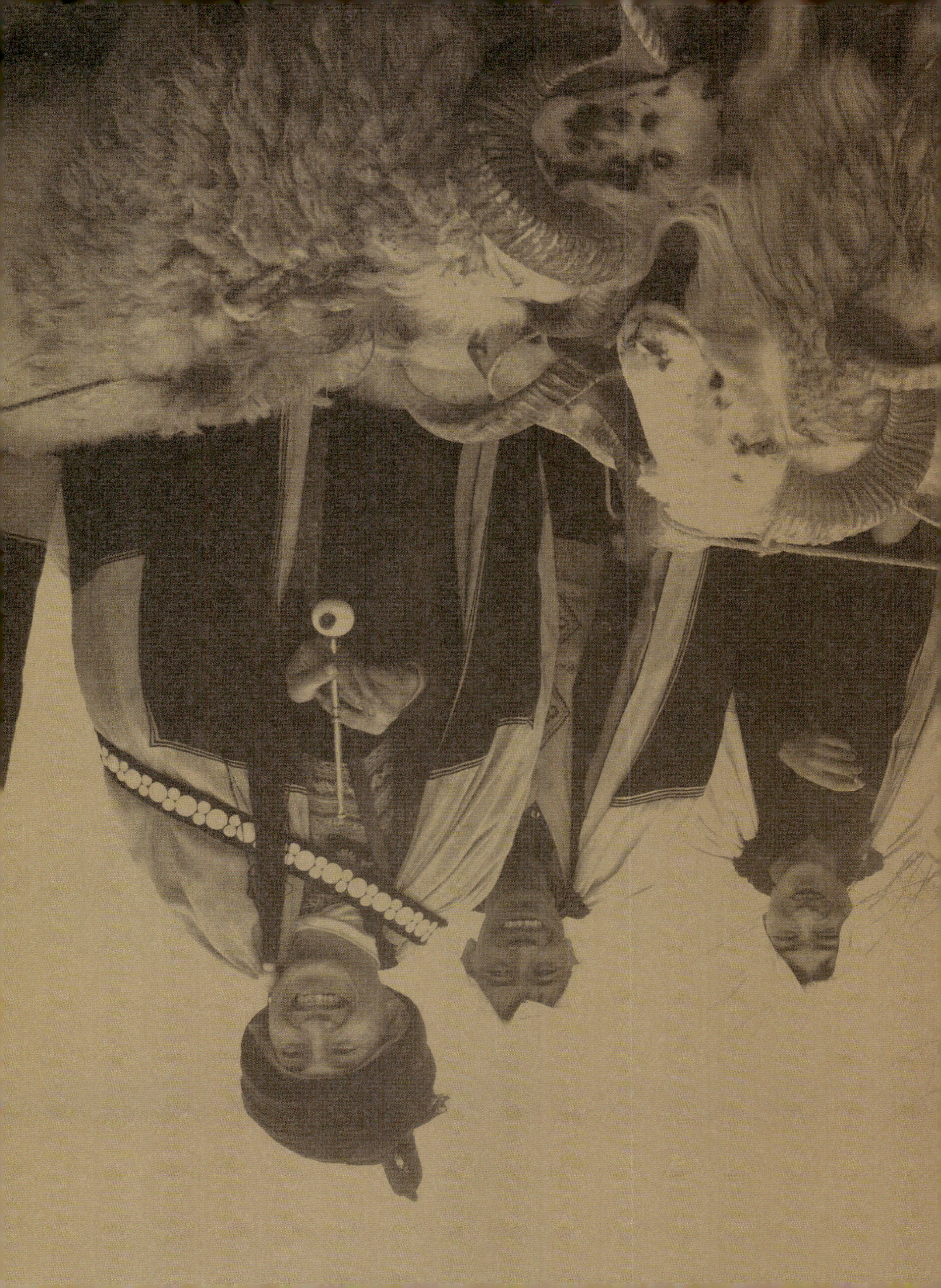

祭祖送灵仪式是一场规模宏大的毕摩原生文化仪式，要耗费诸多人力、财力和物力，需要充分准备。

第一节　祭祖主体

祭祖送灵仪式规模宏大，程序复杂，时间较长，仪式地点跨越多处，所需神枝数量和牺牲牲畜数量庞大，参与祭祖的主体来自不同领域，大家各司其职。根据仪式诉求和仪式职责将祭祖人员分为祭祖毕摩、护灵员、防守祭棚者及仪式主人。

一、祭祖毕摩

祭祖毕摩是指主持整场仪式的毕摩团队，是祭祖送灵仪式中的关键人物。整个仪式过程需要众多不同类型、不同层次的毕摩，根据毕摩所主持的仪式不同，将毕摩分为主祭毕摩、凶祭毕摩和辅祭毕摩三种。主祭毕摩主持、把控整个仪式；凶祭毕摩只主持凶死的祖妣灵牌的前段仪式，后期祭祖送灵仪式交给主祭毕摩主持；辅祭毕摩是协助主祭毕摩完成祭祖仪式过程的毕摩。主祭毕摩、凶祭毕摩及辅祭毕摩三者相辅相成，缺一不可。

（一）主祭毕摩

主祭毕摩，又称善祭毕摩，是专门主持祭祀善死祖妣亡灵仪式的毕摩，同时也主持经凶祭毕摩祭祀后送来的祖妣灵牌的后期祭祖送灵仪式，是众多毕摩中的关键人物，也是祭祖送灵仪式中的核心人物，因此称为主祭毕摩。主祭毕摩也是该仪式中地位最高的人，彝语称为“乍毕莫”（[illegible]），简称“毕莫”（[illegible]）。“尼木措毕”仪式的目的是将祖先亡灵经过多层次的祭祖后送往祖界，与祖先团聚，享受天伦之乐，同时祈求祖先护佑子孙人丁兴旺、六畜兴旺、五谷丰登、宗族强大。因此，选择主祭毕摩的条件极为苛刻。一般是由世代为本家族主持祭祖送灵仪式的世袭毕摩担任，若因特殊原因还需选定其他毕摩，则被选毕摩应具有较高声望，曾多次主持祭祖送灵仪式且是仪式成功的灵验者。因而主祭毕摩需要具备和满足祖灵信仰所赋予的特殊素质和条件，这些特殊素质和条件是毕摩从事祭祖送灵仪式的基本前提。

第一，主祭毕摩必须是世袭毕摩。祭祖仪式关乎生者与死者的关系，主祭毕摩是担当人、是神灵与祖先之间的沟通媒介，不仅能用特殊的语言传递信息、诉说祈求，而且还是辩论赛的判决者，因此，要求其知识渊博、法力极高，同时要有一组听从主祭毕摩指挥的强有力的毕摩护佑神“阿萨”，只有世袭毕摩才具备这种能力。因此，主祭毕摩必须是出生于毕摩世家的世袭毕摩。在世袭毕摩人选中，优先挑选其祖先中出现过著名毕摩的世家后裔。其原因有三：其一，彝族传统认为，祖辈做过毕摩，其后代也会继承毕摩的法力。对仪式主人家来说，能邀请世袭毕摩主持祭祖仪式是一种荣幸。其二，从毕摩的护法神来看，已故的祖辈都是主持祭祖仪式的大毕摩，其祖辈死后会变成法力高深的毕摩护佑神。每次毕摩主持仪式时，都会背诵《颂毕祖经》和念诵《毕摩谱系经》，呼唤天神地祇以及历史上著名的毕摩先祖莅临护法，祖先护法神也愿意并有义务帮助子孙完成仪式，可以说毕摩先祖是

主祭毕摩念诵仪式主人的名字　立克达曲 / 摄

毕摩主持祭祖仪式的后盾和靠山。《作斋经》中就有“师祖慧神降，慧至则作斋，不至不作斋”的记载。因此，由世袭毕摩主持大型的祭祖送灵仪式更灵验。其三，世袭毕摩流传下来的经书、法器法力极高。而拜师学习的非世袭毕摩没有世袭根底，虽然也念诵《毕摩谱系经》，但念的是所拜毕师的先祖谱系，谱系中的毕摩祖先毕竟与自己没有血缘关系，即便自己知识再渊博，但在充当人与神灵间的沟通媒介时，毕摩护法神会对其面孔感到生疏，因而不一定竭力辅助祭祀。此外，拜师学习的毕摩没有祖传的经书、法器，新抄的经书和新制的法器法力有限。

第二，主祭毕摩必须是善祭毕摩。毕摩根据做法事的对象不同，分为善祭毕摩和凶祭毕摩。所谓善祭毕摩是指只为病死、老死等正常死亡的人做法事的毕摩，彝语称为“乍毕毕摩”（[illegible]）。而凶祭毕摩是指除为正常死亡的人做法事外，还要为非正常死亡（自杀、他杀、意外死亡）的人做法事，彝语称为“日毕毕摩”（[illegible]）。彝族先祖认为邀请凶祭毕摩主持祭祖仪式，仪式主人及其后裔凶死的可能性较大，因此主祭毕摩必须是善祭毕摩。

第三，要求主祭毕摩身体健康。祭祀仪式成功与否，与主祭毕摩身体状况有着密不可分的联系。主祭毕摩家人要无传染性的麻风病、痨病史，主祭毕摩本人更要无此病，否则会玷污祖灵使其不安或不能回归祖界。要求主祭毕摩身体健康、五官端正，禁忌身有残疾。因身有残疾的毕摩法力弱，不足以将祖灵安全送往祖界。

第四，要求主祭毕摩年龄在70岁以下。按照传统，无论主祭毕摩知识有多渊博，经验有多丰富，年逾七旬就不能再主持祭祖仪式了。有句彝谚道：“六十不使牛，七十不讲（对）话，八十不治病。”这里指毕摩到70岁以后就不再主持祭祖仪式了，齿落就退出祭祖法事活动。彝人认为缺齿毕摩嘴不牢，说话走风，祖灵听不清其言语，因而不能圆满地完成祭祖送灵任务。

第五，要求主祭毕摩儿女双全、子孙繁多。在选择主祭毕摩时，还有一个最重要的条件，即必须选择儿女双全且子孙繁多的毕摩来主持祭祖送灵仪式。彝族先民认为只有儿女双全、人丁兴旺、子孙健康的毕摩做主祭毕摩，才能使仪式主人家族人丁兴旺、子孙健康。禁忌邀请无子嗣的毕摩主持祭祖仪式，无嗣或绝嗣的毕摩，只能主持一般的仪式，主持祭祖仪式是万万不可的。

第六，要求主祭毕摩相貌端正。主祭毕摩要面容慈祥、五官端正、身材高大。彝族先民认为，这样的面容一方面讨祖灵喜欢，另一方面毕摩的体貌也能影响主祭方后代的长相。选择主持咒人咒鬼凶性法事毕摩时，一般要求毕摩长相奇特，甚至面目狰狞，据说这样的毕摩才能镇住魔怪。

第七，要求主祭毕摩品德良好。毕摩要为人善良，品德良好。平日嘴碎、爱挑拨离间、惹是生非的毕摩不能做主祭毕摩。忌讳有偷盗行为的毕摩以及在两性关系上不严肃的毕摩主持祭祖仪式。

第八，要求主祭毕摩洁身自好。主祭毕摩除了要满足上述条件外，还要保持自身纯洁，在

行为上遵守许多禁忌。主持祭祖仪式前7天内禁忌与妻子同房；在饮食方面，终生禁食灵性类动物，如猴、虎、熊、狗、猫等，还要禁食蛇、蛙等爬行类动物，禁食耕牛肉。此外，也禁止主祭毕摩猎杀上述动物。

第九，通过占卜选择主祭毕摩。虽然仪式主人选择毕摩时一般会选择曾为祖辈主持过祭祖仪式的世袭毕摩，但在实际选择主祭毕摩时，除在符合以上条件的毕摩中筛选外，还要通过绵羊肩胛骨占卜进行选择。最终，只有占卜呈吉兆的毕摩才能被选作主持祭祖送灵仪式的主祭毕摩。

（二）凶祭毕摩

凶祭毕摩是专门为非正常死亡（自杀、他杀、意外死亡）的祖灵做法事的毕摩，彝语称为“日毕毕摩”（[彝文]），简称“日毕摩”（[彝文]）。当仪式主人家被祭的祖先中有非正常死亡的，就要请专门主持凶死法事的凶祭毕摩举行“日尼木”，包括驱逐夺走凶死者性命的索命魔、召唤凶死者亡灵、制作凶死者的灵牌等仪式，经过一系列的卸凶除魔等仪式后，将凶死者的灵牌交给主祭毕摩，主祭毕摩将这些灵牌与其他正常死亡的灵牌放在一起，经过举行一系列复杂仪式后送往祖宗箐洞。

凶祭毕摩与善祭毕摩一样要求知识渊博，但由于其主持法事的性质与类型导致其社会地位很低。例如，举行祭祖诅咒仪式时，善祭诅咒仪式是在仪式主人家里举行，而凶祭诅咒仪式则不能在仪式主人屋内举行，而必须在仪式主人家屋外左下方举行。仪式结束后，善祭毕摩是从来时的大路返回，且仪式主人家的所有男性成员都必须护送一程，并给善祭毕摩恭敬告别酒，并说“毕摩辛苦了，一路慢慢走”等客套话；而对待凶祭毕摩就恰恰相反，凶祭毕摩做完仪式后不能原路返回，必须沿附近的溪沟返回，主人及助手会在沿途铲草灰撒向其行走的方向，并大声地吆喝，希望凶性邪魔与凶祭毕摩一起快快离开，不准回头看，直到走完溪沟路程后，才能进入大路。

（三）辅祭毕摩

辅祭毕摩是帮助主祭毕摩共同完成祭祖仪式的毕摩，彝语称为“毕惹”（[彝文]）。祭祖仪式程序繁多，有70多个大程序，每个大程序里又有十几个小程序，要建200～300个神座，布插3万～5万支神枝，口诵1000多篇（首）经文，规模庞大，内容复杂，而仪式时间只有三天三夜，仅靠一位毕摩不可能完成如此大规模的仪式，因此需要十几位甚至几十位辅祭毕摩共同主持。

辅祭毕摩除不能主持“祝酒经语”（[彝文]）、“判魔刑”（[彝文]）、“指路经”（[彝文]）仪式外，其余仪式都可以主持。

辅祭毕摩的知识也要渊博。选择辅祭毕摩的条件不需要像主祭毕摩那样苛刻，但必须知识渊博、经验丰富。祭祖仪式的每个程序都是“路上方”仪式，口诵的经文也都是“路上方”经文，因此辅祭毕摩要熟练地背诵祭祖送灵仪式各程序的经文。

其实，多数辅祭毕摩的水平与主祭毕摩相当，甚至有的还超过了主祭毕摩，只是没有被选中作为主祭毕摩而已。

二、护灵员

护灵员是指在整个祭祖送灵仪式期间，专门负责管理所有被祭祖灵的灵牌，并携带这些灵牌协助主祭毕摩完成各项仪式程序，仪式结束后负责将灵牌护送到箐洞藏放的人员，简称“护灵员”，彝语称为“邛莫”（[彝文]）。担任“邛莫”要具备一定的条件，如身体健康、身无残疾、无狐臭，祖辈无麻风病史，且当年虚岁为偶数的男性。不管被祭灵牌有多少，护灵员只需一位。护灵员不需要知晓很多的毕摩文化，但需要

掌握整个仪式的流程，能与主祭毕摩密切配合。其主要职责是在仪式期间负责保管好灵牌，晚上睡在野外祭棚下方宴灵场的灵牌旁边，白天背着灵牌穿梭于各种仪式的神座间，仪式完成后与主祭方的男性青年一起护送灵牌到指定的箐洞，并有规则地藏放。然后，护灵员与其他送灵人员一起回到祭祖仪式主人家，主人家会热情招待“邛莫”，大家一起品尝专门酿制的彝族特色玉米甜酒。

毕摩原生文化认为，“邛莫”的灵魂容易伴随亡灵而去，所以仪式完毕后，主人家会给予一些答谢费；“邛莫”回家后要举行招魂、赎魂仪式，以防不测。“邛莫”一般由为人厚道、家庭经济条件较差的人员担任。

三、护守祭棚员

在祭祖仪式中，专门有一群护守祭棚的人，彝语称为“毕邛宇”（[illegible]），即对本次祭祖仪式中所修建祭棚进行护守的人员。护守祭棚者是同宗族（一般是同祖或同父）的男性成员，一般与仪式主人家辈分最高的相隔三代及以上，并且相互信任。按照传统，护守祭棚是宗族人员义不容辞的责任。毕摩经语载：“防御敌（仇）人袭击祭棚是宗族的义务，防止畜禽践踏祖灵是护守员的义务，教导祖灵指路归祖是毕摩的义务。”

在古代，彝族不同部落间或不同宗族间经常发生械斗，结下许多仇怨，为了防御仇人捣毁祭棚，偷袭毕摩及护灵人员，抢劫祖灵灵牌，仪式

护送亡灵的“邛莫” 立克达曲 / 摄

主人家专门邀请自己信赖的宗族人员护守祭棚，以防不测。久而久之，这种防御行为相沿成习俗，并一直延续至今。

“毕邛宇”除了护守祭棚外，还要承担以下义务：一是提供助威酒。“毕邛宇”将从各自家中带来的自酿白酒招待祭棚内的祭祖毕摩及前来协助的亲朋好友，这些酒彝语称为“伟哲”（ꁉꊪ），意为助威酒。现在为了方便，大多数人都购买白酒和啤酒代替。二是搭建祭棚。举行祭祖仪式前“毕邛宇”到野外林区砍伐搭建祭棚用的木料，祭祖第二天下午，按要求搭建祭棚。三是拆除祭棚。祭祖第三天清晨，祭祖仪式后，按要求拆除祭棚。四是护送祖灵。同仪式主人家的相关人员、姻亲及护灵员一起护送灵柩到指定的高山箐洞中。至此，“毕邛宇”的各项义务便履行完毕。

此外，在祭祖第二天下午举行转祭棚仪式后，前来参祭的姻亲要以家庭为单位给予“毕邛宇”一定的报酬，表示对其护守祭棚、坚守岗位的答谢。

四、仪式主人

仪式主人是指被祭亡灵在世的子孙。根据子孙性别将仪式主人分为主祭方与辅祭方。主祭方是被祭亡灵在世的直系男性后裔，包括儿子、孙子及曾孙等。主祭方是组织本场祭祖送灵仪式的关键人物。仪式前，所有主祭方成年人共同商定举行该仪式的相关事宜。主祭方又以被祭亡灵中辈分最低者的幼子家或幼孙家为主祭户。祭祖仪式的室内仪式在幼子家或幼孙家里举行，室外仪式选在幼子家或幼孙家屋前不远处举行。辅祭方是指被祭亡灵在世的直系女性后裔和姻亲后代，包括女儿、孙女、曾孙女、儿媳、孙媳及其亲兄弟等。

在举行仪式前一个月内，要通知亲朋好友，特别是通知血缘关系较近的宗族成员和姻亲，告诉他们举行仪式的时间、地点及规模。姻亲包括仪式主人妻子、儿媳的兄弟家、仪式主人的姐妹家等。届时，妻子、儿媳的兄弟家带着衣物、首饰等赠予自己的姐妹，彝语称为“攀姆”（ꃅꃆ），助其打扮，让其在仪式中漂亮出众。仪式主人的姐妹家携带一对绵羊或一头黄牛和一只绵羊前来，彝语称为“月来糯”（ꑳꇁꆈ）。宗族成员和亲朋好友、村寨邻居等也会前来助威、帮忙。

第二节　仪式物品

祭祖仪式除仪式主人、毕摩等人参与外，还需要准备许多物品，包括酒、牺牲的牲畜及神枝等，这些物品都是人与神灵之间沟通的媒介，在仪式中不可或缺。

一、酒

彝族是喜酒、爱酒的民族。千百年来，酒始终伴随着彝族人的生活，是彝族人生活中不可缺少的物品，形成了独具特色的彝族酒文化。彝族以酒为大尊，俗话说：“一个人值一匹马，一匹马值一杯酒。”世间无酒不成事，从迎宾宴请、探亲访友、断案誓盟，到红白喜事，酒都是不可缺少的物品。一个彝族人从出生、取名、结婚到死亡的关键节点举行仪式时，酒是必不可少之物，尤其是在祭祖仪式中，酒更是不可缺少的祭品。

祭祖仪式中除了需要白酒外，还需要泡水酒和甜酒，这两种酒不能购买，需要仪式主人家自

已酿制。

（一）泡水酒

泡水酒是在优质玉米（或荞麦）中放入酒曲发酵，然后放入木桶或坛中封存，月余后掺入净水浸泡而成。彝语称为“职以”（[illegible]）。整个祭祖仪式中需要五桶泡水酒：第一桶称为卸债酒，彝语称为“哲御直”（[illegible]）。祭祖第一天晚上举行祭祖驱魔仪式，开始滤接泡水酒时，助手要接两坛泡水酒，其中一坛在驱魔仪式念诵《卸债经》（《[illegible]》）时使用。届时，毕摩倒一碗泡水酒置于身前，并从神签筒中取出神竹签蘸一下泡水酒，再击打一下索命魔草偶，一边在左手心搓神竹签，一边念诵经文。第二桶称为蘸麻酒，即蘸湿黑麻线酒，彝语称为“木前以梓直”（[illegible]）。祭祖第二天凌晨，到野外葬地引灵制灵时使用。祭祖第二天举行制灵仪式时，主祭毕摩将备好的黑麻线绳在泡水酒中浸湿，然后用其捆绑灵牌。第三桶称为祭灵酒，即在祭棚内祭献亡灵的酒，彝语称为“再直”（[illegible]）。主祭毕摩在祭棚内宴灵时，诵经到一定段落时斟一碗泡水酒倒在众祖灵的灵牌上，以示向祖灵敬酒。第四桶称为更换灵床酒，彝语称为“尼尔直”（[illegible]）。主祭毕摩用泡水酒浸湿备好的白麻线绳，抚慰换下的黑麻线绳及灵床等。第五桶称为“新婚”酒，彝语称为“博直”（[illegible]），即被祭祖妣重新结婚的喜酒，该桶泡水酒只准参加仪式的男性饮用，意为饮了祖妣喜酒后，子孙后代便会繁衍兴旺。

亲戚们赶着牺牲来祭祖 阿牛史日 / 摄

以上五桶泡水酒各有其用途，不能混用。

（二）甜酒

甜酒是将蒸熟的玉米粑捏碎后加入酒曲酿制而成的，类似于醪糟米酒，彝语称为“直曲”（[illegible]），意为不醉人的粮食酒。祭祖期间要准备两桶（坛）甜酒。第一桶（坛）是祭祖第二天毕摩在屋外举行制灵、治灵仪式后，请毕摩到仪式主人家享用。第二桶（坛）是在祭祖第三天举行完祭祖献茶仪式后使用。在所有仪式完成后，请毕摩回到仪式主人家里喝甜酒，以示感谢。

现在，虽然啤酒、红酒及醪糟米酒流行，但按照彝族传统，啤酒、红酒等不能替代上述所需的泡水酒和甜酒。

二、牺牲物

在毕摩原生文化仪式中，不论仪式大小，牺牲物是不可缺少的物品之一。牺牲物有宴请毕摩护佑神、祭祀亡灵、赎回游魂等作用。小型仪式只需1头仔猪，甚至1只鸡即可。大型的祭祖送灵仪式需要的牺牲物很多，包括鸡、猪、山羊、绵羊及牛等。黑彝家族祭祖时，需要用牛来宴请亡灵，部分白彝如吉克惹史家族也必须用牛来宴请亡灵。如果被祭祖先有擅长骑马的，还需要一匹专门驮运灵牌的驮灵马。牺牲物数量的多少，则根据被祭亡灵的数量和仪式主人亲戚的多少而定。牺牲物中有两个是最具特色的：一个是白色公鸡，彝语称为“职左瓦”（[illegible]），意为子嗣鸡，该鸡由仪式主人的舅舅家赠送，用于祈求赐予生育神“格菲”（[illegible]），以祈今后人丁兴旺；另一个是黑色公猪，彝语称为“见挖”（[illegible]），意为供灵赐福猪。

三、神枝

举行毕摩原生文化仪式时，都要用神枝来

祈祷祭祖神座　戴志陶 / 摄

制作神座，制作神座的神枝称为“古瓦”（[illegible]）。仪式开始前，帮手砍伐特定的树木及其树枝，制成一定样式的神枝。毕摩对神枝的使用大致有两种：一种是在仪式中毕摩直接使用，如金银碎片“曲石”（[illegible]）、招魂神枝“影加则公”（[illegible]）、折断仇骨枝“孜果”（[illegible]）等；另一种是插在地上布置场地时用，并按照彝族先民所积累的星座图来布置，所以称为“神座”。神座种类繁多，有300种以上。举行仪式时，根据仪式的性质、规模大小制作不同的神座。小的神座只要几根神枝就行，如“鹫毕神座”只需要6双神枝便可；大型神座则占地数亩，所需神枝千万根。祭祖送灵仪式中需要制作100多种神座，需要1万～3万根神枝。

四、其他

仪式主人家派遣一位宗族人员到仪式主祭方的亲舅舅家，索要一斗荞麦，以制作赐福糠粉（[illegible]），以及一只用于祈嗣的白色公鸡（[illegible]）、一卷未用过的草烟辫、一袋扎缚灵签用的生麻线等物品。

第三节　邀请毕摩

邀请毕摩是指仪式主人家派专人邀请主祭毕摩。当选好祭祖送灵的主祭毕摩并择好吉日后，在离举行仪式还有一两个月时，仪式主人家就要选派一位或几位熟知彝族民俗、口齿清楚、记忆力好的男性成员，携带白酒及千层荞麦饼到主祭毕摩家邀请。该仪式程序彝语称为“毕播”（[illegible]），是祭祖仪式中不可缺少的程序之一。即使现在通信发达，人人有手机，也不能直接打电话邀请，而是要专门派人上门邀请。仪式主人一般派遣3位或5位男性成员带着白酒、熟鸡蛋及千层荞麦饼等到毕摩家，说明来意后，毕摩家热情招待。毕摩家首先举行烹饪“保洛木”（[illegible]）仪式，即先在铁锅里加油，待油加热后，先加盐，再与切好的几块玉米粑一起烹炒几下，加水煮开后舀出。首先舀一碗放置于内室上方神位处，以祭毕摩护法神，然后舀一碗给邀请者品尝。紧接着举行“电布寺滇”（[illegible]）仪式，意为菜板见血，即宰杀一头小猪或杀一只白色公鸡来招待邀请者。

饭后，主祭毕摩向邀请者叮嘱整个祭祖送灵仪式中所需要的物品、种类及数量。

第四节　寻找竹根

在祭祖仪式中，每位被祭亡灵需要一根新鲜竹根来制作灵芯（灵牌），多位亡灵不能合用一根竹根，因此要寻找多根竹根。

寻找竹根，彝语称为“马杰舍”（[illegible]），是指仪式主人家及姻亲家的几位男性成员一起到野外寻找所需竹根，并带回家放在牲畜触碰不到的地方，以备制作灵牌之用。

祭祖送灵仪式时，用竹根来制作灵芯，即灵牌，代替亡者的“那森”（[illegible]），这是彝族千百年来的传统习俗，关于此习俗，有如下传说。据《勒俄特依·洪水泛滥》记载，彝人始祖居木（笃慕）因在洪水泛滥时得到仙人的指点躲进木柜里，木柜随洪水漂到伙鲁山上（即洛尼博，今云南省禄劝县境内的云龙山）。洪水退后，木柜挂到山腰的树枝上，居木（笃慕）开柜后，发现自己离山顶不远，但是无绳索可供攀

崖，只见一根弯弯的竹根和一丛丛茂盛的麦冬草长在崖壁上，便借助这两种植物爬上山顶，从而脱离了危险。因此，竹根和麦冬草便被奉为救命的神物。从此，彝族人就用深山密林中或荒原上洁净无秽的竹根制作祖妣灵芯，用箐沟中洁净无秽的麦冬草作为招魂仪式的魂草。

寻找竹根的程序是：主祭方派遣一名或数名男性成员，姻亲中选出一名当年虚岁为偶数的成员，择吉日带着染成红、蓝两色的绵羊毛线、一坛白酒、鸡蛋、炒面和一块用荞面面粉烙的千层饼，到人迹罕至的深山老林中选择洁净无秽的竹根。一般选用茂密竹林中长势挺拔、枝叶繁茂的2年嫩竹，为每位祖妣选定一棵完好无损的竹根。现四川的美姑、马边、峨边等地一般选用黑竹（θ扌）。拔竹根时，按照“在世父为尊，死后母为贵（扌丰丬丰ძ，丫丰ℊↄძ）”的规则，先拔出代表最高辈分的先妣的竹根，后拔出代表同样高辈分的先祖的竹根。选竹根时，要选择直而未被虫蛀的细竹，以笋多为最佳，竹笋越多说明繁殖能力越强，预示着仪式主人家子孙繁多、人丁兴旺。选好竹根后，先在竹根上倒点白酒，撒些炒面并放些荞麦饼，说道：“从今天起，选定你为先妣或先祖××××的竹。今日是吉日，要为你安灵，请你来享祭。”然后将其连根拔出。把竹梢砍下并插入其原来生长之处，且告慰竹魂：“我们没有拔竹子，竹子仍在林子原处。”为了区别先祖、先妣的灵竹，拔出竹根后将事先写好祖妣姓名的白布条和红、蓝毛线系在各自的竹根上。然后大家喝完余酒，吃完余下的荞饼，便扛着竹根返回。到家后，先将拔回的竹根放在牲畜触碰不到的地方，以免被牲畜践踏而染上污秽。

通常，祭祖仪式除了送走子孙满堂的祖妣亡灵外，还要送走无子嗣祖妣的亡灵，无子嗣已故祖妣通常称为“惹尔惹吉”（♪Ƭ♪♯）和“比尔尼日”（♪Ƭ丰ℵ）。“惹尔”（♪Ƭ）是指已婚无子女，或有女而无子，或有子而夭折的已故男子；“惹吉”（♪♯）是指未婚的已故少男。“比尔”（♪Ƭ）是指已婚无子女，或有女而无子，或有子而夭折的已故女子；“尼日”（丰ℵ）是指未婚的已故少女。未满3岁（周岁为2岁）夭折之婴不送灵。拔竹根时，将每位“惹尔惹吉”“比尔尼日”的竹根也一起拔出带回。

第五章 祭祖迎宾

JIZU YINGBIN

你家子孙延绵绵。
请你俯视看大地，[1]
大地黑土广无垠，
你家子孙多无数。
请你抬头望天空，
天空群星亮，
群星数不尽，
你家子孙房屋数不尽。
请你低头看大地，
地上百草密，
如能数百草，
你家子孙房屋数不尽。

左方银福气，
右方金福气，
那是你福气。
君王获福气，
获取金玺福；
贤臣获福气，
获得骏马福；
工匠获福气，
获得手艺福；
毕摩获福气，
祭祖灵验福；
百姓获福气，
获得农牧业福气。
十二护佑神福气，
灰色青蛙护佑神，
白色公鸡护佑神，
羊角分叉护佑神[2]，
白色雄马护佑神，
金色公牛护佑神，
此等乃是护佑神。

现在赐予众主生育神，
十二叙述格菲源，
格菲起源昊天方，
昊天那上方，
格树长四株，
分支出四枝，
格花开四朵，
结出四个果，
一个乃是人类生育神，
一个乃是六畜繁衍神，
一个乃是五谷丰登神，
一个乃是万物繁殖神。

格菲生在额洛山[3]山脉，
格菲缭绕额洛山腰处，
格菲坠落额洛山麓地，
坠落又坠落，
一个坠落杉木森林处，
杉林野兽繁殖多，
森林獐麂呀，
一母繁九百，
二母繁九千，
三母繁无数，
主人子孙繁无数。
一个坠入山崖峭壁中，
山崖蜜蜂繁殖多，
山崖蜜蜂呀，
一母繁九百，
二母繁九千，
三母繁无数，
主人子孙繁无数。

① 毕摩念诵到此时，众主人整齐低头看地上。
② 彝族民间认为羊角分叉是主人家的福气，是一种护佑神。
③ 额洛山：疑在云贵高原“六祖”发祥地，具体位置待考证。

一个坠入江河中，
河里鱼群繁殖多，
江河中鱼獭，
一母繁九百，
二母繁九千，
三母繁无数，
主人子孙数不清。
一个坠入草原处，
草原云雀繁殖快，
无边草原中，
云雀巢穴密，
云雀鸣，
草原云雀呀，
一母繁九百，
二母繁九千，
三母繁无数，
吾主子孙数不清。
一个坠入家里内室中，
格入菲口处，
形成吾主格菲神，
格成牢，
菲成固，
男孩玩耍蜜蜂鸣，
女孩蹲坐悬崖排。

接着，毕摩念诵《长寿福禄经》（具体内容见第2卷《毕摩的一生》第四章“求育生子”第二节“召唤生育魂”之《请魂祭神经》，此处略）。然后毕摩继续念诵。

仪式众主人，
祖辈未曾祭祖前，
父辈未曾立规前，
我们未做仪式前，
我们未做祭祖前，

闻听你家后山塌陷迹，
后山年年在坍塌，
你家生育神灵随之塌。
闻听你家下方有河流，
河流年年在流失，
你家生育神灵随流失。
闻听你家屋侧有黄路，
黄路年年在断裂，
你家生育神灵随之断。
如今我等举行仪式后，
隆重举行祭祖送灵后，
就算后山山体再坍塌，
你家生育神灵不再塌，
就算屋下河水再流失，
你家生育神灵不再失，
就算你家屋侧黄路断，
你家生育神灵不再断。
赐予生育神灵后，
你家永保生育神。
草甸牛成群，
斗牛公牛猛，
此乃你公牛。
沼泽马成群，
聚会骏马尊，
此乃你骏马。
草原羊成群，
入春羊群欢，
此乃你羊群。
你家祖辈祭祖后，
父辈立规后，
你家屋前草枝结稻谷，
你家屋上蒿枝结荞粒，
你家子孙基业越宽阔。

接着毕摩念诵《恭迎祭祖毕摩祝酒词》，简

称《祝酒词》中“酒的起源”段，（此处略）。念完《祝酒词》后，几位年长的男性成员伸出双手接过毕摩递给的祝福酒，毕摩继续念诵。

众主喝完祝福酒后，
行为品德呀，
犹如江河宽，
外表容貌呢，
犹如天空日月明，
口语言辞表达呢，
犹如草原云雀鸣声脆，
手脚灵活程度呢，
犹如森林猕猴一般灵，
抓捕擒拿呢，
犹如空中鹞鹰一般准。
如此那以后，
满山森林茂又密，
祭祀山中竹林神，
敬呀祭你们。
草秆烧火祭，
草原九片祭，
敬呀祭你们，
悬崖烧火祭，
九片森林祭，
敬呀祭你们，
你等犹如蕨林雉鸡起，
整整齐齐地起来矣。①

念诵完经文后，众主人共同喝完毕摩赐予的祝福酒，毕摩收下酬金后跟随众主人朝主祭户家走去。整个仪式过程气氛虔诚、肃穆。

到达主祭户屋前时，一位主人接过主祭毕摩装经书、法器的经袋，先在房屋后侧的瓦片上放一会儿，然后背着经袋带领众毕摩站在门外。助手先将烧红的烫石放入装有水的碗里，端着冒着蒸汽的碗按照主位、客位、内室上下、屋堂的顺序走遍屋内每个角落，然后站在门槛外将烫石和水一起倒在门外，以示屋内已经祛秽，这时门外的仪式主人方可带领众毕摩进屋。进屋后，主人将主祭毕摩的经袋挂在毕摩座位上方的墙上，仪式主人向众毕摩问候，递烟、敬酒，准备举行祭祖送灵的开场仪式——“驱逐邪魔”仪式。

① 以马边彝族自治县著名毕摩吉克良良收藏的经书为基础，参考其他毕摩古籍文献整理、翻译而成。

第六章 祭祖驱魔

JIZU QUMO

绘则美，
主人从此变亮丽。

念诵到此时，在场众主人及助手中的所有男性成员同时高喊数声，以示为毕摩助威，驱逐死神病魔，主祭毕摩继续念诵。

神毕我一组，
起自实楚神毕居住处，
起自神毕居住岭，
攀越九匹崖，
渡过九条江河来。
起自江河渡口处，
穿越崇山峻岭；
起自崇山峻岭，
越过宽阔无垠的草原；
起自宽阔无垠草原起，
穿越浩瀚无边的柏林；
取来柏木制成的签筒，
背负签筒精神旺盛来；
穿越箐沟箭竹林，
取竹制成神法帽，
头戴法帽倍庄重；
穿过深山樱树林，
取来樱木制神扇，
手握神扇腕更灵。
穿过杉林三整夜，
陪猛兽，
伴猛兽玩而来，
猛兽聚集处起程；
穿越悬崖三整夜，
陪猛雕，
伴猛鹰玩而来；
涉过江河三整夜，
陪水蜮，
伴水蜮玩而来；
穿越原野三整夜，
陪云雀，
伴雀玩而来。
且行且赶路，
来到仪式主人居住地。
毕摩到来时，
护法神犬跟随至；
毕摩勤执祭，
祭祖祈子嗣；
娘舅到来时，
赐给生育神。

神毕我一组，
仪式主人家。
曾闻此域邪犬显凶狂，
我等专为驱逐邪犬来；
曾闻此域猛兽显凶狂，
我等专为制服猛兽来；
曾闻祖灵被鼠咬而作祟，
我等专为祖灵祛秽来。

原野升烟雾，
寿不续则难长久，
我等特为续寿而来。
子嗣不祈则不至，
我等特为祈嗣而来。
为祭五谷六畜神而来，
为驱逐左方死神而来，
为祛除右方污秽而来。

曾闻驷匹嘎伙牧场上，
说是牛羊虎豹不和睦。
特为牛羊虎豹之事来，
特为调解羊与虎而来。

曾闻阿黔柳艺沼泽中，
说是猪群豺狼不和睦。
特为猪群豺狼之事来，
特为调解猪与狼而来。
曾闻人类居住处，
说是人类死神不和睦，
听说人类常与死神伴，
常遭死神病魔的侵害，
特为镇住死神病魔来，
我等神毕为除死神来，
为彻底驱逐病魔而来。
滚石隆隆起自陡峭坡，
滚石滚到坝上方停止；
塌方轰鸣滚滚下，
滚到崖脚方停止；
婴儿啼哭声不断，
喂养母乳方停止；
死神病魔毕摩制，
神毕制裁方能止，
我等神毕制裁停。
毕至死神逃，
死神纷纷逃；
毕至病魔跑，
病魔纷纷跑。
消失快消失，
死神快消失；
隐遁快隐遁，
病魔快隐遁。
繁衍快繁衍，
主人子孙快繁衍。
愚变聪，
众主愚者变聪慧，
穷变富，
主人从此变富裕，
器皿漆则亮，
吾主从此变明亮，
绘则美，
主人从此变亮丽。

念诵到此时，在场众主人及助手中的所有男性成员同时高喊数声，以示为毕摩助威，驱逐死神病魔，主祭毕摩继续念诵。

仪式众主人，
如此叙明后，
祖逝儿孙兴。
繁衍似蜂房，
主人儿孙繁衍胜蜂房。
塌方钉木桩，
钉桩则稳固，
主人子孙更兴旺。
马啃青草剩草桩，
草桩生发更迅猛，
主人儿孙繁衍胜草木。
现在禀报毕摩的威力，
众毕师徒，
毕摩坐骑、
骏马与神驹之情况。
我等毕摩众师徒，
来自昊毕实楚的故乡，
背负镶金神签筒，
签筒戮杀索命魔而来。
来自提毕乍姆的故乡，
头戴法帽似鹰翔，
法帽捣毁病魔穴而来。
手握神法扇，
来自樱树林，
神扇驱逐死神和病魔。[①]

---

① 摘自马边著名毕摩吉克良良收藏的经书。

簸箕与篾筛背靠的邪魔路　立克达曲＼摄

在祭祖驱魔仪式上，毕摩在锅庄的右侧盘腿而坐，坐成一排。他们头戴法帽，手摇神铃，庄重而严肃，“哦——呵——哦哦——”，在神铃的伴奏下高声念诵《驱魔经》（《[illegible]》）、《红狮逐敌经》（《[illegible]》）、《赤狐经》（《[illegible]》）、《驱逐猴瘟经》（《[illegible]》）、《驱痨经》（《[illegible]》）、《乌撒逐敌经》（《[illegible]》）等经书，虔诚的念诵声回荡在整个屋内。

接着众毕摩分工主持念诵《护法快神经》《内山神经》《驱逐经》《祭茶经》等不同的经文。念完《驱逐经》后，吃烧肉；念诵《祭茶经》后，吃熟肉。接着念诵《折魔魂》《捆绑魔偶经》等诅咒索命魔经文，举行“祭祖申冤转锅庄”仪式。“申冤转锅庄”仪式只在祭祖驱邪逐魔仪式中采用，是祭祖仪式的一大亮点。届时，由多个毕摩分工念诵不同的经文，有的念诵《恭请神鹰经》，有的念诵《申冤经》。

《申冤经》的主要内容是向公正无私的日月星辰倾诉死神病魔无情地夺走了无辜的祖妣性命，祈求日月星辰主持公道，伸张正义，并制裁索命邪魔，为祖妣亡灵洗清冤屈。当毕摩念经到一定段落时，起身边念经边围着三锅庄火塘转圈。念诵《恭请神鹰经》的毕摩头戴法帽，肩挎神签筒，手摇神铃逆时针旋转三圈；念诵《申冤经》的毕摩手持魔偶、端着木屑顺时针转三圈。接着，众毕摩边念诵经文边一起走到门外屋檐下，把木屑抛向空中，以示将索命邪魔的罪行告知天地神灵。随后众毕摩一起进屋，坐在一个倒扣于屋堂中间的木槽上面，众毕摩背朝门外，面朝屋内，集体念诵《赞颂毕祖经》等经文，主祭毕摩主持念诵《判处魔魂经》《杵魔经》等。经过一系列程序后将魔板草偶抛至门外，放置于屋外院子隐匿处，待第二天清晨带到野外祖妣火葬地举行唤醒亡灵仪式。主祭毕摩接着念诵《镇魔阻路经》。当所有经文念完后，整个祭祖驱魔仪式便完成了。

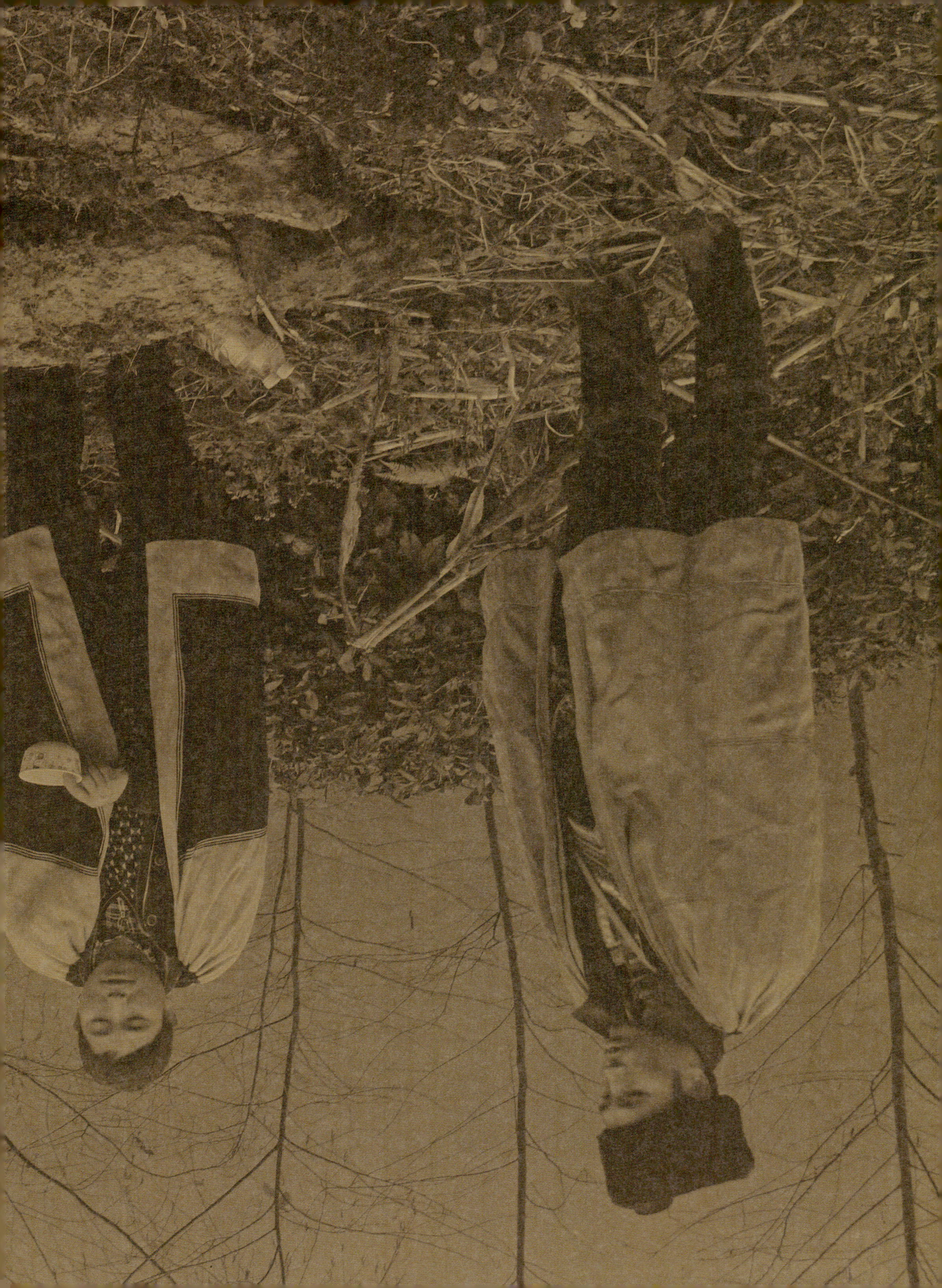

第七章
制灵
ZHILING

制灵，即制作灵牌。是指仪式主人家的男性成员及助手带着祭祖毕摩分别到被祭亡灵附主的火葬地，招引亡灵、引灵附至竹根，将竹根制成灵芯后放到特制的灵床里，制成灵牌，作为后面举行一系列祭祖仪式的开端。

第一节 招引亡灵

一、唤醒祖灵（[彝文]）

招引亡灵是祭祖毕摩分别到各个被祭亡灵的火葬地唤醒亡灵后，将其附在竹根的仪式过程。如果因附主死亡时间久远，无法找到火葬地，或火葬地远在他乡，可以多位祖妣共建一个临时火葬地，在此引灵附竹。

祭祖驱魔仪式结束后的当日凌晨，主持招引亡灵的毕摩分别携带已备好的灵竹、招魂草、红蓝毛线、麻线、羊毛、招灵黄色母鸡等，以及驱魔仪式用的魔板草偶，来到葬地，在葬地旁建一个招灵神座。一位助手端着魔板草偶在每个先祖葬地上逆时针绕九圈，在先妣葬地上逆时针绕七圈，然后交给毕摩，开始举行招引亡灵仪式，彝语称为“尼黑尼果”（[彝文]）。

众毕摩手拿唤醒亡灵的“尼黑鸡”，开始举行唤醒祖灵仪式。首先，助手点燃三堆火，毕摩们念道：“人亡魂犹存，起来，起来梳头啊！起来洗脸啊！快快起来净身吧！逝者起来呀！起来享祭献饭，起来喝祭献酒。今日设酒宴，来将你送行，寿终逝者啊，起来，快起来，起来戴银饰，梳妆又打扮。祖界讲排场，祖界讲美貌。”众毕摩站着念诵经文并不断甩动手中的“尼黑鸡”，以此唤醒亡灵，将亡灵附在竹根上。如果“尼黑鸡”不断抖动翅膀，说明亡灵已被唤醒。接着，用祭祖驱魔仪式上带来的魔板草偶在火葬地上方按逆时针方向绕三圈，并把草木灰撒在祖

手拿唤醒亡灵“尼黑鸡”的毕摩　何为 / 摄

先火葬地上，以唤醒死者亡魂。然后，毕摩念诵《坟茔驱邪经》（《[彝文]》）和《敬酒献水经》（《[彝文]》）。最后，毕摩将魔板草偶象征性地掷向德布洛莫方向。根据毕摩原生文化“活时父为尊，死后母为贵”的规则，唤醒祖灵时先在祖妣的火葬地上按辈分高低先后进行，再是祖考，依次唤醒所有被祭送考妣的亡灵。

唤醒亡灵时，毕摩在火葬地上念诵《死因病源经》（《[彝文]》），给亡灵火葬地祛秽，然后将白酒、泡水酒和清水分别洒向火葬地，

念诵《敬酒献水经》，以示已给祖妣献了酒和水。待亡灵被一一唤醒后，毕摩用力将魔板草偶抛向德布洛莫方向，查看魔板草偶的头是否朝前，如果头不朝前，则毕摩继续念诵，重抛魔板草偶，直到魔板草偶头朝向德布洛莫方向为止。此时，在场所有人员齐声吆喝，以示已把魔怪驱逐到德布洛莫魔域。

二、引灵附竹（ꃀꅪ）

每个火葬地需用一只黄色母鸡来引灵，彝语称为“尼果”（ꃀꅪ）。先将备好的灵竹、招魂草、红蓝毛线、麻线、羊毛等拴于引灵的黄色母鸡的脚上，制作三根叫“额”的神棍，将鸡和“额”在火葬地上绕匝，并念诵“你有关节二十四节，竹也有二十四节，引灵附竹根，为你来制灵”，以此来招引亡灵。观察“尼黑鸡”是否在抖动，若“尼黑鸡”在毕摩念诵经文时颤抖，表示亡灵已附于灵竹上；若鸡未颤抖，说明亡灵没有附于灵竹，这时毕摩继续念诵，直到“尼黑鸡”颤抖为止。

待亡灵附竹后，毕摩一边念诵“勒格特比曾经来捉魂，如今勒格如此斩，特比如此击，特比如此毙”等，一边将竹子（根）截为三节，并把最上面一节抛向空中，以示父（天）魂入天界，下面一节抛向火葬地，以示母（地）魂入地界，中间一节与招魂草、羊毛、红蓝毛线、麻线拴在一起，以示忠（命）魂已附灵竹。每位毕摩在每位被祭祖妣的火葬地上完成引灵附竹仪式。

“惹尔惹吉”及“比尔尼日”，即没有子女的亡灵，则不需要唤醒亡灵，而是直接在祭祖道场上召灵附竹便可。

三、堵孽（ꇇꈜ）

堵孽，彝语称为“格赤”（ꇇꈜ），是指在

毕摩在被祭亡灵火葬地引灵　立克达曲 / 摄

唤醒亡灵后，将作祟于被祭祖亡灵的妖魔邪怪、病魔、污秽等全部堵塞并永远镇压在火葬地的仪式。通过举行堵孽仪式才能使亡灵无病无痛、纯洁无秽、轻松愉快，被祖先接受，顺利到达祖界与祖先团聚。

举行堵塞污秽仪式时，先根据火葬地的地势，在遗体的头部及双手方位插入两个“天地四方道神座”，中间立四根“天柱”，在每根天柱中间剖出相对的四条缝隙，放上野地瓜藤（[illegible]）、何首乌藤（[illegible]）、白刺树枝（[illegible]）、黑刺树枝和石板，作为篱笆阻拦污秽。“天地四方道神座”除正方（头所处的方位）缚一头小猪外，其余各方缚一只鸡，由四个辅祭毕摩坐在四个方向念诵《祛秽作祟经》，然后用铜铁丝将天柱的缝隙捆住并用蜂蜡堵塞，使污秽无缝可入。最后，扎一个“仇敌”（[illegible]）草偶进行诅咒并割杀，把神座拔出并“锁门”（[illegible]）后镇于火葬地上，将酒和豆腐渣撒于神枝上，最后说明举行该仪式的原因及祈求事项，召唤亡灵仪式结束。

第二节　制　灵

祭祖仪式的第二天上午，将已附灵的灵竹从火葬地带回仪式主人家的屋下方或屋旁举行招魂制灵签（[illegible]）仪式，即制作灵牌仪式。

毕摩用黑色（未削皮）、花色（半削皮）及白色（全削皮）三根神枝分别为灵竹除秽，制作灵芯，彝语称为“祖俄”（[illegible]）。其制作过程是：毕摩边诵经边削去部分竹根，只留谷粒大小的灵竹代表额骨“那森”（[illegible]）。若为男性则将上端削尖并在中间刻出一条线，表示“天菩萨”，彝语称为“祖尔”（[illegible]）；若为女性，则将上端削平并刻出两条线，表示发辫，彝语称为“哦髻”（[illegible]）。再取一撮备好的已祛秽的羊毛裹在灵竹根上当作灵衣，用羊毛线捆好，灵芯便做好了。

制作完灵芯后，开始制作灵床。取一根拇指粗的柳树枝或茶树枝，截成三四寸长，剖开上端成两半，在右半边上凿一个小口，这样灵床便做好了，灵床彝语称为“柱峨”（[illegible]）。然后将灵芯置于剖开的“柱峨”小口内，让灵芯上的羊毛露一点在外面，再用麻线扎紧。男性用红毛线，由上而下按顺时针方向缠九圈，前方打结以作为发髻；女性用蓝毛线，由下而上按逆时针方向缠九圈，后方打结以作为发辫。“惹尔惹吉”和“比尔尼日”的灵床制作方法类似，只是用麻线捆扎时有所区别。“惹尔”按顺时针方向缠五圈，“惹吉”按顺时针方向缠三圈；“比尔”按逆时针方向缠五圈，“尼日”按逆时针方向缠三圈。这样装着灵芯的灵床就制作完了，学术界将

主祭毕摩制作灵牌　立克达曲 / 摄

装有灵芯的灵床　阿牛史日 / 摄

装有祖灵灵芯的灵床称为祖灵灵牌，简称“灵牌”，彝语称为“玛笃”（ꂷꅐ）。

做好灵牌后，要用煮熟的鸡肉来祭灵，然后举行驱孽祛秽仪式（ꀊꐚꌺꅇ），给新制的灵牌祛秽。如果有祖妣由于腹痛去世，则单独为其举行献药仪式（ꏃꅐ）。举行献药仪式时，先将两个鸡蛋打碎后倒入碗中，再把各种草药捣碎后放入鸡蛋液里搅拌均匀，将搅拌好的草药蛋液全部倒在烧红的铧口上，用带药物的蒸汽为祖灵除疾治病，同时毕摩念诵《献药经》，敬请祖灵前来服药治疗腹痛之症。现多数彝族人认为大多数人是死于疾病，因而都会举行献药仪式。

以上制灵仪式称为祭祖安灵仪式，简称“安灵”，这种安灵属于临时安灵。

除祭祖仪式上的临时安灵外，许多亡灵是在举行祭祖仪式之前就已供奉在家，即为“家灵”。家灵与临时安灵的区别是：家灵的灵床不是用柳树枝或茶树枝制作，而是用桃树枝制作，彝语称为“阿普阔”（ꀉꁌꈩ）；家灵灵牌做好后挂于幼子家中屋上方的墙上，享受子孙供奉，护佑子孙平安吉祥。

彝族先民认为家灵要经常祭祀，否则就会作祟祸害子孙。祭祀家灵分为平时祭祀和节日祭祀两种。平时祭祀是经常在祖灵牌前供奉食物，家里宴请客人时，特别是宰杀活畜时，肉煮好后要先捞出一些，在三锅庄上方逆时针绕三圈后置于灵牌前进行祭祀，然后主、客才能食用。此外，家里有人患病时也要祭祀。彝族人认为，供有家灵灵牌的人家有人患病可能是祖灵向子孙索取酒肉，或灵牌发生了意外。如是前者，只要以酒肉相祭便可；如是后者，在祭献之后还要查看供奉灵牌的位置是否漏雨，灵牌是否被鼠咬、虫蛀，羊毛是否脱落，捆线是否松开等，如有，还需要请毕摩举行一次祭祀仪式，将灵牌修复好，才能除祸免灾，避凶趋吉。节日祭祀主要是指彝族年和火把节期间的祭祀，在节日期间，子孙与祖先同乐，以求祖灵护佑子孙平安、繁荣昌盛。

因此，在毕摩原生文化中，家灵是极为重要的“活灵”，要像宝贝一样照料、呵护着，不能有丝毫怠慢，直到祭祖送灵时，将其与临时安灵的亡灵一起送往祖界为止。

彝族先民认为死亡是人类的最终归宿，是每个人都要经历的，但是，每个人的寿命及死亡方式不是由自己决定的，而是由天神“额天古兹”（[彝文]）决定的。当人的死期来临时，上天首先会带走其灵魂，然后派遣一个叫“阿石索巴”（[彝文]）的索命魔夺取人的性命。当死者出殡火葬后，索命魔就回到“史木额哈[1]”鬼域，为了防止“阿石索巴”索命魔再次回到丧家夺人性命，丧家要在出殡当天晚上举行驱遣索命魔仪式。

驱遣索命魔全称为“驱遣索命死神魔”，彝语称为“阿石索巴锅”（[彝文]），意为驱逐索取死者性命的魔鬼的仪式，这是四川大小凉山彝族人死后出殡当天晚上必做的仪式之一。

毕摩给照料人及丧家众主人做完祛秽仪式后，丧家的一位男性代表就从屋里取一瓶白酒到屋外举行祛秽仪式处，先斟一碗酒敬献给毕摩，并大声说：“主人家今晚要驱逐索命魔‘阿石索巴’，现敬请威慑四方的毕摩进屋驱赶索命魔。”毕摩接过酒品尝后说：“好，一定要驱赶索命魔‘阿石索巴’。”毕摩说完后，一位帮手先在丧家用一块烫石净屋（[彝文]），以示祛秽，随后毕摩便跟随男性代表及其他人一起进入屋内。进屋后，男主人首先抓一把彝族特制的兰花烟（如没有兰花烟，可以用纸烟代替）递给毕摩，再给毕摩敬一杯酒，毕摩品尝后回敬主人一杯，然后开始举行驱遣索命魔仪式。

仪式需要牺牲一头黑色母乳猪，有些地区需要一头生过崽的黑色母猪，彝语称为“哦莫尔滇”（[彝文]），这只猪的灵魂是要被死者的亡魂带走的。彝族民间格外珍惜“哦莫尔滇”，因为它能不断繁衍后代。所以，死者带走该母猪的亡魂也是为了让其繁衍后代，不愁肉食。

驱遣索命魔仪式，彝语称为“妞茨锅”（[彝文]），该仪式分为三个程序：制作索命魔草偶、活牲驱魔和驱遣索命魔。

第一节 制作索命魔草偶（[彝文]）

制作索命魔草偶仪式是指毕摩用备好的专用野草来扎缚夺取死者性命的索命魔草偶，并对其进行一系列诅咒、驱逐的仪式过程，彝语称为“索巴布宇”（[彝文]）。经过一系列的仪式程序，最后将索命魔草偶带到野外，置于死者火葬地旁边。

一、制作索命魔草偶

助手将备好的野草递给毕摩，再给主持毕摩倒一碗白酒，主持毕摩左手拿着制作索命魔的野草，在下锅庄上方顺时针转三圈，右手端着酒碗喝一口酒含在嘴里，然后“噗”的一声喷酒在手中的野草上，开始念诵《扎缚索命魔草偶经》，在念诵的同时扎缚索命魔草偶，经文摘录如下。

[彝文]—— 颇哦咿——
[彝文]， 今日捉缚死神索命魔，
[彝文]， 捉缚天上地下索命魔，
[彝文]， 捉缚精灵邪怪索命魔，
[彝文]， 捉缚天犬地狗索命魔，
[彝文]， 捉缚死神病魔索命魔，
[彝文]， 捉缚猴瘟痨疾索命魔，
[彝文]， 捉缚绝嗣女妖索命魔，

[1] 史木额哈：指远古额部落居住的地方，现泛指魔鬼居住的区域。

昔日那天之禁日，
夺取你生命的索命魔，
索命邪魔今日来捉缚。

颇哦咿——哈啊——，
昔日不该拆的硬拆散，
自古人类父子常相依，
死神拆散吾主父与子；
自古人类夫妻常相依，
死神拆散吾主夫与妻；
自古人类母女常相依，
死神拆散吾主母与女；
自古人类兄弟常相随，
死神拆散吾主兄与弟；
自古人类姐妹常相伴，
死神拆散吾主姐与妹；
自古宗族常相依，
死神拆散吾主宗与族；
自古人类姻亲常相依，
死神拆散吾主姻与亲；
自古主仆常相依，
死神拆散吾主主与仆；
自古人类君王平民常相依，
死神拆散吾主君王与平民；
自古人类毕摩主人常相依，
死神拆散吾主毕摩与主人。
死神捣毁鹤雁的窝巢，
拆毁杉柏茂盛的枝叶，
夺去美丽贤淑的姑娘，
断开清脆响亮的口弦线，
夺走世代单传的独生子，
从此独子没有子嗣传。
无恶不作的索命魔，
犯下滔天的罪行，
欠下无数的命案。
欺瞒公正的天神，
隐瞒无私的地祇，
判理公正阳光被锁住，
残害世间生灵是如此。

颇哦咿——嘿咿——哈啊，
过去冤案只因不抗争，
过去只因父子不相保，
过去只因夫妻不相保，
过去只因兄弟不相保，
过去只因兄妹不相保，
过去只因宗族不相保，
过去只因姻亲不相保，
过去只因主仆不相保，
过去只因君民不相保，
过去只因毕主不相保，
毕摩主人间道路被阻隔。
昔日邪恶的死神病魔，
夺走××××的性命，
是因不争的结果，
是因不抗的结果。

主持毕摩念诵到此时，在场的众主人和助手们齐声高吼数声，主持毕摩继续念诵。

如今天神齐助阵，
山神林神齐相助，
法器神灵来助威，
护法神灵来助威，
自然神灵来助阵，
击打神灵来助阵，
猛禽神灵来助阵，
猛兽神灵来助阵，
迅猛神灵来助阵，
今晚众神助阵毕获胜，

[illegible]　毕摩获胜砍断死神躯，
[illegible]　毕摩获胜砍断病魔头。
[illegible]　消失死神快消失，
[illegible]　死神纷纷跑消失，
[illegible]　镇呀快速镇病魔，
[illegible]　病魔锁住永不返。
[illegible]　繁呀死者子孙速繁衍，
[illegible]　子孙房屋犹如悬崖耸。[1]

二、《草的起源经》（《[illegible]》）

毕摩念完《扎缚索命魔草偶经》后，紧接着念诵《草的起源经》，同时继续扎缚索命魔草偶，经文摘录如下。

[illegible]　草的起源是，
[illegible]　远古的时候，
[illegible]　大地的上方，
[illegible]　大地生草否？
[illegible]　大地未生草。
[illegible]　昊天那上方，
[illegible]　昊天生草否？
[illegible]　昊天生有草。
[illegible]　额天古兹家，
[illegible]　草籽抓三把，
[illegible]　撒在大地上，
[illegible]　三年藏坎下，
[illegible]　草籽腐烂否？
[illegible]　草籽未腐烂，
[illegible]　籽芽生出土，
[illegible]　籽芽三年长出坎。
[illegible]　草生繁衍快，
[illegible]　草繁三月三年后，
[illegible]　长在杉林中，
[illegible]　麂獐吃掉否？
[illegible]　麂獐未吃掉；
[illegible]　草繁三月三年后，
[illegible]　长在悬崖上，
[illegible]　蜂群采你否？
[illegible]　蜂群尚未采；
[illegible]　草繁三月三年后，
[illegible]　长在江河中，
[illegible]　鱼獭食你否？
[illegible]　鱼獭尚未食；
[illegible]　草繁三月三年后，
[illegible]　长在路两边，
[illegible]　早晨牛羊啃了否？
[illegible]　牛羊尚未啃。
[illegible]　历史悠久的茅草呀，
[illegible]　高雅地生长，
[illegible]　用来扎缚索命魔草偶。[2]

三、《割断魔辫经》（《[illegible]》）

扎缚完索命魔草偶后，毕摩将索命魔草偶头上辫发后剩余的草割掉。毕摩左脚踩住草偶，左手抓住草偶头上剩余的草，右手握一把镰刀，开始念诵《割断魔辫经》，经文摘录如下。

[illegible]　咆哦咿，
[illegible]　坝上草生长，
[illegible]　坡上草长高，
[illegible]　原野这株草，
[illegible]　深山悬崖草，
[illegible]　野兽未啃过，
[illegible]　塌石未压过。
[illegible]　纯草本无名，
[illegible]　是因死神邪魔而出名，
[illegible]　野草本身未欠债，
[illegible]　死神病魔欠下人命债。

① 美姑著名毕摩吉克甲哲口述，作者记录、整理及翻译。

② 马边著名毕摩吉克罗布口述，作者记录、整理及翻译。

[illegible]，　来自昊天的死神，
[illegible]，　来自地上的病魔，
[illegible]，　践踏人间的公理，
[illegible]，　乱捣放牧地，
[illegible]；　肆意毁耕地；
[illegible]，　肆意毁公道，
[illegible]。　肆篡天公理。
[illegible]，　死神索命魔，
[illegible]，　作祟致祸胛骨卜，
[illegible]，　搅扰鸡卦股骨卜，
[illegible]，　犯下滔天罪，
[illegible]。　欠下人命案。
[illegible]，　死神索命魔，
[illegible]，　自从你来后，
[illegible]，　屋下河水流，
[illegible]；　为取祭神茶水而舀尽；
[illegible]，　屋后茂密的森林，
[illegible]；　为制作神座而砍光；
[illegible]，　屋侧堆起的石块，
[illegible]。　为做淬石而拾尽。
[illegible]，　死神索命魔，
[illegible]，　白狗见你瞪眼凶狠吼，
[illegible]，　小孩见你惊恐哭不停，
[illegible]。　耕牛见你磨破肩胛皮[1]。
[illegible]，　咆哦咿，
[illegible]，　诛杀昊天死神索命魔，
[illegible]，　诛杀人间死神索命魔，

此时，毕摩边念诵边开始用刀割断索命魔草偶剩余的辫草，然后继续念诵经文。

[illegible]，　诛杀精灵死神索命魔，
[illegible]，　诛杀邪怪死神索命魔，
[illegible]，　诛杀天犬死神索命魔，
[illegible]，　诛杀地狗死神索命魔，
[illegible]，　诛杀猴瘟痨疾死神索命魔，
[illegible]，　诛杀绝嗣妖魔死神索命魔，
[illegible]。　诛杀病魔死神索命魔。[2]

念完该段经文后，主持毕摩将割下的余草和扎缚草偶时剩余的野草捆在一起，交给助手，以备烧火升烟时告请神灵使用，不能将这些余草留在屋内。

与此同时，主持毕摩或辅助毕摩用野草扎缚一个一般的鬼怪草偶"捏茨布宇"（[illegible]），助手制作一块魔板[3]"捏茨布觉"（[illegible]），主持毕摩将鬼怪草偶捆扎在魔板上面，放置在面前。

第二节　活牲驱魔（[illegible]）

制作好索命魔草偶后，助手开始制作诅咒、刺杀索命魔的6根木钩（[illegible]）和7根木矛（[illegible]），做好后递给毕摩；毕摩又用一个小木板制成一个魔板，砍出一堆带皮的木屑作为"碎金碎银"（[illegible]），装在簸箕里面置于毕摩面前。

主持毕摩开始制作护法神座，彝语称为"鹫毕古促"（[illegible]）。助手递给毕摩6支神杈和6根神枝，彝语分别称为"古介"（[illegible]）和"则公"（[illegible]），在毕摩座位上方靠墙脚处铺垫一层野草，以一支"古介"和一根"则公"为一对，在垫草上、下各插入一对。在墙壁上插入1根两头都削尖的专门给毕摩串熟肉的白色木签

① 磨破肩胛皮：指耕牛主人的性命已被索命死神邪魔夺走，雇请他人驾驭耕牛时，被雇人不爱惜耕牛，过度使役而导致耕牛磨破肩胛皮。

② 美姑著名毕摩吉克甲哲口述，作者记录、整理及翻译。

③ 魔板：用木板制成的代表鬼怪的一块小板。

“绰绰”（[彝文]），此时护法神座已建好。

然后，一名助手牵着牺牲的母乳猪（或母猪）坐在客位右下方中柱旁；另一名助手把剩余的草和树枝用草绑在一起，生火放烟，以告知神灵。

一、《淬石祛秽经》（《[彝文]》）

淬石祛秽仪式，彝语称为“鲁擦俗”（[彝文]）。一位助手用木碗（禁忌用带柄的瓢类）盛上少许清水，将烧红的烫石放入其中，待冒出蒸汽后递给毕摩，毕摩边念《淬石祛秽经》，边用碗里的蒸汽为神座、经书、法器和面前的碎木屑一一祛秽，再将碗递给站在主位上的一位男性主人；主人接过碗后，用蒸汽对屋内上下方、自己和众主人祛秽，然后递给一位助手，助手为牺牲的母乳猪祛秽，并走到门槛处把烫石和水一起倒向门外。

念诵完《淬石祛秽经》后，毕摩继续念诵《善内凶外经》（《[彝文]》）、《毕祖护法源经》（《[彝文]》）、《护主点丁经》（《[彝文]》）、《死因病由经》（《[彝文]》）、《山神护法经》（《[彝文]》）、《驱逐众邪经》（《[彝文]》）等。

二、《声明杀猪经》（《[彝文]》）

毕摩快念诵完《驱逐众邪经》时，对助手们说：“要听候毕摩的吩咐，做好绕头[①]和宰杀母乳猪的准备，举行念诵《声明杀猪经》仪式。”《声明杀猪经》（简称《声明经》），彝语称为“燕尔”（[彝文]），即声明将附于母乳猪身上的死神病魔和妖魔邪怪等与牺牲的牲畜一同宰杀，以此祭祀天地神灵和毕摩的护法神等。

毕摩念完《驱逐众邪经》后，抓起一把木屑用力抛向牺牲母乳猪，并念诵《声明杀猪经》。

[彝文]，　　过去驷匹尕豁牧场上，
[彝文]，　　虎豹混入牛羊群，
[彝文]，　　今日绕匝清出去，
[彝文]，　　阿伙柳艺沼泽方，
[彝文]，　　豺狼混入猪群中，
[彝文]。　　今日绕匝清出去。
[彝文]，　　仪式吾主宅院中，
[彝文]，　　死神病魔侵主人，
[彝文]。　　死神绕匝清除去。
[彝文]，　　绕匝死神索命魔，
[彝文]，　　绕匝病魔缠身怪，
（[彝文]）　（说出死者的名称）
[彝文]。　　夺命邪魔绕匝清除去。

在毕摩念诵的同时，一位助手用左手抓住猪的左耳，用右手捏住猪嘴，在丧家火塘右下方的锅庄上方顺时针绕三圈，然后将猪抬到屋堂下方，头朝向火塘、腹部朝着中柱按倒在地，备好杀猪刀和接血盆，按照毕摩诵经的段落程序，准备杀猪。此时，主持毕摩继续诵念。

……　　……
[彝文]，　　咆哦咿，
[彝文]。　　宰杀死神索命魔。
[彝文]，　　宰杀病魔索命魔，
（[彝文]）　（说出死者的姓名）

念诵完此段，助手开始杀猪。杀猪时，猪头要朝向屋堂方向；杀死后，猪尸左侧着地，猪头

---

① 绕头：意为在头上绕圈，彝语称为“俄策黑”（[彝文]）。指举行各种毕摩仪式宰杀祭牲前，众主人起身聚坐在屋堂下面，头朝门外，一位助手抓着（或抱着）祭牲站在众主人后面，助手站立不移位，将所抓着的（或抱着）祭牲在众主人的头上按顺时针方向连续绕圈，一般鸡绕9圈，羊绕7圈，猪绕5圈。但是，丧葬仪式中的“驱遣索命魔”仪式与祭祖仪式中的“驱逐邪魔”仪式极为特殊，祭牲不绕仪式主人，而是只绕三锅庄右下方的一个人，且只绕3圈。

朝向门口。

毕摩从助手手中接过猪血盆放在面前，从神座里抽出一根垫草折叠成短条状，蘸点盆中的猪血洒向毕摩上方的神座，毕摩口诵《血祭毕神经》（《[彝文]》），邀请天神地祇、山神、林神及毕祖护法神灵前来享祭。诵毕，抛掷索命魔板。毕摩抓住索命魔草偶及魔板，将索命魔草偶及魔板的头部伸入血盆里蘸上猪血后向猪尸抛掷。若魔板的头部朝向门外，说明索命魔已被驱逐；反之，说明索命魔还不肯离去，此时，助手拾起魔板递给毕摩重掷，直到头部朝向门外为止。

紧接着，毕摩手摇神铃继续念诵《报晓牺牲经》《接纳牺牲经》。念完后，助手把索命魔草偶及魔板交给毕摩，毕摩将其放在自己面前；然后，助手将猪尸抬到屋堂中央，割下猪前嘴和猪尾巴的后端递给毕摩，毕摩将其拴在索命魔草偶及魔板上，以此作为索命魔的食物。

上述仪式完成后，助手将猪尸抬到火塘上方，把猪毛煺刮干净，用清水洗净后便开始剖猪。首先卸掉猪前、后肢，取出猪肝、肺一起在火塘中烧烤，烤熟后再切成小块，与猪前肢一起分给毕摩；待主持毕摩品尝后，其他毕摩再一起品尝，最后主人们品尝。众人品尝完后，助手将剩余部分宰成坨坨肉，放入大锅里用清水煮熟。

第三节　驱遣索命魔（[彝文]）

驱遣索命魔仪式的核心部分是诅咒索命魔仪式，是毕摩恭请天神地祇来协助毕摩诅咒、驱逐，判处索命魔的关键程序。

一、诅咒索命魔（[彝文]）

诅咒索命魔又称为驱逐索命魔，彝语称为“索巴哲御”（[彝文]）。“索巴”（[彝文]），指夺走死者生命的索命魔，“哲御”（[彝文]），指毕摩使用特殊法力施加给索命魔的诅咒言语，使其失去变幻能力，从仪式主人居住区域被驱逐。这里指驱逐夺走死者性命的索命魔怪。

（一）《祭茶经》（《[彝文]》）

当煮坨坨肉的水烧开后，将大部分猪血（留下一些另作他用）倒入锅里与肉一起煮。助手用一只木碗舀三勺肉汤，右手持碗在下锅庄[①]上方顺时针转一圈后递给主持毕摩，主持毕摩接过来后放在“鹫毕神座”前面，并用马勺子舀一点汤洒向神座，表示向神灵祭茶，然后开始念经文。一般主持毕摩念诵《祭茶经》，其他辅助毕摩念诵《诅咒索命魔经》等。《祭茶经》内容与《遣返咒语经》（《[彝文]》）中的《祭茶经》一样，只是结尾时要加上一句“剿灭死神索命魔（[彝文]）”。《祭茶经》内容包含四个方面：祭茶、祭酒、祭肉和祭盐。

（二）《诅咒索命魔经》（《[彝文]》）

毕摩原生文化认为，在世之人或多或少做过一些坏事，要受罪责。如动手打人后受被打人的伤痛怨气之债；吃了野生动物肉也要受罪责，因为野生动物是山川河流的动物，吃了它们的肉就欠了山神的债。一个人身上的孽债太多，不仅身染污秽，而且会神经错乱，变得疯疯癫癫，甚至死亡。这些孽债必须举行仪式并找出根源，偿还原主，否则要遭报应。该经文内容有多层意思：一是找出亡灵的孽债根源，偿还原主后将其强加给索命魔并驱逐之，让亡灵愉快地暂居阴间，以待制灵归祖；二是找出仪式主人的孽债根源，偿

①下锅庄：指三锅庄中朝向门口的锅庄。

还原主后将其强加给索命魔并驱逐之，让仪式主人清白地活在人间。

主持毕摩在念诵《祭茶经》时，辅助毕摩就用余留下的猪血来画魔板，画完后把索命魔草偶捆绑在魔板上，紧接着主持毕摩开始念诵《诅咒索命魔经》。

首先念诵《申明卸债经》（《[illegible]》）。助手斟一碗白酒递给主持毕摩，毕摩接过后置于面前，以备祛除神竹签和喷洒魔板用。主持毕摩从“鹫毕神座”处取来神签筒，并从里面取出神竹签[1]，右手握着神竹签，开始念诵《申明卸债经》。与此同时，两位辅助毕摩念诵《山神经》（《[illegible]》），根据山脉所处的位置，一位毕摩由内而外旋转而诵，另一位毕摩由外向内旋转念诵。念完后，主持毕摩紧接着念诵《卸债经》。

《卸债经》全称为《卸下孽缘孽债经》，彝语称为“哲尔哲格提”（[illegible]），是指卸除自然界、人类的仇敌及祖辈遗留的孽缘孽债，这里指将仪式主人的孽缘孽债强行转移给死神索命魔，使其受到应有的惩罚。

念诵《卸债经》前，毕摩先用神竹签击打自己的左手一下，口含一口白酒喷洒在神竹签上，再含一口喷在索命魔草偶魔板上。再持神竹签击打一下自己的左手心，再用右手在左手心里搓神竹签，开始念诵《卸债经》。《卸债经》内容摘录如下。

[illegible] 佛哦嘣嚯[2]！
[illegible] 嘿咿、嘿咿、嗒啊！
[illegible] 现在念诵《卸债经》，
[illegible] 巴布[3]领域内，
[illegible] 龙苞签筒有九十，
[illegible] 九十啊九种；
[illegible] 额莫领域内，
[illegible] 杉柏签筒八十八，
[illegible] 八十啊八种。
[illegible] 实楚神签筒最出名，
[illegible] 神签筒里装神竹签。
[illegible] 深山红彤彤，
[illegible] 诸多山神灵，
[illegible] 红山长红竹，
[illegible] 红竹一节节。
[illegible] 山崖深，
[illegible] 云雾罩阳光。
[illegible] 吾主遗孽债，
[illegible] 祖辈留孽缘。
[illegible] 天地遗孽债，
[illegible] 天地债未祛。
[illegible] 天地之孽债，
[illegible] 遗留给世界。
[illegible] 世界之孽债，
[illegible] 遗留给日月，
[illegible] 日月债未祛。
[illegible] 日月之孽债，
[illegible] 遗留给星辰。
[illegible] 星辰之孽债，
[illegible] 遗留给君臣。
[illegible] 君臣之孽债，
[illegible] 遗留给毕摩。
[illegible] 毕摩之孽债，
[illegible] 遗留给平民。
[illegible] 平民之孽债，

① 神竹签：是装在神签筒内的九根竹签，彝语称为“罗吾”，主要起戳魔护法的作用，是毕摩的法器之一。

② 毕摩诵经时的吼叫声，表示恐吓邪魔，没有具体意思。

③ 巴布：与下面的“额莫”均为古地名，疑在云南昭通一带，具体地点待考证。

遗留给仇敌。
仇敌之孽债，
遗留给彝汉官吏。
彝汉官吏之孽债，
遗留给飞禽走兽。
飞禽走兽之孽债，
遗留给雄性麋鹿。
雄性麋鹿之孽债，
遗留给虎豹豺狼。
虎豹豺狼之孽债，
遗留给雄性獐麂。
雄性獐麂之孽债，
遗留给雄性狐狸。
雄性狐狸之孽债，
遗留给野生松鼠。
野生松鼠之孽债，
遗留给灰色野猪。
灰色野猪之孽债，
遗留给灰红狼群。
灰红狼群之孽债，
遗留给獾猪刺猬。
獾猪刺猬之孽债，
成为空中飞禽的孽债。
空中飞禽之孽债，
成为天空鹤雁的孽债。
空中鹤雁之孽债，
成为天空黑鹰之孽债。
天空黑鹰之孽债，
成为黑颊白鹰之孽债。
黑颊白鹰之孽债，
成为蕨林雉鸡之孽债。
蕨林雉鸡之孽债，
成为竹林锦鸡之孽债。
竹林锦鸡之孽债，
成为红翅鹞隼之孽债。
红翅鹞隼之孽债，
成为原野云雀之孽债。
原野云雀之孽债，
成为枝头麻雀之孽债。
枝头麻雀之孽债，
成为蝴蝶昆虫之孽债。
蝴蝶昆虫之孽债，
成为朽木腐土之孽债。
朽木腐土之孽债，
成为蚂蚁飞蛾之孽债。
蚂蚁飞蛾藏孽债。

高山遗留孽债邪，
山神禁让债渡河，
坪坝遗留孽债神，
禁让孽债渡过河。
冤屈是否能卸除，
卸除孽债就申冤，
坚如磐石的物种，
遇到孽债就碎裂。

昔日附孽给逃妇，
逃妇神经错乱无法辨方向，
最终还是返回来。
昔日附孽给逃敌，
逃敌神经错乱无法逃，
终究还是返回来。
茂密森林野茫茫，
遇到孽债就枯朽。
悬崖耸立一排排，
遇到孽债就破裂。
汹涌澎湃的江河，
遇到孽债就干涸。
蕨枝遇孽就断枝，
野草遇孽就折杆，

毕摩边念经边搓神竹签　立克达曲 / 摄

[illegible]。　松树遇孽就倒根。
[illegible]，　苍天降临的冤屈，
[illegible]。　齐声吼叫驱赶走。[1]
[illegible]，　前面要让路，
[illegible]，　孽债快滚开，
[illegible]，　后面保吾主，
[illegible]。　众主身体保健康。
[illegible]，　孽债有理返，
[illegible]。　孽债有道回。

[illegible]！　佛哦嘣嚯！
[illegible]，　快、快、快，
[illegible]，　抓捕死神索命邪魔，
[illegible]。　病魔索命邪魔处刑罚。
[illegible]，　吾主源于结婚的孽债，
[illegible]，　源于出嫁的孽债，
[illegible]。　毕摩主人间孽债。

[illegible]，　姻亲孽债，
[illegible]，　仇敌围攻来施法，
[illegible]，　强附仪式主人家。
[illegible]，　吾主即使有孽债，
[illegible]。　孽债必定要驱走。
[illegible]，　驱逐孽债人丁旺，
[illegible]；　吾主人丁兴又盛；
[illegible]，　驱逐孽债牧业兴，
[illegible]；　吾主六畜繁殖快；
[illegible]，　驱逐孽债五谷丰，
[illegible]。　吾主五谷丰又收。
[illegible]，　没有附上孽债的邪魔，
[illegible]。　现将给你附上厚重的孽债。

[illegible]！　嘿咿、嘿咿，嗒啊！
[illegible]，　现在偿还孽缘冤屈债，
[illegible]。　快快偿还冤屈孽缘债。
[illegible]，　吾主孽债驱遣回，
[illegible]；　偿还蚂蚁与飞蛾；

① 毕摩念诵至此，屋内除了毕摩外的所有男性成员齐吼数声。

蚂蚁飞蛾孽债驱遣回，
偿还朽木与腐土；
朽木腐土孽债驱遣回，
偿还蝴蝶与昆虫；
蝴蝶昆虫孽债驱遣回，
偿还枝头那麻雀；
枝头麻雀驱遣孽债回，
偿还原野之云雀；
原野云雀驱遣孽债回，
偿还红翅的鹞隼；
红翅鹞隼驱遣孽债回，
偿还竹林之锦鸡；
竹林锦鸡驱遣孽债回，
偿还蕨林之雉鸡；
蕨林雉鸡驱遣孽债回，
偿还黑颊之白鹰；
黑颊白鹰驱遣孽债回，
偿还空中那黑鹰；
空中黑鹰驱遣孽债回，
偿还天空那鹤雁；
天空鹤雁驱遣孽债回，
偿还森林之飞禽；
森林飞禽驱遣孽债回，
偿还森林之走兽；
森林走兽驱遣孽债回，
偿还獾猪与刺猬；
獾猪刺猬驱遣孽债回，
偿还灰红之豺狼；
灰红豺狼驱遣孽债回，
偿还灰色之野猪；
灰色野猪驱遣孽债回，
偿还野生之松鼠；
野生松鼠驱遣孽债回，
偿还野生之狐狸；
野生狐狸驱遣孽债回，

偿还雄性獐与麂；
雄性獐麂驱遣孽债回，
偿还猛虎与花豹；
猛虎花豹驱遣孽债回，
偿还雄鹿与公熊；
雄鹿公熊驱遣孽债回，
偿还彝汉之官吏；
彝汉官吏驱遣孽债回，
偿还吾主之仇敌；
仇敌孽债偿还给百姓，
百姓孽债偿还给毕摩，
毕摩孽债偿还给君臣，
君臣孽债偿还给星辰，
星辰孽债偿还给日月，
苍天日月本来藏孽债。
日月星辰之孽债，
那是无可奈何的冤屈。

吾主未欠他人之孽债，
他人欠了吾主诸孽债，
远古祖辈遗留给子孙，
父辈遗留给子女，
兄长遗留给小弟，
公婆遗留给儿媳，
宗族遗留给家族，
姻亲遗留给亲戚，
白彝遗留给黑彝，
君臣遗留给平民，
敌对双方互遗孽。
跛足残臂之孽债，
耳聋瞎眼之孽债，
疯癫痴呆之孽债，
今日抓捕孽债并驱遣。
佛哦嘣嚯！
快、快、快，

[illegible]，	抓捕死神索命魔，
[illegible]。	病魔索命邪魔处刑罚。
[illegible]、[illegible]，[illegible]！	嘿咿、嘿咿，嗒啊！
[illegible]，	卸载孽债已经处刑罚，
[illegible]，	苍穹神灵速归来，
[illegible]；	日月神灵速归来；
[illegible]，	护法神灵速归来，
[illegible]；	我毕神灵速归来；
[illegible]，	主人庇佑神灵速归来，
[illegible]；	吾主庇佑神灵速归来；
[illegible]，	毕摩法神左方速归来，
[illegible]，	主人佑神右方速归来，
[illegible]，	签筒神灵左侧速归来，
[illegible]，	法帽神灵右侧速归来，
[illegible]。	神扇神灵中间速归来。
[illegible]、[illegible]，[illegible]！	嘿咿、嘿咿，嗒啊！
[illegible]，	卸载孽债已诵毕，
[illegible]，	现将卸载孽缘债，
[illegible]。	念诵《护主点丁经》。[1]

每念完一小段，毕摩便含一口白酒喷在索命魔草偶上。接着从神签筒中取出神竹签先在索命魔草偶上方逆时针绕三圈，然后再顺时针绕三圈，最后再用神竹签打一下索命魔草偶。如果毕摩未带神签筒，就用当时制作的神杈、神矛来代替神竹签。每念完一小段都要重复上述动作。

诵完《卸债经》后，便念诵《卸孽护主点丁经》（《[illegible]》）、《迅猛神灵简经》（《[illegible]》）、《截滚动神》（《[illegible]》）、《迅猛旋转神》（《[illegible]》）、《猛牛护法神》（《[illegible]》）、《截击护法神》（《[illegible]》）。

① 作者摘录自马边著名毕摩吉克拉者经典，并与其他经典一起整理而成。

（三）《神竹签来源经》（《[illegible]》）

念完上述经文，主持毕摩再含一口白酒喷在索命魔草偶上，用神竹签先在索命魔草偶上方逆时针绕三圈，然后再顺时针绕三圈，再用神竹签打一下索命魔草偶，接着念诵《神竹签来源经》，每念完一小段都要重复上述动作，《神竹签来源经》摘录如下。

[illegible]、[illegible]，[illegible]，	嘿咿、嘿咿，嗒啊，
[illegible]，	现在叙述神签的来源，
[illegible]，	神签来源是，
[illegible]，	远古的时候，
[illegible]？	世间是否有竹林？
[illegible]，	世间没有竹林生，
[illegible]？	昊天是否有竹林？
[illegible]。	昊天上方有竹林。
[illegible]，	昊天那上方，
[illegible]，	长有四丛神箭竹，
[illegible]，	四丛神箭竹啊，
[illegible]，	结着四串神竹籽，
[illegible]，	四串神竹籽，
[illegible]，	果熟离蒂落，
[illegible]，	落到白云层，
[illegible]，	白云层中落，
[illegible]，	落到黑云层，
[illegible]，	黑云层中落，
[illegible]，	一串落到妥鲁山[2]山麓，
[illegible]，	形成水竹林，
[illegible]，	一串落到妥鲁山腰方，
[illegible]，	形成箭竹刺竹林，
[illegible]，	一串落到妥鲁山峰，
[illegible]，	形成竹签林，

② 妥鲁山：即堂琅山，在今牛栏江边的云南昭通巧家县包谷垴乡、老店镇一带。

山峰长出世间神签竹，
神竹上方九年九月没有雕鹰飞，
神竹下方九年九月没有蛇类巢。
是否形成世间神竹签？
已经形成世间神竹签，
神签源于神灵的山峰，
孜李慕曲[1]悬崖出神签，
慕兹拉豁出神签，
阿杜依莫出神签，
西昌泸山出神签，
慕企勒黑出神签，
史洛史日出神签，
瓦笃魏宇出神签，
阿朵扎都出神签，
月尔勒哈出神签，
哲拉特吉出神签，
峨边勒豁出神签，
吉克蜀祖出神签，
勒直额夫出神签，
木胡坝牛出神签，
尼扎郭额出神签，
额鲁哲卧出神签，
魏哲洛曲出神签，
甘洛吉日出神签，
寿罗阿举出神签，
寿罗慕赤出神签，
寺银阿莫出神签，
哦慕鹫笃出神签，
勒猗哲惹[2]出神签。
是否签筒的神签？
就是签筒的神签。
签头分出九支系，
九支分到九地域；
神签腰有九寸粗，
九个毕徒分别拥，
神签根九支，
九支深入九方地。

神签那一组，
是否曾斗过？
没有不斗过，
向着死神斗，
战胜死神魔；
向着病魔斗，
制胜病魔怪；
向着仇人斗，
战胜众仇人；
向着敌人斗，
征服敌人犯。
今夜袭击索命魔，
死神索命魔啊，
击中脚断骨，
击中手折臂，
击中头脑死，
击中腰部倒下滚，
击中口撕裂，
击中舌头断，
击中牙齿折，
索命魔身躯滚滚落。[3]

诵完《神竹签来源经》后，助手把锅里的半边猪头和全部猪舌和猪胸脯肉捞出置于簸箕里，递给毕摩，毕摩将其置于“鹫毕神座”前面。

① 孜李慕曲：与下面“慕兹拉豁”均为古地名，位于云南省昭通市永善县境内。

② 勒猗哲惹：地名，又称“勒猗哲峨”，系四川省乐山市马边彝族自治县高卓营乡大风顶境内的一座名山，境内栖息有大熊猫、四川山鹧鸪、白鹇等珍贵野生动物。

③ 根据马边著名毕摩吉克罗布口述，作者整理、翻译而成。

在一般仪式中，按规则做完仪式后毕摩要将半边猪头和猪胸脯肉带回家，但是举行驱逐索命魔仪式则禁忌将牺牲猪头和猪胸脯肉带回家（凉山州美姑县河溪乡一带，乐山市马边、峨边等地有此禁忌）。吃肉前，有人故意从毕摩背后“偷”走猪头，与现场其他人一起分吃，如果没有人“偷”，毕摩就说：“怎么没有人‘偷’吃猪头哦？”以此提醒人们“偷”猪头。然后，毕摩念诵《判魔刑经》（《[illegible]》），念完后将猪胸脯肉分给仪式现场的助手们。

在仪式过程中，助手从锅里捞出煮熟的坨坨肉装在簸箕内，不配佐料。首先分给毕摩，同时舀一盆肉汤递给毕摩，主持毕摩先品尝一口，其他毕摩再喝汤吃肉，并将肉和汤分给众主人及助手。禁忌毕摩将吃不完的肉留给仪式主人或在场人员吃，如果毕摩吃饱后还有余肉，就将剩余的肉倒在脚边的地上，让助手扫除。所以，助手在分肉时就要合理分配，避免浪费。

二、驱遣索命魔（[illegible]）

大家吃完肉后，准备举行驱遣索命魔仪式。

（一）折断魔魂（[illegible]）

折断魔魂仪式，彝语称为“孜其”（[illegible]）。其主要过程是：助手在外面寻找一根蒿草或制作神枝时特意留下的树枝，以代替被诅咒的邪魔和缠身病魔，经毕摩念咒后将蒿草或树枝折成三折或多折，表示已折断邪魔身躯和四肢。

主持毕摩从神座上取些垫草，将已折的蒿草和一些吃剩的肉骨头一同捆绑在魔板草偶上。然后将草偶头在火塘灰中烫一下并在火塘沿上敲一下，抛向门口。如果草偶头朝向门外，则表示病魔索命魔已被驱逐；如果草偶头朝向仪式主人内室方向或朝向毕摩方向，则要重新抛掷，直到草偶的头朝向门外为止。此仪式完毕后，助手将索命魔草偶拾起在门后的缝隙里夹一下，然后站在火塘下方将它抛到主持毕摩面前，毕摩用其举行后面的一系列仪式。

（二）捆绑邪魔（[illegible]）

捆绑邪魔是指捆绑索命魔的过程，表示已镇住索命魔，彝语称为“索巴布辱”（[illegible]）。“辱”全称为“辱极”（[illegible]），意为套绳，这里指用来捆绑病魔索命魔的套绳。举行该仪式时，主持毕摩念诵下面经文。

[illegible]，	咆哦咿，
[illegible]，	现在声明捆绑索命魔，
[illegible]，	保护众主之灵魂，
[illegible]，	众主之体魄，
[illegible]。	众主生育神已声明。
[illegible]，	保护上方众毕师徒，
[illegible]。	众人神毕组已声明。
[illegible]，	保护签筒法帽，
[illegible]。	经卷法器神已声明。
[illegible]，	保护护法众神灵，
[illegible]，	祖父神灵，
[illegible]，	白虎法神，
[illegible]。	雕鹰护法神灵已声明。

念诵到此处时，主持毕摩用木矛将已捆在一起的魔板草偶扎起来，用木杈顶住下面，最后用木钩从上往下钩住魔板草偶，再从神座下抽出一些垫草，将木钩、木杈和魔板草偶紧紧地捆绑在一起，以此作为夺取祖妣生命的索命魔的替代物，而后掷向火塘边，毕摩继续念诵。

[illegible]，	铜杈丫丫叉死神，
[illegible]，	叉住病魔索命魔，
[illegible]，	钢矛尖锐且锋利，
[illegible]，	戳杀死神索命魔，
[illegible]。	戳杀病魔索命魔。

[illegible]，　北域钢矛锋利利，
[illegible]，　刺杀索命死神魔，
[illegible]，　刺杀病魔索命怪，
[illegible]，　刺穿死神邪魔的胸背，
[illegible]。　戳折死神之双腿。
[illegible]，　咆哦咿，
[illegible]，　山神林神来绑魔，
[illegible]，　崖壑神灵来绑魔，
[illegible]，　江河神灵来绑魔，
[illegible]，　平原神灵来绑魔，
[illegible]，　捉住病魔来捆绑。[1]

随后，主持毕摩将捆扎好的魔板草偶在火塘灰中烫一下，并在火塘沿上敲一下，然后置于自己面前，并抓一把木屑用力击打面前的魔板草偶。此时，在场者高吼数声以示助威。在诅咒、驱逐索命魔的整个仪式中，每诵完一段经文，毕摩都要重复上述动作，下面不再赘述。

（三）《恭请神鹰经》（《[illegible]》）

《恭请神鹰经》全称为《恭请护法神鹰经》，彝语称为"鹫毕笃"（[illegible]），是指唤醒并恭请毕摩护法神的雕鹰神。然而，《恭请神鹰经》不仅要唤醒并恭请雕鹰神灵，还要唤醒并恭请其他天神地祇等到仪式现场助威，同时敬请历代各派系毕祖护法神灵前来助威，抓捕并驱逐病魔索命魔。

主持毕摩抓些木屑用力击打置于面前的索命魔板草偶一下，接着念诵《恭请神鹰经》。

[illegible]，　现在恭请护法神[2]，

① 曲比石门、嘎哈石者、吉尔铁日，《彝族尼牡概论》，四川民族出版社，2001年。

② 恭请护法神：彝语称为"鹫毕笃"，本意是指唤醒毕摩护法神的雕鹰神，然而此处不仅指雕鹰神灵，还包括其他诸神灵，故这里译作"恭请护法神"。

[illegible]，　一声诵朗朗，
[illegible]，　呼呀神毕唤，
[illegible]，　吼乃主人吼，
[illegible]，　诵乃实楚[3]诵，
[illegible]，　啸乃白虎啸，
[illegible]，　鸣乃神鹰鸣，
[illegible]，　捕乃豺狼捕，
[illegible]，　起呀天神地祇齐起，
[illegible]，　听呀向护法神询问，
[illegible]，　起呀十二护法鹫毕神，
[illegible]。　灭呀擅变妖魔鬼怪绝。
[illegible]，　克慕[4]领域鹫颈似豹脖，
[illegible]，　额慕领域鹫神捕咬起，
[illegible]。　泽史领域鹫神截击起。
[illegible]，　鹫鸣声声起，
[illegible]，　鹫毕携白狗，
[illegible]，　鹫毕驾黑牛，
[illegible]，　鹫毕骑白马，
[illegible]，　起呀鹫毕起，
[illegible]，　鹫毕爪利尖，
[illegible]，　鹫鸣声声脆，
[illegible]，　鹫毕如鹰捕，
[illegible]，　鹫毕身如鹰，
[illegible]，　鹫颈虎脖粗，
[illegible]，　鹫眼似虎眼，
[illegible]，　鹫毕开血路，
[illegible]。　鹫毕指攻路。
[illegible]，　鹫毕栖息高原快速起，
[illegible]，　起呀伴神毕，
[illegible]，　伴随我神毕，
[illegible]，　跟随神毕来助威，

③ 实楚：此处指毕祖护法神。

④ 克慕：与下面的"额慕""泽史"等均为古代彝族先民居住地地名。

齐起跟随吾神毕。

苍穹神灵别人呼不应，
毕摩呼则应，
我等神毕呼则应；
空中繁星别人唤不亮，
毕摩唤则亮，
我等神毕唤则亮。
毕神所施法，
无攻而不克，
无坚而不摧者起，
起呀伴随毕，
伴随我神毕，
跟随神毕来助威，
齐起跟随吾神毕。

远古的时候，
史兹史德毕，
史阿尼能毕，
尼能十子毕，
笃玛额[1]，
瓦杜峨两名毕。
助我捉拿邪魔，
擒拿索命死神、
索命病魔邪神，
助我擒死神。
后来实勺毕，
实勺八子毕，
实奢哲，
勺洪额两名毕，
助我捉拿邪魔，
擒拿索命死神、
索命病魔邪神，
助我擒死神。
后来格峨毕，
格峨九子毕，
峨无吐，
萨哲史两名毕，
助我捉拿邪魔，
擒拿索命死神、
索命病魔邪神，
助我擒死神。
慕弥承袭毕，
慕弥毕十子，
昊实楚，
提乍姆两名毕。
助我捉拿邪魔，
擒拿索命死神、
索命病魔邪神，
助我擒死神。
后来邱普来承毕，
邱普后裔毕无数，
武阿法神灵，
乍阿法术验，
布阿管南方，
默居地四方，
恒阿拓展地，
糯阿制铠甲。
鹫阿鹰神毕，
鹰神擅捕撕，
督兵擅追捕，
追捕那邪魔，
猛兽牙锋利，
锋牙擅撕咬。
速起伴毕来，
伴随我神毕，
跟随神毕来袭击，
齐起跟随吾神毕，

[1] 笃玛额：与下面的“瓦杜峨”是尼能部落时期的著名毕摩代表。

[illegible]，　助我捉拿邪魔，
[illegible]、　擒拿索命死神、
[illegible]，　索命病魔邪神，
[illegible]。　助我擒死神。

主持毕摩念诵到此时，辅助毕摩们开始念诵诅咒和驱逐类古籍文献。一般除了念诵《驱魔经》（《[illegible]》）外，还要念诵《猛禽经》（《[illegible]》）、《猛虎驱魔经》（《[illegible]》）、《红狐经》（《[illegible]》）、《驱逐猴瘟经》（《[illegible]》）、《驱痨经》（《[illegible]》）、《乌撒驱魔经》（《[illegible]》）、《阿笃偿债经》（《[illegible]》）、《俄迪卸孽经》（《[illegible]》）、《院坝起鹿经》（《[illegible]》）等。虽然经文名称各异，但其目的都是诅咒和驱逐索命魔等，只不过诅咒的轻重程度有一定的差异。辅助毕摩可以每人念诵一卷，也可以几人合念一卷。除了《驱魔经》的“颂毕祖经”章节外，其余的经卷都要全部念诵完。同时主持毕摩继续念诵《恭请神鹰经》。

[illegible]，　上方护法神父起，
[illegible]，　下方护法神母起，
[illegible]，　毕摩上空鹰雕鸣声起，
[illegible]，　旁边白虎法神吼叫起，
[illegible]，　下面护法神灵蜂涌起，
[illegible]，　上方天神地祇如林起，
[illegible]，　神灵背负签筒起，
[illegible]，　神扇跳舞翩翩起，
[illegible]。　法帽雕翅翱翔起。
[illegible]，　上方豁所库[1]也起，
[illegible]，　下方体尔者也起，
[illegible]，　上面史夫夫也起，
[illegible]，　史妮吉神起，
[illegible]，　所它木神起，
[illegible]，　尼能鲁神起，
[illegible]，　鹫谋士神起，
[illegible]，　鹫德古神起，
[illegible]，　诸德古速起，
[illegible]，　诸谋士快起，
[illegible]。　白犬神速起。
[illegible]，　白色神座起，
[illegible]，　花色神座起，
[illegible]；　黑色神座起；
[illegible]，　白发挑拨神也起，
[illegible]；　黑发挑拨神也起；
[illegible]，　左侧平原神速起，
[illegible]；　右侧竹林神速起；
[illegible]，　左阿击神旋转起，
[illegible]；　右方砸神排排起；
[illegible]，　左方尼[2]神起，
[illegible]，　尼神降于地，
[illegible]，　右方能神起，
[illegible]，　能神快速起，
[illegible]，　左侧猛兽咀嚼神速起，
[illegible]。　右侧猛禽翱翔神速起。
[illegible]，　九组神座起，
[illegible]，　九组神位起，
[illegible]，　三组神座起，
[illegible]，　三组神位起，
[illegible]，　单组神座起，
[illegible]。　独组神位起。
[illegible]，　神座之首黑森森，
[illegible]，　神座之末黑压压，
[illegible]；　神座中央起无数；

①豁所库：与下面的“体尔者”等均为星座名称。

②尼：与下面的“能”均为古代彝族部落首领的名称，现泛指远古毕摩的护佑神灵。

白杵棚神起，
花杵棚神起，
黑杵棚神起，
速起伴毕来，
伴随我神毕，
帮毕来助威，
齐起帮吾毕，
速来享宴请。
助我捉拿邪魔，
擒拿索命死神、
索命病魔邪神，
助我擒死神。

世间放青烟，
告知苍天神，
原野放青烟，
告知山林神，
后檐放青烟，
屋内还孽债。
世间神毕首呼唤，
呼唤神灵在屋内，
神毕呼声传多远？
毕声首先苍天父闻，
天父蓄白髻，
苍天白茫茫，
日与月，
星与辰，
云与雾，
清风神速起，
神灵降临仪式场。
助我捉拿邪魔，
擒拿索命死神、
索命病魔邪神，
助我擒死神。

神毕再后呼一声，
神毕呼声传多远？
神毕呼声传到大地处，
黑地母神听后速起程，
黑地戴着母头帕者起，
大地黑茫茫，
黑土筑起房墙神速起。
速起伴毕来，
伴随我神毕，
帮毕来助威，
齐起帮吾毕，
速来享宴请。
助我捉拿邪魔，
擒拿索命死神、
索命病魔邪神，
助我擒死神。

呼唤堂琅山顶之众神，
堂琅山顶君毕白鹤唳，
白鹤唳声声，
臣毕灰雁唳，
灰雁唳声声者起。
呼唤堂琅山腰处，
堂琅山腰方，
众毕背负签筒起，
堂琅山麓方，
经书法器神速起。
毕摩呼唤苏尼神，
尼神声声叫，
尼鼓[1]悬崖排，
鼓柄钩弯弯，
鼓槌飞舞击，
鼓铃麻雀鸣，

① 尼鼓：又称为神鼓，用羊皮制作的圆鼓，是苏尼的法器。

鼓鸣犹如悬崖塌。
呼唤神毕住地方，
神毕住地毕坐悬崖耸，
签筒柏杉立，
法帽鹰飞翔，
神扇翩翩蝴蝶舞，
法神犹如蜂涌起。

起呀神座神位、
十二鹫毕神灵起，
毕下山神杉林茫者起，
毕上法神如蜂拥者起，
毕旁猛虎吼叫神速起，
毕空黑雕笛声鸣者起，
快速起程伴我毕，
请到神座饮牲血，
请到神位吃烧肉，
请到座旁饮美酒。

神毕呼唤东方三域神，
东方三域方，
东方神父护法神速起[1]，
护法神灵骑着白色马，
身着白色衣，
驾驭白色牛，
手持白色弓箭者起程。
神毕呼唤西方三域神，
西方神母护法神速起，
护法神灵骑着黄色马，
驾驭黄色牛，
身着黄色衣，
手持黄色弓箭者起程。

速起伴随毕，
伴随我神毕，
帮毕来袭击，
齐起帮吾毕。
呼唤东北西南之神灵，
护法神灵骑着灰色马，
驾驭灰色牛，
身着灰色衣，
手持灰色弓箭者起程。
呼唤东南西北之神灵，
护法神灵骑着黑色马，
驾驭黑色牛，
身着黑色衣，
手持黑色弓箭者起程。
速起伴随毕，
伴随我神毕，
帮毕来袭击，
齐起帮吾毕。
助我捉拿邪魔，
擒拿索命死神、
索命病魔邪神，
助我擒死神。

别人祖毕孙未毕，
我等祖毕孙也毕，
祖孙世毕清风阿普，
天地神圣伴，
吾祖阿普护佑神，
长发整九庹，
须发整九拃，
走过山峰美髯拖山麓。
神圣阿普护佑神啊，
头顶着蓝天，
管控雷电神，
脚踏大地上，

① 彝族先民认为“天为父，地为母”，太阳从东方升起，所以天在东方，东方代表父，西方代表母。

踏塌九座山；
呼气成狂风，
尘土遮天地，
快速起程伴我毕。
制作白银器，
持着铜铁器，
吹奏黄铜号，
越过山脉者速起，
速起伴随毕，
伴随我神毕，
帮毕来袭击，
齐起帮吾毕。
所坐之处烟雾如云飘，
所过之处骑马尘土扬。
一沟下雨时，
十沟沾满露珠者起；
一处原野起狂风，
十处拂狂飙者起；
一处宴请神灵时，
十处热闹喧者起。

毕神阿普啊，
吾祖诵经声洪亮，
犹如春雷震九州，
快速起程伴我毕。
今日诵经声如撞钟鸣，
吾祖谈吐词清晰，
声传原野高空响；
毕神阿普啊，
吾祖曾英雄，
今日贤孙杀敌的时刻；
吾祖曾豪爽今孙宴客，
吾祖曾经名扬天下者，
今日贤孙创业时刻到，
吾祖英灵速起程，
起程伴随我神毕。
助我捉拿邪魔，
擒拿索命死神、
索命病魔邪神，
助我擒死神。

别人父毕子未毕，
我等父毕子袭毕，
伴有英雄父毕神，
毕神犹如悬崖排。
英雄父毕神，
经过云雾岭，
云雾当战袍，
经过乌云层，
雨露当酒饮，
经过飓风垭，
狂飙当坐骑。
空中黑雕当同伴，
原野猛虎当羊赶，
豺狼当猎犬。
冰雹当酒菜，
霜雪当美食。
头顶拿云做毡笠，
头戴彩云笠，
背负神签筒，
骏马配采鞍，
骏马奔腾驰。
英雄父神啊，
前有牵马开路者，
后有护卫跟随者，
既有入林开道者，
也有出林扫露者，
骏马配套名马鞍，
骏马一排排，
名鞍青亮亮。

卸鞅置墙上，
满墙红彤彤，
卸鞍放山麓，
山麓黑郁郁，
放马于原野，
骏马嘶声欢。

起呀英雄父毕起，
快速起程伴我来，
慈父助孝子，
毕神来助阵，
百兽齐咆哮，
白虎在此吼，
黑雕在此鸣，
猛兽在此撕。
吾父曾英雄，
今日轮到孝子厮杀时，
热情父亲未在世，
今日轮到孝子宴客时，
名扬父亲不在世，
今日轮到孝子创业时。
英雄父亲神灵快速起，
起程伴我神毕来。
围剿吾主死神索命魔、
病魔索命魔，
堵塞死神的通道，
堵住病魔的逃路，
围剿押送索命魔，
逐渐收缩来围剿，
山坡押送到路上，
包围吾主死神索命魔、
病魔索命魔收缩来围剿，
捉到毕摩主人面前来斩首。
助我捉拿邪魔，
擒拿索命死神、
索命病魔邪神，
助我擒拿死神。

别人兄毕弟未毕，
我家兄弟都是世袭毕，
兄弟乃是沙场之英雄，
英雄盖世的兄弟，
战场杀敌增荣誉。
黑雕捕猎靠翅膀，
猛虎捕食靠触须，
林中獐麂当羊群，
原野豺狼当猎犬，
深山猛虎当马骑，
出征杀敌当前锋，
收兵转战压后阵，
左手斩敌首，
右手擒战俘。
沙场英雄兄，
摔跤是能手，
无人能摔赢，
杀敌是英雄，
所杀无敌手。
起呀英灵快速起，
伴我神毕杀死神，
助我杀敌凯旋归。
围剿吾主死神索命魔、
病魔索命魔，
堵塞死神的通道，
堵住病魔的逃路，
围剿押送索命魔，
逐渐收缩来围剿，
山坡押送到路上，
包围吾主死神索命魔、
病魔索命魔收缩来围剿，
捉到毕主面前来斩首。

别人母毕子未毕[1]，
我辈母毕子也毕，
我毕伴有贤惠圣母神，
贤惠圣母呀，
青发直又长，
发辫粗又黑，
手镯水獭跃，
戒指繁星闪者起。
圣母曾英雄，
今日轮到孝子厮杀的时刻，
圣母曾好客，
今日轮到孝子宴客的时刻，
圣母理家扬美名，
如今轮到孝子创业的时刻。
贤惠圣母快速起，
伴我神毕杀死神，
助我杀敌凯旋归。
围剿吾主死神索命魔、
病魔索命魔，
堵塞死神的通道，
堵住病魔的逃路，
围剿押送索命魔，
逐渐收缩来围剿，
山坡押送到路上，
包围吾主死神索命魔、
病魔索命魔收缩来围剿，
捉到毕主面前来斩首。
助我捉拿邪魔，
擒拿索命死神、
索命病魔邪神，
助我擒拿死神。

别人兄毕妹未毕，
我辈兄弟姐妹都袭毕，
我毕伴有姐妹美女神，
姐妹美女神啊，
发辫粗又长，
发夹白生生，
脸蛋红扑扑，
脚板粉嫩嫩，
耳坠摇晃晃，
童裙红艳艳，
走在前面也显眼，
走在后面也光彩，
左手紧握揽财钩，
右手高擎招宝枝。
冲锋在前当前锋，
压住后面当后盾，
起呀美女神速起，
起程伴我来助威。
贤淑姐妹美女神，
今日英雄美女虽未在，
轮到兄弟厮杀时，
美女曾好客，
今日轮到兄弟宴客时，
美女治家传佳美，
如今轮到兄弟创业时。
起呀美女神速起，
伴我神毕杀死神，
助我杀敌凯旋归。
围剿吾主死神索命魔、
病魔索命魔，
堵塞死神的通道，
堵住病魔的逃路，
围剿押送索命魔，
逐渐收缩来围剿，
山坡押送到路上，

① 虽然现在没有女性毕摩了，但毕摩源于古代女性部落首领，所以，现毕摩们仍会赞颂女性毕祖护法神，以此怀念并铭记远古女性部落首领对毕摩文化的贡献。

包围吾主死神索命魔、
病魔索命魔收缩来围剿，
捉到毕主面前来斩首。
助我捉拿邪魔，
擒拿索命死神、
索命病魔邪神，
助我擒拿死神。

别人姻毕亲未毕，
我家姻亲都是世袭毕，
姻亲和谐犹如鹤成行，
伴有天空鹤雁之神灵，
今日姻亲共同御敌荣，
姻助亲戚创业传美名，
姻亲世袭毕神速起程。
助我捉拿邪魔，
擒拿索命死神、
索命病魔邪神，
助我擒拿死神。

别人部分宗族毕，
我家族人都是世袭毕，
同源宗族神毕啊，
宗族声势如盛夏雷声响，
犹如雾霾罩平川，
列队排列如峭壁，
恰似蕨林雄雉鸡，
相互争鸣不停息。
起呀宗族毕神快速起，
助我捉拿邪魔，
擒拿索命死神、
索命病魔邪神，
助我擒拿死神。

别人主毕仆未毕，
我辈主毕仆也毕，
主仆齐心的神毕呀，
犹如盛夏三月奔腾的骏马，
四蹄和谐齐奔腾。
今日仪式主人家，
英雄主人已故仆人御敌时，
豪爽主人未在仆人宴客时，
治家主人未在仆人创业时，
起呀主仆毕祖神灵快速起。
助我捉拿邪魔，
擒拿索命死神、
索命病魔邪神，
助我擒死神。

别人君王作毕庶民未作毕，
我等君民同是神圣的毕摩，
犹如盛夏三月天空挂彩虹，
彩虹越来越挂近。
今晚仪式吾主家，
君民携手御敌时，
英君帮民宴客时，
英君助民创业时。
君民毕祖神灵快速起，
君王传令玉玺一排排，
君王面前茶气云雾绕，
君王旁边将帅如云集，
枪管森森如林立，
子弹密集如下雨者起。
助我捉拿邪魔，
擒拿索命死神、
索命病魔邪神，
助我擒拿死神。

我毕伴有撕咬猛兽神，
是那原野一对猛虎神，

一对猛虎兄弟护法神。
猛虎兄弟护法神呀，
起自拉韩艺乌河畔上，
经过拉莫阿觉坡岭处，
栖息杉木茂密树山脉，
吼声震荡拉曲月尔山，
虎气飘荡博石山坡上，
狐狸鼓气嘶十声，
不如猛虎吼一声，
虎口犹如血盆红者起。
虎头常高昂，
虎口红艳艳，
咬牙力无比，
虎牙利剑锋，
虎口咬猎物，
坐起咬猎物。
虎头高昂摇，
虎身茅屋高，
虎脚白粗壮，
虎毛纵纹格外亮者起。
起呀伴随毕，
伴随我神毕，
帮毕来助威，
齐起帮吾毕。
虎口咬死神，
虎尾击病魔，
虎脚踩魔怪。
助我捉拿邪魔，
擒拿索命死神、
索命病魔邪神，
助我擒拿死神。

我毕伴有雕鹰神，
伴有雕鹰护法神，
天空雕鹰护法神，
起自雕拉特口[①]山峰处，
翱翔辽阔蓝天白云间，
雕眼明亮射四方，
鹰爪锐利似钢钩，
鹰鸣喧嚣喇叭叫，
羽翼光亮如镀铅者起。
雕鹰护法神，
雕鹰擅抓捕，
抓捕伸尖爪，
从未扑空过。
起呀伴随毕，
伴随我神毕，
帮毕来助威，
齐起帮吾毕。
助我捉拿邪魔，
擒拿索命死神、
索命病魔邪神，
助我擒拿死神。

我毕伴有撕咬护法神，
原野一对花豹护法神，
原野豹子护法神，
起自原始杉林中，
越过花豹坡岭处，
豹头高昂昂，
豹口血盆红，
豹牙锐利尖，
豹毛斑纹明，
褐色斑点整排排，
豹腿粗壮齐助阵。
速起伴毕来，
伴随我神毕，
帮毕来助威，

①雕拉特口：地名，位于四川省昭觉县特口乡境内。

齐起帮吾毕，
速来享宴请。
助我捉拿邪魔，
擒拿索命死神、
索命病魔邪神，
助我擒拿死神。

我毕伴有咬吞神，
伴有一对豺狼神，
狼头高昂昂，
狼口利牙深，
狼毛明亮亮，
狼脚粗壮者起程。
速起伴毕来，
伴随我神毕，
帮毕来助威，
齐起帮吾毕。

我毕伴有棕熊神，
棕熊护法神起程，
击倒撕食者呀，
一对花颈棕熊神，
大力巨兽棕熊神，
起自熊罴栖息坡，
越过黑山森林间，
熊罴擅抓捕，
下坡压倒成片林，
上坡捣毁成片草。
大力棕熊神，
熊头高昂昂，
熊口大又深，
熊牙尖锐利，
熊毛光亮亮，
熊脚粗壮者起程。
速起伴毕来，
伴随我神毕，
帮毕来助威，
齐起帮吾毕。
熊口咬死神，
熊爪撕死神，
熊脚蹈病魔。
助我捉拿邪魔，
擒拿索命死神、
索命病魔邪神，
助我擒拿死神。

我毕伴有野猪神，
野猪獠牙尖锐利，
獠牙我毕庇佑神。
伴有拱食死神是，
栖息索诺山林的，
雄性花纹野猪神。
凶猛的野猪，
獠牙弯曲锋，
左牙抵死神，
右牙御病魔，
猪头高昂猛，
鬃毛耸森森，
脚粗跑腾飞。
擅拱的野猪，
拱驱魔四方，
野猪擅长拱，
起呀驱拱护法神灵是，
凶猛野猪神灵快速起。
速起伴毕来，
伴随我神毕，
帮毕来助威，
齐起帮吾毕。
拱驱左侧死神邪，
拱逐右侧病魔怪，

[illegible]，　折断路上仇人首，
[illegible]，　砍断路下敌人头，
[illegible]。　死神病魔永不回。
[illegible]、　助我捉拿邪魔、
[illegible]、　擒拿索命死神、
[illegible]，　索命病魔邪神，
[illegible]。　助我擒拿死神。

[illegible]，　敬请诸山神，
[illegible]，　一声诵朗朗，
[illegible]，　呼呀神毕唤，
[illegible]，　吼乃主人吼，
[illegible]，　诵乃实楚诵，
[illegible]，　啸乃白虎啸，
[illegible]，　鸣乃神鹰鸣，
[illegible]，　问那天地神灵护法神，
[illegible]。　请呀山神蜑神齐助阵。
[illegible]，　南域名山神灵来享祭，
[illegible]，　北域名山神灵来享祭，
[illegible]，　东域名山神灵来享祭，
[illegible]，　西域名山神灵来享祭，
[illegible]，　阿豁名山神灵来享祭，
[illegible]。　赤赤名山神灵来享祭。
[illegible]，　甘洛诸神灵，
[illegible]，　山脉甘洛宽，
[illegible]。　山神甘洛尊者来享祭。
[illegible]，　勒李名山神灵来享祭，
[illegible]，　鹭非名山神灵来享祭，
[illegible]，　额憨名山神灵来享祭，
[illegible]，　吉铁名山神灵来享祭，
[illegible]，　勒直名山神灵来享祭，
[illegible]，　峨边名山神灵来享祭，
[illegible]，　汉区名山神灵来享祭，
[illegible]，　迪博喇嘛领域，
[illegible]，　名山神灵来享祭，
[illegible]，　迪博月尔领域，
[illegible]，　名山神灵来享祭，
[illegible]，　藏族名山神灵来享祭，
[illegible]，　史罗名山神灵来享祭，
[illegible]，　伟勒名山神灵来享祭，
[illegible]，　伟余名山神灵来享祭，
[illegible]，　系哲名山神灵来享祭，
[illegible]，　罗穆名山神灵来享祭，
[illegible]，　越西名山神灵来享祭，
[illegible]，　果机树沽领域，
[illegible]，　诸多名山神灵来享祭，
[illegible]，　诺古西朵领域，
[illegible]，　诸多名山神灵来享祭，
[illegible]，　世木核罗领域，
[illegible]，　诸多名山神灵来享祭，
[illegible]，　毕洛名山神灵来享祭，
[illegible]，　亦勒格具领域，
[illegible]。　诸多名山神灵来享祭。
[illegible]，　江河领域诸神灵，
[illegible]，　阿豁柳艺诸神灵，
[illegible]，　西昌领域诸神来享祭，
[illegible]，　诺依领域诸神来享祭，
[illegible]，　尔额领域诸神来享祭，

[illegible]，　诺迪杂额领域，
[illegible]，　诸多神灵来享祭，
[illegible]，　阿杜领域诸神来享祭，
[illegible]，　阿勒领域诸神来享祭，
[illegible]，　铁起领域诸神来享祭，
[illegible]，　木乌领域诸神来享祭，
[illegible]，　甲纳领域诸神来享祭，
[illegible]，　平诺领域诸神来享祭，
[illegible]，　木尼领域诸神来享祭，
[illegible]，　兹兹领域诸神来享祭，
[illegible]，　赤赤领域诸神来享祭，

阿伙领域诸神来享祭，
罗诺领域诸神来享祭，
格曲领域诸神来享祭，
哈拿领域诸神来享祭，
竹古领域诸神来享祭，
俄吉米铁领域内，
诸多神灵来享祭，
世峨哈曲领域内，
诸多神灵来享祭。

铁觉[1]领域内，
勒猞哲惹[2]，
十二诸神来享祭；
马边诸领域，
瓦候十二山神来享祭；
峨边诸领域，
罗豁十二诸神来享祭；
依箭诸领域，
瓦弩十二诸神来享祭；
纳古诸领域，
泽豁十二诸神来享祭；
尼乍诸领域，
果额十二诸神来享祭；
拿古诸领域，
寺依十二诸神来享祭；
哲普诸领域，
洛曲十二诸神来享祭；
木者诸领域，
达普十二诸神来享祭；

① 铁觉：地名，位于乐山市马边彝族自治县高卓营乡大河坝村境内。

② 勒猞哲惹：系乐山市马边彝族自治县高卓营乡大风顶境内的一座名山，海拔3860米。山上森林茂密，古树参天，生长有冷云杉、珙桐、筇竹等植物，境内有大熊猫、四川山鹧鸪、白鹏等珍贵野生动物。

博觉诸领域，
啥干十二诸神来享祭；
米石诸领域，
豁门十二诸神来享祭；
毕尔诸领域，
勒毕十二诸神来享祭；
机曲诸领域，
寿豁十二诸神来享祭；
博萨诸领域，
莎干十二山神来享祭。
沙尔诸领域，
克尔十二山神来享祭；
寺凯诸领域，
李颇十二山神来享祭；
豁古诸领域，
罗诺十二山神来享祭；
额洛诸领域，
哲维十二山神来享祭；
阿勒诸领域，
月豁十二山神来享祭；
铁克诸领域，
觉罗十二山神来享祭；
诺古诸领域，
莫豁十二山神来享祭；
沙玛诸领域，
博举十二山神来享祭；
博依诸领域，
俄库十二山神来享祭；
豁嘎诸领域，
豁罗十二山神来享祭；
龙头山领域，
阿举十二山神来享祭；
阿宙诸领域，
阶银十二山神来享祭；
俄其诸领域，

[illegible]，巴普十二山神来享祭，
[illegible]；阶银十二山神来享祭；
[illegible]，吉曲诸领域，
[illegible]；瓦曲十二山神来享祭；
[illegible]，依诺诸领域，
[illegible]；孜魏十二山神来享祭；
[illegible]，良良诸领域，
[illegible]；洛曲十二山神来享祭；
[illegible]，布拖诸领域，
[illegible]；弹铅十二山神来享祭；
[illegible]，达罗诸领域，
[illegible]；石铜十二山神来享祭；
[illegible]，布月诸领域，
[illegible]；嘎玉十二山神来享祭；
[illegible]，惹克诸领域，
[illegible]；尼罗十二山神来享祭；
[illegible]，昭觉诸领域，
[illegible]；木合十二山神来享祭；
[illegible]，铁克诸领域，
[illegible]；鹫罗十二山神来享祭；
[illegible]，企峨诸领域，
[illegible]；峨石十二山神来享祭；
[illegible]，古洛诸领域，
[illegible]；俄库十二山神来享祭；
[illegible]，博银诸领域，
[illegible]；洛乌十二山神来享祭；
[illegible]，阿觉诸领域，
[illegible]；布罗十二山神来享祭；
[illegible]，泽嘎诸领域，
[illegible]；瓦体十二山神来享祭；
[illegible]，依博诸领域，
[illegible]；莫林十二山神来享祭；
[illegible]，吉觉诸领域，
[illegible]；黑玛十二山神来享祭；
[illegible]，特罗诸领域，
[illegible]；哲韩十二山神来享祭；
[illegible]，瓦库诸领域，
[illegible]；勒嘎十二山神来享祭；
[illegible]，勒姆诸领域，
[illegible]；博迪十二山神来享祭；
[illegible]，拉叶诸领域，
[illegible]；木兹十二山神来享祭；
[illegible]，竹黑诸领域，
[illegible]。博克十二山神来享祭。
[illegible]，诸神来享祭，
[illegible]。驱逐死神魔。[1]

三、毕神判魔刑（[illegible]）

毕神判魔刑是指毕摩恭请毕祖护法神灵与天神地祇等护法神灵一起来到道场后，逮住索命魔并将它判处极刑的过程，即为毕神判魔刑，彝语称为“毕布直铠”（[illegible]）。毕摩向毕祖神和家宅神讲明有关仪式的目的、情况后，简要地念诵申明经，然后敬请之前已恭请的天神地祇和将要敬请的毕祖护法神一起到仪式现场，在毕摩法力的作用下，逮住索命魔并判处极刑，将其镇压并驱逐到德布洛莫魔域，使其今后永远不再返回人间夺走他人性命。该仪式是在举行驱逐索命魔仪式的第二天凌晨公鸡首次鸣叫时举行。毕神判魔刑包括“歌颂毕祖”与“判处邪魔刑”两部分。

（一）歌颂毕祖（[illegible]）

歌颂毕祖，彝语称为“毕布毕茨”（[illegible]），简称“毕布”。“毕”有“毕摩”“诵经”“祭祀”之意，“布”有“歌颂”“赞扬”“祭颂”等含义，“茨”即“代”“史”或

① 摘自马边著名毕摩立克日罗（作者父亲）经书《恭请护法神经》，并参考其他古籍文献整理而成。

"谱系""谱牒"。歌颂毕祖就是赞颂毕摩功德，颂扬毕摩作毕（祭祀）的光辉历史，邀请毕摩先祖的护法神灵前来助威。歌颂毕祖仪式中，主要念诵的经文有《毕摩源流》及《毕摩谱系》两部分。《毕摩源流》主要阐述毕摩原生文化的形成、演变和发展过程。彝族先民在原始社会后期，为了适应自然界，在万物有灵观的引导下，在自然崇拜、图腾崇拜的基础上创造了毕摩原生文化。经过了漫长岁月，其间出现了尼能、实勺、格峨、慕弥等部落首领兼文化领袖，最终，彝族在"彝族六祖"时期形成了以祖先崇拜为核心的毕摩原生文化，创造了彝文古籍，发明了毕摩法器，规范了毕摩原生文化诸多仪式程序。《毕摩谱系》主要念诵从"彝族六祖"的古恒与邛尼到主持毕摩本人的世袭毕摩谱系，其中，主要列举阿笃罗普、阿苏拉者等毕摩大师为民禳灾除魔、赐予福祉的伟大功德。

该仪式中有背诵经文和念诵经文两种。主持毕摩负责背诵部分，在主持毕摩开始背诵后，辅助毕摩就开始念诵《驱魔经》中的《歌颂毕祖经》或专门的《歌颂毕祖经》，也可以众辅助毕摩同时念诵不同版本的经文。主持毕摩所背诵的经文既是概括部分又是中心部分，其主要内容包括：毕摩的起源以及毕摩形成的漫长历史过程，邱普发明创造毕摩法器、规范作毕程序及其禁忌；古恒或邛尼世袭毕摩的谱系，直到主持毕摩本人的谱系为止。

无论是主持毕摩还是辅助毕摩，在开始诵经前，都先用右手在面前的簸箕里面抓一把木屑击打索命魔草偶和魔板，然后才开始诵经。

（二）判处邪魔刑（[illegible]）

判处邪魔刑全称为"判决魔怪断根刑"，彝语称为"直铠"（[illegible]）。"直"（[illegible]）为古彝语，有两层意思：一是作动词，有依靠之意；二是作名词，有根之意。"铠"（[illegible]）为砍断、折断之意。"直铠"意为断根，此处意为捣毁死神索命魔的依靠，将其驱逐、断根，使其永远不再返回仪式主人家。

该仪式只能由主持毕摩主持。念诵《判处邪魔刑经》之前，主持毕摩先将拴在魔板上的索命魔草偶在火塘灰中烫一下，并在火塘沿上敲一下，掷于面前，再开始诵经。同时，在场所有男人高吼数声。《判处邪魔刑经》内容摘录如下。

[illegible]　噢哦——依啊！
[illegible]　豁哦豁哦哈啊，
[illegible]　一声诵朗朗，
[illegible]　诵乃毕摩诵，
[illegible]　吼乃主人吼，
[illegible]　听是天地神灵听，
[illegible]　十二护法神鹰闻后飞，
[illegible]　索命邪魔灭绝时刻到，
[illegible]　作祟人命邪魔灭期到，
[illegible]　现要判处死神索命魔。
[illegible]　原野有靠山，
[illegible]　索命邪魔无靠山，
[illegible]　坪坝有依靠，
[illegible]　索命邪魔无依靠，
[illegible]　世人会说话，
[illegible]　邪魔不说话，
[illegible]　人类有知识，
[illegible]　邪魔无知识；
[illegible]　男女能对语，
[illegible]　邪魔无知话；
[illegible]　纺织仍规律，
[illegible]　邪魔无规律。

[illegible]　阿哲禽类有名称，
[illegible]　索命邪魔无名称，
[illegible]　牛马有栖地，

邪魔无住地，
牛羊有同伴，
邪魔无同伴，
耕牛懂人性，
邪魔无人性，
牧人绵羊解人意，
索命邪魔无意识。
坪坝牧业处，
牛羊相和谐，
邪魔极凶残，
活林分树枝，
邪魔无分支，
刺竹有结节，
索命邪魔无节制，
野藤有根须，
索命邪魔无根须，
山坡有埂坎，
索命邪魔无疆界。

死神索命魔你呀，
说出死者的性别，
（说出死者的名字）
夺去吾主性命的邪魔，
今晚抓住判处断祸根。

死神索命邪魔你一组，
尔等变成各种之妖怪，
是否想要苍天的庇佑？
若是想要依靠那苍天，
苍天那是白天父，
茫茫苍天无边际，
苍天接壤房屋顶，
苍天父[1]留有天菩萨者，
已经开口判处你灭绝。
尔等变成各种之妖怪，
是否企图得到大地的庇护？
下方黑地那是大地母，
大地宽广无边界，
大地接屋撑墙脚，
大地母亲戴头帕，
大地母亲判处尔灭绝。
北方青年声明判尔灭。
尔等变成各种之妖怪，
是否企图得到东方神庇护？
如想东方三域处依靠，
东方三域方，
世居嘎尔普铁[2]，
勒伍阿卓，
尼罗阿苏，
伙布吉树之子孙，
声明判决尔灭绝。
是否企图得到西方神庇护？
如想西方三域处依靠，
西方三域方，
拉皮硕曲，
拉皮迪峨，
拉皮石长，
阿迪阿西，
阿日阿拉子孙们，
声明判决尔灭绝。
是否企图得到北方神庇护？
如想依靠北方三域之神灵，
北方三域方，
依俄阿伙，

① 苍天父：与下面的“大地母”相对应，分别指天神和地祇。

② 嘎尔普铁：是指古恒系后裔，主要姓氏有“格张”“甘”“吉峨”“乌颇”“水普”及“阿侯”等，居住地以四川美姑县河溪乡、龙门乡一带为中心，遍布美姑、昭觉及四川乐山市的峨边、马边等县。

黑勒摩西，
吉木苏嘎，
吉鹏阿根，
峨勒阿剑七子，
阿子洛若，
世兹尼惹，
林迪兹莫，
罗吉啥嘎子孙们，
声明判决尔灭绝。

是否企图得到南方神庇护？
如想依靠南方三域处神灵，
南方三域处，
阿职四子[1]，
阿职国果，
阿职目木，
阿兹阿勒，
蓝剑三子，
阿森七子，
阿库三子，
阿洛八子，
尼莫八子，
勒莫哦迪，
阿甲阿平，
马克阿华，
俄木九子，
声明判决尔灭绝。

是否依靠堂琅山庇护？
若企图依靠堂琅山庇护，
堂琅山的山峰处，
君毕鹤唳神灵判你刑，
君主声明判处你灭绝，
重克皮林判处你灭绝。
是否依靠堂琅山腰庇护？
若是依靠堂琅山腰庇护，
臣毕鸿雁鸣者，
开口判处你灭绝，
比峨比迪判处你灭绝，
是否依靠堂琅山脚庇护？
若是依靠堂琅山脚庇护，
那堂琅山脚方，
无数贤能之毕摩，
众口判处你灭绝。
工匠已声明，
阿尔阿迪判处你灭绝，
神圣苏尼已声明，
拉次峨觉判处你灭绝，
瓦萨拉乾判处你灭绝，
君臣苏尼已声明，
阿嘎赤妮判处你灭绝。
神毕已声明，
上天那领域，
昊毕实楚判处你灭绝；
人间那领域，
提毕乍姆判处你灭绝，
阿苏拉者判处你灭绝，
阿格颂主判处你灭绝，
阿克俄窝判处你灭绝，
勒伍阿哲判处你灭绝。
兹兹普乌方，
乍毕阿伊判处你灭绝，
亚古格者方，
亚古书布判处你灭绝，
鸠土木古方，
阿子布月判处你灭绝，
拿甲甲乌方，
阿尼伟其判处你灭绝，
布尔日诺方，

① 阿职四子：主要是指居住在四川凉山州金阳县境内的沙玛土司的后裔。

木知阿霍判处你灭绝，
哲哈勒乌方，
吉克惹史判处你灭绝。
众毕已起立，
签筒犹如杉林立者，
开口判处你灭绝；
众毕那下方，
神扇犹如乌云滚者，
开口判处你灭绝；
众毕那上方，
法帽犹如雄鹰翔者，
开口判处你灭绝；
经书法器神，
法网密森森者，
开口判处你灭绝。[1]

仪式主人家，
索命恶魔是否已灭绝？
如是还未灭，
毕起灭绝索命魔，
索命恶魔这一撮，
没有依靠的地方，
企图依靠屋上杉林山，
杉林乌鸦判处你灭绝，
企图依靠屋下松树林，
松林鹦鹉判处你灭绝，
企图依靠世间人居处，
世间人类判你速灭绝，
仪式主人判决尔灭绝，
（说出众主人的名字）
申明判处尔灭绝。

主人佑神判处尔灭绝，
主人威神判处尔灭绝，

山崖墙壁方，
一对蜂王判处尔灭绝，
江河海洋中，
河中鱼类判处尔灭绝。
恶魔这一撮，
无处可依靠，
众毕判之刑，
毕神除魔根。
起呀击打神灵起，
东方山崖神兵起，
西方悬崖神兵起，
东北平原神兵起，
西北草原神兵起，
南方森林神兵起，
北方林木神兵起，
神兵助毕摩，
判处邪魔刑。

邪魔呀尔这一撮，
专做祸害事，
吞噬杉林树，
只剩獐麂大的面积，
一对獐麂判处尔灭绝。
吞噬悬崖岩，
悬崖松坍塌，
蜜蜂无居处，
悬崖成土堆，
蜜蜂判尔刑。
喝干江河水，
只剩皮筏大的水池，
鱼类无处游，
江河水獭判处尔灭绝。

追捕又追逐，
如今此时候，
呼喊森林神，

[1] 曲比石门、嘎哈石者、吉尔铁日，《彝族尼牡概论》，第116-118页，四川民族出版社，2001年。

森林神兵来，
无数神兵满森林，
判处邪魔灭。
呼喊山崖神，
悬崖神兵来，
悬崖满神兵，
判处邪魔灭。
呼喊江河神，
江河神兵来，
神兵江河首尾连，
判处邪魔灭。
呼喊草原神，
平原神兵来，
平原耕地首尾相连来，
判处邪魔灭。
猴熊众兽一起来，
森林内外相连来，
判处邪魔灭。
蛇滑蛙跳来，
茫茫沼泽内外排排来，
判处邪魔灭。

邪魔呀尔这一撮，
无处所依靠，
天神地祇来，
打戮神灵来，
判处邪魔灭。
东方神兵追，
西方神兵寻，
判处邪魔灭。
左方森林神兵来，
右方林木神兵来，
判处邪魔灭。
天神呼着起，
地祇喊着来，
判处邪魔灭。
天神地祇到，
毕摩佑神齐，
判处邪魔灭。
室内佑神判尔灭，
屋内慑神判尔灭，
佑神莫叛主，
慑神莫背叛，
天神地祇叫时要找到，
请时要到场，
追捕到邪魔，
判处邪魔灭。

邪魔呀尔等这一撮，
告知天神已判魔刑，
告知地神已判魔刑，
告知尼神已判魔刑，
告知毕神已判魔刑，
告知天上额住方，
额兹额莫判魔刑，
战胜邪，
制胜死神索命魔。①

（三）堵塞魔路（[彝文]）

堵塞魔路是指索命魔被判刑后，将被驱逐到极远的地方，通过森林神灵、悬崖神灵、江河神灵等来堵塞，使其彻底离开仪式主人家，最终将其驱赶到德布洛莫魔域，从此不再返回主人家的仪式过程。

判处邪魔刑仪式完成后，助手们接着手持索命魔草偶在客位方的锅庄上方顺时针绕三圈，然后递给毕摩。同时，助手们拿一个竹篾簸箕（[彝文]

① 《彝文典籍丛书》(6册)，第4351—4352页，四川出版集团、四川民族出版社，2009年。

[illegible]）和一个篾筛（[illegible]），背面相撑，立放在毕摩正前方对着门口处，要留出空隙，该空隙表示索命魔被驱逐时的必经之路；再将一把火钳叉开，靠在竹篾簸箕和篾筛旁边，火钳下方倒放一个旧的圆形无底木桶，桶顶朝向门口，叉开的火钳与桶口相对，以示邪魔路。木桶顶前面放置一个石臼，石臼上面放一根石杵。将上述器物准备好后，主持毕摩将拴在魔板上的索命魔草偶在火塘灰中烫一下，并在火塘沿上敲一下，掷于面前；接着主持毕摩从竹篾簸箕里抓一把木屑掷于邪魔草偶上，此时在场者高吼数声，毕摩开始念诵《堵塞魔路经》，经文摘录如下。

[illegible]——[illegible]！　嗅哦——依啊！
[illegible]，　之前念完《歌颂毕祖经》，
[illegible]，　刚才已经判决邪魔刑，
[illegible]，　现在堵塞邪魔返回路，
[illegible]，　堵塞君魔翻过九重山，
[illegible]，　堵塞臣魔越过六重山，
[illegible]，　堵塞毕魔越过三重山，
[illegible]，　堵塞民魔走过一重山，
[illegible]，　堵在森林白洞中便灭亡，
[illegible]，　堵在山崖花洞中便消失，
[illegible]。　堵在江河黑洞中便灭亡。
[illegible]，　屋顶黑漆漆，
[illegible]，　坐在屋门背，
[illegible]，　堵塞在门外，
[illegible]，　石臼窝里砸，
[illegible]，　索命邪魔已堵塞，
[illegible]，　堵塞索命邪魔毕，
[illegible]。　索命恶魔已灭绝。

念诵至此，主持毕摩将拴在魔板上的索命魔草偶在火塘灰中烫一下，并在火塘沿上敲一下，掷于面前；主持毕摩从竹篾簸箕里抓一把木屑掷于邪魔草偶上面，此时在场者高吼数声，毕摩开始念诵《灭魔经》（《[illegible]》），经文摘录如下。

[illegible]——[illegible]！　嗅哦——依啊！
[illegible]，　灭绝并消失，
[illegible]，　索命恶魔尔等这一撮，
[illegible]，　日间拾起石块啃食者灭，
[illegible]，　夜间偷着食物吞食者绝，
[illegible]，　藏在佑神偷食祭品者灭绝，
[illegible]，　躲在枕边扰睡眠者灭绝，
[illegible]，　躲在柱后作祟致病者灭绝，
[illegible]，　躲在黑猫后吞食雉鸡者灭，
[illegible]，　藏在圈舍残食牲畜者灭，
[illegible]，　藏在牛尾残吸牛血者灭，
[illegible]，　藏在鸡尾残食鸡肉者灭，
[illegible]，　躲在门内勾引外魔者灭绝，
[illegible]，　躲在屋内勾引外鬼者灭绝，
[illegible]，　驱逐森林白色棚中捣就灭，
[illegible]，　驱逐山崖花色棚中捣就灭，
[illegible]，　驱逐大海黑色棚中捣就灭，
[illegible]。　灭绝已消失。

念诵到此处时，毕摩将拴有索命魔草偶的魔板抛掷到竹篾簸箕和篾筛立放的空隙口，此时在场男人们齐声吆喝“哦——嚯啊！”表示大家助威驱逐死神索命邪魔，同时毕摩念诵以下经文。

[illegible]，　死神索命魔尔一组，
[illegible]，　钻过篾簸下，
[illegible]，　钻过篾筛下，
[illegible]，　钻过火钳下，
[illegible]，　石臼窝里砸，

[illegible]，　　磨子中间夹，
[illegible]，　　装入牛皮袋，
[illegible]，　　拴在黑马腰，
[illegible]。　　掷入大海里。
[illegible]，　　诅咒速驱逐，
[illegible]，　　进入北方尔格①口中就灭绝，
[illegible]，　　进入南方特比口里就灭绝，
[illegible]，　　进入东方豹口②里就灭绝，
[illegible]，　　进入西方猛虎口里就灭绝，
[illegible]。　　灭绝永消失。③

紧接着，助手拾起索命魔草偶将其穿过竹篾簸箕和篾筛间的空隙，待索命魔草偶穿过后立即将竹篾簸箕和篾筛交叉抛开，即放在左边的竹篾簸箕从右边抛出，放在右边的篾筛从左边抛出，表示邪魔永不回头。再将索命魔草偶从火钳叉开处穿过并立马将火钳闭合，表示邪魔永不返回。接着将索命魔草偶放在石臼上，用木杵在上面舂3次，然后将索命魔草偶放在地上，把石臼倒扣其上，将其压住，用火钳夹块火炭放在倒扣的石臼里，再用水浇灭，表示死神病魔已灭。最后，将索命魔草偶带到客位下方的磨坊里，放入石磨间压一下，表示邪魔犹如谷物一样被磨碎，永不翻身。完成以上程序后，助手们将

竹篾簸箕火钳下面的邪魔路　立克达曲 / 摄

索命魔草偶带到门外，再用竹簸箕和篾筛装些带火炭的草灰，携带几瓶白酒，点起火把（现一般用手电筒）一起将索命魔草偶遣送到火葬地。按照传统习俗，如果死者是男性就需要9位男性成员一起遣送，如果死者是女性则需要7位男性成员一起遣送。当助手们带着索命魔草偶到达火葬地时，一人将索命魔草偶在火葬地上方按顺时针方向转三圈，每转一圈就用助手带来的炭灰撒在草偶上面一次，并一起高声吆喝“哦——嚯！”，表示驱逐死神邪魔。转完三圈后把索命魔草偶放在葬地旁边，草偶头朝向

① 尔格：与下面的“特比”合称为“尔格特比”（[illegible]），是被远古彝族英雄支格阿鲁制服后隐居魔界的索命魔。尔格特比一家三口，公特比每三年在一个方位摄食世间生灵，母特比每三月在一个方位摄食世间生灵，子特比每天在一个方位摄食世间生灵。所以，人们在出门远行时都要避开他们所在的方位，否则出行者的灵魂很可能被摄食，有身患疾病或死亡的危险。尔格特比居住区域的方位随时间的变化而有规律地变化，现彝历法中通常所说的“德克”（[illegible]）就是指“尔格特比”居住的方位。
② “豹口”：与下面的“虎口”是指星相，这里指把索命邪魔驱逐到很远的地方，使其永不返回。
③ 摘自马边著名毕摩吉克罗布收藏的经书，并与其他经书一起整理而成。

德布洛莫方向，随行每人喝一口白酒，将剩余的酒洒在草偶上，剩余的火炭灰也全部倒在草偶上，再将装有炭灰的器具全部抛弃在葬地旁边，最后助手们空手返回丧家。

四、镇魔收兵（ꈬꑍꃶꑍ）

镇魔收兵，彝语称为“古日瓦日”（ꈬꑍꃶꑍ），“古”（ꈬ）是指作毕仪式中的神枝，“瓦”（ꃶ）是铺垫在地上用于插神枝的净草，现泛指仪式开始前用神枝按照一定规则插的神座。“日”（ꑍ）在这里有两层意思：一是指经过该仪式后，毕摩所请的各种神灵已镇住妖魔邪怪，驱逐索命邪魔，锁住死神病魔等，使之不能返回仪式主人的住地；二是指毕摩邀请的各种神灵已完成使命，召回收兵，宴请神兵后让其各自回到自己的栖息地，护守岗位，等待将来再受邀请。故镇魔收兵是指将夺去死者性命的索命魔经过举行一系列的诅咒仪式后进行镇压，驱逐出人间，使其再也不能返回人间夺走他人性命。从今往后，仪式主人远离病魔死神，身体健康，人丁兴旺，家庭幸福（经文从略）。

第三章 祭祖缘由

JIZU YUANYOU

随着历史的发展，祭祖送灵逐渐成为彝族人一生中不可或缺的一项重要民俗活动，是四川大小凉山彝族极为隆重的毕摩原生文化仪式之一，是晚辈为已故长辈安灵的重要活动。祭祖、安灵构成了彝族人送终的全部内容。其中，祭祖送灵仪式既复杂又隆重，它关乎父母长辈亡灵的最终归宿，也关乎子孙后代的发展繁衍，四川凉山地区素有“汉地扫墓尊，彝地祭祖贵”的说法。

在彝族历史上，祭祖送灵仪式曾广泛流传于云、贵、川、桂彝族中，但由于各种因素的影响，祭祖规模、仪式时间不断缩小和减少，程序内容不断简化，甚至举行祭祖仪式的地区都越来越少，祭祖传统习俗濒临消失。现仅有彝族北部方言地区保留得较为完整，尤其在四川大小凉山依诺地区的美姑县、昭觉县、雷波县，乐山市的马边县、峨边县等地，至今保持着鲜活的生命力。因此，上述各地尤其是四川美姑县享有“毕摩文化之乡”的美誉。

祭祖仪式是集祭祀性与娱乐性于一体的彝族传统民俗文化之一。祭祖仪式历时三天三夜，程序复杂而不紊。仪式场地具有移动性，即从屋内向屋外移动，第一天在屋内举行，第二、三天在屋外村寨举行。届时，仪式主人及其亲戚穿着彝族传统服饰，盛装打扮，聚集在仪式现场，与毕摩及亡灵互动。毕摩们将主持复杂的祭祖仪式，主人们则以家庭为单位整齐排列，在仪式现场转祭棚，载歌载舞，同时举行赛马、斗羊、摔跤、辩论、说唱等传统的娱乐活动，表演古老的民间传统艺术，凸显彝族历史，彰显古代彝族文明。这些仪式活动除了能安抚祖灵，让祖灵开心地离开世间到祖界，还能让在世子孙及亲朋好友相互传递美好祝愿，联络情感、增进友谊、加强团结，传承传统文化，对于加强文化自信、维系民族情感具有积极的意义。

祭祖仪式从古至今代代相传，表现了彝族人积极乐观的生活态度和人文终极关怀思想，也是彝族人共同的族群记忆。通过仪式传承，演绎出一系列重要的文化理念和人文历史意蕴，为彝族的历史记忆与生活实践提供一种连接过去、现在和未来的文化命脉延续，对传承、弘扬彝族传统文化，具有不可替代的历史价值、文化价值、民俗价值。2014年11月，凉山彝族“尼木措毕祭祀”经国务院批准列入第四批国家级非物质文化遗产代表性项目名录。①

第一节　祭祖的概念

祭祖，全称为祭祀祖先送往祖界。祭祖，意为祭祖送灵，也有举行祭祖送灵仪式之意，彝语统称为“尼木措毕”（ꆀꃅꊿꀘ），简称“尼木”（ꆀꃅ）或“措毕”（ꊿꀘ）。“尼木”是制作灵牌之意。“尼”（ꆀ）为古彝语，有两层意思：一是指彝族的统称。由于历史的原因，古代彝族在不同的地域有不同的称谓，彝族有诺苏、纳苏、聂苏、阿哲、乌撒等三十多个不同的支系，但“尼”是彝族历史上最早的统一称谓，其

① 2014年11月，四川凉山彝族“尼木措毕祭祀”同“诸葛后裔祭祖”“徐村司马迁祭祀”等一起经国务院批准列入第四批国家级非物质文化遗产代表性项目名录（国发〔2014〕59号）。

他不同的称谓都由“尼”衍变而来，现在的毕摩经文和古籍文献仍称彝族为“尼”。二是指灵牌“玛笃”，即已故考妣之灵牌。“玛”意为竹、竹根，“笃”意为源、源自，“玛笃”意为源于竹林的彝人，此处指竹灵牌。远古时期，彝族人遗体火化后原本要找出一块额骨片来制作灵牌，该额骨片彝语称为“那森”，但遗体火化后“那森”难以分辨，后来便用竹根代替。之所以用竹根来代替“那森”，是因为彝族崇拜竹，视竹为祖先，因此彝人死后其骨灰撒在竹林之中，进而认为人死的是肉体，死后为竹体，以竹为灵位，以示死后仍归其宗。“木”也有两层意思：一是作名词，指地方、区域；二是作动词，有做、制作之意。总之，“尼木措毕”是指以同祖同宗（一般是同祖）为单位，共同为已故的祖妣亡灵制作灵牌（芯），经过一系列复杂的祭祀仪式程序，最后将祖妣亡灵教导送往祖界与祖先团聚的安灵过程，又称为祭祖送灵归祖。

为什么要举行祭祖送灵仪式？因为死后归祖是每位彝族人活着时的愿望，也是亡灵的强烈需求，故为了了却他们的心愿而举行祭祖送灵仪式。毕摩原生文化认为，祖先虽故去，其灵魂（亡灵）仍守望在火葬地，还会在子孙的居住地漂泊，且时常作祟于后代，只有通过祭祖送灵仪式才能被送往祖界，与祖先团聚。举行祭祖送灵仪式，一方面，能使亡灵摆脱鬼怪邪祟的控制而成为祖灵，永享子孙供奉，而不会沦为孤魂野鬼，无所依托，受魔驱使；另一方面，能使亡灵找到归宿，而不再滞留人间降祸降灾，作祟于子孙后代。因而，祭祖送灵仪式无论是对亡灵还是对后人都有十分重要的意义。成功举行祭祖送灵仪式后，祖先亡灵将福禄、健康、子嗣、五谷、六畜和财运等赐予其子孙后代，让他们世代繁荣昌盛，过上幸福安宁的生活。因此，为了送灵归祖，子孙常历经艰难困苦，省吃俭用地聚集财富，争取尽到自己应尽的义务，完成人生的重要任务和使命。彝谚道：“汉人攒钱修建房屋，彝人攒钱祭祖送灵。”

第二节　祭祖的源流

据古籍文献《祭祖溯源》、史诗《勒俄特依》、教育经典《玛牧特依》、历史典籍《公史传》和《母史传》等彝文古籍文献记载，彝族社会从“只知有母，不知有父”的母系氏族社会过渡到“娶妻配成偶，生子可见父”的父系氏族社会，创建了祭祖送灵的原生文化制度。在经历了“生子不见父”的九代历史之后，雪族之子武哲史拉的后裔石尔俄特历经曲折，终于与聪明女子兹尼史色结婚，并举行祭祖送灵仪式，从此开始“生子见父”，从而确立了祭祖送灵的一整套原生文化仪式制度。兹尼史色给石尔俄特的谜语中就有“三节不烧的柴为何物”之语，谜底就是“家中供奉的祖灵灵牌”，兹尼史色还告诉石尔俄特，应当把“祖灵灵牌挂在墙壁上，安灵之后供在神位上，超度之后送往箐洞中”。因此，彝族两性制度的建立、婚嫁礼仪的兴起、祭祖送灵仪式的创建都始于石尔俄特时代，这一时期也被人们视为彝族先民从母系社会进入父系社会的一个历史转折点。由此说明，祭祖送灵仪式在彝族氏族社会时期就已创建并被普遍信仰。

祭祖送灵是彝族毕摩原生文化“万物有灵观”和“祖先崇拜”的具体践行。灵魂观念是一切原始宗教观念中最重要、最基本、最古老的观念之一，是整个宗教信仰赖以存在的基础。灵魂寓于个体之中，赋予个体以生命力，是主宰一切

毕摩念诵经文　阿牛史日 / 摄

活动的超自然存在。①

"万物有灵观"是彝族原生宗教形成的开端，也是毕摩原生文化的核心。彝族在漫长的生产生活中，自然形成了独特的信仰体系，在万物有灵（魂）的基础上，形成了以自然崇拜、图腾崇拜和祖先崇拜为一体的传统信仰，其中万物有灵观是毕摩原生文化的核心内容，祖先崇拜是万物有灵观的具体内容和外在表现，祭祖送灵是祖先崇拜践行的具体仪式行为。

祭祖送灵是在世的子孙共同祭祀已故祖先的仪式活动，其仪式具有"频率低、规模大"的特点。每位已故的祖先只有一次被祭祀的机会，且去世后要隔一段时间，甚至相隔一两代至几代后才举行。因此，一般上一次举行祭祖送灵仪式后，要相隔三四十年甚至更长时间才会举行下一次祭祖送灵仪式，所以，祭祖送灵仪式频率极低。究竟一次仪式要送几代祖先的亡灵或相隔多少年举行一次仪式要根据具体情况而定，一般是三代，即为曾祖父辈、祖父辈和父辈三代举行一次送灵仪式。彝族《玛牧特依》中记载：三代共祭祖，室宇亮堂堂。如果第三代后的子孙中无绝嗣、残疾、憨痴等现象，子孙人畜兴旺、五谷丰登，也可推迟至四、五代再举行。祖先中若有凶死或因患麻风病、痨病去世的，或子孙后代中有绝嗣、残疾、憨痴等现象，或人畜不兴旺、五谷不丰登，则必须提前举行。有的甚至在丧葬仪式

①孟慧英，《彝族毕摩文化研究》，第75页，民族出版社，2003年。

完成后，接着就举行祭祖送灵仪式，以最快的速度将亡灵送达祖界。祭祖送灵仪式是一代或一代以上的子孙共同祭祀自己的祖先亡灵，一般一次祭祀亡灵的数量少则几个，多则几十个甚至上百个。届时，与这些祖先有血缘、亲缘关系的人都会前来参加，少则几百人，多则上千人，因此祭祖仪式规模宏大。

举行祭祖送灵仪式的时间一般选在秋冬季节，以冬季为多，择吉日举行。岁末年初，正值农闲时节，是举行祭祖送灵仪式的理想时节。同时，毕摩原生文化认为秋冬季节雨水较少，没有洪涝，亡灵可以顺利渡河到达祖界。故而祭祖送灵仪式通常选在初冬时节，即在彝历新年与汉历春节之间择吉日举行。

现在祭祖送灵仪式一般连续举行三天三夜，但历史上举行的祭祖送灵仪式规模宏大，时间可持续半个月之久。近现代以来，根据举办仪式时间的长短可将仪式分为三种类型。第一种，大型仪式，需要九天九夜。大型仪式中举行祭棚内宴灵仪式时，被祭亡灵的后代必须用一头未服过役的阉黄牛作为献祭牺牲。举行活牲献祭时，被祭亡灵的后代（包括儿女）各用一头黄牛作为献祭牺牲敬献给先祖亡灵。辅祭方前来参祭时，每个姻亲家支至少要送五头黄牛，有的姻亲为了显示自己的富有和家族势力强大，会送十几头甚至几十头黄牛。献牲时只用一头黄牛，剩余的送给各自的叔伯或兄弟，以示资助。死者在世时，出生却未见过面的孙儿、孙女和外孙、外孙女每人出一只绵羊或一头仔猪献祭，表示为祖先尽孝。历史上，只有有权有势的土司和头目才有能力举办这种规模巨大的祭祖送灵仪式。第二种，中型仪式，需要七天七夜。宴请亡灵仪式中既可以用黄牛作牺牲牲畜，也可以用绵羊。在献畜仪式中，主、辅祭双方都可用绵羊；孙儿、孙女和外孙、外孙女只用仔猪献祭。新中国成立前，四川大小凉山富贵的黑彝和富裕的白彝一般采用这种规模仪式。第三种，小型仪式，只需要三天三夜。在宴请亡灵仪式中，黑彝用牛作为献祭牺牲，白彝用绵羊（吉克惹史家支必须用牛）作为献祭牺牲。在献畜仪式中，主、辅祭双方可用牛也可只用绵羊；孙儿、孙女和外孙、外孙女只用仔猪祭献。一般平民百姓大多举办小型祭祖送灵仪式。现今祭祖送灵仪式大多简化为三天三夜的小型仪式。

子孙将祖先的亡灵制成灵牌，通过制灵、祭灵、净灵、送灵等仪式程序后，将祖先灵牌送入同宗祖灵箐洞，让祖灵到达祖界“额木普沽”与祖先团聚，获得永生。举行祭祖送灵仪式，表达了子孙对祖辈的崇敬和孝道，寄托着生者对亡者的思念，承载着子孙祈求祖灵赐予福祉的愿望，使信奉“万物有灵”和“祖先崇拜”的彝族人得到莫大的心理安慰。

第三节　祭祖的分类

祭祖送灵仪式（“尼木”）是彝族毕摩原生文化中历史最悠久、规模宏大而普遍盛行的民俗文化。在彝族历史上，根据仪式的规模、程序的繁简、时间的长短又可以将其分为大、中、小三种仪式。大型“尼木”称为“迪哈尼木”（ꄚꉼꑌꃅ），意为埂坎上方制灵安灵仪式，仪式需要21天。如古代“祭祖登梯”仪式，该仪式全称为“登云梯祭祖祈福”，毕摩俗称“尼木阁朵”（ꑌꃅꇐꄀ），“阁”（ꇐ）为云梯、楼上之意，“朵”（ꄀ）为攀登之意。因仪式主人的先祖有智力障碍、聋哑等先天性残疾或遗传性疾病，后世子孙为了消除此类疾病而举行该仪式。该仪式

场面宏大，程序复杂，对宴灵牺牲物要求极高，要求牺牲物纯洁无污，须选用未服役的黄牛和白色母羊所生的白色绵羊。传说有权势的贵族才能举行该仪式。仪式要邀请学识渊博、法力极高且经验丰富的毕摩主持。仪式除举行一般的祭祖送灵仪式外，还要举行两次庞大的猪胛骨占卜仪式，最后还要在户外搭建一个约9米高的专供主祭毕摩就座的青棚楼。青棚楼用麻秆建造，承载力只有30公斤左右，再从地面到青棚楼再搭建一个用麻秆筑成的9层云梯，承载力也只有30公斤左右。在青棚楼的地面上倒插入9把尖刀，毕摩一边念诵《尼木攀登云梯经》，一边一层一层赤脚往上攀登，直到登完9层云梯，安稳地坐在青棚楼上念经。据传200多年前，家住四川凉山州美姑县瓦古乡一带的阿杰·吉觉兹莫（土司）家举行过一次盛大的祭祖登梯仪式，邀请本地著名毕摩迪惹·阿铁·阿克的三个儿子（银尔、宇惹、吉尔三兄弟）主持该仪式，其中阿克吉尔为主祭毕摩。仪式持续了21天。中型“尼木”称为“迪拈尼木”（[illegible]），意为埂坎上方制灵安灵，仪式需要14天。小型“尼木”称为“迪几尼木”（[illegible]），意为埂坎下方制灵安灵，仪式需要7天。近现代以来所举行的祭祖送灵仪式一般为“迪几尼木”，仪式时间一般为3～9天，现在简化为三天三夜。

根据祭祖送灵仪式所祭祀先祖考妣死亡的原因和仪式的目的不同，又可将祭祖仪式分为祈祷性祭祖、防卫性祭祖、附属性祭祖和特殊性祭祖四种。

毕摩在祭祖道场上念经　阿牛史日 / 摄

一、祈祷性祭祖

祈祷性祭祖通常指的是一般的祭祖送灵仪式，被祭亡灵的原附主为病故，即正常死亡，只需要举行一般的祭祖送灵仪式，又称吉性祭祖，彝语称为“乍尼木”（ꀉꆈꃅ），意为祈福纳祥祭祖，俗称“尼木措毕”。“措毕”（ꊿꀘ）指祭祀人的仪式。“措”是指人，包括活人和死人。有些老年者，其同辈的大部分人尤其是老伴已故，经宗族成员集体讨论决定，在举行祭祖送灵仪式时为其制作特殊灵牌，与已故祖妣的灵牌一起经过祭祀送往祖界，待其去世后便不再为其举行祭祖送灵仪式。“毕”（ꀘ）指祭祀，这里专指祭祖之意。“尼木措毕”指制作灵牌后送灵、安灵的仪式，即祭祖送灵归祖。

通常所说的“尼木措毕”指的是祈祷性的祭祖仪式，是各种“尼木”仪式中最常见、最核心的“路上方”祭祀仪式，程序复杂，内容繁多。

二、防卫性祭祖

如果被祭亡灵的附主是由于意外、患遗传病和传染病等原因死亡的，则要根据其死因有针对性地追加特定的仪式程序，这些特定的祭祖送灵仪式分为以下两类。

（一）凶性祭祖

凶性祭祖，彝语称为“日尼木”（ꏥꆈꃅ）。“日”（ꏥ）又称为“比日”，意为凶残邪魔。彝族人把自杀、他杀、意外事故等原因导致的死亡统称为凶死，并认为此类死亡是凶残邪魔所致，人死后其亡灵也会变成凶魔。因此，举行祭祖送灵仪式时，上述凶死者的后代要专门邀请“日毕毕摩”（ꏥꀘꀘꂾ），即专门主持凶性法事的毕摩举行断送凶死邪魔之路仪式，彝语称为“比日嘎凯”（ꀂꏥꇬꇤ），然后才能将其灵牌交给善性毕摩，与其他灵牌一起安放。

毕摩原生文化认为，凶死亡灵若不通过特殊仪式进行超度是不会成为善灵的。在举行特殊的“日尼木”仪式之前，他们的亡灵仍被凶死邪魔控制与操纵，作祟、致祸于在世的亲人。若不举行诅咒、驱逐凶死邪魔仪式，凶死亡灵则不能成为善灵，这样的祖灵也不能与寿终正寝且有子嗣的善灵一起举行送灵仪式并被送归祖界。因此，通过“日尼木”仪式，可以杜绝凶死邪魔将来纠缠死者子孙后代，以免其后代也同样凶死。

凶性祭祖仪式与祈祷性祭祖仪式程序基本一样，但有其特殊性。第一，在驱逐索命邪魔仪式时，除了扎缚索命魔草偶外，还要扎缚一个凶性邪魔草偶，彝语称为“比日布”（ꀂꏥꀠ）。仪式献祭牺牲全用黑色，即用黑色的母山羊，如果没有山羊可以用黑色母猪代替。而一般的祭祖仪式只能牺牲猪，禁忌牺牲山羊。第二，开始制作的灵芯只能存放在用马桑树制成的灵床内，而不能存放在柳杉树或茶树制成的装善性亡灵灵芯的灵床内。第三，“日尼木”仪式结束时，灵牌不能直接交给主祭毕摩，而是让护灵员到仪式现场将其取走；护灵员把灵牌放在主祭毕摩面前的地上，主祭毕摩不能直接用手拾起，而要先用右脚轻轻踩下，以示不准凶死邪魔与亡灵同来，然后用右脚将其钩到自己面前，最后才用手拾起。主祭毕摩将灵牌交给辅祭毕摩或徒弟，待举行除秽仪式后，将旧的马桑树灵床换成新的柳杉树灵床，制成新的灵牌，才能与善死亡灵的灵牌一起举行祭祖送灵仪式。第四，凶性法事毕摩完成“日尼木”仪式后，要立即起程回家，不能在祭祖送灵的道场上逗留，不能参与送灵仪式，更不能到仪式主人家去。离开道场时只能从屋前顺沟谷而下，彝语称为“日比烂大折”（ꏥꀘꆹꎔꁧ）。仪式主人们则用猪、狗粪等污物追赶，并鸣放鞭炮，如撵走妖魔鬼怪一般，直至凶性法事毕摩

走远为止。

（二）疾病性祭祖

彝族将疾病分为传染性疾病与非传染性疾病。传染性疾病传播速度快、传染人数多，很难治愈，除用彝族中草药来治疗外，还要通过举行大型祭祖仪式来治疗。

1. 麻风病的祭祖

麻风病的祭祖是专门为麻风病死者亡灵举行的祭祖送灵仪式，彝语称为“粗尼木”（ꋬꅉꃆ）。“粗”是彝语“粗夕”（ꋬꑟ）的简称，意为麻风病，俗称“癞子”（四川方言）。彝族先民将麻风病视为最恐怖的传染病，视为不治之症。凡是麻风病患者走过的路，人们7天之内不敢经过；凡是麻风病患者坐过、睡过的地方，人们永远不在此处坐或睡。当某地区发现有麻风病患者时，其他家支会责令患者的家族立即将麻风病患者隔离或驱逐。

举行麻风病的祭祖仪式，其目的除送灵归祖外，还希望通过举行这种仪式杜绝麻风病重现于该家支，让其后代健康地成长、生活。

麻风病的祭祖仪式规模宏大，程序复杂，因此对毕摩的要求也很高。毕摩不仅要知识渊博、经验丰富，而且拥有强大的护佑神灵，法力高深，否则不能胜任。无论是送灵毕摩还是专门主持凶性法事的毕摩，都不愿为有麻风病史的人家主持各种治疗性的仪式，因为担心自己的法力不能制服这种顽劣病魔反而染上这种绝症。但是，有两种情况，毕摩必须应邀主持仪式：第一种，毕摩是主人家世代邀请主持仪式的固定毕摩，有不可推卸的责任和义务为其主持仪式；第二种，毕摩被有这种病史的人家占卜选中，不得不为其主持仪式。凡有这种病史的人家欲举行祭祖送灵仪式，一般要准备一些钱财，否则无法邀请到主持该仪式的毕摩，毕摩的酬劳也比一般的祭祖送灵仪式高出数倍。

麻风病的祭祖仪式程序跟一般性的祭祖仪式程序大致相同，只是其仪式程序更加复杂，规模更加宏大，其特殊之处在于被祭亡灵在火葬地召灵时，要在葬地旁边象征性地建一个三锅庄，三锅庄上放置一口大铁锅，找一个麻风病患者（现无麻风病患者，则找一个死者的男性亲朋好友便可）烧火，在锅中熬牛、羊油，以备召灵时用。此时，主持召灵仪式的毕摩头戴铜法帽，手摇神扇，肩挎铜签筒，念诵经文，召唤癞死之灵。经过举行许多特殊复杂的卸癞除魔的仪式后，被祭亡灵才能进入正式的送灵仪式队伍。

2. 痨病的祭祖

痨病的祭祖是指专门为死于遗传性或传染性疾病的祖妣亡灵举行的祭祖送灵仪式，彝语称为“琉尼惹尼木”（ꇉꅉꊐꅉꃆ），简称“琉尼木”（ꇉꅉꃆ）。“琉”为“琉纳”的简称，意为“猴瘟”，现代医学称为传染性肝炎或肝癌；“惹”是“惹纳”的简称，意为痨疾，现代医学称为传染性结核病。“琉纳惹纳”泛指具有遗传性和传染性的内科慢性疾病，过去四川大小凉山地区医疗卫生条件及设施落后，将这两种慢性病统称为痨病，该病的治愈率很低。因此，彝族人对这种病的恐惧仅次于麻风病。

举行痨病的祭祖仪式有两个前提：一是主祭方有这种遗传病史并有若干代人死于此病，说明该病继续在该家支蔓延。这种情况下，就在死于此病者的遗体旁举行痨病的祭祖仪式，仪式结束立即将遗体火化。二是主祭方的祖先中有人患过这种传染病，后代中暂时未发现，为了防止此类顽瘴固疾再次出现在子孙后代中，有这种病史的家支在举行祭祖送灵仪式的同时会举行痨病的祭祖仪式，其目的是通过这种仪式卸除猴瘟，杜绝这种顽疾重现于该家族。

三、附属性祭祖

附属性祭祖是伴随祈祷性祭祖而产生的祭祖仪式，又称治疗性祭祖。附属性祭祖仪式根据目的的不同，可分为猪胛骨占卜祭祖和祈福性祭祖两种。

（一）猪胛骨占卜祭祖

猪胛骨占卜祭祖是用一头黑色的母猪作为牺牲祭畜，经过复杂的仪式程序后，毕摩不用任何刀具而徒手抽出猪胛骨来占卜的祭祖仪式。该仪式是一种治疗性仪式，举行该仪式的人家一般是先祖中有人患遗传性的传染病，久治不愈，并死于该病，现后代中也出现了患者。该仪式又称为猪胛骨占卜仪式，彝语称为“尼木维批”（ꆀꃅꃪꀞ），是一种仪式规模大、程序极为复杂、层次极高的仪式。彝谚道：“毕哈尼就，尼就尼维批”（ꀘꉼꆀꐚ，ꆀꐚꆀꃪꀞ），意为在上百种毕摩原生文化仪式中，祭祖仪式是层次最高的一种，在所有祭祖仪式中，猪胛骨占卜祭祖仪式又是层次最高的一种。该仪式对毕摩的要求很高，至少要主持过3次以上一般的祭祖送灵仪式，年龄在30岁以上，做仪式前半个月内禁忌与妻子同房。

仪式开始前，先要举行一次特别的祭祖祛秽仪式（ꊋꐧꊋꎭ），然后才能举行猪胛骨占卜祭祖仪式。该仪式需要插入仪式神座，牺牲一只绵羊、一头猪和一只鸡。仪式进行到一定程序后，毕摩从其神签筒中抽出一根竹签放在左侧，其余的竹签全部取出并蘸上猪血放在右侧的地上，用神扇随机分成3份，根据每份数量的奇偶来占卜吉凶。经过复杂的仪式程序后，主祭毕摩徒手取出猪的左胛骨，视其颜色占卜，洁白为吉兆，黄色或黄红色为中兆，黑色为凶兆。

（二）祈福性祭祖

祈福性祭祖是指为驱逐怪病、祈福纳祥而举行的祭祖仪式，彝语称为“尼木甘波”（ꆀꃅꈬꀧ）。有两种情况需举行该仪式：一是仪式主人家世代得怪病，久治不愈，人丁稀少，只有独子传嗣，有绝嗣的危险；二是仪式主人家世代有歪嘴斜眼、断臂缺腿、侏儒等先天性残疾者。

四、特殊性祭祖

祭祖送灵仪式种类繁多，程序复杂，针对性很强。在古代，还有一类独具特色的祭祖送灵仪式，这类仪式因目的性强、程序复杂、仪式特殊而著称。然而这种特殊的祭祖仪式大多数已消失在历史的长河中，目前了解的特殊性祭祖仪式有祭祖分支和祭祖筛灵两种。

（一）祭祖分支

祭祖分支仪式，俗称“尼木伟简”（ꆀꃅꃶꏡ），“伟”（ꃶ）有同宗之意，“简”（ꏡ）有分出、分支之意，“尼木伟简”意为同宗祭祖分支。这种仪式是彝族古老的祭祖分支仪式。以前彝族有严格的“同族内婚”“等级内婚”制度，为了让自己“高贵纯洁的血统”延续下去，严禁与外族通婚，或与比自己等级低的人通婚，联姻范围狭窄，所以同宗族的人相隔七代或七代以上便可以举行该仪式。举行祭祖分支仪式时，把所祭祖的灵牌以某位先祖的几个儿子作为分支节点，每个儿子及其子孙的灵牌为一组，经过举行复杂的仪式后藏放在新的箐洞里，这一宗族便分支成功，新分出的家支以其中有名望者的名字为姓氏，以区别于旧的姓氏。从此，同宗子孙分支成不同姓氏的支系，所分出的支系后裔可以互相通婚，繁衍后代。

近代以来，由于四川凉山彝族人口增多，联姻范围更广，则不需要再通过举行分支仪式而通婚，因此现在能主持祭祖分支仪式的毕摩极少。据说，举行祭祖分支仪式时，首先要举行摘灵仪式。摘灵仪式，彝语称为“尼木峨显”（ꆀꃅꂿꑟ）。仪式要在藏放祖灵箐洞的岩脚下举行，

仪式需要牺牲一只绵羊。举行仪式时将放置在箐洞里的所有祖先灵牌取出，插入召灵路神座，用新拔的竹根、招魂草缚于牺牲绵羊的身上，毕摩手持黄色母鸡念经召灵，用树叶蘸水洒于绵羊身上，若绵羊三次或三次以上全身颤抖，说明祖灵已召回，就可以举行祭祖分支仪式了，反之则不能举行。

（二）祭祖筛灵

该仪式俗称“尼木金洛”（ꀀꀁꀂꀃ），“金”（ꀂ），意为筛选，“洛”（ꀃ），有祭祀之意。“尼木金洛”是指某个宗族因特殊原因，若干代没有举行祭祖送灵仪式，放置在屋里供奉的灵牌堆积过多，且由于时间跨越百年，难以辨认灵牌的主人，故要举行祭祖筛灵仪式，以神灵来筛选灵牌对象。

近代以来，这种仪式在民间极为少见。据传该仪式举行到一定程序后，要将所有灵牌取出，放在装有荞麦壳的大竹筛中，用荞麦壳将所有灵牌覆盖住，毕摩念诵《尼笃筛灵经》后，不断地筛之，最先筛出来的灵牌为先辈，后筛出的灵牌为晚辈，将筛出的一个祖考灵牌和一个祖妣灵牌配成一对，然后继续筛选。如此反复筛选，直到灵牌筛选配对完毕，最后再进行正常的祭祖送灵仪式。

第四章 祭祖准备

JIZU ZHUNBEI

祭祖送灵仪式是一场规模宏大的毕摩原生文化仪式，要耗费诸多人力、财力和物力，需要充分准备。

第一节　祭祖主体

祭祖送灵仪式规模宏大，程序复杂，时间较长，仪式地点跨越多处，所需神枝数量和牺牲牲畜数量庞大，参与祭祖的主体来自不同领域，大家各司其职。根据仪式诉求和仪式职责将祭祖人员分为祭祖毕摩、护灵员、防守祭棚者及仪式主人。

一、祭祖毕摩

祭祖毕摩是指主持整场仪式的毕摩团队，是祭祖送灵仪式中的关键人物。整个仪式过程需要众多不同类型、不同层次的毕摩，根据毕摩所主持的仪式不同，将毕摩分为主祭毕摩、凶祭毕摩和辅祭毕摩三种。主祭毕摩主持、把控整个仪式；凶祭毕摩只主持凶死的祖妣灵牌的前段仪式，后期祭祖送灵仪式交给主祭毕摩主持；辅祭毕摩是协助主祭毕摩完成祭祖仪式过程的毕摩。主祭毕摩、凶祭毕摩及辅祭毕摩三者相辅相成，缺一不可。

（一）主祭毕摩

主祭毕摩，又称善祭毕摩，是专门主持祭祀善死祖妣亡灵仪式的毕摩，同时也主持经凶祭毕摩祭祀后送来的祖妣灵牌的后期祭祖送灵仪式，是众多毕摩中的关键人物，也是祭祖送灵仪式中的核心人物，因此称为主祭毕摩。主祭毕摩也是该仪式中地位最高的人，彝语称为“乍毕莫”（[illegible]ꀘ[illegible]），简称“毕莫”（ꀘꂾ）。“尼木措毕”仪式的目的是将祖先亡灵经过多层次的祭祖后送往祖界，与祖先团聚，享受天伦之乐，同时祈求祖先护佑子孙人丁兴旺、六畜兴旺、五谷丰登、宗族强大。因此，选择主祭毕摩的条件极为苛刻。一般是由世代为本家族主持祭祖送灵仪式的世袭毕摩担任，若因特殊原因还需选定其他毕摩，则被选毕摩应具有较高声望，曾多次主持祭祖送灵仪式且是仪式成功的灵验者。因而主祭毕摩需要具备和满足祖灵信仰所赋予的特殊素质和条件，这些特殊素质和条件是毕摩从事祭祖送灵仪式的基本前提。

第一，主祭毕摩必须是世袭毕摩。祭祖仪式关乎生者与死者的关系，主祭毕摩是担当人、是神灵与祖先之间的沟通媒介，不仅能用特殊的语言传递信息、诉说祈求，而且还是辩论赛的判决者，因此，要求其知识渊博、法力极高，同时要有一组听从主祭毕摩指挥的强有力的毕摩护佑神“阿萨”，只有世袭毕摩才具备这种能力。因此，主祭毕摩必须是出生于毕摩世家的世袭毕摩。在世袭毕摩人选中，优先挑选其祖先中出现过著名毕摩的世家后裔。其原因有三：其一，彝族传统认为，祖辈做过毕摩，其后代也会继承毕摩的法力。对仪式主人家来说，能邀请世袭毕摩主持祭祖仪式是一种荣幸。其二，从毕摩的护法神来看，已故的祖辈都是主持祭祖仪式的大毕摩，其祖辈死后会变成法力高深的毕摩护佑神。每次毕摩主持仪式时，都会背诵《颂毕祖经》和念诵《毕摩谱系经》，呼唤天神地祇以及历史上著名的毕摩先祖莅临护法，祖先护法神也愿意并有义务帮助子孙完成仪式，可以说毕摩先祖是

主祭毕摩念诵仪式主人的名字　立克达曲 / 摄

毕摩主持祭祖仪式的后盾和靠山。《作斋经》中就有“师祖慧神降，慧至则作斋，不至不作斋”的记载。因此，由世袭毕摩主持大型的祭祖送灵仪式更灵验。其三，世袭毕摩流传下来的经书、法器法力极高。而拜师学习的非世袭毕摩没有世袭根底，虽然也念诵《毕摩谱系经》，但念的是所拜毕师的先祖谱系，谱系中的毕摩祖先毕竟与自己没有血缘关系，即便自己知识再渊博，但在充当人与神灵间的沟通媒介时，毕摩护法神会对其面孔感到生疏，因而不一定竭力辅助祭祀。此外，拜师学习的毕摩没有祖传的经书、法器，新抄的经书和新制的法器法力有限。

第二，主祭毕摩必须是善祭毕摩。毕摩根据做法事的对象不同，分为善祭毕摩和凶祭毕摩。所谓善祭毕摩是指只为病死、老死等正常死亡的人做法事的毕摩，彝语称为“乍毕毕摩”（ꍂꀘꀘꂾ）。而凶祭毕摩是指除为正常死亡的人做法事外，还要为非正常死亡（自杀、他杀、意外死亡）的人做法事，彝语称为“日毕毕摩”（ꏦꀘꀘꂾ）。彝族先祖认为邀请凶祭毕摩主持祭祖仪式，仪式主人及其后裔凶死的可能性较大，因此主祭毕摩必须是善祭毕摩。

第三，要求主祭毕摩身体健康。祭祀仪式成功与否，与主祭毕摩身体状况有着密不可分的联系。主祭毕摩家人要无传染性的麻风病、痨病史，主祭毕摩本人更要无此病，否则会玷污祖灵使其不安或不能回归祖界。要求主祭毕摩身体健康、五官端正，禁忌身有残疾。因身有残疾的毕摩法力弱，不足以将祖灵安全送往祖界。

第四，要求主祭毕摩年龄在70岁以下。按照传统，无论主祭毕摩知识有多渊博，经验有多丰富，年逾七旬就不能再主持祭祖仪式了。有句彝谚道：“六十不使牛，七十不讲（对）话，八十不治病。”这里指毕摩到70岁以后就不再主持祭祖仪式了，齿落就退出祭祖法事活动。彝人认为缺齿毕摩嘴不牢，说话走风，祖灵听不清其言语，因而不能圆满地完成祭祖送灵任务。

第五，要求主祭毕摩儿女双全、子孙繁多。在选择主祭毕摩时，还有一个最重要的条件，即必须选择儿女双全且子孙繁多的毕摩来主持祭祖送灵仪式。彝族先民认为只有儿女双全、人丁兴旺、子孙健康的毕摩做主祭毕摩，才能使仪式主人家族人丁兴旺、子孙健康。禁忌邀请无子嗣的毕摩主持祭祖仪式，无嗣或绝嗣的毕摩，只能主持一般的仪式，主持祭祖仪式是万万不可的。

第六，要求主祭毕摩相貌端正。主祭毕摩要面容慈祥、五官端正、身材高大。彝族先民认为，这样的面容一方面讨祖灵喜欢，另一方面毕摩的体貌也能影响主祭方后代的长相。选择主持咒人咒鬼凶性法事毕摩时，一般要求毕摩长相奇特，甚至面目狰狞，据说这样的毕摩才能镇住魔怪。

第七，要求主祭毕摩品德良好。毕摩要为人善良，品德良好。平日嘴碎、爱挑拨离间、惹是生非的毕摩不能做主祭毕摩。忌讳有偷盗行为的毕摩以及在两性关系上不严肃的毕摩主持祭祖仪式。

第八，要求主祭毕摩洁身自好。主祭毕摩除了要满足上述条件外，还要保持自身纯洁，在

行为上遵守许多禁忌。主持祭祖仪式前7天内禁忌与妻子同房；在饮食方面，终生禁食灵性类动物，如猴、虎、熊、狗、猫等，还要禁食蛇、蛙等爬行类动物，禁食耕牛肉。此外，也禁止主祭毕摩猎杀上述动物。

第九，通过占卜选择主祭毕摩。虽然仪式主人选择毕摩时一般会选择曾为祖辈主持过祭祖仪式的世袭毕摩，但在实际选择主祭毕摩时，除在符合以上条件的毕摩中筛选外，还要通过绵羊肩胛骨占卜进行选择。最终，只有占卜呈吉兆的毕摩才能被选作主持祭祖送灵仪式的主祭毕摩。

（二）凶祭毕摩

凶祭毕摩是专门为非正常死亡（自杀、他杀、意外死亡）的祖灵做法事的毕摩，彝语称为“日毕毕摩”（[illegible]ꀘꀘꂾ），简称“日毕摩”（[illegible]ꀘꂾ）。当仪式主人家被祭的祖先中有非正常死亡的，就要请专门主持凶死法事的凶祭毕摩举行“日尼木”，包括驱逐夺走凶死者性命的索命魔、召唤凶死者亡灵、制作凶死者的灵牌等仪式，经过一系列的卸凶除魔等仪式后，将凶死者的灵牌交给主祭毕摩，主祭毕摩将这些灵牌与其他正常死亡的灵牌放在一起，经过举行一系列复杂仪式后送往祖宗箐洞。

凶祭毕摩与善祭毕摩一样要求知识渊博，但由于其主持法事的性质与类型导致其社会地位很低。例如，举行祭祖诅咒仪式时，善祭诅咒仪式是在仪式主人家里举行，而凶祭诅咒仪式则不能在仪式主人屋内举行，而必须在仪式主人家屋外左下方举行。仪式结束后，善祭毕摩是从来时的大路返回，且仪式主人家的所有男性成员都必须护送一程，并给善祭毕摩恭敬告别酒，并说“毕摩辛苦了，一路慢慢走”等客套话；而对待凶祭毕摩就恰恰相反，凶祭毕摩做完仪式后不能原路返回，必须沿附近的溪沟返回，主人及助手会在沿途铲草灰撒向其行走的方向，并大声地吆喝，希望凶性邪魔与凶祭毕摩一起快快离开，不准回头看，直到走完溪沟路程后，才能进入大路。

（三）辅祭毕摩

辅祭毕摩是帮助主祭毕摩共同完成祭祖仪式的毕摩，彝语称为“毕惹”（ꀘ[illegible]）。祭祖仪式程序繁多，有70多个大程序，每个大程序里又有十几个小程序，要建200～300个神座，布插3万～5万支神枝，口诵1000多篇（首）经文，规模庞大，内容复杂，而仪式时间只有三天三夜，仅靠一位毕摩不可能完成如此大规模的仪式，因此需要十几位甚至几十位辅祭毕摩共同主持。

辅祭毕摩除不能主持“祝酒经语”（[illegible]）、“判魔刑”（[illegible]）、“指路经”（ꂾ[illegible]）仪式外，其余仪式都可以主持。

辅祭毕摩的知识也要渊博。选择辅祭毕摩的条件不需要像主祭毕摩那样苛刻，但必须知识渊博、经验丰富。祭祖仪式的每个程序都是“路上方”仪式，口诵的经文也都是“路上方”经文，因此辅祭毕摩要熟练地背诵祭祖送灵仪式各程序的经文。

其实，多数辅祭毕摩的水平与主祭毕摩相当，甚至有的还超过了主祭毕摩，只是没有被选中作为主祭毕摩而已。

二、护灵员

护灵员是指在整个祭祖送灵仪式期间，专门负责管理所有被祭祖灵的灵牌，并携带这些灵牌协助主祭毕摩完成各项仪式程序，仪式结束后负责将灵牌护送到箐洞藏放的人员，简称“护灵员”，彝语称为“邛莫”（[illegible]ꂾ）。担任“邛莫”要具备一定的条件，如身体健康、身无残疾、无狐臭，祖辈无麻风病史，且当年虚岁为偶数的男性。不管被祭灵牌有多少，护灵员只需一位。护灵员不需要知晓很多的毕摩文化，但需要

掌握整个仪式的流程，能与主祭毕摩密切配合。其主要职责是在仪式期间负责保管好灵牌，晚上睡在野外祭棚下方宴灵场的灵牌旁边，白天背着灵牌穿梭于各种仪式的神座间，仪式完成后与主祭方的男性青年一起护送灵牌到指定的箐洞，并有规则地藏放。然后，护灵员与其他送灵人员一起回到祭祖仪式主人家，主人家会热情招待“邛莫”，大家一起品尝专门酿制的彝族特色玉米甜酒。

毕摩原生文化认为，“邛莫”的灵魂容易伴随亡灵而去，所以仪式完毕后，主人家会给予一些答谢费；“邛莫”回家后要举行招魂、赎魂仪式，以防不测。“邛莫”一般由为人厚道、家庭经济条件较差的人员担任。

三、护守祭棚员

在祭祖仪式中，专门有一群护守祭棚的人，彝语称为“毕邛宇”（[illegible]），即对本次祭祖仪式中所修建祭棚进行护守的人员。护守祭棚者是同宗族（一般是同祖或同父）的男性成员，一般与仪式主人家辈分最高的相隔三代及以上，并且相互信任。按照传统，护守祭棚是宗族人员义不容辞的责任。毕摩经语载：“防御敌（仇）人袭击祭棚是宗族的义务，防止畜禽践踏祖灵是护守员的义务，教导祖灵指路归祖是毕摩的义务。”

在古代，彝族不同部落间或不同宗族间经常发生械斗，结下许多仇怨，为了防御仇人捣毁祭棚，偷袭毕摩及护灵人员，抢劫祖灵灵牌，仪式

护送亡灵的“邛莫”　立克达曲 / 摄

主人家专门邀请自己信赖的宗族人员护守祭棚，以防不测。久而久之，这种防御行为相沿成习俗，并一直延续至今。

“毕邛宇”除了护守祭棚外，还要承担以下义务：一是提供助威酒。“毕邛宇”将从各自家中带来的自酿白酒招待祭棚内的祭祖毕摩及前来协助的亲朋好友，这些酒彝语称为“伟哲”（[彝文]），意为助威酒。现在为了方便，大多数人都购买白酒和啤酒代替。二是搭建祭棚。举行祭祖仪式前“毕邛宇”到野外林区砍伐搭建祭棚用的木料，祭祖第二天下午，按要求搭建祭棚。三是拆除祭棚。祭祖第三天清晨，祭祖仪式后，按要求拆除祭棚。四是护送祖灵。同仪式主人家的相关人员、姻亲及护灵员一起护送灵枢到指定的高山箐洞中。至此，“毕邛宇”的各项义务便履行完毕。

此外，在祭祖第二天下午举行转祭棚仪式后，前来参祭的姻亲要以家庭为单位给予“毕邛宇”一定的报酬，表示对其护守祭棚、坚守岗位的答谢。

四、仪式主人

仪式主人是指被祭亡灵在世的子孙。根据子孙性别将仪式主人分为主祭方与辅祭方。主祭方是被祭亡灵在世的直系男性后裔，包括儿子、孙子及曾孙等。主祭方是组织本场祭祖送灵仪式的关键人物。仪式前，所有主祭方成年人共同商定举行该仪式的相关事宜。主祭方又以被祭亡灵中辈分最低者的幼子家或幼孙家为主祭户。祭祖仪式的室内仪式在幼子家或幼孙家里举行，室外仪式选在幼子家或幼孙家屋前不远处举行。辅祭方是指被祭亡灵在世的直系女性后裔和姻亲后代，包括女儿、孙女、曾孙女、儿媳、孙媳及其亲兄弟等。

在举行仪式前一个月内，要通知亲朋好友，特别是通知血缘关系较近的宗族成员和姻亲，告诉他们举行仪式的时间、地点及规模。姻亲包括仪式主人妻子、儿媳的兄弟家、仪式主人的姐妹家等。届时，妻子、儿媳的兄弟家带着衣物、首饰等赠予自己的姐妹，彝语称为“攀姆”（[彝文]），助其打扮，让其在仪式中漂亮出众。仪式主人的姐妹家携带一对绵羊或一头黄牛和一只绵羊前来，彝语称为“月来糯”（[彝文]）。宗族成员和亲朋好友、村寨邻居等也会前来助威、帮忙。

第二节　仪式物品

祭祖仪式除仪式主人、毕摩等人参与外，还需要准备许多物品，包括酒、牺牲的牲畜及神枝等，这些物品都是人与神灵之间沟通的媒介，在仪式中不可或缺。

一、酒

彝族是喜酒、爱酒的民族。千百年来，酒始终伴随着彝族人的生活，是彝族人生活中不可缺少的物品，形成了独具特色的彝族酒文化。彝族以酒为大尊，俗话说：“一个人值一匹马，一匹马值一杯酒。”世间无酒不成事，从迎宾宴请、探亲访友、断案誓盟，到红白喜事，酒都是不可缺少的物品。一个彝族人从出生、取名、结婚到死亡的关键节点举行仪式时，酒是必不可少之物，尤其是在祭祖仪式中，酒更是不可缺少的祭品。

祭祖仪式中除了需要白酒外，还需要泡水酒和甜酒，这两种酒不能购买，需要仪式主人家自

己酿制。

（一）泡水酒

泡水酒是在优质玉米（或荞麦）中放入酒曲发酵，然后放入木桶或坛中封存，月余后掺入净水浸泡而成。彝语称为“职以”（ꃅꀋ）。整个祭祖仪式中需要五桶泡水酒：第一桶称为卸债酒，彝语称为“哲御直”（ꃅꌦꃅ）。祭祖第一天晚上举行祭祖驱魔仪式，开始滤接泡水酒时，助手要接两坛泡水酒，其中一坛在驱魔仪式念诵《卸债经》（《ꍈꌦꍈꎴꃅ》）时使用。届时，毕摩倒一碗泡水酒置于身前，并从神签筒中取出神竹签蘸一下泡水酒，再击打一下索命魔草偶，一边在左手心搓神竹签，一边念诵经文。第二桶称为蘸麻酒，即蘸湿黑麻线酒，彝语称为“木前以梓直”（ꃅꊭꀋꌦꃅ）。祭祖第二天凌晨，到野外葬地引灵制灵时使用。祭祖第二天举行制灵仪式时，主祭毕摩将备好的黑麻线绳在泡水酒中浸湿，然后用其捆绑灵牌。第三桶称为祭灵酒，即在祭棚内祭献亡灵的酒，彝语称为“再直”（ꌦꃅ）。主祭毕摩在祭棚内宴灵时，诵经到一定段落时斟一碗泡水酒倒在众祖灵的灵牌上，以示向祖灵敬酒。第四桶称为更换灵床酒，彝语称为“尼尔直”（ꍈꂸꃅ）。主祭毕摩用泡水酒浸湿备好的白麻线绳，抚慰换下的黑麻线绳及灵床等。第五桶称为“新婚”酒，彝语称为“博直”（ꀕꃅ），即被祭祖妣重新结婚的喜酒，该桶泡水酒只准参加仪式的男性饮用，意为饮了祖妣喜酒后，子孙后代便会繁衍兴旺。

亲戚们赶着牺牲来祭祖　阿牛史日／摄

以上五桶泡水酒各有其用途，不能混用。

（二）甜酒

甜酒是将蒸熟的玉米粑捏碎后加入酒曲酿制而成的，类似于醪糟米酒，彝语称为“直曲”（ꉼꀉ），意为不醉人的粮食酒。祭祖期间要准备两桶（坛）甜酒。第一桶（坛）是祭祖第二天毕摩在屋外举行制灵、治灵仪式后，请毕摩到仪式主人家享用。第二桶（坛）是在祭祖第三天举行完祭祖献茶仪式后使用。在所有仪式完成后，请毕摩回到仪式主人家里喝甜酒，以示感谢。

现在，虽然啤酒、红酒及醪糟米酒流行，但按照彝族传统，啤酒、红酒等不能替代上述所需的泡水酒和甜酒。

二、牺牲物

在毕摩原生文化仪式中，不论仪式大小，牺牲物是不可缺少的物品之一。牺牲物有宴请毕摩护佑神、祭祀亡灵、赎回游魂等作用。小型仪式只需1头仔猪，甚至1只鸡即可。大型的祭祖送灵仪式需要的牺牲物很多，包括鸡、猪、山羊、绵羊及牛等。黑彝家族祭祖时，需要用牛来宴请亡灵，部分白彝如吉克惹史家族也必须用牛来宴请亡灵。如果被祭祖先有擅长骑马的，还需要一匹专门驮运灵牌的驮灵马。牺牲物数量的多少，则根据被祭亡灵的数量和仪式主人亲戚的多少而定。牺牲物中有两个是最具特色的：一个是白色公鸡，彝语称为“职左瓦”（ꍑꁬꅼ），意为子嗣鸡，该鸡由仪式主人的舅舅家赠送，用于祈求赐予生育神“格菲”（ꇇꃀ），以祈今后人丁兴旺；另一个是黑色公猪，彝语称为“见挖”（ꉼꃅ），意为供灵赐福猪。

三、神枝

举行毕摩原生文化仪式时，都要用神枝来

祈祷祭祖神座　戴志陶 / 摄

制作神座，制作神座的神枝称为“古瓦”（[illegible]）。仪式开始前，帮手砍伐特定的树木及其树枝，制成一定样式的神枝。毕摩对神枝的使用大致有两种：一种是在仪式中毕摩直接使用，如金银碎片“曲石”（[illegible]）、招魂神枝“影加则公”（[illegible]）、折断仇骨枝“孜果”（[illegible]）等；另一种是插在地上布置场地时用，并按照彝族先民所积累的星座图来布置，所以称为“神座”。神座种类繁多，有300种以上。举行仪式时，根据仪式的性质、规模大小制作不同的神座。小的神座只要几根神枝就行，如“鹫毕神座”只需要6双神枝便可；大型神座则占地数亩，所需神枝千万根。祭祖送灵仪式中需要制作100多种神座，需要1万～3万根神枝。

四、其他

仪式主人家派遣一位宗族人员到仪式主祭方的亲舅舅家，索要一斗荞麦，以制作赐福糠粉（[illegible]），以及一只用于祈嗣的白色公鸡（[illegible]）、一卷未用过的草烟辫、一袋扎缚灵签用的生麻线等物品。

第三节　邀请毕摩

邀请毕摩是指仪式主人家派专人邀请主祭毕摩。当选好祭祖送灵的主祭毕摩并择好吉日后，在离举行仪式还有一两个月时，仪式主人家就要选派一位或几位熟知彝族民俗、口齿清楚、记忆力好的男性成员，携带白酒及千层荞麦饼到主祭毕摩家邀请。该仪式程序彝语称为“毕播”（[illegible]），是祭祖仪式中不可缺少的程序之一。即使现在通信发达，人人有手机，也不能直接打电话邀请，而是要专门派人上门邀请。仪式主人一般派遣3位或5位男性成员带着白酒、熟鸡蛋及千层荞麦饼等到毕摩家，说明来意后，毕摩家热情招待。毕摩家首先举行烹饪“保洛木”（[illegible]）仪式，即先在铁锅里加油，待油加热后，先加盐，再与切好的几块玉米粑一起烹炒几下，加水煮开后舀出。首先舀一碗放置于内室上方神位处，以祭毕摩护法神，然后舀一碗给邀请者品尝。紧接着举行“电布寺滇”（[illegible]）仪式，意为菜板见血，即宰杀一头小猪或杀一只白色公鸡来招待邀请者。

饭后，主祭毕摩向邀请者叮嘱整个祭祖送灵仪式中所需要的物品、种类及数量。

第四节　寻找竹根

在祭祖仪式中，每位被祭亡灵需要一根新鲜竹根来制作灵芯（灵牌），多位亡灵不能合用一根竹根，因此要寻找多根竹根。

寻找竹根，彝语称为“马杰舍”（[illegible]），是指仪式主人家及姻亲家的几位男性成员一起到野外寻找所需竹根，并带回家放在牲畜触碰不到的地方，以备制作灵牌之用。

祭祖送灵仪式时，用竹根来制作灵芯，即灵牌，代替亡者的“那森”（[illegible]），这是彝族千百年来的传统习俗，关于此习俗，有如下传说。据《勒俄特依·洪水泛滥》记载，彝人始祖居木（笃慕）因在洪水泛滥时得到仙人的指点躲进木柜里，木柜随洪水漂到伙鲁山上（即洛尼博，今云南省禄劝县境内的云龙山）。洪水退后，木柜挂到山腰的树枝上，居木（笃慕）开柜后，发现自己离山顶不远，但是无绳索可供攀

崖，只见一根弯弯的竹根和一丛丛茂盛的麦冬草长在崖壁上，便借助这两种植物爬上山顶，从而脱离了危险。因此，竹根和麦冬草便被奉为救命的神物。从此，彝族人就用深山密林中或荒原上洁净无秽的竹根制作祖妣灵芯，用箐沟中洁净无秽的麦冬草作为招魂仪式的魂草。

寻找竹根的程序是：主祭方派遣一名或数名男性成员，姻亲中选出一名当年虚岁为偶数的成员，择吉日带着染成红、蓝两色的绵羊毛线、一坛白酒、鸡蛋、炒面和一块用荞面面粉烙的千层饼，到人迹罕至的深山老林中选择洁净无秽的竹根。一般选用茂密竹林中长势挺拔、枝叶繁茂的2年嫩竹，为每位祖妣选定一棵完好无损的竹根。现四川的美姑、马边、峨边等地一般选用黑竹（ꀀꃅ）。拔竹根时，按照“在世父为尊，死后母为贵（ꀀꀀꀀꀀ，ꀀꀀꀀꀀꀀ）”的规则，先拔出代表最高辈分的先妣的竹根，后拔出代表同样高辈分的先祖的竹根。选竹根时，要选择直而未被虫蛀的细竹，以笋多为最佳，竹笋越多说明繁殖能力越强，预示着仪式主人家子孙繁多、人丁兴旺。选好竹根后，先在竹根上倒点白酒，撒些炒面并放些荞麦饼，说道：“从今天起，选定你为先妣或先祖××××的竹。今日是吉日，要为你安灵，请你来享祭。”然后将其连根拔出。把竹梢砍下并插入其原来生长之处，且告慰竹魂：“我们没有拔竹子，竹子仍在林子原处。”为了区别先祖、先妣的灵竹，拔出竹根后将事先写好祖妣姓名的白布条和红、蓝毛线系在各自的竹根上。然后大家喝完余酒，吃完余下的荞饼，便扛着竹根返回。到家后，先将拔回的竹根放在牲畜触碰不到的地方，以免被牲畜践踏而染上污秽。

通常，祭祖仪式除了送走子孙满堂的祖妣亡灵外，还要送走无子嗣祖妣的亡灵，无子嗣已故祖妣通常称为“惹尔惹吉”（ꀀꀀꀀꀀ）和“比尔尼日”（ꀀꀀꀀꀀ）。“惹尔”（ꀀꀀ）是指已婚无子女，或有女而无子，或有子而夭折的已故男子；“惹吉”（ꀀꀀ）是指未婚的已故少男。“比尔”（ꀀꀀ）是指已婚无子女，或有女而无子，或有子而夭折的已故女子；“尼日”（ꀀꀀ）是指未婚的已故少女。未满3岁（周岁为2岁）夭折之婴不送灵。拔竹根时，将每位“惹尔惹吉”“比尔尼日”的竹根也一起拔出带回。

第五章 祭祖迎宾

JIZU YINGBIN

祭祖送灵（“尼木措毕”）仪式程序十分复杂，内容丰富，寓意深远，是毕摩原生文化中层次最高、要求最严、规模最大的一种仪式。仪式自始至终以祭祖为中心，以制灵、祭灵、净灵和送灵为主线，最终将祖灵灵枢送往宗族箐洞中安放，将祖灵送往祖界安灵。

现彝族地区的祭祖时间有所不同，有的长达9天，如云南武定一带，也有只有一天一夜的，如四川冕宁县一带。而四川大小凉山地区多为三天三夜，特别是四川的美姑县、雷波县、马边县等依诺地区，不论家庭条件如何，都按这个时间举行祭祖仪式。祭祖第一天举行迎宾、驱魔仪式，第二天举行制灵、祭灵等仪式，第三天举行净灵、送灵等仪式。

祭祖以物化、活态的祖灵信仰与崇拜的思想理念，制定了逻辑严密、井然有序的仪式程序，内容丰富，蕴含深邃，与彝族人独特的原生信仰、生活环境、生产生活、价值观念密切相关。

第一节　迎接亲戚

祭祖仪式要举行盛大的迎接亲戚仪式，彝语称为“伟子”（ꃪꋒ）。祭祖仪式除仪式主人家成员参加外，还要邀请与主人同谱系不同分支的宗族（家支）成员来帮忙，三代以内的姻亲也都前来参祭，同时还邀请邻里乡亲前来参加。祭祖前，先要举行迎接被祭祖灵及其在世子孙姻亲的仪式，即盛大的迎宾仪式。

一是迎接仪式主人妻子的兄弟，彝语称为“攀木”（ꉼꂷ）。届时，兄弟们要给自己的姐妹购买新衣服、首饰等，还要资助3000～10000元不等的礼金。二是迎接仪式主人的亲姐妹，即被祭祖灵的亲生女儿们，彝语称为“月拿糯”（ꊿꆈꆀ），意为赶公绵羊。一般每位姐妹要送一对公绵羊，即每人给自己已故的父母各送一只绵羊。如果仪式主人家是黑彝或白彝吉克惹史家，其女儿们要赠送一头牛和一只绵羊，表明吉克惹史是黑彝的后裔。

迎宾时，场面极为壮观，姐妹、姻亲多的人家会格外热闹。姻亲们身着彝族传统服饰，高举祭祖彩旗，年轻的男子们牵着黄牛、绵羊、仔猪、鸡等牲畜，边放鞭炮边吆喝着向仪式主人家赶来。主人家一般要组织几十名青年男女，穿着最漂亮的彝族传统服饰，敲锣打鼓地迎接远道而来的姻亲。

当客人们快到时，远远就能听见鞭炮声与鼓声，仪式主人家的长者站在路旁迎接，年轻的小伙们和姑娘们则站在道路两旁欢呼、跳跃。迎宾仪式展示出彝族传统文化的魅力，也可以看作是家支与姻亲之间相互展示经济实力的竞赛。每一家出场时都敲锣打鼓，燃放鞭炮，赶着祭祖所需的牲畜，穿着彝族的“擦尔瓦”，头戴白帕，向周围观看的人群散发烟、糖果和小面额[1]钞票，人们欢呼迎接，笑逐颜开。

①小面额：一般指面值10元以下的钞票。

直系亲戚率众人参祭　阿牛史日 / 摄

第二节　恭迎毕摩

祭祖仪式开始的当天下午，要举行迎接毕摩仪式，按要求祭祖毕摩不能直接进入仪式主人家，要在屋外完成迎接毕摩仪式后才能进屋。祭祖毕摩先在离仪式主人家不远处指定的一棵路边果树旁坐下，用干草当坐垫。此时，仪式主人家的所有男性成员都到屋外迎接祭祖毕摩，彝语称为“尼姆毕兹直果”（ꆀꃅꀘꊨꍆꇬ），意为恭迎祭祖毕摩。该仪式是在离主人家不远处的路边举行，所以又称为“嘎博毕兹直果”（ꇤꀧꀘꊨꍆꇬ），意为在路边恭迎祭祖毕摩。

当祭祖毕摩到达指定位置后，主人与毕摩互相问候，主人恭敬地向每位毕摩递烟、敬酒，然后开始举行“恭迎祭祖毕摩”仪式。首先，主人端一个圆形竹篾筛子，里面铺一块干净的白布，白布上面放一些彝族特制的兰花烟和数十支香烟，用彝族彩漆木碗斟上白酒，每碗白酒里放一小块碎银，来到主祭毕摩面前，主祭毕摩坐着接过酒碗说：“这杯白酒首先敬众主人，祝众主人身体健康，子孙繁衍无数。”随后将酒赐给众主人，众主人一一品尝。每位主人在品酒过程中，要把酒里的碎银含入口中，稍后吐出来，一起喝完主祭毕摩敬的酒。接着，众主人用原碗重新斟上白酒，每碗白酒里再放入原来的碎银，同时每户出一小块碎银作为酬金（现一般用人民币代替）放在筛子里，来到主祭毕摩面前，并齐声说：“我们特邀神毕来祭祖，护送祖灵到祖界，祈求祖灵赐予子孙生育神灵，从此儿孙满堂，五谷丰登，六畜兴旺，繁荣昌盛。”主祭毕摩品尝主人的回敬酒后，其他辅祭毕摩再一一品尝，品酒时，也像主人一样将酒中的碎银含入口

迎接前来祭祖的姻亲　何为 / 摄

中，稍后吐出，最后将酒喝完。最后，众主人再用原碗重新斟上白酒，酒里放入原来的碎银，将酒碗放在筛子里再次递给毕摩，接着毕摩们头戴法帽、肩挎神签筒、手持神扇，开始举行赐酒仪式。首先，主祭毕摩念诵《恭迎祭祖毕摩祝酒词》（《[illegible]》），辅祭毕摩也跟着主祭毕摩念诵。《恭迎祭祖毕摩祝酒词》摘录如下。

[illegible]，　仪式主人家，
[illegible]，　神毕我一组，
[illegible]，　在此前些日，
[illegible]，　在家的时候，
[illegible]，　幸福暖融融，
[illegible]，　苍蝇嗡嗡飞，
[illegible]，　休闲又快乐，
[illegible]，　全身软绵绵，
[illegible]，　手背凉悠悠，
[illegible]，　两脚热乎乎，
[illegible]。　真是不想来。
[illegible]，　派遣悬崖蜜蜂前来请，
[illegible]，　派遣江湖水獭前来请，
[illegible]。　派遣深山狐狸前来请。
[illegible]，　蛇日和马日，
[illegible]，　蛇日来吾寨，
[illegible]，　马日来鸣叫，
[illegible]，　羊日传话来，
[illegible]，　群禽来邀请，
[illegible]，　百兽来邀请，
[illegible]，　鸿雁来邀请，
[illegible]，　白鹤来邀请，
[illegible]，　一对小蜜蜂，
[illegible]，　嗡嗡飞过来，
[illegible]。　乌鸦来鸣叫。
[illegible]，　一对黑乌鸦，

[illegible]　高空中飞来，
[illegible]　来自天际边；
[illegible]　越过山峰顶，
[illegible]　飞越崇山岭；
[illegible]　越过深山林，
[illegible]　飞越树林梢。
[illegible]　飞呀又飞来，
[illegible]　飞到院墙旁，
[illegible]　飞落围墙上。
[illegible]　哇哇噪三遍，
[illegible]　飞到墙脚边，
[illegible]　哇哇鸣三声，
[illegible]　说是来邀毕，
[illegible]　说是来请毕。
[illegible]　神毕我一组，
[illegible]　跑到屋里去，
[illegible]　取来钥匙开经柜，
[illegible]　迅速开启藏经柜。
[illegible]　左手掀开经柜盖，
[illegible]　右手伸到柜底找。
[illegible]　寻出解谜经，
[illegible]　解开缚经绳，
[illegible]　开启裹经布；
[illegible]　翻开解兆经，
[illegible]　详究其缘由。
[illegible]　首先翻开一双整两页，
[illegible]　两页翻过去，
[illegible]　两页在眼前。
[illegible]　经书有字否？
[illegible]　经书无经文，
[illegible]　载有解兆词？
[illegible]　未载解兆语。
[illegible]　毕摩说出解兆语？
[illegible]　毕摩未说解兆语，
[illegible]　再翻两双整四页，
[illegible]　四页翻过去，
[illegible]　四页在眼前。

众主人给祭祖毕摩敬酒　立克达曲 / 摄

经书有字否？
经书无经文，
载有解兆词？
未载解兆语。
毕摩说出解兆语？
毕摩未说解兆语。
次后翻开三双整六页，
六页翻过去，
六页在眼前。
经书有字否？
经中明记载，
载有解兆词？
墨汁细解谜。
毕摩说出解兆语？
毕摩说出解兆语。
说是彼岸居阿哲，
说是阿哲起丧事，
阿哲君王已去世。
此岸居乌撒，
说是乌撒有丧事，
乌撒贤臣已去世。
彼岸君王居住地，
君王辖地人心惶，
此岸居贤臣，
谋臣心欠欠。
邀请毕摩者无数，
乌鸦来者数不尽，
约者来三次，
邀者来三次，
首先口头唤，
口头唤不来，
后来用手拽，
用手拽不来，
后来抬头邀，
抬头也不来，
最后拖双脚，
双脚拖才来。

我等起自自家中，
跨过门槛上，
门槛外侧起，
经过大院坝，
大院坝上起，
经过九片大草原，
露宿野外繁星下，
野外繁星露宿起，
越过云雾笼罩地。
日韩[1]毕摩起身地，
鹫图毕摩经过地，
木胡毕摩休息地，
萨嘎毕摩出名地，
拉依毕摩聚集地，
妥鲁众毕站立处。

我等经过孜史山，
一对鹞鹰飞过来，
飞到毕身旁，
说是迎毕摩。
我等经过俄布[2]山脉脊，
一对白鹰飞过来，
飞到毕摩旁，
说是迎毕摩。
我等经过乌云密林处，
一对黑豹走过来，
走到毕摩旁，
说是迎毕摩。

① 日韩：与下面的“鹫图”“木胡”“萨嘎”“拉依”“妥鲁”等均为古地名，现大多在云南昭通及四川凉山州昭觉、喜德等县境内。
② 俄布：为古山名，具体位置待考证。

我等经过崇山峻岭地，
飞禽走兽来迎毕，
热情欢迎众毕摩。
我等经过村寨务户人家，
所有姻亲来迎毕，
所有亲戚来迎毕，
所有宗族来迎毕。
我等来到你家院坝时，
花纹阉鸡来迎毕。
我等进入你家时，
内室上下方，
美丽姑娘来迎毕。
大屋上下方，
英俊小伙来迎毕。
我等坐在锅庄上方时，
美酒茶碗来迎毕。
欢迎毕摩获荣耀，
迎接毕摩增名誉。

神毕我一组，
吾主你一家，
闻听你家有死神，
我们为驱逐死神而来，
闻听你家有病魔，
我们为镇住病魔而来，
闻听你家树木已断根，
我等为接连树根而来，
闻听你家竹根已断节，
我们为了续节而前来，
闻听你家山上起凶案，
我们为了除凶案而来，
为了壮牛撞击灰熊而来，
为了绵羊脱掉白云而来，
为了猪群拔掉杉柏而来，
为了祛除死神邪魔而来，
为了根除病魔邪怪而来。
我等为捉住死神而来，
为了擒拿病魔而来。
闻听你家有祖灵，
我等为护送祖灵而来，
闻听你家有父灵，
我等为护送父灵而来。

立规祭祖灵，
好让子孙看，
立约祭父灵，
好让儿子望。
俄卓鲁慕方，
阿苏拉者毕神来立规[1]，
立规子孙兴，
毁规子孙亡，
扶灵送祖界。
几日鲁慕方，
阿格索祖毕神来立规，
立规子孙兴，
毁规子孙亡，
扶灵送祖界。
格克博良方，
勒伍阿则毕神来立规，
立规子孙兴，
毁规子孙亡，
扶灵送祖界。
比鲁日罗方，
慕孜阿豁毕神来立规，
立规子孙兴，
毁规子孙亡，
扶灵送祖界。
甲谷甘洛方，

① 立规：这里指前辈已故后，祭祖送灵到祖界的规则。

迪底约根毕神来立规，
立规子孙兴，
毁规子孙亡，
扶灵送祖界。
驷以鲁沽方，
阿克俄伙毕神来立规，
立规子孙兴，
毁规子孙亡，
扶灵送祖界。
莫伙拉达方，
博居博索毕神来立规，
立规子孙兴，
毁规子孙亡，
扶灵送祖界。
瓦都古姑方，
俄助阿史毕神来扶祖，
立规子孙兴，
毁规子孙亡，
扶灵送祖界。
鹫图慕古方，
阿孜布约毕神来立规，
立规子孙兴，
毁规子孙亡，
扶灵送祖界。
日阿纳慕方，
吉尼朵孜毕神来立规，
立规子孙兴，
毁规子孙亡，
扶灵送祖界。
勒慕驷乌方，
阿丘拉马毕神来立规，
立规子孙兴，
毁规子孙亡，
扶灵送祖界。
哲韩勒乌方，

吉克惹史毕神来立规，
立规子孙兴，
毁规子孙亡，
扶灵送祖界。
俄其鲁慕方，
比吉吉惹毕神来立规，
立规子孙兴，
毁规子孙亡，
扶灵送祖界。
亚古格则方，
亚古殊布毕神来立规，
立规子孙兴，
毁规子孙亡，
扶灵送祖界。
兹兹普乌方，
乍比阿以毕神来立规，
立规子孙兴，
毁规子孙亡，
扶灵送祖界。
楚伙博良方，
迪俄勒祖毕神来立规，
立规子孙兴，
毁规子孙亡，
扶灵送祖界。
若有死神魔，
毕摩来驱逐，
我乃祭祖毕，
有案君来判，
有案臣来处。

仪式众主人，
请你仰望看天空，[1]
天空白云延绵绵，

① 毕摩念诵到此时，众主人整齐抬头仰望天空。

你家子孙延绵绵。
请你俯视看大地，[1]
大地黑土广无垠，
你家子孙多无数。
请你抬头望天空，
天空群星亮，
群星数不尽，
你家子孙房屋数不尽。
请你低头看大地，
地上百草密，
如能数百草，
你家子孙房屋数不尽。

左方银福气，
右方金福气，
那是你福气。
君王获福气，
获取金玺福；
贤臣获福气，
获得骏马福；
工匠获福气，
获得手艺福；
毕摩获福气，
祭祖灵验福；
百姓获福气，
获得农牧业福气。
十二护佑神福气，
灰色青蛙护佑神，
白色公鸡护佑神，
羊角分叉护佑神[2]，
白色雄马护佑神，
金色公牛护佑神，
此等乃是护佑神。

现在赐予众主生育神，
十二叙述格菲源，
格菲起源昊天方，
昊天那上方，
格树长四株，
分支出四枝，
格花开四朵，
结出四个果，
一个乃是人类生育神，
一个乃是六畜繁衍神，
一个乃是五谷丰登神，
一个乃是万物繁殖神。

格菲生在额洛山[3]山脉，
格菲缭绕额洛山腰处，
格菲坠落额洛山麓地，
坠落又坠落，
一个坠落杉木森林处，
杉林野兽繁殖多，
森林獐麂呀，
一母繁九百，
二母繁九千，
三母繁无数，
主人子孙繁无数。
一个坠入山崖峭壁中，
山崖蜜蜂繁殖多，
山崖蜜蜂呀，
一母繁九百，
二母繁九千，
三母繁无数，
主人子孙繁无数。

① 毕摩念诵到此时，众主人整齐低头看地上。
② 彝族民间认为羊角分叉是主人家的福气，是一种护佑神。
③ 额洛山：疑在云贵高原“六祖”发祥地，具体位置待考证。

一个坠入江河中，
河里鱼群繁殖多，
江河中鱼獭，
一母繁九百，
二母繁九千，
三母繁无数，
主人子孙数不清。
一个坠入草原处，
草原云雀繁殖快，
无边草原中，
云雀巢穴密，
云雀鸣，
草原云雀呀，
一母繁九百，
二母繁九千，
三母繁无数，
吾主子孙数不清。
一个坠入家里内室中，
格入菲口处，
形成吾主格菲神，
格成牢，
菲成固，
男孩玩耍蜜蜂鸣，
女孩蹲坐悬崖排。

接着，毕摩念诵《长寿福禄经》（具体内容见第2卷《毕摩的一生》第四章“求育生子”第二节“召唤生育魂”之《请魂祭神经》，此处略）。然后毕摩继续念诵。

仪式众主人，
祖辈未曾祭祖前，
父辈未曾立规前，
我们未做仪式前，
我们未做祭祖前，
闻听你家后山塌陷迹，
后山年年在坍塌，
你家生育神灵随之塌。
闻听你家下方有河流，
河流年年在流失，
你家生育神灵随流失。
闻听你家屋侧有黄路，
黄路年年在断裂，
你家生育神灵随之断。
如今我等举行仪式后，
隆重举行祭祖送灵后，
就算后山山体再坍塌，
你家生育神灵不再塌，
就算屋下河水再流失，
你家生育神灵不再失，
就算你家屋侧黄路断，
你家生育神灵不再断。
赐予生育神灵后，
你家永保生育神。
草甸牛成群，
斗牛公牛猛，
此乃你公牛。
沼泽马成群，
聚会骏马尊，
此乃你骏马。
草原羊成群，
入春羊群欢，
此乃你羊群。
你家祖辈祭祖后，
父辈立规后，
你家屋前草枝结稻谷，
你家屋上蒿枝结荞粒，
你家子孙基业越宽阔。

接着毕摩念诵《恭迎祭祖毕摩祝酒词》，简

称《祝酒词》中“酒的起源”段，（此处略）。念完《祝酒词》后，几位年长的男性成员伸出双手接过毕摩递给的祝福酒，毕摩继续念诵。

[illegible]，　众主喝完祝福酒后，
[illegible]，　行为品德呀，
[illegible]，　犹如江河宽，
[illegible]，　外表容貌呢，
[illegible]，　犹如天空日月明，
[illegible]，　口语言辞表达呢，
[illegible]，　犹如草原云雀鸣声脆，
[illegible]，　手脚灵活程度呢，
[illegible]，　犹如森林猕猴一般灵，
[illegible]，　抓捕擒拿呢，
[illegible]。　犹如空中鹞鹰一般准。
[illegible]，　如此那以后，
[illegible]，　满山森林茂又密，
[illegible]，　祭祀山中竹林神，
[illegible]。　敬呀祭你们。
[illegible]，　草秆烧火祭，
[illegible]，　草原九片祭，
[illegible]，　敬呀祭你们，
[illegible]，　悬崖烧火祭，
[illegible]，　九片森林祭，
[illegible]，　敬呀祭你们，
[illegible]，　你等犹如蕨林雉鸡起，
[illegible]。　整整齐齐地起来矣。[1]

念诵完经文后，众主人共同喝完毕摩赐予的祝福酒，毕摩收下酬金后跟随众主人朝主祭户家走去。整个仪式过程气氛虔诚、肃穆。

到达主祭户屋前时，一位主人接过主祭毕摩装经书、法器的经袋，先在房屋后侧的瓦片上放一会儿，然后背着经袋带领众毕摩站在门外。助手先将烧红的烫石放入装有水的碗里，端着冒着蒸汽的碗按照主位、客位、内室上下、屋堂的顺序走遍屋内每个角落，然后站在门槛外将烫石和水一起倒在门外，以示屋内已经祛秽，这时门外的仪式主人方可带领众毕摩进屋。进屋后，主人将主祭毕摩的经袋挂在毕摩座位上方的墙上，仪式主人向众毕摩问候，递烟、敬酒，准备举行祭祖送灵的开场仪式——“驱逐邪魔”仪式。

① 以马边彝族自治县著名毕摩吉克良良收藏的经书为基础，参考其他毕摩古籍文献整理、翻译而成。

第六章 祭祖驱魔

JIZU QUMO

“祭祖驱魔”，即驱逐缠绕被祭亡灵的妖魔邪怪，彝语称为“措毕捏茨日”（[彝文]），简称“捏茨日”（[彝文]）。驱逐的妖魔邪怪主要是当初夺去先祖、先妣生命的索命邪魔，其名叫作“阿石索巴”，该邪魔极其凶残，它不但夺去祖妣性命，还纠集其他邪魔作祟于亡灵，使亡灵一直处于痛苦之中。为了解放亡灵，让祖妣亡灵安心地去往祖界，祭祖毕摩将会在整个晚上通过复杂的仪式程序驱逐这个作恶多端的索命魔。

仪式需要牺牲一头黑色的母乳猪，仪式程序和内容与第二章中“驱遣索命魔”仪式基本相同，这里不再赘述。只是该仪式是祭祖仪式，规模宏大，毕摩众多，水平极高，并增加了念诵《叙述祭祖缘由简经》（《[彝文]》）程序。该经文由主祭毕摩亲自念诵，经文内容如下。

[彝文]，开口述事由，
[彝文]，生死是规律，
[彝文]。死后入祖界。
[彝文]，逝后名不失，
[彝文]。命绝魂离去。
[彝文]，传话者频至，
[彝文]。频频来邀请。
[彝文]，蛇日和马日，
[彝文]，蛇日来吾寨，
[彝文]，马日来鸣叫。
[彝文]，群禽来邀请，
[彝文]，百兽来邀请，
[彝文]。乌鸦来鸣叫。
[彝文]，一对黑乌鸦，
[彝文]，高空中飞来，
[彝文]；来自天际边；
[彝文]，越过山峰顶，
[彝文]；飞越崇山岭；
[彝文]，越过深山林，
[彝文]。飞越树林梢。
[彝文]，飞呀又飞来，
[彝文]，飞到院墙旁，
[彝文]。飞落围墙上。
[彝文]，呀呀鸣三声，
[彝文]。哇哇噪三遍。
[彝文]？解得鸦语否？
[彝文]，未解鸦语意，
[彝文]。不知为何事。
[彝文]，年轻毕一对，
[彝文]，闻鸦鸣噪后，
[彝文]，迅速派使者，
[彝文]，使者速起身，
[彝文]，前往实楚神毕山，
[彝文]，恭请神毕解鸦语，
[彝文]？神毕舅爷在家否？
[彝文]，神毕舅爷不在家，
[彝文]，表兄毕摩恰在家，
[彝文]，毕摩表兄啊，
[彝文]，取来钥匙开经柜，
[彝文]。迅速开启藏经柜。
[彝文]，左手掀开经柜盖，
[彝文]。右手柜内找经书。
[彝文]，寻出《揭秘鸦语经》[①]，
[彝文]，解开缚经绳，

① 《揭秘鸦语经》：是毕摩占卜类经书，彝语称为“哈罗阿杰伙博特依”（[彝文]）。彝族先民经过长期的总结分析，根据乌鸦鸣叫的时间、声调及次数来判断、揭秘、破解其意思。

打开裹经布；
翻开《解兆经》，
详究其缘由。
首先翻开一双整两页，
两页翻过去，
两页在眼前。
经书有字否？
经书无经文，
载有解兆词？
未载解兆语。
毕摩说出解兆语？
毕摩未说解兆语，
是否解开乌鸦语，
没有解开乌鸦语。
再后翻开两双整四页，
六页翻过去，
六页在眼前。
经书有字否？
经书无经文，
载有解兆词？
未载解兆语。
毕摩说出解兆语？
毕摩未说解兆语，
是否解开乌鸦语，
没有解开乌鸦语。
……
最后翻开五双整十页，
十页翻去过，
十页在眼前。
经中明记载，
墨汁细解谜。
乌鸦是使者，
解开乌鸦语，
乌鸦前来请毕摩。

曾闻彼岸君住地，
君王一子在此逝，
左侧仙鹤齐悲鸣；
曾闻此岸臣居处，
一位贤臣在此逝，
右侧鸿雁齐悲鸣；
曾闻世间居民处，
一位名人在此逝，
天上雕鹞齐悲鸣，
今日邀我去祭祖。
听说仪式主人家，
先妣已故去，
先考已故去，
特邀我等去祭祖。
曾占鸡骨卜，
曾占羊胛卦，
均显吉兆象。
神毕应邀为截击，
为了驱逐死神邪，
驱遣缠身魔。
毕至死神逃，
毕至病魔遁。
消失快消失，
死神快消失；
逃遁快逃遁，
病魔速逃遁。

神毕我组众师徒，
解得乌鸦谜语后，
坐着闻讯速起立，
众毕速起立；
站着闻讯速前行，
师徒齐动身。
来自死神病魔猖獗处，
经过红土山脉地，

红土山脉地上起；
经过风暴悬崖山，
风暴悬崖山旁起；
经过黑土地，
黑土地上起程；
经过毕摩居住山，
昨日起自毕摩居住山。
我等起自宅室内，
经书取自藏经柜，
签筒法帽、
经书法器，
叮叮当当起自内壁上。
骏马牵自棚厩中，
匆匆忙忙套鞍辔。
急忙套鞍鞯，
扬鞭催马赶路程。

急呼护法神，
护法神灵们，
纷纷赶上来。
我等众师徒，
昨日起自毕居山，
经过广袤的原野。
脚趾十兄弟，
翻踏杂草丛，
在前者探路，
随后者紧跟而来。
起自茫茫大草原，
经过云雾冰雪岭。
手指十兄弟，
拨开密林辟路径，
先锋劈竹开山路，
后面跟着开路来。
起自云中密林旁，
经过高山冰雪岭。

发髻十兄弟，
闯过冰霜赶路来。
穿越又穿越，
穿越杉木茂密林，
捉对野獐占胛卜，
一次二纹平，
二次四纹平，
占卜呈吉祥；
穿越又穿越，
来到辽阔的草原，
捉对云雀占骨卜，
一次二孔对，
二次四孔对，
占卜呈吉祥。
我等来到主人屋后时，
死神病魔躲在房屋前，
我等来到主人房屋前，
死神病魔躺在屋堂内，
我毕来到主人住宅内，
死神病魔房顶跑出去，
今日特为截击死神魔，
降妖怪，
祛病魔而来。
消呀死神消，
死神快速消，
镇呀病魔镇，
病魔镇难逃。
繁衍快繁衍，
吾主子孙速繁衍。
愚变聪，
众主愚者变聪慧，
穷变富，
主人从此变富裕。
器皿漆则亮，
吾主从此变明亮，

绘则美，
主人从此变亮丽。

念诵到此时，在场众主人及助手中的所有男性成员同时高喊数声，以示为毕摩助威，驱逐死神病魔，主祭毕摩继续念诵。

神毕我一组，
起自实楚神毕居住处，
起自神毕居住岭，
攀越九匹崖，
渡过九条江河来。
起自江河渡口处，
穿越崇山峻岭；
起自崇山峻岭，
越过宽阔无垠的草原；
起自宽阔无垠草原起，
穿越浩瀚无边的柏林；
取来柏木制成的签筒，
背负签筒精神旺盛来；
穿越箐沟箭竹林，
取竹制成神法帽，
头戴法帽倍庄重；
穿过深山樱树林，
取来樱木制神扇，
手握神扇腕更灵。
穿过杉林三整夜，
陪猛兽，
伴猛兽玩而来，
猛兽聚集处起程；
穿越悬崖三整夜，
陪猛雕，
伴猛鹰玩而来；
涉过江河三整夜，
陪水蜮，
伴水蜮玩而来；
穿越原野三整夜，
陪云雀，
伴雀玩而来。
且行且赶路，
来到仪式主人居住地。
毕摩到来时，
护法神犬跟随至；
毕摩勤执祭，
祭祖祈子嗣；
娘舅到来时，
赐给生育神。

神毕我一组，
仪式主人家。
曾闻此域邪犬显凶狂，
我等专为驱逐邪犬来；
曾闻此域猛兽显凶狂，
我等专为制服猛兽来；
曾闻祖灵被鼠咬而作祟，
我等专为祖灵祛秽来。

原野升烟雾，
寿不续则难长久，
我等特为续寿而来。
子嗣不祈则不至，
我等特为祈嗣而来。
为祭五谷六畜神而来，
为驱逐左方死神而来，
为祛除右方污秽而来。

曾闻驷匹嘎伙牧场上，
说是牛羊虎豹不和睦。
特为牛羊虎豹之事来，
特为调解羊与虎而来。

曾闻阿豁柳艺沼泽中，
说是猪群豺狼不和睦。
特为猪群豺狼之事来，
特为调解猪与狼而来。
曾闻人类居住处，
说是人类死神不和睦，
听说人类常与死神伴，
常遭死神病魔的侵害，
特为镇住死神病魔来，
我等神毕为除死神来，
为彻底驱逐病魔而来。
滚石隆隆起自陡峭坡，
滚石滚到坝上方停止；
塌方轰鸣滚滚下，
滚到崖脚方停止；
婴儿啼哭声不断，
喂养母乳方停止；
死神病魔毕摩制，
神毕制裁方能止，
我等神毕制裁停。
毕至死神逃，
死神纷纷逃；
毕至病魔跑，
病魔纷纷跑。
消失快消失，
死神快消失；
隐遁快隐遁，
病魔快隐遁。
繁衍快繁衍，
主人子孙快繁衍。
愚变聪，
众主愚者变聪慧，
穷变富，
主人从此变富裕，
器皿漆则亮，
吾主从此变明亮，
绘则美，
主人从此变亮丽。

念诵到此时，在场众主人及助手中的所有男性成员同时高喊数声，以示为毕摩助威，驱逐死神病魔，主祭毕摩继续念诵。

仪式众主人，
如此叙明后，
祖逝儿孙兴。
繁衍似蜂房，
主人儿孙繁衍胜蜂房。
塌方钉木桩，
钉桩则稳固，
主人子孙更兴旺。
马啃青草剩草桩，
草桩生发更迅猛，
主人儿孙繁衍胜草木。
现在禀报毕摩的威力，
众毕师徒，
毕摩坐骑、
骏马与神驹之情况。
我等毕摩众师徒，
来自昊毕实楚的故乡，
背负镶金神签筒，
签筒戮杀索命魔而来。
来自提毕乍姆的故乡，
头戴法帽似鹰翔，
法帽捣毁病魔穴而来。
手握神法扇，
来自樱树林，
神扇驱逐死神和病魔。[1]

---

① 摘自马边著名毕摩吉克良良收藏的经书。

簸箕与篾筛背靠的邪魔路　立克达曲 \ 摄

在祭祖驱魔仪式上，毕摩在锅庄的右侧盘腿而坐，坐成一排。他们头戴法帽，手摇神铃，庄重而严肃，“哦——呵——哦哦——”，在神铃的伴奏下高声念诵《驱魔经》（《[illegible]》）、《红狮逐敌经》（《[illegible]》）、《赤狐经》（《[illegible]》）、《驱逐猴瘟经》（《[illegible]》）、《驱痨经》（《[illegible]》）、《乌撒逐敌经》（《[illegible]》）等经书，虔诚的念诵声回荡在整个屋内。

接着众毕摩分工主持念诵《护法快神经》《内山神经》《驱逐经》《祭茶经》等不同的经文。念完《驱逐经》后，吃烧肉；念诵《祭茶经》后，吃熟肉。接着念诵《折魔魂》《捆绑魔偶经》等诅咒索命魔经文，举行“祭祖申冤转锅庄”仪式。“申冤转锅庄”仪式只在祭祖驱邪逐魔仪式中采用，是祭祖仪式的一大亮点。届时，由多个毕摩分工念诵不同的经文，有的念诵《恭请神鹰经》，有的念诵《申冤经》。

《申冤经》的主要内容是向公正无私的日月星辰倾诉死神病魔无情地夺走了无辜的祖妣性命，祈求日月星辰主持公道，伸张正义，并制裁索命邪魔，为祖妣亡灵洗清冤屈。当毕摩念经到一定段落时，起身边念经边围着三锅庄火塘转圈。念诵《恭请神鹰经》的毕摩头戴法帽，肩挎神签筒，手摇神铃逆时针旋转三圈；念诵《申冤经》的毕摩手持魔偶、端着木屑顺时针转三圈。接着，众毕摩边念诵经文边一起走到门外屋檐下，把木屑抛向空中，以示将索命邪魔的罪行告知天地神灵。随后众毕摩一起进屋，坐在一个倒扣于屋堂中间的木槽上面，众毕摩背朝门外，面朝屋内，集体念诵《赞颂毕祖经》等经文，主祭毕摩主持念诵《判处魔魂经》《杵魔经》等。经过一系列程序后将魔板草偶抛至门外，放置于屋外院子隐匿处，待第二天清晨带到野外祖妣火葬地举行唤醒亡灵仪式。主祭毕摩接着念诵《镇魔阻路经》。当所有经文念完后，整个祭祖驱魔仪式便完成了。

第七章 制灵

ZHILING

制灵，即制作灵牌。是指仪式主人家的男性成员及助手带着祭祖毕摩分别到被祭亡灵附主的火葬地，招引亡灵、引灵附至竹根，将竹根制成灵芯后放到特制的灵床里，制成灵牌，作为后面举行一系列祭祖仪式的开端。

第一节　招引亡灵

一、唤醒祖灵（[illegible]）

招引亡灵是祭祖毕摩分别到各个被祭亡灵的火葬地唤醒亡灵后，将其附在竹根的仪式过程。如果因附主死亡时间久远，无法找到火葬地，或火葬地远在他乡，可以多位祖妣共建一个临时火葬地，在此引灵附竹。

祭祖驱魔仪式结束后的当日凌晨，主持招引亡灵的毕摩分别携带已备好的灵竹、招魂草、红蓝毛线、麻线、羊毛、招灵黄色母鸡等，以及驱魔仪式用的魔板草偶，来到葬地，在葬地旁建一个招灵神座。一位助手端着魔板草偶在每个先祖葬地上逆时针绕九圈，在先妣葬地上逆时针绕七圈，然后交给毕摩，开始举行招引亡灵仪式，彝语称为“尼黑尼果”（[illegible]）。

众毕摩手拿唤醒亡灵的“尼黑鸡”，开始举行唤醒祖灵仪式。首先，助手点燃三堆火，毕摩们念道：“人亡魂犹存，起来，起来梳头啊！起来洗脸啊！快快起来净身吧！逝者起来呀！起来享祭献饭，起来喝祭献酒。今日设酒宴，来将你送行，寿终逝者啊，起来，快起来，起来戴银饰，梳妆又打扮。祖界讲排场，祖界讲美貌。”众毕摩站着念诵经文并不断甩动手中的“尼黑鸡”，以此唤醒亡灵，将亡灵附在竹根上。如果“尼黑鸡”不断抖动翅膀，说明亡灵已被唤醒。接着，用祭祖驱魔仪式上带来的魔板草偶在火葬地上方按逆时针方向绕三圈，并把草木灰撒在祖

手拿唤醒亡灵“尼黑鸡”的毕摩　何为 / 摄

先火葬地上，以唤醒死者亡魂。然后，毕摩念诵《坟茔驱邪经》（《[illegible]》）和《敬酒献水经》（《[illegible]》）。最后，毕摩将魔板草偶象征性地掷向德布洛莫方向。根据毕摩原生文化“活时父为尊，死后母为贵”的规则，唤醒祖灵时先在祖妣的火葬地上按辈分高低先后进行，再是祖考，依次唤醒所有被祭送考妣的亡灵。

唤醒亡灵时，毕摩在火葬地上念诵《死因病源经》（《[illegible]》），给亡灵火葬地祛秽，然后将白酒、泡水酒和清水分别洒向火葬地，

念诵《敬酒献水经》，以示已给祖妣献了酒和水。待亡灵被一一唤醒后，毕摩用力将魔板草偶抛向德布洛莫方向，查看魔板草偶的头是否朝前，如果头不朝前，则毕摩继续念诵，重抛魔板草偶，直到魔板草偶头朝向德布洛莫方向为止。此时，在场所有人员齐声吆喝，以示已把魔怪驱逐到德布洛莫魔域。

二、引灵附竹（[illegible]）

每个火葬地需用一只黄色母鸡来引灵，彝语称为“尼果”（[illegible]）。先将备好的灵竹、招魂草、红蓝毛线、麻线、羊毛等拴于引灵的黄色母鸡的脚上，制作三根叫“额”的神棍，将鸡和“额”在火葬地上绕匝，并念诵“你有关节二十四节，竹也有二十四节，引灵附竹根，为你来制灵”，以此来招引亡灵。观察“尼黑鸡”是否在抖动，若“尼黑鸡”在毕摩念诵经文时颤抖，表示亡灵已附于灵竹上；若鸡未颤抖，说明亡灵没有附于灵竹，这时毕摩继续念诵，直到“尼黑鸡”颤抖为止。

待亡灵附竹后，毕摩一边念诵“勒格特比曾经来捉魂，如今勒格如此斩，特比如此击，特比如此毙”等，一边将竹子（根）截为三节，并把最上面一节抛向空中，以示父（天）魂入天界，下面一节抛向火葬地，以示母（地）魂入地界，中间一节与招魂草、羊毛、红蓝毛线、麻线拴在一起，以示忠（命）魂已附灵竹。每位毕摩在每位被祭祖妣的火葬地上完成引灵附竹仪式。

“惹尔惹吉”及“比尔尼日”，即没有子女的亡灵，则不需要唤醒亡灵，而是直接在祭祖道场上召灵附竹便可。

三、堵孽（[illegible]）

堵孽，彝语称为“格赤”（[illegible]），是指在

毕摩在被祭亡灵火葬地引灵　立克达曲 / 摄

第八章
祭灵
JI LING

丧葬礼仪是人类社会文明发展到一定时期的结果，也是一个民族文化成熟的标志。彝族丧葬礼仪是彝族几千年历史文化积淀的结晶，是毕摩文化的重要组成部分和具体表现。彝族民间有很多关于丧葬礼仪起源的传说，这些传说在细节上往往有不同之处，且都没有讲清楚丧葬礼仪起源的时间。尽管如此，这些传说的基本意思是一致的，即认为人类的葬礼不是人类直接发明的，而是人类从猴子埋葬同类的行为中受到启发后才逐渐形成并不断发展起来的。相传，很久之前，一个名叫“后生”的彝族年轻人到野外的山上采集食物，突然看见一群猴子抬着一个很重的包裹浩浩荡荡地上山去，途中还伴有哭笑声，既严肃又轻松，热闹非凡。年轻后生越看越觉得奇怪，想探个究竟，但又怕被猴群发现，就回村告诉村里人。大家手持木棒、石头等武器冲上山去，赶跑了猴群，打开包裹一看，原来是一具猴尸。从此，人们改变了过去那种活人分割享用遗体的恶习，开始模仿猴子将遗体以不同方式安葬，葬礼由此兴起。

四川大小凉山地区彝族丧葬礼仪庄严、隆重，村寨有人去世会牵动四方亲朋友邻，无论相识与否，他们都会带酒送粑，前来吊唁，帮助丧家宰牛杀羊，料理后事。远方的亲戚闻讯赶来，同行前来者无数。特别是举行葬礼当天上午，除了原来在场的所有亲朋好友外，村寨方圆十里内的死者好友都会赶到丧家，送死者最后一程，少则几十人，多则上百人，场面蔚为壮观。

彝族葬礼既古老、传统、朴素，又复杂、独特。葬礼规格视死者的年龄、家庭条件、亲戚网络关系的不同而不同。整个丧葬礼仪都由安葬和安灵两部分组成。安葬是对死者遗体的悼念和处置；安灵是对死者亡灵的祭祀与安置，是整个葬礼的延续与终结。

第一节　葬礼的种类

彝族葬礼是彝族先民在历史发展过程中根据所居住的自然环境和所信仰的毕摩原生文化而逐步形成的一种礼仪习俗。随着人类文明的不断发展，彝族的葬礼文化不断成熟规范。

考古资料表明，人类的丧葬观在旧石器时代随着人类灵魂观的产生而形成，人们对死者遗体的处理越来越慎重、庄严，于是出现了丧葬礼仪。我国山顶洞人将遗骸围以赤铁，并有贝壳之类的殡葬品，可以说是原始的埋葬形式。后来随着新石器的出现，社会生产力相应提高，氏族制度形成并不断巩固和发展，于是人们对死者遗体的处理方式也有了一定的改变，相继产生了野葬、火葬、土葬等习俗。

“彝族六祖”以前，彝族人居住分散，居住环境差异较大，有的住在低山坪坝，有的住在高山森林；有的以放牧为生，有的以农业为生，或者农牧兼有。因地理环境的差异，其文化上也有差异，丧葬习俗文化也存在差异，即彝族历史上的丧葬习俗是多种多样的，如《物始纪略》《彝族创世志》等文献中有彝族武僰氏三支分别实行岩葬、水葬、林葬的记载。彝族历史上的丧葬习俗经历了以下几个阶段。

一、野葬

野葬又称为“树葬”，是指将人的遗体弃于野外树林之中，任鸟、兽、虫将其蚕食的一种古老的丧葬仪俗。彝族历史上曾实行过这种丧葬仪俗。

彝文文献创世史诗《尼苏夺节》中记载：竖眼这一代，虽知父知母，但良心丧尽；世上无孝顺，父死不安葬，母死没有坟，尸首抛入林，尸骨放路旁，任随老鹰叨，任随猎狗啃。

还有一个传说，彝族先祖勒格孟获的妻子死后，孟获让人用帛绸裹尸，葬在青松树的树丫上。人们围在青松树下唱歌跳舞，悼念这位美丽而贤惠的女人。杨智勇等主编的《生葬志》中说，彝族的野葬风俗可能是从这个时候开始的。

今滇南自称“尼苏颇”的彝族支系，将刚出生不久就夭折的婴儿也进行野葬。村中若有人家的婴儿夭折，须折一枝黄泡刺悬挂于自家门口表示辟邪。婴儿一旦夭折，由其父母用衣服、布料或席子等随意包裹，其父于夜深人静时将其送出村外，送到人迹罕至的地方，选择一棵合适的大树，把婴儿遗体放在树丫、树杈处，任其腐烂。

二、岩葬

岩葬是将人的遗体放入岩洞任其干枯或腐烂的一种葬法。岩葬也属于野葬，但比野葬高级和人性化。彝族历史上曾实行过岩葬，现四川凉山彝族举行祭祖送灵仪式时，经过复杂的仪式程序，最后将所有灵牌一起送入箐洞中存放，便有远古彝族岩葬习俗的痕迹。

彝族是实行“二次葬礼”的复合型葬礼[①]的民族。即先将遗体按照本民族的风俗习惯进行第一次安葬，一段时间后再把遗体、骸骨或骨灰取出，转移到另一个地方并用不同的方式进行第二次安葬。“二次葬礼”简称“二次葬”。从古至今，彝族传统习俗是先将遗体进行火葬，经过一段时间后举行祭祖送灵仪式，毕摩在被祭祖妣的火葬地引出亡灵附在竹根上，制成灵牌，经过复杂的仪式后送往岩洞中集体安葬，才算真正完成了安葬的全过程。整个安葬过程是从火葬到岩葬的总和，即为“二次葬”，这似乎是“二次葬”之缘说。

远古时候，彝族先民不会盖房子，在岩洞居住了几万年，死后也葬在岩洞里。随着社会生产力的不断发展和提高，人们有了房屋居住，于是人们将经过层层净化的灵牌替代遗体送往宗族箐洞，让死者的亡灵与祖先团聚。这不能不说是岩葬的嬗变，即“二次葬”实由岩葬演变而来。

四川凉山彝族创世史诗《勒俄特依》中记录了古恒、邛尼部落迁徙途中，其母亲不幸去世，人们商议怎么安葬的故事。长子主张岩葬，次子主张水葬，老三建议火葬。三个儿子各自坚持自己的意见，互不相让，各自的毕摩也各为其主，争执不下。后经商议，长子断其头葬于岩洞，实为岩葬；次子断其身葬于江中，实为水葬；老三断其四肢焚于山坡，即为火葬。

三、石棺葬

石棺葬又称“石板墓葬”或“石墓葬”。彝文文献《尼苏夺节》云：天神策格兹[②]，传命发洪水，淹死竖眼人，万物都淹没，剩下父死装石棺、母亡盖石板的孝子笃慕一人……这一代是横眼人，横眼人不但知母知父，而且认真孝敬父母，父死有石棺，母死盖石板。[③]说明笃慕的先祖辈的葬礼实行的是石棺葬。

---

① 复合型葬礼：指安葬遗体时实行两种或两种以上安葬方式的葬俗。

②策格兹：也有译作“额天古兹”。

③孔昀、李保庆，《尼苏夺节》，云南民族出版社，1985年。

四、火葬

火葬是将遗体烧成骨灰后放在骨灰瓮里进行埋葬或撒向空中、竹林或水中的葬礼。火葬又分为室内火葬和室外火葬两种。室内火葬是指将遗体运到专门的火葬场焚烧火化；室外火葬又称“野外火葬”，是指将遗体运到野外临时选择的地点用柴火进行焚烧火化。彝族盛行室外火葬。

贵州奢香夫人之墓　立克达曲 / 摄

现四川大小凉山的彝族实行火葬，人死后停放2～3日，举行吊唁后择日出殡。届时，将遗体抬到野外焚烧，骨灰就地埋葬或撒到竹林中，不建坟墓，也没有扫墓的习俗，火葬地当年就可以种植谷物或树木。

彝文叙事长诗《力芝与索布》对火葬习俗也有描述：焚尸坑上堆满柴，四方站着焚尸人，只见柴堆冒青烟，不见柴堆起火焰。冲天大火起，烈火熊熊烧，一对好夫妻，同坑来焚尸。衣物变成灰，尸骨也化烬。

毕摩文化认为，彝族先民发现并使用了火，火为远古的人类带来了极大的便利。人们用火照明，用火赶走猛兽，用火来烧害虫，用火来烧肉，火使人类文明步步升华。彝族人崇拜火，在漫长的岁月中，逐渐形成了世界上唯一崇拜火的节日——火把节。彝族人认为火是护佑神的化身，彝族人生在火塘边，死时从火中过，当遗体在熊熊烈火中燃烧时，其灵魂随青烟升天化为吉禄[①]，护佑子孙。

闻一多先生认为火葬的意义是灵魂因乘火上天而得到永生。[②]毕摩文化认为火葬是亡灵通往天界时必须经过的仪式，通过火化的灵魂是神圣的。火葬是彝族人心目中最神圣的葬礼类型，亡灵在熊熊的烈火中得以永生，得到子孙的无限崇拜。其实，火葬是彝族先民信仰毕摩原生文化的具体践行之一。

五、土葬

彝族土葬始于祭天派毕摩代表臭毕实楚（又称“吐实楚”）。彝文文献《殡葬始纪》记载：吐实楚之母，死了用土葬，吐实楚兴起；生时靠火，死后埋土。严冬凛冽，也不觉寒冷……殡葬的道理，有的用土葬，吐实楚兴起。可见，彝族土葬的兴起，年代久远。

彝族土葬是滇、黔、桂等地在明、清禁止火葬后实行的丧葬仪俗。因彝族火葬对于中原封建王朝来说是离经叛道的行为，许多朝代颁布了禁止火葬的法令。如《明太祖实录》卷五十三云：近世扭于胡俗，死者或以火焚之，而投其骨于水，孝子慈孙于心何忍，伤风败俗莫此为甚。顾

① 吉禄：指护佑神，是家宅神的统称，它能逢凶化吉、驱邪避灾，且能在关键时刻护佑主人，具有神奇的力量。

②孙党伯、袁謇正，《闻一多全集》第三卷，第1305页，湖北人民出版社，1993年。

炎武《日知录》卷十五载：以焚尸为惨虐之极，无复人道。“凡有人丧，以火焚之”是“实灭人伦，有乖丧礼”。

清道光年间，任贵州大定知府的黄宅中在《谕民二十条》中规定：夷民恶俗，有焚骸火葬之事，屡经前府出示严禁，如敢再犯，从重治罪。但受到彝族传统势力的强烈抵制。直到嘉靖（1522年）时，明王朝再次革除火葬习俗，仿汉法，兴木棺或石棺葬，对违反者实行“杖一百”或“杖一百流三千里”，甚至处以斩首示众的刑罚，才使得火葬之风逐渐衰落。在“改土归流”中，由于滇、黔、桂地区的彝族地方政权逐渐丧失和瓦解，流官们严格遵守上级命令——严厉禁止火葬，滇、黔、桂地区的大部分彝族才逐渐改火葬为棺木土葬，并沿袭到今。

六、水葬

水葬是用毡子或布料裹住遗体，或将遗体放入木桶中密封好后放入河流中任其漂走的丧葬习俗。近代以来，凉山彝族除了特殊人群死亡后使用水葬外，已不再使用该葬俗了。水葬是彝族的一种古老葬俗，彝文文献《尼苏夺节》一书中记载：……父死不安葬，尸骨抛入林，任随老鹰叼，任随豺狼啃；母死不发丧，尸骨丢河里，顺水来漂沉，任鱼来抢吞。

近现代彝族还有两种特殊的情况使用水葬。一种是滇南自称“尼苏颇”的彝族支系实行的水葬，一般用于夫妇难以得子，其胎儿不是早产就是死胎，或刚出生数日就夭折。胎儿遗体不必包殓，随便用一张席子包裹，趁夜深人静时送出村外，抛于幽深莫测的大河漩涡或大瀑布中任其漂走；另一种是四川大小凉山对部分死于恶性传染病（如麻风病）者实行水葬，现在随着医疗条件的改善，无人再染麻风病，因此四川大小凉山地区几乎不再采用水葬习俗。

第二节　普通葬礼

彝族人根据人死亡时的年龄和死亡原因，将死亡分为特殊死亡和一般死亡两种。将未满2周岁的婴儿夭折和患传染性疾病（如麻风病）死亡的称为特殊死亡，其余的死亡（包括凶死）称为一般死亡。特殊死亡者实行特殊葬礼，一般死亡者举行普通葬礼。普通葬礼一般为火葬，特殊葬礼有土葬、水葬和火葬。

普通葬礼又称为“一般葬礼”，四川凉山彝族的一般葬礼普遍实行火葬。彝谚道：彝族人从火旁来，到火中去。彝族人一生都依偎着火度日，生不离火，死也不离火。明末清初，彝族全民盛行火葬，今滇、川大小凉山仍盛行火葬，他们认为不火葬，死者的亡灵就不能升天，更不能到达祖界，不能与历代祖妣亡灵团聚。火葬使亡灵得以升华，因此有人称彝族为“火的民族”。

一、火葬的源流

彝族实行火葬的历史久远，据嘉靖《贵州通志》载，当地彝人“焚于野，掷散其骸骨”。

然而，古彝族因支系繁多，分布甚广，所处的自然环境也相差很大，丧葬习俗在各地甚至各个支系也不尽相同，从丧葬形式到葬礼的隆重程度都有明显的地方差异和支系特点。古时曾实行过火葬、土葬、野葬或林葬、岩葬等多种葬俗，后来受毕摩文化的影响，特别是“彝族六祖”分支后，各地彝族的葬礼逐渐统一为火葬。

明清时期，中央王朝推行“改土归流”，强行改变彝族的传统风俗习惯，彝族社会普遍盛行的传统火葬习俗首当其冲。滇、黔、桂的彝族聚居区，按中央王朝的制度要求已改为棺木土葬，

只有四川大小凉山地区有幸保留了火葬习俗，迄今仍沿袭这一习俗。

火葬习俗历史悠久，始兴于远古时期祭地派毕摩代表提毕乍姆。

彝族历史上，慕弥王朝时期有十大毕摩，其中最著名的是祭天派代表昊毕实楚和祭地派代表提毕乍姆，两者被尊称为两大毕摩鼻祖。提毕乍姆又称“提乍姆”，是祭地派的毕摩代表，尚黑，崇水，兴火葬，是“彝族六祖”中的恒、糯、布、默四子（即凉山彝族所称的古恒、邛尼、德布、德施部落）尚黑文化的始祖，是兴火葬的代表。

彝族火葬文化历史源远流长，内容丰富多彩、辉煌灿烂，至今永葆青春。以火葬为代表的彝族丧葬文化是毕摩原生文化的重要组成部分，也是彝族古代文明的重要组成部分。四川大小凉山地区是全国最大的彝族聚居地，也是传承彝族原生文化最完整的地方，至今仍保留着古老、朴素而独具特色的火葬习俗。

二、火葬仪式

火葬是四川大小凉山彝族普遍实行的葬礼，不修坟墓，不占地，原始、古朴、科学。

火葬是毕摩原生文化的产物，人们就地取材，便捷高效，满足了物质文化和精神文化需求。火葬可以在极短的时间内杀死各种病毒与细菌，有效地防止因遗体腐烂或传染病可能带来的各种疾病，且不污染环境，更重要的是能节约大量的资源。首先，不需要制作昂贵的棺材，只需要做一副简陋的临时担架便可，避免了消耗大量的森林资源和财力；其次，火葬时，只需要两个人用担架抬着遗体到野外葬地便可，节约人力、财力；因为是在野外火葬，不需要支付昂贵的火葬费用及骨灰盒费用，大大节省了人力、财力；最后，在人口不断增长、土地资源不断减少的今天，“一寸土地一寸金”，土地资源极为珍贵，火葬因是在野外举行，结束后立即将骨灰就地埋葬或撒到竹林中，火葬地当年或隔年就可以种植谷物或树木等，不需要专门占用土地，更不需建墓扫墓，节省了大量的土地资源，也给后人减轻了负担，可以说是死者直接为子孙后代创造的福祉。

老人逝世，遗体一般停放3天。主人请毕摩测算出殡日，出殡日期是根据辞世者的生肖、命宫、死亡日期，查阅经书后推算而定，辞世者的命宫是根据辞世者出生日的星座方位而定。一般马日、虎日、猴日、狗日、龙日、鼠日出殡为宜，禁忌猪日出殡。

出殡日凌晨，当公鸡首次鸣叫时，亲朋好友几人或十几人一组在遗体旁轮流哭丧，天亮后，由死者子女组成一组进行哭丧，以此告别遗体，送走老人。同时，组织出殡的亲友邻居安排好照料人、砍伐葬树、指定火葬地、平地基、架柴楼、制尸架、固魂、招魂、抬遗体、遗体火化、祭奠宴等事宜。

（一）照料人

照料人，即火化遗体之人，彝语称为“撮博社”，为委婉语，意为照料遗体的人，彝族禁忌直说火化遗体之类话语。火化遗体由专人负责，过去一般是社会地位较低的中年男性担任，现在技术熟练者便可担任。照料人一般由7～11个单数人员组成，指定其中1人为主持照料人，此人不能是死者同宗族的亲戚；如果死者是女性，那么照料人也不能是与其丈夫同一宗族的人。对照料有较高要求，不仅要求其火葬技术熟练，而且还要心地善良、责任心强，否则不能胜任。

一般情况下，各村寨都有一名专职照料人，按照彝族传统习俗，无论给谁家焚烧遗体，照料人都不能收取报酬。

（二）砍伐葬树

出殡当日天亮后，需砍一棵葬树，名叫“陪

伴死者之树”，彝语称为“撮秦寺”，就是用来焚烧遗体的树。

一位丧家人员带领一些帮手到自己家的地里用手指定一棵树，禁忌指错或多指，否则认为还会死人。选定“撮秦寺”有一定要求，一定要选一棵果树，彝语称为“哲独”，意思是能结果的树。因为果树易生长，每年都能开花结果，生长能力强，喻示后代犹如果树一样开花结果，子孙满堂。如果自家没有果树，可以砍千丈、桤木等树木来代替，禁砍别人家的树。

指定被砍的树木后，死者的一个近亲把一碗白酒倒在树根上，然后说：

[illegible]，　林木不再伐，
[illegible]，　乌鸦不再叫，
[illegible]。　人类不再死。

说完后，手持一把砍刀先在树上砍两三下，然后换其他的帮手来砍。树倒下的方向也是有讲究的，要倒在德布洛莫方向。砍倒该树后，先要在树桩表面倒点白酒，使树桩的截面清洁干净，无杂物，让天神地祇看到被砍的树桩，并告知他们丧家以后不再砍树了，喻示丧家从此不再死人，禁忌树桩上面覆盖树叶、泥土等杂物。[1]接着砍下树枝。

首先，从被砍倒树木的底部（根部）截取一截约2米长的圆木，这根圆木称为“树首”，彝语称为“寺柏”，用来支撑焚烧遗体的木柴（用法下面另述）；然后，根据需要再截取数根约2米长的圆木；最后，用砍下的树枝制作两根树杈棒，每根长约2.3米，彝语称为“撮秦寺杜见”，用来辅助遗体火化。

随后照料人全体先在丧家用竹竿点一把火，把砍下的树首、圆木、树杈棒，与一些干柴和一张篾席等一起运到火葬地附近，点火烧柴，等待遗体被送到火葬地。

（三）指定火葬地

火葬地是遗体被火化的地方，彝语称为“撮器伙”（[illegible]），是彝族人的归宿地（点），在这里，随着一缕青烟升空，其骨成灰，其肉成烬，又重归自然界。

因病死和凶死的死因不同，其火葬地的选择方向也各异。如果是凶死，火葬地要选在死者房屋的下方位置，或是沟边、凹地；如果是病死，特别是寿终正寝者，其火葬地要选在死者房屋的上方位置，最好是在山坡上，因为这样站得高看得远。

一般情况下，老人生前会指定自己的火葬地，或与儿孙商量选好火葬地。但是无论是不是已指定好，出殡当天早晨，死者的直系亲属都会与照料人一起来到火葬地现场，选定火葬地点。在选定火葬地点时，直系亲属必须心中有数，不能模棱两可，更不能走错方向，一定要精确指出所选地点。具体做法是：直系亲属到达火葬地后，右手持一根竹竿指向具体某处，表示此处就是火葬地，然后转身返回，不准回头看，直到回到丧家。

对于一些非正常死亡的人，如他杀、自杀或意外事故死亡等，不论是长者还是年轻人，其骨灰只能放在路下方的沟边，不垒石为坟，也不抛撒，而是任雨水将其冲走，以示永绝此类事件再发生。

（四）平地基

平地基是指在指定的火葬地搭建葬场。搭建葬场彝语称为“银德制”（[illegible]），意为平地基。彝族先民认为，人死后要回归自然界，火

① 按照彝族习俗，平时砍伐树木时务必要在树桩上放些泥土和树叶来遮盖树桩，以示不让天神地祇看到，怕惹怒天神而致人死亡。

葬地是人类回归自然界的场所，首先要平地基。

在指定的火葬地，一个帮手用刀尖在指定地点的周围顺时针画一个直径约2.4米的圆圈，另一个帮手则取一瓶白酒分给大家，每人喝一口后倒一点在画好的圈里，以示被圈处是死者回归自然界的地方。

助手先用锄头铲除圈定地面上的杂草及石块，再将地面平整成一小块平地；照料人用两根长约1米的木棍，分别插入地基上下方，上方代表头部，下方代表脚部；再搬来四块重约50斤的方石块，将石块摆放成长约1.6米，宽约0.3米的长方形，即石块以两根木棍连线为中线，呈长方形对称摆放在地基四方。

（五）架柴楼

柴楼是为火化遗体而搭建的柴堆。架柴楼时按“男九层女七层”的架法搭建。

彝文古籍《殡葬始纪》记载：合约布（古代专给善终人治丧的毕摩）主持，来到柴楼边。说到此柴楼，用十把斧子，砍五方大树，用来架柴楼，男的架九层，女的架七层。明火像白马，底火像青马，火花似花马。

架柴楼　李熊 / 摄

主持照料人把“寺柏”（树首）劈成四根大小相近的木柴，每根木柴上用砍刀按照男砍九口、女砍七口的原则从下往上砍出刀痕；然后将四根木柴两两为一组，分别在长方形短边的两个石块中间交叉插入地下，两块石块作为两根木柴的支撑，木柴下端插入地下，表示树木上端和下端没有反向，预示不再死人。头、脚方向的两根木柴分别交叉成“X”形，然后开始在交叉处堆放木柴。底层堆放新鲜的果树圆木，以耐烧；上方堆放干柴，按“井”字形层层叠放。如为男性，则叠九层，每层堆放九根；如为女性，则叠七层，每层堆放七根。最后在干柴上面放一张篾席，放置遗体。地基、木柴及篾席自然形成一座“小屋”，这座“小屋”的修建方向与平时彝族修建房屋方向一样，也要遵循“背坡朝下，坐北朝南”的原则，即如果是在坡上修建，其方向是背坡朝下；如果是在平原上修建，则坐北朝南。彝族一般居住在高寒山区，火葬地一般选在山腰处，因此其地基也是背坡朝下，即火化时死者的头朝坡上方，脚朝坡下方。

（六）制尸架

尸架，彝语称为“衙”，是将遗体从丧家抬到野外火葬地进行火葬的木制担架。制作担架时，首先找两根直径约8厘米、长约2.5米的木棒，要求是：一要直，表示今后子孙或英俊潇洒、身材魁梧，或美丽漂亮、亭亭玉立；二以杉木为佳，因为杉木不仅挺直高大，树龄长达百年，而且繁衍能力强，可形成一片森林，预示

子孙犹如杉树身材挺直魁梧，人丁兴旺。然后取长约50厘米的竹子数根，如果死者是男性则要9根，女性则要7根，将两根杉树木棒间隔40厘米平行摆放，再把备好的9根或7根竹子垂直于两根木棒均匀地放在木棒中间，两端用白布捆扎在木棒上，禁忌用铁丝或其他绳子来捆扎，这样"衙"便制作好了。

（七）固魂

毕摩原生文化认为，老人去世时，与死者岁位[①]相合的亲属的活魂可能跟随死者而去。如果活魂跟随死者而去，那么该亲属不久将辞世，因此出殡之日凌晨，丧家要专门请"岁硬人"[②]拉住与死者岁位相合的亲属，以防活魂跟随死者而去。

死者亲属包括死者的配偶、兄弟姐妹和子女，不包括死者的侄子和孙子辈亲属。与死者岁位相合又分两种：岁位相重和岁位相连。岁位相重是指死者去世时的岁位与其亲属的岁位处于同一方位，即为重叠的方位，彝语称为"库穹"（[彝文]），如死者与其亲属的岁位都处于东方或西南方向等；岁位相连是指死者去世时的岁位与其亲属的岁位处在对应相连的方位，对应相连的方位有四种，分别是东与西、南与北、西南与东北、西北与东南。如死者去世时的岁位在东方，其某位亲属的岁位在西方，或死者去世时的岁位在东北方，其某位亲属的岁位在西南方，那么该亲属就与死者岁位相连，彝语称为"库笃"（[彝文]）。

出殡前，亲戚告别遗体哭丧后举行固魂仪式。经毕摩测算出与死者岁位相重或相连的人，并各自找好自己的"岁硬人"，品尝完祭品后，与自己的"岁硬人"一起就座于内室。如果是死者的配偶、儿子及未出嫁的女儿，坐在内室上方；如果是已出嫁的女儿，坐在内室下方。固魂仪式视岁位相重或相连分两种不同程序进行。第一种，举行岁位相重固魂仪式。举行仪式时先备好头帕（"哦田"）或裹脚布（"系月"）（现在一般用一条宽约30厘米、长约2米的白布来代替）和一根羊毛制的腰带（禁忌用绳子），将白布或腰带的一端按照男左女右的原则拴在被固魂人的脚上，另一端则由"岁硬人"抓住，直到火化完毕，抬遗体者回到丧家后才能解除系布。第二种，举行岁位相连固魂仪式。毕摩原生文化认为岁位相连的亲属比岁位相重的亲属的活魂更容易跟随死者而去，因此，其仪式中除了完成第一种仪式程序外，还需单独用一根神杈来撑住岁位相连人的身体。具体做法是：先用鲜活的马桑树枝或樱桃树枝制作一个长约0.7米的树杈，该树杈分支处右侧用刀刮掉皮（以区别于照料遗体用的树杈），仪式中将树杈的杈头放在被固魂者的胸口处，底端撑在地上，以示挡住被固魂者。若是被固魂者是死者的配偶，除了上述程序外，抬遗体入架前还要把人带到内室隐蔽处藏起来，不准看到遗体被抬出，以免其灵魂随死者而去，直到举行完火葬仪式，抬遗体者回到丧家后才能解除系布及神杈。

因此，禁忌与死者岁位相重或相连的亲戚护送遗体到火葬地，否则其灵魂可能跟随死者而去。

（八）招魂

为了防止与死者岁位相重或相连的亲属灵魂

---

① 岁位：彝族先民认为人类居住的地（球）是方形的，为了指明方形地的各个位置，将地分为北、南、东、西、东北、东南、西北、西南八个方位。人和地都在不停地运动，人在这八个方位之中不停地旋转，其中，男女旋转方向不同，男性按顺时针方向旋转，女性按逆时针方向旋转，每旋转到一个方位要停留一年，停留一年的方位叫岁位。岁位的具体位置按照个人当年的具体年龄来推算。

② 岁硬人：指出生时属相年（本命年）在西北或东南方位的男性，彝族称为"克鲁尼迪豁系撮"。毕摩原生文化认为这两种属相年的人说话有力，做事果断，智勇双全，有很强的威慑力。另外，毕摩和德古不管其属相年如何，都是"岁硬人"。"岁硬人"不仅对人有威慑力，妖魔鬼怪也惧怕他。

随死者而去，在火化之前要请毕摩在遗体旁再次举行招回活人灵魂仪式，简称“招魂”，彝语称为“影库”（ꀋꈹ）。另外，几种岁位特殊的人去世时，也要举行专门的招魂仪式，岁位特殊的人有三种：第一种，岁位在东方或西方的老人，辞世时容易把勇士神和五谷魂带走，若不举行招魂仪式，其子孙后代将胆怯无勇，粮食九年歉收；第二种，岁位在正东方或正南方的老人，辞世时容易把生育魂带走，若不举行招回生育魂仪式，其子孙后代将衰落，甚至有绝嗣的可能；第三种，岁位在东北方或西南方的老人，辞世时容易把知识魂和六畜魂带走，若不举行招回知识魂和招回六畜魂仪式，其子孙后代将愚昧无知，牧业不兴。

出殡前，先把遗体下方铺垫的篾席放在尸架上，再将遗体连同下面垫的青色披毡一起以头朝前、脚向后的方向放在篾席上面，然后剪两张宽约3厘米、长约7米的白布盖住遗体，用“X”形绑法把遗体固定在尸架上。一切准备就绪后，在场的小伙们一起将遗体抬到丧家门外并放置在地上，此时数位毕摩每人手里拿一只黄色的招魂母鸡和一小撮魂草，并带上白色和染成黑色的熟鸡蛋，开始举行招魂仪式。仪式完成后将白色鸡蛋留给丧家主人，黑色鸡蛋放在死者寿衣里。

（九）抬遗体

招魂仪式完毕后，一位小伙子将七八根2米多长的干竹竿捆绑在一起，在丧家火塘中点燃，拿到门外开始点火引路。点火引路有两层含义：一是彝族崇拜火，使用火把表示隆重地护送死者归天；二是用火把在火葬地点火火化遗体。遗体先被抬到屋檐下，此时在场所有男性齐声吆喝，以示驱逐邪魔。随后将遗体抬往火葬地，抬遗体时，两人一起抬，一人在前，一人在后，举火把者在前面引路，一些人跟随送葬队伍沿途放鞭炮，直到把备好的鞭炮放完为止，以示赶走妖魔鬼怪。随着离火葬地越来越近，鞭炮放得越来越频繁，鞭炮声震耳欲聋。送葬过程中，10多个男女每人手拿一根短木棍在遗体上方不停地挥舞，一是防止鬼怪坐在遗体上，导致遗体变重，抬不走；二是防止鬼怪抢走寿衣或遗体。这样的护送一直进行到半路才停止。有的地方还专门组建“武装守护队”，一般是派10名以上的奇数年轻男性，着统一的传统服装，手持宝剑、大刀或木棒等，一边念诵一边护送，还要不停地跳具有打斗动作的护尸舞蹈。在抬遗体过程中，不能将遗体停放在路上，如果抬遗体者累了，可由另两人站着换抬，且要尽快把遗体抬到火葬地。亲朋好友可以一起护送遗体到半路，或者护送到火葬地后再返回。

在丧家门口举行招魂仪式　阿牛史日 / 摄

手持火把者　阿牛史日 / 摄

守护队在路上跳护尸舞　阿牛史日 / 摄

（十）遗体火化

遗体火化是将遗体抬到野外指定的火葬地火化成骨灰的过程。遗体火化时，首先要准备四把火，丧家、舅舅、外甥及亲戚各一把。彝文古籍《殡葬始纪》记载：架好了柴楼，个人点明火。舅舅一把火，外甥一把火，亲族一把火，家庭一把火。

建好火葬地，堆好柴垛后，还要在火葬地旁烧一堆火，以迎接从丧家点燃的火把。当遗体被抬到火葬地时，火化组把遗体连同尸架一起抬到已备好的柴垛上面，头朝坡上，脚朝坡下，然后把备好的篾席盖在遗体的上方。紧接着，主持照料人将从丧家带来的火把分成两把，分别斜放在遗体头部左右两侧，火把头朝向遗体头侧，尾部朝向遗体腰侧；火化组将在火葬地备好的两火把分别斜放在遗体脚的两侧，火把头朝向脚侧，尾部朝向遗体腰侧，四把火从四个方向同时将遗体边缘点燃。当青烟渐渐升起时，表明死者的魂魄已化为青烟飞向蓝天，一个彝族人的生命在火焰中得到升华。四周树林中的乌鸦大声地鸣叫，不一会儿，几只乌鸦飞向火化地上方吸取升起的烟雾，然后飞向远方。彝族民间认为乌鸦吸烟后飞的方向具有预兆性：乌鸦直接飞向南方或远离丧家方向，表示丧家今后不再死人，是吉兆；乌鸦吸烟后飞向丧家，表示丧家会再次发生丧事。因此，有的丧家会专门派数人在火葬地与丧家之间的路上，用吆喝或放鞭炮等方法驱赶乌鸦，防止乌鸦吸烟后飞向丧家方向。

四把火同时点燃遗体　李熊 / 摄

火化遗体时，前来送行的亲朋好友和送葬队伍都要离开火葬地，回到丧家休息，饮酒聊天，安抚死者家属。而火化组全体成员则一起坐在离火葬地不远的地方，烧火取暖，无论遗体火化得如何，中途都不准观看，也不准助燃。然后，将当天宰杀的牛羊肉煮熟，并将牛羊的肩胛肉、肾、肝等敬献给主持照料人，主持照料人及其帮手吃过牛羊肉、荞粑后，才能去查看火化情况。彝族先民认为主持照料人只有吃饱饮足后才有精神，才能镇住邪魔，否则，其灵魂容易跟随邪魔而去。

《爨文刻·指路经》也记载了彝族火葬习俗：柴木架九层，谷其铺（男主人）九层，米呢蒙（女主人）七层。柴薪堆整齐，白脚亮晶晶，面容金煌煌，往火山而去。登时不要怕，鄂（古代部落名）的斋威高，莫（古代部落名）的斋荣大。四人四把火，四火如流星，四火烈熊熊……你不要惧怕，披羊皮白毡，白毡燃红了，肌肉也燃红……火山架莫偏，焚场鸦莫叫，死者升天去，启程上天处，设坛荐死者，世罪生前记，着手给祭荐……不知者有言，火山人失尽，知者来说呢，火山人变了。

当遗体快要火化完时，照料人就通知丧家派人来查看，丧家指派一位或数位男性直系亲属到现场查看，主要查看两个方面。一是验火葬口

亲属查看火葬情况　蒋兴林 / 摄

骨灰颜色。如果火葬口周边的骨灰呈红色或深红色，则为凶兆，预示不久后丧家或其亲属会发生不幸；如果火葬口周边的骨灰呈白色，则为吉兆，预示丧家或亲属将健康平安。二是检查遗体是否烧尽。待亲属确认遗体烧尽并无残留的骸骨后，照料人及其帮手将敲入地下的四根木柴拔出烧毁或扔向远方，禁忌留在火葬地，否则死者灵魂会变成鬼怪作祟于亲人。亲属确认无误后，根据死者家人的意愿分两种情况处理骨灰。第一种是将骨灰留于葬地，彝语称为“其合地”（[illegible]）。这种情况下，首先用锄头在葬地中央挖个小坑，把骨灰、炭灰埋入小坑中，再将挖出的泥土回填在上面，把撑起烧柴的四个石块堆放在土坑上面，以此作为死者的岩洞房屋，然后砍些带刺的树枝放在上面，防止牲畜践踏。丧家要始终守护好这块葬地，因为毕摩要在此

遗体火化葬地　将兴林 / 摄

撒下油菜籽的火化葬地　李熊 / 摄

处引灵制作灵签，守护任务直到为死者举行完祭祖送灵仪式为止。第二种是平地基。这种情况是骨灰不留在葬地。待亲属检查后，把骨灰收集在一个簸箕里，然后小心翼翼地装入麻布或白布口袋中。骨灰装好后又分两种情况进行处理：一种是丧家主人将骨灰放至人迹罕至的深山岩洞之中，待今后祭祖送灵时再将其取出引灵制作灵牌；另一种是当天将骨灰撒到附近的竹林中，以示今后子孙像竹林一样繁殖无数。在平地基方式中，收集处理骨灰后，用铁铧象征性地在葬地犁三圈后撒上荞麦种子或油菜籽，以示今后子孙犹如荞麦、油菜一样繁殖无数，至此整个火葬仪式完成。

（十一）祭奠宴

火化遗体时，除专门留下几个照料人外，其余的人全部下山，邻居开始着手准备祭奠宴。首先架上大铁锅，宰杀牛羊，将坨坨肉放入锅里煮熟，准备举行祭奠宴。煮好的坨坨肉先放在屋外晾置，再准备主食。主食有米饭、玉米或荞麦粑。坨坨肉和主食准备好后，帮手用背篓或盆子等来盛晾好的坨坨肉，由两个人抬着背篓或盆子，第三人按照每人一坨的原则进行分发；另外一些人分荞麦粑、端肉汤，无论大人小孩，也不分高低贵贱，在场的人每人一份。祭奠宴中最忌

祭奠宴露天坨坨肉和荞麦粑　阿牛史日 / 摄

讳有人多拿或没分到食物，没分到的必须主动向分发人索要。祭奠宴食物可以当场食用，也可以带走。煮出来的大块牛羊肉可直接蘸着盐、辣椒粉、花椒粉等佐料食用。

三、祛秽

火葬仪式结束后，为了祛除照料人在火化遗体时身上沾染的焦味和其他晦气，要举行祛秽仪式，彝语称为“库数”（ꀉꌠ）。

首先，要对照料人及用具进行祛秽。火葬仪式完毕后，要将砍刀、锄头等用具带回，在离丧家房屋右侧不远处停下来，等毕摩在房屋右侧屋檐旁与丧家主人一起举行祛秽仪式后才能进屋。

其次，对丧家众主人进行祛秽。举行祛秽仪式时不牺牲牲畜，只需一只黑色母鸡（禁忌用黄色和白色母鸡）作为拴畜。主持仪式时，毕摩要扎缚一个叫“桌布”（ꀉꀉ）的祛秽草偶，制作一个祛秽神座，帮手要准备马桑树树枝、小杜鹃树（索玛树）树枝、鲜蒿草枝及一撮竹枝，当仪式所需物品准备好后，毕摩开始对丧家众主人进行祛秽。

第三节　特殊葬礼

一、婴儿夭折的葬礼

彝族婴儿夭折一般指未满2周岁死亡的婴儿。婴儿夭折不能直接说去世或死了，而要说隐语，彝语一般称为“布”（ꀉ）或“图觉”（ꀉꀉ），意为送走或裂塌了。婴儿夭折时一般不杀牲畜，不穿特制的衣服，按照平时穿戴即可，只是最后要外披青色或白色披毡，屈膝而放。按照男左女右的原则，将遗体侧放在屋堂左上方；揉搓一个荞麦粑放到火塘里烤，烤时不能翻面，烤好后用清水洗净或吹掉荞麦粑上的灰，放在一簸箕中置于遗体旁，作为死者上路的食物；舀半盆水，盆中放一个马勺子，放在簸箕旁，以示菜汤。婴儿夭折后不通知家住远方的亲人，一是认为婴儿没有成人，不必要举行隆重的葬礼，邻居、近处的好友前来吊唁即可；二是为了防止今后发生类似的婴儿夭折，故不能大张旗鼓操办。在婴儿的葬礼上，亲人可以哭泣，但不能大声哭丧，要默默地吊唁。遗体一般只在家里停放一天一夜，除非出殡日不吉才停放两天。出殡要择吉日，忌选在凶日。选择葬地方向时，要避开天上食人魔“尔格特比”所在的方位，禁忌在该方向埋葬。一般选在野外地层坚固的地方，最好葬在野果树旁边，意为果树开花时婴儿有好玩的，果树结果时婴儿又有好吃的，以此表达父母对夭折婴儿的深深爱意。

婴儿葬礼分两种：一种是夭折时门牙还没有长出的婴儿葬礼，彝语称为“劫”（ꀉ），其葬礼实行土葬；另一种是夭折时已长出门牙，但不满2周岁的婴儿葬礼，称为“牟”（ꀉ），其葬礼实行火葬。不管是“劫”还是“牟”，出殡时均不制尸架，而是由亲友直接将遗体抱到葬地。下面以“劫”为例，说明其具体过程。

葬地选好后，出殡时请邻居帮忙。首先，抱着遗体的人走在最前面，带着荞麦粑的人跟随其后，最后面跟着带木板、刀锯、弯刀、锄头等的人。到达目的地后，顺山势挖一个长方形的坑，在坑旁边点上火，然后把从丧家带来的火炭放在坑底部，或直接用杂草点火垫在坑底，以驱逐或烧死坑里的各种昆虫，防止昆虫侵扰遗体。根据坑的长短锯几块木板，锯好的木板一块平放在坑

底，另外四块竖放在坑边，将遗体按头朝山坡、脚朝山脚方向，男左女右侧卧放置，在其头部旁放上荞麦粑，以示亡灵回祖界时的食物。最后用木板盖上，填土进行埋葬。埋好后，象征性地用蒿秆制作一个男九节、女七节的尸架，置于葬地上面；再找一根长约1米的粗蒿秆，在蒿秆的左右分别削九刀或七刀，也置于葬地上面，彝语称为“省月木”，以示婴儿可以在上面玩耍。最后，在埋葬地的周围用木棒围成圆形栅栏，砍些荆棘放在栅栏上面，以防野兽侵扰。至此整个葬礼就完成了。

二、麻风病人死亡的葬礼

麻风病是一种慢性传染病，这种病曾在我国四川、云南的山区特别是四川大小凉山地区流行。新中国成立前的四川大小凉山地区由于医疗条件差，缺医少药，麻风病被视为恐怖之病。1994年以后，由于积极防治，此疾病已得到了有效的控制，发病率显著下降，现在四川大小凉山地区患者极少。此病传染性极强，健康者与患者接触，可能很快被感染。患者咳嗽和打喷嚏时溅出的飞沫里带有病菌，通过呼吸道黏膜进入健康人的体内，就可使人感染；健康者接触患者用过的衣物、被褥、毛巾、餐具也可能被感染，一旦被感染就难以治愈。因此，人们对该疾病极为恐惧，无论谁患病，大家都会远离他们，以免被传染。因此，麻风病人死亡后的丧葬习俗与普通人的丧葬习俗不同，其葬俗主要有以下三种。

第一种是火葬。患者去世后，亲人立即给死者穿上寿衣，迅速装入早已备好的牛皮袋或其他材质的袋中，并封口。接着将封好的遗体抬到离家几十里外的高山野外，无人无牲畜的地方，简单建一个火化台，把遗体放在上面进行焚烧。焚烧时，只要将遗体上的衣物点燃，无论火化是否完成，照料人都要返回。当照料人走到离家不远但又看不到家的山上时，停下来就地找些马桑树树枝及杜鹃树树枝点燃烧烫石，先用白酒洗脚、洗手，以示驱邪，再从火中取出烫石放在地上，用马桑树树枝及杜鹃树树枝蘸些清水洒在烫石上，待烫石冒出蒸汽时，照料人从其上方跨过，以示祛秽；最后，大家便各自回家，不再回到死者家里。从出殡当天凌晨开始，每家每户都要在自家门口焚烧猪粪和狗屎，火烧得越旺越好，一直烧到傍晚为止。毕摩文化认为这样做一来可以防止麻风病亡灵进屋，二来可以驱邪祛秽。

第二种是土葬。这是麻风病患者死后的普遍葬法。为了防止该疾病再传染他人，必须立即将遗体深埋于地下。患者一旦断气，便用荞面浆糊塞住遗体的口鼻、肛门等有孔处，将遗体倒放（头朝口袋里）入早已备好的特制的牛皮袋、木柜或木桶内，关盖封闭，再用荞面浆糊封死孔缝，由几个帮手抬到荒郊野外，挖个深坑，将遗体放入坑里，上面倒扣一口大铁锅，然后用土深埋。埋好后，按照“男九女七”的原则，就近搬九块或七块大石头压在上面，一是标示此处是个葬地，更主要的是防止野兽或牲畜来刨尸。

第三种是水葬。水葬是将麻风病患者的遗体用毡子或棉料裹好，放入木桶中，用荞面浆糊密封好，由两人或数人抬着木桶到离村庄较远的河流处，将木桶放入河流中任其漂走。

第二章 驱遣索命魔

QUQIAN SUOMINGMO

祭灵是指在完成新制灵牌后，为新制灵牌的祖灵治疗疾病，用牺牲牲畜、食物等祭品献祭，让祖灵吃饱喝足，心满意足地接受毕摩教导的仪式过程。

第一节 治疗亡灵（[illegible]）

治疗亡灵是指用中草药为患病而死的祖妣亡灵举行的治疗疾病的仪式，即为祖妣亡灵献药治疗，彝语称为“布茨且”（[illegible]），简称“茨且”（[illegible]）。古代，彝族治疗疾病有“布茨”（[illegible]）和“黑茨”（[illegible]）两种方法。“布茨”指用草药，即中草药治疗；“黑茨”指用野兽的骨、肉为药，即兽药治疗，现泛指牺牲牲畜驱邪禳灾。为亡灵治病除疾是彝族祭祖最为虔诚与特殊的内容。彝族人相信亡灵与活着的人一样会罹患疾病，也能感知疼痛。因此，在祭祖送灵仪式中，有专门为亡灵治病除疾的仪式和口诵经文。这种治病除疾的方式是药物蒸汽治疗，即用数种中草药捣碎混合后置于烧红的铧口上，用升腾的药物蒸汽为祖灵“治疗”。为亡灵治病除疾是一种特殊的仪式，在彝族人看来，健康的亡灵才能够成为祖灵，才能护佑子孙后代，疾病缠身的亡灵不仅自己痛苦，还会祸害子孙后代。因此，治病除疾的最终目的是去疴除弊、康复痊愈，还一个健康强壮的祖灵，庇佑后代，赐福子孙。

治疗亡灵仪式只需牺牲一只公鸡，将备好的“楚曲”[1]（[illegible]）、“格物”（[illegible]）、“比子”（[illegible]）、“阿句博莫”（[illegible]）、“布约”（[illegible]）、“纳约”（[illegible]）、“切李”（[illegible]）、“达微”（[illegible]）等中药捣碎搅拌均匀，将一块石板放入火中烧红待用，同时制作一个治疗祖灵的神座。

治疗亡灵仪式是由一位辅祭毕摩主持。主持毕摩念诵《淬石祛秽经》和《声明击鸡经》后，将牺牲公鸡在祖妣灵牌上按顺时针方向绕三圈，左手抓鸡，右手拿神扇猛击鸡头，直至鸡死，不煺毛，将鸡尸徒手撕成相连的四大块，然后交给助手。接着举行献药治灵仪式，主持毕摩念诵《献药治灵经》（《[illegible]》），经文摘录如下。

[illegible]，	左方世居乌撒家，
[illegible]；	乌撒来治病；
[illegible]，	右方世居阿哲家，
[illegible]；	阿哲来治病；
[illegible]，	中间世居勒格家，
[illegible]。	勒格来治病。
[illegible]，	患病死亡的祖妣们，
[illegible]，	肠病治疗肠，
[illegible]，	胃病治疗胃，
[illegible]，	肺病治疗肺，
[illegible]。	肝病治疗肝。
[illegible]，	胃肠疾病的良药是，
[illegible]，	阿句博莫来治疗，

[1] 楚曲：系彝音中药材名称，以下草药名称也均系彝语名称，汉语名称待考证。

[彝文]，	肝肺疾病的良药是，
[彝文]，	楚曲纳约来治疗，
[彝文]，	头昏目眩的良药是，
[彝文]，	白酒红酒来治疗，
[彝文]，	皮肤疾病的良药是，
[彝文]。	格物毒草来治疗。
[彝文]，	先祖快康复，
[彝文]，	先妣快康复，
[彝文]，	祖灵快康复，
[彝文]。	妣灵快康复。

念经的同时，助手把烧红的石板放在神座中间的神位上，把撕成四块的鸡尸和捣碎的中药摊开放置在石板上，毕摩将一碗泡水酒和一碗白酒倒在药物上，手持灵牌，边诵经边用冒出的蒸汽反复熏祖灵灵牌，以示为被祭的祖灵治疗疾病。诵完经后，主持毕摩将众灵牌交给护灵员，并将拔出的神枝捆扎在一起，同石板、鸡尸和药渣一起交给助手。助手将这些祭品送往德布洛莫方向的岔路口，将神枝梢朝前放置，鸡尸及药渣放在神枝上面，并用一块石板压住。至此，治疗亡灵仪式结束。

第二节　活畜祭灵（[彝文]）

祭祖仪式的第二天中午，将新制的灵牌用一只公鸡来进行首次祭祀，即活畜祭灵，彝语称为“玛笃伙”（[彝文]）。这个祭祀公鸡非常讲究：一是要选健壮的红色大公鸡；二是要选年初第一批出的大公鸡，彝语称为“瓦日”（[彝文]）。彝族谚语道：“一人一生需用三只鸡。”第一只鸡指刚出生时宰杀的报喜鸡“潘伊瓦”（[彝文]），第二只鸡指首次祭祀亡灵鸡（[彝文]），第三只鸡指祭（青）棚下设宴亡灵鸡（[彝文]）。举行首次祭祖仪式的灵牌不包括供奉在家的家灵，但包括新制的凶死灵牌。举行活畜祭灵前，首先举行“祓污祛秽”（[彝文]）仪式，祛除诸祖妣身上的污秽。进入该仪式程序时，凶祭毕摩将在“日毕”仪式上制作的凶死者灵牌通过护灵员交给辅祭的善祭毕摩，由善祭毕摩将所有凶性灵牌集中在一起，举行换灵祛秽仪式。该仪式中，要将原先用马桑树枝制作的灵床解开，将每粒灵芯的底部削去一点后，按照制作祖妣灵牌的方法和顺序，用柳树枝重新制作灵床，再将灵芯放入其中，制成新的灵牌，并举行祛秽仪式。仪式结束后，将所有凶性灵牌交给主祭毕摩，举行活畜祭灵仪式。

活畜祭灵仪式由主祭毕摩主持。辅祭毕摩在新制的灵牌前分别放上一碗招魂治灵仪式上特意留下的泡水酒和一碗白酒。仪式主人家的一位男性成员一只手牵着宴灵牛或羊（该牛或羊是祭棚内宴灵的公绵羊，所以暂时不宰杀，等下午转完祭棚后，晚上宴灵时才宰杀），另一只手抓着祭灵鸡坐在主祭毕摩旁边。这时，主祭毕摩开始念诵《死因病由经》，并拔些牛毛、羊毛和抓少许荞麦糠粉一起放在神扇上，然后手持神扇念诵《敬献祭羊经》（《[彝文]》），诵完经后，将神扇上的羊毛和荞麦糠粉撒向众灵牌。之后主祭毕摩重复上述动作，不同的是，这次是拔些鸡毛和抓少许荞麦糠粉一起放在神扇上，手持神扇念诵《献鸡经》（《[彝文]》），《献鸡经》经文摘录如下。

[彝文]，	首先已祭报喜鸡，
[彝文]，	现今祭尔中间鸡，

主祭毕摩手持祭灵鸡　立克达曲 / 摄

最后祭尔宴灵鸡。
阿哲家禽是灵禽，
祭祖送灵离不开，
开亲订婚必要鸡，
出征御敌必要鸡。
禽类鸡君长，
杜鹃禽君长；
禽类鸡臣子，
乌鸦禽臣子；
禽类鸡官员，
斑鸠禽官员；
禽类鸡伴歌，
雉鸡禽歌星。
今用此公鸡，
偿还你等养育恩，
了却孝敬心。

主祭毕摩继续念诵：“莫嫌鸡牲小，五脏都齐全，你等请享用。我等众子孙，倾其所有祭你等，了却心愿还清债。”当主祭毕摩念诵到此段时，将神扇上的鸡毛和荞麦糠粉撒向众灵牌。助手抓点荞麦糠粉放入鸡的嘴里，然后将其捏死，不能让鸡发出叫声，之后将鸡尸右侧着地头朝上放在灵牌前面祭灵。

休息片刻后，助手拔些羊毛和鸡翅膀上的羽毛弃于原地后开始煺鸡毛，剁鸡块。剁鸡块时，将鸡左翅与该侧的鸡胸脯肉连成整块一起剁下，然后用水煮熟。所有鸡肉煮熟后捞出，用干净的簸箕盛上鸡头、鸡肝、左翅及左胸脯肉、两块鸡腿和荞麦粑，在灶火上按顺时针方向绕一圈，以示祛秽，然后放在祖灵灵牌前祭灵。其余的肉由众毕摩与在场者共同享用。

第三节　摘取旧灵（[illegible]）

摘取旧灵，是指摘取在家供奉多年的旧祖灵灵牌，彝语称为“阿普廓”（[illegible]），与其他新制祖灵灵牌一起进行祭祖送灵仪式，彝语称为“拿身显”（[illegible]）。届时，家有“阿普廓”的主祭方各户要举行招魂仪式。首先，护灵员到仪式主人家取走旧灵牌，按照彝族传统，取走旧灵牌时不说拿而要说“偷”，即“偷”灵人从藏放旧灵牌的屋顶上掀开瓦片及下面的盖板后进入室内，取下旧灵牌后“逃走”，主人家在后面边追边高喊：“快来追，快来追，祖灵被偷了！”与此同时，主人家一位会哭丧的人开始哭丧，以此来怀念祖先陪伴家人多年，依依不舍之情。有些谙熟民俗文化的人哭丧时语言丰富，情真意切，凄婉动人，在座的众人都情不自禁地泪流满面。

接着，将旧灵牌与新灵牌放在一起，让祖灵享受食品祭灵，举行转祭棚等祭祖仪式，断开缠绕于祖妣之身的累赘、糟粕、孽缘，经过多次“祓污祛秽”仪式后，祛除祖妣身上的污秽，然后以各种食物、美酒佳肴等作为祭品进行一系列祭灵仪式，让祖灵吃饱喝足，心满意足地回到祖界与先祖团聚。

第四节　食品祭灵（[illegible]）

祭祖仪式的第二天下午，吃过午饭后，主祭毕摩将辅祭毕摩分成三组，一组负责主持食品祭灵仪式，一组负责扎缚祖妣草偶和草担架，剩余一组负责剪祭祖图案。

首先，助手建一个供奉祖灵的象征性的祭灵房“尼银”（[illegible]），分为楼上、楼下两层。楼上用于放置祖灵灵牌，顶上盖上象征性的“瓦片”，楼下摆放食物等祭品。在建“尼银”的同时，主祭方在自己家里举行招魂仪式。

宰杀供灵赐福猪[①]。按照传统，供灵赐福猪要选百斤以上的架子猪[②]，也称为“供灵赐福架子猪”，简称“供灵赐福猪”，彝语称为“见瓦”（[illegible]）。供灵赐福猪是祭祖送灵仪式中用于祭祀祖妣亡灵的祭牲之一。煺毛时只烧躯干部的毛，留下头部及尾部上的毛。煺毛、洗净后，取出猪心、猪肺、猪肝、猪肾和猪脾等内脏，放入锅中煮熟后捞出，将猪肝切片后用洁净的餐具盛上几片，与心、肾、脾在火灶上按顺时针方向绕一圈祛秽，然后放置在祭灵房前作为烧肉祭献给祖灵。

剖猪时，不切四条腿及其四蹄，以猪颈为切口，上端连着颈部，下端劈成三条块，将猪腚、肚腹、胸脯连接猪头作为一个整体，再从肛门处沿着椎骨至颈部将猪剩余部分一分为二，然后用一根棒子穿过猪颈下的剖口处，将猪倒挂在祖灵房屋（尼银）旁边，以供接下来的转祭棚等各种程序使用。

儿孙用过年特意留下的腊肉、香肠、煮鸡蛋、荞麦面等食品来祭祀新制的灵牌和摘取的旧灵

---

①供灵赐福猪：此猪宰杀后用于转祭棚、祭灵、净灵及送灵等仪式。其中，举行完献牲镇魔仪式后，将猪特定部位的肉分给主、辅祭方带回家，用作举行唤魂仪式的祭品，但主、辅祭方都禁食赐福猪肉；最后举行送灵归箐洞仪式时，将赐福猪左半边猪头与祖妣灵柩一起带到箐洞藏灵处，送灵人员取出猪左半边颅骨斟满白酒置于灵柩旁，敬献给祖灵，如此供灵赐福猪的使命便完成了。

②架子猪：指长大后尚待养肥的猪，相当于猪的少年阶段，该阶段的猪食量大，增重快。

牌，该仪式称为“食品祭灵”，彝语称为“伙在伙银比”（[illegible]）。食品祭灵时先祭清水，然后依次祭兰花烟、泡水酒、白酒，最后祭晚辈准备的鸡肉、猪肉、荞粑、炒面、鸡蛋、过年腊肉及过年香肠等。祭献时按先长辈后晚辈、先兄后弟、先宗族后姻亲、先姐后妹的顺序进行，并报晓祭献人与被祭祖灵的关系、所祈求的愿望等。

祭清水时，主祭毕摩端一碗清水，念诵道：“昊天水为贵，清水祭献你，你骨见水亲，你肉见水悦，你肺碎裂见水继，你肝裂缝见水续；骨碎水来继，肉裂水来续。”念完后将清水洒在祖灵灵牌上。

祭烟时，一名主祭方男性吸一口烟后将烟气吐于灵牌上，此时主祭毕摩开始念诵相关经文。

祭泡水酒时，毕摩端一碗泡水酒并念诵道：“稼穑酿出珍品酒，现今美酒祭献你，过去生时你尝之，死时祭你灵，今日送灵已祭你，你骨见酒亲，骨碎酒来继，肉裂酒来续，美酒这一碗，纪念你恩情。”念完后将酒倒在灵牌上，剩下的酒由毕摩、护灵员及在场人员共同饮完。

祭白酒时，主祭毕摩端一碗白酒并念诵道：“彝地白酒贵，现在白酒祭祀你，虎豹深山藏，花纹现草原；绸缎城内藏，花纹城外现；白酒坛内藏，酒气坛外香，过去生时你尝之，死时祭你灵，今日送灵也要祭献你……”念完后将白酒倒在灵牌上。

最后，一位主祭户的男性成员煮一盆不加任何佐料的青菜汤来祭灵。

第五节　剪纸祭灵（[illegible]）

为了让祖妣亡灵在去祖界的路上和到达后有牛、羊和日常生活用品，子孙会用白纸剪成各种牺牲牲畜及日常用品的图案，以代替活牲畜及生活日用品，彝语称为“洽瓦尼”（[illegible]）。剪纸图案是祭祖仪式中不可或缺的程序之一。剪纸所需的纸是由仪式主祭方及参祭的姻亲从各自家里带来的。毕摩剪纸时，是按先主祭方后辅祭方、先长后幼的顺序分别为每位仪式主人的祖妣亡灵剪纸，主祭方的剪纸由主祭毕摩亲自剪。

剪纸祭灵　蒋兴林 / 摄

剪纸图案也是彝族的传统文化。剪祭祖图案时，主祭方各户从各自家中拿一个圆形竹盘放在为自己剪纸的毕摩面前。圆形竹盘上放数个（单数）木制彩漆酒碗并斟上白酒，放一两谢银（现在一般放100～200元人民币）和一卷未用过的烟草辫[①]（仪式结束后

①烟草辫：烟叶晒干后搓成的辫状烟草。吸烟时撕下适量的烟草叶捏成粉末放入烟斗中点燃即可。

归毕摩所有）。在大型祭祖仪式中，每户需要剪19种图案，分别是阴阳路（亡魂归祖路、活魂返家路）、银领路、银领圈、竹篱笆、竹竿、大路、梳子、篦子、领佩、盔甲、猫、鸡、猪、羊头、羊、牛、猪蹄、太阳、月亮。依照祭祀牲畜的种类，剪纸一般分为两种：如果主祭方当晚用牛祭祀祖先，毕摩会给主祭方剪11种，即剪日、月、牛、公鸡、猫、羊、银领圈、梳子、领佩、盔甲、大路，给姻亲剪9种；如果用羊祭祀，毕摩则给主祭方剪9种，姻亲剪7种。剪纸中除了日、月只剪给用牛祭祖的主祭方以外，其他的剪纸类型可以随意搭配，但白公鸡和猫是任何祭灵仪式都必须剪的，因为在彝族人的心中，这两种动物都具有重要的意义。

剪纸除用白色纸外还可以用彩色纸。白色纸是最常用的，一般祭祖送灵仪式都用白色纸。毕摩将剪好的图案送给仪式主人家和姻亲家，让他们将代表自己心意的图案送给逝去的先祖。仪式主人家将这些日常生活中常见、常用的物品通过剪纸祭献给逝去的先祖，让他们在去祖界的路上及在祖界享用。

第六节　绕转祭棚（[illegible]）

祭祖送灵仪式的第二天下午，要在离主祭户家不远，但又看不到主祭户家的坪坝上搭建一个供祭祖毕摩休息和放置祖灵等的临时性祭棚（[illegible]），彝语称为“毕邛楚”（[illegible]）。建好祭棚后，众主人和亲戚在其周围举行转祭棚、赛马等传统的娱乐活动，众毕摩在祭棚内举行一系列祭祖宴灵仪式，称为棚内宴灵，彝语称为“俄赤腊乌陈扎”（[illegible]）。棚内祭灵仪式从仪式第二天下午一直持续到第三天上午，是所有仪式中时间最长、程序最复杂的关键性仪式之一。

一、搭建祭棚（[illegible]）

首先，选择搭建祭棚的场地，各地的习俗有所不同，四川凉山依诺地区的美姑、雷波、马边等地一般选在离主祭户家约1000米朝南方向平坦处，因为祖界在南方。要求人站在祭棚处不能看到主祭户家的房屋，以防部分仪式主人当年岁位在南方和北方的灵魂跟随祖灵而去。

祭棚材料一般选用松树、青冈树或柳树。如果用牛来祭灵，那么只能用松树做材料；如果用绵羊来祭灵，则用青冈树或柳树做材料。搭祭棚共需12根带枝叶的木材，毕摩经书记载：

[illegible]，	祭棚柱四根，
[illegible]，	祭棚椽四根，
[illegible]。	祭棚檩四根。

搭建祭棚时，棚门朝南。先将四根柱子按一定的间隔插入地下，再将四根椽子的根部分别放

指挥转祭棚的武士　立克达曲 / 摄

在四根柱子后面的地上，顶部靠放在与其对应的柱子离地面约2米高的树枝杈上，四根檩子横向放置于椽子上面，然后用一卷拦牲畜的席子垂直于地面围着祭棚，这样祭棚便搭好了。毕摩在祭棚内能看到棚外的杂草，寓意今后仪式主人家子孙犹如野草一样繁茂；用一卷擀毡帘盖在祭棚上面，毕摩在祭棚内能看到天上的星星，寓意今后仪式主人家子孙犹如星星一样繁多。棚中柱子上留些树枝杈，供主祭毕摩悬挂经书、法器。棚内右侧地上垫上野草或秸秆，作为众毕摩的坐垫。

祭棚建好后，便举行祖灵祛秽换装仪式（[illegible]），将所有灵牌、祖妣草偶、寿装、祈嗣白公鸡、草担架及棚内宴灵仪式上所需物品进行祛秽，祛秽后将上述物品全部放入祭棚内。

同时，将一只笼中猫放在祭棚内的坐垫旁，即为守灵猫，以防老鼠偷食祭品；将一只红公鸡扣于筐下放在祭棚内左侧灵牌下方；将配好鞍鞯的驮灵马拴在祭棚外面左侧处的灵牌下方，用苦荞籽饲喂。

祭棚不仅是祭祖送灵仪式中毕摩举行宴灵仪式的临时活动场所，也是护灵员守灵的场所，更是众亡灵赴宴的关键场所。

二、转祭棚（[illegible]）

转祭棚，彝语称为“毕邛伙旧”（[illegible]），是仪式主祭方和辅祭方以家庭为单位，在仪式指挥人员的组织下，指挥大家穿着盛装、佩戴盔甲、手持大刀和利剑等古代勇士武器，带着祭献祖灵的牺牲物品等围绕祭棚旋转的仪式行为。转祭棚的内涵是护送祖灵，旨在帮助亡灵扫清、踏平归祖途中的猛兽、鬼怪等障碍，目的是告慰祖灵，祈求儿孙繁多、兴旺发达。转祭棚场

主祭方转祭棚　阿牛史日 / 摄

辅祭方转祭棚　何为 / 摄

面壮观，是主客双方展示各自综合实力的时刻。届时，勇士们挥舞大刀，手持利剑，震慑阻止祖灵回归祖界的妖魔鬼怪、猛兽凶禽。用驮灵马作为祖灵的交通工具，以引路鸡、供灵猪、带路羊作为送灵引路、开路的牺牲物。

转祭棚是古代部落聚会械斗或部落与外族战争场面的缩影，后来引申为仪式主人与毕摩一起为祖先亡灵开路，将祖灵安全地送达祖界。祭祖转祭棚是在世子孙帮助祖灵顺利达到祖界的一种重要方式，因此，转祭棚人数越多越好，场面越热闹越好。这样，通往祖界路上的各种孽禽猛兽、妖魔鬼怪将闻风丧胆，不敢接近，祖灵便可顺利到达祖界。

转祭棚仪式中包含了祈嗣仪式。祭祖送灵仪式是与祈祷仪式同时进行的，其中包含祈祷赐予生育神灵的过程，以求子孙人丁兴旺、繁衍生息。因此，在转祭棚仪式中男女都不断叫喊平时不能说的“嘿嘿”，祈祷快快降临生育神，且不时会提到平时妇女忌讳的话语。此时，平时性格内向的妇女与自己的亲戚一起穿着盛装转祭棚，并不断地高喊“嘿嘿”。每个家庭都会选出几位年轻美丽的姑娘前来参加转棚仪式，这是一次难得的向外族姻亲展现美的机会，所以姑娘们会盛妆出席，打扮得非常漂亮。

在古代，受环境限制，大家能够聚集在一起的机会很少，祭祖仪式自然成了难得的时机。每当举行此仪式，宗族成员、亲朋好友和邻居都会主动前来参加，共同努力将仪式圆满完成，于是“尼木措毕”也就成了人们相互表达良好祝愿、联络感情、增进友谊、加强团结的纽带和桥梁。为了活跃仪式气氛，人们还会在仪式中举行各种各样的传统文娱活动和竞技活动。在大型祭祖仪式中，这类活动要进行数天，中型仪式进行一天，小型仪式只进行下午的一段时间，主要内容有转祭棚、赛马、选美、摔跤、相互赠送礼金、辩论、即兴演唱等。这些活动一方面可以展示、传承彝族传统民俗文化，另一方面也能增进团结、加深友谊、活跃气氛。

（一）转祭棚

转祭棚时，主、辅祭双方所有青壮年男性都

祭祖转棚招魂舞　何为 / 摄

装扮成古代武士，头戴头盔，手戴护腕，脚绑护腿皮甲，手持矛枪，腰佩宝剑，背着弓箭，外披彩绸披风，领队者手舞该户的图案纸旗，助手们赶着祭牲开始转祭棚。

转祭棚仪式按先主祭方、后辅祭方的顺序进行。主祭方不管人数多少只编一个组，辅祭方则编为若干个小组，一般情况下被祭亡灵在世女儿有多少位就编多少个小组，即每户前来参祭的姻亲为一个小组。

首先，主祭方转祭棚。护灵员背着所有被祭的祖灵灵牌走在最前面①，接着一位身着盔甲全副武装的男性跟随其后进行护送，依次跟随的是一位手持祭祖图案旗的男性、两位抬着供灵赐福猪的助手，一位扛着祈嗣树的男性、一位手抓祈嗣白色公鸡的男性、一位提着赐福荞麦糠粉的男性、一位背着守灵猫及报晓公鸡的男性、一位赶着祭祀公绵羊的男性，随后是主祭方其他男性成员，最后是主祭方的所有女性成员。准备好后，指挥人员便开始指挥转祭棚。在转祭棚过程中，男性成员边走边喊出自己祖先的名字，围绕祭棚逆时针转三圈，同时在场外燃放鞭炮（现有的是放烟花）。转完三圈后把供灵赐福猪放在祭棚垫席处，把祭牲交给管理者，将祭祖图案旗插在祭棚上，然后便可退场，但不能离场，全体人员整齐地站在场外观看，并与接下来转祭棚的姻亲互动。有些主、辅祭双方男女青年还兴奋地跳起独特的祭祖转棚招魂舞。

---

①有的地方先让护灵员带着灵牌围绕祭棚逆时针转三圈，然后将灵牌放置在祭棚内，不与主、辅祭方一起转祭棚。

亲戚转祭棚　阿牛史日 / 摄

其次，指挥人员带领各小组（户）姻亲成员分别转祭棚。姻亲转祭棚按照先长辈、后晚辈的顺序进行。领头者手持自家的祭祖图案旗，赶着祭牲边放鞭炮边按顺时针绕祭棚转三圈。在转祭棚过程中要不断地报告自家的姓氏及名号，转完三圈后将牲畜交给管理者，并把祭祖图案旗插在祭棚边上，然后站在一旁观看。一户转完后，其余人家再依次转，直到所有小组（户）转完，仪式才算全部结束。

参加转棚的小伙们都身着白色擦尔瓦、头戴白帕、身穿威武的盔甲，口中念着吉祥的祝福，手里拿着鞭炮，边转祭棚边放声大喊："啊哦——嘿嘿！"并奔跑前进。许多男性成员还会不断向周围抛撒碎银（现一般以硬币代替），有的则手拿糖果，边转边将糖果撒向围观的群众，小孩欢呼着捡起地上散落的糖果和硬币。

欢笑声、锣鼓声和震耳欲聋的鞭炮声拉开转祭棚的序幕；羊叫声、欢呼声、吆喝声，将整个村寨的热情点燃。女人穿着如伞形的百褶裙，男人穿着张开的披毡，转祭棚仪式热烈而狂野，犹如东方的狂欢节，整个村寨热闹非凡，人们沉浸在狂欢之中，子孙与祖妣便在如此庄严而轻松愉快的氛围中互动。

（二）赛马

赛马是"尼木措毕"中十分重要的活动之一。马与彝族人的生产生活密切相关，所以彝族的溯源诗中不仅有马的起源，还有马的谱系。彝族人非常喜欢、爱护马，把马视为英雄，是主人财富和荣耀的象征，因此，赛马理所当然成为彝族民间十分受欢迎的体育活动。在祭祖活动中，

祭祖赛马比赛　何为 / 摄

前来参加选美比赛的年轻男女　立克达曲 / 摄

前来参加仪式的骑手都穿上盛装，披挂铠甲，外披绸质披风，坐骑也配上精美的马鞍。

赛马不仅要比赛马奔驰的速度，还要比赛马奔跑的姿态、骑手的骑艺。比赛项目有跨越障碍、越沟、跳坝、上坡等。比赛实行淘汰制，坚持到最后者获胜。有时，有的骑手要跑百圈以上才能决出胜负。届时，骏马奔驰，骑手衣饰光彩夺目，观众助威呐喊，场面热闹非凡。获胜者不仅可以得到仪式主人的奖赏，而且名声大噪。

（三）选美

彝族选美和赛马一样，由来已久。在彝族民间，大型的聚会活动本来就很少，所以众人聚集的祭祖仪式和宗族大聚会自然成了选美的最佳时机。彝族民间歌谣中对美女的描述十分细腻。不仅要“瞧头部，仿佛索玛开；看腰部，犹如绸缎柔；视四肢，更赛雪洁白”“长辫黑油油，眉毛黑黝黝，睫毛长齐齐，瞳仁亮闪闪，脸庞红润润，鼻脸高直直，鼻翼更突出，嘴唇红而薄，牙齿白洁洁，手臂结实实，手指长纤纤，腿脚美而实，脚趾均而长”，而且还必须有内在美，即言行、举止也要美，要“谈吐顺当当，衣裙整齐齐，说话甜滋滋”。

祭祖选美只有冠军没有亚军。如果某位少女在祭祖选美场上博得“美女”的称号，不仅可以得到一定的奖品，身价也会大增。

（四）摔跤

摔跤，彝语称为“格”（ꀉ），是彝族在长期的生产、生活中，男性青少年为了增强体质，与同伴进行技能与体能的较量，经过长期积淀而形成的规范的体育运动，是彝族广大男性青少年喜爱的竞技性的传统体育项目，是彝族传统体育运动的重要组成部分。同时，摔跤也体现了彝族崇尚武士的民族精神。无论是在婚礼上，还是在大型祭祖仪式中，或是在平日的牧场、田间、院坝，都能看到彝族青少年的摔跤比赛，甚至是不相识的青少年在路上相遇，都会向对方挑战摔跤，祭祖仪式上，摔跤自然也少不了。彝族摔跤历史悠久，民间有“有了彝族就有了彝族摔跤”的说法，摔跤比赛从古至今都深受彝族人喜爱。因此，在各种大型聚集性的场合一般都要举行摔跤比赛，祭祖仪式也不例外。一是让被祭亡灵高兴，因为祖考在世时都喜欢摔跤，有的甚至是摔跤能手；二是通过举行摔跤比赛与前来参祭的姻亲互相问候，增进感情，增加欢乐气氛。在祭祖赛场上，摔跤比赛以“友谊第一，祖灵喜欢”为原则，最终以双方平局结束。

（五）赠礼

转祭棚仪式结束后，举行赛马、选美、摔跤、斗牛、斗羊、斗鸡等活动，这些活动结束后，客方（姻亲）分别为美女、帅哥、英雄、勤劳者等颁奖，奖金根据姻亲的意愿及经济条件而定，少则几百元，多则几千元。

彝族民间十分重视礼节，有赐送礼金（卡巴）的习俗，于是“尼木措毕”中也有了热闹非凡的分赐礼金仪式。送灵仪式中，分赐礼金的人员主要有以下几种：一是主祭方的宗族人员，按议事日程规范给祭师（毕摩）、毕徒（毕惹）和助祭、护灵员（邛莫）分赐礼金，礼金根据日程名称取名；二是仪式主祭方每一户的妻方亲戚，他们在经济上有援助的义务，受主祭方款待时要赐给在场人员礼金，这些礼金有推磨者礼金、背水者礼金、助手礼金、守屋者礼金、烧火者礼金等；三是所祭祖灵的女儿，有给祖灵祭献牺牲物的义务，献上牺牲物品时要给众人分赐礼金，这些礼金有祭师（毕摩）礼金、祭徒（毕惹）礼金、护灵员（邛莫）礼金、毕摩总管（毕兹）礼金、主人家总管（色兹）礼金、推磨者礼金、烧火者礼金、助手礼金、背水者礼金、砍伐接种树者（治波）礼金、守屋者礼金、仪式主人各分支礼金、邻里各宗族礼金等；四是参加仪式的人员各自找到一个名目分赐礼金。彝族人认为分赐礼金不仅能够显示自己和自己宗族的显赫及富裕，而且能获得名声和荣誉，更会得到祖灵的庇佑，所以主祭方和姻亲宗族都出手阔绰，有些人把预先备好的礼金分赐完后，甚至脱下自己身上能脱的衣物如披毡、头帕、挎包等赠给别人（事后再用适当钱赎回）。有些人为了给仪式增加气氛，还巧取礼金名目博众人一笑，如坎上裸肚晒日礼金、坎下低头捉虱礼金等。分赐礼金时，受礼者要寻一碗酒来敬给赐礼金者，以表示感谢和尊敬。

（六）辩论

举行祭祖仪式的晚上，善于口头辩论的人们就开始围坐在篝火旁进行彝族传统的口头辩论赛（克智）。辩论既是一种语言对话艺术，也是谈古论今、明辨事理等为内容的口承文化，被称为“雄辩术”或“语言艺术的奇葩”，是彝族民间口头语言艺术中内容最丰富、形式最灵活，最具知识性、趣味性、娱乐性的文化形式。

彝族辩论表现形态为甲、乙双方辩手临场说唱诗词歌赋，引经据典，颂唱史诗，互相辩驳，以达“困百家之知，穷众口之辩”者获胜。

彝族先民十分崇尚辩论，好辩与善辩是彝族人的特点之一。据彝文文献记载，彝族历史上出现过许多著名的论战事件，也涌现出了许多流芳

青史的辩才与辩士。在毕摩历史上，昊毕实楚与提毕乍姆之间的“祭祀礼制”之辩，被人们称为彝族辩论史上的千古绝唱。今天的四川大小凉山地区，各村寨、家支都有自己出色的“克智”能手，凡遇婚丧大事和送灵活动，人们便选派善于辩论且声誉较高的智者贤人应战。

三、扎缚祖妣草偶（[illegible]）

转祭棚仪式结束后，主祭毕摩将众毕摩分成两组，一组在祭棚旁边扎缚被祭祖妣的草偶，另一组主持毕摩入祭棚仪式。扎缚草偶时，用洁净的野草和麻树制成的线来扎缚有子嗣的祖妣草偶，以代替已火化的遗体，彝语称为“撮腊布余”（[illegible]）。草偶扎好后，先用未经加工的麻布将其包裹，再用白纸裹在外面，然后给祖妣穿寿衣裙、戴寿衣帽，外披毡衣，犹如缩小的遗体一般。如此为每位祖妣扎缚草偶，直至全部草偶扎缚完毕。

为了盛殓每个祖妣的草偶，还要扎缚草偶担架，彝语称为“左图左哲余”（[illegible]）。先用草扎两根长草条，然后用剖开的木签将其串连成担架。祖妣的担架用七根木签，首尾两端的木签要出头，中间的五根不出头；祖考的担架用九根木签，首尾两端的木签要出头，中间的七根不出头。

担架扎缚好后，将穿戴好的祖妣草偶分别放在各自的担架上，用麻线捆好，与各自的灵牌缚在一起，与供灵赐福猪（“见瓦”）、纸图案（“卡瓦”）、祈嗣树（“职博”）、赐福荞麦糠粉（“曲鲁”）等一起举行祛秽仪式。祛秽仪式完毕后，众助手一起端着上述所有已祛秽的物品在祭棚周围逆时针旋转一圈，与此同时，一位助手将一块烧红的石块放入装有水的碗里，端着冒着蒸汽的碗在祭棚内转一圈后抛至外面，以示已祛除祭棚之秽，最后把祖妣草偶等放置于祭棚内右上方。

四、毕摩入祭棚（[illegible]）

转棚仪式结束后，接着举行毕摩入祭棚（[illegible]）仪式。由3～9位（单数）全副武装的主祭方青壮年男性带领祭祖毕摩队伍按逆时针方向围绕祭棚缓慢地转三圈，接着众毕摩进入祭棚，彝语称为“毕邓银昊”（[illegible]），或称为“额克银昊”（[illegible]）、“影伙毕登”（[illegible]）。首先，两位资深辅祭毕摩头戴法帽、手持神扇，蹲在祭棚背后离祭棚约30米的地方，一人一句跳跃式地背诵《毕摩入棚经》，经文摘录如下。

[illegible]，祭呀分，
[illegible]，敬呀喝，
[illegible]，经过辨认尔等已归西，
[illegible]，分魂敬酒牛马是尔畜，
[illegible]，经柜经书并非都灵验，
[illegible]。大雁没有保住越过山。
[illegible]？君王起来迎接毕没有？
[illegible]？楚克匹尼迎接毕没有？
[illegible]？贤臣何不前来迎神毕？
[illegible]？比俄比迪何不来迎神毕？
[illegible]？匠祖何不前来迎毕摩？
[illegible]？阿尔阿迪迎接毕没有？
[illegible]？毕祖何不前来迎神毕？
[illegible]？实楚乍姆迎接毕没有？
[illegible]？仪式众主迎接毕没有？
[illegible]，众主儿孙啊，
[illegible]？何不前来迎神毕？
[illegible]，神毕我一组，
[illegible]，虽非鹞鹰种，
[illegible]。犹如鹞鹰左右摆。

诵到此时，两位诵经毕摩如鹞鹰一般左右各摇摆一下，继续诵经：

虽非雉鸡种，
犹如雉鸡边飞边鸣叫。

接着，两位毕摩站起来在原地继续诵经：

虽非云雀种，
盘旋蓝天唱不完，
虽非鹤雁种，
往返空中长唳鸣！

此时，武士装扮的仪式主人带领众毕摩按逆时针方向围绕祭棚缓慢地转三圈。两位诵经的毕摩肩挎经袋、头戴法帽跟随其后，边缓步前进，边诵经文。

让开快让开，
实楚山[1]上方，
神毕阿鲁要经过，
空中白云快让开，
一对日月要经过。
低空云雾要让开，
一对白鹤要经过。
君王让到路下方，
贤臣让到路上方，
实楚山上方，
神毕师徒要经过。
君王执政时，
乱民莫肇事，
鹤雁往返时，
飞鸟莫挡道，
虎豹经过时，
狐狸莫阻路，
神毕执祭时，
死神病魔莫阻挠。
实楚山上方，
神毕阿鲁要经过，
兹达[2]领域世间之人类，
人死名声留，
死后不呼名，
如若不呼名，
犹如松枯腐烂成泥土。
……
祭祖重提名，
祖妣众亡灵，
迅速来赴宴。
君魂享盛誉，
臣魂享供品，
毕摩谋略送灵事。
姻亲参祭排崖壁，
宗亲参祭往返穿。
亡灵拽回到祭棚，
三晚享受诸祭品，
粮食肉类都享祭。
祭祖重提名，
吉夜祭祖灵，
主人宴灵时，
姻聚集，
亲集会，
宗聚集，
族助祭，
君到位，
众毕诵，

① 实楚山：指古代著名毕摩昊毕实楚居住的山，后泛指著名毕摩居住的地方。

② 兹达：是古代部落酋长，以其居住的地方而命名。

[illegible]，　子孙武装齐助威，
[illegible]，　此乃祭祖分亡灵，
[illegible]，　亡灵分祭是如此，
[illegible]。　至此告一段。

[illegible]，　祭祖搭棚神柱插四根，
[illegible]，　一根乃是牲神柱，
[illegible]，　祈求赐予牲神灵，
[illegible]，　一根乃是畜神柱，
[illegible]；　祈求赐予畜神灵；
[illegible]，　一根乃是粮神柱，
[illegible]；　祈求赐予粮神柱；
[illegible]，　一根乃是食神柱，
[illegible]；　祈求赐予食神柱；
[illegible]，　一根乃是子嗣柱，
[illegible]；　祈求赐予子嗣神；
[illegible]，　一根乃是孙神柱，
[illegible]；　祈求赐予孙神灵；
[illegible]，　一根乃是生育神灵柱，
[illegible]；　祈求赐予生育神灵；
[illegible]，　一根乃是繁殖神灵柱，
[illegible]；　祈求赐予繁殖神灵；
[illegible]。　护法神雕飞到棚顶上。

此时，已围绕祭棚转完三圈，一位助手把烧红的石块置于装有水的木碗中，在祭棚内祛秽，两位毕摩取下法帽置于祭棚顶上，站在祭棚门口中柱旁继续诵经。

[illegible]，　毕摩鹰神祭祖青棚坐，
[illegible]，　经书法器悬挂祭棚柱，
[illegible]。　毕摩一组祭棚里面坐。

诵到此时，主祭毕摩首先进入祭棚就座于右上方草垫上，辅祭毕摩依次进入祭棚就座于主祭毕摩左手上方的草垫上，主祭毕摩将经书法器挂于中柱树杈上。

第七节　祭棚内宴灵（[illegible]）

祭棚内宴灵是指被祭亡灵在世的男性子孙根据个人属相，在祭祖毕摩主持下，在祭棚内设宴招待本次被祭的祖妣亡灵和无子嗣亡灵的系列仪式过程，彝语称为“俄赤腊乌陈扎”（[illegible]）。棚内祭祖仪式由毕摩、护灵员、主祭方所有男性成员和助手参加，其中毕摩、护灵员在棚内，其余的人在棚外随处坐下或站着。该仪式包含棚内赐酒、祭祖溯源、毕与主互赞、黄牛宴灵、祭水还偿、绵羊宴灵和送灵出祭棚七个过程。

一、祭棚内赐酒（[illegible]）

祭棚内赐酒是祭祖毕摩在祭棚内与仪式众主人互相敬酒，共同宴请被祭亡灵前来享祭牺牲的仪式过程，彝语称为“峨驰瓦乌毕子直果”（[illegible]），简称“峨驰直果”（[illegible]）。

届时，主祭方各户的男性成员共同在一张圆形簸箕（或筛子）里面放一块崭新的白布，白布上面放一些黑烟（彝族特制的兰花烟粉）和数十支白烟（纸烟），一碗或数碗白酒，每碗白酒里放一小块碎银，由主祭方的一位或数位男性长者分别敬献给每位毕摩，主、辅祭毕摩接过酒碗后说：“这碗白酒首先敬众主人，祝众主人今后身体健康，子孙繁衍无数。”随后众毕摩将主人所敬的酒赐给众主人，众主人喝酒时，把酒里的碎银含入口中，然后吐出来。众主人喝完酒后用原碗重新斟上白酒，每

碗白酒里再放入原来的碎银，敬献给众毕摩，毕摩接过酒后再将酒与碎银一起含在口中，先把酒喝了，碎银稍后吐出。最后，众主人又将原碗斟满白酒放在簸箕（或筛子）里的白布上，递给毕摩。

众主人按照“辈分高者在前面，辈分低者在后面”的顺序依次蹲在祭棚内的毕摩面前，准备就绪后众毕摩开始举行“祭棚内赐酒仪式”。主祭毕摩念诵《赐酒开场经》（《[illegible]》），辅祭毕念诵《请魂祭神简经》（《[illegible]》）、《求育经》（《[illegible]》）、《祛秽祝福经》（《[illegible]》），当主祭毕摩念完《赐酒开场经》后，众毕摩把手中的酒赐给蹲在毕摩面前的众主人，由各户在场的男性成员一起分尝并把所有的碗放回餐盘上，再重新斟满所有的酒，将碗放在簸箕（或筛子）上，由两位仪式主人端到毕摩面前，一一回敬。众毕摩饮下酒后收起谢银和烟草辫，主人收回餐盘及酒碗、酒坛等。

二、祭祖溯源（[illegible]）

祭祖溯源是指向被祭送的众祖妣亡灵叙述远古祭祖制度的起始缘由，彝语称为“朵提”（[illegible]）。该仪式由一位辅祭毕摩在祭棚内主持完成。首先报告所有被祭送祖妣的姓名，根据主祭方是古恒或邛尼支系的后裔，从古恒或邛尼分支开始念诵谱系，念诵到主祭方共同祖先的名字，再从共同祖先念到主祭方每位男性成员的名字为止。再念诵《祭祖溯源经》（《[illegible]》）。经文的主要内容是：远古没有祭祖仪式前，人类生子不见父亲，子孙不兴旺，后来兴起祭祖送灵仪式后，人类生子才能见到自己的亲生父亲，经过祭祖送灵仪式后，子孙繁荣、人丁兴旺，从此兴祭祖。该经文分为两段：第一段为“邀请毕摩”，第二段为“祭祖缘由”。

“邀请毕摩”彝语称为“毕博”（[illegible]），主要内容是向祖灵禀告仪式众主人与毕摩一起举行这次祭祖送灵仪式的艰辛。因“邀请毕摩”的前半部分与前面的《叙述祭祖缘由简经》相同，故这里只摘录后半部分。

……	……
[illegible]，	我等毕摩师徒法力深，
[illegible]。	特为驱逐死神病魔来。
[illegible]，	毕摩稳坐祭棚内，
[illegible]，	禀报毕摩威力，
[illegible]、	众毕师徒、
[illegible]、	毕摩坐骑、
[illegible]、	骏马神驹、
[illegible]，	毕摩侍从，
[illegible]。	名号已报完。
[illegible]，	逝者逝去后，
[illegible]，	祖妣逝去后，
[illegible]，	男性先祖逝去后，
[illegible]，	今日祭祖棚屋内，
[illegible]，	禀报护主且点丁，
[illegible]。	护主点丁已结束。
[illegible]，	清风徐徐失，
[illegible]。	人类寿未终而逝。
[illegible]，	弃尸仇敌域，
[illegible]。	亡灵随云飘。
[illegible]，	飘荡原野上，
[illegible]。	世间显异象。
[illegible]，	隆冬响惊雷，
[illegible]，	冬雷震寰宇，
[illegible]；	牛羊脱坚角；
[illegible]，	盛夏显异象，
[illegible]。	盛夏降冰雪。
[illegible]，	冰雪压枝头，
[illegible]，	压折杉柏枝，
[illegible]。	摧毁鹤雁巢。

天狗食日月，
白昼变黑夜，
大地黑漆漆，
瞬间失光亮。
柏树隐深山，
伐取制签筒。
丧葬除污秽，
绵羊祛污秽，
醇酒祭雕鹞。
人有短命者，
恰似白云悠悠携雨游，
春风徐徐催思情，
江河滚滚如惊雷。
鸿雁结伴同迁徙，
途中时有丧命者，
弃尸荒野上。
鸿雁结伴飞，
时有丧偶者，
弃尸旅途中，
伴侣悲鸣去。
鸿雁也艰辛，
越过千重山。
世间百兽中，
虎豹结伴行。
时有丧命者，
弃尸深山中。
虎豹也艰辛，
穿越万片林。
人类居住处，
屋前园圃中，
男祖结伴行。
时有丧命者，
丧命在坎下。
男祖亡灵也艰辛，
越过崇山归祖去。
女妣结伴游，
时有丧命者，
丧命在坎下。
女妣亡灵也艰辛，
穿山越岭归妣去。
云神助福禄，
悬崖赐福禄。
年轻寿命短，
如此来禀报。
特为驱逐君魔来，
特为遣返臣怪来。
宰羊逐死神，
绵羊是善牲，
护佑主人定无恙。[1]

第二段“祭祖缘由”，彝语称为“尼木博波”（[illegible]）。相传，远古时人们生子不见父，雪源之子施纳，下传七代，代代生子不见父。第八代石尔俄特带着随从四处寻找父亲未果，最后遇到了美丽聪明的史色姑娘。后经史色姑娘指点，才知道先要为祖先祭灵、送灵，而后娶妻生子，从此生子可见父。三年后，石尔俄特娶了史色为妻，生有三子，生子可见自己的父亲，经文摘录如下。

已故众祖妣，
你等到晚年，
终年病恹恹，
整月卧病榻。
百般来救治，
良药均无效。
毕摩无奈留遗孤，
死神夺去你等命。

① 摘自美姑县拉马乡吉觉黑马村迪惹尔曲收藏的经书，作者整理、翻译而成。

出殡焚尸骨，
尸毁魂离去。
焚尸源南方，
北方[1]普遍行，
焚后亡灵开天界。
驷匹嘎伙牧场上，
崖邪引祸损牛羊，
畜群折损种尚存；
阿伙柳以平坝上，
天降灾祸谷受损，
五谷受灾种尚存。
今日这时刻，
众主齐祭祖，
祭祖子孙旺，
兹兹普乌圣地上。
遵循祖制祭祖灵，
今日儿孙祭祖妣。
死病灾祸未能止，
祖妣迁徙嫁远方，
随云伴雨，
飘荡变化速消失。

深山峻岭中，
特勒[2]毕摩呢，
骑着金色驴，
背负神签筒，
头戴神法帽，
手握神法扇，
驱逐邪神怪。
走过藤索桥，
越过十坡岭，
经过五原野，
九岭施咒术，
诅咒诸邪怪。
勿咒且勿咒，
驷匹嘎伙牧场上，
猛虎只食牛和羊，
并不伤害你性命；
阿伙柳艺沼泽中，
豺狼只食泽中猪，
并不伤害你性命。
既然是这样，
细听我叙说。
特勒毕摩呢，
生养一独子，
渴则吸取杉柏汁。
空中雕鹞欲捕食，
法术险些随云失。
被击也心甘，
被吃也无憾。
死则身消失，
病则体衰弱。
魂魄离体游，
飘荡峰岭上。
亡后焚遗体，
魂随烟雾升。
白昼息坎下，
夜来游坎上。
牙齿极锋利，
尾毛随风摆，
捕食极敏捷，
传说是这样。
三代共祭祖，
遵循曲布制，
祭奉众祖妣。
献牲送亡灵，
子孙定兴盛。

①北方：这里指四川凉山一带。
②特勒：古代著名的毕摩。

现在寻亡魂。
兽中丧命者，
命丧魂出游，
兽类不寻魂。
母魂鹰来寻，
子魂鹞来找。
天明齐出猎，
放犬去追寻。
兽兹隐云中，
兽莫声凄惨，
兽毕白晃晃。
兽毕声嘈杂，
欲寻三游魂。
细寻亡者魂，
杀牲逐死神。
兽兹寻兽魂，
虎豹来寻觅；
兽莫寻兽魂，
猴熊齐寻觅；
兽毕寻兽魂，
鹫鹰细寻觅。
广寻亡兽魂，
亡魂寻则归。
祭祀亡者灵，
献牲送灵归，
儿孙定兴旺。

世间勤唤灵，
亡魂若不唤，
飘游无定所。
禽中丧命者，
丧命魂出游，
禽类寻己魂。
母魂鹰来寻，
子魂鹞来找。
天明齐出猎，
放犬去追寻。
禽兹隐云中，
禽莫声凄惨，
禽毕白晃晃。
禽毕声嘈杂，
欲寻三游魂。
细寻亡者魂，
杀牲逐死神。
兽兹寻禽魂，
虎豹寻禽魂；
兽莫寻禽魂，
猴熊寻禽魂；
禽毕寻禽魂，
鹫鹰寻禽魂。
广寻亡禽魂，
亡魂寻则归。
群禽与百兽，
祭奉亡者灵。
献牲送灵归，
儿孙定兴盛。

远古的时候，
武哲石拉一代，
生子不见父，
石拉兹阿二代，
生子不见父，
兹阿迪勒三代，
生子不见父，
迪勒素尼四代，
生子不见父，
素尼阿殊五代，
生子不见父，
阿殊阿俄六代，
生子不见父，

阿俄殊布七代，
生子不见父，
殊布石尔八代，
生子不见父，
石尔俄特九代，
生子不见父。
石尔俄特世，
春季花蓬蓬，
夏季绿茵茵，
神灵佑人类。
深夜梦中醒，
夜闻鸟鸣噪，
呼唤其雏鸟。
我也思念我生父，
思念生身母。
思念父亲无法坐，
思念母亲无法睡。
石尔俄特啊，
备下九驮银，
备足九驮金，
赶着驮马群，
欲去寻找亲生父。
前行且前行，
来到尼格迪举[①]家。

迪举不在家，
其女史色恰在家。
迪举史色呢，
正在棚中把牛喂，
铺撒饲料平整整，
耳坠摇晃似星闪，
戒指闪亮似繁星。
到来的贵客，
如何称呼你？
君子报己名，
小人隐姓名，
望你自报名。
若知你姓名，
我将告知欲求事。
石尔俄特速报名：
我乃尼哲[②]山下石尔俄特，
只因九代生子不见父，
故而云游四方欲买父。
迪举史色呢，
站立畜棚前，
闻声哈哈笑。
屋内客为尊，
取出一窖酒，
宰杀一头牛，
设宴待俄特。
史色姑娘说：
我曾到汉区，
曾见四耳牲，
未闻买父者；
我曾游彝地，
曾见三角牛，
未闻买父者，
只见买母者。
待到三年后，
春暖雷声震，
杉柏旺蓬蓬，
蕨林雉鸡齐争鸣，
竹林锦鸡同声唱鸣时，
恭请毕摩来。
先祭高山神，
赎取六畜魂，

①尼格迪举：母系氏族时期一富贵人家。

②尼哲：远古地名，具体地点待考证。

高原放绵羊，
绵羊速繁殖，
原野放牛马，
地肥五谷丰，
猪鸡满宅院，
福禄旺盛时，
石尔俄特啊，
娶妻来安家，
生子定能见生父。
石尔俄特呢，
娶来史色安家后，
生子终于见了父。
仪式主人家：
你等抬头望苍穹，[①]
苍天白茫茫，
蓝天缀满星，
天上群星能数尽，
你等子孙繁衍数不尽；
你等低头望大地，[②]
大地茫茫无边际，
大地草木极茂密，
地上草木能数尽，
你等子孙繁衍数不尽。
死神快消失，
似禽速飞去；
病魔快消失，
随水滚滚流去吧。

迪举史色石尔俄特俩，
椎牛祛污秽，
森林阴森处，
伐木取柏板，
炼铜铸铜板，
堵住鬼界路。
上苍长神草，
富裕者割取，
贫贱者也割；
草种落世间，
成为六畜食，
富裕者拥有，
贫贱者也有。
养畜祭祖妣，
祭献祖妣灵。
昊天四方门，
四方起乌云，
人间降暴雨。
迪举史色石尔俄特俩，
出牧勤劳喂养牛，
黄牛涌动似云游。
迪举史色石尔俄特俩，
不是为己创家业，
负有使命定规矩。
苍天撒下四张网，
罩住大地之四方。
他们这一家，
祈嗣得贵子。
再过三载后，
石尔俄特家，
牛羊满山野。
供奉祖妣灵，
祭祖献群牲，
儿孙定兴旺。

前行且前行，
寻父事已明。
合群声望高，
姻亲齐拥戴。

①此时众主人整齐仰望天空。
②此时众主人整齐低头看大地。

随姻亲则荣，
跟姻戚则耀，
随娘舅则吉。
椎牛咒仇敌，
见仇脸变红，
见敌脸变黑。
祖妣亡灵中，
年轻丧命者，
不过二十二；
中年丧命者，
不过三十三。
不叙则不明，
叙则很清晰。
先妣寿七十，
七十七岁整；
先祖寿九十，
九十九岁整。
不报则不明，
报则很清晰，
报则定吉祥。
吉毕赐吉祥，
提毕乍姆降世间。
乍姆美名传千秋，
乍姆源自南方高原处。
乍姆毕摩驱死神，
乍姆毕摩扶祖灵，
乍姆毕摩祈子嗣。
供奉祖妣灵，
祭牲献灵前，
儿孙定兴盛。

现在扶助祖妣众亡灵，
日阿纳慕，
毕迪比伙毕神来扶祖，
俄卓鲁慕，
阿苏拉者毕神来扶祖，
几日鲁慕，
阿格索祖毕神来扶祖，
格克博良，
勒伍阿则毕神来扶祖，
比鲁日罗，
慕孜阿乌毕神来扶祖，
甲谷甘洛，
迪底约根毕神来扶祖，
驷以鲁姑，
阿克俄伙毕神来扶祖，
莫伙拉达，
博居博索毕神来扶祖，
瓦都古姑，
俄助阿史毕神来扶祖，
巴纠所罗，
约莫阿霍毕神来扶祖，
依莫纳乌，
阿玛纳嘎毕神来扶祖，
鹫图慕古，
阿孜布约毕神来扶祖，
日阿纳慕，
吉尼朵孜毕神来扶祖，
勒慕驷俄，
阿丘拉马毕神来扶祖，
殊祖博良，
吉克惹石毕神来扶祖，
俄其鲁慕，
比克吉惹毕神来扶祖，
彦古格则，
彦古殊布毕神来扶祖，
北方迪底毕神来扶祖，
南方吉勒毕神来扶祖，
兹兹普乌，
乍比阿以毕神来扶祖，

楚伙博良，
迪碾勒祖毕神来扶祖，
纳甲界乌，
阿捏惹石毕神来扶祖。
仪式众主人，
你等过去不会扶祖灵，
我等特来为你扶祖灵；
你等过去不会扶父灵，
我等特来为你扶父灵；
你等过去不会避凶祸，
我等特来为你除凶祸；
你等过去不会躲灾难，
我等特来为你除灾难。
我等祖辈擅长扶祖灵，
子辈仍然擅长扶祖灵，
媳妇擅长扶助公婆灵。
扶起祖灵黑压压，
循规蹈矩无过错，
扶助祖灵至此终。

现在祭祀吉祥神。
上方罗尼山[1]，
祭祀人丁神。
人丁神享祭，
享祭则吉祥。
下方库池坝，
祭祀六畜神。
六畜神享祭，
享祭则繁殖。
中间恒石山，
祭祀五谷神。
五谷神享祭，
享祭则丰产。

仪式主人家，
我等今为你等祭亡灵，
为你祭祖妣，
为你驱死神，
为你逐病魔，
为你堵死门，
为你治病根。
芸芸众生灵，
毕摩逐死神。
众生得安宁，
至此告一段。

现在祭诸神，
祭祀人丁神，
祭祀六畜神，
祭祀五谷神，
祭祀生育神，
祭祀福寿神，
祭祀福禄神。
祭神声嘈杂，
诸神祭则牢，
祭则固无疑。
我等众师徒，
镶金神签筒，
来自高山处，
签筒驱死神；
法帽似鹰翔，
来自低坝地，
法帽劈病魔；
神扇舞翩翩，
神扇煽死神。
毕摩法力高，
死神病魔驱逐则消失。
祭祀棚内四根柱，
棚内毕摩勤执祭。

---
[1] 罗尼山：即妥鲁博、堂琅山。

[illegible]，	执祭叙缘由，
[illegible]，	述源保毕命，
[illegible]；	我等师徒得长寿；
[illegible]，	叙源增毕寿，
[illegible]；	我等师徒得增寿；
[illegible]，	叙源毕吉祥，
[illegible]。	我等师徒得吉祥。
[illegible]，	作毕已结束，
[illegible]；	经文念诵毕；
[illegible]，	师徒双双起，
[illegible]。	祭仪已终了。
[illegible]，	天神请暂归，
[illegible]。	地祇请暂回。
[illegible]，	仪式就此停，
[illegible]。	至此告一段。[1]

由上述经文可知，虽然母系氏族社会末期就有祭祖仪式，但是仪式并不规范，规则也不全。从石尔俄特时期到邱普时期，毕摩原生文化经过一系列的改革，仪式程序更加规范，内容更加完善，由此，彝族传统文化才得以繁荣发展。

三、毕主互赞（[illegible]）

毕主互赞是祭祖毕摩与仪式主人间的特殊对话，即互相赞美，彝语称为“朵提伙俄滇”（[illegible]）。

毕主互赞与宴灵仪式有机结合，增加了祭祖仪式的色彩。该仪式在一位辅祭毕摩和一位能说会道的主祭方的宗族成员间进行，内容主要是相互赞美。毕摩赞美仪式主人的房屋壮观、牛羊成群，甚至将除主人家族以外的大小凉山地区有名望的同等级宗族都说成是仪式主人的姻亲（实际上不一定是姻亲）进行赞美，恭维主人的势力强大、名声显赫，以此彰显毕摩的渊博知识与精湛技艺。同时，毕摩对自己也进行一番赞扬，如自己身上所附神灵法力高深，经过该仪式后，将赐予仪式主人福祉等，然后告诉主祭方仪式后期所需的牺牲物，并巧妙地暗示主人给予酬金（祭祖酬金是有规定的），最后祝仪式灵验，仪式主人家庭幸福、人丁兴旺、繁荣昌盛。互赞的内容可增可减，可随机应变，互赞的时间取决于双方的口辩能力。对话时，毕摩一方坐在祭棚里，主人一方站着或蹲在祭棚外。互赞仪式首先由毕摩方开场。

[illegible]：	毕摩：
[illegible]，	呀哦，仪式主人家，
[illegible]？	在世子孙可在否？
[illegible]：	主方：
[illegible]。	呀哦，我等均在这里也。
[illegible]：	毕摩：
[illegible]，	可敬真可敬，
[illegible]，	大屋之下主人某某家[2]，
[illegible]，	确实尊贵的一家，
[illegible]。	富裕美名扬四方。
[illegible]，	我们在外时闻听，
[illegible]，	说是白银铸瓦盖房屋，
[illegible]，	用金铸檩做主梁，
[illegible]，	用铜铸成房屋墙，
[illegible]，	棉线搓成犁纤索，
[illegible]，	丝线搓成千斤扣，
[illegible]。	绸缎用来垫鸡窝。
[illegible]，	昨日来到贵宅时，
[illegible]。	方知传闻是事实。

① 摘自美姑县拉马乡吉觉黑马村著名毕摩迪惹尔曲收藏的经书，并参考其他典籍整理、翻译而成。

② 毕摩要报出仪式主人家每位男性成员的名字，也可以按照宗族谱系报到仪式主人为止。

接着，毕摩大力赞美主人家的婚姻，赞美有名望的各宗族都与仪式主人家联姻，形成强大的姻亲网。因为彝族古代社会有阶级内婚配的习俗，婚姻能体现一个宗族或家支的高贵和威望，同时也能体现出自身的势力和地位。赞颂的格式一般为“某某地某某你姻亲”或“某某宗族某某支系你姻亲”。毕摩对主人进行夸大其词的赞美后，对自己也进行一番夸耀，内容如下。

彝文	汉译
[illegible]，	来自实楚大山下，
[illegible]，	神毕阿鲁我一组，
[illegible]，	犹如鹤雁所到之处洁，
[illegible]，	犹如高山杉柏绽放花，
[illegible]。	咱们毕摩所至之处吉。
[illegible]，	毕摩出门从未带过粮，
[illegible]。	自有仪式主人来备办。
[illegible]，	姑娘出嫁从未带田产，
[illegible]，	自有夫家来置办，
[illegible]，	作毕我一群，
[illegible]，	白牙利锐锐，
[illegible]，	只为啃骨来，
[illegible]，	口腔深悠悠，
[illegible]。	只为饮酒来。
[illegible]，	我们所到之处都吉祥，
[illegible]。	我们所至之处必平安。
[illegible]，	能使人丁匮乏者变繁衍，
[illegible]，	能使贫者变富裕，
[illegible]。	能使愚者变聪慧。
[illegible]，	签筒挎背上，
[illegible]，	起自昊天高原上，
[illegible]；	只为摧毁死神来；
[illegible]，	法帽仿佛鹰展翅，
[illegible]，	起自大地平原上，
[illegible]；	只为摧毁病魔来；
[illegible]，	神扇有如群蝶舞，
[illegible]，	起于樱林大山上，
[illegible]。	只为驱逐死神病魔来。
[illegible]，	我等毕师徒，
[illegible]，	起自实楚山下来，
[illegible]。	只为驱逐死神病魔来。
[illegible]，	仪式主人家，
[illegible]，	愚变智，
[illegible]；	你将变智慧；
[illegible]，	贫变富，
[illegible]；	你将变富裕；
[illegible]，	群星亮，
[illegible]；	你家众主亮闪闪；
[illegible]，	白云美，
[illegible]。	你家众主美艳艳。
[illegible]，	但愿主人你一家，
[illegible]，	有子俊，
[illegible]，	有媳丽，
[illegible]，	子孙排成崖，
[illegible]。	子孙繁衍千万户。

彝文	汉译
[illegible]——	呀哦——
[illegible]，	主人你一家，
[illegible]，	等待明早仪式后，
[illegible]？	你将何物作毕酬？
[illegible]，	等待明早仪式后，
[illegible]，	如以猎狗作毕酬，
[illegible]。	子孙见闻必宽广。
[illegible]，	欲用骏马作毕酬，
[illegible]；	子孙地位必提高；
[illegible]，	欲用牛羊作毕酬，
[illegible]；	子孙必定九代富；
[illegible]，	欲用宝剑作毕酬，
[illegible]；	子孙世代出英雄；

吉克惹史家族用黄牛祭灵　单孝勇 / 摄

欲用金银作毕酬，
子孙俊美且贤惠。

作毕我一群，
来时虽然着蓑衣，
归时是否披金又戴银？
来时拄拐杖，
去时不知是否骑骏马？
地上立骏马，
马上能否配雕鞍？
鞍上是否金银满？
作为作毕的谢礼，
祈得吉祥神灵、
五谷神灵、
生育神灵。
你家今后人丁兴盛，
五谷得丰收，
五畜得繁衍，
子孙得兴旺，
在此告一段。

主方：
来自实楚山下，
神毕阿鲁你一组，
听说神枝向来用柳枝，
柳树渊源最长久，
阿鲁神毕法术最精湛，
阿鲁毕摩历史最悠久，
听闻阿鲁祈福最灵验。
驱鬼治病病痊愈。
我也默算选中你，
胛骨占卜选中你，
木刻占卜选中你。[1]

根据毕摩方所述的内容和所提问题和要求，主人方一一作答，最后双方友好结束对话。

---

[1] 作者以马边著名毕摩吉克良良收藏的经书为基础，参考其他经书整理而成。

四、黄牛祭灵（ꀉꊭꋃ）

黄牛祭灵是牺牲黄牛（禁忌牺牲牦牛和水牛）来祭灵的仪式，彝语称为“勒陈扎”（ꀉꊭꋃ）。现四川凉山地区彝族用黄牛来祭灵的情况很少。用黄牛祭灵主要有两种情况：一种是黑彝宗族祭祖，要牺牲黄牛；另一种是白彝支系吉克惹史家族，要用黄牛来祭灵。彝谚道：吉克惹史家祭祖，父亲牛宴祭，母亲羊祭灵。意为吉克惹史的父亲是黑彝，母亲是白彝。如今，白彝支系中只有吉克惹史和俄其曲比两个家支祭祖送灵时必须用黄牛来祭灵，而其他白彝家支祭祖时一般用绵羊来祭灵。所牺牲的黄牛有严格的要求：一是要健壮，四肢发达，不能有残疾；二是未服过劳役的未阉的公牛；三是牛的颜色为白色、黄色或花白色，禁忌用黑色黄牛来祭灵。

（一）禀告牺牲（ꂾꄯ）

禀告牺牲，是指向被祭亡灵禀告为宴灵而牺牲牲畜的种类，彝语称为“莫提”（ꂾꄯ）。禀告牺牲牛、绵羊，彝语分别称为“勒莫提”（ꀉꂾꄯ）与“月莫提”（ꑌꂾꄯ）。届时，主持祭祖溯源仪式的毕摩念诵《禀告祭牛经》（ꀉꂾꄯ），念完后将牛杀死，将牛尸抬到被祭亡灵面前，牛头朝着亡灵，左侧着地，在亡灵左侧放一些白酒和泡水酒等祭品。

（二）牛尸祭灵（ꀉꂾꊭꋃ）

接着主祭毕摩主持牛尸祭灵仪式，彝语称为“勒莫成扎”（ꀉꂾꊭꋃ）。首先，念诵《净手祛秽经》《护主点丁经》及《护法快神经》；其次，念诵《献祭经》（《ꂿꃅꈐꉼ》）。《献祭经》彝语称为“莫密库伙”（ꂿꃅꈐꉼ），主要内容是叙述亡灵生前的遗物并追溯其起源，说明这些遗物的作用，告诉祖妣亡灵可以尽情享（使）用这些遗物，但不能带走其灵魂。劝导亡灵赴宴进食，是祭祖送灵仪式中极为关键且重要的口诵经文之一。《献祭经》内容与第1卷《毕摩的起源及流派》第二章“毕摩原生文

牛尸祭灵　立克达曲 / 摄

化”第四节“毕摩文化的传承”中的《献祭经》相同。该经文由主祭毕摩念诵，诵经前，护灵员（邛莫）把盛荞麦糠粉的簸箕放在主祭毕摩面前，主祭毕摩手持神扇、头戴法帽开始念诵。现将《献祭经》中的《献祭黄牛经》（《[illegible]》）内容摘录如下。

献祭黄牛经，
祭场献牛群，
原野之黄牛，
莫恋世间之原野。
壮牛献亡灵，
亡灵勿拒绝。
献祭的牛魂，
情愿伴灵去。
毕摩诵祭辞，
牛群赠亡灵。
请将各种福祉留下来，
请将生育神灵留下来。
肥壮的祭牛，
伴灵归祖界。
微风徐徐吹，
黄牛伴野鹿，
随风赴归程。
雾散现杉柏，
林中现归路。
亡灵赶牛起程时，
请将人丁福神、
六畜佑神、
五谷佑神、
格菲生育神留下来，
赐给你等众儿孙。
向左逐死神，
向右剿病魔。
黄牛卸死神，
死神卸则安；
黄牛御魔威，
病魔御则宁。
已故众亡灵，
已故的先妣，
已故的先考：
额木普沽呢，
绵羊易离散，
黄牛不离群；
鸿雁易离散，
黄牛不离群；
野狼易离散，
黄牛不离群；
养好献祭牛。
额木普沽呢，
耕牧好去处，
水草极丰茂，
放牧好场所，
更宜养牛马。
迅速赴归程，
赶好祭牛群，
到时勤喂养。
三头算一群，
勤养则增殖。
祭牛归祖后，
瘟疫损畜群，
勿损献祭牛。
高原牧场养牛则增殖，
坡岭草场放牛则催膘，
辛勤喂养黄牛终无悔。
亡灵赶牛起程时，
请将六畜神灵留下来。
亡灵赶牛归去后，
云雾仍将罩大地；
亡灵赶牛归去后，

雨露照常润万物。
已故众亡灵，
今日主人哀悼送灵时，
人丁福神莫跟去。
挽留欲离之灵魂，
招回跟去之游魂。
今日祭场宰杀祭牲时，
六畜神灵莫跟去。
挽留欲离之灵魂，
招回随去之游魂。
今日祭场开仓取粮时，
五谷神灵莫跟去。
挽留欲离之灵魂，
招回跟去之游魂。
护法白狮神灵莫离去，
挽留欲离之灵魂，
招回跟去之游魂。

已故的先妣，
已故的先考，
请将福禄寿神、
生育神灵、
健康平安诸神，
留下赐儿孙。
献祭黄牛经，
不诵则不明。
自古祖传孙，
父传子至今。
耳闻先师言如斯，
今由我来告知你。
诵经献美酒，
诵经献供奉。
祭词已终结，
至此告一段。

诵完《献祭黄牛经》后，杀牛取肝并烧熟，待众毕摩品尝后，仪式的主、辅祭方各自分得牛颈肉、少许麦冬草叶、荞麦糠粉等。其后，毕摩为仪式的主、辅祭方赐魂，并将赐魂物放入双方摊开的毡衣襟里，让其带回各自家中举行唤魂仪式。

（三）熟肉祭灵

众毕摩在品尝烧熟的牛肝后，立即举行熟肉祭灵仪式，该仪式彝语称为“恒成扎”（[illegible]）。熟肉祭灵是指将宴灵的黄牛肉、绵羊肉、鸡肉、供灵赐福猪煮熟的内脏、熟鸡蛋、炒面、荞饼、米饭等，经过毕摩反复诵经后，劝导众祖妣亡灵享祭，待全部亡灵享祭后再将他们送往祖界。该仪式的目的是让每位被祭祖妣亡灵在祭棚内赴宴，让众亡灵吃好喝好，以防部分亡灵未赴宴或未享用到祭品而遗留人间，祸害在世子孙。

熟肉祭灵仪式，是由主祭毕摩和一位辅祭毕摩一起在祭棚内主持完成。毕摩首先念诵《苦荞来源经》（《[illegible]》）、《谷米来源经》（《[illegible]》）、《黄牛起源经》（《[illegible]》）等，再念诵《献祭经》。现将《苦荞来源经》摘录如下。

远古的时候，
人类兴盛地，
阿尕勒陀[1]方，
彼岸阿哲居，
阿哲种不熟，
此岸住乌撒，
乌撒种不熟，
后来有一天，
阿尕勒陀方，

[1] 阿尕勒陀：古彝地名，又称“阿尕李陀”。现泛指四川凉山高寒地区，亦即云贵高原的统称。

阿武[①]去砍伐，
阿武父来看，
阿武母来看，
荞叶如斗笠，
荞茎拐杖粗，
荞粒蜜蜂大。
会割者来割，
表妹共割荞，
荞垛一簇簇，
会脱粒者脱，
姻亲共来脱，
脱粒成荞粒，
丫杈[②]裂荞头，
连枷折荞禾，
扫把扫荞粒，
会扬者扬荞，
阿武父来扬，
荞壳扬坎下，
荞粒扬坎上，
荞粒堆成山，
粮仓满溢溢。
磨碎成面粉，
筛时起白雾，
揉时手变黄[③]，
吃之口变黄，
食之美又饱。

从此那以后，
阿哲做犁弯，
乌撒制牛轭，
桦树做犁弯，
杜鹃树制牛轭，
火棘[④]做拉杆，
嫩竹做绳索，
金竹做牛鞭，
驱赶公耕牛，
到阿尕勒陀。
阿尕勒陀方，
犁铧翻耕地，
翻地一片片，
碎泥起云雾，
撒种如下雨，
禾苗绿油油。
荞麦首先熟，
首先成绿粒，
荞麦中间熟，
中间成黄粒，
荞麦最后熟，
麦粒已成熟。

老人食之精神旺，
小孩食之脸蛋红，
青年食之骨骼壮，
女人食之更美丽。
彝区宴客时，
荞麦当首先，
联姻御敌时，
荞麦当首先。
人间母为尊，

① 阿武：指“彝族六祖”之长子“武”，具体名字叫慕阿切。据传，荞麦是阿武部落首先发现的植物，他们在云贵高原的深山老林里砍伐树木时发现了野生荞麦，发现可食用后，便把荞麦种子带回并试种成功，从此，四川凉山地区农业得到进一步发展，荞麦成为彝族人最爱吃的食物。从古至今，彝族逢年过节，红白喜事，特别是举行祭祖仪式等都少不了用荞麦做食（祭）品。

② 丫杈：用树枝制成的约2米长的树丫，专门用来打落荞粒的农具。

③ 指荞粉遇水后变黄。

④ 火棘：彝语称“阿金”，俗称“救兵粮”，别名火把果，为常绿小乔木，高可达3米，其果实成熟后，深红色的籽粒可食用。

[illegible]。	五谷荞极品。
[illegible]，	吃呀吃，
[illegible]，	喝呀喝，
[illegible]。	至此告一段。[1]

（四）鸡祭亡灵（[illegible]）

鸡祭亡灵[2]，彝语称为“孜几瓦罗”（[illegible]）。这项仪式是用一只红色公鸡祭祀生前不吃牛羊肉等腥膻味的亡灵。毕摩原生文化认为，如果被祭亡灵不接纳和享用祭棚内的祭品，是不会离开人间到祖界去的。此时，仪式还必须用一只红色公鸡来宴请生前不吃牛羊肉的亡灵。

鸡祭亡灵仪式由一位辅祭毕摩主持。护灵员把生前不吃牛羊肉等腥膻味的被祭者的灵牌取出来交给辅祭毕摩，辅祭毕摩在祖妣亡灵旁搭一个灵架，把取出的灵牌放在灵架上面，同时在灵牌前放一碗白酒，主祭方的一位男性成员手握祭灵鸡坐在祖妣灵位下方的棚外，辅祭毕摩开始举行鸡祭亡灵仪式。毕摩首先念诵《死因病由经》《献鸡经》《净手祛秽经》《户主点丁经》，然后进行鸡祭亡灵仪式，毕摩念诵《鸡祭亡灵经》，报告生前不吃牛羊肉等腥膻味者的名字，其内容摘录如下。

[illegible]，	已故的先妣，
[illegible]：	已故的先考：
[illegible]，	你等吃啊吃，
[illegible]。	喝啊尽情喝。
[illegible]，	坐在白色神座中享用，
[illegible]。	站在白色神枝后畅饮。
[illegible]，	进食屋内吃，
[illegible]。	御敌于界外。
[illegible]，	清晨不进食，
[illegible]；	早晨饿得慌；
[illegible]，	早晨不进食，
[illegible]；	正午饿得慌；
[illegible]，	正午不进食，
[illegible]；	下午饿得慌；
[illegible]，	下午不进食，
[illegible]；	傍晚饿得慌；
[illegible]，	傍晚不进食，
[illegible]；	夜晚饿得慌；
[illegible]，	夜晚不进食，
[illegible]，	深夜饿得慌，
[illegible]。	长夜难煎熬。
[illegible]，	现在抓住牺牲猛啃咬，
[illegible]，	翻转牺牲齐撕食，
[illegible]，	你等享用快享用，
[illegible]，	快快撕食肥公鸡，
[illegible]。	撕下肋骨肉啃食。

接着，主祭毕摩继续念诵另一段经文。

……	……
[illegible]，	兹兹普乌联姻者九家，
[illegible]，	鸡为首送礼，
[illegible]，	阿尕勒陀御敌者九家，
[illegible]，	鸡为首挡物，
[illegible]，	昭通一带祭祖者九家，
[illegible]，	鸡为首宴灵，
[illegible]。	人丁兴旺矣。

随后念诵《偿还情债经》（《[illegible]》），毕摩拿起放在灵牌前的酒碗，继续念诵《祭酒经》（《[illegible]》），念完后毕摩将酒倒在祖妣灵牌上，再由护灵员将灵架上的所有灵牌放回原处。

助手将鸡煺毛后，把鸡头、鸡肝和连着左

① 以马边彝族自治县吉克良良毕摩收藏的经书为基础，与其他经典一起整理而成。

② 远古时期，祭祖时曾用鸡来宴灵，后用牛羊代替。

宴灵的绵羊　立克达曲 / 摄

翅膀的胸脯肉烧熟后放在生前不吃牛羊肉的祖妣草偶前的木碗中，以此祭祀不吃牛羊肉的祖妣亡灵。其余的鸡肉，除仪式主人禁吃外，其他人可共同享用，鸡祭亡灵仪式到此结束。

五、祭水偿还（ꀀꀁꀂꀃ）

众毕摩和在场所有人员共同分享煮熟的祭灵牛肉。吃完后，由主祭毕摩主持祭水偿还仪式。主祭毕摩首先念诵《分魂简经》和《水的起源经》，然后念诵《祭水偿还经》，其主要内容是死者与活者之魂已分开，被祭亡灵已经享用了牛肉与鸡肉，吃饱后开始喝泉水。仪式过程是，主祭毕摩用一个木碗从放置于祖灵旁的盆子里舀一碗水后又倒回去，表明已舀水给祖灵喝了。与此同时，辅祭毕摩两人一组跳跃式地念诵《分魂经》，其他前来观摩的毕摩也可以加入念诵《分魂经》，一来这是仪式的需要，二来这也是施展自己才华的机会。一旁的仪式主人会不时地奖励优秀毕摩一些礼金，以示鼓励[①]。

之后举行“敬睡酒”仪式，彝语称为“依职柒”（ꀀꀁꀂ），主要是告知祖妣亡灵夜已深，应该睡觉了。毕摩在诵经的同时将酒倒在祖妣草偶及灵牌上，以示给祖灵献上“敬睡酒”，让祖灵休息，全天的仪式就此告一段落。此时，主祭毕摩和护灵员互相敬酒，互相道谢，表示合作愉快。众毕摩、护灵员、仪式主人和亲朋好友等困乏者可以去睡觉，无睡意者可以聚在一起饮酒畅谈，倾听民间艺人弹琴说唱，比赛“克智”（ꀀꀁ）、“黑色勒俄”（ꀀꀁꀂꀃ）等，表演可持续

①按照传统，毕摩口诵《分魂简经》或念诵《分魂经》时，一旁的仪式主人和姻亲自愿给予一定的礼金。

到凌晨。

在凌晨公鸡首次鸣叫时，举行“唤醒祖灵”仪式。毕摩首先念诵《唤醒祖灵经》：“起呀妣灵起，早起者尊，起呀祖灵起，向早起者致敬！喝碗清晨茶，头脑清又醒……我教尔等到祖界，跟随先妣去，跟随先祖去。起吧，起吧，快起床！”接着，主祭方的青壮年男性成员和助手们分别带着八根带火的柴棒一边高喊“啊呜——咳咳！”一边按顺时针方向绕祭棚转三圈，然后将柴棒分别抛向东、南、西、北和东南、东北、西南、西北八个方向，表示唤醒沉睡的祖妣亡灵。

六、绵羊祭灵（[illegible]）

凌晨时分，用一只白色绵羊再次祭灵，彝语称为“育果陈扎”（[illegible]）。绵羊祭灵仪式是由主祭毕摩在祭棚内主持完成，其仪式程序与黄牛祭灵一样，只是将熟肉祭灵仪式中《牛的来源经》换成《绵羊的来源经》（《[illegible]》），其内容摘录如下。

[illegible]，　现在叙述绵羊的来源，
[illegible]，　羊种来源上苍神界中，
[illegible]，　上苍彩云层中降，
[illegible]，　落到空中云雾层，
[illegible]，　空中云雾层中降，
[illegible]，　落到低空白云层，
[illegible]，　低空白云层中降，
[illegible]，　落到雾雨层中间，
[illegible]，　跟随雾雨层降落，
[illegible]，　落到人世间这方，
[illegible]。　鹫图约尔[1]牧场上。
[illegible]，　鹫图约尔方，
[illegible]，　驯养绵羊种，
[illegible]。　培育出优种。
[illegible]，　公羊是羊父，
[illegible]，　母羊是羊母，
[illegible]，　阉羊是羊舅，
[illegible]，　幼羊是随从，
[illegible]。　羔羊承羊种。
[illegible]，　阶银寿诺[2]羊，
[illegible]，　惹夫豁吉[3]羊，
[illegible]，　根獐瓦西羊，
[illegible]，　石布甲瓦羊，
[illegible]，　鹫拉特口羊，
[illegible]，　日哈兰木羊，
[illegible]。　神种的绵羊。
[illegible]，　祖妣亡灵群，
[illegible]，　祖考亡灵群，
[illegible]，　坐就列成一排排，
[illegible]，　站则立成黑压压，
[illegible]，　请用米饭佐肺汤，

绵羊尸体宴灵　立克达曲 / 摄

① 鹫图约尔：古地名，疑在云南昭通一带，是古彝人最早驯养绵羊的地方。

② 阶银寿诺：彝译的地名，汉语称为黄茅埂，位于四川美姑、雷波和马边三县交界处的山脉，山势由北向南延伸，北起大风顶，南至龙头山，南北跨度近100公里，是四川大小凉山的一道分水岭，往东、往北属小凉山，往西、往南则属大凉山。黄茅埂的主峰寿诺木尺合海拔3961.8米。

③ 惹夫豁吉：彝译的地名，汉语称为大风顶。现建有大风顶国家级自然保护区，地跨乐山的马边和凉山的美姑、雷波三县，面积1000余平方公里，主峰摩罗翁觉海拔4042米，高出峨眉山金顶943米。

[illegible]。　荞馍伴着羊肉吃。
[illegible]，　吃啊吃，
[illegible]。　喝呀喝高兴。[1]

七、牺牲献畜（[illegible]）

为了让祖妣亡灵到达祖界后如同在世一样拥有众多牲畜饲养繁殖，不愁吃穿，护佑子孙，为此仪式主人及其子孙将献祭牺牲牵到祖妣亡灵的灵牌前将其打死，以示让祖妣亡灵带走。按照祖规，在祭祖送灵仪式中，每位已故祖妣的每位儿女都要敬献公牛或公羊（亡祖亡妣各一头），曾见过被祭祖妣面的孙子也要敬献公绵羊或公仔猪。

负责管理牲畜的助手将姻亲带来的献祭牺牲交给其主人或其他的辅祭毕摩。众人将献祭牺牲牵到祭场亡灵面前，主祭方与辅祭方的青壮年男性成员和在场的辅祭毕摩等一起动手，杀死献祭牺牲。杀牲时不能用刀，只能用手捏死或用木棒击打致死，如果是牺牲黄牛则用劈刀猛击其前额致死。

敬献绵羊　立克达曲 / 摄

主祭方与辅祭方将各家的献祭牲尸放在原地，等待主持点报献祭牲仪式的辅祭毕摩的安排。

八、送灵出祭棚（[illegible]）

祖归路上不仅路途艰辛，而且还有毒虫猛兽阻挡，甚至还有各种妖魔邪怪阻挠，所以仅凭亡灵自身的力量是没有把握在与妖魔邪怪的斗争中斩将过关，所以要靠全体子孙的力量来护送祖灵，举行开路送祖的"普史妣啥"（[illegible]）仪式。

当绵羊祭祖仪式完成后，护灵员把祭棚内所有的草偶、灵牌、祭品、牺牲牛、连着羊头与四肢的羊皮等放在垫灵席上，与助手们一起抬到祭棚门口，由一位当年年龄为偶数的男性牵着配好鞍鞯的驮灵马站在垫灵席旁。主祭毕摩在祭棚门口主持送灵出棚仪式。主祭毕摩首先念诵《死因病根经》（《[illegible]》）、《献祭黄牛经》（《[illegible]》）、《敬献驮马经》（《[illegible]》）、《祭酒经》（《[illegible]》），然后用手中的神扇从簸箕中挑取一些荞麦糠粉撒向祖妣草偶，以示告慰众亡灵。

念完《祭酒经》后，仪式主祭方所有男性成员站起来，年轻男性披着铠甲、背着弓箭、腰佩宝剑、手持长矛、全副武装地站在主祭毕摩身后，准备举行护送亡灵出祭棚仪式。首先，两位辅祭毕摩头戴法帽、手持神扇蹲在祭棚门口，口诵《送灵出祭棚经》，其余毕摩背着经书、法器站在其身后，众主人列队随后，《送灵出祭棚经》内容如下。

[illegible]，　云雾罩村寨，
[illegible]。　宰牲行尸祭。
[illegible]，　远古尼能除污秽，
[illegible]；　尼能曾兴盛；
[illegible]，　实勺除污秽，
[illegible]；　实勺曾兴盛；

[1] 以马边著名毕摩吉克良良收藏的经书为基础，参考其他经书整理而成。

慕弥除污秽，
慕弥曾兴盛；
格俄除污秽，
格俄曾兴盛；
邱普除污秽，
邱普除秽子孙旺；
日阿格堵[1]除污秽，
日阿格堵居民兴。
日阿格堵圣地上，
始祖诞生地，
特与史色遇，
先妣诞生地。
濮女额俄曲[2]，
糯女迪哲史。
高原祖诞生，
高原妣诞生。
椎牛祭疆域，
畜秽染田土。
祭祖考诞生，
祭祖妣诞生。
主人事业成，
业就福禄厚。
开疆事已明，
拓土事已述。
武[3]地疆域守，
疆域传后世。
武部开疆界，
武部拓田地。
布默曾和谐，
布支势力厚。

布祖开疆界，
布祖垦田土。
生存靠天佑，
庇佑则繁衍。
默支护疆界，
默支佑田产。
楚伙圣地洁，
楚伙祖居地。
楚伙红壤地，
糯恒竟繁衍。
古恒似水流，
邛尼如浩林，
彝祖自此分。
糯部结伴迁，
寻找居住地，
糯祖开疆界，
糯祖拓田地。
阿色黑阿[4]处分支，
曾居增阿勒布地，
糯宗自此分三支。

尼阿古恒分，
恒部寻居地，
开疆势迅猛。
恒祖开疆界，
恒祖垦田地。
疆域不理想，
欲寻极佳地。
博克恒石居，
博克恒石旺。
兹兹额基居，
兹兹额基旺。
别堵择古居，

① 日阿格堵：古地名，疑在云南昭通一带，可能是“彝族六祖”分支前居住的地方，具体位置待考证。
②额俄曲：据《勒俄特依》记载，额俄曲为彝族始祖居木之妾。
③武：与下面的“布”“默”“糯”“恒”等均为“彝族六祖”所分出的各支系部落首领。

④阿色黑阿：古地名，疑在云南昭通一带，具体地点待考证。

别堵择古旺。
择孜伙普居，
择孜伙普旺。
伙普储祖灵，
普伙分三支。
择孜伙普呢，
疆域不理想，
拓土不如意，
疆域也不牢，
田产也不固，
疆域除污秽，
祛除田产秽。
祖妣似苍松，
子孙承母形，
母体承子孙。
春来花蓬蓬，
秋也花蓬蓬，
子孙繁衍似花开。
祖妣似雁鹤，
子啼母后跟，
母喊子后随，
尼能自此传。
雁鹤轻又快，
疆域宽又阔，
菲格育神全，
子孙昌又盛。
远祖虎豹子[①]，
子亡母不悲，
母亡子不伤。
群兽纷纷涌，
育神纷纷涌，
儿孙繁衍遍天下。
深山隐百兽，
上方祭苍天，
下界祭祖妣，
主人祭祖妣。
中间行驱逐，
中间逐孽邪。
驱逐地中邪，
妣灵佑主人。
就在现在呢，
献畜祭祖妣，
祭场插神枝，
神位垫净草，
宰畜供亡灵，
祈祖赐格神，
祈妣赐予菲神祭。[②]

护灵员带着祖灵灵牌，背着其他物品走在送灵队伍最前面，另一助手扛着接种树木跟在护灵员后面，紧随其后的是驮灵马、报时鸡和开路猪，随后是主祭方宗族所有男性成员。宗族男性成员有的手持长矛，有的挥舞刀剑，有的舞棍弄枪，有的喊着“让开、让开、快让开，把路让出来，我头上长有角，我手中握有刀，我角能够戳穿你，我刀能够砍死你”，有的模仿着劈砍刺杀的动作，有的甚至还放鞭炮以示助威。最后是手摇神扇、头戴法帽、口诵护送祖灵经文的毕摩。整个队伍就这样围着祭棚逆时针转三圈，俨然是利用集体的力量与挡在亡灵归祖路上的妖魔邪怪进行战斗。护送祖妣亡灵的人越多越好，叫喊声越大，威慑力也越大，越容易赶走邪魔，越容易将祖灵顺利护送至祖界。

接下来举行祭灵马仪式（[illegible]），即祭祀驮灵马仪式。祭灵马仪式也是一种占卜仪式，通过

①虎豹子：远古时期，虎豹是彝族先民的图腾物。

② 以马边著名毕摩吉克良良收藏的经书为基础，参考其他经书整理而成。

祭灵马仪式可以预测祖妣亡灵是否顺利归祖。该仪式由一位辅祭毕摩主持，酬金为一锭白银（十两），仪式开始前将酬金放在马前骻下的鞍鞯上。毕摩井然有序地念诵经文，念诵到一定段落时驮灵马自然颤抖，说明被祭亡灵顺利回归祖界，变成祖灵。若念诵一定段落后驮灵马尚未颤抖，则认为该毕摩未能劝导亡灵归祖，必须换另一位毕摩主持该仪式，直到驮灵马颤抖为止。最后，使马颤抖的毕摩获得酬金。

驮灵马颤抖后，卸下马鞍，将马赶往云南昭通（亡灵归祖路线）方向，表明驮灵马已驮着祖妣亡灵回归祖界了。此后仪式主人不能再饲养该马，按照传统，该马一般是送给被祭祖妣中辈分最高者的在世幺女家，即另寻其主。

第八节　献牲镇魔（ꃀꂷꆹꏨ）

献牲镇魔，是指在世子孙给祖妣亡灵献祭牺牲，劝导他们带走子孙献祭的牺牲到祖界，同时镇住并解除缠绕在亡灵身上的各种死神病魔，让亡灵健康地达到祖界，过着幸福美满的生活，彝语称为“莫弥钠酷”（ꃀꂷꆹꏨ）。

仪式开始前，辅祭毕摩在祭祖道场朝南方向的垫灵席后面插上一棵去根、带枝叶的用来祈嗣的银杉树（从洁净的深山中砍回的松树也可），将祖妣草偶放在银杉树前朝南的地上，在银杉树前搭好灵架并按仪式主人辈分高低依次将祖妣的灵牌放在各自的灵架上，“惹尔惹吉”和“比尔尼日”灵牌的灵架放在所有灵架的最后面。与此同时，助手们则开始宰杀一头未阉割的拱灵开路仔公猪，彝语称为“莫布瓦”（ꃀꁧꃶ），用一块石板接猪血，然后将石板放在银杉树后面，将拱灵开路仔猪的猪尸左侧着地、头朝南放在接猪血的石板后面。

与此同时，助手在一位辅祭毕摩的主持下将所有献祭牲尸依次放在拱灵开路猪尸后面，按照先主祭方后辅祭方、先长后幼的顺序摆放。先将主祭户家的祭牛尸左侧着地、头朝南放在拱灵开路猪尸后面，按照上述顺序和方法依次排放主祭方每户儿子的祭牛尸或羊尸，再按长幼顺序摆放孙儿、孙女的献祭牲尸，最后摆放辅祭方每户女儿的献祭牛尸和外孙、外孙女的献祭牲尸。依次排放好后，由一位辅祭毕摩在献祭牲尸两侧插上献祭牲神座，再切一小块牛左耳尖放在该献祭牛尸上面。同时，主祭毕摩用麦冬草编一个草圈（ꀕꆀ）放在最前面那头牛尸上，再在草圈内放少量荞麦糠粉，然后开始举行献牲镇魔仪式。

一、点报献祭牲（ꅜꃀꆹ）

点报献祭牲仪式，彝语称为“杜莫铁”（ꅜꃀꆹ），由一位辅祭毕摩[1]在献祭牲尸旁主持，说明敬献给祖妣的牲畜种类及其用途，特别说明寻找献祭牲的艰辛，恭请祖妣接纳。辅祭毕摩首先报告仪式进展情况：故者故去后，先妣××××故去后，先祖××××故去后，仪式众主人为了祭祖送诸灵，占卜吉凶仪式已结束，驱魔咒鬼仪式已完成，宴灵仪式正在进行中，现在轮到献祭点牲的时候。

主持点报献祭牲仪式的辅祭毕摩手持白、花、黑三根点牲棍（ꌦꂾꌦꉌ），从前面的第一头牛尸开始逐头（只）地向被祭亡灵报告牲畜主人的辈分、性别、名字以及献祭牲的种类和数量。为每位献祭牲主人点报献祭牲时都要念诵《点报祭牲经》。首先为主祭方的儿子点报献祭牲。

①以前是由主祭毕摩点报主祭方献祭牲畜，辅祭毕摩点报辅祭方献祭牲畜。

点报献祭牲　单孝勇 / 摄

报告祖妣名字时只报牲畜主人已故和活祭[1]父母名字以及本代中的同祭绝嗣者和绝嗣活祭者的名字。无重祭祖妣、同祭绝嗣者和绝嗣活祭者则可免报重祭祖妣和同祭者的名字。接着毕摩念诵《点报祭牲经》。

[illegible]——[illegible]，	吚嗌——嘿咿嗒啊，
[illegible]，	已故的先妣，
[illegible]，	已故的先祖，
[illegible]，	今晨雄鸡争相鸣三遍，
[illegible]，	鸡鸣天放亮。
[illegible]，	原野放亮云雀刚欢唱，
[illegible]，	杉林放亮獐麂刚奔跃，
[illegible]，	悬崖放亮蜜蜂刚涌鸣，
[illegible]，	江河放亮鱼群刚欢跃，
[illegible]，	蕨林放亮雉鸡刚争鸣，
[illegible]，	竹林初见光，
[illegible]，	锦鸡刚欢唱之时，
[illegible]、	尔等长子××××、
[illegible]××××[illegible]、	次子××××、
[illegible]××××，	幼子××××家，
[illegible]。	已为尔等献上公黄牛。
[illegible]，	纠图慕古圣地上，
[illegible]，	自古牛羊均属畜中首，
[illegible]，	羊血不如牛血甜，
[illegible]，	羊肉不如牛肉香，
[illegible]，	羊毛不如牛毛暖，
[illegible]。	已为尔等献上牛。
[illegible]、	尔等长子××××、

①活祭：指此人还活着，而伴侣及同辈人全部去世，其本人年龄在80岁以上，且神志不清，以后不宜单独为其举行祭祖仪式，经子孙们讨论后一致同意对其进行活祭，待其去世后便不再举行祭祖仪式了。活祭程序与其他祭祖程序一样，只是在最后举行“指路归祖”仪式后要单独为其举行招魂仪式。

次子××××、
幼子××××家，
尔等健在时，
家中太贫穷，
尔等故去后，
已成遗孤儿。
事业未成就，
囊中太羞涩。
为备这对牛，
八方凑钱财。
寻财下山坡，
折断三片脚指甲；
寻财攀悬崖，
折断三根手指甲。
脚趾十兄弟，
踏遍青山寻钱财；
手指十兄弟，
翻遍藤萝找钱物；
须发十兄弟，
钻遍云雾霜雪寻钱财。
昼里拨开草丛细寻找，
夜间打着火把细搜索，
不顾日晒与雨淋，
不畏严寒与酷暑，
勒紧裤腰带，
省下口中食。
自古子欠父债者，
尔等给子娶妻安了家；
自古父欠子债者，
今日为你祭祖送亡灵，
恭送尔等归祖界，
已为尔等献上这对牛。

此时，主持点报献祭牲仪式的辅祭毕摩用手中的点牲棍指一下所报的祭牲尸，接着念诵。

以此偿还尔等养育恩，
了却孝敬心，
偿还尔等诸情债。
敬请赐予生育繁殖神，
赐予福禄长寿神，
赐予吉祥如意神，
赐予六畜兴旺神，
赐予五谷丰登神。
过去子嗣匮乏者，
从此将会速繁衍。
贫者将会变富裕，
你家定会变富裕。
漆则亮，
你家定会变明亮，
绘则美，
他家定会变亮丽，
从今养儿必俊勇，
媳妇貌美且贤淑，
子孙必将繁衍遍天下，
至此告一段。

依次为被祭者在世的每个儿子点报完后，紧接着为被祭者的孙儿、孙女点报献祭牲。为孙儿、孙女点报献祭牲时所诵的《点报祭牲经》要根据牲畜主人性别和种类做相应的调整，其他内容与主祭方的大致相同。

如果报的是绵羊，就说："纠图慕古圣地上，自古牛羊均属畜中首。牛血不如羊血甜，牛肉不如羊肉香，牛毛不如羊毛暖。"同样，如果报的是猪就说："自古猪鸡均属畜中首，鸡血不如猪血甜，鸡肉不如猪肉香，鸡毛不如猪毛暖。"

紧接着，毕摩为每位被祭亡灵的女儿点报献祭牲。此时所诵的《点报祭牲经》与被祭者的儿子的内容相同，只是把其中的关系改成"尔等长女××××、次女××××、幼女××××家"

即可。诵至“省下口中食”时，将其后的经文改为“尔等养育女儿不容易，为她择婿成了家。今日虔诚祭送尔等归祖界，献上这对公黄牛（或公绵羊）”。此时，主持点报献祭牲仪式的辅祭毕摩用手中的点牲棍指一下所报的祭牲尸。

为辅祭方的每户点报完毕后，再为被祭祖妣的每一位外孙、外孙女点报献祭牲，所诵的《点报祭牲经》与被祭者的孙儿、孙女点报献祭牲的内容相同，只将其中的关系改成“尔等长女××××的儿子（女儿）、次女××××的儿子（女儿）、幼女××××的儿子（女儿）”即可。为外孙儿、孙女点报献祭牲时省去“刚成家”“成遗孤”“父欠子债”“子欠父债”等内容。

主持点报献祭牲仪式的辅祭毕摩依次为主、辅祭方报完献祭牲后，又返回到第一头牛尸旁，用点牲棍指着祭牲尸从大到小依次点报1、2、3、4、5、6、7、8、9、10、11、12、13……并说：“众祖妣众亡灵，献祭牲尸放倒一长串，连成一条长长路，头昏眼花实在数不清。”即使是小型祭祖送灵仪式，只有几只献祭牺牲，也要用夸张的言辞报告，表示亡者的儿女众多，势力强大，献祭牺牲众多。至此，点报献祭牲仪式结束。

二、献牲（[illegible]）

点报献祭牲仪式结束后接着举行献祭活牲仪式，即献牲（[illegible]）仪式，该仪式由主祭毕摩主持。两位助手将垫灵席上面的物品一起放在献祭牲末尾朝北的方向，毕摩面朝献祭牲就座。

主祭毕摩首先念诵《净手祛秽经》《护主点丁经》，然后辅祭毕摩分别念诵相关经文。一位辅祭毕摩念诵《护法快神经》《死因病由经》，另一位辅祭毕摩站在献祭牲旁，用点牲棍指着经书念诵《献牲镇魔经》。主祭毕摩继续念诵《献祭经》中的《行善经》（[illegible]）。

[illegible]，	行善呀行善事，
[illegible]，	行善增荣耀，
[illegible]，	行善源阿妈①，
[illegible]。	行善为子孙。
[illegible]，	善祭十五夜②，
[illegible]，	你等齐升华，
[illegible]。	你灵获平安。
[illegible]，	遗物十五种，
[illegible]，	要带遗物去，
[illegible]，	如是不带走，
[illegible]。	遗物陈腐烂。
[illegible]。	设宴勤献祭。
[illegible]，	毕若不献祭，
[illegible]。	亡灵不升华。
……	……
[illegible]，	祖妣亡灵们呀，
[illegible]，	尔等祖界生活时，
[illegible]，	如今诸多黄牛群，
[illegible]，	诸多绵羊群，
[illegible]，	诸多黑猪群，
[illegible]，	与酒同献祭，
[illegible]。	与粮同献祭。
[illegible]，	报晓献祭牲，
[illegible]，	驱逐病魔事，
[illegible]，	尔等详闻之，
[illegible]。	经文诵一段。

三、镇魔（[illegible]）

镇魔仪式，彝语称为“钠酷”（[illegible]）。将夺去祖妣生命并缠绕其亡灵的死神病魔镇住并驱

① 阿妈：是指母系社会女性部落首领的名称。

② 十五夜：指举行祭祖仪式时间长达半个月。

逐送往德布洛莫魔域，并镇于地下深处，让其永远不得再回来作祟于子孙。

献牲仪式结束后，众助手在原地将所有献祭牲尸由原来左侧着地翻至右侧着地，将拱灵开路猪尸放在主祭毕摩面前。主祭户找一根红毛线给助手，助手将红毛线和垫灵席上的魔签一起递给主祭毕摩，主祭毕摩开始念诵《镇魔开场经》（《[彝文]》）、《护主点丁经》、《驱逐经》（《[彝文]》）、《声明折魔经》（《[彝文]》）等。

念诵《镇魔开场经》后，主祭毕摩用红毛线将折叠起来的一根魔签绑在拱灵开路猪的左耳上，抓住猪尸后腿，边念诵《驱逐经》，边将猪尸掷向德布洛莫方向。当头朝向德布洛莫方向时，取下魔签和红毛线，与其余的魔签一同放入垫灵席下，表示已镇住死神病魔。

四、赐福纳福（[彝文]）

赐福纳福仪式，是指毕摩用荞麦糠粉作为祖妣亡灵归祖前留下的生育繁殖神、福禄长寿神、吉祥如意神、人畜兴旺神和五谷丰登神，赐给主、辅祭方的仪式行为，彝语称为“曲鲁括”（[彝文]）。毕摩用荞麦糠粉替代上述护佑神灵赐给在世的所有子孙，象征被祭者在世的子孙从毕摩处接纳祖妣所赐予的上述护佑神灵。

赐福纳福仪式由主祭毕摩主持。护灵员把所有的灵牌交给主祭毕摩，主祭毕摩在面前搭三个灵架，将所有的祖妣灵牌集中放在左边的灵架上，将重祭祖妣和绝嗣同祭者的灵牌集中放在中间的灵架上，将同祭婴幼儿的灵牌集中放在右方的灵架上。护灵员将盛荞麦糠粉的簸箕放在主祭毕摩面前，主祭毕摩头戴法帽，手持神扇，坐在盛有荞麦壳的口袋上主持赐福纳福仪式。

举行赐福纳福仪式时，首先主祭毕摩依次念诵《净手除秽经》《护主点丁经》（念诵到此经文时，其他毕摩站在献祭牲尸旁，开始举行招魂赐魂仪式）、《死因病由经》《献祭经》。此

主、辅祭方准备接纳毕摩的赐福粉　立克达曲 / 摄

时，除了一位辅祭毕摩念诵《献畜镇摩经》外，其余的辅祭毕摩头戴法帽、手持神扇与主祭毕摩一起念诵《献祭经》，众毕摩念诵至“引灵赴宴经”时，主、辅祭方每户派一位男性成员横排站在众毕摩身后，摊开左边的毡衣衣襟，准备接纳毕摩的赐福粉。两位助手用一根木棒抬着供灵赐福猪、祈嗣白公鸡、报晓鸡、守灵猫、铜锅、水桶和长柄木勺等，按顺时针方向围绕毕摩、接福粉的主人、灵牌和垫灵席转三圈，边转边喊着“哦——抬”的号子，转完后将物品放回众毕摩面前的垫灵席上。

现将《献祭经》中“引灵赴宴经”（[illegible]）摘录如下。

已故众亡灵，
出生获福禄。
故后归祖界，
祖界宜居处。
祖界是归宿，
归祖则吉祥。
现在止哀情，
诸事已告知，
悲尽欢声起，
祖灵莫消失。
古时邱普祖，
请魂极灵验。
招请亡者魂，
亡灵纷纷至。
唤魂齐声应，
苍天引魂归。
杀牲祭亡灵，
山峰商议场，
商议祭祖妣。
山头祭亡灵，
骏马驮灵归。

云雾罩大地，
大地祭亡灵。
伴月归祖云，
十二污浊祛，
十三洁美来；
祭祖送亡灵，
亡灵归祖界，
祖妣伴月归祖界。

已故的先妣，
已故的先考：
不祭云和雾，
特祭亡者灵；
不祭雨露神，
特祭祖妣灵；
不祭清风神，
特祭众亡灵。
逝者之福禄，
勿隐杉林中，
引路来享祭。
逝者之品德，
勿游原野上，
引导来享祭。
故者之声誉，
勿随江水流，
引导来享祭。
逝者财富神，
勿游峰岭上，
引导来享祭。
勿念木尼热几①而停留，
引导来享祭。
勿念木尼热哈而滞留，

①木尼热几：与下面的“木尼热哈”均为音译地名，在四川凉山金阳县境内。

引导来享祭。
请来躲在神枝后饮宴，
藏在白色神座中猛吞食。
已故的先妣，
已故的先考：
今夜棚内美酒似水潭，
祭肉堆垒似山丘，
祭饭溢出盛器外。
切勿顾他人，
别让活魂来抢食，
你等独自尽情用，
坐于牲首气昂昂，
坐于牲腰乐呵呵，
坐于牲尾尽情享用。

享祭已告终，
现在镇锁野馋鬼。
野游的馋鬼，
切勿窥视祭祖场，
妄图偷食祭供品。
山头馋邪莫抬头，
深谷野鬼莫闯游。
馋彝死后变馋鬼，
馋汉死后变馋鬼。
馋虎死后变馋鬼，
馋豹死后变馋鬼。
馋狗死后变馋鬼，
馋猪死后变馋鬼。
馋鬼无食盐，
冰块当食盐。
馋鬼无口粮，
河沙当口粮。
馋鬼无水饮，
污水当饮料。
馋鬼无衣裳，
苔藓当衣裳。
馋鬼无鸡养，
雉鸡当作鸡。
馋鬼无牛养，
野鹿当耕牛。
苍天雷电癞，
地底土怪癞，
坎下的蛇癞，
坎上的蛙癞，
河畔的獭癞，
人类疯癞等诸癞今晚，
切勿偷食棚内祭供品，
切勿偷饮祭供酒。
镇锁山头的馋鬼，
镇锁沟壑的野鬼，
镇锁天界的雷癞，
镇锁地下的地癞，
镇锁树梢的猴癞，
镇锁崖中的蜂癞，
镇锁河畔的獭癞，
镇锁世间的人癞，
镇锁东方的贪邪，
镇锁西方的馋鬼，
镇锁贪馋的野鬼，
主人活魂享祭留宅中，
内下室中吉禄享祭留下室，
内上室中库伙享祭留上室，
内壁板侧格非享祭留卧室。
主人人丁福神享祭留宅院，
六畜佑神享祭留在圈舍中，
五谷佑神祭留在柜篓内。

已故的先妣，
已故的先考：
你等排除干扰独享用，

[illegible] 排斥活魂狂争食。
[illegible] 驷匹嘎伙[1]方，
[illegible] 黑羊白羊分群各觅食，
[illegible] 阿伙柳艺[2]方，
[illegible] 黑猪黄猪分群各觅食，
[illegible] 祭祖棚内方，
[illegible] 活魂亡灵分开各进食。
[illegible] 你等独自尽情地享用，
[illegible] 吃啊吃，
[illegible] 喝啊尽情地喝！

[illegible] 祭供亡灵经，
[illegible] 不诵则不明。
[illegible] 自古祖传孙，
[illegible] 父传子至今。
[illegible] 耳闻先师言如斯，
[illegible] 今由我来告知你。
[illegible] 诵经献美酒，
[illegible] 诵经献供奉。
[illegible] 祭词已终结，
[illegible] 至此告一段。

[illegible] 骏马归君长，
[illegible] 今日全都归亡灵，
[illegible] 黄牛归臣子，
[illegible] 今日全都归亡灵，
[illegible] 绵羊归毕摩，
[illegible] 今日全都归亡灵，
[illegible] 祭牲供品全都归尔等。
[illegible] 畜神谷神勿随亡灵去，
[illegible] 今日招回五谷六畜神；
[illegible] 众主活魂莫随亡灵去，
[illegible] 众主家神莫随祖灵去，
[illegible] 众主家神莫随妣灵去；
[illegible] 众主魂魄勿随祖灵去，
[illegible] 众主魂魄勿随妣灵去。
[illegible] 众主魂魄勿入冥界领，
[illegible] 众主魂魄勿进冥界域，
[illegible] 今日招回众主之魂魄，
[illegible] 今日拽回吾主众游魂。[3]

主祭毕摩用神扇在簸箕里挑一些荞麦糠粉撒向身后的众主人。彝族风俗是在赐福纳福仪式中，谁家接住的荞麦糠粉越多，谁家的福分就最好，获得的福禄也就更多。因此，毕摩在撒福粉时要均匀地撒，不能有意偏向某一户。自此，每诵完一段《献祭经》都要加诵上述祭文并撒福粉。

紧接着念诵《献祭经》之“献祭骏马经”（[illegible]）。诵完后，毕摩用神扇在簸箕里挑一些荞麦糠粉撒向身后的众主人。撒完后，念诵《请魂祭神简经》（《[illegible]》）。毕摩每诵完一段后，都用神扇在簸箕里挑一些荞麦糠粉撒向身后的众主人。诵完《请魂祭神简经》后，主、辅祭方仪式主人带着毕摩赐予的福粉等候自己的招魂毕摩。

主祭毕摩紧接着念诵《献祭经》的“偿还情债经”（[illegible]）。助手将献祭牛尸上的草圈和牛耳尖递给主祭毕摩，主祭毕摩把这些物品放在神扇上，手持神扇，口诵“偿还情债经”。诵完后，毕摩将拆开的草圈、牛耳尖及少许荞麦糠粉一起放回神扇上抛向众灵牌，表示被祭者在世儿女已偿还祖妣的养育之恩，自此不再欠被祭亡灵

①驷匹嘎伙：泛指四川大小凉山地区的高山地区，并非特指四川凉山州的美姑、昭觉等老九县。

②阿伙柳艺：指安宁河，泛指安宁河流域和四川大小凉山地区的低山坪坝地区和河谷地带。

③以马边著名毕摩吉克良良收藏的经书为基础，参考其他经书整理而成。

仪式主人高兴地接纳福粉　何为 / 摄

任何情债。当主祭毕摩诵《献祭经》中的“偿还情债经”时，辅祭毕摩们暂时休息。

五、招魂赐魂（[illegible]）

祭祖送灵仪式是死者亡灵与活者互动的仪式，不仅仅是为死者安灵，也是为活着的人、为后代祈福纳祥的仪式，与送灵相伴而行的是招魂祈福。彝族人怕亡灵会带走子孙后代的活魂和五谷六畜魂，为此要举行招魂赐魂仪式。一方面，亡灵与人一样，对于自己创下的家业、自己的后代、自己熟悉的一切均有依恋难舍之情，难免有带走这些物品的念头；另一方面，族人、后代对亡者怀有敬仰之心、感恩之情，其灵魂亦有跟随亡灵而去之意。若灵魂跟随亡灵而去，意味着生命衰败，甚至死亡，因此举行招魂仪式是必不可少的。招魂的对象是后代子孙之魂、家支之魂、姻亲之魂、男人的声誉魂、女子的生育魂、福禄魂、运气魂、六畜魂、五谷魂等。

举行招魂赐魂仪式时，护灵员和主、辅祭方邀请的招魂毕摩依次站在各自的献祭牲尸面前，其中护灵员邀请的招魂毕摩站在最前面，其次是主祭方邀请的毕摩，按主祭方成员辈分高低依次排列，最后是辅祭方邀请的毕摩，也按照辈分高低依次排列。每位招魂毕摩右手持仪式主人家提供的招魂鸡、招魂草、神枝、“帕曲”（小白布）及一双黑白熟鸡蛋，左手拿一瓶白酒，各就各位。赐福纳福仪式中，当主祭毕摩念诵到《护主点丁经》时，提示诸位招魂毕摩举行招魂仪式。招魂赐魂仪式中，所有招魂毕摩念诵的经文都一样，即念诵《护主点丁经》《劝服游魂经》和《拽魂回路经》。当念诵到一定内容时，毕摩依次在众灵牌及献祭牲尸面前逆时针转一圈，每位毕摩走到自己仪式主人家的祖灵灵牌面前时将手里的黑色鸡蛋甩到灵牌上，以示祖灵带走此蛋，接着将手里的白酒倒在灵牌上，以示让祖灵欢饮；接着每位毕摩将各自带的母鸡、招魂草及神枝一起依次从献祭牲尸的中间钻过，然后边念经边走到主祭毕摩面前；主祭毕摩用神扇取一些福禄面粉给每位招魂毕摩，招魂毕摩便将早已等候在一旁的仪式主人叫到仪式现场，举行赐魂（[illegible]）仪式。仪式结束后，毕摩将招魂鸡、招魂草、神枝、“帕曲”及白鸡蛋赐予仪式男主人，仪式主人将该黄色母鸡及其他物品一同带回家里举行唤魂仪式。被祭者的孙儿、孙女及外孙儿、外孙女不必单独举行招魂仪式。

在招魂赐魂仪式中，毕摩为防止自己的灵魂跟随亡灵而去，还要为自己招魂，因此要在自己的身上拴一根招魂草，并念诵相应的经文。

接着，助手把拱灵开路猪尸交给护灵员以便在后面的仪式上使用。主祭毕摩把所有的灵牌放入盛荞麦糠粉的簸箕里，交给护灵员；辅祭毕摩把接猪血的石板也交给护灵员。主祭毕摩把祭品中的一袋炒面交给主祭方保管，收起祭祀羊皮（用皮连在一起的绵羊头及四肢）、熟肩胛肉和肉串等祭品，从祖妣草偶上脱下寿装还给仪式主人。仪式主人收走各家供奉在灵前的农具、报晓鸡、守灵猫、铜锅、水桶、木碗等，剩下的祭品全归护灵员所有。主、辅祭双方各自收好剪纸图案中的“活魂返家路”，一位辅祭毕摩或护灵员负责将祖妣草偶、其余的剪纸图案和黑布帕等就地焚烧，表示祖妣亡灵已升天。

一位助手为主、辅祭方分配供灵赐福猪肉。留下供灵赐福猪的猪肚与腚子肉后，将其余猪肉从中间分开，上半截归主祭方，下半截归辅祭方。助手们先把下半截猪肉平均分给辅祭方的每一户，其中左后腿连猪蹄一起分给辅祭方被祭祖妣的幺女家。辅祭方享用主祭方提供的饭食后，带着各自分得的赐福猪肉和赐魂物立即起程回家，举行“遣返舆论唤魂”“占鸡骨卜”或“除

毕摩举行招魂仪式　阿牛史日 / 摄

旧孽请魂唤魂”仪式。仪式结束后，将从祭祖仪式上带回的赐福猪肉让前来帮忙的助手享用，仪式主人禁吃赐福猪肉。后面的祭祖送灵仪式由主祭方的男性成员、祭祖毕摩组、护灵员和众助手共同完成。

上半截赐福猪肉，留下半边猪头和一块夹缝肉（前腿肉）由主祭方煮熟后保管；剩下的肉，包括半边猪头、一块祈嗣肋肉[①]和一块指路仪式所用的胸肋肉与肚脯肉、腚肉一起交给护灵员保管，一块胸肋肉送给护灵员；其余的猪肉平均分配给主祭方的每户，把左前腿连猪蹄一起分给主祭方的主祭户。主祭方各户将各自分得的赐福猪肉带回家中，将带回来的招魂鸡与赐福猪肉同煮（仪式主人禁吃赐福猪肉），待祭祖送灵仪式完成后举行唤魂仪式。

从献祭的牲畜中留下三只（头）母绵羊（牛）为后面的仪式备用，剩下的献祭牲，一只送给护灵员，其余的由除主、辅祭方外的在场者分抢[②]。将抢得的较大牲畜如牛羊等，带回家与同村寨人分享。

①祈嗣肋肉：在后面的“祈求子嗣”仪式中使用。

②现一般由献祭牛羊的户主指派一人到现场分抢，带回分享。

第九章 净灵

JINGLING

毕摩原生文化认为，祖妣亡灵也会被各种疾病和邪祟侵扰，有些亡灵甚至还带着生前的病魔，所以祭祖送灵时务必要祛除这些病魔和污秽，否则亡灵会被邪秽染病，不能顺利回归祖界，不仅不能形成祖灵庇佑子孙，还会在邪魔的作用下游荡在人间，作祟于子孙。因此，要举行诸多祛秽除病的净灵仪式。

第一节　拔出邪祟（ꇥꄨ）

拔出邪祟仪式是指除去祖先亡灵身上的各种邪祟及累赘之物，以净化祖灵。

一、祛除邪祟（ꍈꌺꇥꄨ）

祛除邪祟仪式，彝语称为“者受格迪”（ꍈꌺꇥꄨ），简称“格迪”（ꇥꄨ）。邪祟是一种能侵入人体，使人生病的污物。仪式中要制作一个祛除邪祟的神座，需要一头猪、一只鸡作为缚（拴）牲，另需准备一碗净水和少许荞麦。毕摩首先念诵《祛除邪祟经》（《ꆹꌺ》），念完后让主祭方全体男性成员带着祖灵灵牌和牺牲物品从神座间走过，跨过冒着蒸汽的烫石，再跨过缚（拴）牲，祛秽后向毕摩的方向走去。

二、驱逐病魔（ꌦꎭꅺꇤ）

驱逐病魔，彝语称为“死沙尼凯”（ꌦꎭꅺꇤ），简称“死沙”（ꌦꎭ）。毕摩原生文化认为夺去祖妣性命的病魔及索命魔一直控制着亡灵，因此要驱逐这些病魔及索命魔，迫使其离开，并祛除亡灵的邪祟，才能让亡灵变成自由而纯洁的亡灵。

仪式中要插“死沙尼凯”神座，用一只鸡和一头猪做缚（拴）牲，毕摩念诵《开场护主点丁经》（《ꁧꄨꃅꀋꀀ》）和《护法快神经》（《ꌅꃀꌩꃀ》），接着举行驱逐、灭绝病魔仪式，最后举行祛秽仪式。在毕摩诵经的同时，一位助手倒些水在烫石上，待冒出蒸汽后，两位主祭方男性成员分别端着祖灵灵牌和接种祈嗣树走在前面，与主祭方全体男性成员一起跨过冒着蒸汽的烫石，以示祛除各种祟秽。

三、卸掉恶缘（ꍦꈌ）

卸掉恶缘，彝语称为“痴克”（ꍦꈌ），

卸掉恶缘仪式牺牲的山羊　立克达曲 / 摄

“痴”（[彝文]）为山羊之意，“克”（[彝文]）为剖开、劈开之意。“痴克”是指让山羊带走亡灵的邪魔，并斩断各种孽业与祖灵之间千丝万缕的联系，让祖灵健康、纯洁、轻松地离去。该仪式只需一只黑色（或白色）的公山羊和一只红色的公鸡做拴牲，不用其他牺牲物品。

第二节　祛除孽业（[彝文]）

祛除孽业，彝语称为“液迪”（[彝文]）。彝族民间认为，如某一家族世代从事某种职业，由于时间久远，难免造下一定的孽业，在送灵归祖时，需要祛除这些孽业，一方面为祖灵解除孽业的侵扰，另一方面可防止孽业贻害子孙后代。祛除的孽业主要有四种。第一种，祛除德古孽业，彝语称为“德古液迪”（[彝文]），“德古”（[彝文]）是专门负责宗族内或不同宗族间，甚至不同民族间调解各类纠纷、化解矛盾、促进和谐的德高望重之人。如果仪式主人家三代及以上连续有德古，就要在制灵后祛除德古孽业。第二种，祛除枭雄孽业，彝语称为“卡体液迪”（[彝文]），所送祖灵在世时为一代枭雄，勇于拼杀，背负人命，或在世时为德古兼枭雄，并且在凶事纠纷调解中担任扫除凶祟（“支甘”）者，就要在制灵后祛除枭雄孽业。第三种，祛除狩猎孽业，彝语称为“迪曲液迪”（[彝文]），仪式主人的祖先曾三代及以上狩猎，且是狩猎高手，则要在制灵后祛除狩猎孽业。第四种，祛除祭棚孽业，彝族称为“俄磁液迪”（[彝文]），仪式主人的祖先为世袭毕摩，并且每代人曾主持过九场及以上的祭祖仪式，就要在祭棚下举行祛除祭棚孽业仪式。这四种祛除孽业仪式过程虽各有差异，但也有相同之处。一是不是所有的亡灵都要举行祛除孽业仪式，而是只有世代为名人的男性亡灵才单独抽出其灵牌举行祛除孽业仪式；二是需要9根“死凯伤凯”（[彝文]）神枝（黑、花、白各3枝）来建筑一个“祛除孽业”神座，用蓑草编制一个抛掷器（[彝文]），用茅草来编一个象征性的神扇（[彝文]），备4颗松果球（[彝文]），备好一双蒿枝筷子，再在毕摩座位下方用12根神枝来插祛秽神座，插4根黑色神枝（[彝文]）、4根花色神枝（[彝文]）、4根白色神枝（[彝文]）；牺牲一头黄猪，拴畜4只，其中1头黑猪，黑、花、白（公鸡）三色鸡3只；毕摩在其座位上方插鹫毕神座。放烟火，烫净石后毕摩念诵相关经文，助手将牺牲的小猪抬到亡灵上方顺时针方向绕圈，牺牲祭牲，用碗接猪血，将牺牲尸体平放在“祛除孽业”神座下面，毕摩念诵相应的经文。根据不同仪式，毕摩念诵相应经文，如举行祛除德古孽业要念《德古液迪》经文，祛除枭雄孽业要念《卡体液迪》经文，祛除狩猎孽业要念《迪曲液迪》经文，祛除祭棚孽业要念《俄磁液迪》经文。然后用蒿枝筷子夹住4颗松果球，分别蘸上猪血放进抛掷器中，投向东方、西方、南方和德布洛莫四个方向，以示祛除名人亡灵的孽业。 用拴畜捣毁“祛除孽业”神座，将祭牲猪尸抛向德布洛莫方向，将捣毁的白、花、黑三色神枝分别抛向东方、西方和德布洛莫三个方向，抛掷器及茅草神扇等一起送往岩洞之中。

接着举行祛秽仪式。主人家带着名人除孽的灵牌经过祛秽神座，同时将备好的黑、花、白三色（块）棉布分别放在祛秽神座中的黑、花、白三色神枝上面（祛除枭雄孽业无此除秽仪式），最后将已除孽的灵牌交给护灵员，祛除孽业仪式完毕。

第三节　祖灵卸孽（[illegible]）

祖灵卸孽，彝语称为“普阶攀阶尔”（[illegible]），简称为“阶尔”（[illegible]）。“阶尔”本义为除掉亡灵生前与仇敌发生械斗时被冷兵器刺伤所引发的脓包，后引申为解除亡灵生前各种行为造成的孽业。彝族先民认为，生前有名望者是公众人物，是当时社会舆论的焦点，久而久之，社会舆论便会积成孽债祸害当事人，甚至还会遗祸其子孙后代。因此，要禳解、卸除祖先遗留的孽业。

仪式在屋外举行，需要建一个由一系列神位组成的解除孽业的神座，在毕摩一侧插鹫毕神座，做一副小返咒仪式用的“茨柒”，牺牲物用“解孽”黑公牛一头（现在一般只用一只黑色公山羊）、“除孽”公山羊一只、“撩孽”白公鸡一只、“掘孽”矛一根、“劈孽”刀一把。护灵员把有子嗣的亡灵灵牌拴在羊角上，其余的全部

除孽公山羊　戴志陶 / 摄

主祭毕摩带着仪式主人掘孽　洪扬 / 摄

拴在羊左后肢上。准备好后，毕摩用一只公鸡举行小返咒仪式，待仪式结束后，毕摩接着念诵相关经文。念诵《解除孽业经》时，让主祭方男性成员跟随毕摩从烫石上跨过以祛秽，助手双手将牺牲物抬起，众主人从牺牲物下面穿过，表示已将污染祖先之孽业转嫁于牺牲物之上。然后毕摩开始主持掘除孽业仪式（[illegible]），毕摩身披铠甲或倒穿披毡，卷起裤脚，手执长矛，矛尖上插着事先扎好的“仇人”草偶，念诵《掘孽经》；念诵到一定段落时，毕摩开始跃起、退后呈战斗姿势，并把矛尖刺向神座特定处，撩开特定的神签，表示已掘出孽业。一个毕摩掘孽时，另一个毕摩在其后面用公鸡撩孽，护灵员牵着公山羊除孽，另一毕摩用刀一边劈孽一边念诵《阻锁经》，锁住每个被掘孽的神位。随后主祭方所有男性成员从已掘孽的神位上跨过。这样一道又一道地完成解除孽业的任务。完成后将掘孽长矛掷向德布洛莫方向，在场的全体参与者一次又一次地齐声吆喝，最后将神座和神枝弃于原地，祖灵卸孽仪式就此结束。

第四节　更换灵床（[illegible]）

经过一系列的祭祀祛秽、卸除孽业及净灵后，众祖妣的亡灵已变成纯洁的祖灵。所以，要将原来用柳树或茶树树枝制成的灵床更换为小叶青冈树树枝（四川地区俗称“黄精”，谐音“黄金”）制成的灵床，称为更换灵签或更换灵床，彝语称为“尼尔”（[illegible]）。

此时，仪式现场从原来转祭棚的地方转移到距离仪式主祭户家约200米朝南方向的某处，随后的各种仪式都在此处举行。

仪式用献牲镇魔仪式上特意留下的一头牛尸或绵羊尸做牺牲物，另需要拴鸡、拴猪和除秽黄母鸡各一只，未过滤的泡水酒一桶，垫灵绸缎一匹和未用过的烟草辫一卷，少许玉米面或荞麦粉（自此不再使用带壳的荞麦），少量去皮斩碎的青冈树木屑。这里所用的牺牲物及祭品都要求是纯白色的，因为亡灵经过诸多的祛秽仪式后已成为纯洁的祖灵。

一切准备就绪后，主祭毕摩开始举行更换灵床仪式，首先念诵《死因病由经》，念完后紧接着念诵《更换灵床经》，内容如下。

[illegible]，	已故众祖妣，
[illegible]，	新物换旧物，
[illegible]，	驷匹尕豁高原上，
[illegible]；	灰鹤未临不播荞；
[illegible]，	阿伙柳艺坪坝上，
[illegible]；	大雁不到不收稻；
[illegible]，	祭祖送灵道场上，
[illegible]。	神毕未到不换灵。
[illegible]，	屋后青山换秋装，
[illegible]。	屋前田地换金装。
[illegible]，	园圃青菜新叶换旧叶，
[illegible]。	岭中竹笋换旧壳。
[illegible]，	祖灵新床换旧床，
[illegible]，	更换灵床靠神毕，
[illegible]，	至此告一段。

主祭毕摩诵至此处时，手持小刀问：“吾主仪式众主人，换灵无忌讳了吗？”众主人齐声道：“无忌讳了。”然后，主祭毕摩按照先长后幼、先妣后祖、先绝嗣女后绝嗣男的顺序更换灵床。

更换灵床时，主祭毕摩先用小刀割开绑在旧灵床下的麻线，掰开旧灵床的剖面取出灵芯，解下缠在灵芯上的男红、女蓝两色毛线和

垫灵的羊绒毛，重新用洁净的羊绒毛包裹灵芯，用新毛线（男红、女蓝）按照妣灵逆时针缠七圈、祖灵顺时针缠九圈、绝嗣女逆时针缠五圈、绝嗣男顺时针缠五圈、幼女亡灵逆时针缠三圈的规则缚扎好，并割去余线；再用备好的青冈树枝按照制作祖妣灵床时的方法钻洞殓入，最后将新的白麻线在泡水酒中浸泡后按规则缚扎好打结。把制好的灵床放在新做的神座旁，将换下来的旧灵床、羊绒毛、红、蓝毛线和黑麻线全部收集在一起捆好，放在垫灵绸缎旁，切忌遗失。

接着举行治疗抚慰仪式（[Yi]），即抚慰旧灵床仪式。主祭毕摩垫灵绸缎旁将换下来的旧灵床、羊绒毛等物放在一块磐石上，开始举行治疗抚慰仪式。将一片寸余长的青冈树叶折成勺子状，当作汤匙。用此汤匙舀点荞麦粉撒在旧灵床等物上，然后把汤匙插入灵床中，分别洒些水和白酒在旧灵床等物上，开始念诵《镇抚劝慰经》（《[Yi]》）。念完后，助手将磐石上的旧灵床及羊绒毛等送往指定的岩洞里，任其腐烂。

随后举行新灵祛秽仪式（[Yi]），该仪式一般由一位辅祭毕摩主持。毕摩用青冈树枝蘸点水洒向新制的灵床，开始念诵《祛污经》，毕摩每念诵完一段，都要用青冈树枝蘸点水洒向新制的每一个灵床，直至新灵床祛秽仪式结束。最后，众毕摩及所有在场人员共同分享牛肉或羊肉。

第五节　祖妣誓盟（[Yi]）

祖妣誓盟，彝语称为“普匹系刹”（[Yi]），是指为了教导祖妣亡灵成为护佑子孙的善灵——祖灵，将更换灵床仪式上用过的牛或羊头、四肢及煮熟后的肝、肩胛肉等煮熟后再次宴请亡灵。经过毕摩与众亡灵沟通，并与其订立盟约，让其从此不再与邪魔鬼怪等同流合污，祸害子孙后代和亲戚，安分守己地回归祖界。同时祈求祖妣离去时把生育繁殖神、健康长寿神及祖妣曾经拥有的高尚品德遗留给子孙后代，让其子孙人丁兴旺、品德高尚、幸福安康。

该仪式由主祭毕摩主持，所有的主祭方男性成员、众毕摩、护灵员和众助手参加。仪式开始前，主祭毕摩用青冈树枝做一个专门举行誓盟祖妣亡灵的祭棚“刹以”（[Yi]），“刹以”下面放置一个碎铁锅片，表示特大铁锅。锅片上面放些干辣椒和火草（艾绒），以示在铁锅上用火草引火烧辣椒来熏祖灵，以此来誓盟祛除祖灵的野性，使其不再变幻。另准备一碗泡水酒、一只当

毕摩与祖灵誓盟　洪扬 / 摄

年孵化的白色公鸡。仪式中，毕摩左手抓住誓盟的白色公鸡，右手握住所有灵牌，开始念诵《誓盟祖妣经》。当主祭毕摩念诵到“钻过鸡腹立盟约，钻过鸡脯设誓言。鸡颈悠长羽毛丰，钻过鸡颈立誓言。翅羽整九层，钻过鸡翅立誓言。头顶红冠整九齿（叶），钻过九冠齿立誓言。鸡尾羽毛整九层，钻过尾羽设誓言。鸡嘴啄灵设誓言，毕嘴咬灵设誓言，吾嘴咬灵刹野性”时，主祭毕摩先将手中的灵牌从鸡尾开始穿过鸡两腿，经过腹下和鸡胸，钻过鸡颈间的羽毛，再从两只翅羽中来回钻九遍，在鸡冠的冠齿（叶）中来回钻九次，在鸡尾羽毛中钻九次；其次主祭毕摩掰开鸡嘴，将每个灵牌在鸡嘴里夹一下；最后主祭毕摩将每个灵牌放在自己的嘴里咬一下，表示已经制刹亡灵野性，亡灵立下誓言：不再变幻，将形成善灵，永居祖界，护佑子孙。

过后，助手把所有的灵牌放回簸箕里。主祭毕摩收好制刹的白公鸡，助手收好祭棚材料和神枝，并绑在朝南方向的一棵果树上。至此，祖妣誓盟仪式全部结束。

第六节　祈求子嗣（[Yi script]）

祈求子嗣仪式，彝语称为“职宗”（[Yi script]）。“职宗”是指把先祖的“种子”承接下来，即把先祖的生殖能力承接下来，并继续繁衍下去。“职”（[Yi script]），指“职博”（[Yi script]），表示男性生殖器，含有“种子、根本”之意；“宗”，有“继续”“承接”之意。经过祈求子嗣仪式，向祖先祈求子嗣像参天大树那样根深叶茂、硕果累累；像磐石那样坚固不摧、悠远绵长；像茂密的竹林一样年年生笋，生生不息。在祭祖仪式上举行求

祈嗣树　立克达曲 / 摄

育、繁殖仪式，祈求后代的繁衍与发展，是彝族人关于死亡与繁殖、毁灭与新生交感的思维法则。毕摩原生文化认为，成功的祭祖仪式预示着被祭者子孙繁多、身体健康，家庭幸福，彰显着无尽的希望与美好的憧憬。

该仪式主要围绕经过几道驱祟祛秽仪式的祈嗣树进行。树前用插神座的方式搭一座象征性的小房子，将祖妣的灵牌置于其中，烧烫的石板上放一碗母猪油和一束招魂草。毕摩用招魂草和绸带扎缚一个象征子孙兴旺、生殖能力旺盛的子嗣神草偶，用从祖妣宗族后代（即亲舅舅家）带来的一只白色公鸡作为牺牲物，开始举行仪式。首先，为仪式主人举行手触净水仪式；其次，在仪式现场插一棵枝繁叶茂（5~9层枝叶）的杉树、柏树或松树做成的、根部削尖的祈嗣树。经除秽后，进行接纳、摘取子嗣神等祈嗣仪式。

子嗣神草偶　立克达曲 / 摄

该仪式是子孙向祖妣亡灵和神灵祈求赐予子嗣的行为。经毕摩护法神与祖妣亡灵沟通，用象征生殖器的子嗣神草偶和亲舅舅所赐的祈嗣白公鸡祈求祖妣神灵赐予生育繁殖神，护佑人丁兴旺、子孙满堂。

主持祈嗣仪式的主祭毕摩插好祈嗣神座后，接着举行“职宗”仪式。

一、拂拭子嗣神（[illegible]）

拂拭子嗣神仪式，彝语称为“职塞”（[illegible]）。主祭毕摩手持子嗣神草偶并念诵《拂拭子嗣神经》，仪式主人家的一位男性成员手持供灵赐福猪油不断地涂抹毕摩手中的子嗣神草偶上的九根草条，使其黏合成一整条，表示为亡祖和其在世的子孙清除生殖器上的污垢，以祈主人迅速繁衍后代。

祈嗣树代表男性生殖器，树枝上挂着一块条形的供灵赐福猪胸脯肉，然后在指定的地上挖一个小洞，并在洞口放一圈用草做的活结，代表女性生殖器。仪式开始后，毕摩念诵以“祈嗣求繁衍，子孙千五百”为主题的经文，接着念诵《接种源流经》，念诵到一定段落时，主祭方的成年男性按长幼辈分依次围着祈嗣松转圈，转时还要将毕摩递过来的涂有供灵赐福猪油的子嗣神草偶放入自己的裤裆里，表示已承接了祖灵旺盛的生殖繁衍能力。接着毕摩用猪油涂抹祈嗣树根部，待念到特定段落时，便将祈嗣松削尖的根部对着代表女性生殖器的洞口象征性地插两次，最后把祈嗣树的尖部插入洞里。

二、接纳子嗣液（[illegible]）

接纳子嗣液仪式，彝语称为“职液尔”（[illegible]）。毕摩手拿子嗣神草偶念诵经文，念到“高山采格液，深谷接菲液，泌兮先祖泌，接兮先妣接，先祖泌银液，先妣接金液”时，仪式主人家一位成员取一束招魂草和一根神枝，先插于子嗣神草偶上，然后插于自家的卧室内，表示已从祖妣身上获得生殖繁育能力，今后将多子多孙。

三、摘取子嗣神（[illegible]）

接纳子嗣液仪式结束后，主祭毕摩右手持白公鸡站在原地反复念诵《摘取子嗣神经》，经文内容摘录如下。

[illegible]，	接纳嗣液仪式已结束，
[illegible]。	现在将摘子嗣神。
[illegible]，	摘取高山智慧神，
[illegible]。	摘取深壑知识神。
[illegible]，	摘取高山松柏神，
[illegible]。	摘取深壑樱树神。
[illegible]，	阳育神灵凸奇功，
[illegible]。	阴育神灵显绽放。
[illegible]，	白色天父赐给阳育神，
[illegible]。	黑色地母赐予阴育神。
[illegible]，	宅室生辉亮堂堂，
[illegible]，	圈内六畜健又壮，
[illegible]。	祭棚必产绽放花。
[illegible]，	仪式众主人家，
[illegible]，	九股器根永强硬，
[illegible]，	九股器茎永雄壮，
[illegible]，	器首亮堂堂，
[illegible]，	器尾雄勃勃，
[illegible]。	器腰似花怒放永不败。

在主祭毕摩念诵经文的同时，主祭方所有男性成员先逆时针围绕祈嗣神座及主祭毕摩们旋转，并齐声高喊“呜——嘿嘿”，再围绕祈嗣树与毕摩旋转，转完三圈为止。最后，用白公鸡为祈嗣树除秽，将祈嗣树带到远处指定地点或插在主人家屋前或屋侧的园子里，祈嗣树周围用竹竿

或木条筑起栅栏，以防牲畜践踏和人为破坏。两位助手将子嗣神草偶等送入事先选好的岩洞中（非祖灵箐洞），在洞口处，把草偶和神枝梢靠在洞壁上，大家在洞里生火烧肉和做荞饼，吃后返回。祈嗣白公鸡归主祭毕摩，从主祭户舅舅家讨来的草烟辫由众主人及助手们分享，祈求子嗣仪式就此结束。

第七节 祛秽洁灵（ꀀꀀꀀꀀ）

为了让祖灵变得更加纯洁，还要举行一系列的祛秽仪式，最后将纯洁无瑕的灵芯从灵床里取出装入灵柩之中进行殓灵，为此要举行祛秽洁灵、银房洁灵等仪式。

祛秽洁灵，彝语称为“曲次曲弘”（ꀀꀀꀀꀀ）。该仪式是祭祖送灵仪式中最后一次为祖妣灵牌举行祛除污秽仪式，该仪式完成后表明所有灵牌和仪式众主人都纯洁无污。

仪式需要一只纯白色的母绵羊羔作为牺牲物，一只白色的公鸡作为拴牲，一桶未过滤的泡水酒、一坛白酒和一桶由玉米或燕麦酿制的醪糟酒。仪式开始前，护灵员把盛灵牌的篾斗放在主祭毕摩的身旁，助手放一碗水在主祭毕摩面前，让主祭方所有男性成员用左手触碰一下事先备好的青冈树木屑，然后将木屑与一坛白酒一起放在主祭毕摩面前。物品备齐后，主祭毕摩开始举行祛秽洁灵仪式。当毕摩诵经将要结束时，众主人

主祭毕摩主持誓盟仪式 洪扬 / 摄

除一人手持灵牌外，其余的人分别牵着牺牲的白绵羊，抬着献牲镇魔中专门留下的绵羊尸及后面仪式上要使用的物品，按照原来的队列站在神座的下方。这时，助手在烧红的烫石上洒点水，众主人依次从冒出蒸汽的烫石上跨过，再从毕摩举在空中的鸡下面穿过，然后将所有灵牌交给护灵员。凡是经过祛秽的物品均要放在指定的地方。最后，众毕摩、护灵员及助手等待主祭户宰羊，大家一起饮酒、吃肉，祛秽洁灵仪式到此结束。

第八节　银房洁灵（[illegible]）

银房洁灵仪式是指亡灵经过反复的祭祀、祛秽、教导和誓盟后，形成善良的祖灵。因此，要搭建一个象征性的银白色祭棚，在祭棚内用献牲镇魔仪式上特意留下的一只公绵羊尸宴请已经形成祖灵的祖妣亡灵，让祖妣亡灵在世间享受最后一次宴祭，高高兴兴、不留遗憾地离开，到祖界与祖先团聚并永久栖息在那里，不再游荡人间，作祟子孙，而是在祖界护佑子孙。该仪式彝语称为“直陈扎”[1]（[illegible]）。

仪式由所有的主祭方男性主人、众毕摩、护灵员和众助手参加。该仪式由宴祭洁灵、银棚内偿还孽债等仪式组成。

一、宴祭洁灵（[illegible]）

该仪式又称建银房洁灵仪式。主持该仪式的主祭毕摩用去皮的青冈树枝和神杈在祭祖道场上搭建一个象征性的洁灵棚，彝语称为“曲银”（[illegible]），意为银白色的房子，象征洁白无瑕。准备就绪后，毕摩开始念诵《死因病由经》《报告祭羊经》《献祭经》等，念完后，助手剖羊，煮羊肉，捞出煮熟的数片羊肺、羊肝、羊心及左肩胛肉，放在羊皮上祭祀祖灵，毕摩再次念诵《献祭经》等相关经文。然后，除仪式主祭户外，众毕摩和在场者共同分享羊肉。

二、银棚内偿还孽债（[illegible]）

该仪式又称洁灵棚内还债求育仪式，彝语称为“曲银纳乌牧则素”（[illegible]），意为在祭祖送灵仪式的洁灵祭棚内偿还祖灵的祖债和被祭祖妣亡灵的孽债，同时向天地神灵和祖妣亡灵祈求赐予格菲生育神，以求仪式众主人快速繁衍后代。毕摩原生文化认为，为了生存，祖妣亡灵们在世时，由于对森林、江河、土地和原野等过量使用而欠下诸多孽债，或是世人的颂怨诅咒等公众舆论积淀下来形成孽债，并因此受到神灵的惩罚，后代出现愚钝、聋哑、憨痴等，甚至子孙繁衍缓慢，子嗣单薄，几代单传，存在绝嗣危机。为了改变这种现象，要举行洁灵棚内还债求育仪式，以求子孙繁多，健康聪明。

仪式中，要在新制的洁灵棚里放苦荞粑和甜荞粑、大麦和小麦、白蛋和黑蛋、白盐和黑盐、生银和熟银[2]、白布和黑布、白酒和泡水酒等各三碗，另外要在三块石板上放上三碗水。洁灵棚前插“还愚债”神枝，从东方拔一棵果树立于神枝前方，自果树引一根归魂线接入“魂钵”[3]，放入洁灵棚中。仪式只用前面的祛秽洁灵仪式中使用的牺牲母绵羊即可。准备就绪后，依次进行放烟火、烫净石、绕圈（祭祖仪式中所有主祭方男性成员参加）、宰牲、将牲尸平放于神枝前

①直陈扎：有的地方称为“日陈扎”（[illegible]）。

②生银和熟银：分别指未加工的银锭和加工的银饰。

③魂钵：彝族称为“库木”，是一木制花钵，里面放置小白布、针、白线及纸钱，上加盖。

面、触水纳员、报人丁、述债务源流、请神灵、念诵《还愚债经》等程序。接着参加仪式的主祭方各户自备一只公鸡来“招魂”，然后再“摘魂”。将神枝送到主祭方主人家房屋背后；将三块石板和三碗水分别置于洁灵棚的前、后、侧三面；毕摩将生银放入泡水酒碗里，将熟银放入白酒碗里，念诵《银棚内偿还孽债经》，念完后分别将酒倒在洁灵棚的前后、左右，最后留两碗酒倒在一起，由在场的所有主祭方男性成员共饮，未饮完的各自带回家与妻子共饮。黑盐、黑蛋及黑布同“还愚债”神枝一起带走，白盐、白蛋、白布及苦荞粑留给仪式主人家食用。

第十章 送灵

SONGLING

送灵，是指护送祖灵回归祖界，又称“指路归祖”（[illegible]），是为本次一起祭祖的祖妣亡灵制作灵牌后，经过祭灵、净灵等仪式程序，让其升华成祖灵后共同入殓，最终送往祖界。送灵是祭祖的最终目的与归宿，也是毕摩安灵的最后一道仪式程序。该仪式由祖灵入殓、祖妣再婚、指路归祖、灵柩岩葬等仪式程序组成。

第一节　祖灵入殓（[illegible]）

祖灵入殓，简称“殓灵”，是指将本次被祭祖妣亡灵的灵芯从青冈树枝制作的灵床中取出，放入专制的灵柩中的仪式过程，彝语称为“普迁匹迁”（[illegible]）。

并非所有灵芯都要殓灵，有子嗣的祖妣才有资格殓灵，其余“惹尔惹吉”“比尔尼日”的灵牌都不需殓灵，其灵芯仍装在原来的灵牌里，直至最后与装有祖妣灵芯的灵柩一起送往箐洞中。

制作灵柩　立克达曲 / 摄

装有灵芯和碎金银的灵柩　立克达曲 / 摄

举行仪式前，一位辅祭毕摩（主祭毕摩也可以）制作一个装灵芯的灵柩。灵柩，彝语称为“峨补”（[illegible]）。制作灵柩的材料必须用刺龙苞[①]。取一根直径约12厘米、长约0.6米的刺龙苞，表皮削成纯白色，底部削平，在根部稍靠上处削一圈凹槽，顶端削成斜面并横向剖开，在左半边剖面中间凿出多个四方小洞，作为储放灵芯的灵位。小洞的数量根据此次所祭祖妣数量而定，一般生前有儿女的祖妣都要凿一个灵位小洞，没有儿女的祖妣或没有结过婚的祖妣亡灵没有资格入灵柩。

远古时期，彝族先民祭祖时，使用金银（或青铜）来铸造被祭祖妣亡灵的塑像，锻造银棒作为祖骨，锻造金片面罩贴在祖妣塑像的面上，表示举行了祭祖仪式后先妣变成金，先祖变成银，意为祖妣不会变成邪恶的魔怪，而是变成了善良的祖灵。仪式结束后将这些祖妣塑像带到专门堆

①刺龙苞：彝语称为“寺伟哲”（[illegible]），学名楤木，为五加科多年生草本植物，落叶有刺灌木或小乔木，是中国西南地区极为普遍的远古树种，自古以来都是彝族祭祖仪式中专门用来制作祖灵灵柩的树木。

放祖灵塑像的地方藏放。后来，由于彝族先民们不断迁徙，没有条件或不方便用金银来铸造祖灵塑像，经改革创新，依次用死者额骨和竹根来替代祖灵的金银塑像并一直沿用至今。

一般要为每对入殓祖妣制作存放灵芯的一个小洞，并准备一对碎金和碎银，如果没有碎金用碎银便可。

制作好灵柩后，主祭毕摩开始念诵《殓灵经》（《[彝文]》），该经文摘录如下。

彝文	汉译
[彝文]，	已故宗亲们，
[彝文]，	已逝考妣们，
[彝文]；	善美之祖灵；
[彝文]，	汉族之偶像，
[彝文]；	置于庙堂里；
[彝文]，	藏族之偶像，
[彝文]；	高原杜鹃旁；
[彝文]，	彝族之偶像，
[彝文]。	邱普祖地中。
[彝文]，	额祖偶像变，
[彝文]。	依额则变换。
[彝文]，	上有禽野鸡，
[彝文]；	依着野鸡换；
[彝文]，	下有虫蜘蛛，
[彝文]；	依着蜘蛛换；
[彝文]，	中有兽麂子，
[彝文]。	依着麂子换。
[彝文]，	变换考变换，
[彝文]；	不变招不来；
[彝文]，	变换妣变换，
[彝文]。	不变招不来。
[彝文]，	彼岸住阿哲，
[彝文]，	阿哲来锻银，
[彝文]；	锻银响吱吱；
[彝文]，	此岸住乌撒，
[彝文]，	乌撒来炼金，
[彝文]。	炼金响吱吱。
[彝文]，	等待今日时，
[彝文]，	锻银考枕头，
[彝文]，	锻金饰妣首，
[彝文]。	掸尘祖灵洁。
[彝文]，	玉石做祖脸，
[彝文]，	丝绸盖祖面，
[彝文]。	金片饰妣头。
[彝文]，	变换考变换，
[彝文]，	变换妣变换，
[彝文]。	不变则难迁。
[彝文]，	考妣切莫变乌云，
[彝文]；	飘散于九霄云外；
[彝文]，	考妣切莫随雨水，
[彝文]；	藏于八方原；
[彝文]，	考妣切莫随微风，
[彝文]。	莫吹到旷野。
[彝文]，	不变不幻招不来，
[彝文]。	考妣换幻易招来。
[彝文]，	变换考变换，
[彝文]；	祖考幻为银；
[彝文]，	变换妣变换，
[彝文]。	祖妣幻为金。
[彝文]，	野外虎豹子，
[彝文]，	头年行走缓，
[彝文]；	来年迁居远；
[彝文]，	泽边雁鹤子，
[彝文]，	头年飞翔慢，
[彝文]。	来年鸣翔空。
[彝文]，	变换考变换，
[彝文]，	熊仔初生白，
[彝文]；	逐渐变成黑；
[彝文]，	雏鹤羽毛黑，
[彝文]，	逐渐变成白，

装好灵芯和碎金银的灵枢　蒋兴林 / 摄

缚合灵枢　立克达曲 / 摄

祖变则清白。
雉变翅花艳，
禽变脸纹丽。
野禽鸡，
野兔子，
依着野兔变。
禽野鸡，
兽麂子，
依靠蜘蛛变。
变换考变换，
变换妣变换，
依着额变化。
考变跟随先考去，
妣变跟随先妣去，
考妣变清白。
额下额三层[①]，
额上额三层，
额侧插三组，
额下兹四层，
额侧白银垫六层。
变换考变换，
考变成白银，

变换妣变换，
妣变成黄金，
不变容不美，
要变演成银，
要变演成金。
纺丝线，
垫考身，
饰妣头。
考变随考美，
妣变随妣美。
锻金镌银成祖像，
饰祖像，
用玉石，
塑祖像；
用兔皮，
垫祖身。
锻银接祖骨，
炼金贴祖脸，
铸金魄祖身[②]，
丝绸裹祖身。
名匠阿尔[③]来铸造，

①额下额三层：与下面的“额上额三层”等均为仪式神座名称。

②金魄祖身：指远古时期拥有统治阶级地位的彝族先民用金或青铜铸造自己祖先的塑像来祭祖。

③阿尔：为古代彝族著名工匠。

装好灵芯的灵柩　蒋兴林 / 摄

[illegible]，	铸铜炼金属，
[illegible]，	铸得牢，
[illegible]。	锁得固。
[illegible]，	实楚毕摩大师来，
[illegible]，	阿尔毕摩来锁柩，
[illegible]，	封得牢，
[illegible]。	拴缚坚固矣。[1]

同时，主祭毕摩按照先长后幼、先祖妣后祖考的顺序，首先解开祖妣中辈分最高的灵床，取出灵芯，解开缠在灵芯上的蓝毛线和裹灵的羊绒毛，将羊绒毛置于旁边。然后殓灵，主祭毕摩从更换灵床仪式中留下的绵羊尸体上拔些羊毛，垫在灵棺内最上方（灵柩底部）的灵位内当作垫褥，然后将解下的蓝毛线放在灵芯的脚下，蓝毛线代表女裙与腰带，以作被单[2]，再解开其配偶的灵床及缠在灵芯上的红毛线和裹灵的羊毛，然后把红毛线放在灵芯下，红毛线代表男裤与腰带，以作枕头。按照男左女右的规则，先将祖妣灵芯放入灵位内右侧的羊毛上，灵芯右侧着地，头朝上方；再将祖考灵芯按照上述方法放入灵位左侧的羊毛上，灵芯左侧着地，头朝上方，使祖考与祖妣的灵芯呈面对卧状。再从绵羊尸体的身上拔些羊毛盖在祖考、祖妣灵芯上面，作为毡衣。接着在祖妣灵位的上方用尖刀凿一个小洞，放入备好的碎金碎银，当作先祖与先妣的塑像。按照上述程序把所有被祭祖妣的灵芯都殓入灵柩内。最后把两半灵柩合起来，用备好的白布裹好，用麻绳在灵柩外面有规则地扎结，并用一根白布条的两头分别在灵柩的上下两端打结捆扎，作为灵柩的背带。

① 以马边著名毕摩吉克良良收藏的经书为基础，参考其他经书整理而成。

② 彝族平时禁忌用裙子当被单，裤子当枕头。

接着，将不需入殓的“惹尔惹吉”“比尔尼日”灵牌系在捆扎好的灵柩末端。

殓灵完成后，主持仪式的主祭毕摩把换下的旧灵床、羊毛等全部集中起来捆成一把。一位助手从羊的尸体内取出一小块肺递给主祭毕摩，主祭毕摩将羊肺撕成细丝，将所有旧灵床整齐地合在一起，并念诵：

[illegible]，　　给呀给肉食，
[illegible]；　　羊肺当肉食；
[illegible]，　　给呀给干粮，
[illegible]；　　粮糠当干粮；
[illegible]，　　给呀给雨伞，
[illegible]。　　树叶当雨伞。

同时，毕摩将羊肺涂在旧灵床的上端，将粮糠撒在旧灵床内，用一张小叶青冈树叶遮盖在旧灵床上面。接着，主祭毕摩端一杯白酒，念诵《安抚引导经》（《[illegible]》），一边诵经一边将手中的酒倒在旧灵床及羊毛上。念完后，仪式主人将旧灵床、羊毛等送入选好的面向东方的岩洞里（非祖灵箐洞），殓灵仪式至此结束。

第二节　祖妣再婚（[illegible]）

祖妣再婚是指在世时曾是夫妻的亡灵经过祭祖送灵后重新结为夫妻，彝语称为“普匹系博”（[illegible]），“普匹”（[illegible]）意为祖妣，“系博”（[illegible]）为古彝语，现代彝语的音译是“喜布”（[illegible]），即在世时曾经是夫妻的亡灵重新举行婚礼。

毕摩原生文化认为，人死后灵魂要离开其附着的身体，飘荡于世间，无所归依，或被邪魔控制，失去自由，在世时的夫妻关系便自动解除。先妣去世时双辫要被解开，重新梳成未婚时的单辫。为了让祖妣之灵在祖界重新组合成家庭，享受幸福生活，在将祖妣亡灵送往祖界之前，子孙强烈要求为祖妣亡灵举行再婚仪式，重新确立夫妻关系，让祖妣在祖界开始新的生活，护佑子孙。

仪式由主祭毕摩在主祭户家的祭祖道场上主持举行，用宴祭洁灵时的母羊尸代替众亡妣的身躯，用拱灵开路猪尸代替众亡祖的身躯。将白色母绵羊和黑色开路猪按照公左母右的原则四肢相交平放在仪式道场上，呈阴阳交合状，并把装有祖妣灵芯的灵柩放在猪、羊中间，以此表示祖妣、祖考回到祖界后再次举行婚礼。

祖妣再婚又称为祖妣婚媾仪式，其主要目的是祈求祖先护佑后代子孙繁衍，祈求六畜兴旺、五谷丰登。毕摩带领众毕徒手持神扇念诵《祖妣婚媾经》。经文中有描绘马、鸡、狗等动物发情交配的情景，毕摩诵经声朗朗，旋律生动活泼，气氛喜庆洋溢，以此引导祖妣、祖考在祖界再次组成和睦的家庭，经文摘录如下。

代表祖妣的猪、羊交合　蒋兴林／摄

[illegible]，　现诵祖妣再婚经，
[illegible]，　依博[1]父母曾合欢，
[illegible]。　而后演化出策史。
[illegible]，　策史演化复演化，
[illegible]。　策史父母曾合欢。
[illegible]，　世间辨识稼和穑，
[illegible]。　世间父母要结婚。
[illegible]，　为谋众生生存计，
[illegible]，　突慕种植稼和穑，
[illegible]。　突慕父母曾合欢。
[illegible]，　则慕一代换一代，
[illegible]。　则慕父母曾合欢。
[illegible]，　乌豁制定规与范，
[illegible]。　乌豁父母曾合欢。
[illegible]，　孜德出君主，
[illegible]。　孜德赞颂父母曾合欢。
[illegible]，　恩赤分臣子，
[illegible]。　恩赤赞颂父母曾合欢。
[illegible]，　布巴出毕摩，
[illegible]。　布巴赞颂父母曾合欢。
[illegible]，　额莫分诸部，
[illegible]。　额莫赞颂父母曾合欢。
[illegible]，　尔黎有四部，
[illegible]。　尔黎赞颂父母曾合欢。
[illegible]，　格与菲出时，
[illegible]。　格菲赞颂父母曾合欢。
[illegible]，　雁与鹤分时，
[illegible]。　雁鹤赞颂父母曾合欢。
[illegible]，　群兽分类别，
[illegible]。　魂带格菲来替换。
[illegible]，　而后慕靡来合欢，
[illegible]。　而后格俄来合欢。
[illegible]，　而后邱普来合欢，
[illegible]。　邱普婚姻为尊大。

[illegible]，　合欢之事告世人，
[illegible]，　合欢行房要洁净，
[illegible]。　邱普毕神来除秽。
[illegible]，　左方毕摩做仪式，
[illegible]，　右方德古判案件，
[illegible]。　中央交合后换代。
[illegible]，　左方子孙繁，
[illegible]，　右方曾孙多，
[illegible]。　中央合欢来换代。
[illegible]，　格菲为换代，
[illegible]，　平安为换代，
[illegible]。　人间诸事为换代。

诵到此时，毕摩用神扇挑一些谷粉撒向周围主祭户的男性成员，他们张口去接这些谷粉，表示已接受了祖先赐予的生育神。毕摩继续念诵。

[illegible]，　告慰世间人，
[illegible]，　合欢之源从天降，
[illegible]，　毕摩送到人间来，
[illegible]，　需时落斯家，
[illegible]。　今日到此家。
[illegible]，　千百众子孙，
[illegible]，　降临主人家，
……　……

诵到此时，一个毕徒用一根木棍从猪下腹插入，戳在绵羊的生殖器上，并晃动木棍，使猪、羊呈交合状。主祭户所有男性成员在旁观望，祈盼祖妣早日赐予生育繁殖神。毕摩继续念诵。

[illegible]，　先祖新婚欢，

① 依博：与下面的“策史”“突慕”“则慕”等均为古代“彝族六祖”先祖部落首领名及其居住地名称，具体地名待考证。

毕摩晃动木棍使猪羊呈交合状　立克达曲 / 摄

[illegible]，　先妣新婚乐，
[illegible]。　赐予后世生育神。

[illegible]，　尼能域内鹤雁来组合，
[illegible]，　雁鹤繁无数，
[illegible]，　除祛格菲秽，
[illegible]，　繁衍发展降临来，
[illegible]，　美酒佳肴作祭品，
[illegible]。　而今来述婚媾源。
[illegible]，　格与菲，
[illegible]。　只为繁衍和发展。
[illegible]，　婚媾之源黄灿灿，
[illegible]，　世间万物黄灿灿，
[illegible]，　格菲必定黄灿灿，
[illegible]。　格菲注定繁衍又发展。
[illegible]，　婚媾之源长悠悠，
[illegible]，　世间万物长悠悠，
[illegible]。　格菲必定长悠悠。

[illegible]，　现在念诵合欢经，
[illegible]，　尔黎领域内，
[illegible]，　尔氏让尼开九锁，
[illegible]。　黎氏让能开八锁。
[illegible]，　尼氏开启九锁后，
[illegible]，　能氏移八锁之后，
[illegible]，　谈婚复论嫁，
[illegible]。　于是祈安得平安。
[illegible]，　今日出世上，
[illegible]。　需时落斯家。
……　……

[illegible]，　依博与策史，

规范传后代。
雕[1]阿祖，
雕阿妣来合欢，
彼居祖界便婚媾。
千百众子孙，
降临主人家，
婚媾格换新，
婚媾菲换新，
婚媾衍出格与菲，
格神菲神降斯处，
聪明智慧降斯处，
活泼可爱降斯处，
好运福气降斯处，
贤明和谐降斯处，
平安吉祥降斯处。
毕摩来祈求，
祈福落斯家。
到达主人家，
尼能领域内，
五谷出白液，
五谷传代长。
白液做格菲，
需时必入身。

亡灵妻与夫，
好运不曾灭，
灵魂进入祖界便婚媾，
待欲婚媾时，
需时要婚媾。
欲喝两碗茶，
一碗婚媾茶；
欲吃两顿饭，
一顿婚媾饭；
欲建两间房，
一间为婚媾；
欲说两句话，
一句婚媾语；
欲穿两件衣，
一件为婚媾；
欲做两件事，
一件为婚媾；
欲食两顿餐，
一顿为婚媾。
男女共枕衾，
夫妻同毡衣，
夫妻来婚媾，
心悦帐中乐。
婚媾事永恒，
生死不变更；
祖界婚媾地，
盛装披毡衣。
额木普沽方，
夫妻要结伴，
不媾无子孙，
婚媾成夫妻。
春风徐徐之时来婚媾，
春花灿灿之时来婚媾，
夏雷阵阵之时来婚媾，
秋雨绵绵之时来婚媾，
冬雪纷纷之时来婚媾，
达到院里之时来婚媾。
好言做教导，
世间人为大。
心往好处想，
人类繁衍密，
繁衍要婚媾。
东方鸿雁白，

①雕：是一个远古彝族部落图腾的名称，后将图腾物“雕”作为该部落的名称。

西方鹤翅灰，
柏长欲达天。
雁鹤行时九天外，
飞来闲时更婚媾。
人类安康便婚媾，
世间和谐便婚媾，
祖妣酒后来婚媾。
牛羊圈内媾，
欢时也婚媾。
主人用衣接，
一代一代世间过。
婚媾便繁衍，
婚媾便发展，
婚媾便智慧，
婚媾而后更兴旺。
绵羊牧在高原上，
高原之上群羊欢，
绵羊欢时也婚媾；
群马牧在草原上，
草原之上马群欢，
群马欢时也婚媾；
黄牛牧在平坝上，
平坝之上牛群欢，
黄牛欢时也婚媾；
山羊牧在悬崖间，
悬崖之上群羊欢，
山羊欢时也婚媾；
黑猪牧在沼泽里，
沼泽之上群猪欢，
群猪欢时也婚媾；
人们生活在世间，
男女相见便相悦，
两情相悦便婚媾。
世间人们情悠悠，
两情相悦便婚媾。
即使日与月相悦，
日月相悦也婚媾。
君妃相结伴，
君妃悦婚媾。
额木普沽方，
夫妻相伴则欢悦，
相悦便婚媾；
考妣相伴则欢悦，
相悦便婚媾。
运与福注定，
相悦便婚媾。
婚媾而后格降来，
婚媾而后菲降来。
格菲之谱纷纷降，
格菲相融合，
繁衍发展更兴旺，
人类必定永居人世间。

亡灵你一群，
等待而今时，
欢兮祖考欢，
乐啊祖妣乐。

念诵到此时，主祭毕摩或一位毕徒再次用一根木棍从猪下腹插入，戳在绵羊的生殖器上，并不断晃动木棍，使猪、羊呈交合状。主祭户所有男性成员在旁观望，不断欢笑并齐声叫喊“嘿、嘿！”，似乎也在期盼祖妣传授繁衍人丁的技能，把生育神灵赐予子孙后代。毕摩继续念诵。

此方草木也婚媾，
彼方禽兽也婚媾，
甜荞苦荞来婚媾，
白酒黄酒来婚媾，
白羊黑猪来婚媾。

绵羊牧在高原上，
绵羊见到高原欢，
高原见到绵羊乐，
黑猪放在沼泽里，
黑猪见到沼泽欢，
沼泽见到黑猪乐。
绵羊见到黑猪欢，
见到绵羊尾摇摇；
黑猪见到绵羊乐，
见到绵羊毛茸茸。
祖考祖妣在祖界，
妻也见夫欢，
见夫裙摆舞翩翩；
夫也见妻乐，
见妻裤脚摇晃晃。
山脚公獐在跳跃，
公獐见到母獐跳，
母獐见到公獐舞。
祖考见妣欢，
祖妣见祖乐，
祖妣欢婚媾。
主人此一家，
将来左手来接格，
右手来接菲。
毡衣来接格，
裤脚来藏格，
裙底来扫格。
降兮来格菲，
白天降格来，
降兮菲降来，
黑土降菲来。
肚以怀胎来，
腿内生子来。
左手来接婴，
右手来抱婴，
乳房给儿吮。
院内长柏树[①]，
屋下生樱树[②]，
子孙必定千千万。

赞颂婚媾毕寿长，
适应婚媾主寿长；
赞颂婚媾保毕命，
适应婚媾保主命；
赞颂婚媾毕兵聚，
适应婚媾主兵集。
作毕招得群神来，
仪式暂告一段落，
天神地祇归神位，
毕摩法神暂时归原位。[③]

第三节　指路归祖（[illegible]）

指路归祖，彝语称为“莫玛”（[illegible]），是指在祭祖送灵仪式中，毕摩按照祖先回归祖界的路线为祖灵指路、引导，帮助祖灵回归祖界的仪式行为。指路归祖为了安灵，是祭祖送灵仪式的最终目的。通过这种仪式行为，一方面表达了后辈对先祖的孝心，子孙尽了对祖先应尽的义务，使祖先亡灵不致沦落为孤魂野鬼，无所依托，游荡人间，同时也让祖灵能够在祖界与祖先团聚，永远享受子孙后代的供奉；另

① 院内长柏树：毕摩暗语，“柏树”指男孩。该句的意思是指仪式主人家生男孩。

② 屋下生樱树：毕摩暗语，“樱树”指女孩。这句话的意思是仪式主人家不仅生男孩，还生女孩，这样才两全其美。

③ 摘自马边吉克良良毕收藏的经书，与其他文献一起整理而成。

一方面也表达了后代祈求安康的愿望。祖灵在祖界找到归宿，不再滞留人间作祟于后代，而是在祖界享受美好生活，护佑子孙，使子孙能够健康、平安地生活。

指路归祖仪式由主祭毕摩在主祭户屋外的祭祖道场上主持举行。仪式开始前，主祭毕摩先用去皮的神枝和神签插制一个指路归祖神座，表示祖妣亡灵回归祖界的路线。主祭毕摩用一条备好的长2～3米、宽约20厘米的白绸布铺在整条魂路上，表示祖妣亡灵回归祖界的路。

助手倒半碗白酒（净手酒），让主祭户所有男性成员触一下后交给毕摩，毕摩将其放在面前。助手再递给毕摩一根神枝（青冈树枝），毕摩用神枝蘸一下净手酒后洒向灵柩，然后手持神枝开始念诵《净手祛秽经》《护主点丁经》《死因病由经》《指路简经》，接着念诵《指路经》。《指路经》中的地名从仪式祭场开始，一站一站地念诵到四川美姑县洛俄依甘乡境内的利木美姑，此时，主祭方每户和护灵员各自请一位毕摩用一只黄色母鸡和一些麦冬草在神座旁举行招魂仪式，以防仪式主人和护灵员的灵魂追随祖妣亡灵而去。

毕摩念诵《指路经》　阿牛史日 / 摄

传说，古时候古恒、邛尼两大部落迁徙到利木美姑后，经歃血盟誓，按“古恒向左、邛尼向右”的誓言各自向凉山及其周围寻找和选择住地。所以，以四川美姑县为中心的彝族在指路归祖仪式中先由主祭毕摩以念诵经文的形式指向利木美姑，再从利木美姑一站一站地念诵到祖界额木普沽，或者让毕徒念诵《指路经》，从利木美姑指向祖界额木普沽。《指路经》内容如下。

[illegible]，	起呀妣灵起，
[illegible]，	起呀祖灵起，
[illegible]，	祖妣众亡灵，
[illegible]。	迅速起程归祖去。
[illegible]，	从房屋内室起，
[illegible]，	到祭祖仪式场，
[illegible]，	祭祖场上起，
[illegible]，	继续向前走，
[illegible]。	欲行路边站。
[illegible]，	妥鲁山之旁，
[illegible]。	除秽摇神扇[1]。
[illegible]，	倘若不摇扇，
[illegible]。	难把秽来除。
[illegible]，	人逝名犹在，
[illegible]，	倘若名不在，
[illegible]，	难把路来指，
[illegible]，	诸秽缠魂身，
[illegible]。	灵散四处飘。
[illegible]，	逝者你一人，
[illegible]，	逝时如日耀，
[illegible]，	生时如月美，
[illegible]，	在世百事顺，
[illegible]。	寿长如松柏。
[illegible]，	而今干粮已备足，

① 神扇：彝语称为“棋克”（[illegible]），是毕摩法器之一。

用物俱齐全。
彩云腾腾寨边降，
微风徐徐传言来。
现在把路指，
人逝名来教。
制灵魂离体，
魂魄临阴间，
牺牲来祭祀。
祭棚叫朗朗，
畜尸一排排，
祭酒黄澄澄。

今晨黎明时，
出门骑骏马，
闻言望前行，
牺牲随赶去。
去时得祭品，
祭品随尔去；
去时得牺牲，
牺牲随尔去。
祖界谷魂飞，
百谷随你去。

祭品随你去，
祭品随你时，
谷魂留人间；
灵柩随尔去，
灵柩随尔时，
寿禄留人间；
繁衍随尔去，
繁衍随尔时，
育魂留人间，
子孙更兴旺。
牺牲随尔去，
牺牲随尔时，
畜魂留人间，
五畜更兴旺；
神座随尔去，
神座随尔时，
仪式留人间，
灵牌乐融融。

前行复前行，
指路往前行，
人人这般做，
死者到祖界，
逝者尔众人。
万兽叫震震，
猛兽无君主。
群兽吼震震，
尔寿如杉黄。
速速往前行，
欲思祖界归。
人类岩之子，
灵柩放岩中。
尔逝欲归祖，
毕[1]来教导你，
欲归祖界去，
尔来细听教。
人生蘸三水，
生时蘸一水，
子孙更兴旺，
子孙世间衍。
逝时蘸三水，
毕摩来指路，
引魂院中站，
子孙寿禄长。
祖妣逝去后，
欲归祖界路。
人逝名犹荣，
运福应犹荣。

---

① 毕：指主祭毕摩。

欲归有三次[①]，
今行归祖路，
利木美姑到，
利木美姑方，
死者回路处，
活者分路处，
古恒分路处，
邛尼分路处，
古恒向左迁，
邛尼向右迁。
利木美姑方，
死魂活魂分，
死魂向前走，
活魂返回家。
利木美姑方，
阴阳路四条，
黑路乃是魔怪路，
祖妣莫走该条路，
黄路乃是邪神路，
祖妣莫走该条路，
黄路乃是癞邪路，
祖妣莫走该条路，
白路宽又阔，
白路祖妣归祖路，
没有迷路处，
没有树林遮。
已故的先祖，
已故的先妣，
尔等子孙们，
尔等宗族们，
尔等姻亲们，
尔等亲友们，
所有虔诚祭送尔等者，
奉献牺牲供品者，
奉献鸡蛋供品者，
奉献荞丸荞粑者，
相互喊叫的时候，
哀哭喧嚷的时候，
击牛发出嗞嗞声，
筛谷磨粮嘈杂声，
活者灵魂要召回，
健康神灵要召回，
生育神灵要召回。
已故的先祖，
已故的先妣，
尔等所有子孙魂，
尔等宗族家支魂，
尔等亲朋好友魂，
抢在前者伸手拽回来，
跟随后者伸脚踢回来，
追随旁者瞪目斥回来，
所到山头摇旗往回赶，
所至垭口挥毡往回赶，
所经之处荆棘堵住道。
已故的先祖，
已故的先妣，
利木美姑方，
白彝毕摩坐路下，
黑彝毕摩坐路上，
孜毕[②]毕摩坐路面，
切勿听信孜毕的谎言。

等待从此后，
驷艺洛沽[③]见，
驷艺洛沽站，

①欲归有三次：彝族人一生中有三次归祖机会，分别为出生、死亡和祭祖送灵，真正归祖的是最后一次祭祖送灵。

②孜毕：指非世袭毕摩后裔的毕摩。

③驷艺洛沽：古地名，又叫“驷伍尔甲”，位于今四川省昭觉与美姑两县交界处，位于昭觉县乌坡乡境内的美姑大桥对面。

莫木索克[1]见，
莫木索克方，
前行复前行，
指路向前行。
等待从此后，
敏敏沙马[2]到，
敏敏沙马方，
史阿玛孜[3]见，
史阿玛孜方，
春后巨蟒凶[4]，
人人这般传，
速速过此去。

等待从此后，
昊古惹克[5]见，
昊古惹克方，
妇人不择夫，
人人这般传。
等待从此后，
前行一路顺，
格阿古曲[6]见，
格阿古曲起，
撮那俄祖[7]见。
等待从此后，
前行复前行，
指路往前行，
木尼巴托[8]见。
木尼巴托方，
虎豹极凶恶，
人人这般传。
岩道无阻挡，
前行一路顺。

等待从此后，
尔吉嘎布见，
尔吉嘎布方，
吹皮浮渡筏，
旧筏送祖妣，
新筏送尔渡，
过了此渡口。
等待从此后，
甲妮松槌[9]见，
甲妮松槌起，
珠克玛波[10]见，
珠克玛波方，
逝魂莫返归[11]。
布黎祖卓[12]见，
布黎祖卓方，
前行一路顺。
等待从此后，
格撮撮伙见，
格撮撮伙方，
白马不驯顺，
人人这般传。

等待从此后，
枯阿斯尔[13]见，

① 莫木索克：地名，指原利利兹莫所属的冠以“利木”二字的地方，大多在美姑县南部。
② 敏敏沙马：地名，又叫“沙马甲谷”，指原沙马兹莫的属地，位于四川省凉山州金阳县境内。
③ 史阿玛孜：地名，位于四川省金阳县境内。
④ 春后巨蟒凶：意指这里曾是猛兽害虫肆虐之地，不适合人类居住。
⑤ 昊古惹克：地名，又叫“惹克磁艺”，位于四川省金阳县境内。
⑥ 格阿古曲：地名，又叫“阿孜古曲”，位于四川省金阳县境内。
⑦ 撮那俄祖：地名，位于四川省金阳县境内。
⑧ 木尼巴托：地名，位于四川省金阳县境内。
⑨ 甲妮松槌：地名，位于云南省永善县境内。
⑩ 珠克玛波：地名，位于云南省永善县境内。
⑪ 逝魂莫返归：逝者的亡魂到此后再也不要返归人间。
⑫ 布黎祖卓：又叫“布克吉洛”，地名，在云南省昭通市境内。
⑬ 枯阿斯尔：和下文的“枯阿枯卓”“枯阿特兀”均为地名，位于贵州省威宁县北境内。

枯阿枯卓见，
乱伦复犯忌，
人人这般传。
枯阿特兀方，
巨蟒巨口红，
人人这般传。
等待从此后，
卓俄特俄[1]见，
卓俄特俄方，
双蛇极凶恶。
人人这般传，
等待从此后，
倘若不懂德，
可去问智者，
倘若不识理，
可去问识者。

等待从此后，
孜获靡阿[2]起，
穆兹格都坐。
等待从此后，
穆兹拉伙见，
穆兹拉伙方，
春后巨蟒凶。
穆兹勒姑方，
猛兽比孰狠。
等待从此后，
风光望后去，
风味食尽行。
等待从此后，
穆兹候里见，
穆兹候里方，

① 卓俄特俄：地名，位于云南省昭通市境内。

② 孜获靡阿：和下文的“穆兹候里”“所磁峨克”“古鲁彻史”“彻批则皮”均为地名，疑在云南昭通市境内，具体地点待考证。

所磁峨克见，
所磁峨克方，
短尾黑驹凶，
人人这般传。

古鲁彻史登，
濮人依坎居。
彻批则皮坐，
吹皮浮渡筏，
旧筏祖妣渡，
新筏送尔渡，
过了此渡口。
金突东木[3]登，
祖界续根牢，
人人这般传。
新旧一般渡，
先有祖妣过，
而今尔又去。
再登一程后，
玛洛液曲见。

玛洛液曲泉水呀，
乃是祖妣亡灵水，
并非活者灵魂水，
死者活者灵魂分，
并非毕主灵魂所饮水。
已故先祖们，
已故先妣们，
玛洛液曲泉水呀，
昔日你等祖妣饮此水，
你等兄弟曾饮此水去，
你等宗亲曾饮此水去，
你等姻亲曾饮此水去，
你等亲友曾饮此水去。
今日你到玛洛液曲时，

③ 金突东木：又叫“金突木东”，地名，位于云南昭通市境内。

渴了也要饮足泉水走，
不渴也要饮一口泉水去。
尔等也要如此去。

等待从此后，
穆阿尔孜[1]起，
敏曲敏勒见，
布政日邛见。
等待从此后，
经过慕弥域，
到达斯地后，
兽怪禽魔狠，
前去应细心。
依博领域到，
依博领域方，
巨熊猖獗地，
即使繁星缀，
群星被雾遮，
而后穿柏林，
而后出原边。
布勒布哲[2]站，
布堤[3]坝上到，
赫阿日史[4]见，
赫阿日史方，
朵兀格阿见，
魔鬼极凶地，
猛兽吼震震。
日形护心镜，
兽皮为后铠，
披甲逐敌酋。

则体著安[5]见，
达到著安后，
格体阿寨见，
穆兹拉伙方，
放马食青草，
过后饮清泉，
你将如此去。

等待从此后，
黑诺尔波[6]降，
达布索尔[7]奔，
左方有名山，
狂犬吠嗷嗷，
阻挡前行路；
荆楸作祸害，
遍布前行路；
蛰虫满路口，
堵塞前行路。
掷骨诱白犬，
白犬尾摇摇；
取皮垫荆楸，
荆楸油滑滑；
取肉赏蛰虫，
蛰虫笑盈盈。

逝者尔一人，
尔祖雪之孙[8]，
尔父雪之子，
非雪是雪衍，
只要有气在，
是雪会衍人。

① 穆阿尔孜：与下文的“敏曲敏勒”“布政日邛”均为地名，具体地点待考证。

② 布勒布哲：地名，具体地点待考证。

③ 布堤：地名，具体地点待考证。

④ 赫阿日史：与下文的“朵兀格阿”均为地名，具体地点待考证。

⑤ 则体著安：地名，具体地点待考证。

⑥ 黑诺尔波：虚拟的地名，意为云雾缭绕的石岭，与“毕哈嘎仁”（即毕雨路口）相对应。

⑦ 达布索尔：地名，在云南省境内，具体地点待考证。

⑧ 尔祖雪之孙：彝族传说世间万物（包括人类）都是从雪（水）中演化而来。

重孙九十九，
助我得重孙，
曾孙九十九，
让我得曾孙。
美酒不用酿，
荤肉不用牧，
五谷不用耕，
稼穑如松高，
尔将如此去。

等待从此后，
索斯弥基[①]站，
靡图阿俄[②]思，
前去辞人世，
辞世莫辞亲，
图尼子迟锁，
不换以锁换，
锁亦稳固固。
倘若不认亲，
前行不顺利。

等待从此后，
革体阿寨[③]方，
布黎阿嘎见，
布黎阿嘎方，
六祖路一条，
布[④]与默来会，
武与乍来会，
糯与恒来会。

强敌沟间伏，
遇敌莫颤怵。
鳞甲耀闪闪，
尔着细鳞甲。
莫惧无缘结，
牛羊成群群，
牛羊驱作聘，
尔要如此去。

等待从此后，
穆额伙阿[⑤]见，
穆额伙阿方，
德布[⑥]亦擦汗，
德施亦歇脚，
古恒[⑦]卸马鞍，
邛尼停马歇，
尔也如此做，
尔要如此去。
天黑莫歇脚。

等待从此后，
且此迪萨[⑧]方，
白篱作屋筑，
人人这般传，
坐起站亦起，
又复往前望。
且此迪萨方，
心急莫骑马，
倘若急骑马，

---

①索斯弥基：地名，具体地点待考证。

②靡图阿俄：地名，具体地点待考证。

③革体阿寨：又称“根哪俄宰”，与下文的“布黎阿嘎”均为地名，具体地点待考证。文献中已说明是武、乍、糯、恒、布、默六家亡灵聚集之所。

④布：与下文的“默”“武”“乍”“糯”“恒”合为“彝族六祖”。

⑤穆额伙阿：古地名，在云贵高原，具体地点待考证。

⑥德布：与下句的“德施”分别系“彝族六祖”之幺房布、默的全称。布，全称叫慕阿克；默，全称叫慕阿齐，其后裔阿哲、乌撒曾统治过云南、贵州部分地区，现其后裔主要居住在云南、贵州毕节一带。

⑦古恒：与下文的“邛尼”为“彝族六祖”中的恒、糯两支系。此两支系进入凉山后，开拓发展，繁衍生息，后遍布整个大小凉山及其周围区域，构成彝族北部方言区。

⑧且此迪萨：地名，疑为贵州遵义大娄山。

你马也会毙；
心烦莫使奴，
倘若烦使奴，
你奴也会逃。

革萨祖波①聚，
液尔液阿山②，
六祖六方分，
六祖六地主。
逝者望前坐，
生者死者分。
赤牛为祭品，
骏马作脚力。
为将离子孙，
逝者泪汪汪。
死者往前坐，
死者生前去，
后有子孙在，
子孙莫跟随。
逝者骑阴马，
逝者驱阴牛，
逝者赶阴羊，
逝者牧阴猪，
逝者笑靥靥，
逝者往前去。

左方史孜③崖，
黑猿叫朗朗，
行人心惶惶，
猿啼杉林间。
右方迩珥④山，
迩珥十五峰，
奇兽跳跃跃，
行人心恐慌，
兽适谷中适。
阴路有五道，
阴路左方尽。
逝者尔一人，
斯⑤神心狠狠，
闪怪手辣辣。
则革额阿⑥方，
病魔疾怪绝。
闪怪闪跃跃，
擒闪于此擒，
斯闪与病瘟，
围来于此镇。
白猴九代擒，
斯神镇于此，
赤闪八种投，
闪怪锁于彼，
暂告一段落。

前行复前行，
指路往前行，
石墙十二层，
阴门十二道，
阴界南方立，
阴门北方开，
阴路原上显。
左手启阴门，
右手开阴门，
前方启双方，
后方启双方，
阴牛阴羊全驱进，

---

①革萨祖波：地名，具体地点待考证。
②液尔液阿山：古地名，意为分魂山，具体地点待考证。
③史孜：山名，具体地点待考证。
④迩珥：山名，具体地点待考证。
⑤斯：指死神。下文的“闪”指病魔。经书文献中“斯”一般与“闪”前后相连出现，前句作为雌句，后句作为雄句，有时也可合称为“斯闪”，意为死神病魔。
⑥则革额阿：地名，具体地点待考证。

阴猪阴鸡全驱进。
左手抓阴门，
右手扶阴门，
阴门把来闭。
抓门关亦紧，
把门锁亦牢。

死神门关牢，
病魔门锁固。
昊天青幽幽，
大地坦荡荡。
有仇也相和，
指路归此处。
左方居智者，
智者佳女儿，
不贪尔之财；
右方居识者，
识者佳女儿，
不贪尔之粮。
中央路道白，
尔要由此去。

乌云消散开，
星辰闪明亮，
教魂魂前行，
穆曲李萨[①]处，
日月照草地。
左方日道青，
九个太阳照，
日烤阴子孙，
九夜日不落，
日下煎日药。

右方月道红，
皓月不缺隙，
月照阴子孙；
皓月常圆满，
夜月亮堂堂。
日光透九霄，
日药取来用，
日照除百病。

兹[②]逝归兹列，
伴随撮克匹聂[③]去，
选择日道去；
莫逝归莫列，
伴随比俄比迪[④]去，
选择月道去；
毕逝归毕列，
跟随实楚乍姆去，
选择星道去；
卓逝归卓列，
伴随古都查博去，
选择黄道去。
该换由此换，
阴衣与阴饰，
阴牛与阴羊，
乞求也赐予，
不求也赐予，
尔要如此去。
逝者尔等人，
尔归祖界后，

① 穆曲李萨：地名，意为白色山下的坪坝，即山峰终年积雪，山麓坪坝绿草如茵，疑为云南大理点苍山麓。

② 兹：与下文的“莫”“毕”“卓”是古代彝族社会中的阶层名称。兹：意为君长，为彝族最高的统治阶层。莫：君长属下管理事务的阶层，即臣、大臣、谋士。毕：即毕摩，为彝族宗教活动的主持者和传承、传播民俗文化者。卓：指庶民。

③ 撮克匹聂：“彝族六祖”时期著名的君王。

④ 比俄比迪：“彝族六祖”时期著名的贤臣。

病除魔离去，
暂告一段落。

五畜绵羊首，
尔归祖界后，
细心养羊群。
择选肥牧场，
绵羊又繁衍，
常把羊秽除。
住牧好乐园，
无与祖界比。
群羊阴间衍，
用物皆有备，
无用他处求。

逝者归祖界，
祖界万物美，
他处无与比：
不枯不倒地，
杉柏花绽放；
鹤雁栖息处，
湖波光粼粼；
不死不病地，
耆老健如壮；
不热不寒地，
稼穑比松高。
冬季温暖暖，
夏季凉爽爽，
祖妣世居地。

尔听指路去，
尔居此处旺，
尔要如此做。
前路明晃晃，
尔顺明路去，
尔顺此道去。
服饰三千种，
三次做艳妆，
三次做素服。
祖界此方乐，
尔居三片地：
杉林一片地，
走兽成群群；
沼泽一片地，
禽畜黑点点；
松林一片地，
稼穑绿嫩嫩，
尔主三地于此方。
这般住牧后，
子孙世间衍，
还要送祖灵，
兴旺且繁荣。
祖考归祖界，
祖妣归祖界，
尔要如此做。
前路明晃晃，
尔顺明路去，
尔顺此道去，
额木普沽方，
祖界便在此。

武居峻山岭，
乍居草原上，
布房云雾白，
默房繁星多，
糯宴诸宾客，
恒会诸好友，
六祖路额[1]聚，

①额：指祖界额木普沽。

尔等入祖群。
莫惧无戚宴，
倘若尊卑对，
于此取贤妻，
亲戚于是结。
祖界居巨屋，
成家而后安。
骑射于左边，
狩猎于右方，
尔将如此做。
逝时万难脱，
唯求后世安。

已故祖妣们，
祖界那地方，
永居祖界的你父，
天菩萨如金网兜，
头顶英雄结粗弯；
永居祖界的你母，
发辫油黑粗长美，
头帕犹如鹰翅张，
祖界尔等兄弟们，
佩戴弓箭一排排。
你呀跟随先祖娶，
你呀跟随先妣嫁。
伴随先祖变白银，
伴随先妣变黄金。
神毕我一组，
谆谆教诲尔归祖，
然而不随尔等去，
毕摩左方归回来，
主人右方归回来，
签筒左方归回来，
法帽右方归回来，
神扇中间归回来，
神毕一组都回家。

此时，主持仪式的毕摩将灵柩放置在指路亡灵神座前面的神枝旁，灵柩头部朝前方，并继续念诵：

锁住先祖返回路，
锁住先妣返回路，
锁住无嗣男人亡灵路，
锁住无嗣女人亡灵路。
毕寿莫要折，
毕路莫要阻，
天神就这样，
地祇暂回去，
现在暂告一段落。[1]

毕摩念完《指路经》后，在场的所有男主人蹲在指路神座的最后面，一位助手提着拱灵开路猪尸按顺时针方向围绕众主人转三圈，然后把猪尸抛在念诵经文的毕摩面前，众主人离去；毕摩边诵经边抓住猪后腿向着水尾祖灵归祖方向抛去（从凉山方向来说是指向云南昭通方向），直到猪头向着水尾（南方）方向为止，至此指路归祖仪式结束。

第四节　灵柩岩葬（[illegible]）

灵柩岩葬是指将灵柩里的祖妣亡灵灵芯和拴在灵柩旁边的无子嗣亡灵的灵牌，经过一系列祭

① 四川省凉山州美姑县戈黑村毕摩曲比黑石所珍藏，作者结合其他经典整理而成。

祀仪式后送入安放祖灵的箐洞里进行集体安葬。灵柩岩葬过程中，首先要叙述祖妣灵柩迁徙的缘由及其作用，再叙述灵柩迁徙的具体路线，最后锁住灵柩内的所有祖妣亡灵，阻止其返回，彝语称为“普匹峨阻”（），意为安葬祖灵，防止其返回，即阻路锁灵仪式。

相传，包括彝族祖先在内的早期人类曾长时间居住在岩洞里，以岩洞为家，躲雨避兽。当时的葬俗主要是岩葬，以氏族或部落为单位，将遗体集中安葬在岩洞里的指定地点。灵柩岩葬是远古彝族岩葬的遗迹，数千年来，彝族举行祭祖送灵仪式时都将灵柩护送到岩洞里集体安葬，一是怀念祖先曾居住的悬崖岩洞，二是祖灵放在岩洞里较安全，才能顺利与祖先亡灵相会。

一、《灵柩出殡经》（《》）

该经文主要叙述从古至今彝族祖灵迁徙的过程和迁徙的路线。如果祖妣亡灵曾经与邻里不和谐，迁徙后就和谐了；祖妣亡灵子孙繁衍不旺盛，祖灵迁徙后子孙繁衍就数不尽。经文中列举了古代著名部落的祖灵迁徙过程和迁徙地点，迁徙后，这些部落后裔繁衍千千万。《灵柩出殡经》具体内容如下。

仪式轮到此，
现在祖灵迁徙祭，
祖妣亡灵来享祭。
祖灵迁则兴，
妣灵徙则旺。
祖嗣永延续，
妣裔永兴盛。
宴祭祖妣灵，
儿孙亮堂堂。
祖灵迁则兴，
妣灵徙则旺，
祖妣灵迁徙。
迁居地四方，
四方居则兴。
祖灵路四条，
通往地四方。
洁白路三条，
现在指引祖妣迁徙路。
祖妣笑盈盈，
儿孙亮堂堂。
祖灵迁居云雾中，
云雾滚滚涌，
伴随黑雾迁。
祖妣迁徙去，
儿孙繁又衍。
祖妣似鲜花，
迁则纷纷绽。

现在叙述祖灵迁徙事，
祖妣灵迁徙。
祖灵已迁徙，
祖灵迁居杉林中，
杉林响飒飒，
儿孙闹嚷嚷。
妣灵迁居悬崖中，
子孙如林立。
祖灵迁居原野上，
儿孙齐整整。
祖灵迁则贵，
重提亡者名，
迁居原野者为贵。
故后不称心，
祖灵居领地。
祖渴不思饮，
祖饥不思食，
今日以酒解渴烦，

肉食解饥饿，
至此告一段。

现在迁祖灵。
祖妣灵迁徙，
祖灵迁居江河中。
江河之中呢，
鱼虾争相跃，
祖妣亡灵随之齐欢跃。
祖妣灵迁徙，
祖妣亡灵迁居悬崖中。
崖中蜜蜂争相鸣，
祖妣亡灵随之齐欢鸣。
祖妣灵迁徙，
祖灵迁居杉林中。
林中獐麂齐欢跃，
祖妣亡灵随之齐欢跃。
已故先考先妣众亡灵：
请随獐和麂，
杉林之中去定居；
请随蜜蜂和马蜂，
悬崖之中去定居；
请随鱼和虾，
江河之中去定居；
请随树梢的猴群，
林木丛中去定居；
请随白颊的云雀，
原野之中去定居；
请随白颊蟒蛇去，
石堆石缝中定居；
请随红腿青蛙去，
沼泽水塘中定居。
祖灵迁出稳稳坐，
妣灵迁出直直立。
祖妣齐迁欢又乐，
至此告一段。

现在分述祖灵路。
祖灵路三条，
祖灵来享祭，
妣灵来享祭，
儿孙速繁衍。
祭祖儿孙兴，
祭妣子孙旺。
调和亡祖灵，
调和亡妣灵。
祖灵赐阳神，
妣灵赐阴神。
祖妣灵难舍，
儿孙心悲切。
黄色伴吾美，
扶则黑森森。
祖妣净手水，
儿孙兴盛已无疑。
亡灵心依恋，
至此告一段。

祖灵快迁徙，
妣灵快迁徙。
跟随灵柩迁，
迁徙至岩洞。
分出羊群迁徙到原野，
分出百兽迁徙到林中，
分出猪群迁徙到泽塘，
分出牛群迁徙到坡岭，
分出鸡群迁徙到院落，
分出马群迁徙到牧场，
分出山羊迁徙到山崖，
分出绵羊迁徙到草原。
分出白颊小云雀，

迁徙到原野。
分出雉鸡迁徙到蕨林，
分出锦鸡迁徙到竹丛。
分出树梢的猴群，
迁徙林中树梢上。
分出水中的水獭，
迁徙到江海。
分出祖妣众亡灵，
迁到祖界仙境里。
祖灵迁居稳稳坐，
妣灵迁居直直立，
伴随云雾雨露纷纷去。

祖妣灵迁徙，
祖妣不和者，
祖妣亡灵迁则和。
祖灵迁居稳稳坐，
妣灵迁居直直立，
祖妣亡灵们，
迁到远古祖界地。
树木森林中定居，
顽石石板中地居，
云雾飘入云层中，
雨露飘落雨露中，
人类迁居世间大地上。
人类分宗迁徙又迁徙，
人类迁徙路四条。
人类迁居稳稳坐，
人类终迁悬崖岩洞中。
树类分出刺龙苞，
树类纷纷分种类。
石类纷纷分种类，
石类分出花岗石。
蜜蜂分群纷纷鸣，
迁居悬崖峭壁中。
鱼虾分群争相游，
迁居江河湖海中。
百兽分群争相跃，
迁居沟壑森林中。
水獭分群争相游，
迁居水域深潭中。
云雾分群纷纷涌，
迁居山头峰岭上。
雨露分群哗哗降，
迁居地下三层中。
祖妣亡灵，
迁徙归祖界，
子孙繁衍，
居住在世间。

白彝十二支系分迁去，
黑彝十四支系分迁去，
土司四十八支分迁去，
土司吉慕三子分迁去，
白彝阿莫九子分迁去，
黑彝驷俄且尼分迁去，
阿鲁马[1]家分，
迁居吉觉俄罗地界上，
祖妣亡灵请到彼处居。
以尔三子分，
迁居索诺大山下，
祖妣亡灵请到彼处居。
拉皮三子分，
拉皮石扎已分支，
果基阿博五子已分支，
瓦扎俄主四子已分支，
罗慕阿嗨四子已分支，

① 阿鲁马：指“阿鲁”与“马”两个不同宗族的合称，前者系邛尼支系，后者系古恒支系。双方历来互相开亲。

巴且阿艺三子已分支，
啥普俄觉八子已分支。
艺俄阿侯分，
迁居戈额大山下，
祖妣亡灵请到彼处居。
黑来摩瑟吉慕苏嘎分，
迁居瓦普勒乌山崖下，
祖妣亡灵请到彼处居。
阿陈四子分，
迁居鹫都大山下，
祖妣亡灵请到彼处居。
阿摸二子分，
迁居姆虎勒乌深谷中，
祖妣亡灵请到彼处居。
阿普甘毕分，
迁居甲孜言达去，
祖妣亡灵请到彼处居。
萨枯木抛分，
迁居艺吉纳达去，
祖妣亡灵请到彼处居。
阿普俄勒分，
迁居甲谷甘洛地界上，
祖妣亡灵啊，
彼处迁徙安家居。
祖灵迁则兴，
妣灵徙则旺，
祖灵变白银，
妣灵变黄金。
祖妣有见识，
为子娶妻并安家。
儿孙有见识，
赡养父母送终祭亡灵，
至此告一段。

现在催灵且送灵，
司祭催灵毕难寻，
并非寻不着。
司祭催灵毕四位，
来自地四方，
专为司祭催灵而前来。
催灵毕三位，
催灵毕来催，
遣灵毕来遣。
阿鲁司祭灵，
司祭毕三位。

远古的时候，
史知史德作毕摩，
史阿尼能十子毕。
尼能学识浅，
尼能思路窄，
尼能不催灵，
尼能不遣灵。
后由实勺作毕摩，
实勺八子曾作毕。
实勺学识浅，
实勺思路窄。
实勺不催灵，
实勺不遣灵。
后由格俄作毕摩，
格俄九子曾作毕。
格俄学识浅，
格俄思路窄。
格俄不催灵，
格俄不遣灵。
后由慕弥作毕摩，
慕弥十子曾作毕。
慕弥学识浅，
慕弥思路窄。
慕弥不催灵，

慕弥不遣灵。
后由圣毕六祖作毕摩，
六祖世袭二十世。
六祖学识丰，
六祖思路广。
六祖见识宽，
六祖见闻广。
六祖圣毕世，
背挎神签筒，
头戴神法帽，
手持神法扇，
手搓神竹签，
白纸作经卷，
墨汁写经文。
糯部法技高，
恒部技艺精；
武部毕游广，
乍部毕源长，
布毕善祛秽，
默毕居地安。
圣毕六祖世，
执祭催亡灵，
迁遣祖妣灵。
催遣祖灵，
迁居祖界仙境地，
劝慰儿孙，
世上居住繁衍兴。

春季三月里，
清风越过山垭常往返，
祖灵盟誓不再返回来。
夏季三月里，
狂风暴雨常往返，
祖灵盟誓不再返回来。
秋季三月里，
云雾雨露常往返，
祖灵盟誓不再返回来。
冬季三月里，
皑皑冰雪常往返，
祖灵盟誓不再返回来。
日月相伴归，
祖灵盟誓不再返回来。
云雨相随去，
祖灵盟誓不再返回来。
鹤雁结伴返，
祖灵盟誓不再返回来。
狮虎相伴回，
祖灵盟誓不再返回来。
獐麂相伴常回来，
祖灵盟誓不再返回来。
鱼水相伴常返回，
祖灵盟誓不再返回来。
世间夫妻相伴常归来，
祖灵盟誓不再返回来。
遣灵放置林中就平安，
遣灵放置石滩就吉祥。
遣灵归灵洞，
亡灵自此不再返回来。
催灵遣灵护毕命，
我等性命定稳固；
催灵遣灵增毕寿，
我等师徒定长寿，
催遣祖灵离去后，
神毕获酬金，
附神得谢礼，
护神佩金饰。
神毕口风紧，
主人定平安，

彝文	汉译
[彝文]。	催灵遣灵至此终。[①]

二、《锁灵阻路经》（《[彝文]》）

主祭毕摩先制作一个锁灵阻路神座，这时，两位辅祭毕摩坐在神座旁，一边念诵《锁灵阻路经》，一边举行“锁灵阻路”仪式。每诵完一段经文，护灵员都要把拱灵开路猪尸、接猪血的石板和祖妣灵枢从九组白色神签栽插的神座中向前移动到用九组石块堆叠排列的神位之首，两位辅祭毕摩分别站在两排阻路神座的外面，边念经边用右手将横放在两边交叉神枝上的神签进行左右互换，并将放在神座两边的石板也进行左右互换，横放在神座中的荆棘也左右互换，表示已用茂密的青冈林、难以翻越的乱石岗和无法通过的荆棘从堵死了祖灵以及经过同祭形成的善灵返回仪式主人辖域的道路。主持毕摩念诵《锁灵阻路经》，直到仪式全部结束。负责组织阻锁祖灵返回路的两位辅祭毕摩在进行阻锁动作时，反复念诵“栽插白色神座整九座，九重神座阻锁祖灵返回路；堆垒石林整九重，九重石林阻锁祖灵返回路；栽种荆棘整九片，荆棘阻锁祖灵返回路。今日阻锁祖灵返回的通道，阻则牢，锁则固无疑”。《锁灵阻路经》内容略。

三、《灵枢岩葬经》（《[彝文]》）

锁灵阻路仪式结束后，辅祭毕摩制作一个灵枢岩葬神座。主祭毕摩坐在灵枢岩葬神座的后面念诵《灵枢岩葬经》（该经又称为《指引灵枢归岩经》），逐站报告从仪式祭祖道场到存放祖妣灵枢，以及同祭者灵牌的祖灵箐洞之间的地名、坝名、溪河名、坡岭名、山名和祖灵箐洞名称。祖灵灵枢一般安葬在山险、林密、朝阳、崖固、宽敞而干燥的崖洞。《灵枢岩葬经》内容摘录如下。

彝文	汉译
[彝文]——	嘿咿嘿咿——
[彝文]，	现指引灵枢归岩洞，
[彝文]，	祖妣金银众灵枢，
[彝文]，	尔等停灵似山丘，
[彝文]，	灵枢堆垒似石墙，
[彝文]，	祭灵列成崖，
[彝文]，	坐则连成片，
[彝文]，	站则黑压压的众亡灵，
[彝文]。	现在指引尔等归洞府。

彝文	汉译
[彝文]——	嘿咿嘿咿——
[彝文]，	迁啊祖灵迁，
[彝文]，	徙啊妣灵徙，
[彝文]，	祖妣众灵枢，
[彝文]，	众多祖灵枢，
[彝文]，	主人屋里起，
[彝文]，	主人屋里站，
[彝文]，	主人屋里走，
[彝文]，	来到祭祖场，
[彝文]，	祭祖场上起，
[彝文]。	寻路往前赶。

然后，根据当地的具体地名继续念诵：“来到××地，××地上起，寻路往前赶；来到××坝，××坝上起，寻路往前赶；来到××谷，××谷中起，寻路往前赶；来到××溪，××溪边起，寻路往前赶；来到××河，××河畔起，寻路往前赶；来到××岭，××岭上起，寻路往前赶；来到××山，××山上起，寻路往前赶；来到××岩……”当念诵到储藏灵枢的岩洞时，主祭毕摩会念出储藏灵枢岩洞的具体名称，并继续念诵如

①《彝文典籍丛书》（第3卷），第213页，四川出版集团、四川民族出版社，2009年。

下经文。

岩洞你这个，
岩洞宽敞且干燥，
这是尔等的新居，
定要安心住下来。
尔等亡祖在此居，
尔等亡妣在此居，
尔等祖灵灵柩永居此。
务必融入祖灵群，
融入祖群变白银，
务必融入妣灵群，
融入妣群变黄金。
融入君王群，
同君骑贡马；
融入贤臣群，
与臣同享牛俸禄；
融入毕摩群，
与毕同获绵羊酬，
高兴快速地融入。

尔等居住的洞府呀，
山顶松柏花绽放，
尔等融入松柏花绽放。
深谷樱树花绽放，
尔等融入樱林花绽放。
沼泽野花常盛开，
尔等融入野草花绽放。
园圃油菜常开花，
尔等融入菜园花绽放。
尔等独自归洞去，
切勿带走活者魂，
祭祀尔等宗族之子孙，
虽然恭送尔等归洞府，
但是活魂不留陪尔等。
姻亲虽恭送尔等到路旁，
其魂不会随尔去箐洞。
护灵人员虽背尔等到箐洞，
其魂不会留下陪尔等。
众毕师徒们，
虽然指引尔等归洞府，
我等魂魄不随尔留箐洞。
尔等独留祖灵箐洞中，
高兴快速顺畅居此洞。
活者游魂若有抢在尔前者，
请你将其游魂拽回来；
若有追随尔等身后者，
请你伸腿将其踢回来；
若有伴随尔旁者，
请你瞪目将其斥回来。
去兮归去兮，
迁徙呀祖灵迁，
迁徙呀祖妣迁。
回兮我等已回兮，
毕主魂魄相伴归。
众毕师徒自左回，
众主魂魄自右归。
护灵员魂已归来，
至此告一段。

四、《安慰祖灵经》（《[illegible]》）

念诵《安慰祖灵经》主要是为了让祖灵安心、永久地在祖界栖息。该经文主要内容是教导祖灵在祖宗箐洞中安息，将来可能会遇到诸多自然因素或飞禽走兽的骚扰，如果遇到则不要生气，要宽容大度，更不能变幻成妖魔鬼怪祸害子孙，而要像在世时一样保持善良的心，时时刻刻护佑子孙，让子孙繁荣昌盛。

举行仪式时，主祭毕摩将祖妣灵柩靠在一块磐石上，手持一碗白酒，口诵《安慰祖灵经》，

经文内容如下。

世间神匠阿尔[1]世，
阿尔阿迪世，
莫杜垭口[2]方，
铸就利匕首，
储藏灵柩底，
防御来犯敌，
防御来犯仇。
莫木垭口处，
铸就名利剑，
储藏灵柩底，
防御来犯敌，
防御来犯仇。
莫果垭口方，
炼制铜铁线，
捆扎祖灵柩，
防御来犯敌，
防御来犯仇。

峨毕来抚柩，
峨乌图[3]来抚，
萨毕来慰柩，
萨哲史来慰。
如此做以后，
灵柩葬山顶，
山顶罩云雾，
不宜葬灵柩；
灵柩葬沟壑，
沟壑雨绵绵，
不宜葬灵柩；
灵柩葬岩洞，
毕摩眼光灵，
岩中干又亮，
毕摩学识博，
灵柩上方亮堂堂，
灵柩周围花绽放，
祖妣亡灵净安宁，
祖妣子孙笑盈盈，
子孙繁衍成无数。
分啊祭，
债呀还，
树下安葬神灵吉，
岩洞安葬灵柩安，
暂告一段落。

祖妣金银装饰众灵筒，
尔等安居××箐洞后[4]，
山头云雾不识礼，
云雾飘荡时，
但愿云雾莫笼罩，
如是笼罩切勿侵蚀，
如是侵蚀勿忌讳。
杉梢乌鸦不识礼，
但愿不要见尔等，
如是见你莫鸣噪，
即使鸣噪勿生怨。
深山虎豹不识礼，
但愿不要见尔等，
如是见你莫嘶吼，
即使咆哮莫忌讳。
山上羔羊不识礼，
山上羔羊见尔等，

① 阿尔：与下面的“阿迪”是远古时期两位彝族神匠。
② 莫杜垭口：与下面的“莫木垭口”“莫果垭口”均为古代地名，具体地点待考证。
③ 峨乌图：与下面的“萨哲史”是古代格峨部落兴盛时期两个著名的毕摩。
④ 念诵到此时，毕摩说出存放灵柩的箐洞的具体名称。

[illegible]，但愿见你莫践踏，
[illegible]。即使践踏莫致祸。
[illegible]，山上牧者不识礼，
[illegible]，山上牧者见你者，
[illegible]，但愿见你莫当柴火烧，
[illegible]。即使柴烧尔也莫忌讳。
[illegible]，阳春三月啊，
[illegible]，自古春夏雷电多，
[illegible]，雷电击你莫忌讳，
[illegible]。我替雷神抚慰你。
[illegible]，盛夏三月啊，
[illegible]，自古夏秋滑坡山易塌，
[illegible]，洞府塌陷莫作祟，
[illegible]。我替地祇抚慰你。
[illegible]，尔等从此那以后，
[illegible]，山羊踩踏洞顶莫忌讳，
[illegible]，牯牛顶撞洞府莫作祟，
[illegible]，公猪拱洞莫生怨，
[illegible]。公鸡刨洞莫致祸。
[illegible]，从今往后，
[illegible]，莫再忌讳致灾祸，
[illegible]，莫再变幻到处飘，
[illegible]。莫再变幻随处游。
[illegible]，抚慰祖灵求吉祥，
[illegible]。抚慰灵枢祈如意。
[illegible]，尔等遗留阳育神灵赐后世，
[illegible]；请将遗留阴育神灵赐后世；
[illegible]，遗留健康神灵赐后世，
[illegible]；遗留长寿神灵赐后世，
[illegible]，遗留牲畜神灵赐后世，
[illegible]；遗留六畜神灵赐后世；
[illegible]，遗留粮食神灵赐后世，
[illegible]。遗留五谷神灵赐后世。

毕摩念诵到此时，主持本场祭祖送灵仪式的主祭毕摩将酒倒在祖妣灵枢上，然后继续念诵。

[illegible]，尔等在世众子孙，
[illegible]，自此养儿俊且勇，
[illegible]，媳妇貌美且贤淑，
[illegible]，儿孙速繁衍，
[illegible]，繁衍犹如雨后春笋生，
[illegible]，犹如夏秋蘑菇遍岗岭，
[illegible]，儿孙必将繁衍遍天下，
[illegible]。至此告一段。[1]

主祭毕摩诵至此处时，抓住拱灵开路猪尸的后腿念诵《驱遣经》。之后，将猪尸抛向德布洛莫方向，猪头朝前方，在场的主人同时高吼数声。然后，辅祭毕摩把拱灵开路猪的肚腹肉和带毛的猪尾巴一起递给护灵员。

五、送灵归箐洞（[illegible]）

抚慰灵枢仪式结束后，助手们用一把锄头在原来建的送灵阻路神座下方挖一条象征性的河沟，表示江河；然后在挖出的沟里倒入一桶水，护灵员背着祖妣灵枢跨过水沟站在对面，表示祖妣灵枢已经渡河而去。然后，由当年年龄为偶数且岁位在东西、西南、东北、东南、西北的宗族青壮年男性成员组成3人、5人、7人或9人的送灵队伍。禁忌岁位在南北的人参加送灵，因为祖灵位于四川凉山地区南部，岁位在南北的人的灵魂容易随着祖灵而去。护送祖灵的人身披铠甲、肩扛木棒（ 代表长枪 ）或火药枪，腰佩宝剑，挎着弓箭，带上指路归祖仪式上所用的祖妣干粮、肉串等祭品。送灵人员背着带毛的赐福猪尾巴、一口袋供灵炒面、一坛白酒、煮熟的供灵赐福猪前腿和半边猪头等在前面领路，护灵员背着祖妣

① 摘自美姑县著名毕摩迪惹洛曲收藏的古籍文献。

灵柩随后，大家一起将祖妣灵柩和同祭的灵牌送入仪式主人家族的箐洞中进行安葬。

到达祖灵箐洞后，先在洞口处生一堆火，告知原有的祖妣亡灵，该洞又增添了新成员。随后，由护灵员先解下“惹尔惹吉”和“比尔尼日”的灵牌放在淋不着雨的小洞或石缝中，再用带毛的赐福猪尾巴扫掉放置灵柩地面上的尘土。接着解开每只灵柩斜面下方的那道布箍，使灵柩顶部斜面呈微开状，口朝东方，按照长幼顺序将祖妣灵柩放在箐洞深处的洞壁上；把指引亡灵归祖仪式中铺在神座中间当作亡魂归祖路的白绸布作为帐篷覆盖在众灵柩上；将指路仪式中所用的祖妣干粮、肉串等祭品摆放在祖妣灵柩前；把赐福猪颅骨取下放在众灵柩前，并在凹陷处倒满白酒，再用燕麦炒面捏成面团放在白酒旁祭祀众祖灵。放好祭品后，护灵员对着众灵柩说：“我与你们的宗族一起护送你们入箐洞，但我们的魂魄不会留下来陪你们，你们一定要安心留下，与之前归洞祖妣和谐相处，永远栖息在这里，安守本分。”送灵队伍就地分享剩余的酒和肉，但是主祭方的子孙禁忌食用赐福猪肉和祭祀过祖妣的燕麦炒面。离开藏灵箐洞时，送灵者要相互抓住对方的发髻迅速离开洞口，并不断抓起燕麦炒面撒向身后。返回时，送灵者可以直接回家，但是护灵员必须先到主祭户家。主祭户家要热情招待护灵员，先让护灵员坐在垫有白布的地上，以示尊重；再让护灵员喝专门为其准备的玉米甜酒，并给予一定的礼金，以示感谢。

护灵员回家时，主祭户要送一只绵羊作为答谢，现在一般直接给护灵员现金，作为购买招魂仪式所需绵羊等的费用。

六、《祭祖献茶经》（《[illegible]》）

“祭祖献茶经”仪式又称“祖妣立约”，彝语称为“普匹拉信”（[illegible]），又称为“普匹峨信”（[illegible]），意为经过上百道仪式程序，引灵制灵，祭灵净灵，教导感化，形成祖灵，即形成善良的祖先神灵，在毕摩及其护法神的劝导、指引下来到祖界，与祖先团聚。现在最后给众祖灵敬献立约茶水，众祖灵立誓今后永远待在祖界，除逢年过节外，不得返回人间，在祖界防御、镇锁邪魔鬼怪，永当善良的祖先神灵，护佑子孙。

主祭毕摩诵完《安慰祖灵经》后，端一碗白酒，念诵《祭祖献茶经》，经文内容如下。

[illegible]，	嗌嘿咿，
[illegible]，	献啊祭，
[illegible]，	防御祖妣亡灵重作祟，
[illegible]，	防御死神病鬼重光顾，
[illegible]。	防御星邪月怪再降灾。
[illegible]，	祭献毕摩声誉护法神，
[illegible]，	祭献姻亲毕祖神，
[illegible]。	祭献宗族毕祖神。
[illegible]，	祭祀护法神雕鹞，
[illegible]。	祭祀护法神狮虎。
[illegible]，	祭祀人丁繁衍神，
[illegible]，	祭祀六畜繁殖神，
[illegible]。	炊烟胜浓云。
[illegible]，	祖灵献祭茶，
[illegible]，	妣灵献祭茶，
[illegible]，	祭茶报人丁，
[illegible]。	人丁已点明。
……	……
[illegible]——[illegible]，	咿嗌——嘿咿，
[illegible]，	祭祖送灵增毕寿，
[illegible]；	我等师徒定增寿；
[illegible]，	祭祖送灵毕吉祥，
[illegible]；	我等师徒定吉祥；
[illegible]，	祭祖送灵保毕命，

我等师徒定健康。
勒慕驷峨方，
神毕诞生祭祖灵，
承袭祖业祭祖旺。
自古云雾主阴晴，
日月遵从云雾意，
自古君长主婚配，
属民遵从君意愿，
自古臣子主判案，
民众遵从臣意愿，
自古夫君主家业，
妻妾遵从夫意愿，
自古毕摩主祭祖，
亡灵遵从毕意愿。
君长统领时，
乱民莫肇事；
臣子判案时，
旁人莫插嘴；
虎豹潜行时，
狐狸莫阻路；
鸿雁往返时，
飞鸟[1]莫挡道；
神毕执祭时，
邪神怪鬼莫扰乱。
神毕将起程，
祭事无止境，
师徒双双起，
祭祀已终结。
天神请返回，
地祇请归去，
执祭完善已终结，
至此告一段 。

①飞鸟：这里指麻雀、喜鹊等体形较小的鸟类。

第五节　祖灵资格

毕摩文化认为人的灵魂永生，可跨越时空。以灵魂所附主人（简称“附主”）的寿命为界线，将灵魂分为生魂与亡灵，活人的灵魂称为生魂，人去世后的灵魂称为亡灵。亡灵永生，永恒不死。人去世后到举行祭祖仪式期间，其亡灵在人间游荡，居无定所（除部分安灵在家供奉的灵牌外），只有经过祭祖仪式后才能到达祖界，与祖先团聚，成为祖灵，护佑子孙。从亡灵到祖灵是一个复杂而严格递升的过程。

根据被祭亡灵所经过的时间节点，亡灵从附主死亡到祭祖送灵期间要经历游灵、家灵、祖灵三个阶段。

游灵，是指亡灵从附主去世到制作灵牌期间在世间游荡不定，主要是在火葬地到其子孙家宅之间游荡。其间可能被妖魔唆使或控制，时常作祟于亲人。

家灵，是指举行特定的仪式后游灵附在灵竹上并被制成灵牌在家供奉。安灵是因亡灵作祟于亲人，致使其在世亲人疾病缠身，因而在举行祭祖仪式前为该亡灵制作灵牌在家供奉。这种家灵，彝语称为“阿普阔”（ ）。享受家中供奉的家灵，必须满足一个条件，那就是其生前生有儿子，有男性子嗣的亡灵才有成为家灵的资格。只有少数亡灵被制成家灵供奉，家灵不是形成（晋升）祖灵的必经过程。

祖灵，是指有子嗣的祖妣亡灵经过一系列复杂的祭祖仪式，最终经过祖妣誓盟仪式成为祖灵，祖灵又称为族灵。祖灵的特点之一，是夫妻同入灵柩并有自己的子嗣。祖灵经毕摩教导后送往祖界与祖先团聚，其灵牌同其他祖灵灵牌一起藏放在宗族祖灵箐洞上方“高贵”的位置。

因此，附主去世后其亡灵要以另一种“生命”形式经历三种不同阶段。游灵、家灵和祖灵三者并非平面的并列关系，而是在不同时间、不同空间的祭祀中呈立体递进关系。亡灵从游灵到家灵，最后到祖灵，逐步晋升。

然而，不是所有亡灵都能晋升为祖灵，亡灵晋升为祖灵有严格的认定标准。亡灵晋升为祖灵有两个途经：一是在家供奉的家灵经举行祭祖仪式后直接晋升为祖灵；二是有子嗣的亡灵虽然没有经过家灵阶段，但是在举行祭祖仪式过程中经过临时安灵后，与在世为夫妻的祖妣灵芯一起殓入灵柩内的同一个灵位，并同其他所有被祭祖妣的灵芯一起送往藏放祖灵灵柩的箐洞中，其亡灵被送往祖界同祖先团聚后，亡灵才能晋升为祖灵。虽然无子嗣的亡灵同有子嗣的亡灵一样，经过祭祖仪式后可被送往祖界，但是不能形成祖灵，而是形成憨灵，即朴实厚道的亡灵。憨灵过着寂寞的生活，与世间亲戚断绝一切关系，不能与祖先团聚，也不能再变幻成为妖魔鬼怪作祟于世间的亲戚。只有祖灵才能到达祖界与祖先团聚，过着幸福美满的生活并护佑子孙后代。

亡灵晋升为祖灵的必要条件是有子嗣，这个条件在祭祖送灵仪式程序中也表现得淋漓尽致。在祭祖送灵仪式中，亡灵有无子嗣，其待遇差异也较大。

首先，分开宴灵。在祭棚内有子嗣的亡灵灵牌与无子嗣的亡灵灵牌不能一起宴灵，且主祭毕摩与宴灵祭牲也不同。举行宴灵仪式时，把有子嗣的亡灵灵牌放置在主祭毕摩的右上方，而无子嗣的灵牌则放置在主祭毕摩的右下方，且中间由9根神枝和一个小的竹篱笆隔开。宴灵牺牲牲畜所站的位置也不同。有子嗣亡灵的祭祀绵羊站在上方，无子嗣亡灵的祭祀绵羊站在下方。主祭毕摩首先举行有子嗣亡灵的宴灵仪式，稍后由一位辅祭毕摩主持无子嗣亡灵的宴灵仪式。

其次，享用灵柩的规格不同。祭祖仪式中将被祭亡灵的灵牌分成三组：第一组是生前有男性子嗣的亡灵灵牌，第二组是生前只有女性子嗣的亡灵灵牌，第三组才是生前无子女的亡灵灵牌。只有第一、二组亡灵才有享用灵柩的资格，但两者享用灵柩规格存在差异。具体体现是有男性子嗣亡灵的灵柩体积相对较大，且顶部与底部都要削成斜面状，而只有女性子嗣的亡灵灵柩相对较小，且头尾两端都削成平面，彝语称谓“峨布俄职”（[illegible]），意为断尾灵柩，即无后代之灵柩。而无子女的亡灵“惹尔惹吉”“比尔尼日”的灵牌则没有资格进入灵柩，只能拴在装有其祖先灵牌的灵柩尾部。

最后，在祖宗岩洞藏放灵柩的位置不同。有子嗣的灵柩藏放在祖灵箐洞的上方，占据上等位置，地位显赫。无子嗣的亡灵无论生前地位多高，其灵牌只能藏放在下方，或是在祖灵箐洞下面另选一个可以遮风挡雨的岩洞藏放。这是由祖灵的功能所决定的，因为亡灵成为祖灵后其主要作用是护佑后代子孙，无子嗣亡灵便无此功能。

综上所述，有子嗣是亡灵最终晋升为祖灵的通行证。因此，在彝族传统社会生活里，彝族人最看重的莫过于传宗接代，个体的价值和地位在实现家支血缘延续上得以体现。没有儿子的亡灵因其对家支绵延没有做出贡献，便失去了成为祖灵的资格，因而不能与祖先团聚。祖灵会世代受到后世子孙的祭献。

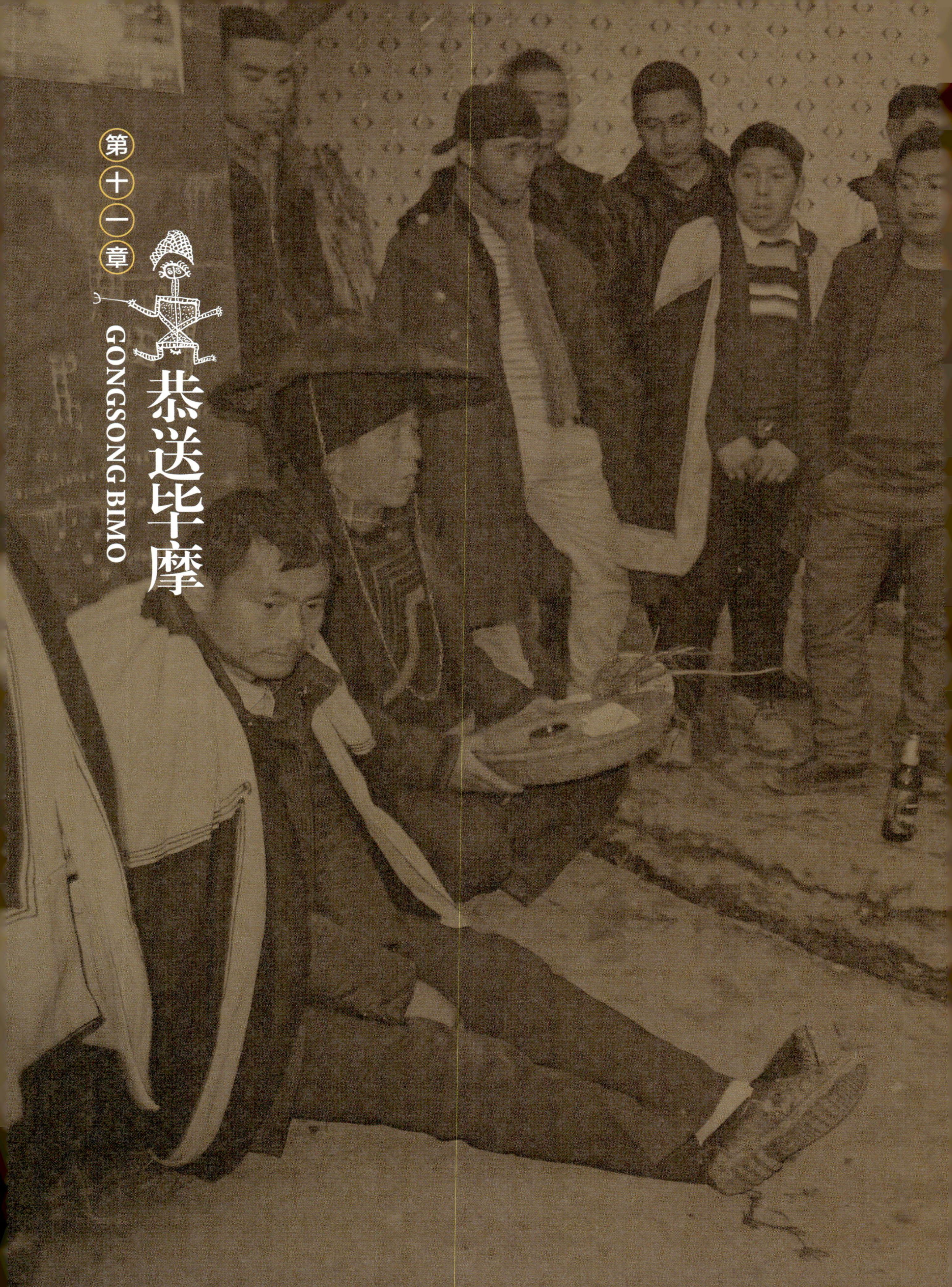
第十一章
GONGSONG BIMO
恭送毕摩

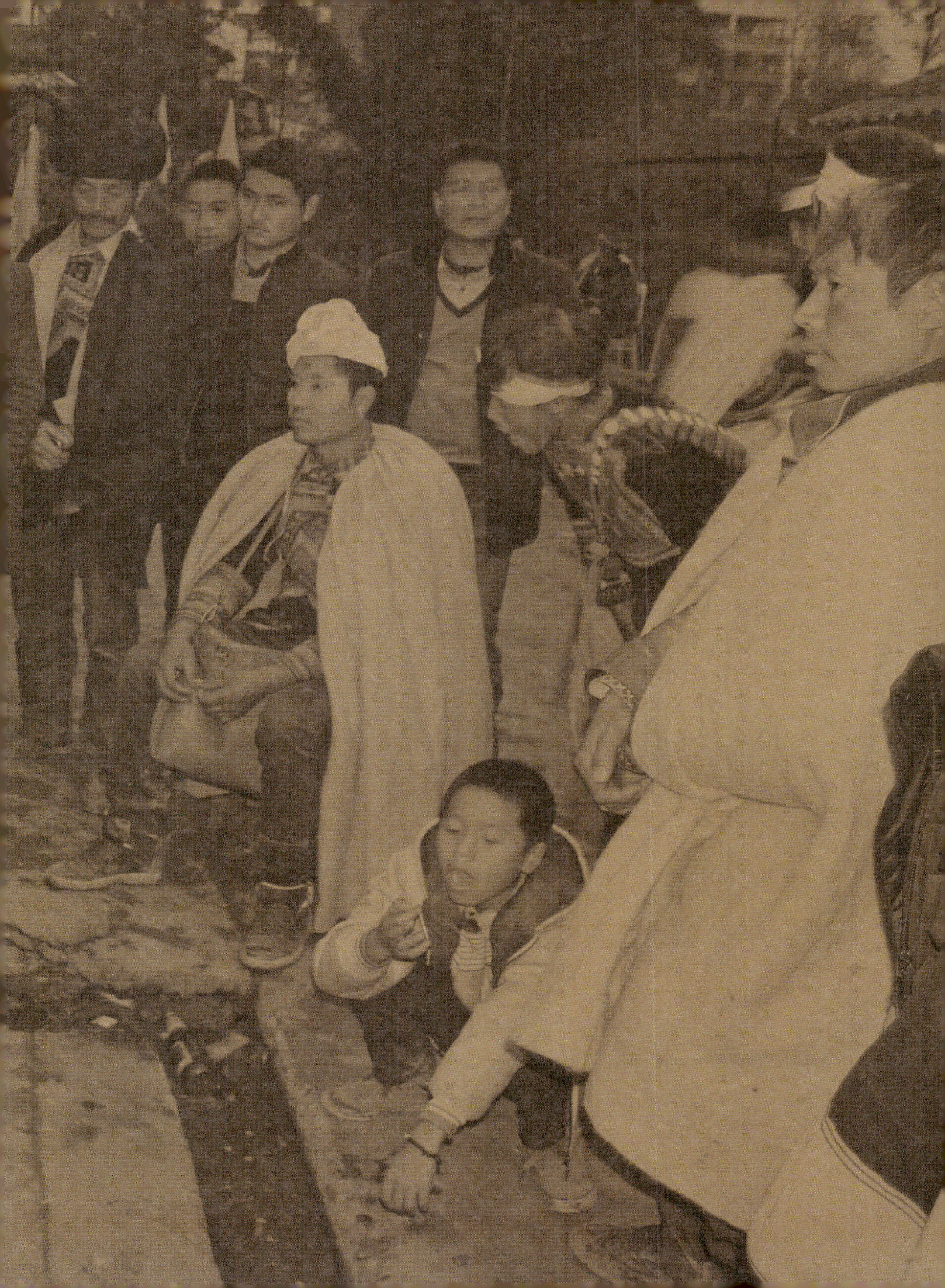

主祭毕摩诵完《祭祖献茶经》后，众毕摩立即撤离祭祖场所，返回主祭方辈分最小的主人家里，即祭祖第一天举行驱逐邪魔仪式的地方。进屋后，毕摩、主人双方互相问候，主人赞扬毕摩顺利完成如此规模宏大的仪式，毕摩称赞主人准备得如此充分，然后双方一起抽烟饮酒，在座的每位毕摩都要品尝主人家特制的玉米甜酒。如果祭祖毕摩回家路途遥远则夜宿仪式主人家，第二天早晨再回家；如果离家较近或乘车方便就直接回家。不管毕摩们是当天回家还是第二天回家，回家时按照对待祭祖毕摩“有邀必送”[①]的习俗。届时，主祭方所有的男性成员带上一坛白酒和数个彩漆木碗护送毕摩到屋外大路旁，一般送到祭祖首日迎接毕摩时的路旁果树下，在此举行恭送毕摩仪式，彝语称为“尕博毕世”（[illegible]），即护送毕摩到回家路上。

在主祭方的安排下，祭祖毕摩坐在铺上净草的地上，举行恭送毕摩仪式。按照传统仪式，要先给主祭毕摩一定的酬金。

支付酬金后，其中一位主人走到毕摩面前，为每位毕摩敬上一碗白酒。同时，另一位主人拿来一个筛子，筛子上面放着诸多兰花烟和数十支香烟。每碗白酒里放一块碎银，每位毕摩在饮酒过程中，要把酒里的碎银含入口中，饮酒后再吐出来。众毕摩喝完主人所敬的酒后，再用原碗给主人重新斟上白酒，同样在每碗酒里放入原来的碎银，将碗放在各位毕摩的神扇上，举行离别赐酒仪式。主祭方每户都要给为自己赐酒的毕摩一些谢礼。众毕摩右手拿酒碗，左手持神扇，开始念诵《送毕赐酒经》（《[illegible]》），内容如下。

[illegible]	咦噫——叹啊！
[illegible]	仪式主人家，
[illegible]	在世子孙千万个，
[illegible]	之前祖考亡灵送走时，
[illegible]	祖妣亡灵送走时，
[illegible]	妣灵伴随亡祖走，
[illegible]	妣灵伴随祖灵美。
[illegible]	翁媳亡灵齐相随，
[illegible]	翁媳亡灵相随美。
[illegible]	阳春三月融于清风中，
[illegible]	阳春三月融于清风美，
[illegible]	盛夏三月融于风雨里，
[illegible]	融于风雨美，
[illegible]	今秋三月融于云雾里，
[illegible]	融于云雾美，
[illegible]	隆冬三月融于冰雪中，
[illegible]	融于冰雪美。
[illegible]	尔等祖灵送走后，
[illegible]	尔等妣灵送走后，
[illegible]	欲将何物做酬谢？
[illegible]	若以猎犬做谢礼，
[illegible]	子孙见闻将更广。
[illegible]	若以宝剑做谢礼，
[illegible]	子孙英名传四方。
[illegible]	若以骏马做酬谢，
[illegible]	子孙地位必定高。
[illegible]	若以金银做酬谢，
[illegible]	子孙俊美且孝顺。
[illegible]	若以绵羊做酬谢，
[illegible]	子孙富贵传九代。

①有邀必送：指祭祖送灵时邀请毕摩主持完仪式后还要护送毕摩一程。平时举行其他仪式时则实行“有邀禁送”的习俗，即仪式主人邀请毕摩举行仪式后禁忌护送毕摩出门。所以，举行普通毕摩仪式后所有仪式主人都要坐在屋内，毕摩出门时随手将门关上，等毕摩走出一段路程后才能开门。

今日神毕起身路旁时，
君祖何不前来送神毕？
撮克匹聂何不前来送神毕？
臣祖何不前来送神毕？
比俄比迪何不前来送毕？
匠神何不前来送神毕？
阿尔阿迪何不前来送毕？
毕祖何不前来送神毕？
实楚乍姆何不前来送毕？
民众何不前来送神毕？
古杜陈博[1]何不前来送毕？
仪式众主人，
子孙千百个的人们，
众主何不前来送神毕？
是否欲求赐予阳育神？
是否欲求赐予阴育神？
我等将要赐给阳育神。
我等将要赐给阴育神。
是否欲求赐予平安神？
是否欲求赐予吉祥神？
我等将要赐给平安神，
我等将要赐给吉祥神。
是否欲求赐予福禄神？
是否欲求赐予长寿神？
我等将要赐予福禄神。
我等将要赐予长寿神。

咦噫——叹啊！
现在告别祝酒词，

念诵到此处时，开始念诵酒的起源及其作用，内容与第六章“祭祖迎宾”第二节“迎接毕摩”中的《祭祖迎毕祝酒词》内容一样（从略），最后一段内容如下。

美酒这杯酒，
毕摩祝福主人饮，
仪式主人家，
喝到头脑中，
头如石块硬，
头发长又美，
发黑又卷曲。
喝到眼睛里，
眼神阳光强，
喝到口腔中，
上唇隐雄龙，
下唇藏雌龙，
腔内繁龙仔，
舌头龙仔戏，
出口词成章，
对话答要点。
饮酒到手上，
手巧财富多，
手勤粮食丰。
饮酒到腰胸，
胸部心灵巧，
胸部心聪慧，
腰内造精液，
腰内造卵子，
精液旺，
卵子盛开矣。
饮酒到脚中，
脚粗又美长，
犹如鸿雁脚，
追逃也捕获，
自逃也逃脱。

美酒这杯酒，
我赐苍天一碗酒，
空中繁星能数清，
吾主子孙数不清；
我赐森林一碗酒，

[1] 古杜陈博：是“古杜”与“陈博”两个人的合称，两人都是古代彝族有名望的人。

森林一对獐麂饮，
森林獐麂崽，
一窝繁九千，
二窝繁八万，
三窝数不清，
吾主子孙数不清。
一碗赐悬崖，
悬崖蜜蜂繁，
一窝繁九千，
二窝繁八万，
三窝数不清，
吾主子孙数不清。
我赐江河一碗酒，
水中鱼类繁，
一窝繁九千，
二窝繁八万，
三窝数不清，
吾主子孙数不清。
我赐草原一碗酒，
原野云雀繁，
一窝繁九千，
二窝繁八万，
三窝数不清，
吾主子孙数不清。
我赐仪式主人饮，
仪式主人家，
饮后子孙数不清。
我赐松柏一碗酒，
林下野菌连成片，
松枝鹦鹉多，
松涛阵海啸，
仪式主人家，
子孙声势胜松涛。
松杆整齐耸立一排排，
仪式主人家，
子孙繁多站立一排排。
生育繁殖神，
请来饮美酒，
赐予仪式众主，
千百子孙生育神。①
吾主仪式众主人，
尔等今日送毕到路旁，
前来祈求赐给生育神？
我将生育神灵赐尔等。
祈求赐予六畜繁殖神？
六畜繁殖神灵赐尔等。
祈求赐给五谷丰产神？
五谷丰产神灵赐尔等。
祈求赐给吉祥如意神？
吉祥如意神灵赐尔等。
祝愿尔等饮用后，
每人发展成一户，
每户发展成一村，
每村发展成一寨。
每寨繁衍发展后，
成千上万数不尽。
这杯福禄酒，
毕摩蹲着赐，
主人跪着接。
美酒饮下肚，
儿孙传万代。
至此告一段。②

念诵完《送毕赐酒经》后，众毕摩分别把酒赐给每位前来接酒的主人。众主人饮下后，每人再斟一杯酒回敬给为自己赐酒的毕摩，恭送毕摩仪式就此结束。

祭祖送灵仪式结束的当晚或之后数日内，根据主祭方每户主人及其妻子的生肖，择吉日

① 毕摩念诵到此时，众主人中的所有男性成员跪在毕摩面前准备接酒。
② 以马边彝族自治县著名毕摩吉克良良收藏的经书为基础，参考其他经书整理、翻译而成。

主祭毕摩念诵告别祝酒词　立克达曲 / 摄

邀请各自的招魂毕摩，以户为单位分别用一只阉绵羊、一只公鸡、从祭祖送灵仪式上接来的象征赐福纳福的荞麦糠粉和牛（羊）颈肉、在祭祖送灵仪式上作为招魂鸡的一只黄母鸡和在祭祖仪式上毕摩为各家所剪图案中的“活魂返家路”举行唤魂仪式，占鸡股骨卜。至此，祭祖送灵仪式才算圆满结束。

祭祖仪式完毕后主祭方各户都要举行最后一次唤魂[①]仪式，验证鸡股骨卜，如果显示吉兆则说明本次祭祖灵验，大吉大利，反之呈凶兆，则日后需根据卦象举行其他相关仪式。

按照传统，验证鸡股骨卜的唤魂仪式是不能单独举行的，而是与其他仪式一起举行，如偿孽赎魂唤魂仪式（[illegible]）、赎魂唤魂仪式（[illegible]）或镇魔唤魂仪式（[illegible]），不管举行何种仪式，都有共同的特点：一是举行唤魂仪式，占鸡股骨卜；二是不扎魔草偶；三是不制遣符；四是不吆喝。

主祭毕摩被邀到被祭祖妣在世子孙中辈分最高者家里主持唤魂仪式，其余主祭方各户可以邀请辅祭毕摩或其他毕摩主持唤魂仪式，仪式要牺牲一只绵羊或一只黑猪（不牺牲公鸡）。

综上所述，祭祖安灵是彝族复合式葬礼的浓缩与升华，仪式复杂，跨越时空，独树一帜。

祭祖安灵是古代彝族先民集体智慧的结晶，是每代彝族人对彝族远古文明的集体记忆。祭祖的最终目的是安灵，安灵的实现途径是祭祖。祭祖安灵文化与彝族尊老爱幼文化息息相关，是彝族优秀传统美德的践行，它历经沧桑，历久弥新，始终绽放光芒，是彝族人坚定文化自信的结果，是中华文化的重要组成部分。

① 按照毕摩文化传统，主祭方在祭祖期间要举行五次唤魂仪式，分别是举行祭祖仪式前两天内、摘取旧灵时、熟肉祭灵时、绵羊祭灵时、送灵后。辅祭方举行三次，分别是赶公绵羊当天、熟肉祭灵时及赐福纳福后。

后记

《毕摩原生文化系列研究（3卷）》终于问世了，值得高兴与感谢！

毕摩原生文化是彝族文化的核心，是彝族原生文化的活态文化，承载着彝族历史的变迁与发展。可以这样说，毕摩原生文化史是一部活态的彝族传统文化发展史，对彝族的传统思想与民俗活动发展具有不可替代的作用。

当今世界，科技发展日新月异，人类社会进入信息化时代，全球经济一体化不断加强，人们生活水平越来越高，与此同时，不同民族间的文化交流与融合现象日益明显，在文化交流的过程中，毕摩原生文化及其古籍文献濒临消失。

我是世袭毕摩吉克惹史的后裔，毕摩宗师阿苏拉者的直系后裔，自幼便受毕摩原生文化的熏陶，遗传了毕摩的基因，身体里流淌着毕摩的血液。因此，我将充分利用所学的毕摩文化与现代汉学文化来保护、传承及弘扬毕摩原生文化，并以此作为一生的追求，以让彝族传统文化永远流传并辐射到世界各地为己任。为此，趁部分学识渊博、满腹经纶的老毕摩们尚在世，我抓紧时间搜集、整理、翻译种类繁多的古籍文献，让“死”文献变成“活”文化，也以此为契机实现自己的梦想。一是保护、传承和弘扬古老而优秀的彝族传统文化，二是为相关学者及彝学爱好者进一步研究彝学及毕摩原生文化提供第一手资料，三是为民间毕摩（徒）们提供系统的学习毕摩文化的教材和参考资料。

为了实现自己的梦想，我走访了大量民间毕摩，搜集、整理和翻译了大量彝文古籍文献，拍摄、搜集了大量照片。以一个毕摩的一生为线索，整理了毕摩一生中关键节点的民俗及传统仪式，并以此为依据有目的地搜集了相关毕摩古籍文献和口诵文献，并将其整理、翻译成汉文，诠释经文内容，解析仪式背景及其意义，最后将这些素材按照仪式程序顺序编写成书。然而，只靠两位作者撰写这样的系列丛书谈何容易。

首先，搜集古籍文献资料难。由于历史的原因，从古到今，四川凉山彝族没有一本完整且统一的以仪式个案为中心的毕摩文化经典，毕摩们都是按照自己的师傅所传授的知识和经验来完成仪式，形成了“经文有不同，插神枝各异”的现状。因此，为了使书中涉及的仪式程序及其经文内容原始、真实、完整、丰富，我不仅在四川马边县周边搜集古籍文献资料，而且多次跋山涉水来到凉山腹地龙头山（阶依硕罗）周围的美姑、昭觉、雷波等地搜集文献资料，拜访著名毕摩，住在毕摩家里，与他们同吃同住，全程跟随毕摩观摩仪式现场，并就相关仪式程

序及其背景意义与毕摩们进行讨论、分析，就经文中不明确之处请教著名毕摩。然后将搜集到的古籍文献及口诵文献资料逐一分类，把十几种同一标题而版本各异的经书放在一起，进行比对、分析，最后筛选出内容较原始、完整的经书，并以此为蓝本，以其他经书为补充，整理出了本系列丛书相关经文（词）的大纲和框架。

其次，是翻译难。按照毕摩传统要求，初学毕摩原生文化的毕徒只需背诵口诵文献内容和熟读古籍文献、谙熟仪式程序即可，不需理解经文内容及其仪式背景。因此，学徒们对经书内容“知其然而不知其所以然”，这是毕摩们对毕摩原生文化理解的共同特点。而毕摩经书是用古彝文撰写的古籍文献，大部分编写于明清之前，文字佶屈聱牙、艰涩难懂，难以理解和翻译。有时一句难解的经文（词）需要查阅很多资料、请教多位毕摩，甚至要专门到凉山美姑等地请教著名毕摩，需要几天甚至半个月时间才能译成。

最后，是时间不足。作为一名公安民警，我的主要职责是警务工作，侦破案件，工作繁忙，时间紧迫。对我来说，写作只是业余爱好，只能利用业余时间来完成，因此完成本套丛书对我来讲是极其巨大的工程。

功夫不负有心人。经过6年的不懈努力，初稿终于成形。但正式出版成书又成了一大难题。在我为出版之事焦急万分之时，有幸认识了电子科技大学出版社原社长郭蜀燕，她阅读初稿后同意帮忙出版，这无疑是雪中送炭，她是一位非常热爱民族传统文化的学者。2015年冬季，她亲自带领出版社编辑等相关人员到马边专门观看大型彝族祭祖仪式活动，通过现场观摩、拍摄仪式活动，进行田野调研，加深了对毕摩原生文化的了解。为了出版该书，她查阅了大量文献资料，积极争取省、国家出版基金项目，并获得成功。她还对全部书稿的整体结构和框架提出了很多、很好的设想和建议，并将该书定名为《毕摩原生文化系列研究（3卷）》，从而使我的写作思路更清晰，逻辑更严密，中心更突出，最终得以顺利成书，她是我撰写本套丛书的坚强后盾。在此，对她的付出、帮助及支持表示由衷的感谢！

在撰写该套丛书过程中，我曾多次请教中央民族大学曲木铁西教授，他对该套丛书的整体结构、相关术语的规范等提出了专业意见和建议，并给了我很多具体的指导。同时，在我诚挚邀请下，曲木铁西教授在百忙之中抽出时间为该套丛书作序，并对该书的出版价值给予了充分的肯定。在此，对曲木铁西教授表示衷

心的感谢！

同时，感谢电子科技大学出版社郭蜀燕、卢莉等编辑，是他们逐字逐句、一遍又一遍地对书稿进行审阅、修改、打磨，才使这套丛书最终得以顺利出版，在此表示感谢！

这里要特别感谢酷爱毕摩原生文化的曾承东老师，是他让我有幸地认识了郭蜀燕教授，促使我有完成该书的勇气和动力，在此表示深深的谢意！

在撰写该书时，我请教了许多著名毕摩，没有他们无私帮助与支持，就无法完成此书的编撰。他们是四川马边县著名毕摩吉克良良、吉克拉者、吉克罗布、吉克批尔、吉克日罗、吉克达蒙、立克拉部、曲别曲叶，美姑县著名毕摩迪惹洛曲、迪达铁、迪日布、吉克拉莫、吉克甲哲、吉克木乌、吉克月甲、阿罗托尔、阿罗牛布、吉克伟哈，雷波县著名毕摩迪阿哲、曲毕阿龙，昭觉县著名毕摩迪惹鹫方，在此一并表示感谢！

另外，感谢美姑县阿牛史日、吉克罗日，马边县何为、蒋兴林。他们给我提供了许多珍贵的举行毕摩仪式的照片，在此一并表示感谢！

最后，感谢我的妻子曲别牛牛。没有她的无私奉献和大力支持，我难以完成如此规模的作品。她除了支持我调研的差旅、办公等费用外，还在我废寝忘食地投入写作之时，默默承担了家里所有事务，无论在经济上还是在精神上都给予了我莫大的安慰和支持。在此，谢谢你，我的爱妻！

本套丛书由我和立克阿妞共同编撰。立克阿妞撰写第1卷第一章的第一节和第二节、第二章第六节的部分内容，以及第2卷第三章的第一节、第三节、第四节内容。我负责完成其余大部分章节内容，并负责整套丛书的总体架构与统稿。

本套丛书内容真实、丰富，涵盖了彝族的历史、哲学、民俗等，实用性很强，是一套传承和弘扬彝族传统文化不可多得的学术著作，对研究彝学具有添砖加瓦的作用。但是，毕摩原生文化博大精深，越挖掘，越深厚，本套丛书对毕摩原生文化来说只是冰山一角。因此，希望今后能与同行们一起继续去深挖、提炼、升华、抢救，以此保护、传承、弘扬毕摩原生文化，不断丰富中华文化宝库。

在本套丛书的编撰过程中，我们虽然投入了不少的时间、精力和心血，孜孜不倦地整理、探索与研究，但由于是初次撰写毕摩原生文化类书籍，经验欠缺，加上自己水平有限，书中难免有疏漏之处，经文翻译或许有不准确或错误之处，恳请专家、学者及毕摩们提出宝贵意见，并加以批评指正，我将虚心接受，不断完善。

立克达曲

2019年6月7日于摩豁拉达（马边）